八閩文庫

方輿勝覽

一

［宋］祝穆 撰

施和金 點校

八閩文庫

要籍選刊

26

海峽出版發行集團
THE STRAITS PUBLISHING & DISTRIBUTING GROUP
福建人民出版社

圖書在版編目 (CIP) 數據

方輿勝覽 /(宋)祝穆撰;施和金點校. -- 福州:福建人民出版社, 2024. 10. --(八閩文庫). -- ISBN 978-7-211-09567-4

Ⅰ. K928.644.2

中國國家版本館 CIP 數據核字第 2024M42U74 號

本書經中華書局授權許可使用

方輿勝覽

作　　者:〔宋〕祝穆撰　施和金點校
責任編輯:史霄鴻
責任校對:林　芬
裝幀設計:張志偉
美術編輯:陳培亮
出版發行:福建人民出版社
電　　話:0591-87533169(發行部)
網　　址:http://www.fjpph.com
電子郵箱:fjpph7221@126.com
地　　址:福建省福州市東水路 76 號
經　　銷:福建新華發行(集團)有限責任公司
印刷裝訂:雅昌文化(集團)有限公司
地　　址:深圳市南山區深雲路 19 號
電　　話:0755-86083235
開　　本:890 毫米×1240 毫米　1/32
印　　張:47.375
字　　數:855 千字
版　　次:2024 年 10 月第 1 版第 1 次印刷
書　　號:ISBN 978-7-211-09567-4
定　　價:356.00 元

八閩文庫編纂委員會

八閩文庫總序

葛兆光　張　帆

一

在傳統中國的文化史上，福建算是後來居上的區域。經歷了東晉、中唐、南宋幾次大移民潮，浙、閩之間的仙霞嶺，早已不是分隔内外的屏障，而成了溝通南北的通道。歷史使得福建越來越融入華夏文明之中，唐宋兩代，特別是在「背海立國」的宋代，東南的經濟發達，海洋的地位凸顯，福建逐漸從被文明中心影響的邊緣地帶，成爲反向影響全國文明的重要區域。在七世紀的初唐，詩人駱賓王曾説「龍章徒表越，閩俗本殊華」（駱臨海集箋注卷二晚憩田家，陳熙晉箋注，上海古籍出版社一九八五年，第三六頁），前一句説的是華夏的衣冠對斷髮文身的越人没有用，後一句説的是閩地的風俗本來就與華夏不同，意思都是瞧不起東南。但是，到了十五世

紀的明代中期，黃仲昭在弘治八閩通志序裏卻説，八閩雖爲東南僻壤，但自唐以來文化漸盛，「至宋，大儒君子接踵而出」，實際上它的文明程度，已經「可以不愧於鄒魯」（四庫全書存目叢書史部一七七册，齊魯書社一九九六年，第三六四頁）。

的確，自從福建在唐代出了第一個進士薛令之，而且晉江有歐陽詹，福清有王棨，莆田有徐寅、黃滔這些傑出人物之後，到了更加倚重南方的宋代，福建出現了蔡襄（一〇一二—一〇六七）、陳襄（一〇一七—一〇八〇）、游酢（一〇五三—一一二三）、楊時（一〇五三—一一三五）、鄭樵（一一〇四—一一六二）、林光朝（一一一四—一一七八）、朱熹（一一三〇—一二〇〇）、蔡元定（一一三五—一一九八）、陳淳（一一五九—一二二三）、真德秀（一一七八—一二三五）等一大批著名文人士大夫。這些出身福建或流寓福建的士人學者，大大繁榮和提升了這裏的文化，甚至使得整個中國的文化重心逐漸南移，也許，就像程顥説的那樣「吾道南矣」（宋史卷四二八道學楊時傳，中華書局一九七七年，第一二七三八頁）。也就是説宋代之後，原本偏在東南的福建，逐漸成了中國重要的文化區域。

不過，習慣於中原中心的學者，當時也許還有偏見。以來自中心的偏見視東南一隅的福建，那時福建似乎還是「邊緣」。雖然人們早已承認福建「歷宋逮今，風氣日開」

（黄虞稷閩小紀序，撰於康熙五年，續修四庫全書史部七三四册，上海古籍出版社二〇〇二年，第一二七頁），但有的中原士人還覺得福建「僻在邊地」。像北宋樂史的太平寰宇記，一面承認「此州（福州）之才子登科者甚衆」，一面仍沿襲秦漢舊説，稱閩地之人「皆蛇種」，並引十道志説福建「嗜欲、衣服，别是一方」（樂史太平寰宇記卷一〇〇江南東道一二，中華書局二〇〇七年，第一九九一頁）。所以，歷史上某些關於福建歷史、文化和風俗的著作，似乎還在以中原或者江南的眼光，特别留心福建地區與核心區域不同的特異之處，筆下一面凸顯異域風情，一面鄙夷南蠻鴃舌。但是從大的方面説，我們看到宋代以降，實際上福建與中原的精英文化越來越趨向同一，正如宋人祝穆方輿勝覽所説，「海濱幾及洙泗，百里三狀元」，前一句裏所謂「洙泗」即孔子故鄉，這是説福建沿海文風鼎盛，幾乎趕得上孔子故里；後一句裏「三狀元」是指南宋乾道年間福建登第的三個狀元，即乾道二年（一一六六）的蕭國梁、乾道五年的鄭僑和乾道八年的黄定，他們都是福建永福（今永泰）這個地方的人（祝穆新編方輿勝覽卷一〇，施和金點校，中華書局二〇〇三年，第一六三頁）。

文化漸漸發達，書籍或者文獻也就越來越多，福建文獻的撰寫者中不僅有本地人，也有流寓或任職於閩中的外地人。日積月累，這些文獻記録了這個多山臨海區域千年

的文化變遷史，而八閩文庫的編纂，正是把這些文獻精選並彙集起來，爲現代人留下唐宋以來有關福建的歷史記憶。

二

福建鄉邦文獻數量龐大，用一個常見的成語説，就是「汗牛充棟」。那麽多的文獻，任何歸類或叙述都不免挂一漏萬。不過，我們這裏試圖從區域文化史的角度，談一談福建文獻或書籍史的某些特徵。

毫無疑問，中國各個區域都有文獻與書籍，秦漢之後也都大體上呈現出華夏同一思想文化的底色，但各區域畢竟有其地方特色。如果我們回溯思想文化的歷史，那麽，唐宋之後福建似乎也有一些特點。恰恰因爲是後來居上的文化區域，所以福建積累的傳統包袱不重，常常會出現一些越出常軌的新思想、新精神和新知識。這使得不少代表新思想、新精神和新知識的人物與文獻，往往先誕生在福建。衆所周知的方面之一，就是宋代儒家思想的變遷。應當説，宋代的理學或者道學，最初乃是一種批判性的新思潮，一些儒家士大夫試圖以屬於文化的「道理」鉗制屬於政治的「權力」，所以，極力强調

「天理」的絶對崇高，人們往往稱之爲道學或理學，也根據學者的出身地叫作「濂洛關閩之學」。其中，「閩」雖然排在最後，卻應當説是宋代新儒學的高峰所在，以至於後人乾脆省去濂溪和關中，直接以「洛閩」稱之（如清代張夏雒閩源流録），以凸顯道學正宗，恰在洛陽的二程與福建的朱熹，而道學最終水到渠成，也正是在福建。因爲宋代道學集大成的代表人物朱熹，雖然祖籍婺源，卻出生在福建，而且相當長時間在福建生活。他的學術前輩或精神源頭，號稱「南劍三先生」的楊時、羅從彦（一〇七二—一一三五）、李侗（一〇九三—一一六三），也都是南劍州即今福建南平一帶人，他的提攜者之一陳俊卿（一一一三—一一八六），則是興化軍即今莆田人，而他的最重要的弟子黄榦（一一五二—一二二一）是閩縣（今福州）人、陳淳是龍溪（今龍海）人。

正是在這批大學者推動下，福建逐漸成爲圖書文獻之邦。慶元元年（一一九五），朱熹在福州州學經史閣記中曾經説，一個叫常濬孫的儒家學者，在福州地方軍政長官詹體仁、趙像之、許知新等資助下，修建了福州府學用來藏書的經史閣，即「開之以古人敎學之意，而後爲之儲書，以博其問辨之趣」（朱文公文集卷八〇，朱子全書第二四册，上海古籍出版社、安徽教育出版社二〇一〇年，第三八一四頁）。宋代之後，經由近千年的日積月累，我們看到福建歷史上出現了相當多的儒家論著，也陸續出現了有關儒家思想

的普及讀物。大家可以從八閩文庫中看到，這裏收録的不僅有朱熹、真德秀、陳淳的著述，也有明清學者詮釋理學思想之作，像明人李廷機性理要選、清人雷鋐雷翠庭先生自恥録等等，應當説，這些論著構成了一個歷經宋元明清近千年的福建儒家文化史。

三

説到福建地區率先出現的新思想、新精神和新知識，當然不應僅限於儒家或理學一系。更應當記住的是，從宋代以來，中國政治、經濟和文化的重心，逐漸從西北轉向東南，一方面由於中原文化南下，被本地文化激蕩出此地異端的思想，另一方面海洋文明東來，同樣刺激出東南濱海的一些更新的知識。

我們注意到，在福建文獻或書籍史上，呈現了不少過去未曾有的新思想、新精神和新知識。比如唐宋之間，福建不僅出現過譚峭（生卒年不詳）化書這樣的道教著作，也出現過像百丈懷海（約七二〇—八一四）、潙山靈佑（七七一—八五三）、雪峰義存（八二二—九〇八）那樣充滿批判性的禪僧，還出現過禪宗史上撰於泉州的最重要禪史著作祖堂集。又如明代中後期，那個驚世駭俗而特立獨行的李贄（一五二七—一六〇

二），有人説他的獨特思想，就是因爲他生在各種宗教交匯融合的泉州，傳説他曾受到伊斯蘭教之影響，當然更因爲有佛教與心學的刺激，使他成了晚明傳統思想世界的反叛者。而另一個莆田人林兆恩（一五一七—一五九八），則是乾脆開創了三一教，提倡「三教合一」，也同樣成爲正統的政治意識形態的挑戰者。再如明清時期，歐洲天主教傳教士「梯航九萬里」，也把天主教傳入福建，特别是明末著名傳教士艾儒略（一五八二—一六四九）應葉向高（一五五九—一六二七）之邀來閩傳教二十五年，從而福建才會有「三山論學」這樣的思想史事件，也産生了三山論學記這樣的文獻，無論是葉向高，還是謝肇淛，這些思想開明的福建士大夫，多多少少都受到外來思想的刺激。最後需要特别提及的是，由於宋元以來，福建成爲向東海與南海交通的起點，所以，各種有關海外的新知識，似乎都與福建相關，宋代趙汝适撰寫諸蕃志的機緣，是他在泉州市舶司任職；元代汪大淵撰寫島夷志略的原因，也是他從泉州兩度出海。由於此後福州成爲面向琉球的接待之地，泉州成爲南下西洋的航線起點，因而福建更出現了像張燮東西洋考、吳朴渡海方程、葉向高四夷考、王大海海島逸志等有關海外新知的文獻，這一有關海外新知的知識史，一直延續到著名的林則徐四洲志。老話説「草蛇灰線，伏脈千里」，歷史總有其連續處，由於近世福建成爲中國的海外貿易和海上交通的中心，所以，這裏會

成爲有關海外新知識最重要的生産地，這才能讓我們深切理解，何以到了晚清，福建會率先出現沈葆楨開辦面向現代的船政學堂，出現嚴復通過翻譯引入的西方新思潮。

甚至還可以一提的是，近年來福建霞浦發現了轟動一時的摩尼教文書，這些深藏在道教科儀抄本中的摩尼教資料，説明唐宋元明清以來，福建思想、文化和宗教在構成與傳播方面的複雜性和多元性。所以，在八閩文庫中，不僅收録了譚峭化書，李贄焚書續焚書、藏書續藏書，林兆恩林子會編等富有挑戰性的文獻，也收録了張燮東西洋考、趙新續琉球國志略等關係海外知識的著作，讓我們看到唐宋以來，福建歷史上新思想、新精神和新知識的潮起潮落。

四

在八閩文庫收録的大量文獻中，除了福建的思想文化與宗教之外，也留存了有關福建政治、文學和藝術的歷史。如果我們看明人鄧原岳編閩中正聲、清人鄭杰編全閩詩録收録的福建歷代詩歌，看清人馮登府編閩中金石志、葉大莊編閩中石刻記、陳棨仁編閩中金石略中收録的福建各地石刻，看清人黄錫蕃編閩中書畫録中收録的唐宋以來福建

書畫，那麼，我們完全可以同意歷史上福建的後來居上。這正如陳衍（一八五六—一九三七）在閩詩録的序文中所説「余維文教之開，吾閩最晚，至唐始有詩人，至唐末五代中土詩人時有流寓入閩者，詩教乃漸昌，至宋而日益盛」（續修四庫全書集部一六八七册，第四一一頁）。可見，宋史地理志五所説福建人「多向學，喜講誦，好爲文辭，登科第者尤多」，「今雖閭閻賤品處力役之際，吟詠不輟」（杜佑通典州郡十二），真是一點兒不假。

清代學者朱彝尊（一六二九—一七〇九）曾説「閩中多藏書家」（曝書亭集卷四四淳熙三山志跋，四部叢刊初編集部二七九册，上海書店一九八九年，第六〇一頁）。千年以來的人文日盛，使得現存的福建傳統鄉邦文獻，經史子集四部之書都很豐富，翻檢八閩文庫，就可以感覺到這一點，這裏不必一一叙説。需要特别指出的是，福建歷史上不僅有衆多的文獻留存，也是各種書籍刊刻與發售的中心之一。福建多山，林木蔥蘢，具備造紙與刻書的有利條件，從宋元時代起，福建就成爲中國書籍出版的中心之一。宋元時代福建的所謂「建本」或「麻沙本」曾經「幾遍天下」（葉夢得石林燕語卷八，侯忠義點校，中華書局一九八四年，第一一六頁），更有所謂「麻沙、崇安兩坊産書，號稱『圖書之府』」的説法（新編方輿勝覽卷一一，第一八一頁）。版本學家也許將它與蜀

本、浙本對比，覺得它並不精緻，但是，從書籍流通與文化貿易的角度看，正是這些廉價圖書，使得很多文化知識迅速傳向中國四方，也深入了社會下層。淳熙六年（一一七九），朱熹在建寧府建陽縣學藏書記中曾説到，「建陽版本書籍行四方，無遠不至」，可當時嘉禾縣學居然藏書很少，「學於縣之學者，乃以無書可讀爲恨」，於是一個叫姚耆寅的知縣，就「鬻書於市，上自六經，下及訓傳、史記、子、集，凡若干卷以充入之」。當地刊刻的書籍，豐富了當地學者的知識，也增加了當地文獻的積累，甚至扭轉了當地僅僅重視「世儒所誦科舉之業」的風氣（朱文公文集卷七八，朱子全書第二四册，第三七四五頁），這就是一例。到了清代，汀州府成爲又一個書籍刊刻基地，近年特別受到中外學者注意的四堡，就是一個圖書出版和發行中心，文獻記載這裏「以書版爲産業，刷就發販，幾半天下」（咸豐長汀縣志卷三一物産）。所以，美國學者包筠雅（Cynthia J. Brokaw）文化貿易：清代至民國時期四堡的書籍交易（劉永華、饒佳榮等譯，北京大學出版社二〇一五年）就深入研究了這個位於汀州府長汀、清流、寧化、連城四縣交界地區的客家聚集區的書籍事業，繼承宋元時代建陽地區（如麻沙）刻書業，這裏再一次出現中國書籍出版史上佔據重要位置的福建書商群體。

可以順便提及的是，福建刻書業也傳至海外。福建莆田人俞良甫，元末到日本，由

九州的博多上岸，寓居在京都附近的嵯峨，由他刻印的書籍被稱爲「博多版」。據説，俞氏一面協助京都五山之天龍寺雕印典籍，一面自己刻印各種圖書，由於所刊雕書籍在日本多爲精品，所以被日本學者稱爲「俞良甫版」。

從建陽到汀州，福建不僅刊刻了精英文化中的儒家九經三傳、諸子百家以及文選、文獻通考、賈誼新書、唐律疏議之類的典籍，也刊刻了很多大衆文化讀本，諸如西廂記、花鳥争奇和話本小説。特别在明清兩代書籍流行的趨勢和作爲商品的書籍市場的影響下，蒙學、文範、詩選等教育讀物，風水、星相、類書等實用讀物，小説、戲曲等文藝讀物，在福建大量刊刻。如果我們不是從版本學家的角度，而是從區域文化史的角度去看，這種「易成而速售」（石林燕語卷八，第一一六頁）的書籍生産方式，使得各種文獻從福建走向全國甚至海外，特别是這些既有精英的、經典的，也有普及的、實用的各種知識的傳播，是否正是使得華夏文明逐漸趨向各地同一，同時也日益滲透到上下日常生活世界的一個重要因素呢？

五

八閩文庫的編纂，當然是爲福建保存鄉邦文獻，前面我們説到，保存鄉邦文獻，就是爲了留住歷史記憶。

這次編纂的八閩文庫，擬分爲三個部分。第一部分是「文獻集成」，計劃選擇與收録唐宋以來直到晚清民初的閩人各種著述，以及有關福建的文獻，共一千餘種，這部分採取影印方式，以保存文獻原貌。這是八閩文庫的基礎部分，按傳統的經史子集四部分類，這是爲了便於呈現傳統時代福建書籍面貌，因而數量最多；第二部分是「要籍選刊」，精選一百三十餘種最具代表性的閩人著述及相關文獻，以深度整理的方式點校出版，不僅爲了呈現歷代福建文獻中的精華，也爲了便於一般讀者閱讀；第三部分則爲「專題彙編」，初步擬定若干類，除了文獻總目之外，還將包括書目提要、碑傳集、宗教碑銘、官員奏折、契約文書、科舉文獻、名人尺牘、古地圖等，我們認爲，這是以現代觀念重新彙集與整理歷史資料的一個新方式，它將無法納入傳統的四部分類，卻是對理解福建文化與歷史至關重要的文獻，進行整理彙集，必將爲研究與理解福建，提供更多更系統

的資料。

經歷幾年討論與幾年籌備，八閩文庫即將從二〇二〇年起陸續出版，力爭用十年時間，經過一番努力，打下一個比較完備的福建文獻的基礎。

當然，不能説八閩文庫編纂過後，對於福建文獻的發掘與整理就已完成。八閩文庫僅僅是我們這一兩代人的工作，還有更多或更深入的工作，在等待著未來的幾代人去努力。無論從舊材料中發現新問題，還是以新眼光發現新材料，都是建立在前人的基礎上，而又對前人的工作不斷修正完善的過程。還是朱熹寫給陸九齡的那句廣爲流傳的老話：「舊學商量加邃密，新知培養轉深沉。」用舊的傳統融會新的觀念，整理這些縱貫千年的歷史文獻，也就無論「人間有古今」了。

八閩文庫要籍選刊出版説明

福建自唐代以降，名家輩出，著述繁興，流傳千載，聲光燦然。遺存之文獻，多可彰顯福建歷史發展脈絡，展示前賢思想學術及文學藝術成就，爲研究福建區域文化之基本典籍。八閩文庫「要籍選刊」擇取重要之閩人著作及相關福建文獻百數十種，予以點校。其中具備條件者，將採用編年、箋注、校證等方式整理。諸書略依經史子集分部編次，陸續出版。

二〇二一年八月

目次

前言

方輿勝覽七十卷，宋祝穆撰，其子祝洙增訂。

祝穆字和父，建寧府崇安縣人。其先世爲新安人，曾祖祝確是朱熹的外祖父。至其父康國，始移家入閩，從朱熹居崇安。穆少名丙，曾受業于朱熹。其所著除方輿勝覽外，還有事文類聚、四六寶苑等書。宋詩紀事及全宋詞據全芳備祖和翰墨大全録有祝穆詩一首、詞二首，由此看來，他也是一個能作詩填詞之人。

祝洙字安道，寶祐四年進士。嘗讀朱熹四書集注，見書中有引而不發者，便採諸家語録附于逐章之下，名之曰四書集注附録。宰執取其書進呈，景定中除迪功郎，任興化軍涵江書院山長，咸淳初轉從政郎，監行在文思院。

祝穆寫作方輿勝覽的動機，其自序及吕午序説得比較清楚。他説：「始，予遊諸公間，强予以四六之作，不過依陶公様，初不能工也。其後稍識户牖，則酷好編輯郡志，如耆昌歜。」這就是説，他是由作四六之語發展到編寫地志的。而對地志編寫的愛好，曾

促使他幾十年如一日，到處搜集「古今記序詩文，與夫稗官小説之類」。所以方輿勝覽的風格不同于元和郡縣志、太平寰宇記之類的地志，處處體現出多詩文記序及四六用語的特點。從表面上看，可以把方輿勝覽的寫作看作是祝穆個人文學興趣的愛好；但從實質上看，事情並不如此簡單。呂午序中説：「學士大夫端坐窗几而欲周知天下，操弄翰墨而欲得助江山，當覽此書，毋庸他及。所謂執璿璣以觀大運，據要會以觀方來，不勞餘力，盡在目中，信乎其爲勝覽矣！雖然，我瞻四方，禹迹茫茫，思日闢於先王，慨未歸於故疆，必也志存乎脩攘，步極乎亥章。」這些話實際上已把祝穆寫作方輿勝覽的政治目的説得很清楚了，即通過地志的編寫和傳布，以激起人們對原北宋王朝時期一統江山的思念，從而達到收復失地、恢復故疆的目的。如果説呂午的話還説得比較含蓄和深奥，那麽祝穆之子祝洙在跋文中就説得很直截了當了。他説：「洙又嘗記先君子易簀時語：『州郡風土，續抄小集，東南之景物略盡；中原吾能述之，圖經不足證也。』且朗吟陸放翁絶筆之詩曰：『王師北定中原日，家祭毋忘告迺翁。』堂堂忠憤之志，若合符節。厥今君王神武，江東將相又非久下人者，雪耻百王，除兇千古，洙泚筆以俟。」由此可見祝穆撰寫方輿勝覽，祝洙增訂方輿勝覽，都是出于同一個政治目的，就是希望「雪耻百王，除兇千古」，以恢復大宋的一統江山。這在當時來説，應當是與陸游一樣，都是一種

愛國主義思想的表現。

方輿勝覽在寫作體例上與元和郡縣志、太平寰宇記等地志有較大的差異，而與南宋時期的同類作品輿地紀勝頗爲相似。元和郡縣志等書着重記叙建置沿革、山川險塞、四至八到、人口多寡，而于詩文記序很少涉及；方輿勝覽則不同，這部書雖然也有沿革及山川等方面的内容，但較爲簡略，大部分的内容是詩文記序及四六儷語，以至于四庫全書提要竟作出了「名爲地志，實則類書」的評斷。輿地紀勝成書于南宋嘉定、寶慶間，在時間上比方輿勝覽要略早一些，此種體例的創設當是始于王象之。祝穆在搜集資料準備寫作方輿勝覽的過程中，不但在取材上從輿地紀勝一書中得到了很多啓迪，而且在寫作體例上也受到了它的影響。雖然祝穆自序及祝洙跋文中都諱言他們見到過輿地紀勝，更不談從中採摭資料，但書内書外還是留下了些許痕迹。如楊守敬日本訪書志卷六所載祝穆原本方輿勝覽卷首兩浙轉運司録白便云：「本宅見刊方輿勝覽……係本宅貢士私自編輯，積歲辛勤，今來雕板，所費浩瀚。竊恐書市嗜利之徒輒將上件書板翻開，或改换名目，或以節略輿地紀勝等書爲名，翻開攙奪。」這是祝穆見到過輿地紀勝的證明。本書卷二七漢陽軍赤壁山下又直接引用輿地紀勝關於赤壁山的一條材料，更説明祝穆在編寫方輿勝覽過程中是參閲並利用了輿地紀勝一書的。

方輿勝覽這部書在祝穆生前已經寫就，並刻印成册。據晁公武郡齋讀書志附志、季振宜季滄葦書目、楊守敬日本訪書志、傅增湘藏園群書經眼録諸書記載，此原刻本成于宋理宗嘉熙年間，卷首有吕午序、祝穆自序，序後爲兩浙轉運司録白，又有引用文集目。全書分爲前集四十三卷，後集七卷，續集二十卷，拾遺一卷。前集自浙西路起，至海外四州止；後集爲淮東和淮西兩路；續集自成都路起，至利西路止；拾遺則自臨安府至紹熙每府州各補數條，各集之末又有簡短的告白。楊守敬在日本訪書志中説：「此蓋和父原本。其分數次開雕者，當因資費不足，隨雕隨印行，非别爲起訖也。每卷標題新編四六必用方輿勝覽，蓋本爲備四六之用也。」這個本子目前國内似已不存，所以我們這次在搜集該書版本時没有見到。現在國内所能見到的宋槧本多是祝洙的增訂本。祝洙增訂原書，一是秉厥考之遺言，二是應社會之所需。他在跋文中説：「重整凡例，拾遺則各附其州，新增則各從其類，合爲一袠，分爲七十卷。本朝名賢不敢書其諱，依文選例，謹以字書之。此皆先君子欲更定之遺意。」由此可見，祝穆生前已有更定之意，可能是年老體衰，不能親躬，故由其子來完成。祝洙跋文中又説：「先君子游戲翰墨，編輯方輿勝覽，行于世者三十餘年，學士大夫家有其書，每恨板老而字漫。」祝穆原書既因經費不足而分數次開雕，其版刻質量或許也不甚好，故有板老字漫之説。爲一新原書以應社會之

這種宋咸淳刻本，我們這次一共見到兩部，一部是收藏于北京圖書館的咸淳三年刻印成册。需，祝洙決心重加增訂，並于咸淳三年刻印成册。這種宋咸淳刻本，我們這次一共見到兩部，一部是收藏于北京圖書館的咸淳三年吴堅、劉震孫刻本，另一部是收藏于上海圖書館的也是咸淳三年吴堅、劉震孫刻本。這兩個本子標題已改爲新編方輿勝覽，無「四六必用」四字，也不再分前、後、續集，拾遺則分附各州之下，並新增五百餘條，通篇爲七十卷。雖然它們都標明爲咸淳三年吴堅、劉震孫刻本，但二者之間又有許多不同之處。如北圖本有吕午序、祝穆自序、祝洙跋及咸淳二年的録白，而上圖本却只有吕午序及祝穆自序，無祝洙跋和咸淳二年的録白。又如北圖本字跡清秀雋美，版刻清晰，簡化字不很多，而上圖本則有部分版刻字跡拙劣，印刷模糊，簡化字很多。特别是在内容上也不盡一致，其中卷十、卷二十一、卷二十二差異最大。卷十邵武軍「山川」，北圖本無三臺山條，上圖本則有，共多出六百四十二字，顯係增補所致。卷二十一臨江軍「山川」，北圖本除有淦水條外，又有淦江條，並引陳陶旅泊詩一首，；上圖本删淦江及陳陶詩，存淦水，内容也有變化。卷二十二江州「山川」，大孤山下北圖本原引有黄庶詩一首，小孤山下原引有劉原父、劉沆詩各一首，上圖本均無，而廬山下却新增了白居易的草堂記及李白的廬山謡，共多出三百一十五字。至于個别文字的差異，兩本也所在多有。根據上述情況分析，北圖本當是祝洙增訂的初刻本。若干年後，因某種原因，又用原版加以重印，

但原版中已有部分朽壞，只得重雕，順便也就對其中的某些内容作了增損和修改。因此，上圖本實際上是利用大部分原版和小部分新版配印而成。一般説來，凡字體拙劣、刻印模糊的部分即爲重雕之版。至于兩種本子印行的時間相隔多久，其中内容變化的部分是否仍爲祝洙所定，現在單從版刻的這些差異中已很難作出判斷。但是，就祝洙增訂本對後世影響而言，無論是何種本子，都比祝穆原刻本要大得多，不僅所有元刻本均係據增訂本翻刻，而且流傳到明、清以後的宋本中大部分也都是增訂本。根據清代藏書家的記載，祝穆原本清時國内只有二三家收藏，而祝洙增訂本却有多家收藏，如汪士鐘藝芸書舍宋元本書目、潘祖蔭滂喜齋宋元本書目、瞿鏞鐵琴銅劍樓藏宋元本書目、楊紹和海源閣藏書目、丁日昌豐順丁氏持静齋書目、陸心源皕宋樓藏書志、丁丙善本書室藏書志、楊守敬日本訪書志、傅增湘藏園群書經眼録等均對該書有收録。

方輿勝覽的宋刻本情況已如上述，該書的元刻本也不少，單北京圖書館就收藏有三種，其它如北京大學圖書館、上海圖書館、南京博物院圖書館、杭州大學圖書館、四川師範大學圖書館等也都有收藏，收藏元刻殘本的還有福建省圖書館、貴州省圖書館、南京圖書館、清華大學圖書館、哈爾濱圖書館等單位。從我們在北京圖書館所見到的三種元刻本來看，有一種分裝爲十六册的本子不但没有序跋和目録，甚至連引用文集目也没

有，開首便是卷一浙西路；其它兩種分裝爲二十四册和三十六册的本子，有吕午序、祝穆自序及目録，却無祝洙跋和引用文集目。這三種元刻本的内容和版式均與上海圖書館收藏的宋祝洙增訂本相同，很顯然是此本的翻刻本。四川師範大學圖書館的元刻本是一種巾箱本，前些年原以爲是宋本，經我們與北京圖書館所藏三種元本對校，發現它不是宋本，而是元刻。元本與宋本相比，内容上除個别文字有變化外，一般没有什麽大的改動。

明刻本方輿勝覽我們這次没有見到，但據邵懿辰所撰增訂四庫簡明目録標注引王懿榮的話説，王氏曾見到過明翻元本，必須對看始知。此本或許早已失傳，故今日已不可得見。

清代没有刻印過方輿勝覽，但有很多新的抄本問世。除四庫全書抄本外，我們這次還看到了北京圖書館的昆山徐乾學傳是樓抄本、上海圖書館的江陰繆庭桂震无咎齋抄本、台灣文海出版社影印的孔氏嶽雪樓抄本。這四種抄本中，四庫本和傳是樓本與北京圖書館所藏宋本相同，震无咎齋本和嶽雪樓本則與上海圖書館所藏宋本相同，這顯然是底本不同的緣故。其它見于清代藏書家收録的還有丁日昌豐順丁氏持静齋書目所見舊抄本、張金吾愛日精廬藏書志所見舊抄本等等，不一而足。清代的抄本，與宋、元本比

較，大致有三方面的變化：一是原書中的簡化字一般都改成了繁體字，一些明顯訛誤的錯字也作了更正；二是清廷忌諱的胡、虜等字，抄本中多有改動，如卷十四「山川」四太子河下宋本有「天誘胡雛智詐多」一句，四庫本即改爲「天誘金人智詐多」，而嶽雪樓本和震无咎齋本則改爲「當日天驕智計多」；三是原書中引用唐、宋詩詞及記文序跋甚多，在引録過程中有不少文字訛誤發生，清抄本對這類訛誤改正良多，可惜當時没有寫校勘記的習慣，所以改正的依據何在，今人往往不得而知。

綜合方輿勝覽各種版本的情況來看，宋本中以收藏于北京圖書館的祝洙增訂本較爲精審；元刻本則難分伯仲，各本情況相差無幾；清抄本以四庫本爲好，不但訛誤較少，且爲完帙，嶽雪樓本和震无咎齋本則舛錯時有發生，缺頁又比比皆是。

從内容上看，方輿勝覽還是一部錯誤較多的書。錯誤的多數是抄録及版刻中産生的文字訛誤，但也有少數是祝穆本人不慎所致。如卷十四將劉禹錫西塞山懷古誤題爲金陵懷古，卷十五誤將謝玄暉所作敬亭山詩著于謝靈運名下，卷三十二又將皮日休所作讀襄陽耆舊傳詩誤歸于陸龜蒙，卷三十六將楊廷秀過瘦牛嶺詩誤爲題廋牛嶺，卷五十二更將王勃送杜少府之任蜀州詩説成是李百藥所作，卷六十八還將蘇軾和文與可洋川園天漢臺詩説成是文同所作；如此等等，全書略有十多處。這類錯誤，不但祝洙增訂本未

能糾正，即清代各抄本也一如舊式，以訛傳訛達千餘年之久，直到這次整理才得以改正。

方輿勝覽雖有不少錯誤，叙州郡沿革也過于簡略，但並不是説它就没有多大價值了。該書的價值，可以從三方面來加以概括：一是它的文學價值——書中收録的大量詩文記序及四六用語，很多都是優秀的文學作品，不但對宋、元時期的文人寫作詩詞及表啓文章有過很大的參考作用，即于我們今天，仍可從中吸取許多有益的文學營養。二是它的地理價值——該書保存了一份完整的南宋後期監司軍帥治所的資料，它可使我們對當時的制置、經略、安撫、總領、轉運、提刑、提舉、茶馬、坑冶、市舶、宗正等各司的分布一目了然。這些内容宋史地理志只有少量記載，本書可補其不足。另外，它對各地風俗人情、土特産品的記載，對唐、宋時期江南地區的土地開發、人口增加、交通發達、商業繁榮等有關詩文的大量收録，也爲我們今天研究唐、宋時期的人文地理和經濟地理提供了許多寶貴資料。三是它的文獻價值——書中收録的千餘篇詩文記序，有許多我們今天仍可看到原著，但流傳過程中或多或少都有一些文字訛誤發生，那麽方輿勝覽的記載就可用來校正這些錯誤；有些古代詩文早已散佚，則方輿勝覽的記載便彌足珍貴：如唐人盧元輔所寫杭州伍胥祠銘，南宋臨安三志均未收録，歐陽修集古録也是有目無文，明人田汝成的西湖游覽志只是節略，惟有方輿勝覽載録了全文；又如卷三九邕州右江

下所引桂海虞衡志一條材料今本桂海虞衡志已佚；卷四二雷州雷公廟下所引嶺表録異一條材料今本嶺表録異亦不存；卷五六黎州下所引元和郡縣志一條關于黎州治所的材料今本元和郡縣志亦缺；這些，都可補今通行本古籍之不足。類似的情況全書還有多處，則本書在文獻上的價值也就不言自明了。

既然方輿勝覽是一部很有價值的書，因此今天將它重新整理出版就是一件頗有意義的事。本書的整理工作由我擔任。由于我這幾年是帶病工作，再加上時間倉卒，書稿中存在的問題很可能没有全部發現，已作校勘的也可能有不甚妥帖之處，這些，都是要請廣大讀者隨時批評指正的。

施和金

一九九一年十二月

點校説明

（一）版本：這次點校出版的方輿勝覽，是以上海圖書館收藏的南宋咸淳三年吴堅、劉震孫刻本爲底本，並與其它八種本子的方輿勝覽校勘後排印的。南宋咸淳三年吴堅、劉震孫刻本，北京圖書館亦收藏一部。從刊刻的字跡與内容來看，北圖本是初刻本，上圖本則是利用了大部分的舊板，又補刻了一部分新板配印而成。兩本相較，初刻本的質量要優于補刻本，本應作爲這次點校的底本，但因其缺頁甚多（共缺十五頁，其中目録一頁，正文十四頁），只得退而求其次，另用上海圖書館的補刻本作底本。除上述兩種宋刻本外，我又參校了北京圖書館的三種元刻本。這三種元刻本分别裝訂爲十六册、二十四册和三十六册，均無刻書者姓名，亦無年月，爲區别起見，我分别稱之爲元甲本、元乙本、元丙本。元刻本國内還有多部，限于經費等條件，我未能一一校閲。至于清代的抄本，我這次則參閲了四庫全書本、崑山徐乾學傳是樓本、江陰繆庭桂震无咎齋本、台灣文海出版社影印孔氏嶽雪樓本，一共四種。

（二）校勘：方輿勝覽的校勘工作，最初是用兩種宋本對校，然後參校元刻本和清抄本。在此基礎上，我又校閲了王象之的輿地紀勝。該書在寫作時間上略早于方輿勝覽，不但在體例上二書有相似之處，而且内容上也有許多一致的地方，所以對校勘本書有很大的作用。爲求得較高的校勘質量，對于書中出現的大量詩文記序，我也盡可能作了校勘。由于許多古代作品流傳時間已久，版本也多，往往同一首詩、同一篇文章，各本之間就有不少文字上的歧異。因此，對于歷代名家——如李白、杜甫、蘇軾等人的詩文記叙，我均採用了經專人收集整理過的集子與本書校勘，凡明顯的文字訛誤都作了改正，而一般的文字差異則仍存原文。至于原書中所避宋諱，如玄作元、朗作朗、朓作眺、敬作恭、弘作洪、匡作康、胤作允、貞作真、桓作威、構作構等，今皆改回原字。而書中原有的許多簡化字，如屬作属、齊作齐、學作斈、蠻作蛮、鹽作盐、國作国等，也一併改作繁體字，以保持全書文字的一致性。

（三）校記：方輿勝覽流傳有年，版本亦多，自祝洙增訂本問世以來還從未有人對此書進行過系統的整理。清代的抄本對原書中的一些文字訛誤雖有所是正，然根據何在，却又没有文字説明。所以，我這次所作校勘較細，所寫校記也多，全書共有一千三百三十八條，其中目録部分五十一條，正文部分一千二百八十七條。凡底本有誤而據他本

或古人詩詞文集校正者，均在校記中説明；若底本與他本有異，一時不能斷其是非者，則兩異並存；如底本不誤，而他本有誤，一般不作校記。要加以特别説明的是，本書記各府州建置沿革不但過于簡略，而且錯誤較多，我在校勘中只能就一些明顯的錯誤作出糾正，至于簡略的問題，往往需要對原文重新改寫才能解決，不是校改一二個字就能叙述清楚的。因此，我對本書的建置沿革没有作太多的改動。

（四）標點：本書標點，悉依二十四史標點體例。但有一點要加以説明，即本書所引古人詩文記序甚多，而祝穆引書又不像我們今天這樣嚴格，有時是節録，有時是大意。這次標點，我雖然對所引文字加了引號，但並不認爲它就是與原著一字不差，只是爲了將所引内容標舉出來而已。讀者今後若要轉引，還請查閱原著爲是。

（五）索引：爲方便讀者閲讀本書，我們請張忱石先生爲本書做了地名、人名索引，請讀者在閲讀時注意使用，以得事半功倍之效。

方輿勝覽序

輿地有書尚矣。自上世九丘既逸，而夏之禹貢、周之職方，燦然明備。至秦郡縣天下，兩漢遂有地理、郡國志，歷代多倣之。唐圖十道，皇朝志九域，皆是物也。然秉筆紀載實難，文獻不足，無以參稽而互考，非足履目睹，則真贋詳略何從信之。司馬遷貫紬經傳，旁採子史，又聞長老之所稱，而必觀九江，望五湖，闚洛汭，行淮、泗，而後成河渠之書。東方朔誦詩書二十二萬言，三冬文史足用，又隨師踐赤縣，遨五嶽，行澤陂，息名山，猶以所見參酌山海經，而後神異經、十洲記始作。學問不博，聞見不廣，涉歷不親，而欲會集四海九州山川、風俗、土産、景物、人材、文章、名數、沿革之詳，特誣而已。建陽祝穆和父，本新安人，朱文公先生之母黨也。幼從文公諸大賢游，性温行淳，學富文贍，雅有意於是書。嘗往來閩、浙、江、淮、湖、廣間，所至必窮登臨。與予有連，每相見必孜孜訪風土事。經史子集、稗官野史、金石刻列、郡志，有可採摭，必晝夜抄録無倦色，蓋爲紀載張本也。且許異日成編，當以相示。如是者累年，近訪予錢塘馬城之竹坡，曰：「編成

矣。敢名以方輿勝覽而鋟梓，以廣其傳，庶人人得勝覽也。君幸爲序，以冠其首。」予丕視所載，辭簡而暢，事備而核。各州風物見於古今詩歌記序之佳者，率全篇登入；其事實有可拈出者，則纂緝爲儷語，附於各州之末。較之録此而闕彼，舉略而遺全，循訛而失實，泛濫於著述而不能含咀其英華者，萬萬不侔也。信乎其爲勝覽矣！學士大夫端坐窗几而欲周知天下，操弄翰墨而欲得助江山，當覽此書，毋庸他及。所謂執璿璣以觀大運，據要會以觀方來，不勞餘力，盡在目中，信乎其爲勝覽矣！雖然，我瞻四方，禹迹茫茫，思日闢於先王，慨未歸於故疆，必也志存乎脩攘，步極乎亥章。使吾和父涉歷彌長，聞見彌詳，紀載益鋪張，而勝覽益煇煌，是乃爲邦家之光，予尚得以攫攘其旁。嘉熙己亥良月望日，新安吕午序。

自序

始，予遊諸公間，强予以四六之作，不過依陶公樣，初不能工也。其後稍識户牖，則酷好編輯郡志，如耆昌歜。予亦自莫曉其癖，所至輒借圖經。積十餘年，方輿風物收拾略盡，出以諗予友，乃見譏曰：「還如食小魚，所得不償勞。」予怳然自失，益蒐獵古今記序詩文，與夫稗官小説之類，摘其要語以附入之。予友又唶曰：「天吴與彩鳳，顛倒在短褐。」予復愧其破碎斷續，而首末之不貫也。又益取夫鉅篇短章所不可闕者，悉載全文，大書以提其綱，附註以詳其目，至三易藁而體統粗備，予友亦印可焉。予猶未敢以爲然也，既又携以謁今御史吕公竹坡先生，幸不斥以狂僭，辱爲之序，走不足以當也。嗟夫！昔者孔子嘗曰：「爲命，裨諶草創之，世叔討論之，行人子羽修飾之，東里子産潤色之。」夫以一命令之出，猶更四賢之手，矧予陋聞謏見，徒以兩耳目之所及，而欲該天下之事事物物，坎蛙窺天，其不量甚矣。雖然，世有揚子雲，必知是編之不苟，豈直爲四六設哉！若夫網羅遺逸，啓發愚蒙，予方有望於博雅君子。嘉熙己亥仲冬既望，建安祝穆和父書。

方輿勝覽目録

今將每郡事要標出卷首〔一〕

郡名　風俗　形勝　土産　山川

學館　堂院　樓閣　亭榭　井泉

館驛　橋梁　佛寺　道觀　古跡

名宦　人物　題詠

卷之二十九

卷之三十

卷之六十四……………一二九〇

卷之六十五……………一三〇六

校勘記

〔一〕「今將每郡事要標出卷首」，北圖本「標出卷首」下有「餘並倣此，覽者切幸詳鑒」十字。下文所標事要，北圖本于「堂院」下有「亭臺」一項，「亭榭」則作「軒榭」，無「井泉」，「佛寺」作「寺觀」，無「道觀」，增「祠墓」一項，「人物」下又有「名賢」，「題詠」下則有「四六」。

〔二〕「古杭州寧海軍節度」，底本原缺此八字，據北圖本、四庫本補。

〔三〕「平江軍節度」，底本原缺「節度」二字，據北圖本、四庫本補。

〔四〕「鎮江軍節度」，底本原缺「節度」二字，據北圖本、四庫本補。

〔五〕「昭慶軍節度」，底本原缺「節度」二字，據北圖本、四庫本補。

〔六〕「遂安軍節度」，底本原誤「軍」爲「郡」，又脱「節度」二字，據北圖本、四庫本、宋史卷八八地理志改、補。

〔七〕「石埭」，底本原作「石堞」，據嶽雪樓本及元豐九域志卷六、輿地廣記卷二四、宋史卷八八地理志改。本書卷一六池州下領縣亦作「石埭」，不誤。

〔八〕「新建」，底本原作「新定」，據嶽雪樓本及元豐九域志卷六、輿地廣記卷二五、宋史卷八八地理志改。本書卷一九隆興府下領縣亦作「新建」，不誤。

〔九〕「衡陽耒陽常寧安仁茶陵」，據宋史卷八八地理志，衡州所領之縣尚有酃縣。

〔一〇〕「桂東」，此縣底本原脱，然本書卷二五郴州下列有此縣，四庫本、傳是樓本亦有，核諸宋史卷八八地理志，云桂東縣置于嘉定四年，今據補，並改領五縣爲六縣。

〔一一〕「漢川」，底本原作「汉川」，據嶽雪樓本及元豐九域志卷六、輿地廣記卷二八、輿地紀勝卷七九、宋史卷八八地理志改。

〔一二〕「常德軍節度」，底本原作「武平軍節度」，據輿地紀勝卷六八、宋史卷八八地理志改。

宋會要輯稿方域五作「常慶軍節度」，與輿地紀勝等有異。

〔一三〕「景陵」，底本原作「貴陵」，據嶽雪樓本及元豐九域志卷六、輿地廣記卷二七、輿地紀勝卷七六、宋史卷八八地理志改。本書卷三一復州下領縣亦作「景陵」，不誤。

〔一四〕「威塞軍節度」，此五字有誤。據新五代史卷六〇職方考、宋會要輯稿方域五，此威塞軍節度乃後唐同光元年置于北方之新州，所隸有嬀、儒、武等州，與此廣東之新州無涉。輿地紀勝卷九七、宋史卷九〇地理志等廣東南路下新州均不載威塞軍節度。

〔一五〕「馬平」，底本原作「清平」，據嶽雪樓本及元豐九域志卷九、輿地廣記卷三六、輿地紀勝卷一〇二、宋史卷九〇地理志改。本書卷三八柳州下領縣亦作「馬平」，不誤。

〔一六〕「興業」，底本原作「興樂」，據嶽雪樓本及元豐九域志卷九、輿地廣記卷三七、輿地紀勝卷一二一、宋史卷九〇地理志改。本書卷三九鬱林州下領縣亦作「興業」，不誤。

〔一七〕「恭城」，底本原作「茶城」，據元豐九域志卷九、輿地紀勝卷一〇七、宋史卷九〇地理志改。

〔一八〕「感恩昌化」，底本昌化軍原領宜倫一縣，嶽雪樓本領宜倫、感恩、昌化三縣，本書卷四三昌化軍下亦領三縣，有感恩、昌化，輿地廣記卷三七、輿地紀勝卷一二五、宋史卷九〇地理志亦云昌化軍領三縣，今據補感恩、昌化二縣，並改領一縣爲三縣。

〔一九〕「淮南軍節度」，底本原脱「淮南」二字，據四庫本及元豐九域志卷五、宋史卷八八地理

志補。

〔二〇〕「懷寧」，底本原作「懷安」，據嶽雪樓本及元豐九域志卷五、輿地廣記卷二一、宋史卷八八地理志改。本書卷四九安慶府下領縣亦作「懷寧」，不誤。

〔二一〕「安仁」，底本原作「崇仁」，據嶽雪樓本及元豐九域志卷七、輿地廣記卷二九、宋史卷八九地理志改。本書卷五六邛州下領縣亦作「安仁」，不誤。

〔二二〕「漢源」，底本原作「溪源」，據元豐九域志卷七、太平寰宇記卷七七、輿地廣記卷三〇、宋史卷八九地理志改。

〔二三〕「奉節巫山」，底本夔州原領三縣，除此奉節、巫山二縣外，還有雲山一縣，實爲雲安之訛，今據元豐九域志卷八、宋史卷八九地理志删。據元豐九域志記載，雲安縣本隸夔州，開寶六年以縣建雲安軍，縣即隸軍，故此夔州下不應再將此縣列入。否則，下卷雲安軍下又列雲安縣，似宋代有兩雲安縣矣。

〔二四〕「明通」，元豐九域志卷八與本書同，然輿地廣記卷三三、宋史卷八九地理志均作「通明」，與本書異。

〔二五〕「壁山」，底本原作「壁江」，據嶽雪樓本及元豐九域志卷八、輿地廣記卷三三、輿地紀勝卷一七五、宋史卷八九地理志改。

〔二六〕「隆化」，底本原作「陸化」，據嶽雪樓本及元豐九域志卷八、輿地廣記卷三三、宋史卷八

九地理志改。本書卷六〇南平軍下領縣亦作「隆化」，不誤。

〔二七〕「中江」，底本原作「平江」，據嶽雪樓本及元豐九域志卷七、輿地廣記卷三一、宋史卷八九地理志改。

〔二八〕「大竹」，底本原作「大阡」，據嶽雪樓本及宋史卷八九地理志改。本書卷六四渠州下領縣亦作「大竹」，不誤。

〔二九〕「伏虞」，底本原作「伏靈」，據嶽雪樓本及元豐九域志卷八、宋史卷八九地理志改。本書卷六八蓬州下領縣亦作「伏虞」，不誤。

今具引用文集于後

是編蒐獵名賢記序詩文，及史傳稗官雜説，殆數千篇，若非表而出之，亦幾明珠之暗投。今取全篇分類，以便檢閲，其一聯片語不成章者，更不贅録。蓋演而伸之則爲一部郡志，總而會之則爲一部文集，庶幾旁通曲暢云。

元本拾遺，各入本州之下。新增五百餘條，除山川風俗等無詩文者，餘並標出。覽者詳之。

【記】

秦少游龍井記臨安，下同。

歐陽永叔有美堂記

白居易冷泉記

蘇子美滄浪亭記平江，下同。

朱元晦撰吴公祠記
錢君倚義田記
蘇子美水月禪院記（新增）
蕭定延陵季子廟記（新增）
蘇子瞻思堂記嘉興。
范希文撰子陵祠記建德。
陸農師適南亭記紹興。
朱元晦經史閣記福州，下同。
朱元晦李忠定祠記邵武。
魏華父夢筆山房記
武夷山古記
朱元晦高士軒記泉州。
危逢吉義塚記
汪彦章清風堂記
朱元晦藏書閣記

黄直卿撰尹公祠記
孫逢吉普明記
范至能三高祠記（新增）
汪彦章月觀記鎮江。
白居易太湖石記安吉。
獨孤及新泉記常州。（新增）
吕伯恭修城記台州。
曾子固道山亭記
朱元晦雲谷記建寧，下同。
朱元晦游御史祠記
幔亭峰古記
朱元晦龍巖縣學記漳州，〔一〕下同。
朱元晦新安道院記徽州，下同。
汪彦章晝錦堂記
朱元晦三先生祠記

范至能舍蓋堂記（新增）〔二〕
王平甫清溪亭記
呂伯恭白鹿書院記南康，下同。
朱元晦冰玉堂記
朱元晦劉屯田祠記
曾子固鼓角樓記廣德。
朱元晦濂溪祠記
皇甫湜刺史廳壁記吉州。
曾子固擬峴臺記撫州，下同。
曾子固顏魯公祠記
朱元晦濂溪祠記江州，下同。
張敬夫嶽麓書院記潭州，下同。
柳宗元戴氏堂記
朱元晦石鼓書院記衡州。
掌禹錫鼓角樓記

曾子固思政堂記池州，下同。
杜牧蕭相樓記（新增）
朱元晦直節堂記
張敬夫撰濂溪祠記
韓无咎絶塵軒記信州。
韓愈重修滕王閣記隆興，下同。
李太伯州學記袁州。
黃魯直瑞之亭記瑞州。
朱元晦拙齋記
顏真卿麻姑壇記
白居易司馬廳壁記
張敬夫敬簡堂記
范至能南嶽廟記（新增）
元結刺史廳壁記道州，下同。
張敬夫濂溪祠記

柳宗元萬石亭記永州，下同。
汪彦章玩鷗亭記
朱元晦曲江樓記江陵。
閻伯理黄鶴樓記
歐陽永叔至喜亭記峽州。
胡明仲譙門記澧州。
朱元晦濂溪祠記韶州，下同。
唐子西卓錫泉記惠州。
李覯燕喜亭後記
張敬夫府廳壁記
張敬夫無倦齋記
柳宗元山水記柳州。
張敬夫州學記慶遠。
張敬夫州學記雷州。
朱元晦知樂堂記

柳宗元三亭記
朱元晦濂溪祠記寶慶。
朱元晦社稷壇記鄂州，下同。
范希文岳陽樓記岳州。
陶潛桃花源記常德。
朱元晦撰上蔡祠記德安。
余安道韶亭記（新增）
韓愈燕喜亭記連州，下同。
朱元晦府學記静江，下同。
柳宗元訾家洲記
張敬夫三先生祠記
柳宗元茅亭記邕州。
張敬夫州學記欽州。
朱元晦州學記瓊州，下同。
洪景嚴平山堂記揚州。

歐陽永叔醉翁亭記滁州，下同。
曾子固醒心亭記
王元之竹樓記黄州，下同。
朱元晦二程祠記
蘇明允畫象記成都。
蘇子瞻清風閣記
孫樵書褒城驛記興元。
黄魯直整暇堂記閬州。

【序】

王羲之蘭亭序紹興。
沈存中鴈蕩山序瑞安。
韓愈送陸歙州序徽州。
韓愈荊南唱和序潭州，下同。
曾子固送趙監軍序
朱元晦楚詞集注序

歐陽永叔豐樂亭記
韓无咎風鶴亭記廬州。
蘇子由快哉亭記
張文潛鴻軒記（新增）
蘇子瞻遠景樓記眉州，下同。
黄魯直四賢閣記咸淳。（新增）
黄魯直黔山題名黔州。
馬子才顏魯公祠記蓬州。

韓无咎極目亭詩集序婺州。
朱元晦武夷圖序建寧。
王勃撰滕王閣序隆興。
韓愈送楊支使序
歐陽永叔送廖倚序
韓愈送何堅序道州。

韓愈送廖道士序郴州。
柳宗元愚溪序永州，下同。
柳宗元陪崔使君讌序
韓愈送崔使君序復州。
韓愈送鄭尚書序廣州，下同。
韓愈送竇從事序
韓愈送區册序連州。
范至能虞衡志序靜江。
曾子固送李材叔序柳州。
劉原父送楊使君序鬱林。
韓愈盛山十二詩序開州。
歐陽永叔庶子泉序滁州。

【奏議】

蘇子瞻開西湖奏狀臨安，下同。
朱元晦廟議
太常撰朱文公謚議建寧。

【碑誌】

蘇子瞻表忠觀碑臨安。
韓愈撰徐偃王廟碑衢州。
韓愈南海廟碑廣州。
蘇子瞻撰昌黎廟碑潮州。
柳宗元文宣王廟碑柳州，下同。
韓愈羅池廟碑
韓愈撰柳宗元墓誌
蘇子瞻撰伏波廟碑雷州。
蘇子瞻峻靈王廟碑昌化。

【傳】

朱元晦記祝公遺事徽州。

陶潛撰孟府君傳鄂州。

蘇子瞻記程公遺事眉州。

【書】

李白與韓侯書江陵，下同。

韓愈與柳公綽論兵

【銘】

盧元輔胥山祠銘臨安。〔三〕（新增）

李白天門山銘太平。（新增）

張謂長沙土風碑銘潭州。（新增）

元結丹崖隱居銘永州。

柳宗元武岡銘武岡。

蘇子瞻九成臺銘韶州。

王履道覺軒銘新州。

蘇子瞻桄榔庵銘昌化。

蘇子瞻四達齋銘高郵。

張孟陽劍閣銘劍門，下同。

柳宗元劍門銘

【贊】

朱元晦聚星亭贊建寧。

朱元晦撰張南軒贊潭州。

黃魯直撰東坡贊昌化。

王爯二蘇贊眉州。

今具引用文集于後

【頌】

元結大唐中興頌永州。

【檄】

孔稚圭北山移文

【賦】騷附

孫綽天台山賦台州。

屈原漁父辭潭州，下同。

王仲宣登樓賦江陵。

蘇子瞻赤壁賦（前、後）黄州。

蘇子瞻灧澦堆賦夔州，下同。

【樂府】

朱元晦水調歌頭建德。

秦少游海棠橋詞鬱林。

蘇子瞻點絳唇詞

黄魯直江西道院賦瑞州。

賈誼弔屈原賦

朱元晦虞帝廟樂歌静江。

左太冲蜀都賦成都。

宋玉高唐神女賦

蘇子瞻定風波詞賓州。

步蟾宫詞揚州，下同。

【雜說】

柳宗元捕蛇說永州，下同。

周茂叔愛蓮說

【雜文】

蔡君謨戒弄潮文臨安，下同。

海潮論

汪綱鎮越堂柱記紹興，下同。

汪綱飛翼樓柱記

汪綱秋風亭柱記

祝和父朱文公祠上梁文建寧。

陸龜蒙馬當山文池州。

柳宗元逐畢方文永州。

韓愈祭鱷魚文潮州。

王介甫諭俗文邕州。

【祭文】

朱元晦祭李延平文南劍。

朱元晦祭鄭自明文興化。

蘇子瞻祭歐陽公文吉州。

【雜志】

都亭驛燕北使首末臨安，下同。

徑山開山事狀

陳晹叔登西樓鎮江，下同。

沈存中夢溪卜居

王羲之題蕺山姥扇紹興，下同。

謝安東山之遊

今具引用文集于後

王逵剡溪訪戴

續齊諧記流觴曲水

江郎廟事跡

劉阮泛胡麻事跡台州，下同。

雷電敕六丁事跡

盧舍那佛事跡建寧，下同。

梨山廟事跡

大乾夢録七條

李白捉月辨太平。

雷轟薦福碑饒州。

馬祖道場事跡贛州。

杜甫牛炙辨衡州。

赤壁之辨鄂州。

呂洞賓事跡

李衡種橘比千户侯常德。

賀知章賜鑑湖

爛柯山事跡衢州，下同。

金華山王初平事跡婺州。

天王祠事跡

謝靈運木屐遊山瑞安。

扣冰佛事跡

大乾廣祐王事跡邵武，下同。

延平津雙劍南劍。

歐陽硯譜徽州。

許旌陽錦帷隆興。

仰山廟事跡袁州。

九疑蒼梧之辨道州。

雲夢之辨岳州，下同。

歐陽永叔夢黄牛廟峽州。

漢書載蠻瓠事跡辰州。

真武神事跡均州。
曹溪開山事跡韶州。
狄漢臣平儂賊首末
王介甫不見知魏公揚州，下同。
韓世忠大儀之捷
謝玄淝水之捷安豐。
陵井監事跡隆州。
蠶叢魚鳧開國事跡成都。
論端硯品第肇慶。
廣西市馬首末邕州，下同。
海鰌鱗鬣如紅旗吉陽。
杜牧微服出遊
杜牧骰子賭酒
巢湖陷事跡無爲。
蠶女事跡漢州。

【小說】

左慈盆中釣鱸魚平江。
永公爲房琯前身常州。
鵠奔亭女子訴冤肇慶。
趙師雄梅花下飲惠州。
腰錢騎鶴
張騫乘槎成都。
杜牧觀水嬉湖州。
唐王榭至烏衣國建康。
韓湘開頃刻花潮州。
王播飯後鐘揚州，下同。
淳于棼槐安宮

【詩】

山類

沈約早發定山臨安，下同。
王介甫飛來峰
楊廷秀曉登金山鎮江，下同。
韓垂金山（新增）
王介甫三山岡
蘇子美何山安吉。（新增）
葛立之東山（新增）
周雲叟江郎山衢州。
韓愈送惠師歸天台山
皮日休玉霄峰
元微之劉阮山
王龜齡委羽山
蔡天啓天台山
郭功父天竺峰
蘇子美天平山平江。（新增）
楊傑金山（新增）
王介甫崑山嘉興，下同。
葛立之峴山安吉。（新增）
秦少游卧龍山紹興，下同。
王介甫遊天童山慶元。
任翻登巾子山絶頂台州，下同。
李白夢遊天姥峰
郭三益寒石山
陳述古韋羌山
方干天台山
謝靈運孤嶼瑞安，下同。

李建中白鶴山
徐凝縉雲山處州。
趙子直至鼓山
王逵鰲頂峰
李左史大隱屏建寧，下同。
翁彦約天柱峰
陳覺民武夷山
朱元晦武夷山
趙閲道遊武夷
周樸無等巖
黄滔壺公山
李彌遜石獅巖漳州。
謝玄暉登三山
李白鳳臺山（新增）
郭功父懷青山太平，下同。

王龜齡醉翁巖
蔡君謨九仙山福州，下同。
王逵方山
歐陽詹梨嶺
朱元晦大隱屏
辛幼安玉女峰
楊廷秀武夷山
方伯謨武夷山
王龜齡姜相峰泉州，下同。
翁承贊壺公山興化，下同。
鄭樵北山巖
王介甫鍾山四首建康，下同。
王介甫三茅山三首
宋齊丘鳳臺山（新增）
李白天門山

今具引用文集于後

王介甫白紵山
李白望夫山
李白靈墟山
謝玄暉敬亭山寧國，下同。
劉禹錫敬亭山
郭功父水車嶺池州，下同。
李白九華山
潘閬九華山
楊衡青牛谷
李白五老峰
歐陽永叔廬山高
晁无咎廬山
韓无咎雲山信州，下同。
陸放翁月巖
王介甫徐巖

李白慈姥山
劉禹錫望夫山
楊廷秀題二梁山
李白敬亭山
李白送人歸黃山徽州。
李白五松山
崔搊九華山
白居易香爐峰
謝靈運石壁精舍
李白廬山謠
朱元晦遊廬阜
王貞白廬山
朱喬年月巖
晁无咎仙巖
施必達丫頭巖

詩話載僧詠西山隆興，下同。

楊廷秀曉望荷山瑞州。

謝靈運華子岡建昌，下同。

謝道韞杉嶺

晁无咎廬山江州，下同。

謝靈運登石門山

劉原父小孤山（新增）

黄庶大孤山（新增）

張敬夫聖燈巖潭州，下同。

朱元晦聖燈巖

杜甫望嶽

朱元晦登南嶽

盧肇登南嶽

柳宗元西巖永州，下同。

柳宗元朝陽巖

唐宣宗大雄山

王介甫烏石岡撫州。

曾子固麻姑山送羅尉

陶弼閤皂山臨江。

楊廷秀廬山

白居易石門山

劉沖之小孤山（新增）

蘇子由山陽（新增）

朱元晦登祝融峰

張敬夫祝融峰日觀

劉禹錫南嶽

李白南嶽

韓愈岣嶁山

元結朝陽巖

黄魯直遊朝陽巖

黄魯直澹巖
李白黄鶴山鄂州，下同。
杜牧赤壁
蘇子瞻武昌西山壽昌，下同。
劉禹錫君山岳州，下同。
湘中老人君山
李白峴山襄陽，下同。
李羣玉二巖廣州。（新增）
曹松霍山循州。
謝靈運羅浮山
蘇子瞻羅浮山
韓愈貞女峽
胡邦衡鐵坑山南恩，下同。
宋貫之陽朔山静江。
陶弼仙影山賓州。

杜陵朝陽巖
李白赤壁
蘇子瞻赤壁
韓无咎跋西山
黄魯直君山
過客題玉泉山荆門。（新增）
李涉峴山
查許國鳴弦峰英德。
蘇子瞻泉山惠州，下同。
劉禹錫羅浮山
韓愈同冠峽連州，下同。
張九齡正陽峽南雄。
胡邦衡峒石山
陶弼題仙巖融州。
李德裕鬼門關容州。

夏子喬登狼山通州。
歐陽永叔幽谷
周明老龜山迴文招信。
羅隱四頂山廬州。
阮户部濡須塢
蘇子由九華山（新增）
蘇子瞻塗山濠州，下同。
黄魯直龍門山安慶，下同。
周美成投子山
杜甫雪山成都。
李白登峨眉山
馮當可三峰眉州，下同。
雍德裕富樂山綿州，下同。
杜甫青城山永康。
張少俞霧山

顧況琅琊山滁州，下同。
梅聖俞石屏路
楊廷秀第一山
王介甫八公山無爲，下同。
龔相濡須塢
謝玄暉八公山安豐。
蘇子由塗山
李白司空山
韓子蒼遊赤壁黄州。
陳子昂峨眉山嘉定，下同。
李白峨眉山月
唐子西富樂山
范希文盤石山
陸務觀青霞嶂邛州，下同。
杜甫白鹽山夔州，下同。

李白白帝山
杜甫鳳山大寧監。
黄知命猿啼山施州，下同。
蘇子瞻安樂山瀘州，下同。
歐陽詹題石臼嶺興元，下同。
李義山百牢關
杜甫五盤嶺（新增）
岑參五盤嶺（新增）
李商隱劍門
陸務觀錦屏山閬州，下同。
杜甫龍門山大安。
李誠之麥積山天水，〔四〕下同。
袁桂豆積山鳳州，下同。
杜甫鳳凰山同慶，下同。
杜甫泥功山

杜甫百牢關
黄魯直下巖萬州。
黄魯直過瘦驢嶺
任伋遊安樂山
崔覲題駱谷
杜甫石櫃閣利州，下同。
李嶠白衛嶺
杜甫劍閣劍州，下同。
李白蜀道難劍門。
杜甫閬山歌
杜甫飛仙嶺沔州。
李百能醉仙崖
王韋御愛山
杜甫仇池山
杜甫木皮嶺

杜甫石龕

【詩】

石類

皮日休石公山石板平江。　方翥仙篆石興化，下同。

方翥粘蠔石　元結石溪石魚道州。

章希言放鉢石南雄。　杜甫石笋行成都，下同。

杜甫石犀行　杜甫石鏡

【詩】

洞類

余爽玉京洞台州。　林迥宿猿洞福州。

李義山毛竹洞建寧。　李泰伯秦人洞建昌。

蘇子瞻三遊洞峽州，下同。　歐陽永叔三遊洞

蘇子由三遊洞　陶潛桃花源常德，下同。

蘇子瞻和桃花源　劉商題桃源水洞

王介甫題桃源圖　劉禹錫桃源洞（新增）

今具引用文集于後

蘇子瞻浮山洞濠州。

蘇子瞻碧落洞韶州。

黃魯直石牛洞安慶，下同。

王介甫題石牛洞

范景仁岑公洞萬州，下同。

馬冉岑公洞

黃魯直岑公洞

【詩】

江淮類

丘希範旦發漁浦潭臨安，下同。

謝靈運富春渚

劉禹錫海潮

李白海潮

陳希元吴江平江，下同。

王介甫吴江（新增）

王介甫松江（新增）

孟浩然西津渡鎮江。

王介甫華亭水嘉興。

王龜齡黃龍江泉州。

李白玉鏡潭瑞安。

謝靈運出新林浦建康，下同。

杜牧秦淮

胡璞采石渡太平，下同。

郭功父采石渡

劉孝綽繁昌浦

劉禹錫牛渚磯

李白牛渚磯

王介甫牛渚磯
李白秋浦六首池州。
蘇子由東湖江州。（新增）
韓愈屈潭潭州，下同。
李白赤壁磯鄂州，下同。
蘇子由赤壁磯
楊炯西陵峽峽州。
蘇子瞻釣潭惠州。
鄭谷瓜洲渡
胡曾汴河
陸務觀蜀江眉州。
杜甫巫峽客居
張祜巫峽
杜甫灩澦堆
范至能瞿唐峽

沈休文新安江徽州。
佘安道贛水贛州。
蘇子由射蛟浦（新增）
古詩洞庭湖（新增）
杜牧赤壁磯
杜牧漢江漢陽。
韓愈泛舟曲江韶州。
王介甫望淮口揚州，下同。
李白瓜洲新河
杜荀鶴巢湖無爲。
梁簡文帝巫峽夔州，下同。
李白自白帝下江陵
杜甫瞿唐峽
白居易入瞿唐峽
白居易送人赴峽

杜甫長江二首

韋應物嘉陵江順慶。

温庭筠南渡（新增）

杜甫水會渡

杜甫萬丈潭同慶。

【詩】

湖類

白居易西湖三首臨安，下同。

林君復西湖

李白鑑湖紹興。

李義山玄武湖建康。

蘇子瞻慈湖阻風

謝靈運彭蠡湖南康，下同。

王介甫彭蠡湖

戴叔倫東湖

鮮于子駿巴江重慶。

杜甫桔柏潭利州，下同。

杜甫白沙渡隆慶，下同。

杜甫閬水歌閬州。

蘇子瞻西湖三首

蘇子美太湖平江。

陳長卿西湖福州。

李白丹陽湖太平，下同。

張濱鵝湖信州。

李白過彭蠡湖

郭功父東湖隆興，下同。

王龜齡西湖興國。

李白郎官湖漢陽。
杜甫洞庭湖岳州，下同。
孟浩然洞庭湖
李白洞庭湖
劉元方洞庭湖記鬼
楊廷秀西湖惠州，下同。
唐子西謫官湖
江文叔西湖靜江。
黃魯直五湖高郵。
房琯遊湖漢州，下同。
趙閱道房公湖
蘇子由房公湖
程珦房公湖
宋景文房公湖
陸務觀房公湖

【詩】

溪澗類

楊廷秀過霅川大溪安吉。
李紳若耶溪紹興。
楊廷秀曉泊蘭溪婺州。
許渾東橫瀨台州，下同。
孫應時黃巖溪
倪思港灘南劍。
朱元晦九曲櫂歌建寧，下同。
洪景盧遊九曲
蔡君謨上溪興化。
楊修直瀆建康，下同。

王介甫霹靂溝

李白姑熟溪太平。

李白清溪寧國，下同。

李白六刺灘

蘇子瞻皇恐灘贛州。

吕温遊黄溪潭州。

白居易黄牛灘峽州。

郭功父菖蒲澗廣州，下同。

蘇子瞻菖蒲澗

崔輔國石頭灘淮安，下同。

王介甫邗溝

韋應物西澗滁州，下同。

王元之明月溪

王安上瀜溪和州。

杜甫浣花溪成都。

姚莩東溪簡州。

歐陽永叔下牢溪歸州。

蘇子瞻鐵溝行施州。

【詩】

池塘類

李白横塘建寧。

劉莘老雷池潭州。

杜牧雷塘揚州。

曾子開統軍池滁州。

王介甫吴塘陂安慶。

杜甫南池閬州。

鄭谷東池泗州，下同。

朱慶餘東池〔五〕

司馬君實東沼　蘇子瞻東池

【詩】

洲堤類

汪聖錫琵琶洲饒州。　孟浩然龍沙隆興。

李白鸚鵡洲二首江陵。　胡明仲偃虹堤岳州。

郭功父藥洲廣州。（新增）

【詩】

泉類

王介甫寒穴泉嘉興。　黄魯直惠山泉常州，下同。

蘇子瞻惠山泉　趙紫芝龍湫瑞安。

王介甫龍井隆興。　蘇子瞻廉泉贛州。

劉莘老聰明泉吉州。　蘇子由浪井江州。

元結橘泉郴州。　沈傳師蒙泉荆門，下同。

蘇子瞻蒙泉　孫鄰幾蒙泉

歐陽永叔蒙泉　范諷題萊公泉峽州。

今具引用文集于後

吴隱之酌貪泉廣州。　蘇子由蜀井眉州，下同。
秦少游蜀井　王元之三泉安慶。
杜甫引水夔州，下同。　王龜齡義泉
樊汝賢滴浮泉順慶。

【詩】

瀑布類

王介甫賦水簾衡州。　畢田水簾衡州。
蔡希蘧瀑布漳州。　李白開先瀑布南康，下同。
徐凝開先瀑布　蘇子瞻開先瀑布
蘇子瞻開先漱玉亭　朱元晦開先瀑布
陳舜俞棲賢三峽　蘇子瞻棲賢三峽
朱元晦棲賢三峽　唐宣宗瀑布瑞州。

【詩】

温泉類

白居易温泉南康，下同。　朱元晦温泉
蘇子瞻湯泉惠州。　查仲本温泉重慶。

【詩】

園塢類

晏同叔金梶園撫州。　王介甫東園真州，下同。

獨孤及垂花塢　文與可郡圃洋州。

【詩】

第宅類

白居易州宅平江，下同。　元微之州宅

白居易和微之州宅　王介甫郡齋即事建康，下同。

李白陸機宅（新增）　劉禹錫江令宅（新增）

楊灝江東道院太平。　杜甫茅屋爲風所破成都，下同。

杜甫成都卜居　杜甫東屯故宅夔州，下同。

杜甫遷居白帝城

【詩】

堂舍類

高宗中和堂（御製）臨安，〔六〕下同。　趙閲道中和堂（絶句）

陸天隨木蘭堂（絶句）平江。
孫尚書題浮遠堂江陰。
王龜齡觀風堂紹興。
謝靈運西射堂瑞安，下同。
汪聖錫止戈堂福州。
朱元晦武夷精舍
韓无咎武夷精舍
王龜齡安静堂
蔡君謨共樂堂興化，下同。
王介甫鍾山草堂建康。
郭功父懷青山草堂
朱元晦白鹿書堂
朱元晦清浄退菴
范希文慶朔堂饒州。
楊廷秀碧落堂瑞州。

陳希元碧瀾堂安吉。
趙閲道高齋衢州。
洪景伯三瑞堂台州。
蘇子由戲彩堂
朱元晦晦菴建寧，下同。
李彌遜宿觀妙堂
王龜齡中和堂泉州，下同。
蔡君謨愛松堂
陳長卿共樂堂
郭功父姑孰堂太平，下同。
蘇子由五老堂南康，下同。
朱元晦卧龍菴
晁无咎面山堂信州。
黄魯直愛竹堂吉州。
朱元晦題隱齋袁州。

朱元晦題敬簡堂潭州，下同。
張敬夫城南書院
阮美成清淑堂郴州。
胡明仲康功堂永州。
郭功父宅生堂封州。
陶弼柑子堂柳州。
蘇子瞻桄榔菴昌化。
王介甫屏山堂揚州，下同。
蘇子瞻平山堂次韻
蘇子由平山堂
秦少游平山堂次韻
范希文文會堂泰州。
王介甫静山堂安慶。
杜甫草堂成都，下同。
杜甫謝寄題草堂
杜甫燕越公堂夔州。
吕澤父安静堂文州。
趙衆吏隱堂龍州，下同。
范景仁吏隱堂
司馬君實吏隱堂

【詩】

亭類

孝宗冷泉亭（御製）臨安，下同。
蘇子瞻冷泉亭
白居易西亭平江，下同。
蘇子美吴江亭（新增）
白居易松江亭
蘇子美寶墨亭鎮江。

蘇子瞻水亭安吉，下同。

張籍西亭（新增）

方干環溪亭建德，下同。

王介甫鄞縣西亭慶元，下同。

王介甫衆樂亭

趙閲道濯纓亭衢州。

謝靈運南亭瑞安。

王汝舟碧巖亭

孫尚書茅亭

王介甫賞心亭

王介甫半山亭

王介甫割青亭

楊脩新亭（新增）

林君復水亭（新增）

楊廷秀玩鞭亭太平，下同。

白居易白蘋洲五亭

楊廷秀浄遠亭

方干千峰榭

司馬君實衆樂亭

錢君倚衆樂亭

陸務觀最高亭婺州。

蔡君謨春野亭福州，下同。

朱元晦豁然亭泉州，下同。

王琪賞心亭建康，下同。

杜牧佳麗亭

王介甫籌思亭

李白勞勞亭

林君復翠微亭（新增）

楊廷秀新亭（新增）

韓无咎玩鞭亭

郭功父蛾眉亭
李白登謝公亭
楊廷秀翠微亭
楊廷秀漱玉亭南康，下同。
張安國玉淵亭
章希言玉光亭信州，下同。
韓无咎橋亭
王龜齡四望亭
黄魯直白雲亭
黄魯直干越亭
王龜齡干越亭
曾子固幽谷亭
蘇子由琵琶亭江州。
孟賓于湘江亭
韓愈合江亭衡州。

今具引用文集于後

黄魯直曲江亭寧國，下同。
杜牧弄水亭池州，下同。
杜牧貴池亭
朱元晦黄雲觀
朱元晦歸來館
王介甫玉光亭
汪聖錫四望亭饒州，下同。
劉長卿白雲亭
劉長卿干越亭
張祜干越亭
王介甫南浦亭隆興，下同。
蘇子瞻塵外亭贛州。
鄭谷望湘亭潭州，下同。
陶商翁碧湘門
元結白雲亭道州，下同。

元結漶泉亭
柳宗元西亭永州。
蘇子瞻至喜亭峽州。
鮑溶沉碑亭襄陽，下同。
蘇子瞻浴日亭廣州，下同。
陶弼還珠亭
楊廷秀望韶亭
趙德遠雙溪亭新州。
蘇子瞻息軒昌化。
楊廷秀飛步亭招信。
蘇子由九曲亭滁州，下同。
歐陽永叔醒心亭
杜牧烏江亭和州。
楊廷秀罷社亭濠州。
王龜齡江月亭夔州。
元結欸乃亭
留題玉泉亭荆門。
蔡持正車蓋亭德安。
李紳望海亭
楊廷秀浴日亭
蘇子瞻盡美亭韶州，下同。
蘇子韶松風亭惠州。
李德遠望闕亭吉陽。
秦少游摘星亭揚州。（新增）
米元章壯觀亭真州。
曾子開茶山亭
常安民醒心亭
范希文濯纓亭高郵，下同。
蘇子瞻短李亭濠州。
范希文干雲亭邛州，下同。

勾龍信美亭
陸務觀瑞豐亭咸淳。
杜甫水亭潼川。
張無盡戲仙亭廣安。
杜甫滕王亭閬州，下同。
杜甫玉臺亭
陸務觀秋風亭歸州。
閻蒼舒海觀瀘州。
黃魯直鎖江亭叙州。
文與可寶峰亭利州。
陸務觀奪錦亭
蘇子瞻披錦亭洋州。

【詩】

軒類

周繇東軒鎮江，下同。
周繇北軒
黃魯直也足軒
陸務觀致爽軒
杜牧北軒
趙閱道獻琴軒簡州，下同。
范至能致爽軒永康，下同。
黃魯直此君軒榮州。

【詩】

樓類

蘇子瞻望海樓臨安。
白居易齊雲樓平江。

李白北固樓鎮江，下同。
曾子固多景樓
米元章多景樓（新增）
皇甫冉萬歲樓（新增）
楊次公明月樓安吉。
沈約八詠樓婺州，下同。
李易安八詠樓
謝靈運登池上樓瑞安。
楊脩烽火樓建康。（新增）
獨孤霖疊嶂樓（新增）
杜牧九峰樓（新增）
白居易庾樓江州。（新增）
黄魯直南樓二首鄂州，下同。
李白黄鶴樓送孟浩然
盧郢黄鶴樓

范希文北固樓
劉改之多景樓
王元之多景樓（新增）
杜牧消暑樓安吉。（新增）
唐子西越王樓紹興。
嚴維八詠樓
崔顥八詠樓
張九齡石頭驛樓建康。（新增）
李白北樓寧國，下同。
王鞏題蕭相樓池州，下同。
胡致隆星子樓南康。（新增）
王貞白庾樓江州。（新增）
李白聽黄鶴樓吹笛
崔顥黄鶴樓
蘇子瞻黄鶴樓

王龜齡黃鶴樓
杜甫登岳陽樓岳州，下同。
韓愈登岳陽樓
白居易岳陽樓（新增）
張繼西樓（新增）
許渾韶陽樓韶州。（新增）
齊唐登城樓南雄。
柳宗元登城樓柳州，下同。
孫逖楊子江樓揚州。
張頔清淮樓濠州。
李白登錦城散花樓成都。
杜甫最高樓夔州，下同。
白居易四望樓萬州。
白居易東西樓二首咸淳。
陸務觀西樓

李白南樓
李白登岳陽樓
顏延年登巴陵城樓
王介甫題白雪樓郢州，下同。
陳去非海山樓廣州。
蘇子瞻合江樓惠州。
王子明西樓南恩。
杜牧迷樓
趙嘏宴花樓淮安。（新增）
杜牧齊安城樓黃州。
杜甫越王樓綿州。
杜甫題終明府水樓
白居易登東樓惠州。
杜甫宴楊使君東樓敘州，下同。

【詩】

臺類

楊廷秀姑蘇臺平江。

李白越王臺紹興，下同。

李白鳳凰臺建康，下同。

楊廷秀鳳凰臺

周紫芝越臺（新增）

蘇子瞻鬱孤臺贛州，下同。

程公闢題鬱孤臺（新增）

王介甫擬峴臺撫州。

鄒志完登嶽麓臺潭州。

蔡持正釣魚臺德安。〔七〕

陸天隨越王臺

張九齡登逍遥臺韶州。

蘇子瞻登逍遥臺濠州，下同。

文與可天漢臺洋州。

楊廷秀妙高臺鎮江。

王龜齡月臺

王介甫九日臺

楊無爲雨花臺（新增）

杜甫鳳凰臺（新增）

趙閱道鬱孤臺

蘇子瞻八境臺

朱元晦定王臺潭州。

劉莘老絳帳臺江陵。

郭功父石屏臺廣州，下同。

許渾越王臺

胡邦衡望海臺南恩。

蘇子瞻觀魚臺

【詩】

閣類

陸務觀玉霄閣台州。

徐璣丹青閣

王介甫滕王閣

婁乾德潺潺閣袁州。

黃魯直題慈氏閣永州。

秦少游雲山閣揚州。

蘇子瞻鑒空閣瓊州，下同。

張唐民捫參閣昌州。

程公闢蓬萊閣隆州。（新增）

趙季西丹青閣建寧，下同。

杜牧滕王閣隆興，下同。

王平甫滕王閣

王介甫清風閣撫州。

黃魯直松風閣壽昌。

郭功父天柱閣安慶。

蘇子瞻通明閣

秦少游蓬萊閣隆州。（新增）

【詩】

館驛類

方干松江驛平江。（新增）

杜牧雲溪館安吉。

張祜平望驛平江。（新增）

李伯紀晞真館建寧。

張祜弋陽館建康。（新增）
韓愈次石頭驛隆興，下同。
羅隱江陵館江陵。（新增）
韓愈題廣昌館棗陽。
郭功父鳳凰驛英德。
杜牧横江館黄州。
黄魯直題歌羅驛紹慶。
鄭國華牛尾驛昌州。
胡曾金牛驛
武元衡嘉陵驛
羅隱籌筆驛
薛逢籌筆驛
楊子方上亭驛
薛逢黄花驛鳳州。
李白宛溪館寧國。
朱元晦毛山驛
張祜洞庭南館岳州。（新增）
李紳水館揚州。（新增）
寇平仲海康西館雷州。〔八〕
張演題萬安驛綿州。
杜甫通泉驛潼川。
元微之青雲驛興元，下同。
李義山望喜驛利州，下同。
李義山籌筆驛
杜牧籌筆驛
羅隱上亭驛隆慶，下同。
石才孺青陽驛二首沔州。

【詩】

橋梁類

王介甫垂虹橋平江，下同。
鄭毅夫垂虹橋
鄭介夫吴江橋（新增）
劉禹錫臯橋
陸務觀題丁卯橋鎮江。
郭功父洛陽橋泉州。
郭功父三峽石橋南康，下同。
蘇子由三峽石橋（新增）
楊廷秀三峽橋（新增）
王介甫三峽橋（新增）
趙湘天台石橋台州。
蘇子瞻何公橋英州。
陳君舉洛陽橋泉州。
蘇子瞻西新橋惠州，下同。
蘇子瞻東新橋
杜甫萬里橋成都。
杜牧二十四橋揚州。
陶雍折柳橋簡州。

【詩】

佛寺類

白居易天竺寺臨安，下同。
宋之問遊靈隱寺
蘇子瞻遊靈隱寺次韻
蘇子瞻靈隱寺禱雨

白居易望孤山寺
綦毋潛天竺寺（新增）
白居易遊虎丘寺平江，下同。
白居易遊靈巖寺
張繼楓橋寺
孟郊崑山寺
王元之虎丘寺（新增）
王介甫崑山寺次韻
蘇子瞻遊甘露寺
張祜金山寺
楊蟠金山寺
曾子固金山寺
郭祥正金山行
蘇子美金山寺（新增）
盧肇甘露寺（新增）

蘇子瞻遊徑山寺
陶翰天竺寺（新增）
蘇子瞻遊虎丘寺
劉禹錫生公講堂
韋應物承天寺
張祜崑山寺
李德裕虎丘寺（新增）
沈存中甘露寺鎮江，下同。
孝宗皇帝金山寺（御製）
孫魴金山寺
王介甫金山寺二首
蘇子瞻遊金山寺
蘇子瞻訪焦山
羅隱金山寺（新增）
張祜慈和寺（新增）

梅聖俞鶴林寺（新增）
李涉鶴林寺
張祜題普利寺
杜荀鶴石壁寺衢州。
杜荀鶴天台寺
趙嘏雲門寺紹興。（新增）
丁公言題黄蘗寺
朱元晦西林寺南劍。〔一〇〕
蘇子瞻遊蔣山寺建康，下同。
王介甫定林寺二首
李白昇元寺（新增）
王介甫寶剩院（新增）
朱元晦歸宗寺南康，下同。
王介甫落星寺
朱元晦萬杉寺

綦毋潛鶴林寺（新增）
蘇子瞻遊何山寺安吉，下同。
張祜惠山寺常州。
皮日休國清寺台州，下同。
宋之問雲門寺紹興。（新增）
蔡君謨囊山寺福州，下同。
雪峰寺無字碑〔九〕
朱元晦題石佛院泉州。
王介甫半山寺
温庭筠清涼寺（新增）
王介甫長干寺（新增）
杜牧開元寺寧國。
黄魯直落星寺四首
朱元晦落星寺
朱元晦楞伽寺

釋無可二林寺（新增）
范希文芝山寺（新增）
蘇子由萬杉寺（新增）
劉潛夫清凉寺建康，下同。
陸子静鵝湖寺信州，下同。
黄魯直慈雲寺贛州，下同。
黄魯直南塔寺吉州。
白居易東林寺
王韶東林寺
杜甫嶽麓道林寺潭州，〔一一〕下同。
裴説道林寺（新增）
韋蟾道林寺（新增）
沈傳師嶽麓寺（新增）
黄魯直頭陁寺鄂州。
范諷甘泉寺常德。

馬戴廬山寺（新增）
蘇子由歸宗寺（新增）
王介甫落星寺（新增）
劉潛夫鐵塔寺
朱元晦鵝湖寺
蘇子瞻天竺寺
白居易大林寺江州，下同。
李白東林寺
白居易西林寺
韓愈湘西寺
崔珏道林寺（新增）
劉長卿麓山寺（新增）
羅隱嶽麓寺（新增）
寇平仲甘泉寺常德。（新增）
蘇子瞻靈洲寺廣州，下同。

蘇子瞻峽山寺
許渾峽山寺
楊廷秀南華寺韶州，〔一二〕下同。
蘇子瞻栖禪寺惠州。
蘇子瞻宿浄行院廉州。
蘇子瞻石塔寺
羅隱開元寺
王介甫舟過長蘆寺
黄魯直長蘆寺（新增）
趙嘏靈巖寺（新增）
韓子蒼景德寺泰州。
岑參凌雲寺嘉定，下同。
陸務觀凌雲大像
陸務觀靈泉寺歸州。
杜甫香積寺

李翺峽山寺
楊廷秀峽山寺
宋之問廣智寺（新增）
徐安國靈峰寺横州。
羅隱禪智寺揚州，下同。
杜牧禪智寺
劉貢父長蘆寺真州，下同。
韋應物永定寺
白居易靈巖寺招信。（新增）
羅鄴靈巖寺（新增）
吕坦夫大寧院無爲。
黄魯直東律院
司空文明凌雲寺（新增）
杜甫登牛頭寺潼川，下同。
丁公言廣利寺

孫正臣資聖院

鄭谷題汧江寺

王雍三學山寺懷安。

【詩】

道觀類

蘇子瞻洞霄宮臨安。

李白桐柏觀曉望台州，下同。

孟浩然宿桐柏觀

朱元晦景德觀南康，下同。

朱元晦簡寂觀

蘇子瞻簡寂觀（新增）

蘇子由仙都觀（新增）

郭功父五仙觀黄州。

鄭畋白鶴觀梧州。

李白訪康山道士綿州。

胡叔豹題儲福宫

崔塗冲相寺渠州，下同。

陸務觀無等院叙州。

白居易東寺閬州。

葉正則龍瑞宫喜雨紹興。

鄭薰桐柏觀

趙師秀題桐柏觀

楊次公簡寂觀

李白送女真歸延真觀

蘇子由白鶴觀（新增）

李白紫極宫江州。

蘇子瞻白鶴觀惠州。

蘇子瞻玉局觀成都。

沈少南題儲福宫永康，下同。

【詩】

祠廟類

王介甫柘湖神嘉興。

王介甫吴大帝廟建康。

黄魯直宫亭廟

胡致隆仰山廟袁州。

陳去非大孤山聖母廟

李白黄陵廟

戴叔倫三閭廟

韓愈木居士廟

唐軍將三閭廟岳州。（新增）

郭功父忠景廟肇慶。

錢諫議淮陰廟淮安。

羅昭諫淮陰廟

汪遵淮陰廟

李紳禹廟紹興。（新增）

楊廷秀三賢祠南康，下同。

楊廷秀梅仙祠隆興。

白居易靖節祠江州。

韓愈謁南嶽廟潭州。

杜甫黄陵廟

韓愈謁杜子美祠衡州。

羅隱木居士廟

楊廷秀東廟廣州。（新增）

司馬君實伏波廟鬱林。

劉禹錫淮陰廟

許渾淮陰廟〔一三〕

張右史淮陰廟

今具引用文集于後

歐陽永叔露筋廟高郵。
杜甫項王廟和州，下同。
許表項王廟
裴徹題孟拾遺祠眉州。
蘇子由高唐神女廟（新增）
白居易神女廟
李羣玉神女廟
鮑溶神女廟
李涉神女廟
蘇子瞻神女廟
劉夢得蜀先主廟
杜甫白帝廟
蘇子瞻萊公祠歸州，下同。
杜甫明妃廟
楊凌明妃怨

蘇子瞻彭祖廟濠州。
胡曾項王廟
杜甫武侯廟成都。
劉禹錫神女廟夔州，下同。
吴簡神女廟
李義山神女廟
李賀神女廟
韋莊神女廟
元微之神女廟
杜甫蜀先主廟
杜甫武侯廟二首
蘇子瞻白帝廟
白居易明妃廟
李白明妃怨
王介甫明妃怨

蘇子瞻嚴顏廟咸淳，下同。　杜甫禹廟

【詩】

墳墓類

錢惟岳題曹娥墓碑紹興。〔一四〕　朱元晦過張魏公墓潭州。〔一五〕

韓愈過杜子美墓衡州。　羅昭諫題漂母墓淮安。

蘇子瞻屈原塔咸淳。　杜荀鶴經賈島墓遂寧，下同。

唐安錡過賈島墓

【詩】

古跡類

王介甫仙姥墩臨安。〔一六〕　劉禹錫館娃宮平江。

王介甫陸機宅嘉興，下同。　王介甫吳王獵場

王介甫秦皇馳道　王介甫顧林亭

翁卷獨孤檜常州，下同。　徐凝寒食過蘇小墓

范希文白雲源二首建德，下同。　權載之釣臺

黃魯直釣臺二首　胡明仲題釣臺（絶句）

今具引用文集于後

潘德久題釣臺
項安世題釣臺
劉禹錫石頭城建康，下同。
李白謝公墩
劉禹錫烏衣巷
胡曾景陽井
楊廷秀石頭城
劉禹錫江令宅（新增）
李白相公井太平，下同。
蘇子瞻過李公擇故居南康。
白居易過陶公故宅江州。
蘇子瞻渚宮江陵。
鄭谷莫愁村郢州。
劉禹錫梁二帝陵荆門。
柳宗元緑珠井鬱林。

許渾題釣臺
王龜齡過蔡端明故居興化。
劉禹錫臺城
王介甫謝公墩
陸天隨景陽井
王介甫鍾山草堂
李白陸機宅（新增）
楊脩晉新宫（新增）
李白謝公宅
陰鏗豐城劍池隆興。
曾子開園詩潭州。
謝玄暉登孫權故城壽昌。〔一七〕
胡曾銅柱辰州。
楊廷秀韓木潮州。
羅隱題煬帝陵揚州，下同。

李義山隋宮

張祜雙檜

韓子蒼富鄭公讀書堂泰州。〔一八〕

蔣穎叔玉女井高郵。

劉禹錫歷陽城和州。（新增）

張安國東坡黃州。

杜甫相如宅成都，下同。

岑參草元臺

岑參琴臺

岑參卜肆

李白陽雲臺夔州。

蘇子瞻永安宮

杜甫八陣蹟

劉禹錫八陣蹟

白居易巴子臺咸淳。

杜甫陳拾遺學堂潼川，下同。

杜甫過代公宅

胡曾褒城興元。

【詩】

人物類

真宗賜蔡伯倫（御製）福州。

蘇子瞻題三賢畫像平江。

蘇子瞻題太白真太平。

黃魯直拜劉凝之像南康。

黃魯直梅鄧二仙臨江。

顏真卿詠陶靖節江州，下同。

黃魯直濂溪詩并序

王介甫題杜子美像衡州。

杜甫同元道州舂陵行道州。
郭功父紀趙康州忠節德慶。
黄魯直題東坡真
魏砬紀曹覲忠節封州，下同。
王介甫詠范增無爲。
白居易詠麴令安慶。
杜甫詠宋玉歸州。
韓愈詠賈島普州。
陸務觀龍興寺弔少陵咸淳。

【詩】

花木類

高宗皇帝御製紅木犀慶元。
傅伯成素馨花泉州。
陸抗寄梅花南安。〔一九〕
李德裕玉蘂花揚州，下同。

劉禹錫詠善卷常德。
黄魯直東坡謫居惠州，下同。
黄魯直送秦少章揚州。
杜牧贈李甘
徐孝節紀趙師旦忠節淮安。
黄魯直題王元之墨蹟黄州。
韓愈詠謝自然全州。
袁世弼題劉仁瞻像安豐。
杜甫詠陳子昂潼川。

林君復賦梅花臨安。
陸務觀偃松亭瑞州。
二宋落梅德安。
劉禹錫后土廟玉蘂花

王元之玉蘂花

劉原父玉蘂花

何遜梅花

范希文牡丹泰州。

蘇子瞻萬松亭黄州。

蘇子瞻松風亭梅花惠州。

蘇子瞻龍眼廉州。

鄭谷海棠成都。

杜甫東閣早梅崇慶。

唐子西芙蓉溪綿州。

白居易木蓮咸淳。

杜甫荔支瀘州，下同。

蘇子瞻安樂山天符葉

黄魯直題此君軒榮州。

黄魯直荔支叙州，下同。

黄魯直苦笋

蘇子瞻篔簹谷洋州。

寇平仲慈光院海棠閬州。

【詩】

菓實類

韋應物洞庭橘平江。

程公闢荔支福州。

蘇子瞻將軍樹荔支惠州。

柳宗元城西種柑柳州。

白居易嘉慶李萬州。

杜牧華清宮荔支涪州，下同。

蘇子瞻荔支歎

白居易荔支樓咸淳。

杜甫荔支瀘州。

【詩】

茶類

杜牧茶山安吉。

黄魯直謝壑源揀芽建寧。

黄魯直雙井茶隆興。

【詩】

禽魚類

蘇子瞻五色雀瓊州，下同。

蘇子瞻烏喙

杜甫杜鵑行成都。

杜甫子規夔州。

杜甫得房公池鵝漢州。

杜甫觀打魚歌綿州。

【詩】

器用類

曾文清竹紙紹興。

白居易琵琶行江州。

白居易紫毫筆寧國，下同。

白居易紅線毯

王介甫寄謝池紙池州，下同。

黄魯直清江紙

王介甫水晶信州，下同。
韓愈謝蘄竹簟蘄州，下同。
李賀紫石硯肇慶，下同。
韓浦蜀牋成都。
趙閱道聽琴簡州。
梅宛陵水晶
白居易寄元九蘄簟
王介甫端石硯
杜甫桃竹杖引潼川。
杜甫煮鹽大寧。

【詩】
節序類
蘇子瞻不及赴觀燈平江。
蘇子瞻上元夜惠州。
杜牧九日登齊山池州。

【詩】
寄贈類
方干贈許明府嘉興，下同。
王介甫贈湖州守安吉，下同。
羅隱贈湖州守
劉禹錫寄常州守
楊大年寄劉秀州
白居易寄錢湖州李蘇州
鄭谷寄從叔員外（新增）
韓愈寄皇甫湜建德，下同。

許棠寄侯郎中（新增）
方雄飛贈段處州
王介甫寄丁元珍
白居易寄張使君衢州。（新增）
陳陶贈張怡使君漳州。（新增）
李白贈宇文宣城寧國，下同。
李白贈崔秋浦二首
韋應物寄盧侍御隆興。（新增）
黄魯直寄吉州司法
王介甫寄張鄂州
柳宗元寄京中親故柳州。
鮑溶贈海陵韓長官泰州。
王建寄薛校書成都。
盧綸寄循州趙司馬
李光贈杜君昌化。

朱昌叔寄王荆公江陰。
元微之寄白居易紹興，下同。
黄滔贈霍員外慶元。（新增）
陳陶贈温州韓使君瑞安。（新增）
李白贈王昇州建康。
李白贈宣州長史
王介甫望雲亭贈南康守
黄魯直寄廖袁州
王介甫贈白華巖李生撫州。
杜甫贈韓諫議岳州。
温庭筠贈淮陰縣令淮安。（新增）
劉禹錫寄楊壽州安豐。
白居易寄李蘄州
蘇子由贈嚴有象循州。
郭功父寄吉陽守

杜甫寄嚴鄭公成都，下同。

韋皋贈何遐簡州。

白居易寄楊萬州萬州，下同。

杜甫寄裴施州

鄭谷寄裴員外遂寧。

杜甫呈嚴大夫

杜甫寄高彭州

鄭谷寄南浦謫官

黃魯直寄張施州

杜甫寄李劍州。

【詩】

和答類

王介甫金陵懷古建康，下同。

王介甫詶朱昌叔江州。

蘇子瞻和霍朝請贛州。

蘇子瞻答周循州

白居易和劉和州

劉貢父和王介甫韻

謝玄暉答呂法曹寧國。

劉禹錫詶崔朗州常德。

達州刺史詶白居易

白居易詶元刺史達州。

【詩】

餞送類

仁宗御製送梅摯臨安，下同。

王介甫送張仲容赴杭州

殷堯藩送客遊吴平江。（新增）
王介甫送吴江宰〔二〇〕
歐陽永叔送胡學士（新增）
方干送霍明府江陰。（新增）
張籍送朱慶餘
李白送賀監
李白送友人遊越（新增）
蘇子瞻送錢婺州
韓愈送惠師歸天台
張蠙送董台州（新增）
趙嘏送張又新除温州（新增）
孫逖送楊法曹（新增）
王介甫送元厚之福州，下同。
朱元晦送胡正字建寧，下同。
黄魯直送閩漕

杜荀鶴送人遊吴平江，下同。
張籍送戴玄之（新增）
司馬君實送章伯鎮（新增）
王介甫送顔著作紹興，下同。
范至能送丁司理
王介甫送張宣義
張籍送李評事遊越（新增）
李白送楊山人歸天台台州，下同。
方干送孫百篇遊天台（新增）
方干送永嘉王明府瑞安。（新增）
杜荀鶴送朱處州處州，下同。
劉長卿送齊郎中（新增）
吕伯恭送人歸閩
劉長卿送建安陸使君
包何送李泉州

曹松送方干遊上元建康。（新增）
劉長卿送人之歙
白居易送人之信州
盧綸送姚使君（新增）
皇甫冉送李録事（新增）
李端送苗明府（新增）
王介甫送奉新張宰隆興，下同。
孔平仲送分寧宰
王介甫送李袁州
鄭介夫送吕司理贛州。
蘇子瞻送江公著吉州。
曾子固送錢撫州
韓愈送人歸湖南潭州，下同。
賈至送韋明府（新增）
張祜送韋整尉長沙（新增）

李白送韋參軍徽州，下同。
戴叔倫送人之廣信信州。
楊大年送章玉山
章孝標送張饒州饒州。
姚合送張使君（新增）
王介甫送人赴官南康
王介甫送程公之豫章
黄魯直送武寧尉
黄魯直送密老住五峰
傅伯成送留尚書
羅隱别阮兵曹撫州。
周繇送薛尚書江州。（新增）
賈至送王員外（新增）
戎昱送張秀才（新增）
張籍送嚴郴州

姚合送杜邵州寶慶，下同。
杜甫送人之江陵
曾子固送漢陽守
雍陶送徐使君岳州。（新增）
李白送王君尉龍溪沅州，下同。
韓愈送人從遊鄴侯隨州。
韓愈送鄭尚書
梅堯臣送唐御史英德，下同。
王介甫送人之韶州
韓愈送嚴桂州静江，下同。
白居易送嚴桂州
張籍送嚴大夫（新增）
張籍送王梧州
陳陶送韋象州
嚴維送李儋州昌化。

朱慶餘送邵州林使君
杜牧送人歸江陵
皮日休送弟歸復州
司空曙送史申之峽州。（新增）
釋無可送宋明府（新增）
杜甫送李廣州廣州，下同。
皮日休送李廣州
李誠之送唐御史
陳希元送人及第歸潮州
杜甫送楊桂州
王建送嚴桂州
陶弼送人典獄梧州
杜牧送容州守
釋無可送使君赴瓊州（新增）
李白送人之廣陵揚州。

趙嘏送盧緘歸揚州（新增）
王介甫送吴真州
羅隱送宿松宰安慶。
杜甫送嚴公入朝成都。
蘇子瞻送吕嘉州
賈島送穆少府眉州。
蘇子瞻送周漢州
劉禹錫别官吏夔州，下同。
司空曙送班使君（新增）
蘇子瞻送裴施州
劉長卿送任侍御黔中
杜荀鶴送人尉黔中（新增）
姚合送楊東川潼川，下同。
蘇子瞻送周正孺
司馬君實送張遂州

韓翃送郭贊善真州，下同。
劉商送元楚州
白居易送李使君蘄州。（新增）
王勃送杜蜀州崇慶。〔二一〕
蘇子瞻送張嘉州
蘇子瞻送宋彭州迎侍
王介甫送李邛倅
盧綸送班使君（新增）
元積别李十一達州。
唐嘉祐送人赴黔中紹慶，下同。
杜甫送王判官還黔中
張祜送李長史涪州。（新增）
杜甫送李判官
王維送梓州李使君（新增）
杜甫送祁録事合州。

江總別袁昌州　杜甫送鮮于巴州

韓翃送楊巴州　項斯送姚金州

方干送姚員外赴金州（新增）　岑參送程成州同慶。

杜甫送章判官　許崇送樊使君龍州。（新增）

【詩】

飲燕類

杜牧、張祜赴燕聯句揚州。　羊士諤燕成回將士資州。

【詩】

尋訪類

杜甫謝嚴中丞見訪成都，下同。　杜甫謝嚴公携酒枉駕

【詩】

留題類

回仙題沈東老壁安吉。　楊廷秀題太平寺畫水常州。

胡德輝題天慶觀畫龍常州。　楊輔題陳德逢壁建康。

劉季孫題屏風饒州。　周少隱題東坡戴笠圖昌化。

陳無己題紫極觀畫馬淮安。

【詩】

哀悼類

徐得之悼黃山谷慶遠。

黃魯直悼陳後山潯州。

杜甫悼陳子昂潼川。

【詩】

諸州風土

白居易杭州臨安，下同。

顧非熊經杭州（新增）

陸機吴趍行平江，下同。

陸天隨吴中

杜牧潤州二首鎮江，下同。

沈存中秀州秋日嘉興。

蘇子瞻將之湖州

王介甫越州

方干旅次錢塘（新增）

白居易杭州春望

韋應物郡中燕集

白居易姑蘇二首

李仲殊潤州

林子中湖州安吉，下同。

王介甫常州

唐人越州

張伯玉越州
顧况永嘉
胡曾劍津南劍。
張籍汀州
王介甫金陵郡齋
李白金陵二首
杜牧金陵懷古
謝靈運宣城登望
黄魯直宣城郡
曾紆宣州水西（新增）
黄魯直豐城隆興。
白居易初到江州
汪聖錫次興國軍
戴叔倫過郴州（新增）
李太白江陵

舒信道明州
韓祇福州
王介甫漳州
謝靈運金陵鼓吹曲建康，下同。
曾景建金陵百咏
劉禹錫西塞山懷古〔二二〕
張宛丘于湖曲太平。
謝靈運宣城呈沈尚書
林子中宣城郡
范希文上饒郡齋
蘇子瞻過虔館作贛州。
白居易江州晚望
吕温道州途中即事（新增）
韓愈郴口
陸務觀楚城江陵。

盧綸晚次鄂州（新增）
杜甫峽州
胡曾峽州
韓愈次安陸德安。
李百藥郢城懷古郢州。（新增）
朱慶餘廣州
楊廷秀經韶州
劉夢得潮州
蘇子瞻惠州風物
韓愈陽山縣齋連州。
沈彬陽朔縣静江，下同。
柳宗元柳州七首
張籍象州
宋之問發藤州（新增）
陶弼賓州
王建荆門
蘇子瞻峽州
歐陽永叔峽州
崔寔過襄陽（新增）
楊廷秀英州英德。
韓愈將至韶州
韓愈南食潮州，下同。
楊廷秀經梅州
李伯紀經循州
章公言南雄州
陶弼桂州外縣
陶弼邕州
蘇子瞻藤州對月
蘇子瞻梧州二首
李義山昭州

今具引用文集于後

郭功父賀州

丁公言崖州

韋應物揚州揚州，下同。

獨孤及揚州

王建揚州

羅隱揚州故都

劉貢父倅海陵泰州。

吕本中次寶應

歐陽永叔次高郵二首

楊廷秀高郵軍

鄭肇合肥郡廬州，下同。

林君復無爲軍

王介甫到舒州

方干齊安郡

陶弼容州

蘇子瞻儋州擬古二首

劉長卿揚州

杜荀鶴揚州

黄魯直過廣陵

孟遲廣陵城

陳羽宿淮陰縣淮安。

陶應次寶應

王元之滁陽滁州。

喻坦之晚泊盱眙招信。（新增）

朱昭合肥

王介甫封舒國安慶，下同。

杜牧齊安郡三首

盧思道成都

杜甫蜀道畫圖成都。

陳羽嘉州聞夷歌

蘇子由初發嘉州（新增）

羅隱綿州逢故人

陸務觀夔府書懷

杜甫巫山縣

戎昱雲安阻雨

陸務觀憶萬州

杜甫鄭典設自施州歸

杜甫忠州咸淳，下同。

杜甫梓州（五言）三首潼川，下同。

杜甫次鹽亭二首

范至能合州

蘇子瞻叙州

薛能發嘉州嘉定，下同。

陸務觀嘉州

文與可彭山縣眉州。

杜甫夔州（五言）

杜甫夔州（七言）

黄魯直巫山縣

杜甫雲安

黄魯直次清江簿韻施州。

宋瀚涪陵郡涪州。

白居易忠州八首

杜甫梓州（七言）二首

杜甫通泉縣二首

陸務觀初到榮州紹熙。

方干金州客舍金州。（新增）

杜甫發閬中歌閬州，下同。　杜甫蒼溪縣

和凝洋州　韓億洋州

陸務觀鳳州　韓稚圭鳳州

王拱辰鳳州　趙閱道鳳州

杜世昌經成州同慶，下同。　杜甫同谷縣

邵稽仲龍州

【詩】

拾遺類

蘇子瞻將往富陽臨安，下同。　太學生洪皓父寄詩〔一三〕

晁无咎七述　蘇子由鶴林招隱鎮江。

謝靈運初發都瑞安，下同。　謝靈運齋中讀書

謝靈運初去郡　韓愈賦李郴州禱雨

白居易矮奴道州。　黃魯直讀中興頌永州，下同。

張右史讀中興頌　米元章讀中興頌

張安國讀中興頌

王瞻叔讀中興頌

趙汝譡讀中興頌

張安國送人赴省江陵。

蘇子瞻江郊惠州。

杜甫負薪行夔州，下同。

李白自序珍州。

黃魯直竹枝歌黔州。

潘大臨讀中興頌

范至能讀中興頌

李白襄陽歌

李善美大堤曲襄陽。

杜牧揚州珠簾十里

劉禹錫竹枝歌

杜甫最能行歸州。

校勘記

〔一〕「漳州」，底本原作「潭州」，傳是樓本作「漳州」。據本書卷一三，龍巖縣屬漳州，朱元晦龍巖縣學記亦載于此州之下，作「潭州」誤，「漳州」是，今改正。

今具引用文集于後

〔二〕「舍蓋堂記」，底本原誤「舍」爲「金」，據本書卷一六歙州下所載范至能舍蓋堂記改。

〔三〕「盧元輔胥山祠銘」，底本原誤「盧元輔」爲「盧光輔」，據本書卷一及西湖遊覽志卷一二改。

〔四〕「麥積山」，底本原作「積麥山」，據本書卷六九天水軍下所載麥積山乙正。

〔五〕「朱慶餘」，底本原作「宋餘慶」，全唐詩卷五一四録此東池詩，作者爲朱慶餘，蓋本書訛「朱」爲「宋」，又誤倒「慶餘」爲「餘慶」，今據以改正。新唐書卷六〇藝文志録有朱慶餘詩一卷，注云「名可久，以字行，寶曆進士第」。

〔六〕「高宗中和堂」，「高宗」，底本原作「光宗」。本書卷一臨安府中和堂下所引御製詩，云光堯太上皇帝所作，據宋史卷三二高宗紀，「光堯太上皇帝」乃高宗尊號，此作「光宗」有誤，今改正。

〔七〕「釣魚臺」，底本原誤「釣」爲「鈎」，今據四庫本、傳是樓本及本書卷三一德安府下所載釣魚臺改。

〔八〕「寇平仲」，底本原作「冠平仲」，據宋史卷二八一寇準傳改。平仲爲寇準字，其海康西館詩載于本書卷四二雷州下。

〔九〕「雪峰寺」，底本原作「雲峰寺」，據本書卷一〇福州下所載雪峰寺改。

〔一〇〕「朱元晦西林寺」，「朱元晦」，底本原作「朱公晦」，據宋史卷四二九朱熹傳改正。元晦爲朱

熹字，其西林寺詩載于本書卷一二南劍州下。

〔一一〕「杜甫嶽麓道林寺」，底本原作「道林嶽麓寺」，有誤。本書卷二三潭州下有云：「道林寺，在嶽麓山下。」其所引杜甫詩，亦題爲嶽麓山道林二寺詩，全唐詩卷二二三同，今據以乙正。

〔一二〕「楊廷秀」，底本原脱「秀」字，據四庫本及本書卷三五韶州南華寺下「楊廷秀」補。

〔一三〕「許渾」，底本原誤作「許澤」，據全唐詩卷五三八許渾韓信廟改。

〔一四〕「紹興」，底本原作「潭州，下同」。核本書所載，錢惟岳題曹娥廟碑在卷六紹興府，不在潭州，今改正。

〔一五〕「潭州」，此二字底本原無，核本書所載，朱元晦過張魏公墓詩在卷二三潭州下，今據補。

〔一六〕「仙姥墩」，底本原誤「仙」爲「阿」，據本書卷一臨安府所載仙姥墩改。

〔一七〕「壽昌」，底本原作「武昌」，據北圖本、四庫本改。武昌爲縣，屬壽昌軍，按本書例，此引文只注州軍名，不注縣名，故應作壽昌。

〔一八〕「富鄭公讀書堂」，底本原脱「鄭」字，據本書卷四五泰州下「富鄭公讀書堂」補。富鄭公即富弼，宋史卷三一三富弼傳云：「英宗立，召爲樞密使。居二年，以足疾求解，拜鎮海軍節度使、同中書門下平章事、判揚州，封祁國公，進封鄭。」

〔一九〕「南安」，底本原作「萬安」，核本書卷四三萬安軍下無陸抗寄梅花詩，此詩見于本書卷二二南安軍下，則此「萬安」實爲「南安」之訛，今據改。

〔二〇〕「王介甫送吴江宰」，「吴江」，底本原作「長江」，誤，據本書卷二平江府所引王介甫送吴江宰詩改。吴江爲平江府屬縣。

〔二一〕「王勃送杜蜀州」，「王勃」，底本原作「李百藥」，誤。此詩乃王勃所作，載于王子安集卷三、全唐詩卷五六，今據改。

〔二二〕「劉禹錫西塞山懷古」，「西塞山」，底本原作「金陵」，誤，據劉禹錫集卷二四改。參見本書卷一四校記〔二六〕。

〔二三〕「洪皓」，底本原作「洪浩」，據本書卷一及宋史卷三七三洪皓傳改。

方輿勝覽卷之一

浙西路

臨安府

錢塘　仁和　餘杭　臨安　富陽　於潛　新城　鹽官　昌化

【建置沿革】禹貢揚州之域。（寰宇記）牽牛、婺女，吴地，斗分野。（漢地理志）春秋時，初屬越；越敗，屬吴；吴滅，又屬越；越敗，屬楚；秦併天下，屬會稽郡。漢因之。東漢分浙西爲吴郡。陳立錢塘郡。隋平陳，置杭州。唐改爲餘杭郡，後復爲杭州。國朝錢俶納土，改爲寧海軍，分浙東、西爲兩路，陞爲帥府。〔一〕中興駐蹕，陞杭州爲臨安府，仍舊浙西安撫使兼兵馬鈐轄。統郡八，領縣九，治錢塘、仁和兩縣。

兩浙轉運置司。

事要

【郡名】行在所、漢書：「天子以四海爲家，故所居曰——。」國朝紹興八年詔：「昔在光

武之興，雖定都於洛，而車駕往返，見於前史者非一，用能奮揚威靈，〔二〕遞行天討，上繼隆漢，朕甚慕之。朕荷祖宗之休，克紹大統，夙夜危懼，不常厥居。比者巡幸建康，撫綏淮甸，既已申固邊圉，獎率六軍，是故復還臨安，內脩政事，繕治甲兵，以定基業，非厭雨露之苦，而圖宮室之安也。」遂定都，故今日以臨安府爲———。脩門、見宋玉賦。京華、見選詩。武林、以山得名。錢塘、九域志：「錢塘，初爲潮水所損，州人華信以私錢作塘捍潮，因號錢塘。」餘杭。寰宇記：「夏禹捨舟航登陸于此，因名。」

【風俗】其俗輕揚。圖經：「古揚州，——勁躁而——，故曰揚州。」其民好用劍。漢志：「吴、越之君尚勇，故云云，輕死易發。」其君子尚禮。隋志：「云云，庸庶厚厖。」其習俗工巧，見後有美堂記。邑屋華麗。同上。俗尚侈靡，臨安志。米珠薪桂。馬子才送陳自然西上序略曰：「朔風驚沙，枯梢號寒，子行亦良苦。聞之京師曰—如買—，—如束—，膏肉如玉，酒樓如登天。驟雨至矣，黑潦滿道，則馬如游龍；清霜激風，客衣無襦，抱膝而苦調，則火如紅金。」以舟檝爲車馬，吴越春秋：「人性脆，水行山處，以舟爲車，以檝爲馬。」商賈並湊，隋志：「餘杭有海陸之饒，云云。」五方雜處。周淙告詞：「輦轂之下，云云，豪强輕於犯法，姦伏易以乘間，巧僞充斥，犴獄繁興，非得材臣，罔克彈治。」

【形勝】西界浙河，唐杜牧：「云云，東奄左海。」內抱湖山，秦少游雪齋記：「杭，大州也，外帶濤江漲海之險，云云。竹林之勝，其俗工巧，羞質朴而尚靡麗，其事佛爲最勤。」〔三〕爲一都會。

見有美堂記。**平陸皆江之故地。**蘇子瞻六井記：「潮水避錢塘而東擊西陵，所從來遠矣。沮洳斥鹵，化爲桑麻之區，而久乃爲城邑聚落，凡今州之云云。」**輦轂之下先彈壓。**唐柳仲郢云。**天下之形勢。**晁无咎七述云：「杭之故封，左浙江，右具區，北大海，南天目，萬川之所交會，萬山之所重複；或瀬或湍，或灣或淵，或岐或孤，或袤或連，滔滔湯湯，渾渾洋洋，纍纍浪浪，隆隆卬卬，若金城天府之疆。其民既庶而有餘，既姣而多娛。可導可疏，可航可桴，可跂可踰，可權可車，若九洲三山，接乎人世之廬，連延迤邐，環二十里。邑居攸聚，蟻合蜂起，高城附之，如帶繞指，隱以爲脊，折以爲尾。湮河塹華，不足方比；方城、漢水，胡敢競美？當昔夫差之盛時，内姑蘇以爲心腹，而外城此以爲身。革車千乘，甲士萬人，粟支十年，帛散千屯，灑汗成雨，連衽成雲。乃有大夫伯嚭、行人伍員之徒通其謀，將軍孫武、公子夫差之徒用其衆。嘗以國政之閑，發徒截江，命習戰事。於是張翠羽之蓋，靡魚須之游，擢鷁足之楫，曳龍尾之舟，凌鱣鼉之車，戲賁育之儔。飄鼓吹乎下風，隘戈矛乎上流，乍往乍還，乍後乍先，若亂而若聯；乍止乍馳，乍合乍離，迭唱而迭隨。驚鮫人泣，馮夷清江，忽兮怒濤飈風，爲之揚旗。已而即次，食具樂作，三軍皆賀，響震山壑。其强如此，故姑蘇恃以爲南蔽，而能驅唐、蔡，蹂齊、魯，侵尋乎百粤，隳突乎三楚，栖勾踐乎窮山，鞭平王乎頹墓。此亦天下之形勢也。」**過其地者必駐軾。**西征記：「自浙江艤舟古岸下，登其上曰杭州，横空列城，爲國大藩。乘熊軾而建隼旗，必王公巨人，非刺史、郡太守常二千石比也。觀其閩商海賈，雲赴輻湊，犀貝魚鹽，駢羅於其中。龍山據其首，西湖蟠其腹，天竺聳其膺，東山卧其背。樓臺上下，如錦繡圖。被髮文身者，吴、越之舊俗也。

水犀射首者，戰江之餘勇也。金堤玉渠靈臺廣榭者，錢氏之故基也。霓裳羽衣綽約靡曼者，蘇小之遺態也。故過其地者必軾焉。」

【山川】鳳凰山，在城中。下瞰大江，直望海門，今大内在焉。○郭璞地記：「天目山前兩乳長，龍飛鳳舞到錢塘。」吴山，在錢塘縣南六里。上有伍子胥廟，命曰胥山。有井泉，清而且甘。孤山，去錢塘舊治四里。湖中獨立一山，人多留題。紹興十六年建四聖延祥觀。○張祜詩：「斷橋蒼蘚合，空院落花深。」句家山，在嘉會門外。多植桃，春時都人游觀，最爲勝賞。武林山，在錢塘舊治之北半里，今爲錢塘門裏太一宫道院土阜是也。元名虎林，避唐朝諱，改「虎」爲「武」。寶蓮山，在吴山之北。龍山，在城南十里，郭璞所謂「龍飛鳳舞」。天目山，在臨安縣西五十里。有兩峰，峰頂各一池，左右相對，名曰——。——有洞府三十六所，嘗有徐五仙、張道陵飛昇。定山，在錢塘南四十七里。突出浙江數百丈，潮至此輒抑聲，過此復雷吼霆怒。○沈約早發詩：「夙齡愛遠壑，晚涖見奇山。標峰綵虹外，置嶺白雲間。傾壁忽斜豎，絶頂復孤圓。歸海流漫漫，出浦水濺濺。野棠開未落，山櫻發欲然。忘歸屬蘭杜，懷祿寄芳荃。眷言採三秀，徘徊望九仙。」浮山，在錢塘舊治東南四十里。蘇子瞻奏狀云：「潮水東來，勢若雷霆，而——峙於江中，犬牙錯入，以亂潮水。」廟山，在錢塘縣南七十里，突出江心，潮勢至此方殺。臨平山，晉武帝時，————崩，出一石鼓，擊之無聲，以問張華，華云：「可以蜀中桐木刻作魚形扣之。」赤松山，在富陽縣。赤松子嘗駕鶴于此。萬松嶺，去

錢塘十里，夾道栽松。○白居易詩：「萬株松木青山上，十里沙堤明月中。」**慈雲嶺**、在嘉會門外。上有錢王郊壇。**風篁嶺**、脩篁怪石，風韻凄然，因名———。**鷲嶺**、在府西十二里，有巖石室、龍泓洞。〔四〕十三洲記曰：「錢塘武林山，泉源出焉。晉咸和中有西乾梵僧登此山，歎曰：『此武林山是中天竺國靈—山之小—，不知何年飛來。』乃創靈隱寺。」**北高峰**、在靈隱山後。**南高峰**、在南山石塢煙霞洞後。**飛來峰**：又名天竺山，乃葛仙翁得道之所。○郭功父詩：「誰從天竺國，移得一峰來？占盡湖山秀，最宜煙雨開。」○王介甫詩：「飛來山上千尋塔，聞説鷄鳴見日昇。不畏浮雲遮望眼，自緣身在最高層。」此亦可見公被遇神考始終，人不能間也。**呼猿洞**、在飛來峰下。其洞有路可透天竺。**水樂洞**、在南山。泉流空谷中，自然宫商。東陽亦有之。**風水洞**：去錢塘舊治五十里，在楊村慈巖院。洞極大，流水不竭。洞頂又有一洞，清風微出，故名。**九里松**：乃入天竺路。**蘇公堤**：元祐間，蘇子瞻築堤湖上，自孤山抵北山夾道植柳，林子中榜曰———。章子厚詩：「天面長虹一綫痕，直通南北兩山春。」後吕惠卿奏毁之。乾道作新堤，自南山净慈寺前直抵北山。湖分爲兩，遊人大舟不能達於北山。紹興中始造二高橋，出北山達於大佛頭，舟行往來始無礙。**浙江**、在錢塘。莊子云：「浙河即浙江，取其曲折以爲名。」○吴王既賜子胥死，乃取其屍盛以鴟夷之革，浮之江中。子胥因流揚波，依潮來往，蕩激隄岸，勢不可禦。或有見其乘白馬素車在潮頭者，因爲之立廟。每歲仲秋既望，潮水極大，杭人以旗鼓迓之。弄潮之戲，蓋始乎此。然或有沉溺者。○治平中，郡守蔡君謨作戒弄潮文云：「斗、牛之分，吴、越之中，維江濤之最雄，乘秋風而益怒。乃其習俗，于以遊觀。厥有

善泗之徒，競作弄潮之戲，以父母所生之遺體，投魚龍不測之深淵，自爲矜夸，時或沉溺。精魄永淪於泉下，妻孥望哭於水濱。生也有涯，盍終於天命；死而不弔，重棄於人倫。推予不忍之心，示爾無窮之戒。所有今年觀潮，並依常例。其軍人百姓，輒敢弄潮，並行科罰。」**海潮**、江源自歙州界，經州又東北流，入于海。江濤每日晝夜再上，常以月十日、二十五日最小，月三日、十七日極大。小則水漸漲，不過數尺；大則濤湧，高數丈。每年八月十八日，數百里士女共觀，舟人漁子泝濤觸浪，謂之迎潮。○高麗圖經云：「潮汐往來，應期不爽，爲天地之至信。」古人嘗論之：在山海經以爲海鰌出入之度，浮屠書以爲神龍之變化，竇叔蒙海嶠志以爲水隨月之盈虧，盧肇海潮賦以謂日出于海衝擊而成，王充論衡以爲水者地之血脉，隨氣進退，率未之盡。大抵天包水，水承地，而一元之氣升降於太空之中。地乘水力以自持，且與元氣升降，互爲抑揚，而人不覺。亦猶坐於舡中，而不知舡之自運也。方其氣升而地沉，則海水溢上而爲潮；及其氣降而地浮，則海水縮而爲汐。計日十二辰，由子至巳，其氣爲陽，而陽之氣又自有升降以運乎晝；由午至亥，其氣爲陰，而陰之氣又自有升降以運乎夜。一晝一夜，合陰陽之氣，凡再升再降，故一日之間，潮汐皆再焉。然晝夜之攻擊，乘日升降，如應乎月。〔五〕日臨於子，則陽氣始升；月臨於午，則陰氣始升故也。夕潮之期，日皆臨子；晝潮之期，月皆臨午焉。又日行遲，月行速，以速應遲，每二十九度過半，而月行及之。日月之會，謂之合朔，故月朔之夜潮，日亦臨子，月朔之晝潮，日亦臨午焉。且晝即天上而言之，天體西轉，日月東行，自朔而往，月速漸東，至於漸遲，而潮亦應之，以遲於晝，故晝潮自朔後迭差而入於夜，此所以一日午時，二日午未，

三日未時，四日未末，五日申時，六日申末，七日酉時，八日酉末也。至夜即海下而言之，天體東轉，日月西行，自朔而往，月速漸西，至於漸遲，而潮亦應之，以遲於夜，故夜潮自朔後迭復而入於晝，此所以一日子時，二日子末，三日丑時，四日丑末，五日寅時，六日寅末，七日卯時，八日卯末也。以時有交變，氣有盛衰，而浙潮之所至，亦因之爲大小。當卯酉之月，則陰陽之交也，氣以交而盛，故潮之大也，獨異於餘月。當朔望之後，則天地之變也，氣以變而盛，故潮之大也，獨異於餘日。今海中有魚獸，殺取皮而乾之，至潮時則毛皆起，豈非氣感而類應之自然歟？○吴越備史：梁開平四年，武肅王錢氏始築捍海塘，在候潮通江門之外。潮水晝夜衝激，版築不就，因命强弩數百以射潮頭，又致禱於胥山祠，既而潮水避錢塘，東擊西陵，遂成隄岸。○劉禹錫詩：「八月濤聲吼地來，頭高數丈觸山迴。須臾却入海門去，卷起沙堆似雪堆。」○李白詩：「浪打天門石壁開，海神來過惡風迴。浙江八月何如此，潮似連山噴雪來。」○楊巨源送章孝標歸杭州詩：「曾過靈隱江邊寺，獨宿東樓看海門。潮色銀河鋪碧落，日光金柱出紅盆。」○蘇子瞻望海樓詩：「海上濤頭一線來，樓頭指顧雪成堆。從今潮上君須上，更看銀山十二回。」○「橫風吹雨入樓斜，壯觀應須好句夸。雨過潮平江海碧，電光時掣紫金蛇。」○「江神河伯兩醯雞，海若東來氣吐霓。安得夫差水犀手，三千强弩射潮低。」○楊廷秀海潮詩：「海湧銀爲郭，江橫玉繫腰。」

漁浦潭、在州南。○丘希範旦發漁浦潭詩：「漁潭霧未開，赤亭風已颺。櫂歌發中流，鳴鞞響沓障。村童忽相聚，野老時一望。詭怪石異象，嶄絶峰殊狀。森森荒樹齊，析析寒沙漲。藤垂島易陟，崖傾嶼難傍。信是永幽棲，豈徒暫清曠。坐嘯昔有委，卧治今可尚。」

西

湖。在州西，周迴三十里。其澗出諸澗泉，山川秀發。四時畫舫遨遊，歌鼓之聲不絕。好事者嘗命十題，有曰平湖秋月、蘇堤春曉、斷橋殘雪、雷峰落照、南屏晚鍾、麯院風荷、花港觀魚、柳浪聞鶯、三潭印月、兩峰插雲。○蘇子瞻脩西湖奏狀：「昔西漢之末，翟方進爲丞相，始决壞汝南鴻隙陂，〔六〕父老怨之，歌曰：『壞陂誰？翟子威。飯我豆食羹芋魁。反乎覆，陂當復。誰言者？兩黄鵠。』蓋民心之所欲，而託之天，以爲有神下告我也。孫皓時，吴郡上言：臨平湖，自漢末草穢壅塞，今忽開通。長老相傳，此湖開，天下平。皓以爲己瑞。已而晉武帝平吴。由此觀之，陂湖河渠之類，久廢復開，事關興運，雖天道難知，而民心所欲，天必從之。杭州之有——，如人之有眉目，蓋不可廢也。唐長慶中，白居易爲刺史，〔七〕方是時，西湖溉田千餘頃。及錢氏，置撈湖兵士千人，日夜開浚。自國初以來，稍廢不治，水涸草生，漸成葑田。熙寧中，臣通判本州，則湖之葑合者，蓋十二、三耳。〔八〕至今纔十六、七年之間，遂塞其半。父老皆言，十年以來，水淺葑合，如雲翳空，倏忽便滿，更二十年，無西湖矣。使杭州無西湖，如人而去眉目，豈復爲人乎？臣愚較之，竊謂西湖有不可廢者五：天禧中，故相王欽若奏以西湖爲放生池，禁捕魚鳥，爲人主祈福。自是以來，每歲四月八日，郡人數萬會于湖上，所放羽毛鱗介以百萬數，皆西北向稽首，仰祝千萬歲壽。若一旦堙塞，使蛟龍魚鼈同爲涸轍之鮒，則臣子坐觀，亦何心哉？此西湖之不可廢者一也。杭之爲州，本江海故地，水泉鹹苦，居民零落。自唐李泌始引湖水作六井，然後民足於水，井邑日富，百萬生聚，待此而汲食。今湖狹水淺，六井漸壞，若二十年之後，盡爲葑田，則舉城之人飲鹹苦，其勢必自耗散。此西湖之不可廢者二也。白居易作西湖石函記，云放

水溉田，每減一寸，可溉十五頃，可無凶歲。今雖不及千頃，而下湖數十里間，茭菱穀米，〔九〕所獲不貲。此西湖不可廢者三也。西湖深闊，則運河可以取足於湖水，若湖水不足，則必取江潮。潮之所過，泥沙渾濁，一石五斗，不出三歲，輒調兵夫十餘萬工開浚。而河行市井中蓋十餘里，吏卒搔擾，泥水狼籍，爲居民莫大之患。此西湖之不可廢者四也。天下酒稅之盛，未有如杭者也，歲課二十餘萬緡。而水泉之用，仰給於湖。若湖水漸狹，水不應溝，則當勞人取山泉，歲不下二十萬工。此西湖之不可廢者五也。臣以侍從，出膺寵寄，目睹西湖有必廢之漸，有五不可廢之憂，伏望聖斷，賜臣度牒若干道，使得畢志，半年之間，目見西湖復唐之舊，環三十里，際山爲岸，則農民父老，與羽毛鱗介，同詠聖澤，無有窮已。臣不勝大願。」○白居易錢塘湖春行詩：「孤山寺北賈亭西，水面初平雲脚低。最愛湖東行不足，緑楊陰裏白沙堤。」○湖上泛舟詩：「排比管絃行翠袖，指麾舩舫點紅旗。慢牽好向湖心去，恰似菱花鏡上行。」○西湖留别詩：「征途行色慘風煙，祖帳離聲咽管絃。翠黛不須留五馬，皇恩只許住三年。緑藤陰下鋪歌席，紅藕花中泊妓舡。處處回頭盡堪戀，就中難别是湖邊。」○蘇子瞻懷西湖寄美叔詩：「西湖天下景，誰能得其全？〔一〇〕三百六十寺，尋幽遂窮年。君持使者節，風采爍雲煙。胡不屏騎從，暫借僧榻眠。讀我壁間詩，清净洗煩煎。」○湖上詩：「水光瀲灧晴方好，山色空濛雨亦奇。好把西湖比西子，〔一一〕淡粧濃抹總相宜。」○蘇子瞻云：「杭有西湖，穎亦有西湖，〔一二〕皆爲遊賞之勝，而子瞻連守二州。其初得穎也，有穎人在坐，云『内翰但只消遊湖中，便可了郡事』。言其訟簡也。及守杭，秦少游有詩云：『十里荷花菡萏初，我公所至有西湖。欲將公事

湖中了，見説官閑事亦無。』」○林君復詩：「混元神巧本無形，匠出西湖作畫屏。春水浄於僧眼碧，晚山濃似佛頭青。」

【宮殿】大内，在鳳凰山東，以臨安舊子城增築。南曰麗正門，門外建東西闕庭、東西待漏院。北曰和寧門，門外亦建百官待漏院。東曰東華門。朝野雜記：「———即杭之州治。」慈寧宮、朝野雜記：「紹興九年，和議成，太后有歸耗，命有司作———。」德壽宮、中興小曆：「紹興三十二年，望仙橋新葺宮成，詔以———爲名。」重華宮、壽皇遜位處。此即德壽宮。慈福宮、即德壽宮。壽慈宮、即德壽宮。壽康宮：朝野雜記：「寧宗受禪，丞相趙汝愚議以秘書省爲泰寧宮。已而不果行，以慈懿皇后外第爲之。光宗不欲遷，因以舊寧福殿爲———，而更建寧福殿焉。」崇政殿、紹興十二年始作，行大朝會之禮。又有———説書之職。垂拱殿、紹興十二年始作。紫宸殿、紹興十二年，以射殿作崇政殿，遇朔權作———。寧福殿、紹興二十八年始作。祥曦殿、同上。文德殿、降赦則御焉。集英殿、策士御焉。大慶殿、講武殿、復古殿、端平元年重修。選德殿：孝宗新創。於御座後作金漆大屏風，分畫諸道，各列監司、郡守於兩行，以黄僉標識居官者職位、姓名。其背爲華夷圖。東宮：朝野雜記：「———舊無有，但聽讀於資善堂。孝宗爲皇太子，始居東宮，在麗正門内。其地甚隘。光宗之爲太子，孝宗謂輔臣曰：『朕宮中空閑不用宮殿甚多，可撥移修立。』」皇城。會要：「紹興三十八年，殿前都指揮使楊存中乞通展十三丈，以五丈作御路，六丈令民居。將來

聖駕親郊，由候潮門徑從所展御路直抵郊臺。」

【宗廟】太廟。在瑞石山之左。朝野雜記：「京師——，舊十六楹，其十四楹爲七室，東西二楹爲夾室。及哲宗祔廟，七室已滿，用李邦直議，祔哲宗主於東夾室。室既隘，神帳祭器至不能容，乃裁削。其制創立，崇寧始改曰行在太廟。九廟之制。朝野雜記：「太廟自仁宗以來皆祀七世，崇寧初始取王肅説，謂二祧在七世之外，乃建九廟，奉翼祖、宣祖咸歸本室焉。紹興中，徽宗祔廟，以與哲宗同爲一世，故無所祧。及升祔欽宗，始祧翼祖。高宗與欽宗同爲一世，亦不祧。由是淳熙末年，太廟祀九世十二室。及阜陵復土，趙汝愚爲相，遂祧僖、宣二祖，而祔孝宗。有旨集議。」○時朱熹方在講筵，獨以九廟爲正。其議曰：「今日宗廟之制，未能如古。姑以權宜而論，莫若以僖祖擬周之后稷，而祭於太廟之初室。順祖爲昭，翼祖爲穆，宣祖爲昭，而藏其祧主于西夾室。太祖擬周之文王，爲祖而祭於太廟之第二室。太宗爲昭，擬周之武王，而祭於太廟之第三室。其太祖、太宗又皆百世不遷，而謂之世室。真宗爲穆，其祧主亦且權藏於西夾室。仁宗爲昭，爲宗而祭於第四室，亦爲世室，如太宗之制。英宗爲穆，藏主如真宗之制。神宗爲昭，祭第五室。哲宗爲穆，祭第六室。徽宗爲昭，祭第七室。欽宗爲穆，祭第八室。高宗爲昭，祭第九室。孝宗爲穆，祔第九室，異時亦當爲宗、爲世室，如太宗、仁宗之制。三歲祫享，則僖祖東享如故，而自順祖以下至於孝宗皆合享焉；則於心爲安，於禮爲順。蓋尊太祖以東享者，義也；奉僖祖以東享者，恩也。義者，天下臣子今日之願也；恩者，太祖當日之心也。與其伸義屈恩以快天下臣子之願，孰若全義伸恩以慰太祖當日之心乎？韓愈所謂『祖

以孫尊，孫以祖詘』者，正合此意。而又以爲四時各祭其廟，則所伸之祭常多，三年然後一祫，則所詘之祭常少，亦中事情。」**神御殿**、在大内。朝野雜記：「東都舊有之，號欽先孝思殿。紹興十五年秋，始創在崇政殿之東。凡朔望節序生辰，上皆親酌獻行香，蓋用家人之禮也。」**景靈宮**。在新莊橋之西。朝野雜記：「祖宗帝后神御皆寓道釋之館，神宗元豐中始倣漢原廟之制，即——之東西爲六殿以奉宣祖以下，後殿以奉母后。至徽宗時又立——西宮。建炎改元之日，即建——於江寧，而不克成。渡江以後，祖宗神御皆寓温州天慶宮。」○中興小曆又云：「紹興十三年，——成，祖宗神御自温州來，至是逹于行在，上乃詣天章閣告遷徽宗及恭顯、恭肅二后神御。乙未，並奉安於——。四孟躬行獻禮，上元結燈樓，寒食設鞦韆，七夕設摩睺羅。」小曆又云：「紹興十八年，監登聞鼓院徐璉言，自古帝王必有佐命之臣，功銘鼎彝，侑食清廟，望詔有司訪求，摹于——之兩壁。」

【壇壝】**圜壇**、在嘉會門外南三里。**熙成殿**、在壇側。**太社太稷壇**、在觀橋之東。**九宮壇**、在東青門外一里。歲祀太乙、攝提、權主、招搖、天符、青龍、咸池、太陰、天乙九宮神。**先農壇**、在嘉會門外玉津園南。親耕帝籍，以先天下。**高禖壇**。〔一三〕在嘉會門外。

【館閣】**龍圖閣**、太宗御書。**天章閣**、真宗御書。**寶文閣**、仁宗御書。**顯謨閣**、神宗御書。**徽猷閣**、哲宗御書。**敷文閣**、徽宗御書。**焕章閣**、高宗御書。**華文閣**、孝宗御書。**寶謨閣**、光宗御書。**寶章閣**；寧宗御書。**祕書省**、在天井巷之東。**右文殿**、在秘書省。**祕閣**、在秘書省。**史館**。在秘書省。

【苑囿】玉津園、在嘉會門外。富景園、在新門外。聚景園、在錢湖門外。集芳園、在北山。瓊華園、在城内。南屏園。在净慈寺。又天竺、延祥寺亦有。

【學校】太學、在紀家橋西。初，十齋曰服膺、禔身、守約、習是、存心、允蹈、養正、持志、率履、誠意；續置七齋，曰觀化、貫道、務本、果行、篤信、時中、循理，凡十七齋；後增三齋，曰節性、經德、立禮，共二十齋。諸齋扁榜皆米友仁書，續置三齋張安國書。○紹興十四年，光堯太上皇帝祇謁先聖，止輦於大成門外，降登步趍，執爵奠拜，注視像貌，翼翼欽慕，復幸——，御崇化堂，頒示手詔，示樂育羣材之意；命國子司業高閌講周易泰卦，〔一四〕賜羣臣諸生坐，垂聽講説，首肯者再三；復幸養正、持志二齋，顧瞻生徒肄業之所，〔一五〕徘徊久之。武學、在前洋街。宗學。在睦親宫之右。

【公廨】三省樞密院、在和寧門北。尚書六部、在朝天門裏。御史臺、在清河坊。其餘更不盡録。禮部貢院、在觀橋西。都亭驛。在候潮門裏，國信所附。朝野雜記云：「北使至闕，先遣館伴使，賜御筵于班荊館，明日始至———，又明日入見。伴使至南宫門外下馬，北使至隔門内。上御紫宸殿，六參官起居，北使見畢，退赴客省茶訖，遂宴垂拱殿，酒五行，惟從官以上預坐。是日，賜茶器名菓。又明日，賜生餼。見之二日，與伴使皆往天竺寺燒香，上賜沉香、乳糖、齋筵、酒果。次日，至冷泉亭、呼猿洞而歸。翌日，賜内中酒果、風藥、花餳，〔一六〕赴守歲夜筵，酒五行，用傀儡。正月朔旦，引見朝賀。方北使之始至也，閤門官先爲之説朝見儀，投朝見榜子。至是日禮畢，復回———分位，上賜被縟、紗羅等。既而臨安府書送酒食，上遣大臣就賜御筵，中使傳旨宣勸，酒九行。三日，客

省僉賜酒食，内中賜酒果。遂赴浙江亭觀潮，酒七行。四日，赴玉津園燕射，朝廷命諸校善射者假管軍觀察使伴之，上賜弓矢。酒行作樂，伴射官與大使並射弓，館伴、副使與國信、副使並射弩，酒九行，退。五日，大燕集英殿，尚書郎、監察御史以上皆與，學士撰致語。六日，朝辭退，賜襲衣、金帶、大銀器。臨安府書送贐儀。上復遣執政官就驛賜御宴。〔一七〕次日，上賜龍鳳等茶、金鍍合。乘馬出北關門登舟，〔一八〕宿赤岸。又次日，上遣近臣押賜御筵。」

【井泉】六井、東都事略：「杭瀕海，水泉鹹苦，唐刺史李泌始導西湖水入城，分爲——，以便民汲。」龍井，去城十五里。○秦少游記云：「——，舊名龍泓。吴赤烏中方士葛洪嘗煉丹於此，事見圖經。其地當西湖之西，浙江之北，風篁嶺之上，深山亂石之水泉也。每歲旱，禱雨於他祠不獲，則禱於此輒應。故老相傳，以爲有龍居之。然泉者，山之精氣所發也。西湖深靚空闊，納光景而涵煙霏，菱芡荷花之所附麗，龜魚鳥蟲之所依憑，漫衍而不迫，紆餘而成文，陰晴之中，各有意態，而不可以言盡也。故岸湖之山爲所誘，而不克以爲泉。浙江介於吴、越之間，一夜一晝，濤頭自海而上者再，疾擊而遠馳，兕虎駭而風雨作，過者摧，當者壞，乘高而望之，使人毛髮盡立，心掉而不禁，故岸江之山多爲所脅，而不暇以爲泉。惟此地盤幽而踞阻，内無靡麗之誘以散越其精，外無豪悍之脅以虧疏其氣，故嶺之左右大率多泉，龍井其尤者也。嘗有大魚自泉中躍出，然後知井之有龍不謬。」參寥泉、在智果院。蘇子瞻嘗有詩。六一泉、在報恩院孤山之址。歐陽永叔雖不到，惠勤思之，蘇子瞻因以名此泉。撫掌泉。在洞霄宫。相傳錢武肅王至宫，撫掌而泉涌，因以爲名。

【堂亭】有美堂、舊在郡治，守梅摯建。○歐陽永叔———記云：「嘉祐二年，龍圖閣直學士、尚書吏部郎中梅公出守于杭。於其行也，天子寵之以詩，於是始作有美之堂，蓋有取賜詩之首章而名之，以爲杭人之榮。然公之甚愛斯堂也，雖去而不忘。今年自金陵遣人走京師，命余誌之，其請至六七而不倦。余乃爲之言曰：夫舉天下之至美與其樂，有不得而兼焉者多矣。故窮山水登臨之美者，必之乎寬閑之野、寂寞之鄉，而後得焉。覽人物之盛麗，夸都邑之雄富者，必據乎四達之衝、舟車之會，而後足焉。蓋彼放心於物外，而此娱意於繁華，二者各有適焉，然其爲樂不得而兼也。今夫所謂羅浮、天台、衡嶽、廬阜、洞庭之廣，三峽之險，號爲東南奇偉秀麗者，乃皆在乎下州小邑、僻陋之邦，此幽潛之士、窮愁放逐之臣之所樂也。若乃四方之所聚，百貨之所交，物盛人衆，爲一都會，而又能兼有山水之美以資富貴之娱，惟金陵、錢塘。〔一九〕然二邦皆僭竊於亂世，及聖宋受命，海内爲一，金陵以後服見誅，今其江山雖在，而其頹垣廢址、荒煙野草，過而覽者，莫不躊躇而悽愴。獨錢塘自五代時知尊中國，效臣順，及其亡也，頓首請命，不煩干戈，其人民幸富庶安樂。又其習俗工巧，邑屋華麗，蓋十萬餘家，環以湖山，左右映帶，而閩商海賈，風帆浪舶，出入於江濤浩渺、煙雲杳靄之間，可謂盛矣。而臨是邦者，必皆朝廷公卿大臣，若天子之侍從，又有四方遊士爲之賓客，故喜占形勝，治亭榭，相與極遊覽之娱。然其於所取，有得於此者，必有遺於彼，獨所謂有美堂者，山水登臨之美，人物邑居之繁，寓目而盡得之。蓋錢塘兼有天下之美，而斯堂者又盡得錢塘之美焉，宜乎公之甚愛而難忘也。梅公清謹好學君子也，視其所好，可以知其人焉。」中和堂、光堯太上皇帝御製詩一首云：「六龍轉淮

海，萬騎臨吴津。王者本無外，駕言蘇遠民。瞻彼草木秀，感此瘡痍新。登堂望稽山，懷哉夏禹勤。神功既盛大，後世蒙其仁。願同越勾踐，焦思先吾身。艱難務遵養，聖賢有屈伸。高風動君子，屬意種、蠡臣。」又御書謂：「斯堂偉特之觀，無愧上都。薰風南來，我意雖快，願與衆人共之。」後改爲偉觀堂。○先是，趙閱道詩：「老來重守鳳凰城，千里人心豈易平？樂職古賢形歎詠，中和終不爲虛名。」**虛白堂**、白居易詩刻石堂上。○羅隱——牡丹詩云「莫背欄干便相笑，與君俱受主人恩」，蓋謂居易植此花。又有紫微兩本，亦謂居易所植。蘇子瞻有詩。堂今廢。**三賢堂**：在孤山竹閣，今在湖上。蓋樂天、君復、子瞻也。**冷泉亭**、在飛來峰下，杭州刺史元薁建。〔二〇〕○白居易亭記：「東南山水，餘杭郡爲最。由郡言，靈隱寺爲尤。由寺觀，——爲甲。亭在山下、水中央、寺東南隅，高不倍尋，廣不累丈，而撮奇得要，地搜勝槩，物無遯形。春之日，吾愛其草薰薰，木欣欣，可以導和納粹，暢人血氣。夏之夜，吾愛其泉渟渟，風泠泠，可以蠲煩析酲，起人心情。山樹爲蓋，巖石爲屏，雲從棟生，水與階平。坐而翫之者，可濯足於牀下；卧而狎之者，可垂釣於枕上。矧又潺湲潔澈，粹冷柔滑，若俗士，若道人，眼耳之塵，心舌之垢，不待盥滌，見輒除去，潛利陰益，可勝言哉！斯所以最餘杭而甲靈隱也。杭自郡城抵四封，叢山複湖，易爲形勝。先是，領郡者有相里君造作虛白亭，〔二一〕有韓僕射臯作候仙亭，〔二二〕有裴庶子棠棣作觀風亭，有盧給事元輔作見山亭，及右司郎中河南元薁最後作此亭。於是五亭相望，如指之列，可謂佳境殫矣，能事畢矣。後來者，雖有敏心巧目，無所加焉。故吾繼之，述而不作。」孝宗皇帝御製冷泉堂詩：「一堂虛敞臨清沼，密蔭交加森羽葆。山頭草

木四時春，閲盡歲寒長不老。」○蘇子瞻呈唐林夫詩：「靈隱寺前天竺後，兩澗春淙一靈鷲。不知水從何處來，跳波赴壑如奔雷。無情有意兩莫測，肯向冷泉亭下相縈迴。我在錢塘六百日，山中暫來不暖席。今君欲依靈隱居，葛衣草屨隨僧蔬。能與冷泉作主一百日，不用二十四考書中書。」浙江亭、錢起宴浙江西亭詩：「漁浦浪花摇素壁，西興樹色入秋窗。」夢兒亭。在武林山。類要：「謝靈運，會稽人也，世不宜子息，乃於錢塘杜明甫舍寄養。明甫是夜夢有賢人相訪，及曉，乃靈運至。」

【樓閣】豐樂樓、在湧金門外，瞰湖。楊靖建。四照閣。在孤山。○鄭毅夫詩：「湖山天下之絶境，羣山繞湖十百重。碧筍四插明鏡緑，此閣正落明鏡中。」

【佛寺】天竺寺、在北山。李心傳繫年録：「紹興十二年，虜使劉筈等往上天竺焚香，〔一二三〕因以爲例。」○中天竺在二者之間。○下天竺，葛澧帝都賦：「傍西深入，巖谷益秀。」○白居易天竺詩：「一山門作兩山門，兩寺元從一寺分。西澗水流東澗水，南山雲起北山雲。前臺花發後臺見，上界鍾清下界聞。遥想吾師行道處，仙花桂子落紛紛。」○綦毋潛詩：「郡有化城最，西窮疊嶂深。松門當澗口，石路在峰心。幽見夕陽霽，高逢暮雨陰。佛身瞻紺髮，實地踐黄金。雲間竹溪盡，月從花洞臨。因物成真悟，遺世在兹岑。」○陶翰詩：「松柏亂巖石，西山微徑通。天闕一峰見，宫闕生虛空。正殿倚霞壁，上方標石叢。夜來猿鳥静，鍾梵響雲中。峰翠映湖月，泉聲亂溪風。心超諸境外，了與懸解同。明發氣候改，起視長崖東。湖色濃蕩漾，海光漸曚朧。葛仙迹尚在，許氏道猶崇。獨往古今事，幽懷期二公。」天竺觀音像、石晉天福間，僧道翊一夕見山間光明，往視之，得奇木，乃命匠

者孔仁謙刻觀音像。會僧勳從洛陽持古佛舍利來，〔二四〕納之頂間，妙相具足。吳越時，忠懿王夜夢白衣仙人求治其居，左右曰：「天竺觀音，白衣仙像也。」乃一新道場，凡水旱必禱焉。至今如此。

靈隱寺、在錢塘十二里。靈隱、天竺兩山，由一門而入。○宋之問遊靈隱，夜吟云「鷲嶺鬱岧嶢，龍宮隱寂寥」，久不能續。有老僧坐禪，曰：何不道「樓觀滄海日，門對浙江潮。桂子月中發，天香雲外飄。捫蘿登塔遠，刳木引泉遥」云云。遲明，僧不見。人以爲駱賓王也。○蘇子瞻次李寺丞韻：「君不見，錢塘湖，錢王壯觀今已無。屋堆黄金斗量珠，運盡不勞折簡呼。四方宦遊散其孥，宫闕留與閑人娱。盛衰安樂兩須臾，何用多憂心鬱紆。溪山處處皆可廬，最愛靈隱飛來孤。喬松百丈蒼髯鬚，擾擾下笑柳與蒲。高堂會食羅千夫，撞鍾擊鼓喧朝晡。凝香方丈眠氍毹，絶勝絮被縫海圖。清風時來驚睡餘，遂超羲皇傲几蘧。〔二五〕歸時棲鴉正畢逋，孤煙落日不可摹。」**净慈寺**、在暗門外湖上。周顯德建，祥符改今額。寺有五百羅漢，各身高數丈，大數圍；又有大鐵鑊。蘇子瞻遊———謁本長老詩云：「卧聞禪老入南山，净埽清風五百間。」**孤山寺**、白居易西湖晚歸回望孤山寺詩：「柳湖松島蓮花寺，晚動歸橈出道場。盧橘子低山雨重，栟櫚葉戰水風凉。煙波澹蕩摇空碧，樓殿參差倚夕陽。到岸請君回首看，蓬萊宫在水中央。」○又遇雨詩：「拂波雲色重，灑葉雨聲繁。水鳥雙飛起，風荷一向翻。空濛連北岸，蕭颯入東軒。或擬湖中宿，留舡在寺門。」○張祜詩：〔二六〕「樓臺聳碧岑，一徑入湖心。不雨山長潤，無雲水自陰。斷橋荒蘚澀，空院落花深。猶憶西窗月，鐘聲在北林。」**徑山寺**：在餘杭縣北。圖經：「徑山乃天目山之東北峰也，中有徑路，後通天目，故名徑山。」有龍井。事

狀云：「國一大師因獵者導自重崗之西，至於危峰之北。有頃，素衣老人前而致拜，請師登山絶頂，入五峰之間，願捨此地爲師立錫之所。有大湫，指謂師曰：『吾家若去，此湫當涸，留一水穴，幸勿堙之。我將時至而衛師。』言訖，雲霧晦冥，風雨驟作。及明既霽，湫水盡涸，惟一穴尚存，謂之龍井。今庵基見在，諸草不生。」○蘇子瞻遊詩：「衆峰來自天目山，勢若駿馬奔平川。中途勒破千里足，金鞭玉鐙相迴旋。人言山住水亦住，下有萬仞蛟龍淵。〔二七〕道人天眼識王氣，結茅宴坐荒山顛。精神貫山石爲裂，天女下試顔如蓮。寒窗暖足來撲握，衣鉢呪水降蜿蜒。雪眉老人朝扣門，願爲弟子長參禪。爾來廢興三百載，奔走吴會輸金錢。飛樓湧殿壓山破，朝鍾暮鼓驚龍眠。晴空偶見浮海蜃，落日下數投林鳶。有生共處覆載内，擾擾膏火同烹煎。近來愈覺世議隘，每到寬處差安便。嗟余老矣百事廢，却尋舊學心茫然。問龍乞水歸洗眼，欲看細字銷殘年。」大佛石：乃秦皇繫纜石，僧思净刻作大佛頭。寶所塔、在大佛頭之上。雷峰塔、在西湖之南山。六和塔。開寶中建，在龍山月輪峰之開化寺。初九級，後廢；紹興再造，七層。○蘇子瞻詩話云：「舊讀蘇子美六和塔詩『松橋待金鯽，盡日獨遲留』，初不喻此語，及倅錢塘，乃知寺後池中有此魚如金色也。昨日復遊池上，投餅餌乃略出，不食復入，則此魚自珍貴久矣。」○搢紳脞説：「張君房爲錢塘令，宿月輪山，寺僧報曰：『桂子下塔。』遽中登塔望之，紛紛如煙霧，回旋成穗，散墜如牽牛子，黄白相間，咀之無味。」

【道觀】四聖觀、在西湖孤山之上，祠佑聖、翊聖、天猷、天蓬四聖。靖康末，上自北邸北使，將就馬，或見四金甲人執弓劍以衛。顯仁后聞之，曰：「我事四聖香火甚謹，必有陰助。」乃令曹勛奏

上，宜加崇奉其像。乃沉香斷之。洞霄宮。在餘杭縣西十八里。漢武帝元封開創，祥符間改爲||||。按真境録：「宮有五洞交扃，九峰回抱，千巖萬谷，秀聚其中。」○蘇子瞻詩：「上帝高居愍世頑，故留瓊管在凡間。青山九鎖不可到，作者七人相對閑。亭下泉流翠蛟舞，洞中飛鼠白鴉翻。長松怪石宜霜鬢，不用金丹苦駐顔。」○又和張子野過舊遊：「便欲洞霄爲隱吏，一庵閑地且相留。」

【祠廟】胥山祠。盧元輔銘并序：「元和七年，冬十月，朝散大夫、杭州刺史、上柱國某，視事三歲，塵天子書。上畀群靈，下憝蒸乂，乃啓真祠，銘而序曰：維唐敷祀典于天下，廢淫置明，資父事君，罔有不舉。寢廟既設，我命厥新。有吴行人，〔二八〕伍公字子胥，陪吴之職，得死直言。國人求忠者之屍，禱水星之舍，將瞰鴟革，〔二九〕遂臨浙江。千五百年，廟貌不改。漢史遷曰胥山，今云青山者，繆也。吁！善父爲孝記曰：『父讎不與共戴天，諫君爲忠』。經曰：『諸侯有諍臣，不失國。』當枕于宋、鄭，絶楚出疆。在平爲末臣，在奢爲既壯子，坎壈伏節，乞師於吴，軍鼓丁寧，於五戰至郢。先喆王建邦啓土，〔三〇〕著以話言，戴后惟大，人虐惟后，〔三一〕成湯用爲大義，孔子立爲大經，子胥修爲大仇，騷人賦爲大怨。咸令在上，慢惡不生，則前戈鞭墓，非倒行也，後戈走昭，非逆施也。夫差既王，宰嚭受賂，二十年内，越祀又顛，太伯廟血將乾，闔閭劍光且失。公朝焉宴焉，入則諫焉，孰謂矢毒？孰謂刀寒？雖言屢出口，而車甲已困於齊矣，蟹稻已奪於歲矣。屬鏤之賜，竟及其身，鴟夷盛屍，投于水濱，憤悱致怒，配濤作神，迄今一日再至來也。海鴟群飛，陽侯夾從。聲遠而近，聲近而遠。奮于吴，怫于越，夕于楚乃退。於是仲秋闕望，杭人以旗鼓迓之，笳簫和之，百城聚睹，大耀威靈，卷沙

墨，裂地炭，截若岸，圻成坑。迎潮民格之，如吕梁丈人爲靈戈威矛，激浪百重，渚塞不先，跳檣揭舷。再飯之間，絶其音聲，蕩漭千里，洪濤砥平。有滑有脂，有鹹有腥，遥實乎下庭；山海梯航，雞林、扶桑，交臂于卯堦。金狄在户，雷鼓在堂，魏樽漢豆，六代笙簧，可謂奉天爵之馨香，獲神人之盛禮。佐皇震怒，驅叱大邪，萬里永清，人觀叶氣。銘曰：武王鉞紂，子胥鞭平，爲人爲父，十死一生。矯矯伍員，執弓挾矢，杖其寶劍，以謁吴子。稽首楚罪，皆中紂理，烝報子妻，殲鉏直士。赫赫王閶，實聽奇謨，錫之金鼓，以號以誅。黄旗大舉，右廣皆朱，戮墓非赭，瞻昭乃烏。後王嗣立，執書以泣，顛越言潤，宰嚭讒輯。步光欲飛，姑蘇待執，吾則切諫，抉眼不入。投于河上，自古波濤，晝夜兩至，懷沙類騷，洗滌南北，簸蕩東西，蠻夷卉服，罔敢不來。雖非命祀，不讓瀆濟，〔三二〕帝帝王王，代代明明，表我忠誠。」

【古跡】陳朝檜，在廣化寺。○蘇子瞻詩：「雙榦一先神物化，九朝三見太平年。」仙姥墩。在府西五里，按葛洪神仙傳：「王方平過蔡經家，以千錢與餘杭姥求沽酒。須臾信還，得酒五斗許。」又東晉初，有裴氏姥，不知何許人，居此墩，采衆花醖酒沽貧者，貰與經數年。忽有三人至姥所，各飲數斗不醉，謂姥曰：「予非常士，知姥當仙，故來相命。」因授藥數丸，姥餌之，月餘不知所在。○王介甫送惠思歸錢塘詩：「緑净堂前湖水緑，歸來正復有荷花。花前若見餘杭姥，爲道仙人憶酒家。」

【名宦】袁仁敬，唐明皇自擇仁敬爲刺史。嘗種九里松。李泌，爲刺史，引西湖水爲六井。白居易，爲刺史，築堤捍錢塘。宋璟；爲刺史，在官清廉。皇朝錢鏐，蘇子瞻代趙閲道撰表忠觀碑

云：「熙寧十年十月，資政殿大學士、右諫議大夫、知杭州軍州事臣抃言：『吴越國王錢氏墳廟，及其父、祖、妃、夫人、子孫之墳，在錢塘者二十有六，在臨安者十有一，皆蕪廢不治，父老過之有流涕者。謹按故武肅王鏐，始以鄉兵破走黄巢，名聞江、淮；復以八郡兵討劉漢宏，并越州以奉董昌，而自居於杭。及昌以越叛，則誅昌而併越，盡有浙東、西之地。傳其子文穆王元瓘。至其孫忠顯王仁佐，遂破李景兵，取福州。而仁佐之弟忠懿王俶又大出兵攻景，以迎周世宗之師。其後卒以國入覲，三世四王，與五代相終始。天下大亂，豪傑蜂起。方是時，以數州之地盜名字者，不可勝數。既覆其族，延及于無辜之民，罔有孑遺。而吴越地方千里，帶甲十萬，鑄山煮海，象犀珠玉之富，甲於天下，然終不失臣節，貢獻相望於道。是以其民至於老死不識兵革，四時嬉遊，歌舞之聲相聞，至于今不廢。其有德於斯民甚厚。皇宋受命，四方僭亂以次削平。而蜀、江南負其嶮遠，兵至城下，力屈勢窮，然後束手。而河東劉氏，百戰守死，以抗王師，積骸爲城，釃血爲池，竭天下之民力，僅乃克之。獨吴越不待告命，封府庫，籍郡縣，請吏于朝，視去其國，如去傳舍，其有功於朝廷甚大。昔竇融以河西歸漢，光武詔右扶風脩理其父祖墳塋，祠以太牢。今錢氏功德殆過於融，而未及百年，墳廟不治，行道傷嗟，甚非所以勸奬忠臣、慰答民心之義也。臣願以龍山廢佛祠曰妙因院者爲觀，使錢氏之孫爲道士曰自然者居之。凡墳廟之在錢塘者以付自然，其在臨安者以付其院之净土寺僧曰道微。歲各度其徒一人，使世掌之籍。其地之所入，以時脩其祠宇，封植其草木。有不治者，縣令丞察之，甚者易其人。庶幾永終不墜，以稱朝廷待錢氏之意。臣抃昧死以聞。』制曰：『可。其妙因院改賜名曰表忠觀。』銘曰：天目之

山，茗水出焉。龍飛鳳舞，萃于臨安。篤生異人，絶類離倫。奮挺大呼，從者如雲。仰天誓江，日星晦蒙。〔三三〕强弩射潮，江海爲東。殺宏誅昌，奄有吴越。金券玉册，虎符龍節。大城其居，包絡山川。左江右湖，控引島蠻。歲時歸休，以燕父老。曄如神人，玉帶毬馬。四十一年，寅畏小心。厥篚相望，大貝南金。五朝昏亂，罔堪託國。三王相承，以待有德。既獲所歸，弗謀弗咨。先王之志，我維行之。天胙忠厚，〔三四〕世有爵邑。允文允武，子孫千億。帝謂守臣，治其祠墳。毋俾樵牧，愧其後昆。龍山之陽，巋然新宫。匪私于錢，唯以勸忠。非忠無君，非孝無親。凡百有位，視此刻文。」**張詠**、爲守。歲歉，聽民鬻鹽。又民家子與婿訟家財，云妻父臨終，令異日以十之三付幼子，餘七分與婿。詠覽之曰：「汝妻父以子幼，故託汝。儻以家財十之七與子，則子死於汝手矣。」亟命兩易之。人皆服其明斷。**范仲淹**、以參政知州。**梅摯**、知杭州。**李及**、知杭州。**薛映**、知杭州。**陳襄**、知州。務先學校，薦達人才。**趙抃**、兩知杭州，謚清獻。**蘇軾**、熙寧四年，通判杭州。高麗使者過杭，但稱甲子，遂却其書，使者亟稱本朝年號。圖經云：「元祐四年知州，適值水旱，請于朝，減上供米三之一，故穀價不翔，全活者衆。」又蘇氏家傳：「子瞻知杭州，以疾疫多，裒羡緡，發私橐，作病坊，州民全活者甚衆。」**梅詢**、知仁和縣。**毛滂**。元祐中，蘇子瞻守杭，滂爲法曹掾，秩滿辭去，有小詞，卒章云：「今夜山深處，斷魂分付潮回去。」坡曰：「郡僚有詩人而不及知，軾之罪也。」留之數月。

【人物】

顧歡、鹽官人。年六七歲，父使田中驅黄雀。歡作黄雀賦而歸。雀食稻，父怒，欲撻之，見賦而止。貧無以授業，每於舍後倚聽鄰人誦書，夕則燃松節讀書。隱居不仕。**褚遂良**、錢塘

人。工隸、楷，爲諫議大夫，進拜中書令。許遠、杭人，與張巡同年生。唐祚艱難，守死成名。羅隱、新城人，有能詩名。唐光啓間爲錢塘令，辟掌書記，後爲給事中，遷發運使。皇朝錢易、章聖在東宫，嘗圖山水扇，命易作歌，其卒章有「好開今日太平基，萬里山河歸掌握」之句，帝賞愛之。沈括、字存中，錢塘人。爲翰林學士。林逋、錢塘人。故廬在孤山處士橋，死葬於廬側，仁宗賜謚曰「和靖」。先生喜爲詩，其語孤峭澄淡。居西湖二十年，未嘗入城市。李及、薛映知州事，每造其廬，清談終日而去。有梅詩云：「疏影横斜水清淺，暗香浮動月黄昏。」又云：「雪後園林唯半樹，水邊籬落忽横枝。」又有詩云：「草泥行郭索，雲木叫鉤輈。」皆爲士大夫所稱。其臨終一絶云：「湖上青山對結廬，墳前脩竹亦蕭疏。茂陵他日求遺藁，猶喜曾無封禪書。」○筆談云：「逋隱孤山，蓄兩鶴，縱之則飛入雲霄，久之復入籠中。逋泛舟遊西湖諸寺，有客至，則童子開籠縱鶴，逋即棹小舟以歸，蓋常以鶴爲驗也。洪皓。詩話總龜：「餘干進士洪皓，熙寧間負笈游上庠，力學不偶，〔三五〕十年不歸。其父年七十，思之，寄皓詩云：『太學何蕃久不歸，十年甘旨誤庭幃。休辭客路三千遠，須信人生七十稀。腰下雖無蘇子印，篋中幸有老萊衣。歸時定約春前後，免使高堂賦式微。』皓得詩，即日辭歸。」

【題詠】東南第一州。仁宗賜梅摯知杭州詩：「地有湖山美，云云。剖符宣政化，持橐輟才流。暫出論思列，遥分旰昃憂。循良勤撫俗，來暮聽歌謡。」吴國水中央。殷堯藩送客遊吴：「云云，波濤白渺茫。衣逢梅雨漬，路入稻花香。海戍通鹽竈，山村帶客房。〔三六〕欲知蘇小小，君試到錢塘。」夜艫隔城聞。顧非熊經杭州：「郡國遶江瀆，人家近白雲。晚濤臨檻看，云云。浦轉山初

盡，虹斜雨未分。有誰知我意，心緒逐鷗群。」〔三七〕**樹引越山禽**。方干旅次錢塘詩：「此地似鄉國，堪爲終日吟。雲藏吴相廟，云云。潮去海人散，鐘遲秋寺深。我來無舊識，終見寂寥心。」**三吴佳致悦高情**。真宗賜王欽若詩：「二浙奥區期惠化，云云。」○雲麓謾抄云：「酈道元水經注：吴興郡、吴郡、會稽郡，〔三八〕謂之三吴。」**餘杭形勝世間無**。白居易詩：「云云，州傍青山縣枕湖。遶郭荷花三十里，拂城松木一千株。夢兒亭古傳名謝，教妓樓新道姓蘇。獨有史君年太老，風流不稱白髭鬚。」**大屋簷多裝鴈齒**。白居易守蘇日答客問杭州詩：「爲我踟躕停酒盞，與君約略説杭州。山名天竺堆青黛，湖號錢塘瀉緑油。云云，小航舡亦畫龍頭。所嗟水路無三百，官繫因何得再遊。」**唯有憫農心尚在**。蘇子瞻同周徐二令禱雨靈隱詩：「百重堆案掣身閑，一葉秋聲對榻眠。云云，起占雲漢更茫然。」**笑歌長在綺紈間**。王介甫送張仲容赴杭州辟詩：「萬屋相夸漆與丹，云云。綵舡春戲城邊水，畫燭秋尋寺外山。」**望海樓明照曉霞**。白居易杭州春望詩：「云云，護江堤白踏晴沙。〔三九〕濤聲夜入伍員廟，柳色春藏蘇小家。紅袖織綾夸柿蔕，〔四〇〕青旗沽酒趁梨花。誰開湖寺西南路，草緑裙腰一道斜。」

【外邑】旦及富春郭。謝靈運富春渚詩：「宵濟漁浦潭，云云。定山緬雲霧，赤亭無淹泊。遡流觸驚急，臨圻阻參錯。亮乏伯昏分（出列子），險過吕梁壑。洊至宜便習，兼山貴止託。平生協幽期，淪躓困微弱。久露干禄請，始果遠遊諾。初心漸申寫，〔四一〕萬事俱零落。懷抱既昭曠，外物徒

龍蠖。」人行山頂半天上。汪彥章餘杭縣詩：「云云，舟遶溪流亂石中。」古邑居民半海濤。蘇子瞻千佛閣詩。金鯽池邊不見君。蘇子瞻往富陽李節推先行留風水洞見待詩：「春山磔磔鳴春禽，此間不可無我吟。路長漫漫傍江浦，此間不可無君語。云云，追君直過定山村。路人皆言君未遠，騎馬少年清且婉。風巖水穴舊聞名，只隔山溪夜不行。溪橋曉溜浮梅萼，知君繫馬巖花落。出城三日尚逶遲，妻孥怪罵歸何時。世上小兒誇疾走，如君相待今安有。」

【四六】寵疏漢札，尹正周畿。擢拜月卿，就兼天府。粤繇起部，就尹神皋。申命侍臣，就兼京尹。暫屈帝城之彈壓，仍兼王所之論思。控于滄海，實曰大藩。培基固本，强榦弱支。本根攸繫，膏澤宜先。惟三輔幅員之大，萃四民囊橐之姦。擢從宥府，兼尹神州。百司庶府，萬旅連營。浙右奧區，餘杭故壤。湖山信美於他邦，獄市亦繁於諸路。眷三吴之奧壤，屬千里之京畿。忽半夜由中而批敕，至黎明交印以尹京。水陸抗舟車之會，衣冠當風俗之樞。惟浙西之都會，冠天下之浩穰。雖六蜚暫駐於東南，而二浙實爲於畿甸。欲觀王佐之才，乃付神州之政。天子千里之畿，京師諸夏之本。控吴越之要區，帶湖山之勝景。皇皇千里之畿，悉令奠枕；翼翼四方之則，無用置箭。下丞相一等，西府之任既隆；尹京兆十年，南渡以來未有。前朝後市，拱日象之尊嚴；左江右湖，控地形之雄麗。出則尹正，忽傳中夜之敕書；入則論思，又奏明朝之封事。文昌八座之賢，久儀禁路；商邑四方之極，就尹神京。長樂漏催，聲撼趍朝之騶導；集英臚唱，喜觀擢第之錦標。擢長月卿，妙幹大農之計；就兼天府，式觀命世之才。民居奠

枕，當嚴周火城之防；歲課流錢，尤重漢榷酤之制。千里爲畿，握麟符而彈壓；九重列衛，陪豹尾以論思。販銅謀利，當嚴江上之雲帆；持楮易錢，盍驗市間之茗肆。夜月九街，列兩行之寶貨；春風十里，看弗捲之珠簾。凜凜壯懷，肯受湖山之豢養；蕭蕭真隱，不知朝市之繁華。閩商海賈，來萬里之貨珍；越女吴娃，妙九衢之歌舞。于時廬旅，無非即芮鞫之濱；到處舟航，何異處江湖之上。漢世以來，待張敞、王尊之輩；我朝所選，若韓維、包拯其人。萬户千門之營繕，應辦不移；百司庶府之請求，供需匪易。飧月香水影之清，文章京樣；覽雲陣銀山之壯，意氣天豪。堤邊翠蓋，遺簪墮珥而不辭；湖上畫舡，脆管繁絃之交奏。夜市三更，燦爛樓臺之燈火；春風萬井，喧闐簾幙之笙歌。百萬户之民，雜襲訟牒實繁；十三庫之酒，盈虧利源所繫。奉玉音而分尹，就宣彈壓之威；聽金鑰以待朝，仍罄論思之益。分吏六百員，禁暴止貪之非易；居民百萬户，發姦擿伏之尤難。度支領二十使，是安用於拙疏；京兆須第一流，願更求於賢俊。提封百萬井，有列司庶府之供需；飛甍十二衢，乃四海羣方之走集。

校勘記

〔一〕「隋平陳（至）陞爲帥府」，據隋書卷三一地理志餘杭郡錢唐縣下所云「大業三年置餘杭郡」，則杭州改餘杭郡不始于唐。又據舊唐書卷四〇地理志、太平寰宇記卷九三，唐初復

改餘杭郡爲杭州，天寶元年再改杭州爲餘杭郡，乾元元年仍改餘杭郡爲杭州。本書脱唐初復改餘杭郡爲杭州一節，遂使人誤以爲唐乃改隋之杭州爲餘杭郡。又據元豐九域志卷五所載，宋初並非改杭州爲寧海軍，而是于淳化五年改唐鎮海軍爲寧海軍，杭州之名一直沿用未變。本書叙州郡沿革，類似情形甚夥，究其原因，多由求簡所致。

〔二〕「奮揚威靈」，「威靈」，輿地紀勝卷一作「英威」，乾道臨安志卷一又作「英武」，與本書均有字異。

〔三〕「其事佛爲最勤」，底本「勤」下原有「一」字，元甲本、元乙本、元丙本、四庫本、傳是樓本均無「一」字，核諸秦少游之淮海集卷三八雪齋記，亦無「一」字，則此字實衍，今據删。

〔四〕「有巖石室龍泓洞」，底本原脱「室」字，據淳祐臨安志卷八、咸淳臨安志卷二三補。

〔五〕「然晝夜之攻擊乘日升降如應乎月」，輿地紀勝卷二所引與本書同，然雲麓謾鈔卷七、淳祐臨安志卷一〇、咸淳臨安志卷三一皆作「然晝夜之晷繫乎日，升降之數應乎月」，與本書不同。細析文意，似雲麓謾鈔等所云爲是。

〔六〕「鴻隙陂」，底本原作「鴻源陂」，據漢書卷八四翟方進傳、後漢書卷一五鄧晨傳及蘇軾文集卷三〇杭州乞度牒開西湖狀改。

〔七〕「唐長慶中白居易爲刺史」，「長慶」，底本原作「天慶」。按唐無「天慶」年號，核舊唐

書卷一六六白居易傳，白居易爲杭州刺史在穆宗長慶年間，淳祐臨安志卷一〇、蘇軾文集卷三〇杭州乞度牒開西湖狀亦作「長慶」，本書作「天慶」誤，今改正。

〔八〕「蓋十二三耳」，「耳」，底本原作「年」，據淳祐臨安志卷一〇、蘇軾文集卷三〇杭州乞度牒開西湖狀改。

〔九〕「茭菱穀米」，底本原作「茭葑穀木」，據淳祐臨安志卷一〇、蘇軾文集卷三〇杭州乞度牒開西湖狀及宋史卷九七河渠志改。

〔一〇〕「西湖天下景誰能得其全」，蘇軾詩集卷一三懷西湖寄晁美叔同年作「西湖天下景，游者無賢愚。淺深隨所得，誰能識其全」，本書引用時有省略。

〔一一〕「好把西湖比西子」，蘇軾詩集卷九飲湖上初晴後雨「好把」作「若把」。

〔一二〕「潁亦有西湖」，「潁」，底本原作「穎」，四庫本作「潁」。據宋史卷三三八蘇軾傳，蘇軾于元祐六年出知潁州，此當以「潁」爲是，今據改。

〔一三〕「高禖壇」，「禖」，底本原作「煤」，據四庫本及宋史卷一〇三禮志改。

〔一四〕「高閌」，底本原作「高閲」，據宋史卷一一四禮志、卷四三三高閌傳改。

〔一五〕「肄業之所」，「肄」，底本原作「隸」，據四庫本、嶽雪樓本及乾道臨安志卷一改。

〔一六〕「花錫」，底本原作「花賜」，據宋史卷一一九禮志及建炎以來朝野雜記甲集卷三北使禮節改。

〔一七〕「上復遣執政官就驛賜御宴」，底本原脱「賜」字，據宋史卷一一九禮志及建炎以來朝野雜記甲集卷三北使禮節補。

〔一八〕「乘馬出北關門登舟」，「登舟」，底本原作「拏舟」，據宋史卷一一九禮志及建炎以來朝野雜記甲集卷三北使禮節改。

〔一九〕「惟金陵錢塘」，「錢塘」下底本原有「爲」字，衍，據歐陽修全集卷四〇有美堂記、乾道臨安志卷二、淳祐臨安志卷五、西湖游覽志卷七删。

〔二〇〕「杭州刺史元萸建」，「元萸」，底本原作「元莫」，據四庫本及淳祐臨安志卷八、西湖游覽志卷一〇改。全唐文卷六四九、元稹集卷四八有授元萸等餘杭等州刺史制，可證作「元萸」不誤。

〔二一〕「有相里君造作虛白亭」，底本原脱「作」字，據文苑英華卷八二五、西湖游覽志卷一〇補。

〔二二〕「有韓僕射臯作候仙亭」，底本「韓」下原有「僕」字，白居易集卷四三、文苑英華卷八二五、淳祐臨安志卷八、西湖游覽志卷一〇所載冷泉亭記均無此字，今據删。

〔二三〕「虜使劉筈等往上天竺焚香」，「劉筈」，底本原作「劉苦」，據北圖本及建炎以來繫年要録卷一四六改。

〔二四〕「會僧勳從洛陽持古佛舍利來」，明田汝成西湖游覽志卷一一述此事，作「後漢乾祐間，

有僧從勳，自洛陽持古佛舍利來」，僧名與本書有異。

〔二五〕「遂超羲皇傲几蘧」，「几蘧」，底本原作「凡蘧」，據四庫本、嶽雪樓本改。莊子人間世有云：「伏羲、几蘧之所行終，而況散焉者乎！」可證作「几蘧」不誤。

〔二六〕「張祜」，本書引其詩甚多，或作「張祐」，或作「張祜」。明胡應麟詩藪内編卷四有云：「一日偶閲雜説，張子小名冬瓜，或以譏之。答云：『冬瓜合出瓠子。』則張之名祜審矣。」全唐詩卷五一〇亦作「張祜」，與胡應麟之説合，今從之。

〔二七〕「下有萬仞蛟龍淵」，「萬仞」，蘇軾詩集卷七游徑山作「萬古」。

〔二八〕「有吴行人」，底本原作「有周行人」，有誤。西湖游覽志卷一二忠清廟下云：「以祀吴行人伍員者。」其引盧元輔胥山銘亦作「有吴行人」。今檢史記卷三一吴世家、吴越春秋卷四闔閭内傳，皆云闔閭元年舉伍子胥爲行人，則當以「吴」爲是，作「周」誤，今改正。

〔二九〕「將瞰鴟革」，「鴟革」，底本原作「鴟華」，今據四庫本、震无咎齋本改正。

〔三〇〕「先喆王建邦啓土」，各本均誤「喆」爲「詰」，今改正。喆，同「哲」。

〔三一〕「戴后惟大人虐惟后」，西湖游覽志卷一二引盧元輔胥山銘作「撫則后，虐則仇」，與本書不同。

〔三二〕「不讓瀆濟」，「濟」，底本原作「齊」，據北圖本及西湖游覽志卷一二改。

〔三三〕「日星晦蒙」，「日星」，蘇軾文集卷一七表忠觀碑作「月星」。
〔三四〕「天胙忠厚」，「忠厚」，四庫本及蘇軾文集卷一七表忠觀碑作「忠孝」。
〔三五〕「力學不偶」，獄雪樓本作「力學不倦」。
〔三六〕「山村帶客房」，「客房」，全唐詩卷四九二殷堯藩送客遊吴作「蜜房」，觀上句「海戍通鹽竈」，當以「蜜房」爲是。
〔三七〕「心緒逐鷗群」，「鷗群」，底本原作「雞群」，據全唐詩卷五〇九顧非熊經杭州改。杭州近海，故云鷗群；鷗群逐浪，以喻心緒。
〔三八〕「吴興郡吴郡會稽郡」，底本原脱「吴郡」，據雲麓謾鈔卷五、水經注卷四〇漸江水注補。
〔三九〕「護江堤白踏晴沙」，底本原作「護堤紅白踏晴沙」，據震无咎齋本及白居易集卷二〇杭州春望改。
〔四〇〕「紅袖織綾夸柿蔕」，「柿蔕」底本原作「柳葉」，據震无咎齋本及白居易集卷二〇杭州春望改。
〔四一〕「初心漸申寫」，「初心」，文選卷二六所載謝靈運富春渚作「宿心」。

方輿勝覽卷之二

平江府 吴縣　長洲　崑山　常熟　吴江　嘉定

【建置沿革】禹貢揚州之域。漢地理志：「吴地，斗分野。」晉天文志：「星紀之次。」〔一〕周爲吴國，封太伯於此。至闔閭强盛，浙西盡爲吴有。後吴地又盡爲越有。楚滅越，封黄歇於吴。秦滅楚，置會稽郡。漢高帝封荆王賈、吴王濞，並有會稽之地。東漢以浙西爲吴郡，浙東爲會稽郡。三國屬吴孫氏。陳爲吴州。隋平陳，改蘇州。唐因之。國朝太平興國改爲平江軍，政和陞平江府。〔二〕領縣六，治吴縣、長洲兩縣。浙西提刑、提舉置司。

事要

【郡名】姑蘇、因山得名。吴郡、見「沿革」注。吴會、圖經：「吴，東南一都會。」吴門、吴中。

【風俗】俗好用劍。郡國志：「｜｜｜｜，輕死，蓋湛盧、屬鏤，干將、要離之遺風。」所化者遠。圖經序：「太伯遜天下，季札辭一國，德之｜｜｜｜矣。更歷晉、漢，風俗清美。昔吴太守

麇豹出行屬城，問功曹唐景風俗所尚。景曰：『處家無不孝之子，立朝無不忠之臣，文爲儒宗，武爲將帥。』時人以爲善言。」士夫淵藪。繫年録：「諫議鄭瑴言：『陛下南渡，當擢吴中之秀以爲用，况平江、常、潤、湖、杭、明、越，號爲吴中——』」好儒好佛。圖經：「蓋朱買臣、陸機、顧野王之徒顯名於當代，而人尚文；支遁、道生、慧嚮之儔倡法於羣山，而人尚佛；有所自來也。」驕奢好侈。同上。然————，自古有之。帝都賦云：「競其區宇，則併疆兼巷；矜其宴居，則珠服玉饌。」亦非虚語。上元燈毬，郡志：「上——影巧麗，它郡莫及。有萬眼羅及琉璃——者，尤妙天下。」七夕摩睺羅。同上。土人工於泥塑，所造摩　　羅尤爲精巧。四郊無曠土。同上。吴中自昔號盛，云云，高下悉爲田，人無貴賤，往往皆有常産，故多奢少儉。有海陸之饒，隋志：「田澤衍沃，云云。」無墊溺之患。舊經：「城中未嘗有墊溺蕩析之患。」

【形勝】具區在西。漢地理志。北枕大江。漢武帝賜嚴助書：「會稽東接於海，南近諸越，云云。」水國之勝。范至能吴江主簿廳壁記：「松江、太湖，云云，當天下第一。」旁連湖海。徐嘉告詞：「眷惟中吴，密拱行闕，————，外控江、淮。」枕江連海。沈度告詞：「吴門價藩，云云。」爲東南冠。孫尚書普明院記：「自唐白公爲刺史時，即事賦詩，已謂八門、六十坊、三百橋、十萬户，————之—，詩云『茂苑太繁雄』是也。逮乾符、光啓間，大盗蜂起，争爲强雄，而武肅王錢鏐以破黄巢、誅董昌之功，〔三〕盡有浙東之地。五代分裂，諸藩據數州，惟王獨嘗順事中國。有宋受

命，晝籍土地府庫，率其屬朝京師，遂去其國。蓋自長慶訖宣和更七代三百年，〔四〕吴人不見兵革，覆露生養至四十三萬家，而吴太伯廟棟猶有唐昭宗寧海軍、鎮東節度使錢鏐姓名書其上，〔五〕可謂盛矣。」

【土産】**彩牋**、郡志：「吴中所造，名聞四方。以諸色粉和膠刷牋，隱以羅紋，然後砑花。唐皮、陸有唱和魚牋詩曰：『向日乍驚新繭色，臨風時辨白萍紋。』注：『魚子曰白萍。』此豈用魚子耶？今其法不傳，而所造品第尤新奇，蠟牋、畫牋，尤精絶云。」**太湖石**、郡志：「出洞庭西，以生水中者爲貴。石在水中，歲久爲波濤所衝擊，皆成嵌空。石面鱗鱗作靨，名曰彈窩，亦水痕也。没人縋下鑿取，極不易得。石性温潤奇巧，扣之鏗然如鐘磬。在山上者，名旱石，枯而不潤，或贋作彈窩以售，亦得善價。」白居易記，見安吉州。**蓴鱸**。郡志：「生松江。後漢左慈嘗在曹操坐，操曰〔六〕：『今日高會，珍羞略備，所少吴江鱸魚耳。』慈曰：『求銅盤貯水。』以竹竿餌鉤於盤中，須臾引一鱸魚出。操使膾之，周浹會者。」金谷園記謂：「鱸魚常以仲秋後從海入江。菰葉，南越人以箭笋和爲羹，甚珍。魚白如玉，菜黄如金，隋人已呼爲金羹玉膾云。」○蘇子美論風俗：「——稻蟹，可以適口。」

【山川】**虎丘山**、在城西北九里。又名海湧山，遥望平田中一小丘。○越絶書：「吴王闔閭葬———下，發五都之士十萬人共治葬，穿土爲川，積壤爲丘。池廣六十步，水深一丈五尺。銅椁三重，澒池六尺。黄金珠玉爲鳧鴈，扁諸之劍、魚腸之劍在焉。〔七〕葬三日，金精上騰爲白虎，蹲踞于上。」○世説：「始皇嘗登此阜，將發塚取寶鍔，俄有白虎，始皇拔劍刺虎，虎隱入山，因名虎丘。後避

唐諱，改虎爲武。」山有靈巖寺。○范至能再到詩：「不過溪橋又兩年，偶隨筇竹訪幽禪。有緣再踏雲巖路，無處重尋石井泉。擬輟半山分座住，先携一枕借床眠。覺來飽喫紅蓮飯，正是塘東稻熟天。」○葉正則詩：「虎丘之名歲二千，虎丘之丘何眇然。衆山爭高隱日月，笑此拳石埋平田。雖然蝔螻疑異物，劃開陰崖十丈懸。冢中有恨索遺指，亭上無語傳枯禪。偏是吴人愛山急，逐面分方夸憑立。屋承隋、唐良穩稱，墨題煕、豐尚新濕。松梢莫遣風雨横，石盤自添苔蘚澀。春來春去吴人遊，足躡層顛踣應泣。」靈巖山，在城西二十四里。又名硯石山，吴王之别苑在焉。有館娃宫、琴臺、響屧廊、西施洞。山頂有池，生葵蒓。下瞰太湖，望洞庭兩山，滴翠叢碧在白銀世界中，亦宇内絶景。山前十里有採香徑，因置秀峰寺。〔八〕天平山，在城西二十里。巍然特高，群峰拱揖，郡之鎮也。○楊備詩：「人間多少嶮巇路，縱是天平還不平。」○蘇子美詩：「吴會括衆山，戢戢不可數。其間號天平，突兀爲之主。傑然鎮西南，羣嶺争拱輔。吾知造物意，必以屏大府。清溪至其下，仰視勢飛舞。偉石如長人，聚立欲言語。捫蘿緣險磴，爛熳松竹古。中腰有危亭，前對紺壁舉。石竇落玉泉，泠泠四時雨。源生白雲間，顔色若粉乳。早年或播灑，潤可足九土。奈何但泓澄，未爲應龍取。予方棄塵中，巖壑素自許。盤桓擇雄勝，至此快心膂。庶得耳目清，終甘心於虎。」〔九〕姑蘇山，在吴縣西三十里。或曰姑胥，或曰姑餘。○越絶書：「闔閭就山起臺，三年聚材，五年乃成，高見三百里。」○史記：「吴破越，越進西施請退軍，吴王許之。王得西施，多遊姑蘇。子胥諫曰：『臣恐姑蘇不久爲麋鹿之遊。』王不聽。」○太史公嘗登姑蘇臺以望五湖。○李白詩：「舊苑荒臺楊柳新，菱歌春唱不勝春。只今惟有

西江月，曾照吴王宫裏人。」○劉禹錫詩：「故園荒臺在，前臨震澤波。綺羅隨世盡，麋鹿占時多。築用金槌力，摧因石鼠窠。昔年彫輦路，唯有採樵歌。」包山、在吴縣西南百二十里。又名洞庭山，中有洞庭深遠。吴王使威靈丈人入洞穴，十七日不能盡，因得禹書。又有林屋洞，十大洞之一也。○蘇子美水月院記：「中有山七十二，惟洞庭稱雄其間，地占三鄉，户率三千，環四十里。民俗魯朴，以橘柚爲常産。每秋高霜餘，丹苞朱實，與長松茂樹相差間，於巖壑間望之，若圖畫。」陽山、在長洲西北三十里。又名秦餘杭山。有龍母廟。相傳東晉隆安中，有繆氏女，遇一白衣老人，歸而有妊，産一肉塊，驚棄水中，倏化爲龍，夭矯母前，母遂驚絶，葬此山下，人爲立祠。紹興間犇雲靉靆，起於是山。俄頃，盲風暴雨，龍自郡城過，捲去女墻數百丈，居民佘氏小亭吸入雲中，有負販者被吸去，復墜而無傷。華山、在吴縣西六十里。故老云：「山頂有池，生千葉蓮華，人服之能羽化，故名——。」巖石甚奇勝。山半有大壑曰天池，最佳處也。石公山、山前有石板。○皮日休詩：「翠石數百步，如板漂不流。空疑水妃意，浮出青玉洲。中若瑩龍劍，外惟疊蛇矛。狂波忽然死，浩氣清且浮。似將翠黛色，抹破太湖秋。安得三五夕，携酒棹扁舟。召取月夫人，嘯歌於上頭。又恐霄景闊，虚皇拜仙侯。欲建九錫碑，立當十二樓。瓊文忽然下，石板誰能留？此事少知者，唯應波上鷗。」黿山、在洞庭西。出青石，可以壓砌緣池。横山、在吴縣西南十里。據湖山之中，以鎮西南。三江、書云：「三江既入，震澤底定。」三江者，北江、中江、南江也。歷丹陽、毗陵者爲北江，今之大江也。首受蕪湖，東至陽羨者，爲中江。分於石城，過宛陵，至具區者，爲南江。三江在震澤上下，而皆入于海。松江、在吴江

縣，一名笠澤。○范希文詩：「有浪即山高，無風還練静。秋宵誰與期，月華三萬頃。」○陳希元詩：「平波渺渺煙蒼蒼，菰蒲纔熟楊柳黄。扁舟繫岸不忍去，秋風斜日鱸魚鄉。」○王介甫詩：「宛宛虹霓墮半空，銀河直與此相通。五更縹緲千山月，萬里凄涼一笛風。鷗鷺稍回青靄外，汀洲時起緑蕪中。騷人自欲留佳句，忽憶君詩思已窮。」吴江：王介甫詩：「莽莽昔登臨，秋風一散襟。地留孤嶼小，天入五湖深。柑橘無千里，魚蝦有萬金。吾雖輕范蠡，終欲此幽尋。」五湖、舊經謂貢湖、遊湖、胥湖、梅梁湖、金鼎湖；酈善長謂長塘湖、上湖、滆湖，與太湖而五；〔一〇〕韋昭云胥湖、蠡湖、洮湖、滆湖，就太湖而五；虞仲翔云太湖之水通五道，謂之——。太湖、在吴縣南五十里。○皮日休詩：「三萬六千頃，頃頃玻瓈色。疏岑七十二，⿱山雙⿱山雙露寸戟。」○陸龜蒙詩：「嘗聞咸池氣，下注作清質。至今涵赤霄，〔一一〕尚且浴白日。」○蘇子美詩：「杳杳波濤閲古今，四無邊際莫知深。潤通曉月爲清露，氣入霜天作暝陰。笠澤鱸肥人鱠玉，洞庭柑熟客分金。風煙觸目相招引，聊爲停橈一楚吟。」石湖；在盤門西南十里。蓋太湖之派，范蠡所從入五湖者。本朝范至能所居，孝宗御書「——」二字賜之。滬瀆、在吴縣。陸龜蒙叙矢魚之具云：「列竹於海澨曰滬。」許浦。乃海道風寒之衝，大軍屯于此。

【井泉】石井；在虎丘。張又新水品：第三松江，第四橋水，第六今——，實勝劍池。井旁有亭，以爲烹茶宴坐之所。白雲泉、在天平山，爲吴中第一水。憨憨泉。在寶華山寺之東，極清冽。相傳爲得道僧名——者卓錫所出。

【堂舍】州宅、後臨大池。○白居易詩：「紅紫共紛紛，祇承老使君。移舟木蘭棹，行酒石榴裙。水色窗窗見，花香院院聞。戀他官舍住，雙鬢白如雲。」黄堂、郡志：「今太守所居之宅，即春申君之子爲假君之殿也。因數失火，塗以雌黄，故曰——，以厭火災。」木蘭堂、嵐齋録：「唐張搏爲刺史，植木蘭花於堂前，嘗盛開燕客，命即席賦之。陸龜蒙後至，張聯酌浮之徑醉，彊索筆題兩句，云『洞庭波浪渺無津，日日征帆遠送人』，頽然醉倒。客續之，皆莫詳其意。既而龜蒙稍醒，續曰：『幾度木蘭舡上望，不知元是此花身。』遂爲絶唱。」白檜堂。在州治池中小山上。有檜，相傳白公手植，今非矣。

【樓閣】齊雲樓、在郡圃子城上，宏敞壯麗。○白居易齊雲晚望詩：「重複江山壯，平舒井邑寬。———北面，終日憑欄干。」〔一二〕西樓：，在郡治子城門上。○白居易——夜宴詩：「風月萬家河兩岸，笙歌一曲郡——。」六經閣。建安志載張伯玉守吴郡，語司户曾子固曰：「我方作————，子爲我記之。」子固呈藁，終不合意，遂自爲之。子固一見歎服。其詞曰：「———諸子百家皆在焉，不書，尊經也。吴郡州學，始由高平范公經統之，至今尚書富郎中，十年更八政，學始大成。經南嚮，史西嚮，子、集東嚮，標之以油素，揭之以油黄，澤然區處，如蛟龍之鱗麗，如日月之在紀，不可得而亂矣。判天地之極致，皇王之高道，生人之紀律，舉在是矣。」

【亭榭】西亭、即今西齋。○白居易詩：「幸有酒與樂，及時且歡娛。忽其解郡印，他人來此居。」滄浪亭、在郡學東。○蘇子美記：「予以罪廢，無所歸，扁舟南遊，旅於吴中。始僦舍以處，時

盛夏蒸燠，土居皆褊狹，不能出氣，思得高爽虛曠之地以舒所懷，不可得也。一日過郡學，東顧草樹鬱然，崇阜廣水，不類乎城中，並水得微徑於雜花脩竹之間。東趍數百步，有棄地，縱廣函五六十尋，三向皆水也。杠之南，其地益闊。旁無民居，左右皆林木相虧蔽。訪諸舊老，云錢氏有國，近戚孫承祐之池館也。坳隆勝勢，遺意尚存。予愛而裴回，遂以錢四萬得之。築高北碕，〔一三〕號『滄浪』焉。前竹後水，水之陽又竹，無窮極。澄川翠榦，光影會合於軒戶之間，尤與風月爲相宜。予時榜小舟，幅巾以往，至則洒然忘歸，觴而浩歌，踞而仰嘯，野老不至，魚鳥共樂。形骸既適，則神不煩；觀聽無邪，〔一四〕則道以明。返思向之汩汩榮辱之場，日與錙銖利害相磨戛，隔此真趣，不亦鄙哉！噫，人固動物耳，情橫于內而性伏，必外寓於物而後遷，〔一五〕寓久則溺，以爲當然，非勝是而易之，則室而不開，唯仕宦溺人爲至深。古之才哲君子，有一失而至于死者多矣，是未知所以自勝之道。予既廢，而獲斯境，安於冲曠，不與衆驅，因之復能見乎內外失得之原，〔一六〕沃然有得，笑閔萬古，尚未能忘其所寓，自用是爲勝焉。」三高亭、蘇子瞻戲書吳江三賢畫象范蠡詩：〔一七〕「誰將射御教吳兒，長笑申公爲夏姬。却遣姑蘇有麋鹿，更憐夫子得西施。」○張翰、陸龜蒙詩已見「名宦」。松江亭、白居易携樂觀魚宴宿：「震澤平蕪岸，松江落葉波。在官常夢想，爲客始經過。水面排罾網，舡頭簇綺羅。朝盤鱠紅鯉，夜燭舞青蛾。鴈斷知風急，湖平得月多。〔一八〕繁弦與促管，不解和魚歌。」吳江亭、蘇子美詩：「氣象清雄天與鄰，世間不合有埃塵。擬將累勺酬佳景，只恐江山解笑人。」垂虹亭：米元章有詩云：「斷雲一葉洞庭帆，玉破鱸魚霜破柑。好作新詩繼桑苧，垂虹秋色滿東南。」姑

蘇臺。在山上。○楊廷秀詩有云：「我亦閑來散病身，游人不用避車塵。插天四塔雲中出，隔水諸峰雪後新。道是遠瞻三百里，如何不見六千人？吴亡越霸今安在，臺下年年花草春。」

【館驛】姑蘇館，在盤門裏河西城上。紹興中爲國信館待之所，下有百花洲。平望驛、張祜題：「一派吴興水，西來此驛分。路遥經幾日，身去是孤雲。雨氣朝忙蟻，雷聲夜聚蚊。何堪秋草色，到處重離羣。」松江驛。方干題｜｜｜：「便向中流出太陽，兼疑大岸逼浮桑。門前白道通丹闕，浪裏青山占幾鄉。帆勢落斜依浦溆，鍾聲斷續在滄茫。古今悉不知天意，偏把雲霞媚一方。」

【橋梁】皋橋、在閶門内。漢皋伯鸞居此。○劉夢得泰娘詩：「有時妝好乘天氣，走上｜｜折花戲。風流太守韋尚書，路旁忽見停隼旟。」乘魚橋、在子城西。前志：「琴高於此見大鯉魚，長丈餘，遂乘魚飛騰上昇。」垂虹橋、在吴江縣，即利往橋。東西千餘尺，用木萬計。前臨具區，橫絶松陵，湖光海氣，蕩漾一色，乃三吴之絶景。橋之中有亭曰垂虹。○蘇子美詩：「長橋跨空古未有，大亭壓浪勢亦豪。」○王介甫詩：「三江、五湖口，地與天不隔。日月所蔽虧，東西渺然白。漫漫浸北斗，浩浩浮南極。誰投此虹蜺，欲濟兩間阨。中流雜蜃氣，欄楯相承翼。初疑神所爲，滅没在頃刻。晨興坐其上，傲兀至中昃。獨憐造化功，不謂因人力。今君持酒漿，談笑顧賓客。頗跨九州物，壯麗此無敵。熒煌丹砂柱，璀璨黄金壁。中家不慮始，助我皆豪殖。喟予獨不可，還當采民力。」〔一九〕○鄭毅夫詩：「三百欄干鎖畫橋，行人波上踏瓊瑶。插天螮蝀玉腰闊，跨海鯨鯢金背高。路直鑿開元氣白，影寒壓破大江豪。此中自是銀河接，不必仙槎八月高。」小長橋、在石塘，累石爲之。○王逢原

詩：「老匠鐵手風運斤，一挾刃入千山髡。明堂有柱不見用，此爲失地猶濟人。西渚巨澤江海通，陽侯利溺驚濤風。當道猶能支地險，更東安得與天窮。莫比垂天紳，莫比跨地帶。渴龍乾死枯無鱗，絶海失舟鯨踏背。秦帝東遊逐仙迹，累重肉多飛不得。三洲水盡朝宗海，安得身乘破浪風。爲約他年可歸處，獨倚欄干不思去。季鷹、范蠡不足奇，待我爲名千古歸。」新橋、在松江。○蘇子美中秋對月和柳令之什：「月晃長江上下同，畫橋横截冷光中。雲頭灎灎開金餅，水面沉沉卧彩虹。佛氏解爲銀色界，仙家多住玉華宫。地雄景勝言不盡，但欲追隨乘曉風。」三百九十橋。白居易三月三日閑行詩：「黄鸝巷口鶯欲語，烏鵲河頭冰欲消。緑浪東西南北水，紅欄——————。」此乃城内官橋大數也。

【佛寺】虎丘寺、在城西北九里。晉司徒王珣及弟珉捨宅爲寺。○白居易詩：「香刹看非遠，祇園入始深。龍蟠松矯矯，玉立竹森森。怪石千僧坐，靈池一劍沉。海當亭兩面，山在寺中心。酒熟憑花勸，詩成倩鳥吟。寄言軒冕客，此地好抽簪。」○又夜遊詩：「不厭西丘寺，閑來即一過。舟舡轉雲島，樓閣出煙蘿。摇曳雙紅旆，娉婷十翠娥。香花助羅綺，鍾梵雜笙歌。領郡時將久，遊山數幾何？一年十二度，非少亦非多。」○蘇子瞻———詩：「入門無平田，石路細穿嶺。陰風生澗壑，古木翳潭井。湛盧誰復見，秋水光耿耿。鐵花秀巖壁，殺氣噤蛙黽。幽幽生公堂，左右立頑獷。當年或未信，異類服精猛。胡爲百歲後，仙鬼互馳騁。窈然留清詩，讀者爲悲哽。東軒有佳致，雲水麗千頃。熙熙覽生物，春意頗凄冷。我來屬無事，暖日相與永。喜鵲翻初旦，愁鳶蹲落景。坐見漁樵還，新月

溪上影。悟彼良自咍，歸田行可請。」○李德裕追和太師顔公同清遠道士遊寺韻：「茂苑有靈峰，嗟予未遊觀。藏山半平陸，壞谷多高岸。岡繞數仞墻，巖潛千丈榦。乃知造化意，回斡資奇玩。鏐騰昔虎鋸，劍没嘗龍煥。潭黛入海底，崟岑聳霄半。層巒未升日，哀狖寧知旦。緑篠夏凝陰，碧林秋不換。冥搜既窈窕，回望何蕭散。川晴嵐氣收，江春雜英亂。逸人綴芹藻，〔二〇〕前哲留篇翰。共扣哀玉音，皆舒文綉段。難追彦回賞，徒起興公嘆。一夕如再升，含毫星斗爛。」○王元之詩：「蘚墻圍却碧潺湲，曾是當年海湧山。盡把好峰藏寺内，不教幽景落人間。劍池草色終冬在，石座苔花自古斑。珍重晉朝吾祖宅，一回來此便忘還。」**生公講堂**、在虎丘寺。生公，異僧竺道生也。講經于此，無人信者，乃聚石爲徒，與講至理，石皆點頭。○劉禹錫詩：「生公説法鬼神驚，身後空堂夜不扃。高坐寂寥煙漠漠，一方明月可中庭。」**劍池**、在虎丘寺。始皇試劍于此，乃石罅，深數十丈，闊丈餘。水無底，寺中日汲此水。其聲潺湲，極可聽。**千人坐**、在虎丘山側。有平石，可坐千人。○顔真卿詩：「劍池穿萬仞，盤石坐千人。」**靈巖寺**、在吴縣西南三十里，舊名秀峰。○孫覿殿記：「梁天監中，以吴館娃宫故地爲———。」○白居易詩：「娃宫、屧廊尋已傾，硯池、香徑又欲平。二三月時但草緑，幾百年來空月明。使君雖老頗多思，携觴領客處處行。」**承天寺**、舊名重光寺，在長洲縣西北二里。庭列怪石，有銅佛像。○韋應物詩：「時暇陟雲構，晨霄澄景光。始見吴都大，十里鬱蒼蒼。山川表明麗，湖海吞大荒。合沓臻水陸，駢闐會四方。俗繁節又喧，雨順物亦康。禽魚各翔泳，〔二一〕草木遍芬芳。於兹記甿俗，一用勸農桑。誠知虎符遠，但恨歸路長。」**楓橋寺**、在吴縣西十里。○唐人張繼詩：

「月落烏啼霜滿天，江楓漁火對愁眠。姑蘇臺下寒山寺，半夜鍾聲到客舡。」**崑山寺**，在縣西北三里。○孟郊詩：「昨日到上方，片霞封石床。錫杖莓苔青，袈裟松柏香。晴磬無短韻，晝燈含永光。有時乞鶴歸，還訪逍遥場。」○王介甫次韻：「僧蹊蟠青蒼，莓苔上秋床。〔一一二〕露翰飢更清，風蘤遠亦香。埽石出古色，洗松納空光。久遊不忍還，迫迮冠蓋場。」○張祜詩：「寶磬依山險，凌虚勢欲吞。晝簷齊木末，香砌壓雲根。遠景窗中岫，孤煙竹裏村。憑高聊一望，歸思隔吴門。」○「峰嶺于出没，江湖相吐吞。園林浮海角，臺殿遠山根。百里見漁艇，萬家藏水村。地偏來客少，幽興祗桑門。」**水月禪院**。在洞庭山。蘇子美記：「予乙酉歲夏四月來居吴門，始維舟，即登靈巖之巔以望太湖。俯視洞庭山，嶄然特起，雲霞綵翠，浮動於滄波之中。予時據欄竦首，精爽下墮，欲乘清風，跨落景，以翱翔乎其間，莫可得也。自爾平居，絅然思欲一到，〔一一三〕惑於險説，而未果行，則常若有物膈塞於胸中。是歲十月，遂招徐、陳二君子輕舟出横金口，觀其洪川蕩潏，萬頃一色，不知天地之大所能并容。水程遡洄，七十里而達，初宿社下，踰日乃至。入林屋洞，陟毛公壇，宿包山精舍，又泛明月灣。南望一山，上摩蒼煙，舟人指云：『此所謂縹緲峰下也。』即岸，步自松間，出數里，至峰下，有佛廟號『水月』者，閣殿甚古，像設嚴焕。旁有澄泉，潔清甘凉，極旱不枯，不類他水。梁大同四年始建佛寺，至隋大業六年遂廢不存。唐光化中有浮屠志勤者，歷遊四方，至此愛而不能去，復於舊址結廬誦經，後因而屋之，至數十百楹。天祐四年，刺史曹珪以『明月』名其院。勤老且死，其徒嗣之。迄今七世不絶。國家大中祥符初，有詔又易今名。予觀震澤，受三江，吞嚙四郡之封，其中山之名見圖誌者七

十有二，〔二四〕唯洞庭稱雄其間，地占三鄉，户率三千，環四十里。民俗真朴，歷歲未嘗有訴訟至于縣吏之庭下，皆樹桑梔甘柚爲常産。每秋高霜餘，丹苞朱實與長松茂樹相差間，於巖壑間望之，若圖繪金翠之可愛。縹緲峰又居山之西北深遠處，高聳出於衆山，爲洞庭勝絶之境。居山之民已少事，尚有歲時織紃樹藝捕採之勞。浮屠氏本以清曠遠事物，已出中國禮法之外，復居湖山深遠勝絶之地，壤斷水接，人迹罕至，數僧宴坐，寂默於泉石之間，引而與語，殊無纖芥世俗間氣韻。其視舒舒，而行于于，豈世上之遺民者耶？予生平病悶鬱塞，至此曝然破散，無復餘矣。反復身世，惘然莫知，但如蜕解俗骨，傳之羽翰，飛出乎八荒之外。吁，其快哉！後二年，其徒惠源造予，乞文識其居之廢興。欣其見請，攬筆直述，且叙昔遊之勝焉耳。慶曆七年十一月五日記。」

【祠墓】言偃吴公祠、朱元晦記云：「平江府常熟縣學吴公祠者，孔門高第弟子言偃子游之祀也。按太史公記，孔門諸子多東州之士，獨子游爲吴人。而此縣有巷名子游，有橋名文學，相傳至今。圖經又言公之故宅在縣西北，而舊井存焉。則今雖不復可見，而公爲此縣之人，蓋不誣矣。然自孔子之没，以至于今，千有六百餘年，郡縣之學，通祀先聖，公雖以列，得從腏食，而其鄉邑乃未有能表其事而出之者。慶元三年七月，知縣事會稽孫應時，乃始即其學官講堂之東偏作爲此堂，以奉祠事。是歲仲冬長至之日，躬率邑之學士大夫及其子弟奠爵釋菜，以安其靈。而以書來曰：『願有記也。』某惟三代之前，帝王之學率在中土，以故德行道藝之教，其行於近者著，而人之觀感服習以入焉者深。若夫句吴之墟，則在虞、夏五服，是爲要荒之外。爰自太伯採藥荆蠻，始得其民，而端委以臨之，然亦僅

歿其身。而虞仲之後，相傳累世，乃能有以自通於上國，其俗蓋亦樸陋而不文矣。公生其間，乃獨能悦周公、仲尼之道，而北學於中國，身通受業，遂因文學以得聖人之一體，豈不可謂豪傑之士哉？今以論語考其話言，類皆簡易疏通，高暢宏達。其曰『本之則無』者，雖若見詘於子夏，然要爲知有本也。則其所謂文學，固宜有以異乎今世之文學矣。既又考其行事，則武城之政，不小其邑，而必以詩、書、禮、樂爲先務，其視有勇足民之效，蓋有不足爲者，至使聖師爲之莞爾而笑，則是與之之意，豈淺淺哉？及其取人，則又以二事之細而得滅明之賢，亦其意氣之感默有以相契者。以故近世論者，意其爲人必當敏於聞道而不滯於形器，豈所謂南方之學得其精華者，乃自古而然也耶？矧今全吴通爲畿輔，文物之盛，絶異曩時。孫君於此又能舉千載之闕遺，稽古崇德，以勵其學者，則武城絃歌之意於是乎在，故某喜聞其事而樂爲書。至於孔門設科之法，與公之言所謂本，所謂道，及其所以取人者，則願諸生相與勉焉以進其實，使此邑之人，百世之下復有如公者出，而又有以灑夫媮懦憚事無廉恥而耆飲食之譏焉。是則孫君之志，而亦某之願也。公之追爵，自唐開元始封吴侯，我朝政和禮書已號『丹陽公』。紹興御贊猶有唐封，至淳熙間所盼位次又改稱吴公云。」

尹和靖祠、在虎丘寺。○黄直卿祠記：「和靖尹先生，寓居平江府虎丘西庵，榜曰『三畏齋』。所題雜録、論語解，皆可考所寓即上方也。去之七十有五年，郡守直秘閣陳君芾，通守太學博士丁君焴，始度庵空地爲屋，繪先生像祠焉，尊前賢、厲後學也。先生諱焞，洛陽人。年二十，師伊川程子。舉闈策，士議誅元祐黨人，不答，遂棄舉子業。靖康初，以布衣召，不至。詔褒爲和靖處士。洛陽陷，家殲焉。先生死復甦，竄長安山谷中。逆

豫以禮聘，溺水逃去，展轉蜀道累年。紹興五年，以崇政説書召，凡二十辭，八年冬始入見，除秘書郎。明年，遷少監、太常少卿，權禮部侍郎。每遷，輒力辭。其冬，除徽猷閣待制，提舉萬壽觀。辭不已，遂奉外祠，即虎丘以居，年已七十矣，貧無以爲歸也。後二年，竟没於會稽之寓舍。先生所寓於世如此。蓋嘗考先生之所學，篤於踐行，不爲虚語，未嘗求人之知，人亦莫能窺其所藴也。今其可見者，經惟進講門人記録耳。惟即其所遇於世者，觀其所處，然後知先生之於道卓乎不可及矣。利害者，人心之私；義理者，道心之公。公私之間，迭爲勝負，一取一舍，而賢不肖可知也。至於歷險難之極而不變，處貴顯之驟而不動，抱仁戴義終其身而不悔，非盛德能若是乎？理義充於中，則禍福成敗、榮辱得失，膠轕萬變，日陳乎前而此心自若也。程子之門從遊之士，皆閎博俊偉，極天下之選，而於先生亟稱之，其察之審矣。顔淵退然如愚，而夫子稱之，亦曰『簞瓢陋巷，不改其樂』，又曰『庶乎屢空』。然則先生者，程門之顔氏歟？里巷小人，顛冥於利害之塗不足道，學士大夫則知理義矣，臨利害未毛髮許，棄其所守者可嘆也。聞先生之風得無少愧，有志於道者亦可以自勉歟！二君爲是祠，有補於名教大矣。故述其躬行之大節以示學者，庶幾驗之於身而得先生之道云。」三高祠：范至能記：「乾道三年二月，吴江縣新作———成。三高者，越上將軍，姓范氏，是爲鴟夷子皮；晋大司馬東曹掾，姓張氏，是爲江東步兵；唐右補闕，姓陸氏，是爲甫里先生。三君生不並世，而鴟夷子皮又嘗一用人之國，功大名顯而去之。季鷹、魯望，蕭然臞儒，使有爲於當年，其所成就固不可喻度。要皆以得道見微，〔二五〕脱屣天刑，清風峻節，相望於松江、太湖之上，故天下同高之。而邑人獨私得奉，嘗以夸於四方曰『此

吾東家丘』云爾。邑大夫趙伯虛以故祠偪陋，〔二六〕將改作，鄉老王份獻其地雪灘。乃築堂於上，告遷而奠焉，且屬郡人范成大爲之識傳。曰：不有君子，其能國乎？今乃自放寂寞之濱，人又從而以爲高，此豈盛際之所願哉？後之人高三君之風，而跡其所以爲世道計者，可以懼矣。至於豪傑之士，或肆志乎軒冕，宴安留連，卒悔於後者，亦將有感於斯堂，〔二七〕而某何足以述之。然屈平既從彭咸，而桂叢之賦猶招隱士，疑若幽處林薄，不死而仙。況如三君蟬蛻溷濁，得全於天者。嘗試倚楹而望，水光浮空，雲日下上，風颿煙篷，飄忽晦明，意必往來其間。某亦何足以見之。〔二八〕姑效小山作歌三章以招焉。遂從而歌之曰：若有人兮扁舟，撫五湖兮遠遊。衆芳媢兮高丘，忽獨君兮不可留。長風積兮浪波白，蕩摇空明兮南極一色。鏡萬里兮鞭魚龍，列星熒熒兮其下孤蓬。眇顧懷兮斯路，與凉月兮入滄浦。戰爭蝸角兮昨夢一笑，水雲得意兮垂虹可以檥櫂。僊之人兮壽無期，樂哉垂虹兮去復來。載歌曰：若有人兮横大江，秋風起兮歸故鄉。鴻冥飛兮白漚舞，吴波鱗鱗兮而在下。嗟人胡爲兮天地四方，美無度兮吾之土。膾脩纑兮雪霏，登菰蓴兮芼之水。仙繽兮胥命，君可望兮不可追。頫倒景兮揮碧寥，娭燕息兮江之皋。蒹蘋堂兮廡杜若，一杯之酒兮我爲君酌。又歌曰：若有人兮北江之渚，披雲而晞兮頹煙雨。菊莎兮杞棘，歲晼晚兮何以續君食。偭五鼎兮腥腐，羞三泉兮終古。千秋風露兮歸來故墟，月明無人兮蒼石與語。〔二九〕牛宫泇兮生蒲荷，潮西東兮下田一波。訪南涇兮鄰曲，山川良是兮丘壠多稼。九畹兮今其刈，聊春容兮兹里。是歲六月既望，書遺邑人，使習之以侑祠。趙伯虛請，遂刻記。」**吴延陵季子廟**、蕭定改修廟記：「有吴之興也，太伯讓以得之；有吴之衰

也，季子讓以失之。爲讓之清同，而興衰之體異。何哉？太伯之讓，讓以賢也，故周有天下，而吴建國焉。季子之讓，賢以讓也，當周德之衰而吴喪邦焉。或曰：非所讓而讓之，使宗祀泯絶而不血食，豈曰能賢？斯可謂知存而不知亡者矣。夫治亂，時也；興亡，運也。故至至而不可却，終終而不可留。黄河既濁，阿膠無以正其色。鹽池斯鹹，弊箄不能匡其味。與夫當濁亂之世，召力勝之戎，讓與争，孰勝乎？易曰『知幾其神』，則季子之見可謂知幾矣，季子之明可謂知進退存亡而不失其正矣。至於聽樂辨列國之興亡，審賢知世數之存歿，挂劍存不言之信，避國保無欲之貞，故有吴之祀寂寥，而延陵之饗如在。玄風可想，至德興歎美之辭；哲人其萎，表墓著嗚呼之篆。向微德仁兩至，則夫子不復歎焉。詳其精義被物鈎深致遠之旨，烏可究其津涯而窺其墻仞哉？是知讓之爲德，在於生靈，不獨其子孫明矣。國有祀典，人懷永思。定忝列藩條，欽崇懿範。于以加敬，嚴乎閟宫。别閨壼之内外，正衆神之序位。舊以太伯在於蘇臺，而制季子之祠像設列於軒厢。春秋禮薦，俎豆當陳於正寢，俾觀像者識賢人之遺風同律，審度者知經德之禮秩無差。末學陋辭，不足頌其休烈。寒來暑往，敢用同於紀年。時唐大曆十四年己未八月戊戌朔二十七日甲子記。」**仲雍墓**。在常熟虞山之東。

【古跡】**吴王城**、按越絶書曰「吴大城即闔閭之所築，周四十七里，陸門八以象天八風，水門八以象八卦。城中有水城，周十二里」。吴都賦「重城結隅，通門二八」，謂此也。○劉夢得詩：「二八城門開道路，五千兵馬引旌旗。」**吴城五門**、春秋諸國之門止一字，今楚與越皆亡矣，惟吴中諸門獨仍古不變焉。○閶門。孫權記注云：「吴西郭門，夫差作。」以天門通閶闔，故名之。後春申君改

爲昌門。陸機詩：「昌門何峨峨，飛閣跨通波。」○胥門。晏公類要：「吴相伍員，字子胥，家於此。後以諫死，令抉其目垂于此門，觀越兵之入，因以爲名。」○匠門。本名干將門，有干將墓，後訛爲「匠」。○盤門。郡國志：「古作蟠。吴嘗刻木爲蟠桃之象，以厭勝越。」又吴地記：「水陸縈回屈曲，故謂之盤。」○齊門。吴越春秋：「齊女質吴，吴爲太子聘之。女少思齊而病，闔閭乃起望齊門，令女遊其上。」孟子云「齊景公涕出而女於吴」，即此。**長洲苑**、在本縣西南七十里。○吴都賦：「佩——之茂——。」○白居易詩：「春入長洲草又生，鷓鴣飛起少人行。年深不辨娃宮處，夜夜蘇臺空月明。」**館娃宮**、在硯石山上，蓋以西施得名。○劉禹錫詩云：「宮館貯嬌娃，當時意太誇。艷傾吴國盡，笑入楚王家。月殿餘椒壁，天花代舜華。惟餘採香徑，一帶繞山斜。」**響屧廊**、在靈巖寺。以西子行則有聲。皮日休詩：「——————中金玉步。」**真娘墓**、在虎丘。吴之樂妓，文士多題詠。**陸羽泉**、在吴縣西北九里。鴻漸以此泉爲天下第三水。○王元之詩：「甃石封苔百尺深，試茶嘗味少知音。唯餘半夜泉中月，留得先生一片心。」**南園**、在城西。吴越錢氏元璙創。○石林過庭録：「王黄州初登科，知吴縣已有盛名，蘇州——爲一郡勝處，有詩云：『他年我若成功去，乞取——作醉鄉。』後爲守者，因以『醉鄉』名其堂。政和初，蔡魯公罷政事欲歸吴，下詔以——賜之。公戲賦詩曰：『八年帷幄負清時，更賜——寵退師。堪笑當年王内翰，功名未有便題詩。』」**鬬鴨欄**、陸龜蒙有——，頗極馴養。一旦，驛使過焉，挾彈斃其尤者。龜蒙曰：「此鴨善人言，欲附蘇州上進使者，奈何斃之？」使人懼，盡與橐中金以窒其口。徐使人問其狀，龜蒙曰：「能自呼名耳。」**鶴市**、在閶闔

門外。吴越春秋：「吴王有小女。王與夫人會食蒸魚，王嘗半，女怨曰：『王食魚辱我，不忍久生。』乃自殺。闔閭痛之甚，葬於郭西，舞白鶴於吴市中，令萬人隨觀，逐男女與鶴入羨門，因塞之以送死。」

柳毅泉。在太湖側。按異聞集：「唐儀鳳中，有儒生——靈姻于此。」

【名宦】太伯、王季歷之兄。太王欲立季歷，於是太伯與弟仲雍乃奔荆蠻，斷髮文身，示不可用。鄧攸、爲守。載米之郡，俸禄無所受，惟食吴水而已。歲飢，攸輒開倉救之。後去郡，百姓數千人留牽攸舡，歌曰：「紞如打五鼓，雞鳴天欲曙。鄧侯挽不來，謝令推不去。」韋應物、爲蘇州牧。惟凝香齋館，哦詩自娱。白居易、作虎丘路。劉禹錫、爲刺史。張旭、爲常熟尉。一日有父老來，爲判其狀。不數日，屢至，張甚怒，以爲好訟，欲罪之。父老扣頭曰：「非敢訟也。誠見少公筆勢殊妙，欲家藏之耳。」皮日休、爲郡從事。王仲舒、變瓦屋，隄松江爲路。皇朝王元之、爲長洲宰，由此拜拾遺。張方平、知崑山縣。范仲淹、吴縣人。景祐間爲守，開五河。公有義宅，在普濟橋之側，使其族屬世世居焉。又有義田，以贍羣族。○錢君倚義田記曰：「范文正公，蘇人也。平生好施予，擇其親而貧、疏而賢者，咸施之。方貴顯時，置負郭常稔之田千畝，號曰『義田』，以養濟羣族之人，日有食，歲有衣，嫁娶凶葬皆有贍。擇族之長而賢者主其計，而時其出納焉。日食，人一升。歲衣，人一縑。嫁女者五十千，再嫁者三十千。娶婦者三十千，再娶者十五千。葬者如再嫁之數，葬幼者十千。族之聚者九十口，歲入給稻八百斛，以其所入給其所聚，沛然有餘而無窮。仕而家居俟代者與焉，仕而居官者罷其給。此其大較也。初，公之未貴顯也，嘗有志於是矣，而力未逮者二十年。既而爲西帥

及參大政，於是始有祿賜之入，而終其志。公既歿，後世子孫脩其業，承其志，如公之存也。公雖位充祿厚，而貧終其身。歿之日，身無以爲斂，子無以爲喪，惟以施貧活族之義遺其子而已。昔晏平仲弊車羸馬，桓子曰：『是隱君之賜也。』晏子曰：『自臣之貴，父之族無不乘車者，母之族無不足於衣食者，妻之族無凍餒者，齊國之士待臣而舉火者三百餘人，如此而爲隱君之賜乎？彰君之賜乎？』於是齊侯以晏子之觴而觴桓子。予嘗愛晏子好仁，齊侯知賢，而桓子服義也。又愛晏子之仁有等級，而言有次也。先父族，次母族，次妻族，而後及其疏遠之賢。孟子曰：『親親而仁民，仁民而愛物。』晏子爲近之。今觀文正公之義田賢於平仲，其規模遠舉又疑過之。嗚呼！世之都三公位享萬鍾祿，其邸第之雄，車輿之飾，聲色之多，妻孥之富，止乎一己而已。而族之人不得其入者，豈少哉？況於施賢乎？其下爲卿，爲大夫，爲士，廩稍之充，奉養之厚，止乎一己而已。而族之人操壺瓢爲溝中瘠者，又豈少哉？況於他人乎？是皆公之罪人也。公之忠義滿朝廷，事業滿邊隅，功名滿天下，後必有史官書之者，予可略也。獨高其義，因書以遺於世云。」**孫冕**、爲守，甫及引年而去。詳見臨江。**胡翼之**、景祐中，范希文以内閣典藩請于朝立學，自安定先生——首居于此，而博洽有道之士如王逢、張芻、張伯玉之儔繼處其任，學者甚衆，故滕正議元發、錢翰林醇老稍稍出焉。**張伯玉**。爲守。

【人物】**言偃**、見前「祠廟」注。**季札**、兄弟四人，——賢。父欲立之，不可。吴人必欲立——，札逃去。後事闔廬、夫差。**澹臺滅明**、有墓，在吴縣南八十里。**朱買臣**、吴人，爲會稽守。前漢總謂之會稽。**嚴助**、吴人。守會稽數年，不聞問。天子賜書曰：「君厭承明之廬，勞侍從之事，懷故

土，出爲郡吏，間者，闊焉久不聞問，具以春秋對。」上書謝，願奉三年計最。**張翰**、吴人。齊王冏辟翰爲大司馬東曹，翰因秋風起，乃思吴中蓴菜羹、鱸魚膾，曰：「人生貴得適志，何能羈宦數千里以要名爵乎？」遂命駕而歸。○蘇子瞻詩：「浮世功名食與眠，季鷹真得水中仙。不須更説知幾事，只爲鱸魚也自賢。」**陸機**、吴郡人。祖遜，吴丞相。父抗，大司馬。機少有文章。弟雲，六歲能文，與兄齊名。**陸龜蒙**、居松江甫里，自號江湖散人、天隨子。○蘇子瞻詩：「千首文章二頃田，囊中未有一錢看。却因養得能言鴨，驚破王孫金彈丸。」**陸德明**、蘇州人。**顧野王**、吴人。陳朝著玉篇。**梁鴻**；吴縣西四里有墓。**皇朝元絳**、字厚之。嘗參大政，居是邦。**蘇舜欽**、字子美。舉進士，爲大理丞。爲人倜儻，長於古文歌詩行草，士大夫收之以爲墨寶。范仲淹薦其才，得集賢校理，監進奏院。用故紙祠神會賓，爲御史所糾，除名。舜欽既廢，居蘇州，買水石作滄浪亭以自適。後二年，得湖州長史，卒。**范成大**、參政。自號石湖。**黄由**。狀元。

【題詠】 **土風清且嘉**。陸機吴趨行：「楚妃且勿歎，齊娥且莫謳。四坐並清聽，聽我歌吴趨。吴趨自有始，請從閶門起。閶門何峨峨，飛閣跨通波。重欒承游極，回軒起曲阿。藹藹慶雲被，泠泠祥風過。山澤多藏育，云云。太伯導仁風，仲雍揚其波。穆穆延陵子，灼灼光諸華。王迹頹陽九，帝功興四遐。大皇自富春，矯首頓世羅。邦彦應運興，粲若春林葩。屬城咸有士，吴邑最爲多。八族未足侈，四姓實名家。文德熙淳懿，武功侔山河。禮讓何濟濟，流化自滂沱。淑美難窮紀，商榷爲此歌。」〔三〇〕**兵衛森畫戟**。韋應物郡中與諸文士讌集詩：「云云，燕寢凝清香。海上風雨至，逍遥池

閣涼。煩痾正消散，嘉賓復滿堂。自慙居處崇，未睹斯民康。理會是非遣，性達形迹忘。鮮肥屬時禁，蔬果幸見嘗。俯飲一盃酒，仰聆金玉章。神歡體自輕，意欲凌風翔。吴中盛文史，群彦今洋洋。方知大藩地，豈曰財賦彊。」人家盡枕河。杜荀鶴送人遊吴：「君到姑蘇見，云云。古宫閑地少，水港小橋多。夜市賣菱藕，春舡載綺羅。遥知未眠月，鄉思在漁歌。」東下姑蘇臺。杜甫壯遊詩：「云云，已具浮海航。到今有餘恨，不得窮扶桑。王、謝風流遠，闔閭丘墓荒。劍池石壁側，長洲芰荷香。嵯峨閶門北，清廟映回塘。每懷吴太伯，撫事淚浪浪。」盈筐盛菱芡。陸龜蒙吴中苦雨詩：「笠澤卧孤雲，桐江釣明月。云云，滿釜煮鱸鱖。」乘舡向山寺。張籍送從弟戴玄之蘇州：「楊柳閶門外，悠悠水岸斜。云云，着屐到人家。夜月紅柑樹，秋風白藕花。江天詩境好，迴日莫全賒。」書後欲題三百顆。韋應物詩：「聞君病後思青橘，欲摘猶酸亦未黄。云云，洞庭猶待滿林霜。」蘇州刺史例能詩。劉禹錫詩：「云云，西掖吟來替左司。」家家門外泊舟航。白居易詩：「閶門四望鬱蒼蒼，始覺州雄上俗强。十萬夫家供課税，五千子弟守封疆。闔閭城碧鋪秋草，烏鵲橋紅帶夕陽。處處樓頭飄管吹，云云。雲埋虎寺山藏色，月耀娃宫水放光。曾賞錢塘并茂苑，今來未敢苦誇張。」七堰八門六十坊。白居易詩：「半酣憑檻起四顧，云云。遠近高低寺間出，東西南北橋相望。」京兆平反一笑春。蘇子瞻和蘇州太守王規父侍太夫人觀燈之什：余時滯留京口，不及赴此，命其詩云：「不覺朱轓碾後塵，争看翠幰錦纏輪。云云。洛濱侍從三人貴，云云。但逐東山携妓女，那知後閤走窮賓。滯留不見榮華事，空作賡詩第七人。」

【外邑】草履隨舡賣。杜荀鶴送人宰吴縣詩：「云云，綾梭隔水鳴。」蕭條江縣去鳴弦。王介甫送吴江宰詩：「邂逅都門誰載酒，云云。猶疑甫里英靈在，到日憑君爲艤舡。」四面漁家遶縣城。李貫吴江縣詩。

【四六】維時淛部，有古吴門。在昔吴都，于今漢輔。二浙雄藩，三吴近輔。疏渥漢廷，移牧吴會。由喉舌司，牧股肱郡。矧是蘇臺，密依行闕。俗號富饒，民多輕剽。矧闔閭之故城，爲浙江之上郡。惟吴會之奥區，實日畿之巨屏。冠黄圖三輔之雄，森畫戟千兵之衛。矧長洲茂苑之雄，視馮翊、扶風之盛。襟帶江湖，壯虎丘之形勢；輔陪畿甸，環象魏之觚稜。沃壤平疇，稻蟹獨吴中之最；澄湖别溆，蓴鱸亦天下之稀。燕寢凝香，樂郡齋之暇日；鱸魚膾玉，尋澤國之勝遊。蘭棹榴裙，頗稱使君之行樂；金柑玉鱠，每形文士之清吟。樓櫓萬艘，據要衝於海道；袴襦千里，爲屏蔽於京畿。割雲翻雪，腴田利及於它州；饌玉服珠，鉅室習成於侈俗。軍餉轉輸，舟運自此邦而出；户租充羨，倉儲亦它郡所無。若論禮遜，有太伯、季子之遺風；細考詩篇，皆夢得、樂天之陳迹。

校勘記

〔一〕「晉天文志星紀之次」，按晉書天文志，原文作：「自南斗十二度至須女七度爲星紀，於辰在

丑，吴越之分野，屬揚州。」此引有脱誤。

〔二〕「隋平陳（至）政和陞平江府」，依本書所云，似宋初改蘇州爲平江軍，然元豐九域志卷五、輿地廣記卷二二、輿地紀勝卷五皆云南唐于蘇州置中吴軍節度，宋太平興國三年始改中吴軍爲平江軍。由于本書脱置中吴軍一節，遂使人易生誤解。又據宋史卷八八地理志所載，政和三年是升蘇州爲平江府，非升平江軍爲平江府。

〔三〕「而武肅王錢鏐以破黄巢誅董昌之功」，「武肅王」，底本原作「威肅王」，據四庫本及舊五代史卷一三三錢鏐傳、新五代史卷六七吴越世家改。

〔四〕「蓋自長慶訖宣和」，各本均脱「訖」字，據吴郡志卷三三所載孫覿普明院記補。

〔五〕「而吴太伯廟（至）書其上」，據舊唐書卷二〇昭宗紀、新唐書卷一〇昭宗紀、舊五代史卷一三三錢鏐傳、新五代史卷六七吴越世家，錢鏐于唐昭宗時實爲鎮海、鎮東二軍節度使。鎮海軍原治潤州，後徙杭州，宋淳化五年始改名爲寧海軍。此處蓋用宋名。

〔六〕「操曰」，底本原無「操」字，據後漢書卷八二下左慈傳補。

〔七〕「魚腸之劍」，「劍」，底本原作「于」，誤。元乙本、元丙本、四庫本、震无咎齋本均作「干」。干即盾，而魚腸爲古寶劍名，故作「干」亦誤。此文引自越絶書，今檢原文，實作「魚腸之劍」，據改。

〔八〕「因置秀峰寺」，「因」，底本原作「對」，據北圖本、元甲本、元乙本、元丙本、四庫本、震无

咎齋本及嶽雪樓本改。

〔九〕「終甘心於虎」，蘇舜欽集卷三天平山作「終甘死於虎」，與本書有字異。

〔一〇〕「鄮善長謂長塘湖上湖滆湖與太湖而五」，水經注各本記五湖之名多有不同，通行本作「長蕩湖、太湖、射湖、貴湖、滆湖」。此引只四湖，脱一湖名。因各本記湖名不同，故不補。

〔一一〕「至今涵赤霄」，「赤霄」，底本原作「青霄」，據全唐詩卷六一八陸龜蒙初入太湖改。與地紀勝卷五亦引此詩，作「赤霄」不誤。

〔一二〕「重複江山壯（至）終日憑欄干」，按白居易集卷二四所載齊雲樓晚望，詩句與本書有多處字異，其文爲：「複疊江山壯，平鋪井邑寬。齊雲樓北面，半日憑欄干。」

〔一三〕「築高北碕」，蘇舜欽集卷一三、吴郡志卷一四所載滄浪亭記均作「構亭北碕」，與本書不同。

〔一四〕「觀聽無邪」，底本原脱「聽」字，據蘇舜欽集卷一三滄浪亭記補。

〔一五〕「必外寓於物而後遷」，「遷」，蘇舜欽集卷一三滄浪亭記作「遣」。

〔一六〕「因之復能見乎内外失得之原」，底本原脱「見」字，據蘇舜欽集卷一三滄浪亭記補。

〔一七〕「戲書吴江三賢畫像范蠡詩」，底本「范蠡」之上原有一小圈。小圈爲本書特用間隔標記，多用于上下文之不同人與事。此處若以小圈隔斷，則下文所引詩似爲范蠡所作。而

核諸蘇軾詩集卷一一，其所作戲書吴江三賢畫像共有三首，一書范蠡，二書張翰，三書陸龜蒙。據此，「范蠡」二字當納入詩題中。蓋蘇軾當初寫詩時，原題只有「戲書吴江三賢畫像三首」十字，「范蠡、張翰、陸龜蒙」皆公自注。祝穆撰寫本書時，恐後人不明，乃將注文納入詩題中；又恐有違原題，遂加小圈隔開。但如此處理，易生誤解。今删去小圈，只用書名號分隔，並以此校記説明之。

〔一八〕「湖平得月多」，「湖」，白居易集卷二四所載松江亭携樂觀魚宴宿作「潮」。

〔一九〕「喟予獨不可還當采民力」，核臨川先生文集卷一三所載垂虹亭詩，原文作「喟予獨感此，剥爛有終極。改作不可無，還當采民力」。本書節引不當，且有誤。

〔二〇〕「逸人綴芹藻」，「芹藻」，底本原作「沂藻」，據震无咎齋本改。

〔二一〕「禽魚各翔泳」，「泳」，底本原作「詠」，據震无咎齋本及全唐詩卷一九二韋應物登重玄寺閣改。

〔二二〕「莓苔上秋床」，「秋」，底本原作「愁」，據四庫本及臨川先生文集卷一三崑山慧聚寺次孟郊韻改。

〔二三〕「緉然思欲一到」，「緉」，底本原作「紆」，據蘇舜欽集卷一三蘇州洞庭山水月禪院記改。緉，同「緬」。

〔二四〕「其中山之名見圖誌者七十有二」，「名」，底本原作「各」，據四庫本及蘇舜欽集卷一三

蘇州洞庭山水月禪院記改。

〔二五〕「要皆以得道見微」，「微」，底本原作「徵」，據吴郡志卷一三所載范成大三高祠記改。

〔二六〕「邑大夫趙伯虚以故祠偪陋」「邑」，底本原作「見」，據吴郡志卷一三所載范成大三高祠記改。

〔二七〕「亦將有感於斯堂」，「亦」，底本原作「不」，據吴郡志卷一三所載范成大三高祠記改。

〔二八〕「某亦何足以見之」，「某」，底本原作「其」，據吴郡志卷一三所載范成大三高祠記改。三高祠記原文作「成大」，本書引用時，凡范成大姓名均改爲「某」，如上文「而某何足以述之」即是一例。此處「其」字顯爲「某」字之訛，故改。

〔二九〕「月明無人兮蒼石與語」，「蒼石」，底本原作「蒼不」，據吴郡志卷一三所載范成大三高祠記改。

〔三〇〕「重欒承游極（至）商榷爲此歌」，本書所載陸機吴趍行，與文選、陸機集所載吴趍行有多處不同，今據改六處：「琁極」改爲「游極」，「鮮風」改爲「祥風」，「輿運」改爲「運輿」，「未足珍」改爲「未足侈」，「濟楚」改爲「濟濟」，「首按爲此歌」改爲「商榷爲此歌」。

方輿勝覽卷之三

鎮江府丹徒　丹陽　金壇

【建置沿革】禹貢揚州之域。吴地，斗分野。春秋時屬吴，其地爲朱方。後屬越及楚。秦改爲丹徒，屬會稽郡。西漢屬江都國，東漢屬吴郡。孫權自吴徙丹徒，謂之京城，亦曰京口。晉元帝渡江，於京口僑置南徐州。宋以南徐治京口。隋文帝於南徐置潤州，取潤浦以名。唐因之，後改丹陽郡，德宗爲鎮海軍。皇朝陞鎮江軍節度，後以徽宗皇帝潛邸，陞府。領縣三，治丹徒。淮東總領置司。

事要

【郡名】京口、圖經：「其城因山爲壘，緣江爲境，爾雅『丘絶高曰京』，故名。」南徐。見「沿革」注。

【風俗】人性驕奢。見寰宇記。習戰尚禮。隋志：「京口人——，而君子——。」六代之風流。徐鎔甘露寺記：「云云，人物綜萃於斯；三吴之山川，林泉肇發於此。」

【形勝】東通吴會。郡國志：「云云，西連都邑，南接江湖。」西接漢、沔。曾改潤州集序：「控江流之會，云云，北拒淮、泗。」浙西門户。繫年録知鎮江府劉寧上言云。控扼大江。同上。内蔽日畿。鎮江志序：「云云，外連天塹。」望海臨江。見南齊志。險過金湯。周世宗問孫忌，對曰：「長江千里，云云。」桑梓帝宅。南齊志：「宋氏以來，云云。」北府兵可用。元温嘗謂：「京口酒可飲，云云。」○劉貢父詩：「縹壺盈前京口酒，紅旆相隨北府兵。」

【山川】北固山，在州北一里迴嶺下，臨長江。其勢險固，即府治所據及甘露寺基。建康實録：「梁武帝幸京口，登北固樓，遂改名北顧。」五州山，在城西。○蔡天啓詩：「西升崇丘望，培塿見五州。」蒜山，在城西三里。山上多蒜，故名。蘇子瞻云：「——可居。」花山，在城東，即東山。○蘇子美詩：「寺裏山因花得名。」皇甫冉詩「東山復盛遊」，即此。土山，在城西。劉禹錫有詩，見後。茅山，在金壇縣，六十五里。即三十六洞天華陽第八洞天也。漢有三茅來治，故名。真誥云：「金壇華陽之天，茅盈之祖濛得道，號金壇。」黄鶴山，在城西南三里。宋武帝潛龍時，息此山，有黄鶴飛舞，因名。○一名戴公山。南史：「戴顒世居剡中，又徙京口，止———。」宋文帝每欲見之，曰：『吾東巡，當宴戴公山。』」京峴山，在府治東五里，謂之「京鎮」。祥符圖經不載，京口得名以此。鮑昭有從京峴拜陵詩。丹陽山，古雲陽縣也。秦時亦言其地有天子氣，始皇鑿北坑以敗其勢，截直道使阿曲，故謂之曲阿。天寶初號丹陽，非晉、漢之丹楊。漢丹楊郡治宛陵，晉丹楊郡治秣陵。

山多赤柳，故名。金山、在江中，去城七里。唐李錡鎮潤州，表名——。因裴頭陁開山得金，故名。山前有三島，號「石牌」，稱郭璞墓。按唐書韓滉傳：「建中之難，陳少游在揚州，以甲士三千，臨江大閱。滉亦總兵臨金山，與少游會。」則是建中之時已有——之名，非始於李錡也。○長編：「建炎四年夏，兀朮回至鎮江，韓世忠提兵駐揚子江金山以邀之。虜衆數萬，世忠戰士纔八千。兀朮約日會戰。世忠募海舡百餘艘泊金山下，預命工鍛鐵爲綆，貫一大鉤。比合戰，世忠分海舟爲兩道，每縋一綆則曳一舟而入。虜不得渡，以輕舡絶江而遁。俘獲殺傷甚衆。」○政和間，嘗以金山龍遊寺改建神霄宫。汪彦章記云：「父老相傳，先唐時嘗以爲龍遊觀，已而爲浮屠氏所有者幾二百年，故金華楊氏洞天記曰：『中國洞天不載於名籍者尚多有之，——其一也。』蓋其前臨滄海，却倚大江，獨立無明，以天爲際，風濤朝夕，赴其呑吐，日月晦冥，環其左右，攬數州之秀於俛仰之間，而下盤魚龍之宫、神靈之府，蓋宇宙區奥，古今勝處也。」○周洪道雜記云：「山在京口江心上，有龍游寺。登妙高峰望焦山、海門，皆歷歷。此山大江環繞，每風四起，勢欲飛動，故南朝謂之浮玉山。別有山島，相傳爲郭璞墓。大水不能没，下元水府亦在此。諺云：『金山山裏寺，焦山寺裏山。』」○楊廷秀曉登金山詩：「焦山東，金山西，〔一〕金山排霄南斗齊。天將三江、五湖水，併作一江字揚子。來從九天上，瀉入九地底。遇嶽嶽立摧，逢石石立碎。乾坤氣力聚此江，一波打來誰敢當？金山一何强，上流獨立江中央。一塵不隨海風舞，一礫不隨海潮去。四旁無蒂下無根，浮空躍出江心住。金宫銀闕起峰頭，撾鼓撞鍾聞九州。詩人踏雪來清遊，天風吹儂上瓊樓。不爲浮玉飲玉舟，大江端的替人羞，金山端的替人

愁。」〇唐韓垂詩云：「廬山一峰秀，岌然殊衆山。盤根大江底，撑影浮雲間。雷霆常間作，風雨時往還。象外懸清景，千載長躋攀。」**焦山**、在江中。金、——二——，相去十五里。唐圖經云：「後漢焦光隱於此山，因名。」**雙峰**：在海門。〇韓持國登潤州城詩：「一帶分江紀，——照海門。」**大江**：在城北六里。亦名京口。〇三國志：「魏文帝將東征，出廣陵，臨——，戎卒數十萬，旌旗數百里，不敢渡，嘆曰：『波濤洶湧，天所以限南北也。』魏雖有武騎千羣，何所用之？』遂於馬上賦詩云：『觀兵臨江水，水流何湯湯！戈矛成山林，玄甲曜日光。猛將懷暴怒，膽氣正從横。誰云江水廣，一葦可以航？』」〇林大聲詩：「南徐江山天下雄，沿江一水如盤龍。」〇楊傑詩：「海上波平千里白，江東兵壯萬夫雄。雲開雲合山頭月，潮落潮生渡口風。」**練湖**、去城四十里。〇李華頌并序，辭曰：「土反其宅，水歸其壑。先王因流下而導之，故曰九川；滌源因池，匯而瀦之，故曰九澤。既陂以疏天地之氣，以利元元之用。崇伯泊五行而殛羽山，臺駘章大澤而封汾川。洪範首之，春秋載之。地有廣狹，事無今古。大江、具區，惟潤州其藪曰——，幅員四十里，菰蒲菱芡之多，龜魚螺鱉之産，饜飫江、淮，膏潤數州。其傍大族强家，泄流爲田，專利上腴，畝收倍鍾，富劇淫衍。自丹陽、延陵、金壇，環地三百里，數合五萬室，旱則懸耜，水則具舟，人罹其害，九十餘祀。凡經上司，紛紜與奪，八十一斷。嗚呼！曲能掩直，强者以得之；老幼怨痛，沈聲無告。永泰元年，王師大翦西戎。西戎既駾矣，生人舒息，詔公卿，選賢良，先除二千石。以江南經用所資，首任能者。是歲十一月二十三日，拜前常州刺史京兆韋公損爲潤州，聲如飈馳，先詔而至，吏人畏伏，男女相賀。即日上無貪刻，下無冤憤。公素知截湖潤

壤，灾甚螟蝥，臨事風生，指期以復。群謗雷動，山鎮恬然。中明獨裁，文之以禮。乃白本道觀察使兼御史中丞韋公元浦。中丞撫掌愜心，如公之謀，且曰：『興利除害，得其人而後行非常之政，敢歸叔父。』公乃申戒縣吏，率徒闢之。人不俟召，呼抃從役。〔二〕畚鍤蓋野，俊阜成蹊，增理故塘，繚而合之，廣湖爲八十里，像月之規，儔金之固。水復其所，如鯨噀射，洶洶隱地，雷聞泉中，先程三日，若海之瀰望，灝灝如呑吐日月，沈沈如韞蓄風雨。所潤者遠，原隰皆春。耕者飽，憂者泰。於是疏爲斗門，既殺其溢，又支其澤。沃塉均品，河渠通流。商悅奠價，人勇輸賦。遐邇受利，豈惟此州。每歲萌陰乘陽，二氣相薄，大雨時行，羣潦奔流，水勢所入，盈而無傷。龍見方雩，稼蒙其渥。時前相國彭城公劉尚書晏統東方諸侯，平其貢稅，聞而悅之，白三事以聞，詔書褒異焉。彭城公宣命至江南，捧詔授公。公率元僚、掾史、令丞已下至于耆艾，西向拜手，忻戴皇明。人心上感，天降嘉澤，如有神祇，昭協厥志。公正直而和，專靜而斷，嫉惡宥過，惠人察姦，純鈎精堅，百鍊不耗，伐冰之貴，降從士禮。詩云『靖共爾位，好是正直』，宜其享福也。吏人入賀，公拱而謝之曰：『尚書劉公、觀察韋公奉行王澤也，鄙何力之有焉？』丹陽令杜孟寅秉公之清白，延陵令季令從如公之愛人，金壇令胡玘稟公之成規，及丹陽耆壽周孝瓌、百姓湯原等拜首而請曰：『兑爲澤，兑悅也。水歸於澤，而澤悅於人。百年浸塞，而公啓之。臣哉鄰哉！克諧帝休，永代是式，三縣無灾。若不碣而刻之，則王命不揚於厥後，後之人無以倚負也。』華嘗學古，見訪爲頌。曰：『望沄沄兮視冥冥，鳥閑魚樂葭菼生。膏腴利倍起訟爭，斯人怨抑痛無聲。韋公正直動神靈，百年游澱爲漻清。飢者飫兮病者寧，詔書光寵恩霈榮。劃然眊矂復

皎明，追琢刻頌揚菜馨。』」潤浦、在丹徒縣東二里，州以此得名。一曰東浦。新亭渚、李善注云：「十洲記：在丹陽郡。」○謝玄暉別范零陵詩：「停驂我悵望，輟棹子夷猶。廣平聽方籍，茂陵將見求。」西津渡、戴叔倫詩云：「大江横萬里，古渡渺千秋。」○孟浩然詩：「北固臨京口，夷山對海濱。江風白浪起，愁殺渡頭人。」漕渠。貫城中。司馬遷曰：「禹之治水，於吴則通渠三江、五湖，其來久矣。」六朝都建康，凡三吴舡避京江之險，自雲陽西城鑿運瀆徑至都下。隋平陳，廢雲陽二瀆。大業末，穿河西京江，至餘杭八百餘里，面闊十丈，擬通龍舟，以備東遊之役。自是始復禹通渠故道。唐世因之。白居易詩「平河七百里」，謂此河也。

【堂亭】衛公堂、在府治之後。蕭閑堂、在鐵甕門西。按茅山洞中有｜｜居，顧况詩：「蕭閑隱洞房。」相公堂、蘇京宰丹陽，奉其父頌至邑，遇誕日，築堂爲壽，後人因名之。向吴亭、在府治。○陸龜蒙詩：「秋來懶上向吴亭。」○王介甫寄刁景純詩：「遥約｜｜｜下路。」寶墨亭。蘇子美詩云：「山陰不見换鵝經，京口今傳瘞鶴銘。瀟灑集仙來作記，風流太守爲開亭。」

【樓觀】望海樓、在府治。昔蔡君謨經此，題曰：「｜｜｜」，城中最高處，旁視甘露、金山，如屏障中畫出，信江南之絶致也。」後改曰連滄觀。○米元章和孫少述潤州｜｜｜詩：「雲間鐵甕近青天，縹緲飛樓百尺連。三峽江聲流筆下，六朝山影落樽前。幾番畫角催紅日，無事滄洲起白煙。忽憶常心何處在，春風秋月兩茫然。」北固樓、輿地志：「在北固山上。天色晴明，望見廣陵城，如青霄中鳥道，相去五十里。」○李白詩：「丹陽北固是吴關，畫出樓臺雲水間。千巖烽火連滄海，兩岸旌旗

遶碧山。」○僧仲殊詩：「海門礙日山雙聳，江北迎人樹幾行。」○范希文詩：「北固高樓海氣寒，史君應此憑欄干。春山雨後青無數，借與淮南子細看。」多景樓，在甘露寺。○曾子固詩：「欲收嘉景此樓中，倚徙欄干四望通。雲亂水光浮紫翠，天含山氣入青紅。一川鍾唄淮南月，萬里帆檣海外風。老去衣衿塵土在，秪將心目羨冥鴻。」○劉改之詩：「壯觀東南二百州，景於多處最多愁。江流千古英雄淚，山掩諸公富貴羞。北固秪今唯有酒，中原在望莫登樓。西風戰艦成何事，只送年年使客舟。」○又詩：「金山、焦山相對起，挹盡東流大江水。一樓坐斷天中央，收拾淮南數千里。」○米元章題——吴太守裴如晦學士：「六代蕭蕭木葉稀，樓高北固落殘暉。兩州城郭青煙起，千里江山白鷺飛。海近雲濤驚夜夢，天低月露濕秋衣。史君豈負時平樂，長倒金鍾盡興歸。」得江樓，盤洲洪景伯爲之記。喜雨樓，在城內。規模宏壯，占一郡勝處，頗有登覽之快。城樓，劉長卿和顏使君登潤州——：〔三〕「山城迢遞敞高樓，露冕吹鐃居上頭。春草連天隨北望，夕陽浮水共東流。江田漠漠全吴地，野樹蒼蒼故蔣州。王粲曾爲南郡客，别來無處更銷憂。」萬歲樓：皇甫冉同客登樓詩：「高樓直上思依依，極浦遥山合翠微。江客不堪頻北望，塞鴻何事獨南飛。維楊古渡寒煙積，瓜步空洲遠樹稀。聞道王師猶轉戰，誰能談笑解重圍。」東軒，在甘露寺。○周繇詩：「每日憐晴眺，閑吟只自娱。山從平地有，水到遠天無。老樹多封楚，輕煙暗染吴。雖居此廊下，入户亦踟蹰。」北軒：在甘露寺。○杜牧寄題：「曾上蓬萊宫裏行，——欄檻最留情。孤高堪弄桓伊笛，縹紗宜聞子晉笙。天接海門秋水色，煙籠鹿苑暮鍾聲。他年會着荷衣去，〔四〕不向山僧道姓名。」○周繇詩：「曉色宜閑望，

山風遠益清。白雲連晉閣，碧樹盡蕪城。水静沙痕出，煙銷火野平。最堪佳此境，爲我長詩情。」**月觀**、在譙樓西。晉爲萬歲樓，唐孟浩然有詩。○汪彦章記云：「京口以江山名天下，其來尚矣。而爲國屏蔽，尤重於齊、梁、晉、宋之間。觀其千嶂所環，中横巨浸，風濤日夜駕百川而東之。其形勢之雄，實足以控制南北，豈直爲騷人羈客區區登覽之勝哉！州治之西有樓焉，並城而出，名曰『千秋』者，考諸圖志，始於晉王恭之時。谿樓西南，循城百餘步，忽飛簷曲檻，岸然起於城隅之上，望數百里見之者，月觀也。紹興八年，吴興劉岑季高來刺是州。承廢亂之後，公私掃地，無復故時。季高以精明彊敏之才，易民觀瞻於談笑之頃。既府寺閭井鳩集經營悉從其初，始遑暇於游息之地，乃即——之址輯而新之。客有登而歎曰：『嗚呼，壯哉！未之見也。前此頹甍圮棟蕪没於蒼煙灌莽之中，雖江山不與時變遷者亦莫吾覿，今晨霏夕靄，晴嵐煙翠，復得於几席之上，而風颿浪舶，離鴻落鶩，畢陳於樽俎之前，如客得歸，如蒙得發也。季高於此，可謂能矣。非政有餘力，能至是哉？』或曰：『是未足以言季高之政也。季高勞於侍從之事，出分天子顧憂。方時艱難，此州實爲襟要。其經理規摹，必有足大者。嘗與予四顧而望其東曰：「海門，鴟夷子皮之所從逝也。其西曰瓜步，魏佛貍之所嘗至也。若其北廣陵，則謝太傅之所築埭。而居於江之中流，則祖豫州之所擊楫而誓也。計其一時英雄懷抱，憤中原之未復，反虜之未禽，欲吞之以忠義之氣。雖狹宇宙而隘九州，固其胸中之所積，亦江山有以發之。今攬而納諸數楹之地，使千載之事了然在吾目中。」則季高之志可知矣。』然自有天地，則有山川，其閲人多矣。而山川勝處非人不傳，襄陽峴首以羊叔子傳，武昌南樓以庾元規傳，蜀之籌筆驛以諸葛武

侯傳，吾知月觀與季高之名籍籍天下矣。姑書其本末以補京口故事之遺，使後人知此觀復新自吾季高始，豈不可喜？季高曰：『可哉！』」連滄觀。楊廷秀題———呈太守張幾仲詩云：「開窗納盡大江秋，天半飛樓不是樓。獨立南徐鰲絶頂，下臨北顧虎回頭。蒜山舊址空黄鶴，瓜步新城照白鷗。好事主人酋詩客，風煙一眼到揚州。」

【臺榭】妙高臺。在金山。○楊廷秀———詩：「金山未到時，羨渠奄有萬里之長江。金山既到了，長江不見只見千步廊。老夫平生不耐事，點檢風光難可意。老僧覺我見睫眉，引入妙高臺上嬉。不知老僧有妙手，卷舒江山在懷袖。挂上西窗萬丈間，〔五〕長江浮在爐煙端。長江南邊千萬山，一時飛入兩眼寒。最愛簷前絶奇處，江心巉然景純墓。僧言道許乃浪傳，龍宫特書珠貝篇。初云謝靈運愛山如愛命，掇取天台鴈蕩怪石頭，疊作假山立中流。又云王逸少草聖入神妙，天賜琉璃筆格玉硯屏，仍將大江作陶泓。老僧聞二説，沉吟未能决。長年抵死催上舡，徘徊欲去空茫然。」

【橋梁】清風橋，在府南。范希文建。子瞻詩：「傷心范橋水，漾漾舞寒藻。」千秋橋。在府治西。晉王恭作萬歲樓於城上，其下有橋，故以「千秋」名。

【寺院】甘露寺，在城東角土山上，臨大江。李德裕建，時甘露降，因名焉。○沈存中詩：「丞相高齋半草萊，舊時風月滿亭臺。地從日月生時見，天到江山盡處回。三國是非春夢斷，六朝城闕野花開。心隨潮水漫漫去，流徧煙村半日來。」○蘇子瞻遊———：「有二客相過，遂與偕行。寺有石如羊，相傳謂之『狠石』，云諸葛孔明坐其上，與孫仲謀論曹公也。大鑊二，按銘，梁武帝所鑄；畫獅

子一，菩薩二，陸探微筆。衛公所留祠堂在寺，手植柏合抱矣。近寺僧發古殿基，得舍利七粒并石記，乃衛公爲穆宗追福所葬也。詩云：『古郡山爲城，層梯轉朱欄。樓臺斷崖上，地窄天水寬。一覽吞數州，山長江漫漫。却望大明寺，惟見煙中竿。狠石卧庭下，〔六〕穹窿如伏羱。緬懷卧龍公，挾策事琱鑽。一談收猘子，再説走老瞞。名高有餘想，事往無留觀。蕭公古鐵鑊，相對空團團。坡陁受百斛，積雨生微瀾。泗水逸周鼎，渭城辭漢盤。山川失故態，怪此能獨完。僧繇六化人，〔七〕霓衣掛冰紈。隱見十二疊，觀者疑夸謾。破板陸生畫，青猊戲盤跚。上有二天人，揮手如翔鸞。筆墨雖欲盡，典刑垂不刊。赫赫贊皇公，英姿凛以寒。古柏手親種，挺然誰敢干。枝撑雲峰裂，根入石窟蟠。薙草得斷碑，斬崖出金棺。瘞藏豈不牢，見伏理可歎。四雄皆龍虎，遺迹儼未刓。方其盛壯時，争奪肯少安。廢興屬造物，遷逝誰控摶？况彼妄庸子，而欲事所難。古今共一軌，後世徒辛酸。聊興廣武歎，不待雍門彈。』」○盧肇詩云：「北固巖端寺，佳名自上台。地從京口斷，山到海門迴。曙色煙中滅，潮聲日下來。一隅通雉堞，千仞聳樓臺。林暗疑降虎，江空想度杯。福庭增氣象，仙磬落昭回。覺路花非染，流年景謾催。隋宫凋緑草，晉室散黄埃。西蜀波湍盡，東溟日月開。如登最高處，應得見蓬萊。」○周繇詩：「盤江上幾層，峭壁半垂藤。殿瑣南朝像，龕禪外國僧。海濤舂砌檻，山雨灑窗燈。日暮疏鍾起，聲聲徹廣陵。」

金山寺、在金山上，屹立江中。真宗夢游此寺，後改名龍游。○庚溪詩話載孝宗詩曰：「崒然天立鎮中流，雄跨東南二百州。狂虜每臨須破膽，何勞平地戰貔貅。」有堂曰「雄跨」，蓋取聖製中語。○張祜詩：「一宿金山頂，微茫水國分。僧歸夜舡月，龍出曉堂雲。樹影中流

見，鍾聲兩岸聞。因悲在朝市，終日醉醺醺。」○孫魴詩：「萬古波心寺，金山名日新。天多剩得月，地少不生塵。櫓過妨僧夢，濤驚濺佛身。誰言張處士，題後更無人？」○楊公濟陪潤州裴如晦學士遊金山迴作：〔八〕「世上蓬萊第幾洲，長雲漠漠鳥飛愁。海山亂點當軒出，江水中分繞檻流。天遠樓臺橫北固，夜深燈火見揚州。迴舡却望金陵月，獨倚牙旗坐浪頭。」○王介甫詩：「天末海雲橫北固，煙中莎岸似西興。已無舡舫猶聞笛，遠有樓臺秖見燈。山月入松金破碎，江風吹水雪崩騰。飄然欲作乘桴計，一到扶桑恨未能。」○又詩：「北檝南檣泊四垂，共憐金碧爛參差。孤高萬丈滄波底，除却蛟龍世不知。」○曾子固詩：「塵外岧嶤鷲嶺宮，架虛排險出青紅。林光巧轉滄波上，海色遥涵白日東。夜静神龍聽呪食，秋凉蒼鶻起摶風。連荆控蜀長江水，盡在迴廊顧盼中。」○羅隱詩：「老僧齋罷關門睡，不管波濤四面生。」○又題僧院：「根盤蛟蜃路藤蘿，四面無塵輟棹過。得似吾師始惆悵，眼前終日有風波。」○蘇儀甫詩：「僧依玉鑑光中住，人踏金鰲背上行。」○蘇子瞻遊金山寺詩：「長江欲盡闊無邊，金山當中惟一石。潮平風静自浮海，縹緲樓臺轉金碧。瓜洲初見石頭城，城下波瀾與海平。山中轉拖疑無岸，泊舟未定僧先迎。山中岑寂恐未足，復將江水遶山麓。四無鄰家群動息，鍾聲鏗鍠答山谷。烏鷹力薄墮中路，惟有胡鷹石上宿。誰知江海多行舟，遊人上下集巖幽。老僧心定身不定，送往迎來何足竟。朝遊未厭夜未歸，愛山往往如今稀。不待遊人盡歸去，恐君未識山中趣。」○郭功父金山行：「金山杳在滄溟中，雪崖冰柱浮仙宮。乾坤扶持自今古，日月髣髴躔西東。我泛靈槎出塵世，搜索異境窺神工。一朝登臨重太息，四時想像何其雄。卷簾夜閣掛北斗，大鯨驚浪

吹長空。舟摧岸斷豈足數，往往霹靂鎚蛟龍。寒蟾八月蕩瑶海，秋光上下磨青銅。鳥飛不盡暮天碧，漁歌忽斷蘆花風。蓬萊久聞未成往，壯觀絶致遥應同。潮生潮落夜還曉，物與數會誰能窮？百年形影浪自苦，便欲此地安微躬。」○蘇子美詩：「孤峰蹋滄江，突兀臺殿積。驚波四面起，日夜走礔礰。陰壑滃風雲，陽崖産金碧。離披萬年樹，根抱太古石。脩廊轉峻閣，窈窕壓山脊。寶像浮海來，珠瓔冷光滴。叩欄見黿鼉，揚首意自得。偃蹇互出没，日此飽餘食。又有翠羽禽，羣飛喜賓客。口銜紺蔕花，近我若相識。開軒必曠絶，上下無異色。氣象特清壯，所覽輒快適。余心本高灑，誤爲塵土隔。不知人間世，有此物外迹。落日將發舟，低回空自惜。」

焦山寺、在江心，與金山相對。有海雲堂、贊善閣、吸江亭。○歐陽集古録載：華陽真逸撰瘞鶴銘，刻於焦山之足，常爲江水所没，好事者伺水落時摹而傳之。○蘇子瞻自金山訪焦山詩：「金山樓觀何耽耽，撞鍾擊鼓聞淮南。焦山何有有脩竹，採薪汲水僧兩三。雲霾浪打人迹絶，時有沙户祈春蠶。我來金山更留宿，而此不到心懷慙。同遊盡返决獨往，賦命輕薄窮江潭。清晨無風浪自湧，中流歌嘯倚半酣。老僧山下驚客至，迎笑喜作巴人談。自言久客忘鄉井，只有彌勒爲同龕。困眠得就紙帳暖，飽食未厭山蔬甘。山林飢餓古亦有，無田不退寧非貪。展禽雖未三見黜，叔夜自知七不堪。行當投劾謝簪組，爲我佳處留茅庵。」

鶴林寺、在黄鶴山。舊名竹林寺，宋高祖嘗遊，獨卧講堂前，上有五色龍章，即位改名鶴林。今名報恩。○周寶鎮浙西，———有杜鵑花，寶謂殷七七曰：「鶴林之花，天下奇絶，嘗聞能開頃刻花，可副重九乎？」及九日，爛熳如春，因遊賞焉。○李涉鶴林詩：「終日昏昏醉

夢間，忽聞春盡强登山。因過竹院逢僧語，又得浮生一日閑。」○蘇子瞻遊鶴林招隱詩：「郊原雨初霽，春物有餘妍。古寺滿脩竹，深林聞杜鵑。睡餘柳花墮，目眩山櫻然。西窗有病客，危坐看香煙。」○「行歌白雲嶺，坐詠脩竹林。風輕花自落，日薄山半陰。澗草誰復識，聞香杳難尋。時見城市人，幽居惜未深。」○韓无咎跋云：「鶴林、招隱，皆京口勝處也，余頃遊焉。鶴林近城，猶屋數間。招隱迥在山中，屋亦無矣，况脩林哉！東坡所謂『古寺滿脩竹』也，惜其未深者，殆鶴林耶？」〔九〕○梅聖俞詩：「松竹暗山門，颸颸給清吹。傳聞宋高祖，舊宅爲兹寺。地以黑龍升，經因白馬至。何必問興亡，山川應可記。」○綦毋潛鶴林寺詩：「道門隱形勢，向背臨層霄。松覆山殿冷，花藏溪路遥。珊珊寶幡挂，焰焰明燈燒。遲日半空谷，春風連上潮。少憑水木興，暫令身心調。願謝携手客，兹山禪誦饒。」**慈和寺**。張祜秋夜登潤州———上方詩：「清夜浮埃暫歇鄽，塔輪金照露華鮮。人行中路月生海，鶴語上方星滿天。樓影半連深岸水，鍾聲寒徹遠林煙。僧房閉盡下樓去，一半夢魂離世緣。」

【古跡】鐵甕城、唐乾符中，周寶爲潤帥，築羅城二十餘里，仍號「———」。又云吴孫權所築。**狠石**、見甘露寺注。○羅隱詩：「紫髯、桑蓋此沉吟，——猶存事可尋。漢鼎未安聊把手，楚醪雖美肯同心。英雄已往時難問，苔蘚何知日漸深。還有市廛沽酒客，雀喧鳩聚卧蹄涔。」**丹徒**、地理志：「秦時望氣者云其地有天子氣，始皇使赭衣三千人鑿城敗其勢，改云——。」**吕城**、去郡城百五十里。吕蒙所築。**劉裕宅**、裕徙居京口里。○蘇子瞻詩：「———邊霜竹老。」**夢溪**。沈存中宅，在朱方門外。存中嘗夢至一處小山，花如覆錦，喬木覆其上，山之下有水。夢中樂之，將謀居焉。後

守宣城，有道人無外者，爲存中言京口山川之盛，且云郡人有地求售。存中以錢三十萬得之。又六年，因邊議坐謫官，乃廬于潯陽。元祐初，道京口，登道人所買之地，即夢中所遊處。存中嘆曰：「吾緣在是矣。」遂築室焉，因名曰——。

【名宦】謝安，都督徐、兖等州。李德裕，爲浙西道節度使。蕭穎士，爲金壇宰。皇朝范仲淹，自饒州徙潤。張耒，以直龍圖閣爲守。程珦，明道、伊川之父，爲支使。曾布，南豐人。元符末拜相，崇寧初守潤州。有宅，在千石墟之東。今爲統制司酒庫。

【人物】韋昭，雲陽人。祖逖，本傳：「爲奮威將軍，將部曲百餘家，自京口渡江，中流擊楫而誓曰：『——不能清中原而復濟者，有如大江！』」許渾，郡志：「居京口，有别墅在丁卯橋。」○陸游詩：「裴相功名冠四朝，——身世老漁樵。若論風月江山主，丁卯橋應作午橋。」皇朝刁約，字景純。直史館，浩然掛冠而歸，作藏春塢，爲此州絶景，日遊其間。陳升之，建陽人，後居于潤，神宗朝拜相。○沈存中筆談云：「秀公治第于潤，極爲宏壯，宅成已疾，惟肩輿一登西樓而已。」爲詩曰：「丞相旌旗久不歸，虚堂寧止嘆伊威。緑槐樓閣山蟬響，青草池塘野燕飛。」蓋謂是也。蘇頌，字子容，泉之同安人。元祐拜相。其父紳爲翰林學士。宅在朱方門外，曾子開銘之曰「築第京口，僅庇風雨」，蓋謂是也。張綱，宅在金壇縣希墟村，湯鵬舉宅在縣東，同時執政，邑人呼張爲西府，湯爲東府。沈括，字存中，錢塘人。爲翰林學士，謫官至京口，營夢溪居焉。今半爲農圃，半爲軍寨。米芾，字元章，襄陽人。其爲文不襲前人作，其字有晉、唐風流。愛京口溪山之勝，遂定居焉。作庵於城東，號

「海岳」。

【題詠】鐵甕郡城牢。劉禹錫詩：「土山京口峻，云云。」城高逼斗牛。白居易詩。東南第一州。僧仲殊詩：「北顧横江盡，云云。六朝都在望，回首倦登樓。」風俗太伯餘。白居易詩。城高鐵甕横强弩。杜牧之詩：「謝脁詩中佳麗地，夫差傳裏水犀軍。云云，柳暗朱樓多夢雲。畫角愛飄江北去，釣歌長向月中聞。揚州塵土試回首，不惜千金借與君。」緑水橋邊多酒樓。杜牧詩：「向吴亭東千里秋，放歌曾作昔年遊。青臺寺裏無馬跡，云云。大抵南朝皆曠達，可憐東晉最風流。月明更想桓伊在，一笛聞吹出塞愁。」〔一〇〕青山不與興亡事。僧仲殊詩：「一昨丹陽王氣銷，盡將豪侈謝塵囂。衣冠不復宗唐代，父老猶能道晉朝。萬歲樓邊誰唱月，千秋橋上自吹簫。云云，只共垂楊伴海潮。」京口浪花迎棹白。王元之送牛學士知潤州：「詔從書殿理江干，江外生民識諫官。云云，海門山色入樓寒。茅君仙洞披圖見，張祜詩牌拂蘚看。它日政成無一事，好吟新句寄長安。」

【四六】吴頭巨鎮，京口名州。起從緑野，往鎮朱方。升華中秘，擢守南徐。外控大江，内拱行闕。眷京口金湯之固，按石頭形勢之雄。惟北固之名邦，實近畿之奥壤。眷北固之地雄，控長江之天險。内蔽日畿，莫重南徐之鎮；外連天塹，尤雄北府之兵。誦東坡甘露之詩，足爲感慨；讀龍溪月觀之賦，直欲規恢。陞龍潛之大府，地望本雄；宿虎視之重屯，軍容尤壯。夜望揚州，尚見城中之燈火；秋臨京口，益嚴江上之鼓鼙。遊甘露，而誦坡老之名章；訪金山，而懷韓公之雄。萬旅雲屯，軍政必明於紀律；一江天險，舟師尤謹於隄防。城高鐵甕，既嚴兵甲之

屯;境勝金山,尤恃波濤之險。臨江水以觀兵,宜魏人之發嘆;鑿河渠而通漕,由隋帝之開端。樓登多景,可徒悵望於中原;舟濟大江,直欲誓清於此水。京口卜居,有元祐相臣之陳迹;江心奏捷,餘建炎大將之英風。

嘉興府

嘉興　華亭　海鹽　崇德

事要

【建置沿革】禹貢揚州之域。吴地,斗分野。(漢書地理志)春秋書「於越敗吴于檇李」,即此也。秦爲由拳縣。始皇時見山下出王氣,使諸囚鑿之。囚倦,後人訛爲「由拳」。漢因之。吴改爲嘉禾縣,又改爲嘉興縣。隋屬蘇州,又屬杭州。五代石晉時,吴文穆王元瓘始經邑爲州,置秀州。國朝賜名嘉禾。以孝宗誕聖之地,陞嘉興府。領縣四,治嘉興。

【郡名】嘉禾、郡志:「吴黄龍五年,——生於由拳,改今名。」檇李。漢志曰:「由拳,應劭曰即古之——。」

【風俗】風俗淳秀。題名記:「惟秀介二大府,旁接三江,擅湖海魚鹽之利,號澤國秔稻之鄉,土膏沃饒,云云,文賢人物之盛前後相望,百工衆技與蘇、杭等。」慕文勤農。圖經:「其俗尤——儒,頗——務。」

【形勝】秀，澤國也。見月波樓記。若漢右扶風。張元成嘉禾志序：「密拱鳳城，云云。」負海控江。章峴會浦河記：「——，——，土爲上腴。」地爲通津。王銍壁記：「——，——，故井邑繁雄，訟訴坌塵，舟車走集，使賓交馳，急索疾呼，殆無虛日。」

【土産】鹽、海—縣序云：「昔吴王煮—于此。」草布、鄉落間績此布以爲業。蟹。崇德學記：「稻—之利，轉徙數州。」

【山川】胥山、在嘉興縣東三十里。舊經：「伍子胥經營於此。」水經云：「子胥死於吴，而浮尸於江，吴人憐之，立祠於江上，名曰——。」由拳山、在嘉興縣。其地産佳紙。殳山、在嘉興縣西南六十里。昔道士殳基尸解於此。鳳山、在華亭縣。崑山、在華亭縣西北三十里。按吴地記：「陸氏之祖葬於此，因生機、雲，皆負詞學。時人以玉出崑崗而名焉。」○王介甫和唐詢十詠：「玉人生此山，山宿傳此名。崖風與穴水，清越有餘音。悲哉世所與，一出受攲傾。不如鶴與猿，棲息尚全生。」金山、在華亭縣南九十里，上有寒穴。舊經：「昔周康王遊鎮大海，遂築城以接此山。」澱山、在華亭縣東南三十里小湖中。秦住山、在海鹽縣十八里。輿地志：「秦始皇嘗登，因名之。」陳山、在海鹽縣東北四十里。有龍潭及廟，祈雨必應。華亭谷、輿地志：「吴大帝以漢建安中封陸機爲——侯，即以所居爲封—。出嘉魚、蓴菜，又多白鶴清唳，故陸機嘆曰：『千里蓴羹，未下鹽豉。』及臨刑，嘆曰：『華亭清唳，不可復聞。』」三女岡、在華亭縣東南八十里。相傳吴王葬妃於此。○王介甫詩：「自古世上雄，慷慨擅功名。當時豈有力，能使死者生。三女共一丘，此憾亦難平。音容若可作，無乃傾

人城。」〔一一〕**鶴坡**，在華亭東七十里。此地出鶴，俗謂之——。**瀚海**，〔一二〕在華亭縣。西抵海鹽，東抵松江。**柘湖**，在華亭縣南七十里。湖中小山生柘，因名。吴越春秋：「海鹽縣淪没爲——。」吴地記：「秦時有女人入湖爲神。」今其祠存。○王介甫詩：「—林著—山，菱葉蔓湖濱。秦女亦何事，能爲此湖神。年年賽雞豚，漁子自知津。幽妖屈險阻，禍福易欺人。」**南湖**，在嘉興，又名鴛鴦湖。按——草堂記：「檇李，澤國也，東南皆陂湖，而——尤大，其故履百有二十頃。」**谷水**，在華亭縣南，長百五十里。舊記曰：「——出吴小湖，逕由拳縣故城下。」神異傳曰：「由拳縣，秦長水縣也。始皇時，縣有童謡曰：『城門當有血，城陷没爲湖。』有老嫗聞之，旦旦往窺城門。門侍欲縛之，嫗言其故。嫗去後，門侍殺犬，以血塗門。嫗又往，見血走去，不敢顧。忽有大水，乃淪陷爲谷矣。因目長水城水曰——。」**白龍潭**，去嘉興縣五里。淳熙中，用太平廣記所載「攪龍法」，以長繩繫虎頭骨投之，即雨。○許同詩：「呼吸湖中水，山椒寄此身。洞門風雨夜，電火逐霜鱗。」**華亭水**，水自華亭谷行三百里入松江。○王介甫詩：「巨川非一源，源亦在衆流。此谷乃清淺，松江能覆舟。蟲魚何所知，上下相沉浮。徒嗟大盈此，浩浩無春秋。」**寒穴**，在華亭縣。○王介甫詩：「神泉冽冰霜，高穴與雲平。空山渟千秋，不出嗚咽聲。山風吹更寒，山月相與清。北客不到此，如何洗煩酲。」〔一三〕

滬瀆，在華亭縣東江之側，蓋虞潭、袁崧防海之處。**韭溪**。在州南八里。

【堂亭】**思堂**，在華亭丞廳，章質夫建。蘇子瞻記曰：「嗟夫！余，天下之無思慮者也。遇事則發，不暇思也。未發而思之，則未至；已發而思之，則無及。以此，終身不知所思。是故臨義而思利，

則義必不果；臨戰而思生，則戰必不力。若夫窮達得，喪死生，則吾有命矣。且夫不思之樂，不可名也。虚而明，一而通，安而不懈，不處而静，不飲酒而醉，不閉目而睡，將以是記思堂，不亦繆乎？雖然，言各有當也。萬物並育而不相害，道並行而不相悖。以質夫之賢，其所謂思者，豈世俗之營營於思慮者乎？易曰：『無思也，無爲也。』我願學焉。詩曰『思無邪』，質夫以之。」**月波樓**：在州西北城上，下瞰金魚池。元祐令狐挺立。○後守毛滂重脩，記云：「望而見月，無有遠近，容光必照。而秀，澤國也。水濱之人，起居飲食與月波接，意將覽取二者於一樓之上也。」○鄭毅夫詩：「古壕鑿出明月貝，樓閣飛來兔影中。野色更無山隔斷，天光直與水相通。溪藏畫舫清紋接，人在荷花碧玉叢。若把金魚破袢暑，晚雲深處待歸風。」**浩燕亭**、在州宅。取沈存中———詩意，米元章書。**花月亭**、張子野倅秀，創此亭，取「雲破月來花弄影」之句。**會景亭**、在春波門外。**列岫亭**。在普濟院。○張堯同：「吾州風物好，唯是欠青山。忽有洞庭色，來從一笑間。」

【佛寺】**鹿苑寺**、在海鹽縣西北三十五里。魯貫之初宰此邑，夢胡僧來迎參政。及瞻羅漢像，即夢中所見。**招提寺**。在嘉興縣。西有静照堂，王介甫、范景仁一時諸賢皆留題。

【祠墓】**陸宣公祠**：東萊吕伯恭記云：「贄，蘇州嘉興人。在晉時，吴越王元瓘奏以嘉興置州，今城東橋有以宣公名者，相傳即公所生之地也。」○其故宅今爲寶花寺。**劉伶墓**、在嘉興縣東二十七里。**蘇小小墓**。在嘉興縣西南六十步。乃晉之歌姬。今有片石在通判廳，題曰「——————」，豈非家在錢塘而墓在嘉興乎？○徐凝寒食詩：「嘉興郭裏逢寒食，落日家家拜掃回。只有縣前

蘇小小，無人送與紙錢財。」

雉媒嬌」。○王介甫詩：「吴王好射虎，但射不操戈。匹馬掠廣地，萬兵助遮羅。時平事非昔，此地桑麻多。猛獸亦已盡，牛羊在田坡。」秦皇馳道，在嘉興西北崑山南四里。相傳有大堽路，即馳道也。○王介甫十詠：「穆王得八駿，萬事不期脩。茫茫千載間，復此好遠遊。車輪與馬跡，此地亦嘗留。想當治道時，勞者如山丘。」禦兒分境，通典：「吴、越分境之所。」○國語：「吴用禦兒臨之。」○張堯同詩云：「用此臨吴戰，何人爲越謀？夫差終不寤，亡國始知羞。」裴休宅，去嘉興四里。今爲真如寺。陸機宅，在崑山。○王介甫詩：「故物亦已盡，嗟此歲月深。野桃自著花，荒棘徒生鍼。芊芊谷水陽，鬱鬱崑山陰。俛仰但如昨，逝者不可尋。」養魚池，在城外，即陸瑁池。又唐刺史丁延贊得金鯽魚于此，即今之西湖。○王介甫詩：「野人非昔人，亦復水上居。紛紛水中游，豈是昔時魚。吹波浮還没，競食糟糠餘。吞舟不可見，守此歲月除。」顧野王讀書堆。在海鹽縣東顧亭湖，即今寶雲寺。○唐詢詩：「平林標大道，曾是野王居。往事將誰語，凄涼六代餘。」○顧林亭詩：「寥寥湖上亭，不見野王居。平林豈舊物，歲晚空扶疏。自古聖賢人，邑國皆丘墟。不朽在名德，千秋想其餘。」

【古跡】吴王獵場，在華亭谷東。陸遜子孫游獵於此，又名陸機茸，故陸士衡云「五茸春草

【名宦】周顒，隱金陵之北山，應詔出爲海鹽令，孔稚圭作北山移文譏之。李諤，爲海鹽令。在縣西境創閘二所，蓄河灌田。皇朝魯宗道，爲海鹽縣令。龐籍，知州，召爲殿中侍御史。李綱。爲華亭尉。

【人物】陸遜、爲孫權海昌令，即今鹽官。墓在華亭縣西北二十三里。陸抗、遜之子。守邊，與晉羊祜交和。墓在華亭縣北二十三里。陸機、成都王穎討長沙王乂，假機後將軍、河北大都督。爲孟玖譖於穎，遇害於軍中，與穎牋詞甚悽惋。弟雲亦遇害。陸雲、機之弟，號「二——」。閔鴻見——奇之，曰：「此兒若非龍駒，當是鳳雛。」朱買臣：嘉興縣北七里有死灣亭，即———爲內史，衣錦還鄉時，其妻羞死之地。皇朝陳舜俞。嘉興人，應賢良第一。

【題詠】月在江樓倚玉簫。陸魯望和皮日休吳中即事：「雲藏野寺分金刹，云云。」惆悵月中千歲鶴。胡曾詩云：「陸機西没洛陽城，吳國春風草又生。云云，夜來猶爲唳華亭。」華亭驚夢九皋禽。楊大年寄劉秀州：「騎置迢迢阻玉音，左魚江海遂初心。朱弦道直消浮謗，春草才多動苦吟。震澤析醒千樹橘，云云。郡樓晴日東西望，幾處甘棠接翠陰。」潮上孤城帶月回。沈存中秀州秋日：「草滿池塘霜送梅，林疏野色近樓臺。天圍故越侵雲盡，云云。客夢吟隨風葉斷，愁心低逐鴈聲來。流年又喜經重九，可意黃花是處開。」

【外邑】勤苦字人酬帝力。方千贈嘉興許明府詩：「檇里傳聞風俗好，重門夜不上重關。腰懸墨綬三年外，身去青雲一步間。云云，從容對客問家山。昇沉路別情猶在，不忘鄉中舊往還。」

【四六】矧惟檇李，密拱武林。言從檇李，少憩甘棠。疏榮符竹，趣鎮嘉禾。廼今一麾，如昔三輔。清蹕定都，作輔藩而增重；阜陵毓秀，陞府號以更新。控江負海，在藩翰而匪輕；就

日望雲，去闕庭而不遠。封圻廣袤，是爲檇李之區；井里豐登，庸表嘉禾之瑞。經行郡境，哦荆國之十詩；俛仰思堂，誦坡公之一記。攬月波於層樓，起居必接；酌雲泉於寒穴，襟袍俱清。羞崑崙薄蓬萊，孰窺雅志；左扶風右馮翊，欲展通材。過宣公之祠下，忠槩如生；處章子之堂中，記文有警。

校勘記

〔一〕「焦山東金山西」，底本原作「金山東，金山西」，據誠齋集朝天續集卷三〇雪霽曉登金山改。

〔二〕「呼扸從役」，全唐文卷三一四所載李華之潤州丹陽縣復練塘頌并序與本書同，而文苑英華卷七七九則作「咸來從役」，與本書有異。

〔三〕「劉長卿和顏使君登潤州城樓」，「顏使君」，全唐詩卷一五一録劉長卿此詩作「樊使君」，與本書不同。

〔四〕「他年會着荷衣去」，「着」，底本原作「看」，據四庫本及樊川集卷四寄題甘露寺北軒改。

〔五〕「挂上西窗萬丈間」，「萬丈」，誠齋集朝天續集卷三〇題金山妙高臺作「方寸」。

〔六〕「狠石卧庭下」，「下」，底本原作「卞」，據四庫本、嶽雪樓本、震无咎齋本及蘇軾詩集卷七

甘露寺改。

〔七〕「僧繇六化人」，「六化」，底本原作「六合」，據蘇軾詩集卷七甘露寺改。

〔八〕「陪潤州裴如晦學士遊金山迴作」，「裴如晦」，四庫本、傳是樓本與底本同，元甲本、元乙本、元丙本、嶽雪樓本、震无咎齋本等均作「張如晦」。

〔九〕「殆鶴林耶」，「殆」，底本原作「治」，據四庫本、傳是樓本、嶽雪樓本、震无咎齋本改。

〔一〇〕「可憐東晉最風流（至）一笛聞吹出塞愁」，「最」、「聞」，底本原作「少」、「同」，據四庫本、震无咎齋本及樊川集卷三潤州二首改。

〔一一〕「音容若可作無乃傾人城」，臨川先生文集卷一三所載三女岡詩作「音容若有作，無力傾人城」，與本書有異。

〔一二〕「瀚海」，新唐書卷四一地理志杭州鹽官縣下云：「有捍海塘堤，長百二十四里。」則此「瀚海」宜作「捍海塘」。

〔一三〕「如何洗煩酲」，「酲」，底本原作「醒」，據臨川先生文集卷一三寒穴詩改。

方輿勝覽卷之四

安吉州　烏程　歸安　安吉　長興　德清　武康

【建置沿革】禹貢揚州之域。古防風氏之國，乃震澤（具區）之間。分野：於辰曰丑，次曰星紀，宿曰斗、牛。楚爲菰城，即春申君之邑也。秦以其地置烏程縣，屬會稽郡。漢因之。東漢光和末，張角亂，荆、揚尤甚，此鄉守險助國，漢朝嘉之，立縣名安吉。吴置吴興郡。隋平陳，廢吴興郡，置湖州，取太湖爲名。唐及皇朝因之。錢氏納土，陞昭慶軍。〔一〕太平興國析歸安置烏程縣，寶慶二年改湖州爲安吉州。領縣六，治烏程、歸安兩縣。

事要

【郡名】吴興、苕溪、在烏程縣南五十步。兩岸多生蘆葦，故曰——。霅川、九域志：「霅溪，四水合爲一溪。自清源門入曰苕溪，其溪濁；自定安門入曰霅溪，其流清；餘不溪出天目山，前溪出銅峴山。」舊經謂「霅者，四水激射之聲」，其説誤矣。笠澤。在州東二十二里。又名具區藪。

【風俗】人性敏柔而惠。三朝國史志：「云云，尚浮屠之教。」奢靡而亡積聚。同上。「云

壺飲酒爲事。」

遠。其民足於魚稻蒲蓮之利，云云，賓客非特有事於其地者不至焉。故凡守郡者，率以風流嘯咏、投

云，急於圖利，奇巧之技出焉。」寡求而不争。蘇子瞻墨妙亭記：「吴興自東晉爲善地，號爲山水清

【形勝】江表大郡。顧況壁記：「云云，吴興爲一。夏屬揚州，秦屬會稽，漢屬吴郡，吴爲吴興

郡。其野星紀，其藪具區，其貢橘、柚、纖縞、茶、紵。其英靈所誕，山澤所通，舟車所會，物土所産，雄

於楚、越，雖臨淄之富不若也。其冠簪之盛，漢、晉以來敵天下三分之一。」山水清遠。見上注。土

沃候清。李方直白蘋堂記：「吴江之南，震澤之陰，曰湖州。幅員千里，棋布九邑。弁山屈盤而爲之

鎮，五溪叢流以導其氣。其土沃，其候清，其人壽，其風信實。」

【土産】太湖石、白居易太湖石記：「古之達人，皆有所嗜。玄晏先生嗜書，嵇中散嗜琴，靖節

先生嗜酒。今丞相奇章公嗜石。石無文無聲，無臭無味，與三物不同，而公嗜之，何也？衆皆怪之，走

獨知之。昔故友李牛名約有云：『苟適吾意，其用則多。』誠哉是言，適意而已。公之所嗜，可知之

矣。公以司徒保釐河、雒，治家無珍産，奉身無長物，惟東城置一第，南郭營一墅，精葺宫宇，慎擇賓

客，性不苟合，居常寡徒，游息之時，與石爲伍。石有族，聚太湖爲甲，羅浮、天竺之徒次焉。今公之所

嗜者，甲也。先是，公之僚吏多鎮守江湖，知公之心惟石是好，乃鈎深致遠，獻瑰納奇，四五年間，纍纍

而至。公於此物，獨不廉讓，東第南墅，列而致之。富哉，石乎！厥狀非一：有盤坳秀出如靈丘鮮雲

者；有端儼挺立如真官神人者；有縝潤削成如珪瓚者；〔二〕有廉稜鋭劌如劍戟者；又有如虬如

鳳，若跧若動，將翔將踴，如鬼若獸，若行若驟，將竦將鬬者。〔三〕風烈雨晦之夕，洞穴開皚，若欲雲歕雷，嶷嶷然有可望而畏之者；煙霽景麗之旦，巖蕚霮䨴，若拂嵐撲黛，靄靄然有可狎而翫之者。昏曉之交，名狀不可。撮要而言，則三山五岳，百洞千壑，覼縷簇縮，盡在其中。百仞一拳，千里一瞬，坐而得之。此所以爲公適意之用也。與公迫觀熟察，相顧而言，豈造物者有意於其間乎？將胚腪凝結，偶然成功乎？然而自一成不變已來，不知幾千萬年，或委海隅，或淪湖底，高者僅數仞，重者殆千鈞，一旦不鞭而來，無脛而至，〔四〕争奇騁怪，爲公眼中之物。公又待之如賓友，親之如賢哲，重之如寶玉，愛之如兒孫，不知精意有所召耶？將尤物有所歸耶？孰不爲而來耶？必有以也。石有大小，其數四等，以甲乙丙丁品之。每品有上中下，各刻于石陰，曰：牛氏石，甲之上，丙之中，乙之下。噫！是石也，百千載後，散在天壤之內，轉徙隱見，誰復知之？欲使將來與我同好者睹斯石，覽斯文，知公之嗜石之自。」紫筍茶、見顧渚注。金虀玉膾、蘇子瞻嘗云：「吴興庖人斫松江鱸鱠，土人謂之————。」○司馬君實送張伯鎮知湖州詩：「江外饒佳郡，吴興天下稀。蓴羹紫絲滑，鱸鱠雪花肥。」烏程美酒。吴興新録：「秦時程林、烏巾二家以釀美酒，因得其名。」

【山川】何山、在烏程縣。亦曰金蓋山。○蘇子美遊雪上何山詩：「今古——是勝遊，亂峰縈轉繞滄洲。雲含老樹明還滅，石礙飛泉咽復流。偏嶺煙霞迷俗客，一溪風雨送歸舟。自嗟塵土先衰老，底事孤僧亦白頭。」卞山、亦曰弁山，上有龍池。○蘇子瞻和章湖州：「雪水未渾纓可濯，弁峰初見眼應明。」杼峰、在烏程南三十里。昔夏后杼南遊之所。顔真卿於此起三癸亭，陸羽、釋皎然皆有

詩。**昇山**、王逸少爲太守，嘗昇此山，顧謂賓客曰：「百年之後，誰知王逸少與諸卿遊此乎？」**峴山**、在州南五里。唐李相適之爲别駕，有石酒罇在焉。○葛立之詩話云：「羊叔子鎮襄陽，嘗與從事鄒湛登——，慨然有泯没無聞之嘆，——亦因是以傳，古今名賢賦詠多矣。吴興——，去城三里，有李適之窪樽在焉。蘇子瞻守吴興日，嘗登此山，有詩云：『苕水如漢水，鱗鱗鴨頭青。吴興勝襄陽，萬瓦浮青冥。我非羊叔子，愧此——亭。悲傷意此同，歲月如流星。湛輩何足道，當以德自銘。』東陽峴山，去東陽縣亦三里，舊名三丘山。宋殷仲文素有詩望，自謂必登台輔，忽除東陽太守，意甚不樂，嘗登此山，悵然流涕。郡人愛之，如襄陽之於叔子，因名。——二峰相峙，有東峴、西峴。唐寶曆中，縣令于興宗結亭其下，名曰『涵碧』。劉禹錫有詩云『新開潭洞疑仙府，遠瀉丹青到雍州』，即其所也。」**三山**、在歸安縣西南八十三里。吴興記：「在太湖中，白波四合，三點黛色。」○陸士龍詩：「我家五湖陰，君住三山陽。」**天目山**、在安吉南七十五里。上有兩池，故名。遯齋閑覽云：「昔有登此山者，遇暑雨，見雲霧皆在山腰，雷似嬰兒聲。」**西塞山**、即慈湖鎮道山磯。詳見張志和注。**茶山**；在長興縣西，産紫筍茶。○杜牧茶山詩：「山實東吴秀，茶稱瑞草魁。剖符雖俗吏，脩貢亦仙才。溪盡停蠻棹，旗張卓翠苔。重遊難自剋，俛首入塵埃。」**五湖**、在烏程縣。詳見平江。**太湖**、在長興東，占湖、常、宣、蘇四州之境。**白蘋洲**、在霅溪東。梁柳惲詩：「汀洲採白蘋，日暮江南春。」**顧渚**、在長興西北，即水口鎮，唐置貢茶院于此。張元之銘云：「昔吴夫差顧其渚次平衍，可爲都邑，故名。」**著水**、在吴興縣

南。有上箬、下箬，惟下——釀酒醇美。○劉禹錫詩：「駱駝橋上春風起，鸚鵡盃中——香。」前溪、在武康縣西。唐于兢云即南朝習樂之所。○崔顥詩：「舞愛——妙，歌憐子夜長。」罨畫溪、在武康縣西八里。花時游人常競集于此，溪半有——亭在焉。唐鄭谷有詩，見後。霅溪。楊廷秀過霅川大溪詩：「菰蒲際天青無邊，只堪蓮蕩不堪田。中有一溪元不遠，摺作三百六十灣。政如緑錦地衣上，玉龍盤屈於其間。前舡未轉後舡隔，前灣望得到不得。及至前灣到得時，只與後灣纔咫尺。朝來已渡數百縈，問知德清猶半程。老夫乍喜櫂夫悶，管有到時君莫問。」

【井泉】金沙泉。在長興縣啄木嶺，即每年造茶之所也。湖、常二郡接界于此，上有境會亭。每茶節，二牧畢至，祈泉處沙中。居常無水，將造茶，太守具犧牲祭泉，久之，發源清溢。造御茶畢，水則微减；供堂者畢，水已半矣；太守造茶畢，即涸矣。

【樓閣】消暑樓、在譙門東。○杜牧題吴興——詩：「晴日登攀好，危樓物象饒。一溪通四境，萬岫遶層霄。鳥翼舒華屋，魚鱗棹短橈。浪花機作織，雲葉匠新雕。臺榭羅嘉卉，城池敞麗譙。蟾蜍來作鑑，螮蝀引成橋。燕往隨秋葉，人空集早朝。楚鴻行盡直，沙鷺立偏翹。暮角凄遊旅，清歌慘沉寥。景牽遊目困，愁託酒腸消。遠吹流松韻，殘陽渡柳橋。時陪庾公賞，還悟脱煩囂。」○滕宗諒上范希文詩序曰：「覩名與天壤齊者，有若豫章之滕閣，九江之庾樓，吴興之消暑，宣城之疊嶂，此外不過更二三所而已。」明月樓。在子城西。○苕溪詩話：「刺史楊傑次公詩曰：『江南地暖少嚴風，九月炎凉正得中。溪上玉樓樓上月，清光合作水晶宫。』吴興因此謂之水晶宫。」

【亭榭】碧瀾堂：杜牧建。〇陳希元詩：「苕溪清淺霅溪斜，碧玉寒光照萬家。誰向月明終夜聽，洞庭漁笛隔蘆花。」五亭、白居易記：「湖州城東南二百步，抵霅溪。溪連汀洲，洲一名白蘋。梁吴興守柳惲於此賦詩云『汀洲採白蘋』，因以名爲也。前不知幾千萬年，〔五〕後又數百載，有名無亭，鞠爲荒澤。至大曆十一年，顔魯公真卿爲刺史，始剪榛導流，作八角亭以遊息焉。旋屬灾潦薦至，沼堙臺圮。後又數十載，委無隙地。至開成三年，弘農楊君爲刺史，乃疏四渠，濬二池，樹三園，構五亭，卉木、荷竹、舟橋、廊室，洎遊宴息宿之具，靡不備焉。觀其架大溪跨長汀者，謂之白蘋亭；介二園閲百卉者，謂之集芳亭；面廣池目列岫者，謂之山光亭；翫神曦者，謂之朝霞亭；狎清漣者，謂之碧波亭。五亭間開，萬象迭入，嚮背俯仰，勝無遁形。每至汀風春，溪月秋，花繁鳥啼之旦，蓮開水香之夕，賓友集，〔六〕歌吹作，舟棹徐動，觴詠半酣，飄然怳然，遊者相顧，咸曰：『此不知方外也？人間也？又不知蓬、瀛、崑、閬，復如何哉？』時予守官在洛陽，楊君緘書賫圖，請予爲記。予按圖握筆，心存目想，覼縷梗　，十不得其二三。大凡地有勝境，得人而後發；人有心匠，得物而後開。境心相遇，固有時耶？蓋是境也，實柳守濫觴之，顔公椎輪之，〔七〕楊君繢素之。三賢始終，能事畢矣。楊君前牧舒，舒人治；今牧湖，湖人康。康之由，〔八〕革弊興利，若改茶法、變税書之類是也。利興，故府有羨財；政成，故居多暇日。繇是以餘力濟高情，成勝槩，三者旋相爲用，豈偶然哉？昔謝、柳爲郡，樂山水，多高情，不聞善政；龔、黄爲郡，憂黎庶，有善政，不聞勝槩；兼而有者，其吾友楊君乎！君名漢公，字用義。恐年祀寖久，來者不知，故名而字之。時開成四年，十月十五日記。」西亭、在城西門

外，臨溪。唐太守柳惲建。有詩，見白蘋洲注。○張籍霅溪西亭晚望：「霅水碧悠悠，西亭柳岸頭。夕陽生遠岫，斜照逐迴流。此地動歸思，逢人方倦遊。吴興耆舊盡，空見白蘋洲。」六客亭、在郡圃中。○元祐中，守張復作後序曰：「昔李公擇爲此郡，張子野、劉孝叔在焉。而楊元素、蘇子瞻、陳令舉過之，會於碧瀾堂，子野作六客詞，傳於四方。令僕守是邦，子瞻與曹子方、劉景文、蘇伯固、張秉道來過，與僕爲六。而向之六客獨子瞻在，復繼前作，子野爲前六客詞，而子瞻爲後六客詞。」墨妙亭、孫覺建。蘇子瞻記：「自莘老之至，歲適大飢，莘老振廩勸分。及朝廷更化，當日夜治文書期會，而莘老以其餘暇網羅前人賦詠數百篇爲吴興新集，其刻畫尚存而僵仆斷缺於荒陂野草之間者，又皆集於此亭。」水亭、在定安門外，舊尉治。○元豐中，守蘇子瞻嘗賦詩云：「兩尉鬱相望，東南百步塲。插旗蒲柳市，伐鼓水雲鄉。已作觀魚檻，仍開射鴨堂。全家依畫舫，極目亂紅粧。瀲瀲波頭細，疏疏雨脚長。我來閑濯足，溪漲欲浮床。澤國山圍裏，孤城水影旁。欲知歸路處，葦外聽風檣。」霅溪舘。杜牧得替後移居此館詩：「萬家相慶喜秋成，處處樓臺歌板聲。千歲鶴歸猶有恨，一年人住豈無情？夜涼——留僧語，風定蘇潭看月生。景物登臨閑始見，願爲閑客此閑行。」

【佛寺】何山寺、汪彦章何氏書堂記云：「吴興環城皆水，獨西南岡嶺相屬十餘里，而得浮屠氏之居二焉，東曰道塲，西曰何山。何山立於宋元嘉中，道塲近出於唐末、五季之初。然道塲踵相躡得人，法席雄盛，鍾魚殷殷，聲聞東南。何山敗屋數椽，殘僧數輩，望之蕭然，游者弗顧也。紹興初，余守吴興，得二禪老，曰慧琳，曰慧居。使分居二山。慧居何山數年，剪薙榛蕪，易其圮腐，而一新之。

於是游道場者如入王侯之家，其隆棟傑閣，足以納光景而吞江湖。已而過何山，則草樹葱蘢，軒窗窈窕，經行之地皆雅潔幽深，如造高人隱士之廬，至者忘歸，不勝雄盛，移而爲清勝也。」**萬壽院**、在道場山。詳見上注。○蘇子瞻遊二山詩：「道場山頂何山麓，上徹雲峰下幽谷。我從山水窟中來，尚愛此山看不足。陂湖行盡白漫漫，青山忽作龍蛇蟠。上高無風松自響，誤認石齒號驚湍。山僧不放山泉出，屋底清池照瑤席。階前合抱香入雲，月裏仙人親手植。出山回望翠雲鬟，碧瓦朱欄縹緲間。白水田頭問行路，小溪深處是何山。高人讀書夜達旦，至今山鶴鳴夜半。我今廢學不歸山，山中對酒空三歎。」**東林寺**。王會回仙碑：「熙寧間，湖州歸安縣之東林有隱君子沈思，字持正，隱於東林，因以東老名焉。能釀十八仙白酒。一日，有客自稱回道人，長揖曰：『知君白酒新熟，願求一醉。』東老與之語，無不通究，知非塵埃中人也。因坐與飲，自日中至暮，飲數斗，殊無酒色。回曰：『久不游浙中，今爲子有陰德，留詩贈子。』乃擘席上石榴皮題詩于壁曰：『西鄰已富憂不足，東老雖貧樂有餘。白酒釀來因好客，黄金散盡爲收書。』既別，莫知所往。後蘇子瞻和其詩三首，其一曰：『凄涼雨露三年後，彷彿塵埃數字餘。至用榴皮緣底事，中書君豈不中書。』沈氏捨宅爲寺，即今之東林寺是也。」

【古跡】**堯市**、在長興縣。堯時洪水，於此山作市。○唐僧皎然曰：「堯市人稀紫笋多。」皮日休詩：「閑尋堯市山。」**蘇公潭**、唐蘇瓌爲烏程尉，墮此潭，聞人語云：「扶出後爲相。」有記見存。**相國池**、烏程令李晤生相國紳於縣廨，學弄之歲誤墮此，因名。見李蟾修廨記。**何氏書堂**。在何山寺。汪彦章記：「圖記相承，以何氏爲晉何楷。嘗讀書此山，後爲吴興太守，以其居爲寺而名其山。」

顔魯公書杼山碑，亦曰「寺西南有何楷釣臺」，則楷嘗居此山無疑。然於晉史無所考見，惟宋書及唐林寶姓纂云楷爲晉侍中。

【名宦】陸抗、唐顧況湖州太守廳壁記：「鴻名大德，在晉則——、陸納、謝安、謝萬、王羲之、坦之、獻之，在宋則謝莊、褚彦回，在齊則王僧虔，在陳則吴明徹，在唐則顔真卿、袁高、于頔。」謝安、爲守。在官無當時譽，去後爲人所思。柳惲、爲守。顔真卿、在郡與李萼、陸羽等討論韻海鏡源，烏程縣西南寶積院寺碑載之甚詳。杜牧、爲刺史，建碧波堂。先是，牧佐宣城幕，聞湖州多奇麗，往遊焉。刺史崔君張水嬉。牧見一女妓，期之曰：「吾不十年，來守此郡。不來，從所適。」洎牧守是州，〔九〕女已從人三載矣。牧因賦詩曰：「自是尋春去較遲，不須惆悵怨芳時。」于頔、爲刺史，修陂塘溉田。皇朝胡宿、爲守。大興學校。學者盛於東南，自湖學始。胡翼之、寶元間，守滕宗諒請建學，延安定胡翼之主學，四方之士雲集受業。有經義齋，有治道齋。是年，京師建太學，請下湖學取爲太學法。○歐陽永叔詩：「吴興先生富道德，詵詵子弟皆賢才。先收先生作梁棟，以次收拾桷與榱。」蘇軾、自徐徙湖，言者指軾謝表語以爲怨謗，坐貶黄州團練副使。陳瓘、爲湖州掌書記，召爲太學博士。陳與義、爲守。有簡齋詩。文同。字與可，爲守。

【人物】吴均、注范曄後漢書。沈約、著晉、宋、梁書。沈傳師、德清人。陸羽、隱于苕溪，自稱桑苧翁，著茶經。孟郊、字東野，武康人。有詩名。張志和，郡人。自稱煙波釣徒，又號元真子。

有漁父詞云：「西塞山邊白鷺飛，桃花流水鱖魚肥。青箬笠，緑蓑衣，斜風細雨不須歸。」**皇朝沈括**、郡人。**徐處仁**、爲相。**張子野**。詞語清麗，號張三影。

【題詠】**霅溪殊冷僻**。白居易寄錢湖州李蘇州：「俱來滄海郡，半作白頭翁。謾道風煙接，何曾笑語同。云云，茂宛太繁雄。惟此錢塘郡，閑忙恰得中。」**全在水雲中**。鄭谷寄湖州從叔員外：「顧渚山邊郡，溪將罨畫通。遠看城郭裏，云云。西閣歸何晚，東吴興未窮。茶香紫筍露，洲迥白蘋風。歌緩眉低翠，杯明蠟剪紅。政成尋往事，輟棹問漁翁。」**夜栅集茶檣**。杜牧出守吴興詩：「緑水棹雲月，洞庭歸路長。春橋垂酒幔，云云。箬影沉溪暖，蘋花遶郭香。」**吴興水晶宫**。歐陽永叔送胡學士知湖州：「武平天下才，四十滯鉛槧。忽乘使君舟，傍楫不可纜。〔一〇〕都門春漸動，柳色緑將暗。掛帆千里風，水闊江灩灩。云云，樓閣在寒鑑。橘柚秋苞繁，烏程春甕釃。清談越客醉，屢舞吴娘艷。寄詩毋憚煩，以慰離居念。」**環城三十里**。蘇子瞻荷花詩：「云云，處處皆奇絶。蒲蓮浩如海，時見舟一葉。」**緑水烏程地**。王介甫詩：「云云，青山顧渚瀕。酒醪猶美好，茶荈正芳新。聚泛尊前月，分班焙上春。仁風已及俗，樂事始關身。橘柚供南貢，楓槐望北宸。知君白羽扇，歸日未生塵。」**鱸鱠雪花肥**。司馬君實送章伯鎮知湖州：「江外饒佳郡，吴興天下稀。蓴羹紫絲滑，云云。星斗寒相照，煙波碧四圍。柳侯還作牧，草樹轉清輝。」**詩好何妨戀白蘋**。羅隱：「貴提金印出咸秦，瀟灑江城兩度春。一派水清疑見膽，數重山翠欲留人。望崇早合歸黄閤，云云。自是受恩心未

足，却垂雙翅羨吴均。」萬家笑語荷花裏。林子中詩：「遶郭芙蕖拍岸平，花深蕩槳不聞聲。云云，知是人間極樂城。」仄聞吴興更清絶。〔一一〕蘇子瞻將之湖州戲贈孫莘老詩：「餘杭自是山水窟，云云。湖中橘林新著霜，溪上苕花正浮雪。顧渚茶牙白於齒，梅溪木瓜紅勝頰。吴兒膾縷薄欲飛，未去先説饞涎垂。亦知謝公到郡久，應怪杜牧尋春遲。鬢絲只好對禪榻，不用湖亭張水嬉。」

【四六】輟班楓陛，出鎮苕溪。眷是吴興，爲今馮翊。廼顧霅川，實雄浙右。苕、霅奥區，晉、唐名郡。銷暑樓高，敷作民間之清蔭；水晶宫爽，恍如島上之仙居。膏田沃野，樂雞豚社稷之豐；大澤荒陂，足魚蟹蒲蓮之利。郡佳地近，昔猶法從之肯來；賦嗇訟嚚，今復近親之難問。建齋芹泮，當稽安定之遺規；擁旆苕溪，尚訪文忠之陳迹。火雲尚熱，諒少留水晶之宫；玉露漸凉，當即趍文石之地。蓴羹鱸鱠，備形迂叟之詩；橘林茶芽，更紀坡仙之詠。地非孔道，罕來車去騎之將迎；郡乃名麾，有飲酒投壺之閑雅。孫亭無恙，或尋斷碑於榛莽之間；胡學未忘，願訪遺規於藻芹之地。

常州 晉陵　武進　無錫　宜興

【建置沿革】禹貢揚州之域。於天文，爲須女之分；星紀之次，於辰在丑。春秋時屬吴，延陵季子之采邑也。後屬越，又屬楚。秦置會稽郡，延陵等四縣俱屬焉。漢改延陵爲毗陵縣。東漢屬吴郡。晉爲毗陵郡，又諱「毗」，改晉陵郡。隋於蘇州常熟縣置常州，李唐因之。皇朝平江南，歸版圖。

今領縣四，治晉陵、武進兩縣。

事要

【郡名】毗陵、見「沿革」注。陽羡、輿地志云：「吴、越間謂荆爲楚，秦以子楚改爲——。」錫山。圖經：「昔有讖述其地云：『無錫寧，天下平；有錫兵，天下争。』故縣名無錫。」

【風俗】人性質直。〔一二〕寰宇記：「云云，黎庶淳遜。」異材挺生。風俗記：「穎——之——，——此邦。」學了知所嚮慕。朱元晦宜興縣學記：「知縣事括蒼高君商老之來躬爲講説，開之以道德性命之指，博之以詩書禮樂之文，使其士知所學，蓋有卓然科舉文字之外者，於是縣人云云。」大觀貢士。——三年，毗陵——五十三人，實最諸郡。天子下詔褒異，守貳教官皆旌賞焉。一榜三魁。熙寧癸丑，朝廷方以經術取士，諫議邵林首登天府，朝奉邵剛後冠南宫學士，余中遂居廷試，褎然之選，盡出兹邑。遠蓦之流棲伏于此。毗陵志：「由唐以來，云云。李堪拂衣詞場，陸希聲辭聘藩府，又有杜牧之水榭，李幼卿玉潭，陸勳禪居，顧况茶舍，皆見於紀詠。」兼有水族陸産。同上。「水族之珍，陸産之貴，乃兼有之。」

【形勝】湖有洮、滆。常州有洮湖、滆湖，皆與具區通。林麓鬱然。郡志：「毗陵雖號澤國，而岡阜相屬，云云。」

【山川】横山、在晉陵。徐楷碑云：「晉右將軍曹横所葬。」慧山、去無錫縣七里。山東西有

泉，皆合於溪，西南入太湖。柯山、在慧山側。吴仲雍五世孫柯相所治之處。頤山、在宜興縣。陸相隱迹之所。南嶽、雲麓謾抄：〔一三〕「宜興亦有——。」安陽山、在無錫縣。山頗峻，俗號文筆峰。夫椒山：左傳：「吴王敗越王於——。」杜預注：「太湖中椒山是也。」太湖、在州東百里。荆溪、在宜興南二十步。陽溪、在宜興，東北入太湖。百瀆、上——至宜興縣五十七里，下——至宜興縣五十里。荆溪既居下流，受數郡之水，古人以一溪不能當，故於震澤之口疏爲百派，又開横塘一道，綿亘數十里，以貫——。蓋横塘直南北以經之，——列東西以緯之，分流以下震澤。奔牛閘。楊廷秀過———詩：「春雨未多河未漲，閘官惜水如金様。聚舡久住下河灣，等待舡齊不教放。忽然三板兩板開，驚雷一聲飛雪堆。衆舡遏水水不去，舡底怒濤跳出來。下河半篙水未滿，上河兩平勢差緩。一行二十四艘舡，〔一四〕相隨過閘如魚貫。」

【井泉】新泉。獨孤及慧山寺——記：「此寺居吴西神山之足。山小多泉，其高可憑而上。山下有靈池異花，載在方志。山上有真儒隱客遺事故迹，而披勝録異者淺近不書。無錫令敬澄，字深源，以割雞之餘，考古按圖，葺之築之，乃飾乃圬。有客竟陵陸羽，多識名山大川之名，與此峰白雲相與爲賓主，乃稽厥創始之所以而志之，談者然後知此山之奇方掩他境。其泉伏湧潛泄，潗湁舍下，無沚無竇，蓄而弗注。深源順地勢以順水性，始發墾袤丈之沼，疏爲懸流，使瀑布下鍾，甘溜湍激，若醴濃乳噴，及于禪床，周于僧房，灌注于德池，經營于法堂，潺潺有聲，聆之耳清。濯其源，飲其泉，使貪者讓，躁者静，惰者勤道，道者堅固，境净故也。夫物不自美，因人美之。泉出於山，發於自然，非夫人

疏之鑿之工，則水之時用不廣。亦猶無錫之政煩民貧，深源導之，則千室襦袴，仁智之所及，功用之所格，動者響答，其揆一也。余飲其泉而悦之，乃志美於石。」

【堂亭】凝露堂，唐大曆中，州内廳東階下二松甘露降，刺史獨孤及上其事，故名。漪瀾堂，在慧山。坡詩：「一步———。」五雲亭，陸希聲頤山録曰：「頤山之前百餘步，衆水合而東流，岸多朱藤，花水相映，俗呼爲罨畫溪。」又云：「頤山有四亭：曰緑陰，曰西陽，曰弄雲，曰卧龍。」曲水亭，在惠山泉上。多稼亭，在郡城上。○楊廷秀望———詩：「遥望城頭———，亭邊霜檜老更青。當年老守携稺子，芒鞋葵扇遶城行。臘前移梅春插柳，踏雪衝泥不停手。柳未成陰梅未花，著帽又迎新太守。後來新守復迎新，到今新舊知幾人？向來手植今在否？寄與此詩聊問春。」净遠亭。楊廷秀晚登———詩：「簿書纔了晚衙催，且上高亭眼暫開。野鴨成群忽驚起，定知城背有舡來。」

【寺觀】普利寺，在慧山。有泉，陸鴻漸煎茶驗其味，於諸水爲第二。○唐張祜詩：「舊宅人何在，空門客自過。泉聲到池盡，山色上樓多。小洞穿斜竹，重階夾瘦莎。殷勤望城市，雲水暮鍾和。」○黄魯直詩：「錫谷寒泉撱石俱，併得新詩蠆尾書。急呼烹鼎供茗事，澄江急雨看跳珠。是功與世滌膻腴，今我一空常晏如。安得左轓箕、潁尾，風爐煮茗卧西湖。」撱音妥。蓋取井旁數小石置瓶中澄水，令其不濁。○蘇子瞻集焦千之求慧山泉詩：「兹山定空中，乳水滿其腹。過隙則發見，臭味實一族。淺深各有值，方圓隨所蓄。或爲雲洶湧，或作線斷續。或鳴空洞中，雜佩間琴築。或流蒼石縫，宛轉龍鳳蹙。缾罌走千里，真僞半相瀆。貴人高宴罷，醉眼亂紅緑。赤泥開方印，紫餅絶圓玉。

傾甌共歎賞，竊語笑童僕。豈知泉上僧，盥灑自挹掬。故人憐我病，箬籠寄新馥。欠伸北窗下，晝睡美方熟。精品厭凡泉，願子致一斛。」

太平寺：費袞云：「吾州———畫水，則郡人徐友作。清濟貫河，一筆紆繞，長數十丈不斷。却立而觀，濤瀾洶湧，目爲之眩。仰首近之，凛然若飛流之濺於面也。」〇楊廷秀爲守，賦畫水長句曰：「太平古寺劫灰餘，夕陽惟照一塔孤。得得來看還不樂，竹莖荒處破殿虛。偶逢老僧聽僧話，道是壁間留古畫。徐生絶筆今百年，祖師相傳妙天下。壁如雪色一丈許，徐生畫水纔盈堵。横看側看只麽是，分明是畫不是水。中有清濟一線波，横貫萬里濁浪之黄河。雷奔電卷儘渠猛，獨清元自不隨他。波痕盡處忽掀怒，攪動一河秋色暮。分明是水不是畫，老眼向來元自誤。佛廬化作金拖樓，銀山雪堆風打頭。是身飄然在中流，奪得太一蓮葉舟。僧言此畫難再覓，官歸江西却相憶。并州剪刀剪不得，鵝溪匹絹官莫惜，貌取秋濤懸坐側。」

天慶觀。費袞云：「吾州———畫龍，蓋姑蘇道士李懷仁所畫。懷仁者，酒豪不羈，嘗呼龍松江之上，狎而觀之，遂畫龍入神品。過毗陵———，大醉，索墨漿數斗，曳苕帚、裂巾袂濡墨，號呼奮擲，斯須龍成，觀者辟易。懷仁後不知所終。」郡人胡德輝賦古風曰：「道人龍中來，醉與神物會。寫兹蜿蜒質，日月爲冥晦。崩翻江海姿，素碧起濤瀨。呼吸見雌雄，抉石疑可碎。蕭森殿陰古，衆真儼飛旆。注觀忽騰踴，夜半失像繪。飛光者明珠，靈祕一何怪。爛爛照甍棟，那得久在外。偷兒伺酣睡，不怕嬰鱗害。願言慎所託，未用期一快。」

【祠墓】**五賢祠**：蓋獨孤及、柳開、李餘慶、陳襄、王安石也。**延陵季子墓**。在晉陵縣北七

十里，申浦之西。孔子嘗題其墓曰：「嗚呼！————之—。」舊石堙滅，唐玄宗命殷仲容模以傳。

【古跡】獨孤檜、翁卷詩：「此檜何人種，相傳是獨孤。年深成古物，名重入州圖。老節堅難蠹，皴皮裂似枯。託根列帝廟，應不慮樵夫。」劍井。陸士元記：「胡文恭公爲副樞，修簡公爲右丞，余中、霍端友魁廷試，邵剛魁南省，邵林魁鄉薦，蔣公入西府，皆先一歲瑞氣氤氳，升騰數日，爲之祥證。」

【名宦】吳隱之、爲守。在郡清儉。獨孤及、爲刺史。孟簡；爲刺史。唐志無錫縣有太伯瀆，孟伯所開。或云武進。嘗與盧仝遊北湖，盡買漁人所獲魚放之，仝作放魚歌。皇朝王安石、以常博出爲知州。陳襄。初建郡學，安石作記。

【人物】周盤龍、齊人。位至散騎常侍。齊武戲之云：「卿着貂蟬，何如兜鍪？」對曰：「此貂蟬從兜鍪中生耳。」顧凱之；無錫人，號顧虎頭。皇朝胡宿、晉陵人。爲樞副。鄒浩。晉陵人。除右正言。章子厚用事，廢孟后，立劉氏爲后。浩上疏謂：「陛下廢孟氏詔書有『別選賢族』之語，故天下釋然不疑。今果立之，則天下莫之信矣。」哲宗怒，遂貶竄。

【名賢】蘇軾。以諷時事，貶黃徙汝。上書自言有田在常，願得居之。

【題詠】高城帶水閑。李嘉祐送陸士倫之義興詩：「陽羨、蘭陵近，云云。淺流通野寺，緑茗滿春山。」天子須嘗陽羨茶。盧仝謝孟諫議詩：「云云，百草不敢先開花。」一壑風煙陽羨里。

杜牧之有卜築陽羨之意詩：「云云，解龜歸去路非賒。」今朝自請左符來。劉禹錫寄楊虞卿詩：「曾主虞書輕刺史，云云。青雲直上無多路，却要斜飛取勢回。」披襟罨畫溪頭月。齊祖之宰送義興王尉詩。葦陂竹塢情無限。鄭谷獻楊舍人詩：「云云，閑語毗陵問杜陵。」豈知身得兩朱輪。王介甫酬邵提刑詩：「曾詠常州送主人，云云。田疇泛濫川方壅，厨傳蕭條市亦貧。以我薄材思俯偃，賴君餘教得因循。詢求故有風謡在，不獨鑱詩尚未泯。」〔一五〕久聞陽羨溪山好。王介甫寄闕下諸父兄詩：「云云，頗與淵明性分宜。」

【四六】眷惟浙右，有若毗陵。雖號小邦，密拱行闕。地望若輕，文風獨盛。領此一麾，介于三輔。眷毗陵之支郡，亦浙水之輔藩。三吴襟帶之邦，百粤舟車之會。由民生之孔匱，致郡計之亦艱。列屋萬家，當舟車之孔道；環地千里，亦輦轂之輔藩。荆公得郡，偏夸陽羨之溪山；坡老卜居，亦買宜興之田宅。數大觀之儒科，號稱多士；讀宜興之學記，知慕大賢。望罨畫溪頭之月，遥共清光；酌惠山谷裏之泉，尚同雅趣。酌惠山之石泉，俗塵滌盡；誦道鄉之諫藁，氣節凛存。俗陋市貧，厨傳有蕭條之歎；地卑川溢，田疇多泛濫之虞。乏兵厨之美釀，敢事苞苴；分錫谷之寒泉，或堪餽餉。送別毗陵，賦竹塢葦陂之句；尋幽錫谷，吟泉聲山色之詩。

校勘記

〔一〕「隋平陳（至）陞昭慶軍」，據本書所述，似宋升湖州爲昭慶軍。核諸元豐九域志卷五、輿地廣記卷二二、輿地紀勝卷四，此昭慶軍乃北宋景祐元年改後周宣德軍所致，非改湖州爲軍也。

〔二〕「有縝潤削成如珪瓚者」，底本原脱「如」字，據四庫本及白居易集外集卷下所載太湖石記補。

〔三〕「將竦將鬭者」，底本原脱「者」字，據白居易集外集卷下所載太湖石記補。

〔四〕「無脛而至」，「脛」，底本原作「腔」，據四庫本、嶽雪樓本及白居易集外集卷下所載太湖石記改。

〔五〕「前不知幾千萬年」，「千」，白居易集卷七一白蘋洲五亭記作「十」。

〔六〕「賓友集」，底本原作「賓有集」，據四庫本、嶽雪樓本及白居易集卷七一白蘋洲五亭記改。

〔七〕「顔公椎輪之」，「椎輪」，底本原作「推輪」，據白居易集卷七一白蘋洲五亭記改。

〔八〕「康之由」，「由」，底本原誤爲「曲」，據嶽雪樓本及白居易集卷七一白蘋洲五亭記改。

〔九〕「洎牧守是州」，「洎」，底本原作「泊」，據四庫本、傳是樓本、震无咎齋本改。

〔一〇〕「傍檝不可纜」，「傍檝」，歐陽修全集卷一送胡學士知湖州作「歸榜」。

〔一一〕「仄聞吴興更清絶」，「仄」，底本原作「反」，據四庫本及蘇軾詩集卷八將之湖州戲贈莘

老改。

〔一二〕「人性質直」，「質直」，底本原作「吉直」，據嶽雪樓本及太平寰宇記卷九二改。

〔一三〕「雲麓謾抄」，底本原作「雲抄謾録」，輿地紀勝卷六南嶽下引同書作「雲麓謾抄」。該書爲宋趙彦衛所撰，共二十卷。今據改。

〔一四〕「下河半篙水未滿（至）一行二十四艘舡」，底本原誤「未滿」爲「欲滿」，又誤「二十四」爲「一十四」，今據誠齋集朝天續集卷三一過奔牛閘改。

〔一五〕「不獨鑱詩尚未泯」，底本原脱「獨」字，據臨川先生文集卷二三酬淮南提刑邵不疑學士補。

方輿勝覽卷之五

建德府

建德　淳安　桐廬　分水　遂安　壽昌

【建置沿革】禹貢揚州之南境。斗之分野。春秋時屬越。秦以爲鄣、會稽兩郡之境。漢以隸吴郡及丹楊郡，東漢仍之。建安十三年分丹楊郡之歙縣立始新、新定等縣，置新都郡。晉改郡曰新安，而縣改新定曰遂安。隋仁壽三年，割杭之桐廬立遂安縣，置睦州，大業改睦州爲遂安郡。唐復爲睦州，而析桐廬爲嚴州；七年廢嚴州，屬東睦州；八年，去「東」字；乾元復爲睦州。逮國初錢氏納土，始入版圖，太宗以親王領防禦使。政和陞爲建德軍節度。又爲高宗潛邸。方臘平，改軍曰遂安軍，州曰嚴州。咸淳元年八月旨，係今上潛藩之地，陞爲建德府。今領縣六，治建德。

事要

【郡名】新定、嚴陵、桐廬。

【風俗】俗號輯睦。圖經序：「云云，因以名邦。可以無事治，不可以多事理。」民貧而嗇。同上。「州地山谷居多，云云，穀食不給，仰給它州。」

【形勝】號「清涼國」。新定志：「桐廬溪山秀妙，陸魯望所謂云云。」浙江上游。錢緦浮橋記。羣峰回環。蘇子容靈香閣記：「郡自晉、宋以來，文士多稱述之。城邑閭井皆坦途，平陸與它州無異。及登高而望，則————，一水縈帶，不離指顧而萬景在目。」錦峰繡嶺。費袞云：「圖經載嚴陵山清麗奇絶，號————，乃子陵隱居之所，後以名山。然嚴陵山水稱號率有經據。如杜若汀洲見於杜紫微詩，云『杜若芳洲翠，嚴光釣瀨喧』。如丁溪見於杜紫微詩，云『翠巖千尺倚溪斜，曾見嚴光作釣家；越嶂遠分丁字水，江梅遲見二年花』。蔡天啓牋遂用此作四六，云『溪壑縈回，二水合而成字；山城寂歷，一葉墜而亦聞』。莫不有所據。又如『吴根越角』，亦見杜牧詩，昔事文皇篇中云『溪山侵越角，風壤帶吴根』。獨未知————，圖經何所據而云？」州在萬山中。見杜牧樊川集云云。山嶮而土嶢。曹耜告詞：「桐廬居浙右上流，云云，民貧而俗悍。」

【土産】蒸茶割。圖經：「惟蠶桑是務，且云云，以要商賈貿易之利。」

【山川】松巖，在城東。雉山，在淳安縣西一里。山形如雉。嚴陵山，在桐廬縣西。本漢富春縣，避晉簡文帝鄭太后諱，改曰富陽。按嚴光傳「耕於富春山」，圖經不載此山，但云「今名———者，是其所耕處」，却載「嚴光，富陽人，耕於富春山」。沈約宋書「吴時分富春之地置桐廬縣」，則——即所耕富春山無疑矣。桐君山，在桐廬。有人採藥，結廬桐木下。人問其姓，指桐木示之。江山因以桐名，郡曰桐廬。○西征記：「自衢歷婺至新定，曰睦州。觀二江之水會合亭下，有山巍然，直壓其首，如渴鰲怒鯨，奮迅鬐鬣，奔而入水之狀。上有——祠，乃戴顒飛仙之地也。」武强山，在

遂安縣西。山極險峻，人常保焉，盜不能攻，故名。靈巖山，在遂安縣北十五里。有洞。上有泉，分注三井，溢爲瀑布二百尺許。戴村、桐廬縣東北，宋戴顒隱處。錦沙村，在淳安縣西。林木森翠，波流澄澈，映石如錦，冠軍吴喜曰：「名山美石，故不虚賞。」浙江、在州南十里。新安、東陽水合流入江。洞溪、一名紫溪。水自此溪至於潛有十六瀨，嚴瀨乃第二瀨也。七里灘。距州四十餘里，與嚴陵瀨相接。諺云：「有風七里，無風七十里。」謝靈運七里瀨詩：「自睹嚴子瀨，想屬任公釣。」

【井泉】孝子泉。九域志：「州民夏孝先喪父，廬於墓側，嘗有野火奄至，俄而火爲之滅，尋復涌泉出其地。」

【亭榭】環溪亭，在郡中。○方干詩：「爲是仙才登望處，風光便似武陵春。閑花半落猶迷蝶，白鳥雙飛不避人。樹影興餘侵枕簟，荷香坐久着衣巾。暫來此地非多日，明日那容借寇恂。」千峰榭。在州宅。自唐有之。范希文喜登，後名思范。○方干詩：「豈知平地似天台，朱户深沉别徑開。曳響露蟬穿樹去，斜行沙鳥向池來。窗中早月當琴榻，墻上秋山入酒盃。何事此中如世外，應緣羊祜是仙才。」

【祠廟】嚴先生祠。在釣臺。○先生名光，字子陵。漢光武少與光同游學，及即位，首以物色訪之，得於齊國，累召不至，拜諫議不受，去，耕釣於富春山。今有釣臺、祠堂。又作九隴寺，以奉香火。子陵本姓莊，避明帝諱，改姓嚴。○范希文作祠記云：「先生，漢光武之故人也，相尚以道。及帝握赤符，乘六龍，得聖人之時，臣妾億兆，天下孰加焉，惟先生以節高之。既而動星象，歸江湖，得聖人

之清，泥塗軒冕，天下孰加焉，惟光武以禮下之。在蠱之上九，衆方有爲，而獨不事王侯，高尚其事，先生以之。在屯之初九，陽德方亨，而能以貴下賤，大得民也，光武以之。蓋先生之心出乎日月之上，光武之器包乎天地之外，微先生不能成光武之大，微光武豈能遂先生之高哉？而使貪夫廉，懦夫立，是有大功於名教也。某來守是邦，始構堂而奠焉。乃復其爲後者四家，以奉祠事。又從而歌曰：『雲山蒼蒼，江水泱泱。先生之風，山高水長。』」○吕伯恭記：「明道二年，范文正自右司諫守是邦，始築屋祠先生而爲之記。瀨之旁白雲源，乃唐人方處士故廬。文正公之遊釣臺也，嘗絶江訪其遺跡，以其像置祠之左。文正公殁，郡人思之，遂侑食於右坐。」

【古跡】**釣臺**，在桐廬西南二十九里。東西二臺，各高數百丈。○西征記：「自桐君祠而西，有羣山蜿蜒，如兩蛇對走於平野之上。三江之水，並流於兩間，驚波閒馳，秀壁雙峙。上有東漢故人嚴子陵——，孤峰特操，聳立千仞。奔走名利汩没爲塵埃客一過其下，清風襲人，毛髮竪立，使人有芥視功名之意。」○權載之詩云：「絶頂聳蒼翠，清湍石粼粼。先生晦其間，天子不得臣。潛驅東漢風，日使薄者淳。焉用佐天下，持此報故人。」○許渾詩：「潮去潮來州渚春，山花如綵草如茵。〔一〕嚴陵臺下桐江水，解釣鱸魚有幾人。」○范希文詩：「漢包六合網英豪，一箇冥鴻惜羽毛。世祖功臣三十六，雲臺争似——高。」○黄魯直詩：「平生久要劉文叔，不肯爲渠作三公。能令漢家重九鼎，桐江波上一絲風。」○又詩：「古風蕭索不言歸，貧賤交遊富貴希。世主若非天下量，嚴陵那得釣魚磯？」○潘德久詩：「貂蟬未必似羊裘，出處當年已熟籌。既有諸公依日月，不妨老子卧林丘。英雄陳迹千

年在，香火空山萬木秋。堪笑紅塵吹帽客，要來祠下繫行舟。」○項安世題——詩二首：「辣闤山頭破草亭，只須此地了生平。崎嶇狹世才伸足，又被劉郎賣作名。」〔二〕○「君房足下竟成謏，只有韓歆已破除。豈有江湖釣竿手，與君臺閣奉文書？」○朱文公水調歌詞云：「不見嚴夫子，寂寞富春山。空餘千丈巖石，高插碧雲端。想象羊裘披了，一笑兩忘身世，來把釣魚竿。不似林間翮，飛倦始知還。中興主，功業就，鬢毛斑。驅馳一世，豪傑相與濟時艱。獨委狂奴心事，不羨痴兒鼎足，放去任疏頑。爽氣動星斗，千古照林巒。」朱池。距城三十里。朱買臣有祠。

【名宦】房琯、明皇雜録云：「開元中，——之宰桐廬也，邢真人和璞自太山來。琯虛心禮敬，因以携手閑步，行數十里，之夏口村，過一廢佛寺，松竹森映。和璞坐於松下，以杖叩地，令侍者掘數尺，得一瓶子，瓶中皆是婁師德與永公書。和璞謂房曰：『省在此乎！』方記其爲僧時。永公即房之前身也。」蘇子瞻詩「夏口甕中藏畫像」，謂此。杜牧；號紫微，爲守。皇朝范仲淹、以論廢郭后，出知睦州。趙抃、爲殿院，求郡得睦。胡寅、以待制知州。張栻、爲守。陸游。爲守。

【人物】嚴光、詳見前祠記。方干、故居在白雲源。其子孫登科知名者相繼。○范希文詩：「風雅先生舊宅存，子陵臺下白雲村。唐朝三百年冠蓋，誰聚詩書教子孫？」○公又有詩與方楷曰：「高尚繼先君，巖居與俗分。有泉皆漱玉，無地不生雲。鄉里多垂釣，兒孫半屬文。幽蘭在深處，終日自清芬。」皇甫湜；新安人。以下急，數忤同省，至不容於朝。其分司東都也，適遇裴晉公以德量禮士，因修福先寺，求文於白樂天，而湜怒其舍己。逮援筆立就，厚贈遺之，復怒，以爲薄。公謝之。○

韓愈寄——詩："敲門驚晝睡，問報睦州吏。手把一封書，上有皇甫字。拆書放床頭，涕與淚垂泗。昏昏還就枕，惘惘夢相值。悲哉無奇術，安得生兩翅。" **皇朝江公望**、徽宗初任左司諫，抗疏極論時政及宫禁事，坐廢終身。**詹良臣**、以駡方賊死。子大方，後爲簽樞。**王縉**。並郡人。爲右司諫，與江諫議並以風節著。

【題詠】**瀟灑桐廬郡**。范希文："云云，烏龍山靄中。使君無一事，心共白雲空。" **不聞歌舞事**。又："瀟灑桐廬郡，家家是道情。云云，遶舍石泉聲。" **浙水半江分**。方干："吴山中路斷，云云。" **湍險方自兹**。晏公類要："浙江潮信至桐廬。其水泝流，故任彦升詩云：『滄江路窮此，云云。疊嶂易成響，重以夜猿悲。』" **嵐翠撲衣裳**。杜牧詩："水聲侵笑語，云云。" **夜潮人到郭**。張祜詩："云云，春樹鳥依山。" **因君水更清**。劉長卿詩："今日新安郡，云云。" **頻年經虎害**。翁卷送嚴州守詩："云云，人望使君來。地重分旄節，州清管釣臺。" **部伍雜閩音**。許棠寄睦州侯郎中詩云："下國多高趣，終年半是吟。潮濤通越分，云云。曉郭雲藏市，春山鳥護林。東浮雖未遂，日日至中心。" **名是東南俗阜州**。張伯玉詩："碧泉千脉瀉金溝，云云。任昉舊詩題縣壁，賀齊高壘照江流。"

【四六】淛水上游，嚴陵名郡。近止朝廷，隱然藩輔。桐溪列壤，木瀨横江。（記室新書）疏渥禁嚴，分符新定。眷東京漁釣之鄉，乃中興龍潛之邸。辭闕未更於積日，驅車已届於新封。編居半雜於山林，稔歲尤艱於衣食。氣象鬱葱，上聖肇興王之迹；溪山瀟灑，前賢餘高世之

風。民淳事簡，俗相尚於儉勤；山高水長，郡素稱於瀟灑。州雖增重，文正之遺愛尤存；江水益清，高齋之餘風可挹。嚴先生之清節，山高水長；方處士之遺芬，源深雲繞。雖土蹺山瘠，號民俗之素貧；然勢便地親，接皇畿而密邇。盧依桐姓之人，幸逢仁政；門扣睦州之吏，忽遺素書。呻嘆嘔吟，宜朝傳而暮達；撫摩涵養，當月裕以歲豐。賣絲糶穀，農未裕於養生；割漆蒸茶，人亦甘於逐末。

江陰軍 江陰

【建置沿革】禹貢揚州之域。於天文爲須女之分。吴地，斗分野。古延陵邑之地。季札封于延陵，故其地屬吴。秦、漢以來，郡則會稽、吴郡，縣則毗陵，鄉則暨陽。晉武置毗陵郡，併置暨陽縣屬焉。梁敬宗時，始於此置江陰郡及江陰縣。隋廢。唐置暨州。南唐始建江陰軍。皇朝嘗三廢爲縣，中興復爲軍，繼以知縣兼軍使。及虜亮入寇，復爲軍。其廢也，並爲毗陵屬邑。其復也，皆爲軍。今領縣一，治江陰。

事要

【郡名】澄川、保大元年招隱院記。暨陽、見「沿革」注。申浦。春申君所開。今名申港。

【風俗】人秀而文。葛郯貢院記：「得江山之助，故其——；有淮、楚之風，故其人願而循理。」長檝巨舶輻湊。蔣静黄田港閘記：「富商大賈，————，夷蠙海錯，魚鹽果布之

屬，——城市，故居民富饒，井邑繁盛。」珠犀魚蟹之富。黄田港記：「蘇子瞻賡唱，大詩————。」

【形勝】左控姑蘇。唐郁羣老建興寺碑：「云云，右接毗陵。」東連海道。向子豐奏劄：「邊臨大江，正是下流，北與通、泰相對，云云，西接鎮江，最爲控扼。」背山嚮江。君山浮遠堂記：「蕞爾邑介於數大郡之間，貢輸之入不能當他郡之十二三，惟云云，風物殊勝。」

【山川】黄山，在軍治之北六里。其峰如席帽，相傳其下乃郭璞宅。青山，在江陰縣西十里。有干將鑄爐九所。君山，在軍北澄江門外，蓋軍之鎮山也。上有松風亭，下有寺。暨陽湖，在江陰東十五里。香灣。十國紀年「吴徐温、張可淙以江陰之兵敗吴越於——」，即此。

【井泉】玉乳泉。又有金沙泉，劉握有詩。

【堂亭】江陰道院，澠水燕談：「江陰北距大江，地僻，鮮過客將迎之煩。所隸一縣，民醇事簡。士大夫謂——爲兩浙——，真樂土也。」雙檜堂，在郡治後。張安國書。清白堂，在郡圃。浮遠堂，在君山上，取蘇子瞻「江遠欲浮天」之句。北臨大江，南望城市，東睨鵝鼻，西俯黄田，號爲勝槩。○孫覿詩：「月墮山城曉，沙寒水國秋。雲根拔地起，冰柱蹴天浮。紫翠分鰲嶺，青紅雜蜃樓。舟舡通萬里，城郭數三州。」練江亭，在郡圃子城上。楊公濟詩：「晚日蕭蕭聞落葉，晴天歷歷數飛鷗。」翠光亭。蔣静詩：「君山堆翠出危尖，練水浮光照短簷。」

【古跡】釣臺，在縣東南二十里。其石廣一丈三尺，舊經云即姜太公釣魚之所。石虎。石橋東有石如虎。相傳王氏開酤，每夜失酒，道人過之曰：「山際有石如虎爲祟。」即鑿其足。虎今猶存。

【祠廟】聖英祠。劉遴之神録曰：「或云魚子英廟。」按列仙傳：「子英，英鄉人。因捕得一魚，愛之，養以穀食，後遂生角翅。天忽雨，子英上魚背，騰空而去。」

【名宦】李嘉祐：爲江陰令。皇朝楊蟠。爲江陰僉判。

【人物】庾冰。有宅。今爲祥符寺。

【題詠】鄉多釣浦人。方干送江陰霍明府：「遥遥去舸新，浸郭葦兼蘋。樹列巢灘鶴，云云。江分陽羨雨，浪隔廣陵春。知竟三年化，琴書外是貧。」孤城對海安。李嘉祐詩：「萬室邊江次，云云。朝霞晴作雨，濕氣晚生寒。」魚蝦接海隨時足。朱昌叔寄王介甫憶江陰詩云：「城上城隍古鏡中，城邊山色翠屏風。云云，稻米連湖逐歲豐。太伯人民堪教育，春申溝港可疏通。」萬里風檣看賈舡。王介甫酬朱昌叔：「黄田港口水如天，云云。海外珠犀常入市，人間魚蟹不論錢。」

【四六】眷惟申浦，實控江津。雖云斗大，實禦風寒。裂地雖微，去天爲近。乃眷江城，素稱道院。雖江陰之小壘，實浙右之要區。以江城之斗大，當海道之風寒。昔者爲邦，僅曰雷封之小；今焉陞郡，亦惟斗壘之微。征商税畝，特如劇邑之封；送使留州，僅足公家之用。人近珠犀之市，頗亦富饒；郡居魚蟹之鄉，未爲岑寂。封疆狹小，實分輔郡之魚符；節制尊嚴，兼總戍江之虎士。雖江流之天險，足壯蕃宣；然海道之風寒，當嚴備禦。考葛相貢闈之記，有取其文；

觀荆公港口之詩，欲求此郡。天近帝畿，已覺王孫之貴；地名道院，諒無刺史之難。江環海繞，巨艘長桅之畢輸；地僻道迂，駟馬高車之罕至。負海瀕江，外控臨於淮甸；連吴引楚，内屏蔽於京畿。

校勘記

〔一〕「山花如綵草如茵」，「綵」，全唐詩卷五三八許渾寄桐江隱者作「綉」。

〔二〕「辣闌山頭破草亭（至）又被劉郎賣作名」，按項安世平庵悔稿卷五所載釣臺詩，與本書有多處不同，兹録以備考：「數仞山頭一小亭，只消此地過平生。崎嶇狹世纔伸脚，已被劉郎賣作名。」

方輿勝覽卷之六

浙東路

紹興府會稽　山陰　嵊　諸暨　蕭山　餘姚　上虞　新昌

【建置沿革】禹貢揚州之域。粤地，星紀之次，牽牛、婺女之分野。夏禹東狩，會羣臣於會稽之山，執玉帛者萬國。至少康，封少子無餘於會稽，號曰於越。後二十世，勾踐稱王，與吴王闔閭戰，敗之檇李。其後，用范蠡計滅吴。後爲楚所併。秦立會稽郡。漢以其地封同姓，更屬江都國。東漢以浙西爲吴郡，浙東爲會稽郡。晋因之。隋改爲越州。唐改會稽郡，又爲越州，唐末陞義勝軍節度，尋改爲鎮東軍。皇朝中興，陞紹興府，兼帥鎮東軍節度。今統郡七，領縣八，治會稽、山陰二縣。浙東提刑、提舉置司。

事要

【郡名】會稽、史記：「會計也。」吴越春秋：「會計脩國之道，因以名山。」山陰、秦始皇移在

會稽之北，故曰——。越上。見「沿革」注。

【風俗】民性敏柔而慧。三朝國史：「云云，奢靡而無積聚。」文身斷髮。史記越世家：「云云，黿鱓之與處。」食物常足。漢志：「火耕水耨，民食魚稻果蓏蠃蛤，云云。」有陂湖灌溉之利。會稽西阻淛河，東漸于海，云云，故歲多順成；有絲枲魚鹽之饒，故俗重犯法。以舟楫爲車馬。越絕書：「夫越性脆而愚，水行山處，云云。」

【形勝】鑑水環其前。王于鰲閣記：「云云，卧龍擁其後，稽山出其東，秦望直其南。」天下繁劇。宋略：「會稽編户三萬，號爲————。」襟海帶江。圖經：「晉元帝以爲今之關中，江左諸公比之鄠、杜之間。蓋其地云云，方之千里，實爲東南一大都會也。」浮鄞達吴。王龜齡賦：「航甌舶閩，云云。浪槳風帆，千艘萬艫。」千巖萬壑。顧凱之傳：「人問會稽山水，答曰：『——競秀，——争流，草木蒙籠於上，若雲興霞蔚。』」山川之美。王子敬：「云云，使人應接不暇。」勝遊珍觀。秦少游蔣公唱和集序：「會稽之爲鎮舊矣。豈惟山川形勢之盛，實控扼於東南。其————，相望乎楓柟竹箭之上，枕帶乎荇藻芙蕖之濱，可以從事雪月優游而忘年者，殆非它州所及。而卧龍山、鑑湖尤爲一郡佳處。蓋府治所占，樓堞臺榭之所憑，非若窮崖絶壑游鹿豕而家魚龍，不可與民同樂。」

【土産】剡紙、舒元輿有弔剡溪古藤文。其意蓋謂今之爲文者，皆夭閼剡藤者也，所以言弔。

竹紙、曾文清詩：「會稽竹箭東南美，來伴陶泓住管城。可惜不逢韓吏部，相從但説諸先生。」日鑄茶。在會稽東南五十里。有｜｜嶺，其地產｜。歐陽公嘗曰：「兩浙產茶，日鑄第一。」

【山川】卧龍山、府治據其東麓。越大夫種所葬處，一名種山。○元稹州宅詩序：「子城因種山之勢，盤繞回抱，若卧龍形，故名。」○蘇子瞻詩：「｜｜盤屈半東州，萬室鱗鱗枕｜股。」蕺山、在府西六里。舊經云：「越王嗜｜，采於此｜，故名。」○王羲之傳：「嘗在｜｜見一老姥，持六角扇賣之。羲之書其扇，各爲五字，人競買之。他日姥又持扇來，羲之笑而不答。」宛委山、在縣東南十五里。○遁甲開山圖：「禹開｜｜｜，得赤珪如日，碧珪如月，長一尺二寸。」○吳越春秋：「此山東南曰天柱，號宛委，中藏金簡書，青玉爲字，編以白銀，承以文玉，覆以盤石。禹巡衡山，血白馬以祭之，見赤綉文衣男子，自稱玄夷蒼水使者，云：『欲得簡書，知導水之方，請齋於黃帝之岳。』乃登山發石，果得其文，具知四瀆之限，百川之理，遂周天下而盡力於溝洫矣。」射的山、在縣南十五里。孔曄記：「山半有石室，乃仙人射堂。東峰有｜｜，遥望｜壁有白點如射侯。諺云：射的白，米斛百；射的玄，米斛千。」會稽山、在州西二十里。周禮：「揚州之鎮山曰｜｜。」又名衡山，又名苗山。○龜山白玉上經：「｜｜｜周迴三百五十里，名陽明洞天，一名極玄太元之天，此三十六洞天之第十一也。」○史記封禪書：「禹封泰山，禪會稽。」又云：「始皇上會稽，祭大禹，望于南海，而立石刻頌秦德。」司馬遷傳：「禹巡狩至會稽而崩，因葬焉。上有孔穴，民間云禹入此穴。」〔一〕○遁甲開山圖：「禹治水至｜｜，宿于衡嶺。宛委之神奏玉匱之書十二卷以授禹，禹未及持之，四卷飛入泉，四卷飛上

天，禹得四卷。開而視之，乃遁甲開—圖，因用以治水。訖，乃緘書於洞穴。」鄭弘山、在縣東南三十里。○孔靈符會稽記：「射的山南有白鶴，嘗爲仙人取箭。漢太尉——嘗采薪，得一遺箭。頃有人覓見，弘還之。問何所欲。弘識其神人也，曰：『每患若耶溪載薪爲難，願朝南風，暮北風。』後果然。故若耶溪風至今呼爲『鄭弘風』，亦名『樵風』。」○宋之問詩：「歸舟何慮晚，日暮有樵風。」若耶山、在州東南四十里。葛仙翁學道于此。秦望山、在州南四十里，爲衆峰之傑。歷山、在縣東八十里。按本紀「舜，冀州人，耕——（鄭玄云在河南），漁雷澤（鄭曰今屬濟陰），陶河濱（今濟陰陶立亭）」，則知舜不居於越明矣。今越有——、舜井、象田者，蓋餘姚縣。周處風俗記「舜之餘族所封，舜姚姓，故曰餘姚」，疑其子孫思舜之鄉，取象於此，亦尤漢新豐之義也。塗山、在山陰縣西北四十五里。云禹會萬國之所。東山、在上虞縣西南四十五里。○王蛭遊——記：「會稽南則晉太傅文靖謝公安石——也，巋然出衆峰間，如鸞飛鳳舞。至山下，於千峰掩抱間得微徑，循石路而上，今爲國慶禪院，即文靖故居也。絶頂有謝公調馬路。至此，山川始軒豁呈露，萬峰林立。下視煙海渺然，天水相接，蓋萬里雲景也。文靖樂居，其在茲乎！山半有薔薇洞，相傳文靖携妓處。」○葛立之詩話云：「會稽、臨安、金陵皆有——，俱傳以爲謝安携妓之所。按謝安本傳，初，安石居會稽，與王羲之、許詢、支遁遊處，被召不至，遂棲遲東土。唐裴涗與吕渭等鑑湖聯句有云『興衰還尋戴，——更問安』，此會稽之東山也。本傳又云，安石常住臨安山中，坐石室，臨峻谷，悠然嘆曰：『此與伯夷何遠？』今餘杭縣有東山，蘇子瞻有游餘杭東西巖詩，註云：即謝安——，所謂『獨携縹緲人，來上

東、西山』是也。此臨安之——也。本傳又謂，及登臺輔，於土山營墅，樓館林竹甚盛，〔二〕每携中外子姪游集。今土山在建康上元縣崇禮鄉。建康事跡云：『安石於此擬會稽之東山，亦號——。』此金陵之東山也。李白有憶——二絶，云『不到東山久，薔薇幾度花。白雲還自散，明月落誰家』；又云『我今携謝妓，長嘯絶人羣。欲報——客，開關歸白雲』。不知何處之——，陳軒乃録此詩於金陵集中，將别有所據耶？南史載宋劉勔經始鍾嶺，以爲棲息，亦號——，金陵遂有兩東山矣。」**城山**、在蕭山西九里。闔閭侵越，勾踐保——。山冢有泉，多嘉魚。王意其乏水，以鹽米來餽。越取雙鯉報之，吴兵夜遁。○華鎮詩：「兵家制勝舊多門，贈答雍容亦解紛。緩報一雙文錦鯉，坐歸十萬水犀軍。」**羅壁山**、在餘姚縣南十八里。晉人郗愔故居之地。○華鎮詩：「暝家池館雖蕪没，金谷形容宛自然。」**天姥山**、在新昌縣東四十五里，接天台山。○謝靈運詩：「暝投剡中宿，明登天姥岑。高高入雲霓，安期還可尋。」○李白有夢遊——歌，見台州。**苧羅山**、在諸暨南五里。○吴越春秋：「越王使相者求美女，於國中得——鬻薪之女西施、鄭旦。〔三〕飾以羅縠，教以行步，三年學成而獻。」有西施家，東施家，蓋姓施而在西也。**五泄山**、在諸暨。山西南四十里沿歷五級，始下注溪壑，故曰——。飛沫如雪，淙激之聲雄於雷霆，俗謂之小鴈蕩。下有龍湫，禱雨輒應。○刁約詩：「西源窮盡見東源，直注層崖五磴泉。」**桐柏山**、在嵊縣東七十二里。○晏類要：「越有——，金庭養真之福地。」**浙江**、在蕭山縣西。詳見臨安。有山居江中，潮水衝山即回入海，故曰——。**漁浦**、在蕭山縣西二十里。對岸則爲杭之龍山。**西興渡**、在蕭山縣西十二里。本名西陵，吴越武肅王以非吉

語，改——。○謝惠連西陵遇風詩云：「行行道轉遠，去去情彌遲。昨發浦陽汭，今宿浙江湄。臨津不得濟，佇楫阻風波。積憤成疢痗，無萱將如何？」**鏡湖**、在州南二里。○後漢馬臻，順帝永和五年爲太守，於會稽、山陰二縣界築塘，周迴三百一十里，以畜水。○輿地志曰：「南湖在城南百許步，東西二十里，南北數里。縈帶郊郭，連屬峰岫，白水翠巖，互相映發，若鑑若圖，故王逸少云：『從山陰路上行，如在鑑中遊。』湖水高平疇丈許，築塘以防之，〔四〕開以泄之，水適中而止，故山陰無荒廢之田。」○李白詩：「鑑湖三百里，菡萏發荷花。五月西施採，人看隘若耶。」○杜甫詩：「越女天下白，鑑湖五月涼。剡溪蘊秀異，欲罷不能忘。」**若耶溪**、在會稽縣東南。北流二十五里，與照湖合。越絶記：「薛燭對越王曰：『——之——，涸而出銅。』」○唐徐浩遊之，云：「曾子不居勝母之里，吾豈遊——之——。」因改五雲溪。○西施採蓮、歐冶鑄劍所。李紳詩：〔五〕「嵐光花影繞山陰，山轉花稀到碧潯。傾國美人妖艷遠，鑿山良冶鑄爐深。凌波莫惜登臨面，瑩鍔當期出匣心。應是蛟龍長不去，若耶秋水尚沉沉。」**剡溪**。在嵊縣南一百五十步。一名戴溪。○晉王子猷居山陰，夜雪初霽，月色清朗，四望浩然，獨酌酒詠左思招隱詩，〔六〕忽憶戴逵時在剡，便夜乘小舡詣之。經宿方至，造門不前而返。人問其故，子猷曰：「本乘興而前，興盡而返，何必見安道耶？」

【陵寢】𣩵宮。王明清揮麈録：「紹興初，昭慈聖憲皇后升遐，曾紆以江東漕兼攝二浙，應辦用元符末京西漕陳向。故事也，朝論欲建山陵。紆議以爲帝后陵寢今存伊、洛，不日復中原即歸祔矣，宜以——爲名。僉以爲當。後易『𣩵』爲『欑』，實始於紆之請也。」「寧宗茂陵，其地乃泰寧寺之

舊址。嘉定十七年冬，命楊燁爲按行使。燁歸奏云：『獨泰寧寺之山山岡偉特，五峰在前，直以上皇青山之雄，翼以紫金白鹿之秀，宜爲先帝弓劍之藏。』遂遷寺定卜焉。」

【堂舍】鎮越堂、汪綱柱記：「由蓬萊而下，凡三級始達。廳事承平時皆有，堂宇廢圮已久。後來者乃由中鑿磴道以便往來，而享軍延見吏民之所遂爲通行之路。非獨失帥府之觀瞻，其於陰陽家尤爲妨忌。郡寖不如昔，民亦多艱，未必不由於此。於是補苴罅漏，芟夷草萊，築一堂於其上，以『鎮越』名。蓋東南之鎮，其山曰會稽，而鎮東又越之軍鎮也。名實而核，地高而爽，堂奧而明，秦望諸山皆欣然領會其效奇獻秀之勢。又創行廊四十間於兩翼，聯屬蓬萊，且併與閣一新之。山川朝拱，氣象環合，而斯堂之勝，遂將獨擅於越中矣。」觀風堂、紹興中曹詠建。○王龜齡詩：「薄俗澆風有萬端，欲將眼力看應難。但令心境無塵垢，端坐斯堂即可觀。」清白堂、在州治。○范希文記：「會稽府治據卧龍之南足。其西巖之下有地方數丈，密蔓深叢。一日闢之，得廢井，呼工出其泥滓，曰：『嘉泉也。』又云：『引嘉賓以建溪日注卧龍雲居之。』茗試之，則甘液華滋，説人襟觀，因署其堂曰｜｜｜。」棣萼堂、洪邁領帥，以其兄适乾道中嘗出守，取綸告中語命名。州宅。後枕卧龍，面直秦望。○唐元微之云：「｜｜居山之陽。」嘗以詩於白居易云：「州城縈繞拂雲堆，照水、稽山滿目來。四面無時對屏障，一家終日在樓臺。星河影向簷前落，鼓角聲從地底回。我是玉皇香案吏，謫居猶得小蓬萊。」○居易和答云：「賀上人回得報書，大誇｜｜似仙居。知君暗數江南郡，除却餘杭盡不如。」

【樓閣】飛翼樓、汪綱柱記：「越之爲都，距今二千年。遺宮故苑，漫不可考。獨———范蠡所築，雄據西山之顛。樓雖不存，邦人尤有能指其處者。中間易以爲亭，曰望海，曰五柱。既而亭與柱俱廢，復爲望海。寶慶丁亥六月，余帥越，至是六年矣。望日大風雨，屋瓦飛墮，亭幾壓焉。遂撤而新之，爲樓三楹於其上，復——之舊，而——之下則仍望海之名。萬壑千巖，四顧無際，雲濤煙浪渺渺愁。予使登斯樓者，撫覇業之餘基，思卧薪之雄，感憤激烈，以毋忘昔人復仇之義，庶幾乎鴟夷子之風尚有嗣餘響於千百世者。余老矣，無能爲役，姑識歲月云。」越王樓、唐子西登樓詩：「左綿城北長安道，馬足翻翻人自老。——高—藏道邊，道上行人迷不到。樓前西日墮江紅，一見如逢鄰舍翁。向來何處識面目，應在杜陵詩句中。」蓬萊閣。在設廳後卧龍山上，吴越錢鏐所建。名以——者，舊志云：「蓬萊山正屬會稽。」元微之有詩，見州宅注。○滕子京知湖州送范希文詩：「爲問玉皇香案吏，——何似水晶宮」。

【臺榭】越王臺、舊經：「在種山。」今在卧龍之西，汪綱創。氣象開豁，極目千里，爲一郡登臨勝處。月臺、舊有此臺，不知其址。汪綱創在鎮越堂之前。○王龜齡詩：「明珠遥吐卧龍頭，漸覺清光萬里浮。人望使君如望月，要須如鏡莫如鈎。」蘭亭、在山陰縣二十五里天章寺，有曲水。○王羲之——叙：「永和九年，歲在癸丑，暮春之初，會于會稽山陰之——，脩禊事也。羣賢畢至，少長咸集。此地有崇山峻嶺，茂林脩竹，又有清流激湍，映帶左右，引以爲流觴曲水。列坐其次，雖無絲竹管絃之盛，一觴一詠，亦足以暢叙幽情。是日也，天朗氣清，惠風和暢，仰觀宇宙

之大，俯察品彙之盛，所以游目騁懷，足以極視聽之娱，信可樂也。夫人之相與，俯仰一世，或取諸懷抱，晤言一室之内；或因寄所託，放浪形骸之外。雖趣舍萬殊，静躁不同，當其欣於所遇，暫得於己，快然自足，不知老之將至。及其所之既勌，情隨事遷，感慨係之矣。向之所欣，俛仰之間，已爲陳迹，猶不能不以之興懷。況脩短隨化，終期於盡。古人云死生亦大矣，豈不痛哉！每感昔人興廢之由，若合一契，未嘗不臨文嗟悼，不能喻之於懷。固知一死生爲虚誕，齊彭殤爲妄作，後之視今，亦猶今之視昔，悲夫！故列叙時人，録其所述，雖世殊事異，所以興懷，其揆一也。後之覽者，亦將有感於斯文。」〇續齊諧記：「晋武帝問尚書摯虞曰：『三月曲水，其義何答？』曰：『漢章帝時，平原徐肇以三月初生三女，至三日而倶亡，一村以爲怪。乃相携至水濱盥洗，遂因水以泛觴。曲水之義起於此。』帝曰：『若所談，非好事。』尚書束晳曰：『仲洽小生，〔七〕不足以知此。臣請説其始。昔周公成洛邑，因流水以泛酒，故逸詩曰「羽觴隨流波」。〔八〕又秦昭王三日置酒河曲，見有金人出奉水心劍，曰：「令君制有西夏。」乃因其處立爲曲水。二漢相沿，皆爲盛事。』帝曰：『善。』賜金五十斤，左遷仲洽爲陽城令。」〇遯齋閑覽：「王右軍——叙『天朗氣清』，自是秋景，以此不入選。然絲竹管絃語，亦重複。」

適南亭、陸農師記：「會稽爲越之絶，而山川之秀甲於東南。自晋以來，高曠宏放之士多在於此。至唐，餘杭始盛，而與越争勝，見於元、白之稱。然山川之勝，殆有鬱而未發者也。熙寧十年，給事中程公出守是邦。公，吏師也。下車未幾，政成訟清。與賓客沿鑑湖上蕺山以尋右軍秘監之跡，登望稍倦，未愜公意。於是有以梅山之勝告公者，蓋指其地昔子真之所居也。今其少西有里曰梅市。

其事應史公聞往焉。初届佛刹，横見湖山一面之秀，以爲未造佳境也。因至其上望之，峰巒如列，間見層出，煙海杳冥，風帆隱映，有魁偉絶特之觀，而高情爽氣適相值也。已而山之僧因高築宇，名之曰『適南』，蓋取莊周『大鵬圖南』之義。暇日領賓飲而賞焉，於是闔州以爲觀美，而春時無貴賤皆往。又其風俗潔雅嬉遊，皆乘畫舫，平湖清淺，晴天浮動。及登是亭，四眺無路，風輕日永，若上蓬萊之上，可謂奇矣。雖然，公之美志喜於發揚幽懿，豈特責一山而已。凡此鄉人藏道蓄德，晦於耕隴、釣瀨、屠市、卜肆、魚鹽之間者，庶幾託公之翼，摶風雲而上矣。」秋風亭、汪綱柱記：「秋風亭，辛幼安曾賦詞，膾炙人口，今廢矣。予即舊基面東爲亭，復創數椽於後，以爲賓客往來館寓之地。當必有高人勝士，如宋玉、張翰者，來游其間，游目騁懷，幸爲我留，其毋遽起悲秋思歸之興云。」冷香亭。在倅廳之東。取曾子固憶越中梅詩「冷香幽艷爲誰開」之句。

【佛寺】戒珠寺、本王羲之故宅。門外有二池，曰墨池、鵝池。雲門寺、在會稽南三十一里。今名雍熙，爲州之偉觀。昔王子敬居此，有五色祥雲，詔建寺，號雲門。○杜甫詩：「若耶溪，雲門寺，青鞋布襪從此始。」○宋之問遊寺詩：「維舟深静域，作禮事尊經。投跡一蕭散，爲心自杳冥。龕交大禹穴，樓倚少微星。沓嶂圍蘭若，迴溪抱竹庭。覺花塗砌白，甘露洗山青。鴈塔騫金地，虹橋轉翠屏。人天宵念影，神鬼晝潛形。理勝常虛寂，緣空自感靈。入禪從鴿繞，説法有龍聽。劫累終期滅，塵躬豈暫寧。〔九〕摇摇不安寐，待月詠嵩扃。」○又宿寺詩：「雲門若邪裏，泛鷁路纔通。寅緣緑篠岸，遂得青蓮宫。天香衆壑滿，夜梵前山空。漾漾潭際月，飄飄杉上風。兹焉多嘉遯，數子今莫同。

鳳歸慨處士，鹿化問仙公。樵路鄭州北，學井阿巖東。永夜豈云寐，曙華忽葱蘢。谷鳥轉尚澀，源桃驚未紅。再來期春暮，當造林端窮。庶幾蹤謝客，開山投剡中」。○趙嘏浙東陪元相公遊詩：「松下山前一逕通，燭迎千騎滿山紅。溪雲乍斂幽巖雨，曉氣初高大旆風。小檻宴花容客醉，上方看竹與僧同。歸來吹盡巖城角，路轉高堂亂水東。」〔一〇〕**天衣寺**、在山陰南三十里。○于良史詩：「掬水月在手，弄花香滿衣。」**寶相寺**。在新昌縣西南五里。有齊僧護鑿百尺彌勒像。

【道觀】龍瑞宮、在會稽東南二十里。道家謂黄帝時嘗建候神館于此，有龍現壇。憲汪綱以旱來祈，有物蜿蜒於壇上，人皆知爲神龍變化也。繼而雨如傾注。○葉正則詩：「感格孰如汪仲舉，步虚未了龍來語。會稽、秦望都洗清，越人唤作提刑雨。」**千秋鴻禧觀**。初，賀知章入道，以其所居宅爲觀，始曰千秋，尋改曰天長。乾道四年，郡守史浩奏移天長觀於會稽東南五里。嘉定十三年賜名「————」，仍爲祠官典領之地。前有亭，曰鑑湖；一曲又一亭，曰懷賀；皆史浩建。觀之前，郡守汪綱築一園，曰賜榮，取李白憶賀監詩「敕賜鑑湖水，爲君臺沼榮」。

【祠墓】禹廟、在會稽縣東南七里。今爲告成觀，獨——爲舊址。紹興間祠之。前一夕，忽光焰閃爍，人即其處斸之，得古珪璧珮環，藏于廟。然今所存者，非其真矣。○李紳詩：「削平水土窮滄海，〔一一〕畚鍤東南盡會稽。山擁翠屏朝玉帛，穴通金闕架雲霓。秘文鏤石藏青壁，寶檢封雲化紫泥。清廟萬年長血食，始知明德與天齊。」**曹娥墓**、在會稽東七十二里。典録云：「娥，上虞人。父盱，迎江神，泝濤爲水溺。娥年十四，投江而死，縣長度尚憐而葬之，命邯鄲子作碑。蔡邕來觀，題

云：『黄絹幼婦，外孫虀臼。』後人又爲立廟。」○錢惟岳詩：「曹娥廟貌樹豐碑，千古行人誦色絲。苦恨當年題八字，不旌賢孝只旌辭。」嚴光墓。子陵本餘姚人。

【古跡】禹穴、在龍瑞宮之側。東萊云：「大石中斷成罅，殊不古，殆非司馬子長所探也。」○楊萬里謁永裕陵歸途遊龍瑞宮觀——：「我昔騎鳳遊九嶷，今復御風登會稽。禹穴下窺正深黑，地老天荒知是非。好峰高處偏薄霧，秋熱苦時恰輕雨。回頭却望昭陵松，雲氣成龍或成虎。」窆石、在禹廟。舊經云：「禹葬，以此石爲——。」石甕、在——帆山下，號「秦皇酒——」。坐石、在州西會稽山上。輿地志：「秦始皇刻石前有方石，廣數丈，云是始皇座；兩邊有方石八所，云是丞相以下石。」梅梁、在禹廟中。按四明圖經，大梅山在鄞縣東七十里，蓋漢梅子真舊隱也。山頂有大梅木，其上則伐爲會稽禹廟之梁，其下則爲它山堰之梁。禹廟之梁，張僧繇畫龍於其上。夜或風雨，飛入鏡湖與龍鬬，後人見梁上水淋漓而萍藻滿焉，始駭異之，乃以鐵索鎖于柱。舊經云：「梁時脩廟，忽風雨飄一梁至，乃——也。」今梁在禹殿，長不能尋丈，乃他木耳。猶絆以鐵索，抑亦好事者爲之也。柯亭、在山陰縣。昔蔡邕避難會稽之——，仰見椽竹，知有奇音，取之作笛，遂爲寶器。龍井、在餘姚縣。○蘇子瞻詩：「餘姚古縣亦何有，——白泉甘勝乳。」○王介甫詩：「山頭石有千年潤，石眼泉無一日乾。天下蒼生望霖雨，不知龍向此中蟠。」浣紗石。在諸暨南五里苧羅山下。相傳云西施——處。

【名宦】朱買臣、吴人。武帝時拜會稽太守，懷其印綬，邸吏見之曰：「會稽太守章也。」劉寵、拜會稽太守，郡中大化，召爲將作大匠。將去，山陰縣有五六老叟自若邪山谷間出，人賫百錢以送

寵，攀車叩馬。寵勞之，爲人選一大錢受之，號「一錢太守」。王羲之，爲會稽内史。子凝之，亦爲内史。元稹，爲浙東觀察使。所辟幕職，皆妙選當時文士，鑑湖、秦望之遊，月三四焉。副使竇鞏有海内詩名，與稹唱酬，號蘭亭絶唱。顧凱之，爲山陰令，理繁以約，縣内無事，晝日垂簾，門皆閑寂。嚴助，爲會稽守。帝賜書曰：「君厭承明之廬，勞侍從之事，懷故土，出爲太守。」丘仲孚，梁時爲山陰令，有聲，百姓稱之曰：「二傅、沈、劉，不如一丘。」蓋傅琰父子、沈曼、劉玄明相繼宰山陰。裴子野，梁時爲諸暨令，不行鞭罰，闔境無訟。度尚，〔一二〕後漢時爲上虞長，時人稱其神明。皇朝范仲淹，爲守。謚文正。趙抃，曾子固作趙公救菑記曰：「熙寧八年夏，吴、越大旱。九月，知越州趙公前民之未飢，爲書問屬縣，所被菑者二萬一千九百餘人。公斂富人所輸，及僧道食之羡者，得粟四萬八千餘石；又爲之出官粟，得五萬二千餘石；或給或糶。又僦民完城四千一百丈。」趙鼎，以紹興元年知越州。曾公亮，爲會稽令，後相三朝。曾鞏，爲郡倅。楊時，號龜山先生，知蕭山縣。汪綱。以郎官爲憲兼帥，在任九年，除待制，召爲户侍。

【人物】勾踐，其先禹之苗裔，夏后少康之庶子，封於會稽，奉禹祭祀，文身斷髮披草萊。孫綽，會稽人，著天台賦。丁固，會稽山陰人。少夢松生腹上，謂人曰：「松字十八公。」果爲司徒。謝安，山陰人。王徽之，詳見剡溪注。戴逵，字安道，居剡溪。謝靈運，陳郡人，移籍會稽。虞世南，餘姚人。賀知章，乞爲道士，賜鑑湖一曲。○李白送賀知章詩：「鏡湖流水漾清波，狂客歸舟逸興

多。山陰道士如相見，應寫黄庭換白鵝。」張志和：會稽山陰人。詳見湖州注。皇朝杜衍、會稽人，封祁國公。陸佃、字農師，山陰人。受經於王介甫，而不以新法爲是。李光、上虞人，仕至參政。陸游、山陰人。左丞佃之孫，自號放翁，有劍南詩集。莫子純、詹騤、狀元。王佐、狀元。

【題詠】越郡佳山水。權載之詩：「云云，菁江接上虞。」枕戈憶勾踐。杜甫詩：「云云，渡浙想秦皇。」無家水不通。張籍送朱餘慶歸越：「東南歸路遠，幾日到鄉中。有寺山皆遍，云云。湖聲蓮葉雨，野氣稻花風。州縣知名久，争邀與客同。」會稽遊宦鄉。王介甫送張宣義詩：「云云，海物錯勾章。土潤箭萌美，水甘茶串香。君今誠暫屈，〔一三〕他日恐難忘。唯有西興渡，靈胥或怒張。」西陵繞越臺。李白送人尋越中山水：「聞道稽山去，偏宜謝客才。千巖泉灑落，萬壑樹縈迴。東海横秦望，云云。湖清霜鏡曉，濤白雪山來。八月枚乘筆，三吴張翰盃。此中多逸興，早晚向天台。」梅市門何在。張籍送李評事詩：「末習風塵事，初爲吴越遊。露沾草湖晚，日照海山秋。云云，蘭亭水尚流。西陵待潮處，知汝不勝愁。」海天東下越王州。張伯玉詩：「云云，碧城繚繞環山丘。春晴紫翠堆綺屋，日暮煙雨藏朱樓。禹祠花底巖穴峻，賀老門前銀漢秋。何當獨把釣竿手，笑撒一艘東去遊。」越絶溪山第一州。陳希元詩云云。越山長青水長白。王介甫詩：「云云，越人長家山水國。」蓬萊清淺水仙家。唐人詩：「緑楊陰轉畫橋斜，舟有笙歌岸有花。盡日會稽山色裏，云云。」郡樓對望千山月。〔一四〕白居易聞元微之除浙東觀察喜得相鄰：「稽山、鏡水歡遊地，犀

帶金章榮貴身。官職比君雖較小，封疆與我且爲鄰。云云，江界平分兩岸春。杭、越風光詩酒主，相看更合與何人。」路隔西陵三兩水。秦少游詩：「林聲摵摵動秋風，共躡丹梯上卧龍。云云，門臨南鎮一千峰。湖吞碧落詩争發，塔湧青冥畫幾重。非是登高能賦客，可憐猿鶴自相容。」

【外邑】山深水急無艇子。王介甫復至曹娥堰寄剡縣丁元珍詩：〔一五〕「溪水渾渾來自北，千山抱水清相射。云云，欲從故人安可得？故人昔日此水上，罇酒扁舟慰行役。津亭把酒坐一笑，我喜滿懷君動色。今年却坐相逢處，惆悵難求别時迹。可憐溪水自南流，安得溪舡問消息。」靈胥引水清穿市。王介甫送蕭山錢著作：「才高諸人故無嫌，兄弟同時舉孝廉。東觀外除方墨綬，西州相見已蒼髯。云云，神禹分山翠入簾。好去絃歌聊自慰，郡人誰敢慢陶潛。」南巖氣爽横郛郭。趙嘏發剡中：「正懷何、謝俯長流，更覽餘封識嵊州。樹色老依官舍晚，溪聲凉傍客衣秋。云云，天姥雲晴拂寺樓。日暮不堪還上馬，蓼花風起路悠悠。」

【四六】眷今於越，視漢左馮。雄稱東輔，密邇行都。疏渥中宸，保釐東土。西掖出綸，東郊作填。矧東越之奥區，有會稽之巨鎮。矧越上之名城，號浙東之都會。今爲闕輔之雄，更恃寢園之重。履勾踐之故棲，想神禹之遺迹。連七州之封域，總一道之兵師。惟稽山之巨屏，實行殿之陪都。風肅寢園，朝百靈於禹會；露零原廟，祀列聖於漢陵。野服黄冠，羡季直於剡曲；青鞋布襪，想子美於雲門。在周則猶鎬京之視雒邑，於漢則譬咸陽之有左馮。卧聽鼓角之聲，疑從天下；行視山川之色，覺在鏡中。嘗聞海、岱報五月之政成，豈俟會稽奉三年之計最。

蓬萊閣已似爲瀛洲之符，錢塘江豈能作弱水之隔。千巖競秀，已儲維石之瞻；一葦可航，歸作濟川之用。由禹得名，至勾踐遂爲强國；自秦置郡，逮紹興始號陪都。暮春天霽，摩挲修禊之題；半夜月明，縱臾泛舟之興。秦帝大書於丕績，斷石空存；曹娥嘗刻於豐碑，色絲未泯。登會稽探禹穴，足騁壯懷；從山陰訪戴溪，聊乘佳興。家住樓臺，元稹大誇於州宅；身輕軒冕，季真願賜於鑑湖。望芒碭之雲，先兆已知於赤帝；占南陽之氣，中興果應於真人。會稽東粤之奥區，覽萬壑千巖之秀；嶽牧西周之重任，擅五侯九伯之征。

校勘記

〔一〕「司馬遷傳（至）禹入此穴」，此語非司馬遷傳原文，而是史記卷一三〇太史公自序集解引張晏語，又見於漢書卷六二司馬遷傳注引張晏語。

〔二〕「樓館林竹甚盛」，「樓」，底本原作「棲」，據嶽雪樓本、震无咎齋本及晉書卷七九謝安傳改。

〔三〕「於國中得苧羅山鬻薪之女西施鄭旦」，底本原作「於中國得之苧羅山鬻薪之女西施、鄭旦家」，今據吴越春秋卷九勾踐陰謀外傳乙「中國」爲「國中」，並删「得」下「之」字及「鄭旦」下「家」字。

〔四〕「築塘以防之」，底本原重一「以」字，據四庫本、傳是樓本、嶽雪樓本删。

〔五〕「李紳」，底本原作「孛紳」，據元甲本、元乙本、四庫本、傳是樓本、嶽雪樓本改。李紳此詩，全唐詩卷四八一有收録。

〔六〕「左思招隱詩」，「招隱」，底本原作「退隱」，據晉書卷八〇王徽之傳及文選卷二二改。

〔七〕「仲洽小生」，「仲洽」，底本原作「仲治」，據晉書卷五一摯虞傳改。

〔八〕「羽觴隨流波」，按晉書卷五一束晳傳作「羽觴隨波」，無「流」字。

〔九〕「塵躬豈暫寧」，嶽雪樓本及全唐詩卷五三宋之問游雲門寺作「塵躬且未寧」。

〔一〇〕「路轉高堂亂水東」，「高堂」，全唐詩卷五四九所載趙嘏浙東陪元相公游雲門寺作「橫塘」。

〔一一〕「削平水土窮滄海」，「水土」，底本原作「水上」，據四庫本、嶽雪樓本及全唐詩卷四八一李紳禹廟改。

〔一二〕「度尚」，底本原作「慶尚」，據四庫本、傳是樓本、嶽雪樓本、震无咎齋本及後漢書卷三八度尚傳改。

〔一三〕「君今誠暫屈」，「誠」，底本原作「試」，據臨川先生文集卷一四送張宣義之官越幕改。

〔一四〕「郡樓對望千山月」，白居易集卷二三載此詩作「郡樓對玩千峰月」，與本書有異。

〔一五〕「復至曹娥堰寄剡縣丁元珍」，「丁元珍」，底本原作「干元珍」，據臨川先生文集卷一三、王文公文集卷四三改。

方輿勝覽卷之七

慶元府

鄞縣　奉化　定海　慈溪　象山　昌國

【建置沿革】禹貢揚州之域。越地，星紀之次，牽牛、婺女之分野。春秋時，吴封越王勾踐東至于鄞，即今鄞縣也。勾踐滅吴，欲徙吴王甬東，即此郡之境。秦以其地置鄞縣，屬會稽郡。漢順帝時，以勾章、鄞、鄮三縣隸會稽郡。隋併餘姚、〔二〕鄞、鄮三縣入勾章縣，隸吴州；後改越州，仍隸焉。今之州乃隋勾章一縣之地。唐置鄞州，尋廢爲鄞縣。玄宗時以越州之鄞縣置明州，以境内有四明山，遂名。唐末爲錢氏所據。皇朝改爲奉國軍節度，中興兼沿海制置使，紹熙五年陞慶元府。領縣六，治鄞縣。

事要

【郡名】四明、見「沿革」注。甬東。左傳：「越滅吴，使吴王居於——。」注云：「——，越地，會稽勾章縣東海中洲也。」勾章，鄞縣也。

【風俗】尚禮淳龎。隋志：「君子——，庸庶——。」人才比他郡爲冠。李璜撰府學記

云：「四明山川之勝，所以云云。」民訟繁夥。畫簾堂記：「鄞云云，十倍山陰。」富於稻蟹。李璜云：「鄞縣————之利，地大物萃。」鱻蠃錯出。錢彥遠衙司都目序：「田瘠且隘，云云。居人呰窳偷時，無蓄積之實。衙將員雖百有二十，貲産視它郡爲瘁。」夷商越賈。李璜學記：「風颿海舶，云云，利源懋化，紛至沓來。」民剽多盗。張津告詞：「四明並海，云云。廢其比伍，通爲囊槖。出没海浪，多所脱遺。」

【形勝】東濱海洋。錢彥遠序：「明州，漢之鄮縣，其地云云，羣山聯屬。」太湖漫其西南，楊濛引水記：「四明，澤國也，云云。」大江帶其東北。同上。羣山拱其外。潘良夢三江亭記：「大江横其前，云云。島嶼出没，雲煙有無。浪舶風帆，來自天際。州之井屋，盡在目中。」枕山臂江。李璜學記：「四明據會稽之東，云云，重阜峻嶺，連亘數千里。」蛟門、虎蹲。圖經云：「明之爲州，乃海道輻湊之地，故南則閩、廣，東則倭人國，北控高麗，商舶往來，物貨豐衍。東出定海有——、——，天設之險，此亦東南之要會也。」負溟、渤，控扶桑。九經堂記文：「云云，倚巨鎮，吞長江。」肅清海道。朝野雜記：「沿海制置，云云，節制水軍。」控制海道。趙伯圭告詞：「四明重鎮，二浙名邦，内以藩屏王畿，外以————。」

【山川】四明山，在州西八十里。○陸龜蒙云：「山有峰，最高四穴在峰上，每天色晴霽，望之如户牖相倚。」○福地記云：「三十六洞天，第九曰———。二百八十峰洞，周迴一百八十里，名丹

山赤水之天。上有四門，通日月星辰之光，故曰四明山。」鄮山、在鄞縣東。四蕃志：「以海人持貨鄮易於此，故名。」象山、在州東一百六十里。山如象形，故名。東南北皆至海，惟西南有陸路接台州寧海縣界。○山出紅木犀，嘗移植禁中。高宗雅愛，畫爲扇面。詩云：「日宮移向月宮栽，染得嬌紅入面來。多謝秋風揚雨露，丹心一一爲君開。」天童山、在鄞縣東六十里，有寺。○王介甫詩：「溪水清漣樹老蒼，行穿溪樹踏春陽。溪深樹密無人處，唯有幽花渡水香。」雪竇山、在奉化縣西。資聖禪寺南有隱潭，東有石蒼潭，前有含珠林、千丈巖瀑布，頗爲一郡勝。育王山、在鄞縣東三十里。○陸務觀詩：「人間八萬四千塔，便合推爲第一仙。」蓬萊山：在昌國縣。四面大洋，徐福求仙嘗至此。鄞江、亦曰鄞水。廣德湖、在鄞縣西二十里。南豐記：「東七鄉之田，錢湖溉之；其西七鄉之田，水之注者，則此湖也。舟之通越者，皆由此湖。而湖之産，有鳧鴈魚鱉茭蒲葭菼葵蓴蓮芡之饒。其舊名曰鶯脰湖，而今名大歷八年令儲仙舟之所更。御史李後素、刺史李敬方皆賦詩，今刻石湖上。」錢湖。在鄞縣東三十里。周八十里。

【亭榭】鮚亭、漢地理志：「鄞縣，有鮚埼亭。」〔二〕顔注云：「鮚音結，蚌也。埼，岸曲也，其中多鮚，故以名亭。」西亭、王介甫鄞縣——詩：「收功無路去無田，竊食窮城度兩年。更作世間兒女態，亂栽花竹養風煙。」衆樂亭。在西湖中，錢公倚所建。○司馬君實詩：「橫橋通廢島，華宇出荒榛。風月逢知己，湖山得主人。使君如獨樂，衆庶必深顰。何以知家給，笙歌滿水濱。」○王介甫

詩：「使君幕府開東部，名高海曲人知慕。艤舡談笑政即成，洗滌山川作佳趣。平泉浩蕩銀河注，想見明星弄機杼。載沙築成天上路，投虹爲橋取孤嶼。掃除荆棘水中央，碧瓦朱甍隨指顧。春風滿城金版舫，來看置酒新亭上。百女吹笙綵鳳悲，一夫伐鼓靈鼉壯。安期、羡門相與遊，方丈、蓬萊不可求。酒酣忽跨鯨魚去，陳迹空令此地留。」○錢公輔詩云：「誰把江湖付此翁，江湖更在廣城中。他年若數東南勝，須作蓬萊第一宫。」

【名宦】房琯，爲慈溪令。皇朝王安石，知鄞縣。曾會，天聖中爲守。丞相公亮在侍下，一日遊延慶寺，而主僧知禮夢伽藍告之曰：「翌日相公來。」已而曾公至。曾鞏，爲郡守。柳耆卿，監定海曉峰鹽場，有題詠。范成大。爲守。

【人物】賀知章，李白詩：「四明有狂客，風流賀季真。」然知章越人，鄞本越之屬邑。皇朝史浩，相裕陵，封越王。史彌遠。嗣居相位二十七年，封衛王。

【題詠】魚多驗海豐。舒信道詩：「近澤知田美，云云。」鮚埼千蚌熟。前人在奉化縣作。市港兩潮通。前人：「郡樓孤嶺對，云云。」湖靈夜放光。前人「海近春蒸濕，云云」，謂廣德湖。海日旗邊出。黄滔贈明州霍員外：「惠化如施雨，鄰州亦可依。正衛無吏近，高會覺人稀。云云，沙禽角外歸。四明多隱客，閑約到巖扉。」四明山水東南表。舒信道詩：「云云，海鰲背上三山島。麗譙高逼斗牛寒，一曲梅花萬家曉。」南去司刑庇越民。范希文送丁司理赴明州：「仙家枝葉令威

孫，云云。金闕道書微旨在，〔三〕獄多陰德是真人。」道書謂：升真者皆須曾爲獄官。大業才臣有此州。王介甫贈太守王大卿：「云云，昆孫今駕鹿轓游。」尚記西亭一艤舡。王介甫觀明州圖：「明州城郭畫中傳，云云。投老心情非復昔，當時山水故依然。」

【四六】疏恩一札，作鎮四明。厥今四明，視漢三輔。地重輔藩，權尊制閫。雖居海表，實近日邊。矧此鄮山之奥，實居潮水之雄。惟四明之窮裔，處百粤之東偏。維甬東之名郡，爲浙左之奥區。相鄉之地望既隆，制閫之兵權尤重。有舟車商賈之饒，兼營壘甲兵之衆。但今瀚海之澄波，是即京師之蒙福。近長安之日，豈捨王哉；望蓬萊之雲，行召君矣。孫綽賦天台，並目靈仙之宅；知章居永興，或誤狂客之名。地重海邦，實鎮臨於鮚岸；天開制閫，仍彈壓於鯨波。分虎是邦，宜有南豐之遺矩；飛凫支邑，亦爲荆國之舊遊。天設海門之險，既重隄防；雲屯水戰之師，盡歸節制。西風便面，厭隨京、洛之塵；東海邊頭，坐挹蓬萊之氣。山號四明，無隱幽之不及；亭名衆樂，欲愁嘆之俱消。威孚惠洽，肅清東海之波；政通人和，牽引西湖之樂。世底休明，時乃生於多士；氣鍾清淑，運實在於四明。持囊秉鈞，既相輝於同里；本兵與政，又並出於明時。列戍相望，盡總戈舡之説；百蠻畢至，有來卉服之遥。琛賮入貢，護使客之行疆；舳艫相御，來夷商之互市。

衢州 西安 江山 龍遊 常山 開化

【建置沿革】禹貢揚州之域。星紀之次，牽牛、須女之分。春秋爲越姑蔑之地。秦屬會稽，爲

太末縣。漢因之。東漢分太末立新安縣。晉改曰信安。唐平李子通，析婺州之西境，於信安縣置衢州。國朝因之。今領縣五，治西安。

事要

【郡名】三衢、元和志：「以州有———山，故名。」吳會須知：「以路通三越，故名。」太末、見「沿革」注。信安、同上。柯山。見後爛——注。

【風俗】俗悍以果。程俱保安院記：〔四〕「郡接江、閩，風氣相薄。其山邃以廉，其水清以駛，云云。」君子尚氣敏於事。同上。多亢言而厲行。毛开超覽堂記：「其君子云云。」

【形勝】東望九峰，同上。西瞻靈石。同上。南臨樵谷。姑蔑之墟。韓愈徐偃王廟碑銘。四達之衢。趙令矜新政橋記：「云云，接武江湖。」川陸之會。毛开竚舟亭記：「衢爲云云，南走閩，西適楚，距浙江五百里而近。」當東南孔道。毛开和風驛記：「衢爲州，云云，閩、越之交，舟車往來之都會。」大溪貫其中。北山集溪橋記：「衢之爲郡，郊邑疆理，錯處衆山間，云云，東會浙江入于海。其溪實出巖谷畎澗，至郡城始大。」

【山川】三衢山、在常山。圖經：「昔有洪水暴出，派茲山爲三道，因名。」○錢安道云：「自浙江而東，環郡皆山，唯信安得山水之勝，而———又信安之絕境。」爛柯山、一名石室，又名石橋山，在西安，乃青霞第八洞天。晉樵者王質入此山，忽見橋下二童子對奕，以所持斧置坐而觀。童子

指示之曰：「汝斧柯爛矣。」質歸見鄉閭，已及百歲云。江郎山、在江山。○周雲叟詩：「巨靈一夜擘山開，三石推從天外來。仙客斫開修月路，化工築作挽河臺。」○詳見「祠廟」。烏巨山、在西安東三十五里。竹木薈蔚，乃信安精藍第一山。靈山、在西安縣南七十里。有徐偃王廟。景星山、在江山縣南五里，縣治面之。本名突星。蔣之奇詩：「突星如落星。」後塔其上，邑人始多登第。龜峰、其形如龜，昂首伸足。○毛樵記：「守居跨——之上，環境諸山，宜若可以周覽而坐致。」孟郊、羅隱有詩。九仙巖、在西安東十五里。琢削百仞，下有寺。趙閲道有詩。仙霞嶺、在江山縣。黃巢傳云「巢破饒、信、衢等州，刊山開道」，即此。芹嶺、在開化縣。○黃冕仲未第時，有詩云：「任爾巍峨千萬丈，也須還我上頭行。」煙蘿洞、在江山縣南五里。舊傳——子隱焉。縠溪、出西安，合江山、常山之水。顧野王輿地志：「——之水，交錯如羅紋。」浮石潭。在西安東北五里。溪中有石，高丈餘，水泛亦不没。

【亭臺】風亭、在城西南。洪邁記。濯纓亭、趙閲道詩：「釣臺逸老心非傲，浮石仙人迹尚存。對岸煙林雙佛寺，隔灘風笛一漁村。」縠波亭、吕微仲詩：「地軸抽不盡，風梭織又成。」證夢亭。晏類要：「在州治之前。唐豆盧者夢一老人，謂之曰：『二十年後爲此郡守，可於此建亭。』後果如所言。」

【寺院】仙居院、在江山東南。有水簾。○王介甫作僧德殊家水簾詩云：「淙淙萬音落石顛，

蛟蛟一派當簷前。清風高吹鸞鶴唳，白日下照蛟龍涎。浮雲裝額自能捲，缺月琢鈎相與懸。朱門試問幽人價，翡翠鮫綃不直錢。」永年寺，在常山縣北三十里。又名黄岡寺。丞相趙鼎、侍郎魏矼、侍讀范冲，避地南來，寓居寺中，有酬唱。烏石院，在龍游縣北。張魏公浚解相位，西歸留題云：「清河張德遠，聽顔師古鼓琴而去。」○岳公飛題云：「紹興三年，假宿幽巖，覽山川之勝，志期爲國埽平黠虜，恢復輿圖，迎二聖沙漠之還，輔聖主無疆之運。」石壁寺，在龍游。○杜荀鶴詩：「石壁早聞僧説好，今來偏與我相宜。有山有水堪吟處，無雨無風見景時。漁父晚舡分浦釣，牧童寒笛倚牛吹。畫人畫得從他畫，畫得應輸八句詩。」〔五〕

【祠墓】徐偃王廟，在西安縣南七十里靈山下。○韓愈撰廟碑云：「徐與秦俱出伯翳，爲嬴姓。秦處西偏，專用武勝，卒僨其國。徐處得地中，文德爲治。至偃王誕當國，益除去刑，君國子民，一出於仁義。時周穆王無道，得八龍騎之西遊，同王母宴于瑶池之上，歌謳忘歸，諸侯争辨者無所質正，賓于徐之庭者三十六國。穆王恐，命造父御長驅而歸，與楚連謀伐徐。徐不忍鬬其民，北走彭城，百姓從而歸之。偃王死，民號其山爲徐山，鑿石爲室，以祠偃王。衢州，故會稽太末也。民多姓徐氏，支縣龍丘有偃王廟。或曰：「偃王之逃戰，不之彭城，之越城之隅，棄玉几研於會稽之水。」或曰：徐子章禹之宗族子弟，即其居立先王廟。」江郎廟，在江山南五十里。文思博要云：「有江姓三昆弟，登其顛化爲三石峰，因名焉。湛滿者，亦居山下。其子仕路遭永嘉之亂，不得歸。滿使祝宗言於三石之靈，能致其子，靡愛斯牲。旬日中，湛子出洛水邊，見三少年，使閉眼入車欄中，但聞去如疾風，俄頃

間從空墮，良久乃覺，是家中後園也。」郭璞墓。在戟門内。相傳謂，璞曰：「五百年，太守爲吾守墓。」紹聖二年，太守孫賁知非——，發之，得二石，其一題云：「乾符五年五月安於此。」見毛滂雙石堂記。

【名宦】第五琦，爲須江丞，即今之江山縣。皇朝陳康伯，爲通判。李光。知開化縣。

【人物】趙抃，嘗帥蜀，以一琴一鶴自隨。謚清獻。嘗作高齋，有詩云：「軒外長溪溪外山，捲簾空曠水雲間。高齋有問如何樂，清夜安眠白晝閑。」趙鼎，寓居常山。劉章，衢州人，乙丑廷試第一。周穎、朱元晦江山縣學景行堂記云：「正介先生周君穎之行，信於鄉而聞於朝。其立言垂訓，褒善貶惡，足以爲後世法。」毛注、同上。「諫議——，排擊巨姦，奪其政柄，不幸廢絀以死。」毛桌、同上。「罵賊不屈，以明守官之義。」徐揆、同上。「捐軀虜營，以紓君父之急。」徐存。同上。「逸平先生——，受業於程氏之門人，學與行高，講道于家，弟子自遠至者常以百數。今未遠也，吾意大山長谷之中，隘巷窮櫚之下，必有獨得其傳而深藏不市者，爲我訪而問焉，則知所以爲教之方矣。」

【題詠】千山紅樹萬山雲。方干衢州别李秀才詩：「云云，把酒相看日又曛。一曲離歌兩行淚，更知何處再逢君。」風高緑野苗千頃。羅隱寄三衢孫員外詩：「云云，露冷平樓酒滿巵。」削玉高峰環地起。徐嚞超覽堂詩：「峥嶸棟宇壓城頭，四面清奇入寸眸。云云，潑藍遠水拍天浮。」野林參天陰翳長。王介甫衢州道寄平甫弟詩：「淺溪受日光炯碎，云云。」浮石潭邊停五馬。白

居易歲暮枉衢州張使君書并詩因以長句報之：〔六〕「兩州彼此意何如？官職蹉跎歲欲除。云云，望濤樓上得雙魚。萬言舊手才難敵，五字新題思有餘。貧薄詩家無好物，反投挑李報瓊琚。」

【四六】出綍九宸，分符三輔。　眷惟淛水，莫重衢城。　姑蔑古郡，淛江上游。　析壤三衢，去天一握。　維今四達之衢，即古三輔之地。　眷太末之提封，實淛河之要口。　惟茲太末之里，實本東陽之墟。　衢故太末也，今實輔藩；君薄淮陽耶，即歸禁闥。　徒御從容，宿春糧而已至；吏民企羨，晝衣錦以何殊。　望九重之闕，輦轂匪遥；據四達之衝，舟車相屬。　舟車交湊，雖名走集之衝；冠蓋相望，頻有將迎之役。　昔偃王之遺民，尚餘雅俗；今清獻之故國，可挹高風。　圍棋別墅，尋晉朝柯斧之仙；觀瀑名山，和荆公水簾之句。　州當孔道，固節厨傳以邀名；地近神京，每歌袴襦而得召。　避地黄岡，曾有名賢之陳迹；監州穀水，亦爲公相之舊遊。

婺州 金華　東陽　義烏　蘭溪　永康　武義　浦江

【建置沿革】禹貢揚州之域。粤地，星紀之次，牽牛、婺女之分野。春秋時爲越西界。後六世，王無疆爲楚威王所併。秦滅楚，屬會稽郡，即漢會稽之烏傷縣。吴分會稽置東陽郡，在金華山之陽，穀水之東，因名東陽。梁置金華郡。隋廢郡，置吴州，尋又分吴州置婺州。唐或爲金華郡，〔七〕或爲婺州。石晉時陞爲武勝軍。皇朝仍爲婺州，改武勝軍爲保寧軍節度。領縣七，治金華。

事要

【郡名】金華、玉臺新詠序云：「金星與婺女爭華，故曰——。」東陽、見「沿革」注。婺女、同上。寶婺。圖經。

【風俗】俗勤耕織。見東陽志。名士輩出。同上。士知所學。東萊祠記。

【形勝】江南劇郡。唐馮伉八詠後序：「云云，無出宣城、東陽。」三洞、雙溪之勝。東陽志：「云云，降靈於人。」東陽爲山水佳地。權載之送道士歸婺州序。

【山川】金華山、在縣北二十里。亦曰金盆山，一名長山。有赤松觀。○神仙傳：「黄初平，蘭陵人。年十五，家使牧羊，遇道士，愛其良謹，將至金華山石室中四十餘年。兄初起尋之，遇道士，引山中相見。兄問羊安在？但見白石。初平叱之，石皆起，成羊數萬首。初起遂棄妻孥，食松柏茯苓，五萬日後神仙。」金華洞、在縣北三十里。第三十六金華洞元之天。其洞有三：巍然在山、去天尺五者，曰朝真洞。自朝真而下百餘步，至冰壺洞。洞在山之腰，視之若井。其深百尺，泉聲如擊鼓。攀崖而下，石皆離列，水奔注其中，傾沫成簾，長三十尺。雙石嶄然壁立，曰石笋。自冰壺而下，行五十步，有石若白龍之升降者，曰雙龍洞，可容胡床百數居之。紫微巖、在金華縣北二十五里。有石室。梁孝標棄官舍其下，撰類苑。鮑令巖、在縣南五里涵碧亭之上。元豐間，知縣鮑拯率僚屬來修禊事，縱觀古跡，令磨其崖。唐最書「鮑令巖」三字鑱之。石樓巖：在義烏縣。兩巖層級，高下類

重樓複屋，蓋勝絶之地也。東陽江、永康、——，合流爲一，又名雙溪。一源出東陽之大盆山，一源出縉雲。繡川、在義烏縣。蘭溪。在縣南七里。一名瀫水。出于衢，會于婺。二水類羅紋，岸多蘭茝，故名。○楊廷秀曉泊——詩：「金華山高九天半，夜雪裝成珠玉案。——水清千頃强，朔風凍作琉璃缸。日光雪光兩相射，病眼看來忘南北。恨身不如波上鷗，脚指爲楫身爲舟。恨人不如沙上鴈，蘆花作家梅作伴。折綿冰酒未是寒，曉寒真欲冰我肝。急閉篛蓬擁爐去，竹葉梨花十分注。」

【堂亭】仁風堂，在州宅。取袁宏「奉揚——」之義。涵碧亭、在東陽縣北五里峴山之下。唐寶曆間，東陽令于興宗建。劉禹錫有詩，故名。水樂亭、在東陽縣西南八里。兩山對峙，有飛泉數丈，界山而落，泠然有聲。宰王槩作亭澗上，取元次山「水樂」之説。蘇子瞻寄題詩云：「但向空山石壁下，愛此有聲無調之清流。流泉無弦石無竅，强名水樂人人笑。」東峰亭、在蘭溪縣。馮宿亭記云：「松門蓋空，石道如帶。」最高亭、葉相園。○陸務觀詩：「高亭新築冠鰲峰，眼力超然信不窮。膚寸油雲澤天下，大千沙界納胸中。春游到處羣花擁，夜飲歡時百榼空。劉向老來忘世味，只思詩酒伴裴公。」極目亭。韓无咎——詩集序：「婺之牙城東南隅，有亭纔數椽，郡守周彦廣嘗取米元章所書『——』三大字榜之。然元章舊題乃上蔡也，既陷没不可見，猶得見於吾州，豈特其名之適實，而字畫之妙亦因是顯矣。然棟宇狹甚，不足以陳觴豆，列絲竹。客至，倚徙而愛之，主人僅爲茗飲，或奉一杯相壽而已耳。予再爲婺之明年，值歲豐少事，乃闢而新焉。其規制不能侈大，頗與其地爲稱。於是來登者酒酣歡甚，往往賦詩或歌詞自見，則皆巨公長者，及鄉評之彦與經從賢士大夫

也。蓋婺城臨觀之許凡三：中爲雙溪樓，西爲八詠樓，東則此亭。皆盡見羣山之秀，兩川貫其下，平林曠野，景物萬態。而雙溪直譙門，涉通衢百舉武。八詠在郡庠之偏，距州治尤遠，且須女之祠寓焉。二樓不可頻至，惟———在後圃之隙，不必命駕煩民，得與賓客共之。予以山林麋鹿之姿，遇退食之餘，好風佳月，必携幼穉，支笻躡屩，徜徉于兹，蓋溪光山色、奇花美卉，無日而非我有也。吾恐異時太守之賢不得而廢，則嘯歌觴詠有以慰吾之暇者，可不傳乎？雖蘭亭逸少之風莫及，而峴山叔子之嘆未忘，因類而録諸木，俾好事者其考之。」

【樓觀】八詠樓、在子城西。即沈隱侯元暢樓，至道間郡守馮伉更今名。○沈約八詠詩：「登臺望秋月，會圃臨春風。秋至愍衰草，寒來悲落桐。夕行聞夜鶴，晨征聽曉鴻。解佩去朝市，披褐守山東。」○嚴維詩：「明月雙溪水，清風———。少年爲客處，今日送君遊。」○李易安詩：「千古風流———，江山留與後人愁。水通南國三千里，氣壓江城十四州。」○崔顥詩：「梁日東陽守，爲樓望越中。緑窗明月在，青史古人空。江静聞山狖，川長數塞鴻。登臨白雲晚，留恨此遺風。」雙溪樓。在郡城上。米元章書。

【橋梁】山橋。在州北。二巖對立，溪流亂石間，故名——。

【寺觀】智者寺；在州西北五十里。——禪師道場，後倚石巖，乃金華第一剎也。寶婺觀。在子城門西，與州學連接。樓宇高聳，古桐森然。諺云：「桐齊簷，出狀元。」紹興癸丑，桐與簷齊，而陳亮以廷試魁多士。繼則桐爲風所折，後再生一枝，柯葉寖茂。至嘉定庚辰，桐與簷齊，劉渭繼爲大

魁，應前讖云。

【祠廟】**東萊祠**。先生作麗澤書院，爲講學之地。今爲祠堂，仍敕賜額。

【名宦】**袁宏**，出爲東陽太守。謝安以扇贈之，答曰：「敬當奉揚仁風，慰彼黎庶。」**沈約**，字休文，爲守。**于興宗**：補東陽令。**皇朝錢藻**，爲守。**蘇頌**。爲守，遷州學。

【人物】**顏烏**，異苑云：「東陽——以淳孝稱。父死，負土成墳，羣烏銜土助焉，而烏口皆傷。漢烏傷縣以此名，今義烏是也。」**舒元輿**：東陽人。作牡丹賦。**皇朝葉衡**，金華人。拜相。**王淮**，金華人。拜相。**吕祖謙**。字伯恭，號東萊先生，申公夷簡之後，特賜謚成公。○朱元晦嘗題其畫像，贊云：「以一身而備四氣之和，以一心而涵千古之秘，推其有足以尊主而庇民，出其餘足以立教而垂世。然而狀貌不逾乎中人，衣冠不詭於流俗，迎之而不見其來，隨之而莫睹其躅，矧是丹青孰形心曲，〔八〕惟觀之者有以得其天焉，則庶幾遺編之可續。」

【題詠】**江天婺女分**。〔九〕唐包何别婺州鄧史君：「云云，風月隱侯詩。別恨雙溪急，留歡五馬遲。」**斗牛之故墟**。王介甫詩：「況乃漢烏傷，云云。」**落帆金華岸**。李白送魏萬詩：「徑入梅花橋，雙溪納歸潮。云云，赤松若可招。」**老手便劇郡**。蘇子瞻送錢藻守婺州：「云云，高懷厭承明。聊紆東陽紱，〔一〇〕一濯滄浪纓。東陽佳山水，未到意已清。過家父老喜，出郭壺漿迎。子行得所願，愴恨居者情。吾君方急賢，日旰坐邇英。〔一一〕黃金招樂毅，白璧賜虞卿。子不少自貶，諫議空峥嶸。古稱爲郡樂，漸恐煩敲搒。臨分不敢盡，醉語別還醒。」〔一二〕

【外邑】東陽本是佳山水。劉禹錫寄東陽令于興宗詩：「云云，何況曾經沈隱侯。化得邦人解吟咏，如今縣令亦風流。新開潭洞疑仙府，遠寫丹青到雍州。落在尋常畫師手，猶能三伏凛生秋。」

縣舍江雲裏。韓翃送金華王明府詩：「云云，心閑景又偏。家資陶令酒，月俸沈郎錢。黄蘖香山路，青楓暮雨天。時聞引車騎，竹外向銅泉。」〔一三〕

【四六】疏恩丹綍，作填金華。疏綍日畿，分符星婺。暫辭北闕，出守東陽。眷此輔藩，介于行闕。矧婺女之奥區，實浙江之巨鎮。輟奉琳霄之館，屈臨寶婺之區。進直奎文之閣，出臨婺女之區。沈休文之八詠，風月長清；劉夢得之一詩，山水增重。雙溪勝境，守臣乃得於名流；七縣奥區，化國正逢於樂歲。秘殿説書，幸得金華之彦；名邦出相，益增寶婺之輝。揚袁侯之扇，仁風既幸於及民；趣曹公之裝，召節即聞於載道。金華洞天，訪初平之遺迹；紫微石室，懷孝標之故居。聽履上星辰，方覺文昌之炳焕；兵衛森畫戟，遽從婺女以蕃宣。元豐茂宰，紀修禊於磨崖；淳熙大儒，實會文於麗澤。老手便劇郡，抗章自詭於民庸；岳牧用詞臣，奏命來宣於王澤。洋洋大對，相輝魁宿之光躔；赫赫元勳，更續相鄉之衣鉢。一州七邑之繁，上直斗星之次；三洞雙溪之勝，素鍾人物之英。

校勘記

〔一〕「餘姚」，底本原作「餘繼」，據隋書卷三一地理志、元和郡縣志卷二六改。

〔二〕「有結埼亭」，「埼」，底本原作「踦」，據漢書卷二八上地理志改。

〔三〕「金闕道書徵旨在」，「旨」，底本原作「百」，據四庫本、嶽雪樓本改。

〔四〕「保安院記」，嶽雪樓本、震无咎齋本作「信安縣記」，與底本異。

〔五〕「畫得應輸八句詩」，「畫得」，全唐詩卷六九二載杜荀鶴此詩作「六幅」。

〔六〕「歲暮枉衢州張使君書并詩因以長句報之」，「枉」，底本原作「在」，據白居易集卷二〇改。

〔七〕「唐或爲金華郡」，據舊唐書卷四〇地理志、新唐書卷四一地理志，此婺州唐或改名爲東陽郡，不作金華郡，疑本書涉上文「梁置金華郡」而誤。

〔八〕「矧是丹青孰形心曲」，底本原脱「是」字，元甲本、元乙本、嶽雪樓本作「此」，而朱子大全卷八五吕伯恭畫像贊作「是」，此、是意同，今從朱子大全補「是」字。

〔九〕「江天婺女分」，「江天」，全唐詩卷二〇八包何婺州留别鄧使君作「江山」。

〔一〇〕「聊紆東陽紱」，「紱」，四庫本及蘇軾詩集卷六送錢藻出守婺州得英字作「綬」。

〔一一〕「日旰坐邇英」，「旰」，底本原作「肝」，據四庫本、傳是樓本、嶽雪樓本及蘇軾詩集卷六送錢藻出守婺州得英字改。

〔一二〕「醉語别還醒」，蘇軾詩集卷六送錢藻出守婺州得英字作「醉語醒還驚」，與本書有異。

〔一三〕「黄蘗香山路（至）竹外向銅泉」，「路」、「向」二字，底本原作「酒」、「尚」，據全唐詩卷二四四韓翃送金華王明府改。

方輿勝覽卷之八

台州　臨海　黃巖　天台　寧海　仙居

【建置沿革】禹貢揚州之域。南斗、須女之分。春秋時屬越。秦屬閩中郡。漢屬東甌國，後立爲冶縣。東漢末，吴分冶縣爲東、南二部都尉：東部臨海，南部建安。後以會稽東部爲臨海郡。梁改爲赤城郡。隋屬永嘉郡。唐改爲台州。國朝因之。今領縣五，治臨海。

事要

【郡名】天台、真誥：「——山上應台星，故曰——。」州以此名。霞城、孔靈符會稽記：「赤城山色皆赤，狀似晨霞，亦謂——。」臨海。見「沿革」注。

【風俗】閭閻興禮遜。陳述古鄭閎中仙居詩：「云云，囹圄長榛蕪。」有海陸之饒。圖經云：「川澤沃衍，云云。」

【形勝】託靈越以正基。神邕山圖采浮屠氏説，以爲：閻浮，震旦國極東處，又號靈越。故孫綽賦云云。臨海越谷。杜牧台州制。三方岸江湖。吕伯恭作修城記：「臨海郡，南東西云云，

秋水時至。北限大江，蹙不得騁，怒齧堤足，生聚凜凜，恃城以爲命。距海百餘里，逋亡剽俠之所。遭惡歲輒睢盱洲溆，〔一〕睥睨郛郭，儌警者不敢弛柝，故閉修之政在是郡爲首務。蓋所以遠蓄害，銷姦萌，非徒區畫封表備侯邦之制也。」**距海百餘里**。見上。**春遊天台**。續志：「云云，風日和暢；秋遊鴈蕩，巖壑呈露，各因其時之所宜也。」

【山川】**大固山**，紹興間，道士費德泓卓菴斸地，得晉斷碑，有「龍顧山」字，亦曰「龍顧」即郡之主山。在州西北三十步，高八十丈，周回五里。按舊經，晉隆安末，孫恩爲寇，刺史辛景於此掘塹守之，恩不能犯，遂以——、小固名—。**巾子山**，在州東南一里一百步，連小固山，橫峙江之下流。在城中兩峰如帢幘，其頂雙塔差肩，有明慶塔院。塔之南有翠微閣，北有廣軒，下瞰闤闠，南眺郊藪塵市，山川之盛，一目俱盡，故其勝名天下，登臨者必之焉。有曲肱齋，齋側有蹙雲軒。又其顛有息庵，今廢。○任翻詩：「絕頂新秋生夜涼，鶴飛松露滴衣裳。前峰月照半江水，僧在翠微開竹房。」**天台山**，在天台縣西一百一十里。臨海記：「————超然秀出。山有八重，視之如一。高一萬八千丈，周回八百里。又有飛泉垂流，千仞似布。」○洞天福地記：「————，名上清玉平之天，即桐柏真人所理，亦名桐柏山。」○孫綽，字興公，爲永嘉太守，意將解印以向幽寂。聞————神秀，可以長往，因使圖其狀，遥爲之賦。賦成，示友人范榮期。榮期曰：「此賦擲地必作金聲。」〔二〕遊天台賦云：「————者，蓋山嶽之神秀也。涉海則有方丈、蓬萊，登陸則有四明、天台，皆玄聖之所遊化，靈仙之所窟宅。夫其峻極之狀，嘉祥之美，窮山海之瓌富，盡人神之壯麗矣。所以不列於五嶽，闕載於

常典者，豈不以所立冥奧，其路幽迥，或倒景於重溟，或匿峰於千嶺，始從魑魅之塗，卒踐無人之境，舉世罕能登陟，王者莫由禋祀，故事絶於常篇，名標於奇紀。然圖像之興，豈虛也哉？非夫遺世翫道、絶粒茹芝者，烏能輕舉而宅之？夫遠寄冥搜、篤於通神者，何肯遥想而存之？余所以馳神運思，晝詠宵興，俛仰之間，若已再升者也。〔三〕方解纓絡，永託兹嶺，不任吟想之至，聊奮藻以散懷。太虛遼豁而無閡，運自然之妙有。融而爲川瀆，結而爲山阜。嗟台嶽之所奇挺，寔神明之所扶持。蔭牛宿以曜峰，託靈越以正基。結根彌於華、岱，直指高於九疑。應配天於唐典，〔四〕齊峻極於周詩。邈彼絶域，幽邃窈窕。近智者以守見而不之，〔五〕之者以路絶而莫曉。〔六〕哂夏蟲之凝冰，整輕翮而思矯。理無隱而不彰，啓二奇以示兆。赤城霞起以建標，瀑布飛流以界道。睹靈驗而遂徂，忽乎吾之將行。仍羽人於丹丘，尋不死之福庭。苟台嶺之可攀，亦何羨乎層城？釋域中之常戀，暢超然之高情。被毛褐之森森，振金策之鈴鈴。披荒榛之蒙籠，陟峭崿之崢嶸。濟楢溪而直進，落五界而迅征。跨穹窿之懸磴，〔七〕臨萬丈之絶冥。踐莓苔之滑石，搏壁立之翠屏。攬樛木之長蘿，援葛藟之飛莖。雖一冒於垂堂，乃永存乎長生。必契誠於幽昧，履重險而逾平。既克隮於九折，〔八〕路威夷而脩通。恣心目之寥朗，任緩步之從容。藉萋萋之纖草，蔭落落之長松。覿翔鸞之裔裔，聽鳴鳳之嗈嗈。過靈溪而一躍，疏煩想於心胸。蕩遺塵於旋流，發五蓋之遊蒙。追羲皇之絶軌，〔九〕躡二老之玄蹤。陟降信宿，迄于仙都。雙闕雲竦以夾路，瓊臺中天而玄居。朱闕玲瓏於林間，玉堂陰映於高隅。彤雲斐亹以翼櫺，〔一〇〕皦日炯晃於綺疏。八桂森挺以凌霜，五芝含秀而晨敷。惠風佇芳於陽林，醴泉湧溜於

陰渠。建木滅景於千尋，〔一一〕琪樹璀璨而垂珠。王喬控鶴以沖天，應真飛錫以躡虚。騁神變之揮霍，忽出有而入無。於是遊覽既周，體静心閑。害馬已去，世事都捐。投刃皆虚，目牛無全。凝思幽巖，朗詠長川。爾乃羲和亭午，遊氣高褰。法鼓琅以振響，〔一二〕衆香馥以揚煙。肆覲天宗，爰集通仙。挹以玄玉之膏，〔一三〕漱以華池之泉。散以象外之説，暢以無生之篇。悟遣有之不盡，覺涉無之有間。〔一四〕泯色空以合迹，忽即有而得玄。釋二名之同出，消一無於三幡。恣語樂以終日，等寂默於不言。渾萬象以冥觀，兀同體於自然。」○韓愈送惠師詩：「惠師浮圖者，乃是不羈人。發迹入四明，梯空上秋旻。遂登天台望，萬壑皆璘珣。夜宿最高頂，舉頭看星辰。光芒相照燭，南北争羅陳。兹地絶翔走，自然嚴且神。微風吹木石，澎湃聞韶鈞。夜半起下視，波光銜日輪。」○杜荀鶴詩：「一到天台寺，高低景旋生。共僧巖上坐，見客海邊行。野色人耕破，山根浪打鳴。忙時向閑處，不覺有閑情。」○方干詩：「路入仙溪氣象清，垂鞭樹石罅中行。霧昏不見西陵岸，風急先聞瀑布聲。」○李白天台曉望詩：「天台鄰四明，華頂高百越。門標赤城霞，樓棲滄海月。憑高遠登覽，直下見溟、渤。雲垂大鵬翻，波動巨鰲没。風潮争洶湧，神怪何翕忽。觀奇跡無倪，好道心不歇。攀條摘朱實，服藥鍊金骨。安得生羽毛，千春卧蓬闕。」○蔡天啓詩：「天台四萬八千丈，玉京五城十二樓。欲乘西風跨獨鶴，直度南斗騎牽牛。」**赤城山**、在天台縣北六里。一名燒山。其上石壁皆如霞色，望之如雉堞然，故後人以此名山。**天姥山**、在天台縣之西北。有一峰崛起，孤峭秀拔，與天台山相對。○李白有夢遊——吟，云：「天姥連天向天横，勢拔五嶽掩赤城。台山一萬八千丈，對此欲倒東南傾。」〔一五〕

瀑布山、乃天台山之别岫。有瀑布垂流千丈，聲若雷霆，觀者爲之震掉。寒石山、在天台縣西北七十里。其山深邃，當暑有雪，亦名寒巖。南有泉如屋霤，寺僧縻竹綆引之。轉西二里，亂泉飀流巖竇間，散若虬髯，因號髯洞，蓋台山勝絶處也。○郭三益詩：「道人棲碧山，雲居在空曲。十年海潮音，外物緣已熟。時携貝葉書，步入深林讀。宵眠護禪虎，〔一六〕晝引穿花鹿。菴中三昧語，藥我貪嗔毒。何當脱雙凫，藜杖追高躅。」劉阮山、在縣西北二十里。先是，漢永平有劉晨、阮肇，入山採藥，失道食盡，見桃實食之，覺身輕，行數里，至溪滸，持盃取水，見一盃流出有胡麻糝。溪邊有二女子笑曰：「劉、阮二郎，捉向所失流杯來。」便迎歸作食，有胡麻飯、山羊脯，甚美。後欲求去，會集奏樂，共送劉、阮，指示元路。既出，無復相識，至家，子孫已七世矣。○元稹題詩云：「芙蓉脂肉緑雲鬟，罨畫樓臺青黛山。千樹桃花萬年藥，不知何事憶人間。」東横山、在天台縣東十里。○許渾宿東横瀨詩：「孤舟路漸賒，時見碧桃花。溪雨灘聲急，巖風樹勢斜。」韋羌山、在天台山西四十里。上有石壁，字如科斗。○陳述古詩：「去年曾覽韋羌圖，云有仙人古篆書。千尺石巖無路到，不知科斗是何書。」福應山、在仙居縣東二里。陰陽家謂其邑居龍首，得地之勝，邑人建浮圖其上，自是取青紫不乏焉。○上有盡美亭。張景脩記：「仙居，邑之美者也，而一山盡焉。——，—之美者也，而一亭盡焉。盡美於亭者，非盡一山之謂也，盡一邑之謂也。」蓋竹山、在臨海縣。中有洞，名長耀寶光之天。金鰲山、在臨海縣東南百二十里。有普濟院。西有軒，下臨長江，前挹海門諸峰。○雲麓漫抄載：「建炎四年，天子航海，泊———，留十四日。幸永嘉，復幸金鰲。捷書至，航海由四明還。」委羽

山、在黄巖縣南五里。世傳仙人劉奉林於此控鶴輕舉，嘗墜羽，故名。真誥云：「天下第二洞，號大有空明之天。」○王龜齡：「龜山欹翠日開屏，〔一七〕羽客逍遥此閉扃。早起留雲閑放鶴，夜來伴月静看經。巖前方石有多好，竈裏丹砂且是靈。應有赤城鸞鳳過，一聲長嘯入青冥。」雙巖、在縣南十五里。峭峻並峙，爲江南諸山之冠。州治對焉。白巖、在臨海縣南二十四里。孤絶秀異，上皆白石。華頂峰、在天台縣東北六十里。蓋天台第八重最高處，高一萬丈。絶頂東望滄海，俗號望海尖。草木薰郁，殆非人世，孫綽所謂「陟降信宿，迄乎仙都」是也。玉霄峰、在天台縣北三十五里。重崖疊嶂，松竹葱蒨，且産香茅，世號小桐柏焉。○皮日休詩：「青冥向上———，元始先生戴紫蓉。曉按瓊文光洞壑，夜壇香氣惹杉松。閑迎仙客來爲鶴，静噀靈符去是龍。子細捫心無俗骨，欲隨師去肯相容。」瓊臺雙闕、在赤城山。兩峰萬仞，森倚相向。石橋、在縣北五十里，即五百應真之境。相傳在方廣寺，有石梁架兩崖間，龍形龜背，廣不盈咫。其上雙澗合流，洩爲瀑布。梁既峭危，且多莓苔，甚滑，下臨絶澗，過者心悸。石罅有木瓜，華時有蛇盤糾，至實落供大士乃去，號爲「護聖瓜」。○趙湘詩：「白石峰猶在，横橋一徑微。多年無客過，落日有雲歸。水净苔生髮，山寒樹著衣。如何方廣寺，千古去人稀。」丹丘、孫綽天台賦：「仍羽人於——。」丹霞洞、在天台觀東北。玉京洞、在縣北七里赤城山右，蓋第六洞天。許邁常居之，因與王羲之書曰：「自天台至臨海，多有金堂玉室，仙人芝草。」○余爽詩：「東臨滄海宴羣仙，誤入桃源小洞天。一局棋殘消幾刻，老龍鬚甲已蒼然。」括蒼洞、在天台縣東南三十里。按塵外記：「——，成德隱元之天，蓋第十—天也。」蒼嶺、在仙居西

北五十里。高五千丈。黄巖溪、孫應時詩云：「得雨溪聲壯，無風雲氣多。山花依翠竹，灘石亂寒莎。」青溪、在天台縣。○謝靈運詩：「旦發——陰。」尾閭、在仙居縣東海中，與海門馬筯相直，惟高山可望。其水湍急，陷爲大渦者十餘，舟楫不敢近。舊傳爲東海泄水處。詳見夷堅志。東湖。在崇和門外。爲春夏行樂之勝境。

【堂閣】静鎮堂、在州治。唐李嘉祐爲守，竇常贊之，有「——方州」之句。三瑞堂、洪光弼爲寧海主簿時建。〔一八〕適以荷花、桃實、竹榦有連理之瑞，已而生子适。○故适以貳車行縣，題詩云：「久矣馳魂夢，今登———。故山有喬木，近事話甘棠。展驥慚充位，占熊憶問祥。白雲留不住，極目是吾鄉。」巖老堂、在仙居縣廳東。令陳襄建，自注云：「嘗穿池引水。」分繡閣、在添倅廳。洪景伯爲記。玉霄閣。在天台寺。○陸務觀詩：「竹輿衝雨到天台，緑樹陰中小閣開。榜作玉霄君會否，要知小吏按行來。」

【亭榭】交翠亭、在寧海簿廳，洪景伯建。赤城奇觀、在郡圃後山上。萬壑風煙。在倅廳後。

【寺觀】國清寺：在天台縣北十里。隋僧智顗夢定光告曰：「寺若成，國即清。」故名。李邕記，柳公權書額。時以齊州靈巖、荆州玉泉、潤州棲霞、台州——爲四絶。今名景德——。皮日休詩：「十里松門國清路，飯猿臺下菩薩樹。怪來煙雨路晴天，元是海風吹瀑布。」崇道觀。在桐柏山。山間環有九峰，玉女、卧龍、紫霄、翠微、玉泉、蓮華、華琳、香琳、玉霄是也。○唐崔尚碑：「連山峨峨，四

野皆碧。茂木鬱鬱，四時並青。雙峰如闕，中天豁開。一道瀑布，洞門長松夾道」○孟浩然桐柏觀詩：「海泛信風帆，夕宿逗雲島。捫蘿亦踐苔，輟棹窮幽討。」○鄭薰詩：「深山桐柏觀，殘雪路猶分。數里踏紅葉，全家穿碧雲。月寒巖障曉，風遠蕙蘭芬。明日出林去，吹笙不可聞。」○趙師秀詩：「山深地忽平，縹緲見殊庭。瀑近春風濕，松多曉日青。石壇遺鶴羽，粉壁剝龍形。道士王靈寶，輕強滿百齡。」

【祠廟】滕侯廟、東萊修城記：「宣和中，盜發仙居，闖虛深入，城薄欲登，則有户掾滕君膺，帥厲吏士，圉以方略，寇不爲患，父老紀焉。」○郡人爲立祠於郡側山上，朱元晦有記。天王祠。舊説唐太宗從高祖起義兵，有神自稱毗沙門天王，願同力定亂，將有猪首、象鼻者，故所向成功。及即位，詔天下公府皆祀之。天寶初，又詔諸郡於城隅置祠，仍建佛寺，俱以「天王」爲額。

【古跡】狀元塘、在州東一里。舊爲普濟寺，陳侍郎公輔居之。客忽謂曰：「此寺爲池，當有擢上第者。」後徙寺，地竟爲池，陳果魁辟雍，遂以名其塘。僉廳。宣和間，台州守奏今尚書省公相廳已改作都廳，内外都廳並行禁止，欲將本州都廳以「——」爲名。詔從之。此——得名之始也。

【名宦】孫綽、爲臨海令。嘗作天台賦，詳見前。謝靈運、爲内史。江淹、嘗爲臨海王長史。鄭虔：，貶司户。○杜甫送台州—司户詩：「天台隔三江，風浪無晨暮。鄭公縱得歸，老病不識路。」皇朝畢士安、太守。真宗有「君子人」之稱。章得象、爲守。夏竦、大中祥符元年爲通判，值山水泛濫，率僚屬禱于山椒，忽見黄衣道士泛舟冒雨而來，衣不沾濕，目竦曰：「若遂脩道，可登真籙。」

答以欲作顯官，以報罔極。道士曰：「亦須位極人臣。」拂衣登舟而去。見王樂道談淵。陳襄、號古靈，知仙居縣。和鄭閎中詩十一首，皆以「我愛仙居好」發端。曾肇、爲黄巖簿。建中初爲翰林學士，時治上封事異趣者，因追咎，肇草求言，詔貶濮州，又徙台州。元絳、吕伯恭記云：「慶曆之水，幾不爲郡。元章簡公來守，而城復立。」趙汝愚、吕伯恭修城記：「乾道九年，里旅不戒於火，延及郡城，堵頹甃阤，徑踰無禁，害氣來格，民譌不寧。間一歲，太守—侯——自信徙鎮，暇日循行廥落，曰：『屏蔽廢撤若是，其何以待不虞？土功於古雖有常律，傳春秋者復出啓塞從時之例，豈非城闉之啓塞，實有邦之大紀，隨時築治，有不得而已者耶？』又云：『大抵取具於壯城之籍，間民願即工者，厚酬之，不欲勿强。』維侯憂民急病之意既達於下，而精思周慮又足以綜理之，故公無羨費，人無留力，工無餘技，役事首尾歷再時，版臿並作，觀堞崛興，而後郊之甿初未嘗釋壟畝也。」尤袤。自號遂初。嘗爲守，禱旱，有詩云：「三日霪霖已渺漫，天晴三日又言乾。從來説道天難做，天到台州分外難。」

【人物】顧歡、隱天台山。早孤，讀詩至「哀哀父母」，輒廢書慟哭，由是受學者廢蓼莪篇不講。王遠知、異人記：「台州道士———善易，知死生禍福，作易總十五卷。〔一九〕一日雷雨，雲霧中一人叱遠知曰：『所泄者書何在？上帝命吾攝六丁雷電追取。』遠知惶懼據地，旁有六人青衣已捧書立矣。老人責曰：『上方禁文，自有飛天保衛，金科秘藏玄都。汝何者，輒藏緗帙？』遠知曰：『青丘元老傳授也。』」○韓愈詩「天官敕六丁，雷電下取將」，蓋用此也。司馬承禎：續仙傳：「字子

微，隱於天台山玉霄峰，自號白雲子。蜀女謝自然泛舟將詣蓬萊求師，舡爲風飄到一山，見道人指言：『天台山——，名在丹臺，身居赤城，此真良師也。蓬萊隔弱水三萬里，非舟楫可往，非飛仙不到。』自然回來，承禎受度，後白日上昇。」皇朝呂頤浩、濟南人，寓于台。謝深甫、爲宰相自深甫始。左譽。自稱中谷道人，爲杭州司録。丁難居鄉。謝參政爲守，簽一僧開堂疏，見一聯云：「盡十方佛，真教進步無門；此一瓣香，未審何人有分。」大喜。既登政府，遂薦之。又常舉以自代，有謝啓云：「知楊雄之竊比孟氏，嘗有是心；雖孔子謂不如顏淵，何害於聖？」

【名賢】陳瓘、南劍人。字瑩中，號了翁。初爲司諫，上疏論神宗實録，辨宣仁誣謗，得罪京、卞，編置台州。謚文肅。〔二〇〕陳與義。西洛人，自號簡齋。紹興參知大政，建中避地臨海。

【題詠】剖竹赤城邊。李白送楊山人：「我家小阮賢，云云。詩人多見重，官燭未曾燃。與引登山屐，情催泛海舡。石橋如可度，携手弄雲煙。」藥少覺山貧。杜牧詩：「魚多知海熟，云云。」台州地闊海冥冥。唐杜甫送鄭著作詩：「云云，雲水長和島嶼青。」山城別是武陵源。劉長卿送李使君詩：「露冕新承明主恩，云云。花間五馬時行縣，户外千峰常在門。」海邊津吏棹舡迎。方干詩：「山下縣僚張樂送，云云。」高低無處不泉聲。方干送孫百篇遊天台詩：〔二一〕「東南去路落斜行，入樹穿村見赤城。遠近常聞皆藥氣，云云。映巖月向城頭没，濕燭雲從柱底生。更有仙花與靈草，恐君多半不知名。」一江寒水抱城斜。舒信道詩：「聞説天台太守家，全家日日在煙霞。四郭青山連市合，云云。」

【四六】塗芝天闕，剖竹台城。陞華奎閣，作填霞城。疏恩丹陛，趣填赤城。眷是天台，介于日甸。惟天台之古郡，實海嶠之奥區。惟是赤城之壤，實鄰翠甸之封。惟赤城本今古之福庭，在靈越爲東南之佳郡。霞起赤城，獨擅興公之賦；雲和青嶼，繼傳子美之詩。摩挲壁記，分符多入於黄扉；點檢圖經，得道或升於丹闕。託靈越以正基，山夸神秀；説天台之爲郡，家住煙霞。弦歌小試，古靈老子之曾遊；簿領卑棲，南豐先生之不鄙。海深山複，素稱魚稻之鄉；事簡民醇，各遂蠶桑之業。海闊冥冥，雲水長和於島嶼；色齊兩兩，星躔上應於台符。碧雲紅葉，聊尋野逕之幽；流水胡麻，頗覺仙源之近。濱水三方，當謹嚙城之患；距海百里，或多藏藪之姦。

校勘記

〔一〕「遭惡歲」，「遭」，底本原作「曹」，據四庫本、嶽雪樓本改。

〔二〕「賦成（至）必作金聲」，按晉書卷五六孫綽傳，「作金聲」之語非范榮期所言，今録其文如下：「嘗作天台山賦，辭致甚工，初成，以示友人范榮期，云：『卿試擲地，當作金石聲也。』榮期曰：『恐此金石非中宫商。』」

〔三〕「若已再升者也」，「升」，底本原作「伸」，據四庫本及文選卷一一遊天台山賦改。

〔四〕「應配天於唐典」，「唐典」，底本原作「重興」，據四庫本、傳是樓本及文選卷一一遊天台

山賦改。

〔五〕「近智者以守見而不之」，底本原脱「而」字，據四庫本、傳是樓本及文選卷一一遊天台山賦補。

〔六〕「之者以路絶而莫曉」，「之」，底本原作「知」，據四庫本、傳是樓本及文選卷一一遊天台山賦改。

〔七〕「跨穹隆之懸磴」，「磴」，底本原作「登」，據四庫本、傳是樓本及文選卷一一遊天台山賦改。

〔八〕「既克隮於九折」，「隮」，底本原作「濟」，據四庫本、傳是樓本及文選卷一一遊天台山賦改。

〔九〕「追羲皇之絶軌」，「羲皇」，文選卷一一遊天台山賦作「羲農」。

〔一〇〕「彤雲斐亹以翼櫺」，「櫺」，底本原作「臨」，據四庫本、傳是樓本及文選卷一一遊天台山賦改。

〔一一〕「建木滅景於千尋」，「滅」，底本原作「減」，據傳是樓本及文選卷一一遊天台山賦改。

〔一二〕「法鼓琅以振響」，「鼓」，底本原作「教」，據四庫本、傳是樓本及文選卷一一遊天台山賦改。

〔一三〕「挹以玄玉之膏」，「玄玉」，底本原作「立玉」，據四庫本、傳是樓本及文選卷一一遊天台山賦改。

〔一四〕「覺涉無之有間」，「覺」，底本原作「竟」，據四庫本、傳是樓本及文選卷一一遊天台山

賦改。

〔一五〕「對此欲倒東南傾」，「倒」，底本原作「側」，據四庫本、嶽雪樓本及李太白全集卷一五、全唐詩卷一七四夢遊天姥吟留别改。

〔一六〕「宵眠護禪虎」，「禪」，宋詩紀事卷三二引天台山志所載郭三益寒巖詩作「神」。

〔一七〕「龜山蚴翠日開屏」，「蚴」，嶽雪樓本作「歛」，與底本不同。

〔一八〕「洪光弼爲寧海主簿時建」，「洪光弼」，底本原作「洪公弼」，據宋史卷三七三洪皓傳改。光弼爲洪皓字。

〔一九〕「作易總十五卷」，「易總」，四庫本、震无咎齋本作「易説」和「易解」，均與底本不同。又「十五卷」，底本原作「千五卷」，據輿地紀勝卷一二改。

〔二〇〕「謚文肅」，按宋史卷三四五陳瓘傳作「謚曰忠肅」，疑本書有誤。

〔二一〕「送孫百篇遊天台詩」，底本原作「送孫百篇詩遊天台」，據傳是樓本及全唐詩卷六五二方干送孫百篇遊天台乙正。

方輿勝覽卷之九

瑞安府 永嘉　瑞安　平陽　樂清

【建置沿革】禹貢揚州之域。斗、牛、須女之分野。春秋屬越。秦屬閩中郡。漢初爲東海王之都。武帝時東甌舉國内徙，屬會稽郡之回浦縣，後改回浦爲章安縣。章帝分章安縣東甌鄉置永寧縣。吴孫亮以會稽東部都尉爲臨海郡。晉明帝分臨海郡五縣立永嘉郡。隋改括州。唐初置東嘉州，復爲括州，高宗分括州置温州，後建静海軍使。國朝降爲軍事。咸淳元年八月旨，係今上潛藩之地，陞瑞安府。今領縣四，治永嘉。

事要

【郡名】永嘉、見「沿革」注。東嘉、同上。東甌。寰宇志：「永嘉爲——，鬱林爲西甌。」

【風俗】俗少争訟。隋志：「永嘉之——，——，尚歌舞。」俗喜競渡。舊俗，以端午日競渡於會昌湖，里人游觀，彌岸綺翠，綵艦鱗集，數里華麗，爲它郡最。婦勤紡績。同上。「——人——於——，有夜浣紗而旦成布者，俗謂之『雞布』。」富貴不務本。郡志：「土狹民貧，云云。嗇用，嫁

娶以財氣相高，喪葬以緇黄自固。」**織紝工而器用備**。永嘉志：「温居塗泥之鹵，土薄艱植，民勤於力而以力勝，故地不宜桑而——，不宜漆——。」**不宜粟麥而稻足**。同上。**海育多於地産**。商舶貿遷，云云。**名流繼踵**。同上。此邦素號多士，學有淵源。近歲——勝士，——而出。**以齒不以爵**。每歲旦於郡學養源堂上交拜叙賀，鄉曲聚會，云云，郡守致酒三爵而退。至今以爲常。自許横塘始。**其俗剽悍以嗇**。席益告詞：「永嘉，閩、粤之交，云云，其貨纖靡，其人多賈，其士風任氣而矜節。」

【形勝】**城當斗口**。郡志：「始議建城，郭璞登山相地，錯立如北斗。城之外曰松臺，曰海壇，曰郭公，曰積穀，謂之斗門，而華蓋直其口；瑞安門外三山，曰黄土、巽吉、仁王，則近類斗柄。因曰：『若城于山外，當驟致富盛，然不免兵戈火水之虞。若城繞其顛，寇不入斗，則安逸可以長保。』於是城于山上，且鑿二十八井以象列宿。又曰：『此去一千年，氣數始旺云。』」**負山瀕海**。趙屼廳壁記：「温之爲州，最浙東之窮處，云云，冬無祁寒，夏無盛暑。」**百里荷花**。郡志：「自百里坊至平陽嶼，——皆——。王羲之自南門登舟賞荷花，即此也。」

【土産】**柑宴**。繫年録：「民有柑實，每霜後，郡例科市於民，以遺權要。張子韶爲州，罷——。」○故事，上元燈夕，上御端門，以温州所進柑分賜從臣，謂之「傳柑」。

【山川】**東山**、在子城西南二里。一名海壇。○童江心謡：海壇沙漲，温州出相。**西山**、去

城三里。連嶂疊巘，永嘉登覽勝處。○謝靈運詩：「遥望城西岑。」**華蓋山**、去子城一里。山有洞，乃容城太玉之天，第十八洞天也。○楊蟠詩：「七山如北斗，城鎖幾重重。斗口在何處，正當——峰。」**鳴山**、在平陽之萬全鄉。山腹有大洞穴，舊常有聲，故名。其上多亭榭。**鴈蕩山**、在樂清縣。叙山云：「此山數百，谷邃峰疊，行者不能徧。分而爲東西谷，列而爲十八寺，始有駐足之地。能仁寺今爲鴈山第一刹。靈巖寺所擅奇怪，爲——山第一峰。又北有白巖，石溪九折，仙橋跨焉，斯水之奇也。」**南鴈蕩**、在平陽縣北。自穹嶺——、施嶺西，五十里間，皆——山也。初，吴越錢王與僧願齊同參韶國師於天台，願齊遊永嘉禮智覺真身，聞平陽明玉峰頂有鴈蕩山，天晴則鍾梵相聞，杖錫尋訪，喜曰：「此山水盡處龍鴈所居，豈非西域書所謂『諾矩羅居震旦鴈蕩龍湫』者耶？」（二）結茅其間。黄晃仲云：「觀此，則平陽鴈蕩五代時已著，樂清鴈蕩乃祥符間始見。」○沈存中筆談：「温州鴈蕩山，天下奇秀，然自古圖諜未嘗有言者。祥符中，因造玉清宫，伐山取材，方有人見之。此時尚未有名。按西域書，阿羅漢諾矩羅贊有『鴈蕩經行雲漠漠，龍湫宴坐雨濛濛』之句。此山南有芙蓉峰，下有芙蓉驛，前瞰大海，然未知鴈蕩、龍湫所在，因伐木始見。此山頂有大池，相傳以爲鴈蕩；下有二潭水，以爲龍湫。又有經行峽、宴坐峰，皆後人以貫休詩名之也。謝靈運爲永嘉守，凡佳山水處，遊歷殆徧，獨不言此山，蓋當時未有鴈蕩之名。予觀鴈蕩諸峰，皆峭拔險怪，上聳千尺，穹崖巨谷，不類它山，皆包在諸谷中。自嶺外望之，都無所見；至谷中則森然干霄。原其理，當是爲谷中大水衝激，沙土盡去，惟巨石巋然挺立。如大小龍湫、水簾、初月谷之類，皆是水鑿（音曹）之穴。自下望之，則高巖峭

壁；從上觀之，適與地平，以至諸峰之頂，亦低於山頂之地面。世間溝壑中水鑿之處，皆有植土龕巖，亦此類耳。今成皋、陝西大澗中，立土動及百尺，迥然聳立，亦鴈蕩其體而微者，但此土彼石耳。既非挺出地上，則爲深谷林莽所蔽，故古人未見，靈運所不至，不足怪也。」**白鶴山**、在樂清縣。一名丹霞。舊傳，王右軍訪文君，遁入竹中，右軍不獲見而去。○李建中詩云：「玉簫峰下仙君宅，千樹巖花幾百春。當日會稽王内史，如何不見竹間人？」**白石山**、在樂清縣名嶼鄉。謝靈運有詩。○王龜齡詩：「路從飛鳥上頭過，人在白雲高處行。」**青奧山**、在永嘉海中。宋郡守顔延之於此立亭。**大若巖**、在城北百五十里。其山水石清激勝處，〔二〕大略如鴈蕩。又有水簾谷。**醉翁巖**、在平陽之鳳棲鄉。○王龜齡詩：「兩石如——格清，兀然相對坐—扃。啼春山鳥自相勸，滿地落花猶未醒。」**孤嶼**、在城北江中，東西有雙峰。○謝靈運詩：「江南倦歷覽，江北曠周旋。懷雜道轉迥，尋異景不延。亂流趍正絶，——媚中川。雲日相輝映，空水共澄鮮。表靈物莫賞，藴真誰爲傳。想象崑山資，緬邈區中緣。始信安期術，得盡養生年。」○李白與周生宴青溪玉鏡潭詩：「康樂上官去，永嘉遊石門。江亭有——，千載迹猶存。」**温嶺**、去永嘉縣一百六十里。其地常燠少寒。**丹芳嶺**；一名四十九盤。自此入鴈山境。**永嘉江**、在——縣。**瑞安江**、東連大海。**會昌湖**、在州西南，受三溪水。○謝靈運詩：「昏旦變氣候，山水含清輝。」**南塘**、在鴈山之南。舊多荷花，夾岸多橘圃。**象浦**、在樂清縣西六十七里。〔三〕○謝靈運詩：「廨宇鄰蛟室，人煙接島夷。」**龍潭**、在瑞安縣東北四十里。有瀑

布四道，皆懸流數百尺。龍湫。在鴈蕩山。○陳去非詩：「白龍三十丈，欲下層顛來。」○范宗尹詩：「——信奇絶，飛泉落雲間。晚投野僧家，山作碧玉環。」○趙師秀詩：「一派落虛空，如何畫得同。高風吹作雨，低日射成虹。」西域書曾説，先朝路始通。或言龍已去，幽處別爲宮。」

【井泉】蒙泉。在城内。深二尺許。其味極清甘，今汲以釀酒。

【堂亭】西堂、在州宅。謝靈運知族弟惠連有奇才，謂人曰：「每對惠連，輒得佳句。嘗於永嘉——思詩，竟日不就，忽夢惠連，即得『池塘生春草』之句。」○登池上樓詩：「潛虬媚幽姿，飛鴻響遠音。薄霄愧雲浮，棲川怍淵沉。進德智所拙，退耕力不任。徇禄反窮海，卧痾對空林。〔四〕衾枕昧節候，褰開暫窺臨。〔五〕傾耳聆波瀾，舉目眺嶇嶔。初景革緒風，新陽改故陰。池塘生春草，園柳變鳴禽。祁祁傷豳歌，萋萋感楚吟。索居易永久，〔六〕離羣難處心。持操豈獨古，無悶徵在今。」西射堂、在城西南十里。○謝靈運晚出———詩：「步出城西門，遥望城西岑。連嶂疊巘崿，青翠杳深沉。曉霜楓葉丹，夕曛嵐氣陰。節往感不淺，〔七〕感來念已深。羈雌戀舊侶，〔八〕迷鳥懷故林。含情尚勞愛，如何離賞心。撫鏡華緇鬢，束帶緩捉衿。安排徒空言，幽獨賴鳴琴。」戲彩堂：，在倅廳。通判趙屼迎其父清獻公抃來，遂以名堂。○蘇子由詩：「春晚安輿遍浙東，永嘉別乘喜無窮。橐裝已笑分諸子，吏道何妨問薛公。」南亭、在郡城之南一里許。〔九〕○謝靈運有游——詩云：「時竟夕澄霽，雲歸日西馳。密林含餘清，遠峰隱半規。久痗昏墊苦，旅館眺郊歧。澤蘭漸被徑，芙蓉始發池。未厭青春好，〔一〇〕已觀朱明移。感感感物歎，星星白髮垂。藥餌情所止，衰疾忽在斯。逝將

候秋水，息景偃舊崖。我志誰與亮，賞心惟良知。」**北亭**。在州東五里。圖經云：「太守謝靈運於此與吏民别。」詩云：「晚末愛餘榮，憩泊甌海濱。前期眇已往，後會邈無因。」

【樓觀】**思遠樓**。劉述建。對西山羣峰，瞰會昌湖，里人於此觀競渡。今人歌「——前路」之詞，即此是也。

【寺觀】**龍翔院**：在永嘉縣江中，二峰對峙。舊有斷流截其中，建二浮圖于上。○程兵部詩：「東西二寺絶塵囂，齋鼓全憑早晚潮。解事江流更分斷，與君題作小金、焦。」○建炎四年，高宗皇帝幸是刹，御書「清暉」、「浴光」二軒名。**天慶觀**。在華蓋山。殿閣壯觀。

【名宦】**孫綽**、王右軍引爲長史，後爲守。**王羲之**、守永嘉。庭列五馬，綉鞍金勒，出即控之。今有五馬坊。**謝靈運**、本傳：「出爲永嘉太守。郡有名山水，靈運素所愛好，出守既不得志，遂肆意遊遨，理人聽訟，不復關懷。所至輒爲詩詠，以致其意。在郡一周，稱疾去職。靈運因祖父之資，生産甚厚。鑿山浚湖，功役無已。尋山陟嶺，嘗着木屐，上山則去其前齒，下山去其後齒。嘗自始寧南山伐木開徑，直至臨海，從者數百，太守王琇驚駭，謂山賊，未知爲靈運也。」**李繁**、韓愈撰孔子廟碑云：「刺史鄴侯——，新作孔子廟，其爲政知所先後，可歌也已。」**張又新**、爲守。自孤嶼以下，賦三十五篇。**顔延之**、爲守。作五君詠。**丘遲**：爲守。嘗於吹臺山採琴樸，寄吴興柳暢。**皇朝楊蟠**、嘗爲守。有百韵詩。**張九成**。紹興間出守。時米斛匹絹，率倍其輸。曰：「重斂疲民，二千石之責。」斗尺皆立定制。

【人物】皇朝周行己、爲太學博士，求便親養，詔授本州教授。從程氏學，發明中庸之旨，此邦始知有伊、洛之學。劉安節、紹興間，與弟安上從程氏學，俱以學行見推鄉里。仰忻、家于永嘉，以孝行稱。徐履、紹興爲省元，時相秦檜欲以女妻之，履乃陽狂，廷對不答一字，乃附第五甲末。時人爲之語曰：「殿榜若還顛倒掛，——依前作狀元。」王十朋、紹興魁多士。有梅溪文集。○朱元晦爲之序云：「予嘗竊推易説，以觀天下之人。凡其光明正大，疏暢洞達，如青天白日，如高山大川，如雷霆之爲威，而雨露之爲澤，如龍虎之爲猛，而麟鳳之爲祥，磊磊落落，無纖芥可疑者，必君子也。而其依阿淟涊，回互隱伏，糾結如蛇蚓，瑣細如蟣虱，如鬼蜮狐蠱，如盗賊詛呪，閃倏狡獪，不可方物者，必小人也。而况於事業之際，尤所謂粲然者，彼小人者雖曰難知，亦豈得而逃哉？」又云：「所謂光明正大、疏暢洞達、〔一一〕磊磊落落而不可揜者，太子詹事王公龜齡，其亦庶幾乎此者矣。」陳傅良、字君舉，號止齋。蔡幼學、爲南省魁。葉適。字正則，號水心。

【題詠】述職期闌暑。謝靈運之郡初發都詩：「云云，理棹變金素。秋岸澄夕陰，火旻團朝露。辛苦誰爲情，〔一二〕遊子値頹暮。愛似莊念昔，久敬曾存故。如何懷土心，持此謝遠度。〔一三〕李牧愧長袖，郤克慙躧步。良時不見遺，醜狀不成惡。曰余亦支離，依方早有慕。生幸休明世，親蒙英達顧。空班趙氏璧，徒乖魏王瓠。從來漸二紀，始得傍歸路。將窮山海迹，永絶賞心悟。」虚館絶争訟。謝靈運齋中讀書詩：「昔余游京華，未嘗廢丘壑。矧乃歸山川，心迹雙寂寞。云云，空庭來鳥雀。卧疾豊暇裕，翰墨時間作。懷抱觀古今，寢食展戲謔。既笑沮、溺津，又哂子雲閣。執戟亦已疲，

耦耕豈云樂。萬事難並歡，達生還可託。」**促裝返柴荆。**謝靈運初去郡詩：「彭、薛裁知恥，貢公未遺榮。〔一四〕或可優貪競，豈足稱達生。伊予秉微尚，拙訥謝浮名。廬園當栖巖，卑位代躬耕。顧己雖自許，心迹猶未并。無庸妨周任，有疾象長卿。畢娶類尚子，薄游似邴生。恭承古人意，云云。牽絲及元興，解龜在景平。負心二十載，於今廢將迎。理棹遄還期，遵渚騖脩坰。遡溪終水涉，登嶺始山行。野曠沙岸静，天高秋月明。憩石挹飛泉，攀林搴落英。戰勝臞者肥，〔一五〕止鑒流歸亭。即是羲、唐化，獲我擊壤聲。」**夷歌出煙島。**顧況詩：「東甌傳舊俗，風月江邊好。何處樂神聲，云云。」**從來喚作小杭州。**楊公濟詩：「一片繁華海上頭，云云。水如棋局分香陌，山似屏風繞畫樓。」**海國甌鄉浙水東。**宋綬詩：「云云，暫煩良守此憑熊。」**分野長如二月天。**方干送王明府詩云：「波濤不應三春水，云云。」**地與剡川分水石。**趙嘏送張又新除温州詩云：「東晉江山稱永嘉，莫辭紅旆向天涯。凝絃夜醉松亭月，歇馬曉尋溪寺花。云云，境將蓬島共煙霞。却愁明詔徵非晚，不得秋來見海槎。」**嚴城鼓動魚驚海。**陳陶贈温州韓使君：「康樂風流五百年，永嘉鈴閣又登賢。云云，華屋樽開月下天。内史筆鋒光桉牘，隅陵詩句滿山川。今來誰似韓家貴，越絶麾幢鴈影連。」**土宜多説似吴風。**方干送永嘉王明府：「雖展縣圖如到縣，五程猶入縉雲東。〔一六〕山間閣道盤花底，海界孤村在浪中。禮法未聞離漢制，云云。字人若用非常術，唯要旬時便立功。」

【四六】出綸西掖，剖竹東嘉。　輟班朝路，出守海邦。　環地千里，負海一隅。　人才最盛，文獻可稽。　土俗頗淪於奢侈，民生多務於貿遷。　郡當甌粤之窮，地負海山之險。　維此東甌之

勝，實居左淛之窮。躋攀鴈蕩，請稽沈氏之筆談；顧盼龍湫，更和簡齋之詩句。地近海鄉，頗富魚鹽之利；郡鄰仙境，號爲龍鴈所居。詩成孤嶼，棹舟尚想於長庚；訟息空庭，蠟屐宜追於靈運。報政東嘉之郡，愛滿甘棠；賦詩西謝之堂，夢生春草。鴈蕩幾千年，康樂未窺於勝槩；龍湫三十丈，簡齋曾託於雄觀。鈐齋多暇，聊成夢草之章；貢篚所將，行侍傳柑之宴。周太博明伊川之學，蓋得正傳；朱夫子序梅溪之文，尚存勁氣。陳止齋之文，足爲模範；葉水心之學，信有淵源。

處州 麗水　龍泉　松陽　遂昌　縉雲　青田　慶元

【建置沿革】禹貢揚州之域。古縉雲之墟。天文，吴地，斗分野。春秋時屬越。秦屬會稽郡。後越王無彊七世孫摇佐漢有功，立爲東越王，都東甌，今温州永嘉是也。後以甌地爲迴浦縣。東漢改爲章安。吴立臨海郡。晉分臨海立永嘉郡。隋改爲處州，尋改爲括州，領括蒼、麗水二縣。唐爲松州，玄宗改爲縉雲郡，德宗又改爲處州，大曆間以處士星見，詔更州名。國朝因之。今領縣七，治麗水。

事要

【郡名】括蒼、見「沿革」注。古括、同上。縉雲。同上。

【風俗】地瘠人貧。圖經：「縉雲連山瀕溪，云云，故躬儉嗇，尚朴素。」家習儒業。同上。「自郡侯李繁興學之後，云云。」賦輸素辦。楊大年與章廷評書：「獄訟甚稀，云云。」

【形勝】宛在窮山。楊大年書：「郡齋岑寂，云云。引領寓目，羣峰倚天。清溪南奔，淺深見底。人家櫛比，多在煙嵐中。」湍流險阻。郡志：「云云，九十里間五十六瀨。」黄牛卧處好安州。舊城在州東南七里，今呼爲舊州。唐末，郡人盧約竊據是州，遂徙今地。舊傳，約之將徙，訪三平和尚，云云，因訪近山，適有黄牛吼寢，因徙于此。郡齋夐在霄漢。楊大年與李起居書：「云云，石磴盤屈，策馬登臨，嵐靄滴衣，煙霞滿目。」

【山川】括蒼山福地、爲七十二福地之一。小括山、高三十五丈，周迴三里，州治在其上。其路屈曲爲九盤，以入譙門。寰宇記云：「括蒼山在台州，今之蒼嶺是也。」隋志云：「處州有括蒼山。」天王山、在州西北隅，城壁繞其上。有唐時天王像，故名。縉雲山、在麗水縣。舊傳黄帝遊仙之處。有孤石特起，高二百丈。峰數十，或如羊角，或如蓮花。有龍鬚草，云是羣臣攀龍髯所墜者。徐凝題———詩：「黄帝旌旗去不回，空餘片石碧崔嵬。有詩風卷鼎湖浪，散作晴天雨點來。」仙都山、在縉雲東三十里。謝靈運名山記：「山傍有孤石屹然，高二百尺，三面臨水，周圍一百六十丈。山頂有湖，生蓮花。」○輿地志云：「即三天子都。」○曹唐詩：「孤峰疑礙日，一柱自擎天。」吏隱山、在州東北五十里。山南有唐李陽冰爲縉雲令，秩滿退居于此，爲窪樽。瀑布飛泉，灑落三百餘尺。上有四井，周回四丈，因名———。留題篆刻，至今人寶之。瀑布山、在縉雲縣北三十五里。○詳見上注。謝公巖、好溪上。亦名康樂巖。馮公嶺、在縉雲西，亦名木合嶺。○胡升詩：「萬山高處

更高峰，俯瞰茫茫雲滿空。」石門洞：在青田縣西七十五里。〔一七〕兩峰壁立，高數十丈，相對如門，因名。有瀑布，直瀉至天壁，凡三百尺；自天壁飛灑至下潭，凡四百尺。有亭曰噴雪。道書載青田山玄鶴洞天，即此。好溪、在麗水縣東五里。舊名惡溪，内多水怪。唐段成式爲刺史，有善政，怪族自去，改名好溪。洄溪、大溪之源。雙溪、在遂昌。靈溪、在龍泉東一里，崇因薦福院北。其溪夾長洲爲兩派，里讖云：「沙洲到寺上，龍泉出宰相；沙洲到寺前，龍泉出狀元。」後何執中拜相，劉知新釋褐爲首，蓋符其讖云。鼎湖、在仙都山頂。相傳以爲黄帝上仙處。幞頭壇。在遂昌縣東五里大溪中。其狀似之，水涸則見。謡言：「——上岸，遂昌官一半。」今溪南漲沙與山麓等，去壇纔數尺，而登桂籍者相望。

【堂亭】州宅、長編：「咸平二年，知處州楊億言：『本州城壁，舊在平隰，唐末寇亂，移於山上，吏民不便，請復之。』上以歲旱，不許。」照水堂：在郡治。米元章書。點易亭。在南園。○唐明皇贈葉法善詩：「青溪道士人不識，上天下天鶴一隻。洞門深鎖碧窗寒，滴露研朱——周——。」

【樓閣】煙雨樓：在州治。范至能書。○錢仲韶詩：「風雲出没有時有，——空濛無日無。」洄溪閣、在州宅。取謝靈運「對嶺臨——」之句。少微閣、在州治。少微，乃郡之星也。留槎閣。在龍泉縣濟川橋畔。有東坡留題。○何才翁詩：「朱户夜開千嶂月，畫簾秋捲兩溪風。」

【名宦】李邕、爲刺史。段成式、嘗爲守。詳見好溪注。李陽冰：爲縉雲令。詳見前吏隱

山。**皇朝楊億。**爲守。

【人物】皇朝葉致遠、王介甫贈——直講詩云：「葉侯越著姓，冑出實楚葉。縉雲雖窮遠，冠蓋傳累葉。」**何執中、**龍泉人，爲太宰。**葉夢得。**字少藴，累遷左丞，號石林先生。

【名賢】秦觀。紹聖中坐蘇子瞻黨，謫監酒税。

【題詠】路創李北海。李白送王屋山人魏萬詩：「縉雲川谷難，石門最可觀。瀑布掛北斗，莫窮此水端。〔一八〕噴壁灑晴雪，空濛生晝寒。却思惡溪去，寧懼惡溪惡。咆哮七十灘，水石相噴薄。云云（李公邕，昔爲括州，開此嶺），巖開謝康樂。」**來守縉雲城。**楊大年詩：「遠辭金虎觀，云云。」**官舍類樓居。**楊大年郡齋書事：「征途沿木合（嶺名），云云。」**生齒三萬家。**楊大年詩：「括蒼古名郡，云云。」**溪清玉有聲。**沈約禮好溪詩：「山碧煙無色，云云。」**瀑布和雲落。**姚合送薛員外赴處州詩：〔一九〕「云云，仙都與世疏。」**勸耕滄海畔。**劉長卿送齊郎中典括州：「星象移何處，旌麾獨向東。云云，聽訟白雲中。樹影雙溪合，猿聲萬嶺同。石門康樂在，幾里枉帆通。」**巖險煩登陟。**孫逖送楊法曹按括州：「東海天台山，南方縉雲驛。溪澄問人隱，云云。潭壑隨星使，軒車繞春色。儻尋琪樹人，爲報長相憶。」**郡城孤峭似仙居。**方雄飛贈段郎中詩云：「幸見仙材領郡初，云云。杉蘿色裏登臺閣，瀑布聲中閱簿書。德重自將天子合，情高元與世人疏。寒潭是處清連底，賓席何心望食魚。」**連屬君家弟與兄。**杜荀鶴寄處州朱尚書并呈軍倅崔太博詩：〔二〇〕「縉雲名郡昔

推名，云云。教化静師龔渤海，篇章高體謝宣城。山從海岸粧吟景，水自城根演政聲。今日老輪崔博士，不妨疏逸傍雙旌。」聲聲弦誦半儒家。姚述堯過青田詩：「簇簇魚鹽喧古市，云云。」雲開遠樹層城出。班宏送李處州詩：「云云，路轉千峰五馬遲。」

【四六】出紵嚴城，分符古括。眷是縉雲，介于浙水。括山名郡，浙水窮源。雖連浙部，實控閩山。何太宰之名邦，既雄地望；葉石林之故里，亦富人才。維縉雲山之墟，實爲古郡；當少微星之分，宜屬名流。瀑飛湍噴，好賡太白之名篇；縣古山深，更訪陽冰之遺刻。雲藏州宅，覺嵐翠之染衣；月映譙樓，聽江流之喧枕。宅在雲霄，内相之書詞備述；樓名煙雨，石湖之題扁猶存。鄴侯興學，郡始盛於儒風；成式化民，溪自銷於怪族。閲簿書於瀑布聲中，抑何清也；聽弦誦於魚鹽市裏，可謂盛哉！郡齋岑寂，既獄訟之素稀；編户朴淳，亦賦輸之易集。

校勘記

〔一〕「諾矩羅居震旦鴈蕩龍湫」，底本原無「居」字，義有不順。沈括夢溪筆談卷二四云：「阿羅漢諸矩羅居震旦東南大海際鴈蕩山芙蓉峰龍湫。」今據補「居」字。

〔二〕「其山水石清激勝處」，底本原缺「勝」字，據北圖本、四庫本、傳是樓本補。

〔三〕「象浦在樂清縣西六十七里」，底本原無方位詞，其它各本亦無。讀史方輿紀要云：「象浦

河在縣西六十里。」今據補「西」字。
〔四〕「卧痾對空林」，「空林」，底本原作「空牀」，據謝康樂集卷二、文選卷二二登池上樓改。
〔五〕「褰開暫窺臨」，「開」，底本原作「閉」，據四庫本、傳是樓本及謝康樂集卷二登池上樓改。
〔六〕「索居易永久」，「索居」，底本原作「素居」，據謝康樂集卷二登池上樓改。
〔七〕「節往感不淺」，「感」，底本原作「歲」，據謝康樂集卷二晚出西射堂改。
〔八〕「羈雌戀舊侶」，「雌」，底本原作「旅」，據四庫本及謝康樂集卷二晚出西射堂改。
〔九〕「在郡城之南一里許」，「郡城」，底本原作「城郡」，據嶽雪樓本乙正。
〔一〇〕「未厭青春好」，「厭」，底本原作「觀」，據謝康樂集卷二、文選卷二二游南亭改。
〔一一〕「疏暢洞達」，「洞達」，底本原作「洞大」，據四庫本及朱子大全卷七五王梅溪文集序改。
〔一二〕「辛苦誰爲情」，「辛苦」，底本原作「平昔」，據謝康樂集卷二、文選卷二六永初三年七月十六日之郡初發都改。
〔一三〕「持此謝遠度」，「遠」，底本原作「叔」，據謝康樂集卷二、文選卷二六永初三年七月十六日之郡初發都改。
〔一四〕「貢公未遺榮」，「貢公」，底本原作「黄公」，據四庫本及謝康樂集卷二、文選卷二六初去郡改。文選注謂貢公即貢禹。
〔一五〕「戰勝臞者肥」，「臞」，底本原作「臒」，據謝康樂集卷二、文選卷二六初去郡改。

〔一六〕「五程猶入縉雲東」，「五程」，底本原作「王程」，據全唐詩卷六五一方干送永嘉王明府改。

〔一七〕「在青田縣西七十五里」，底本原缺方位詞，其它各本亦無。讀史方輿紀要卷九四云：「石門山，縣西七十里，兩峰壁立，相對如門，石洞幽深。」今據補「西」字。

〔一八〕「莫窮此水端」，「端」，底本原作「湍」，據傳是樓本及李太白全集卷一六、全唐詩卷一七五送王屋山人魏萬還王屋改。

〔一九〕「姚合」，底本原作「姚令」，據全唐詩卷四九六改。本書引姚合詩甚多，因合、令形近，故誤。

〔二〇〕「杜荀鶴寄處州朱尚書并呈軍倅崔太博詩」，「處州」，全唐詩卷六九二所載杜荀鶴此詩作「温州」，開首第一句「縉雲名郡昔推名」作「永嘉名郡昔推名」，均與本書異。

方輿勝覽卷之十

福建路

福州 閩縣　侯官　連江　懷安　閩清　古田　長樂　福清　永福　（長溪　福安）　寧德　羅源

【建置沿革】禹貢揚州之域。星紀，牛、女須之分野。古閩越地，周爲七閩地，後屬楚。秦爲閩中郡。其後七世，至閩君摇佐諸侯平秦，高帝復以摇爲越王，王閩中故地，都冶（冶，地名，即侯官縣），武帝屬會稽郡。後漢始有侯官縣，又改曰東侯官，又分冶地爲會稽東、南二部。吴分南部置建安郡。晉屬揚州。陳置閩州。隋改泉州，煬帝爲閩州，尋改建安郡，治東侯官。唐置泉、建二州，又移泉州於晉江縣置，而此復爲閩州，更閩州爲福州。自此，福、建、泉三州始不相亲。唐末，王潮之弟審知入福州，升爲威武軍，後封閩王。周改威武爲彰武軍。皇朝屬兩浙西南路，復爲威武軍，雍熙分爲福建路，陞爲帥府。今統郡八，領縣十二，治閩、侯官兩縣。西外宗正、福建提刑置司。

事要

【郡名】合沙、郭璞遷城讖：「南臺沙合，河口路通，先出狀元，後出相公。」三山、在城裏，故名。長樂、閩中記：「地名——，居者安之。」福唐、見「沿革」注。閩中、見道山亭記。東冶、漢立冶縣，以越王冶鑄得名。東甌、舊經：「閩越地即古——，今建亦其地。」七閩。職方氏注：「閩子孫分爲七種，故曰——。」

【風俗】民俗紓緩。長樂志：「由建、劍溪湍而下，泉、莆潮漲而上，〔一〕適至是而平。民生其間，故其性紓緩，其志强力，可以久安無憂，真樂土也。」產薄用嗇。長樂志：「——懼——以勤羨，——喜——以實華。」君子內魯外文。同上。「其云云，而小民謹事畏法。」女作登於男。同上。「市廛阡陌之間，云云。」四民皆溢。同上。「云云，雖樂歲無狼戾，能執伎以遊四方者，亦各植其身。」海濱幾及洙、泗。圖經：「晉永嘉，衣冠趍閩。自是畏亂，無復仕。神龍中，州人薛令之始登上第，其後李錡、常袞，皆以崇重學校爲意。于時云云，如歐陽詹、林蘊，咸登於朝焉。」百里三狀元。乾道丙戌，狀元蕭國梁，居永福之重峰；第二科，己丑，狀元鄭僑，居永福界上之龜嶺；第三科，壬辰，狀元黃定，居永福之龍湫。遇兵不饉。郭璞遷城有銘曰：「泰康之載，遷插甌基。四色牢城，層巒三徑。洪許南流，瑞龍地應。其主螺女，現對花峰。千載不雜，世代興隆。諸邦萬古，繁盛仁風。其城形狀，如鸞似鳳。勢氣盤拏，云云。遇荒不掠，逢灾不染。其甲子滿，廢而復興。」上元燈毬。郡

志：「燃燈弛門禁，自唐先天始。本州準假，令三日。舊例，官府及在城乾元、萬歲、大中、慶成、神光、仁王諸大刹，皆掛燈毬，蓮花燈、百花燈、琉璃屏及列置盆燎；惟左右二院，燈各三或五，並徑丈餘，簇百花其上，燃蠟燭十餘炬，對結綵樓，争靡鬬焰。又爲紙偶人，作緣竿履索、飛龍戲獅之象。士民觀賞者，通夕不絶。」

【形勝】東帶滄溟。舊記：「百川叢會，控清引濁，隨潮去來。」北抵永嘉。同上。「云云，南出莆田，西連延平。」南望交、廣。郡志：「云云，北睨淮、浙，渺在天外，乘風轉柂，不過三數日。歲小儉，穀價薄湧，南北艦困載倐至。」順流東下。同上。「自鐔津云云，縈紆數百里，危陘狹徑，行者蠒足，輕舟朝發，一夕可至。」吻海派江。沈亞之集：「閩城——而——，附山以居。」越地肥衍。韓愈作歐陽詹哀詞，有云：「閩——————，有山泉禽魚之樂。」其地坦夷。舊記：「上四州多溪山之險，謂建、劍、汀、邵；下四州云云，謂福、泉、漳、莆也。」東南一都會。何述祭文：「無諸國爲云云。」

【土産】荔支、按——譜，有曰江家緑，曰十八娘紅，曰狀元紅，曰將軍紅，此皆絶品也。○程公闢詩：「水浮蓬島通賓館，日出扶桑照戟門。一等翠林無别木，四邊惟有——園。」素馨、蔡君謨詩：「——出南海，萬里來商舶。」末麗、蔡君謨詩：「團團——叢，繁香暑中拆。」漁鹽、郡志：「其地瀕海，故擅——之利。」壽山石。出懷安縣稷下里。潔浄頗如玉，柔而易攻，蓋珉類。

【山川】烏石山、在州西南一里，形如龜，亦曰閩山。其東則九仙山，其北則粤王山。此三山皆在城裏。○歐陽光祖皇華館記：「仙人釋子之宫，縹緲於三山煙翠間。」九仙山、在閩縣。又名于山。相傳何氏兄弟九人登仙于此。其上有四徹亭。蔡君謨詩：「偶爾尋幽上翠微，遊人啼鳥似前期。花間行印露沾紙，山下放衙雲滿旗。艷艷舞衣朝日處，飄飄商櫓落潮時。傳盃且與乘春醉，身世悠悠兩自遺。」越王山、在城内。九域志：「——無諸九月九日嘗宴于此。大石爲樽，尚存。」鼓山、在閩縣。有石狀如—，故名。或云每雷雨作，中若鼓聲。有銘曰：「鼓屴崱，頂峰特，窮島夷，鳩封城。」上有亭，朱元晦書「天風海濤」四大字。○趙子直嘗賦詩云：「幾年奔走厭塵埃，此日登臨亦快哉。江月不隨流水去，天風直送海濤來。故人契闊情何厚，禪客飄零事已灰。堪嘆人生秖如此，虚欄獨倚更徘徊。」鍾山、在城西。内有山，時聞鍾聲，故名。方山、在州南。○王逵詩：「衆狀皆窮險，兹形獨擅方。坦夷中砥礪，端正外青蒼。」長樂山、在州南六里。越王時，有神仙騎白馬來，又名白馬山。鳳池山、在閩縣。有——寺。按十國紀年云：「閩王葬夫人任氏于此山，其後忠懿亦葬焉。」釣龍臺山、在州南九里，臨江。舊記：「昔越王餘善於此釣得白龍。」怡山、在候官縣南。梁王霸善、黄老術嘗登此山。福山、在長樂縣。郡國志：「上有神人，裸身散髪，人見必有福。」又云：「董奉嘗隱此山，故其名遂著。」霍童山、在寧德北七十里。洞天記所謂「霍林洞天」是也。唐武后時，司馬煉師於此修煉，後駕鶴昇天，遂賜名鶴林。又吴郡人鄧元、鹽官人褚伯玉、沛國王玄甫於此授餐青精飯、白霞丹景之法。太姥山、在長溪縣。王烈蟠桃記：「堯時，有老母得九轉丹法登仙。」此山有三十六

峰。石竹山、在福清縣南一里，有林。真君玄光煉丹於此。南交山、在海洋中。鼇頂峰、在閩縣嘉福院，乃陳誠之肄業之所。○王逵詩：「眼看滄海近，身與白雲高。迴影連三島，盤根壓六鼇。」梨嶺、歐陽詹詩：「南北風煙即異方，連峰危棧倚蒼蒼。哀猿煙水偏高處，誰不沾衣望故鄉？」宿猿洞、在烏石山。怪石森聳，藤蘿蓊鬱，昔隱者蓄一猿，俗因以名。○林迥詩：「荔支影裏安吟榻，紅藕香中繫釣舟。」榴花洞、在閩縣之東山。唐永泰中，樵者藍超遇白鹿逐之，渡水入石門，始極窄，忽豁然，有雞犬人家。主翁謂曰：「吾避秦人也，留卿可乎？」超云：「欲與親舊訣乃來。」與——一枝而出，恍若夢中。再往，竟不知所在。靈巖洞：，在鼓山。○蔡君謨詩：「孤青浮海山，長白掛天瀑。」西洋、在巨海中，莫知畔岸。金崎江、在閩縣東南七十里。昔漁者於此釣得金鑠。螺江、在侯官縣西北二十五里。○搜神記：「閩人謝端得一大螺如斗，畜之家，每歸盤飡必具，密伺之，乃一姝麗甚，問之，曰：『我天漢中白水素女，天帝遣妾具君膳，令去留殼與君，其米常滿。』」浴鳳池、在鼓山大頂峰北。唐末，樵者見五色雀羣浴于此。龍首澗、在閩縣東山，乃許將肄業之所。蘇溪、在福清。讖語云：「——不用舡，此時出狀元。」鯤潭、在永福縣。讖云：「——生芝草，溪沙架高樓，此時出公侯。」東湖、在閩縣西二里。西湖。在閩縣北三里。○陳長卿詩：「鑿開百頃碧瀜瀜，潁上、錢塘約略同。楊柳兩堤連緑蔭，芰荷十里馥香風。波涵翠巘層層出，潮接新河處處通。輿誦載塗農事起，從今歲歲作年豐。」

【井泉】湧泉、在鼓山。有一竇，自平地出。湯泉。在湯院。○僧可遵詩云：「必待衆生塵垢盡，我方清冷混常流。」

【學校】州學。朱文公經史閣記：「福州之學，在東南爲最盛，弟子員常數百人。比年以來，教養無法，師生相視，漠然如路人。以故風俗日衰，士氣不作，長老憂之，而不能有以救也。紹熙四年，今教授臨邛常君濬孫始至。既日進諸生，而告之以古昔聖賢敎學之意；又爲之飭厨饌，葺齋館，以寧其居。然後謹其出入之防，嚴其課試之法，朝夕其間，訓誘不倦，於是學者競勸，始知常君之爲吾師。而常君之視諸生亦閔閔焉，惟恐其不能自勉以進於學也。故常慮其無書可讀，而業將病於不廣，則又爲之益置書史，合舊爲若干卷；故度御書閣之後，更爲重屋以藏之。而以書來請記其事，且致其諸生之意曰：『願有以教之也。』予惟古之學者無它，明德新民，求各止於至善而已。夫其所明之德，所止之善，豈有待於外求哉？識其在我，而敬以存之，其亦可矣。其所以必曰讀書云者，則以天地陰陽事物之理，脩身，事親，齊家及國，以至於平治天下之道，與凡聖賢之言行，古今之得失，禮樂之名數，下而至於食貨之源流，兵刑之法制，是亦莫非吾之度内有不可得而精粗者。若非考諸載籍之文，沈潛參伍以求其故，則亦無以明。夫明德體用之全，而止其至善，精微之極也。然自聖學不傳，世之爲士者不知學之爲本，而唯書之讀，則其所以求於書，不越乎記誦訓詁文詞之間，以釣聲名、干利禄而已。是以天下之書愈多，而理愈昧；學者之事愈勤，而心愈放；詞章愈麗、議論愈高，而其德業事功之實愈無以逮乎古人。然非書之罪也。讀者不知學之有本，而無以爲之地也。今觀常君之爲教，

既開之以古人斆學之意，而後爲之儲書以博其問辨之趣，建閣以致其奉守之嚴，則亦庶乎本末之有序矣。予雖有言，又何以加於此哉？然無已而有一焉，則亦曰姑俟二三子者，知夫爲學之本，有無待於外求者，而因以致其操存持守之力，使吾方寸之間清明純一，真有以爲讀書之地，而後宏其規，密其度，循其先後本末之序，以大玩乎閣中之藏，則夫天下之理，其必有以盡其纖悉而一以貫之。異時所以措諸事業者，亦將有本而無窮矣。因序其事，而并書以遺之。二三子，其勉之哉！」

【堂亭】**止戈堂**，在州治。○汪彦章題程學士———詩：「此老胸中百萬兵，暫勞試手犬羊羣。山頭不復望廷尉，柱後何妨用惠文。解帶爲城聊戲劇，賣刀買犢便耕耘。三山勝處開華屋，千載人傳舊史君。」**眉壽堂**，在州宅。張丞相浚爲其母秦國夫人建。**道山亭**，曾子固———記：「閩，故隸周者七。至秦開其地，列於中國，始并爲閩中郡。自粤之太末與吴之豫章，爲其通路。其路閩者，陸出則阨於兩山之間，山相屬無間斷，累數驛乃得一平地，小爲縣，大爲州，然其四顧亦山也。其塗或逆坂如緣絙，或垂崖如一髮，或側徑鉤出於不測之溪，上皆石芒峭發，擇地然後可投步。負載者雖其土人，猶側足然後能進。非其土人，罕不躓也。其谿行，則水皆自高瀉下。石錯出其間，如林森立，如士騎滿野，千里上下，不見首尾。水行其隙間，或衡縮蟉糅，或逆走旁射。其狀若蚓結，若蟲鏤，其旋若輪，其激若矢。舟泝沿者，投便利，失毫分，輒破溺。雖其土長川居之人，非生而習水事者，不敢以舟楫自任也。其水陸之險也如此。漢嘗處其衆江、淮之間而虚其地，蓋以其陿多阻，豈虚也哉？福州治侯官，於閩爲土中，所謂閩中也。其地於閩爲最平以廣，四出之山皆遠，而長江在其南，大海在

其東。其城之内外皆涂，旁有溝，溝通潮汐，舟載者晝夜屬於門庭。野多桀木，而匠多良能，人以屋室鉅麗相矜，雖下貧必豐其居。而佛、老子之徒，其宫又特盛。城之中三山，西曰閩山，東曰九仙山，北曰粤王山。三山者，鼎趾立。其附山，蓋佛、老子之宫以數十百，其瓌詭殊絶之狀，蓋已盡人力。光禄卿、直昭文館程公爲是州，得閩山嶔崟之際，爲亭於其處。其山川之勝，城邑之大，宫室之榮，不下簟席而盡矚。程公以謂在江海之上，爲登覽之觀，可比於道家所謂蓬萊、方丈、瀛洲之山，故名之曰「道山之亭」。閩以險且遠，故仕者常憚往。程公能因其地之善，以寓其耳目之樂，非獨忘其遠且險，又將抗其思於埃壒之外，其志壯哉！程公於是州，以治行聞，既新其城，又新其學，而其餘功又及於此。蓋其歲滿，就更廣州，拜諫議大夫，又拜給事中、集賢院修撰。今爲越州。字公闢，名師孟云。」**春野亭**、在州宅。○蔡君謨詩云：「江潮漲晚緑，山麓延朝紅。」**環峰亭**、在越山吉祥寺。亭占山巔，乾道間賜宸翰。**碧巖亭**。王汝舟詩云：「人去已升蓬島路，客來空愛玉溪泉。仙翁世界藏仙洞，佛子樓臺出半天。」

【樓閣】**萬象樓**；在州治。**衣錦閣**。在州治。以太宰余復嘗典鄉郡，故名。

【佛寺】**雪峰寺**、在候官縣西百餘里。○唐咸通中，真覺禪師義存遊吴、楚，至武陵，傳法於五祖德山。乃歸閩居芙蓉山石室，其徒蝟集，於是得象骨峰誅茅爲庵。一日登巔遇雪，留宿其上，因名雪峰。○閩中實録：「閩王問雪峰曰：『師住象骨峰，有何異？』答曰：『山頂暑月常有積雪。』審知曰：『可名——。』」○寺中有無字碑，或人題詩云：「一片如屏紫翠間，風吹日炙蘚花班。莫言个裏

無文字，正要當人着眼看。」囊山寺、在城西。有石屏，蔡君謨書。陳伯孫詩：「六合萬籟息，秋林月正輝。琴中彈不盡，石上坐忘歸。」大乘寺、在州西。寺有榴花洞、神移泉。黄蘗寺。在福清縣西南。有瀑布數十丈。○丁公言題詩云：「莫言塵世人來少，幾許遊方僧到難。」

【名宦】常袞：，韓愈作歐陽生哀詞云：「閩越雖有長才秀民，通文書吏事，與上國齒者，未嘗肯出仕。——爲福建諸州觀察使，往治其地。袞以文詞進縣鄉小民有能誦書作文詞者。袞，故宰相，有名於時，臨涖其民，親與之爲客主之禮，未幾皆化。」皇朝蔡襄、東都事略：「襄以右正言、直史館知福州以便親，遂爲福建路觀察轉運使。仁宗聞其母老，特賜冠帔以寵之。遷龍圖閣直、知開封府，進密直，知泉州，徙福州，復移泉州。又奏減閩人五代時丁口税之半。」曾鞏、以龍圖知，召赴闕。元絳、以天章待制知，在任遷給事中。張浚、先謫後知，繼奉祠。陳俊卿、以觀文知，後再知。史浩、以節度使判。梁克家、以資政殿學士知。胡銓。出爲僉判。

【人物】皇朝陳襄、候官人。爲御史知雜，乞罷青苗，貶斥王安石、吕惠卿以謝天下。熙寧中，以經筵薦司馬光等三十三人，皆爲名臣。許將、魁嘉祐進士，〔二〕仕至門下侍郎。時章子厚羅織元祐臣僚，言者欲發司馬光墓。〔三〕將曰：「發人之墓，非盛德事。」哲宗曰：「朕意與卿同。」鄭俠、福清人。曾師事王安石，調光州司法。秩滿，至京師見安石，具言青苗、免役、用兵之害。安石不答。久之，監安上門。會大旱，又上疏云：「今天下憂苦，質妻鬻女，父子不保，遷徙逃竄，困頓藍縷，拆屋伐桑，爭貨於市，輸官糴米，皇皇不給之狀，繪爲一圖。此臣安上門所見。陛下觀臣之圖，行臣之言，自

今已往，十日不雨，即乞斬臣以正欺罔之罪。」神宗出圖以示宰執，且責之，遣吏送出，知江寧。命下之日，京師大風雨。後詔赴獄，編管英州。**陳烈**、高卧七閩，屢詔不起。初，與蔡君謨同研席。君謨鎮福唐，先生往見焉。聞其嚴察，不入謁，留題津亭曰：「溪山龍虎蟠，六月夜衾寒。慇懃祝舟子，移棹過前灘。」公見之，爲少霽威嚴。**鄭穆**、字閎中。篤學修飭。**周希孟**、字公闢。通五經，尤長於易。**劉彝**、字執中，少師事胡安定先生。**陳祥道**、博學，嘗著禮書。**陸祐**、刻意禮書。**余深**、爲太宰。以衛國公知本州。**朱倬**、右相。**陳誠之**、狀元。**蕭國梁**、狀元。**黄定**、狀元。**蔡伯倫**。應童子科，真宗賜詩：「七閩山水多奇俊，四歲兒童出盛時。家世應傳清白行，嬰孩自謂老成姿。纔方學步來朝謁，未及能言便賦詩。更勵孜孜圖進益，青雲千里有前期。」

【題詠】雲海訪甌閩。唐孟浩然詩：「云云，風濤泊島濱。」**海隅山谷間。**王介甫送元厚之知福州詩：「云云，人物最多處。平旦息相吹，連城駢如霧。閩王舊宫室，丹漆美無度。今爲大帥府，千里來赴愬。元侯文章翁，更以吏能著。峨峨中天閣，鳴玉新改步。銜詔出梨嶺，方爲遠人慕。旌旗滿流水，冠蓋東門駐。〔四〕四座共咨嗟，疑侯不當去。張仲稱孝友，樊侯正求助。名城雖云樂，行矣未宜遽。」**忽擁貔貅鎮越城。**劉禹錫送唐舍人：「暫辭鴛鷺出蓬、瀛，云云。」**北畔是山南畔海。**杜荀鶴閩中秋思：「雨沾紫菊叢叢蘂，風弄紅蕉葉葉聲。云云，不堪圖畫只堪行。」**中華地向城中盡。**韓偓詩：「云云，外國雲從島上來。四序有花長見雨，一冬無雪却聞雷。」**巷南巷北讀書聲。**東萊吕伯恭送朱叔賜赴閩中詩：「路逢十客九青衿，半是同窗舊弟兄。最憶市橋燈火静，云云。」家

家同念佛經聲。連真詩：「除却弦歌庠序外，云云。」**萬户青帘賣酒家**。黄康民詩：「三山寶刹棲禪地，云云。」**蒼煙巷陌青榕老**。龍昌期詩：「云云，白露園林紫蔗甜。」〔五〕**潮上百川皆倒行**。黄通詩云：「春歸萬木不知老，云云。」**百貨隨潮舡入市**。龍昌期詩：「云云，萬家沽酒户垂簾。」**潮田種稻重收穀**。謝泌長樂集：「云云，山路逢人半是僧。」**盤餐唯候兩潮魚**。龍昌期詩：「飲宴直嘗千户酒，云云。」**魚蝦入市不論錢**。鮑祗詩：「兩信潮生海接天，云云。户無酒禁人争醉，地少冬霜花正然。」**夜間七塔萬枝燈**。謝泌詩：「城裏三山千簇寺，云云。」

【四六】抗章九陛，作牧三山。輟班八座，謀帥七閩。矧是福唐，冠于甌越。三山鼎峙，八郡支分。惟南閩之都會，有東魯之文風。既襟山而帶海，亦控廣而連吴。惟閩越、東甌之俗，本會稽南郡之邦。三山鼎峙，疑海上之仙家；千刹星聯，實人間之佛國。騎麒麟而上閶闔，方睹儀朝；擁貔貅而鎮粤城，忽聞謀帥。十連謀帥，適臨荔子之邦；八郡承休，盡是棠陰之愛。河圖寓直，峻躋七閣之班聯；晝錦還鄉，喜動八州之歌詠。海山環境，古稱富庶之邦；人物瑞朝，今曰詩書之國。三山七塔，少供但坐嘯之娱；一札十行，即有不俟駕之召。道山記在，特暫訪於蓬萊；文石班高，即趣歸於禁籞。彬彬文物，有唐常衮之遺風；井井提封，實秦閩君之故壤。大魁十年三度，自古則然；進士三萬終場，于今尤盛。燈火静而讀書，東萊之詩特美；文詞工而干禄，雲谷之訓甚嚴。陳古靈之薦賢，此邦鉅望；蔡端明之便養，當日至榮。天風海濤，飛動朱文公之妙畫；稻田僧路，形容謝長樂之新詩。付屏翰於魏公，正禮樂詩書之謂也；求學記於朱子，豈

辭章議論之云乎？

邵武軍 邵武　光澤　泰寧　建寧

【建置沿革】星土分野與建寧府同。本漢冶縣之地，吴於此立昭武鎮，屬建安郡。晉平吴，更昭武曰邵武縣。至隋，郡縣俱廢；尋復立邵武縣，屬撫州。唐屬建州。石晉復爲昭武縣，劉漢又改爲邵武縣。皇朝陞爲邵武軍，仍割建之三縣來屬，又添置光澤縣隸焉。今領縣四，治邵武。

事要

【郡名】昭武、見「沿革」注。武陽、樵川。

【風俗】人性獷直。郡志：「云云尚氣，治生勤儉，力農重穀。」儒雅之俗。同上。「昭武人喜以儒術相高，是爲云云。里人獲薦登第，則厚贐慶賀，是爲樂善之俗。」○葉惇禮泰寧縣記云：「弦誦之聲相聞。」地狹山多。郡志：「云云，田高下百疊。」賈售他州。郡志云：「家有餘財，則遠賫健往，——於——。」

【形勝】東抵富沙。同上。「云云，西抵盱江，南抵臨汀，北抵廣信。」前據重岡。胡明仲作軍治記：「云云，後帶鹿水。」三峰峙其南。郡志：「云云，一水界其北。」甌閩西户。胡明仲軍治記。四州之上游。郡志：「云云，其封略與江東、西接。」〔六〕如在碧玉環中。同上。「其土夷

曠，其氣清淑，其勢蜿蜒抱負，云云。」○袁轂詩云：「邦人遊冶處，如在月輪中。」

【山川】登高山、在郡西。嵯峨聳特，下瞰城郭，爲邦人歲時遊觀之地。上有熙春臺、釣魚臺。守張師中建庵其上，號吉老。七臺山、在邵武縣東百里。山有七級，峰巒相比，故名。磅礡於邵武、汀、劍三州之境。昔福唐劉道人居之，號劉聖者，善役虎豹，敕封真濟慧應大師。雞籠山、在邵武縣西，以形得名。土人祠禋、劉二聖者於其上，水旱必禱，有飛蜂之應。雞鳴山、在邵武東二十五里。昔盧絳叛兵入閩，人未知逃避，夜有鷄鳴山頂，人皆起，而賊適至，一方免害，故以名之。龍湖山、在郡西五十里。寶乘院在焉，唐僖宗子圓覺道場。山頂有天湖，溉田三萬餘頃，相傳有老蛟穴其中。烏君山、在光澤縣。○寰宇記：「秦、漢間，有徐仲山於此山遇神仙，〔七〕其妃偶多假烏皮爲羽，飛走上下，故名。」爐峰山、在泰寧縣治之西。圓峙如香爐，乃一邑之勝。金鐃山、在泰寧縣，跨建、泰、寧化三邑。○陳軒詩：「巨爲三縣鎮，雄據衆山尊。」三臺山、在邵武縣東路四十里梅元保，地名楊源。古老相傳，昔有頭陁從廣信尋龍脉來此，闢地種植，善驅雀耗，道貌淳朴，嘗語人曰：「老朽姓楊，俗居上饒渥地人也。曩參真覺，蒙師旨逢梅熟處遇西即止。」梁開平年間，卓庵修行於梅元三臺楊源西坑，水繞山環，林木深秀，有虎隨侍，應呼而前。鄉人失羊，尋蹤到彼，聖者出迎，曰：「汝無恐，羊在山後。」少頃果獲。因此稱號楊公聖者、伏虎大師。長興三年四月，師謂人曰：「吾以六月四日生，與汝鄉俗緣已盡。」至期，果跏趺逝化。後人爲其塔于師開山手植杉木之下，鄒編修（應博）有偈云：「雪峰三隻虎，最幼是楊公。混成無縫塔，耽原落下風。」迺立祠，板繪像，歲時齋祀之。凡水旱

疾疫，有禱即應，福庇遐邇，人皆德之。道者朱公善因募衆緣，廣其殿宇，時寶慶丁亥五月辛未。立棟架梁，争效材力，工畢雨至。已而塵土滌，木石潔，員光現，霽色開，天花繽紛，咸稱嘉瑞。昭武黄（大昌）鄉先生集詩辭作天花頌云：「陟彼北山，北山有楊。楊園之道，金玉其相。維此聖人，肅雝顯相。濯濯厥靈，赫赫在上。天作高山，殖殖其庭。庶民攻之，築之登登。如翬斯飛，大啓爾宇。四方來賀，百神爾主。習習谷風，零雨其濛。杲杲出日，日之方中。灼灼其花，如彼雨雪。如金如錫，或黄或白。猗儺其華，長發其祥。載飛載下，萬舞洋洋。施于中林，華如桃李。民人所瞻，周邦咸喜。匪降自天，何有何亡？有倬其道，邦家之光。天子萬年，矢其文德。降福穰穰，惠此中國。六月徂暑，陟其高山。鐘鼓既設，旅楹有閑。虎拜稽首，維師尚父。作此好歌，獻于公所。」游侍郎（九功）以「廣福」名其菴。至今菴側古杉巨木，可取枝榦療病，隨獲感應。宋朝聞聖者有功于民，錫號加封慈濟普應廣惠顯祐大師。桃源山在廣福菴東北，行二里餘，峰迴路轉，泉瀉源深，石徑縈紆，樹林蒼蔚。洗菜池邊留佛跡，種桃蹊上築菴基。聖水靈杯，人皆敬信。劉篁嵲詩云：「山木鎖冥迷，山前無路岐。無端流菜葉，剛被世人知。」〔八〕**道人峰**，在邵武縣南八十里。〔九〕負長溪，面樵水，秀峙於數十里外。其險處名曰羅漢巖，〔一〇〕下臨絶壑，上有盤石，歲旱禱雨，置浄瓶石下，有水滴瓶中，水滿自止，極爲神異。郡志云：「昔有道人結菴脩竹，號龔聖者，喜乘龍往來，頗有異迹，勑封神濟妙應大師。」**瑞豐巖**，在泰寧縣西四十里。上有院。初闢時，得龍骨數車，取其牙刻觀音像，至今存。中有金身羅漢五百尊，莊嚴巧絶。**甘露巖**，在泰寧縣西南二十五里。巖外石門天成，秖通單騎往來，俯瞰溪流，澄碧

數十頃，尋幽者以不到爲恨。飛猿嶺、在邵武縣西百七十里。其地産紙衾。百丈嶺、在建寧縣。乃閩、楚分界，鳥道懸絶，昔越王築臺之所。筆笏石，在泰寧縣南七十里。雙峙雲外，有卓筆植笏之象。樵溪、在邵武縣。此溪凡九曲，正朝郡治前。杭溪、在光澤縣東二里。龍潭、郡志：「灘江之水自何山下環遶泰寧縣治，遂儲爲潭，其勢漸若斗角。故老傳有『何潭流斗角，此地出三元』之讖。」館前洲。在縣東水心，狀如游魚出水，楊柳生其上。有「游魚出鬣侍郎生」之讖。

【亭臺】會景亭，在登高山最高絶處。前視井邑，萬瓦鱗次。左瞰清流，右臨碧巘。熙春臺。在登高山頂，蓋一郡最高處。

【祠廟】廣祐廟、在邵武縣西五十里。○王諱祐，姓歐陽，洛陽人也。隋義寧中爲温陵太守，代還，舟過大乾，愛其江山之勝，顧夫人崔氏曰：「此可立廟。」發舟之夕，江水暴漲，王夫婦溺焉。其尸沿流而下，至向所艤舟處輒止。見者隨流送之二十里，翌日泝流復返；再送之，加十里，又如之。於是衆驚異，斂而葬之，屢出靈響，遠近争來，椎牛刺豕以祭。有龍湖山圓覺大師憫殺物，命遺偈以告，遂以齋羞易血食。或云：師嘗與神以道力角勝負，廟傍有大松，師舉手以梢拂地者三，神僅能再，遂屈而從之，水旱之禱如響。邵武謂之「去天五十里」云。按夢録：「士有以前程來謁夢者，皆驗。」○李公綱，字伯紀，邵武人。嘗造祠下，夢王者降階延接，遜以主位，李固辭，王曰：「他日更仗主盟。」及爲相，值王加封，果與署名。○葉公祖洽，字惇禮，邵武泰寧人。先名光，字亨父。謁廟，夢王者令掌籍判官檢簿與看，即無葉光，止有葉祖洽名字，遂用之，當年果領舉赴省。謁廟，王者將一片犬肉置

於几上，命食之：又殿下有竹一束，王者指示云：「此是題目。」莫曉其義。明年作大魁，方悟「一片犬肉」乃「狀」字；「置于几上」乃「元」字；「殿下竹一束」者，以前廷對出賦題，殿試問策自祖洽時始，竹一束乃「策」字也。○黄公中，字通老。方勝冠，同友二三人詣正殿。黄於中途適值親戚，酌以大斗，及到祠下，酣猶未醒。是夜俱無夢，惟友人之臧亦宿于廟，夢王者云：「荷你秀才，來甚至誠。只有一個黄尚書，如何喫得恁地醉。」後黄作大魁，以有官人降第二，果仕至尚書，八十五歲終，贈端明；而友人者止爲秀才云。○袁公樞，字機仲，建寧府人。嘗到祠下，夢云：「温、黄前後並殿下不須行。」覺而惡之，以並、病同音。後省試，木待問作省元，乃温州人；第二名黄洽，袁以賦魁第四。是歲諒陰榜，不放殿試，即「殿下不須行」也。○曾公從龍，温陵人也。慶元戊午之秋，即於私居遥禱正殿，是夕夢云：「兩爵並躍於今秋，一薦獨横於天下。」又夢一人屈指數云：「四十年事，是科兄弟同發舉。」所謂「兩爵並躍於今秋」，明年從龍作狀元；所謂「一薦獨横於天下」「四十年」者，蓋泉州自梁克家作大魁之後，到從龍時恰四十年也。○福唐人蘇大章治易，其家瞻奉香火甚勤。慶元戊午之秋，即於私居齋宿有禱，中夜夢一朱衣吏分明報云：「今年發舉，名位已排定第十一。」語之再三。及覺，頗異其事。詰旦告人，人稍疑之。試期，遂爲衆士人經州投狀，而絶無曉示。及開榜至十一名，府主不許拆號，懷中出士人前所投詞，遂於待補中取一名易卷對换。及拆卷，乃是蘇大章，而待補却是爲狀首之人。明年，蘇作省元，亦豈偶然？○江俞，建昌人也。治聲律。詣祠下有禱，中夜夢王者坐於殿庭，屏退左右之人，呼而告之曰：「俗不如古。」語之至于數四。及覺，莫之曉。次夜

復假宿，其夢如初，於是專誌之。後於壬子年解試，出「聖上樸以皇質」賦，韻脚以「聖上以此還民之淳」。初欲押「還」字、「民」字、「之」字，俱不穩。忽思夢中之句，遂押「淳」字。破云：「俗不如古，聖期再淳，以此皇風之質，樸夫天下之人。」主司批破題四字冠場，遂中魁選。○高宇夢得詩云：「碧瓦朱簷天外聳，黃花六葉掌中開。」纔登第，娶黃司業女六娘爲妻。「碧瓦朱簷」，乃高宇也。○建安詹必勝，兄弟三人，謁夢得詩云：「萬里無雲天一色，秋風吹起鴈行高。」乃倒書之。及秋闈，同預薦，果弟先而兄後。餘不勝紀，悉見謁夢録。**李忠定祠**。在軍學。朱元晦記云：「公少有大志，自爲小官，即切切然以天下事爲己憂。宣和初，一日大水猝至，幾冒都城，人莫能究其所自來，相與震懼，而無敢以爲言者。公時適爲左史，以爲此夷狄兵戎之象，亟上疏言之，遂以謫去。數歲得召還，則虜騎已入塞，而長驅向闕矣。公復慨然圖上内禪之策，言未及發，而大計已决。虜圍既迫，群小方謀挾至尊犯不測，爲幸免計，公又獨扣殿陛，力陳大義，得復城守以退虜兵。然自是割地講和之議遂起，公又再謫，而大事去矣。光堯太上皇帝受命中興，首召公宰相，方誅僭逆，而小人有害公者，遂三謫以去，而不復還矣。」

【古跡】**瑞榴之讖**。海録碎事：「郡庭有石榴，士人觀所實之數以爲登科之信。熙寧間，結二實頗大。是年葉祖洽、上官均名在一二。祖洽詩云：『已分桂葉争雲路，不負榴花結露枝。』」〔一二〕

【名宦】**皇朝張士遜**、知邵武縣，後爲相。**石中立**、知軍，後參政。**蘇爲**、知軍，能詩。**宋咸**、建陽人。知軍，建公廨，創學舍，置田以給生徒。李泰伯作莊田記。**上官均**、郡人。廷試第一，歷

御史，論蔡確，謫知光澤。**吴逵**、知泰寧縣。愛民如赤子，馭吏如束濕。**尹師魯**、知光澤縣。**沈該**。知光澤縣。

【人物】**葉祖洽**、神宗初，革聲律，命以策廷試多士，祖洽陳數千言，貫穿古今，擢爲第一。**孫諤**、邵武人，字正臣。王介甫集：「雨未止，孫正臣欲行，以詩留之：『紛紛應接使人愁，與子從容喜問酬。它日故將泥自庇，今朝欲以雨相留。』」**黄履**、再登右轄。**李綱**、殿撰李夔之子，右丞黄履之甥，相高宗纔七十五日而罷。**黄潛善**、爲右僕射時，李綱左僕射。**黄中**、字通老，仕至端明。朱元晦作墓誌。**黄涣**。南省第一。

【題詠】**登臨高下樓**。郡守蘇爲詩：「愛重八九月，云云。紅雲何處起，寒瀨泊漁舟。」**東南千里遥**。司馬君實送張景陽知邵武詩：「閩嶺知何在，云云。」**路入樵溪似到家**。方雄飛詩：「舟停漁浦方爲客，云云。」**溪上千峰碧玉環**。葉儀鳳詩：「云云，瞰溪臺榭紫雲間。鳥啼花落非人世，似在金鰲山上山。」**天鍾秀氣魁文陛**。前人詩：「云云，池湧仙源接武夷。」

【四六】疏榮芝檢，作鎮樵川。樵川小郡，閩水上游。郡多顯族，代有聞人。賦甚璽絲，鹺爲命脉。眷武陽之名壘，據閩嶠之上游。昔時最盛於文風，今日乃餘於獷俗。山川之秀甲于全閩，人物之興盛於今日。昔號雷封，本建安之支邑；今稱斗壘，乃閩越之上游。倫魁繼作，皆元祐之聞人；鈞軸對持，有建炎之盛事。斗絶一隅，在衣冠而獨盛；雲蒸多士，亦絃誦之相聞。

雖里閭安集，業寖復於耕桑；然井邑蕭條，地或餘於荆棘。樵川邑小，懷師魯之舊遊；會景亭高，訪蘇爲之妙句。妙斡神機，多唐代禪棲之侶；默持文柄，有隋朝廟食之賢。

校勘記

〔一〕「泉莆潮漲而上」，「莆」，底本原作「蒲」。此「莆」乃莆田簡稱，作「蒲」誤，今據傳是樓本及元豐九域志卷九、宋史卷八九地理志改。

〔二〕「魁嘉祐進士」，「魁」，底本原作「見」，據北圖本、四庫本、傳是樓本改。

〔三〕「言者欲發司馬光墓」，底本原脱「者」字，又重一「欲」字，今據北圖本、四庫本、傳是樓本補、删。

〔四〕「冠蓋東門駐」，「東門」，底本原作「東西」，據傳是樓本及臨川先生文集卷九送元厚之待制知福州改。

〔五〕「白露園林紫蔗甜」，「白露」，底本原作「向露」，據嶽雪樓本及宋詩紀事卷八所載龍昌期三山即事改。

〔六〕「其封略與江東西接」，「接」，底本原誤爲「按」，據北圖本、四庫本、震无咎齋本改正。

〔七〕「有徐仲山於此山遇神仙」，「徐仲山」，底本原作「徐仲仙」，據四庫本、傳是樓本及太平

寰宇記卷一〇一、輿地紀勝卷一三四改。

〔八〕「三臺山（至）剛被世人知」，此「三臺山」一節，共六四二字，北圖本無。底本有部分是據北圖本原版重刻，并有所增益，此爲一證。元甲本、元乙本等元代刻本以及清代嶽雪樓等鈔本均有「三臺山」一節，可見其祖本即是本次校點所用之底本；而四庫本、傳是樓本等亦無「三臺山」一節，則其祖本即北圖本也。

〔九〕「在邵武縣南八十里」，底本「南」下原衍一「去」字，據北圖本、傳是樓本及輿地紀勝卷一三四刪。

〔一〇〕「秀峙於數十里外其險處名曰羅漢巖」，北圖本與底本有所不同，作「秀峙於城南數十里外，爲郡山之冠，其最險處曰羅漢巖」。兩本相較，底本比北圖本少了七字。究其原因，蓋本書部分底版重刻時，爲凑滿版面字數而改也。

〔一一〕「不負榴花結露枝」，「枝」，底本原作「根」，據海録碎事卷一九改。

方輿勝覽卷之十一

建寧府
建安　甌寧　嘉禾　浦城　崇安　政和　松溪

【建置沿革】禹貢揚州之域。星紀須女之分。古閩越地，秦屬閩中郡。漢立無諸爲閩越王，王閩中故地。武帝立爲冶縣，屬會稽郡。後漢改爲東候官。其後分冶地爲會稽東、南二部都尉，東曰臨海，南曰建安是也。吴孫休分南部爲建安郡。隋廢爲縣，屬泉州，煬帝立建安郡，隋末改爲泉州。唐改建安郡，後爲建州。唐末爲閩王所有，改鎮安軍，又改鎮武軍。南唐改永安軍，又改忠義軍。國朝初隸江南，又隸兩浙南路，尋以隸福建路，又陞爲建寧軍。孝宗潛邸，陞建寧府。領縣七，治建安、甌寧兩縣。

福建轉運、提舉置司。

事要

【郡名】建安、韓无咎——縣題名記：「自秦收閩粤，漢始縣閩。——中分東候官，益置——縣，蓋用漢年也。」富沙、古有——驛。城北有大洑洲，意者以此得名歟？東甌。郡國志建安縣有

古——城。漢吴王世子劉駒發兵圍——，即此也。

【風俗】尚侈而好浮。郡志：「處市井者云云，居田里者勤身而樂業。」尚氣而喜節。同上。「云云，易鬭而輕生，君子勇於爲善，小人敢於爲惡。」其民之秀者狎於文。韓无咎記。賦其厲氣者亦悍以勁。韓无咎記：「云云，佩刀挾矢，間起而爲鬭暴，不則匿役避賦，持短長以競其私。」民猍黠而易隨。盛均論建州之民云云。家有詩書。韓无咎記：「云云，户藏法律，三歲貢籍甲東南。」道義之鄉。郡志：「自朱元晦倡道東南，彬彬然云云。」山多田少。郡志：「云云，溪峻水湍。」力耕崔嵬。朱行中詩云：「水無涓滴不爲用，山到崔嵬猶力耕。」

【形勝】當閩之上游。韓无咎記。東閩劇地。權載之送建州趙使君序：「是邦爲云云，故相安平穆公嘗理焉。」襟山束水。盛均送建安郡守序：「閩嶠一臂西指，則建安在焉。其郡云云。」東接括蒼。建安志：「云云，北距上饒。」西南抵延平。同上。南北帶溪。碧水丹山。楊大年談苑：「吾鄉山水奇秀，梁江淹爲浦城令，以爲云云，珍木靈草，平生所愛，不覺行路之遠。」溪行石中。韓无咎記。

【土産】書籍行四方。麻沙、崇化兩坊産書，號爲圖書之府。○朱元晦嘉禾縣學藏書記云：「建陽版本————者，無遠不至。而學於縣之學者，乃以無書可讀爲恨。今知縣事姚某始鬻書于市，上自六經下及訓、傳、史記、子、集，凡若干卷以充入之。」又云：「嗚呼！讀聖賢之言，而不通於

心，不有於身，猶不免爲書肆。況其所讀又非聖賢之書哉！以此道人乃欲望其教化行而習俗美，豈不難哉？」**貢龍鳳等茶**。北苑焙在城東二十五里鳳凰山。○南唐保大間命建州製的乳茶，號曰「京鋌臈」。茶之貢自此始，遂罷陽羨茶貢。○郡志：「其品大槩有四：曰銙，曰截，曰鋌，而最麄爲末。」○國朝太平興國二年始置龍焙，造龍鳳茶。咸平，丁晉公爲本路漕，監造御茶，進龍鳳團。慶曆間，蔡公端明爲漕，始改造小龍團茶，仁廟尤所珍惜。是後，最精者曰龍園勝雪。外有密雲龍一品，號爲奇絶。方靈芽敷拆之初，常先民焙十餘日；異時進發，飛騎疾馳，不出中春，頭綱已至京師。○韓无咎記云：「其地不富於田，物産瘠甚，而荈利通天下。每歲方春，摘山之夫十倍耕者。」○黄魯直謝送壑源揀芽詩：「喬雲從龍小蒼璧，元豐至今人未識。壑源包貢第一春，（一）緗奩碾香供玉食。睿思殿東金井欄，甘露薦椀天開顔。橋山事嚴庀百局，補袞諸公省中宿。中人傳賜夜未央，雨露恩光照宫燭。右丞似是李元禮，好事風流有涇、渭。肯憐天禄校書郎，親敕家庭遣分似。春風飽識太官羊，不慣腐儒湯餅腸。搜攪十年燈火讀，令我胸中書傳香。已戒應門老馬走，客來問字莫載酒。」○王介甫送元厚之詩：「新茗齋中試一旗。」茶牙謂之一槍、一旗。○韓无咎次韻沈清臣遊龍焙詩：「武夷仙人厭塵埃，金鞭白馬飛崔嵬。丹砂已就不可識，尚有瑶草分靈栽。千花剪巧綴密露，秀色不待春風催。東溪路入三十里，山如舞鳳連翩來。槍旗未動供採掇，疊鼓夜作空山雷。蒼虬繞圭龍護壁，面爲鐵石心瓊瑰。烹煎鬬水出好事，珠瓔玉字相縈迴。已嗟雙井甘退步，況復日注真難儕。我來竊食端爲此，把玩一日三徘徊。手鄭清泉吊陸子，底用濁酒供歡咍。頭風快愈春睡散，老眼尚爲群書開。知君此

遊故不惡，坐有纖纖時捧盃。」**兔毫琖**、出甌寧之水吉。黃魯直詩曰：「建安甆碗鷓鴣班。」又君謨茶録：「建安所造黑琖，紋如兔毫。然其毫色異者，土人謂之毫變琖，其價甚高，且艱得之。」**紅綠錦**、出嘉禾。有濯錦橋。又號嘉禾爲「小西川」。**紙被**。出松溪縣。○陸務觀謝朱待制——之況二首：「紙被圍身度雪天，白於狐腋煖於綿。放翁用處君知否，不是蒲團夜坐禪。」○又詩云：「木枕藤床席見經，臥看飛雪入窗櫺。布衾——元相似，只欠高人爲作銘。」

【山川】**雞籠山**、在城東北五里；又有馬鞍山，在城東北三里：皆以形得名。二山連屬，乃府治之主山也。**鐵獅頂**、在城南三里，即府治對山也。山之巔有菴，有鐵鑄文殊、獅子像。先是，陰陽家謂府治來山若猛虎，出林溪西諸山若墜羊。然欲其不爲傷也，乃於對山置鐵獅以鎮之。宣和間，移置開元寺。未幾，葉、范二寇繼作，且有虎渡河之異。紹興間，守劉子翼復還故處。或云恐鐵獅下視城中，仍於府治之廳事及建安堂柱下埋小獅二十四，以明子母相應之義。**紫芝峰**、在鐵獅之左。王審知據閩日，其山産——。**雲際山**、在鐵獅之右。有陸羽泉，疑後人託爲此名。○楊大年詩：「陸羽不到此，標名慕昔賢。」**黃華山**、在城東北二里。寰宇記：「元嘉初，太守華瑾之徙郡治於此山之西。」建炎初，韓世忠討范汝爲，屯兵其上。**白鶴山**、在郡城東二里。東晉時，望氣者言此山有異氣，命工鑿之。已而有白鶴雙翔其上，因名。今立嶽祠于山之麓。有靈泉，有病者飲之輒愈。**鳳凰山**、在城東北二十五里。○蘇子瞻鳳咮石硯銘序云：「北苑龍焙山如翔鳳下飲之狀，當其咮有石。熙寧

中太原王頤取以爲硯，余名之『鳳咮』。然其産不富，或以黯黮灘石爲之，狀酷類而多拒墨云。」璺源山，在鳳凰山之南。北山之茶爲外焙冠。梨山，在郡城東十五里。梅山，在城南三里。方輿記：「梅福嘗煉丹于此。」有升仙壇。響山，在城南三里。其山空洞，行人相語則響答。菴山，在嘉禾縣東南十五里。舊志：「後唐時，有處士姓石，名湖，結菴此山，因名。」今有廟，神像乃就山石刻成。雲谷，朱元晦記云：「在嘉禾西北七十里蘆山之巔，處地最高，而羣峰上蟠，中阜内寬外密，自爲一區。雖當晴晝，白雲坌入，則咫尺不可辨；倏忽變化，則又莫知其所如往。乾道庚寅，予始得之，因作草堂其間，〔二〕榜曰『晦菴』。」又云：「昔有王君子思者，棄官棲遁，學練形辟穀之法，數年而去，今東寮即其居之遺址也。然地高氣寒，又多烈風飛雲，所需器用衣巾皆濕如沐，非志完神旺、氣盛而骨强者，不敢久居。其四面而登，皆緣崖壁、援蘿葛，崎嶇數里，非雅意林泉不憚勞苦者，則亦不能至也。」百丈山，在崇安。朱文公記：「其上皆蒼藤古木，雖盛夏停午無暑氣。東南望見瀑布，自前巖穴瀵湧而出，投空下數十尺，其沫乃如散珠噴霧，日光燭之，璀璨奪目，不可正觀。」龜山，在嘉禾。有萬壽院，陳軒讀書于此。○及第後重遊詩云：「寒樹似添新喜色，野猿尤聽舊吟聲。」硯山，在嘉禾縣東北三十五里。山之西有石如巨硯，相傳華子期師角里先生于此。夢筆山，在浦城縣西五里。其下有江淹祠。游果山，在還陽鎮之南，乃周朴真人修煉之所。武夷山，在崇安南三十里。山多獮猴。按神仙傳：「第十六昇真元化洞天。昔有神仙降此山，曰：『予爲武夷君，統録地仙，受館于此。』由是得

名。」○武夷志云：「周迴百二十里。凡峰巒巖石三十有六，此外以名著者，復不下十餘所。」○古記云：「昔有神降于山，自稱武夷君，後人因名曰武夷。」又云：「混沌初開，有神星曰聖姥，母子二人來居此山。秦時號爲聖姥，衆仙立爲皇太姥聖母。」又：「天台山玄虛老君、華真仙師，遣第七子屬仁乘雲駕鶴，遊歷此山，銓叙地仙，今稱控鶴仙人是也。」又云：「昔有張湛、孫綽、趙元奇、彭令昭、劉景、顧思遠、白石先生、馬鳴生，并胡氏、李氏、二魚氏，三姓女子四人，凡十二人，同詣此山求道，偕謁魏王。值魏王祭仙祈雨，湛等獻詩，仙人甚喜，乃遣何鳳兒往天台山取仙籍，回歸探視，具載魏王子騫與張湛一行，先於上筵飲酒過度，觸犯黄元真人，謫居此山，八百年後方得换骨歸天。時仙人既見此籍，各有姓名，因語魏王等至八百年後，可斫取黄心木爲函，於小藏巖中冲化。迄今存焉。」○朱元晦武夷圖序云：「武夷君之名，著自漢世，祀以乾魚，不知果何神也。今崇安有山名武夷，相傳即神所宅。峰巒巖壑，秀拔奇偉。清溪九曲，流出其間。兩崖絶壁，人迹所不到處往往有枯查插石罅間，以庋舟舡棺柩之屬。柩中遺骸，外列陶器，尚皆未壞。頗疑前世道阻未通，川壅未决時夷俗所居，而漢祀者即其君長，蓋亦避世之士，生爲衆所臣服，而傳以爲仙也。今山之群峰最高且正者，尤以『大王』爲號。半頂有小丘焉，豈即君之居耶？然舊記相傳，詭妄不足考信。故有版圖，迫迮漶漫，亦難辨識。今冲佑羽人高君文舉始復更定此本，於是鄉偝隱顯之間，〔三〕爲能有以盡發其祕，且屬隱屏精舍仁智堂主爲題其首，以祛舊傳之惑云。」○趙閲道遊山詩：「武夷之山千萬峰，一溪詰曲流其中。尋真結勝舟檝過，登舟仰視奇靈蹤。白鶴不翥寫峭壁，彫虎一嘯來清風。遺棺蜕骨遺化外，絶壑駕舡神鬼

功。寒巖鼎竈失雞犬，密摇松檜盤蛇龍。行行自喜亡塵容，觀身頓覺辭樊籠。當年今日是高會，左仙右仙之曲紅。紫皇歸去曾孫散，不見幔亭橋跨虹。余亦捫心有素藴，待逃韁鎖追鴻濛。可得洪崖浮丘輩，揖袂拍肩吾適從。」○建守陳覺民武夷詩：「昇真洞口接天門，靈草丹桃日日春。聽説列仙來瑞世，三朝德業在斯民。」蓋章聖出自武夷，事見楊大年家集。神考、哲廟，亦武夷真君應世，故此有「三朝德業」之句，事見氏族編。○楊大年詩：「靈嶽標真牒，孤峰入紫氛。藤蘿暗仙穴，猿鳥駭人羣。白道千年在，懸流萬壑分。漢壇秋蘚駁，曾祀武夷君。」○朱元晦詩：「秋聲入庭户，殘暑不敢驕。起趁汗漫期，兩袂天風飄。眷焉此家山，名號列九霄。相與一來集，曠然心朗寥。棲息共雲屋，追尋喚漁船。一水屢縈迴，千峰鬱岧嶢。蒼然大隱屏，林端聳孤標。下有雲一壑，仙人久相招。授我黄素書，贈我英瓊瑶。茅茨幾時見，自此遺紛囂。」○方伯謨過武夷作：「丹崖石氣凝高秋，碧溪上引天河流。金堂石室不可到，玉棺莓苔生古愁。仙人昔乘紫雲去，白馬摇鞭在何處？茫茫塵世那得知，幔亭空記當年事。君不見茂林松竹已蕭疏，乾魚猶祭同亭祠。」**車錢山**、古記云：「聖姥嘗鞭牛以車載錢於此，因名。」**幔亭峰**、一名鐵佛嶂。○古記云：「秦始皇二年八月十五日，武夷君致酒肴會鄉人於———上。初召男女二千餘人，如期而往，乃見山徑平坦，虹梁架空，體輕心喜，不覺其倦。至山頂，有幔亭綵屋，玲瓏映隱，前後左右可數百間。就幔亭北壁中間設一寶牀，謂之太極玉皇座；北壁西厦設一寶牀，謂之太姥魏真人座；北壁東厦設一寶牀，謂之武夷君座；悉施紅雲裀、紫霞褥。初，鄉人至幔亭外，聞擊鼓聲。少頃，空中有呼鄉人爲曾孫，男由東序、女由西序進。既而聞讚者云：

『汝等曾孫可拜。』又聞讚者云：『命鼓師張安陵打引鼓，趙元奇拍副鼓，劉小禽坎鈴鼓，曾少重擺鼟鼓，喬智滿振嘈鼓，高子春持短鼓，管師鮑公希吹横笛，板師何鳳兒拊節板。』於是東幄奏賓雲左仙之曲。『次命弦師董嬌娘彈坎篌，謝英妃撫長琴，吕荷香戛圓鼓（琵琶），管師黄次姑噪悲慄（篳篥），秀淡鳴洞簫，朱小娥運居巢（笙），金師羅妙容揮鐃鈸（銅鈸）。』於是西幄奏賓雲右仙之曲。行酒進食，百味珍奇，皆非世俗之所有。乃令歌師彭令昭唱人間可哀曲，詞曰：『天上人間兮合會疏稀，日落西山兮夕鳥歸飛。百年一餉兮志與願違，天宫咫尺兮恨不相隨。』歌罷，彩雲四合，環珮人馬之音亘空而至。俄而聞讚者云：『曾孫可再拜而別。』乃下山，則風雨暴至，回顧山頂無復一物，但葱翠峭拔如初耳。鄉人感幸，因相與立祠其山，號同亭云。」**天柱峰**、一名大王峰，在武夷山東南隅。石壁上有室曰昇真洞。洞中有神仙，蜕骨莫計其數。室前有黄心木棧。又有四木舡，兩兩相覆，亦盛仙骸，半枕室棧，不墜不壞。峰南一隅，稜層三出，可編梯級而上。近峰之頂有天鑑池。絶頂有投龍洞，洞門小而直下，縋綆百二十丈乃可至水。每朝家遣使投金龍玉簡之屬，悉詣之。峰上有嘉竹、仙柏、仙橘、仙李、仙荔支之類。○蕭子開建安記：「巖石悉紅紫二色，其石間有木碓、礱、簸籮、箸什物。」○昔魏王子騫於此得道，有張湛等十二人偕謁魏王。會天旱，魏王置酒脯祭仙祈雨。時控鶴仙人乘紫雲跨白馬從空而下，大霈雨澤。湛等獻詩云：「武夷山上武夷君，白馬垂鞭入紫雲。空裏只聞三奠酒，龍潭波上雨雰雰。」**玉女峰**、辛幼安詩：「————前一櫂歌，煙鬟霧髻動晴波。游人去後楓林夜，月滿空山可柰何。」**仙鶴巖**、在溪北。峭壁畫仙鶴。**仙學堂巖**、在溪南。半巖有石室，其間几

桉具在，蓋仙家翰墨之館。仙掌巖、掌面三處，石紋紅潤如掌。有瀑流，界於仙掌、學堂二山，直下千尺。仙機巖、在武夷溪北。水際巖上有石室，石機杼猶存。石堂院巖、在溪北。巖石環列，景物俱勝。先是，我朝天聖十年四月一日子夜，大風雷雨，院東白面巖開剥，巨石一片飛下，覆壓院宇五十餘間。翼旦，鄉鄰視之，已爲深沼矣。小藏巖、在溪南。下際無底之淵，上亘斗絶之壁。中開數室，皆插版木，望之如棧室。中有器，圓者如斛，方者如筒，又有如盤、如杵之狀者。古記云：「昔有仙雞棲鳴其間，故又名仙雞巖。」鼓樓巖、在武夷溪北。巖間有樓，其下四楹，有路可以攀援而上。舊記云是仙家鼓樓。旁有鼎竈。換骨巖、在幔亭峰北。中巖一室，平廣可六七丈。室前路斷數尺，不可度。舊有黄心木一根爲橋，不知年代，而堅固不壞，故世人得以造其間。室内有仙蜕九函；又有四柱樓一所，如世俗庋閣，其上置蜕函。函中仙蜕，皆質小而色紅。相傳方外之士得道尸解者，悉於此巖換骨，不獨武夷一洞天而已。虎嘯巖、昔嘗有虎嘯于此。金雞巖、在崇安縣北十五里。巖有瀑布，下有龍井，深不可測。舊記云：「或見二金雞翔集其上，故名。」昇真洞、在大王石東隅石壁之上。谽谺一室，徑數丈，而深倍之。中有雷文甆甌五，盛仙蜕。其一置石窨中，不可出，窨口狹而束故也。餘甌列布窨外。洞室之前，悉以黄心木縱横爲棧，若可通神仙往來者。洞室之上又有一穴，横插雙木爲橋，倏踰三丈。橋之西壁，近在十數步之内，别開一罅，方廣丈餘，中有香爐、藥瓴之屬，可望而不可親也。洞室之下，直裂一隙，其旁鼎爐存焉，相傳仙人煉丹之所。毛竹洞、在西溪上流，去武夷山百餘里。徧生毛竹，每節出一榦，其鉅細與根等。○李義山詩：「只得流霞泛一盃，〔四〕空中簫鼓當時回。」武

夷洞裏生毛竹，老盡曾孫更不來。」風洞、在九曲之上，其中謂之「一線天」。玉清洞、在郡之水西天慶觀側深潭中。○蕭子開建安志云：「昔漁人入潭中，見石室，金字題額曰『玉清之洞』。有一青衣童子出曰：『此司命真君之府也。』」三娘石、亦名玉女峰。並肩而立，紅膩玉色。○古記云：「秦時三少女遊其上。」兜擔石、一名賭婦巖。○古記云：「昔有娶婦者，與仙人賭而隨其去，遺下兜擔，化而爲石。」三姑石、在換骨巖北三十步。三石連屬，紅白鮮膩。○舊記云：「秦時有三女遊此石，因名。」絪縕石、石紋縷絡，如卷絲之狀。城高石、山形高峙，長亘五十餘丈，儼若城壁。大隱屏；在武夷山。○朱元晦詩：「上有蒼石屏，百仞聳雄觀。嶄巖露垠塄，突兀倚霄漢。」公自注云：「此峰夷上鋭下，拔地峭立，如方屋帽，遂築武夷精舍于此。」九曲溪、在武夷山西南隅。發源於毛竹洞，灣環九曲，貫於羣岫。○洪邁赴建安守泛舟遊九曲詩：「武夷之山如畫圖，中有玉洞藏仙都。一溪穿空舞澎湃，九曲度盡方盤紆。細看直疑路中斷，已轉始覺川平鋪。諸峰削成鳥亦怖，危磴豈復人能踰。機巖學館第傳授，鼓樓石床知有無。坐令丹梯化一鶴，又喚立笋成三姑。遊人來觀但借問，道士指説猶驚呼。神君曾孫在何許，想見幔亭空藥爐。千崖萬壑心賞倦，正喜松風清坐隅。歸舟瞥然箭脱手，醉目眩我雙明珠。」○李左史詩：「溪流玉雪三三曲，山鎖煙霞六六峰。」○朱元晦棹歌云：「武夷山上有仙靈，山下泉流曲曲清。欲識个中奇絶處，棹歌閑聽兩三聲。」○「一曲溪邊上釣舡，幔亭峰影蘸晴川。虹橋一斷無消息，萬壑千巖鎖翠煙。」○「二曲亭亭玉女峰，插花臨水爲誰容？道人不復荒臺夢，興入前山翠幾重？」○「三曲君看架壑舡，不知停櫂幾何年。桑田海水今如許，泡沫風

煙敢自憐。」○「四曲東西兩石巖，巖花垂露碧氈毵。〔五〕金雞叫罷無人見，月滿空山水滿潭。」○「五曲山高雲氣深，長時烟雨暗平林。林間有客無人識，欸乃聲中萬古心。」○「六曲蒼屏遶碧灣，茅茨終日掩柴關。客來倚櫂巖花落，猿鳥不驚春意閑。」○「七曲移舡上碧灘，隱屏、仙掌更回看。人言此處無佳景，只有石堂空翠寒。」○「八曲風煙翠欲開，〔六〕鼓樓巖下水縈迴。莫言此處無佳景，自是遊人不上來。」○「九曲將窮眼豁然，桑麻雨露見平川。漁郎更覓桃源路，除是人間別有天。」**龍潭溪**、在武夷山之東南隅。**建溪**、源出武夷，至城外。今東溪。**驂鸞渡**、在郡城南。蕭子開建安記：「真人上升，墜馬於山之西松溪，因曰墜馬洲，渡曰——。」**瀑布泉**、在浦城西北四十五里萬葉寺後。亘地數百尺，天下號爲第三瀑布。**水簾**。在九曲溪之上流。

【堂榭】**玉仙堂**、在郡圃。以玉清洞、梅仙山合名。**脩貢堂**、在漕臺。**觀妙堂**、在武夷山冲佑觀。○李彌遜宿觀妙堂，遇雨，既渡復迴，一日竟遊九曲而行，賦詩二首：「人間何地寄衰翁，偶到神仙一葦中。可是仙君謝逋客，舡頭無處避剛風。」○「渡口回舟未忍移，净坊聽雨坐題詩。餘齡儻有尋真路，試與披雲問鳳兒。」○朱元晦跋云：「觀妙堂東楹，李公侍郎遺墨，語意清婉，字畫端勁。至其下，輒諷玩不能去。然歲久剥裂，又適當供帳處，後十數年當不復可讀矣。别爲模刻，授道士使陷寘壁間，庶幾來者得以想見前輩風度。李公諱某，時以力抵和議，出守臨漳云。慶元乙卯正月，新安朱某謹奉書。」**紫霞洲**、在郡圃。取「幔亭紫霞褥」之義。舊記：「其水發源於處之龍泉，至烏龍窠口有一澗南注，經月城僧舍穿城而入，至閩王無諸祠東折，絶濠達于子城，以灌郡圃。」**紅雲島**、在

龍焙。丹青閣、在開元寺側。元豐初，太守石禹勤建。○宣和中，趙季西命名，且賦詩云：「跨壑飛簷屋數楹，上横山色下溪聲。等閑題作――――，未必丹青畫得成。」○徐璣留題云：「翠靄空扉忽有無，筆端誰着此工夫。溪山本被人圖畫，却道溪山是畫圖。」畫寒亭、在崇安縣五夫里之密庵，朱文公嘗遊。○韓无咎詩：「紅塵熱客那知此，赤脚青松意自閑。」聚星亭、在嘉禾之考亭。○朱元晦作畫屏贊并序云：「按世説：『陳太丘詣荀朗陵，貧儉無僕役，乃使元方將車，季方持杖從後。長文尚少，載著車中。既至，荀使叔慈應門，慈明行酒，餘六龍下食。文若亦小，坐著膝前。于時太史奏：真人東行。』考亭，陳氏故有離榭，名以聚星，蓋取續晉陽秋語。〔七〕中更廢壞，近始作新，適邇敝廬，因得相其役。事既，又爲之本原事迹，畫著屏上，并爲之贊，以視來者云。猗歟陳子，神嶽鍾英。文淵懿範，道廣心平。危孫污隆，卷舒自我。是曰庶幾，無可不可。獻身安衆，弔孺全邦。炯然方寸，秋月寒江。願言懷人，曰我同志。故朗陵君，荀季和氏。連峰對起，麗澤潛滋。僾而不見，有黯其思。薄言造之，顧無僕役。獨呼二兒，〔八〕駕予以出。青芻黄犢，布幰柴車。策紀前衛，杖諶後趍。所造伊何，高陽之里。維時荀君，聞至而喜。顧謂汝靖，往應于門。七龍矯矯，布席開樽。靖肅而前，翁拜其辱。何悟斯晨，得見清穆。命爽行觴，旅饋次陳。獻酬交錯，禮度情親。載笑載言，罔非德義。益邁乃猷，以輔斯世。髫髦兩稚，亦置膝前。源深本固，莫出匪賢。維此慈明，特謝儔匹。晚際國屯，敢憚濡迹。贇旒之命，恃以少延。邦朋之最，孰與爲先？郁乃附曹，群亦忘漢。嗣守之難，古今共歎。崇臺回極，于以占天。猶曰茲野，德星萃焉。我寓有亭，舊蒙斯號。今刺前聞，象儀以告。高山景行，好

德所同。課忠責孝，獨　余哀。百爾窺臨，鏡考毋怠。死國承家，永奉明戒。」○今士大夫亦多以此圖繪于屏云。

滄洲精舍、朱元晦築于考亭，以館四方之學者。周益公題扁。今爲祠堂。

武夷精舍、朱元晦築于五曲大隱屏之下。○韓无咎記：「武夷在閩粤直北。其山勢雄深磐礴，自漢以來，見于祀事。閩之諸山，皆後出也。其峰之最大者，豐上而斂下，巋然若巨人之載弁。緣隙蹬道，可望而不可登。世傳避秦而仙者，蜕骨在焉。溪出其下，絶壁高峻，皆數十丈。岸則巨石林立，磊落奇秀，好事者一目不能盡，則卧小舟杭溪而上，號爲九曲，以左右顧視。至其地或平衍，景物環會，必爲之停舟，曳杖徙倚而不忍去。山故多王孫。鳥則白鷳、鷓鴣，聞人聲或磔磔集崖上，散漫飛走，而無驚懼之態。水流有聲，其深處可泳。草木四時敷華。道士即溪之窮，僅爲一廬，以待游者之食息。往往酌酒未半，已迫曛暮，而不可留矣。山距驛道纔一二里許，逆旅遥望，不憚僕夫馬足之勞幸，而至老氏之宫宿焉。明日始能裹飯命舟，而溪之長復倍於驛道之遠，促促而來，遽遽而歸，前後踵相屬也。予舊家閩中，兩官于建安，蓋亦遽歸之一耳。吾友朱元晦居于五夫山，在武夷一舍而近，若其後圃。暇則遊焉，與其門生弟子挾書而誦，取古詩三百篇及楚人之詞哦而歌之，得酒嘯詠，留必數日，蓋山中之樂悉爲元晦之私也。予每愧焉。淳熙十年，元晦既辭使節於江東，遂賦祠官之禄，則又曰：『吾今營其地，果盡有山中之樂矣。』蓋其遊益數，而於其溪之五折負大石屏規之，以爲精舍，取道士之廬猶半也。誅鋤草茅，僅得數畝。面勢幽清，奇石佳木，拱揖映帶，若陰相而遺我者。使弟子輩具畚鍤，集瓦竹，相率成之。元晦躬畫其處，中以爲堂，旁以爲齋，高以爲亭，密以爲室，講書肄業，琴歌酒賦，莫不在

是。予聞之，恍然如寐而醒，醒而析，隱隱猶記其地之美也。且曰：『其爲我記之。』夫元晦儒者也，方以學行其鄉，善其徒，非若畸人隱士，遁藏山谷，服氣茹芝，以慕夫道家者流也。然秦、漢以來，道之不明久矣。吾夫子所謂志於道，亦何事哉？夫子，聖人也。其步與趍，莫不有則。至於登泰山之巔而誦言於舞雩之下，未嘗不遊，胸中蓋自有地。而一時弟子鼓瑟鏗然，『春服既成』之詠，乃獨爲聖人所予古之君子息焉者，豈以是拘拘乎？元晦既有以識之，試以告夫來學者，相與酬酢於精舍之下，俾或自得。其視幔亭之風，抑以爲何如也？是歲八月，潁川韓无咎記。」○朱元晦行視武夷精舍作：「神山九折溪，〔九〕沿泝此中半。水深波浪闊，浮緑春渙渙。上有蒼石屏，百仞聳雄觀。嶄巖露垠堮，突兀倚霄漢。淺麓下縈迴，深林久叢灌。胡然閟千載，逮此開一旦。我乘星村舡，輟棹青草岸。榛莽喜誅鋤，面勢窮考按。居然一環堵，妙處豈輪奐。左右矗奇峰，躊躇極佳玩。是時芳節闌，紅緑紛有爛。好鳥時一鳴，王孫遠相喚。暫遊意已愜，獨往身猶絆。珍重舍瑟人，重來足幽伴。」○詩云：「琴書四十年，幾作山中客。一日茅棟成，居然我泉石。」**仁智堂**、「我暫仁智心，偶自愛山水。蒼崖無古今，碧澗日千里。」**隱求齋**、「晨窗林影開，〔一〇〕夜枕山泉響。隱去復何求，無言道心長。」**觀善齋**、「負笈何方來，今朝此同席。日用無餘功，相看俱努力。」**止宿寮**、「故人肯相尋，共寄一茅宇。山水爲留行，無勞具雞黍。」**石門塢**、「朝開雲氣擁，暮掩碧蘿深。自笑晨門者，那知孔氏心？」**寒栖館**、「竹間彼何人，抱甕靡遺力。遥夜更不明，焚香坐看壁。」**晚對亭**、「倚筇南山巔，却立有晚對。蒼峭矗寒空，落日明影碎。」**鐵笛亭**、舊名奪秀亭，故侍郎胡公明仲嘗與山之隱

者劉君兼道游陟而賦焉。劉少豪勇，游俠使氣，晚更晦迹，自放山水之間，善吹鐵笛，有穿雲裂石之聲，胡公詩有「更煩横鐵笛，吹與衆山聽」之句。○「何人轟鐵笛，噴薄兩崖開。千載留餘響，猶疑笙鶴來。」釣磯、「削成蒼玉稜，倒景寒潭碧。永日静垂竿，兹心竟誰識？」茶竈、「仙翁遺石竈，宛在水中央。飲罷方舟去，茶煙裊細香。」漁艇、「出載長煙重，歸裝片月輕。千巖猿鶴友，愁絶櫂歌聲。」○以上係朱文公武夷雜詠。晞真館、起居舍人龔原記：「在第六曲仙掌峰之側，以爲遊人一息之地。」○李伯紀云：「余今夏夢乘舟行亂石間，四顧峰巒奇秀，有如玉色者。覺頗異之。及謫官劍浦，道武夷山，小舟泝流，水落石出，偏覽勝 ，至——雪作，巖石皆白，恍如舊遊。然後信出處之分定，而斯遊之清絶，已先兆於夢寐。雖欲不到，不可得也。作小詩以紀其事。」○詩云：「清夢先曾到武夷，玉峰積雪倍幽奇。小舟遊罷尋歸路，恰似翛然夢覺時。」晦菴、朱文公建廬峰上。○詩云：「憶昔屏山翁，示我一言教。自信久未能，巖棲冀微效。」夢筆山房。魏華父記：「世傳江文通爲吴興令，夢人授五色筆，繇是文藻日新。今浦城縣，故吴興也。縣故有孤山，里人因以『——』稱之。鄉先生楊文莊公嘗讀書其間。比歲，真希元於山之麓得數畝地，藝卉木，營闔廬，爲息遊藏脩之所。既爲文莊識其事，又以書抵了翁曰：『子爲我發之。』了翁每惟由周而上，聖賢之生鮮不百年。蓋歷年彌久，則德盛仁熟，故雖從心所欲，罔有擇言，皆足以信。今貽後詩三百，聖賢憂憤之所爲者十六七。六藝之作，七篇之書，亦出於歷聘不遇，凡皆坦明敷暢，日星垂而江河流也。聖人之心，如天之運，純亦不已；如川之逝，不舍晝夜。雖血氣盛衰所不能免，而才壯志堅始終弗貳，曷嘗以老少爲鋭

惰、窮達爲榮悴者哉？靈均以來，文詞之士興，已有虚驕恃氣之習。魏、晉而後，則以纖文麗藻爲學問之極致。方其年盛氣强，位亨志得，往往時以所能，譁世眩俗。歲滔月邁，血氣隨之，則不惟形諸文詞衰颯不振，雖建功立事蓄縮顧畏，亦非復盛年之比。無他，非有志以基之，有學以成之，徒以天資之美，口耳之知，才驅氣駕而爲之耳。如史所書，任彦升、丘靈鞠、江文通諸人，皆有才盡之嘆。而史於文通末年，至謂夢張景陽奪錦，郭景純徵筆，才不逮前。夫才命於氣，氣禀於志，志立於學者也。此豈一夢之間，他人所得而予乎？窮當益堅，老當益壯，而他人亦可以奪之乎？爲此言者，不惟昧先王夢祲之義，亦未知先民志氣之學。由是夢筆之事，如王元琳、紀少瑜、李巨山、李太白諸人，史不絶書。而杜子美、歐陽永叔、陳履常，庶幾知道者，亦曰『老去才盡』，曰『詩隨年老』，曰『才隨年盡』，雖深自抑損，亦習焉言之，不知二漢時猶未有是説也。希元用力於聖賢之學，今既月異歲殊，志隨年長，其自今所資益深，所居益廣，則息游藏脩於是山也，其必謂吾言然矣。叡聖武公，年九十五，作抑之詩曰：『相在爾室，尚不愧於屋漏。』嗚呼！爲學不倦如此，才可盡而志可蹟乎？既以復於希元，又以自儆云。」

【橋梁】平政橋、跨大溪。立趾十有一，各高七十二尺。釃水之道有九，梁空而行。復爲屋二百六十楹於其上，而欄翼之。萬石橋、在北津。爲趾十有五，屋一百七十有二楹，長百四十餘丈。朝天橋、在嘉禾縣南。拱辰橋。在嘉禾縣北。

【佛寺】開元寺、在郡西。有丹青閣，相傳爲吕蒙故宅。東西二瑞相院、在封山、崇峽兩保

之間。唐天后垂拱二年正月八日，有佛像從空而降，漸隱入地。飯牛姥適見之，抱持號呼，遠近皆至，掘得半軀。於是刻木以續之，高七尺一寸，手結盧舍那佛印，因號天降盧舍那佛。兩保居民爭奉事之，遂建二院，更迭迎奉。**瑞巖院**。在崇安，乃扣冰禪師道場。俗性翁，名藻光，崇安人。母將娠，父感夢老比丘荷錫求宿，乃生襁褓中，視經像輒有笑容。出家，得度參雪峰真覺，師深肯之，謂曰：「汝後必爲王侯。」師嘗移錫霄歷道場，院前有溪，遇冬輒扣冰而浴，常衣楮衣，不爲暑變云。○舊傳，唐末有唐、葛、周三將軍隱於此。又傳，古有雙劍藏於巖下。○趙清獻公詩：「寒冰扣曉人無垢，古劍藏秋谷有聲。」

【道觀】冲佑觀。在崇安縣武夷山。舊名武夷觀，保大間更曰會仙，皇宋紹聖二年改賜今額，聽秩二千石，奉祠者領之。觀之北有漢社壇存焉。

【祠廟】朱文公祠：先生之子在，今煥章待制建，從士友之請也。○祝和父撰上梁文云：「先儒講道，續泗水之正宗；後學建祠，宅富沙之勝槩；非徒崇於香火，將昭示於典刑。恭惟故太師徽國朱文公爲百世師，承千聖統，自孔子以來未有。豈孟氏之後無傳，乃若四書尤勤乙覽，巍巍丹扆恨不與之同時，濟濟青衿悵莫親於前哲，故或於生長燕遊之地，以寓其焄蒿悽愴之心。然孕靈匪屬於吾州，而卜宅又居於外邑，曾是大府維桑之敬，獨無精廬釋菜之儀，宜國人於是推尊，實天下所同嚮慕。遠想元公於溢浦，近稽吕氏於金華，皆即鄉邦立爲祠宇，援例朋來於學子，合詞共請於都堂，雖吾道無終窮，當自識其大者。然名世不常有，要使聞而知之，盍略倣於舊規，庶共知於景行。今則侍郎欽承

朝旨，來相城闉，改卜室廬，是即肯堂之意，先建宗廟，未忘過庭之時。睠兹萬家闤闠之廛，闢此數畝高明之址，將奉安於遺像，幸甫就於僝功。要皆士友之僉謀，豈特人子之私願？鄉黨恂恂，朝廷侃侃，宛如親見於平生；雲山蒼蒼，江水泱泱，相與永存於奕世。用陳短韻，敬舉脩梁：抛梁東，編簡常存道不窮，孔、孟以來千百載，泰山今復仰文公；抛梁西，道統如今説建溪，好似雷霆驚衆聵，又如日月覺群迷；抛梁南，隃望延平古劍潭，弦歌已創新書院，道統寧忘舊晦庵；抛梁北，一葦可航懷舊宅，精神如水行地中，鑿井得泉隨所得；抛梁上，升堂再拜瞻遺像，云胡必擇郡城中，祇爲邦人知所嚮；抛梁下，玩索遺編毋暫捨，儻將持敬爲入門，何患淵源不游夏。伏願上梁之後，教雨潛施，文風益暢。天開休運，表章既重於聖經；代有偉人，啓沃必推於家學。抑使甌、閩之俗，永爲鄒、魯之鄉。」**澤民廟**、在城東十五里梨山。祥符郡守盧幹立碑，謂唐宗室李回。按本傳，則回未嘗仕閩。運使鄭士秀以爲李頻。蓋頻爲建州刺史，郡人立廟祀之，當以鄭碑爲正。**靈濟廟**、在建安縣登仙里。神姓倪，諱彦松，大唐人。祖居貴溪，世授龍虎山天師，法遊建安，家于黨溪。**威懷廟**、在嘉禾縣南二十五里，地名蓋竹。神姓陳，諱湝。昔爲邑録事，以直方清幹爲己任。子三人，俱以行義稱。當唐貞元中，父子以讒同時遇害，投于溪，泝流而上數十里，邑人收而瘞之。**庇民廟**。在嘉禾縣東三步。神姓李，諱第三。〔一一〕僞閩時，王從珂舉兵侵州境，李嘗率義兵拒守，授銀青光禄大夫、檢校太保，領嘉禾縣崇樂鎮公事。以戰歿，葬於水南之後坂。

【名宦】江淹、方輿志：「浦城邑，本漢東候官之北鄉，吳永安三年改爲吳興縣。」圖經：「晉尚

書陸邁、梁尚書郎江淹，皆爲吴興令。」陸長源：唐人，爲太守。皇朝龐籍、景祐中爲轉運使。陳襄、以密直知浦城。人有失物，捕得莫知的爲盗者，述古乃紿之曰：「某廟有鍾，能辨盗。不爲盗者，摸之則無聲；爲盗者，摸之則有聲。」述古率同列禱鍾甚肅，乃陰使人以墨塗鍾，祭訖，以帷圍之。引囚，逐一令引手入帷摸之，出乃驗其手，惟一囚無墨，訊之遂伏。見筆談。趙抃、爲崇安宰。立祠於學，朱元晦記。汪應辰、以正字轉對。及和議，有上下相蒙之語，出爲建州倅。陳俊卿、王淮、梁克家、並以宰相判。傅自得、爲漕。子伯壽、伯成並爲守。韓元吉。爲建安宰。自作廳壁記云：「用廣而賦嗇，貿遷鹹鹺以佐其費，折獄蔽訟之外，計量猶大商也。」

【人物】顧野王、其先吴郡人，因官居建，嘗撰建安記，後又撰玉篇、輿地志，爲陳光禄卿。今有坊。江爲、嘉禾人，有詩名。今靖安寺乃其故居。○殿院陳洙詩云：「處士亡來一百年，故居牢落變祇園。詩名長共江山在，劍氣尚磨星斗昏。」潘佑：郡人，爲南唐禮書。今有坊存焉。皇朝章得象、浦城人，爲相。章楶、章授、葉焕、並省魁。楊億、浦城人。生之夕，祖父夢懷玉山人來。楊儀之、浦城人。謚曰文莊。祖秀實、釋褐狀元。葉齊、端拱初，廷試第一。徐奭、郡人。今建安有狀元坊。章衡、浦城人，大魁。楊蟠、建安人，嘉祐間有詩名。吴育、建安人。中賢良科，慶曆中參大政。吴充、育之弟，知禮院。章子厚、浦城人，作相。嘗與蘇子瞻遊南山，抵仙遊潭，下臨絶壁萬仞，岸甚狹。子厚推軾下潭書壁，軾不敢。子厚履險而下，以漆墨濡筆大書石壁上曰「蘇軾、章惇來」。

軾拊其背曰：「子厚必能殺人。」子厚大笑。**阮逸**、嘉禾人。景祐初上樂論十二篇，與布衣胡爰同召校定新舊樂律。**柳耆卿**、崇安白水人，長於詞。范蜀公嘗曰：「仁宗四十二年太平，鎮在翰苑十餘載，不能出一語歌詠，乃於耆卿詞見之。」仁宗嘗曰：「此人任從風前月下，淺斟低唱，豈可令仕宦？」遂流落不偶，卒於襄陽。死之日，家無餘財，羣妓合金葬之于南門外。每春月上冢，謂之「弔柳七」。**陳升之**、嘉禾考亭人。爲相，後居潤州。**陳洙**、考亭人。仁宗朝上疏助司馬光論建儲，且飲藥而卒，以明無所顗望。**陳師錫**、爲殿中侍御史，論蔡京、蔡卞者四，論章子厚者三。**陳軒**、嘉禾人。元祐中廷試居第二。先是進士賜袍笏，例於廷下脱白服緑，軒衣如懸鶉，上解黄衣賜之。至今賜袍笏有淡黄衣，自軒始。後知汀州。**游酢**、嘉禾人，徽廟朝爲監察御史。○朱元晦作州學祠記云：「按龜山楊文靖公作先生墓誌云：『予元豐中受學明道先生兄弟之門，有友二人焉。曰上蔡謝顯道，公其一也。初，伊川先生以事至京師，一見公，謂其資可與適道。是時，明道知扶溝縣事，先生兄弟方以唱明道學爲己任，設庠序聚邑人子弟教之。召公來職學事，欣然往從之。得其微言，於是盡棄其學而學焉。其後得邑河清，予往見之。伊川謂予曰：「游君德器粹然，問學日進，政事亦絶，人遠甚於師門。」見稱如此。其所造可知已。』」又云：「乃悉論著楊公本語，而不敢輒贊一辭云。」**劉韐**、崇安人。靖康時，東京城陷，虜聞其名，必欲得之。宰相遣韐往，虜欲用之。韐曰：「當以死報國耳。」遂自經死，謚忠顯。子子羽，寶學侍郎。孫珙，爲樞密。**胡安國**、崇安人。高宗朝，張浚薦公，遂進春秋傳。後謚文定。子寅，號致堂，以論秦檜，謫新州，著讀史管見。寧，嘗除郎，亦忤秦檜，遂被論罷去。宏不仕，

自號五峰，南軒從之遊。有知言、皇王大紀。胡憲、居崇安之籍溪，嘗爲本州教官，召爲正字。○朱元晦以詩送之，併呈劉共甫云：「先生去上蕓香閣，閣老新峨豸角冠。留取幽人卧空谷，一川風月要人看。」又云：「甕牖前頭列畫屏，晚來相對静儀刑。浮雲一任閑舒卷，萬古青山只麽青。」後胡五峰更爲一章云：「幽人偏愛青山好，爲是青山青不老。山中出雲雨太虚，一洗塵埃山更好。」朱元晦爲之跋云：「右衡山胡子詩也。初，紹興庚辰，某卧病山間，親友仕於朝者以書見招，某戲以兩詩代書報之曰云云。或傳以語胡子，子謂其學者張欽夫曰：『吾未識此人。然觀此詩，知其庶幾能有進矣。特其言有體而無用，故吾爲是詩以箴之，庶其聞之而有發也。』明年，胡子卒。又四年，某始見欽夫，而後獲聞之，恨不及見胡子，而卒請其目也。因叙其本末，而書之於策，以無忘胡子之意云。」劉子翬、崇安人，號屏山先生。有文集。劉勉之、字致中。少入辟雍，從涪陵譙定明易象之學。諫議劉公安世一見器之，以白衣再召至闕，竟引疾而歸。朱熹、新安人，後居嘉禾之考亭。甫冠，屏山劉子翬字公以元晦，而祝之曰：「木晦於根，春華曄敷。人晦於身，神明内腴。」故又號晦庵云。年十九登第，仕至侍講，謚文。後御筆以所著四書有補治道，特贈太師。○先是，太常章徠撰謚議云：「公躬履純誠，潛心問學，近承伊、洛，遠接洙、泗。居鄉則信於朋友，而有講切之功；居官則信於吏民，而以教化爲務。爲郡太守，則勤恤民隱，如恐傷之；任部使者，則糾發大吏，雖忤時相，必得其職乃已。至於立朝，則從容奏對，極言無隱。方權臣初得志，竊弄威福，知其漸不可長，禍且及天下，抗章極論，繼於講筵密奏，雖知取禍弗顧也。尋以論者詆爲僞學奪職，而公繼亦下世矣。」劉彌正覆議云：「公中科第

時猶少也，薄遊徑隱，閉門潛思。朝廷每以好官召，莫能屈；不得已而出，惟恐去之不早。官簿書考者九，而閑居者四十餘年，山林之日長，學問之功深也。嗚呼！師友道喪，人各自是。公力扶聖緒，本末宏闊，而弄筆墨小技者以爲迂；癯於山澤，與世無競，而汨没朝市者以爲矯；自童至耄，動以禮法，而跅弛捐繩墨者姍笑以爲誕。世嘗以是病孔、孟矣，公何恨焉？」魏掞之、嘉禾人，自號艮齋。以白衣召爲國録，天子悦之，擢爲學官。在職未幾，數上書論政事，以至力遏近倖之不當進者，遂不安，而告歸以卒。真德秀。浦城人。中宏博科，仕至參政。謚文忠。○王邁作文集序云：「先生壯年游蓬山直鰲嶺立螭坳。每上一諫疏，草一制誥，朝大夫與都人士争相傳寫。出而駕使軺，〔一二〕開大藩府。凡囊封驛奏之達於上，若庭諭壁戒之布於下，鋟梓一出，深山長谷、窮櫚委巷之氓，烏蠻、象郡風帆浪舶之賈，競售之，如獲至寶。中間嘗勇退閒居，執經問難於學易之齋，蓋有來自岷、蜀萬里者。」

【題詠】春灘建水狂。羅昭諫送沈侍御赴閩中詩。建溪富奇偉。蘇子瞻詩：「云云，葉氏方隱淪。」惸獨困吏饕。黄魯直送劉士彦赴福建運判詩：「紅葉雨墮來，冥鴻天資高。車馬氣成霧，九衢行滔滔。中有寂寞人，靈府扃鎖牢。西風持漢節，騎從嚴弓刀。維閩七聚落，云云。土敝禾黍惡，水煩鱗介勞。南驅將仁氣，百城共一陶。察人極涇、渭，問俗及豚羔。官閑得勝日，杖屨之林皋。人間閱忠厚，物外訪英豪。」漢廷初拜建安侯。劉長卿送建州陸使君詩：「云云，天子臨軒寄所憂。從此向南無限路，雙旌已去水悠悠。」

【四六】疇洛明牧，易鎮潛藩。建水上游，富沙名郡。建安古郡，甌粤奥區。溪行石中，田

墾山上。 矧龜城之雄據，實龍邸之初潛。 惟建溪之作屏，實代邸之啓封。 當一路之咽喉，亦八州之眉目。 向多名德之相忘，今亦人才之輩出。 眷真主潛龍之邸，實大臣歇馬之邦。 習俗輕生而好鬪，比閭多忿而喜争。 試言白玉之堂，蚤陪後乘；脩貢紅雲之島，幾作先驅。 雄稱大府，台符之所肯臨；對峙崇臺，地望於焉增重。 肆夏升歌，擬宣麻於文德；陽春有脚，還擷茗於武夷。

列營增竈，務莫急於軍儲；滄海熬波，利每虧於私鬻。 朱轓皂蓋，分刺史之左符；碧水丹山，入詩人之吟筆。 鄭由槀座而分符，俄歸枋地；傅自玉堂而出牧，旋拜樞庭。 脩貢春山，尋端明之舊譜；懷賢雲谷，訪侍講之遺編。 問俗及羔豚，山谷之詩云耳；羡君超鸞鶴，坡仙所詠非耶？ 家有伊、洛之書，見聞遠矣；俗如鄒、魯之國，文物藹然。 桑麻被隴，知農力之甚勤；茶笋連山，喜土風之差勝。 生武夷之下，其稟至清；近考亭之居，所漸者遠。 或以布衣，而力排於近習；或以聘幣，而高卧於故山。 文章則楊内相得其宗，氣節則劉忠顯爲之冠。 章、陳秉鈞，輔慶曆、熙寧之際；游、胡講學，承伊川、明道之傳。 牙籤玉軸，産人間未見之書；玉乳金甌，貢天上至珍之味。 兩橋虹卧，素稱宏壯之規撫；萬室星聯，頗有繁華之氣象。 武夷洞天，訪仙子皮舡之遺迹；大隱精舍，誦儒宗倚棹之清歌。

校勘記

〔一〕「壑源包貢第一春」，「第一春」，底本原作「第二春」，據山谷詩集注卷二謝送碾壑源揀芽改。

〔二〕「因作草堂其間」，底本原脱「其」字，據朱子大全卷七八雲谷記補。

〔三〕「於是鄉僧隱顯之間」，「僧」，底本原作「偕」，據朱子大全卷七六武夷圖序改。

〔四〕「只得流霞泛一盃」，「泛」，全唐詩卷五四〇所載李商隱武夷山作「酒」。

〔五〕「巖花垂露碧㲯毶」，「㲯毶」，底本原作「毶毶」，據朱子大全卷九武夷櫂歌改。

〔六〕「八曲風煙翠欲開」，「翠」，朱子大全卷九武夷櫂歌作「勢」。

〔七〕「蓋取續晉陽秋語」，底本及朱子大全卷八五聚星亭畫屏贊均脱「晉」字。梁劉孝標注世説新語，引檀道鸞續晉陽秋語以明德星會聚之事，今據補「晉」字。續晉陽秋，隋書卷三三經籍志有著録，共二十卷。

〔八〕「獨呼二兒」，「兒」，底本原作「鬼」，據四庫本、嶽雪樓本及朱子大全卷八五聚星亭畫屏贊改。

〔九〕「神山九折溪」，「神山」，底本原作「神仙」，據朱子大全卷九行視武夷精舍作改。

〔一〇〕「晨窗林影開」，「開」，底本原作「間」，據朱子大全卷九武夷精舍雜詠改。

〔一一〕「神姓李諱第三」，底本原無「諱」字，據文義補。本書上文靈濟廟、威懷廟下均作神姓某、諱某，可證此補「諱」字不差。

〔一二〕「出而駕使駙」，「駙」，各本均同，然字書無此字，疑有誤。此語出自王邁爲真德秀所作文集序，而今傳真文忠公文集又不載此序，故只得暫存此疑以俟來哲。

南劍州 劍浦　順昌　沙縣　將樂　尤溪

【建置沿革】三國以前並同建安。吴孫休立建安郡，以南平縣屬焉。晉武平吴，易南平爲延平縣。宋明帝廢延平縣。五代王審知以爲延平鎮，審知子延翰改爲永平鎮，又改爲龍津縣；王延政僭位於建州，國號大殷，以將樂縣爲鏞州，延平鎮爲鐔州。南唐分延平、劍浦、富沙三縣置劍州。皇朝以利路亦有劍州，乃加爲南劍州。今領縣五，治劍浦。

事要

【郡名】延平、見「沿革」注。劍津、晉書張華傳言：斗牛之間有紫氣在豫章豐城，補雷煥爲豐城令。掘獄基得雙劍，一與張華，留一自佩。華得劍報煥曰：「詳觀劍文，乃干將也，莫邪何爲不至？天生神物，終當合耳。」華死，失劍所在。其後煥之子持劍行延平津，劍忽躍出墮水，使人没水取之，但見兩龍。時人以爲雙劍復合。鐔川、龍津。

【風俗】民儉嗇而尚氣質。延平郡志：「云云，不爲姦詐。」學館肇于天聖。天聖中，郡將

曹修古建學館于西山，爲諸郡倡。慶曆三年始詔天下修學校，置師儒之官，而延平有學已二十年矣。

學有淵源。郡志云云。

【形勝】劍溪環其左。金良弼雙溪樓記：「云云，樵川帶其右，二水交流。」負山阻水。延平郡志：「云云，爲福建襟帶之地。」枕寒泉，倚青嶂。黄冕仲撰遊山記云云。崇山峻嶺爲郛郭。龜山楊中立作資善禪院記：「云云，驚湍急流爲溝池。」竹引山泉。郡志：「郡居山椒，清泉自石崖奔迸而下，用鉅竹引泉，綿亘數里，徧及郡中。」居七閩之咽喉。郡志云云。山水爲東南最。楊中立乾明修造記：「——清明偉麗，————。」

【土産】石硯。葉少蘊云：「此石有二種：其一出鹵水，去黯淡四十里，細潤而不甚發墨；黯淡灘石宜墨，而膚理不逮，然世亦未知此石之可珍也。」○蘇子瞻：「鳳咮硯，或以爲此石。」

【山川】衍仙山、在劍浦縣東北十里。昔衍客避晉亂，結廬煉丹其上，相傳以爲仙去。○吴致堯神秀軒記：「延平號山水佳處，衆峰連屬，鳳騫鼇峙，望之蔚然。神刓天劃者，衍山也。」百丈山、在劍浦縣北。越王於此建臺榭。董山、在尤溪縣北二十里。山上有石室，董真人嘗居之。文筆峰、在劍浦三十里。雙峰、一名雙髻山，在尤溪縣北二十五里。峭壁萬仞，如倚雙劍於天外。七峰、在沙縣。李丞相有詩。中巖、在劍浦縣東北五里。兩山對峙，即感慈大師道場也。靈惠巖、在尤溪西百四十里。中有巖竇可入，若廳事者二所，可環坐千人。玉華洞；去將樂縣十五里。有兩門，相距一

二里，中分二路，後復相通。交劍潭、東溪自建溪來，西溪邵武、順昌、沙縣來，合流於此，即劍躍之所。太史溪、在沙縣七峰之下。丞相李伯紀初以太史謫官于此。黯黮灘。在郡東十里。灘極峻，人多憚之。

【學校】延平書院。在水南。陳宓建。

【堂閣】衍仙堂：在郡圃。據山之阜，溪山環繞，一目可盡，有登覽之勝。劍歸閣、在郡治之後。丞相李伯紀書碑。凝翠閣。在沙縣。李伯紀詩：「七峰倒影蘸層碧，千里平津流向東。」

【亭軒】畫屏軒、蔡君謨舟宿延平津詩：「畫屏曾指孤舟看，今日孤舟在——。」野軒、黄魯直作——賦，開軒如村落，故名。溪山偉觀。在判官廳。真景元記：「延平據山，爲州軍事。判官廳處山之半，後枕崇阜，前挹大溪。溪之南九峰森羅，〔一〕雄峙天表。廳事之西，故有小亭，對溪山最佳處。予之爲判官也，方習詞科，兀坐亭中，繙閲古今書，間一舉首，則澄光秀氣歘入几席。」

【寺觀】西林寺、朱元晦云：「紹興庚辰，予來謁隴西先生，退而寓於西林院惟可師之舍，以朝夕往來受教焉。」○詩云：「窈窕雲房溪復深，〔二〕層軒俄此快登臨。卷簾一目遥山碧，底是高人達觀心。」○又賦詩云：「一自籃輿去不回，故山空鎖舊池臺。傷心觸目經行處，幾度親陪杖屨來。」○「上疏歸來空皂囊，未妨隨意宿僧房。舊題歲月那堪數，慙愧平生一瓣香。」〔三〕黯黮院：在郡東十里。有妙峰閣，蔡君謨題字。天慶觀。在溪南。有吟風閣，面衍山，俯劍潭。登斯閣者，有出塵之想。

【名宦】皇朝張觷、閩縣人。攝郡事，郡卒丘虞、童歡等結黨爲變，觷得其籍，凡六十人，捕而殺之，無漏網者。紹興初爲守，會范汝爲叛，謀據福唐，賴觷堅守其咽喉，瀕海四郡不罹其禍，觷之力也。李綱、邵武人。宣和上疏論時政，謫監沙縣税，後爲相。朱松、爲尤溪尉，榜一室曰韋齋。子文公，始生於尉之廨舍。石𡼖。爲尤溪宰，重修縣學。○朱元晦爲作學記云：「縣之學，故在縣東南隅，地隆然以高，面山臨流，背塵囂而挹清曠，石君始撤而新之。又能使其學者知脩身窮理，以成其性、厚其倫爲事，〔四〕而視世俗之學所以干時取寵者有不屑焉，則石君之敷教作人，可書之大者。」

【人物】黄裳、郡人，字冕仲。爲書生時，常有魁天下之志。元豐四年，郡之譙門一柱忽爲迅雷所擊，冕仲聞之，口占四句云：「風雷昨夜破枯株，借問天公有意無？莫是卧龍頭角困，放教頭角入亨衢。」次年對策，爲天下第一。胡璞、劍浦人。經采石渡，留一絶句云：「抗議金鑾反見讎，一杯蟬蜕此江頭。當時醉弄波間月，今作寒光萬里流。」蘇子瞻見之，疑唐人作，嘆賞之。陳瓘、郡人。徽廟朝除右正言，以論蔡京罷。後又著尊堯集，竟以貶竄而卒。自號了齋。楊時、字中立，將樂人，號龜山先生。爲學者所宗，故當時以爲「吾道南矣」。○朱元晦云：「公師事河南二程先生，得中庸鳶飛魚躍之傳，於言意之表踐履純固，卓然爲一世儒宗。」或云蔡京用事，國勢益壞。一旦招福州士人張觷居館席誨其子，觷但教以健走。父頗怪訝，使問之。觷曰：「天下爲汝父弄得如此，如何不走？」京因就問計焉。觷曰：「今惟召用善類，可以收拾人心。」且以龜山爲薦，遂有除命。廖剛、順昌人，爲中丞。秦檜欲斥逐異己者，遣人風之，答曰：「枉道徇人，非吾志也。」李侗。號延平先生。○朱

元晦祭文：「道喪千載，兩程勃興。有的其緒，龜山是承。龜山之南，道則與俱。有覺其徒，望門以趍。惟時豫章，傳得其宗。一簞一瓢，凜然高風。猗歟先生，早自得師。身世兩忘，惟道是資。精義造約，窮深極微。凍解冰釋，發於天機。乾端坤倪，鬼祕神彰。風霆之變，日月之光。爰暨山川，草木昆蟲。人倫之正，王道之中。一以貫之，其外無餘。縷析毫釐，其分則殊。體用混員，隱顯昭融。萬變並酬，浮雲太空。仁孝友弟，灑落誠明。清通和樂，展也大成。云云。」

【題詠】兩溪相並水歸南。竇鞏題劍津詩：「雙劍已成龍化去，云云。」峭壁危岑一萬重。胡曾詠史詩：「延平津路水溶溶，云云。昨夜七星潭底見，分明神劍化爲龍。」雙流分處帶三州。黃德美詩：「化成丹碧出鰲頭，獨占閩川最上游。兩劍合來靈一境，云云。」秖欠休文八詠樓。廖挺雙溪閣詩：「餘波直下雙溪水，云云。」何須欲速冒驚湍。倪思港灘詩：「長幾贛石三百里，險過瞿唐十八灘。幸有溪傍平穩路，云云。」

【四六】鳳檢疏榮，龍津出鎮。延平古郡，閩粤上游。前臨深壑，後逼峻崖。星芒落地，寶氣騰空。惟雙劍之要津，乃七閩之孔道。倚崇山而爲郛郭，枕巨壑以爲溝池。不離几席之間，盡閱溪山之秀。鳳宸疏榮，帝遣一麾之出；龍津增煥，神催雙劍之歸。征商龍斷，曾李忠定之謫居；寓宅鸂灘，應朱文公之毓秀。千山拱秀，雲霞棲衍客之丹；二水交流，雷電化張侯之劍。閣題凝翠，永懷李忠定之風；軒號畫屏，請和蔡端明之句。閩山八郡，文星輝斗野之躔；劍水萬家，寶氣聚龍津之浦。地居閩會，衝衝來往之舟車；郡枕水濱，屹屹高低之樓閣。了齋氣節，晃

仲聲名，人才獨盛；龜山淵源，延平學問，道統有傳。

泉州晉江　南安　同安　惠安　永春　安溪　德化

【建置沿革】禹貢揚州之域。星紀，牛、女須之分野。古閩粤地，秦爲閩中郡。後閩君摇佐諸侯平秦，漢興，復立摇爲粤東海王，又立無諸爲閩粤王，漢元封廢，建武中屬會稽郡。吴改隸建安郡。晉屬揚州。陳立閩州，又改豐州。隋爲南安縣，屬建安郡，又改爲泉州，名蓋始此，然其治乃在今福州。唐聖曆分泉州置武榮州，治南安，即今泉州是也。〔五〕天寶後爲清源郡，乾元復爲泉州。唐末爲王潮、王審知所有，既而留從效據漳、泉二州。南唐陞泉州爲清源軍，以從效爲節度使；又稱藩于周。從效卒，李煜授陳洪進清源節度使。國初陳洪進納土，改爲平海軍。今領縣七，治晉江。

南外宗正、福建市舶置司。

事要

【郡名】温陵、圖經：「其地少寒，故曰——。」清源、見「沿革」注。武榮、同上。桐城。留從效重加版築，傍植刺桐環繞。其木高大，而枝葉蔚茂，初夏開花極鮮紅。如葉先萌芽，而其花後發，則五穀豐熟。〇丁公言廉問至此，賦詩云：「聞得鄉人説刺桐，葉先花發始年豐。我今到此憂民切，只愛青青不愛紅。」

【風俗】風俗淳厚。治中張閘趙都官契雪録序：「泉之爲郡，云云。」名賢生長。郡志：「韓

魏公生於州治，陳了翁兩隨侍來守郡，此泉人所喜談者。」**民淳訟簡**。詹事王龜齡止訟文：「泉在七閩之中，云云，素號易治。」**其人樂善**。同上。「云云，素號佛國。」**素習詩、書**。曹修時建學表。**多好佛法**。圖經云云。**煮鹽鬻魚爲業**。同上。云云。**重昏姻喪祭**。同上。「云云，儉薄爲恥。」**商賈鱗集**。同上。「富商巨賈，鱗集其間。」**檳榔代茶**。檳榔消瘴。今賓客相見，必設此爲重。俗之昏聘，亦藉此以贄焉。

【形勝】**其地瀕海**。圖經云云。**遠連二廣**。連南夫修城記：「近接三吴，云云，萬騎貔貅，千艘犀象。」**川逼溟、渤**。歐陽詹作二公亭記：「云云，山連蒼梧，炎氣時迴，爽氣多來。」**閩粤領袖**。張贊明記：「清源云云。」**環島三十六**。泉之晋江，東出海間，舟行三日，抵彭湖嶼，在巨浸中，云云。○施肩吾詩：「腥臊海邊多鬼市，島夷居處無鄉里。黑皮年少學採珠，手把生犀照鹹水。」

【土産】**蕃貨**、諸蕃有黑、白二種，皆居泉州，號蕃人巷。每歲以大舶浮海往來，致象、犀、玳瑁、珠璣、玻瓈、瑪瑙、異香、胡椒之屬。**荔支**、郡有荔支廳，蔡端明嘗爲之譜。○韓偓詩：「遐方不許貢珍奇，密詔惟教進荔支。」**素馨花**。傅伯成詩：「昔日雲鬟鎖翠屏，只今煙塚伴荒城。香魂斷絶無人問，空有幽花獨擅名。」注云：「素馨，南漢宫女名。」

【山川】**泉山**、郡之主山。又名北山，在州北五里，周環四十里。顏師古注漢書朱買臣所謂「越王所保之泉山」是也。山有石乳泉，泓澄清潔，而味絶甘美。其源流衍下達于江。以「泉」名

山及州，以「清源」名郡，豈亦本於此？紫帽山、郡之前山，嵯峨摩天。其絶頂常有紫雲，故名。〇山椒有泉眼，相傳有龍蟠其間，故名龍池。〇李邴詩序云：「唐時有泉人客洛陽，邂逅一羽衣，折簡寄——人。既歸達簡，山人遺以粟米半升。及到家，視之金粟。」九日山、去城十五里，延福寺之後山也。舊俗常以重陽日登高于此，故名。〇朱元晦有寄題——豁然亭詩云：「昨遊九日山，散髮巖上石。仰看天宇近，俯歎塵境窄。歸來今幾時，夢想掛蒼碧。聞名結茅地，怳復記疇昔。年隨流水逝，事與浮雲失。了知豁然處，初不從外得。遥憐植杖翁，鶴骨雙眼碧。永歗月明中，秋風桂花白。」雙髻山、在永春縣。鄭厚、朱元晦皆有詩。九座山、在德化縣東北八十里，唐正覺大師智廣道場。重巒疊嶂，小路嶮巇，走危飛峭，瞬者足掉，始到大師隱迹處。初，大師至此，有巨蟒，錦皮黿晴，盤遶於庵，師端坐禪寂，蟒遂化去。且山有石龕，廣闊數丈，昔師由九仙來，宴坐其間，故俗謂師坐蟒口中。大輪山、在同安縣一里。群峰環列，如異人奇鬼，或乘車張蓋，或衣冕峨冠，或如帶甲，或如躍馬，勢若奔輪，故名。有寺曰梵天，最據勝境。建隆初，寺僧名自巖者，乃南安巖主定光圓應白衣菩薩也。其靈迹不可勝紀。城山、在惠安東南。文圃山、在同安縣西。上有花圃，唐文士謝修嘗居此。高士峰、在九日山西。昔秦系隱于此，因名。姜相峰、在九日山之東。唐姜公輔貶爲州别駕，居此。〇王龜齡詩：「相國忠如宋廣平，危言流落晉江城。天資自立無心買，何事青山亦得名。」石笋峰、譙樓上梁詩：「人傑已知符石笋。」五峰巖、中一峰有大石穴，可容百人，異石森列，游人未嘗不徘徊而惜去也。龜巖、在泉山。乃昔林藻、林藴、歐陽詹讀書之室，有石硯存焉。無等巖、在延福寺西。唐高

僧——禪師住此四十年，號西菴。山有古木，不知名。○處士周朴詩：「建造上方藤影裏，高僧往往似天台。不知名樹簷前長，曾問道人巖下來。」魁星巖、永春縣庠之對山。龍頭嶺、歐陽詹別墅。醉月石、在龜巖。見李文敏記。清源洞；在泉山之巔。有巖石，皆瓌傑。山之陰有梵刹四區，峻峰疊巘，寓目登眺，如在天上，郡人歲時遊焉。有蔡尊師居此，修真蜕骨而去。海道、出東海，行二日乃至高華嶼。晉江、在縣南一里。以——之南渡，衣冠士族避地者多沿——以居。洛陽江、在州東二十里。源發於惠安，至晉江入海，與潮水通。廣三百丈。石橋下生蠣房，其品爲泉州珍異。○圖經：「唐宣宗微行，覽山川勝槩，有『類吾洛陽』之語。」舊傳以爲「落洋」乃洋水之所落處，其説俚甚，當以「——」爲正。黄龍江、在南安縣。相傳有黄龍見於溪南，而曾楚公會爲進士第二；乾道四年龍復見，石起宗亦爲第二。○王龜齡題法石院詩：「清源太守鬢蓬鬆，未遂歸農又勸農。農事正與天不雨，誰能唤起老——？」金溪、按夷堅志云：「去南安縣數里。」讖語云：「——通人行，狀元方始生。」建炎丁未，宰江公謹命爲小橋，是年梁克家始生。巽水、按建安志云：「葉庭珪知泉州，嘗通——，云後十年當出大魁。」後梁克家果魁天下。東湖。在城之東。歐陽詹記曰：「郭——奇阜，高不至崇，卑不至夷，含之以澄——萬頃，絶之以奇峰千疊。」

【堂亭】中和堂、在郡治。○王龜齡詩：「堂前老木幾經春，徧閲泉南舊守臣。盡向————上坐，中和爲治有何人？」安静堂、在郡治。○王龜齡詩：「前賢治迹尚堪尋，留得堂名直至今。若

欲斯民各安静，要須安静自家心。」**愛松堂**、蔡君謨詩：「偏愛東堂砌下松，三年瀟灑伴衰翁。寒聲動蕩潮初上，疏影孤圓月正中。」**魁瑞堂**、在州學。○解邦俊記：「紹興己卯，雙蓮生于梁文靖讀書堂。次年，克家廷對魁天下。乾道戊子，生于貢院，石起宗復以亞魁顯。慶元戊午，雙蓮復産於州學之槐亭，曾從龍作第一人。」**四卿堂**；在城西朱明院。天聖中，藍承、趙誠、宋宜、陳侁于此讀書，其後登科，同時爲列卿，故名。**二公亭**、在東湖中。貞元間，郡牧席公、别駕姜公得奇阜，二公建亭，郡人名之。○歐陽詹、席公嘗宴舉子於東湖亭。**茅亭**、陳洪進宴遊之地。今廢。○太守孫逢吉詩：「陳氏當年爲勝□，吾徒今日作良游。時遷代謝皆如此，細雨燈花莫浪愁。」**西軒**、在同安縣簿廳。○朱元晦有詩云：「窗户納凉氣，吏休散朱墨。暫愒豈非閑，無論心與迹。」**高士軒**。朱元晦記云：「同安簿廨西北隅一軒，亢爽可喜，予因更以爲高士軒。客或難予曰：『漢世高士不爲主簿者，實御史屬。漢官御史府典制度文章，大夫位上卿，亞丞相，主其簿書，名秩亦不卑矣。彼猶以爲浼己而不顧焉，故足以爲高也。今子僕僕焉塵埃之中，左右朱墨，蒙犯捶楚，以主縣簿於此，而以高士名其居，不亦戾乎？』予曰：『固也。夫士誠非有意於自高，然其所以超然獨立乎萬物之表者，亦豈有待於外而高耶？知此，則知主縣簿者雖甚卑，果不足以害其高。而此軒雖陋，高士者亦有時而來也。』」

【橋梁】**萬安橋**、一名洛陽橋。嘉祐間，太守蔡君謨勸州民成此橋。○蔡君謨石橋記曰：「累址于淵，釃水爲四十七道。梁空以行。其長三千六百尺，廣丈有五尺。翼以扶欄，如其數之長而兩之。靡金錢一千四百萬云。」○洛陽橋有題柱詩，不知何人作，云：「百年河、洛汚膻腥，何事斯橋浪

得名？欲洗胸中不平恨，時來倚柱看潮生。」○陳君舉洛陽橋詩：「跨海爲橋布石牢，那知直下壓靈鼇。基連島嶼規模壯，勢截淵潭氣象豪。鐵馬著行横絶漠，玉鯨張鬣露寒濤。縑圖已幸天顔照，應得元豐史筆褒。」蓋元豐初運使王公嘗進畫本，天子嘉賞久之，故卒章及此。○王公詩：「接玉架開三島勢，積金衡斷兩潮聲。泥沙浦溆時時見，風月樓臺夜夜清。」**太師橋**、在同安之東。留從效用石架，陳洪進嗣成之。**安平橋**。在石井鎮。紹興中趙令衿造，其長八百餘丈。

【寺院】**開元寺**、在州西。唐武后垂拱二年，居民黄守恭宅園中桑樹忽生白蓮花，因捨宅爲寺。又戒壇居殿後，可容千人。堂宇静深，巷陌縈紆，廊廡長廣，别爲院一百二十，爲天下開元寺之第一。東塔，咸通間僧文偁造；西塔，梁正明間王審知造。**粥院**、在開元寺。古傳有兵官就院索兩大粥桶盛草餧馬。一宿，主僧曰「本院土地不能守護之」，捲畫像壓磨石下。後一夜，於長廊誦經，忽見一人曰：「容爲取之。」是夜兵官兩馬俱斃，亟敲門還兩粥桶。後復見神曰：「願從今去，守香積厨，永無鼠雀耗。」遂許之，仍立廟像焉。**承天寺**、在子城東南。鄂國公留從效舊宅，規模雄壯，爲泉南第一。**延福寺**、在南安縣西一里。山水秀絶，爲七閩之冠。○唐處士劉乙有詩云：「曾看畫圖勞健羡，今來親見畫猶麄。」**石佛院**。在九日山，有亂峰軒。○朱元晦留題云：「因依古佛居，結屋寒林杪。當户碧峰稠，雲煙自昏曉。」○又詩云：「巖中老、釋子，白髮對青山。不作看山想，秋雲時往還。」

【祠墓】**蘇公祠**、公諱頌。○朱元晦立祠，在同安縣學。作記云：「公博洽通古今，通知典故，偉然君子長者也。嘗掌外制，時王丞相用事，欲有所引拔。公以其人不可用，且非故事，封上之，用此

罷歸。不自悔，守益堅，當世高其節，與李才元、宋次道並稱『三舍人』。」又祝文：「惟公著節於熙寧，登庸於元祐，而幅巾謝事偃仰婆娑於紹聖、元符之間，然則公之進退可謂無所苟矣。」**二朱先生祠**：在石井。○傅伯成記：「紹興初，故吏部郎朱公松爲鎮，士向慕之。故侍講、贈太師、謚文熹後二十年來官同安，間至鎮，與鎮之長上訪父時事。嘉定中，鎮官游絳於鎮西爲書院，繪二先生像而祠焉。」**飛陽神廟**：晉太康中，夜有雷電起於廟庭，及明日，已移於江北，故名。○嘉祐中，蔡君謨爲守，嘗禱雨於廟，作詩曰：「年年乞雨問山神，羞見耕耘隴上人。太守自知材德薄，彼蒼何事罪斯民？」**姜相墓**。吴栻：「滿林黄葉墜紛紛，耆老猶言别駕墳。舊府光華關、隴月，故鄉蕭索海南雲。」

【名宦】 **吴隱之**、爲守。**席相**、爲守。歐陽詹北樓序云：「安定席公貞元七年下車。」**姜公輔**、貞元末謫爲别駕，後築室九日山，與秦系相近，見系輒窮日不能去。**留從效**：仕閩主王氏，爲本郡神機指揮使。天德二年，朱文進竊國，以黄紹頗爲泉州刺史，從效殺紹頗，迎立王繼勳爲刺史。王延政降南唐李氏，從效劫繼勳入建康，自領留務，〔六〕嗣主即以泉州爲清源軍，授從效節度。及王氏滅，汀、建歸南唐，而福州爲錢氏所有。從效以海濱之州介于江、廣、吴越三國之間，雖稱藩南唐，而實自雄據一隅。彼雖環視，莫敢議者。先是，妙應大師黄涅槃者讖云：「先打南，後打北，留取清源作佛國。」既而清源果無干戈之擾，乃從效姓名所應。建隆間封鄂公，後以病亟，乃令從弟仁譓賫符印出授統軍陳洪進。〔七〕乾德二年，朝廷命康延澤來建平海軍，特加洪進太傅、泉州刺史。初，王潮剽略草間，盡有閩地。弟審知襲位，而審知又能喜儒招賢，亦一時之傑。——有意雄據一方，陳洪進見

幾而作，納款天朝，保其令名，榮矣哉！**皇朝蔡襄**、仁宗朝以便養知泉州，架洛陽橋。先是，蔡君謨爲閩部使者，夾道種松，以蔽歊毒，閩人即橋旁作堂以祠之。○又作詩二章以貽閩父老，俾祠公而歌之。一曰：「道邊松，大義渡至漳、泉東，問誰植之我蔡公。歲久廣蔭如雲濃，甘棠蔽芾安可同。委蛇夭矯騰蒼龍，行人六月不知暑，千古萬古長清風。」一曰：「洛陽橋，一望五里排琨瑶，行人不憂滄海潮。衝衝來往乘仙飈，蔡公作成去還朝。玉虹依舊横青霄，考之溱、洧功何遼，千古萬古無傾摇。」**游酢**、授學於二程，爲泉州僉判，召爲監察御史。**陳康伯**、爲守。**劉子羽**、爲守。**趙鼎**、爲守。**孫逢吉**、爲守，後移福州。**陳俊卿**、泉州察推，後知泉州。**汪藻**、父轂嘗任晉江丞，于時公始生。後爲郡守，藻謝表曰：「訪六十年之父老，恍若前生；佩二千石之印章，敢期今日。」**朱熹**、爲同安簿。**王十朋**。爲守。嘗宴七邑宰詩：「九重宵旰愛民深，令尹宜懷撫字心。今日黄堂一盃酒，慇懃端爲庶民斟。」

【人物】秦系、會稽人。天寶末避亂，客遊於泉，愛九日山，結廬其上，穴石爲硯，注老子，彌年不出。刺史薛播往見之，歲時致餽，而系未嘗至城門。與劉長卿善，以詩相贈答。權德輿嘗曰：「長卿自以爲五言長城，系用偏師攻之，雖老益壯。」**韓偓**、鄭誠之哀詞云：「有唐翰林——，因左遷遂家焉。」**歐陽詹**：晉江人也。唐常衮爲福建觀察使，一見大奇之。詹首舉進士，登貞元第，與韓愈等聯名，詹爲榜眼，皆天下選，時稱「龍虎榜」。韓愈嘗作哀詞云：「閩人舉進士自詹始。」**皇朝曾愈**、進士第二人及第。子公亮。**曾公亮**、公亮精於法令，多知朝廷典章臺閣故事。韓琦爲上相，歐陽脩爲

參政，琦於法令以問公亮，文學人才以問脩。公請老，次子孝寬簽書密院西府侍養，時人榮之。蘇紳、同安縣人，終於翰林學士。子頌。蘇頌、字子容，紳之子。元祐拜相，縣學有祠。傅察、孟州人。蔡京欲妻以女，察力拒之。宣和中使金國，見斡離不不拜，遂死之。夫人趙氏，清獻公之女也。抵泉，因居焉。子自得。○朱元晦狀云：「自得以忠肅死節，補官居泉，杜門讀書，三應博學宏詞科。子伯成、伯壽皆登進士第。伯壽復中宏詞。」梁克家、爲相。留正、爲相。劉達、石起宗。並榜眼。

【題詠】清源第一州。謝履泉南詩：「閩嶺天南表，云云。朝廷推重鎮，師帥得賢侯。」江通百粵州。前人：「蛇岡躡龜背，蝦嶼據龍頭。岸隔諸蕃國，云云。」連年不見雪。包何送李使君赴泉州詩：「傍海皆荒服，分符重漢臣。雲山百粵路，市井十州人。執玉來朝遠，還珠入貢頻。云云，到處即行春。」肥膾海鄉魚。李畋詩：「紅沽村落酒，云云。」水清山秀傳温陵。鄭介夫酬蘇源明詩云云。山至崔嵬猶力耕。朱行中詩：「水無涓滴不爲用，云云。」泉州人稠山谷瘠。謝履泉南歌：「云云，雖欲就耕無地力。」每歲造舟通異域。同上。泉南歌：「州南有海浩無涯，云云。」千家沽酒萬家鹽。楊炳詩：「云云，釀溪煮海恩無極。」蒼官影裏三州路。李文敏詩：「云云，漲海聲中萬國商。」

【外邑】縣郭四依山。朱元晦留安溪縣作：「云云，清流下如駛。居民煙火少，市列無行次。」又云：「奉檄正淹留，何當語歸計？」枳籬茅屋共桑麻。韓偓寓南安詩。飯思白石紅桃

米。曾會詩：「云云，菜憶黃龍紫芥心。」黃龍、白石，皆南安縣地名。

【四六】前驅畫戟，出鎮清源。　顯膺芝檢，榮牧桐城。　選牧中宸，開藩南國。　乃眷泉城，素稱佛國。　眷武榮之奥壤，居海嶠之一隅。　偉平海之望郡，實全閩之奥區。　商賈舟車之所會，簿書獄訟之尤繁。　水陸據七閩之會，梯航通九譯之重。　外宗分建於維城，異國悉歸於互市。　中藏闤闠，餘十萬家；外宿貔貅，凡數千竈。　清源、紫帽，素標圖諜之傳；石筍、金溪，屢識衣冠之盛。　温詔趣行，笑擁東方之千騎；先聲還暨，來爲南國之諸侯。　清源、紫帽，素稱節制之雄；皂蓋朱幡，莫重蕃宣之寄。　姜公流落，正人之遺迹未忘；秦系徜徉，隱士之清風猶凛。　七閩垂盡，雖寖遠於神京；五季以來，實共推爲佛國。　蔡侯分虎，難泯洛陽橋之功；朱子棲鸞，可稽高士軒之記。　試考州圖，有蕉荔蟹蠔之美；更夸蠻貨，皆象犀珠貝之珍。　百世本友，分寓麟宗之籍；四夷琛賮，聿來鴃舌之民。〔八〕　歐陽之後，六人亞魁虎榜；魯公以來，四相輔治龍池。　桐木環城，每兆積倉之慶；虹橋跨海，頗疑鞭石之功。　二十年，而蘇聯曾駕登鳳凰池；三百載，而梁繼歐聲書龍虎榜。　汪龍溪由垂弧而至剖竹，恍記重來；陳退傳先入幕而後把麾，卒基大用。

校勘記

〔一〕「溪之南九峰森羅」，底本脱「溪」字，據北圖本、元甲本、嶽雪樓本補。

〔二〕「窈窕雲房溪復深」，「溪復深」，朱子大全卷二題西林可師達觀軒作「深復深」。

〔三〕「慙愧平生一瓣香」，「瓣」，底本原作「辨」，據四庫本、嶽雪樓本及朱子大全卷二用西林舊韻二首改。

〔四〕「厚其倫」，「其」，底本原作「共」，據四庫本、傳是樓本、嶽雪樓本改。

〔五〕「即今泉州是也」，「今」，底本原誤作「令」，據傳是樓本、嶽雪樓本改正。

〔六〕「自領留務」，「自」，底本原作「白」。宋史卷四八三留從效傳云：「從效以兵劫繼勳送江南，自領漳、泉二州留務。」十國春秋卷九三留從效傳同。則本書「白」乃「自」之訛，今據改。

〔七〕「乃令從弟仁譓賫符印出授統軍陳洪進」，「仁譓」，底本原作「從譓」，據宋史卷四八三、十國春秋卷九三留從效傳改。

〔八〕「聿來鴃舌之民」，「鴃」，底本原作「駃」，據嶽雪樓本改。孟子滕文公上有云：「今也南蠻鴃舌之人，非先王之道。」鴃是伯勞鳥，舊時以其叫聲譏侮操南方方言者。孟子以許行爲楚人，故以鴃舌之人譏其語言難懂。本書作「駃」，乃形近而誤。

方輿勝覽卷之十三

興化軍莆田　仙遊　興化

【建置沿革】星土分野與泉州同。陳文帝朝，陳寶應走至莆口，其地始見載籍。唐析泉州置豐州，領縣二：曰南安，曰莆田；又置武榮州，莆田隸焉。後武榮州改爲泉州，莆田自此常爲屬縣。五代初屬王氏，又屬留從效，後屬陳洪進。國朝太宗時洪進納土，於泉州游洋百丈鎮置太平軍，尋改爲興化軍，及置興化縣，併割莆田、仙遊等縣以屬焉；又以游洋地不當衝要，移於莆田縣爲軍理。今領縣三，治莆田。

事要

【郡名】莆田、見「沿革」注。莆陽、莆中。

【風俗】秀民特多。陳長卿作貢院記云：「莆蕞爾介於福、泉之間，市廛户版不能五之一，而云云焉。」比屋業儒。游醇通判題名記：「民物繁夥，云云，號衣冠盛處，至今公卿相望。」儒風非在常袞後。郡志：「梁、陳以來，已有鄭露書堂，及唐貞元林藻伯仲因之肄業，歐陽詹來自泉山，原其

所倡，蓋非常衮入閩之後。」

【形勝】南揖壺公。莆田志：「郡治自游洋徙建，始因都巡檢廨爲之，即異僧黄涅槃所指之地。北枕陳巖，云云，東薄寧海，西縈石室，木蘭、壽溪環流左右。」山川之秀。同上。「云云，甲於閩中。」介泉、福之間。游醉記：「莆田云云，通海道，舟車所會。」

【土産】荔支、徐師仁壺山集云：「蔡君謨譜荔支以『宋家香』爲上品。至和丙申，宋氏老嘗以餉公，公謝以詩，其叙云：『世傳此植已三百年。黄巢兵過，欲伐之。時王氏主其木，媪抱木，願并戮，巢兵爲之不伐。今雖老矣，其實益滋繁，味益甘滑，真佳植也。』」子魚。王介甫詩：「長魚俎上通三印。」○蘇子瞻詩：「通印——猶帶骨。」○黄魯直詩：「——通印蠔破山。」

【山川】烏石山、在城北一里。郡志：「莆田荔支爲天下第一，〔二〕烏石荔支爲莆田第一。」壺公山、在城南二十里。頂有泉脉通海，視潮盈縮。舊經云：「昔隱者遇一老人於絶頂，爲言神仙事，恍忽如夢中，宫闕臺殿，似非人間，老人曰：『此壺中日月也。』因名。」○唐諫議翁承贊詩：「井邑斜連北，識云：「烏石山前，官職聯聯。」自唐以來，曰林、陳、黄、方，曰宋、劉、王、鄭、李，皆世居之。蓬、瀛直倚東。秋高巖溜白，日上海波紅。」○御史黄滔詩：「日月中時近，龍蛇蟄處腥。」又云：「井通鰌吐脉，僧隔虎栖禪。」注云：「貞元中，有僧號法通，曾下山，遇虎争一牛，隔而分之。」福平山、在郡西北二十里。歐陽詹讀書之所。雙髻山、在莆田東五十里。亦名筆架山。梁山、在仙遊西四十里。平田之中，突起一峰，層巒插溪，多爲神祠佛寺。百丈山、在興化東北。山有六巖。湄洲山、

去郡東北七十里，在海上，與流求國相望。出博石，可爲黑白碁子。州峰、在軍治之西。陳巖、在城北十里。古有陳姓者隱此山。上有石洞，廣可數丈。旁有巨人迹、石茶竈、石碁枰。石室巖、在城西三里。有二石室。北山巖、在興化北十里。有石室，可坐百人。○鄭樵詩云：「倚杖巖頭秋獨坐，稀疏煙壠是人間。」蔡溪巖、在興化西六十里。陳聘君易隱居于此。粘蠔石、在陳巖山上，距海七十里。山頂有石，蠔山粘殼猶在。○方次雲詩：〔二〕「纍纍蠔山着石面，此非所有能無疑。細看大石深孔竅，舟人撐篙跡猶遺。乃知此山千載前，洶湧尚作海渺瀰。蛟龍魚鼈占窟宅，不省造化能密移。」仙篆石，在陳巖。巨石坦平，文跡縱横，若篆書。○方次雲詩：「如讀岣嶁神禹碑。」上溪、在莆田縣西二里。○蔡君謨詩：「尋溪因過上溪遊，雨後溪渾水亂流。因傍堤邊却飛蓋，爲聞山鳥輟鳴騶。」赤湖、在莆田縣四十里。子魚潭。在莆田縣東北五十里迎仙橋下。潭僅數百步，所産子魚爲真而不可得。王介甫諸賢皆曰「通印」，按藝苑雌黄云古人以爲食味之珍。通印者，言其大可容印。今潭之旁有雙魚山，上有小廟，政和間里人劉仲審題其額曰「通應實在」。王介甫作詩之後，或者遂謂「通應子魚」，豈非傳襲之訛？

【井泉】蟹井。在壺山石穴中，有雙蟹。歲旱，縣官率詣祈禱，以茅葉引之置缶中，迎歸即雨。○劉子翬詩：「髣髴小雙螯，控御蛟龍隨。」

【學校】涵江書院。在涵頭，去軍二十里。知軍事楊棟建。景定四年，知軍事徐直諒奏請于朝，御書今額。時祝洙任山長，併露章特薦云：「臣試郡弗績，誤渥還班，銜荷聖恩，蔑然稱塞，惟有薦

進賢士，圖報萬分。臣恭惟本朝以人文化天下，道學大明，濂、洛諸儒發其祕於前，考亭朱熹集其成於後。陛下臨御以來，尤尊尚朱熹之學。是以登其門者，如陳文蔚、黄榦、蔡元定；襲其傳者，如真德秀、蔡抗；或蒙褒録，或蒙擢用，天下咸知聖意之所向矣。臣竊見迪功郎宜差興化軍涵江書院山長祝洙，趨向不凡，學問有本。其祖姑實爲朱熹之母。朱熹嘗述外大父遺事，且俾時出以厲其子孫。洙生也後，雖不及親炙，其父穆隱德弗仕，從朱熹於雲谷之間，微言緒論，目染耳濡。洙在家庭，講論精密，嘗讀朱熹四書集註，見其間有引而不發者，遂掇諸家語録附註于逐章之下，名曰『附録』，參稽互考，曲暢旁通。洙歲在丙辰，蒙恩賜進士第。于時宰執程元鳳、蔡抗嘗取其書，進呈乙覽。有旨與陞擢差遣。洙一第八年，方爾初筮，孤寒安分，不求躁進。比來涵江，闡揚師説，發明經旨，講篇時出，士論稱之。臣察其人，觀其學，蓋得朱熹之正者。若進進不已，當亦能以其道鳴于世。臣嘗以關陞奏舉之矣，私竊又念陛下不鄙疏遠小臣之請，特賜御書『涵江書院』四大字，聖恩沛然，吾道榮甚，而洙適居長席，逢千載之幸會，伏望睿慈特賜録用。若後不如所舉，臣甘坐繆舉之罰。謹録奏聞，伏候勅旨。」

【堂舍】壺公堂，在郡治之内。共樂堂，在州峰之巔，爲城中登眺勝處。○蔡君謨詩：「層巒高與赤霄通，歲節歡娱衆庶同。庭有美音非獨樂，會當炎暑自多風。山川勝勢欄干下，井徑追遊月色中。私賞編民居客在，使君樽酒未應空。」○陳應求詩：「共樂堂前花木深，登臨當暑豁塵襟。紅垂荔子千家熟，翠擁篔簹十畝陰。老退已尋居士服，清歡時伴醉翁吟。憑欄四望豐年稼，差慰平生憂國心。」國清堂。鄭耕老詩：「六月——上望，依稀身更在西湖。」

【祠廟】聖妃廟。在海島上。舟人皆敬事之。

【名宦】皇朝薛奎、嘗爲莆田令，盡削王氏無名之租以便民。廖剛、南劍人，爲陳瑩中所知。時蔡氏當國，剛未嘗造其門。外補興化。劉子翬。通判。

【人物】林藻、唐人，仕至侍御史。林蘊、藻之弟。元和間爲西川節度推官。劉闢有逆謀，蘊切諫，闢戒行刑者抽刃磨其頂，蘊叱之曰：「死即死，我頂豈礪石耶？」闢知不可屈，乃釋之。歐陽詹、有墓在靈巖浮屠之陰。林攢、事母孝，有白烏甘露之瑞。旌表門閭，歐陽詹爲之記。黄滔、唐光化中爲御史。翁承贊：，天啓中爲諫議。皇朝蔡襄、莆田人。歐陽永叔論書云「蔡君謨獨步當世」，此爲至言。行書第一，小楷第二，草書第三。○王龜齡過端明故居詩：「懷章南過蔡公鄉，駐馬遥瞻數仞墻。丹荔枝枝經品藻，喬松葉葉蔭清凉。四賢詩出人增氣，三諫章成國有光。真是濟川三昧手，清源游戲作虹梁。」陳次升、入元祐黨籍。徐鐸、狀元。劉夙、南省第二人。遷著作佐郎，上封事，詆近習。劉朔、南省第一人。召對論近習。鄭樵、以布衣召。鄭厚、長於易。葉顒、丞相。陳俊卿、歷侍御，首劾韓仲通黨附秦檜，論奪大將楊存中兵，請起張浚，尋授尚書左僕射。謚正獻。龔茂良、參知政事。鄭僑、廷試第一，仕至樞密。黄公度、廷試第一。唐御史滔之孫。林光朝、專心踐履之學，自號艾軒，仕工部侍郎。鄭鑑。字自明，莆田人。○朱元晦祭文：「比年以來，士氣衰弱，觀時俯仰，徇勢前却，其心有一身而無天下，其口有唯唯而無諤諤。偉哉！自明之爲人，信所謂

『喧啾百鳥之群，忽見秋天之一鶚』者也。蓋自其布衣，而已有憂天下之心。其揖遜人主之前，則直欲排佞倖之朋而折其角。〔三〕其言明白切至，磊磊落落，憤激峻厲，嶢嶢嶽嶽，明主所爲虛心而嘉歎，群公所爲變容而駭愕，善類所爲喜幸而心開，邪黨所爲戚嗟而氣索。偉哉！自明之爲人，凛乎其有古爭臣之風；求之近世，則措之鄒、陳之間而無怍者也。夫何天命之不延，奇禍一朝而遽作，使前日之悲者喜，而喜者悲，紛慶弔之交錯。嗚呼，哀哉！君昔過我寒泉之濵，一語定交，情義日親。逮上饒之草次，語宵分而更僕，謂當擇善以潛心，毋以一長而自足。粤今茲之秋孟，又札書以申之。眷予心之悃款，實千載以爲期。書適往而訃來，嗷然號其焉及。哦殄瘁之悲詩，坌百憂之來集。惟平生之忠赤，諒雖死而不亡。跪陳情於一酹，詞與淚而俱揚。」

【題詠】莆陽朱紫半。古讖云：「水遶壺公山，此時方好看。壺公山欲斷，云云。」蔡君謨與水利，灌民田，引水遶壺公山，而登第者視前爲多。一方文武魁天下。薛奕熙寧九年武舉第一，時徐鐸亦擢進士第一。神宗御製詩賜之：「云云，萬里英雄入彀中。」海國民皆興禮義。陳長卿送葉守詩：「云云，潢池盜已息干戈。農桑四境豐年屢，簫鼓千村叶氣多。」

【四六】抗章楓陛，作填莆田。環城千里，並海一隅。閩嶠將窮，海邦尤盛。水繞壺山，地窮海嶠。乃眷莆陽之郡，實爲荔子之鄉。維莆水之爲邦，實桐城之析壤。地不大於曹、滕，俗已幾於鄒、魯。七閩衣冠之區，蔚爲小壘；千里袴襦之慶，宛在細侯。燕寢香凝，但覺壺天之永；龍墀詔下，即爲文石之趨。端明筆法，蓋坡老之所推；艾軒心傳，自程門而有得。荔錦離

離，暇日閲端明之譜；稼雲渺渺，豐年歌正獻之詩。俎登通印之魚，詩夸荆國；品貴莆田之荔，譜述端明。陳退傳之全名，大節巍巍堂堂；鄭正字之讜論，危言嶢嶢嶽嶽。瀕海而居，頗擅漁鹽之利；自閩而論，素稱文物之鄉。介二大國版籍，較泉、福而獨微；考諸名儒文風，自梁、唐而已盛。

漳州 龍溪　漳浦　龍巖　長泰

【建置沿革】自唐以前並同泉、福。武后時析閩州西南境置漳州，以南有漳浦，故名。初置於漳浦縣南八十里，後徙治李澳川，改漳浦郡，復爲漳州，徙治龍溪，今州理是也。唐末光州刺史王緒渡江，陷漳州，爲王潮所殺；遣王審知圍泉州拔之，遂有漳、泉之地。梁封王審知爲閩王，至後晉齊王時，朱文進擅命，以程贇爲漳州刺史。既而泉州留從效聞之，亦殺程贇，迎王繼成爲刺史，從效遂據泉、漳二州，改漳州爲南州。從效卒，陳洪進有其地。皇朝乾德，以南州爲漳州，太宗朝陳洪進獻漳、泉二州。今領縣四，治龍溪。

事要

【郡名】漳浦、見「沿革」注。臨漳、龍溪。

【風俗】其民務本。傅自得道院記：「云云，不事末作，而資用饒給。」俗故窮陋。朱元晦作龍巖縣學記云：「予聞龍巖爲縣斗僻，介於兩越之間，云云。其爲士者，雖或負聰明樸茂之姿，而莫有開之以聖賢之學，是以自其爲縣以來，今數百年未聞有以道義功烈顯於時者。是豈其材之不足

哉？殆爲吏者未有以興起之也。因告其諸生曰：『夫所謂聖賢之學者，非有難能難知之事也。孝弟忠信以養其心，禮義廉恥以脩其身，而求師取友，誦詩讀書以窮事物之理而已。是二端者，豈二三子之所不知不能哉？特在反是心以求之。而一用其力，則實大聲閎，將有自然不可揜者矣。』」

【形勝】地曠土沃。傳自得記。建州泉、潮之間，唐垂拱間，陳元光威烈廟記云：「公乞——於——————，以控嶺表，即其屯置郡。」以控嶺表。同上。居閩會之極南。登科記序云。婆娑乎山水之間。郭功父記：「爲守令者，得云云。」

【山川】梁山，在城西。古記：「梁岳，閩中之望也。秀麗而崇圓，又名圓山。大峰十有二。」圖經序云：「————紀董奉之遊。」○郭功父詩：「廟食————忘歲年，自言耽酒未能還。身披羽衣手持藥，時時混迹在人間。」○潘存實詩：「盤根來楚、蜀，作鎮表甌、閩。」九侯山，在漳浦。圖經謂「————傳夏后之緒」，似指爲夏之子孫，而蔡如松漳南十辨則云「九峰之神各主一山」，不同。登高山，在州治之西二里。岐山，郭功父有岐山仙亭巖乃作十詠。天城山，一曰名第山。後有周潘書堂遺基。石獅巖，李彌遜詩：「翠合峰巒萬葉稠，雲擎佛屋出巖幽。春光不到庭陰樹，曉日先明竹外樓。」蓮峰石，即前梁山中峰。相傳爲齊武帝所賞，晉亭在其西。○張登詩：「孤高齊帝石，瀟灑晉亭峰。」漳江，在梁山下。徐俯有————晚望詩。龍溪，即九龍山下水。梁大同中有九龍遊戲此江。今祭九龍翁甚盛。南溪，端明蔡君謨有詩。東湖，在州東。郭功父有詩。西湖。泉極甘美，可以辟瘴

癘。○蔡君謨詩：「湖上山光一望青，佛宮高下倚巖扃。」

【井泉】瀑布泉。在梁山。蔡希蘧詩：「會稽之南羅浮北，中有大梁神仙宅。瀑流今古掛長虹，瀉下銀河數千尺。」

【亭臺】序賓亭、蔡君謨有詩。清白亭、王鞏嘗有詩。雙清亭、林迪有詩。白雲亭、在開元寺。蔡君謨有詩。月淵亭、在净衆院。○郭功父詩：「仰攀明月輪，俯瞰滄海淵。乾坤惜形勢，此地何其偏。靈溪九龍躍，仙山一峰圓。邂逅攝邦守，所樂多林泉。」得仙亭、在名第山。○程瑀詩：「危亭誰結據山椒，名第仙人不可招。繞郭溪山敞圖畫，萬家樓閣插雲霄。」澤露亭：李亨伯守邕管，丁内艱，邊郡不許解官，五章哀請而後許。明年，甘露降其家庭柏之上，張商英作詩以賦其事，鄒志完、陳瑩中皆有詩。臨漳臺、唐張登有詩。嘯臺、郭功父詩：「縹緲臨渚峰，幔卷濃雲開。秀特不可掩，擎天碧崔嵬。」半漳臺。郭功父詩：「簷飛突兀壓層丘，見盡臨漳一半州。」

【池館】滿月池：在開元寺。蔡君謨嘗有詩。臨漳道院、郡志：「官於此者，往往樂其風俗之簡静，號爲『——————』。」漳浦驛。蔡君謨、王陶有詩。

【樓閣】南樓：唐尹忞有陪韓漳州登——詩。齊雲閣。蔡君謨詩：「紫閣青梯壓翠岑，春愁秋思昔登臨。雨嵐供眼横千仞，星漢垂簷直半尋。」

【祠墓】陳侯祠：廟碑云：「公姓陳，諱元光。永隆二年，盜次潮州。公擊賊降之，請置漳州。

委公鎮撫。久之，蠻賊復嘯聚，公因戰殁，廟食于漳。」○李顒詩：「當年嶺北正危時，數郡生靈未可知。不是有人横義槊，也應無計保藩維。」**義塚**。危稹記：「人死曰歸葬，曰藏歸者，復其所也。藏者，欲人之不得見也。故先王制禮，喪葬有期，下至於士，則踰月而已。何漳之爲子若孫者，乃有不葬之俗耶？其親死，往往舉其柩而置之僧寺。是蓋始於苟簡，中則因循，久則忘之矣。嗚呼，已則忘之矣，而不知虚廊冷殿之間，寒聲泣霜，弱影弔月，其望於子孫一旦之興念者，猶未已也。蓋嘗命官僚覈其事，近城之五里乃有木瓦棺合二千三百有奇，爰擇於城之西、南、北高燥地，立爲義塚三，每所大爲之域。既封，覆以青莎，使如舊壠，前塗白堊，書其有名氏者，庶幾子孫猶來祭享也。訖事，郡人合辭以請記。余曰：『義之名立，其始於不義而後見也。此其不義，果起於誰乎？』曰：『僧人其作俑者也。』是閒層山疊林，梵宇無數，廊廡間率不置神若佛，類爲土室，其入如竇，黯然無光，斯皆誘愚俗以來殯者也。彼棘人者，舉其親而即安。于彼死者，一入杳無葬期，使其子若孫良心陷溺，不復知有天理之正，人道之終。此有識者之所深恨也。原道曰：『不塞不流，不止不行。』近因爲令下諸浮圖，必令盡改其室以爲僧房，不改則鞭其人而俗之，籍其田而公之。蓋治盜之法治其藏者。此法常存，則誘者始有所畏，死者始有所歸矣。是爲記。」

【名宦】**皇朝蔡襄**、嘗爲州判官。**胡銓**、知州。**朱熹**。知州。欲行經界法，不果。

【人物】**周匡物**；唐人。漳之擢第，自匡物始。**皇朝李亨伯**、郡人。仕至全州守。王鞏作神道碑，劉安世書其碑陰曰：「自嘉祐以來，引年而去者，如歐陽永叔以六十五，范景仁以六十三，公

掛冠方六十四，耳目之所睹者，三人而已。」高登。朱元晦作東溪先生高公祠記云：「公靖康間遊太學，與陳公少陽伏闕拜疏以誅六賊，留种、李爲諸用事者。欲兵之，不爲動也。紹興初，君至政事堂，又與宰相秦檜論不合，去爲静江府古縣令。後投檄以歸，秦聞大怒，奪官徙容州。」

【名賢】趙鼎、自潮量移漳居住。劉子羽。謫居。

【題詠】剖竹海邊州。郭士元送陸員外赴漳州詩：「含香臺上柏，云云。」言送漳州牧。白居易送吕漳州：「今朝一壺酒，云云。」城標漲海頭。張登詩：「漳州悲遠道，地里極東甌。境曠窮山外，云云。」閩山到漳窮。王介甫送李宣叔倅漳州詩：「云云，地與南越錯。山川鬱霧毒，瘴癘春冬作。荒茅篁竹間，蔽虧有城郭。居人特鮮少，市井宜蕭索。野花開無時，變酒持可酌。窮年不用客，誰與分杯杓。朝廷尚賢俊，磊砢充臺閣。君能喜節行，文藝又該博。超然萬里去，識者爲不樂。予聞君子居，自可救民瘼。苟能禦外物，得地無美惡。似聞最南方，比客今勿藥。林麓換風氣，獸蛇雕毒螫。如漳猶近州，氣冷又銷鑠。珍足海物味，其厚不爲薄。章舉馬甲柱，固已輕羊酪。蕉黄荔子丹，又勝柤梨酢。縫衣比多士，往往在丘壑。從容與笑語，豈不慰寂寞？太守好觴詠，嘉賓應在幕。想即有新詩，流傳至京洛。」南盡封郵見好山。楊發漳浦驛詩：「云云，蒼蒼桂嶺類商顔。誰憐後夜思鄉處，白葦黄茅舊漢關。」風候已應同嶺北。常衮漳浦驛詩：「云云，雲山仍喜似終南。」漳溪郡有佳山水。桑維翰：「云云，遷客因之作勝遊。怪得千峰聳晴巘，枯槎百尺擁塞流。」庾嶺東邊吏隱州。唐韓泰詩：「云云，溪山竹樹亦清幽。」往往六月披重袍。郭功父詩：「長風吹海作寒

霧，云云。」仙魚通印勝鴞炙。郭功父詩：「云云，荔子丹艶疑蟠桃。」漳州晝戟擁詩人。陳與義贈漳守綦叔厚詩：「過盡蠻荒興復新，云云。」水遶漳城潮已平。張至能詩：「云云，向來有記出公卿。白袍不倦三冬學，錦綬行看駟馬榮。」符節恩深隔瘴雲。陳陶贈漳州張怡使君：「舊德徐方天下聞，當年熊軾繼清芬。井田異政光蠻竹，云云。已見嘉祥生北户，嘗嫌夷貊蠹南薰。幾時徵拜征西鉞，學着縵胡從使君。」回峰疊嶂遶庭隅。歐陽詹詩：「云云，散點煙霜勝畫圖。月暮華軒卷長箔，太清雲上對蓬壺。」

【外邑】蠻煙漁火接鯨波。陳希元題漳浦縣壁：「云云，樹樹花枝處處歌。況是天涯好行樂，莫教憔悴鬢霜多。」

【四六】疏棨鳳闕，出守龍溪。分符丹闕，問道清漳。維漳爲郡，與潮相鄰。臨漳古邦，閩嶠窮處。蓋七閩窮絶之鄉，實今日安閑之地。眷臨漳之小壘，居甌越之窮陬。地居漲海之濱，城俯清漳之上。人生五馬，牘收及物之功；山有九龍，豈少專城之樂？摩挲壁記，乃朱文公所莅之邦；點檢圖經，亦趙忠簡曾遊之地。魚佩虎符，香自凝於燕寢；鳳城龍渚，患何有於鱷溪？青梯横星漢，盍尋端明之舊遊；畫戟擁詩人，爲和簡齋之妙句。地瀕嶺嶠，不無瘴霧之侵；郡屬甌閩，尤覺文風之盛。道院名標，務本考傅公之記；漳州氣冷，産珍夸荆國之詩。虎榜儒科，自元和而已盛；龍巖學記，欲伊、洛之有傳。剖海邊半竹，有郭正元之賦詩；送漳州一壺，乃白居易之載酒。

汀州 長汀　寧化　上杭　武平　清流　蓮城

【建置沿革】禹貢揚州之域。閩在揚州東南，汀又在閩之南。周職方氏有七閩，猶列於荒服。秦併天下，逐閩粵王無諸，列其地爲閩中郡。後漢屬會稽郡。晉分建安郡置晉安郡，又立新羅縣，而汀州始基于此。宋而後無所考據。唐開撫、福二州山洞置汀州，因長汀以爲名，治新羅，改臨汀郡，復爲汀州。初置州在新羅，後移理長汀白石村。唐王緒陷汀、漳二州不能有，而王潮又陷福、建、汀等州。潮卒，其弟審知繼有其地。國朝平江南，地歸版圖。今領縣六，治長汀。

事要

【郡名】臨汀、鄞江、即東溪。平沙。圖經：「水際平沙曰汀。」又云：「南，丁位也。以水合丁，於文爲汀。」

【風俗】民生尚武。鄞江志。島居安漁鹽，同上。「——者，———之利。」山居任耕織。「——者，———之勞。」

【形勝】南通交、廣。張潛修學記：「云云，北達江右，實甌、閩之奥壤也。」西接贛水。戴覺同慶寺羅漢閣記：「云云，南鄰百粤，深林茅竹之間。」南接潮海。鄞江郡志：「云云，實江西、二廣往來之衝。」後枕卧龍。黄啓宗記：「前直圓峰，云云。」〔四〕憑山負海。杜佑通典：「閩越遐

阻，僻在一隅，云云。」**在閩山之窮處。**戴覺記：「汀爲州，云云，複嶂重巒，亘數百里。」**介於虔、梅之間。**鄭强移刱州學記：「汀在西南境，云云，銅鹽之間道所往。」

【山川】**南山**，在州南一里，屹然如屏。其下坦夷，有文殊、同慶二寺。○陳軒詩：「吁然碧玉洞，屹立分雙户。天生護佳景，常恐塵土污。」**卧龍山**，州主山。**圓珠山**，在州正南一里。陰陽家謂應山。**梁山**，在武平東三十里。山上有仙巖。**銅鼓山**，在武平東南二百里。石壁上有倒書千年字，今猶存。**金山**，在上杭縣西十里。康定中産金，因名。**雞籠山**，在長汀縣。○郭功父詩：「神仙之府名雞籠，千尋翠玉擎寒空。」**靈洞山**，在武平。有湯泉。大洞三十六，小洞二十八。**南安巖**，去武平八十里。○郭功父詩：「汀、梅之間山萬重，南安巖竇何玲瓏。青瑶屹立敞四壁，巧匠縮手難爲工。」○按定光佛，泉州人，姓鄭，名自嚴，乾德二年駐錫武平南安巖。淳化二年，别立草庵居之。景德初，遷南康郡盤古山。祥符四年，汀守趙遂良即州宅刱後庵，延師至。八年，終于舊巖。見周必大定光庵記。**侍郎巖**，在清流縣。乃熙豐中侍郎張駕、祭酒楊時、左司陳瓘少時讀書之所。舊傳三公肄業其間，不置卧榻，歠粥飲水，終歲不到巖下。**獅子巖**，在長汀東南五十里。定光佛初振錫于此。**蒼玉洞**，在城東五里。洞口兩石壁，天然成門，清氣逼人。**潭飛磜**，在寧化縣南鄉。重岡複嶺，環布森列，〔五〕登陟極難，磜居其中，坦然而平。山環水合，有田有池，草茂林深，易於藏聚。寇恃其險爲私販，爲剽盜，根據百年，莫敢誰何。此紹定間始禍之地，未幾爲淮兵蕩平之，因置南平寨焉。**三溪水**、

東溪水自鄞坑來，西溪水自湘洪來合。○陳軒詩：「一川遠匯三溪水，千嶂深圍四面山。」寅湖、在長汀縣東二里，居郡寅位。五百灘。自汀抵潮，其灘險有五百。

【堂亭】三瑞堂：在州治。橫翠亭。在東禪寺中門之左。山光野色，橫在目前。

【樓閣】南樓、郡志：郭功父有詩。北樓、陳——、郭功父有詩。謝公樓：張九齡詩：「謝公樓上好醇酒，二百青蚨買一斗。」雙清閣。在濟川門之左。或謂有滕王閣氣象。〔六〕

【名宦】陳劍：唐人，爲刺史。先是，開元置郡，累遷東方口，劍始更卜卧龍之白石，與汀相爲終始焉。皇朝陳軒、爲守。○黃魯直贈詩：「平生所聞陳汀州，蝗不入境年屢豐。」郭祥正。爲別駕。與陳軒登山臨水，觴詠酬唱極多。

【人物】羅或、長汀人。登太平興國第。真廟親征，或扈從至澶淵，與宰相參議軍務。虜人乞和，遣或爲報使。還京，丐歸里，賜錦衣、金帶、錦旂二，仍繡八字云「明時折桂，衣錦還鄉」。領本州刺史。鄭文寶、寧化人。登太平興國第，官至工部侍郎。○嘗題緱氏山云：「秋陰漠漠秋雲輕，緱氏山頭月正明。帝子西飛仙馭遠，不知何處夜吹笙。」○歐陽永叔亦稱其詩，一聯云：「水暖鳧鷖行哺子，溪深桃李卧開花。」湯莘叟。郡人，能詩。○嘗有馬上吟曰：「宿雨洗山新綠嫩，曉風吹杏淺紅乾。沙頭路暖日欲上，行客揚鞭不覺難。」

【名賢】曾肇、元祐間貶汀州。李光。以論蔡攸、朱勔，〔七〕謫監汀州酒税。

【題詠】全家遠過九龍灘。張籍送汀州元使君詩云：「曾成趙北歸朝計，因拜王門最好官。爲郡暫辭雙鳳闕，云云。山鄉秖有輸蕉户，水鎮應多養鴨欄。地僻尋常來客少，刺桐花發共誰看？」木犀花發認春香。孫奮學詩：「慈竹笋生翻夏籜，云云。」花繼臘梅長不歇。陳軒：「云云，鳥啼春谷半無名。」地有銅鹽家自給。陳軒詩：「居人不記甌、閩事，遺跡空傳福、撫山。云云，歲無兵盜戍長閑。」水與潮陽作上流。陳軒：「山連庾嶺爲南嶠，云云。」嵐煙蒸濕同梅嶺。郭功父詩：「云云，地脉逶迤接贛城。」

【四六】疏榮中扆，趣鎮平沙。顯膺渙綍，出守臨汀。雖連閩部，實邇炎方。秀氣攸鍾，異材間出。雖居南粤之窮陬，實有中州之雅俗。幸賦輪之易集，亦獄訟之甚稀。里閭安循吏之撫摩，景物繼詩人之題詠。析福、撫二州之山洞，肇創此州；接梅、潮兩郡之鄰封，獨推雅俗。峻陞奎閣之清，自天錫命；爲愛汀州之好，特地分符。自洞寇敢矜於地險，輒肆憑陵；幸淮兵克振於天聲，迄從埽滌。地瀕庾嶺，豈無瘴霧之侵；境接閩山，頗覺文風之盛。郡城更卜，自唐刺史以開先；年穀屢豐，惟陳汀州而鮮儷。巖谷盤旋，有張、楊之遺迹；郡齋酬唱，多陳、郭之名篇。辭雙鳳闕，抗章自詭於民庸；過九龍灘，滌籓俶開於藩府。斗絶一隅，罕車馬往來之迹；雲埋疊嶂，多銅鹽負販之姦。

校勘記

〔一〕「莆田荔支爲天下第一」，「荔支」，底本原作「荔史」，據元甲本、元乙本、四庫本改。

〔二〕「方次雲」，底本原作「方以雲」，本書同卷「仙篆石」下作「方次雲」，今據改。按方次雲即方翥，次雲爲其字。宋詩紀事卷四五云：「翥字次雲，莆陽人。紹興六年進士，調閩清尉，召對，除祕書省正字，補外，卒。」

〔三〕「則直欲排佞倖之朋而折其角」，「朋」，底本原作「萠」，據朱子大全卷八七祭鄭自明文改。

〔四〕「云云」，底本原脱一「云」字，據嶽雪樓本補。按本書例，「云云」二字是替代上文大字標題的省便作法，此處即替代上文「後枕卧龍」四字。

〔五〕「環布森列」，「森列」，底本原作「森刻」，據嶽雪樓本改正。

〔六〕「或謂有滕王閣氣象」，「閣」，底本原作「門」，據四庫本、傳是樓本改。

〔七〕「朱勔」，底本原作「朱靦」，據宋史卷四七〇朱勔傳改。

方輿勝覽卷之十四

江東路

建康府上元　江寧　句容　溧水　溧陽

【建置沿革】禹貢揚州之域。吴地，斗分，星紀之次。春秋屬吴，戰國屬越，後屬楚，初置金陵邑。秦改曰秣陵，屬鄣郡。漢改鄣郡爲丹陽郡。吴大帝自京口徙此，因改爲建業。晉武帝改爲秣陵，又分秣陵北爲建業，改「業」爲「鄴」，後避愍帝諱，改爲建康。東晉元帝渡江，復都焉，又爲丹陽郡。宋、齊、梁、陳因之。隋廢郡，更於石頭城置蔣州。唐爲揚州，置江寧爲潤州屬縣，後改爲昇州。僞吴改爲江寧府。國朝尅復爲昇州，仁宗以昇王建國，復陞江寧府、建康軍節度。六蜚駐蹕，詔改建康府，建行都。紹興八年，移蹕錢塘，置行宫留守司。今統郡八，領縣五，治上元、江寧。淮東總領、江東轉運置司。

事要

【郡名】陪都、見文選吴都賦。建康志序：「坐鎮江、淮，以爲——。」金陵、楚威以其地有王氣，埋金鎮之，故曰——。或曰，以其地接華陽金壇之陵。○盱江曾極百詠——云：「鑿地破除函谷帝，埋金厭勝郢中王。興亡總不關君事，五百年前枉斷腸。」秣陵、詳見秦淮注。建鄴、見「沿革」注。白下。在上元縣西北十四里。唐武德移江寧於此，故名——。○王介甫贈上元宰詩云：「———有賢宰，能詩如紫芝。」

【風俗】衣冠萃止。通典：「永嘉以後，云云。」藝文儒術爲盛。同上。「云云，有顔、謝、徐、庾之風。」有風帆海舶之饒。胡安定云：「三吴爲東門，荆、蜀爲西户，—七閩、二廣————爲南府。」

【形勝】西以峨嵋爲壁壘。唐李白爲宋中丞請都金陵表：「云云，東以滄海爲溝池，守海陵之倉，獵長洲之苑。」南以長淮爲伊、洛。藝文類聚丹陽尹序：「東以赤山爲城皐，云云，北以鍾山爲曲阜，西以大江爲黄河。」北據大江。胡安定文集：「云云，外阻長淮。」内控湖海。繫年録：「衛膚敏言：『外連江、淮，云云，爲東南要會之地。』」長江天塹。陳孔範曰：「云云，豈能飛渡耶？」金陵天險。繫年録：「劉珏：『云云，前據大江，可以固守。』」龍蟠虎踞。諸葛亮謂吴大帝曰：「鍾阜龍蟠，石城虎踞，真帝王所都也。」黄旗紫蓋。司馬德操與徐恭嗣書：「————，運

在東南。」**戰艦所聚**。通鑑：「梁徐温以金陵形勝，云云。」**經營四方之根本**。王導曰：「金陵帝宅，孫仲謀、劉玄德皆言。」欲經營四方者，未嘗不以此爲根本。」○言行録：「張德遠謂人主：『居此則北望中原，常憤惕不敢暇逸。』」**實王者之都**。衛膚敏云：「建康倚山帶江，云云，可以控扼險阻，以建不拔之基。」

【山川】鍾山、在上元縣東北十八里。○輿地志：「古曰金陵山，縣名因此。又名蔣山。漢末秣陵尉蔣子文討賊，死事於此，吴大帝爲立廟，子文祖諱鍾，因改曰蔣山。此山本無草木，東晉時，刺史還任者栽松三千株，下至郡守各有差。一名北山。齊周顒隱於此。」○王介甫——詩：「偶向松間覓舊題，野人休誦北山移。丈夫出處非無意，猿鶴從來自不知。」○「小雨輕風落楝花，細紅如雪點平沙。槿籬竹屋江村路，時見宜城賣酒家。」○「投老歸來供奉班，塵埃無復見鍾山。何須更待黃粱熟，始覺人間是夢間。」○「蒼藤翠木江南山，激激流水兩山間。山高水深魚鳥樂，車馬迹絶人長閑。雲埋樵聲隔葱蒨，月弄釣影臨潺湲。黃塵滿眼衣可濯，夢寐惆悵何時還？」**東山**、在上元縣南三十里。丹陽記：「晉太傅謝安舊隱會稽——，築此擬之。」無巖石，又名土山。○王介甫詩：「定林瞰土山，近乃在眉睫。」**攝山**、在城東北四十五里。有齊文惠太子鑿石爲佛，見存。江乘地記：「村有草可以攝生，故名。」陳軒有——十詠。○曾極詩詠：「一丈唐碑今露立，十尋梵塔已低摧。層層石佛雲間出，坐閲齊、梁成劫灰。」**三山**、在上元縣西南四十五里。○謝玄暉晚登三山還望京邑詩：「灞溪望長安，河陽視京縣。白日麗飛甍，參差皆可見。餘霞散成綺，澄江静如練。喧鳥覆春洲，雜英滿

芳甸。去矣方滯淫，懷哉罷歡宴。佳期悵何許，淚下如流霰。有情知望鄉，誰能鬒不變？」方山、葛玄煉丹之地。○曾極百詠：「人間底事有方壺，劍截青摇界碧虛。試上殊庭瞻醉葛，仙雲垂帶護儲胥。」湯山、在溧水縣東北五十里。其山不甚高，有湯泉大小六處。鳳臺山、在城南二里餘，保寧寺是也。宋元嘉中，鳳凰集於是山，乃築臺山以旌嘉瑞。○唐李白詩：「置酒延落星，金陵鳳凰臺。長波寫萬古，心與雲俱開。昔時有鳳凰，鳳凰爲誰來？鳳臺去已久，正當今日回。明君越羲、軒，天老坐三台。豪士無所用，彈琴醉金罍。東風吹山花，安可不盡杯？六帝没幽草，深宫冥緑苔。置酒勿復道，歌鍾但相催。」○宋齊丘詩：「嵯峨壓洪泉，岝峉撑碧落。宜哉秦始皇，不驅亦不鑿。〔一〕上有布政臺，八顧皆城郭。山蹙龍虎健，水墨螭唇作。白虹欲吞人，赤驥相煿爍。畫棟泥金碧，石路盤墝埆。倒挂哭月猿，危立思天鶴。鑿池養蛟龍，栽桐棲鸑鷟。梁間燕教雛，石罅蛇懸殼。養花如養賢，去草如去惡。日晚嚴城鼓，風來蕭寺鐸。掃地驅塵埃，剪蒿除鳥雀。金桃帶葉摘，緑李和衣嚼。貞竹無盛衰，媚柳先摇落。塵飛景陽井，草合臨春閣。芙蓉如佳人，迴首似調謔。當軒有直道，無人肯駐脚。夜半鼠勃窣，天陰鬼敲椓。松孤不易立，石醜難安着。自憐啄木鳥，去蠹終不錯。晚風吹梧桐，樹頭鳴嚗嚗。峨峨江令石，青苔何淡薄？不話興亡事，舉首思眇邈。吁哉未到此，褊劣同尺蠖。籠鶴羨鳧毛，猛虎愛蝸角。一日賢太守，與我觀橐籥。往往獨自語，天帝相唯諾。風雲偶不來，寰宇銷一略。我欲烹長鯨，四海爲鼎鑊。我欲取大鵬，天地爲矰繳。安得生羽翰，雄飛上寥廓。」牛頭山、在上元縣南四十里。兩峰如闕。幕府山、在郡西二十五里。晉琅琊王初渡江，丞相王導建幕府於其上。三

茅山、在句容縣南五十里。○山記云：「漢時有三茅君，各乘一鶴來此，故名焉。秦始皇聞民間先有謡曰：『神仙得者茅初成，駕龍上昇入太清。時下三洲戲赤城，繼世而往在我盈。』於是有尋仙之意。後有茅盈、茅固、茅衷，即三茅君也。」○大茅山，玄帝命東海神埋大銅鼎於上，有盤石鎮之，秦始皇命李斯篆璧文。○王介甫登大茅山頂詩：「一峰高出衆山顛，擬隔塵沙道里千。俯視煙雲來不極，仰攀蘿蔦去無前。人間已换嘉平帝，地下誰通句曲天？陳迹是非今草莽，紛紛流落尚師仙。」○中茅山，司命真君埋玉門丹砂以鎮之，石上有徐鍇篆字。王介甫詩云：「百年風雨草苔昏，尚有當年寶墨存。秖恐終隨嶧碑盡，西風吹燒滿秋原。」○王介甫小茅山詩：「捫蘿路到半天窮，下視茅州杳靄中。物外真游來几席，人間榮願付苓通。白雲坐處龍池杳，明月歸時鶴馭空。回首三君誰更似，子房家世有高風。」覆舟山、在城北五里。晉北郊壇，宋藥園壘、樂遊苑、冰井、甘露亭，皆在此山。○曾極詩：「六代興亡貉一丘，繁華夢逐水東流。操蛇神（列子注：「山海之神皆操蛇。」）向山前笑，三百年前幾覆舟。」樂官山、南唐初下時，諸將置酒，樂人大慟，殺之，聚瘞此山，故名。○曾極詩：「城破轅門宴賞頻，伶倫執樂淚横巾。駢頭就戮緣家國，愧死南歸結綬人。」天門山、又號東、西梁山，詳見太平州。○曾極詩：「鯨翻鰲負倚江潭，天險由來客倦談。高屋建瓴無計取，二梁剛把當殽、函。」雞籠山、寰宇記：「在城西北九里。宋雷次宗居此。元嘉中改曰龍山，以黑龍嘗現於真武湖，此山臨湖上。」千佛嶺、在攝山棲霞寺之側。按江總棲霞寺碑，明僧紹居士子仲璋爲臨沂令，於西峰石壁與度禪師鐫造無量壽佛。嶺之中道有沈傳師、徐鉉、張稚圭、王雱題名。西原、曾極詩：「衰草塞雲鴈一

行，牽愁水似九回腸。遊人欲問千官事，翁仲無言卧夕陽。」龍洞、在清涼寺前。○曾極詩：「江流遠引背煙嵐，平陸何年重舉帆？斷岸插天危欲墜，六朝龍去秖空巖。」段石岡、在上元縣南三十里。丹陽記云：「有大碣石，長二丈，折爲三段，紀吴功德。其文東觀令華覈作，其字大篆。或又云皇象書也。」○梅聖俞詩云：「丫頭雖斷石，文字未全訛。年筭赤烏遠，書疑皇象多。」鍾阜、在縣東北，周回六十里。○南史：「宋散騎常侍劉勔經始鍾嶺之南，以爲棲息。」又：「雷次宗，元嘉中文帝爲築室於此山。」又：「陳後主與張譏遊是山，〔二〕嘗以松枝代麈尾。」故梅摯詩有「千松麈尾」之句。三巖石、在臺城内。千福禪院，本梁同泰寺。有小石池，言是陳時景陽井。今有古石井欄，其上有刻字，惟「戒哉」二字可辨。三品石、曾極：「一士真能重本朝，中原勍敵是天驕。無情石却登三品，不念忠賢屈下僚。」鍾山石、此山有石，脉理皆紅潤。○曾極：「戰血潛流石脉中，蒼崖鑿斷見殷紅。千年殺氣方回薄，草木無春山盡童。」梁金華宫石：金華故基在清溪旁，石今在府治。〔三〕○曾極詩云：「照影清溪眩怪奇，推遷十代市朝非。莫欺蘚眼蒼苔面，曾伴昭明識蔡妃。」大江、魏文帝出廣陵望——曰：「嗟乎！此天所以限南北也。」○曾極詩：「胡兵歲歲涉江干，將帥誅求盍少寬。未得三軍如挾纊，憑誰數處護風寒？」秦淮、在縣南三里。始皇時，望氣者言金陵有天子氣，使朱衣鑿山爲瀆，以斷地脉，改金陵爲秣陵。晉陽秋：「秦開，故曰——。」或云淮水發源屈曲，不類人工。○杜牧詩：「煙籠寒水月籠沙，夜泊——賣酒家。商女不知亡國恨，隔江猶唱後庭花。」○曾極詩：「鑿斷山根役萬人，祖龍凝絶更東巡。石城幾度更新主，〔四〕嬴得淮流尚繫秦。」玄武湖、在上元縣北

十里。宋元嘉間有黑龍見，故名。今爲後軍寨。○唐李義山詩：「———中玉漏催，雞鳴堞口繡襦迴。誰言瓊樹朝朝見，不及金蓮步步來。」○曾極詩：「當日湖光澈鏡心，龍旗鳳吹此登臨。而今鐵馬迴旋地，斜照黄塵一尺深。」丹陽湖、在溧水縣西南二十八里。四太子河、曾極詩：「上東門嘯本同科，天誘胡雛智詐多。〔五〕刁斗夜鳴兵四合，五更平陸已成河。」青溪、宋都記：「鼎族多居其側。」建康志：「吴大帝鑿通城北塹，以洩玄武湖水。發源於鍾山，接於秦淮。及楊溥城金陵，——始分爲二：在城外者，自城濠合於淮；在城内者，湮塞僅存。」新林浦、去城二十里。○謝朓之宣城出———詩云：「江路西南永，歸流東北騖。天際識歸舟，雲中辨江樹。旅思倦摇摇，孤遊昔已屢。既懽懷禄情，復協滄洲趣。囂塵自兹隔，賞心於此遇。雖無玄豹姿，終隱南山霧。」西浦、張碩遇杜蘭香處。○曾極詩：「珠璫錯落江皐佩，羅韈輕盈洛浦粧。欲採蘋花擲春信，停撓難覓杜蘭香。」桃葉渡、一名南浦渡。○金陵覽古：「在秦淮口。桃葉者，晉王獻之愛妾名也。」獻之詩云：「桃葉復桃葉，渡江不用楫。但渡無所苦，若我自迎接。」渡不用楫者，謂横波急也。獻之歌此送之。○曾景建：「裙腰芳草抱長堤，南浦年年怨别離。水送横波山斂翠，一如桃葉渡江時。」采石渡、事見揮麈録及楊文公談苑。○曾景建：「石琢浮屠遍水濱，興亡歲久已成塵。長江静夜蘆花月，莫信牽愁撥棹人。」五馬渡、晉元帝渡江，童謡云：「————江一化龍。」識者謂吴、越之地當興王。○曾景建：「仲達欺孤與操同，豈能長世撫提封？瑶圖暗换君知否，班特浮江自化龍。」白鷺洲、丹陽記：「在江中心南邊，新林浦西邊。———上多白鷺，故名。」○曾景建：「江水悠悠緑染衣，淮山渺渺翠成圍。

南朝鷺序歸何處，惟見滄洲白鳥飛。」蔡洲、在上元縣西二十五里。元和志：「宋高祖於此擒盧循。」黄天蕩、曾景建：「受金縱敵將何知，曹沫功名失此時。鴈足不來貔虎散，沙頭蚌鷸謾相持。」三十六陂、曾景建：「渺然——————春，石黛潮生歲歲新。楊柳杏花渾好在，吟邊只欠跨驢人。」覆盃池、在城北三里。一名西池。○晉元帝頗以酒廢政，王導諫帝，因——於此——。落叉池、在寶公塔之東，悟真庵前。舊傳迦毗羅神，隋梵僧密多至此與神交戰，——於此——。横塘、金陵覽古：「自江口沿淮築堤，謂之——。」○吴都賦曰：「——、查下，樓臺之盛，天下莫比。」○李白詩：「人言横江好，我道横江惡。一風三日吹倒山，白浪高於瓦棺閣。」潮溝、金陵覽古：「吴大帝以引潮抵于秦淮。」霹靂溝、建康志：「在城西五里。」○王介甫詩：「——————西路，柴荆四五家。憶曾騎款段，隨意入桃花。」直瀆。吴後主孫皓所開。楊脩詩注云：「瀆在幕府山東北，長十四里，闊五丈，深二丈。初開之時，晝穿夜復自塞，經年不就。傷足役夫卧其側，夜見鬼物來填，因嘆曰：『何不以布囊盛土棄之江中，使吾徒免殫力於此。』傷者異之，曉白有司，如其言，乃成瀆道直，故名——。」北征記：「吴將甘寧墓在此。俗云墓有王氣，孫皓惡之，乃鑿其後爲直瀆。」○孫盛晉春秋云：「方山有——。」○唐人詩：「雲開直瀆三千里，青蓋何曾到洛陽？」○王介甫詩：「山蟠直瀆輸淮口，水抱長干轉石頭。」

【井泉】胭脂井、曾景建：「寒泉玉甃没春蕪，石染胭脂潤不枯。杏怨桃紅嬌欲墮，猶將紅淚灑黄奴。」寶公井；在市心。○曾景建：「一片當街百尺深，行人環轆免苔侵。塵容俗狀暫窺影，欲

汲寒泉洗此心。」湯泉。在上元縣東六十里。

【行宮】大内、即舊府治。木圍、曾景建：「寢殿重重設——，崎嶇天位不勝危。高人巢、許應知此，占得箕山最坦夷。」射殿、有七十間，旁多槐竹。李賀詩：「春熱張鶴蓋，兔目宫槐小。」蘇子瞻竹詩：「紛紛蒼雪落夏簟。」丁公言詩：「困憶南朝石步廊。」○曾景建：「鶴立陰陰覆苑墻，更添蒼雪助清涼。高皇儉德規撫遠，不作南朝石步廊。」行廊、曾景建：「負矢前驅敵未擒，虎侯高揭意何深。文皇决拾精天下，偏愛良工辨木心。」古龍屏風。宣和舊物，高宗攜之渡江，後壞爛。宫官惜之，裁剪背成屏風，立殿上。○曾景建：「乘雲遊霧過江東，繪事當年笑葉公。可恨横空千丈勢，剪裁今入小屏風。」

【堂舍】玉麟堂、在府治。取「留守玉麟符」之義。芙蓉堂。在舊府治。今行宫猶有舊基。○王介甫答韓持國詩：「投老歸來一幅巾，尚私榮禄備藩臣。———下疏秋水，且與龜魚作主人。」

【亭臺】新亭、在城南十五里。洛陽四山圍，伊、洛、瀍、澗在中；建康亦四山圍，秦淮、直瀆在中，故云「風景不殊，舉目有山河之異」。李白云：「山似洛陽多。」許渾云：「只有青山似洛中。」謂此也。蔡薿作天津橋，亦以此。○曾景建：「青山四合遶天津，風景依然似洛濱。江左于今成樂土，新亭垂淚亦無人。」○楊廷秀新亭送客詩：「六朝豈是乏勳賢，爲底京師不晏然。桓壁置人天一笑，楚囚對泣後千年。鍾山喚客長南望，江水留人懶北旋。強管興亡談不盡，枉教吟殺夕陽蟬。」○楊脩詩：「滿目江山異洛陽，北人懷土淚千行。不如亡國中書令，歸老新亭是故鄉。」水亭、在臺城寺，即

今法寶寺。○林君復詩云：「金井前朝事，林僧問不知。緑苔欺破閣，白鳥占閑池。清楚曾經晉，荒涼直到隋。南廊一聲磬，斜照獨凝思。」白鷺亭、在府城上，與賞心亭相接，下瞰白鷺洲。柱間有蘇子瞻留題。賞心亭、下臨秦淮，盡觀覽之勝。丁晉公謂建。嘗以周昉所畫袁安卧雪圖張於屏，後太守易去。續志又云：「丁始典金陵，陛辭之日，真宗出八幅袁安卧雪圖，付丁謂曰：『卿到金陵，可選一絕景處張此圖。』謂遂張于——。」○柱上有蘇子瞻題名，猶存。○王介甫詩：「檻竹簷傾野水旁，臺城佳氣已消亡。難披榛莽尋千古，獨倚青冥望八荒。坐覺塵沙昏遠眼，忽看風雨破驕陽。扁舟此日東南興，欲盡江流萬里長。」○曾景建：「柱上題名客姓蘇，江山清絕冠吴都。六花飛舞憑欄處，一本天生卧雪圖。」佳麗亭、太守馬亮建，在折柳亭之東。○杜牧之詩：「謝朓詩中佳麗地，夫差傳裏水犀軍。」○王介甫詩：「盤互長干有絶陘，并包——入江—。」折柳亭、張忠定建。爲祖餞之所。半山亭、即王介甫故宅，在城東北蔣山半道。○王介甫詩：「放歌扶杖出前林，遥和豐年擊壤音。曾侍玉皇知帝力，曲中時有譽堯心。」餘不盡載。此君亭、高齋詩話：王介甫題金陵——詩：「誰憐直節生來瘦，自許高才老更剛。」翠微亭、在城西五里清涼寺山頂，南唐建。○林君復詩：「亭在江干寺，清涼更翠微。」籌思亭：在漕司。○王介甫詩：「昔人何計亦何思，許國憂民適此時。寓興中原爲遠趣，託名華榜有新詩。」越臺、在縣西七里，今尉廳後。故老相傳云：昔越王女嫁於此，懷土思歸，故取越土築臺以居之，慰其懷土之思。○周紫芝古樂府越臺吟云：「玉顏如花越王女，自小驕癡不歌舞。嫁作江南國主妃，日日思歸淚如雨。江南、江北梅子黃，潮頭夜漲秦淮江。

江邊雨多地卑隰，旋築高臺匀曉粧。千艘命載越中土，喜見越人仍越語。人生脚踏鄉土難，無復歸心越中去。高臺何易傾，〔六〕曲池亦復平。越姬一去向千載，不見此臺空有名。」鳳凰臺、故基在保寧寺後。○李白詩：「————上鳳凰遊，鳳去臺空江自流。吴時花草埋幽徑，晉代衣冠成古丘。三山半落青天外，二水中分白鷺洲。總爲浮雲能蔽日，長安不見使人愁。」○杜甫題：「亭亭————，北對西康州。西伯今寂寞，鳳聲自悠悠。山峻路絶蹤，石林氣高浮。安得萬丈梯，爲君居上頭。恐有無母鶵，飢寒日啾啾。我能剖心出，飲啄慰孤愁。心以當竹實，炯然忘外求。血以當醴泉，豈徒比清流？所重王者瑞，敢辭微命休。坐看綵翮舉，縱意八極周。自天銜圖讖，飛下十二樓。圖以獻至尊，鳳以垂鴻猷。再光中興業，一洗蒼生憂。深衷正爲此，群盗何淹留。」〔七〕○楊廷秀望————詩云：「千年百尺————，送盡潮回鳳不回。白鷺北頭江草合，烏衣西面杏花開。龍蟠虎踞山川在，古往今來鼓角哀。只有謫仙留句處，春風掌管拂珠煤。」雨花臺、梁武帝時，有雲光法師講經于此，感得天雨賜花，天厨獻食。○楊無爲詩：「空書來震旦，康樂造淵微。貝葉深山澤，曼花半夜飛。香清雖透筆，蘂散不霑衣。舊社白蓮老，遠公應望歸。」○王介甫詩：「盤互長干有絶陘，并包佳麗入江亭。新霜浦溆綿綿浄，薄晚林巒往往青。南上欲窮牛渚怪，北尋難望草堂靈。箯輿却走垂楊陌，已載寒雲一兩星。」○劉潛夫詩云：「昔日講師何處在，高臺猶以雨花名。有時寶向泥尋得，一片山無草敢生。落日磬殘鄰寺閉，晴天牛上廢陵耕。登臨不用深懷土，君看鍾山幾個争。」梁昭明讀書臺。在蔣山定林寺後山北高峰上。

【樓閣】冶城樓、曾景建：「裊裊疏林集晚鴉，鍾山雲氣入簷牙。何人乘月吹長笛，夜看雲陵百萬家。」烽火樓、在石頭城南最高處。〇楊脩詩注云：「沿江築臺，以舉熢燧。自建康至江陵五千七百里，有警半日而達。魏太武、齊武帝皆嘗登此臺。」石頭驛樓：張九齡候使登樓作：「山檻憑欄望，〔八〕川途眇北流。遠林天翠合，前浦日華浮。萬井緣津渚，千艘咽渡頭。漁商多末事，耕稼少良疇。自守陳蕃榻，嘗登王粲樓。徒然騁目處，豈是獲心遊。向跡雖愚谷，求名亦盜丘。息陰勞木所，〔九〕空復起鄉憂。」昇元閣。一名瓦棺閣，乃梁朝建。高二百四十尺。李白有「日月隱簷楹」之句。今之———非古基矣。

【軒榭】南軒。在保寧寺。方丈旁有小屋，魏公開督府時，子讀書於此，號——。下有井，土人指爲建業水。〇曾景建詩：「劍磨驢膊倦征途，三歲——客寓居。建業水甘供日飲，波間亦有武昌魚。」

【苑囿】芳樂苑、齊東昏侯方在位時，與宮人於閱武堂元會，皇帝正位，閹人行儀，帝戎服臨視。又於閱武堂爲————，日與潘妃放恣。又於苑中立店肆，模大市，日遊市中，雜取貨物，與宮人、閹豎共爲裨販，以潘妃爲市令，自爲市吏録事，將鬭者就妃罰之。帝小有得失，妃則杖。又開渠立埭，躬自引舡埭上，設店坐而屠肉。于時百姓歌云：「閱武堂，種楊柳，至尊屠肉，潘妃沽酒。」芳林苑、一名桃花園。本齊高帝舊宅，在府城之東、秦淮土路北。武帝永明五年，嘗幸其苑禊飲。王融曲水詩序云：「載懷平浦，乃眷芳林。」即此。上林苑、建康實録：「在縣北十三里。」有古池，號飲馬池。

地連雞籠山。桂林苑。在縣北落星山之陽。左太冲吴都賦：「數軍實於——之—。」

【館驛】涼館、在府治。米芾書。弋陽館。張祜題：「一葉飄然下弋陽，殘霞昏日樹蒼蒼。葛溪謾淬干將劍，却是猿聲斷客腸。」

【橋梁】板橋。在城内。○曾景建：「輪鞅千年路欲迷，——名在市朝非。玄暉、太白微吟處，獨酌悠然命駕歸。」

【寺院】蔣山寺、去城十五里，太平興國寺西。有木末軒，王介甫命名。俯視巖壑，虬松參天，爲山之絶景。王介甫詩，見鍾山注。○蘇子瞻同王勝之遊蔣山詩：「到郡席不暖，居民空惘然。好山無十里，遺恨恐他年。欲款南朝寺，同登北郭舡。朱門收畫戟，紺宇出青蓮。夾路蒼髯古，迎人翠麓偏。龍腰蟠故國，鳥爪寄曾顛。竹杪飛華屋，松根泫細泉。峰多巧障日，江遠欲浮天。略彴横秋水，浮屠插暮煙。歸來踏人影，雲細月娟娟。」半山寺、今名報寧寺，即王介甫故宅。自東門往蔣山，至此半道，故以爲名。亦曰白塘。自王介甫卜居，乃鑿渠决水，以通城河。後請以宅爲寺，因賜今額。○王介甫詩：「水際柴門一徑開，小橋分路入蒼苔。背人照影無窮柳，隔屋吹香並是梅。」定林寺、定林有上、下二寺，舊基在蔣山應潮井後。王介甫讀書處，米元章榜曰「昭文齋」，李伯時寫王介甫真於壁，楊次公爲之贊。○王介甫詩：「定林脩木老參天，横貫東南一道泉。五月杖藜尋石路，午陰多處弄潺湲。」○「屋繞灣溪竹繞山，溪山却在白雲間。臨溪放艇依山坐，溪鳥山花共我閑。」高座寺、名永寧寺，在城南門外。或云晉朝法師竺道生所居，因號———，蓋用劉禹錫詩中語。見蘇州

注。○曾景建：「石子岡前———，犢車曾向此徘徊。清談未解傾人國，更引胡僧度海來。」清涼寺、即李主殿。○温庭筠詩：「黄花紅樹謝芳蹊，宫殿參差黛巘西。詩閣曉窗藏雪嶺，畫堂秋水接藍溪。松飄晚吹摐金鐸，竹蔭寒苔上石梯。妙跡奇名竟何往，下方煙暝草萋萋。」○曾景建：「秋月春花迹未陳，衮龍曾遶夢中身。夷門金鼓從天落，驚起床頭鼻鼾人。」○李主避暑處，至今多竹。曾極詩：「鳴鞘響斷苑墻平，敲戛惟聞風玉聲。三百年間陵谷變，寒潮不到石頭城。」○劉後村詩：「塔廟當年甲一方，千層金碧萬緇郎。開山佛已成胡鬼，住院僧猶説李王。遺像有塵龕壞壁，斷碑無首立斜陽。惟應駐馬坡頭月，曾見金輿夜納涼。」昇元寺、即瓦棺寺也。在城西隅，前瞰江面，後據崇岡，最爲古跡。李主時，昇元閣猶在，乃梁朝故物，高二百四十尺，李白詩所謂「日月隱層楹」是也。今西南隅戒壇，乃是故基。南唐將歸我宋數年前，昇元寺殿基掘得古記，乃詩讖，其辭曰：「若問江南事，不憑抱雞昇寶位。（謂李煜丁酉生也。）走大出金陵，（謂王師甲戌渡江也。）子建居南極，（曹彬列柵城南，乃子建也。）安仁秉夜燈。（謂潘美恐有伏兵，命縱火也。）東陵驕小女，騎虎渡河冰。（錢俶以戊寅年入朝，盡獻浙西之地，「騎虎」之謂也。）」瓦棺寺之名起自西晉。長興年中，長沙城河陸地生青蓮兩朵，民間聞之，官司掘得一瓦棺，開見一僧，形貌儼然。其花從舌根頂顱生出。詢及父老，父老曰：「昔有一僧，不説姓名，平生誦法華經萬餘部，臨終遺言曰：『以瓦棺葬之。』此地所司具奏朝廷，乃賜建蓮華寺，五代兵火焚之。」○李白登瓦棺閣極眺金陵詩：「鍾山對北户，淮水入南榮。漫漫雨花落，嘈嘈天樂鳴。兩廊振法鼓，四角吟風筝。杳出霄漢上，仰攀日月行。山空霸氣滅，

地古寒陰生。寥廓雲漢晚，蒼茫宮觀平。門餘閶闔寺，樓識鳳凰名。雷作百山動，神扶萬拱傾。靈光何足貴，長此鎮吴京。」**長干寺**、郡南五里。有大長干、小長干、東長干，並是地名。江東謂山隴之間曰「干」。長干寺，今名天禧寺，在長干。○王介甫詩：「梵館清閑側布金，小塘回曲翠文深。柳條不似千絲直，花葉相依萬蓋陰。淡淡層雲相上下，翩翩沙鳥自浮沉。羈人樂此忘歸意，忍向西風學舊名。」〔一〇〕**棲霞寺**、在攝山。齊明僧紹故宅也。仁廟朝嘗賜金寶方牌，熙寧間取寄華藏寺中。石佛額有玻瓈珠，後墜地，因置閣盛之，大觀中爲權要取去。米芾嘗作詩紀其事。寺今有唐高宗、陳尚書令江總碑，沈傳師齋疏，及沈傳師、徐鉉題名。按陳軒金陵集，劉長卿、顧況、李紳、皮日休、韓熙載、徐鉉、權德輿皆有詩。德輿詩略云：「縈紆松路深，繚繞雲山曲。重樓回木杪，古像鑿巖腹。」皆山中景也。**法寶寺**、在城北。亦名臺城寺。寺前有醜石四，各高丈餘，俗呼爲「三品石」，政和間取歸京師。**能仁寺**、保大中，李建勳嘗捨莊田入寺。**同泰寺**、在臺城内。梁武帝窮竭帑藏造大佛閣，七層，爲天火所焚。○曾極詩：「布薩關齋涕泗揮，大通基在昔人非。此身終屬侯丞相，誰辨金錢屬帝歸。」**宋興寺**、劉裕故居也。○曾極詩：「晉至昌明祚已終，讖文猶有兩昏童。桓玄偷得宮中璽，却屬新河伐荻翁。」**湘宮寺**、事見通鑑。○曾極詩：「數椽敗屋———，虞願忠規正凜然。十級浮屠那復有，虚抛貼婦賣兒錢。」**鐵塔寺**、元懿太子欑宮在焉。○劉後村詩：「細認苔間字，方知鑄塔時。不因兵廢壞，似有物扶持。古殿人開少，深窗日上遲。僧言明受事，相對各攢眉。」○曾極詩：「逝水無情去不回，黄簾窣地隔風埃。摩挲鐵塔堪流涕，此是先皇思子臺。」**太平興國寺**、在蔣山。梁武帝天監

十三年，以錢二十萬易定林寺前岡獨龍阜，以葬誌公，今寺即其地也。石頭城寺、張祜詩：「山勢抱煙光，重門突兀傍。連簷金像閣，半壁石龕郎。碧樹叢高頂，清池占下方。徒悲宦遊意，盡日老僧房。」寶剎院、乃齊周顒隱居之所。時有釋慧約，姓婁，少達妙理，顒素所欽，乃造草堂寺以居之。○王介甫草堂寺詩：「周顒宅作阿蘭若，婁約身歸窣堵坡。」寶公塔、蘇子瞻詩：「欲向鍾山訪寶公，雲間白塔如孤鶴。」○曾極：「六帝園陵墮劫灰，獨餘靈骨葬崔嵬。行人指點雲間鶴，喚得齊、梁一夢回。」長干塔、事見僧史。○曾極詩：「十丈祥光起相輪，鐵浮屠鎮法王墳。只愁西域神僧至，夜捧——剎入雲。」劉莎衣菴、逆亮入寇，高宗召問之，云：「沒事，沒事，兩家都換主。」○曾極詩：「佛貍麾騎飲長江，呼吸安危闔國忙。南北兩家都換主，從容一語悟高皇。」八功德水。在蔣山悟真菴後。按梅摯亭記：「梁天監中，有胡僧曇隱寓錫于此，山中乏水，時有厖眉叟相謂曰：『予山龍也。知師渴飲，措之無難。』俄而一沼沸成。後有西僧繼至，云本域八池已失其一，似竭彼盈此也。其泉一清、二冷、三香、四柔、五甘、六净、七不饐、八蠲痾，故名————。自梁以前嘗取給。」○曾極詩：「數斛供厨替八珍，穿松漱石瑩心神。中涵百衲煙霞色，不染齊、梁歌舞塵。」

【道觀】三茅觀。在句容南五十里。晉茅君得道於此。九域志：「即三十六洞天之第八洞金壇華陽之洞天。山中有十五觀。」又元符宫石刻云：「真宗嘗遣左璫詣茅山祈嗣，遇異人言：『王真人已降生於宋朝。』璫問何人？答曰：『古燧人氏。』而章懿皇后亦夢羽衣數百人從一真人來託生。及生，宫中火光燭天。」

【祠墓】後主祠、曾極詩：「真珠簾下變離聲，多少嬙妃掩袂聽。嬴得牢愁三萬斛，孤舟撑入大梁城。」荆公祠、曾極詩：「霜筠雪竹古精藍，投老歸與（平）志自甘。一食萬錢終忍垢，魚羹飯美憶江南。」文孝廟、曾極詩：「德隱前星民已和，山隈水曲廟何多。皇孫不得承天統，猶使而翁恨蠟鵝。」謝玄廟、曾極詩：「兒輩能軍國未危，更令朱序助聲威。秦人若也全師集，雲母車盛晉鼎歸。」蔣帝廟、曾極詩：「白馬千年繫廟門，爐煙浮動衮龍昏。闔棺謾説榮枯定，青骨猶當履至尊。」吴大帝廟、在石頭城。世代相傳，廟基即吴時故宫。○王介甫詩云：「强吴大帝矜雄圖，上樓酒灑羣臣趍。蘆花枝葉石城廟，行人過者皆嗟吁。」○曾極詩云：「曾將一劍定全吴，斗大祠庭泣楚巫。故國神遊應撫掌，蘆花楓葉幾年無。」晉元帝廟、曾景建：「茅茨綿蕝寄江東，陵廟回看渫血紅。右衽危冠纔自保，未能無責敢言功。」中主像、據敖爲粥。事見五代史。○曾景建：「乘時草竊豈無人，三主相傳事有因。必竟老天憐一念，據敖爲粥飲飢民。」謝公像、曾景建：「失喜向來因折屐，含悲今日爲聞箏。人間悲喜何時了，携妓東山載酒行。」大茅君像、曾景建：「面如頳玉碧臚寒，散髮垂腰槲葉乾。不向大茅峰頂見，時人多作伏羲看。」吴大帝陵、曾極：「老瞞虎裂横中州，何物生兒作仲謀。四十帝中功第一，壞陵無主使人愁。」荆公墓、曾極：「誤把清標犯世紛，平生忠業自超群。如何今代麒麟閣，只道詩名合策勳。」卞將軍墓、曾景建：「握節顔公拳透爪，歸元先軫面如生。晉陵發掘今無主，獨有忠魂只冶城。」張麗華墓。在賞心亭天井中。間有光氣如匹練，掬之如水銀，漸

流散。○曾景建：「伴侶聲沉王氣銷，香魂血涴有誰招。蓬科三尺光塵在，猶作臺城花月妖。」

【古跡】五城、唐德宗時，浙江觀察使韓滉於建康石頭築——：曰石頭城，曰冶城，曰臺城，曰苑城，曰新城。臺城、曾景建：「紫蓋横天整復斜，興亡接翅似昏鴉。舊時石闕摩雲處，荻屋荆扉一兩家。」冶城、即今天慶觀地。本吴冶鑄之地，晉元帝移於石頭城東。石頭城、蓋六朝形勝所必争之地，在城西二里。○劉禹錫詩：「山圍故國周遭在，潮打空城寂寞回。淮水東邊舊時月，夜深時過女墻來。」○楊萬里詩序：「陪留守余處恭、〔一二〕總領錢進思、提刑傅景仁游清凉寺，即古石頭城。」詩三首：「山自新亭走下來，化爲一虎首重回。平吞雪浪三江水，卧對雨花千丈臺。點檢故城遺址在，凄凉浩歎宿雲開。六朝蹤跡登臨徧，底事兹遊獨壯哉！」○「萬里長江天上來，石頭却欲打江回。青山外面周如削，紫府中間劃洞開。蘇峻戰場今草樹，仲謀廟貌古塵埃。多情白鷺洲前水，月落潮生聲自哀。」○「已守臺城更石城，不知併力或分營。六師只遣環天闕，一壘真成借寇兵。向者王、蘇俱解此，冤哉隗、協可憐生。若言虎踞渾堪倚，萬歲千秋無戰争。」東府城：輿地志：「晉安帝時築。其城西本簡文爲會稽時第，其東丞相會稽王道子府。謝安石薨，以道子代鎮揚州，州在第西，時人號爲『東府、西州』。」宋受禪壇、曾景建：「赤紙藤書宋鼎歸，寄奴柴燎告功時。普天大慶交新主，惟有徐公雙淚垂。」南唐郊壇：曾景建：「上帝神兵破石頭，别離歌奏六宫愁。燔柴空有高壇在，乞與千年麋鹿遊。」李氏宫、本朝修李氏宫，掘地得水銀數十斛，宫娥棄粉膩所積也。事見湘山野録。○曾景建：「埋愁無地奈君何，可是黄壚飲恨多。玉鏡臺前棄脂水，深泉流汞尚盈科。」晉新

宮、謝安作新宮，造太極殿，欠一梁。忽有梅木流至石頭城下，因取爲梁。殿成，乃畫梅花於其上，以表嘉瑞。○楊脩詩：「玉案金爐對御床，巋然應似魯靈光。螭頭直下雙魚尾，不讓西京舊栢梁。」金華宮、輿地志云：「梁大同中所築，昭明太子、蔡妃所居。在青溪東。」靈和殿、北史：「齊武帝時，益州刺史劉悛獻蜀柳，帝命植于靈和殿。帝曰：『此柳風流可愛，似張緒少年時。』」含章殿、宋武帝女壽陽公主人日卧於——簷下，梅花落公主額上。謝安墩、在半山寺後。○李白登冶城望——詩：「冶城訪古跡，猶有謝公墩。憑覽周地險，高標絕人喧。想像東山姿，緬懷右軍言。」即謝安與右軍王羲之同登。○王介甫詩：「我名公字偶相同，我屋公墩在眼中。公去我來墩屬我，不應墩姓尚隨公。」長干里、去上元縣五里。李白長干行「同居————」，乃秣陵縣東里巷。江東謂山隴之間曰「干」。景陽井、在法華寺。或云白蓮閣下有小池，面方丈餘。或云在保寧寺覽輝亭側。○陳末，後主與張麗華、孔貴嬪投其中，以避隋兵。舊傳云，欄有石脉，以帛拭之，作胭脂痕，一名胭脂井。又名辱井。○陸龜蒙詩：「古堞煙埋宮井樹，陳主、吴姬墮泉處。舜没蒼梧萬里雲，却不聞將二妃去。」澄心堂、王直方詩話云：「————紙，江南李後主所製。」○劉貢父詩：「當時百金售一幅，————中千萬軸。」○胡曾詩：「景陽宮井剩堪悲，不盡龍鸞誓死期。腸斷吴王宮外水，濁泥猶得葬西施。」新亭、金陵覽古：「在江寧縣十里俯近江渚。晉初過江，僕射周顗與羣公游宴，坐中歎云：『風景不殊，舉目有江山之異。』因而流涕。王導曰：『諸公當戮力中原，以壯王室，何至作楚囚對泣耶？』衆皆肅然。」割青亭、在段約宅。今青溪上有故基存焉。○王介

甫詩：「昔時江令宅，今日段侯家。」又有「割我鍾山一半青」之句。勞勞亭、在勞山上日新亭中，曰臨滄觀，又名｜｜｜。○李白詩：「金陵勞勞送客堂，青草離離生道傍。古情不盡東流水，此地悲風生白楊。」東冶亭、晉時士大夫餞別之所。○王介甫詩：「欲望鍾山岑，因知冶城路。」九日臺、四蕃記「齊武帝九月九日宴羣臣於孫陵岡」，即此也。去城南十五里。○王介甫詩：「九日無歡可得追，飄然隨意歷山陂。蔣陵西曲風煙澹，也有黃花一兩枝。」華隱樓、即陶隱居宅。○曾極詩：「松聲聽罷獨看雲，｜｜｜中控鶴身。治國神方難自獻，祇將本草語時人。」華林園、曾極詩：「羽葆來臨鼓吹停，華林暢飲倒長瓶。萬年天子瞢騰眼，錯認長星作酒星。」養種園、後主於宮中作紅羅亭，賞紅梅。韓熙載獻詞云：「桃李不須誇爛熳，已輸了春風一半。」○曾極詩：「百花堂裏賞芳菲，江左羈臣淚濺衣。腸斷上林桃李樹，春風一半未全歸。」樂遊苑、在覆舟山南。宋文帝禊飲於｜｜｜，會者賦詩，顏延之爲序。潑墨池、在茅山，費長房學道處。圖經云：「石墨池蓋大小二酉。」山藏異書，見穆天子傳。唐人穴石爲硯，注道德經，見隱逸傳。○曾極詩：「二酉珍儲已徧窺，仙班寧肯列愚癡。注經穴石須勤苦，留得千年｜｜｜。」商飈館、即九日臺也。〔一二〕地產臙脂菊。○曾極詩：「商飈基在昔人非，草木猶爲富貴移。曾是六朝歌舞地，黃花一半染胭脂。」夢筆驛、曾極：「晉尚清談筆力衰，文章高下亦隨時。景純不作文通死，五色毛錐付與誰？」蛇盤驛、曾極詩：「枳籬華屋半雕殘，列肆屠羊客卸鞍。霸氣銷沉形勝歇，龍盤何事作蛇盤？」朱雀橋、晉孝武建。朱雀門上有兩

銅雀，故橋亦以此得名。去烏衣巷不遠。朱雀航、在城東南四里。○王敦作亂，温嶠燒絶，至是始用杜預河橋法作之。邀笛步、舊名蕭家渡，在城東南青溪橋之右，今上水閘是也。○晉書云：「桓伊善樂，盡一時之妙，爲江左第一。有蔡邕柯亭笛，常自吹之。王徽之赴召京師，泊舟青溪側。伊素與徽之不相識。令人諭之曰：『聞君善吹笛，爲我一奏。』伊便下車，〔一三〕據胡床，爲作三弄畢，便上車去，客主不交一言。」故名。天水碧、南唐末時前數年，宫人接薔薇水染生帛，一夕忘收，爲濃露所漬，色倍鮮翠，因令染坊染必經宿露之，號爲「———」。宫中競服之。識者以爲：天水，趙之望也。彎碕、吴都賦「左稱——，右號臨硎」，闔閭名也。○王介甫詩：「殘暑安所適，——北窗北。伐翳作清曠，培芳衛岑寂。」射雉場、曾極詩：「不整軍容北射狐，却資媒翳取歡娱。山梁飲啄關何事，浪費君王金僕姑。」陸機宅、圖經云：「在縣南五里，秦淮之側，有二陸讀書堂在焉。」○李白題王處士水亭云：「齊朝南苑是———。」其詩云：「王子躭玄言，賢豪多在門。好鵝尋道士，愛竹嘯名園。樹色老荒苑，池光蕩華軒。北堂見明月，更憶陸平原。埽地青玉簟，爲余置金樽。醉罷欲歸去，花枝宿鳥喧。何時復來此，再得洗囂煩。」江令宅、陳尚書令江總宅也。建康實録云：「南朝鼎族多夾青溪，———尤占勝地。後主嘗幸其宅。」○劉禹錫詩：「南朝詞臣北朝客，歸來惟見秦淮碧。池臺竹樹三畝餘，至今人道江家宅。」今城東段大夫之宅，正臨青溪，即其地也。○南史：「尚書令沈約、陳起部尚書孫瑒，皆居青溪。」吴隱之宅、在縣東南五里。○隱之罷廣州刺史，並無還資，籬垣仄陋，妻子寒露，茆屋六間。女嫁謝安，移厨助之。使人至，日高蕭然，乃令其婢牽一犬入市賣。其

清操如此。烏衣巷、在秦淮南，去朱雀橋不遠。晉紀瞻立宅———，王導自卜烏衣宅。○南史謝密傳：「叔父混，〔一四〕風格高亢，少所受納，唯與從子靈運、瞻、晦等並以文義賞宴，居住———。其外雖高流時譽，莫敢造門。」○劉禹錫詩：「朱雀橋邊野草花，———口夕陽斜。舊時王、謝堂前燕，〔一五〕飛入尋常百姓家。」○歸叟詩話：「丹陽陳輔每歲清明過金陵，謁湖陰先生楊德逢，清談終日。元豐癸亥，訪之不遇，因題一詩於壁云：『北山楊柳未飄花，白下風輕麥脚斜。身似舊時王、謝燕，一年一度到君家。』湖陰吟賞，王介甫笑曰：『此正指君爲尋常百姓家耳。』湖陰亦大笑。」○異聞小説：「唐王榭居金陵，〔一六〕以航海爲業。一日海風飄舟破，榭獨附一板抵一洲，驀見翁媪皆皂服，揖榭曰：『吾主人郎也。何由至此？』榭以實對，乃引至其家。住月餘，又引見王翁，曰：『某有小女，年方十七，此主人家所生也，欲以奉君。』乃擇日備禮成婚。因詢其國，曰：『烏衣國也。』女忽閣淚曰：『恐不久睽别。』王果遣人謂榭曰：『君某日當回。』命取飛雲軒來，令榭入其中，戒以閉目，不爾即墮大海。榭如其言，但聞風聲濤響。既久開目，已至其家，四顧無人，惟梁上有雙燕呢喃，乃悟所至蓋燕子國也。後人因目榭所居爲烏衣巷云。」○曾極詩：「吴兵曾駐『黑雲都』，江左夷吾此卜居。休把烏衣輕馬巷，懸鶉結駟總丘墟。」馬糞巷、王氏别族居之。鍾山番人窟。曾極詩：「兒單于輩遠來侵，鑿穴——用意深。天塹連空遮不斷，胡塵直到海中心。」

【名宦】王導、賓禮顧榮、賀循。庾亮、修石頭城。鮑昭、宋人，爲秣陵令。顔真卿，爲刺史。皇朝張詠、爲守。王安石、自知制誥知州，後除翰林；又以觀文知州，復拜平章；又以使相再

鎮。○有郡齋詩：「談經投老拚悠悠，爲吏文書了即休。深炷爐香閉齋閣，臥聽簷雨瀉高秋。」○「心事悠悠只自知，强顔於世轉參差。移床獨向秋風裏，臥看蜘蛛結網絲。」呂頤浩、爲大使。張浚、爲大使，號紫巖先生。呂蒙正、作倅。蘇頌、知江寧縣。程顥、主上元簿日，始茅山有龍蛇，其形如蜥蜴而五色。祥符間，中使取二龍，至中途，忽奏一龍飛空而去，自昔嚴奉以爲神物。公捕而脯之，使人不惑。○朱文公作祠記云：「邑有上元者，先生少日宦遊之處也。考之書記，均田塞隄，及民之政爲多；脯龍折竿，教民之意亦備。」陳俊卿、再任。張孝祥。爲帥。

【人物】陶弘景、秣陵人。讀書萬卷，掛冠神武門，隱於勾曲山。時人謂之「山中宰相」。紀瞻、秣陵人。石勒入寇，元帝以爲都督。勒退，帝稱爲社稷臣。周顒。字彦倫，隱北山。後應詔爲海鹽令，欲過此山，孔稚圭假山神之意，作文以却之。曰：「鍾山之英，草堂之靈，馳煙驛路，勒移山庭。夫以耿介拔俗之標，瀟灑出塵之想，度白雲以方潔，〔一七〕干青霄而直上，吾方知之矣。若其亭亭物表，皎皎霞外，芥千金而不盻，屣萬乘其如脱，聞鳳吹於洛浦，值薪歌於延瀨，固亦有焉。豈有終始參差，蒼黄翻覆，淚翟子之悲，慟朱公之哭，〔一八〕乍迴跡以心染，或先貞而後黷，何其謬哉！嗚呼！尚生不存，仲氏既往，山阿寂寥，〔一九〕千載誰賞？世有周子，雋俗之士，既文既博，亦玄亦史。然而道遁東顔（顔闔），〔二〇〕習隱南郭（子綦），竊吹草堂，濫巾北嶽，誘我松桂，欺我雲壑。雖假容於江皐，乃纓情於好爵。其始至也，將欲排巢父，拉許由，傲百氏，蔑王侯，風情漲日，霜氣橫秋。彼歌幽人長往，或怨王孫不歸。〔二一〕談空空於釋部，覈玄玄於道流。務光何足比，涓子不能儔。及其鳴騶入

谷，鶴書赴隴，形馳魄散，志變神動。爾乃眉軒席次，袂聳筵上，焚芰製而裂荷衣，抗塵容而走俗狀。風雲悽其帶憤，泉石咽而下愴。望林巒而有失，顧草木而如喪。至其紐金章，綰墨綬，跨屬城之雄，冠百里之首，張英風於海甸，馳妙譽於浙右。道帙長殯，法筵久埋，敲撲喧囂犯其慮，牒訴倥偬裝其懷。琴歌既斷，酒賦無續。〔二二〕常綢繆於結課，每紛綸於折獄。籠張、趙於往圖，架卓、魯於前籙。希蹤三輔豪，馳聲九州牧。使我高霞孤映，明月獨舉，青松落蔭，白雲誰侶？磵户摧絶無與歸，石逕荒凉徒延佇。至於還飈入幕，寫霧出楹，蕙帳空兮夜鶴怨，山人去兮曉猿吟。昔聞投簪遺海岸，今見解蘭縛塵纓。於是南嶽獻嘲，北隴騰嘯，〔二三〕列壑争譏，攢峰竦誚。慨游子之我欺，悲無人以赴弔。故其林慚無盡，磵愧不歇，秋桂遣風，春蘿罷月。騁西山之逸議，馳東皐之素謁。今又促裝下邑，浪拽上京，雖情投於魏闕，或假步於山扃。豈可使芳杜厚顔，薜荔無耻，碧嶺再辱，丹崖重滓，塵遊躅於蕙路，〔二四〕污緑池以洗耳？宜扃岫幌，掩雲關，斂輕霧，〔二五〕藏鳴湍，截來轅於谷口，杜妄轡於郊端。於是叢條瞋膽，疊穎怒魄，或飛柯以折輪，乍低枝而埽迹。請迴俗士駕，爲君謝逋客。」

【名賢】李白。嘗於城西孫楚酒樓翫月，乘醉著紫綺裘、烏紗巾，與酒客棹歌秦淮，往石頭訪崔侍御。

【題詠】江南佳麗地。謝玄暉鼓吹曲：「云云，金陵帝王州。逶迤帶緑水，迢遞起朱樓。飛甍夾馳道，垂楊蔭御溝。凝笳翼高蓋，疊鼓送華輈。獻納雲臺表，功名良可收。」金波麗鳷鵲。謝玄暉夜發新林至京邑贈西府同僚詩：「大江流日夜，客心悲未央。徒念關山近，終知反路長。秋河曙耿

耿，寒渚夜蒼蒼。引顧見京室，宮雉正相望。云云，玉繩低建章。驅車鼎門外，思見昭丘陽。馳暉不可接，何況隔兩鄉。風雲有鳥路，江、漢恨無梁。常恐鷹隼擊，時菊委嚴霜。寄言罻羅者，寥廓已高翔。」**山爲龍虎蟠**。李白詩：「晉家南渡日，此地舊長安。地即帝王宅，云云。金陵空壯觀，天塹净波瀾。醉客迴橈去，吴歌且自歡。」**巨海一邊静**。李白贈昇州王使君詩：「六代帝王國，三吴佳麗城。賢人當重寄，天子惜高名。云云，長江萬里清。應須救趙策，未肯棄侯嬴。」**禮樂秀羣英**。李白别金陵諸公，作詩云：「至今秦淮間，云云。地扇鄒、魯學，詩騰顔、謝名。」**鴈入石頭城**。曹松秋日送方干遊上元詩：「天高淮、泗白，料子趣脩程。汲水疑山動，揚帆覺岸行。雲離京口樹，云云。後夜分遥念，諸峰霧露生。」**石頭巉巖如虎踞**。李白金陵歌：「云云，凌波欲過滄江去。鍾山龍蟠走勢來，秀色横分歷陽樹。四十餘帝三百秋，功名事迹隨東流。白馬小兒誰家子，泰清之歳來關囚。金陵昔時何壯哉！席卷英豪天下來。冠蓋散爲煙霧盡，金輿玉座成寒灰。扣劍悲吟空咄嗟，梁、陳白骨亂如麻。天子龍沉景陽井，誰歌玉樹後庭花？此地傷心不能道，目下離離長春草。送爾長江萬里心，他年來訪南山皓。」**千尋鐵鎖沉江底**。劉禹錫西塞山懷古：「王濬樓舡下益州，金陵王氣黯然收。〔二六〕云云，一片降幡出石頭。人世幾回思往事，山形依舊枕江流。而今四海爲家日，故壘蕭蕭蘆荻秋。」**禾黍高低六代宫**。杜牧金陵懷古：「玉樹歌沉王氣終，景陽鍾合暮樓空。梧楸遠近千家冢，云云。石燕排雲晴亦雨，江豚翻浪夜還風。英雄一去豪華盡，惟有青山似洛中。」**只緣一曲後庭花**。劉禹錫詩：「臺城六代競豪華，〔二七〕結綺、臨春事最奢。萬户千門成野草，云云。」**祇有青**

山繞建康。蘇子瞻詩：「江令蒼苔圍故宅，謝家語燕集華堂。先生笑説江南事，云云。」東府舊基留佛刹。王介甫金陵懷古：「霸祖孤身取二江，子孫多以百城降。豪華盡出成功後，逸樂安知與禍雙？云云，後庭餘唱落舡窗。黍離、麥秀從來事，且置興亡共酒缸。」山水雄豪空復在。「天兵南下此橋江，敵國當時指顧降。云云，君王神武自難雙。留連落日頻回首，想像餘墟獨倚窗。却怪夏陽纔一葦，漢家何事費罌缸？」山水寂寥埋王氣。「地勢東回萬里江，雲間天闕古來雙。兵纏四海英雄得，聖出中原次第降。云云，風煙蕭颯滿僧窗。廢陵壞冢空冠劍，誰復沾纓酹一缸？」紫氣空收劍一雙。「憶昨天兵下蜀江，將軍談笑士争降。黄旗已盡年三百，云云。破堞自生新草木，廢宫誰識舊軒窗。不須搔首尋遺事，且倒花前白玉缸。」○以上並王介甫詩。萬事朝雲隨逝水。劉貢父和韻：「虎踞群山芾繞江，爲誰興國爲誰降？高臺麋鹿看無數，廢沼鳧鷖去自雙。云云，百年西日過虚窗。白門酒美東風快，笑數英雄盡一缸。」亟傳單騎馘王雙。「樓舡兩下勢横江，元帥旌旗就約降。旋報前師覆張悌，云云。燕焚正自當煙突，蟻潰何堪值水窗。（耆老傳云：「金陵城破，自城下水窗入。」）回首三軍歡奏凱，萬牛行炙酒千缸。」浩唱庭花倒玉缸。「楚貢來遲詭問江，漢收群策士心降。一言已重黄金百，再見仍蒙白璧雙。票客脱身甘馬革，老儒投筆謝書窗。豈知三閣酣詩酒，云云。」潮聲半夜來寒渚。「頽垣落水半平江，喬木呼風不易降。耕出珠璣時得一，道逢鱗鳳不成雙。云云，月色深秋照舊窗。唯有魚鹽城下市，橋烏相望集瓶缸。」○前人。

【雜題】展上公。高辛時人，居玉李溪。○曾極：「浩劫循環無始終，年年玉李杲春空。初成未占茲山頂，古老惟傳——————。」東晉。曾景建：「斷簡殘編迹可尋，諸賢興復不關心。未應全罪王夷甫，一任神州自陸沉。」漁父。後主召一隱者，問近曾作何詩，云有漁父詩：「風雨揭却屋，全家醉不知。」○曾極：「智士旁觀當局迷，滄浪釣叟出陳詩。江頭風怒掀漁屋，底事全家醉不知？」昇元閣鐸。石柱二，見屹立右軍教場中。○曾景建：「摩挲石柱鮮痕班，亡國如鴻去不還。無復切雲三百尺，祇傳風鐸在人間。」孫陵鵝眼錢。曾景建：「六代初終幾變遷，孫陵無樹起寒煙。青蚨細薄如榆莢，猶是當年買笑錢。」澄心堂紙。曾極：「褚生玉面務深藏，未肯橫陳翰墨場。一幅降牋何用許，價高緣寫宋文章。」德慶堂字。李主所書。南唐但餘此物。李主筆法有鐵鉤瑣，見浮休集、山谷集。○曾極詩：「森然筆勢聚干將，氣軋鍾、王未肯降。惆悵當年鐵鉤鎖，可能無意鎖長江。」南唐金銅香爐。曾極詩：「製作元從建業宮，形模奇古雜金銅。煙昏塵暗君休笑，曾在紅鸞扇影中。」南唐宮中殘獐。——————忽得————一枚，陳陶云是夜狼星上直。○曾極詩：「周廬巡徼列千兵，那得殘獐墮禁庭？鹿走棘生先有象，天文未必直狼星。」南唐遣使。曾極詩：「談鋒亹亹折强鄰，專對當年亦有人。國老胸中兵百萬，不將全力靠江神。」玉樹後庭花。曾極詩：「結綺、臨春成草莽，繁華都入暮煙中。後庭玉樹迎秋色，猶帶張妃臉上紅。」三段石。孫權時碑，今移在府中。○曾極詩：「凜然皇象法書存，〔二八〕重屋應無野火焚。割據英雄餘一念，斷碑千載尚三分。」没字碑。

曾極詩：「漫漫荒池浸緑蕪，殘碑一丈載龜趺。當年刻畫書勳閥，雨打風吹字已無。」**校官碑**。在溧陽縣官廨。○曾極詩：「風摧雨剥———，集古先生竟不知。同是光和千歲刻，未容古縣獨稱奇。」**石麒麟**。地名。○曾極詩：「短樊長塹起寒煙，知是何人古墓田。千歲石麟相對立，肘 **膊焰故依然。」○石步道中有———數十**。又詩云：「**地悴天荒丘隴平，難從野老問衰興。蒼煙落日低迷處，折足麒麟記壞陵。」** **水精大珠**。真廟所賜，照物皆倒。又物影沉在下，上段無影。○曾極詩云：「冰玉摩尼如鵠卵，大千世界倒懸中。何人提向江頭照，照見神州一半空。」**輜車**。曾極：「婭姹吴音今古同，宫粧袨服已成空。雕文結角——巧，猶有梁、陳宫掖風。」**決囚燈**。後主聽死囚燃佛燈決之，因家賂左右，竊益膏油，輒得不死。○曾極詩：「五詳三覆始施刑，明滅蘭膏豈足憑？可惜當年殺嚴續，無人爲益決囚燈。」**江南録**。事見荆公集。○曾極詩：「自古嬰鱗或似狂，按誅潘佑事堪傷。憑誰寄語徐常侍，不殺忠臣國未亡。」**蜀海棠**。曾極詩：「傳芳遠遠自西鄰，錦傘高張熨眼新。花睡覺來紅淚落，年年如憶故宫春。」**鳳州柳**。鳳州柳，蜀主與江南結婚，求得其種。鳳州出手柳酒。○曾極詩：「蜀主函封遣使時，芳根元自鳳州移。柔荑醽醁今安在，唯有青絲拂地垂。」**南燭草木**。曾極詩：「駐采還年枉費功，羞將老色照青銅。仙方石飿無消息，南燭垂珠顆顆紅。」**榠樝**。形如木瓜，熟時金黄，陶弘景五和糝中用之。○曾極詩：「子丹進饌色微黄，仙老調胹有禁方。五和糝奇無處覓，榠樝新熟壓枝香。」**青松路**。曾極詩：「致君堯、舜事何難，投老鍾山賦

考槃。愁殺天津橋上客，杜鵑聲裏兩眉攢。」○王介甫手種松，又詩云：「彙進群姦卒召戎，萌芽培養自熙、豐。當時手植留遺愛，只有巖前十八公。」

【四六】泥鳳疏恩，玉麟分閫。　疇咨上宰，居守陪京。　光奉宸綸，出司留鑰。　行宮萬鑰，禁旅千營。　乃眷留都之重，仍兼制閫之隆。　眷建康之古都，乃江左之雄鎮。　惟大江襟帶之區，實前代綺羅之地。　況六朝之故國，控三路之要津。　控四路之要津，總諸軍之會府。　宜襟帶咽喉之地，屬股肱心膂之臣。　往司管鑰之嚴，乃總兵符之重。　六朝都邑之舊，四面山川之雄。　萬屯霜肅於貔貅，列宿風清於刁斗。　眷惟虎踞之邦，寶藉龍韜之略。　前代創業之邦，仁祖興王之國。　留都非它鎮之比，管鑰異左符之分。　襟帶控禦，昔傳天塹之雄；管鑰留司，今接日畿之近。　人物浩繁，蓋南北要衝之地；江山佳麗，號古今形勝之區。　龍蟠虎踞，坐增形勢之雄；箕張翼舒，頓覺精神之改。　元帥領十連之重，兼總兵民；別宮備萬乘之臨，實司管鑰。　其令父老，復見漢官之儀；亦冀士夫，不作楚囚之泣。　湘水岸花，我正哦公之留詠；鍾山雪竹，公當訪我之舊游。　八命作牧，榮疏出綍之恩；十國爲連，兼總留臺之務。　紫蓋黄旗，接帝城之葱鬱；玉符金鑰，護輦路之深嚴。　欲壯小朝廷之風采，用資賓客之才名。　道家蓬萊山，豈不戀神仙之樂；金陵佳麗地，奈適闕旒冕之憂。　惟大江上下數千里，宿南渡東西百萬師。　一相揭日月之光，俯江、淮而下燭；萬乘分旌旗之半，俾夷、夏之聳觀。　雖節制獨顓於江面，密護京畿；然威聲遠暢於邊頭，期清河、洛。

校勘記

〔一〕「不驅亦不鑿」，底本原作「石驅炙不鑿」，據全唐詩卷七三八宋齊丘陪游鳳凰臺獻詩改。

〔二〕「陳後主與張譏遊是山」，「張譏」，底本原作「張機」，據陳書卷三三、南史卷七一張譏傳改。

〔三〕「石今在府治」，「石」，底本原作「不」，據元甲本、元乙本、四庫本、傳是樓本、嶽雪樓本改。

〔四〕「石城幾度更新主」，「幾度」，底本原作「更度」，據嶽雪樓本及曾極金陵百詠改。

〔五〕「天誘胡雛智詐多」，「胡雛」，四庫本改作「金人」，嶽雪樓本更改全句爲「當日天驕智計多」，此皆清人忌「胡」、「虜」等字而改，非曾極詩原文如此也。

〔六〕「高臺何易傾」，「易」，底本原作「異」，據宋詩紀事卷四六所載周紫芝越臺曲改。

〔七〕「杜甫題（至）群盗何淹留」，杜甫此詩，内有「西康州」、「西伯」云云，則所詠鳳凰臺不在建康府明甚。杜詩詳注卷八云臺在同谷東南十里，新唐書卷四〇地理志成州同谷縣下亦云「武德元年以縣置西康州」，則此杜詩所詠鳳凰臺是在今甘肅成縣。本書于此引杜詩，實爲誤植。

〔八〕「山檻憑欄望」，「欄」，全唐詩卷四九所載張九齡候使登石頭驛樓作作「南」，觀下句「川途眇北流」，似應以「南」爲是。

〔九〕「求名亦盗丘息陰勞木所」，全唐詩卷四九所載張九齡候使登石頭驛樓作作「求名異盗丘，息陰芳木所」，與本書有字異。

〔一〇〕「柳條不似千絲直（至）忍向西風學舊名」，按臨川先生文集卷二三所載長干寺詩，此六句與本書多有不同，今録以備考：「柳條不動千絲直，荷葉相依萬蓋陰。漠漠岑雲相上下，翩翩沙鳥自浮沉。羈人樂此忘歸思，忍向西風學越吟。」

〔一一〕「陪留守余處恭」，「余處恭」，底本原作「全處恭」，據誠齋集江東集卷三三陪留守余處恭總領錢進思提刑傅景仁游清涼寺即石頭城改。誠齋集同卷還有賀建康帥余處恭迎寶公禱雨隨應詩一首，可爲佐證。

〔一二〕「商飈館即九日臺也」，「九日臺」，底本原作「九月臺」，據本書同卷「九日臺」及南齊書卷三武帝紀「世呼爲九日臺」改。

〔一三〕「伊便下車」，底本原作「徽便下車」，誤。據晉書卷八一桓伊傳，下車吹笛者爲桓伊，非王徽之。其文云：「王徽之赴召京師，泊舟青溪側。素不與徽之相識。伊於岸上過，船中客稱伊小字曰：『此桓野王也。』徽之便令人謂伊曰：『聞君善吹笛，試爲我一奏。』伊是時已顯貴，素聞徽之名，便下車，踞胡床，爲作三調，弄畢，便上車去，客主不交一言。」今據此改正。

〔一四〕「叔父混」，「混」，底本原作「琨」，據南史卷一九謝靈運傳、卷二〇謝弘微傳改。

〔一五〕「舊時王謝堂前燕」，「王謝」，底本原作「王榭」，據四庫本及劉禹錫集卷二四烏衣巷改。

〔一六〕「唐王榭居金陵」，「王榭」，獄雪樓本作「王謝」。宋阮閲詩話總龜前集卷四六述此故

事亦作「王謝」，而宋葉廷珪所撰海録碎事卷九又作「王榭」，蓋此名異寫，古已有之。

〔一七〕「度白雲以方潔」，「白雲」，四庫本及李善注文選所載北山移文作「白雪」。

〔一八〕「慟朱公之哭」，「朱公」，底本原作「宋公」，據四庫本及孔僖事集、李善注文選所載北山移文改。朱公，指戰國時楊朱，其見歧路而哭，爲其可南可北也。

〔一九〕「山阿寂寥」，「寂寥」，底本原作「寥寥」，據孔僖事集及李善注文選所載北山移文改。

〔二〇〕「道遁東顏」，孔僖事集作「學道東魯」，李善注文選又作「學遁東魯」，與本書所載北山移文皆有字異。

〔二一〕「彼歌幽人長往或怨王孫不歸」，四庫本及孔僖事集、李善注文選所載北山移文作「或歎幽人長往，或怨王孫不遊」。

〔二二〕「酒賦無續」，「續」，底本原作「績」，據四庫本及孔僖事集、李善注文選所載北山移文改。

〔二三〕「北隴騰嘯」，「嘯」，四庫本及孔僖事集、李善注文選所載北山移文作「笑」。

〔二四〕「塵遊躅於蕙路」，「蕙」，底本原作「黄」，據孔僖事集、李善注文選所載北山移文改。

〔二五〕「斂輕霧」，「斂」，底本原作「欺」，據四庫本及孔僖事集、李善注文選所載北山移文改。

〔二六〕「劉禹錫西塞山懷古（至）金陵王氣黯然收」，底本原將詩題誤爲「金陵懷古」，據劉禹錫集卷二四改。劉禹錫確有金陵懷古詩，見於劉禹錫集卷二二，詩文是：「潮滿冶城渚，日斜征虜亭。蔡洲新草緑，幕府舊煙青。興廢由人事，山川空地形。後庭花一曲，幽怨

不堪聽。」又，底本所載「金陵王氣黯然收」，「然」字誤爲「難」，據四庫本及劉禹錫集改正。

〔二七〕「臺城六代競豪華」，「臺城」，底本原作「黍城」，據劉禹錫集卷二四金陵五題臺城詩改。

〔二八〕「凛然皇象法書存」，「皇象」，底本誤爲「星象」，據曾極金陵百詠改。皇象爲三國時書法家，三國志卷六三吴書趙達傳注引吴録有記載。本書同卷「段石岡」下引丹陽記亦云：「有大碣石，長二丈，析爲三段，紀吴功德。其文東觀令華覈作，其字大篆。或又云皇象書也。」凡此，均可證作「皇象」不誤。

方輿勝覽卷之十五

太平州 當塗 蕪湖 繁昌

【建置沿革】禹貢揚州之域。吴地，斗分野。春秋屬吴，後屬越，又屬楚。秦屬鄣郡。漢武改鄣郡曰丹陽郡。晉平吴，分丹陽置于湖縣。成帝時，以江北之當塗縣流人過江在于湖者，僑立爲當塗縣，〔一〕屬淮南郡。宋以來或治姑孰，或徙于湖。隋徙當塗於姑孰，隸蔣州。唐屬宣州。五代立新和州，又爲雄遠軍。皇朝改平南軍，太平興國二年與興國軍並建，分紀年以名之。今領縣三，治當塗。

事要

【郡名】于湖、當塗、姑孰。並「沿革」注。

【風俗】民安俗阜。郡國志：「其——，其——。」田利倍他壤。曾子固靜應山修造記云：「——之入，——於——。魚蝦竹葦柿栗之貨，既足以自資，而其江山之勝，又天下之奇處也。」

【形勝】鐵甕直其東。洪景巖記：「姑孰在大江之南，左天門，右牛渚，云云，石頭枕其北，襟帶秦淮，自孫吴迄于陳，常爲巨屏。」牛渚北臨。陳宣帝詔：「龍山南指，云云。」江津之要。丹陽

記。斯爲上游。金陵記：「姑孰之南，淮曲之陽，置南豫州，六代英雄迭居于此。」云云，廣屯兵甲，建築墻壘。至隋平陳，改南豫州爲宣州，徙當塗於姑孰。」

【山川】青山，在當塗縣東南三十里。○寰宇記：「齊宣城太守謝朓築室於山南，遺址猶存。絶頂有謝公池。唐天寶改爲謝公山。」朓詩云：「還望——郭。」山下有青草市，一名謝家市。○郭功父懷——草堂詩：「三峰連延一峰尊，龍山、白紵如兒孫。重岡複嶺控官道，北望金陵真國門。石崩廢井謝公宅，龜仆斷碣長庚墳。斯人白骨已化土，英氣往往成煙雲。」龍山，在當塗縣南十里。舊經載孟嘉落帽事。按——當在江陵，而元和志及寰宇皆云此山。采石山，在當塗北三十里。山下有磯。江源記：「人於此取石，因名。」上有蛾眉亭，下有廣濟寺、中元水府廟及承天觀。○李白懇求還山，帝賜金放還。白嘗乘月與崔宗之自采石至金陵，着宮錦袍，坐舟中，旁若無人。○郭功父：「采石渡頭風浪惡，九道驚湍注山脚。金牛出没人不知，翠壁巑岏嶮如削。上有藤蘿羃霧張羽蓋，下有洞窟崩澌震天樂。水神開府志歲年，犀燭朱衣馬争躍。皇朝受禪埽寰區，夜半虹橋自天落。萬羣羆虎下金陵，巨斧連營剖城郭。霸主張纓來就俘，摧殘頭角龍變魚。羅綺半隨灰燼滅，珠樓玉殿成荒墟。衣冠文物歸中國，誰道長江限南北？日輪赫午閶闔開，煙波自與蘆花白。我來覽古憑陽春，高吟未遇謝將軍。騎鯨捉月去不返，空餘緑草翰林墳。風期亢爽非今古，冥漠神交兩相許。倒提金斗傾濁醪，滴瀝招魂寂無語。斜陽衡山瞑潮退，兩兩漁舟迷向背。便欲因之垂釣竿，六鰲一擲天門外。」○曹彬大敗江南軍二萬衆於采石磯。○中興小曆：「紹興三十一年，逆亮入寇，欲由采石渡江。時詔王權至

行在，以李顯忠代之。命中書舍人虞允文趣顯忠交軍。時防江諸軍未有統屬，允文自建康至，因督統制官時俊、盛新等以海鰍舡逆擊之，皆死鬬，虜舟沉溺者以萬數。其回北岸者，亮皆殺之，遂不能濟。允文具以捷聞。」

牛渚山、在當塗縣北三十里。山下有磯，古津渡也，與和州橫江陵相對。隋師伐陳，賀若弼從此北渡。六朝以來爲屯戍之地。輿地志：「————，昔有人潛行，云此處通洞庭，傍達無底，見金牛狀異，乃見怪而出。」○温嶠平蘇峻亂，進録尚書事，遜不受。還藩至牛渚磯，水深不可測，世云下多怪物，嶠遂燃犀照之。須臾，水族覆火，奇形異狀，或乘車馬，著赤衣赤幘。〔二〕其夜夢人謂曰：「與君幽明道别，何意相照？」嶠至鎮，未旬而卒。○謝尚鎮牛渚，嘗秋夜乘月與左右微服汎江，會袁宏在舫中諷詠，聲既清暢，詞又藻拔，遂迎升舟，與之談論。宏自此名譽日茂。○劉禹錫泊牛渚詩：「蘆葦晚風起，秋江鱗甲生。殘霞忽改色，遠鴈有餘聲。戍鼓音響絶，漁家燈火明。無人能詠史，獨自月中行。」○李白詩：「牛渚西江夜，青天無片雲。登舟望秋月，空憶謝將軍。余亦能高詠，斯人不可聞。明朝掛帆席，楓葉落紛紛。」○又詩：「絶壁臨巨川，連峰勢相向。亂石流洑澗，迴波自成浪。但驚羣木秀，莫測精靈狀。更聽猿夜啼，憂心醉江上。」○介甫詩：「歷陽之南有牛渚，一風微起萬舟阻。華戎蠻蜀支百川，合爲大江神所纏。山盤水怒不得泄，到此乃有無窮淵。朱衣乘波作官府，操制生殺無非權。陰靈祕怪不欲露，燬犀得禍却偶然。」

天門山、在當塗西南三十里。又名蛾眉山。夾大江，東曰博望，西曰梁山。○李白詩：「——中斷楚江開，碧水垂流至此迴。兩岸青—相對出，孤帆一片日邊來。」○李白銘有曰：「梁山、博望，關扃楚濱。夾據洪流，寔爲吴津。兩坐錯

落，如鯨張鱗。惟海有若，〔三〕惟川有神。牛渚怪物，目闔車輪。〔四〕光射島嶼，氣凌星辰。卷沙揚濤，溺馬殺人。國泰呈瑞，時訛返珍。開則九江納錫，閉則五嶽飛塵。天險之地，無德匪親。」**褐山**、在當塗西南。楊行密攻趙鍠，戰于此。**白紵山**、在當塗東五里。按寰宇志：「名楚山，桓温領妓遊山奏樂，好爲白紵歌，因名。」〇王介甫詩云：「——衆—頂，江湖所縈帶。浮雲卷晴明，可見九州外。肩輿上寒空，置酒故人會。巒峰張錦繡，草木吹竽籟。登臨信地險，俯仰知天大。留歡薄日晚，起視飛鳥背。殘年苦局束，往事嗟摧壞。歌舞不可求，桓公井空在。」**慈姥山**、山在當塗縣之西北四十五里。按地志：「山上出竹，堪爲簫管。」〇李白曰：「———竹作簫笛，有妙聲。」〇丹陽記：「自伶倫採竹嶰谷，後見此奇，故歷代常給樂府。又呼爲鼓吹山。」〇王褒洞簫賦：「原夫簫榦之所生兮，于江南之丘墟。洞條暢而罕節兮，標敷紛以扶疏。」李白詩：「野竹攢石生，含煙映江島。翠色落波深，虛聲帶寒早。龍吟曾未聽，鳳笛吹應好。不學蒲柳凋，貞心常自保。」**望夫山**、在當塗縣，正對和州郡樓。昔人往楚，累歲不還，其妻登此山，化爲石。〇李白詩：「寫望臨碧空，怨情感離別。江草不知愁，巖花但爭發。雲山萬重隔，音信千里絶。春去秋復來，相思幾時歇？」〇劉禹錫詩：「終日望夫夫不歸，化爲孤石苦相思。望來已是幾千載，只似當初初望時。」〇後山詩話：「望夫石，在處有之，古今人詩共用一律。黄叔達，魯直之弟也，以顧況爲第一，云：『山頭日日風和雨，行人歸來石應語。』」**横望山**、在當塗東北六十里。漢、晉以來，陶氏諸墓域環遶山麓。**靈墟山**、在當塗南十里。郡志：「丁令威，遼東人。學道登仙於————，後化鶴歸遼，集華表柱，歌云：『有鳥有鳥丁令威，去家

千年今始歸。城郭如故人民非，何不學仙冢累累？』」○李白詩：「丁令辭人世，拂衣向仙路。伏鍊九丹成，〔五〕方隨五雲去。松蘿蔽幽洞，桃杏深隱處。不知曾化鶴，遼海歸幾度？」二梁山、楊廷秀題東西——詩：「二梁雙黛點東西，牛渚看來活底眉。阿敞畫時微失手，一眉高着一眉低。」○「傳道臨春惜麗華，不從陳帝入隋家。獨將亡國千年恨，〔六〕留下雙蛾寄岸花。」三山磯、在繁昌東北四十里。○郡志：「陳希元泊舟——，有老叟曰：『來日午時有大風，舟行必覆，宜避之。』來日午，黑雲起，大風暴至，怒濤若山，行舟皆溺。公驚嘆。又見前叟曰：『某，江之遊奕將也。以公他日當位宰相，故相告。』」蟂磯，在蕪湖西南七里。蟂，毛蛟也。黃魯直書——云：「蟂似蛇，四足，能害人，賈生所謂『偭蟂獺以隱處』者也。」姑孰溪、在縣南二里，西入大江。○李白詩：「愛此溪水閑，乘流興無極。漾楫怕鷗驚，垂竿侍魚食。波翻曉霞影，岸疊春山色。何處浣沙人，紅顏未相識。」丹陽湖、在當塗縣東南七十里。○李白詩：「湖與元氣連，風波浩難止。天外賈客歸，雲間片帆起。龜遊蓮葉上，鳥宿蘆花裏。少女棹輕舟，歌聲逐流水。」慈湖、在當塗北六十五里。郡志：「晉陶侃與蘇峻戰于——。」○蘇子瞻——阻風詩：「稈索桅竿立嘯空，篙師酣寢浪花中。故應菅蒯知心腹，〔七〕弱纜能爭萬里風。」蕪湖、在當塗西南八十里，源出丹陽湖。寰宇記：「以其地卑，蓄水非深，而生蕪藻，故名。」繁昌浦。劉孝綽詩：「夕逗——，暮煙生遠渚。歸鳥赴前洲，隔山聞戍鼓。」

【堂亭】江東道院、在設廳西北。楊灝詩：「道院由來不浪傳，兩衙封印日蕭然。絕無爭俗煩

刑禁，羸得工夫弄簡編。」姑孰堂，在清和門外。○郭功父詩：「誰謂江南地偏小，——之—天下少。丹湖千里浸城東，蒲葦藏煙春渺渺。牛渚對峙凌歊臺，長江倒掛天門開。有時浪止皓月滿，琉璃宇宙無纖埃。帆檣隱隱飛鳥没，漁歌細下天邊來。」蛾眉亭，在采石山上，望見天門山。○郭功父詩：「前登千丈峰，萬里瞰瀰漫。——從雙碧，斬斬天塹斷。披榛結危—，突兀出天半。」○壁間有詩曰：「中分黛色三千尺，不着人間一點愁。」四望亭，在當塗縣東。十詠亭，在城東。蓋姑孰溪、丹陽湖、謝公宅、凌歊臺、桓公井、慈姥竹、望夫石、牛渚磯、靈墟山、天門山十詠也。○蘇子瞻有云：「余嘗舟次姑孰堂下，讀姑孰——，怪其語淺近，不類李白。王平甫云：『此李赤詩也。』赤見柳子厚集，自比李白，故名赤。其後爲厠鬼所惑以死。今觀其詩止此，而以太白自比，則其人心疾久矣，非厠鬼之罪也。」夢日亭，在蕪湖北二十里。○晉王敦鎮姑孰。明帝時，敦將舉兵内向，帝密知之，乃乘巴、滇駿馬微行，至于湖，〔八〕陰察敦營壘。敦正晝寢，——環其城，驚起曰：「此必黄鬚鮮卑奴來也。」乃使五騎追帝。帝亦馳去，見逆旅賣食嫗，以七寶鞭與之，曰：「後有騎來，可以此示之。」俄而追者至，因以鞭示之，五騎傳玩稽留，帝僅獲免。由是樂府有湖陰曲，亭名以此。吴波亭，張安國書。取温庭筠曲「——不動楚山碧」之句。玩鞭亭。楊廷秀：「老賊平欺晉鼎輕，一輪五色夢中驚。寶鞭脱急非無策，何似休將日遶營。」○「問着無聲是阿兄，坐看家賊只吞聲。戮屍大放經綸手，長柄判將錫茂弘。」○韓无咎詩：「黄鬚鮮卑勇無策，自馳駿馬來窺賊。〔九〕賊奴但怪日繞營，起看飛塵已無迹。寶鞭不惜棄道旁，坐令老嫗知興亡。百年社稷有天意，姦鋒逆焰徒鴟張。孤城遺跡森在目，平

湖無復春草緑。却對青山憶謝公，父老猶嫌人姓木。邊兵已重朝士輕，中原有路何由行。柙中虎兕不可制，江左夷吾浪得名。」○張文潛云：「頃遊蕪湖，問父老湖陰所在，皆莫知之。然則『帝至于湖』當爲斷句，乃作于湖曲以誌之：『武昌雲旗蔽天赤，夜築于湖洗鋒鏑。巴、滇緑駿風作蹄，去如滅没來不嘶。日圍萬里纏孤壁，虜氣如霜已潛釋。蛇矛賤士識天顔，玉帳髯奴落妖魄。君不見銅駝陌上塵沙起，胡騎春來飲瀍水。浮江天馬是龍兒，蹙踏揚州開帝里。王氣高懸五百秋，弄兵老濞空白頭。石城戰骨卧秋草，更欲君王分上流。』」

【古跡】凌歊臺，在城北黄山上。宋武帝南遊，嘗登此臺，且建離宫焉。○李白詩：「曠望登古臺，臺高極人目。疊嶂列遠空，雜花間平陸。閑雲入窗牖，野翠生松竹。欲覽碑上文，苔侵豈堪讀？」桓公井，在白紵山。○李白詩：「桓公名已古，廢井曾未竭。石甃冷蒼苔，寒泉湛孤月。秋來桐漸落，春至桃還發。路遠人罕窺，誰能見清徹？」謝公宅。在城東青山。○李白詩：「青山日將暝，寂寞————。竹裏無人聲，池中虚月色。荒庭衰草徧，廢井蒼苔積。唯有清風閑，時時起泉石。」

【祠墓】李白墓。郡志：「李白初葬采石，後遷青山，去舊墳六里。」○按李陽冰草堂集序、劉全白作墓碣，皆謂以疾終。五侯鯖録載太白過采石，酒狂捉月，恐好事者爲之。而梅聖俞詩云：「采石月下逢謫仙，夜披錦袍坐釣舡。醉中愛月江底懸，以手弄月身翻然。不應暴落飢蛟涎，便當騎鯨上青天。」蓋信此而爲之説也。新唐書云：「李陽冰爲當塗令，白依之。」是時當塗未爲州，隸宣城。而陽冰序謂「白疾亟，枕上授簡，俾爲集序」，無捉月之説。豈古不弔溺，故史氏爲白諱耶？抑小説多

妄，而詩老好奇，姑以發新意耶？○蘇子瞻書丹元子所示李太白真二首云：「天人幾何同一漚，謫仙非謫乃真游。麾斥八極隘九州，化爲兩鳥鳴相酬，一鳴一止三千秋。開元有道得少留，縻之不可矧肯求。」○「西望太極横峨、岷，眼高四海空無人。大兒汾陽郭令君，小兒天台坐忘真。平生不識高將軍，手污吾足乃敢嗔，作詩一笑君應聞。」

【名宦】周瑜、孫策時爲新穀令，即姑孰也。陸遜、嘗出鎮姑孰。謝尚、以衛威將軍鎮牛渚。李陽冰：客游燕、趙間，爲當塗令。高才尚氣，自言其書「後千年有人，吾不知之；後千年無人，將盡於斯矣」。皇朝蔡確、爲繁昌宰。宋敏求、爲守。或送詩：「浪蕩春流滿，蕪湖候吏迎。旌旗曉日麗，鉦鼓野風清。暫起紅塵遠，休嗟素髮生。專城方四十，自古以爲榮。」曾鞏、司户，召爲編修。黄庭堅、爲守。呂希哲、爲守。李之儀。爲編修。徽廟時，范純仁口占遺表，有「惟宣仁之誣謗未明，致保佑之憂勤不顯，皆權臣務快於私忿，非泰陵實謂之當然」，命李之儀次第之。小人附會，以爲之儀撰，〔一〇〕謫知太平州。

【人物】謝朓：宋人，居青山，文章清麗。爲齊隨王子隆鎮西功曹，長史王秀之以朓年少相動，欲以啓聞。朓知之，因事求還，道中爲詩寄西府曰：「常恐鷹隼擊，時菊委嚴霜。寄言罻羅者，〔一一〕寥廓已高翔。」皇朝郭祥正。當塗人。其母夢李太白而生，自號謝公山人。梅聖俞一見，呼爲「謫仙」。仕至殿中丞。所居有醉吟庵，東坡過而題詩。

【名賢】石待問。蜀人，以諫營昭應宫，坐謫滁州。又卜居蕪湖縣，卒因葬焉。黄魯直書其墓

曰：「有宋賢良方正，九謫不悔，自下劘上。眉山石公之墓。」

【題詠】平原周遠近。謝朓：「積水照頳霞，高臺望歸翼。云云，連汀見紆直。」故壘猶連謝尚城。潘逍遥遊當塗詩：「扁舟不復見袁宏，云云。」山連吴、楚周遭起。楊顒詩：「云云，水合湖、湘汹湧來。」暮潮聲帶九江來。李沖元詩：「晴嶂勢吞三楚盡，云云。」説着蕪城是勝遊。郭功父蕪湖詩有云：「詩中長愛杜池州，云云。」

【外邑】人事旋生當路縣。杜荀鶴贈秋浦張明府詩：「君爲秋浦三年宰，萬慮關心兩鬢知。云云，吏才難展用兵時。農夫背上題軍號，賈客舡頭插戰旗。他日親知問官況，但教吟取杜家詩。」

【四六】疏綍鰲扉，分符牛渚。眷惟州治，實控江津。江爲天險，地控風寒。乃眷鈴齋，實稱道院。矧當塗之樂土，實江左之雄藩。惟當塗之巨鎮，恃采石之驚濤。龍墀方賴於論思，牛渚乃資於鎮撫。擇地屯兵，自晉已爲重鎮；沿江設險，至今尤號要衝。中興擊賊，曾欣采石之捷聞；今日防江，尤覺當塗之地重。在昔升平，固可稱於道院；屬時多事，詎敢怠於兵防？上車强顔，又作甘泉之法從；開緘見面，重逢采石之謫仙。豈但詩人能發山川之秀，正須郡將益圖藩翰之功。山標白紵，肩輿追荆國之遊；湖汎丹陽，倚櫂和謫仙之句。載酒龍山，尋孟嘉之風味；汎舟牛渚，賦太白之詩篇。青山故宅，永懷羅尉之莫施；采石扁舟，尚想錦袍之同載。

寧國府 宣城　南陵　涇縣　寧國　旌德　太平

【建置沿革】禹貢揚州之域。吴地，斗分野。春秋時屬吴，後屬越，戰國屬楚。秦置鄣郡。漢

改爲丹陽郡，理宛陵，即今理也。東漢立宣城郡。宋、齊因之。梁置南豫州。隋改爲宣州。唐昭宗時號寧國軍。皇朝爲宣州，仍爲寧國軍節度，繼以孝宗潛藩，陞寧國府。今領縣六，治宣城。

事要

【郡名】宛城、宣城、陵陽、宛陵。

【風俗】民安俗阜。唐盧肇新興寺碑：「其土樂，其——，其——。」清凉高爽。韓愈與崔羣書：「宣州雖稱云云，然皆大江之南，風土不並以北。」惟宣州爲多賢。韓愈送楊儀之序。舟車繁會之鄉。唐尉遲樞新安院記：「陵陽古稱名郡，今日爲最雄，乃——————，風俗和柔之境。」土廣人庶。白居易制：「陵陽奥壤，云云。」

【形勝】據吴上游。陳勢大寧塔記：「惟宛陵郡作藩南夏，——————，地産氣序之平夷，江、漢岡巒之襟帶。」阻山帶江。唐陳簡甫良吏記：「宣州，秦故郊之地，云云，銅陵鐵冶，繁阜其中。」水石幽奇。王元之送姚著作序云云。

【土産】紫毫筆、白居易詩：「起居郎，侍御史，爾知紫毫不易致。每歲宣城進筆時，紫毫之價如金貴。謹勿空將彈失儀，謹勿空將録制詞。」紅線毯、白居易———詩：「美人踏上歌舞來，羅襪綉鞋隨步没。太原毯澀毳縷硬，蜀都褥薄錦花冷。不如此毯温且柔，年年十月來宣州。宣州太守加樣織，自謂爲臣能竭力。百夫同擔進宫中，線厚絲多捲不得。宣州太守知不知，一丈毯，千兩絲！地

不知寒人要暖，少奪人衣作地衣。」木瓜。宣州人種——，始成顆，則鏃紙花以貼其上，夜露日曝而變紅，花紋如生可愛。

【山川】陵陽山、在宣城。一峰爲疊嶂樓，一峰爲譙樓，一峰爲景德寺。敬亭山、在宣城北。○謝玄暉———詩：〔一二〕「茲山亘百里，合沓與雲齊。隱淪既已託，靈異居然棲。上干蔽白日，下屬帶迴溪。交藤荒且蔓，樛枝聳復低。獨鶴方朝唳，飢鼯此夜啼。渫雲已漫漫，多雨亦凄凄。我行雖紆組，兼得尋幽蹊。緣源殊未極，歸路窅如迷。要欲追奇趣，即此陵丹梯。皇恩竟已矣，茲理庶無睽。」○李白詩：「敬亭一回首，目盡天南端。仙者五六人，常聞此遊盤。溪流琴高水，石聳麻姑壇。白龍降陵陽，黃鶴呼子安。羽化騎日月，雲行翼鴛鸞。下視宇宙間，四溟皆波瀾。決絕目下事，從之復何難。百歲落半途，前期浩漫漫。强食不成味，清晨起長歎。願隨子明去，鍊火燒金丹。」○劉禹錫詩：「——之——黃索漠，元如斷岸無稜角。宣城謝守一首詩，遂使聲名齊五嶽。」昭亭山、在宛陵之北。雙羊山、在宣城南五里。以山有雙羊石，故名。○梅聖俞詩：「風雪——路，梅花—下村。」響山、在宣城縣南五里。○李白詩：「築土接——，俯臨宛水湄。」中山、一名獨山。有白兔，世傳爲筆精妙。○韓愈作毛穎傳：「惟居——者，能繼父業。」籍山、在南陵縣，乃邑鎮山。水西山、在涇縣西五里。林壑深邃。○郡志：「唐宣宗詩：『長安若問江南事，說道風光在水西。』」石壁山、在旌德北三十里。〔一三〕峰巒對起，清溪中流。安定胡公有詩。黃山、在太平縣南三十里。舊經：「黃帝棲真之地。山當宣、徽二州之境，有三十二峰，三十六源，二十四溪，八大巖。」○李白送溫處士

歸——詩：「黄山四千仞，三十二連峰。丹崖夾石柱，菡萏金芙蓉。仙人煉玉處，羽化有遺蹤。他日還相訪，乘橋躡綵虹。」文脊山、在寧國西三十里。舊名曷山。府治以爲案，有六洞。梅聖俞有留題。魁峰、在涇縣南七十里。諺云：「——項秀，玉女峰高，入仕路者，紫綬金章。」疊嶂、在陵陽山之上。陽坡：杜子美詩：「——好種瓜。」注云：「毛錫茶譜：『宣城有塢如山，其東爲朝日所燭，號曰——。』」雙溪、在城下，二水合流。○楊廷秀詩：「敬亭、宛水故依然，疊嶂、——阿那邊。謝守不生梅老死，倩誰海内掌風煙。」宛溪、在宣城東。○李白詩：「吾憐——水，百尺照心明。」句溪、在宣城東五里。清溪、李白詩：「——清我心，水色異諸水。借問新安江，〔一四〕見底何如此？人行明鏡中，鳥度屏風裏。向晚猩猩啼，空悲遠遊子。」涇溪、李白別山僧涇川作云：「何處名僧到水西，乘舟弄月宿——。」澀灘、李白下涇縣至——詩：「澀灘鳴嘈嘈，兩山足猿猱。白波若卷雪，側石不容舠。漁人與舟人，撑折萬張篙。」六刺灘。李白下陵陽溪三門——詩：「三門横峻灘，六刺走波瀾。石驚虎伏起，水狀龍縈盤。何慚七里瀨，使我欲垂竿。」

【堂亭】宛陵堂、在便廳西。○吕居仁詩：「疊嶂樓前納涼處，———下探梅時。」景吕堂：在旌德簿廳。吕獻可嘗爲此官。曲肱亭、黄魯直題宛陵張待舉———詩：「仲蔚蓬蒿宅，宣城詩句中。晨雞催不起，擁被聽松風。」謝公亭、在宣城縣北二里。舊經云：「謝玄暉送范雲零陵内史之地。」○李白詩：「池花春映日，窗竹夜鳴秋。謝令離別處，風景亦生愁。」高齋。在府治東。謝

玄暉有詩。

【樓閣】疊嶂樓、在府治。唐刺史獨孤霖建。○獨孤霖書云：「郡地四出皆阜，即阜以垣，故於樓爲易，而賦名必著。其當正據扉，亦雄盱競侈。由是繚步逾千，萬目相瞪，則壯邦麗廨之動，慊在第一。繁絲機羅，錯卉障錦，春以融；獨峰揉雲，雙波屹風，暑以澄；曉黛嚬入，夕蟾娟來，秋以揚；雲併半空，水偏一岸，〔一五〕冬以明。此槩舉，爾縷不盡也。然而月話方狎，獨醉始酣，則防城健卒篝三而環警緒至，越（活）筵走（奏）榻，彙呼（去）族譟，雖黃度、展和不能不憮而斁。嚮之歷舉四美，悉估而陪之，不足贖矣。余春至，逮秋，偶步池北，得小亭之直上，居然最勝。因命植棟闢梁，出城屋之脊，周方數間，小亭如初，而中與諸樓相差者，自爲一地。其上則朗出高際，平與空等。向所謂越譟者，不復遊慮，則其四美不俟說而聞，不假到而見。非聞非見，其然也。始聞始見，其向之未必然也。且聞且見，而今之所以然也。向既舉槩，今不可默。夫北望條風清暑之流，皆偏擅攸戡，莫全厥美。或能伸左臂，或睇右目，或獨全正面，總而有諸，則我無讓，斯又不聞不見，而以其然爲然矣。郡以溪山著名，而溪小負，則疊嶂之名爲宜。至於欄干、踏道、沙子、門户等，咸有曲旨，成於新致，舉之則縷，將煩於槩，故抑之；而中地亦晦而不彰。咸通十二年十二月辛亥，宣州刺史某書。」北樓：謝朓建。○李白詩：「江山如畫裏，山晚望晴空。兩水夾明鏡，雙橋落彩虹。人煙寒橘柚，秋色老梧桐。誰念——上，臨風懷謝公。」雙溪閣。在府治。取宛、句二水以名。

【寺觀】開元寺。杜牧詩：「六朝文物草連宫，天淡雲閑今古同。鳥去鳥來山色裏，人歌人哭

水聲中。深秋簾幕千家雨，落日樓臺一笛風。惆悵無因見范蠡，參差煙樹五湖東。」

【名宦】庾亮、晉人。爲宣城内史。〔一六〕范曄、遷宣城太守，不得志，乃删衆家後漢書爲一家之作。江淹、爲太守。謝朓、字玄暉，爲太守。羊玄保、宋文帝善棊，與玄保弈，玄保賭得宣城太守，當日敕受。人以爲虛受。顔真卿、爲觀察使。李翺、盧坦刺宣城，辟致幕下。崔羣、韓愈送楊儀之支使歸湖南序：「嘗聞當今藩翰之賓客，惟宣州爲多賢。愈與之游者，有二人焉：隴西李博，清河——。羣與博之爲人，吾知之。道不行於其主人，與之處者非其類，雖有享之以季氏之富，不一日留也。以羣、博論之，凡在宣州之幕下者，雖不盡與之游，皆可信而得其爲人矣。愈未嘗至宣州，而樂頌其主人之賢者，以其取人知之也。」（後段見潭州。）沈傳師、嘗爲觀察使。杜牧、爲判官。杜荀鶴；牧之子。田穎守宣城，延置幕下。嘗賦詩云：「風暖鳥聲碎，日高花影重。」時稱佳句。皇朝沈括、謫知宣州。張耒、爲太守。晏殊、殊爲樞副，坐以笏擊折從者齒，出知宣州。余靖、爲司理，後至尚書。胡宿、爲通判。孫覺、太平令。呂士龍。知宣州。好笞官妓，會杭州一妓至，士龍喜之。一日，欲笞一妓，妓曰：「不敢辭，但杭妓不能安也。」士龍愍而釋之。梅聖俞作莫打鴨詞云：「莫打鴨，打鴨驚鴛鴦。鴛鴦新向西池落，不比孤洲老秃鶬。」

【人物】蔣華、宣城人。李白集有詩哭之。梅詢、宣城人。梅堯臣。宣城人。王晦叔見其文曰：「二百年無此作矣。」歐陽永叔論其詩曰：「世謂詩少達而多窮，蓋非詩能窮人，殆窮者而後工也。」

【名賢】**黄庭堅**。作承天院記，使者觀望。宰相趙挺之意以庭堅有幸災之言，貶宣州。

【題詠】**平楚正蒼然**。謝朓郡城登望詩：「借問下車日，匪直望舒圓。寒城一以眺，云云。山積陵陽阻，溪流春穀泉。威紆距遥甸，巉巖帶遠天。切切陰風暮，桑柘起寒煙。悵望心已極，惝怳魂屢遷。〔一七〕結髮倦爲旅，平生早事邊。誰規鼎食盛，寧要狐白鮮。方棄汝南諾，言税遼東田。」**高閣常晝掩**。謝朓在郡卧病呈沈尚書：「云云，荒階少諍辭。珍簟清夏室，輕扇動涼颸。嘉魴聊可薦，緑蟻方獨持。夏李沉朱實，秋藕折輕絲。良辰竟有許，夙昔夢佳期。坐嘯徒可積，爲邦歲已期。絃歌終莫取，撫几今自嗤。」**窗中列遠岫**。謝玄暉答吕法曹詩：「結構何迢遞，曠望極高深。云云，庭際俯喬林。已有池上酌，復此風中琴。非君美無度，孰爲勞寸心。惠而能好我，問以遥華音。若遺金門步，見就玉山岑。」**遠近聞佳政**。張九齡寄裴宣州詩云：「故人宣城守，亦在江南偏。〔一八〕云云，平生仰大賢。如何分虎符，相與間山川。」**冰壺照清川**。李白贈宣城宇文太守詩：「君從九卿來，水國有豐年。魚鹽滿市井，布帛如雲煙。下馬不作威，云云。霜眉邑中叟，皆美大守賢。」**宗英佐雄郡**。李白贈從弟宣州長史：「淮南望江南，千里碧山對。我行倦過之，半落青天外。云云，水陸相映帶。長川豁中流，千里瀉吴會。君心亦如此，包納無小大。摇筆起風霜，推誠結仁愛。訟庭垂桃李，賓館羅軒蓋。何意蒼梧雲，飄然忽相會。才將聖不偶，命與時俱背。獨立山海間，空老聖明代。知音不易得，撫劍增感慨。〔一九〕當結九萬期，中途莫先退。」**土控吴兼越**。杜牧：「云云，州連歙與池。

山河地襟帶，軍鎮國藩維。」**晚樓明宛水。**黄魯直詩：「試説宣城郡，停盃且細聽。云云，春騎簇昭亭。䆉稏豐圩户，桁楊卧訟庭。謝公歌舞處，時對换鵝經。」**宣城四面水茫茫。**王建詩：「云云，草蓋江城竹夾墻。」**謝朓青山李白樓。**陸龜蒙詩：「陵陽佳地昔年遊，云云。」**碧落神仙擁使君。**晏同叔送凌侍郎詩：「江南藩郡古宣城，云云。江山謝守高吟地，風月朱公故里情。」**虎丘换得敬亭山。**吴郡志載林希疊嶂樓有懷吴門朱伯原詩：「云云，句水、松陵數舍間。天下難如兩州好，君恩乞與一身閑。」**宣州水西天下勝。**曾紆宣州水西詩：「杖藜出郭一水近，石磴古路穿松筠。萬仞絶壑倚天末，八節驚灘當寺門。泉聲飛下錦綉谷，殿影插入玻瓈盆。云云，閬州城南何足云。」

【四六】疏紓宸庭，建牙江國。　眷是宣城，介于江國。　徽、池鄰境，庾、謝舊邦。　惟宣置郡，以江爲城。　惟宛陵之名郡，乃帝子之潛藩。　惟地望之推高，因詩人而增重。　在三江、二浙之間，占疊嶂、雙溪之勝。　溪山行樂，方巾擇勝之車；老稚縱觀，俄擁班春之旆。　澄江如練，行將賡謝朓之詩；疊嶂有樓，抑且續獨孤之記。　地稱高爽清凉，韓文載紀；民無嘆息愁恨，漢治重逢。　誦明鏡彩虹之句，昔已流傳；作晚樓春騎之詩，今尤膾炙。　一州六邑，夙稱藩翰之雄；疊嶂雙峰，尤覺江山之勝。　謝宣城五字之詩，古今絶唱；黄山谷一篇之詠，山水增輝。　溪山甚勝，宜不廢於登臨；獄訟自清，政何妨於嘯詠。　不惟太守賦詩，踰謝朓之才；更想賓僚入幕，盛崔羣之選。

校勘記

〔一〕「僑立爲當塗縣」，底本原脱「當」字，據元和郡縣志卷二八、太平寰宇記卷一〇五、輿地紀勝卷一八補。

〔二〕「著赤衣赤幘」，底本原作「著赤衣衣幘」，據震无咎齋本、嶽雪樓本及異苑卷七、輿地紀勝卷一八改。

〔三〕「惟海有若」，「若」，底本原作「石」，據李太白全集卷二九天門山銘改。若爲海神名。

〔四〕「目圍車輪」，「目」，底本原作「日」，據李太白全集卷二九天門山銘改。

〔五〕「伏鍊九丹成」，「九丹」，底本原作「丸丹」，據傳是樓本及李太白全集卷二二、全唐詩卷一八一靈墟山改。所謂九丹，抱朴子以爲是服之可以長生升仙的丹藥，即丹華、神符、神丹、還丹、餌丹、鍊丹、柔丹、伏丹、寒丹九種。

〔六〕「獨將亡國千年恨」，「亡國」，底本原作「六國」，據誠齋集江東集卷三六題東西二梁山改。

〔七〕「故應菅蒯知心腹」，「菅蒯」，底本原作「管蒯」，今據嶽雪樓本及蘇軾詩集卷三七慈湖夾阻風改。菅、蒯均草名，莖可供作纜，故蘇子瞻詩下句有「弱纜」之說。左傳成公九年云：「詩曰：雖有絲麻，無弃菅蒯。」此其謂也。

〔八〕「至于湖」，底本原脱「于」字，據晉書卷六明帝紀補。

〔九〕「自馳駿馬來窺賊」，「駿馬」，底本原作「騎馬」，據韓元吉南澗甲乙稿卷二玩鞭亭改。

〔一〇〕「以爲之儀撰」，「之儀」，底本原誤倒爲「儀之」，據上文「李之儀」及宋史卷三四四李之儀傳乙正。

〔一一〕「寄言罻羅者」，「罻」，底本原作「罹」，據南齊書卷四七謝朓傳及文選卷二六所載謝玄暉暫使下都夜發新林至京邑贈西府同僚詩改。

〔一二〕「謝玄暉敬亭山詩」，「謝玄暉」，底本原作「謝靈運」，誤。敬亭山一詩爲謝玄暉所作，文選卷二七記載甚明，輿地紀勝卷一九敬亭山下亦云「即謝朓賦詩之所」，今據改。

〔一三〕「在旌德北三十里」，底本原缺方位詞，輿地紀勝卷一九云石壁山在旌德縣北二十里，今據補「北」字。

〔一四〕「借問新安江」，「新」，底本原作「清」，據李太白全集卷八、全唐詩卷一六七清溪行改。

〔一五〕「水偏一岸」，「水」，底本原作「冰」，據傳是樓本、嶽雪樓本改。

〔一六〕「爲宣城内史」，「宣城」，底本原作「宣域」，據四庫本、傳是樓本及晉書卷七三庾亮傳改。

〔一七〕「惝怳魂屢遷」，「惝怳」，底本原作「悄愧」，據文選卷三〇謝玄暉郡内登望改。

〔一八〕「亦在江南偏」，「在」、「偏」，底本原作「作」、「篇」，據全唐詩卷四九張九齡當塗界寄裴宣州改。

〔一九〕「撫劍增感慨」，「撫」，底本原作「挂」，據李太白全集卷一二、全唐詩卷一七一贈從弟宣州長史昭改。

方輿勝覽卷之十六

徽州

歙　休寧　祁門　黟　婺源　績溪

【建置沿革】禹貢揚州之域。吴地，斗分野。春秋屬吴，後屬越，又屬楚。秦置鄣郡。漢武改爲丹陽郡，而丹陽都尉分治于歙，黟、歙二縣皆屬焉。吴孫權分丹陽郡置新都郡。晉武改新都爲新安郡。隋置歙州，煬帝改爲新安郡，復爲歙州。皇朝因之，宣和改爲徽州。今領縣六，治歙縣。

事要

【郡名】新安、古歙。

【風俗】人性剛而喜鬬。見後朱元晦道院記。君子則務爲高行奇節。同上。云云。異材間出。朱元晦跋東溪勝侯傳云：「婺源爲縣窮僻，斗入重山複嶺間。而百十年來，云云，如翰林汪公及我先君子太史公，皆以學問文章顯重於世。」地雜甌駱。吕和叔集博陵崔某狀：「歙州云云，號爲難理。」

【形勝】歙，大州也。見後韓愈送陸歙州序云。山峭厲而水清激。見後道院記。有佳山

水。權載之送陸歙州序：「新安云云，以資勝踐。」在萬山間。郡志：「新安爲邦，云云。其地險陋而不夷，其土騂剛而不化。至於大山深谷，民之田其間者，層累而上，殆十數級不能爲一畝。快牛剡耜，不得旋其間，刀耕而火種之。十日不雨，則仰天而呼；一遇雨澤，山水暴出，則糞壤與禾蕩然一空。蓋地之勤民力也如此。」鳥道縈紆。同上。「自睦州青溪縣界至歙州，皆云云。曾待制出守，於兩岸上駐兵，下瞰來路，雖蚍蜉之微，皆可數。賊不敢犯。後移屯山谷間，遂陷。」州治復還故處。朱元晦記外大父祝公遺事云：「方臘之亂，郡城爲墟。鄉人有媚事權貴者，挾墨敕徙州治北門外，以便其私。而所徙窊下，潦漲輒平地數尺，衆皆不以爲便，將列其事以訴諸朝者。餘二千人而莫敢爲之首，公奮然以身任之。其人忿疾，復取特旨坐公以違御筆之罪。公爲變姓名，崎嶇遁逃。猶下諸路，迹捕不置。如是累年，時事變更，羣小破散，然後得免，州治亦還故處，鄉人至今賴之。」

【土產】硯。歐陽永叔研譜：「端石出端溪，色理瑩潤，本以子石爲上。子石者，在大石中生，蓋精石也。而流俗傳訛，遂以紫石爲上，又以貯水不耗爲佳，有鸜鵒眼爲貴。眼，石病也，然惟北巖石則有之，然十無一二發墨者，但充翫好而已。歙石出於龍尾溪，其石堅勁，大抵多發墨，故前世多用之，以金星爲貴。其石理微麄，以手摩之，索索有鋒鋩者尤佳。余少時又得金坑礦石，尤堅而發墨，然世亦罕有。端溪以北巖爲上，龍尾以深溪爲上。較其優劣，龍尾遠出端溪上，而端溪以後出見貴耳。」紙。有麥光、白滑、冰翼、凝霜之目。今歙縣、績溪界有地名龍鬚者，紙出其間。大抵新安之水清徹見底，利以漚楮，故紙如玉雪者，水色所爲也。〇墨。李廷珪，本姓奚，易州人。父名超，南遷至此，南唐

賜姓李氏。故老云，昔李後主嘗用其墨。今則無矣。而世言歙州具文房四寶，其實三爾。歙本不出筆墨。山出美材。郡志：「云云，歲聯爲桴下淛河者，往往多取富。」又云：「祁門水入于鄱，民以茗、漆、紙、木行江西，仰其米自給。」柿心黑木。圖經：「新安貢——————。黟之名縣，職此之由。」茶。有勝金、嫩桑、仙芝、來泉、先春、運合、華英之品。又有不及號者，曰片茶。

【山川】黃山、舊名黟山，在歙縣西北百二十八里，高千一百八十仞。郡志：「其山有摩天戛日之高，宣、歙、池、饒、江等州山，並是此山之支脉明矣。諸峰有如削成，煙嵐無際，雷雨在下。其霞城、洞室、巖竇、瀑泉，則無峰不有，信靈仙之窟宅。西北類太華山，有峰三十六，〔二〕其水源亦三十六，溪二十四，洞十有二，巖八。水流而下，合揚之水，爲浙江之源。第四峰有泉沸如湯，嘗湧朱砂。世傳黃帝嘗命駕與容成子、浮丘公同遊，合丹于此。其後又有仙人曹、阮之屬。」○唐李白送人歸——黃鶴峰詩：〔三〕「——四千仞，三十二蓮峰。丹崖夾石柱，菡萏金芙蓉。伊昔升絶頂，下窺天目松。仙人煉玉處，羽化留餘蹤。亦聞溫伯雪，獨往今相逢。採秀辭五嶽，攀巖歷萬重。歸休白鵝嶺，渴飲丹砂井。鳳吹我時來，雲車爾當整。去去陵陽東，行行芳桂叢。迴溪十六度，碧嶂盡晴空。他日還相訪，乘橋躡綵虹。」烏聊山、在歙縣西北。漢建安之亂，歙人毛甘以萬户屯此山。隋末越國公亦屯兵于此。義寧中，遷州治此山下。鳳凰山、在歙縣北十五里。嘗有鳳來集。問政山、在歙縣東五里。唐有于方外者，自荆南掌書記，棄妻從太白山道士學養氣之術。時從弟德晦爲歙州刺史，方外來訪之。德晦爲築臺于此，號「問政房」。縣人聶師道少事方外，後入吴爲國師，號「問政先生」。今有

觀。○詩話總龜云：「歙州———，聶道士所居。嘗有人陟險攀蘿至絶壁，於巖下嵌空處見題詩一首，雖苔蘚昏蝕，而文尚可辨。題云『黄台詞』，不知台何人也。詩曰：『千尋練帶新安水，萬仞花屏———。自少雲霞居物外，不多塵土到人間。壺懸仙島吞舟罷，椀浸星宫沉水閑。寶籙箧垂金縷帶，絳囊條鎖玉連環。静張棋勢鋪還打，默考仙經補又删。床並葛鞋雙兔伏，窗横楖几老龍跧。溪童乞火朝敲竹，山鬼聽琴夜撼櫺。草暗碧潭思勾曲，松昏紫氣度深關。龜成淺甲毛猶緑，鶴化幽翎頂更殷。阮洞神仙分藥去，蔡家兄弟寄書還。黄精苗倒眠青鹿，紅杏枝低掛白鷴。容易煮茶供客用，辛勤栽果與猿攀。常尋靈穴通三島，擬過流沙化百蠻。新隱漸開侵月窟，舊林猶恍枕沙灣。手疏俗禮慵非傲，肘護靈方臂不慳。海上使頻青鳥黠，篋中藏久白驢頑。笻枝健柱菖蒲節，笋櫛高簪玳瑁斑。〔三〕花氣薰心香馥馥，澗聲聆耳響潺潺。〔四〕高墳自掩浮生骨，短晷難窮不死顔。早晚重逢蕭塢客，願隨芝蓋出塵寰。』」台，國初時任屯田員外郎。世有全篇。**城陽山**、在歙縣南二里。唐許宣平嘗隱于此。**紫金山**、在歙縣東三十五里。**石鼓山**、在歙縣南。天有雨，則往往聞鼓角之聲。**紫陽山**、在歙縣。其下有觀。**孔靈山**、在歙縣南二十五里。〔五〕晉孔愉避地入新安山讀書。**墨嶺山**、在黟縣南六十里。出石墨。**赤嶺山**、在祁門縣北百二十里。下有大溪，昔有人爲梁取魚，魚不得下，遂夜飛越嶺而去。人復於嶺上張網，其飛不過者，皆化爲石，遇雨則—，故名——。而浮梁縣亦因此得名。吴都賦所謂「文鰩夜飛而觸綸」，蓋此類歟？**岐山**、在休寧縣西六十里。有石室、石橋，垂瀑百仞。乾元中，有道士龔棲霞隱于此。**率山**、在休寧縣東南四十里。寰宇志：「三天子都在焉。」**白**

嶽山、在休寧西四十里。絶壁斷崖，松蘿森靄。龍尾山、在婺源東南百里，西連武溪。開元中，獵人葉氏見石瑩潔，鐫粗成研，子孫持以獻令。令訪匠琢，由是世始傳。一名羅文山，有石理所似爲名。大鄣山、在績溪東六十里。郭璞云：「三天子都在焉。」雲峰、在黟縣南十五里。孤峭如削。徽嶺、在績溪縣西北十里。○王介甫度——詩：「曉渡藤溪霜落後，夜過翬嶺月明中。」樵貴谷、在黟縣北。昔土人入山，行之七日，至一穴豁然，周三十里，中有十餘家，云是秦人，入此避地。○按邑圖有潛村，至今有數十家同爲一村，或謂之「小桃源」。○李白詩：「黟縣小桃源，煙霞百里間。地多靈草木，人尚古衣冠。」釣臺、在黟縣南十八里。亦名潯陽臺。相傳李白嘗釣于此，有詩云：「磨盡石嶺墨，潯陽釣赤魚。靄峰尖似筆，堪畫不堪書。」新安江、自歙縣來者出黟山，自休寧者出率山，自績溪者出大鄣山，自婺源者出浙山，自浙江泝休寧者爲灘三百六十。○李白送人之東陽詩：「聞説金華渡，東連五百灘。他年一携手，摇艇入——。」○沈休文云：「———水至清，〔六〕淺深見底，貽京邑同好：眷言訪舟客，兹川信可珍。洞澈隨深淺，皎鏡無秋春。千仞寫喬樹，百丈見游鱗。滄浪有時濁，清濟涸無津。豈若乘斯去，俯映石磷磷。紛吾隔囂滓，寧假濯布巾。願以潺湲水，沾君纓上塵。」黄墩湖、一名蛟潭。其湖有蜃，常與呂湖蜃鬬。程靈洗好勇而善射，〔七〕夢蜃化爲人，告之曰：「吾爲呂湖蜃厄，君若助吾，必厚報。束帛練者，吾也。」明日，靈洗彎弓助之，正中後蜃。後有一道人教靈洗求善墓地。靈洗隨陳武帝有功，爲佐命功臣。績溪、圖經：「與乳溪相去一里，離而復合，謂之————。」○寰宇記：「臨溪有石，方圓三丈，其平如砥。水宜浣紗，婦人於石上績而守之。」○羅昭諫詩

云：「野雲如火照行塵，會——邊去問津。」婺水。在—源。—繞縣三面。

【堂院】新安道院、朱文公記：「休寧大夫信安祝侯汝玉以書來曰：『休寧之爲邑，雖有難治之名，而吾之爲之已再歲矣。始也不能不以人言爲慮，中乃意其不然，而今則遂有以信其果不然也。蓋其封域，實郭山之麓，而浙江出焉。山峭厲，而水清激，故稟其氣、食其土以有生者，其情性習尚不能不過剛而喜鬭。然而君子則務以其剛爲高行奇節，而尤以不義爲羞，故其俗難以力服，而易以理勝。苟吾之所爲者，出於公論之所是，則雖或拂於其私，而卒不敢以爲非也。以是，吾之始至蓋不能無不悅者，而今則驩然無與爲異。吾嘗困於事之不勝其繁，而今則豁然無事之可爲也。吾將更葺廳事之東，參采賓佐屬詠之什，而榜之以「————」。子能爲我記之，則後之君子益知所以爲治，而無吾始者之慮矣。』予惟汝玉之爲此，可以見其政之成，民之服，而官曹之無事矣。然道之得名，正以人所共由之路，而非無事之謂也。以汝玉之始至，坐於堂皇之上，則左簿書，右法律，日夜苦心勞力，而不得休。其或少暇，則又不免衝寒風，冒烈日，以出入乎阡陌之中，而不敢怠。凡所以勸民之善而懲其惡，興民之利而除其害者，非有道以行之，則何以致今日之無事哉？顧其名，此乃若專取乎今日之無事，而反序前日之廛事爲非道，其毋乃出於老子、浮屠之謂，而汝玉未之思耶？抑嘗計之：天下之事，雖有動靜勞逸之殊，而所謂道者，則無彼此精粗之間。汝玉之學，固有以知此矣。彼其所以喜於政成之無事，而不避異學之淫名，豈非方寸之間，〔八〕猶欲從容於此，以深思前日之已行，而益求其所未至，而卒以究夫無彼此精粗之間者，而大發於功名事業之間乎？予故邦人，且汝玉予舊也，樂

其意爲書本末以示來者，使於此邦之俗、賢宰之志尚有考云。」清風堂、汪彦章記云：「婺源去州二百餘里，皆取道山間攀緣，不可舟車之地。當四方之窮，非人物都會。土著之民且十萬，寡求而易足，多負豪使氣，争爲長雄，疑難於彈治，故吏之宰婺源者，往往畏避隱去如探湯然。蒙被惡聲，既久而不衰。然邑有溪山之秀，足以登臨；有魚稻之珍，足以宴樂；卒歲無過客使者厨傳之勞，足以安佚。其人實聰明廉武，好義而尚施，苟幸而得其平，有終身不肯違法者。故至而悉其風土者，亦樂而安之。崇寧三年，叔孫元功之爲政也，胸中涇渭甚明，既來而得民所以易治之意，則略除煩苛，一鎮之以清静，蓋未期月，而數百年之陋坐失於談笑之間。於是昔之吏俗朋黨投隙抵巇爲鑿穴首鼠者，既化而爲心膂股肱；而椎埋慓輕武斷鄉里爲奔蜂乳虎者，亦從而爲嬰兒處女。元功多民之洗濯刮磨，果可以與治也。乃築燕居之堂，而以『清風』名之。余聞而嘆曰：『天下之物，蓋無不可化者。然其所以化，非深於理者不與焉。今夫徜徉於萬物之表，而人得之以滌煩解暑者，惟清風爲然。是故至人之所御，隱君子之所賞，騷人才子大夫之所樂，致足樂也。如使不善爲政者結意於繩墨之端，置民於牛羊之地，物我俱弊矣。乃始絲棼而禽獮之，攻之愈勞而愈熾，而其於治日益遠矣。尚能知清風所以滌煩解愠之理，而與民同快適之樂哉？惟元功才有餘，而不區區俗務之所營，徒以從容無爲使斯民灑然以新，釋然以喜，而元功亦將鴻漸於此，而羽儀於天朝也。宜其所得清風爲尤多，且吾邑雅多秀民，安知無儒者作穆如之頌，歌詠吾子以配斯堂之永久者？』元功博古靖深君子也。觀其命名之意，足以知其爲人。」黄山堂、自有唐以來有之。舍蓋堂。范至能記：「徽在江左，多名山，少平陸。州所治，

衡從不能十里，而陵衍猶相半。坦然砥如者，太守之居而已。泝新安江枝而西，〔九〕屬之休陽，山益叢。美樅生之，斧斤所材，浮歙浦入于濤江，以輸行都。當匠鄉費什八，而徽人顧不事華屋，雖仙佛之廬，廑支壓傾，不可風雨。其能獨以壯麗稱者，亦莫如太守之居，而東序之正寢尤其奐焉者也。寢成之二十五年，前守怵於物怪之説，棄去弗處。後皆因之，闃無足音。又十七年，而當紹興己卯，番陽洪公适來典城。〔一〇〕明年正月，既報政，謂廣厦遂廢可惜，乃規以爲便坐，易其面勢賓出日，撤兩翼之重檐以納光景，洞三隅之複壁使可羅胡床數十，與諸吏及四方之賓客共之，避而不專鄉，故名之曰『舍蓋』。暇日列觴豆，揮麈劇談，窗戶靖深，〔一一〕遠響來答，間登前榮之傑觀，挹山川之神，以稽舊聞。其右則問政、紫陽，羣峰綿聯，許、聶蜕蟬之隱居也。左則黄山天齊，雲雨在下，容成子、浮丘公飈車羽輪所往來，煙消日出，猶髣髴其音塵。客之從遊者，皆有馭長風，簸倒景，以方洋天地間意，知有樂乎斯堂，而不知前日之蛛絲鼠壤、空虚幽暗而扃鐍也。初，公以忠臣子擢殊科，登道家山輒自劾去國。〔一二〕天子更化，古人望公，在至州四千里而遥。有詔肦輔郡符節，引以自近，其不留外久户知之。簿書期會之報，宜非所以煩公。然始至之日，不鄙野其吏民，端委聽直無倦容。於是六邑之留獄窒訟皆湊于府，朝案其説，纍牘充棟，數十年弗堅定者，郤批窾折，隨刃迎解。狡獪之庸，雖欲並緣瀾辭以珥筆豪州里，情見力屈，噤無從發端。財一再張望，田里晏然，庭中無復事，春容燕居於斯堂之上，而其民歡欣舞歌於溪山千里之外。唯恐外之百頃儉陋而不足以安公，聞其登新堂而樂，則相與傳『舍蓋』之名而珍之。以爲琳房綺寮，神仙之居，徒以公在焉故也。嗚呼！孟子所謂『賢者而後

樂』，此者幾是歟！公書於隸尤工，得先魏古法，鍾繇元常而下，無譏也。堂既名，大書其榜。屬參軍事范成大爲之記。後之來者，覽觀心畫之妙，而咨製名之意，必有指斯名而告者焉。」

【亭榭】翠眉亭、在績溪。○韓无咎記：「歙之績溪縣西隅，有亭曰——，不知其何人作也。前則二小山對出，自亭而望，嫵然如眉。地勢平衍，林木茂蔚。元豐末，蘇文定公爲縣，愛其清幽，時往游焉，賦詩其上。公去而邑人思之，即亭爲祠。紹興中，好事者飾縣廨一堂，名以景蘇。後令曹訓刻公在績溪所爲詩凡三十六篇於石，而摹公之象於翠眉亭云。」歲寒亭、在歙縣。蘇子由在績溪時賦詩，今刻石亭上。藏書閣。在州學。朱文公記云：「道之在天下，其實原於天命之性，而行於君臣、父子、兄弟、夫婦、朋友之間；其文則出於聖人之手，而存於易、書、詩、禮、樂、春秋、孔、孟氏之籍。本末相須，人言相發，皆不可一日而廢焉者也。」又云：「某，故邑人也，而客於閩。茲以事歸，而拜於其學。鄉人子弟相率踵門曰：『子誠未忘先人之國，獨不能因是而一言以曉之哉？』於是竊記所聞，以告鄉人之願學者。」

【祠廟】三先生祠、朱文公記云：「婺源大夫周侯始作周、程——於其縣之學，而使人以書來曰：『子故吾邑之人也。先生之學，其始終本末之趣，願吾子之悉陳之也。』某發書慨然曰：『今既得以日見先生之貌象而瞻仰之，則曷若遂讀其書，求其旨，以反諸身，而力行之乎？諸君其亦勉之哉！』」朱文公祠；州學及婺源縣學皆立其祠。五通廟。在婺源縣，乃祖廟。兄弟凡五人，本姓蕭。每歲四月八日，來朝禮者四方雲集。

【名宦】任昉、爲守，廉潔著名。後歸，舡中惟桃花米二十石。初，昉因行春，愛其雲溪，尋幽累日，傍有大石，往往坐釣其上，因名昉溪。村今有任公寺，在休寧縣。徐摛、梁書：「高祖謂曰：『新安大好山水，任昉並經爲之，卿爲我卧治此郡。』」張率、嗜酒。爲新安守，遣家童載米三千石還吴，既至，遂耗大半。率問其故，曰：「鼠雀耗。」率笑曰：「壯哉！鼠雀。」竟不研問。薛稷、善畫鶴。嘗爲黟縣令，後位至少保。皇朝蘇轍、爲績溪邑宰。吕大防、以太常博士謫知休寧縣。鮮于侁、字子駿。爲黟令，又攝婺源，豪强畏之。後爲京東轉運司，馬公曰：「福星往矣。」崔顥。爲績溪宰。

【人物】吴少微、新安人。開元中爲中舍。吕文仲、新安人。景德爲刑部侍郎。謝泌、歙縣人。爲諫議。查道、休寧人。擢賢良。俞獻可、歙縣人。龍圖待制。弟獻卿，〔一三〕侍郎。聶冠卿、歙縣人。爲内翰。吕溱、士元之子，景祐進士第一。汪伯彦、祁門人。拜尚書左僕射。汪藻、婺源人。爲内翰。汪勃、黟縣人。仕至樞密。子作礪，提刑。孫義和，侍御史；義端，給事中。祝確、歙人，乃朱文公之外祖。文公嘗記其遺事云：「外家新安祝氏，世以貲力順善聞于州鄉。其邸肆生業，幾有郡城之半，因號『半州祝家』。有諱景先者，號二翁，尤長者。元祐，黄太史贊其畫象，大書百許字，辭甚瓌偉，經亂而逸。某少時，見外大父猶頗能誦其語。至諸舅，則皆已不復能記憶矣。二翁諸子，皆讀書。外大父，其第二子也，諱確，字永叔，特淳厚孝謹。少時，聞父母將爲謀昏，逃避累日，家人驚索得之，猶涕泣不能已。問其故，則曰：『審爾，則將不得與父母兄弟蚤夜相親矣。』新喪，

廬墓下，手植名木以千數，率誦佛書若干過，乃植一本，比終制而歸，則所植已鬱然成陰矣。一兄一弟，先後死熙河，皆親往致其喪，往返徒步不啻萬里。所舍輒悲號，上食如禮，夜寢柩旁，不忍跬步離去，路人皆爲太息。時四妹猶未行，公獨竭己貲以遣之。其一歸同郡汪公勃。汪公後登二府，終身德公不能忘，人兩賢之。歲大疫，親舊有盡室病卧者，雖至親莫敢闖其門。公每清旦輒携粥藥造之，徧飲食之而後反，日以爲常。其他濟人利物之事不勝計，雖傾貲竭力無吝色。鄉人高其行，學試又多占上列。是時先君子年甚少，未爲人所知，公獨器重，以女歸之，後卒以文學致大名，世乃以公爲知人。年八十三以終。生二男一女。伯舅嶠，少敏悟有文；叔舅莘，後公十餘年亦即世。今惟叔舅之子康國家建之崇安，而康國之子穆已總髮能誦書矣。〔一四〕某惟外大父之淳德懿行，先人後己，其誠心所格，固宜有後。天之報施，其將在於此乎？竊感陶公作孟府君傳，及近世眉山蘇公亦記程公遺事，不勝凱風寒泉之思，書此以遺康國，使藏于家，時出而訓習之，以厲其子孫云。」○「某既叙此事，而濟之弟以疾不起。其子穆相從於建陽，〔一五〕因書畀之。俯仰今昔，爲之涕下不能已。」祝有道、新安志云：「黄山谷謫黔中，歙人——訪之，山谷爲書帖云：『凡士大夫，胸中不時時以古今澆之，則俗塵生其間，照鏡則面目可憎，對人亦語言無味。』又贈以詞，所謂『長楊風挑青驄尾』者也。」又有八月十七夜，張寬夫園待月，有詞云：「老子平生，江南、江北，最愛臨風笛。孫郎微笑坐，來聲噴霜竹。」蜀人謂笛音如犢，故用之。今俗本改「笛」爲「曲」，非也。朱松。婺源人，自號韋齋。娶祝氏，生太師文公熹。按傅自得作韋齋集序云：「公幼小喜讀書，綴文冠而擢第，未嘗一日捨筆硯。年

二十七八，聞二程先生之遺論，皆先賢未發之奧，始捐舊習從事於其間，雖兩入東觀、三爲尚書郎，卒不待年而歿。」又云：「建炎、紹興間，公詩聲滿天下。間嘗爲予舉簡齋『開門知有雨，老樹半身濕』，及韋蘇州『諸生時列坐，共愛風滿林』之句，且言古之詩人貴衝口直致，蓋與彭澤『採菊東籬下，悠然見南山』同一關捩。」

【題詠】**江傳水至清**。劉長卿送鄭説之歙州謁薛侍郎詩：「漂泊來千里，謳謡滿百城。漢家尊太守，〔一六〕魯國重諸生。俗變人難理，云云。舡經危石住，路入亂山行。老得滄洲趣，春傷白首情。嘗聞馬南郡，門下有康成。」**千山帶夕陽**。皇甫曾題劉長卿碧澗別業詩：「南憶新安郡，云云。」**黟水含香繞郡流**。喬伍爲歙州倅寄張翰林詩：「黃山向晚盈軒翠，云云。遥想郡齋多暇日，花時誰伴出城遊？」**千尋練帶新安水**。聶夷中詩：「云云，萬仞花屏問政山。」

【四六】輟自蓬山，出臨黟水。維歙爲州，因山築壘。維千里地，在萬山間。號爲名郡，間出異材。維古歙之名地，有昉溪之勝槩。竊以新安之古郡，實爲江左之名區。溪山一隅，號爲偏郡；農桑千里，實曰富州。官尊州大，不輕刺史之符；山峭水清，尤號人才之藪。自孔愉之隱遁，地望已清；及查道之賢良，文風益盛。古曰富州，自昌黎而推重；今爲佳郡，以任昉之曾臨。雖曰山城，亦羣珍之所產；載瞻京邑，惟一葦而可航。道傳雲谷，遠聞清廟之音；文擅龍溪，夸作玉堂之樣。郭山左麓田，數十級而後耕；浙江上游灘，三百餘而難泝。道院一碑，實救異端之害；文房四寶，尤夸奇產之多。尊若陸傪，古歙之州城甚大；廉如任昉，新安之江水益清。

池州貴池　青陽　建德　銅陵　石埭　東流

【建置沿革】禹貢揚州之域。吴地，斗分野。春秋及秦、漢爲古鄣郡之地。漢屬丹陽。晉屬宣城郡。梁屬南陵郡。隋廢南陵，置秋浦縣。唐置池州。皇朝中興，爲池州路安撫使，尋罷。今領縣六，治貴池。

江東提舉置司。

事要

【郡名】池陽、秋浦。並見「沿革」注。

【風俗】民醇氣和。盛約中和堂記：「――――，衆貨畢集。」人物稠夥。同上。「雖――――，而有訟必嚚；雖賦租浩穰，而聞令必集。」土風清和。李虚己記：「井邑平曠，云云。」

【形勝】俯瞰大江。同上。「――――，仰倚崇嶠。」清溪南來。盛約記：「――――，九華東引，洪流環繞，沃野彌望。」鎮以齊山。徐鉉作：「大慶觀浸以秋浦，――――。」依貴池，據石城。裴度撰池州廳壁記：「――――之美，――――之固。」山川清曠。胡兆作秋浦志序，有曰：「九華、五松，清溪、秋浦，玉鑑之潭，水車之嶺，戍紀、白笴之陂，太白、樂天、牧之論文垂釣，問山弄水，登覽遐矚，隱然在人耳目。山川風物，清和平曠。」

【土産】劄紙。王介甫酬贈池紙：「微之出守秋浦時，椎冰看擣萬穀皮。波工龜手咤今樣，魚網肯數荆州池。霜紈奪色賈不售，虹玉喪氣山無暉。方舡穩載獻天子，善價徐取供吾私。千年零落尚百一，持以贈我隨清詩。君寧久寄金穀地，方執賜筆磨坳螭。當留此物朝上國，日侍帝側書新儀。不然名山副史本，褒拔元凱誅窮奇。咨予文章非世用，書鏤空爾糜冰脂。揮毫才足記姓字，切學又耻從師宜。忽忽點汙亦何忍，嘉貺但覺難爲辭。篇終有意責趙璧，窮國恐誤連城歸。傾囊倒篋聊一報，安敢坐以秦爲雌？」

【山川】齊山，在貴池南五里。按王晳——記：「有十餘峰，其高等，故名——。」或曰以齊映得名。」○杜牧之九日登——詩：「江涵雲影鴈南飛，〔一七〕與客携壺上翠微。塵世難逢開口笑，菊花應插滿頭歸。直須酩酊酬佳節，不用登臨怨落暉。古往今來只如此，牛山何必更沾衣。」九華山，在青陽縣界。舊名九子山，李白以有峰如蓮花，改爲———。○詩云：「昔在九江上，遥望九華峰。天河掛緑水，秀出九芙蓉。」○崔總郡樓望九華歌：「有時朝峰變疏密，八峰和煙一峰出。有時風卷天雨晴，聚立連連如弟兄。」○潘逍遥詩：「將齊華嶽猶多六，若並巫山又欠三。好是雨餘江上望，白雲堆裏潑濃藍。」○王介甫詩：「峨然九女鬟，争出一鏡奩。」五松山，在銅陵縣。○李白詩：「我愛銅官好，〔一八〕千年未擬還。要須回舞袖，拂盡———。」馬當山，在東流，横枕大江。○陸龜蒙文云：「言天下之險者，在山曰太行，在水曰吕梁，合二險而爲一，吾又聞乎馬當。此之爲險也，屹乎大江之旁，怪石憑怒，跳波發狂，日黯風助，摧牙折檣，幸而脱死，神魂飛揚。殊不知堅輪蹄者，夷乎太

行；仗忠信者，通乎吕梁；使舟楫而行乎——，合是三險而未爲敵小人方寸之包藏。」**半巖**、李元方嘗刻碑於有待巖，謂齊山大小泉凡十一，而——爲勝；秋浦千重嶺，而水車嶺最奇；巖壁之號十五，而有待爲大；壑之號九，而上清爲最；洞之號十四，而潛虬爲奇。又有洞五：曰——，曰寄隱，曰子昭，曰妙峰，曰翠微。翠微特高，尤宜登眺。**水車嶺**；郭功父追和李白秋浦歌：「萬丈——，還如九疊屏。北風來不斷，六月自生冰。」**五溪**、在青陽縣。源出九華，會于龍池溪、曹溪、漂溪、蘭溪入江。**玉鏡潭**、李白秋浦宴詩：「清溪——，溪當大樓南。」**秋浦**、池陽記：「北帶郡城，南連驛道，爲舟楫之路。」○李白詩：「羌笛梅花引，吴溪隴水清。寒山——月，腸斷玉關情。」○「——多白猿，超騰若飛雪。牽引條上兒，飲弄水中月。」**白笴陂**、李白詩：「——夜長嘯，爽然溪谷寒。魚龍動一水，處處生波瀾。」**貴池**。郡縣志：「梁昭明太子以其魚美，封爲——。」

【堂舍】**思政堂**。曾子固記云：「所與由之，必人之所安也。所與違之，必人之所厭也。如此者，未有不始於思然後得於己。得於己，故謂之德。正己而治人，故謂之政。政者，豈止於治文書，督賦斂，斷獄訟而已乎？然及其已得矣，則無思也。已他矣，則亦豈止於政哉？古君子之治，未嘗有易此者也。」

【亭榭】**弄水亭**、杜牧詩：「使君四十四，兩佩左銅魚。爲吏非循吏，論書讀底書？晚花紅艷静，高樹緑陰初。亭午清無比，溪山畫不如。嘉賓能嘯詠，官妓巧粧梳。逐日愁皆碎，隨時醉有餘。偃須求五鼎，陶秖愛吾廬。趍尚人皆異，賢豪莫笑渠。」**貴池亭**、同上。「勢比凌歊宋武臺，分明百里

遠帆開。蜀江雪浪西江滿，强半春寒去却來。」如剡亭、在倅廳。〇李白詩：「愁作秋浦曲，强看秋浦花。山川如剡縣，風日似長沙。」清溪亭、王介甫記：「臨池州之溪上，隸軍事判官之府，京兆杜君建。夫吴、楚、荆、蜀、閩、越之徒出入於是，而離離洞庭、鄱陽之水浮於日月之無窮。四方萬里之人飛帆鼓楫，上下於波濤之中，犯不測之險於朝暮之際。而吾等乃於數楹之地，得偉麗之觀於寢食坐作之間，是可喜也。君曰：『夫僊其形於事者，宜有以佚其勞，厭其視聽之喧囂，則必之乎空曠之野，然後能無患於晦明。飛禽之啁啾，怒浪之洶湧，漁蓬樵蹻嘯於前而歌於後，孰與夫訟訴笞榜之交於耳也？岸幘穿屨，弦歌而詩書，投壺飲酒，談古今而忘賓主，孰與夫揫跽折旋之密接於吾目也？』此亭之所以作也。」翠微亭。揚廷秀詩序云：「從提舉黄元章登齊山寺後上清巖｜｜｜，望郡城左清溪，右大江，蓋絶境云。」「西山落日浴長江，併貫清溪作一光。千嶂圍來天四合，孤城涌出水中央。樓臺玉塔雲間見，楊柳金堤鏡裏長。客子要窮秋浦眼，｜｜｜上上清旁。」

【樓臺】蕭相樓、在州治北。唐蕭復建，後杜牧重建。〇王鞏詩：「盧杞姦邪四海憂，相君邦國自同休。分符朝去雲中闕，開府南來江上州。百尺樓高瞻故國，九華山色倚晴眸。定知直道傳千古，杜牧文章在上頭。」〇杜牧池州重建｜｜｜記：「蕭丞相爲刺史時，樹樓于大廳西北隅，上藏九經書，下爲刺史便廳事。大曆十年乙卯建，會昌四年甲子摧。木悉朽壞，無一可取者。刺史李方玄具材，刺史杜牧命工。南北霤相距五十六尺，東西四十五尺。十六柱，三百七十六椽。上下凡十二間，上有其三焉。皆仍舊制，以會昌五年五月畢。自初至再，凡七十一年。丞相諱復，實相德宗皇帝焉。」

九華樓、即子城東門樓。九峰樓。杜牧登———寄張祜詩：「百感由來不自由，角聲孤起夕陽樓。碧山終日思無盡，芳草何年恨即休？睫在眼前長不見，道非身外更何求？誰人得似張公子，千首詩輕萬户侯！」

【名宦】齊映、爲太守。見齊山注。蕭復、爲太守，即八葉宰相者。裴度、爲觀察使。杜牧；爲太守。皇朝包拯、爲太守。吕頤浩。以大使兼。

【人物】杜荀鶴。自號九華山人。

【題詠】紅旆行春到九華。按唐詩紀事載湯文圭贈池州張守詩：「絳幃夜坐窮三史，云云。只怕池人留不住，別遷征鎮擁高牙。」

【外邑】吾愛崔秋浦。李白贈崔秋浦詩：「云云，宛然陶令風。門栽五楊柳，井夾二梧桐。山鳥下廳事，簷花落酒中。懷君未忍去，惆悵意無窮。」公庭人吏稀。同上。「秋浦舊蕭索，云云。因君樹桃李，此地忽芳菲。摇筆望白雲，開簾當翠微。時來引山月，縱酒酣清暉。」

【四六】暫輟朝班，出臨秋浦。雖曰偏州，實爲重鎮。江左要衝，池陽重鎮。山紀齊侯，樓標蕭相。矧今池陽之重鎮，乃昔江右之帥垣。州扁揭魯公之筆，壁記遺裴令之文。暇日謹包桑之戒，重兵嚴細柳之屯。桑麻六邑，既有待於撫摩；介冑三軍，亦豈輕於統御。壯老羆當道之勢，端在斯時；和飛鴈涵江之詩，姑遲他日。竊考唐朝，乃杜牧把麾之舊；共臨秋浦，亦齊侯解組之餘。干戈載戢，則必佩服包桑之戒；兵農雜居，則必洽比細柳之屯。

校勘記

〔一〕「有峰三十六」，底本原作「有峰二十六」，據嶽雪樓本及輿地紀勝卷二〇改。本書下文即云「其水源亦三十六」，則峰數自應爲三十六也。

〔二〕「李白送人歸黄山黄鶴峰詩」，按李太白全集卷一六、全唐詩卷一七五，此篇詩題爲送温處士歸黄山白鵝峰舊居，且詩中亦有「歸休白鵝嶺」之句，則本書「黄鶴峰」宜爲「白鵝峰」之誤。

〔三〕「笋櫛高簪玳瑁斑」，「玳瑁」，底本原作「越瑁」，據詩話總龜前集卷一五、後集卷三九改。又，黄台此詩，詩話總龜前後集兩見之，前集所載與本書略有字異，後集所録，詩句順序與本書大異。蓋抄録者不同，其讀詩亦異也。

〔四〕「澗聲聆耳響潺潺」，底本原作「澗聲冷耳響僝僝」，據詩話總龜前集卷一五、後集卷三九改。

〔五〕「在歙縣南二十五里」，底本原缺方位詞，太平寰宇記卷一〇四、輿地紀勝卷二〇皆云孔靈山在歙縣南二十五里，今據補「南」字。

〔六〕「新安江水至清」，「至清」，底本原作「至深」，據嶽雪樓本及文選卷二七沈休文新安江水至清淺深見底貽京邑遊好改。

〔七〕「程靈洗好勇而善射」，此處及下文三處「程靈洗」，底本原作「程靈銑」，據四庫本及陳書卷一〇程靈洗傳改。

〔八〕「豈非方寸之間」，「方寸」，朱子大全卷八〇徽州休寧縣廳新安道院記作「朝夕」。

〔九〕「泝新安江枝而西」，「泝」，底本原作「訴」，據四庫本、嶽雪樓本改。

〔一〇〕「番陽洪公适來典城」，「适」，底本原作「實」，誤，據宋史卷三七三洪适傳改。康熙歙縣志卷三舍蓋堂下作「洪适」，不誤。

〔一一〕「窗户靖深」，四庫本作「旨遠情深」，震无咎齋本、嶽雪樓本又作「淵穆靖深」，均與底本異。

〔一二〕「登道家山輒自劾去國」，「自劾」，底本原作「自列」，據震无咎齋本、嶽雪樓本改。

〔一三〕「弟獻卿」，底本原作「弟獻可」，據四庫本改。按上文已云俞獻可爲龍圖待制，弟名自不應與獻可同，宋史卷三〇〇俞獻卿傳亦云爲侍郎者是獻可弟獻卿，故據四庫本改。

〔一四〕「伯舅嶠（至）已總髮能誦書矣」，按朱子大全卷九八外大父祝公遺事云：「伯舅莘，娶張氏……叔舅嶠，少敏悟有文……及伯舅既先卒，叔舅後公十餘年亦即世。今惟伯舅之子康國居建之崇安，叔舅之孫回居劍之尤溪，而康國二子已總髮能誦書矣。」其所叙伯叔舅之名與本書正相反，未知孰是。

〔一五〕「其子穆相從於建陽」，朱子大全卷九八外大父祝公遺事作「其二子丙、癸相從於建陽」，與本書異。

〔一六〕「漢家尊太守」，「尊」，底本原作「專」，據全唐詩卷一四八劉長卿送鄭說之歙州謁薛侍郎改。

〔一七〕「江涵雲影鴈南飛」，樊川集卷三九日齊山登高作「江涵秋影鴈初飛」，與本書異。

〔一八〕「我愛銅官好」，「好」，李太白全集卷二〇及全唐詩卷一七九銅官山醉後絕句作「樂」，與本書異。

方輿勝覽卷之十七

南康軍星子　建昌　都昌

【建置沿革】禹貢荆、揚二州之域。吴地，斗分野。春秋吴、楚之地。戰國屬楚。秦屬九江郡。漢屬豫章。晉置尋陽郡，宋、齊因之。隋屬九江及豫章。唐屬江州及洪州。僞吴以其地立星子鎮。國朝陞爲縣，屬江州；太宗時陞南康軍，又割洪之建昌、饒之都昌隷焉。今領縣三，治星子。

事要

【郡名】星渚、匡廬。並見「山川」注。

【風俗】其在康哉。太平興國六年，相國張師亮轉漕江表，請改邑爲軍。詔曰：「南方之俗，云云，可賜名南康軍。」以興教善俗爲務。張敬夫作濂溪祠記：「新安朱侯，首云云，乃立濂溪祠于學宫。」揖先儒淳固慤實之餘風。吕伯恭作白鹿洞記云。詳見後。

【形勝】負匡廬，面彭蠡。南康志云云。其西五峰。彭圖南致霖亭記：「云云，峭壁隱然在望者爲廬阜，其南巍嵐疊疊若來向者爲蘇山。」十大禪刹。廬山云云，而山南居其六，曰歸宗、開

元、萬松、棲賢、羅漢、慧日是也。鍾梵相聞於青嵐白雲中。唐呂和叔作裴氏海昏集序：「廬山云云。」

【山川】廬山，在城北十五里。○周武王時，有匡俗兄弟七人，皆有道術，結廬於此山中，仙去廬在，故曰——。太史公亦嘗登廬山。白樂天草堂記：「匡廬奇秀甲天下。」○李白——謡：「我本楚狂人，鳳歌笑孔丘。手持緑玉杖，朝別黄鶴樓。五嶽尋仙不辭遠，一生好入名山遊。——秀出南斗傍，屏風九疊雲錦帳，影落明湖青黛光。金闕前開二峰長，銀河倒掛三石梁，香爐瀑布遥相望，迴崖疊嶂凌蒼蒼。翠影紅霞隱朝日，鳥飛不到吴天長。登高壯觀天地間，大江茫茫去不還。黄雲萬里動風色，白波九道流雪山。好爲——謡，興因——發。閑窺石鏡清我心，謝公行處蒼苔没。早服還丹無世情，琴心三疊道初成。遥見仙人綵雲裏，手把芙蓉朝玉京。先期汗漫九垓上，願接盧敖遊太清。」○歐陽永叔作——高贈同年劉中允：「——高哉幾千仞兮，根盤幾百里，巀然屹立乎長江。長江西來走其下，〔一〕是爲揚瀾左蠡兮，洪濤巨浪日夕相舂撞。雲消風止水鏡净，泊舟登岸而遠望兮，上摩青蒼以杳靄，下壓后土之鴻厖。試往造乎其間兮，攀緣石磴窺空谾。千巖萬壑響松檜，懸崖巨石飛流淙。水聲聒聒亂人耳，六月飛雪灑石矼。仙翁釋子亦往往而逢兮，吾嘗惡其學幻而言肯定的哤。但見丹崖翠壁遠近映樓閣，〔二〕晨鍾暮鼓杳靄羅幡幢。幽花野草不知其名兮，風吹露濕香澗谷，時有白鶴飛來雙。幽尋遠去不可極，便欲絶世遺紛厖。羡君買田築室老其下，插秧盈疇兮釀酒盈缸。欲令浮嵐暖翠千萬狀，坐卧常對乎軒窗。君懷磊砢有至寶，世俗不辨珉與玒。策名爲吏二十載，青衫白

首困一邦。寵榮聲利不可以苟屈兮，自非青雲白石有深趣，其氣兀硉何由降？丈夫壯節似君少，嗟我欲説安得巨筆如長杠？」○朱元晦詩：「登車閩嶺嶠，息駕匡山陽。匡山高不極，連峰鬱蒼蒼。金輪西嵯峨，五老東昂藏。想象仙聖集，似聞笙鶴翔。林谷下凄迷，雲關杳相望。千巖雖競秀，二勝終莫量。仰瞻銀河翻，俯視蛟龍驤。長吟謫仙句，和以玉局章。疇昔勞夢思，兹今幸徜徉。尚恨忝符竹，未愜棲雲房。已尋兩峰間，結屋依陽岡。上有飛瀑駛，下有清流長。循名協心期，弔古增悲凉。壯齒乏奇節，頹年矧昏荒。誓將塵土蹤，暫寄雲水鄉。封章儻從願，歸哉濯滄浪。」○晁无咎題：「南康南麓江州北，五百僧房綴密脾。盡是——佳絶處，不知何處合題詩。」○王貞白題：「嶽立鎮南楚，雄名天下聞。五峰高閡日，九疊翠連雲。夏谷雪猶在，陰巖晝不分。惟應嵩與華，清峻得爲群。」

屏風山、在城西北四十里。〔三〕晏類要：「山有九疊，川有九派。」郡志：「丹崖紫壁，縈繞磅礴，若——焉。」

歐山、在建昌。相傳有歐岌得道此山。

蘇山、在都昌。吴時有蘇耽居於此，乃七十二福地之數。

釣磯山、在都昌。郡國志：「晉陶侃嘗釣于此，後得一梭，化爲龍而去。」

石壁山、在都昌。有謝靈運樂石壁精舍。○靈運詩：「昏旦變氣候，山水含清暉。清輝能娱人，遊子憺忘歸。出谷日尚早，〔四〕入舟陽已微。林壑斂暝色，雲霞收夕霏。芰荷迭映蔚，蒲稗相因依。披拂趍南徑，愉悦偃東扉。慮澹物自輕，意愜理無違。寄言攝生客，試用此道推。」

大小孤山、在湖中。詳見江州。

石鍾山、同上。

石門山、同上。並不重載。

五老峰、在廬山。五峰相連，故名。浮圖、老子之宫皆在其下。○李白詩云：「廬山東南———，青天削出金芙蓉。九江秀色可攬結，吾將此地巢雲松。」

雙

劍峰、在開先院南。香爐峰、在城北。山南山北皆見其形圓聳，常出雲氣，故名。○白居易詩：「倚石攀蘿歇病身，青筇竹杖白紗巾。他時畫出廬山障，便是香爐峰上人。」紫霄峰、在西北。塔院後有夏禹石刻。○洪駒父詩：「塊視落星石，杯觀彭蠡湖。」又云：「荒哉秦、漢君，抗旌上崎嶇。永懷太史公，九江觀禹謨。」漢陽峰、在廬山上。獅子峰、在五老峰之東。金輪峰、在歸宗寺後。有「——」三大字。鐵舡峰、許旌陽傳：「旌陽與吴猛乘鐵舡，二龍挾而行，戒勿妄視。至紫——，茂林戛擊有聲，舟人竊視之，龍即委之而去，舡墮于此。」凌霄峰、在昭德之北，巉巖萬狀。凌雲峰、在城東十三里。上插空碧，下吞江湖。上霄峰、始皇嘗登于此。蓮花峰、在廬山。龜行峰、言如——而朝北斗也。山上有淵明醉石、右軍鵞池。○楊廷秀詩：「淵明醉眠處，石上印耳迹。逸少養鵞池，蘚花漬餘墨。」石鏡峰、在金輪峰側，下有溪。三石梁、潯陽記：「廬山有——，長數尺，廣不盈尺，杳然無底。吴猛與子弟躡石梁而度，見金闕玉房，地皆五色。見一老翁坐桂樹下，以玉杯承露與猛。」青牛谷、在五老峰下。○九江録：「昔有道士洪志，乘青牛得道于此。」○張固白鶴觀記：「予昔至九江，上石室之崖以瞰青牛，蓋天下山川秀拔處也。」○唐楊衡詩：「隨雲步入——，青牛道士留我宿。可憐夜静月明中，惟有壇邊一枝竹。」錦繡谷；廬山記：「奇花異草，不可殫述。三四月間，紅紫匝地如——，故名。」○王介甫送黄吉父赴官南康詩：「還家一笑即芳辰，好與名山作主人。邂逅五湖乘興往，相邀——中春。」彭蠡湖。在城東南五里。禹貢：「——既瀦。」又曰：「東匯澤爲——。」又名宫亭—，又名左蠡湖。○謝靈運詩：「客遊倦水宿，風潮難具論。洲島驟迴合，圻岸屢崩

奔。乘月聽哀狖，浥露馥芳蓀。春晚緑野秀，巖高白雲屯。千念集日夜，萬感盈朝昏。攀崖照石鏡，牽葉入松門。三江事多往，九派理空存。靈物悋珍怪，異人秘精魂。金膏滅明光，水碧輟流温。徒作千里曲，絃絶念彌敦。」〇李白詩：「謝公入彭蠡，因此遊松門。余方窺石鏡，兼得窮江源。前賞迹可見，後來道空存。而欲繼風雅，豈惟清心魂。雲海方助興，波濤何足論？青嶂憶遥月，緑蘿鳴愁猿。水碧或可採，〔五〕金膏秘莫言。吾今將振衣，羽化出囂煩。」〇朱元晦詩：「茫茫彭蠡春無地，白浪春風濕天際。東西捩柁萬舟回，千歲老蛟時出戲。少年輕事鎮南來，水怒如山帆正開。中流蜿蜒見脊尾，觀者膽墮予方咍。衣冠今日龍山路，廟下沽酒山前住。老矣安能學佽飛，買田欲棄江湖去。」〇有宫亭廟，能分風。黄魯直詩云：「左手作圓右手方，世人機敏便可爾。一風分送南北舟，斟酌鬼神宜用此。」

【井泉】温泉，在建昌。白居易詩：「一眼湯泉流向東，浸泥燒草暖無窮。驪山温水因何事，流入金鋪玉甃中。」〇朱元晦詩：「連山西南來，中斷還崛起。干霄幾千仞，據地三百里。飛峰上靈秀，衆壑下清美。逮兹勢力窮，猶能出奇偉。誰燃丹黄燄，爨此玉池水。客來争解帶，萬劫付一洗。當年謝康樂，弦絶今久矣。水碧復流温，相思五湖裏。」自注云：「康樂湖中詩云『水碧輟流温』，豈未見此水耶？」明月泉。在郡治。嘗以名酒，黄太史有銘。

【學校】白鹿書堂。唐李渤與兄涉俱隱於此山，嘗養一白鹿，因名之。南唐昇元中建學館，以李道爲洞主，掌其教授。長編云：「太平二年，知江州周述言廬山白鹿洞學徒嘗數千百人，乞賜九經，

使之肄習。詔國子給本，仍傳送之。」○呂伯恭白鹿洞書院記：「淳熙六年，南康軍秋雨不時，高仰之田告病。郡守新安朱侯熹行眡陂塘，並廬山而東，得白鹿書院廢址，慨然顧其僚曰：『是蓋唐李渤之隱居，而太宗皇帝驛送九經俾生徒肄業之地也。書院刱於南唐，其事至鮮。我太宗於汛埽區宇日不暇給之際，〔六〕獎勸封殖如恐弗及，規摹遠矣。中興五十年，釋、老之宫圮于寇戎者，斧斤之聲相聞，各復其初，獨此地委於榛莽，過者太息，庸非吾徒之耻哉？郡雖貧薄，顧不能築室數楹，上以宣布本朝崇建人文之大指，下以續先賢之風聲於方來乎？』迺屬軍學教授楊君大灋、星子縣令王君仲傑董其事。又以書命祖謙記其成。祖謙竊嘗聞之諸公長者，國初斯民新脱五季鋒鏑之阸，學者尚寡。海内向平，文風日起，儒先往往依山林，即閒曠以講授，大率多至數十百人，嵩陽、嶽麓、睢陽及是洞爲尤著，天下所謂『四書院』者也。祖宗尊右儒術，分之官書，命之禄秩，賜之扁榜，所以寵綏之者甚備。當是時，士皆上質實，下新奇，敦行義而不偷，守訓詁而不鑿，雖學問之淵源統紀或未深究，然『甘受和，白受采』，既有進德之地矣。慶曆、嘉祐之間，豪傑並出，講治益精。至于河南程氏、横渠張氏相與倡明正學，然後三代、孔、孟之教，始終條理，於是乎可考。熙寧初，明道先生在朝，建白學制教養考察賓興之法，綱條甚悉。不幸王氏之學方興，其議遂格。有志之士，未嘗不嘆息於斯焉。建炎再造，典刑文憲浸還舊觀，關、洛緒言稍出於毁棄剪滅之餘。晚進小生驟聞其語，不知親師取友，以講求用力之實；躐等陵節，忽近慕遠，未能窺程、張之門庭，而先有王氏高自聖賢之病。如是洞之所傳道，之者或鮮矣。然則書院之復，豈苟云哉？此邦之士，盍相與揖先儒淳固慤實之餘風，服大學離經辨志之治

教，由博而約，自下而高，以答楊熙陵開迪樂育之大德，則於賢侯之勸學斯無負矣。至於考方志，紀人物，亦有土者所當謹，若李濬之之遺迹，固不得而略也。侯於是役，重民之勞，賦功已狹，率損其舊十七八，力不足而意有餘矣。興廢始末，見於當塗郭祥正所記者，皆不書。」○朱元晦詩：「清冷寒澗水，窈窕青山阿。昔賢有幽尚，眷言此婆娑。事往今幾時，高軒絶來過。學館空廢址，鳴弦息遺歌。我來勸相餘，杖策搴緑蘿。謀野欣有獲，披圖知匪訛。永懷當年盛，莘莘衿佩多。博約感明恩，涵濡熙泰和。凄涼忽荒榛，俯仰驚頽波。發教逮綱紀，喟然心匪他。伐木循陰岡，結屋依陽坡。一朝謝塵濁，歸哉碩人邁。」○「昔人讀書地，町疃白鹿場。世道有升降，兹焉更表章。矧今中興年，治具一以張。弦歌獨不嗣，山水無輝光。荒榛適剪除，聖謨已汪洋。亦有皇華使，肯來登此堂。問俗良懇惻，懷賢增慨慷。雅歌有餘韻，絶學何能忘？」

【堂舍】五老堂、蘇子由詩：「五老高閑不入城，開軒肯就使君迎。坐中不着閑賓客，物外新成六弟兄。〔七〕」○黄太史：「月明如畫九江水，天静無雲——峰。」直節堂、在郡圃。○朱元晦記云：「庭有八杉。欒城蘇文定公爲郡守，徐君師回作記，又手書而刻石焉。某來領郡，問堂所在則既無有，而杉亦不存。求之記文，則又非復故刻，而委之他所矣。獨廳事之旁有堂無額，而庭中有老柏焉。焚斮之餘，生意殆盡，而屹立不僵，如志士仁人更歷百變，而剛毅特立凜然不衰者。因取『直節』寓之此堂，而輂記石陷壁間，以彷彿前賢之意云。」冰玉堂、〔八〕劉涣隱廬山，子恕取蘇轍所謂「潔廉不撓，冰清玉剛」之語名其祠，張耒爲記。○朱元晦記云：「郎劉凝之故居之遺址，顧今百年之

外，臺傾沼平，鞠爲灌莽，而使樵兒牧子皆得以歗歌躑躅於其上，又何其可悲也！郡守曾侯致虛出少府羨錢贖於民間，遂作冰玉之堂，而繪劉公父子之像於其上。且聞陳忠肅公之嘗館於是也，又繪其像以侑焉。」**愛蓮堂**、周茂叔嘗守是邦，後人作是堂於郡圃，朱元晦書「——」二字。○濂溪愛蓮説云：「水陸草木之花，愛者甚蕃。晉陶淵明愛菊。自李唐來，世人甚愛牡丹。予獨愛蓮，出於淤泥而不染，濯於清漣而不妖，中通外直，不蔓不枝，香遠益清，亭亭净植，可遠觀不可褻翫焉。予謂：菊，花之隱逸者也；牡丹，花之富貴者也；蓮，花之君子者也。噫，菊之愛，陶後鮮有聞。蓮之愛，同予者何人？牡丹之愛，宜乎衆矣！」**拙齋**。朱元晦書扁。以濂溪拙賦命名。

【樓觀】黄雲觀、在書院東北五里，折桂院後，取李白「萬里黄雲動風色」之句。○朱元晦詩：「城中東北望，五老何蒼蒼！下有前朝寺，一原頗深藏。門外林澗幽，屋後雲木蒼。閑窗亦明潔，着此瑞錦張（僧房有瑞香花）。更能理枯筇，步上林北岡。仰視天宇闊，俯瞰江流長。受書彼何人，姓字不足詳。竹帛有遺臭，桂樹徒芬芳。」○李逢吉嘗讀書此院，以故得名。**金芙蓉觀**、在郡圃。朱元晦取唐李白「菡萏金芙蓉」之句以命名。**卧龍庵**、在城西北二十里。○朱元晦繪諸葛武侯像於庵中，爲記云：「予少時，讀龜山先生楊公詩，見其説卧龍劉君隱居，辟穀，木食，澗飲，蓋已度百歲，而神清眼碧，客至輒先知之。庵中怒瀑中瀉，大壑淵深，有黄石數丈，在激浪中蜿蜒飛鬬，故名——。又緣名潭之義，畫漢丞相諸葛公像寘之堂中。」○朱元晦詩：「空山龍卧處，蒼峭神所鑿。下有寒潭幽，上有明河落。我來愛佳名，小築寄幽壑。永念千載人，丹心豈今昨。英姿儼繪事，凜若九原作。

寒藻薦芳馨，飛泉奉明酌。公來識此意，顧步慘不樂。抱膝一長吟，神交付冥漠。」清浄退庵。在棲賢西三里。劉凝之舊隱作亭，取黄太史詩語。○朱元晦詩：「凌兢度三峽，窈窕復一原。絶碧擁蒼翠，奔流逝潺湲。聞昔避世人，寄此茅三間。壯節未云遠，高風杳難攀。尋深得遺址，縛屋臨清灣。坐睨寒木杪，飛泉閲雲舞。兹游非昔游，累解身復閑。保此清浄退，當歌不能諼。」

【亭榭】折桂亭，在郡治。背倚五老峰，面對大江，千島萬溆，出没煙雲波浪間，真奇觀也。玉淵亭，在棲賢寺門外。澗中白石不以數計，如卧羊，故曰——。張安國書二字。○仍作詩云：「靈源直上與天通，借路來從五老峰。試向欄干敲柱杖，爲君唤起玉淵龍。」漱玉亭。楊廷秀詩：「山根玉泉仰面飛，飛出山頂却下馳。自從廬阜瀉雙練，至今銀灣乾兩支。雷聲驚裂龍伯眼，雪點濺濕嫦娥衣。寄言蘇二、李十二，莫愁瀑布無新詩。」

【橋梁】三峽橋，楊廷秀題棲賢寺———詩：「棲賢與楞伽，初本共一山。古潭宅神龍，睡醒厭久跧。是夕起雷雨，震得天地翻。此山坼爲兩，一溪斷中間。下窺黑無地，上攀青到天。從此兩禪寺，路絶不往還。祖師見之笑，彈指見神奸。問天借横霓，搭渡溪兩邊。倒傾千崖雪，飛下一玉淵。餘怒尚雷吼，聲拔諸峰根。我來不能去，輕生倚危欄。忽然心爲動，毛骨森以寒。土人指斷岸，猶帶初坼痕。」三峽石橋。在廬山。郭功父————行：「銀河源源天上流，新秋織女望牽牛。洪波欲渡渡不得，比鵲爲橋誠拙謀。胡不見廬山三峽水，此源亦接明河底。擘崖裂嶂何其雄，崩雷泄雲勢披靡。飛鳥難過虎豹愁，四時白雲吹不收。燭龍此地無行迹，六月遊子披貂裘。誰將巨斧鑿大石，突

兀長橋跨蒼壁。行車走馬安如山，下視龍門任淙激。寄言牛、女勿相疑，地下神工尤更奇。唤取河邊作橋棟，一年不必一佳期。」○蘇子由詩：「三峽波濤飽泝沿，過橋雷電記當年。江聲髣髴瞿唐口，石角參差灩澦前。應有夜猿啼古木，已將秋葉作歸船。老僧未省遊巴、蜀，松下相逢問信然。」

【館驛】五柳館、在都昌縣棲隱寺，〔九〕即淵明故宅。虚白館、在尋真觀之右，正當五老峰九疊屏之下，雙澗支流，別是一壺天也。歸去來館。在歸宗西五里。有陶公醉石。是館乃朱文公建。○詩云：「予生千載後，尚友千載前。每尋高士傳，獨嘆淵明賢。及此逢醉石，謂言公所眠。況復巖壑古，縹緲藏風煙。仰看喬木陰，俯聽横飛泉。景物自清絶，優游可忘年。結廬倚蒼峭，舉觴酹潺湲。臨風一長嘯，亂以歸來篇。」

【樓閣】星子樓、胡致隆詩：「葛巾藤杖竹籧篨，〔一〇〕静夜江樓縱目初。海獸擎山出彭蠡，玉龍噏水下羌廬。三更雲盡猿啼露，十里月寒人捕魚。已問湖山借圭角，他年來此老樵漁。」重湖閣。在尋陽門外延慶院。極目湖波，與天無際。

【寺院】開先寺、在城西十五里。十國時，李中主嘗建此寺。〔一一〕○舊傳梁昭明太子棲隱之地。寺後有瀑布。山南瀑布無慮數十，皆積雨方見。惟此不竭，水源在山頂，人未有窮者。或曰西入康王谷爲水簾，東爲開先瀑布。○文與可妙明庵記：「棲賢石橋不爲混沌氏之所設，非工能之。開先瀑布不可量其高遠，奔騰傾涌，若决星漢，此尤天下之勝處，世間不復更有之絶觀也。」○李白詩：「日照香爐生紫煙，遥看瀑布掛長川。飛流直下三千尺，疑是銀河落九天。」○徐凝詩：「虚空落泉千

㓦直，雷奔入江不暫息。今古長如白練飛，一條界破青山色。」○蘇子瞻詩：「帝遣銀河一派垂，古來惟有謫仙詞。飛流濺沫知多少，不爲徐凝洗惡詩。」○子瞻云：「余遊廬山南北，得十五六奇勝，殆不可勝紀，懶不作詩，獨摘其尤者作漱玉亭、三峽橋二篇。」開先漱玉亭詩云：「高巖下赤日，深谷來悲風。擘開青玉峽，飛出兩白龍。亂沫散霜雪，古潭摇青空。餘流滑無聲，快瀉雙石谼。我來不忍去，月出飛橋東。蕩蕩白銀闕，沉沉水晶宫。願從琴高生，脚踏赤鯶公。手扶白芙渠，跳下清冷中。」○朱元晦詩：「奇哉匡山陽，雙劍屹對起。上有横飛雲，下有瀑布水。崩騰復璀璨，佳麗更雄偉。勢從三梁外，影落明湖裏。平生兩仙句，詠嘆深仰止。三年落星灣，悵望空眼眯。今朝隨杖屨，得此弄清泚。更誦玉虹篇，塵襟諒昭洗。」**棲賢寺**、李渤徙寺於是山。有水曰鸞溪。又有方橋潭，陸羽以其水爲第六。○陳舜俞詩：「辟蛇行者應開寺，拭眼高僧尚有墳。龍帶雨歸三峽水，鳥啣花出五峰雲。」○寺有三峽橋，爲廬山之雄觀。蘇子由記：「水行石間，聲如雷霆，如千乘車行者，震掉不能自持，雖三峽之險不能過也。」○蘇子瞻三峽橋詩：「吾聞泰山石，積日穿綫溜。況此百雷霆，萬世與石鬭。深行九地底，險出三峽右。長輸不盡溪，欲滿無底竇。跳波翻潛魚，震響落飛狖。清寒入山骨，草木盡堅瘦。空濛煙雨間，澒洞金石奏。彎彎飛橋出，瀲瀲半月彀。玉淵神龍近，雲雨亂晴晝。垂瓶得清甘，可嚥不可漱。」○朱元晦詩：「兩岸蒼壁對，直下成斗絶。一水從中來，蕩潏知幾折。石梁據其會，迎望遠明滅。倏至走長蛟，捷來翻素雪。聲雄萬霹靂，勢倒千嵽嵲。足掉不自持，魂驚詎堪說。老仙有妙句，千古擅奇崛。尚想化鶴來，乘流弄明月。」**雲居寺**、在山之顛。諺云：「天上雲居，地下

歸宗。」言其相亞云。**歸宗寺**、在城西二十五里，即王羲之宅。墨池、鵝池存焉。○唐寶曆中，有赤眼禪師居之。○朱元晦和提舉尤延之遊山詩：「金輪、紫霄上，寶界鸞溪邊。往昔王內史，願香有餘煙。千年今一歸，景物還依然。澗水既蕩潏，山花亦清妍。不辭原隰勞，樂此賓從賢。訪古共紆鬱，勞農獨勤拳。憐我乖勝踐，裂牋寄真詮。逃禪公勿遽，且畢區中緣。」○蘇子由詩：「來聽——早晚鍾，疲勞懶上紫霄峰。墨池漫疊溪中石，白塔微分嶺上松。佛宇争推一山甲，僧厨坐待十方供。欲遊山北東西寺，巖谷相連更幾重。」○此寺王逸少所置，云有墨池在焉。**落星寺**、輿地廣記：「昔有僧墜水化爲石。夏秋之交，湖水方漲，則星石汎于波瀾之上。至隆冬水涸，則可以步涉。」寺居其上，曰法安。院有清輝閣、玉京軒、嵐漪軒。○黄魯直詩：「巖巖匡俗先生廬，其下宫亭水所都。北辰九關隔雲雨，南極一星在江湖。」○「北風捲沙過夜窗，枕底鯨波撼蓬島。箇中即是地行仙，但使心閑自難老。」〔一二〕○又詩云：「星宫游空何時落，着地亦化爲寶坊。詩人晝吟山入坐，醉客夜愕江撼床。密房各自開户牖，蟻穴或夢爲侯王。不知青雲梯幾級，更借瘦藤尋上方。」○「——開士深結屋，龍閣老翁來賦詩。小雨藏山客坐久，長江接天帆到遲。宴寢清香與世隔，畫圖妙絶無人知。蜂房各自開户牖，處處煮茶藤一枝。」○王介甫詩：「窣雲臺殿起崔嵬，萬里長江一酒杯。坐見山川吞日月，杳無車馬送塵埃。鴈飛雲路聲低過，客近天門夢易迴。勝槩惟詩可收拾，不才羞作等閑來。」○朱元晦詩：「浩浩長江水，東逝無停波。及此一回薄，平湖煙浪多。孤璵屹中川，層臺起周阿。〔一三〕晨望愛明滅，夕遊驚蕩磨。極目青冥茫，回瞻碧嵯峨。不復車馬迹，惟聞榜人歌。我願辭世紛，兹焉老漁簑。

會有滄浪子，嗚航夜相過。」又詩：「四面真誠開玉鑑，三山應是失金鰲。」萬杉寺、在廬山。僧大超植杉萬本，仁宗賜御製篆「金仙寶殿」額。今有御書及「國泰清净」四大字。○朱元晦詩：「休沐聊命駕，駕言何所之。行尋慶雲寺，想象昭陵時。門前杉徑深，屋後杉色奇。空山歲年晚，鬱鬱凌寒姿。當年雨露恩，千載有餘滋。匠石不敢睨，孤標儼相持。更啓石室藏，仰瞻天象垂。願以清净化，永爲太平基。」○蘇子由詩：「萬本青杉一手栽，滿堂白佛九天來。涓涓石溜供厨足，四方山屏遶寺開。〔一四〕半榻松陰秋簟冷，一杯香飯午鍾催。安眠飽食平生事，不待山僧唤始迴。」芝山寺、范希文詩：「樓殿冠崔嵬，靈芝安在哉？雲飛過江去，花落入城來。得食鴉朝聚，開經虎夜回。偶臨西閣望，五老夕陽開。」二林寺、釋無可寄題廬山——詩：「廬嶽東南秀，香花惠遠蹤。名齊松嶺峻，氣比沃洲濃。積岫連何處，幽崖越幾重。雙流溢隱隱，九派棹憧憧。山限東西寺，林交旦暮鍾。半天傾瀑溜，數郡見爐峰。巖並金繩道，潭分玉像容。江微匡俗路，日杲晉朝松。樓徑新苞拆，梅籬故葉壅。嵐光生疊砌，霞焰發高墉。窗籟虛聞狖，庭煙黑過龍。定僧仙嶠起，逋客禿溪逢。濩落垂楊户，荒凉種杏封。塔留紅舍利，〔一五〕池吐白芙蓉。畫壁披雲見，禪衣對鶴縫。喧經泉滴瀝，没履草丰茸。翠竇攲攀乳，苔橋側杖筇。探奇盈夢想，搜峭滌心胸。冥奥終難盡，登臨惜未從。上方薇蕨滿，歸去養乖慵。」廬山寺、馬戴詩：「白茅爲屋宇編荊，數處堦墀石疊成。東谷笑言西谷響，下方雲雨上方晴。鼠驚樵客緣蒼壁，猿戲山頭撼紫檉。别有一條投澗水，竹筒斜引入茶鐺。」楞伽院。在城北三十五里。子瞻記：「余友李公擇嘗讀書於五老峰白石庵之僧舍。公擇既去，山中之人思之，指爲

李氏山房，藏書九千餘卷。」○子瞻過公擇故居詩：「彭蠡東北源，廬阜西南麓。何人脩水上，種此一雙玉。思之不可見，破宅餘脩竹。四鄰戒莫犯，十畝森似束。我來仲夏初，解籜呈新綠。幽鳥向我鳴，野人留我宿。徘徊不忍去，微月掛喬木。遥想他年歸，解組巾一幅。對牀老兄弟，夜雨鳴竹屋。卧聽林寺鍾，〔一六〕書窗有殘燭。」○又詩：「偶尋流水上崔嵬，五老蒼然一笑開。若見謫仙煩寄語，匡山頭白早歸來。」○朱元晦詩：「躡石循急澗，穿林度重岡。俛入幽谷邃，仰見奇峰蒼。李公英妙年，讀書此雲房。一去上臺閣，致身何慨慷！蘇公記藏書，文字有耿光。餘事亦騷雅，戲墨仍風霜。兩公不歸來，歲月忽已荒。何用建遺烈，寒泉薦孤芳。」

【道觀】景德觀、舊記：「昔秦始皇并吞六國，楚王避難此地。有康王觀，二十里入康王谷。又十五里，有水如簾布巖而下者，三十餘派，陸羽茶經其水爲天下第一。」○朱元晦詩：「循澗西北騖，崎嶇幾經丘。前往荒蹊斷，豁然清溪流。一涉臺殿古，再涉川原幽。縈紆復屢渡，乃得寒巖陬。飛泉天上來，一落散不收。披崖日璀璨，噴壑風颼飀。追薪爨絶品，瀹茗澆窮愁。敬酹古陸子，何年復來游？」簡寂觀、在城西二十三里。宋陸脩静封丹元真人，明帝召至建康，卒于崇虚館，謚簡寂。此即脩净故居，今名太虚觀。後有二瀑布及白雲樓。○夢溪筆談云：「觀有竹，相傳脩静所植，出苦笋而味反甜，歸宗寺造鹹虀而味反淡，蓋山中佳物也。」山中人語云：「簡寂觀中甜苦笋，歸宗寺裏淡鹹虀。」○楊傑詩：「紫霄峰下陸先生，飛出紅塵鶴羽輕。斗壇石礙雲三尺，丹井泉寒月一泓。」○錢聞禮詩：「先生舊隱在廬山，幽谷千年竹萬竿。偃松拂盡煎茶石，苦笋撐開禮斗壇。」○朱元晦詩：

「高士昔遺世，築室蒼崖陰。朝真石壇峻，煉藥古井深。結交五柳翁，屢賞無弦琴。相携白蓮社，一笑傾夙心。歲晚更市朝，故山鎖雲岑。柴車竟不返，鸞鶴空遺音。我來千載餘，舊事不可尋。四顧但絶壁，苦竹寒蕭槮。」○蘇子由詩：「山行但覺鳥聲殊，漸近神仙簡寂居。門外長溪浄客足，山腰苦笋助盤蔬。喬松定有藏丹處，大石仍存拜斗餘。弟子蒼髯年八十，養生世世授遺書。」**白鶴觀**、在城西北二十里，今名爲承天觀。○觀記云：「廬山峰巒之奇秀，巖穴之怪邃，林泉之茂美，爲江南第一。此觀復爲廬山第一。」○漁隱叢話：「蘇子瞻云：『司空表聖自論其詩得味外味，「棋聲花院閉，幡影石幢高」，此句最善。』吾嘗獨遊五老峰，入白鶴院，松陰滿地，不見人，惟聞棋聲，然後知此句之工。」○蘇子由詩云：「五老相携欲上天，玄猿白鶴盡疑仙。浮雲有意藏山頂，流水無聲入稻田。古木微風時起籟，諸峰落日盡生煙。歸鞍草草還城市，慙愧幽人正醉眠。」**延真觀**、在城北四十里。舊名昭德，唐女真李騰空所居。騰空，宰相李林甫之女。○李白送女真歸廬山詩：「羨君相門女，學道愛神仙。一往屏風疊，乘鸞着玉鞭。」**尋真觀**、在城北二十五里。道藏經三十六洞天，此其一也。唐貞元女冠蔡尋真居屏風疊之南，李騰空居屏風疊之北。**符祥觀**、觀記云：「秦末有武士三人留此，一夕雷電，化成二溪。溪中磐石上有玉簡，天篆曰『神化靈溪』。金簡標題：『真人受旨，玉潤潜棲。』」**康王觀**。在城西七十里。按舊經：「楚康王避難於此山。梁大同元年張道士置，在洞裏。至隋開皇，丁道士移出洞口銅馬廟場置觀。」

【祠廟】**陶威公祠**、劉羲仲記云：「子瞻嘗爲予言，陶公忠義之節横秋霜而貫白日，晉史所書

『折翅』之事，豈有是乎？」○吴澥辨云：「蘇峻之誅，庾亮耻爲之屈。既士行溘先朝露，後嗣零落，庾氏謗之耳。」五賢祠、朱元晦祝文云：「誤膺朝命，來守是邦。至止之初，得拜劉、李二公之像于學，欽聳高風，考觀正論，既有以慰夙心者。既又咨訪，得陶公栗里故居於郡境，且知祕丞劉公蓋嘗禄于筦庫，而忠肅陳公又嘗辱爲遷民也。」濂溪祠、朱元晦立。○張敬夫記：「蓋自近世以來，先生之書徧天下，士知尊敬講習者寖多。而其間未免或失其旨，妄意高遠，不由其序，游談相夸，不踐其實，反以病夫！真若是者，適爲吾道之罪人耳。夫惟端篤懇惻，近思躬履，不忽於卑下，而審察乎細微，是爲不負先生之訓。」三賢祠、在廬山楞伽寺。○楊廷秀呈南康太守曾致虚詩：「山房牙籤三萬軸，六丁下取歸羣玉。空餘坡老枯木枝，雪骨霜筋插雲屋。楞伽老僧懷兩賢，作堂要與祠千年。只供清風薦明月，不用秋菊兼黄泉。江西社裏曾常伯，李家玉潤蘇家客。併遣巫陽招取來，分坐廬山泉上石。」劉西磵祠。黄魯直拜劉凝之畫像詩：「弃官清潁尾，〔一七〕買宅落星灣。身在菰蒲中，名滿天地間。誰能四十年，保此清净退。往來澗谷中，神光射牛背。」

【名宦】韋應物、唐人，爲刺史。嘗游賞於簡寂觀，其詩卒章云：「曠歲懷兹賞，行春始重尋。聊將横笛吹，一寫山水音。」何易于；攝建昌令，築縣西捍水堤二里。皇朝周敦頤、舂陵人。嘗以吕公著薦，擢廣東運判，移提刑，以病求知南康軍。病劇，上印分司南京。朱熹。淳熙中爲守，值歲歉，救荒有功。後又請于朝，建白鹿書院。

【人物】康俗、漢武帝時，封俗爲大明公，稱廬君。詳見「廬山」。陶潛、義熙中爲彭澤令。

郡遣督郵至，曰：「吾不能爲五斗米折腰向鄉里小兒。」遂棄官去，賦歸去來詞。嘗居廬山栗里，籃輿往來，醉輒卧大石上，今號「醉石」。李常。字公擇，仕至御史。詳見「楞伽院」注。

【名賢】翟道、尋陽人。晉王導辟，不就，隱于廬山之南。祖父子孫四世皆隱，稱「尋陽四隱」。劉驎之、字子驥，一字遺民，即桃源記中劉子驥者也。石林過庭録：「遠法師：白蓮社中遺民最勝。」周續、鴈門人，徙居建昌。詣范甯受業。入廬山，與劉遺民、陶淵明號「尋陽三隱」。熊仁贍、海昏人。丁母憂，哀毁廬墓，有慈烏來巢。大曆中，旌表門閭。朱文公嘗遣祭立門。李白、圖經：「白性喜名山，飄然有物外志。以廬阜水石佳處，遂往游焉。卜築五老峰下，有書堂舊基。後北歸，猶不忍去，指廬山曰：『與君再會，不敢寒盟，丹崖緑壑，神其鑒之。』」杜甫詩：「匡山讀書處，頭白早歸來。」或以爲綿之匡山。李渤；詳見「書堂」注。皇朝劉渙、字凝之，筠州人。爲潁上令，掛冠歸隱廬山。嘗作騎牛歌曰：「我騎牛，君莫笑，世間萬事從吾好。」號西磵先生。歐陽脩作廬山高以贈之。○朱元晦記云：「予假守南康，訪求先賢遺迹，得故尚書屯田員外郎劉公凝之之墓於城西門外草棘中。予惟劉公清名高節，著於當時，而聞於後世。不幸饋奠無主，而其丘墓之寄於此邦者又如此，亦是長民者之責也。乃作小亭於前，立門墻以限樵牧，用歐陽公語名其亭以壯節，因屬友人黄銖大書以揭焉。」劉恕、字道原，渙之子。司馬君實修資治通鑑，以史事之紛錯者委之。王介甫引爲三司條例，不就。劉義仲、字壯輿，渙之孫。詔爲編脩，至京，自宰相以下並不造謁，未幾致仕。蘇子由有詩。陳舜俞、字令舉，嘉禾人。少登制科，爲嘉禾令，以不奉行青苗謫官。居山南，與劉凝之乘

黄犢往來，以六十日盡南北之勝。龍眠李伯時畫爲圖，今有碑刻。陳瓘、坐論蔡氏父子，最後謫南康。蘇庠。字養直，丹陽人。少作清江曲，東坡見之嘆賞。卜築廬山，屢詔不起。

【題詠】急呼疾索初不聞。王介甫題望雲亭詩：「南康父老傳使君，云云。未曾遣汲谷簾水，三載秖望香爐雲。雲徐無心靜無澤，使君恬淡亦如此。欻然一去埽遺陰，便覺煩歊悵千里。歸田負戴子與妻，圃蔬園果西山西。出門亭皐百頃緑，望雲纔喜一犂足。〔一八〕我知新亭、望雲好，欲斸比鄰成二老。莫嫌雞黍數往來，爲報襄陽德公嫂。」

【四六】疏綍天閽，分符星渚。眷此匡廬，控于匯澤。維地千里，據江上流。即此星斗，創夫斗壘。矧南山之道院，爲江左之名邦。匡廬萬古之山川，白鹿幾年之文物。渺彭澤以爲恩波，聳匡廬而侔治蹟。俗樸訟稀，號山南之道院；民貧土瘠，資江上之商征。歸宗寺古，訪内史之墨池；栗里源幽，卧陶公之醉石。鈴齋豐暇，迎五老於清尊；學館靜深，對諸儒於黄卷。長庚之詠，瀑布題後無詩；鴻漸之第，水簾經中絶品。李氏山房，尚訪森脩之竹；濂溪故宅，有懷净植之蓮。即山南北以分疆，尤欣接畛；豈江東西之異道，遂蘄餘波。白鹿書堂之創，遺址猶存；紫陽夫子之來，斯文大暢。郡得循良，無急索疾呼之政；山多奇秀，有微吟緩諷之遊。棲賢峽、漱玉亭，壯矣坡仙之句；玉京軒、落星寺，奇哉山谷之章。丹崖翠壑，爲青蓮仙客之舊遊；皂蓋朱轓，振白鹿儒宗之奥學。誦李仙屏風九疊之謡，神游汗漫；讀歐子廬山千仞之句，心厭寵榮。雖云小郡，環井邑於山光水色之中；猶幸大江，通商賈於蠻煙瘴雨之外。

校勘記

〔一〕「長江西來走其下」，「西來」，底本原作「西南」，據歐陽修全集卷五廬山高贈同年劉中允歸南康改。

〔二〕「但見丹崖翠壁遠近映樓閣」，「丹崖」，歐陽修全集卷五廬山高贈同年劉中允歸南康作「丹霞」。

〔三〕「在城西北四十里」，「西北」，底本原作「南北」，據讀史方輿紀要卷八四改。

〔四〕「出谷日尚早」，「尚」，底本原作「常」，據四庫本及謝康樂集卷二石壁精舍還湖中作改。

〔五〕「水碧或可採」，「水碧」，底本原作「录碧」，據李太白全集卷二二、全唐詩卷一八一過彭蠡湖改。山海經東山經云：「耿山無草木，多水碧。」郭璞注云：「亦水玉類。」水碧之説，蓋本此。

〔六〕「我太宗於汛埽區宇日不暇給之際」，「汛埽」，底本原作「訊埽」，「訊」字有誤，今改正。

〔七〕「物外新成六弟兄」，「新」，底本原作「真」，據欒城集卷一三題南康太守五老亭改。輿地紀勝卷二五引此詩作「新」，不誤。

〔八〕「冰玉堂」，底本原誤「冰」爲「水」，據北圖本、元甲本、四庫本、傳是樓本、嶽雪樓本改。

〔九〕「五柳館在都昌縣棲隱寺」，「都昌縣」，底本原作「東昌縣」，據四庫本及太平寰宇記卷一一一、輿地紀勝卷二五改。

〔一〇〕「葛巾藤杖竹籧篨」，「葛巾」，底本原作「葛中」，據嶽雪樓本改。

〔一一〕「十國時李中主嘗建此寺」，「十國」，底本原作「三國」。按三國無李中主，「三國」爲「十國」之誤，李中主是指南唐李璟。南唐有李昪、李璟、李煜三帝，故世稱李璟爲中主。輿地紀勝卷二五開先寺下云：「在城西十五里，李中主所作也。初爲書堂，其後中主嗣國，乃爲僧舍。及中主徙豫章，蓋嘗彌節於此，故榻與畫像存焉。」查新五代史卷六二南唐世家，李璟遷都洪州在建隆二年，洪州即豫章，則此開先寺爲南唐李中主所建無疑，今據改「三國」爲「十國」。

〔一二〕「北風捲沙過夜窗（至）但使心閑自難老」，按山谷外集卷八題落星寺四首無此四句，而有「北風吹倒落星寺，吾與伯倫俱醉眠，螟蛉蜾蠃但凝坐，夜寒南北斗垂天」，與本書所引大異。

〔一三〕「層臺起周阿」，底本原作「層嘉知周阿」，據朱子大全卷七落星寺詩改。

〔一四〕「四方山屏遶寺開」，「四方」，欒城集卷一〇萬杉寺作「矗矗」，觀上句「涓涓石溜供廚足」，似應以欒城集爲是。

〔一五〕「塔留紅舍利」，「塔」，底本原作「搭」，據四庫本、嶽雪樓本及全唐詩卷八一四無可寄題廬山二林寺改。

〔一六〕「卧聽林寺鍾」，「林」，蘇軾詩集卷二三過建昌李野夫公擇故居作「鄰」。

〔一七〕「弃官清潁尾」，「潁」，底本原作「穎」。宋史卷四四四劉恕傳云：「父涣，字凝之，爲潁上令，以剛直不能事上官，弃去。」潁上縣以潁水得名，此當作「潁」，今據改。

〔一八〕「望雲纔喜一犂足」，「一犂足」，臨川先生文集卷二題南康晏使君望雲亭作「雨一犂」。

方輿勝覽卷之十八

信州上饒　玉山　弋陽　貴溪　鉛山　永豐

【建置沿革】禹貢揚州之域。吴地，斗分野。春秋、戰國迭爲吴、楚之地。秦屬九江、會稽二郡。漢屬豫章之餘汗縣及會稽郡之太末縣。三國又屬鄱陽郡葛陽縣之地。晉、宋及隋屬鄱陽、東陽二郡。陳改葛陽爲弋陽縣。唐析饒之弋陽，衢之玉山、常山及建、撫二州之地置信州。〔一〕皇朝因之。今領縣六，治上饒。

事要

【郡名】上饒、寰宇記：「所謂——者，以其旁下饒州之故也。」廣信。同上。乾元元年，因江淮轉運使元載之請，謂川原夐遠，關防襟帶，宜置州；〔二〕又謂其信可美也，故名州。」

【風俗】土瘠民貧。郡國志：「其——，其——。」文風日盛。同上。「自本朝來，云云。」

【形勝】地控閩、粤。韓无咎修子城記：「————，鄰江、淮，引二浙，隱然實要衝之會。」犬牙於閩。同上。陶氏義居記：「信安之地，云云。」江、吴、閩、越之交。元絳靈鷲寺序：「地據

云云。」爲東南望鎮。李彌大玉山海法院記：「當吴、楚、閩、粤之交，云云。」今爲通要。郡志：「福建、湖廣、江西諸道悉出其塗，昔爲左僻，云云。」嗇於水泉。洪駒父石井泉記：「富於巖岫，云云。」山鬱珍奇。鄱陽記：「産銅、鉛、鐵，云云。」

【土産】水晶。靈山出——。○王介甫詩：「靈山寧與世爲仇，斤斧侵凌自不休。冰玉比來聞長價，市人無數起相訓。」○梅宛陵送裴信州詩：「攢青歷歷面靈山，刺史日坐雲屏間。楚人競握水晶璞，漢女買作玉珮環。」

【山川】靈山、在上饒西北九十餘里。有七十二峰。亦名靈鷲山，爲州之鎮山。衆峰聳天末，岡勢迤邐從北來，州宅枕其趾。○韓无咎詩：「諸峰七十二，磊砢略可推。定知水晶宫，開藏神所司。」南屏山、在上饒。其山由東南以來，爲波濤起伏之狀，及至於州治前，則周環拱護，秀潤之氣可挹也。銅山、在上饒南四十里。鐵山、在上饒東南七十里。懷玉山、縣以此名。鉛山、在上饒西八十里。象山、在貴溪縣，以形得名。陸荆門九淵曩嘗作書院其上，以待講學之士，且以自號云。龍虎山、在貴溪西南百里。方輿記：「兩石相峙，山峰屹立，狀若——，乃漢張道陵所居。」月巖、在上饒西三十里。上有穴穿出山背，遠望如月。○朱喬年詩：「鑿破巉巖不計春，山腰千古掛冰輪。誰知擘破三峰石，聊出嬋娟戲路人。」○陸務觀詩云：「幾年不作月巖游，萬里重來已白頭。雲外連娟何所似，平羌江上半輪秋。」南巖、去上饒縣十里。巖旁巨石儼然，其下寬平，可坐千人，士女遊賞之地。

晁補之、韓无咎皆有詩。洞巖、去玉山三十里。林麓晻映，巖石奇秀。僊巖、在貴溪南七十里。峰巒削立，高出雲表。巖石嵌空，多爲洞穴、房室、窗牖、床榻、倉廩、棺椁、雞犬、禽鳥之狀。晁太史以爲大水時，人宅山上所作。○或題詩云：「稽天巨浸洗南荒，上有千峰骨立僵。民未降丘應宅此，舉頭天壁有囷倉。」徐巖、在貴溪縣。員外徐紹景讀書之所。○王介甫贈詩云：「茂林脩竹翠紛紛，坐占山阿與水濱。笑傲一生雖自樂，有司還欲選方聞。」丫頭巖、在弋陽西六十里。有大石岐首，故名。○或題詩云：「何不梳粧便嫁休，長教人唤作——。」後施逵續云：「只因未有良媒在，直到如今萬萬秋。」分水嶺、在信州、崇安縣界。○朱文公詩：「水流無彼此，地勢有西東。若識分時異，方知合處同。」雲洞、去州二十餘里，頗有遊者。神石：，在弋陽東，横出大溪，縣治賴以捍截波流。玉溪、在玉山縣前。弋溪、在弋陽東二十里。有大石，面如鐫「弋」字。○元絳詩：「玉露精神山合沓，溪成文字水横斜。」葛溪、在弋陽。○施肩吾弋陽訪古詩：「行逢——水，不見葛仙人。空抛青竹杖，呪作葛陂神。」紫溪、在鉛山縣南四十餘里。有市。鵝湖。在鉛山縣西南十五里。上有葛玄冢。舊經謂昔有龔氏居山傍，蓄鵝成羣。有仁壽院。○張濱詩：「——山下稻粱肥，豘雞栖對掩扉。桑柘影斜春社散，家家扶得醉人歸。」○淳熙初年，晦庵朱文公、象山陸公曾會于此。○陸子静詩：「墟墓生哀宗廟欽，斯人千古最靈心。涓流積至滄溟水，拳石崇成泰、華岑。易簡工夫終久大，支離事業竟浮沉。欲知自下升高處，真僞先須辨古今。」○朱元晦次韻：「德義風流夙所欽，别離三載更關心。〔三〕偶扶藜杖過寒谷，又枉藍輿度遠岑。舊學商量加粹密，新知培養轉深沉。只愁説到無言處，

不信人間有古今。」二詩兩存之，以俟後之君子。

【學舍】宗文書院。在鉛山縣鵝湖寺。淳祐庚戌，江東提刑蔡抗建，奏請于朝，御書今額。蓋文公朱先生、象山陸先生曾講辯于此。

【堂亭】面山堂、在州宅。○晁太史詩：「誰榜鈴齋作面山，晦冥終日捲簾看。賦成夜燭纔銷寸，衙退朝曦未半竿。」玉光亭。在玉山縣廳東，不知創始之自。○章希言詩：「千層懷玉對軒窗，池上新亭號玉光。抵此便堪爲吏隱，神仙官職水雲鄉。」○王介甫詩：「傳聞天玉此埋湮，千古誰分僞與真？每向小庭風月夜，却疑山水有精神。」

【軒榭】絶塵軒。韓无咎記：「貴溪尉舍，舊有黄梅出於垣間。元符己卯歲，廖明略舉宋廣平之事，題曰『能賦堂』，以况尉君曾敬之也。明略既爲之記，而晁无咎題其後，謂其於敬之遠矣。又和其試茶、看花二詩，有兩『絶塵』之句，則敬之爲人固可知也。後八十有二年，福唐鄭肇之爲尉于此，乃葺堂而更新之，訪梅之枿而增培之。予因榜之曰『絶塵』，蓋取无咎詩中語也。」

【祠廟】陸象山祠。先生撫州人，謚文安。學者即象山書院而爲之祠。

【名宦】柳渾；爲永豐縣令。皇朝錢易、爲信倅。○楊大年送行詩：「家廟藏金券，京塵弊黑貂。」章得象、爲玉山令。孔武仲、爲推官。修學記謂爲教授，蓋權耳。晁補之、紹聖中嘗爲酒官。王愈。汪彦章二喜後樂二堂碑云：「宣和間，盜發清溪，入睦，入歙，蹂十二州之地。初，部使者不以聞。守州令邑者比疆連壤，無一人奉尺書爲朝廷言者。獨信州王公曰：『賊不百里，俯吾境，萬

一不戒，如吾民何？』即斥金帛，募士增陴浚隍，修戰鬭具。賊果以偏師嘗，我克之。已而盡鋭攻，號數萬，乃縱奇兵鏖擊。大敗，拔營去。追奔俘馘，至不勝計。縛其僞統軍以獻，東南以平。愈進職若官殊等。」

【人物】陸鴻漸：號東岡子。在城北有故居。皇朝張叔夜、靖康間，將勤王兵入京城，爲簽書樞密。後死國難，其家葬衣冠於靈鷲山後，立廟，賜名旌忠。朱文公爲記。鄭驤、玉山人。知同州，虜入寇，死之，遂與張叔夜立雙廟。陳康伯、弋陽人。爲相，判信州。汪應辰、字聖錫，玉山人。本名洋，紹興進士第一，賜今名。仕至端明。韓元吉、字无咎，號南澗。仕至尚書。徐元杰。上饒人。壬辰廷對第一。仕至國子祭酒、禮部侍郎，自號楳埜。○趙茂實序其文集曰：「士君子有正主庇民之學，不幸當其時之所難，積誠所感，既足以回事勢於危疑，矢鋒深忌，竟殞其身於非命，漢之蕭望之、李固、杜喬，近日之楳埜是也。望之以身捍恭、顯，固、喬以身捍梁冀，楳埜以身捍權臣。或誤下廷尉死，或同日以獄死，或以非病死，其死一也。獄死者蓋甚明，而非病死者至今未得明，其尤可悲也。夫楳埜蚤從朱文公先生之門人陳君文蔚游，又嘗取正於真文忠公，其學固已知大標本，而心事真切，禍福利害有所不入，又其所素長也。故自其對大廷已純正不雜，而其後入告又皆忠實無隱，學者稱之。淳祐甲辰，適值權臣起復，六館之士譁然，言于天子之廷，天子疑焉。公以二疏入對經幄，明白懇到，上當帝心，自是靡言不聽。權臣奪起復，而杜立齋相，游克齋召矣。當是時，朝廷清明，衆正來會，公論爲之大快。臣知有忠，子知有孝，士大夫知有邪正。上之嚮公意日甚，而公身遂危矣。公年事未

衰，頤養無玷，一旦遽罹于死，中外震驚，行道之人莫不愀然以疑。廟堂、部寺監、百執事皆爲之寢會食。嗟夫！孰不有死，公之死亦異矣哉！當是時，朝廷詔獄，而憸壬以身任折獄之責，其事竟不得而明，至今累年矣。忠臣義士未嘗一日不冤之，追論往事，至有爲之泣下者。近廷紳狂佞之夫，忽唱異論，謂公死實暍死，且誣公以羽翼權臣，曲學阿世，而破千萬載公議之是非。其疏一出，萬口唾斥，於公何傷？而其人之亡忌憚乃至於是，重爲世道嘆也。公之子直諒、直方，文學氣節克肖厥父，以公遺文來請序。余讀之盡卷，其正大如望之，其忠切如喬、固，而其歿又皆可閔，故併論之。淳祐己酉夏四月壬寅朔，浚儀趙汝騰序。」

【名賢】龐籍、祥符中侍其父爲鉛山令，嘗肄業於崇壽院。楊億。字大年。祖文逸，宰玉山。億生之夕，文逸夢一羽衣，自稱懷玉山人，覺而億生。億後有詩送表弟章得象知玉山縣云：「懷玉煙霞接武夷，我思祖德涕沾衣。縣齋製錦留遺愛，庭樹藏環長舊圍。彭澤公田今已廢，遼東邑子半應非。津亭送別空回首，籍在金門未得歸。」

【題詠】傳聲典信州。杜子美送王信州詩云：「下詔選郎省，云云。」强喚作知州。徐俯詩云：「雲洞看雲坐，月巖和月留。元來是野老，云云。」冰爲溪水玉爲山。唐戴叔倫送人之廣信詩有云：「家在故林吴、楚間，云云。更將善政化鄰邑，遥見逋人相逐還。」地僻山深古上饒。白居易送人貶信州判官詩：「云云，土風平薄道程遥。不惟遷客須棲屑，見説居人也寂寥。」銅鉛滿穴山能富。盧綸送信州姚使君詩云：「朱轓徐轉擁羣官，猿鳥無聲郡宇寬。楚國上腴收賦重，漢家良牧得

人難。云云，鴻鴈連羣地亦寒。幾日政聲聞外户，九江行旅得相歡。」

【四六】疏榮中扆，作填上饒。惟信置郡，自唐分疆。睠言古郡，間出異材。近聯閩、浙，遠控江、淮。惟上饒之名郡，實江左之奥區。析建、撫二州之地，當江、吴四塞之衝。矧楚尾吴頭之地，據閩商粤賈之衝。地僻山深，尚帶甌、閩之俗；民貧賦啬，偶聯江、浙之區。峭壁奇巖，晁太中歸於洚水；茂林脩竹，徐隱君應於方聞。郡分江左，奈土俗之素貧；地近日邊，幸政聲之易達。性覺心通，得象山講論之要；源同派别，參鵝湖訓唱之篇。蹈白刃於艱危，既高氣節；位黄扉於平治，尤盛勳名。蚤冠羣英，有汪端明之學問；見推巨擘，爲韓南澗之文章。玉山、冰水，可知太守之清標；雲洞、月巖，盡屬詩人之勝槩。縣在水雲，况是郇公之臨莅；亭藏風月，亦嘗荆國之留題。

饒州
鄱陽　餘干　浮梁　樂平　德興　安仁

【建置沿革】禹貢揚州之域。星紀之次，牽牛、須女分野。春秋屬楚。吴伐楚，取番。秦爲鄱陽縣，屬九江郡。漢屬豫章郡。東漢置鄱陽，屬廬陵郡。隋改鄱陽郡爲饒州。唐因之。南唐建饒州爲永平軍。國朝復爲饒州。今領縣六，治鄱陽。

都大坑冶、江東提刑置司。

事要

【郡名】鄱陽。見「沿革」注。

【風俗】物産豐饒。徐湛鄱陽記云：「饒州之北有堯山，嘗以堯爲號。又以地饒衍，遂加食爲『饒』。」○通典曰：「隋置饒州，————。」家富户羨。吴孝中作餘干縣學記：「饒之爲州，壤土肥，而養生之物多。其民——而——，爲父兄者以其子弟不文爲咎。」民不迫遽。趙汝礪誌處士夏侯君墓：「地有金、錫、絲、枲、魚、稻之饒，故其云云。」其人喜儒。同上。「云云，故其俗不鄙。」薦士德興爲最。汪彦章德興縣樓記：「環饒之境，歲以士薦于州。其縣六，而德興爲最。雖其風氣使然，亦山川有以相之。」有陶唐之遺風。元祐餘干進士都頡曰：「堯山之民，云云。」履番君之故地。劉禹錫答微之書：「瀕江之地饒爲大，云云，漸甌越之遺風。餘干有畝鍾之地，武林有千章之材。」

【形勝】據大江上流。趙汝礪作墓志：「鄱江云云。」地沃土平。歐陽詢法帖云：「年二十時至鄱陽縣，喜其————。」

【土産】白金。程迥撰重建德興廳事記：「元祐四年，銀場廢，以至于今。耆老云：『方産——時，邑無俊造之民。自後與計偕登科級者，甲於饒之諸邑，名儒鉅公相望而出矣。』」鎔銀擷茗。唐元稹行齊照饒州刺史制：「饒爲沃野，而鄱有——————之利。」冶鑄之地。開寶間，置錢監於鄱

陽，後分於饒、贛。淳熙復併歸饒。**魚蝦之鄉**。郡志：「瀕江，郡蓋云云。」

【山川】**堯山**、在鄱陽西。相傳堯時洚水，避難者居之。**芝山**、洪遵詩注云：「唐龍朔間，山産芝草，〔四〕故名。」又云：「饒瀕大江，而――院危坡屹起，可以眺望。」○范希文詩：「樓殿冠崔嵬，靈芝安在哉？雲飛過江去，花落入城來。」**石印山**、圖經：「吴時，鄱陽歷陵山石文理成字。諺云：石印啓封，天下太平。」**餘干山**、一名羊角山。兩峰面面相向，狀如羊角。有乘風亭，爲一邑絶覽之地，天氣清明，望見廬山。今名吴楚冠冕。**樂平山**、在縣西十里。一名石墨。**文筆峰**、乃妙果禪院一塔。范希文曰：「此文章之應也。名爲―――，下枕湖水，目爲硯池，且謂二十年後當出狀元。治平乙巳，趙尚書汝礪果廷對第一。」**石城巖**、在樂平縣南六十里。凡十餘里間，皆怪石。李常名曰「叢玉」，李伯時寫爲圖，曾肇諸人皆有詩。**洪巖**、在樂平東北九十里。此巖最著，其中雲氣泉聲相雜。**雷岡**：大――雷義仲所居，小――雷焕所居。**鄱陽湖**、其湖綿數百里，中有山。**鄱江**、三縣水合流入彭蠡湖。**琵琶洲**。在餘干縣南。水中擁沙成洲，狀如――。唐朝韓賓客、裴尚書、李侍郎故居。方干詩：「戟户盡移天上去，里人空説舊簪纓。」○容齋三筆云：「紹興中汪洋一絶句云：『塞外風煙能記否，天涯淪落自心知。眼中風物參差是，只欠江州司馬詩。』」

【堂亭】**慶朔堂**、在州治。范希文創，取古諸侯「藏朔」之義。公詩云：「―――前花自栽，便移官去未曾開。年年憶着成離恨，秖託春風管勾來。」**得心堂**、在州宅。取吴芮「得民心」之

義。范希文名。識山堂，在州宅。望廬山於三百里外，最爲楚東勝地。四望亭、在郡城上。范希文建。○汪彦章詩：「縱横盡得江山勝，俯仰方知宇宙寬。千里風煙環廣坐，四時星斗轉危欄。」○王龜齡詩：「有澤宜觀水，無簷不礙山。鄱君千里國，俯仰一亭間。」秋香亭、在坑冶。范希文有賦。白雲亭、劉長卿餘干縣故城詩：「孤城上與白雲齊，萬古荒凉楚水西。官舍已空秋草緑，女墻猶在夜烏啼。平江渺渺來人遠，落日亭亭向客低。沙鳥不知陵谷變，朝飛暮去弋陽溪。」○黄魯直次韻吴可權詩：「曩誰築孤亭，勝日有感遇。永懷劉隨州，因榜白雲句。遺老不能談，新陳忽成屢。〔五〕緑陰斤斧盡，華屋風雨仆。吴侯七閩英，宰縣有真趣。弦歌解民愠，根節去吏蠹。材收佛宫餘，工有子來助。厦成燕雀賀，水滿鳧鴈翥。四海名士來，一笑佳客聚。雲興碧山留，雲散清江去。〔六〕斯須成蒼狗，皆道不如故。至人觀萬物，誰有安立處。寄語吴令君，但遣糟床注。」干越亭、與白雲亭相對，李德裕建。權載之詩：「————邊歲暮逢。」○劉長卿詩云：「天南愁望絶，亭下柳條青。落日獨歸鳥，孤舟何處人？」○王龜齡詩云：「我來鄱君山水州，山水入眼常遲留。絶勝遥瞻雲錦洞，清音下瞰琵琶洲。干越亭前越風起，湖遶鄱陽三百里。〔七〕曉來一雨洗清秋，身在江東畫圖裏。」聚遠亭、在德興，縣中最勝處。郭功父、趙閲道皆有詩。五峰亭。張安國和鄱陽————詩云：「廬山真滿眼，秀句憶東坡。」

【樓臺】鄱江樓。在南城上。唐有此名。有錢起詩。

【祠廟】饒娥廟。柳宗元————碑云：「娥父醉漁，風卒起，不能舟，遂以溺死。娥聞父死，

走哭水上，氣盡伏死。明日，黿魚鼉蛟浮死萬數，鄉人葬娥鄱水西。」

【名宦】周魴、吴人。吴芮、漢人。爲番陽縣令，得江湖間民心。虞翻、按會稽典録云：「文章之士，則鄱陽太守——也。」虞溥、晉人。爲内史。王廙、晉人。爲内史，立學北門内。陸襄、梁人。爲内史。柳莊、隋人。梁文謙、並爲刺史。張廷珪、唐人。顔真卿、爲刺史。李德裕：爲餘干令。皇朝范仲淹、坐朋黨，出知饒州。○冷齋夜話云：「公守饒日，有書生獻詩甚工，自言平生未嘗飽。時歐陽率更薦福寺碑墨本直千錢，文正爲打千本，使售京師。紙墨已具，一夕雷擊，碎其碑，東坡詩『一夕雷轟薦福碑』是也。」王安石。爲本路提刑。

【人物】陶侃：鄱陽縣人，今城中之延賞坊即其故居也。後徙居尋陽。皇朝洪皓、樂平人。奉使北虜，不屈。後講和好，還朝，兼權直院，出知鄉郡。三子：适、遵、邁，皆中詞科，繼踵北門。邁作謝表云：「父子相承，四上鑾坡之直；弟兄在望，三陪鳳閣之遊。」時人榮之，以爲忠義之報。适爲相，自號盤洲。遵爲樞密，有別墅曰小隱。邁爲内翰，有別墅曰野處，孝宗御書二字。趙汝愚。居餘干，爲相。○趙蕃有詩云：「五王不解去三思，石顯端能殺望之。未到浯溪讀唐頌，已留衡嶽伴湘纍。生前免見焚書禍，死後重刊黨籍碑。滿地疾藜誰敢哭，謾留楚些作哀詞。」

【題詠】江向弋陽斜。李端送樂平苗明府詩云：「本自求彭澤，誰云道里賒。山從古壁繼，云云。暮色隨楓樹，陰雲暗荻花。諸侯舊調鼎，應重宰臣家。」饒陽因富得州名。〔八〕唐章孝標送饒州張使君詩：「云云，不謂農桑別有營。日暖持箱依茗筴，天陰抱火入銀坑。江寒魚動槍旗影，山晚

雲和鼓角聲。〔九〕太守能詩兼愛静，西樓見月幾篇成。」**三出邊城鬢似絲。**范希文詩：「云云，齋中瀟洒過禪師。每疏歌酒緣多病，不負雲山賴有詩。半雨黄花秋賞健，一江明月夜歸遲。人間禍福何須道，問着衰翁也自知。」**惠及饒民幾萬家。**李深題范文正公祠堂詩：「一章奏免貢新茶，云云。遺老至今懷德政，爲余談此屢咨嗟。」**杖藜携酒看芝山。**葉少藴石林詩話：〔一〇〕「劉季孫以左班殿直監饒州酒税。王介甫爲江東提刑，循歷案務，見屏間有詩云：『風吹燕語落簷間，底事驚回夢裏閑。説與傍人都未信，云云。』公大稱賞，問誰所作。或以季孫對，召之與語，嘉嘆，升車而去，不復問務事。既至傳舍，郡學生請差官攝州學事。公判監酒殿直，一郡大驚，遂知名云。」**郡國開處是詩題。**姚合送饒州張使君：「鄱陽勝事聞難比，千里連連是稻畦。山寺去時通水路，云云。化行因免農人勸，〔一一〕庭静惟多野鶴栖。飲罷春朋門外别，蕭條驛路夕陽低。」**江到潯陽九派分。**皇甫冉送李録事赴饒州：「北人南去雪紛紛，鴈叫汀洲不可聞。積水長天隨遠客，孤舟極浦足寒雲。山從建業千山遠，云云。借問督郵纔弱冠，府中年少不如君。」

【四六】榮分漢竹，小駐鄱江。維時饒郡，自古奥區。州名若富，郡計不優。江湖之濱，水陸之會。矧東楚之名邦，實番君之故國。乃眷舟車之會，設爲冶鑄之場。眷吴頭、楚尾之邦，得召父、杜母之政。番君山水之國，惠然臨之；范公廊廟之材，自此升矣。餘干乃番之故都，有華作牧；遠方聞滕之仁政，必願受廛。廣谷大川，當吴、楚之交會；流風善政，有顔、范之典刑。州以富名，擅擷茗鎔銀之利；地皆沃土，夸植桑播穀之饒。拜顔魯公於堂，已知磊落；繼范文正

之轍，行即騫騰。　棠棣相輝，有洪盤洲之人物；公槐進位，乃趙忠定之聲名。　地饒絲枲，〔一二〕未忘逐末之風；江富魚蝦，亦足養生之具。　地沃土平，請閱率更令之帖；江寒山曉，更吟章孝標之詩。　抗章而辭蓬島，似厭直廬；攜酒而看芝山，肯臨便郡。　番君得江湖之心，定酬民望；雷令候斗牛之氣，乃借鄰光。

廣德軍 廣德　建平

【建置沿革】禹貢揚州之域。吴地，斗分野。春秋屬吴。楚子伐吴，及桐汭。其地後屬越。戰國屬楚。秦置鄣郡。漢改鄣郡爲丹陽郡，復以爲廣德國，封中山靖王之後。後漢置廣德縣。晉屬宣城縣。宋立綏安縣。梁分置石封縣。隋改石封爲綏安縣，又屬宣州，又更綏安縣爲廣德縣。皇朝建爲廣德軍，以郎步鎮置建平縣以隸焉。領縣二，治廣德。

事要

【郡名】桐川、廣德縣西南有桐水，故名。桐汭。水内曰汭。

【風俗】民醇事簡。桐汭志：「云云，號江東道院。」食貨富饒。南豐鼓角樓記。

【形勝】故鄣之墟。同上。云云。體如大邦。同上。溪流枕其後。郡志：「三峰拱其前，云云。」

【山川】靈山、在軍南七十里。泉石甲於一郡。橫山、城外五里，最爲高峻。鴉山、産茶。○梅詢詩：「茶煮——雪滿甌。」伍牙山，在建平。伍員伐楚，經此。東湖、去朝陽門外三十里。南湖、去建平四十里。入丹陽湖。桐水。在軍西北。源出白石，自宣城界流入丹陽湖。

【堂亭】静治堂，在郡治。秀遠亭。陳天麟詩云：「筝槊秧針入圖畫，令人魂夢到家山。」

【樓臺】鼓角樓，曾子固記云：「熙寧元年冬，廣德軍作新門——成，太守令文武賓屬以落之。既而以書走京師，屬鞏曰：『爲我記之。』鞏辭不能，書反覆至五六辭，迺爲文曰：蓋廣德居吴之西疆，故障之墟，境大壤沃，食貨富穰，人力有餘。而獄訟赴訴，財貢輸入，以縣附宣，道路四阻，衆不便利，歷世久之。太宗皇帝在位四年，乃按地圖，因縣立軍，使得奏事專决，體如大邦。自是以來，田里辨争，歲時税調，始不勤遠，人用宜之。而門閎隘庳，樓觀弗飾，於以納天子之命，出令行化朝夕，吏民交通四方，覽示賓客，弊在簡陋，不中度程。治平四年，尚書吏部員外郎、知制誥錢公公輔守是邦，始因豐年，聚財積土，將改而新之。會尚書駕部郎中朱公壽昌來繼其任，明年政成，封内無事，乃擇能吏，揆時庀徒，以畚以築，以繩以削，門阿是經，觀闕是營，不督不期，役者自勸。自冬十月甲子始事，至十二月甲子卒功。崇墉崛興，複宇相瞰，壯不及僭，麗不及奢，憲度政理，於是出納，士吏賓客，於是馳走，尊施一邦，不失宜稱。至於伐鼓鳴角以警昏昕，下漏數刻以節晝夜，則又新是四器，列而樓之。邦人士女易其聽觀，莫不悦喜，推美頌嘆。夫禮有必隆，不得而殺；政有必舉，不得而廢。公於是兼而得之，宜刻金石以書美實，使是邦之人，百世之下，於二公之德尚有攷也。」集仙臺。在祠山

絶頂。乃張王興迹之地，守梅詢建。○詢詩與郡守王涣曰：「我有集仙經始在，勞君一到爲重修。」

【祠廟】張王祠。在軍西五里祠山上。顔真卿碑：「新室之亂，野火焚其祠。」又云：「其靈跡自漢始著。」或云即張安世。

【名宦】皇朝范仲淹、言行録：「范希文以進士解褐，爲廣德司理，日抱其獄與太守争是非。守盛怒，公不爲屈，歸必記其往復辨論之語於屏上。比去，至字無所容，貧止一馬，鬻馬徒步而歸。」○孫覺莘老以詩紀其事云：「維時陛牢下，枉直情畢通。太守異趣舍，挺然不曲從。事事争救之，粉屏記其終。官小俸禄薄，家居率窮空。賣馬以自給，徒行氣彌充。」梅詢、爲太守。孫覺。爲右正言。因論青苗之害，黜知廣德。

【人物】張介、隱居城北。紹聖間，正言孫諤出守是邦，嘗携酒造之，與之訓唱，有「竹林藏月讀書家」之句。屢欲薦于朝，力辭不就。查深。字道源。力學隱居，郡守錢公輔築堂，延請教誘郡人子弟。

【題詠】濃緑浮空四面山。李參政光留題郡子城三峰樓曰：「上虞李泰定提兵平宣城寇回，登此留宿，紹興壬子季春五日題：一川花柳擁雕欄，云云。便欲携家來此住，不將名姓落人間。」

【四六】疏榮芝檢，來牧桐川。恭命竹符，承流桐汭。析宣城之雷邑，創汭水之斗邦。載仰行都，未覺九重之天遠；雖云支壘，足當一路之風寒。凝燕寢之香，文書既簡；煮鴉山之雪，風味亦清。指日待糧，皆尺籍伍符之舊；無時致餽，當大車駟馬之衝。高牙列戟，體未遜於大

邦；堅甲利兵，備實嚴於要地。自孫莘老之分符，尚存詩句；及查道源之設教，益盛文風。事簡民醇，昔蓋稱於道院；財殫賦嗇，今頗窘於軍需。城角吹梅，曾是曾南豐之作記；圜扉鞠草，况逢范文正之詳刑。范文正盛時之名相，理椽嘗臨；曾南豐間世之大儒，譙樓是記。

校勘記

〔一〕「唐析饒之弋陽衢之玉山常山及建撫二州之地置信州」，「析」，底本原作「折」，據四庫本、嶽雪樓本改。

〔二〕「乾元元年（至）宜置州」，「乾元」，底本原作「上元」，據舊唐書卷四〇地理志、新唐書卷四一地理志、元和郡縣志卷二八、太平寰宇記卷一〇七改。

〔三〕「別離三載更關心」，「關心」，底本原作「門心」，據四庫本及朱子大全卷四鵝湖寺和陸子壽改。

〔四〕「唐龍朔間山產芝草」，「龍朔」，底本原作「元朔」。按唐無「元朔」年號，此必有誤。太平寰宇記卷一〇七、輿地紀勝卷二三均云芝山産芝草在唐龍朔間，則本書「元朔」爲「龍朔」之誤，今據改。

〔五〕「新陳忽成屢」，「新陳」，山谷内集卷一八次韻吴可權題餘干縣白雲亭作「歲月」。

〔六〕「雲散清江去」，「散」，底本原作「隨」，據山谷内集卷一八次韻吴可權題餘干縣白雲亭改。
〔七〕「湖遶鄱陽三百里」，底本原脱「遶」字，據元甲本、四庫本、傳是樓本補。
〔八〕「饒陽因富得州名」，底本原作「饒陽因得富州名」，今據嶽雪樓本及全唐詩卷五〇六所載章孝標送張使君赴饒州乙正。
〔九〕「山晚雲和鼓角聲」，「山晚」，底本原作「山曉」，據全唐詩卷五〇六章孝標送張使君赴饒州改。輿地紀勝卷二三亦引此詩，作「山晚」不誤。
〔一〇〕「葉少藴石林詩話」，底本原脱「詩」字，據四庫本補。又，今核石林詩話，其所載劉季孫詩與本書所引有異，兹録以備考：「呢喃燕子語梁間，底事來驚夢里閑。説與傍人應不解，杖藜携酒看芝山。」
〔一一〕「化行因免農人勸」，「勸」，全唐詩卷四九六姚合送饒州張使君作「困」。
〔一二〕「地饒絲枲」，「絲」，底本原作「縣」，據嶽雪樓本改。

八閩文庫

要籍選刊

26

方輿勝覽

二

[宋] 祝穆 撰

施和金 點校

海峽出版發行集團
THE STRAITS PUBLISHING & DISTRIBUTING GROUP
福建人民出版社

方輿勝覽卷之十九

江西路

隆興府南昌　新建　奉新　分寧　武寧　豐城　進賢　靖安

【建置沿革】禹貢揚州之域。星分翼、軫。春秋、戰國屬楚。秦屬九江郡。漢高祖始置豫章郡。東漢因之。隋爲洪州。唐置洪州總管，改曰都督府，又置觀察使，陞節度使；後避代宗諱，止稱章郡，加鎮南節度。南唐遷都南昌。國朝復爲洪州，以爲江南西路兵馬鈐轄，升馬步軍都總管，升安撫使；以孝宗皇帝潛藩，賜府額。今統郡十一，領縣八，治南昌、新建兩縣。江西轉運置司。

事要

【郡名】豫章、陳留風俗記曰：「豫章以木氏都，酸棗以棘名邦。」○應劭漢官儀曰：「有——

生於庭中，木嘗枯。」晉永嘉中，一旦更茂，咸以爲中興之祥，其後元帝果興大業焉。南昌、見前「沿革」注。洪都。王勃記：「——新府。」○星子志：「隋文帝以洪崖所居，遂以名州。」

【風俗】俗同吴中。隋志：「豫章之————，其君子善居室，小人勤耕稼。」風土爽塏。豫章記：「云云，山川特秀。」土沃人庶。白居易行裴堪制：「云云，今之奥區。」人傑地靈。王勃宴滕王閣記。人好經學。晉書：「范宣，豫章人，以講誦爲業。譙國戴逵聞風宗師，自遠而至。太元中，太守范甯亦立鄉校，教授常數百人。由是並好經學，化二范之風也。」人尚黄、老。雷次宗豫章記：「——、——清净之教，重於隱遁，蓋洪崖、徐孺子之風也。」人自得於江湖之外。見後韓愈重脩滕王閣記。

【形勝】地接衡、廬。見後王勃滕王閣序。上控百粤。唐杜牧文集。吴頭楚尾。職方乘記：「豫章之地，爲——————。」左九江，右洞庭。獨孤及記。襟三江，帶五湖。見後王勃序。當淮海之襟帶。封敖滕王閣記：「有長江巨湖爲之浸，有靈嶽名山爲之鎮，云云，作吴、楚、荆、蜀之把握。」扼甌、閩、交、廣之吭。汪彦章記云云。東南一都會。南豐門記：「其境屬于荆、閩、南粤，方數千里。其田宜秔稌，其賦粟輸于京師爲天下最。在江湖間，——————也。」凡十一州五十六縣官吏皆受約束。鄭升卿五賢堂記。

【土産】雙井茶。黄魯直送————與蘇子瞻詩：「人間風日不到處，天上玉堂森寶書。想見東坡舊居士，揮毫百斛雙明珠。我家江南摘雲腴，落磑霏霏雪不如。爲君喚起黄州夢，獨載扁舟向五湖。」

【山川】南昌山、雷次宗記：「在——。—高水激，遠灑如風雨。」西山、余安道記：「在縣西四十里。巖岫四出，千峰北來，嵐光染空，高二千丈，屬連三百里。水經云有天寶洞天。」○唐宋詩話載詩僧詩：「洪州太白方，積翠倚穹蒼。萬古遮新月，半江無夕陽。」大雄山、即吴猛得道之所，勢出群山。○唐宣宗詩：「———真跡枕危巒，古梵層樓峻萬般。日月每從肩上過，山河長在掌中觀。仙花不問三春秀，靈境無時六月寒。更有上方人罕到，寒鍾朝磬碧雲端。」南山、在分寧。隔溪跨橋，穿石竇而入。懸崖峭壁，下瞰脩水。有釣磯、石玉溜。石有黄山谷題字。與鳳山對矗，周覽一縣之景。鳳山、在分寧。多靈草。幕阜山、在分寧西百四十里。○黄魯直詩：「山行十日雨沾衣，幕阜峰前對落暉。」始豐山、在豐城南七十里，即神仙三十七福地之一也。柳山、在武寧縣西四十里。縣之絶景。唐史：「—惲棄官，隱于武寧—。」梅嶺、在西山極峻處。相傳梅仙棄官，學道于此。清水巖、在分寧東北二十里。南有石室，北多蘭茝。黄魯直云：「———爲天下勝處，巖前平衍，可坐千人。」亦有詩。洪崖、去郡三十里。○楊傑記：「西山洪崖在翠巖、應聖宫之間，石壁峭絶，飛泉北來。其下井洞，深不可測。每歲六七月時，水高一二丈，湍激可畏。其傍人語不相聞，及過井洞，即聲勢斗殺，鑠流出山。前代有異人居之，世以爲——先生云。先生三皇時人，蓋得道之士也。」鸞岡、西有鶴嶺。鳴水洞、在分寧縣黄龍山之東。水行石間，高數十丈，聲如雷霆。韓駒有詩。天寶洞、在新建西八十里。西山勝絶處也，道經所載第八洞天。○楊無爲詩云：「——中如不到，西江元似不曾來。」章江、源出豫章。東湖、在郡東南。周廣五里。○後漢太守張恭築塘，謂之南塘。○宋太守宋興宗更築小塘。○唐地理志：「韋丹開斗門。」○南豐徐孺子祠堂記云：「南昌城西有孺子宅。」又李侍郎虛己、徐樞密俯皆卜築湖上。俯自號——居士。○郭功父詩云：「——入望晚波平，蒲葉圓荷各自青。不用更尋徐孺宅，編茅揷竹一碑亭。」宮亭湖、西有宮亭神，能分風上下。日月湖、讖云：「———明良將出。」石人灘、在進賢北。讖云：「石人灘合狀元生。」投書渚、殷羨爲豫章守，及去，郡人多附書一百餘封。行至江西石頭渚岸，以書投水中，祝曰：「沉者自沉，浮者自浮，殷洪喬不是寄書郵。」時人號———。龍沙、在郡北。堆阜逶迤，潔白高峻，而形似龍。舊俗，九日登高于此。○孟浩然詩：「龍沙豫章北，九日掛帆過。風俗因時見，湖山發興多。」南浦、在廣潤門外。劍池、曹續廟記：「在豐城縣之故址。」○陰鏗詩：「清池自湛淡，神劍久遷移。無復連星氣，空餘似月池。」脩水。在分寧西六十里。其源自郡城東北，流六百三十八里至海昏，又東流百二十里入彭蠡湖。以其遠，故曰脩水。

【井泉】雙井，在分寧縣西二十里。黄山谷所居之南溪有二井，土人汲以造茶，爲草茶之第一。湯泉。在奉新縣九仙院側。

【學校】東湖書院。漕趙崇憲創於添倅廳之舊基。滕强恕以逼近市廛，請于朝，遷之東湖晏家山上。

【堂亭】民安堂、胡徽猷陛辭，上有「使民安業」之語，故名。正義堂：，在漕司。取理財正辭之義。張安國書扁。南浦亭、在廣潤門外，往來艤舟之所。唐已有之。○王介甫詩：「南浦隨花去，回舟路已迷。暗香無覓處，日落畫橋西。」愛蓮亭、在南昌縣治。以濂溪嘗宰是邑，故名。幽谷亭、在靖安縣。○曾子固詩：〔二〕「行盡車馬塵，豁見水石環。誰爲千家縣，正在清華間。」石頭驛。汪彦章——記云：「自豫章絶江而西，有山屹然。並江而出者，石頭渚也。阻江負城，十里而近。」○韓愈次——寄江西王中丞詩：「憑高回馬首，一望豫章城。人由戀德泣，馬亦別群鳴。寒日夕始照，風江遠欲平。默然都不語，應識此時情。」

【樓閣】物華樓、舊在西城上。○王介甫詩：「千里名城楚上游，江山多在———。」滕王閣、在郡城西。唐高祖之子滕王元嬰所建。夾以二亭，南曰壓江，北曰挹秀。自唐至今，名士留題甚富。○初，滕王閣成。九月九日都督大宴滕王閣，宿命其婿作序以夸客。因出紙筆徧請，客莫敢當。勃欣然不辭。都督怒，起更衣，遣吏候其文輒報。一再報，語益奇，乃矍然曰：「天才也！」○王勃秋日燕滕王閣詩序：「南昌故郡，洪都新府。星分翼、軫，地接衡、廬。襟三江而帶五湖，控蠻荆而引甌越。物華天寶，龍光射牛斗之墟；人傑地靈，徐孺下陳蕃之榻。雄州霧列，俊彩星馳。臺隍枕夷、夏之交，〔三〕賓主盡東南之美。都督閻公之雅望，棨戟遥臨；宇文新州之懿範，襜帷暫駐。十旬休暇，勝友如雲；千里逢迎，高朋滿座。騰蛟起鳳，孟學士之詞宗；紫電清霜，王將軍之武庫。家君作宰，路出名區；童子何知，躬逢勝餞。時惟九月，序屬三秋。潦水盡而寒潭清，煙光凝而暮山紫。儼驂騑於上路，訪風景於崇阿。臨帝子之長洲，得仙人之舊館。層臺聳翠，上出重霄；飛閣流丹，〔三〕下臨無地。鶴汀鳬渚，窮島嶼之縈迴；桂殿蘭宮，列岡巒之體勢。披綉闥，俯雕甍：山原曠其盈視，川澤吁其駭矚。閭閻撲地，鍾鳴鼎食之家；舸艦迷津，青雀黄龍之軸。虹銷雨霽，彩徹雲衢。落霞與孤鶩齊飛，秋水共長天一色。漁舟唱晚，響窮彭蠡之濱；鴈陣驚寒，聲斷衡陽之浦。遥吟俯暢，逸興遄飛。爽籟發而清風生，纖歌凝而白雲遏。睢園緑竹，氣凌彭澤之樽；鄴水朱華，光照臨川之筆。四美具，二難并。窮睇眄於中天，〔四〕極嬉遊於暇日。天高地迥，覺宇宙之無窮；興盡悲來，適盈虚之有數。望長安於日下，指吴會於雲間。地勢極而南溟深，天柱高而北辰遠。關山難越，誰悲失路之人？萍水相逢，盡是他鄉之客。懷帝閽而不見，奉宣室以何年？嗟乎！時運不齊，命途多舛。馮唐易老，李廣難封。屈賈誼於長沙，非無聖主！竄梁鴻於海曲，豈乏明時？所賴君子安貧，達人知命。老當益壯，寧知白首之心？窮且益堅，不墜青雲之志。〔五〕酌貪泉而覺爽，處涸轍以猶懽。北海雖賒，扶摇可接。東隅已逝，桑榆非晚。孟嘗高潔，空懷報國之情；阮籍猖狂，豈效窮途之哭？勃三尺微命，一介書生。無路請纓，等終軍之弱冠；有懷投筆，慕宗慤之長風。捨簪笏於百齡，奉晨昏於萬里。非謝家之寶樹，接孟氏之芳鄰。他日趍庭，叨陪鯉對；今晨捧袂，喜託龍門。楊意不逢，撫凌雲而自惜；鍾期既遇，奏流水以何慙。嗚呼！勝地不常，盛筵難再。蘭亭已矣，梓澤丘墟。臨别贈言，幸承恩於偉餞；登高作賦，是所望於羣公。敢竭鄙懷，恭疏短引。一言均賦，四韻俱成。」〇「滕王高閣臨江渚，佩玉鳴鑾罷歌舞。畫棟朝飛南浦雲，珠簾暮捲西山雨。閑雲潭影日悠悠，物换星移度幾秋。閣中帝子今何在？檻外長江空自流！」○韓愈重脩滕王閣記云：「愈少時則聞江南多登臨之美，而滕王閣爲第一，有瑰奇絶特之稱。及得三王所爲序賦記等，壯其文辭，益欲往一觀而讀之。斥守揭陽，又不得過南昌償所願焉。至州之七月，詔以太原王公爲御史中丞，觀察江南西道，洪、江、饒、虔、吉、信、撫、袁悉屬治所。〔六〕八州之人前所不便及所願欲而不得者，公至之日皆罷行之。大者驛聞，小者立變，春施秋殺，陽開陰閉。令脩於庭户數日之間，〔七〕而人自得於湖山千里之外。吾雖欲出意見，論利害，聽命於幕下，而吾州乃無一事可假而行者，則滕王閣又無因而至焉。前公爲從事，此邦適治新之。公所爲文，實書在壁。今三十年，而公來爲邦伯，於是棟楹桷榱撓折者以新之。既訖功，以書命愈曰：『子其爲我記之。』愈既未得造觀，竊喜載名其上。雖老矣，如獲從公游，尚能爲公賦之。」○杜牧詩：「滕王閣中綺席開，柘枝蠻鼓殷晴雷。垂樓萬幕連雲合，破浪千帆陣雨來。未掘雙龍牛斗氣，高懸一榻棟梁材。連巴控蜀知何事，珠翠沉檀處處催。」○王介甫：「白浪翻江無已時，陳蕃、徐孺去何之？愁來徑上滕王閣，反覆文公一片碑。」○王平甫詩：「滕王昔日好追遊，高閣依然枕碧流。勝地幾經興廢事，夕陽偏照古今愁。城中樹密千家市，天際人歸一葉舟。極目煙波吟不盡，西山重疊亂雲浮。」**秋屏閣**。在大梵寺之側，一目可盡江山之勝。○潘逍遥詩有云：「窺魚白鳥明殘照，抱石幽雲點半山。」

【寺院】上籃院、唐馬祖道一禪師道場。今爲府城叢林第一。**雙林院**、在靖安縣北五里。柳公權書額。**雲溪寺**、在新建縣西二十里。曾子固、王介甫來遊，樂其山水之勝，後於其旁卜居。今爲西山勝處。香城寺。在豫章西山。○陳陶有詩云：「十地巖宮禮竺皇，旃檀樓閣半天香。祇園樹老梵聲小，雪嶺花香燈影長。霄漢落泉供月界，蓬壺靈鳥待雲房。何年七七空人降，金錫珠壇滿上方。」

【道觀】玉隆萬壽觀，在新建縣界，舊名遊帷觀。初，許旌陽學道於丹陽黄堂，嘗以五色錦帷施於黄堂。及旌陽上昇，錦帷飛還故宅，俄復昇天，晉遂立遊帷觀。唐有道士胡惠超，有道術，能役鬼神。其刱觀也，以夜興工，至曉則止。今正殿雄麗，非人工所能致。其扁榜有「遊帷之觀」四字，乃徐鉉書。祥符中改賜「玉隆萬壽觀」額。○楊無爲詩：「四十口升金闕去，半千年後玉函開。」鐵柱觀。政和間改建真宫。許旌陽既斬蛟蜃，謂豫章濱水之地，百怪叢居，吾上昇之後或害人，鑄——二。一在子城南，縻以鐵索，封鎮蜃穴。又奉新縣延真觀有鎮蛟石，尚存。

【祠墓】梅仙祠，在南昌尉廳。○楊廷秀詩：「梅郎絳節朝玉臺，朝遊五城暮九垓。遺民香火答遺愛，何年祠屋荒蒼苔？劍津詩客子張子，住持仙壇判山水。上書台斗大居士，作緣水漕皇華使。二臺併檄孔家兄，經始新祠不日成。西山、南浦作賀賓，野梅官柳俱歡聲。」濂溪祠堂、朱元晦祠記：「隆興府學教授南康黄君灝既立——先生之祠於其學，而以書來語某曰：『先生之學，自程氏得其傳以行於世，至於今，而學者益尊信之。以故自其鄉國及其平生遊宦之所歷，皆有祠於學，以致其瞻仰之意。若此邦者，蓋亦先生之仕國也，而視於其學，獨未有所祠奉。灝也既言於府而敬立之，且奉程氏二先生以配焉。又將竊取其書，日與學者誦習之，而患未知其所以説也。吾子蓋嘗爲是，以幸教吾邦之人，是殆有以識其意者，願得一言以記兹事，庶乎有以發也。』某謝不敏，而黄君要之不置。

某惟先生之學之奥，固非末學所敢知，抑不敢謂無其志者。矧黄君之請之勤若是，亦安得不爲之言乎？蓋嘗竊謂先生之言，其高極乎無極太極之妙，而其實不離乎日用之間；其幽探乎陰陽五行造化之賾，而其實不離乎仁義禮智、剛柔善惡之際。其體用之一源，顯微之無間，秦、漢以來誠未有臻斯理者，而其實則不外乎六經、論語、中庸、大學七篇之所傳也。蓋其所謂『太極』云者，合天地萬物之理無不在是，故曰無極而太極。以其見天地萬物之理而無器與形，故曰太極本無極也。是豈離乎生民日用之常，而自爲一物哉？其爲陰陽五行造化之賾者，固此理也。其爲仁義禮智、剛柔善惡者，亦此理也。性此理而安焉者，聖也。復此理而執焉者，賢也。自堯、舜以來，至於孔、孟，其所以相傳之説，豈有一言以易此哉？顧孟氏既没，而諸儒之智不足以及此，是以世之學者茫然莫知所適，高則放於虚無寂滅之外，卑則游於雜博華侈之中。自以爲道固如是，而莫或知其非也。及先生出，始發明之，以傳於程氏，而其流遂及於天下，天下之學者於是始知聖賢之所以相傳之實乃出於此，而有以用其力焉。此先生之教，所以繼往聖，開來學，而有大功於斯世也。今黄君既立其祠，以及於程氏，而又欲推其説以傳學者，是必有以默契於心而無疑矣。而若有待於某之言者，豈將以是輔其説，而久其傳耶？既不得辭，乃叙其事，而并書是語以復焉。黄君幸以爲不悖於先生之言，則願刻之石，厝之祠門，以告來者，庶幾其或小補云。」徐孺子墓。圖經：「章水者，逕南昌城，西歷白社，其西有孺子墓。又北歷南塘，其東爲東湖，其南小洲上有孺子宅，號孺子臺。吴嘉禾中，太守徐熙於孺子墓隧種松，太守謝景於墓側立碑，太守夏侯嵩於碑旁立思賢亭，拓跋魏時謂之聘君亭。墓失其地，臺可考而知。」詳見曾南豐所作記。○楊廷秀孺子墓詩并序：「南昌尉廳之右有孺子墓，墓前故有思賢亭，後經兵餘，亭毁墓湮。今尉劍津張敬之因葺公廨，披榛得墓。按圖諜，墓旁有九里井，求之得井。又有甿耕桓伊墓下，得甓三，款識云：『晉平南將軍墓，去聘君墓七里。』驗其遐邇而信，因表其墓，復其亭云。敬爲賦之：有客棲霞外，無名涴黨中。南州一高士，東漢獨清風。舊國已禾女，荒阡猶石翁。更煩吹笛鬼，端爲洗榛叢。」

【名宦】熊遠、獨孤及記：「由陽朔而來，千有二百餘年。其間名帥材大夫賢君子，有一一、雷次宗、胡藩、沈季詮、楊相如輩其英，李勉、魏少遊、裴胄、沈傳師、周墀爲之帥，李泌、甄濟、崔祐甫、權德輿、杜牧贊其治。又禮賢若陳仲舉，有道若徐孺子，直言若梅子真，興學若范武子，遺愛若韋文明，端可師表。」梅福、爲南昌尉，後去官。嘗上疏譏刺王鳳。元豐間封壽春真人，有廟。陳蕃、爲守。不接賓客，惟禮徐孺子，特設一榻。孺子去，則懸之。雷煥、爲豐城令。掘獄基得劍，詳見延平。范甯、爲守。見前「風俗」注。張九齡、爲都督。韋丹：韓愈曰：「丹爲刺史，教爲瓦屋，又築堤捍江。」皇朝章得象、以屯田郎知，後拜相。唐介、事略。仁宗朝知諫院，論陳升之交結中人，凡九奏，卒罷升之。介出知洪州。曾鞏、嘗知洪州。會歲疫，責醫候視散藥，全活者甚衆。張商英、爲守。周敦頤、初，任分寧縣簿，有疑獄久不决，先生至，一訊立辨。邑人驚詫曰：「老吏不如也。」後知南昌，邑人見其來，咸曰：「是能辨分寧獄者，吾屬得所訴矣。」趙鼎、知州，召還爲參政，後爲相。李綱。紹興制置大使。

【人物】徐穉、字孺子，南昌人。○蘇子由過豫章詩：「白屋可能無孺子，黄堂不是欠陳蕃。古人冷淡今人笑，湖水年年刺舊痕。」雷次宗、南昌人。吴猛、晉書藝術傳：「豫章西安人。邑人丁義授以神方。因還洪州，江波甚急，猛不暇舟楫，畫水而渡，觀者異之。」後封真人。許遜、南昌人。太康元年爲蜀旌陽令，師事女真諶母。永嘉末，海昏大蛇斷道，遂仗劍斬之。寧康二年，四十二口與雞犬皆上昇。今封爲真君。陳陶；麗情集載南唐處士陳陶隱西山，操行清潔。時嚴譔牧豫章，欲撓之，遣小妾蓮花往侍焉。陶殊不顧，妾乃獻詩求去，曰：「蓮花爲號玉爲腮，珍重尚書遣妾來。處士不生巫峽夢，虚勞雲雨下陽臺。」陶答云：「近來詩思清於水，老去風情薄似雲。已向昇天得門户，錦衾深愧卓文君。」皇朝陳執中、郡人。爲相。黄庭堅、其先婺之金華人，六世祖贍知分寧縣，因家焉。始庭堅與秦觀、張耒、晁補之皆游蘇軾之門，號「四學士」。而庭堅於文章特長於詩，蜀、江西君子以庭堅配蘇軾，〔八〕謂之「蘇、黄」云。徐俯、與郡守陳瓘爲忘年友。洪師民。南昌人。娶黄氏山谷之女弟也，生三子：長曰朋，字龜父；次曰芻，字駒父，山谷嘗稱其才，及爲諫議大夫，有職方乘及老圃集，今傳於世；幼曰炎，字玉父，高宗召爲中舍。

【題詠】分野連荆俗。王介甫詩：「—————，經綸屬漢疆。」冰壺幕下清。韋應物寄洪州幕府盧侍郎：「忽報南昌令，乘驄入郡城。同時趍府客，此日望塵迎。文苑臺中妙，云云。洛陽相去遠，猶使故林榮。」南昌城郭枕江煙。唐韋莊晚眺詩：「云云，章水悠悠浪拍天。芳草緑遮仙子宅，落花紅襯賈人舡。」畫舡插幟摇秋光。王介甫送程公闢之豫章詩：「云云，鳴鐃伐鼓水洋洋。豫章太守吴郡郎，行指斗牛先過鄉。鄉人出郭航酒漿，炰鱉膾魚炊稻粱。芡頭肥大菱腰長，醽醁喧呼坐滿床。怪君三年滯瞿塘，又躍傳馬登太行。纓旄脱盡登大梁，翻然出走天南疆。九江左股貢與章，揚瀾吹漂浩無旁。老蛟戲水風助狂，盤渦忽拆千丈强。君聞此語悲慨慷，迎吏乃前持一觴：『鄱州歷選多俊良，鎮撫時有諸侯王。拂天高閣朱鳥翔，西山盤上遶羊腸。水中林下逢衲子，東西南北古道王。〔九〕中户尚有千金藏，漂田種秔出穰穰。沉檀珠犀雜萬商，大舟如山起牙檣。輸瀉交、廣流荆、揚，輕裾利屣列名娼。春風踏謡能斷腸，平湖彎塢煙渺茫。樹石珍怪花草香，幽處往往聞笙簧。地靈人秀古所藏，勝兵可使酒可嘗。十州將吏隨低昂，談笑指揮回雨暘。非君才高力方剛，豈得跨有此一方？無爲聽客欲霑裳。』使君謝吏趣治裝，我行樂矣未渠央。」

【外邑】**豐城邑巖巖**。黄魯直集：「——津亭，其上有李衛公劍池賦，世父長善作石隄記。其詩曰：『云云，水重六萬户。石隄眠長虹，輟棹日沉霧。今君政有聲，新亭延客步。淚落世父碑，心傾文饒賦。憶昔兩神兵，埋獄思武庫。寒光射漢津，兩賢紆一顧。張公拆中台，木拱孔章墓。不能從兒嬉，歲晚龍蛇去。空餘寒泉泓，因雨長蛙鮒。鈆刀藏寶室，萬世同此度。』」**爲吏要清心**。黄魯直送徐景道尉分寧詩：「李苦少人摘，酒醇無巷深。當官莫避事，云云。葛藟松千尺，寒泉綆百尋。公朝有汲引，吾子茂徽音。」○「黄綬補一尉，還依水竹居。身隨南渡馬，書寄北來魚。風俗諳鄰並，艱難試事初。官閑莫歌舞，教子誦詩書。」**士多儒雅出公侯**。孔平仲送分寧宰詩：「西安瀟洒我嘗遊，多自脩川泛小舟。民本豐饒矜氣節，云云。梅山晚翠屏當户，茶井香芽滿雪甌。預想弦歌富閑暇，白雲深倚鳳凰樓。」故人爲邑士多稱。王介甫送張頡知奉新縣詩：「云云，繇賦寬賒獄訟平。老吏閉門無重糈，荒山開隴有新粳。方揮玉麈日邊坐，又綰銅章天外行。此去料君歸不久，〔一〇〕挾材如此即公卿。」

【四六】光膺一札，出總十連。　輩綸北闕，分閫西江。　抗章丹陛，出帥洪都。　襟帶七閩，咽喉百粵。　惟南昌之故郡，控全楚之上流。　控甌閩而奠壤，直牛斗以交躔。　眷是真主之潛龍，允爲大臣之歇馬。　天開翼、軫之鄉，地控江湖之國。　尚書象台斗之躔，都督居翼、軫之分。　大纛高牙之雲擁，朱簾畫棟之春生。　帝謀連帥，付江湖襟帶之區；公以名儒，當禮、樂、詩、書之選。九重圖任，起東府之元勳；十乘申咨，撫南昌之故郡。　雲飛南浦，未妨尋閣上之詩；夜直北扉，行入草禁中之詔。　南浦飛雲，目極滕王之閣；東湖設榻，夢遊孺子之亭。　騷人社下，足白鷗野水之盟；帝子樓前，餘孤鶩落霞之興。　燕寢蘇州，暫凝香之森衛；鑾鳴滕閣，又雅望之遥臨。　魁台齊色，益足光牛斗之墟；霖雨思賢，會即騎箕尾而上。　設榻東湖，豈君侯之有靳；迷津南浦，歎病叟之無緣。　徽皇定尉安之府，肇自政和；忠獻登齋鉞之壇，適當皇祐。　賓客鼎來，屢下凝塵之榻；江山改觀，一新卷雨之樓。　總百官，均四海，真廊廟之瞻；襟三江，帶五湖，壯藩維之勢。　洪督府，實江湖襟帶之地；滕王閣，爲東南壯觀之遊。　分翼、軫，接衡、廬，壯于蕃之勢；履星辰，運樞紐，諧爰立之求。　夜醉長沙，曉行湘水；朝飛南浦，暮捲西山。　地接衡、廬，而星分翼、軫，允謂上流；令脩庭户，而人樂湖山，久安美政。　山爲翠浪，水作玉虹，方出臨於千里；雨捲珠簾，雲飛畫棟，俄易鎮於十連。　連峰去天，枯松倚壁，不辭蜀道之難；珠簾捲雨，畫棟飛雲，盡領洪都之勝。

袁州　宜春　分宜　萍鄉　萬載

【建置沿革】禹貢揚州之域。吴地，斗分野。春秋屬吴，戰國屬楚。秦屬九江郡地。漢爲宜春縣，屬豫章郡，後漢因之。吴立安成郡，領宜春等六縣。晉屬江州。又避太后諱，改宜春爲宜陽縣。隋廢安成郡，置袁州，因袁山以爲名。唐改宜春郡，復爲袁州。皇朝因之。今領縣四，治宜春。

事要

【郡名】宜春、見「沿革」注。宜陽。同上注。

【風俗】土俗愿樸。汪聖錫序：「宜春云云，並蒙珥筆之名。因傅氏求詩，作數句爲邦人洗之曰：『只今頭上半儒冠，誰肯公庭弄筆端。試問毛錐將底用，奪標他日萬人看。』」細民險而健。黄魯直江西道院賦序：「云云，士夫秀而文。」薄義而喜争。曾子固分寧縣雲峰記云：「分寧人勤生而嗇施，云云，其土俗然也。長少族坐里閭，相講語以法律，意向小戾，則相告訐，結黨詐張，事關節以動視聽。甚者，刻畫金木爲章印，摹文書以紿吏，立縣庭下，變僞一日千出，雖鞭朴徙死交跡，〔一二〕不以屬心。其喜争訟，豈比他州縣哉？民雖勤而習如是，漸涵入骨髓，故賢令長佐史比肩，常病其未易治而教使移也。」士力學知廉耻。阮閎無訟堂記：「——而——，民樂耕而好儉嗇。」

【形勝】州小地狹。韓愈謝表：「————，賦税及時，民安吏循，閭里無事。微臣惟當布陛下維新之澤，守國家承平之規，勸以農桑，使無怠惰。」山水秀麗。寰宇志。湘、閩孔道。郡志曰：云云。

【山川】袁山、在州東北五里。郡志：「昔有高士—京居之，故名。」仰山、在州南八十里，爲州之鎮山。周回一千里，高聳萬仞，不可登陟，只可仰觀，以此得名。有寺曰太平興國寺及二神廟。舊傳二神捐地與小釋迦，結庵于此。山有水分流，會于正祠。○胡致隆詩：「山下清泉迸石流，山前松竹自春秋。猿吟古寺偏深處，雲集諸峰最上頭。一老有靈飛窣堵，二神無語瑣寒湫。諸天更在藤蘿外，欲到峰前恨未由。」鍾山、在分宜縣東十里。水中有大—，其銘秦時所造，因名。王孚記：「其山臨水，兩岸湍洑，有沙如米，若一岸沙湧，則其方豐穰。」謝山、在萬載北七十里。因—康樂封邑得名。謝真君上昇之地，丹竈存焉。毛仙山、在萍鄉縣東二十三里。方輿記：「昔人行過此，逢一人偏身有毛，自云姓毛，異於凡人，後不見，因以爲名。」羅霄山、在萍鄉縣東六十里。有石孔，大旱祠之，以大木長三四丈投井即雨；水溢，令木湧出而止。盤龍山、在州南五十里。自大路至山頂三十六曲。楊岐山、在萍鄉縣北七十里。世傳—朱泣—之所。羊角峰、在州東十里。龍成巖、在州西五里。唐李衛公嘗讀書于此，後因爲祠。頂有浮圖。其西建妙峰亭，蓋登臨勝處。震山巖、在州西。有弋林，乃盧氏隱居。石乳洞、在州東三十里。滴乳成佛像，教授鄭王賓記其事。洪陽洞、在州西十五里。有石室七十二間，及晉、宋人留題。神仙傳：「葛洪、婁陽二仙所居。」**裹大洞**、在萍鄉縣南三十里。兩洞相接，可容千人。建炎初，巨寇張成叛，人於此避寇。縣北有石陂洞。**石筍**：在萬載北二十里。南唐鍾傅所居。**宜春水**、在縣西五里。宜釀酒。王烈記：「——醇酎，隨歲入貢。」**雷塘**、在州東北七里，方三頃。**東湖**、在—城之外。**九曲水**、在州城南五里。縈迴二十里。昌黎有—祈雨文。**釣渚**、在震山巖，乃彭氏隱居。**西陂**。在州—四十里。唐刺史李將順决—入城，以通航舡。時人謂之李渠。

【學校】州學。唐天寶五載，太守房琯始立夫子廟於城北門外五十步。國朝皇祐五年，郡守祖無擇以舊居陋隘，乃改營於州治之東，今學是也。學成，盱江李泰伯爲記，京兆章友直篆額，河東柳淇書，世號三絶。熙、豐間，第天下學記，以袁爲冠。○盱江李泰伯記：「皇帝二十有三年，制詔—縣立—。惟時守令，有哲有愚，有屈力單慮祇順德意，有假官僣師苟具文書，或連數歲亡弦誦聲，倡而不和，教尼不行。三十有二年，范陽祖君無擇知袁州。始至，進諸生，知學官闕狀，大懼人才放失，儒效闊疏，無以稱上意旨。通判穎川陳君侁聞而是之，議以克合。相舊夫子廟陋隘，不足改爲，乃營治之東。厥土燥剛，厥位面陽，厥材孔良。瓦甓黝堊丹漆，舉以法故殿堂。室房廡門，各得其度。生徒有舍，庖廩有次。百爾器備，並手偕作。工善吏勤，晨夜展力。越明年成，舍菜且有日。盱江李覯諗于衆曰：『惟四代之學，考諸經可見已。秦以山西鏖六國，欲帝萬世，劉氏一呼，而關門不守，武夫健將，賣降恐後。何耶？詩、書之道廢，人惟見利而不聞義焉耳。孝武乘豐富，世祖出戎行，皆孳孳學術，俗化之厚，延于靈、獻。今代遭聖神，爾袁得賢君，俾爾由庠序踐古人之迹。天下治，則譚禮、樂以陶吾民。一有不幸，猶當仗大節，爲臣死忠，爲子死孝，使人有所賴，且有所法，是惟朝家教學之意。若其弄筆以徼利達而已，豈惟二三子之羞，亦爲國者之憂。』」

【齋閣】四益齋、在郡齋。張杓刻魏公所書——碑。隱齋：在郡治。太守張杓建，〔一二〕南軒張敬夫命名，仍爲作記云。蓋取孟子「惻—」之義。○朱元晦詩：「大專槃萬生，異體實同氣。云胡分彼此，直以私自蔽。君家桂林伯，德學妙一世。閉户不忘憂，簪纓矧行義。眷言介弟賢，四益謹先畀。千里各分符，一心同盡瘁。遠題齋户册，來表棲息地。系述寫心胸，俯仰資惕厲。陽嘉既滌蕩，陰慝失封閉。介然彼痌瘝，赫若我黥劓。拊摩極哀恫，征取敢亡藝。戰兢一日力，洋溢四封被。君看物我間，隱顯豈殊致。願反振民功，更懋根本計。」棲霞閣、在城内高真觀。○王定國詩：「春漬苔紋沿石塔，月含松韻雜琴聲。」潺潺閣。在仰山廟右廡下。○婁乾德詩：「一派泠泠繞檻清，塵襟洗滌自凉生。夜深好夢纔驚破，疑是半天風雨聲。」

【亭臺】介亭、在東湖之南。廣漢張公杓知州事，南軒先生栻過之，爲書東湖扁榜，且易盧石堂爲——，仍題榜側云：「——之石，本盧肇家故物也。挺然特立，望之有汲黯在朝之氣象。予既取豫卦六二之義以題其亭，併告來者。」紅陰亭：在倅廳。王冀公布衣時作記，今猶存。宜春臺。在郡城。○劉孚隆題詩云：「風送江聲穿郡閣，日推雲影下峰巒。」

【館驛】毛山驛。在萍鄉縣。朱元晦書驛壁：「人言毛女住青冥，散髮吹簫夜夜聲。却是鄆僮解端的，向儂説道野狐精。」

【佛寺】蟠龍寺、在宜春之——山。湍瀑飛瀉，蓋勝境也。五峰寺。黄魯直送密老住——詩：「我行高安過萍鄉，七十二度遶羊腸。水邊林下逢衲子，東西南北古道場。五峰秀出雲雨上，中有寶坊如側掌。去與青山作主人，不負法昌老禪將。」

【祠廟】昌黎廟、在州治東三十步。祖無擇祠。仰山廟。古老相傳：昔有邑人徐潘，舟至大孤山，見一人稱蕭大分，一人稱蕭陸，云居宜春——石橋，與同載而歸，至浦東告别而去，期後至石橋相尋。後潘見二龍於此。會昌三年，洪水推山，忽平高就下，出田五頃，移—於文明鄉，去城三十里。

【古跡】龍鱗木、在萍鄉縣東。本檀香木，客有用錢六十緡市其木，將伐之，其木夜生——，不敢伐。至今猶存。羅漢松。在萍鄉縣寶積寺，有黄山谷手植——，士夫題詠者甚多。

【名宦】謝靈運、封康樂侯，今萬載縣是也。房琯、爲守。韓愈、元和貶潮州刺史，又改袁州。○詩云：「北望距令隨塞鴈，南遷纔免葬江魚。」李德裕：爲長史。皇朝祖無擇、知州。李泰伯入學講説。建韓公祠，修鄭都官墓。張希顔、范延貴者，爲殿直，押兵過金陵。張忠定公爲守，因問曰：「天使沿路來還，曾見好官員？」延貴曰：「昨過袁州萍鄉縣，邑宰——著作者，雖不識之，知其好官員也。」忠定曰：「何以言之？」延貴曰：「自入萍鄉境，驛傳橋道皆葺治，田萊悃闢，野無惰農。及至邑，則鄽肆無賭博，市易不敢喧争。夜宿邸中，聞更鼓分明。以是知其必善政也。」忠定大笑曰：「希顔固善矣，天使亦好官員也。」即日同薦于朝。黄大臨、山谷之兄。宰萍鄉，山谷來省焉。孫逢吉、宰萍鄉，後爲吏書。謝諤、新喻人。爲分宜宰，後爲禮書。張杓。自左司爲守。

【人物】陳重、漢——，宜春人，與同郡雷義爲友。曰：「膠漆自謂堅，不如雷與——。」盧肇、宜春人。李德裕爲宜春長史，嘉肇文行。及肇薦送，而德裕爲太尉，曰：「喜今榜已得狀元。」○肇詩：「喚道是龍君不信，果然奪得錦標歸。」易重、會昌五年狀元。時内庭再考，復中魁選。寄宜春弟姪詩云：「一春攀折兩重枝。」鄭谷。五代史補云：「谷在袁州，與僧齊己俱有詩名。齊己賦早梅詩曰：『前村深雪裏，昨夜數枝開。』谷見之曰：『數枝非早也，不若一枝。』自是遂呼爲『一字師』。」

【名賢】鄒浩、責監袁州酒稅。陳瓘。除名，安置袁州。

【題詠】江山多勝遊。韓愈送上涯詩：「莫以宜春遠，云云。」宜春城郭繞樓臺。王介甫送袁守曹伯玉詩：「云云，想見登臨把一盃。濕濕嶺雲生竹菌，〔一三〕冥冥江雨熟楊梅。政成定入邦人詠，詩就還隨驛使來。錯落風沙侵病眼，不知何日爲君開？」公移猥甚叢生笋。黄山谷寄袁守廖獻卿詩：「云云，訟牒紛如蜜分窠。幸得曲肱成夢蝶，不堪衙吏報鳴鼉。已荒里社田園了，可奈春風桃李何！想見宜春賢太守，無書來問病維摩。」袁州司法多兼局。黄山谷用韵和袁州劉司法詩：「云云，日暮歸來印幾窠。詩罷春風榮草木，書成快劍斫蛟鼉。遥知吏隱情如此，應問卿曹果是何。頗憶病餘居士否？在家無意食羅摩。」

【四六】陞華奎閣，出守春臺。郡方開府，人已登臺。接衡、湘之奥壤，有韓、謝之遺風。土風甚朴，虚存弄筆之名；郡望頗高，實有把麾之樂。訟牒紛如，黄山谷形於紀詠；土風朴甚，汪端明與之解嘲。李泰伯州學之記，孰擬斯文；朱文公隱齋之詩，克施有政。雖康樂賜履之鄉，難尋遺迹；然昌黎分符之地，蔚有流風。士風頗盛，實循盧肇之高蹤；里俗相安，尚有昌黎之遺化。稼穡盈疇，閭里相安於無事；旌旗小隊，江山宜訪於勝遊。宜春多勝，蓋具見韓昌黎之詩；爾袁得賢，亦足考李泰伯之記。有新澤，勸農桑，請驗昌黎之表；得賢君，遊庠序，自有泰伯之文。

校勘記

〔一〕「曾子固詩」，「曾」，底本原作「魯」，據元甲本、元乙本、四庫本、傳是樓本改。

〔二〕「臺隍枕夷夏之交」，「交」，底本原作「郊」，據四庫本改。

〔三〕「飛閣流丹」，「丹」，底本原作「淵」，據四庫本改。

〔四〕「窮睇眄於中天」，「窮」，底本原作「寫」，據四庫本、嶽雪樓本改。

〔五〕「不墜青雲之志」，「志」，底本原作「望」，據四庫本、傳是樓本改。

〔六〕「洪江饒虔吉信撫袁悉屬治所」，「虔」，底本原作「處」，據舊唐書卷四〇地理志、新唐書卷四一地理志及韓昌黎集卷一三新修滕王閣記改。

〔七〕「令脩於庭户數日之間」，「令」，底本原作「今」，據韓昌黎集卷一三新修滕王閣記改。

〔八〕「蜀江西君子以庭堅配蘇軾」，「蜀」，底本原作「獨」，據宋史卷四四四黄庭堅傳改。

〔九〕「西山盤上遶羊腸（至）東西南北古道王」，按臨川先生文集卷六、王文公文集卷四二所載送程公闢守洪州，此三句詩與本書大有不同，其文爲：「西山蟠繞鱗鬣蒼，下視城塹真金湯，雄樓傑屋鬱相望。」

〔一〇〕此去料君歸不久」，「此去」，底本原作「去去」，據臨川先生文集卷二四送張頡仲舉知奉新改。

〔一一〕「雖鞭朴徙死交跡」，「徙死」，底本原作「徒死」，據曾鞏集卷一七分寧縣雲峰院記改。

〔一二〕「太守張杓建」，「杓」，底本原作「杓」，據宋史卷三六一張杓傳改。

〔一三〕「濕濕嶺雲生竹菌」，底本原缺一「濕」字，據北圖本、元甲本、四庫本補。

方輿勝覽卷之二十

贛州 贛縣　寧都　雩都　興國　信豐　會昌　瑞金　石城　安遠　龍南

【建置沿革】 禹貢揚州之域。於天文爲星紀之分野。春秋時屬吴、越，後屬楚。秦號九江郡。漢高使灌嬰略定江南，始爲贛縣。後漢置廬陵郡，贛縣屬焉。吴孫權分廬陵立南部都尉。晉罷都尉，立南康郡。東晉太守高琰置郡城於章、貢二水之間，即今城是也。宋、梁、陳皆爲南康郡。隋罷南康郡爲虔州，以虔化水爲名。唐因之。○皇朝陞爲昭信軍節度，中興爲管内安撫，尋爲江西兵馬鈐轄，紹興改爲贛州。今領縣十，治贛縣。

江西提刑置司。

事要

【郡名】 章貢、二水名。**贛城**。紹興二十三年，校書郎董德元言虔州謂虎頭州，非佳名也。今天下舉安，獨此郡有小警，意其名有以召之。既而廷臣建議，亦謂「虔」有虔殺之義，請去其不令之名。遂改名贛州，取章、貢二水合流之義。

【風俗】山長谷荒。王介甫虔州學記：「虔於江南，地最曠大，云云。〔一〕交、廣、閩、越銅鹽之販，道所出入，椎埋盜奪鼓鑄之姦，視天下爲多。」地廣人稠。董德元奏：「虔之風俗，固有儒良美秀，然云云，大抵嗜勇而好鬬，輕生而忘死。」嗜勇好鬬。見上注。伉健難治。圖經云：「漢書地理志：『江南地廣，或火耕水耨，民食魚稻，以漁獵山伐爲業。』蓋在贛尤甚。其民——，其作工巧，好佛信鬼，人多逋蕩姦欺之訟。而力効亡賴，幸時艱悚，與長吏之治不滿其意，大者相挻爲盜，小者白晝殺人，以身觸死不悔，屢以生變，號爲——。」俗號珥筆。古諺云：「筠、袁、贛、吉，腦後插筆。」

【形勝】郡當二廣之衝。趙抃奏曰：「云云，由南來者，〔二〕必自郡易舟而北。」當嶺嶠咽喉。韓絳奏：「云云，廣南公私貨物所聚。」江湖嶺海樞鍵。郡志：「高宗以其地爲云云，置管内安撫。後罷之，復置江西鈐轄，督南安、南雄等州兵甲。擁麾出鎮，必選名德重望。」

【山川】崆山、在州南二十里。南康記：「山出空青，因以名之。或呼爲崆峒山。多林木菓實，蓋州治地脉之母也。」黄唐山、在贛縣北六十里。輿地志：「山行六里，有石室如數十間屋。東坡詩所謂石樓山者，圖經不載，豈即此耶？」螺亭山、南康記：「昔有貧女採螺，忽夜中見衆螺張口，亂噉其肉。女死，因殯其旁，化爲巨石，螺殼無數。」上洛山、在興國南九十六里，高一千七十丈。〇西京雜記：「上有石墨，可書。」〇寰宇記：「山中多木客，乃鬼類，形似人，語亦似人，能斫杉枋與人交易。」徐鉉小説載鄱陽山中有木客，自言秦時造阿房宫採木者也。食木實，遂得不死，時就民間飲酒。

○爲詩云：「酒盡君莫沽，壺傾我當發。城市多囂塵，還山弄明月。」**龔公山**、在贛縣北百八十里。隱士龔亳所棲。〔三〕**金精山**、在寧都西十五里。白玉京記：「係第三十五福地。漢初，張芒女麗英入山，獲二桃得道。長沙王吴芮聘焉。至洞中，見其女乘紫雲在半空，謂芮曰：『吾爲金星之精，降治此山。』言訖即升天而去。」**通天巖**、在贛縣西二十里。雜端王奇有詩云：「松蘿石室中，清雅勝支公。地静無塵到，山高有穴通。」**馬祖巖**；在贛縣東。道一禪師駐錫之地。姓馬氏，天下謂之——，得法於南嶽讓禪師。六祖能和尚謂讓曰：「向後佛法從汝邊去，出一馬駒，踏殺天下。」初，馬祖嘗欲棲於此巖。一夕，山鬼忽爲築垣。馬祖見之，曰：「學道不至，爲邪祟所測。此非吾所居也。」因棄去，嘗龔公巖往居焉。故蘇文忠作塵外亭詩，亦援此事。詩見後注。**贛水**、東江發源於汀州界之新樂山，經雩都會于章水；西江導源於南安大庾縣之聶都山，與貢水合會于——。二水合而爲贛，在州治後北流一百八十里，至萬安縣界。由萬安而上，爲灘十有八，怪石如精鐵突兀，廉隅錯峙。波面自——而上，信豐、寧都俱有石磧，險阻視十八灘，故俚俗以爲上下三百里贛石也。○余安道詩：「萬堆頑石碧嶕嶢，壅遏江流氣勢驕。戲馬陣横秋戰苦，水犀軍亂夜聲囂。吕梁謾記莊篇險，灩澦休詩蜀道遥。怒激波聲猶可避，中傷榮路不相饒。」**金鯽池**。今湮廢。紹興間，守曾端伯修譙門，掘地得石，上有詩云：「穿開獅子兩條泉，九秀回流出大官。——魚——賜金紫，鳳凰池出貴公卿。」

【井泉】廉泉。在報恩寺。本張氏居，宋元嘉中，一夕霹靂，忽有湧泉，時郡守以廉名，故曰——。○蘇子瞻詩：「水性故自清，不清或撓之。廉者謂我廉，何以此名爲？」○又詩云：「贛水雨已漲，——春未流。同烹貢茗雪，一洗瘴茅秋。」

【亭臺】塵外亭；龔公崖頂有———，今在州治東。形勢最高絶，凡四境之山川，可以枚閲。○蘇子瞻———詩：「楚山淡無塵，贛水清可厲。散策塵外游，麾手謝斯世。山高惜人力，十步輒一憩。却立浮雲端，俯視萬井麗。幽人宴坐處，龍虎爲斬薙。馬駒獨何疑，豈墮山鬼計。夜垣非助我，謬敬欲其逝。戲留一轉語，千載起攘袂。」鬱孤臺、在麗譙。坤維隆阜，鬱然孤起平地數丈，冠冕一郡之形勢，而襟帶千里之江山。唐李勉爲虔州刺史，登臨北望，慨然曰：「余雖不及子牟，而心在魏闕一也。——豈令名乎？」改爲望闕。○趙閲道詩云：「翠峰鬱然起，惟此峰獨孤。築臺山之顛，鬱孤名以呼。窮江足樓閣，危壓牛斗墟。贛川繚左右，庾嶺前崎嶇。望闕址其後，北向日月都。人家雜煙樹，原野周城郛。烜潤或晴雨，明晦或曉晡。春榮夏物茂，秋肅冬林枯。氣象日千變，一一如屏圖。比予去諫署，乞州養庸愚。事訛得以正，俗瘵得以蘇。歲豐盗斀息，獄冷寃繫無。熙然與民共，所喜明僚俱。中澹有琴緑，外喧有歌歈。樽罍有美酒，盤飧有嘉魚。優游一臺上，四序不暫辜。乃知爲郡樂，況復今唐、虞。」○程師孟題：「昔人善名鬱孤，下視百里如平鋪。千巖迤邐何獨秀，白雲蔽虧青骨瘦。爾來一見開心胸，脱然身在蓬萊宮。江南山水盡頭處，盡處屏風歸北去。」○蘇子瞻鬱孤臺詩：「吾生如寄耳，嶺外亦閑遊。贛石三百里，寒江尺五流。楚山微有霰，蠻瘴久無秋。望斷横雲嶠，魂飛咤雪州。曉鍾時出寺，暮鼓各鳴樓。歸路迷千嶂，勞生閲百州。不隨猿鶴化，甘作賈胡留。秖有貂裘在，猶堪買釣舟。」章貢臺、在城西北。據章、貢二水之會，勢與鬱孤對峙，而甲乙稱雄。白鵲臺、在郡治。趙閱道有記。八境臺。在城上。○蘇子瞻詩序云：「南康江水，歲歲壞城。孔君宗翰作石城，城上樓觀臺榭東望七閩，南望五嶺，覽羣山之參差，俯章、貢之奔流，乃作詩八章，題之圖上。」○「坐看驚湍遶石樓，使君高會百無憂。三犀竊鄙秦太守，〔四〕八詠聊同沈隱侯。」○「濤頭寂寞打城還，章貢臺前暮靄寒。倦客登臨無限意，孤雲落日是長安。」○「白鶴樓前翠作堆，縈雲嶺路若爲開。故人應在千山外，不寄梅花遠信來。」○「朱樓深處日微明，皂蓋歸時酒半醒。薄暮漁樵人去盡，碧溪青嶂遶螺亭。」○「使君那暇日參禪，一望叢林一悵然。成佛莫教靈運後，着鞭從使祖生先。」○「却從塵外望塵中，無限樓臺煙雨濛。山水照人迷嚮背，只尋孤塔認西東。」○「煙雲縹緲鬱孤臺，積翠浮空雨半開。想見之罘觀海市，絳宮明滅是蓬萊。」○「回峰亂嶂鬱參差，雲外高人世得知。誰向空山弄明月，山中木客解吟詩。」

【寺院】慈雲寺、黃魯直詩：「城東寶坊金碧重，道人脩惠剪蒿蓬。一瓶一鉢三十年，瓊欀碧瓦上秋空。稻田摩衲擁黃髮，更築書閣諸天中。三后在天遺聖墨，百神受職扶琳宮。文思帝澤餘温潤，雨露下國常年豐。貢川、章川結襟帶，梅嶺、桂嶺來朝宗。參旗斗柄略欄楯，清坐耳聞河漢風。道人飽參口掛壁，頗喜作詩如已公。家風秀句刻琬琰，邀我落筆何能工？安得雄文壓勝境，九原喚起杜陵翁。」天竺寺。在水東三里。白居易贈韜光禪師墨迹舊存，眉山老蘇嘗至寺觀焉。後四十七年，東坡南遷再訪，惟見石刻。○因賦詩云：「香山居士留遺迹，天竺禪師有故家。空詠連珠并疊壁，已無飛鳥及驚蛇。」

【名宦】李渤，爲虔州刺史，濬湖築堤，嘗撰龔山碑。皇朝余靖，爲贛尉，以司諫爲守。趙抃，守虔，改鹽法。疏鑿贛石，民賴其利。孔宗翰，爲守。嘗築石城捍水。呂景山，温陵人。○鄭介夫送———赴虔州理掾詩：「江西古浩穰，昭信雄江濆。州獄千里平，舒慘擊閭閻。景山之胸中，曉然烏兔輪。敢爲虔人賀，何以致龍鱗。」留正。知贛州三年，恩威各得其所。代者拊御失宜，軍中若爲變者。復遣公知贛州，往鎮安之。○傅伯成送行詩云：「尚書鎮章江，慈母懷嬰兒。去年甫去郡，未覺棠陰移。如何失調度，衆目驚睽睽。詔書念前績，趣起持州麾。重臨亦云寵，去後良多思。」

【人物】王鴻，雩都人，羲、獻之後，善書，有家法。國初隱需巖。王奇，贛縣人，爲縣小吏。令題鴈詩一聯於屏上，云：「隻隻含蘆背曉霜，盡隨鴛鷺立寒塘。」奇密續成之，曰：「晚來漁棹驚飛去，書破遥天字一行。」令因激賞，使遊學京師。真宗見其詩云「鴈飛不到歌樓上，秋色偏欺客路中」，召見賜第。又詩云：「不拜春官爲座主，親逢天子作門生。」後爲御史。孫立節。字介夫，寧都縣人。天資剛鯁，不肯爲條例司屬官。東坡嘗作剛説以表其事。二子勰、勴，皆從軾遊。

【題詠】詔下虎頭州。蘇子瞻和霍朝請詩：「文字先生飲，江山清獻遊。典刑傳父老，樽俎繼風流。度嶺逢梅雨，還家指麥秋。自慚鴻鴈侶，争集稻粱洲。野闊横雙練，城堅聳百樓。行看鳳尾—，却————。君意已吴、越，我行無去留。歸途應食粥，乞米使君舟。」山爲翠浪湧。蘇子瞻過虔館作詩云：「八境見圖畫，鬱孤如舊游。云云，水作玉虹流。日麗崆峒曉，風酣章、貢秋。丹青未變葉，鱗甲欲生洲。嵐氣昏晨樹，灘聲入市樓。煙雲侵嶺路，草木半炎州。故國千峰外，高臺十日留。

他年三宿處，準擬繫歸舟。」人煙五嶺北。陶弼送趙樞寺丞宰虔化縣詩：「云云，星斗大江西。暖雪梅花樹，晴雷贛石溪。」

【四六】疏恩北闕，開鎮南康。出綸鳳闕，植戟「虎城」。惟今之贛，蓋迫於蠻。雖曰偏州，實爲重鎮。惟贛川之望郡，控江國之上流。粤自五季以來，凡遭幾變於此。介江倚重於蕃宣，踰嶺仰尊於節制。涉江而右，一歸節制之尊；由嶺以南，悉倚蕃宣之重。江西、嶺南之交，地毋乃惡；風聲氣習之舊，頑不可鐫。宣乃王靈，嘗假中權之節；疆之戎索，遂夷窮徼之風。撫摩千里，固知地望之雄；彈壓羣蠻，更總兵戎之寄。虎頭重鎮，統三郡之甲兵；豹尾從班，寬九重之宵旰。湧翠浪而麗崆峒，定傳好語；近紫微而連華蓋，會見端歸。蠻獠相挻，既弄兵之間作；塵綿難化，亦珥筆之素聞。虎頭城下，雖爭爲竹馬之迎；豹尾班中，恐催看槐龍之舞。

吉州

廬陵　吉水　安福　太和　龍泉　永新　永豐　萬安

【建置沿革】禹貢荆、揚二州之域。兼荆、揚、吴、楚之分野，爲星紀鶉尾及斗、牛、女、翼、軫之次。春秋屬吴，戰國屬楚。秦屬九江、長沙郡。漢屬豫章郡及長沙國。東漢置廬陵郡。晉以廬陵郡隸揚州，又割隸江州。吴孫皓置安成郡。隋改爲安福縣，又改爲廬陵郡。唐爲吉州。國朝因之。今領縣八，治廬陵。

事要

【郡名】盧陵、安成、螺川。見「沿革」注。

【風俗】郡多秀民。學糧記：「云云，而學宫之盛與上國等。」儒術爲盛。通典：「衣冠所萃，藝文——，斯之——。」雖閭閻賤品，力役之際，吟詠不輟。」户口繁衍。朱晞顔修城狀：「吉州地望，雖出洪、贛之下，而其云云，田賦浩穰，實爲一路之最。」土沃多稼。皇甫湜盧陵縣廳壁記：「————，散粒荆、揚。」

【形勝】吉爲富州。見後皇甫持正爲張刺史作廳壁記。吉爲大邦。周益公詠歸亭記：「云云，文物盛於江右。」南接贛。劉弇序：「云云，北竟贛水，東西控臨川、長沙。」駢山貫江。皇甫縣壁記：「云云，扼嶺之衝。」據江上流。朱晞顔有云：「————，外與汀、衡之界相接。」咽喉荆、廣。劉登彦譙門記：「云云，唇齒淮、浙，江山映帶，在眉宇間。」介于吴、楚之間。王庭珪安福縣鳳林橋記：「吉爲郡，云云。」○何恪祭竈齋記：「介于湖、湘、嶺嶠之間。」

【山川】東山，在郡東南。蓋劉智請移郡，所謂「東通大山」是也。仁山，在郡西。香城山，在城南。地跨三縣，聳秀如筆鋒。○周益公云：「盧陵南四十里有————，其名見唐皇甫持正所作碑碣。峻拔廣衺，中一峰尤奇秀，諺所謂『文筆』者，胡氏世居其下。至忠簡公，遂以直節倫能名震當世。」青原山，在盧陵縣。○王庭珪遊青原詩：「異時黄魯直，嘗賦青原詩。今日————，名與星斗垂。」螺子山、在郡城北，下有潭。圖經：「昔漁人遊此，忽遇風雨，見神螺光彩五色，因名。」龍須山、在廬陵西南六十里。登禪師之道場也。唐代宗時，土人龍須施地築庵，故名。○曹輔送周吉州有詩云：「廬陵太守告我行，先把廬陵爲君説。｜｜｜對殷侯池，池面山容兩清絶。」南山、在吉水西北六十里。三石挺聳，能興雲雨。鳳山、在吉水東五里。山半有鳳凰巖，瀑布自巖而下。三顧山、在太和南。五峰相次，頗類五老。石灰山、在永新。山有兩洞，及石龍、石塔之類。金山、在龍泉西北一里。有塔。銀山、在龍泉東一里。有塔。石笋峰、在廬陵。山頂巨石如笋。席帽峰、太和之朝山。朝元嶺、在吉水西北五里。有黄金臺。○或傳楊仙留題云：「落落萬古石，悠悠千載心。人間不相遇。白雲深處尋。」金缸嶺、在萬安南。有法輪院，舊名香林寺。趙閲道嘗知虔州，赴召，通判周茂叔餞于此寺，倡和有詩。焦岡、在郡西。木茂壤赤，蜿蜒可數里。日岡、在吉水北四十里。月岡、與日岡相距五里。瀧岡、在永豐南百六十里。歐陽之故居。及有墓，謂之｜｜阡。元陽洞、在永新禾山。有姚崇書堂故址。牛吼石、在太和縣西十里。自黄公灘而下，江流平澹，經此石則復險，灘聲如群牛之吼。○葛敏脩詩：「一瀉三百里，列爲十八灘。」廬陵江、自太和縣界流入。黄公灘、在萬安縣。訛呼爲皇恐灘。○蘇子瞻南遷過此，賦詩云：「十八灘頭一葉身，七千里外二毛人。山憶喜歡勞夢想，地名皇恐泣孤臣。」吉水、有仁山與｜｜。相傳水紋成「吉」字。廬水、在安福東。至廬陵入贛江。龍洲、在太和南。有讖云：「｜｜過縣前，太和出狀元。」故名齋曰褒然。周益公作——書院記。白鷺洲。在贛江中有洲曰白鷺，其長數里。○徐俯江上野望詩：「金陵與廬陵，俱有——。相望萬里江，中同二水流。」

【井泉】聰明泉。劉沖之——詩：「義山山下有靈泉，泉號聰明自古傳。四百年中三出相，不才何幸繼前賢。」

【堂閣】三瑞堂、在州宅。熙寧中，城西産雙蓮，玉虚觀産芝草，天慶觀有甘露。○蔣穎叔詩云：「好在廬陵守，年來强健無。一麾新佩印，三瑞更爲圖。」詩人堂、在司户廳。盧象以唐詩人杜審言曾居是官，故名。有楊萬里銘，周必大箴。六一堂、在州宅。繪——像，楊誠齋記。二友堂、在州宅。舊有古松，與竹對植。太守李彌遜開軒其下，胡銓爲記。愛竹堂：黄魯直寄題安福李令——詩：「淵明喜種菊，子猷喜種竹。託物雖自殊，心期俱不俗。千載得李侯，異世等風流。爲官恐是陶彭澤，愛竹最知王子猷。寒窗對酒聽雨雪，夏簟烹茶卧風月。山僧知令不凡材，自掃竹根培老節。富貴於我如浮雲，安可一日無此君。人言愛竹有何好，此中難爲俗人道。我於此物更不疏，一官窘束何由到。」快閣、在太和縣寺。黄魯直登——詩：「癡兒了却公家事，——東西倚晚晴。落木千山天遠大，澄江一道月分明。朱絃已爲佳人絶，青眼聊因美酒横。萬里歸舡弄長笛，此心吾與白鷗盟。」○又和李才甫——詩：「山寒江冷丹楓落，争渡行人簇晚沙。菰葉萍花飛白鳥，一張紅錦夕陽斜。」○「雲横章、貢雨翻盆，寺下江深水到門。落日荷鉏人著本，西風滿地葉歸根。」○楊廷秀題——詩：「太史留題——詩，舊碑未必是真題。六丁搜出嚴家墨，白日青天横紫蜺。」先春閣、黄魯直寄題安福李令———詩：「宫殿繞飛煙，江山壯城郭。今君藝桃李，面春築飛閣。春至最先知，雨露徧花藥。是日勸農桑，冰銷土膏作。弦歌出縣齋，徘徊問民瘼。雞犬聲相聞，嬰此薄領縛。安得攜手嬉，烹茶煨鴨脚。」綏齋。周洪道箴云：「户曹掌州帑，或行獄訟事。皇族公括以『綏』名齋，爲作箴。」

【寺觀】大明寺，有愛竹軒。黄太史爲太和宰日，嘗賦詩。又能仁院、清凉軒、東山寺、朝華亭皆有詩。南塔寺；在太和縣。○黄魯直詩：「熏爐茶鼎暫來同，寒日鴉啼柿葉風。萬事盡還杯酒裏，百年俱在大槐中。」崇元觀。在吉水縣。○昔吕洞賓嘗留題云：「褰裳懶步尋真宿，清景一宵吟不足。月在碧潭風在松，何必洞天三十六？」

【古跡】殷仲堪讀書堂、安成記：「仲堪爲守，於城西大池上築臺讀書，遺址尚存。」擣衣石。在永新縣前市。相傳顔真卿嘗游息其上。

【名宦】孟嘉、晉太尉庾亮領江州，辟嘉署廬陵從事。嘉還都，亮引問風俗得失。對曰：「還傳當問吏。」亮舉塵尾掩口笑曰：「嘉故是盛德人。」張中丞、皇甫湜吉州刺史廳壁記：「自江而南，吉爲富州。民朋吏嚚，分土艱政，蓋以近歲不幸，紹繼無狀。大官以降爲者，羞薄而不省務；子弟以資授者，縱欲而不顧法；州遂瘡痍。御史中丞張公歷刺縉雲、尋陽，用清白端正之治，詔書寵褒，賜以金紫，移莅于吉。下車之初，視簿書，簿書紛如絲；視胥吏，胥吏沸如糜。召詰其官，皆眊然如酲；登進其民，皆薾然而疲。公噫眙良久，於是大新其典，爲之開之以脩省簡便，鍵之以勤强練密。凡事宜處約，以躬率之，省費一倍。法防既周，銖兩之姦無所容。墨俗斯息，單民得職，威令神行，惠利川流。未及再期，富庶而教，至於無事。百姓扶老提稚，載路而歌曰：『昔吏訑訑，今吏簷簷，公能馭之，雌亦爲銛，跖亦爲廉，始紲而苦，終優以恬。昔民敫敫，今民咍咍，公能撫之，鰥寡有怡，流亡既來，徭稅先具，汙茨盡開。嚮覆官倉，倉無斗糧，公來幾時，積粟埋梁。嚮閱官庫，庫無尺繒，公來幾時，山積層層。瑞露溶溶，降味公松。瑞蓮猗猗，合蔕公池。公有異政，神之祚之。民歌路謡，冀聞京師，天子明堂，恩光遠而。』於是掾吏將卒，趍伏固請，願書於公堂之北壁。夫堂壁有記，本以志善懲惡，名氏遷次末也。矧東西之舊，則備今用。絶編以首能爲政，垂爲後戒。」杜審言、黃魯直寄舒申之司户詩：「吉州司户官雖小，曾屈詩人——。」顔真卿：爲司馬。皇朝向敏中、丞相，謚文簡。公既嘗爲倅，又爲守。吕士元、休寧人。爲太和令。子溱隨侍，縣圃有讀書堂。余靖、慶曆中使契丹，通外國語。爲蕃語詩，被劾出守。元絳、知永新宰。程珦、知盧陵宰。龐敏、爲太和宰。戚綸、爲太和宰。黃庭堅、知太和縣。○蘇子瞻和魯直食笋詩：「凛凛白下宰。」太和，古白下也。會頒鹽筴，寧積鹽於廩，不忍以賦貧民。詢求民瘼，或達旦不寐。邑多强族，不忍以柱後、惠文齊之云。江公著。爲太守。

【人物】歐陽脩、廬陵人。生於綿州官舍，四歲而孤。母鄭氏，守節自誓，教以讀書，以省魁擢第。後爲參政，自號六一居士，以文章道德，天下皆師事之。○蘇軾祭文云：「公之生於世，六十有六年。民有父母，國有著龜。斯文有傳，學者有師。君子有所恃而不恐，小人有所畏而不爲。譬如大川喬嶽，雖不見其運動，而功利之及於物者，蓋不可數計而周知。今公之歿也，赤子無所仰庇，朝廷無所稽疑。斯文化爲異端，學者至於用夷。君子以爲無與爲善，而小人自以爲得時。譬如深山大澤，龍亡而虎逝，則變怪百出，舞鰌鱔而號狐狸。昔公之未用也，天下既以爲病。而其既用也，則又以爲遲。及其釋位而去也，莫不覬其復用。至於請老而歸也，莫不悵然失望，而猶庶幾於萬一者，幸公之未衰。孰謂公無復有意於斯世也，奄一去而莫予追。豈厭世之溷濁，潔身而逝乎？將民之無禄，而天莫之遺？昔我先君，懷寶遯世，非公則莫能致。而不肖無狀，夤緣出入，受教門下者十有六年。於斯聞公之喪，義當匍匐往弔，而懷禄不去，愧古人以忸怩。緘詞千里，以寓一哀。蓋上以爲天下慟，而下以哭其私。」**劉沆**、永新縣人。爲宰相。**胡銓**、廬陵人。上書斥秦檜、王倫、孫近三人可斬，坐流吉陽。孝宗召爲侍郎。遺表云：「相如草封禪以貢諛，竊所不敢。張巡爲癘鬼以擊賊，死亦難忘。」自號澹庵。**楊萬里**、吉水人。初丞零陵時，張忠獻勉公以正心誠意之學，遂以「誠」名齋。厥後勸講東宮，光宗御書「誠齋」字賜之。**周必大**。字洪道。公早歲登第，繼擢詞科。高宗一見其文，大奇之，由臺閣登侍從。孝宗朝正宰席。閑居者十五年，號平園老叟。

【題詠】**廬陵地控虔與洪**。王庭珪嘗作廬陵行：「云云，〔五〕孤城斗絶吴、楚東。」**紅粧執樂三千指**。蘇子瞻送江公著知吉州詩：「奉親官舍當有擇，得郡江南差可喜。白粲連檣一萬艘，云云。簿書期會得餘閑，亦念人生行樂耳。」**爲愛江西物物佳**。歐陽永叔寶積寺詩：「云云，作詩常向北人夸。青林霜日换楓葉，白水秋風吹稻花。釀酒烹雞留醉客，鳴機織苧徧山家。」

【四六】疏恩鳳闕，分理螺川。惟大江以西，獨廬陵爲右。醉翁之文，而澹庵之忠；益國之勳，而誠齋之節。螺江千里之封，暫煩牧御；鳳詔十行之下，竚見褒揚。連檣一萬艘，豈羨紅粧之執樂；起家二千石，竚看黄紙之除書。考之壁記，昔人固謂之富州；試以州麾，今日實稱於佳郡。議論文章，則有六一翁之學；勳名事業，則有平園叟之賢。字民白下，實爲山谷之舊遊；得郡江南，曾辱坡公之夸説。萬室連甍，剽奪時鳴於桴鼓；千艘銜尾，轉輸日困於舳艫。胡澹庵慷慨排和，不爲勢屈；楊誠齋剛方立操，豈但文鳴。帶牛佩犢，謾遊魑魅之鄉；鋒蝟斧螗，佇築鯨鯢之觀。

瑞州 高安 上高 新昌

【建置沿革】禹貢揚州之域。吴地，斗分野。春秋屬吴，戰國屬楚。秦屬九江郡。漢爲豫章郡之建城縣。三國、南朝並屬豫章郡。唐即縣地置靖州；又以隱太子諱，改建城曰高安；又改靖州爲米州；是年又改爲筠州，土産篔竹，故名。皇朝因之，仍分高安、上高二縣地置新昌縣；寶慶初，以州名犯御諱，改瑞州。領縣三，治高安。

事要

【郡名】高安、瑞陽。見「沿革」内注。

【風俗】獨不嚚於訟。見後江西道院注。士秀而文。同上注。其細民險而健。〔六〕同上。**其吏民朴野。**蘇子由聖壽院記云云。**郡庠獨後建。**曾子固記：「筠爲州，在大江之西，其地僻絶。當慶曆之初，詔天下立學，而筠獨不能應詔，州之士以爲病。治平三年，知州事董君儀相州之東南，得亢爽之地，築宫於其上，使筠之士相與升降乎其中，講先王之遺文，以致其知，非獨使夫來者玩思於空言，以干世取禄而已。」

【形勝】**負山面水。**蜀江志云：「郡──鳳──，──錦──。」**郡居溪山之間。**蘇子由聖壽院記。**其地僻絶。**南豐學記。**四方舟車之所不由。**蘇子由記。

【山川】**鳳山、**在上高縣西七里。**大愚山、**在州東行春門外。有真如寺。○冷齋夜話：「余還自朱崖，館于此寺。」○慶元中，吕伯恭論韓侂胄，謫居寺中。○蘇子由詩：「東郊──────，自古薝蔔林。」〔七〕**白雲山、**在高安縣西北七十里。下有超果寺，有瀑布水。孫伯温記謂之小麻姑。**九峰山、**在上高西五十里。其峰奇秀。**石臺山、**在新昌縣南二十里。有清涼院。東坡、欒城嘗遊賦詩。今有石刻。**黄蘗山、**在新昌縣西百里。一名鷲峰山。○唐宣宗微時，以武宗忌之，遯跡爲僧遊方外，至黄蘗，與──禪師同觀瀑布，黄蘗得一聯云：「千巖萬壑不辭勞，遠看方知出處高。」宣宗續之曰：「溪澗豈能留得住，終歸大海作波濤。」**荷山、**楊廷秀碧落堂曉望──詩：「────非不高，城裏自不見。一登碧落堂，山色正對面。如人卧平地，躍足立天半。指揮出伏兵，萬騎横隔岸。後乘來未已，前驅瞻已遠。晨光到巖壑，人物俱蒨絢。緑屏紛開闔，翠旗閃舒卷。安得垂天虹，橋虚度雲巘。老鈐偶報事，郡庭集賓贊。忽忽换山巾，默默下林坂。」**西嶺、**在新昌東北七十里。峰巒萬疊，有飛瀑三四道，頗爲奇觀。龍岡、在州西一里。迷仙洞，在郡圃。相傳即李八百洞，閉塞不可入。蘇子由有詩。濯湖、在新昌縣東門外。今水清潔，故名。劍池、在州後圃，乃李仙磨——。中有白蓮花，山谷所謂「製——之菡萏以爲裳」是也。〔八〕蜀水。源出縣内小界山。相傳許遜爲蜀旌陽令，時人疾疫，遜以器水投於上流，疾者飲之輒愈，故名——。古讖云：「錦水入市河，朱紫滿城多。錦水市河連，筠州出狀元。」

【亭院】江西道院。黄魯直————賦並序：「江西之俗，士大夫多秀而文。其細民險而健，以終訟爲能，由是玉石俱焚，名曰珥筆之民，雖有辯者，不能自解免也。惟筠爲州，獨不嚚於訟，故筠州太守號爲守————，然與南康、廬陵、宜春三郡並蒙惡聲。元祐八年，武陵柳侯子儀守筠之明年也，樂其俗之孅，使爲政者不勤，乃新燕居之堂，榜曰『————』，以鼓舞其國風，且爲高安之父老雪恥焉。秋七月，遣使來告成於雙井永思堂，於是爲之賦曰：勾吳之墟，維斗所直。半入於楚，終蝕於越。有泰伯、虞仲、季子之風，故處士有巖穴之雍容。有屈原、宋玉、枚乘之筆，故文章有江山之秀發。吴、越之君多好勇，故其民樂鬭而輕死。江、漢之俗多機鬼，故其民尊巫而淫祀。雖郡異而縣不同，其大略不外是矣。若乃高安之城，豫章之別，雖風氣之未遂，亦孅俗之可悦。故柳侯下車，解牛而不割，未嘗發硎，初不折缺，則喟然嘆曰：『————，名不虚生。』爰作新堂，合陳鼓笙。有斐翰墨，賓贊令丞。作爲歌詩，接民訟聲。昔也憂民之憂，今則樂民之樂。懷仙伯之蜕蟬，有勿翦之喬木。製劍池之菡萏以爲裳，釀丹井之清泠以爲酌。醉而起舞，父老持足。恐使君之仙去，而鰥寡之長失職也。吾聞風行於上而水波，此天下之至文；仁形於心而民服，此天下之善化。豈可多爲令而病民慢，自設險而病民詐耶？九轉丹砂，鑄鐵成金。兩漢循吏，鑄頑成仁。我簡静則民來，〔九〕我平易則民親。今使高安之農養生於桁楊之外，珥筆教訟者傳問孝之章，勢耳鎖亢者深春耕之耒，賣私鬭之刀劍以爲牛，羞淫祠之樽俎以養親。雖承平百年，雨露滲漉，非二千石所以牧人者乎？雖然，有一於此：堂密有美樅，而未聞處士之節；岑蔚有於菟，而不見墨客之文。豈其龜藏而自祕，蠖屈而不伸者耶？公試酌樽中之渌，謝山川之神，爲予問之。」

【堂亭】無訟堂，在郡治。碧落堂，在鳳凰山。郡之井邑，一目可盡。○楊廷秀留題：「仙人白日上青冥，千載如聞月下笙。南北萬山俱在下，中間一水獨穿城。江西箇是奇絶處，天下幾多虚得名。滕閣、孤臺雖不好，秖緣猶帶市朝聲。」棲真堂，在郡圃。蓋仙人李八百故居之址，中有遺像。○楊廷秀詩云：「李真宅子故依然，道院西偏古洞前。一日身遊八百里，三番花落九千年。劍池、丹井俱蒼蘚，絳節霓旌已碧天。借問飛仙那用步，步行猶是地行仙。」瑞芝亭，黄魯直記：「晉陵邵君叶爲新昌宰，視事之三月，靈芝五色十二生於便坐之室。吏民來觀，無不動色，相與言曰：『吾令君殆將有嘉政以福我民乎！山川鬼神，其與知之矣。不然，此不蒔而秀，不根而成，非人力所能致而自至者，何也？』乃相與闢其室，四達爲亭，命曰——。奔走來謁記於豫章黄庭堅。黄庭堅曰：予觀神農草木經，青芝生泰山，赤芝生衡山，黄芝生嵩山，白芝生華山，黑芝生常山，皆久食而輕身，延年而不老，蓋序列養生之藥，不言瑞世之符。又其傳五芝曰：赤者如珊瑚，白者如截肪，黑者如澤漆，青者如翠羽，黄者如紫金，皆光明洞徹如堅冰，而世之所名芝草不能若是也。故嘗考於信書，自先秦之世，未有稱述芝草者。及漢孝武厭飫四海之富貴，求致神仙不死，天下騷然。元封中乃有芝草九莖連葉生甘泉殿齋房中，於是赦天下，作芝房之歌。孝宣興於民間，厲精萬事，事無過舉，然廟享數有美祥，頗甘心焉，故復脩孝武郊祀，以瑞紀年。元康中，金芝九莖又産函德殿銅池中。然此芝不生於五嶽，果神農經所謂芝者耶？予又竊怪漢世既嘉尚芝草，而兩漢循吏之傳未有聞焉，何也？豈其所居民得其職，所去民思其功，生則羽儀於朝，殁則烝嘗於社，則是民之鳳凰、麒麟、醴泉、芝草也耶？抑使民田畝有禾黍，則不必芝草生户庭；使民伏臘有雞豚，則不必麟鳳在郊棷；黠吏不舞文，則不必虎渡河；里胥不追擾，則不必蝗不入境；此其見效優於空文也耶？嘗試論之：古之傳者有曰，上世蓋有屈軼指佞，〔一〇〕萐莆扇庖，蓂莢紀曆，嶰竹生律。既不經見，後世亦不聞有之，則前世之有芝草特未定也。邵君家世儒者，又能好脩，求自列於循吏之科，故即其氣燄而取之異草來瑞，使因是而發政於民，慘怛而無倦，民將盡力於田，士將盡心於學，則非常之物不虚其應，且必受賜金增秩之賞，用儒術顯於朝廷矣，豈獨夸耀下邑而已乎？故書予所論，使歸刻之。」偃松亭、在州宅。○陸務觀詩：「巨松偃翠蓋，閲世歸獨存。頗疑古仙翁，藏丹在其根。或是結靈藥，百尺有伏黿。終隨風雨化，不死何足言。」翠樾亭、在郡治。名半山。郡圃。蜀江記：「——崎嶇高下，斷崖深壑，宛如洞府。澄江遠岫，層出聚見於樽俎間。」

【名宦】皇朝毛維瞻、爲守。嘗與潁濱唱和。崔鶠。陽翟人。調本州推官，因上書論章子厚，徽宗善之，以爲相州教授。子彦若，相繼爲相。

【人物】任濤、爲詩清婉，嘗有「人卧釣舟流」之句。沈彬，高安人。吴先主授以秘書郎。有湘江詩云：「數家漁網疏煙外，一岸斜陽細雨中。」○觀山水圖詩：「須知手筆安排定，不怕山河整頓難。」人皆傳誦之，至今以爲佳句也。皇朝劉涣、高安人。詳見南康軍注。趙師民。上高人。

【名賢】蘇轍、自作東軒記云：「余以罪謫監筠州鹽酒税。未至，水泛溢，敗刺史府門、鹽酒税治舍，乃告於郡，假部刺史者府以居，即堂之東爲軒，種杉二本，竹百箇，以爲宴休之所。然晝則坐市區，鬻鹽、沽酒、税豚魚，與市人争尋尺以自效；暮歸筋力疲廢，輒昏然就睡，不知夜之既旦。旦則復出營職，終不能安於所謂東軒者，未嘗不啞然自笑也。」余靖。謫監酒税。

【題詠】清廉不負民。蘇老泉送張守職方詩：「老大偏諳事，云云。」子舍只鄰城。范景仁送張職方詩：「南國一麾守，知公安此行。家山雖萬里，云云。驛問中宵至，風謡接畛聲。定應持課最，同命到天京。」職方名正。子公紀，亦守衢州。新有虹梁水上横。蘇子由詩：「歸時不怕江波晚，云云。」筠陽舊是朝天路。楊廷秀云：「國家都大梁，筠當孔道，故詩：云云，六十年來行信州。」

【四六】出綸禁掖，分竹高安。地僻民淳，土腴農力。眷分虎之名麾，乃潛龍之舊邸。惟瑞爲州，夙號江西之道院；貫蜀之水，允爲錦里之主人。賦成道院，永懷山谷之名言；記考東軒，尚訪潁濱之遺迹。　庭夸芝草，未爲農畝之豐；岑有於菟，孰若文儒之盛。　得山谷序文而雪耻，民訟不嚣；因南豐學記而致知，士風寖盛。

校勘記

〔一〕「虔於江南地最曠大山長谷荒」，臨川先生文集卷八二、王文公文集卷三四所載虔州學記作「虔州江南，地最廣，大山長谷，荒翳險阻」，本書所引有脱誤。

〔二〕「由南來者」，「來」，底本原作「未」，據四庫本改。

〔三〕「隱士龔亳所棲」，「龔亳」，太平寰宇記卷一〇八、輿地紀勝卷三二均作「龔毫」。

〔四〕「三犀竊鄙秦太守」，「三犀」，底本原作「三年」，據四庫本及蘇軾詩集卷一六虔州八境圖改。

〔五〕「云云」，底本原作「云去」，據四庫本改。

〔六〕「其細民險而健」，「險」，底本原作「儉」，據四庫本、嶽雪樓本改。

〔七〕「自古薝蔔林」，「薝蔔」，底本原作「簷蔔」，據四庫本改。薝蔔爲花名，梵語，意譯即鬱金花，唐段成式酉陽雜俎卷一八廣動植木有記載。

〔八〕「菡萏」，底本原作「菡菡」，據四庫本、嶽雪樓本改。

〔九〕「我簡静則民來」，「來」，豫章黄先生文集卷一江西道院賦作「肅」。

〔一〇〕「上世蓋有屈軼指佞」，底本原脱「屈」字，據四庫本、嶽雪樓本及豫章黄先生文集卷一七筠州新昌縣瑞芝亭記補。屈軼是神話中一種草，傳説太平之世生於户庭，能指向佞人，故又名指佞草。

方輿勝覽卷之二十一

撫州

臨川　崇仁　宜黄　金谿　樂安

【建置沿革】禹貢揚州之境。於天文，爲星紀之分野。春秋爲吴境，後屬越，又屬楚。秦屬九江郡。漢爲豫章郡之南城縣。後漢分南城北境爲臨汝縣。三國時，吴王孫亮分豫章之東部南城、臨汝二縣置臨川郡。隋罷郡爲州，時總管楊武通奉使安撫，即以撫州爲名。唐平林士洪，置撫州，領臨川、南城、邵武、宜黄、崇仁、永城、東興、將樂八縣，尋省東興、永城、將樂三縣，又割邵武屬建州。南唐爲建武軍。國朝仍爲撫州。今領縣五，治臨川。

江西提舉置司。

事要

【郡名】臨川、臨汝。水名。

【風俗】其民樂於耕桑。見後擬峴臺記。其俗風流儒雅。溪堂云：「昔有右軍、康樂、魯公爲之守，故云云，喜士而尚氣節。」樂讀書而好文詞。同上。「有晏元獻、王文公爲之鄉人，故其人云云。」人物盛多。周洪道進士題辭曰：「此邦非特地大人庶，而云云，若元獻之進賢好善，荆公之文學行誼，南豐之主盟斯文，汪公革以奇才冠南省，陳公孺以版授遜大魁，皆後來所當思齊者。」

【形勝】地大人庶。同上。瀕汝水以爲城。謝靈運集序云云。粤、閩犬牙其疆。獨孤及撫州新亭記：「與兩—、七—————。」非通道。擬峴臺記云云。五峰三市。臨川志：「城中有————。或謂青雲嶺、逍遥嶺、鹽嶺、蕭家嶺，與慶嶺而五。」

【土産】清江紙。黄魯直謝陳適惠紙：「鑾溪工藤卷盈丈，側釐羞滑繭絲白。想當鳴杵砧面平，桄榔葉風溪水碧。」

【山川】靈谷山，在臨川縣東三十里。荀伯子臨川記云：「懸巖半岫，有瀑流分於木末，映日望之如掣練。」○王介甫————詩序曰：「吾州之東南有——者，江南之名—也。龍蛇之神，虎豹翬翟之文章，楩楠豫章竹箭之材，皆自此出。而神林鬼冢魑魅之穴，與夫仙人釋子詭譎之觀，咸付託焉。至其淑靈和氣，盤礴委積於天地之間，萬物之所不能得者，乃屬之於人。」羊角山，在郡治譙樓前。○舊有詩云：「——高吹畫角，虎頭洲畔釣靈鼇。」峨峰山，在臨川西四十里。謝靈運有詩。參政李璧嘗作——書堂以面之。英巨山，在臨川縣。巖内有石人坐盤石上，有塵穢則興風，潤則致雨。臨川山，在崇仁縣南六十里。豐材山，在崇仁西百九十里。登之者望廬嶽、彭蠡，皆在其下。寶蓋山，在崇仁縣，號江南絶頂。有形如——，上有浮休壇，乃王、郭二真人昇仙之地。顔魯公爲之記。

玉笥山、在崇仁縣。顔魯公有記。翠雲山、在金谿縣。有瀑布，治平中儒士胡采發榛荆而出之。有躍馬泉、試茗泉、鳴玉亭，皆見於荆公詩。銅斗山、曾文昭記：「在金谿南二十里。山能出雲雨，弭菑害，爲一州五縣之望。」疏山、在金谿。唐大中初，有何仙舟棄官讀書于此，今遺址猶存。下有寺，其景尤勝。軍山、曾子開——廟碑：「——，南豐之望也。其高十有九里餘二百步。其上四峰崛起，望之蒼然。其旁飛瀑，一瀉千尺。其下龍穴，投以鐵石，雨即隨至。縣固多山，而兹山傑出，見於百里之外，宜爲此邦之望也。」又云：「舊傳吴芮攻南粤，駐軍此山。其將梅鋗祭焉，禮成，若有士騎麾甲之狀，因號曰軍山。邦人祀之，蓋自此始。唐開元中復見靈跡。」白華巖、在金谿。〔二〕巖主是寶月禪師。○王介甫李生——修道詩：「————主是金仙，假此山僧學道禪。珍重此行吾不及，爲傳消息問因緣。」烏石岡、距臨川三十里。下有塘。○王介甫烏塘詩：「烏塘渺渺緑平堤，堤上行人各有携。試問春風何處好，辛夷如雪柘岡西。」柘岡、在臨川。○王介甫送黄吉父歸金谿詩：「——西路白雲深，想子重歸得重尋。亦見舊時紅躑躅，爲言春至每傷心。」石廩、在臨川東。荀伯子記：「廩口開則歲歉，閉則年豐。」石砮；在宜黄。石梁横空。○孫公覿詩：「烏鵲填成天上路，鬼神鞭出海中山。」汝水、在臨川東北六里。臨川水、在縣東九十餘里。出定川，流十里，與汝水合。清江渡、在金谿縣。出剳紙。文昌堰、地讖以堰合爲大魁之讖。温湯、在臨川西三十二里銅山下。驪塘。王介甫故居在焉。送鄧監簿詩：「不見——路，于今四十春。」

【臺閣】擬峴臺：曾子固記：「尚書司門員外郎晉國裴君治撫州之二年，因城之東隅作臺以遊，而命之曰｜｜｜，謂其溪山之形，擬乎峴山也。數與其屬與州之寄客者遊，而間獨求記於余。初，州之東，其城因大丘，其隍因大溪，其隅因客土以出溪上，其外連山高陵，野林荒墟，遠近高下，壯大宏闊。壯奇可喜之觀，環撫之東南者，可坐而見也。然而雨隳潦毀，蓋藏委棄於榛叢茀草之間，未有即而愛之者也。君得之而喜，增甓其土，易其破缺，去榛與草，發其亢爽，繚以横檻，覆以高甍，因而爲臺，以脱埃氛，絶煩囂，出雲氣而臨風雨，然後溪之平沙漫流，微風遠響，與夫浪波洶湧，破山拔木之奔放，至於高桅勁艣，沙禽水獸下上而浮沉者，皆出乎履舄之下。山之蒼顔秀色，巔崖拔出，挾光景而薄星辰。至於平岡長陸，虎豹踞而龍蛇走，與夫荒蹊聚落，樹陰晻曖，遊人行旅隱見而斷續者，皆出乎衽席之内。若夫雲煙開散，日光出没，四時朝暮，雨暘明晦，變化之不同，則雖覽之不厭，而雖有智者，亦不能窮其狀也。或飲者淋灕，歌者激烈，或靚觀微步，旁皇倚徙，則得於耳目與得之於心者，雖所寓之樂有殊，而亦各適其適也。撫非通道，故貴人蓄賈之遊不至。多良田，故水旱螟螣之菑少。其民樂於耕桑以自足，故牛馬之牧於山谷者不收，五穀之積於郊野者不垣，而晏然不知桴鼓之警、發召之役也。君既因其土俗，而治以簡静，故得以休其暇日，而寓其樂於此。州人士女樂其安且治，而人得遊觀之美，亦將同其樂也。故予爲之記其成也。」○王介甫詩：「君作新臺擬峴山，羊公千載得追攀。歌鍾隱地登臨處，花木移春指顧間。城似大隄來宛宛，溪如清漢落潺潺。時平不比征吴日，緩帶尤宜向此閑。」見山閣、在倅廳。王介甫作記。清風閣。在州宅。介甫詩：「飛甍孤起下州墻，勝勢峥嶸壓四方。遠引江山來控帶，平看鷹隼去飛翔。高蟬感耳何妨静，赤日焦心不廢凉。況是使君無一事，日陪賓從此傾觴。」

【堂亭】五峰堂、在州宅。用南豐詩中語。射亭、在金谿縣，即飲歸之亭也。〇曾子固嘗作記云：「金谿尉汪君爲尉之三月，斥其四垣爲——。既成，教士於其間，而名之曰飲歸之亭。」〇王介甫詩：「因射築兹亭，庠賢仍閲兵。庶民觀禮教，羣寇避威聲。」拙齋、郡守趙景明建。〇朱元晦記云：「便坐之北，循廡而西，入叢竹間，得前人所爲秋聲齋者。老屋數椽，人跡罕至。嘆曰：『是室之陋，非予之拙，則孰宜居之？』乃更其榜曰——。抑嘗聞之，天下之事，不可勝窮，其理則一而已矣。君子之學，所以窮是理而守之也。其窮之也，欲其通於一。其守之也，欲其安以固。以其一而固也，是以近於拙。蓋無所用其巧智之私，而惟理之從。極其言，則正其誼不謀其利，明其道不計其功，是亦拙而已矣。」思軒。在倅廳。林慥所立。〇王介甫題云：「名郎此地昔徘徊，天誘良孫接踵來。萬屋尚歌餘澤在，一軒還向舊堂開。」名郎，指慥之祖水部也。

【祠廟】謝康樂祠、在郡治。顔魯公祠、在郡圃。〇曾子固記云：「初，公以忤國忠，斥爲平原太守，策安禄山必反，爲之備。禄山既舉兵，公與常山太守杲卿伐其後。賊之不能直闚潼關，以公與杲卿撓其勢也。在肅宗時，數正言，宰相不悦，斥去之。又爲御史唐旻所構，連輒斥。李輔國遷太上皇居西宫，公首率百官請問起居，又輒斥。代宗時，與元載争論是非，載欲有所壅蔽，公極論之，又輒斥。楊炎、盧杞既相德宗，益惡公所爲，連斥之，猶不滿意。李希烈陷汝州，杞即以公使希烈。希烈初塹其言，後卒縊公以死，是時公年七十有七矣。公歿垂三十年，小人繼續任政，天下日入於弊，大盜繼起，天子輒出避之。唐之在朝臣多畏怯觀望，能居其間一忤於世，失所而不自悔者，寡矣。至於再三忤於世，失所而不自悔者，蓋未有也。至於起且仆，以至於七八，遂死而不自悔者，則天下一人而已，若公是也。」王文公祠。在城內，即公故宅。

【古跡】康樂繙經臺、在城內寶應寺。顏真卿爲記。〔二〕右軍故宅、荀伯子臨川記：「羲之爲臨川內史，置宅於郡城東，名曰新城，旁臨迴溪，特據層阜，其地爽塏。」右軍墨池、在臨川學宫。○曾子固記云：「王羲之嘗慕張芝，臨池學書，池水盡黑。教授王君書『｜｜｜｜』以揭之。此爲其故迹，豈信然耶？」○韓子蒼雜記：「池中忽時水黑，謂之墨龍。此物每見，士之試于有司者，得人必多，率以此爲驗。」○咸平間御史黃公符詩：「往往吐烏雲，依依如皂蓋。」卧冰池、在郡城東。王祥乃琅琊人，豈祥避地廬江，遂成遺跡耶？○張右丞詩：「雖贋猶堪賞，前賢況可師。」魏夫人壇、在臨川縣西北六里。按神仙內傳，夫人姓魏，名華，年八十有三，不飲不食以成道。咸和九年，歲在甲子，用臧景文法，託形神劍，化成死孩。既而羣仙來迎，乘飈輪之車，言會於陽洛之宫也。所修行壇上有天然石龜，其首不見。故老相傳，昔烏龜源有石龜，每犯田苗，被人擊之首折，即其處也。刺史顏真卿撰仙壇碑。花女壇、花姑姓黃，名令徵。顏真卿撰碑云。戒壇、在城內寶應寺。顏真卿記。金石臺、識云：「｜｜｜｜分丞相出，文昌堰合狀元生。」金梘園。臨川郡舊有｜｜｜。○晏同叔詩：「臨川樓上梘園中，十五年前此會同。一曲清歌滿樽酒，人生何處不相逢。」

【名宦】王羲之、晉人。爲臨川内史。謝靈運、爲内史。杜佑、爲刺史。有言思碑。戴叔倫；爲刺史。有遺愛碑。皇朝黄庭堅。爲太和令。

【人物】樂史、宜黄縣人。嘗編寰宇記。晏殊、瑞州志：「殊祖墉，唐咸通中官江西，始著籍於高安。祖父客遊臨川，故殊生撫州。中童科，仁宗朝爲相。范仲淹、歐陽脩、孔道輔皆出其門，富弼、楊察皆其婿也。」王安石、臨川人。神宗朝爲宰相，封荆國公，謚曰文。王安國、安石之弟也。初，吕惠卿諂事安石，安國惡之。一日，安石與惠卿論新法於其弟。安國好吹笛，安石曰：「宜放鄭聲。」安國曰：「願兄遠佞人。」惠卿深銜之，乃因鄭俠獄陷安國坐罪，放歸田里。謝逸、臨川人，自號溪堂。黄庭堅語及江南文士，每嘆賞焉。從弟邁，字幼槃，自號竹友，爲時人愛重。〔三〕劉堯夫、以釋褐魁上舍。汪革、魁南省。陳孺、以版授遜大獸。〔四〕羅點、榜眼，仕至樞密。王克勤、自童科入館閣。〔五〕陸九淵。號象山。有書院在貴溪。

【題詠】鶴髮州民擁使車。權德輿得撫州報戴員外詩：「云云，人人自説授恩初。如今天下無冤氣，乞爲邦人雪謗書。」〔六〕内史宅邊今有恨。羅隱贈撫州阮兵曹詩：「雪晴天外見晴峰，幽軋行輪有去蹤。云云，步兵厨畔肯相容。十年别賓疑朝鏡，〔七〕千里歸心着晚鍾。若不他時更青眼，未知誰肯薦臨邛。」畫堂煙雨五峰秋。曾子固薦撫州錢郎中詩：「名郎元是足風流，得郡東南地更優。翠幙笙絃三市晚，云云。黄柑巧綴星垂檻，香稻新翻雪滿甌。〔八〕應與謝公咨健筆，邦人才薄詎能訓。」

【四六】疏棨北門，往鎮西州。寵膺涣綍，共理臨川。棋分五邑，鱗次萬峻。管絃三市，簾幙萬家。眷臨川之重地，爲江右之名邦。肆頒漢札之十行，來牧汝溪之千里。瞻言顔、謝之名邦，宜得龔、黄之循吏。墨池清淺，不妨簸弄明月之珠；英巨崔嵬，正好頡頏飛霞之佩。若論地望，蓋外麗而中枵；既得賢侯，宜上恬而下樂。祠象儼存，蓋康樂、平原之舊治；儒風浸盛，本荆公、元獻之故鄉。民頑健訟，相師成珥筆之風；吏黠多奸，〔九〕玩習弄舞文之波。

建昌軍南城　南豐　新城　廣昌

【建置沿革】禹貢揚州之域。爲斗、牛之分野。於古爲荒服之國，春秋時爲吴南境，戰國屬楚。秦屬九江郡。漢屬豫章郡，南城縣隸焉。後漢因之。吴分豫章東部置臨川郡，〔一〇〕治南城。隋罷臨川郡，置撫州。唐末、五代，僞唐升南城縣爲建武軍。皇朝改建昌軍。今領縣四，治南城。

事要

【郡名】盱江。西漢地理志南城縣注云：「盱水西北至南昌入湖漢。」——之名肇於此。或謂江南盱村有老姥，自此山去，故號—母—。見南唐韓熙晟盱江亭記。或謂盱真君窮水源至血木回，因此得名。

【風俗】其民氣剛而才武。朱元晦建昌進士題名記：「建昌之爲郡，據江西一道東南上游。

其地山高而水深，云云。其士多以經術議論文章致大名，如直講李公、中書翰林曾公兄弟，〔一一〕尤所謂傑然者也。其他能以詞藝致身取高科而登顯仕者，亦不絶於當世。鄉先達乃考自國初以至今日，得若干人，且將礱石刻之，以俟來者之嗣書焉。」比屋弦誦。張允脩平遠臺記：「建昌佳山水，云云。」市肆繁密。吴鑑撰設廳記：「云云，其邑屋華好。」

【形勝】控五嶺。唐南城縣羅城記：「————封疆之要，捍七州寇徼之虞。」控三吴。胡幹化詩：「————之襟帶。」抗禦七閩。王平叔建昌軍記：「云云，牽制百粤。」其城壁堅峻。吴鑑記：云云。其地山高而水清。朱元晦序。水土衍沃。曾子固軍山廟碑曰：「地迫兩粤，其風氣和平，云云。」林奇谷秀。唐刁尚羅城記：「云云，水遶川環。」兩溪合流於其下。陳起云：「巒嶂聯屬如翠屏，〔一二〕云云。」

【山川】鳳凰山，在郡城北二里，蓋郡之主山也。相傳——曾降於此。麻姑山，在城西南十五里。高九里五十步，周迴四百一十四里。至山麓有尋真亭。東隅石磴盤旋。山腰而上，乍平乍峻。至山之半，有界青軒，對第二谷，水飛流而下。又攀援二里，間有瀑布，淙下三十餘丈，立雙練、枕流二亭。又登萬巘，旁有石池。百餘步入山門，榜曰丹霞，小有洞天。至忘歸亭，亭跨清流。其下有水簾巖，〔一三〕舊有龍居之，夾兩山間，東望遠峰，煙雨杳靄，秀出如畫。自是而入，地勢寬平，膏腴數百畝。路之東南隅則碧蓮池，仙壇記所謂「紅蓮變白，今又碧之」處也。玳瑁石介其左。由池畔坦途一望間有會仙亭。入觀門，澗水冬夏長流，乃蔡經宅，麻姑、王方平所會之處。〇劉禹錫詩：「雲蓋青山龍卧處，日臨丹洞鶴歸時。霜凝上界花開晚，月冷中天果熟遲。」○沈彬詩：「花洞路中逢鶴信，水簾巖底見龍眠。」○李泰伯———賦：「路蹊盤鬱，前後相失。岡巒崒嵂，左右馳突。鳴泉百雷，躍下雲窟。喬松萬矛，舞破煙霄。」○曾子固———送南城尉羅君詩：「麻姑之路摩青天，蒼苔白石松風寒。峭壁直上無攀援，懸磴十步九屈盤。上有錦綉百頃之平田，山中遺民耕紫煙。又有白玉萬仞之飛泉，噴崖直瀉蛟龍淵。豐堂廣殿何言言，階脚插入斗牛間。樛枝古木不記年，空槎枿然卧道邊。幽花自嬋娟，林深爲誰妍？但見塵銷境静翔白鶴，吟清猿，雛禽乳鹿往往嗥荒顛。却視來徑如緣絙，千重萬疊窮巖巒。〔一四〕下有荆、吴粟粒之羣山，又有甌、閩一髮之平川。弈棋縱横遠近布城郭，魚鱗參差高下分岡原。千奇萬異可意得，筆墨秃盡誰能傳？丈夫舒卷要宏達，世路俯仰多拘牽。偶來到此醒心目，便欲洗耳辭囂喧。羅夫子，一日遠補東南官，愛此層崖峻壑之秀發，開軒把酒可縱觀；喜此披霄插漢之夐起，〔一五〕出門舉足得往還。羅夫子，一尉東南方屈盤，此邦人人衣食足，闔境年年桴鼓閑。〔一六〕几案剸裁得休暇，山水登躡遺紛煩。我行送之思故國，引領南望心長懸。」**軍山**、在南豐。一名南山。重九於此登高，乃上盱絶頂。**杉嶺**、在南城縣界。○謝道韞詩：「古驛地多杉，〔一七〕煙光鎖翠嵐。夜來風景好，宿處是江南。」**飛猿嶺**、在南城東五十里。○謝靈運詩：「朝發———，暮宿落峭石。」**仙人巖**、去南城五十里。臨溪峭壁數百仞，五巖連屬。上二巖有二棺，用小瓦石平其下。**華子岡**、謂仙人華子期。○謝靈運詩：「南州實炎德，桂木凌寒山。銅陵映碧澗，石磴瀉紅泉。既枉隱淪客，〔一八〕亦棲肥遯賢。險徑無測度，天路非術阡。遂登羣峰首，邈若升雲煙。

羽人絶髣髴，丹丘待空筌。圖諜復磨滅，碑版誰聞傳？莫辨百世後，安知千載前！且申獨往意，〔一九〕乘月弄潺湲。常充俄頃用，豈爲古今然。」秦人洞、去仙都觀二里。○李泰伯詩：「秦法雖甚苛，秦吏若猶拙。山林不數里，便爾逃得絶。」丹霞洞、在觀西七里。係小有洞天，彌望皆黄茅、白葦。紹興甲寅，郡人避寇登其上，忽見一庵，有道人觀書。麻源、在南城縣西十里。有三谷。循溪而入，茂林脩竹。有橋。方石、在南豐東半里。古讖云：「沙洲到——前，南豐出狀元。」曬禾石：在南豐東四十五里。鄉人於此曝禾。紹興間，風雨晝晦，雷震石上，忽成「介我黍稷」四篆字，郡境屢豐。龜湖、在南城東五里。地鈐云：〔二〇〕「——衝破狀元生。」今衝破已久而未應。石虎潭、去南城半里。地鈐有「————填出宰相」之語，紹興中潭填，曾魯公布正拜。盱水。見前注。〔二一〕○曾布詩：「軍山流泉初濫觴，繚繞東出爲盱江。峰巒隱映淵源長，地靈物秀雄吾邦。」

【井泉】鳳山泉、在郡西偏。其泉甘冽，釀酒醇美。虎跑泉。在秦人峰下。舊傳有—至山，爪地泉湧，李泰伯、吕灌園、陳都官皆有詩。

【堂亭】平遠堂、在郡治東。地勢高爽，眺望江山，宛若圖畫。取郭熙善畫山水——以名之。十賢堂：〔二二〕在仙都觀。繪陳彭年、李泰伯、曾子固、子宣、子開、王无咎、吕南公、鄧温伯、朱京、朱彦十賢，皆近之先達。鳳山亭。在郡治後。

【寺觀】雲門院：在麻源第三谷，乃唐德琳禪師卓庵之地。仙都觀。在麻姑山，今爲祠官典領之職。乃王方平、陰長生學道得仙之山。○蘇子由詩：「道士白髮尊，面黑嵐氣染。目言王方平，學道古有驗。道成白晝飛，人世不留窆。後有陰長生，此地亦所占。並驅雙翔龍，霞綬紫雲襜。揚揚玉堂上，與世作豐歉。」

【古跡】麻姑壇、顔真卿記：「——者，葛稚川神仙傳云：王遠，字方平，欲東之括蒼山，過吴蔡經家，教其尸解如蛇蟬也。〔二三〕經去十餘年，忽還語家，言七月十日王君當來過。到期日，方平乘羽車，駕五龍，各異色，旌旗導從。既至，見經父兄，遣人與麻姑相聞。麻姑至，蔡經亦舉家見之。是好女子，年十八九許，頂中作髻，餘髮垂之至腰。其衣有文章，而非錦綉。得見方平，坐定，各進行厨，金盤玉杯，多是諸華，而香氣達于内外，擗麟脯行之。麻姑自言，接待以來，見東海三爲桑田矣。方平笑曰：『海中行復揚塵也。』麻姑手似鳥爪。蔡經心中念言：背痒時，得此爪爬背，乃佳也。方平心知，即使人牽經鞭之。」七星杉。在仙都觀殿後嶺。圍二三丈，高切雲漢，横列有七株。

【名宦】謝靈運、臨川内史。顔真卿，爲内史。皇朝楊傑。嘗爲南豐令。

【人物】曾致堯、盱江貢士擢第自致堯始。第四子易簡、第五子易占，俱登第。〔二四〕易占三子：鞏、布、肇。〔二五〕曾鞏、長於史學，仕至中書舍人，號南豐先生。○王介甫送子固詩：「曾子文章衆無有，水之江、漢星之斗。」曾布、仕至尚書右僕射。謚文肅，封魯公。曾肇、爲翰林學士。後謚文昭。陳彭年、南城人。在翰林十餘載，皆文翰清祕之目，人謂其銜爲一條冰，後仕至參政。李泰伯、南城人。爲文自成一家。嘗試制科，六論不得其一，曰：「吾書無不讀，必孟子注疏也。」擲筆而出。人再檢視，果然。范仲淹、余靖薦補將仕郎、海門簿，召爲太學説書。葬鳳凰山下，無子孫，每歲春秋，守二同學官拜掃，以爲故事。鄧温伯、名潤甫。從李泰伯學，後爲尚書左丞。朱軾、南豐人。三子相繼登第。仲子彦，以從官出守金陵、錢塘，迎侍就養，邦人榮之。曾漸。爲省元。

【名賢】李綱。謫居。

【題詠】軍壘近仙山。梅堯臣嘗題詩：「云云，麻姑第三谷。靈運詩亦存，魯公記可讀。」此邦人人衣食足。見麻姑山注南豐送羅尉詩。

【四六】輟自道山，出臨盱水。郡創盱江，地鄰閩嶠。臨川支邑，盱水名邦。澤國上游，盱江勝槩。道通百粤山川，堂紀十賢人物。地分翼、軫之奥區，境接神仙之真宅。本屬臨川之支邑，今爲江右之名邦。中更變故，半爲瓦礫之場；久被撫摩，仍是衿𥙷之俗。爲南豐之瓣香，既知正學；賦靈運之詩句，足紀勝遊。左臨盱水，帶雙江之清流；右瞰麻源，綿三谷之翠色。銅陵石磴，尋謝屐之風流；金盤玉杯，識顔碑之氣骨。山多隱逸，谷通華子之岡；地富仙靈，壇近蔡經之宅。

臨江軍〔二六〕清江　新淦　新喻

【建置沿革】禹貢揚州之域。吴地，斗分野。秦屬九江。漢分九江置豫章郡，而建城、新淦隸焉。吴置成安郡，新喻隸焉。唐更洪州之建城縣爲高安。南唐吴鸞以蕭灘之地當南粤、虔、吉、袁、洪四會之衝，編氓牒訴不及，官事辨集愆期，〔二七〕唐王從其請，遂取高安及新喻、建安之三鄉爲清江縣，屬洪州；又置筠州，以清江縣隸焉。國朝轉運使張鑑請建爲郡，詔以筠之清江縣爲臨江軍，仍以吉之新淦、袁之新喻隸焉。今領縣三，治清江。

事要

【郡名】清江。見「沿革」注。

【風俗】尚禮教而畏清議。臨江志：「其君子云云，崇德齒而尚名檢。」勤力而知分。同上。「其小人云云。」

【形勝】閤皁、玉笥爲鎮山。境内之名山。新淦嘗爲制置治所。同上。楊行密得吉州，欲圖贛，用嚴可求之策，以新淦爲都制置治所。國朝樊知古奏廢之。

【土産】黄雀酢。昔吕嘉問爲守，荆公以詩送之曰：「黄雀有頭顱，常行萬里餘。想因君出守，暫得免苞苴。」

【山川】章山，在郡城西偏，郡之來山也。宣和中，太守汪師心修郡圃，得碑石於地中，始知岡名富壽。閤皁山，在新淦縣北六十里，淦山南一里，爲神仙之攸館。臨江志云：「山形如閤，山色如皁，故以名。」道書云第二十福地，即漢張道陵、丁令威、葛孝先修煉之地。○陶弼詩：「萬仞天然閤皁形，陰陽不似衆山青。一區海上神仙宅，數曲人間水墨屏。華表鶴歸春谷響，玉京龍起夜潭腥。可嶙張、葛無人繼，三級高壇拂杳冥。」玉笥山：在新淦縣。上有群玉峰、九仙臺、金牛坡、白龍巖、棲霞谷，山中有蕭子雲宅。○詩云：「郁木坑頭春鳥呼，雲迷帝子在時居。風流掃地無尋處，只有寒藤學草書。」○山谷題玉笥山梅真壇詩：「吴門不作南昌尉，上疏歸來朝市空。笑拂巖花問塵世，故人子是國師公。」○又題———鄧仙詩：「九真承詔上龍湖，〔二八〕盡是驪山所送徒。唯有鄧公留不去，松根楮鼎煮菖蒲。」清江、發源清江縣。淦水、〔二九〕漢書地理志豫章郡宜春：「南水東至新淦入湖漢。」〔三〇〕蕭洲。舊志：名蕭灘鎮。韓文云：「自袁州還京，孟簡乘舸邀我於——。」

【堂舍】富壽堂、在軍治。太守汪師心建。又見章山注。文公堂、天禧辛酉，王益損之爲軍判官，其子荆公實生於此。坐嘯堂。在軍治。司諫韓璜爲之記。

【亭臺】吸川亭：在判官廳。面對大江，眼界甚奇。清江臺。在軍圃，頗高爽。

【名宦】皇朝王益、荆公之父，嘗爲軍判官。龐籍。爲太守。

【人物】孫冕、新淦人，引年掛冠。詳見蘇州。王欽若、新喻人。爲相。劉式、字叔度，清江人。國朝平江南，入京歷華要。長子立本，以特旨出身。次立言、立德、立禮，相繼登第，皆位星郎。孫敞、攽，皆至侍從。立德四世孫靖之、清之，相繼登第。○朱元晦劉氏墨莊記云：「劉清之五世祖工部府君，仕太宗朝，佐邦計者十餘年。既没，而家無餘貲，獨有圖書數千卷，夫人陳氏指以語諸子曰：『此乃父所謂墨莊也。』海陵胡公先生聞而賢之，爲記其事。其後諸子及孫，比三世，果以文章器業爲時聞人云云。」劉敞、字原父。於諸書無所不通，有公是集行於世。劉攽、字貢父。博極群書，有公非集行於世。**孔文仲**，字經父。刻苦學問，自經史傳注百氏之書，無不精究。**孔武仲**，字常父。嘉祐禮部第一。**孔平仲**。字毅父。兄弟並坐元祐黨籍。〔三二〕

【題詠】葛峰相對爲文筆。李與詩：「云云，蕭水回環當墨池。說與晚衙休報事，長官亭上有新詩。」**亭扁江西太史詩。**楊琳詩：「云云，名垂詩逸幾經時。」

【四六】塗芝丹掖，分竹清江。出綍天閽，分符斗壘。爰自皇朝，始爲佳郡。民力於農，士知所學。介乎大國，若聲望之不侔；藐是小邦，亦賦輸之易辨。峰標玉笥，尚存山谷之舊題；水紀蕭洲，重訪昌黎之陳迹。文風最盛，是爲劉、孔之鄉；民俗亦醇，易奏龔、黄之最。文章爵位，有王、劉、孔之諸賢；土地人民，析瑞、吉、袁之三邑。

校勘記

〔一〕「金谿」，底本原作「金雞」，據四庫本及輿地紀勝卷二九改。

〔二〕「顔真卿爲記」，底本原誤「卿」爲「鄉」，據四庫本、傳是樓本改。

〔三〕「爲時人愛重」，「愛重」，底本原作「愛道」，據北圖本及輿地紀勝卷二九改。

〔四〕「以版授遜大默」，「版授」，底本原作「版桀」，本書同卷「事要」下引周洪道進士題辭作「陳公孺以版授遜大魁」，北圖本亦作「版授」，今據改。

〔五〕「自童科入館閣」，「入」，底本原作「者」，據北圖本改。

〔六〕「乞爲邦人雪謗書」，「書」，底本原作「魯」，據北圖本、元甲本、元乙本、四庫本、嶽雪樓本及全唐詩卷三二二權德輿得撫州報戴員外改。

〔七〕「雪晴天外見晴峰（至）十年别賓疑朝鏡」，「峰」、「鏡」，底本原作「天」、「竟」，據北圖本及全唐詩卷六五八羅隱撫州别阮兵曹改。又，「晴峰」，元甲本、元乙本、四庫本、傳是樓本作「晴容」，而全唐詩則作「諸峰」，皆有字異。

〔八〕「香稻新翻雪滿甌」，「翻」，底本原作「非」，據北圖本、四庫本改。

〔九〕「吏黠多奸」，「黠」，底本原作「點」，據北圖本改。

〔一〇〕「吴分豫章東部置臨川郡」，「東部」，底本原作「東郡」，據三國志卷四八吴書三嗣主傳及輿地紀勝卷三五改。

〔一一〕「中書翰林曾公兄弟」，「翰林」，底本原作「韓林」，據四庫本改。

〔一二〕「巒嶂聯屬如翠屏」，「巒」，底本原作「蠻」，據嶽雪樓本及輿地紀勝卷三五改。

〔一三〕「其下有水簾巖」，「巖」，底本原作「嚴」，據北圖本、元甲本、嶽雪樓本改。

〔一四〕「千重萬疊窮巖巒」，「巒」，底本原作「蠻」，據北圖本改。

〔一五〕「喜此披霄插漢之敻起」，「披霄」，底本原作「坡霧」，據曾鞏集卷四麻姑山送南城尉羅君改。

〔一六〕「闔境年年桴鼓閑」，「闔境」，底本原作「問境」，據曾鞏集卷四麻姑山送南城尉羅君改。

〔一七〕「古驛地多杉」，「古驛」，底本原作「古文」，據北圖本改。元甲本、元乙本、四庫本等均作「古昔」，與北圖本不同。

〔一八〕「既枉隱淪客」，「淪」，底本原作「論」，據北圖本、四庫本、嶽雪樓本及文選卷二六謝靈運入華子崗是麻源第三谷改。

〔一九〕「且申獨往意」，「申」，底本原作「乖」，據四庫本及文選卷二六謝靈運入華子崗是麻源第三谷改。

〔二〇〕「地鈐」，底本原作「地鈴」，據輿地紀勝卷三五改。

〔二一〕「見前注」，「見」，底本原作「祀」，據北圖本、四庫本改。

〔二二〕「十賢堂」，「十」，底本原作「七」。按下文所云，共有十人，「七」字誤，據北圖本、元甲本、四庫本、嶽雪樓本改。

〔二三〕「教其戸解如虵蟬也」，「戸」，底本原作「户」，據元甲本、元乙本、四庫本、傳是樓本、嶽雪樓本改。

〔二四〕「第四子易簡第五子易占俱登第」，宋史卷四四一曾致堯傳云「子易從、易占皆登進士第」，與本書所説異。

〔二五〕「易占三子鞏布肇」，「三」，底本原作「五」，誤。易占實有三子，即鞏、布、肇，「五」

乃「三」之訛，今改正。

〔二六〕「臨江軍」，按四庫本所載臨江軍建置沿革與底本有許多文字差異，今録以備考：「禹貢揚州之域，天文斗分野。春秋時屬吴，復屬越。戰國屬楚。秦爲九江郡地。漢初屬淮南郡，後屬豫章郡。三國吴爲豫章、安成、巴丘三郡地。隋屬洪、吉、袁三州。唐因之。國朝以清江縣置臨江軍，隸江南西路，仍以新淦、新喻隸焉。今領縣三，治清江。」

〔二七〕「官事辨集愆期」，底本「官事」下原有「大夫」二字，北圖本無，輿地紀勝卷三四臨江軍沿革亦無，今據刪。

〔二八〕「九真承詔上龍湖」，「承詔」，底本原作「承語」，據四庫本改。

〔二九〕「淦水」，北圖本「淦水」上原有「淦江」一節，底本係據北圖本原版重印，但有部分版面因字跡漫漶而重刻，此「淦江」條即在重刻時被删。究其原因，蓋與此「淦水」條重複。又，北圖本「淦江」下所載有陳陶旅泊詩一首，兹録以備考：「煙雨江南一葉微，松□漁父夜相依。斷沙雁起金精出，孤嶺猿愁木客歸。楚國柑橙勞夢想，丹陵霞鶴問音徽。無因得似滄溟叟，始憶離窠已倦飛。」

〔三〇〕「南水東至新淦入湖漢」，底本原脱「漢」字，據漢書地理志卷二八上、輿地紀勝卷三四補。湖漢水即今贛江干流及其上游貢水。

〔三一〕「兄弟並坐元祐黨籍」，底本原無「兄弟」二字，據北圖本補。

方輿勝覽卷之二十二

江州

德化　德安　瑞昌　湖口　彭澤

【建置沿革】禹貢荆、揚二州之境。尚書禹貢：「彭蠡既豬。」又曰：「九江孔殷。」蓋古三苗國，斗、牛之分。春秋爲吴西境，爲楚東境，後屬楚。秦屬廬江郡。漢高改九江曰淮南國。晉置江州，因江水爲名；又分尋陽、柴桑二縣置尋陽郡，屬江州。陳理尋陽。隋置江州，移理溢城，即今郡是也。唐爲尋陽郡，復爲江州。南唐爲奉化軍節度。皇朝爲江州，大觀元年升爲定江軍節度。今領縣五，治德化。

事要

【郡名】尋陽、棲賢院記：「郡在大江之陰，山在——之北。」○廬山記曰：「郡本大江之北，〔一〕尋水之陽，故曰尋陽。」九江、晁氏志：「太湖一湖而名曰五湖，昭餘祁一澤而名曰九澤，——一水而名曰九江。」溢城。詳見溢浦註。

【風俗】土高氣清。長慶集：「左匡廬，右江湖，———，富有佳境。」土瘠民貧。圖經。

習知武事。同上。

【形勝】南面廬山。圖經：「云云，北背九江。」左挾彭蠡。同上。「云云，右傍通川，引三江流而據其會。」北望九江。廬山記：「太史公東遊，登廬山而遐觀，南眺五湖，云云，東西肆目，若涉天庭。」陸通五嶺。晉地道記：「云云，江行岷、漢，亦一都會。」據三江口。呂誨奏劄：「————之——，三巴、二廣，水陸數十路，沿泝上下，舟車所聚之處。」江西重鎮。江淮表裏論：「江西之鎮，莫重尋陽，而舒、蘄實尋陽之表也。」襟帶上流。寰宇記：「歷齊、梁、陳，頗爲重鎮，彈壓九派，云云。」繫年録：「楊存中言：『九江，上流要害之地，請置都統，以廣屯備。』」江州創軍，自此而始。

險要必争之地。江淮論。

【山川】大孤山，在德化縣東，與都昌分界。〔二〕小孤山，在彭澤縣北九十里，今屬舒州宿松界。○歐公云：「江南有大、————————。江側有彭郎磯。云彭郎者，小姑婿也。余嘗過————廟，像乃一婦人，而敕額爲聖母，豈止俚俗之誤哉？」○陳簡夫詩云：「山川獨孤字，廟塑女郎形。過客雖知誤，行人但乞靈。」時稱佳句。〔三〕廬山，在德化縣。詳見南康。○晁補之詩：「南康南麓江州北，五百僧房綴蜜脾。盡是————佳絶處，不知何處合題詩。」○楊萬里過江州————詩云：「廬山山南刷銅緑，黄金鋸解純蒼玉。廬山山北澄藍青，碧羅帷裏翡翠屏。昨日山南身歷徧，今朝山北舟中看。山如西子破瓜歲，山南是面北是背。」○廬山有十大禪刹，而山南居其六，鐘梵相聞於青嵐白雲中。白樂天草堂記云：「匡廬奇秀甲天下。」山上有漢陽峰、蓮花峰、獅子峰，在五老峰之東。又有三石梁，長數尺，廣不盈尺，杳然無底。廬山記云：「錦繡谷奇花異卉，三四月間紅紫匝地，宛如錦繡。」李太白詩云：「廬山東南五老峰，青天削出金芙蓉。九江秀色可攬結，吾將此地巢雲松。」○廬山謠云：「廬山秀出南斗傍，影落明湖青黛光。金闕前開二峰頂，銀河倒掛三石梁。香爐瀑布遥相望，迴崖疊嶂凌蒼蒼。翠影紅霞隱朝日，鳥飛不到吴天長。登高壯觀天地間，大江茫茫去不還。黄雲萬里動風色，白波九道流雪山。好爲廬山謠，興因廬山發。閑窺石鏡清我心，謝公行處蒼苔没。早服還丹無世情，琴心三疊道初成。遥見仙人綵雲裏，手把芙蓉朝玉京。先期汗漫九垓上，願接盧敖遊太清。」○「我本楚狂人，鳳歌笑孔丘。手持緑玉杖，朝别黄鶴樓。五嶽尋仙不辭遠，一生好入名山遊。」〔四〕○又詩：「匡廬爲巨鎮，風浪裏盤根。平地安然者，饒他五嶽尊。」〔五〕**石鍾山**、在湖口。酈元謂「下臨深潭，微風鼓浪，水石相搏，響若洪鍾」，李渤謂「扣而聆之，南音涵糊，北音清越」。蘇子瞻嘗汎舟至其下，以爲酈元所見殆與予同。**石門山**、寰宇記：「在山西。兩岸對聳，形如門闕。當雙石之上，垂流數丈。有石，可坐千人。」○謝靈運登——最高頂詩：「晨策尋絶頂，夕息在山棲。疏峰抗高館，對館臨迴谿。長林羅户庭，積石擁基階。連巖覺路塞，密竹使徑迷。來人忘新術，去子惑故蹊。活活夕流駃，噭噭夜猿啼。沈冥豈别理，守道自不携。心契九秋榦，目翫三春荑。居常以待終，處順故安排。惜無同懷客，共登青雲梯。」○白居易詩：「嘗聞恵遠輩，題詩此巖壁。雲霞蒼苔封，蒼然無處覓。」**柴桑山**、在德化縣西南九十里，近栗里源。陶潛此中人。**香爐峰**、山南北皆有之。○權載之送孔江州詩：「九派尋陽郡，分明似畫圖。秋光連瀑布，晴翠辦——。」○五老峰及其餘諸峰，並見南康軍。山陽、蘇子由遊廬山——：「山上流泉自作溪，行逢石缺瀉虹蜺。定知雲外波瀾闊，飛到峰前本末齊。入海明河驚照耀，倚天長劍失携提。誰來卧枕莓苔石，一洗塵心萬斛泥。」石鏡：四蕃志：「山東有一圓——，明浄照人如——。」九江、尚書注：「江於此分爲九道。」○在德化縣。一烏江，二蚌江，三烏白江，四嘉靡江，五畎江，六源江，七廩江，八隄江，九箘江。與前説不同，當考。彭蠡湖、在德化縣東四十里。郡國志：「周迴四百五十里。有石高數十丈，大禹刻石以紀功焉。又有乞飯烏，隨舟行，舟人常摶飯拋與，則接之不遺一粒。」詳見南康。南湖、刺史李君濬之，蓄水爲湖。瀼溪、在瑞昌。見元結注。濂溪、去軍城五里。虎溪、在彭澤縣南三十五里。有橋，遠師送客，不過此橋。○李白詩：「東林送客處，月出白猿啼。别笑廬山去，何煩過——。」湓浦、在德化西一里。郡國志：「有人於此洗銅盆，墮水，取之，見一龍而出。」晉志作「盆」，隋志作「湓」。射蛟浦、蘇子由詩：「萬騎巡遊徧，千帆破浪輕。射蛟江水赤，教戰越人驚。山轉樓船影，岸摧連弩聲。祈昭無爲賦，酣寢盡平生。」○浦上積水，相傳漢武帝教樓船于此。谷簾水、在德安東北十里景德觀。詳見南康。或云二水並流，其輕重不同。敷淺原。在德安縣。

【亭軒】琵琶亭、在西門之外。其下臨大江。○白居易貶江州司馬，自序云：「送客湓浦，聞舟中夜彈——。問其人，本長安娼女，年長色衰，嫁爲商人婦。爲作琵琶行。」「潯陽江頭夜送客，楓葉荻花秋索索。主人下馬客在船，舉酒欲飲無管弦。忽聞水上琵琶聲，主人忘歸客不行。移船相近邀相見，添酒回燈重開宴。千呼萬喚始出來，猶把琵琶半遮面。我聞琵琶已嘆息，又聞斯語重唧唧。同是天涯淪落人，相逢何必曾相識。莫辭更坐彈一曲，爲君翻作琵琶行。〔六〕坐中泣下誰最多？江州司馬青衫濕。」○蘇子由詩：「溢江暮雨晴，孤舟暝將發。夜聞胡琴語，展轉不成别。草堂寄東林，雅意存北闕。潸然涕泗下，安用無生説！」虎渡亭、在北門外。取宋均「虎渡江」之義。魯望亭、在彭澤馬當山。黄魯直有詩。百花亭、在都統司。梁刺史邵陵王綸建。漱玉亭。蘇子由詩：「山回不見落銀潢，餘溜喧豗響石塘。目亂珠璣濺空谷，足寒雷電繞飛梁。入瓶銅鼎春茶白，接竹齋厨午飯香。從此出山都不棄，滿田秔稻插新秧。」

【樓臺】庾樓。在州治後。庾亮領江州刺史，故名。○白居易詩：「重過蕭寺宿，再上——行。郡人猶認得，司馬詠詩聲。」○王貞白雨後從陶郎中登庾樓：「——逢霽色，夏日欲西曛。虹截半江雨，風驅大澤雲。江邊魚艇聚，天畔鳥行分。此景誰堪畫，文翁請屬文。」〔七〕○前人晚望詩：「獨憑朱檻亦淩晨，〔八〕山色初明水色新。竹霧曉籠銜嶺月，蘋風暖送過江春。子城陰處猶殘雪，衙鼓聲前未有塵。三百年來庾樓上，曾經多少望鄉人！」

【佛寺】東林寺、晉武帝建遠師道場，作殿時神運梁木。○白居易詩：「——北堂水，湛湛見底清。中生白芙蓉，菡萏三百莖。白日發光彩，清飈散芳馨。洩香銀囊破，瀉露玉盤傾。我慙塵垢眼，見此瓊瑶英。乃知紅蓮華，虚得清净名。夏萼敷未歇，秋房結纔成。夜深衆僧寢，獨起繞池行。欲收一顆子，遠寄長安城。但恐出山去，人間種不生。」西林寺、晉太和中建。水石之美，亞於東林。

○白居易詩：「下馬———，倏然進輕策。朝爲公府吏，暮是雲山客。」〔九〕二月匡廬北，冰雪始消釋。陽叢抽茗芽，陰竇洩泉脉。」又云：「是年淮寇作，處處興兵革。智士勞思謀，戎臣苦征役。獨有不才人，山中弄泉石。」大林寺。白居易遊———記云：「山高地深，時節絶晚，初到恍若别造一世界者，因成絶句云：人間四月芳菲盡，山寺桃花始盛開。長恨春歸無覓處，不知春向此中來。」〔一〇〕且曰：「此地實匡廬第一境。」

【道觀】紫極宫、去州二里，即今天慶觀。○李白———詩：「何處聞秋聲，蕭蕭北窗竹。回薄萬古心，攬之不盈掬。静坐觀衆妙，浩然媚幽獨。白雲南山來，就我簷下宿。懶從唐生訣，羞訪季主卜。〔一一〕四十九年非，一往不可復。野情轉消散，世道有翻覆。陶令歸去來，田家酒應熟。」太乙宫、即祥符觀，在德化南二十里。○圖經：「昔漢董奉爲人治病，愈者令栽杏五株，謂之杏林，即此地。」○杜子美詩：「巫山不見廬山遠，松林蘭若秋風晚。香爐峰色隱晴湖，種杏仙家近白榆。」太平宫。在德化縣南三十里，即唐九天使者祠。明皇自言見使者降於殿庭，因立祠。今爲——興國——。

【祠廟】靖節祠、在德化西南九十里柴桑里，即其故居也。○白居易訪陶公舊宅詩：「今來訪故宅，森若君在前。不慕樽有酒，不慕琴無絃。〔一二〕柴桑古村路，栗里舊山川。不見籬下菊，但餘爐中煙。」〔一三〕狄梁公祠、在彭澤縣。白公祠、在湓江門。徐鉉爲記。濂溪祠。朱元晦作記云：「先生家春陵，而老於廬山之下，因取故里之號以名其川曰——，而築書堂於其上。今其遺墟在九江治之南十里。其荒茀不治，則有年矣。淳熙丙申，潘侯慈明與通守吕侯勝己始復作堂其處，揭以舊名，以奉先生之祀。書來，屬某記之。惟先生不繇師傳，默契道體，建圖屬書，根極領要。當時見而知之有程氏者，遂廣大而推明之。使夫天理之微，人倫之著，事物之衆，〔一四〕鬼神之幽，莫不洞然畢貫于一。嗚呼，盛哉！非天所畀，其孰能與於此？某竊嘗伏讀先生之書，而想見其人，嘗欲一泛九江，入廬阜，濯纓此水之上，以致其高山景行之思。〔一五〕而病不得往，誠不自意。乃今幸甚，獲因文字以附姓名於其間也。」

【古跡】晉杉、在凝寂塔傍。〔一六〕遠公以晉義熙間卒，葬此山。杉蓋當時所植。浪井。孫權念於灌嬰城溢江，有風水麻動，因名。○李白詩：「浪動灌嬰井，尋陽江上風。」〔一七〕○蘇子由詩：「江波浮陣雲，岸壁立清鐵。胡爲井中泉，湧浪時驚發。水性本無定，得止自澄徹。誰爲女媧手，補此天地裂。」

【名宦】王嘉、漢時爲守。宋均、後漢時爲守。郡多虎，爲民患。均飭屬縣退姦貪，進忠善，一去陷穽，虎相與東渡江而去。陶侃、晉時爲刺史，勤於吏職。嘗夢生八翅，飛至天門，登八重而不得入。後爲侍中太尉。庾亮、晉時領江、荆、豫州刺史。陶潛、刺史王弘每令人候——，知其當往廬山，乃遣人賫酒於半道要之。至州，問其所乘。曰：「素有脚疾，向乘肩輿，亦足自反。」嘗爲彭澤令，郡嘗遣督郵，吏請束帶見之，歎曰：「安能爲五斗米折腰向鄉里小兒。」即解印綬去，賦歸去來詞，在官八十餘日。○顏真卿詩：「嗚呼陶淵明，奕葉爲晉臣。自以公相後，每懷宗國屯。題詩庚子歲，自謂羲皇人。手持山海經，頭載漉酒巾。」孫愐、太康中，孫愐爲尋陽守。逍遥渚際，見一輕舟凌波，俄而漁父至，神顔瀟洒，垂綸長嘯。悃異之，乃問買魚。漁父笑而答曰：「其釣非釣，寧賣魚耶？」鼓棹而去。悃益異焉。王羲之，爲内史。狄仁傑，唐天授中，〔一八〕爲來俊臣所誣，貶彭澤令。生祠記云：「武后革唐爲周，公至邑，塑高宗聖像於脩真觀，朔望朝拜。」白居易，以言事貶江州司馬。○自作壁記云：「自武德已來，庶官以便宜制事，大攝小，〔一九〕重侵輕；郡守之職，總於諸侯帥；郡佐之職，移於部從事。故自五大都督府至于上、中、下郡，〔二〇〕司馬之事盡去，唯員與俸在。凡内外文武官左遷右移者，第居之；凡執伎事上與給事於省寺軍府者，遥署之；凡仕久資高耄昏軟弱不任事，而時不忍棄者，實莅之。莅之者，進不課其能，退不殿其不能，才不才，一也。若有人畜器貯用，急於兼濟者居之，雖一日不樂。若有人養志忘名，安於獨善者處之，雖終身無悶。官不官，繫乎時也；適不適，在乎人也。江州左匡廬，右江湖，土高氣清，富有佳境。刺史，守土臣，不可遠遊觀；羣吏，執事官，不敢自暇逸；惟司馬綽綽可以從容於山水詩酒間。由是，郡南樓山、北樓水、湓亭、百花亭、風篁、石巖、瀑布、廬宫、源潭洞、東西二林寺、泉石松竹，司馬盡有之矣。苟有志於吏隱者，捨此官何求焉？按唐典，上州司馬秩五品，歲廩數百石，月俸六七萬。官足以庇身，食足以給家，州民康非司馬功，郡政壞非司馬罪，無言責，無事憂。爲國謀則尸素之尤蠹者，爲身謀則禄仕之優穩者。予佐是郡，行四年矣，其心休休，如一日二日，何哉？識時知命而已。又安知後之司馬，不有與吾同志者乎？因書所得，以告來者。」李渤，號白鹿治生。長慶間爲刺史，築堤號甘棠湖。皇朝呂誨。以論陳升之出守。

【人物】慧遠、晉——法師居廬山東林寺，有白蓮池。與劉遺民、雷次宗、周玉之、宗炳、陶潛、竺道生等十八人，同脩浄土之法。然遠公招陶潛入社，終不能致。謝靈運求入社，而以心雜不許。元結、居瑞昌瀼溪上，自號瀼溪浪士。有詩云：「尤愛一溪水，而能存讓名。」李白：浮遊四方。安禄山叛，轉徙匡廬、宿松間。皇朝周敦頤、字茂叔。酷愛廬阜，買田築室，退居濂溪之上。二程先生嘗過而問道焉。明道曰：「吾再見茂叔，吟風翫月而歸，得『吾與點也』之意。」伊川曰：「吾再見茂叔，論道，遂厭科舉之習。」〇黄魯直序云：「茂叔人品甚高，胸中灑落，如光風霽月。好讀書，雅意林壑。初，不爲人窘東世故，權于仕籍，不卑小官，職思其憂。中歲乞身老於溢城。有水發源於蓮花峰下，潔清紺寒，下合於湓江。〔二一〕茂叔築室於其上，用其平生所安樂，媲水而成，名曰濂溪。與之游者曰：『溪名未足以對茂叔之美。』雖然，茂叔短於取名而惠於求志，薄於徼福而厚於得民，菲於奉身而燕及煢嫠，陋於希世而尚友千古，聞茂叔之餘風猶足以律貪，則此溪之水配茂叔以永久，所得多矣。」〇詩云：「溪毛秀兮水清，可飯羹兮濯纓，〔二二〕不漁民利兮又何有於名？弦琴兮觴酒，寫溪聲兮延五老以爲壽。蟬蜕塵埃兮玉雪自清，聽潺湲兮鑒澄明。〔二三〕激貪兮厚薄，非青蘋白鷗兮誰與同樂？」〇「津有舟兮蕩有蓮，勝日兮與客就閒。人聞拏音兮不知何處散髮醉？高荷爲蓋兮倚芙蓉以當妓。山清水寒兮舟著平沙，八方同宇兮雲月爲家。懷連城兮佩明月，魚鳥親人兮野老同社而争席。白雲蒙頭兮與南山爲伍，非夫人攘臂兮誰余敢侮？」夏竦、德安人。爲相，封英公。周紫芝。號竹坡先生。有詩名，晚居九江。

【題詠】**野水多於地**。白居易早秋晚望呈韋侍御詩：「九派繞孤城，城高生遠思。人家半在煙，〔二四〕云云。夫君亦淪落，此地同飄寄。尋陽酒甚濃，相勸時時醉。」**湓城去鄂渚**。韓愈至江州寄鄂岳李大夫程詩：〔二五〕「云云，風便一日耳。不枉故人書，無因泛江水。」**作郡廬山下**。蘇子瞻詩：「讀書廬山中，云云。平湖浸山脚，雲峰對虛樹。紅葉紛欲落，白鳥時來下。猶思隱居勝，亂不驚湍瀉。」**鄉户半漁翁**。周繇送江州薛尚書詩：「匡廬千萬峰，影匝郡城中。忽佩虎符去，遥疑鳥道通。煙霞時滿郭，波浪暮連空。樹翳樓臺月，帆飛鼓角風。郡齋多嶽客，云云。王事行春外，題詩寄遠公。」**人家低濕水煙中**。白居易江州詩：「尋陽欲到思無窮，庾亮樓南湓浦東。樹木凋疏山雨後，云云。菰蒲餧馬行無力，〔二六〕蘆荻編房卧有風。遥見朱輪來出郭，相迎勞動使君公。」**浪生湓浦千層雪**。來明詩：〔二七〕「云云，雲起爐峰一炷煙。」

【四六】擢從朝路，遠護江城。棨剖魚符，兼提虎旅。乃眷尋陽，客連淮甸。千帆烏合，萬騎雲屯。眷尋陽之要地，乃江右之名藩。控西江之要地，宿南渡之重師。亦嘗大幕府之開，號爲小朝廷之勝。據大江爲深池，宿勁兵爲重鎮。居襟帶之上流，擁貔貅之萬騎。惟湓浦、柴桑之置郡，依匡廬、彭蠡以爲城。在東晉則視荆、豫以總提，至紹興則連舒、蘄而節制。版籍浩繁，深有繭絲之責；舟車舄奕，適當郵傳之衝。九江虎渡，交騰來暮之歌；十年鳳池，恐有見晚之嘆。彭澤遺祠，無復就荒之菊；濂溪故宅，尚餘净植之蓮。湓亭江上，緬懷樂府之新；彭澤門前，頓使官情之薄。載駕朱轓，和尋陽琵琶之曲；行持紫橐，聽長樂鐘鼓之聲。

興國軍 永興　大冶　通山

【建置沿革】禹貢荆州之域。分野介於吴頭楚尾之間，南斗十度爲吴頭，軫十一度爲楚尾。春秋屬楚。秦屬南郡。漢屬江夏郡之鄂縣。後漢因之。孫權改鄂曰武昌郡，分立陽新縣。隋置鄂州，改陽新曰富川縣，又改富川曰永興縣。唐因之。皇朝太平興國三年陞興國軍。今領縣三，治永興。

事要

【郡名】富川。見「沿革」注。

【風俗】郡小民醇。周紫芝記。囹圄晝閉。同上。「云云，桁楊不施。」

【形勝】西控荆楚。同上。妙香寮記：「東連江、池，云云。」山連楚嶠。靈峰實録：「云云，水接湘川。」

【山川】印山，在永興縣西南百里。形如印。龍角山，在永興西八十里。兩峰相對。鍾山，在永興西南百七十里。舊傳鍾繇學書于此。有墨池。通羊山，在通山邑西八十里。東方山，在大冶縣北三十里。——朔之故隱也。回山，在大冶東五十里。山有泉，元結名之曰異泉，仍作銘。吉祥山，在大冶東。武昌記：「吴主微時嘗隱於此。」○羅隱詩：「吴主微時隱此山，吴都去後緑潺潺。」飛雲洞，在回山之顛。有元結書堂故基。富池湖，源出永興之翠屏六溪，至——口入江。散花洲。在大冶縣大江中流。世傳周瑜敗曹操於赤壁，吴王迎之，至此釃酒散花以勞軍士，謂之吴王——。

【堂亭】十詠堂。在軍治。周紫芝有——，以形容風物之美。滄浪亭。在軍治放生池上。荷花彌望，遶堤皆楊柳。羣山如列屏，有浮屠突兀在雲煙紫翠間。○王龜齡記：「江山之勝，似杭之西湖。」

【樓臺】捲雪樓。在富池忠勇廟前，臨大江。張安國書扁。

【名宦】王琪、慶曆間爲守。周紫芝、紹興間爲史官，以非進士出身，出知興國。陸九齡。爲教授。

【人物】吴中復、登景祐第。其兄弟幾復、嗣復聯名登科。中復由御史登法從，仁宗飛白「鐵御史」三字以賜。吴鶚。爲光禄寺丞。雅好山水，尤奇廬阜。

【題詠】鶚渚他時縣。周紫芝詩：「云云，江南盡處州。」萬頃平湖几案間。陶去泰：「富川郡治居高閣，云云。」公餘身在水雲鄉。王龜齡詩：「滿目江山富一堂，云云。」江圍蒲稗富川城。汪彦章次興國詩：「路入麕麚亭子嶺，云云。北風卷地來無際，西日銜山未肯晴。絶浦疏梅和雪點，長天數鴈背人横。侵尋短髮愁中老，行盡江南春復生。」杭、潁西湖堪鼎足。王龜齡詩：「窮途喜見富川波，已覺兹行所得多。云云，更懷六一與東坡。」湖光十里皆荷花。郡守周紫芝云：「湖中歲取荷葉，可貿百千。一日曝之，湖濱大風吹捲飛數十里俱盡，遂賦詩云：湖邊老守湖是家，云云。我來不見花如錦，但聞荷葉飛天涯。」

【外邑】居民山作城。李傳正詩：「我愛通羊好，云云。眼前無俗事，枕畔有灘聲。」白雲深處宿。蔣穎叔詩：「我愛通羊好，青山便是城。云云，一枕玉泉聲。」

【四六】拜命宸廷，承流江國。輟從朝路，來護江城。雖云斗大，實控風寒。江右名區，富川要郡。鄂渚創州，此僅一同之地；江南盡處，今專千里之權。自吴氏兄弟以同年而登科，故永興縣邑取雙仙而名里。襟江帶湖，既近依於天險；控淮連楚，實足禦於風寒。千里政成，聊訪西湖之勝景；一封詔下，竚躋北闕之近班。方世無虞，郡政不勞於卧治；屬時多事，軍需常恐於乏興。

南安軍 大庾　南康　上猶

【建置沿革】禹貢揚州之域。爲星紀之分野。春秋時屬吴及百粤，戰國時屬楚。秦屬九江郡。漢分九江置豫章郡，南野預焉。前漢南粤不賓，遣將軍姓庾討之，築城於此，因爲名，今理大庾是也。隋以大庾爲鎮。唐升大庾爲縣，屬虔州。皇朝至太宗陞爲南安軍。今領縣三，治大庾。

事要

【郡名】横浦、唐地理志：「在大庾縣西。」南康記：「昔漢將軍楊僕討吕嘉，出章郡，下——，即此。」南野。同上。

【風俗】儒術之富。蘇子瞻作軍學記云：「南安，江西之南境，云云，與閩、蜀等。而太守曹侯登所至必建學，故南安之學甲於江西。」

【形勝】南扼交、廣。范大用生祠記：「云云，西距湖、湘。」處江西盡頭。楊邦彦跋横浦集云云。據江西上流。重修軍學記云云。接南荒之境。同上。云云。當五嶺之一。南康記：「秦守五嶺，第一塞嶺即大庾也。通道交、廣，此其咽喉。」

【土産】茶磨石。圖經：「以石門之石爲之，蒼碧縝密。鐫琢得所，以磨盤與輪同璞者爲佳。其最謂之舀石，猶硯之舊坑也。脉紅如線，極鮮明，不過三兩脉，今亦艱得。土人又以白脉者爲銀線，黄爲金線云。」

【山川】玉枕山，在郡正北。蓋郡之主山也。南源山，在大庾嶺上。上有飛瀑百丈。其下湫潭，深不可測。聶都山，在大庾縣西南。山海經云：「——之—，諸水出焉。」南臺山，在南康縣。上有三巖。大章山，在上猶縣西，介於江、湖、廣三路，延數百里。出巨木。龍鳳山，在上猶縣。有——飛舞之狀，即縣主—。石笋山，在上猶縣。挺立衆山間，宛如卓筆。獨秀峰，在南康縣東。舊名雞籠，東坡南遷，更名——。大庾嶺，在大庾縣西南二十里。吴録：「南野縣有——山。自—嶠九磴，二里至嶺下，七里平行，十里至平亭。」劉嗣之南康記云：「平亭謂之横亭。」圖經云：「嶺初險揜，唐張九齡開鑿新路，乃斷崖成峽，兩壁聳立，仰視霄漢，中塗坦夷。又名梅嶺，其上多梅。」**九日嶺**、祥符經：「有——臺山在南康縣北，蓋縣治之主山。陳魏公來主縣簿，夢九日山神來謁，已而生秀公升之，官至宰相。元名旭，蓋取此義。」**月巖**、在上猶石嶂山。穴正圓如月，徑數十尺，表裏不隔。**常娥嶂**、在大庾。蓋郡城之朝山，傑出衆山之表。**梅關**、在大庾嶺頭，以分江、廣之地。**浮石**；在大庾。形如覆鍾，水環其外。○蘇子瞻詩「——已乾霜後水」是也。**巽水**、在南康縣。由縣庠巽維，會于章水。**章水**。同上。其源即涼熱水也。

【亭榭】**面面亭**、在軍治。取韓昌黎「——看芙蓉」之句。**揖秀亭**。在郡治。有雙峰拱揖于前。

【古跡】**卓錫泉**。郡志：「大庾雲封寺有六祖圓明真空大鑒禪師塔，左———，一名錫杖泉，有放鉢石。釋氏壇經云：六祖自黃梅傳衣鉢之曹溪，五百大衆欲爭取之，追至大庾嶺，久立告渴，六祖拈錫杖點石泉湧，清冷甘美，衆駭而退。」

【名宦】**周敦頤**、東都事略：「春陵人。嘗爲南安軍司理，有囚法不當死，運使深欲治之。茂叔争不勝，投其告身以去，曰：『如此尚可仕乎？殺人以媚人，吾不爲也。』運使感悟，因賴以活。」**劉安世**。字器之，號元城先生。哲宗朝除右正言，論蔡確、章子厚、黃履、邢恕妄要定策之罪。及子厚入相，落職知南安軍。

【名賢】江公望、蔡京用事，與任伯雨俱貶南安。張九成、公與僧宗杲爲莫逆交，時往來其間。秦檜恐其議己，於是言者論公，遂有南安之謫。結廬埽軌，題于柱曰：「予平生嗜書。老來目病，執書就明于此者十四年矣。」倚立積久，雙趺隱然，因號横浦居士。二程先生。圖經云：「惟河南————道德性命之説，天下所宗。其初也，侍父通守，而濂溪周先生爲理曹掾，相從請學，遂能紹千載不傳之祕。」

【題詠】折梅逢驛使。荆州記云：「吴陸凱與范曄相善，自江南寄梅花一枝詣長安與曄，贈詩：云云，寄與嶺頭人。江南無所有，聊贈一枝春。」兩州南北護梅關。章穎詩：「云云，盡日人行石壁間。」地占江西最上頭。前人詩：「路當庾嶺初通處，云云。」地近嶺南冬不冰。鄭億詩：「人逢歲稔家餘粟，云云。」南踰梅嶺陟嶙峋。余安道詩：「行盡章江、庾水濱，云云。」上得梅山不見梅。南安志：「嶺上有寺，有婦人題云：『妾幼侍父任英州司寇，既代歸，以大庾有梅嶺之名而反無梅，遂植三十株於道傍。』既又題此詩于壁間云：『英江今日掌刑回，云云。輟俸買將三十本，清香留與雪中開。』」詩人嘗説嶺頭梅。張子韶詩：「云云，往往春風自此來。我到嶺前都不見，空將春夢又空回。」

【四六】問道江西，分符嶺北。光膺芝檢，遠護梅關。昔爲雷邑，今曰斗州。欲撫峒蠻，式資郡將。惟嶺下之小邦，實江西之窮處。肇始隋家之鎮戍，繼爲唐代之縣隅。庛傳據南北之會，廪稍積前後之逋。民力凋殘，無以追隨他郡；地望卑薄，不足動摇有司。江源欲絶，慨非澤國之規模；嶺路初通，漸有蠻方之氣象。平反郡獄，曾聞名世之片言；撫字州民，亦有先賢之遺愛。郡置皇朝，於是分賢侯之竹；地瀕庾嶺，不妨寄驛使之梅。

校勘記

〔一〕「郡本大江之北」，「北」字底本原缺，據北圖本及輿地紀勝卷三〇補。

〔二〕「大孤山在德化縣東與都昌分界」，北圖本除上述文字外，還有：黄庶詩：「彭蠡百年南國襟，萬頃蒼煙插孤岑。不知天星何時落，春秋不書不可尋。石怪木老思所附，兹乃與水司浮沉。嗚鵶大藤樹下廟，祭血不乾年世深。舳艫千里不敢越，割牲灑酒來獻斟。我行不忍隨人後，許國肝膽神所歆。落帆夜宿白鳥岸，睨睥百繞寒藤陰。銀止大浪獨夫險，比干一片崔嵬心。宦游遠去父母國，心病若有山水淫。江南畫工今誰在，拂拭東絹傾千金。」

〔三〕「小孤山（至）時稱佳句」，北圖本除上述文字外，還有：劉原父詩：「驚波觸南崖，反怒射北壁。蒼山與相排，所謂小孤石。蟠根萬仞淵，聳角百丈碧。祠堂豁清嚴，行旅進粉澤。或云婦女神，盻蠻頗有迹。吾知定名意，似欲旌介特。流俗失其真，傳聞莫開釋。居人私其利，禍福妄損益。競爲娼妒説，以誣聰明德。先王拱山川，禮典有廟食。奈何媚於竈，屈己忘正直。吾欲爲小孤，作書解行客。復恐不見從，嗟哉世多惑。」○丞相劉沆詩：「擎天有八柱，此柱一焉存。石聳千尋勢，波浪四面痕。江湖中作鎮，風浪裏盤根。平地安然者，饒他五嶽尊。」

〔四〕「廬山有十大禪刹（至）一生好入名山遊」，此三一五字北圖本無，底本係新增。

〔五〕「又詩（至）饒他五嶽尊」，此詩北圖本原在「小孤山」下，底本改在「廬山」下，並改「江湖中作鎮」爲「匡廬爲巨鎮」。參見校記〔四〕。

〔六〕「爲君翻作琵琶行」，「琵琶行」，底本原作「琵琶泣」，據嶽雪樓本及白居易集卷一二琵琶引改。

〔七〕「文翁請屬文」，「屬文」，底本原作「宗文」，據北圖本、元甲本、元乙本、四庫本、嶽雪樓本改。全唐詩卷七〇一載此詩作「綴文」。

〔八〕「獨憑朱檻亦凌晨」，「凌晨」，底本原作「陸晨」，據嶽雪樓本及全唐詩卷七〇一所載王貞白庾樓晚望改。

〔九〕「暮是雲山客」，「雲山」，白居易集卷七春游二林寺作「靈山」。

〔一〇〕「不知春向此中來」，白居易集卷一六作「不知轉入此中來」。

〔一一〕「羞訪季主卜」，「季主」，底本原作「李生」，據李太白全集卷二四、全唐詩卷一八三尋陽紫極宫感秋作改。季主即司馬季主，漢初楚人，曾游學長安，賣卜于東市。事見史記卷一二七日者傳。

〔一二〕「不慕琴無絃」，「絃」，底本原作「統」，據北圖本、四庫本、嶽雪樓本及白居易集卷七訪陶公舊宅改。

〔一三〕「但餘爐中煙」，「爐」，白居易集卷七訪陶公舊宅作「墟」。

〔一四〕「事物之衆」，「衆」，底本原作「泉」，據北圖本、四庫本、嶽雪樓本及朱子大全卷七八江州重建濂溪先生書堂記改。

〔一五〕「以致其高山景行之思」，「思」，底本原作「意」，據朱子大全卷七八江州重建濂溪先生書堂記改。

〔一六〕「在凝寂塔傍」，「塔」，底本原作「稱」，據北圖本及輿地紀勝卷三〇改。

〔一七〕「尋陽江上風」，「尋陽」，底本原作「尋限」，據北圖本、四庫本、嶽雪樓本及李太白全集卷一四下尋陽城泛彭蠡改。

〔一八〕「唐天授中」，「天授」，底本原作「大授」，據北圖本、四庫本及舊唐書卷八九、新唐書卷一一五狄仁傑傳改。

〔一九〕「大攝小」，「攝」，底本原作「耳」，據北圖本、四庫本及白居易集卷四三江州司馬廳記改。

〔二〇〕「上中下郡」，「下」，底本原作「一」，據四庫本及白居易集卷四三江州司馬廳記改。

〔二一〕「下合於湓江」，「下」，底本原作「丁」，據四庫本及山谷别集卷上濂溪詩并序改。

〔二二〕「可飯羹兮濯纓」，「纓」，底本原作「絲」，據北圖本、嶽雪樓本及山谷别集卷上濂溪詩并序改。

〔二三〕「聽潺湲兮鑒澄明」，底本原作「聽泥湲兮鑒汀明」，據北圖本及山谷別集卷上濂溪詩并序改。

〔二四〕「人家半在煙」，白居易集卷一〇早秋晚望兼呈韋侍御作「人煙半在船」。

〔二五〕「至江州寄鄂岳李大夫程詩」，「鄂岳」，底本原作「鄂渚」。據舊唐書卷一六七、新唐書卷一三一李程傳，李程于元和十三年出爲鄂州刺史、鄂岳觀察使，故韓昌黎集卷六詩題作除官赴闕至江州寄鄂岳李大夫，今據改。

〔二六〕「菰蒲餧馬行無力」，「菰蒲」，白居易集卷一五初到江州作「菰蔣」。

〔二七〕「來明詩」，此所引來明詩，見于全唐詩卷六四二，題爲宛陵送李明府罷任歸江州，然作者爲來鵠，疑本書有誤。

方輿勝覽卷之二十三

湖南路

潭州 長沙　善化　衡山　安化　醴陵　攸縣　湘鄉　湘潭　益陽　瀏陽　湘陰　寧鄉

【建置沿革】禹貢荆州之域，三苗之境。其星土當鶉尾之次，翼、軫之度，長沙自有一星在軫中。周成王分封屬楚，長沙之名始見於威王之時。春秋、戰國屬楚黔中地。秦分黔中置長沙郡。漢高徙吴芮爲長沙王，都臨湘；景帝封子發爲長沙定王。晉置湘州。隋改爲潭州，又改長沙郡。唐爲長沙郡，復爲潭州，領欽化節度。皇朝降爲防禦使，復爲武安節度，陞爲帥府。統郡十，領縣十二，治長沙、善化。

湖南轉運置司。

事要

【郡名】長沙、郡以——星得名。寰宇記引闞駰十三州記云：「西自湘江至東萊萬里，故曰——

——。」壽沙、晉、隋天文志：「長沙明則主壽。」星沙、見上。熊湘、昔—繹始封於此，故名。三湘。寰宇記：「湘潭、湘鄉、湘源。」

【風俗】有舜遺風。湘中記：「其俗——之——，人多純朴，今猶好彈五弦琴及爲漁父吟。」頗雜越風。湖南風土記：「茅廬爲室，云云。」長沙卑濕。同上。「云云，俗信鬼，好淫祀。」○漢書：「長沙定王發，景帝二年立。以母微無寵，故王——貧國。」應劭注：「時諸王來朝，有詔更前稱壽歌舞。定王但張小袖舉手，左右笑其拙。怪問之，對曰：『臣國小地狹，不足以回旋。』帝乃以武陵、零陵、桂陽屬焉。」其人勁悍決烈。隋書：「云云，頗同揚州。」瀟湘爲洙、泗。王黄州碑：「云云，荆湖爲鄒、魯。」

【形勝】雲陽之墟。遁甲經：「長沙福地，云云，可以避難，可以隱居。」雲陽氏，古仙人也。列山氏之故墟。圖經云云。三苗國之南境。同上。云云。南以五嶺爲限。元和郡縣志：「云云，北以洞庭爲界。」右吞夏汭。唐飛文應詔曰：「云云，左控荆門。」邑連溪洞。帥董華表。唇齒荆、雍。晉譙王承爲湘州刺史，元帝謂曰：「湘州控上流之形勢，據三江之會，云云。」依負喬嶽。長沙志：「云云，襟帶重湖。」居三江、五湖之中。大觀陞州爲帥府詔：「云云，地大物衆。」山川秀麗稱衡、湘。見後歐公送廖倚序。瀟湘八景。湘山野録：「本朝宋迪度支工畫，有平沙鴈落、遠浦帆歸、山市晴嵐、江天暮雪、洞庭秋月、瀟湘夜雨、煙寺晚鍾、漁村落照，謂之八景。」

【土産】鵩鳥、土風碑有云：「巴蛇食象，空見於圖書。——似鴞，但聞於詞賦。厥草惟繇，蘭蓀、杜若、荃衡、留夷、　車出焉。」蘭蓀。見上注。

【山川】麓山、盛弘之荆州記：「長沙西岸有——，蓋衡山之足。又名靈麓峰，乃嶽山七十二峰之數。自湘西古渡登岸，夾徑喬松，泉澗盤繞，諸峰疊秀，下瞰湘江。」嶽麓寺、道林寺、嶽麓書院皆在此焉。湘山、在益陽洞庭之中。即熊耳山，湘君所游處，亦曰君山。秦皇至——祠，大風不得渡，遂赭其山。○山海經：「洞庭之山浮於水上，下有金石絲竹之聲。楚懷王以四仲遊山，舉四仲之氣以爲樂章。」○任鵠君山詩：「波濤四面白，雲木一堆青。」昭山、元和志：「在長沙南七十里，臨湘水。下有漩潭，曰—潭，州之得名因此。」寰宇記：「昔昭王南征而不返，没于此潭，故曰昭潭。」玉笥山、甄烈湘中記：「屈潭之左有———。屈平之放，棲於此山，而作九歌焉。」○輿地廣記：「在湘陰。隋於此置玉州。」雲陽山、在攸縣，即———之壇。雲母山、在湘潭北九里。列女傳：「長沙——，服之不朽。」小廬山、在益陽。似九江廬山，故曰———。晏類要：「即浮丘公上昇之所。」上有清修寺。○張敬夫詩：「峰勢香爐直，溪添峽水潺。居然一蘭若，唤作———。」尖山、在長沙西，一名土峰。讖云：「——青，宰相生。」南嶽、一名衡山，在衡山縣西三十里。晉因山以名郡。○湘中記：「度應斗衡，位直離宫，故曰——。」又名霍山。爾雅疏：「泰與岱，衡與霍，皆一山有二名。」○——記：「衡山者，朱陵之靈臺，太虚之寶洞。上承翼、軫，鈐總萬物，故名衡山；下踞離宫，統攝火師，故號——。赤帝館其嶺，祝融宅其陽。逮于軒轅，以潛、霍二山副焉。」○長沙志：「軒翔聳拔九千餘丈，尊卑差次七十二峰。巖洞溪澗，泉石之勝，交錯於中。又有數十洞，十五巖，三十八泉，二十五溪，九池，九潭，六源，八橋，九井，三穿，三漏，此最著者。七十二峰，最大者五：祝融、紫蓋、雲密、石廩、天柱，而祝融爲最高。」○杜甫望嶽詩：「——配朱鳥，秩禮自百王。欻汲領地靈，〔一〕鴻洞半炎方。邦家用祀典，在德非馨香。巡守何寂寥，有虞今則亡。洎吾隘世網，行邁越瀟湘。渴日絶壁出，漾舟清光旁。祝融五峰尊，峰峰次低昂。紫蓋獨不朝，爭長嶫相望。恭聞魏夫人，羣仙夾翱翔。有時五峰氣，〔二〕散風如飛霜。牽迫限脩途，未暇杖崇岡。歸來覬命駕，沐浴休玉堂。三歎問府主，曷以贊我皇。牲壁忍衰俗，神其思降祥。」○劉禹錫詩：「東南倚蓋卑，維岳資柱石。前當祝融居，上拂朱鳥翮。青冥結精氣，磅礴宜地脉。還聞膚寸陰，能致彌天澤。」○李白詩：「衡山蒼蒼入紫冥，下看南極老人星。回飈吹散五峰雪，往往飛花落洞庭。」○盧肇登——蘭若詩：「祝融絶頂萬餘層，策杖攀枝步步登。行到月宮霞外寺，白雲相伴兩三僧。」

祝融峰、位直離宮。○盧載詩：「五千里地望皆見，七十二峰中最高。」○朱元晦自上封登祝融絶頂次南軒韵：「衡岳千仞起，————高。羣山畏突兀，犇走如曹逃。我來雪月中，歷覽快所遭。捫天滑青壁，俯壑崩銀濤。所恨無十犗，一掣了六鰲。遄歸青蓮宮，坐對白玉毫。重閣一徙倚，〔三〕霜風利如刀。平生山水心，真作貨食饕。明朝更清澈，再往豈憚勞。中宵撫世故，劇如千蝟毛。嬉遊亦何益，歲月今滔滔。起望東北雲，茫然首空搔。」○又下————：「我來萬里駕長風，絶壑層雲許盪胸。濁酒三盃豪氣發，朗吟飛下————。」

聖燈巖、在衡山之青玉壇。○張敬夫詩：「陰壑傳聞烱夜燈，幾人高閣費追尋。山間光景祇常事，堪笑塵寰萬種心。」○朱元晦詩：「神燈遊夜唯聞説，皓月當空不用尋。箇裏忘言真得所，便應從此正人心。」**金牛崗**、在長沙。湘中記載：「赤牛渡江，糞金於沙中。舟人跡逐，至山不見，乃掘地求之。掘處尚存，謂之——。」今在城中之嚴福寺，有裴休書堂在焉。**清風峽**、在岳麓寺下。泉石清激，南軒有詩。**朱陵洞**、在衡山。南岳記：「名太虛小有之天，三十六洞天中第三。」**靈龜洞**：，在安化東南四十里。上有石屋，水瀉洞前三十丈，前後賦詩者甚衆。**湘江**、在長沙。○羅含湘中記：「—水至清，深五六丈，下見底，了了石子如樗蒲，白沙如雪霜，赤岸若朝霞。」○長沙志：「涉湘千里，聞漁父吟，中流相和，其聲綿遠可聽。所謂『汲清湘，燃楚竹，欸乃一聲，山水動色』，此豈俗漁境界耶？」**洞庭湖**、長沙志：「——之水，瀦爲七百里，日月出入其中。」○史記：「黄帝南至於江，登熊、湘，作咸池，張樂於洞庭之野。」○或題詩云：「湖光秋月兩相和，潭面無風鏡未波。遥望洞庭山水翠，白銀槃裏一青螺。」**青草湖**、長沙志：「南曰——，北曰洞庭，所謂重—。」○黄山谷詩：「乙丑越洞庭，丙寅渡青草。」**東湖**、在長沙。○戴叔倫詩：「偶向——東復東，數聲雞唱翠微中。遥知楊柳是門處，似覺芙蓉無路通。」**湘灕**、一水而背流，—猶相也，—猶離也。以言湘水有所合，而灕則違湘而南也。湖、嶺之間，湘水貫之，無出湘之右者，凡水皆會焉。但以瀟水合則曰瀟湘，以蒸水合則曰蒸湘，以沅水合則曰沅湘耳。**昭潭**、在—山下。**屈潭**、在湘陰縣東北六十里。〔四〕○酈道元水經云：「汨水西經玉笥山，又西爲——，即羅潭也。」○屈原漁父篇：「原既放，遊於江潭，行吟澤畔，顏色憔悴，曰：『寧赴湘流，葬於江魚腹中。』」乃作懷沙之賦，自投汨羅而死。○圖經：「今有屈原冢，在江側。〔五〕

或謂楚人招魂葬之。又有屈大夫碑，而字滅無迹矣。賈誼渡湘爲賦以弔原，史遷亦嘗經此水。」荆楚歲時記：「屈原以五月五日投汨羅水，楚人哀之，至此日輙以竹筒貯米祭之。人或夢原曰：『多爲蛟龍所食。願以綵索繫角黍以投，庶免此患。』今俗因此。」○韓昌黎詩：「猿愁魚躍水翻波，自古流傳是汨羅。蘋藻滿盤無處奠，空聞漁父扣舷歌。」舜溪、在衡山安上峰。相傳舜因陟方過此。禹溪、在雲密峰。○郡守石才詩：「須知此溪水，名著百王前。」青楓浦、在瀏陽縣。○杜子美詩：「輟棹———，雙楓舊已摧。」雷池、在祝融峰側。○劉莘老詩：「九千丈外雲間寺，一萬年餘石上松。引手莫高疑觸斗，臨池毋久恐興龍。」○張栻——觀日詩云：〔六〕「朝曦何處升，彷佛認微紅。金鉦忽湧出，滉蕩浮雙瞳。乾坤俗呈露，羣物光芒中。誰知——景，乃與日觀同。」銅官渚、在寧鄉縣界三十里。舊志：「楚鑄錢處。」杜子美有———阻風詩。橘洲、類要：「在長沙西南四十里。湘江中四洲：曰——，曰直洲，曰誓洲，曰白小洲。夏中水泛，惟此不没。上多美橘，故名。」○晉永興生此洲。諺曰：「昭潭無底——浮。」駱駝觜。在瀏口。諺云：「———員出狀元。」

【井泉】碧泉。在湘潭西南七十里。澄—如染，溉田五千畝，南入湘。胡安國、朱文公曾遊，有詩。五峰胡宏創亭曰有本。

【學校】嶽麓書院、南軒張敬夫記云：「湘西故有藏室，背陵向壑，木茂而泉潔，爲士子肄業之地。始，開寶中，郡守朱洞首度基創宇以待四方學者，李允則來爲州，請于朝，乞以書藏。方是時，山長周式以行義著，祥符八年召見便殿，拜國子學主簿，使歸教授。詔以————名，增賜中祕書。

紹興辛亥，更兵革灰燼。乾道改元，建安劉侯珙下車既剷蠹夷姦，民俗安静，湘人合辭以書院請。〔七〕侯竦然曰：『是固章聖皇帝加惠一方，以風厲天下者，而可廢乎？』來半歲而屋成，某從多士往觀焉。曰：『侯之爲是舉也，豈特使子羣居侯談，但爲决科利禄計乎？亦豈使子習爲言語文辭之工而已乎？蓋欲成就人才以傳道而濟斯民也。其傳果何歟？曰：仁也，仁人心也，率性立命、知天地而宰萬物者也。孟子曰：「惻隱之心，仁之端也。」於此焉求之，則不差矣。嘗試察吾事親、從兄、應物、處事，是端也，苟能充而達之，則仁之大體，豈不可得乎？及其至也，與天地合德，鬼神同用，悠久無疆，變化莫測，而其則初不遠也。是雖約居屏處，庸何損？得時行道，事業滿天下，而亦何加於我？』遂書斯言，以厲同志，俾無忘侯之德。」文定公書院、胡公安國渡江而休于衡岳，買地結廬，名曰「書堂」，十五年不出。五峰書堂、胡宏所築，在寧鄉縣之靈峰。城南書院。在臨湘門街，乃南軒先生講學之地。題扁筆勢豪勁，張紫微平生得意書也。〔八〕其間鑿池，以匯息澤之水。本屬納氏，故名納湖。○張敬夫云：「積雨欣始霽，清和在此時。林葉既敷榮，禽聲亦融怡。鳴泉永不窮，湖風起淪漪。西山卷餘雲，逾覺秀色滋。層層叢緑間，愛彼松柏姿。青青初不改，似與幽人期。坐久還起來，堤邊足逶迤。游魚傍我行，野鶴向我飛。敢忘昔賢志，亦復詠而歸。寄言山中友，和我和平詩。」○朱元晦跋云：「久聞敬夫城南景物之勝，常恨未得往遊其間。今讀此詩，便覺風篁水月，去人不遠。然敬夫道學之懿，爲世醇儒，今乃欲以筆札之工追蹤前作，豈其戲耶？不然，則敬夫之豪放奔逸，與西臺之温厚靚深，必有能辨之者。」○詩云：「詩筒連晝卷，坐看復行吟。想象南湖水，秋來幾許深。」

【堂觀】敬簡堂，在府治。張紫微建以爲燕室。兩壁書中庸、大學，中屏篆書顔淵問仁一章，皆張自筆。侍講張栻記云：「蓋心宰萬物而敬者，心之道所以生也。生則萬理森然，而萬事之綱總攝於此。凡至乎吾前者，吾則因其然而酬酢之也。故動雖微，而吾固經緯乎吉之先；事雖大，而吾處之若飲食之常。此所謂居敬而行簡者歟？故先覺程子謂飾私智以爲奇，非敬也。簡細故而自崇，非敬也。非敬則是心不存，而萬事乖析矣。可不畏歟？雖然，若何而能敬？克其所以害敬者，則敬立矣。害敬莫甚於人慾。自容貌辭氣之間，而察之天理人慾絲毫之分，則敬在其中。引而達之，則將有常而日新，日新而無窮矣。」○朱文公———詩：「煌煌定方中，農隙孟冬月。君侯敞齋扉，華榜新未揭。我來適茲時，亦有大夫茇。清湘不留行，晤語得超越。更看雷雨勢，翻動龍蛇窟。襟懷頓能輸，肝膽亦已竭。老仙來何方，湖海氣硉矹。君侯斂袂起，顛越承屨襪。坐人驚創見，引去殊卒卒。伊余不忍逝，頓首願有謁。人生均秉彝，天造豈停歇。云何利害判，所較無一髮。茲焉辨不早，大本恐將蹷。吾言實自箴，君聽未宜忽。」○後林栗易以靜香堂。湘山觀。在漕廳東。張安國書。

【臺閣】定王臺，俗傳定王載米博長安土築臺于此，以望其母唐姬墓。張安國名曰———，自爲書扁。○朱文公詩：「寂寞番君後，光華帝子來。千年餘故國，萬事只空臺。日月東西見，湖山表裏回。定知爽鳩樂，莫作雍門哀。」楚樓、在郡城上。清風閣、在湘潭縣。歸鴻閣。在瀏陽北，楊中立建。後爲祠，張敬夫記。

【亭館】望湘亭、鄭谷詩：「湘水似伊水，湘人非故人。登臨獨無語，風柳自摇春。」湘江亭、孟賓于有———詩云：「獨宿大中年裏寺，樊籠得出事無心。寒山夢覺一聲磬，霜葉滿林秋正深。」

風雩亭。張敬夫序云：「嶽麓書院之南有曾丘焉，於登覽爲曠。建安劉公作亭其上，以爲青衿遊息之地。廣漢張敬夫名以———。」

碧湘門、冷齋夜話：「黃山谷南遷，與予會于長沙，留———者一月。」○陶弼詩：「城中煙樹綠波漫，幾萬樓臺樹影間。天闊鳥行疑沒草，地卑江勢欲沉山。」

長沙驛、柳宗元有詩。

三元坊。淳熙乙巳上舍釋褐魁易祓，丁未省元湯璹，狀元王容，皆邦人。

【佛寺】

道林寺、在嶽麓山下，距善化縣八里。寺有四絕堂，保大中馬氏建，謂沈傳師、裴休筆札，宋之問、杜甫篇章。治平間，蔣穎叔作記曰：「彼以杜詩、沈書爲絕，吾無敢言。若夫遺歐陽詢而取裴休，置韓愈而取宋之問，則未然。乃爲詮次：沈書，一也；詢書，二也；杜詩，三也；韓詩，四也。此之謂四絕。」○杜甫嶽麓山——二—詩：「玉泉之南麓山殊，道林二寺爭盤紆。寺門高開洞庭野，殿脚插入赤沙湖。〔九〕五月寒風冷佛骨，六時天樂朝香爐。地靈步步雪山草，僧寶人人滄海珠。塔劫宮墻壯麗敵，香厨松道清涼俱。蓮花交響共命鳥，金榜雙迴三足烏。方丈涉海費時節，玄圃尋河知有無。暮年且喜經行近，春日兼蒙暄暖扶。飄然班白身奚適，旁此煙霞茅可誅。桃源人家易制度，橘洲田土仍膏腴。潭府邑中甚淳古，太守庭内不喧呼。昔遭衰世皆晦迹，今幸樂國養微軀。依止老宿亦未晚，富貴功名焉足圖。久爲野客尋幽慣，細學何顒免興孤。〔一〇〕一重一掩吾肺腑，山鳥山花吾友于。宋公放逐曾題壁，物色分留與老夫。」○韓愈陪杜侍御遊湘西寺詩：「長沙千里平，勝地猶在險。況當江闊處，斗起勢匪漸。深林高玲瓏，青山上琬琰。路窮臺殿闢，佛事煥且儼。剞竹走源泉，開廊架崖广。」又云：「客堂喜空涼，華榻有清簟。澗蔬煮蒿芹，水果剥菱芡。」又云：「小樓黑無月，〔一二〕漁火燦星點。夜風一何喧，杉檜屢磨颭。猶疑在波濤，怵惕夢成魘。静思屈原沉，遠憶賈誼貶。椒、蘭争妬忌，絳、灌共讒諂。誰令悲生腸，坐使淚盈臉。翻飛乏羽翼，指摘困瑕玷。珥貂藩維重，政化類分陝。禮賢道何優，奉己事苦儉。大厦棟方隆，巨川楫方剡。經營誠少暇，遊宴固已歉。旅程愧淹留，徂歲嗟荏苒。平生每多感，柔汗遇頻染。展轉嶺猿鳴，曙煙青餤餤。」〇崔珏詩：「臨湘之濱麓之隅，西有松寺東岸無。松風十里擺不斷，竹泉瀉入于僧厨。宏梁大棟何足貴，山寺難有山泉俱。四時唯夏不敢入，燭龍安敢停斯須。遠公池上種何物，碧羅扇底紅鱗魚。香閣朝鳴大法鼓，天宫夜轉三乘書。野花市井栽不着，山雞飲啄聲相呼。金鑑僧迴步步影，石盆水濺聯聯珠。北臨高處日正午，舉手欲摸黄金烏。遥江大舡小於葉，遠村雜樹齊如蔬。潭州城郭在何處，東邊一片青模糊。今來古往人滿地，勞生未了歸丘墟。長卿之門久寂寞，五言七字誇規模。我吟杜詩清入骨，灌頂何必須醍醐。白日不照耒陽縣，皇天厄死飢寒軀。明珠大貝採欲盡，蚌蛤空滿赤沙湖。今我題詩亦無味，懷賢覽古成長吁。不如興罷過江去，已有好月明歸途。」〇韋蟾詩：「石門迥接蒼梧野，愁色陰深二妃寡。廣殿崔嵬萬壑間，長廊詰曲千巖下。静聽林飛念佛鳥，細看壁畫馱經馬。暖日斜明螮蝀梁，濕煙散冪鴛鴦瓦。北方部落泥香塑，西國文書貝葉寫。〔一三〕壞欄迸竹醉好題，窄路垂藤困堪把。沈、裴筆力鬭雄壯，宋、杜詞源兩風雅。他方居士來施齋，彼岸上人投結夏。悲我未離擾擾徒，勸我休學悠悠者。何時得與劉遺民，同入東林遠公社。」〇裴説詩：「獨立憑危欄，高低落照間。寺分一派水，僧鎖半房山。對面浮生隔，垂簾到老閑。煙雲與塵土，寸步不相關。」**嶽麓寺**、在山上，百餘級乃至。今名惠光寺。下有李邕麓山寺碑、晉杉庵。世傳晉太尉陶侃手植，今存者七八株，其圍三丈，中空空如。庵絕頂有道鄉臺。昔鄒道鄉謫新州，道過潭。潭守温益下逐客之令，逆旅之人不敢舍，夜渡湘江。湘西琳禪師，公鄉人，以火迎之。公贈詩：「八年之中三往回，道人一意金石開。非關桑梓有分好，自是針水無嫌猜。焚香說了四句偈，把手直上千尺臺。洞庭、青草不我隔，東吳可歸歸去來。」浩字志完，爲右正言，因論元符事貶。○沈傳師詩：「承明年老輒自論，乞得湘守東南奔。爲聞楚國富山水，〔一三〕青嶂邐迤僧家園。含香珥筆皆眷舊，謙挹自忘臺省尊。不令執簡候亭館，直許携手遊山樊。忽驚列岫晚來逼，朔雪洗盡煙嵐昏。碧波迴嶼三山轉，丹檻繚郭千艘屯。華鑣躞蹀徇砂步，大旆綵錯輝松門。樛枝競鶩龍蛇勢，折幹不滅風霆痕。相重古殿倚巖腹，別引新徑縈雲根。目傷平楚虞帝魂，情多思遠聊開樽。危絃細管逐歌颺，畫鼓綉靴隨節翻。鏘金七言陵老杜，入木八法蟠高軒。嗟余老倒久不利，忍復感激論元元。」○羅隱春日湘中題僧院：「蟾宮虎穴兩皆休，來憑危欄送遠愁。多事林鶯還譩語，薄情邊鴈不迴頭。春融只恐乾坤醉，水闊深知世界浮。欲共高僧話心跡，野花荒草奈相尤。」○劉長卿自道林寺西入石路至麓山寺過法崇禪師故居詩：「山僧候谷口，石路掃莓苔。深入泉源去，遥從樹杪回。香隨青靄散，鍾過白雲來。野雪空齋掩，嵐風古殿開。桂寒知自發，松老問誰栽。惆悵湘江上，何人更渡盃？」**大潙寺**、在寧鄉西百五十里。唐元和中，司馬頭陁開山。**上封寺**。在祝融之絕頂。早秋已冰，夏亦夾衣。木之高大者不過七八尺，謂之矮松。上有雷池，題詠甚多。

【祠廟】文帝廟，在湘西。漢景帝三年置。定王廟，在長沙東北一里。南嶽廟，在衡山西三十里。南嶽記：「南宫四面險絶，無得至者。漢武帝移於霍山，隋文帝移於今所。」○韓愈謁衡嶽廟，遂宿南嶽寺，題門樓詩：「五嶽祭秩皆三公，〔一四〕四方環鎮嵩居中。火維地荒足妖怪，天假神物專其雄。噴雲泄霧藏半腹，雖有絶頂誰能窮。我來正逢秋雨節，陰氣晦昧無清風。潛心默禱若有應，豈非正直能感通。須臾静掃衆峰出，仰見突兀撑青空。紫蓋連延接天柱，石廩騰擲堆祝融。森然魄動下馬拜，松柏一逕趍靈宫。粉墻丹柱動光彩，鬼物圖畫填青紅。升堦傴僂薦脯酒，欲以菲薄明其衷。廟令老人識神意，睢盱偵伺能鞠躬。〔一五〕手持盃珓導我擲，云此最吉餘難同。竄逐蠻荒幸不死，衣食纔足甘長終。侯王將相望久絶，神縱欲福難爲功。夜投佛寺上高閣，星月掩映雲曈曨。猿鳴鍾動不知曙，杲杲寒日生於東。」○范至能驂鸞記：「衡山縣西望嶽山，岧嵬半空。湘中山既皆岡阜，迤邐至嶽山，乃獨雄尊特起，若衆山遜其高寒者。八日，入南嶽，半道憩食望雲亭，夾路古松三十里，至嶽市宿衡嶽寺。嶽市者，環廟皆市區，江、浙、川、廣衆貨之所聚，生人所須無不有。既憧憧往來，則汙穢喧雜，盗賊亡命多隱其間，或期會約結於此，官置巡檢司焉。南嶽廟四河各有角樓，兩廡土偶仗衛，皆取則帝所。正殿獨一神座，監廟與禮直官日上香火。後殿乃與后並處，湖南馬氏所植古松滿庭。殿後東西北三廊壁畫，後宫武洞清所作。紹興二十五年火發殿上，迺燒後廊。壁本不圮，官不時覆護，漸爲風雨所壞，帥司亟遣衆工模搨。新廟成，用模本更畫，雖不復武氏筆法，然位置意象十存七八。

自宴樂優戲、琴博圖書、弋釣紉織，下至擣練汲井，凡宫中四時行樂作務，粲然畢陳，良工運思苦心有如此者。朵殿又畫嬪御上直奩香篝衣之事，尤爲精研。廟吏常鐍後宫門，非命官盛服，毋得擅入。」

黄陵廟、在湘陰北八十里。韓愈作廟碑云：「湘旁有廟曰黄陵，自前古立以祠堯之二女舜二妃者。庭有古碑，乃晉太康九年。其額曰虞帝二妃之碑。」○李白詩：「洞庭西望楚江分，水盡天南不見雲。日落長沙秋色遠，不知何處弔湘君。」○許渾詩：「九疑望斷幾千載，班竹淚痕今更多。」**三閭大夫廟**、在湘陰之羅洲。名忠潔侯。○戴叔倫詩：「沅湘流不盡，屈子怨何深。日暮秋風起，蕭蕭楓樹林。」**賈誼廟**。在長沙南六里，即誼故宅。有井，上圓下方。有局脚石床，猶存。

【古跡】**鄴侯書堂**、唐李泌當肅宗時，崔圓、李輔國疾之。泌畏禍，願隱衡山。有詔賜隱士服，爲治室廬。**戴氏堂**、柳宗元記云：「弘農公刺潭三年，因東城爲池，〔一六〕環之九里。丘陵林麓距其涯，坻島洲渚交其中。其岸之突而出者，水縈之若玦焉。池之勝於是爲最。公曰：『是非離世樂道者，不宜有此。』卒授賓客之選者，譙國戴氏曰簡，爲堂而令居之。堂成而勝益奇，望之若連艫縻艦，〔一七〕與波上下，就之顛倒萬物，遼豁眇忽。樹之松柏杉櫧，被之菱芡芙蕖，鬱然而陰，粲然而榮，〔一八〕凡觀望浮游之美，專於戴氏矣。戴氏以文行，累爲連率所賓禮，貢之澤宫而志不願仕。與人交，取其退遜。受諸侯之寵，不以自大，其離世歟？好孔氏書，旁及莊、文，莫不總統。以至虚爲極，得受益之道，其樂道歟？賢者之舉也必以道。當弘農公之選，〔一九〕而專茲池之勝，豈易得哉！地雖勝，得人焉而居之，則山若增而高，水若闢而廣，堂不待飾而已奂矣。戴氏以泉池爲宅居，以雲物爲朋徒，攄幽發粹，日與之娛，則行宜益高，文宜益峻，道宜益懋，〔二〇〕交相贊者也。既碩其内，又揚于時，吾懼其離世之志不果矣。君子謂弘農公刺潭得其政，爲東池得其勝，授之得其人，豈非動而時中者歟！於戴氏堂也，見公之德，故不可以不記。」**文昭園**、在濟川門外。興國間，何承矩守，園吏云：「昔屬馬家，今歸趙氏。」因聞提壺，有感作詩云：「馬家公子好樓臺，鑿破青山碧沼開。啼鳥不知人事變，數聲猶傍水邊來。」**長沙土風碑**。張謂銘并序：「天文長沙一星，在軫四星之側，上爲辰象，下爲郡縣，遁甲所謂沙土之地，雲陽之墟，可以長往，可以隱居者焉。其山麓山，其水湘水，其畜宜鳥獸，其谷宜秔稻。厥草惟蕤，杜若、荃蘅、留荑、藒車出焉；厥木惟喬，椅、桐、桂、檉、貞、松、文梓生焉。篠簜嬋娟於原野，碔砆照耀於崖谷。昔熊繹始在此地，〔二一〕番君因之，而後定王國。至漢道陵遲，董卓狼顧，文臺以三湘之衆，績著勤王。梁朝覆没，侯景虎視，僧辯以一州之人，勳成定國。桓、文之舉，亦何加焉？至於致禮舊君，請屍歸葬，桓氏之子，可謂忠也。殞身强寇，有死無辱，尹氏之女，可謂貞也。軑蔡、鄧之宅，足以厚儒風；表古初之墳，足以敦素行。齊、魯之俗，其何遠哉？巨唐八葉，元聖六載，正言待罪湘東。郡臨江湖，大抵卑濕，修短疵癘，未違天常，而云家有重膇之人，鄉無班白之老，談者之過也。地邊嶺瘴，大抵炎熱，寒暑晦明，未愆時序，而云秋有赫曦之日，冬無凛冽之氣，傳之者差也。巴蛇食象，空見於圖書；鵩鳥似鴞，但閑於詞賦；則知前古之善惡，凡今之毁譽，焉可爲信哉？因徵故老之言，用紀仙山之石，辭曰：舜去黄屋，於焉巡遊。禹逢玄夷，於焉滯留。五嶺南指，三湘北流，隣聯滄浪，邊遥岣嶁。湘山之下，青青衆草，有蕙有蘭，在江之島，煙雨冥冥，波瀾浩浩，不采不擷，棄捐遠道。湘山之上，青青衆木，有栝有松，在巖之麓，風霜凄凄，柯葉沃沃，不攘不棟，老朽空谷。陸有玉璞，水有珠胎。隋侯云亡，卞氏不來。湘雲莽蒼，湘月徘徊，貞石紀事，層城之隈。」

【名宦】賈誼、漢文帝時謫爲長沙王太傅。誼在長沙三年，有鵩飛入誼舍。誼以長沙卑濕，自恐壽命不長，作賦以自廣。謝朓、齊武帝時有忝役湘州與吏民別詩。褚遂良、唐高宗時，以争立后遷潭州都督。楊憑、韓愈作荊潭裴均楊憑倡和序：「從事有示愈以荊、潭酬唱詩者，愈既受以卒業，因仰而言曰：『夫和平之音淡薄，而愁思之聲要妙。讙愉之辭難工，而窮苦之言易好也。是故文章之作，常發於羈旅草野。至若王公貴人，氣得志滿，非性能好之，則不暇以爲。今公開鎮蠻荊，統郡惟九；常侍楊公領湖南之壤地一千里，德刑之政益勤，爵禄之報兩崇；乃能崇志乎詩書，寓辭乎詠歌，往復循環，有唱斯和，搜奇抉怪，雕鏤文字，與韋布里閭憔悴專一之士較其毫釐分寸，鏗鏘發金石，幽眇感鬼神，信所謂材全而能鉅者也。兩府之從事與部屬之吏屬而和之，〔一二二〕苟在編者，咸可觀也，宜乎施之樂章，紀諸册書。』從吏曰：『所言是矣。』告於公，書以爲荊潭唱和序。」沈傳師、自中舍除刺史。楊儀之；韓愈送楊儀之支使歸湖南序：（前段見宣州）「今中丞之在朝，愈日侍於門下。其來鎮兹土也，有問湖南之賓客者，愈曰：『知其客可以信其主者，〔一二三〕宣州也；知其主可以信其客者，湖南也。』去年冬，奉詔爲邑於陽山，然後得謁湖南之賓客於幕下，於是知前之信之也不失矣。及儀之之來也，聞其言而見其行，則向之所謂羣與博者，於吾何先後焉。儀之智足以造謀，材足以立事，忠足以勤上，惠足以存下，而又侈之以詩、書、六藝之學，充聖人之德音以成其文而輔其質，宜乎從事於是府，而流聲實於天朝也。夫樂道人之善以勸其歸者，乃吾之心也。謂我爲邑長於斯而媚夫人云者，不知言者也。工平詩者，歌以繫之。」皇朝寇準、以工侍知。張詠、知益陽縣。唐介、湘山野録：「潭州籍一巨賈皆明珠，太守而下，悉輕其估以自售。時介爲倅，偶分珠。獄發，奏方入，仁宗謂近臣曰：『唐介必不肯買。』果然。」趙抃、爲武安節度推官。有僞造印者，以疑讞之，得免死。趙宏、曾子固送行序云：「荆民與蠻合爲寇，潭傍數州被其害。天子、宰相以潭重鎮，守臣不勝任，爲改用人。又不勝，復改之。守至，上書乞益兵，詔與撫兵三百，天水趙君希道實護以往。希道雅與予接，間過予，道潭之事。予曰：『潭山川甲兵如何，食幾何，賊衆寡强弱如何，予不能知。能知者，書。書之載，若潭之事多。或合數道之兵以數萬卒絶山谷而進，其勢非不衆且健也，然而卒殲焉者多矣。或單車獨行，然而以克者相踵焉，顧其信義如何耳。致吾義信，雖單車獨行，寇可以無事，龔遂、張綱、祝良之類是也。義信不足以致之，雖合數道之兵以數萬，卒殲焉，適重寇耳，況致平耶？楊旻、裴行立之類是也。則兵不能致平，致平者在太守身耳明也。前之守也果能此，天子、宰相烏用易之？必易之，爲前之守者不能此也。今往者復曰：「請益兵。」何其與書之云者異耶？〔二四〕予憂潭民之重困也，寇之益張也。往時潭吏與旁近郡蘄力勝賊者，〔二五〕暴骸者、戮降者有之。今之往者將特不爲是而已耶？抑猶不免乎爲是也？天子、宰相任之之意其然耶？』潭守近侍臣，使撫覡潭者，郎吏、御吏、博士相望。爲我諗其賢者曰：『今之言古書往往曰迂。然書之事，乃已試者也。師已試而施諸治，與時人之自用，孰爲得失耶？』愚言儻可以用，〔二六〕潭之患今雖細，然大中祥符之間，〔二七〕南方之憂常劇矣，夫豈階於大哉？爲近臣、郎吏、御史、博士者，獨得而不思也耶？希道固喜事者，因其行，遂次第其語以送之。」楊時、張敬夫歸鴻閣記云：「瀏陽實潭之屬邑，公嘗辱爲之宰。歲飢，發廪以振民，而部使者以催科不給罪公，公之德於民多矣。」劉珙、知潭州，一新嶽麓書院。張孝祥、以集撰知。周必大、以少保判。朱熹。以祕撰知。

【人物】屈平、字原。○楚詞云：「屈原既放，遊於江潭，行吟澤畔；顔色憔悴，形容枯槁。漁父見而問之曰：『子非三閭大夫歟？何故至於斯？』屈原曰：『世人皆濁我獨清，衆人皆醉我獨醒，是以見放。』漁父曰：『聖人不凝滯於物，而能與世推移。舉世皆濁，何不滑其泥而揚其波？衆人皆醉，何不餔其糟而歠其醨？何故深思高舉，自令放爲？』屈原曰：『吾聞之：新沐者必彈冠，新浴者必振衣，安能以身之察察，受物之汶汶者乎？寧赴湘流，葬於江魚腹中，安能以皓皓之白，蒙世俗之塵埃乎？』漁父莞爾而笑，鼓枻而去，乃歌曰：『滄浪之水清兮，可以濯我纓；滄浪之水濁兮，可以濯我足。』遂去，不復與言。」○賈誼弔屈原賦：「恭承嘉惠兮，竢罪長沙。仄聞屈原兮，自湛汨羅。造託湘流兮，敬弔先生。遭世罔極兮，乃殞厥身。烏呼哀哉兮，逢時不祥。鸞鳳伏竄兮，鴟鴞翱翔。闒茸尊顯兮，讒諛得志；賢聖逆曳兮，方正倒植。謂隨、夷溷兮，謂跖、蹻廉；莫邪爲鈍兮，鉛刀爲銛。于嗟默默，生之無故兮！斡棄周鼎，寶康瓠兮；騰駕罷牛，驂蹇驢兮；驥垂兩耳，服鹽車兮；章甫薦屨，漸不可久兮。嗟苦先生，〔二八〕獨罹此咎兮！誶曰：已矣！國其莫吾知兮，子獨抑鬱其誰語？鳳飄飄其高逝兮，夫固自引而遠去。襲九淵之神龍兮，沕淵潛以自珍。偭蟂獺以隱處兮，夫豈從蝦與蛭螾？〔二九〕所貴聖之神德兮，遠濁世以自藏。使麒麟可繫而羈兮，豈云異夫犬羊？般紛紛其離此郵兮，亦夫子之故也。歷九州而相其君兮，何必懷此都也？鳳凰翔于千仞兮，覽德輝而下之。見細德之險徵兮，〔三〇〕遥蹭擊而去之。彼尋常之汙瀆兮，豈容吞舟之魚？横江湖之鱣鯨兮，固將制於螻蟻。」○朱元晦楚詞序：「原之爲人，其志行雖或過於中庸，而不可以爲法，然皆出於忠君愛國之誠心。原之爲書，其辭旨雖或流於跌宕怪神，怨懟激發，而不可以爲訓，然皆生於繾綣惻怛，不能自已之至意。雖其不知學於北方，以求周公、仲尼之道，而獨馳騁於變風變雅之末流，以故醇儒莊士或羞稱之，然使世之放臣屏子，怨妻去婦，抆淚謳吟於下，而所天者幸而聽之，則於彼此之間，天理民彝之善，豈不足以交有所發，而增夫三綱五常之重？此予所以每有味於其言，而不敢直以詞人之賦視之也。」

蔣琬、湘鄉人，爲廣都長。諸葛亮嘗曰：「琬社稷之器，非百里才。」**歐陽詢**：臨湘人，爲太子率更令。子通，夏官尚書。父子俱善書，號「大小歐陽體」。**皇朝廖倚**、歐陽永叔送廖倚歸衡山序：「元氣之融結爲山川，山川之秀麗稱衡、湘，其蒸爲雲霓，其生爲杞梓。人居其間，得之爲俊傑。秀才生於衡山之陽，而秀麗之精英者，得之尤多。故其文則雲霓，其材則杞梓。始以進士舉於有司，不中，遂遊公卿間，所至皆虚館設席，爭以禮下之。今永興太原公雅識沉正，器君尤深。其初鎮秦川也，請君與俱行，遂趍函關，以覽秦都，則西方士君子得以承望乎風采矣。凡居秦幾歲而東，將過京師以歸。予嘗以上計吏客中都，識君於交逵，〔三一〕辱之以益友。當君之西也，獲餞於國門；及夫斯來，又相見於洛，道語故舊，數日乃行。夫山川固能産異物，而不能畜之者，誠有利其用者爾。今君之行也，余疑夫不能久蓄於衡山之阿也。」胡安國、建人，寓居南嶽之下，著春秋傳。有子曰寅，曰宏，曰寧。胡寅、嘗著讀史管見，號致堂先生。胡宏、嘗見楊中立於京師，又從侯師聖於荆門，居五峰之下餘二十年。張浚、字德遠，廣漢人。寓居長沙，封魏公，號紫巖。○朱元晦拜墓下，有詩云：「衡山何巍巍，湘流方湯湯。〔三二〕我公獨何往，劍履在此堂。念昔中興初，孽豎倒冠裳。公時首建議，自此扶三綱。精忠貫宸極，孤憤磨穹蒼。元戎二十萬，一旦先啓行。西征奠梁、益，南轅撫江、湘。士心既豫附，國威亦張皇。縞素哭新宫，哀聲連萬方。黠虜聞褫魄，經營久彷徨。玉帛驟往來，士馬且伏藏。公謀適不用，拱手遷南荒。白首復來歸，髮短丹心長。拳拳冀感格，汲汲勤脩攘。天命竟難諶，人事亦靡常。悠然謝台鼎，騎龍白雲鄉。坐令此空山，名與日月彰。」張栻。浚之子，號南軒先生。○朱元晦嘗爲之贊，曰：「廣仁義之端，至於可以彌六合；謹義利之辨，〔三三〕至於可以析秋毫。拳拳乎其致主之勤，汲汲乎其幹父之勞，仡仡乎其信道之篤，卓卓乎其立心之高，知之者識其春風沂水之樂，不知者以爲湖海一世之豪。彼其揚休山立之姿，既與其不可傳者死矣。觀於此者，尚有以卜其見伊、吕而失蕭、曹耶？」

【題詠】夜醉長沙酒。唐杜甫詩：「云云，曉行湘水春。岸花飛送客，檣燕語留人。」風壤帶三苗。杜甫詩：「雲山兼五嶺，云云。」秋晚嶽增翠。杜甫詩曰：「云云，風高湖捲波。」衡、霍生春草。杜甫詩：「云云，潭、湘共海浮。」兩邊楓作岸。張九齡詩：「征鞍窮郢路，歸棹入湘流。云云，數處橘爲洲。」楚岫千峰碧。韋昭寄杜甫詩：「云云，湘潭一葉黃。」洞庭值秋晚。韓愈送李正字歸湖南詩：「長沙入楚深，云云。人隨鴻鴈少，江共蒹葭遠。」雲水洞庭寬。張祜送韋整尉長沙詩：「遠遠長沙去，憐君利一官。風帆彭蠡疾，云云。木客提蔬束，江烏接飯丸。莫言卑濕地，未必乏新歡。」水溢洞庭湖。賈至送王員外赴長沙詩：「攜手登臨處，巴陵天一隅。春生雲夢澤，云云。共歎虞翻枉，同悲阮籍途。長沙舊卑濕，今古不應殊。」雲日楚天暮。賈至送長沙韋明府之任詩：「秋入長沙縣，蕭條旅宦心。煙波連桂水，官舍映楓林。云云，沙汀白露深。遥知訟庭裏，佳政在鳴琴。」江煙作夕嵐。戎昱送張秀才之長沙詩：「君向長沙去，長沙僕舊諳。雖云桂嶺北，終是洞庭南。山靄生朝雨，云云。松醪能醉客，慎勿滯湘潭。」潭府邑中甚淳古。杜甫詩云云。便領吴王第一州。郭獬送吴中復詩：「初登西漢文章府，云云。繞郭白雲衡嶽近，滿帆明月洞庭秋。」

【四六】出綸天闕，作屏星沙。一札由中，三湘謀帥。出綸鳳掖，作牧熊湘。長沙巨鎮，南楚上流。眷長沙之巨屏，居南紀之上游。天開熊楚之封，星烔壽沙之次。惟翼、軫、牛、女之墟，接猺、獠、蜑、黎之俗。全楚號古要區，長沙爲今巨屏。控百粤以分封，包九疑而奠壤。洞有羈縻之獠俗，野無鬭閱之猺民。彬彬禮樂之鄉，濟濟文物之盛。惟荆楚之奥區，控江、湖之孔道。陸梁屢嘯於猩鼯，蒐獮久勤於貔虎。眷此鬻熊之壤，鄰於蠻獠之居。壯三營之甲胄，鏘兩學之衣冠。方休兵爭買於犢牛，而小醜肆爲於虺蜴。嶽麓置書院，而復建學官，鴻儒接迹；武安總州兵，而增屯禁旅，虎士奮威。比植纛建牙於此地，多運籌秉軸之大臣。洞庭、青草之波澄，無非惠澤；嶽麓、道林之境勝，盡入詩篇。長沙千里之平，寄隆嶽牧；洞庭九州之大，責重藩垣。

控重湖而亘九疑，郊圻甚廣；餉三營而給兩學，賦入頗艱。還則邊鄙，守禦之計未撤；近而軍旅，調發之費不貲。泰階騰兩兩之輝，旁連翼、軫；維石聳巖巖之勢，特鎮湖、湘。五營將卒，萃犀角以雲屯；兩學儒生，紛苧袍而雪委。學兼嶽麓，脩明遠自於前賢；壤帶洞庭，鎮拊近煩於元老。

校勘記

〔一〕「秩禮自百王欻汲領地靈」，底本原誤「百王」爲「古玉」，又誤「領」爲「頓」，今據杜詩詳注卷二二、全唐詩卷二二三所載望嶽改。

〔二〕「争長嶫相望（至）有時五峰氣」，底本原誤「嶫」爲「鄴」，又誤「時」爲「詩」，今據杜詩詳注卷二二、全唐詩卷二二三所載望嶽改。

〔三〕「重閣一徙倚」，「徙倚」，底本原作「倚徙」，據朱子大全卷五自上封登祝融絶頂次敬夫韻乙正。

〔四〕「屈潭在湘陰縣東北六十里」，底本原無方位詞，此「東北」二字係據元和郡縣志卷二七補。元和郡縣志湘陰縣下云：「本春秋時羅子國，秦爲羅縣，今縣東北六十里故羅城是也。」又云：「汨水東北自洪州建昌縣界流入，西經玉笥山，又西經羅國故城爲屈潭，即屈原懷沙自沉之所。」據上所云，屈潭與羅國故城同在一地，而羅國故城又在湘陰縣東北六十里，故知屈潭亦在縣東北也。

〔五〕「今有屈原冢在江側」，「側」，底本原作「測」，據元乙本、四庫本、傳是樓本、嶽雪樓本改。

〔六〕「張栻」，底本原誤「栻」爲「拭」，據北圖本、四庫本改。

〔七〕「湘人合辭以書院請」，「合」，底本原作「今」，據四庫本、嶽雪樓本改。

〔八〕「張紫微平生得意書也」，「也」，底本原誤爲「池」，據北圖本、四庫本、傳是樓本改。

〔九〕「殿脚插入赤沙湖」，「赤沙湖」，底本原作「碧沙湖」，據四庫本及杜詩詳注卷二二、全唐詩卷二二三嶽麓山道林二寺行改。

〔一〇〕「細學何顒免興孤」，「何顒」，清仇兆鰲作杜詩詳注，以爲當作「周顒」，謂「靈運游山，周顒好佛，故並舉以自方」。語見該書卷二二嶽麓山道林二寺行注。全唐詩卷二二三亦云當作「周顒」。

〔一一〕「小樓黑無月」，「小樓」，韓昌黎集卷二陪杜侍御游湘西兩寺獨宿有題因獻楊常侍作「山樓」。

〔一二〕「西國文書貝葉寫」，「西國」，底本原作「西園」，據全唐詩卷五六六所載韋蟾岳麓道林寺改。

〔一三〕「爲聞楚國富山水」，底本原誤「聞楚」爲「問富」，據全唐詩卷四六六沈傳師次潭州酬唐侍御姚員外游道林嶽麓寺題示改。

〔一四〕「五嶽祭秩皆三公」，「祭」，底本原作「登」，據韓昌黎集卷三謁衡嶽廟遂宿嶽寺題門樓改。

〔一五〕「睢盱偵伺能鞠躬」，「睢盱」，底本原作「盱睢」，據韓昌黎集卷三謁衡嶽廟遂宿嶽寺題門樓乙正。

〔一六〕「因東城爲池」，「東城」，四庫本及文苑英華卷八二八所載柳宗元潭州楊中丞作東池戴氏堂記作「東泉」，與底本異。

〔一七〕「望之若連艫縻艦」，底本原誤「艫」爲「艦」，誤「艦」爲「檻」，據四庫本及柳宗元集卷二七潭州楊中丞作東池戴氏堂記改。

〔一八〕「粲然而榮」，「榮」，底本原作「縈」，據北圖本、四庫本、傳是樓本及柳宗元集卷二七潭州楊中丞作東池戴氏堂記改。

〔一九〕「當弘農公之選」，底本原脱「公」字，據柳宗元集卷二七、文苑英華卷八二八所載潭州楊中丞作東池戴氏堂記補。

〔二〇〕「道宜益懋」，底本原作「以道宜懋」，據柳宗元集卷二七、文苑英華卷八二八所載潭州楊中丞作東池戴氏堂記改。

〔二一〕「昔熊繹始在此地」，「熊繹」，底本原作「熊澤」，據四庫本及史記卷四〇楚世家改。

〔二二〕「兩府之從事與部屬之吏屬而和之」，「吏」，底本原作「外」，據韓昌黎集卷二〇荆潭唱和詩序改。

〔二三〕「知其客可以信其主者」，「信」，底本原作「知」，據韓昌黎集卷二〇送楊支使序改。

〔二四〕「何其與書之云者異耶」，底本原重一「云」字，據曾鞏集卷一四送趙宏序刪。

〔二五〕「蘄力勝賊者」，「蘄力」，底本原作「靳力」，據曾鞏集卷一四送趙宏序改。

〔二六〕「愚言儻可以用」，「用」，底本原作「平」，曾鞏集卷一四送趙宏序或作「平」，或作「用」，依上下文義，當以「用」字爲是，今據改。

〔二七〕「然大中祥符之間」，「大中祥符」，曾鞏集卷一四送趙宏序作「大中咸通」，與本書異。大中、咸通爲唐宣宗及唐懿宗年號。

〔二八〕「嗟苦先生」，「苦」，底本原作「若」。今中華書局點校本漢書卷四八賈誼傳所録弔屈原賦，以爲「苦」字較「若」字爲長，據改。

〔二九〕「夫豈從蝦與蛭螾」，「蛭」，底本原作「蛙」，據北圖本、元甲本、四庫本、嶽雪樓本及漢書卷四八賈誼傳所録弔屈原賦改。

〔三〇〕「見細德之險徵兮」，「徵」，底本原作「微」。今中華書局點校本漢書卷四八賈誼傳所録弔屈原賦，以爲「徵」字較「微」字爲長，據改。

〔三一〕「識君於交逵」，「交逵」，底本原作「文逵」，據歐陽修全集卷一四送廖倚歸衡山序改。

〔三二〕「湘流方湯湯」，「方」，朱子大全卷五拜張魏公墓下作「亦」。

〔三三〕「謹義利之辨」，朱子大全卷八五張敬夫畫像贊作「謹善利之判」。

方輿勝覽卷之二十四

衡州 衡陽 耒陽 安仁 常寧 茶陵（陞軍使，見後）

【建置沿革】禹貢荆及衡陽爲荆州。當鶉尾之次，翼、軫之分野。春秋屬楚。秦屬長沙郡。漢屬桂陽郡及長沙國。吴置湘東郡。晉立湘州。宋爲國。齊爲郡。梁置衡州。陳置東衡州，以本州爲西衡州。隋置衡州，煬帝改爲衡山郡。唐復爲衡州。國朝因之。領縣五，治衡陽。

湖南提刑、提舉置司。

事要

【郡名】衡陽，郡在衡山之陽，故曰衡陽。古酃，漢爲酃縣。蒸湘。見蒸水註。

【風俗】民豐土閑。南齊志：「湘州之奥，云云。」人多純朴。寰宇記：「有舜之遺風，云云。」必有魁奇之民。見下韓文。

【形勝】東傍湘江。郡縣志：「云云，北背蒸水。」瀟湘帶其左。圖經：「衡之爲郡，直鴈峰北，云云。」獨衡山爲宗。韓文：「南方之山，巍然高大者以百數，云云。神氣所感，必有魁奇忠信才德之民生其間。」詳見郴州。回鴈爲首。徐靈期曰：「南嶽周回八百里，云云，麓嶽爲後。」山川之秀麗。歐陽永叔：「云云，接衡、湘，人得之爲後傑。」詳見潭州。

【山川】石鼓山，在城東三里。有東巖、西溪、朱陵後洞。○酈道元水經注云：「臨蒸縣有石鼓，高六尺，湘水所逕。鼓鳴則有兵革之事。」熊耳山，在安仁縣東南七十里。衡嶽，在衡陽縣。○寰宇記：「宿當翼、軫，度應璣、衡，書所謂南嶽也。乃朱陵之靈臺，太虛之寶洞。」國初緣舊制，祠官所奉，止東、西、北、中四嶽。開寶元年，有司按祭典，請祭南嶽於衡山。從之。詳見潭州。岣嶁峰，在衡陽北。湘水記：「衡山南有一山，名——，東西七十里，南北三十里，高一千五百丈。禹登山，獲金簡玉牒治水之書。山上承翼宿，鈐得鈎物，故名岣；下據離宮，攝統火師，故名嶁。」○韓愈詩：「岣嶁山尖神禹碑，字青石赤形摹奇。科斗拳身薤葉披，鸞飄鳳泊拏虎螭。事嚴跡怪鬼莫窺，道人獨上偶見之。我來咨嗟涕漣洏，千搜萬索何處有，森森緑樹猿猱悲。」回鴈峰，在衡陽之南。鴈至此不過，遇春而回，故名。或曰峰勢如鴈之回。紫蓋峰，山海經：「山有玉牒，遥望如陣雲。有峰名紫蓋，禹治水，登而祭之。遇玄夷蒼水使者，授金簡玉字，果得治水法。」或曰其形如蓋。兜率峰，陶弼詩云：「兜率一峰旁，林開見寶幢。鳥行高避縣，山骨下連江。」白雲峰，在南嶽下，有龍潭。又有碧雲峰、明月峰、香爐峰、天柱峰、石廩峰、石菌峰、芙蓉峰。曾青岡，出曾青，可合仙藥。酃湖，郭仲産湘中記：〔一〕「衡陽縣東二十里有——，周二十里，深八尺，湛然緑色，土人取以釀酒，其味醇美。

晉武帝平吴，始薦酃酒於太廟。」○吴都賦：「飛輕軒而酌淥酃。」茶溪、寰宇記：「茶陵，有茶水。」黄溪、吕温詩云：「偶尋——日欲没，早梅未盡山櫻發。無事江城閉此身，不得坐待花間月。」湘水、自陽海發源，至零陵而營水會，二水合流，謂之瀟湘。蒸水、衡陽本漢酃縣，屬長沙國。吴分酃縣立臨蒸縣，今郡西七十里蒸陽故城是也。○郡國志：「俯臨——，其氣如蒸，故曰臨蒸。」耒水、在耒陽縣。一名歷水。中有大歷，可容百斛。宜溪水、在耒陽。湘州記：「傍有穴，天旱以水灌之，輒致暴雨，吴都賦所謂『龍穴所蒸，靈雨所儲』是也。」瀟湘水、柳宗元湘口館詩序：「瀟、湘二水所會。」上潢水、在衡陽縣。出岣嶁山，屈曲流六十里會湘水，勝小舟。大别水、水經注：「————，南出耒陽。」〔二〕水簾、在朱陵洞。○畢田詩：「洞門千尺掛飛流，玉碎珠簾冷噴秋。今古不知誰捲得，緑羅爲帶月爲鈎。」青草渡。在衡陽縣北一里，即蒸水。

【學校】石鼓書院。朱元晦記：「石鼓山據烝、湘之會，江流環帶，最爲一郡佳處。故有書院，起唐元和間，州人李寬之所爲。至國初時，嘗賜敕額。其後乃復稍徙而東，以爲州所，則書院之迹於此遂廢而不復脩矣。淳熙十二年，部使者潘侯畤德夫，始因舊址列屋數間，榜以故額，將以俟四方之士有志於學而不屑於課試之業者居之，未竟而去。今使者，成都宋侯若水子淵，又因其故而益廣之，别建重屋以奉先聖先師之象，且摹國子監及本道諸州印書若干卷，而俾郡縣擇遺脩士以充入之。蓋連帥林侯栗、諸使者蘇侯詡、官侯鑑、衡守薛侯伯宣，皆奉金齎，割公田，以佐其役。踰年而後，落其成焉。於是宋侯以書來曰：『願記其實，以詔後人。且有以幸教其學者，則所望也。』予惟前代庠序之教不脩，士病無所於學，往往擇勝地立精舍以爲羣居講習之所，而爲政者乃或就而襃表之。若此山，若嶽麓，若白鹿洞之類是也。逮至本朝慶曆、熙寧之盛，學校之官遂徧天下，而前日處士之廬無所用，則其舊跡之蕪廢亦其勢然也。不有好古圖舊之賢，孰能謹而存之哉？抑今郡縣之學官，置博士弟子員，皆未嘗攷其德行道藝之素；其所受授，又皆世俗之書、進取之業，使人見利而不見義。士之有志於爲己者，蓋羞言之。是以嘗欲别求燕閒清曠之地，以共講其所聞而不可得。此二公所以慨然發憤於斯役，而不敢憚其煩，蓋非獨不忍其舊跡之蕪廢而已也。故特爲之記其本末，以告來者，使知二公之志所以然者，而無以今日學校科舉之意亂焉。又以風曉在位，使知今日學校科舉之害將有不可勝言者，不可以是爲適然而莫之救也。若諸生之所以學，而非若今人之所謂，則昔者吾友張子敬夫所以記夫嶽麓者，語之詳矣。顧於下學之功有所未究，是以誦其言者，不知所以從事之方，而無以蹈其實。然今亦何以它求爲哉？亦曰養其全於未發之前，察其幾於將發之際，善則廣而充之，惡則克而去之。其亦如此而已矣，又何俟於予言哉？」

【亭榭】合江亭，在石鼓山後。唐刺史齊映建。○韓愈自山陽令徙江陵掾，過衡陽，有合江亭寄鄒使君詩云：「江亭枕湘江，蒸水會其左。瞰臨渺空闊，緑净不可唾。維昔經營初，邦君實王佐。翦林遷神祠，買地費家貨。梁棟横可愛，結構麗匪過。伊人去軒騰，兹宇遂摧挫。老郎來何暮，高唱久乃和。樹蘭盈九畹，栽竹逾萬箇。長絙仍滄浪，幽溪下坎坷。波濤夜俯聽，雲樹朝對卧。初如遺宦情，終乃最郡課。人生誠無幾，事往悲豈那。蕭條綿歲時，契闊繼庸瑣。勝事誰復論，醜聲日已播。

中丞黜凶邪，天子閔窮餓。君侯至之初，閭里自相賀。淹滯樂閑曠，勤苦勸慵惰。爲余埽塵堦，命樂醉衆坐。窮秋感平分，新月憐半破。願書巖上石，勿使塵泥涴。」**望嶽亭**。在縣南。唐韋虛舟建。

【祠墓】**木居士廟**、韓愈詩：「火透波穿不計春，根如頭面榦如身。偶然題作木居士，便有無窮求福人。」○羅隱題木居士廟詩：「烏噪殘陽草滿庭，〔三〕此中枯木似人形。只應水物長爲主，未必浮槎即有靈。八月風波飄不去，四時黍稷薦惟馨。南朝庾信無因賦，牢落祠前水氣腥。」○元豐初，耒陽令禱旱無雨，析而薪之。今所祀者，乃寺僧再刻也。**杜子美墓**。本傳：「大曆中，出瞿唐，下江陵，泝沅湘以登衡山，因客耒陽，游嶽祠。大水遽至，涉旬不得食，縣令具舟迎之，乃得還。令嘗饋牛炙白酒，大醉，一夕卒。」劉斧摭遺小説謂子美由蜀往來，得以詩酒自適。一日過江上，舟中飲醉，不能復歸，宿酒家。是夕江水暴漲，子美爲驚湍漂泛，其尸不知落於何處。玄宗還南內，思子美，詔求之。聶令乃積空土於江上，曰：「子美爲白酒牛炙脹飫而死，葬於此矣。」以此聞玄宗，故唐史氏因有「牛炙白酒，大醉，一夕卒」之語。信哉，史氏之訛也。○元稹作墓誌云：「扁舟下荊楚，竟以寓卒，旅殯岳陽。其後嗣業啓柩，襄祔事於偃師，途次于荊，拜余爲誌。」○韓愈詩：「今春偶客耒陽路，悽慘去尋江上墓。招手借問牧童兒，牧兒指我祠堂處。一堆空土煙蕪裏，空使詩人悲歎起。怨聲千古寄西風，寒骨一夜沉秋水。當時處處多白酒，牛炙如今家家有。飲酒食肉今如此，何故常人無飽死？捉月走入千尺波，忠諫便沉汨羅底。固知天意有所存，三賢所歸同一水。過客留詩千百人，千古醜聲竟誰洗？明時好古疾惡人，應以我意知終始。」○王介甫題杜子美像云：「吾觀少陵詩，謂與元氣侔。

力能排天斡九地，壯顔毅色不可求。浩蕩八極中，生物豈不稠？醜妍巨細千萬殊，竟莫可以窮雕鎪。惜哉命之窮，顛倒不見收。青衫老更斥，餓走半九州。瘦妻僵前子仆後，攘攘盜賊森戈矛。吟哦當此時，不廢朝廷憂。嘗願天子聖，大臣各伊、周。寧令吾廬獨破受凍死，不忍四海赤子寒颼颼。傷屯悼屈只一身，嗟時之人我所羞。所以見公像，再拜涕泗流。推公之心古亦少，願起公死從公遊。」

【名宦】呂温；爲刺史。皇朝張齊賢、廷試唱名，得旨一榜盡除通判。寇準、準之貶雷州也，天下莫不冤之。初過零陵，行囊爲溪寇所掠，其酋長聞而趣還之。踰年，遷衡州司馬。劉摯。爲御史裏行，上疏論常平免役法十害，責監衡州鹽倉。

【人物】蔡倫。有宅在耒陽縣，有池及搗紙臼。

【題詠】中有古刺史。杜甫詩：「云云，盛才冠巖廊。扶顛持柱石，獨坐飛秋霜。」郡邑地卑饒霧雨。唐郭受寄杜子美詩：〔四〕「云云，江湖天闊足風濤。」湖南爲客動經春。杜甫詩：「云云，燕子啣泥兩度新。」衡陽太守虎符新。唐韓翃詩：「湘竹班班湘水春，云云。」可獨衡山解識韓。蘇子瞻詩。

【四六】疏渥龍墀，分符鴈嶠。剛辰啓籥，蒸水建牙。湖右奥區，衡陽名郡。地雄州望，星烱倉臺。瞻言蒸水之邦，乃析長沙之地。載惟翼、軫之區，莫重荆、衡之域。豈伊南服之州，尚屈東方之騎。符分漢室之魚，開藩有俶；書寄衡陽之鴈，賀厦敢稽。詩述昌黎，閭里賀使君之至；句成杜老，巖廊輟刺史之臨。揖衡嶽之五峰，正須彈壓；分湖湘之千里，有賴撫摩。開天柱、紫蓋之雲，民嵒洞見；澄洞庭、青草之水，地險彌堅。皂蓋朱幡，豈鴈峰之久駐；黄扉青瑣，即鳳闕之遄歸。肅擁州麾，直可開衡山之雲氣；頻過書院，又將詠沂水之春風。韓昌黎之叙衡山，必多忠信魁奇之士；朱文公之記石鼓，欲聞性命道德之談。

道州 營道 江華 寧遠 永明

【建置沿革】禹貢荆州之域。舜封象於有庳國，即其地也。楚、越之分，翼、軫之星。春秋、戰國屬楚。秦屬長沙郡。漢武分長沙置零陵郡。吴分零陵郡置營陽郡，今州是也。以郡在營水之南，故名。南齊爲營道郡。梁改永陽郡。唐改南營州，尋改道州。皇朝因之。今領縣四，治營道。

事要

【郡名】春陵。長沙定王封中子買爲——侯，有故城在寧遠縣。

【風俗】俗尚韶歌。晏類要：「云云，因舜二妃泣望於瀟湘，號曰湘君、湘夫人，遂作此歌。其來久矣。」島夷卉服。同上。引風俗記云：「别有山猺、白蠻、倮人三種，書所謂云云是也。」

【形勝】僻在嶺隅。元結曰：「臣州云云，其實邊裔。」有九疑山。山海經注云：「蒼梧之山，〔五〕云云，在零陵界。」與五嶺接。寰宇記：「云云，雖有炎熱，而無瘴氣。」南控百粤之徼。掌禹錫壁記：「云云，北湊三湘之域。」

【土産】州産侏儒。陽城傳：「城爲道州刺史，云云，謂之矮奴。城奏州民盡短，自是罷貢，州人感之，以『陽』名子。」○白居易矮奴詩：「道州之民多侏儒，長者不過三尺餘。市作矮奴年進送，號爲道州任土貢。一自陽城來守郡，不進矮奴頻詔問。城云臣按六典書，任土貢有不貢無。道州水土所生者，只有矮民無矮奴。吾君感悟璽書下，歲貢矮奴宜悉罷。道州民，欲説使君先下淚。仍恐兒孫忘使君，生男多以『陽』爲字。」

【山川】營道山、在——縣西四十五里。其始名曰營陽，又曰南營，又曰洪道。瀟山、在營道縣西。九疑山、在寧遠縣南六十里。亦名蒼梧山，九峰相似，望而疑之，謂之————。有九峰，峰各有一水，四水流灌於南海，五水北注，合爲洞庭。其一曰朱明峰，其下湘水源。二曰石城峰，其下沲水源，女冠魯妙典所居。三曰石樓峰，其下巢水源。四曰蛾皇峰，其下池水源。五曰舜源峰，其下瀑水源；亦曰華蓋，此峰最高。六曰女英峰，其下砅水源。〔六〕七曰簫韶峰，其下洊水源。八曰桂林峰，其下洑水源。九曰梓林峰，其下湎水源。舊録所載不同，與九峰不相涉。○蒼梧、九疑之辨：檀弓云：「舜葬于蒼梧之野。」晉習鑿齒云：「虞舜葬零陵。」元和郡縣志亦云：「九疑，舜之葬也。」按太史公曰：「舜南狩行，死於蒼梧之野，歸葬於江南之九疑，是爲零陵。」則是舜死於蒼梧之野，歸葬於零陵之九疑。山海經云：「舜之所葬，在今道州零陵縣界。」蒼梧、九疑，當是兩處，後人誤引舜死之地以爲舜葬之所耳。太史遍歷天下名山大川，必有所據，當從史記及山海經。舂陵山、在營道縣北七十五里。五山相接，山勢峭秀，舂陵水所出。即漢舂陵。含暉巖、在營道縣南五里。唐劉夢得記云：「薛君景晦爲道州，得異境，有石室穹然如夏屋，因名其地曰——。」斜巖、在縣南二百餘步。古木蒼煙，石田棋布，巖竇可二丈，其中深不可極，或云通天。執炬而入，但見峻崖峭壁，寒泉冷風，滴乳如佛像，如車蓋，如花菓，如器皿，如飛走。唐薛伯高命名。至道初太守張觀名曰紫虚洞，有寇萊公題名在焉。玉琯巖、在古舜祠之側。漢哀帝時，零陵郡文學奚景得玉琯十二於此，今舜祠後石室是也。前有天皇元年舜碑，尚存。月帔巖、〔七〕在田村。梁武帝時，有雙師自南嶽來，止於黄庭觀，居白馬巖。一日臨溪，浴既隱去，留所衣——在杉林間，數百年不壞。巖中坐席，舊迹宛然。高士巖、在舜祠西二里間。舊名野猪巖，丘順甫欽若改曰———。昔有獵者，見羣豕，逐入巖不見，因得樂器一部，無爲觀道士以獻之朝。事見唐王維賀表。龍巖、在丹桂鄉耽坡墟之側，瀕江。相傳若聞巖有龍吟之聲，即其鄉有登科級者。陽華巖、在營道縣東南七里。山下有大巖，向東。元次山名之，作銘；命邑大夫瞿令問以二體篆書刻之崖石。元次山招陶別駕家陽華詩云：「海内厭兵革，騷騷二十年。陽華洞中人，似不知亂焉。」斑竹巖、在營道縣南五十里，多小斑竹。相傳云：舜葬九疑，二妃尋湘水，以手拭淚把竹，遂成斑色也。○劉長卿詩：「蒼梧在何處，斑竹自成林。點點留殘淚，枝枝寄在心。」白茫嶺、在江華縣西。亦名吡渚，五嶺之一。世説：「五嶺：一大庾，二永明，三白茫，四臘嶺，五臨源。」白茫嶺在江華。杜甫云：「五嶺皆炎熱，此居其一。」永明嶺、在永明，蓋五嶺之一也。暖谷、在寒亭傍。治平四年，邑尉李伯英得之，邑大夫蔣祺名之。蔣穎叔作記謂：「方盛寒，入此谷中，其氣温然，雖挾纊熾炭不若也。」**碧虛洞**；水流通碧橋，南注舜溪。亦名嘉魚洞，其實碧虛池也。元次山名曰無爲洞，篆刻在焉。洞在永福寺東十步，上有貞元間李嶠篆刻。行五里間，有南北二徑，一徑適舜峰，一徑通紫虛洞。行二十里，有石穴，上通於天，有元次山永泰年題名。自天聖中寺僧雲亮於洞前百步築堤爲塘，潴水溉田，洞遂爲池。**左湖**、在州東。**濂溪**、在營道縣西二十里。**洄溪**、在江華縣三十里。四山之間，乳竇松膏之所漬，泉甘宜稻，飲之者壽。元次山宿洄溪翁宅詩序云：「翁代宗時人，姓黄。」**春溪**、在故大歷縣，即都溪也。**右溪**、在城西。水流石間，元次山名之，有游右溪勸學者詩。薛伯高即其旁建學，溪在學之東。○元次山詩：「吾愛石魚湖，石魚在湖裏。魚背有酒尊，繞魚是湖水。兒童作小舫，載酒勝一盃。且欲坐湖畔，石魚長相對。」**二十四灘**、亦能病舟。**瀟水**、在營道縣西北。南流一百里，至州城東南與沲水合。**營水**。在營道西一里。

【井泉】七泉。元結銘序云：「道州東郭有泉七穴，命其五曰潓、淲、涍、汸、湞，欲飲者有所感發；一曰漫泉，自旌漫浪；一出山東，命曰東泉，垂流特異。」

【樓閣】萊公樓、在州治之西。公貶道州司馬，既去，人爲之建樓，以萊公名之。初寮王安中書額。**鼓角樓**。天聖間，司理掌禹錫記云：「鼓角之制，有自來矣。肇帝鴻之御宇，戰蚩尤於涿野，克壯乎虎旅，取象乎龍吟。爾後始皇備於鹵簿，稷嗣定於雅樂。前征烏於之國，遂寢乎兜勒之曲，後分熊軾之寄，乃限乎天驕之奏。故有屹壤湖之峻雉，敞雲構之飛譙。三吹之調彌切，七萃之師咸肅，丕顯乎威武，底寧乎邊鄙。則知聖人備物致用，其利博哉！」

【亭榭】粲粲亭、在州治後。蓋取杜詩「——元道州」之句。欣欣亭、同上。取道州民歌「老者幼者何——」之句。振振亭、同上。取柳子厚文宣王廟碑「——薛公」之意。肅肅亭、同上。取杜甫餞裴道州詩「——秩初筵」之意。欸乃亭、元結有詩云：「下瀧舡似入深淵，上瀧舡似欲昇天。瀧南欲到九疑郡，應絶高人乘輿舡。」白雲亭、元結詩有云：「出門見南山，喜逐松徑行。窮高欲極遠，始到———。」滮泉亭、在滮泉北。○元結詩云：「問吾常燕息，泉上何處好？獨有———，令人可終老。天寒宜泉温，泉寒宜大暑。誰到———，其心肯辭去？」寒亭、在江華縣，隔江。唐瞿令問棧險道入洞穴，因作亭於石上。元結大暑登之，疑天時將寒，故名。菊圃。在州治。元結有詩。

【古跡】舜陵、或云在女英峰之下。寰宇記云：「名永陵。自古禁樵採，置守陵六户。」有庳國、舜封象於有庳，後世以道州爲有庳之國，國始封。今失其地。唐通典爲有鼻。柳宗元記薛伯高刺道州斥鼻亭神事，亦以庳爲有鼻云。麓牀三級、在舜廟前，簫韶峰之東北，無爲觀後，相去十餘里。古有道之士作之以棲息。修真四壇、第一壇乃第一麓牀，上有茜草，長丈餘，如虎鬚；古人鍊丹之地，鐵臼、鐺釜猶存。第二壇乃第二麓牀，有清池東流，鐵臼、鐵磬，一曰在無爲觀，其文云「齊永明五年四月五日，國主爲一切含識造鐵磬十二枚」。第三壇上有石牀，筀竹圍大者幾二尺。第四壇有石盆，水流不竭。九井、在九疑山。世傳何侯採藥九疑山，鍊丹于此，汲一井而八井皆動。窊樽、在城中報恩寺之西。元結集云：「道州城外，左湖東二十步有小石山，山巔有窊穴可以爲樽，乃爲亭樽上。」○元結詩：「巉巉小山石，數峰載窊亭。窊石堪爲樽，狀類不可名。」**五如石**、在下津門之外，江之北。左如旋龍，右如驚鴻，前如飲虎，後如怒龜，坐于石巔，如乘靈槎。亦元結名之。**初寮石**。在州子城西開元寺前江中。王安中謫居，每乘舟往坐其上。有刻字。

【祠廟】**舜祠**、在舜峰下。**濂溪祠**。魏華父記：「營道之西十八里爲濂之源，又東流二十里爲濂溪保，左曰龍山，右曰豸則，故居之實也。」

【名宦】**裴虬**、爲刺史。歐陽永叔集古録怡亭跋尾稱虬爲道州刺史，蓋亭銘裴虬所撰。**徐履道**、元結道州刺史廳壁記：「天下太平，方千里之内，生植齒類，刺史能存亡休戚之。天下兵興，方千里之内，能得黎庶，能攘患難，在刺史耳。凡刺史，若無文武才略，若不清廉肅下，若不明惠公直，則一州生類皆受其害。於戲，自至此州，見井邑丘墟，生民幾盡，試問其故，不覺涕下。前政刺史，或有貪猥惛弱，不分是非，但以衣服飲食爲事，數年之間，蒼生蒙以私欲侵奪，兼之公家驅迫，非姦惡强富，殆無存者。問之耆老，前後刺史能恤養貧弱，專守法令，有徐公履道、李公廙而已。徧問諸公，善或不及徐、李二公，惡有不堪説者，故爲此記與刺史作戒。自置州已來，諸公改授遷絀年月，則舊記存焉。」**李廙**、詳見上徐履道注。**元結**、本傳：「結爲刺史，搜攬山水佳處，被之詩歌，由是此邦山水甲天下。又奏免百姓所負租税十三萬八千餘緡。」容齋三筆云：「元結爲刺史，作春陵行，又作賊退示官吏一篇。杜甫覽結二詩，亦志之曰：『今盜賊未息，知民疾苦，得結輩十數公，落落然參錯天下爲邦伯，萬物吐氣，天下少安，可待矣。』」**陽城**、城至道州，治民如治家，不以簿書介意。課當上考功，城自書曰：「撫字心勞，催科政拙，考下下。」**薛伯高**：唐元和七年由刑部郎爲州刺史，遷州學於城西，柳宗元爲記。**皇朝寇凖**。景德間，與畢士安同相，以謀廢丁謂事泄，出知州。未幾，貶道州司馬。公之謫此也，百姓競荷土木爲廨舍。守土者以聞，遂有海康之行。

【人物】**李郃**、太和元年擢進士第一，崔鄲爲坐主。或謂即與劉蕡同應賢良方正科者。**何堅**：韓愈送何堅序：「何與韓，同姓爲近。堅以進士舉，於吾爲同業。其在太學也，吾爲博士，堅爲生。生與博士，爲同道。其識堅也十年，爲故人。同姓而近也，同業也，同道也，故人也，於其志不得願而歸，其可以無言耶？堅，道州人，道之守陽公也。道於湖南，爲屬州。陽公賢也，堅爲民，堅又賢也。湖南得道爲屬，道得堅爲民。堅歸，倡其州之父老子弟服陽公之令，道亦倡其縣與其比州服陽公之令。吾聞鳥有鳳者，常出於有道之國。當漢時，黄霸爲潁川守，是鳥實集而鳴焉。若史可信，堅歸，吾將賀其見鳳而聞其鳴也已。」**皇朝周敦頤**。始名惇實，改避舊諱。年十五，偕母往京師，依舅家居。用舅氏向恩，補將作監簿，調洪州分寧縣主簿、南安軍司理、郴州郴縣令、桂陽令，又知洪州南昌縣、合州判官、虔州通判、永州通判，遷駕部郎，受廣東運判，就轉虞部郎，提刑，以疾求南康，上印分司南京，卜居九江廬山，名曰濂溪書堂。葬江州。先生初往京師，不知其師誰也。年未不惑，已爲二程師。先生有通書四十章，舊無太極圖，程氏本有之，在通書之後。或曰傳於穆脩，脩傳先天圖於種放，放傳於希夷先生陳摶。此殆其學之一師也。通書有章，其篇目則後人爲之。五峰胡公宏爲序焉。

【題詠】粲粲元道州。杜甫和元使君春陵行云：「遭亂髮盡白，轉衰病相嬰。沉綿盜賊際，狼狽江、漢行。歎時藥力薄，爲客羸瘵成。吾人詩家秀，博采世上名。云云，前聖畏後生。觀乎春陵作，欻見俊哲情。復覽賊退篇，結也實國楨。賈誼昔流慟，匡衡嘗引經。道州憂黎庶，詞氣浩縱横。兩章對秋月，一字偕華星。致君唐、虞際，純朴憶大庭。何時降璽書，用爾爲丹青。獄訟久衰息，豈惟偃甲兵。悽惻念誅求，薄斂近休明。乃知正人意，不苟飛長纓。涼飈振南嶽，之子寵若驚。色沮金斗大，興含滄溟清。我多長卿病，日夕思朝廷。肺枯渴太甚，漂泊公孫城。呼兒具紙筆，隱几臨軒楹。作詩呻吟内，墨淡字欹傾。感彼危苦詞，庶幾知者聽。」肅肅秩初筵。杜甫湘江餞裴道州詩：「白日照舟師，朱旂散廣川。羣公餞南伯，云云。」朝飡是草根。元結春陵行詩：「州小經亂亡，〔八〕遺人實困疲。大鄉無十家，大族今單羸。云云，暮食乃木皮。」隼旟辭瀟水。劉禹錫送李策：「一麾出營陽，惠彼蚩蚩民。云云，居者皆涕零。」路入畫屏中。吕温道州途中詩：「零、桂佳山水，〔九〕營陽舊日同。經途看不暇，遇境説難窮。疊嶂青時合，澄湘謾處空。舟移明鏡裏，云云。巖壑千家接，松蘿一徑通。漁燈生縹渺，犬吠隔瓏璁。戲鳥留餘翠，幽花怯晚紅。光翻沙瀨日，香散橘園風。信美非吾工，分憂屬賤躬。守愚資地僻，卹隱望年豐。且保心能静，那求政必工。課終如免戾，歸養洛城東。」余昔發軔於蒼梧。屈原離騷經曰：「云云，歷沅湘以南征兮，就重華而陳詞。」登九疑兮望清川。李白悲清秋賦：「云云，見三湘之潺湲。」

【四六】乃眷春陵，實鄰炎嶠。瀟水名邦，濂溪遺俗。雖云地僻，尤幸民淳。山近九疑，俗同五嶺。乃眷蒼梧之野，爰分左竹之符。弔靈均於湘水，叫虞舜於蒼梧。民貧而土地希入，俗悍而蠻獠雜居。陽諫議字民之政，此意可稽；周濂溪毓秀之鄉，斯文有賴。郡臨瀟水，居多蠻徼之氓；地近嶺隅，漸有炎荒之象。撫字心勞，寧愧當時之陽子；品題句妙，重逢今代之漫郎。豈特矮民猶誦陽公之德，抑令黎庶能知元子之憂。

校勘記

〔一〕「郭仲産湘中記」，「郭仲産」，底本原作「郭仲堅」，據隋書卷三三經籍志、新唐書卷五八藝文志，湘中記作者爲郭仲産，今改正。

〔二〕「大别水南出耒陽」，「南」，底本原作「所」，據水經卷三九耒水注改。

〔三〕「鳥噪殘陽草滿庭」，「滿」，底本原作「蒲」，據四庫本、嶽雪樓本及全唐詩卷六五六羅隱衡陽泊木居士廟下作改。

〔四〕「唐郭受寄杜子美詩」，「杜子美」，底本原作「杜子長」，據唐詩紀事卷二四、全唐詩卷二六一改。杜子美即杜甫，甫有酬郭十五判官詩，郭受即作詩以寄答也。

〔五〕「蒼梧之山」，「山」，底本原作「川」，據山海經海内南經改。

〔六〕「砅水」，底本原作「砅水」，據輿地紀勝卷五八、讀史方輿紀要卷八一、大明一統志卷六五及清同治江華縣志卷一改。

〔七〕「月帔巖」，「帔」，底本原作「陂」，據輿地紀勝卷五八改。

〔八〕「州小經亂亡」，「州」，底本原作「舟」，據嶽雪樓本及全唐詩卷二四一元結春陵行改。

〔九〕「零桂佳山水」，「零桂」，底本原作「秋桂」，全唐詩卷三七一吕温道州途中即事作「零桂」。考道州漢爲零陵郡地，而該郡本元鼎六年由桂陽郡分置，兩郡鄰接，故古時常並稱。如三國志卷五二吴書步騭傳「備既敗績，而零、桂諸郡猶相驚擾」，晉書卷三四杜預傳「預乃開楊口，起夏水達巴陵千餘里，内瀉長江之險，外通零、桂之漕」，皆爲明證，全唐詩作「零桂」是，今據改。

方輿勝覽卷之二十五

郴州 郴縣　桂陽　宜章　永興　資興　桂東

【建置沿革】禹貢荆州之域。翼、軫之分野。春秋、戰國屬楚。秦屬長沙郡。項羽徙義帝於長沙，都郴，即此地也。漢高祖屬荆州。三國吴、蜀分荆州，以湘水爲界，長沙、江夏、桂陽以東屬吴。晉屬江州，又屬湘州。隋廢桂陽，立郴州，因漢縣名也。唐改桂陽郡，復爲郴州。國朝因之。中興領縣四，寧宗朝以溪峒擾攘，創資興、桂東兩縣。今領縣六，治郴縣。

事要

【郡名】郴陽、見「沿革」注。郴江。

【風俗】清淑之氣，蜿蟺扶輿。韓愈送廖道士序：「五嶽於中州，衡山最遠。南方之山，巍然高而大者以百數，獨衡山爲宗。最遠而獨爲宗，其神必靈。衡之南八九百里，地益高，山益峻，水清而益駃。其最高而横絶南北者，嶺。郴之爲州，在嶺之上側南，其高下得三之二焉。中州清淑之氣，於是焉窮。氣之所窮，盛而不過，必蜿蟺扶輿磅礴而鬱積。衡山之神既靈，而郴之爲州，又當中州清淑之氣蜿蟺扶輿磅礴而鬱積。其水土之所生，神氣之所感，白金、水銀、丹砂、石英、鍾乳，橘柚之包，竹箭之美，千尋之名材，不能獨當奇也，意必有魁奇忠信材德之民生其間，而吾又未見也。其毋乃迷惑溺没於老、佛之學而不出耶？廖師郴民，而學於衡山，氣專而容寂，多藝而善遊，豈吾所謂魁奇而迷溺者耶？廖師善知人，若不在其身，必在其所與遊。訪之而不吾告，何也？於其别，申以問之。」**必有材德生其間。**見上。**民俗愿朴而勁。**朱伯潛社壇記。**風俗脆薄。**許荆傳：「郡濱南州，云云。」**必有人才之盛。**李若谷郴江後序：「悼楚懷之徙，嘉唐相之節。叙三賢之政績，紀三仙之功行。」○吴仲權弔古賦：「蠟屐東山，誦劉公之忠；擊楫北湖，味韓子之窮。」

【形勝】古桂陽郡。張浮休百詠詩序：「云云，在湘之東南五六百里。其地皆山谷，實嶺之北麓也。當五嶺未開之時，郴爲南方極遠之地。今南有廣，西有桂，廣、桂猶善部，則郴可知。」**西接九疑。**圖經云：「楚、漢上游，南接五嶺，云云，東南距湖，北距衡山。」**控扼交、廣。**阮閲休跋：「云云，襟帶湖、湘。」**爲湘楚上游。**郡守凌伯裕作郴江集序：「郴云云。」**在海嶠之北。**練亨甫靈壽山記云：「郴環山而州，云云，衡、湘之南。」**州在百重山之内。**張浮休南遷録。**實嶺麓斗僻之地。**吴仲雍記：「郴古郡也，而云云。」**南直五嶺之衝。**陳純夫州學記：「北瞻衡嶽之秀，云云。」**鈎抉景象。**郴江續集序：「若昔杜草堂、韓昌黎，筆端有神，云云，而郴江殆無遺賞。」**自唐以山水名天下。**郴江前集序云云。

【山川】馬嶺山、在郴縣東北七里。舊名牛皮山，又名蘇仙山。輿地志：「昔有仙人蘇耽，入山學道，其母往闖之，見其乘白馬飄然，故又謂之白馬嶺。」其上有壇。黄岑山、在郴縣南三十六里，即五嶺之一。或云即騎田嶺。五蓋山、在郴縣，東西六十里。湘中記：「山有五峰如蓋。鄉人每歲以雪占豐年，云：五蓋雪普，米賤如土；雪若不均，米貴如銀。」萬壽山、在郴縣南。郡國志：「山有靈壽杖。」漢平帝賜孔光靈壽杖，出於此。又有冷、暖二泉。黄相山、在郴縣東南九里。○閻孝忠詩：「東帶連山接五羊，西分郴水下三湘。路人到此休南去，嶺外千峰盡瘴鄉。」耒山、在桂陽縣南十里。四面孤絶。兜率巖，在郴縣資興寨。旁有石像，如僧十八。北湖、在縣西北隅城門外，灌田頃餘。韓愈云「航北湖之空明」，即此。程鄉溪、輿地廣記：「在郴縣之程鄉。首置官醖於山下，名曰程酒，同酃酒焉。」陷池、在郴縣北二十里。又名陷浦。相傳昔有萬氏居此，一旦雷雨，全家皆陷，故以爲名。郴水、過郡城一里，始勝舟；又北行四十五里，至鯉園步江口，合東江，始爲大郴江；入米水，方有水程。桂水。在郴縣西南。○杜甫詩：「飄飄桂水遊。」

【井泉】橘井、在蘇仙故宅，即今開利寺。傳云仙君將去世，謂母潘曰：「明年郡有災，民大疫，母取橘葉、井水飲之。」如期疫果作，郡人臆前言，競詣飲，飲下咽而愈，日起百餘人，以故争持錢敬謝潘。○元結詩：「靈橘無根井有泉，世間如夢又千年。鄉關不見重歸鶴，姓字今爲第幾仙。風冷露壇人悄悄，地閑荒徑草綿綿。如何躡得蘇君跡，白日霓旌擁上天。」○沈彬詩：「眼穿林罅見郴州，井里相逢側局楸。味道不來閑處坐，勞生更欲幾時休。蘇仙宅古煙霞老，義帝墳荒草木愁。千古是非無處問，夕陽西去水東流。」**潮井**、在黄岑山上，一日三湧。**三翁井**：郴縣土富山有銀井，人鑿之，轉深，忽見三老翁授之以杖，悉是銀，故名。**圓泉**、郡志：「在州南二十里。」張浮休永慶寺記云：「世傳陸羽著茶經，定水品。張又新益水品爲二十，而——第十八。」然永慶寺今易爲州學，在城内，不能半里。或以爲即會勝寺蒙泉。**劍泉**、在城内康泰坊，石罅間泉躍而出。世傳項將英布卓劍處，因成泉。**燕泉**、在城西。燕來時泉生，去時泉涸。折彦質居郴時，剪茅爲亭。今廢，牛彘溲飲其中。**熱泉**。在桂陽東百里。其沸如湯。

【堂閣】**清淑堂**：在州宅。○阮美成詩：「三仙一相有遺風，清淑誰言到此窮？寄語郴陽忠信士，得名端合謝韓公。」**覽秀閣**。在倅廳。

【道觀】**蘇仙觀**、在郡子城東門外，即漢蘇耽故宅。紹興封冲素普應真人，觀名集靈。**成仙觀**、在郡子城外北。後漢有成武丁者，屍假而卒葬武丁岡。今以其居爲成仙觀。**露仙觀**。在子城外南。王真人諱錫，爲郡衙校。唐咸通間，甘露降於所居竹木葉上，真人食之遂仙。

【古跡】**義帝都**、按人記義帝乃楚懷王孫心，項羽陽尊爲義帝。後項羽徙義帝於長沙，都郴。有陵，在城内明倫坊。**窊尊石**、在江畔。張浮休有刻銘。**石羊**。在城南五里。巨冢嶢然，前有石如羊。

【名宦】楊璆、前漢時人。築州城。衛颯、後漢循吏傳序：「舉天下郡國，歷三百餘年，纔得十二人，桂陽幸有其三。河内——、南陽茨充、會稽許荆，皆以桂陽政得名。」茨充、代颯爲桂陽，教民種植桑柘麻紵。許荆、爲設喪紀、婚姻制度。李郴州：韓愈有李郴州祈雨詩，云：「乞雨女郎魂，炰羞潔且繁。廟開鼯鼠叫，神降越巫言。旱氣期銷蕩，陰官想駿奔。行看五馬入，蕭颯已隨軒。」皇朝周敦頤、爲郴令，移桂陽令。唐介、以言事謫監酒。張舜民。自號浮休，謫監酒稅。

【人物】孟琯。韓愈序云：「今年秋，見孟氏子琯於郴，手其文，一編甚鉅。」

【名賢】陳瓘、謫居。秦觀、以黨籍安置。陳師錫。以言事謫。

【題詠】郴州頗涼冷。杜甫送舅氏詩：「云云，橘井尚凄清。」風起三湘浪。柳宗元和楊尚書郴州登樓詩：「游鱗出陷浦，唳鶴繞仙岑。云云，雲生萬里陰。」石路九疑深。戴叔倫過郴州詩云：「地盡江南戍，山分桂北林。火雲三月合，云云。暗谷隨風過，危橋共鳥尋。羈魂愁似絶，不復待猿吟。」城頭鶴立處。柳宗元和楊侍郎郴州紀事詩：「旌節下朝臺，分圭從北回。云云，（蘇耽傳：「耽化爲鶴，立城東北隅。」）驛樹鳳棲來。（圖經：「有威鳳降于庭隅。」）」莎城百粤北。張籍送嚴大夫之郴詩：「旌旆過湘潭，幽奇得徧探。云云，行路九疑南。有地多生桂，無時不養蠶。聽歌難辨曲，風俗自相諳。」山作劍攢江瀉鏡。韓愈郴江詩：「云云，扁舟斗轉疾於飛。回頭笑向張公子，終日思歸今日歸。」千峰險似三川峽。阮美成詩：「云云，一水聲如八月潮。」

【四六】惟郴古郡，號楚上游。 眷惟楚望，孰若郴邦。 乃眷郴江，實居嶺麓。 眷惟斗壘，頗帶煙嵐。 惟郴江之名郡，實湘楚之上游。 橘暗蘇仙之井，苔荒義帝之碑。 郴素稱於姱俗，地新控於賊巢。 序考韓公，鍾扶輿清淑之氣；詩形杜老，有凄清涼冷之風。 桂林地近，雖當五嶺之衝；橘井凄清，幸據三湘之上。 來綰縣章，勉繼周濂溪之政；卑棲酒正，永懷唐御史之風。

永州 零陵 祁陽 東安

【建置沿革】禹貢荆州之域。楚地，翼、軫之分野。春秋、戰國屬楚。秦屬長沙郡。漢武分置零陵郡，屬荆州。蜀先主既得益州，乃分荆州之湘水爲界，長沙、江夏、桂陽以東屬吴，南郡、零陵、武陵以西屬蜀；及關羽敗，零陵屬吴；孫晧分零陵南部爲始安郡，分北部爲邵陵郡。晉穆帝分零陵立營陽郡。南齊爲零陵郡。隋置永州。唐復爲永州。〔一〕五季後周時，我藝祖皇帝以勝敵雋功，加永州防禦使，開祉發祥，實由此邦，有若漢之沛、唐之晉陽也。今領縣三，治零陵。

事要

【郡名】零陵、二水、柳宗元湘口館記：「瀟、湘二水所會也。州因二水而名永。」三吾。浯溪、㡯亭、峿臺，皆元結命名。

【風俗】參百粵之俗。柳集：「瀟、湘云云。」又謝表：「地極三湘，俗參百粵，左衽居椎髻之半，可墾乃石田之餘。」其人鬼且禨。柳宗元息壤記：「居楚、越間，云云。」又曰：「惟是南楚，風浮俗鬼。」舉棹則有些聲。柳拱辰風土記：「云云。」如楚詞之些，助語也。歌則有欸乃聲。同上。「云云。」欸乃即所以發歌，柳宗元西巖詩亦用之。今樵夫野老之歌，猶有此聲。游觀之佳麗。見後柳宗元所作南池記。

【形勝】北接衡嶽。舊經：「南接九疑，云云。」面俵瀟湘。周中行撰元結祠堂記：「背負九疑，云云。」古泉陵一縣地。零陵志：「隋置永州之後，割營道、永陽置道州，馮乘爲賀州，又析湘源、灌陽二縣爲全州，存者惟零陵、祁陽爾。本朝雖析零陵增置東安爲三縣，然大要不過云云。」九疑之麓。柳宗元新堂記：「永州實云云。」山水奇秀。倪均題浯溪序云云。

【土産】異蛇、柳宗元捕蛇説：「永州之野産——，黑質白章。觸草木，盡死；以嚙人，無禦之者。然得之以爲餌，可以已大風。其始，太醫以王命聚之，歲賦其二；募有能捕之者，當其租入。有蔣氏者，專其利三世矣。問之，則曰：『吾祖死於是，吾父死於是，今吾嗣爲之，幾死者屢矣。』余悲之，曰：『若毒之乎？余將告於涖事者，更若役，復若賦，則何如？』蔣氏大戚，汪然出涕曰：『君將哀而生之乎？則吾斯役之不幸，未若復吾賦不幸之甚也。又安敢毒耶？』余聞而愈悲。孔子曰：『苛政猛於虎也。』孰知賦斂之毒，有甚於是蛇者乎？故爲之説，以俟觀人風者得焉。」香茅、山川記：「永之野有——，芬馥數里，貢以縮酒，蓋禹貢荆州所貢，而楚苞茅不入，即此。」零香、生湘源。石磬、產零陵。石屏。出祁陽。

【山川】永山、在零陵縣南九十里。州因山以名。西山、在州西瀟江之外。柳宗元愛其勝槩，有西山宴游記云：「攀援而登，箕踞而遨，則凡數州之土壤，皆在衽席之下。」○柳子詩云：「漁翁夜傍西巖宿，曉汲清湘燃楚竹。煙銷日黯不見人，欸乃一聲山水緑。」九疑山、零陵郡之望山。元結云：「方二千里，四州各近一隅。」小石山、柳記：「有積石，無土壤，而生嘉樹美箭。」香零山、在零陵縣東數里。石角山、在州東北十里。○柳詩：「石角恣出步，長烏遂遐征。磴回茂樹斷，景晏寒川明。」洞庭山、謝玄暉送零陵内史范雲詩：「洞庭張樂地，瀟湘帝子游。」石鷰山、庾仲雍湘中記：〔二〕「零陵有石燕，得風雨則飛翔，風雨止則還爲石。」朝陽巖、在零陵南二里，下臨瀟湘。舊經：「道州刺史元結曾維舟山下，以地高而東向，遂名朝陽。有記，猶存。」○元結詩：「｜｜｜下湘水深，朝陽洞口寒泉清。零陵徒有先賢傳，水石爲娛安可羨？」○柳宗元詩：「高巖瞰清江，幽窟潛神蛟。開曠延陽景，回薄攢林梢。」○黄魯直遊朝陽洞云：「徘徊水濱，久之，有白雲出洞中，散漫洞口，咫尺不相見。」詩云：「嵌竇響笙磬，洞中出寒泉。同遊四五客，拂石弄潺湲。俄頃生白雲，似欲駕我仙。」○又作欸乃曲云：「千里楓林煙雨深，無朝無暮有猿吟。停橈静聽曲中意，好是雲山韶濩音。」○張魏公德遠詩：「路幽遲晚日，巖古挹流湘。」○杜陵有歌云：「朝陽巖下瀟水深，朝陽洞中寒泉清。零陵城郭夾瀟岸，巖洞幽奇當郡城。荒蕪自古人不見，零陵徒有先賢傳。水石爲娛安可忘，長歌一曲留相勸。」澹巖、在零陵南二十五里。巖有二門，中有澹山寺，樓殿屋室，隱隙罅中，雖風雨不能及。四顧石壁，削成萬仞。傍有石竅，古今莫測其遠近，目之者有長往之意。○大中張顥記云：「出乎天巧，盤伏於兩江之間。其形如龜，其勢如龍，周回二里。中有巖竇，可容萬夫。古有老人處其下，以澹氏稱，因爲此山之名。秦有周君貞實，避焚坑之禍，隱于此，石床、石井猶存。唐興，有僧到巖下，坐盤石，敷演法華真常妙理，見二蟒各長數十尺，盤於前，師曰：『若受吾訓，當釋汝形。』頃化雙狐，能飛鳴，名曰『訓狐』。師居巖中凡五十年。」○黄魯直詩：「去城二十五里近，天與隔盡俗子塵。春鼃秋蠅不到耳，夏涼冬暖總宜人。巖中清磬僧定起，洞口緑樹仙家春。惜哉次山世未顯，不得雄文鑱翠珉。」又詩云：「澹山澹姓人安在，徵君避秦亦不歸。石門竹徑幾時有，翠臺瓊室至今疑。洞中明潔坐十客，亦可呼樂舞翠衣。閬州城南果何似，永州城南天下稀。」柳巖、在瀟水西五里。零陵宰王淮記：「零陵人世傳有巖，在愚溪之右，柳司馬嘗游焉。既而失所在，今乃得於荒谷中。」東巖、在州治東子城外。舊有湍流，相傳牧守流觴此水。華嚴巖、在城南。唐爲石門精室，據法華寺南隅崖下。○柳宗元詩：「稍疑地脉斷，悠若天梯往。」〔三〕火星巖、在州西江外。巨竹高脩，古木樛曲，地勝景清，爲零陵最奇絶處。暗巖、去澹巖三里。必秉燭乃可入。其間廣袤，可容數萬人。丹崖、在州南百里零陵隴下，石色如丹。唐永泰中有瀧水令唐節，〔四〕去官家于崖下，自稱丹崖翁。元結刺道州，路出崖下，見節，甚重之。因爲作宅，刻銘曰：「磳磳丹崖，其下誰家？門前斷舟，籬上釣車。不知幾峰，爲其西墉。竹出石磴，泉飛户中。」石鏡、在中興崖石之側。有劉愿石鏡序曰：「以水澤之，其光燦然。江山之盤紆，草木之榮悴，皆不可得而遁也。」息壤、在零陵縣南故龍宮寺中。狀若鵝吻，色若青石，自地出尺餘。寺之初興，夷之益高，人不敢犯。子厚以爲息壤所以堙洪水，事非經見，因爲記以辨之。**浯溪**、在祁陽縣南五里。流入湘江，水清石峻。唐上元中，容管經略使元結家焉。結作大唐中興頌，顏真卿大書刻于此崖。結又爲峿臺、㢈亭石室諸銘。○陳衍題浯溪圖云：「元氏始命之意，因水以爲浯溪，因山以爲峿山，作屋以爲㢈亭。三吾之稱，我所自也。制字從水、從山與广，我所命也。三者之自，皆自吾焉，我所擅而有也。」○元結大唐中興頌并序：「天寶十四年，安禄山陷洛陽。明年，陷長安。天子幸蜀，太子即位於靈武。明年，皇帝移軍鳳翔。其年，復兩京，上皇還京師。於戲！前代帝王有盛德大業者，必見於歌頌。若令歌頌大業，刻之金石，非老於文學，其誰宜爲？頌曰：噫嘻前朝，孽臣姦驕，爲昏爲妖。邊將騁兵，毒亂國經，羣生失寧。大駕南巡，百僚竄身，奉賊稱臣。天將昌唐，繄曉我皇，〔五〕匹馬北方。獨立一呼，千麾萬旗，戎卒前驅。我師其東，儲皇撫戎，蕩攘羣兇。復服指期，〔六〕曾不踰時，有國無之。事有至難，宗廟再安，二聖重歡。地闢天開，蠲除妖炎，瑞慶大來。兇徒逆儔，涵濡天休，死生堪羞。功勞位尊，忠烈名存，澤流子孫。盛德之興，山高日昇，萬福是膺。能令大君，聲容沄沄，不在斯文。湘江東西，中直浯溪，石崖天齊。可磨可鐫，刊此頌焉，何千萬年。」○黄魯直讀中興頌詩：「春風吹舡着浯溪，扶藜上讀中興碑。平生半世看墨本，摩挲石刻鬢成絲。明皇不作包桑計，顛倒四海由禄兒。九廟不守乘輿西，萬官奔竄鳥擇栖。南内凄凉幾苟活，高將軍去事尤危。臣結春秋二三策，臣甫杜鵑再拜詩。安知忠臣痛至骨，世上但賞瓊琚詞。同來野僧六七輩，亦有文士相追隨。斷崖蒼蘚對立久，凍雨爲洗前朝悲。」○張文潛詩：「玉環妖血無人埽，漁陽馬厭長安草。潼關戰骨高於山，萬里君王蜀中老。金戈鐵馬從西來，郭公凜凜英雄才。舉旗爲風偃爲雨，灑埽九廟無塵埃。元功高名誰與紀，風雅不繼騷人死。水部胸中星斗文，太師筆下蛟龍字。天遣二子傳將來，高山百丈磨蒼崖。誰持此碑入我室，使我一見昏眸開。百年興廢增嘆慨，當時數子今焉在？君不見荒凉浯水棄不收，時有遊人打碑賣。」○米元章詩：「胡羯自干紀，唐綱竟不維。可憐德業淺，有愧此碑辭。」○張安國詩：「綉綳兒啼思塞酥，重床燎香驅羣胡。黄裙錦韈無尋處，一夜驚眠摇帳柱。朔方天子神爲謀，三郎歸來長慶樓。樓前拜舞作奇祟，中興之功不贖罪。日光玉潔十丈碑，蛟龍盤拏與天齊。北望神京淚雙落，只今何人老文學。」○潘大臨詩：「公汎浯溪春水舡，繫舡啼鳥青崖邊。次山作頌今幾年，當時治亂春風前。明皇聰明真晚謬，乾坤付與哥奴手。骨肉何傷九廟焚，蜀山騎驟不回首。天下寧知再有唐，皇帝紫袍迎上皇。神器倉皇吾敢惜，兒不終孝聽五郎。父子幾何不豺虎，君臣寧能責胡虜。南内凄凉誰得知，人間稱家作端午。平生不識顔真卿，去年不答高將軍。老來讀碑淚沾臆，公詩與碑當並行。不賞邊功寧有許，不殺奏章猶未語。雨淋日炙字未訛，千秋萬歲所鑒多。」○王瞻叔詩：〔七〕「蜀日既衰洛日亡，前星靈武騰光芒。元功百戰兩京復，萬里阿瞞歸故鄉。干戈紛紛徧四海，浯碑已立湘江旁。太師艱難喜粗定，作此大字龍鸞翔。紙摹縑塌四百載，家家傳寶踰琳琅。唐文中世未變古，燕、許偶儷爲班、揚。次山之文可也簡，此頌未追周、魯、商。禄山滔天等窮、澆，春秋之法誅無將。騁兵二字斥邊將，此語豈足懲姦强？末篇三章頗辭費，筆力不復能鏗鏘。磨崖勒銘亦何有，反復自贊乃爾詳。向來各人過許與，舉世附和無雌黄。淮西仆碑無墨客，惜哉不得逢鍾、王。」○范至能云：「頌者，美盛德之形容，以其成功告於神明者也。商、周、魯之遺篇，可以槩見。今次山乃以魯史筆法，婉辭含譏，蓋之而章，後來詞人，復發明呈露，則磨崖之碑，乃一罪案，何頌之有？竊以爲未安。題五十六字，刻之石傍，與來者共商略之云。三頌遺音和者希，丰容寧有刺譏辭？絶憐元子春秋法，却寓唐家清廟詩。歌詠當諧琴搏拊，策書自管璧瑕疵。紛紛健筆剛題破，從此磨崖不是碑。」○趙汝鐺詩：「蒼崖插浯溪，清漲濕元頌。費墨今屋高，千年此安用。鯨翻天寶末，雲滃朔方衆。還都迎上皇，嗚咽抱餘痛。兩宫重宴樂，萬國盡朝貢。當時紀成功，小雅見微諷。顔公發勁畫，金玉相錯綜。我於碑刻間，衆羽得孤鳳。艱危人物難，忠烈鬼神重。摹取掛野堂，英風凛生棟。」

愚溪、在州西一里。○柳宗元——詩序：「灌水之陽，有溪焉，東流入于瀟水。或曰：冉氏嘗居也，故姓是溪爲冉溪。或曰：可以染也，名之以其能，故謂之染溪。余以愚觸罪，謫瀟水上，愛是溪，入二三里，得其尤絶者家焉。古有愚公谷，今余家是溪，而名莫能定。土之居者猶齗齗然，不可以不更也，故更之爲愚溪。愚溪之上，買小丘爲愚丘。自愚丘東北行六十步，得泉焉，又買居之爲愚泉。愚泉凡六穴，皆出山下平地，蓋上出也。合流屈曲，而爲愚溝。遂負土累石，塞其隘爲愚池。愚池之東爲愚堂，其南爲愚亭，池之中爲愚島。嘉木異石錯置，皆山水之奇者。以余故，咸以愚辱焉。夫水，智者樂也。今是溪獨見辱於愚，何哉？蓋其流甚下，不可以溉灌，又峻急多坻石，大舟不可入也；幽邃淺狹，蛟龍不屑，不能興雲雨，無以利世；而適類於余，然則雖辱而愚之，可也。甯武子『邦無道則愚』，智而爲愚者也；顔子『終日不違如愚』，睿而爲愚者也；皆不得爲真愚。今余遭有道，而違於理，悖於事，故凡爲愚，莫我若也夫！然則天下莫能争是溪，余得專而名焉。溪雖莫利於世，而善鑒萬類，清瑩秀澈，鏘鳴金石，能使愚者喜笑眷慕，樂而不能去也。余雖不合於俗，亦頗以文墨自慰。漱滌萬物，牢籠百態，而無所避之。以愚辭歌愚溪，則茫然而不違，昏然而同歸，超鴻濛，混希夷，寂寥而莫我知也。於是作八愚詩，紀于溪石上。」生涯瀟然，往來垂釣，伏臘暫歸，受子孫謁見。如此累年。喧雜，謂諸子曰：「吾舡居矣。」**高溪**、在州北九十里。有唐叟者，世居溪上。乾德中，忽厭州北九十里。柳子厚記有云：「環永之治，其間多名山水，而——最善。」**南池**、在子城外。○柳宗元陪崔使君燕——序：「零陵城南，環以羣山，延以林麓。其崖谷之委會，則泓然爲池，灣然爲溪。其上多楓柟竹箭，哀鳴之禽；其下多芡芰蒲藻，騰波之魚。韜涵太虚，澹灩里閭，誠游觀之佳麗者已。崔公既來，其政寬以肆，其風和以廉，既樂其人，又樂其身。于暮之春，徵賢合姻，登舟於兹水之濱。連山倒垂，萬象在下，浮空泛景，蕩若無外。〔八〕横碧落以中貫，陵太虚而徑度。羽觴飛翔，匏竹激越，熙然而歌，婆然而舞，持頤而笑，瞪目而倨，不知日之將暮，則於向之物者，可謂無負矣。昔之人知樂之不可常，會之不可必也，當歡而悲者有之。况公之理行，宜去受厚錫，而席之賢者，率皆在官蒙澤，方將脱鱗介，生羽翮，夫豈趑趄湘中爲顑頷客耶？余既萎廢於世，常得與是山水爲伍，而悼兹會之不可再也，故志之。」**瀟水**、去零陵縣三十步。源出九疑山，至永與湘水合。**湘水**。在零陵北十五里。其源自全來永，與瀟水合。

【堂館】**新堂**、舊在九疑山之麓，今在郡治。唐太守韋宙立。○柳宗元記：「公之蠲濁而流清，豈不欲廢貪而立廉？公之居高而望遠，豈不欲家撫而戶曉？然則韋公之立是堂，豈獨草木土石水泉之適，山原林麓之觀歟？」康功堂，在倅廳。○胡明仲詩：「政拙催科永陵守，實賴賢僚相可否。邦人復嗣海沂歌，倉廩雖空閭里有。」又：「酒闌四壁讀前碑，吏隱猶勝五馬隨。千古濂溪周別駕，一篇清獻錦江詩。」臨瀟館，在州西。江山奇秀，浮梁直其下。漁村蕭寺，上下映帶。唐韋宙以碧湘名之。芙蕖館。在東湖之上，即南池。唐刺史李衢建，今爲館。范忠宣嘗家于此。其旁有思范堂，張敬夫書。

【亭軒】萬石亭，在子城北。○柳宗元記：「御史中丞清河崔公來莅永州。閒日，登城北墉，臨于荒野叢翳之隙，見怪石特出，度其下必有殊勝。步自西門，以求其墟。伐竹披奥，攲側以入。綿谷跨溪，皆大石林立，渙若奔雲，錯若置棋，怒者虎鬭，企者鳥厲。抉其穴，則鼻口相呀；搜其根，則蹄股交峙。環行愕目，疑若搏噬。於是刳闢朽壤，剪焚榛薉，決溝澮，導伏流，散爲疏林，洄爲清池。寥豁泓渟，若造物者始刊清濁，效奇於兹地，非人力也。乃立游亭，以宅厥中。直亭之西，石若腋分，可以眺望。其上青壁斗絶，沉于淵潭，莫究其極。自下而望，則合爲千巑巒，與山無窮。明日，州邑耋老雜然而至，曰：『吾儕生是州，藝是野，眉厖齒鯢，未嘗知此。豈天墜地出，設兹神物，以彰我公之德歟？』既賀而請名。公曰：『是石之數，不可知也。以其多，而命之曰｜｜｜。』耋老又言曰：『懿夫公之名號也，豈專狀物而已哉？公嘗六爲二千石，既盈其數。然而有道之士咸恨公之嘉績未洽於人，敢頌休聲，祝公于明神。漢之三公，秩號萬石。我公之德，宜受兹錫。漢有禮臣，惟萬石君。我公之化，始于閨門。道合於古，祐之自天。野夫獻辭，公壽萬年！』宗元嘗以牋奏隸尚書，敬專筆削，以附零陵故事。」三亭、柳宗元記：「河東薛存義來莅零陵，宿蠹藏姦，披露首服。然未嘗以劇自撓，山水魚鳥之樂，澹然自若也。縣東有山，麓泉出石中，乃作——，陟降晦明，高者冠山巔，下者俯清池，游息具於是。」西亭、在零陵縣東山法華寺。柳宗元有留題。雙鳳亭、郡守彭合建學。有異石伏壤間，其上成文，滌視之，若羽而騈飛者，蓋鳳之形。記云：「鳳，文物也。永之士將以文鳴歟？」玩鷗亭、在州西。汪彥章謫居日建。自爲記曰：「客有過而問焉者，曰：『子之鷗，信可玩乎？』余曰：『我與物同見於天地之間者以形，而我之知物物之知我者以心。使吾心有以勝物，則李廣之石可使爲虎；使吾爲物所勝，則樂令之弓亦能爲蛇；是二者無情之木石也，徒以人心之故使之若出於有情如此，苟吾心反如木石而無所示焉，則鷗莫得而翫矣。何爲而不可玩哉？』」西軒、在龍興寺。柳宗元闢，下瞰大江。花月樓。在州前。雄冠一州。

【古跡】秦馳道、在零陵東八十里。闊五丈餘，類今之河道。兩岸如削，夷險一致。始皇命天下脩道以備遊幸，即此也。懷素臺、在州東五里。相傳唐僧懷素嘗於此草書。有墨池、筆塚，在其側。漫郎宅、在浯溪上。○曹輔詩：「峿臺倚溪雲，㾈亭枕溪石。〔九〕水石競奇麗，中有———。」畢方之怪、柳宗元逐畢方文云：「永州，元和七年夏，多火災。人無安處，老弱燔死，晨不爨，暝不燭，皆列坐屋上，左右視，蓋類物之爲者。訛言相驚云：『有怪鳥，莫實其狀。』山海經云：『章莪之山，〔一〇〕有鳥如鶴，一足，赤文白喙，其名曰畢方。見則其邑有譌火。』若今火者，其可謂譌歟？而人有以鳥傳，其畢方歟？遂命邑中狀而圖之，禳而磔之，爲之文而逐之。云：鬱攸孽暴（音剥）兮，混合恢台。民氣不舒兮，僵踣顛頹。又云：祝融悔禍兮，回祿屏氣。大陰弛威兮，玄冥行事。」螭室。柳宗元云：「零陵城西有螭，〔一一〕室于江。法曹史唐登浴其涯，螭牽以入。作愬螭文，投之江。」

【名宦】召信臣、爲守。龍述、字伯高。馬援戒其兄子曰：「龍伯高端厚周謹，願汝曹效之。」後爲零陵太守。柳宗元、河東人。貞元間，爲監察御史裏行。王叔文、韋執誼得政，引與計事，擢禮部員外郎。叔文敗，貶永州司馬。薛存義、爲守。韋宙、爲刺史。州負嶺，轉餉艱險，每飢，人輒莩死。宙始築常平倉，收糴羨餘以濟。皇朝周敦頤、治平爲倅，嘗著拙賦。今倅廳有拙堂，取此以名。南軒作州學祠記曰：「本朝文忠宣公、范内翰公、鄒侍郎公，皆建祠於學宫矣。惟先生嘗倅此州，遂即殿宇東偏闢祠。」胡安國、紹興間知永州。胡寅、紹興八年以徽制知，十年再知。楊萬里。爲零陵丞，建誠齋，紹熙賜宸翰。

【人物】蔣琬、零陵湘鄉人。爲蜀丞相。黄蓋、零陵泉陵人也。仕蜀。赤壁之役，建策火攻。領武陵太守。元結、後魏常山王十五代孫。少居商餘山，稱元子。避時入猗玗洞，稱猗玗子。〔一二〕後居瀼濱，自稱浪士。天寶十二載，舉進士第。禮部侍郎陽浚見其文，曰：〔一三〕「一第溷子耳，有司得子是賴！」時人謂浪者亦漫，爲官遂呼漫郎。及家樊上，漫遂顯。廣德元年，拜道州刺史，喜浯溪，因家焉。

【名賢】皇朝蘇軾、自昌化徙永州。蘇轍、自雷、循徙永州。黄庭堅、謫宜州，道過永州，留連數月。邢恕、謫永州。丞相劉莘老有答恕書云：「永州佳處，第往以俟休復。」張浚、謫居。方疇。字耕道。以上書得罪，謫居永州，作困齋。張南軒記。

【題詠】寓居湘岸四無鄰。柳宗元詩：「云云，世網難嬰每自珍。」青玻璃盆插千岑。黄魯直慈氏閣詩：「云云，湘水水清無古今。何處拭目窮表裏，太平飛閣暫登臨。」

【四六】眷兹二水，冠于三湘。地連楚、越，水合瀟、湘。地極三湘，俗參百粤。文士辱臨，地望增重。況二水之名邦，乃九疑之支麓。濫承分虎之恩，方軫捕蛇之念。矧是永陽之古郡，實惟平楚之中流。山靈因柳子之詩，今猶晶采；石崖有元郎之頌，誰不品題。濂溪夫子，嘗因半刺以拜官；山谷老人，亦泛扁舟而懷古。讀子厚之文，當念斯民之重斂；勒次山之頌，更觀今日之中興。願屬鈞陶，益見容我等之數百輩；待看勳業，當爲刻中興之第二碑。

校勘記

〔一〕「隋置永州唐復爲永州」，據元和郡縣志卷二九記載，隋大業三年曾改永州爲零陵郡，故唐初又復置永州。本書有脱誤。

〔二〕「庚仲雍湘中記」，「庚仲雍」，底本原作「唐仰雍」，據隋書卷三三經籍志、新唐書卷五八藝文志改。

〔三〕「悠若天梯往」，「悠」，底本原作「倏」，據柳宗元集卷四三法華寺石門精室三十韻改。

〔四〕「唐永泰中有瀧水令唐節」，「瀧水」，底本原作「隴水」，據舊唐書卷四一地理志、新唐書卷四三上地理志改。

〔五〕「緊曉我皇」，「曉」，底本原作「睨」，據全唐文卷三八〇元結大唐中興頌并序改。

〔六〕「復服指期」，「復服」，底本原作「復復」，據全唐文卷三八〇元結大唐中興頌并序改。

〔七〕「王瞻叔」，底本原作「王叔瞻」，據宋史卷三七二王之望傳、宋詩紀事卷四五乙正。瞻叔爲之望字。

〔八〕「蕩若無外」，「無」，底本原作「爲」，據柳宗元集卷二四陪永州崔使君游宴南池序改。

〔九〕「唐亭枕溪石」，「唐亭」，底本原作「唐亭」，據嶽雪樓本及輿地紀勝卷五六改。本書同卷永州「事要」下有三吾，即浯溪、唐亭、峿臺，可證。

〔一〇〕「章莪之山」，「莪」，底本原作「義」，據山海經西山經、柳宗元集卷一八逐畢方文改。

〔一一〕「零陵城西有螭」，「螭」，底本原作「蛟」，據柳宗元集卷一八愬螭文改。

〔一二〕「避時入猗玕洞稱猗玕子」，兩「玕」字，底本皆作「琅」，據新唐書卷一四三元結傳改。

〔一三〕「陽浚」，底本原作「楊浚」，據新唐書卷一四三元結傳改。

方輿勝覽卷之二十六

寶慶府邵陽　新化

【建置沿革】禹貢荆州之域。於辰在巳，楚之分野。春秋、戰國屬楚。秦爲長沙郡。漢爲昭陵縣，屬長沙國。東漢屬長沙、零陵二郡。漢又改昭陵縣爲昭陽縣。吴立邵陵郡，屬荆州，即今郡是也。晉武改昭陽曰邵陽縣。隋廢郡，地屬潭州。唐置南梁州，改爲邵州。皇朝乾德間陞爲中州，以理宗潛藩，陞寶慶府。領縣二，治邵陽。

事要

【郡名】邵陽、邵陵、並見「沿革」。資川。

【風俗】其人尚氣而貴信。邵陽郡志序曰：「云云，喜直而惡欺，節儉而不奢，朴直而不恌。」其水宜稻。吕稽中豐年堂記。其陸饒黍稷麻麥。同上記。

【形勝】東距洞庭。郡志。西連五嶺。同上。「東南據衡山，南接蒼梧，云云。」據三湘上游。僧希白開元寺塔記：「接九疑之形勢，——之——，土穰地靈，實南楚之望也。」爲湖、嶺衡要。侯延慶脩門記：「自熙寧中納梅山爲省地，通道置驛，而郡云云。」控引溪蠻。任質言脩城記：「云云，盤錯數百里。」介于長沙、零陵之間。郡志序：「云云，有唇齒輔車之勢。」

【山川】熊山、昔黄帝登——，意其此也。龍山、介于二邑之間，秀峰四出。上有龍池泉。梅山、與牛欄寺相連。〔一〕文仙山、在新化西二十里。晉高平脩養之地。上有三峰，石壁峭絶。半山之間有石室，旁有龍池。青山洞；在新化北。蒼石環起，奇怪萬狀。邵水、去郡一里。資水、在新化縣，東流入益陽。西湖。上有渚亭。

【井泉】濂泉。在通道坊。以周茂叔得名。

【亭臺】光風霽月、在郡治。望仙亭；在郡圃。○歐陽識詩云：「資水西來兼邵水，龍山横鶩際梅山。」法華臺。在東山絶頂。下瞰長江，實邵陽勝槩。

【名宦】周敦頤、治平五年，以永倅來攝郡，遷家於郡東。郡學有祠。○朱元晦記：「邵陽太守潘侯燾以書來曰：『郡學故有濂溪先生祠，既又以故府張九成之學爲出於先生也，則亦祠以侑焉。竊惟先生之學，實得孔、孟不傳之緒，以授二程先生，而道以大明。然自再傳之後，則或僅得其髣髴，或遂失其本真，而不可以若是班矣。乃更闢堂東一室，特祀先生，以致區區尊嚴道統之意。』某爲之嘆曰：『先生之精，立圖以示。先生之藴，因圖以發。而其所謂「無極而太極」者，又一圖之綱領，所以明夫道之未始有物，而實爲萬物之根柢也。夫豈以爲太極之上，復有所謂無極者哉？近世讀者不足以識此，而或妄議之。既以爲先生病，史氏之傳先生者，乃增其語曰「自無極而爲太極」，則又無所依據，而重以病夫先生。故嘗欲援故相蘇公請刊國史「草頭木脚」之比，以正其失，而恨其力有所不逮也。』」**張九成**。字子韶，號無垢先生。紹興十年守是邦。

【人物】**胡曾**。居邵之永成鄉。有詠史詩一百首。

【名賢】**陳與義**。號簡齋。建炎初避地邵陽周氏之家。長於詩，後爲參政。

【題詠】**水邊花氣薰章服**。朱慶餘送邵州林使君詩：「軒車此去也逢時，地屬湘南頗入詩。一月計程那是遠，中年出守未爲遲。云云，嶺上嵐光濕畫旗。想得化行風土變，州人應爲立生祠。」**驛路筭程多是水**。姚少監送人赴邵州詩：「詔書飛下五雲間，才子分符不等閑。云云，州圖管地少於山。江頭斑竹應尋遍，洞裏丹砂自採還。清净化人人自理，終朝無事更相關。」**俗朴應無争競人**。張籍送林邵詩有云：「詞客南行寵命新，瀟湘郡入曲江津。山幽自足探微處，云云。郭外相連排殿閣，市中多半用金銀。知君不作家私計，遷日還同到日貧。」**路在好山寧厭多**。章子厚過石槽鋪詩：「瘴癘潛銷瑞氣和，梅峰千里潤煙蘿。人逢雙堠雖云遠，云云。」**人家迤邐見板屋**。章子厚開梅山詩：「云云，火耕磽确名畬田。長藤酌酒跪而飲，〔二〕何物爽口鹽爲先。」**此地從來寒暑偏**。張迪詩：「云云，扇紈不曾遭棄捐。」

【四六】榮膺鳳綍，出守龍藩。旁連百粤，近控群蠻。雖曰小邦，有隆潛邸。乃眷邵陽，甲于楚地。眷湞川之名郡，據楚國之上游。接九疑之勝境，據三國之上流。地攙楚尾之餘封，壤接梅山之故境。地少於山，安得膏腴之可種；道通於嶺，當知寒暑之亦偏。惠綏民俗，載觀侯度之賢；鎮撫峒蠻，尤藉使名之重。念濂溪遊宦之邦，當明道統；考朱子誨人之意，則有記文。粵從分虎，昔特謂之偏州；爰自潛龍，今有隆於此地。

全州　清湘　灌陽

【建置沿革】禹貢荆州之西境。楚地，翼、軫之分野。春秋、戰國屬楚。秦屬長沙郡。漢屬長沙國，洮陽縣屬焉，即今湘源；武帝分置零陵縣，即今灌陽。三國屬吳。隋改零陵郡爲永州。五代晉高祖時，改永州之湘源縣爲清湘縣，置全州，割永之清湘、灌陽二縣隸焉。皇朝因之。今領縣二，治清湘縣。

事要

【郡名】清湘、湘源。

【風俗】風俗儉陋。郡志：「云云，獄訟希簡。」民訟甚簡。王元之：「云云，兵賦甚鮮。」不漁則樵。李之儀全州隱静堂記：「清湘間，山深水闊，可耕而廬者十無二三。凡爲生，云云。土地風氣雖與閩、粵不同，而生理則易。」

【形勝】南抵桂嶺。郡志序。北爲湘水。柳開記云：「舟抵嶺下，問其嶺之名，即分水嶺。

分水即湘、灕水也。二水異流，謂其東出海隅，至此分南北而離也。云云，南爲灕水。」漢洮陽之地。寰宇記：「云云，在湘江之西岸。」介西嶺之下。王鞏休體亭記云云。當湖南窮處。清湘郡志。鄙于蠻獠。陸濟撰郡守壁記：「郡云云，而復當交、廣之衝。」陸走山巖。貢院記：「道衡嶽而南，云云，水浮浯瀨，縈回曲折，極於荆楚，而得所謂湘源，故名。」雲泉竹樹。王元之送柳無礙倅湘源序：「江山猿鳥，云云，爲天下甲。」

【山川】湘山、在郡治後。黄華山、在湘源縣，即今之清湘。礲巖，在清湘北十五里。虚明深窈。有飛泉數百丈，縈如飛練。羅水、在清湘西百里。北流入湘江。灌水、在灌陽南五十步。自静江界來。洮水、在清湘北五十里。出文山南，流入湘江。水北爲陽，故漢置縣以洮陽名。龍川水。在灌陽縣之西北。

【學校】清湘書院。魏華父記：「吾友林岊守全，得柳侯仲塗讀書遺址，築室館士。今守趙必愿增而大之。」

【樓閣】楚南偉觀、在子城西。湘春樓，在郡治西。捲煙閣、柳開有詩。皆山閣。楊廷秀記：「衡、湘以僻左，自遠於中州，而亦以山水重天下。」

【名宦】柳開、知全州。有西溪洞粟氏，常抄掠。開選牙吏勇辯者三輩使諭之。粟氏懼，率其首俱來。作時鑑一篇，刻石戒之。遣其首入朝。李亨伯。爲守。年六十四即掛冠。詳見漳州。

【人物】蔣舉。居母喪，結茅墳側，芝生於石。紹興間，旌表門閭。

【題詠】瀟水連湘水。唐戴叔倫詩：「云云，千波萬浪中。知君未得去，慙愧勿尤風。」郡城如在畫圖中。陶弼詩：「南北東西幾萬峰，云云。」煙郭遥聞向晚雞。杜牧晚次湘源縣：「云云，水平舟静浪聲齊。高秋帶雨楊梅熟，曲岸籠雲謝豹啼。」

【四六】塗芝丹禁，分竹清湘。地居荆楚，水合瀟湘。夷獠雜居，邊圉所繫。封圻雖狹，民物實繁。惟湘源之古郡，實南楚之上游。眷彼湘源之遠，實惟嶺管之衝。郡境雖連於南粤，土風猶接於中州。天開洞府，疑仙聖之去來；壤接炎荒，尚蠻猺之錯雜。泝湘江之窮處，乃建偏州；當嶺嶠之要衝，有同遠俗。山深水闊，地固少於可耕；俗陋訟稀，郡亦稱於無事。雖考序文，有竹石雲泉之勝；然觀壁記，亦山巖水瀨之多。

桂陽軍 平陽　臨武　藍山

【建置沿革】禹貢荆州之域。於辰在巳，楚之分野。春秋、戰國屬楚。秦屬長沙郡。漢高帝分長沙爲桂陽郡，臨武（今之臨武縣）、南平（今之藍山縣）、郴縣（今之平陽縣）屬焉。東漢因之。吴分桂陽置始興郡，後屬東衡州。隋改東衡州爲郴州，又改桂陽郡。唐置郴州，憲宗時即平陽縣置桂陽監，以其地在桂洞之南，故曰桂陽。皇朝陞桂陽軍。今領縣三，治平陽。

事要

【郡名】桂陽。見「沿革」注。

【風俗】淳朴近古。桂陽志：「云云，畏法少訟。」侏㒧其言。同上志：「峒猺斑爛其衣，云云，稱盤王子孫。或遣子入學。」減歲貢銀。長編：「開寶二年，上覽桂陽監歲入白金數，謂宰相曰：『山澤之利雖多，頗聞採納不易，詔減三分之一。』」户只貢銀。類要：「云云，無夏秋税。」

【形勝】襟帶江、湘。陳亨甫五雲觀記：「云云，控引交、廣。」外撫五峒。紹興二十二年，乞陞改軍額，奏狀云：「内轄三縣，云云。」

【土産】白金。郡志：「産——、丹砂、水銀、錫碧之寶，長柟、文梓、霞桑、美箭之材。」

【山川】籃山，在平陽縣。壇山，在平陽。唐高祖詔：「南方有山巍險，中有聖人足跡。」大湊山，在城西。舊經云：「出銀礦。當其盛時，爐煙蓊然，上接雲漢，烹丁紛錯，商旅輻湊，因名。」鹿頭山，在東門。山有石如鹿。龍渡山，在軍南三十里。有神甚靈，陳傅良爲文記之。芙蓉山：在城西。諸峰特出。下有泉，曰蒙泉。歸水，在藍山縣。又名舜水，與春陵水合流。湟水，漢武帝使路博德將兵出桂陽，下——，以伐南越。藍湖，在軍治左。豐湖。水源出寶積寺前，流入子城。

【堂亭】湖南道院，在郡治。甘露堂：在郡治。元豐甘露降。石林亭。去城二里。有石列空。職方郎中黄照鄰父子讀書於此。

【名宦】衛颯；爲桂陽太守。鑿山通道，列亭置驛。皇朝李綱。以常博知監。

【人物】黄照鄰。見石林亭注。

【題詠】奏最謁承明。楊持寄朗陵兄詩：「刺舉官猶屈，風謡政已成。行看换龜組，云云。」

桂水横煙不可涉。李白送族弟歸桂陽詩：「秦雲連山海相接，云云。」嶺開越嶠通交趾。潘正夫桂陽詩：「云云，路轉荆門入九疑。」地連五嶺雜蠻風。石景立游鹿山詩：「峰對九疑聞鶴唳，云云。」不征穀粟只征銀。章侁詩：「官中逐月催租税，云云。」

【四六】出綍楓宸，建牙桂水。昔惟一監，今號十同。惟桂陽之爲郡，極湘水之盡頭。嶺外名邦，竊稽漢史之封；湖南道院，不但衛颯之政。茨充之代此郡，俗始農桑；許荆之繼是邦，民知教化。盤孫鴂舌之與居，土風雜習；蠻壤犬牙之相入，寇穴在旁。育蠶植柘，將課效於前脩；飛鳳塗芝，即召環於近列。

武岡軍武岡　綏寧　新寧

【建置沿革】禹貢荆州之域。楚地，翼、軫之分野。春秋、戰國爲楚地。秦屬長沙郡。自漢武分長沙爲零陵郡，而都梁、夫夷二縣皆屬焉。吴分零陵北部爲邵陵郡。晉分都梁立武岡縣。隋置武攸縣。唐復爲武岡。皇朝崇寧陞爲武岡軍，以制溪洞。今領縣三，治武岡。

事要

【郡名】都梁。今武岡山東五十里有漢都梁故城。

【風俗】風俗儉陋。都梁志：「云云，獄訟亦簡。」市井稠密。崇寧勑牒云：「疆境闊，户口繁，云云，商旅往還。」

【形勝】當湖南僻處。都梁記。楚際南壤。置軍勑牒：「云云，元冥所不統。」黔山之嶒。柳宗元武岡銘。控制溪峒。唐開元間勑牒：「云云，彈壓諸蠻。」紹興用文臣。軍志云：「自置軍後，守臣用武。自紹興十六年，守臣始用文臣。」

【山川】雲山，在武岡縣。此山爲一郡勝處。又有月華山、杏花塢、投龍洞、猿藤水、道者巖、侯公洞，第六十九福地也。○李思聰詩：「杏花塢接投龍洞，瀑濺蒼崖鶴骨寒。」武岡山，去軍城五里。舊經：「東漢伐五溪蠻，保此岡，故曰武岡。」左右岡對峙，相去可二里。○柳宗元銘并序云：「元和七年四月，黔、巫東鄙，蠻獠雜擾，盗弄庫兵，賊脅守帥，南鈎牂牱，外誘西原，置魁立伍，殺牲盟誓，洞窟林麓，嘯呼成羣。皇帝下銅獸符，發庸、蜀、荆、漢、南越、東吴之師，〔三〕四面討問。畏罪憑阻，逃不即誅。時惟潭部戎帥御史中丞柳公綽練立將校，提卒五百，屯于武岡，不震不騫，如山如林，告天子威命，明白信順。亂人大恐，視公之師如百萬，視公之令如風雷，怨號呻吟，喜有攸訴，投刃頓伏，願完父子，卒爲忠信，奉職輸賦，進比華人，無敢不龔。母弟生婿，繼來于潭，咸致天庭。皇帝休嘉，式新厥命。兇渠同惡，革面向化，如醉之醒，如狂之寧。公爲藥石，俾復其性。詔書顯異，進臨江、漢，益兵三倍，爲時碩臣，殿于大邦。文儒申申，有此武功。於是夷人始服，聞公之去，相與高蹈涕呼，若寒去裘。昔公不夸首級爲己能力，專務教誨，俾邦斯平。我老洎幼，由公之仁，小不爲虺蜮，大不爲鯨鯢，恩重事特，不邇而遠，莫可追已。願銘武岡首，〔四〕以慰我思，以昭我鄰，以示我子孫。彌億萬年，俾我奉國，如令之誠；鄰之我懷，如公之勤。其辭曰：黔山之巑，巫水之磻。魚駭而離，獸犯而殘。户恐谷竄，披攘仍亂。王師來誅，期死以緩。公明不疑，公信不欺。援師定命，俾邦克正。皇仁天施，我反其性。我塗四闔，公示之門。我愚抵死，公示之恩。既骨而完，既亡而存。奉公之訓，貽我子孫。我始蝥賊，由公而仁。我始寇讎，由公而親。山畋澤虞，輸賦于都。陶穴刊木，室我姻族。烹牲是祀，公受介福。揲著以占，公宜百禄。〔五〕皇懋公功，保于大邦。遠哉去我，誰嗣其良？有穴之丹，有犀之顛。匪曰余固，公不可賂。視鄰之德，常遵公則。勉余之世，永謹邦制。南夷作詩，刻示來裔。」金城山、在武岡縣界。是石真人所治之處，第六十八福地也。○李思聰詩：「杏花洞天路崎嶇，曾見千年石斛奴。」寶坊山、在軍城五里。有法相寺，又有巖洞八所。紫陽山：，有千尋石室，即周諫議讀書處。前瞰溪，陳簡齋所謂「雷霆鬼神之所爲，非人力所就者」是也。都梁水、源出都梁縣，西南百里與邵水合。紫苑洲。洲上産此藥。

【亭榭】湖光亭、在郡城。漁父亭、即屈原見漁父處。清涼境界、在郡治。雲山不夜、在郡治。七十二峰閣。在郡治。

【名宦】王導、以討華軼功，封武岡侯。陶侃、按陶侃補武岡令，與太守吕岱有嫌，遂棄官歸，爲郡小中正。柳公綽。見前武岡注。

【人物】鄧處訥，五代時爲邵州刺史。會節度使閔育爲周岳所殺，處訥興兵問罪，積八年，攻岳斬之。其子孫鄧遇爲駕部郎中，元恭爲殿中丞，延繼爲大理。皇朝周儀。登雍熙科。子湛，登天禧第。少讀書山中，後爲諫議，稱嘉祐名臣。

【題詠】前江後嶺通雲氣。陳去非詩：「云云，萬壑千巖送雨聲。」松花照夏山無暑。陳去非詩：「南澗題詩風滿面，東橋行樂露沾衣。云云，桂樹留人吾豈歸。」山中城裏總非家。陳去非詩：「風送孤篷不可遮，云云。」

【四六】都梁樂土，巫水舊藩。歲租仰於永、邵，峒窟接於辰、沅。蓋一歲止萬石之租，而四郊無百金之子。崇寧拔縣而陞軍，甫百餘歲；嘉定揠僉而置倅，亦三十年。此地之峻嶺崇岡，群賢罕至；同坐之清風明月，半刺平分。民猺雜處，窘於獷性之難調；營戍猥多，困於鄰饟之莫繼。控八百團之溪洞，默寓恩威；贍二千衆之戎兵，尤難供億。鄰餉不繼，則費用不容無節；弊穴素多，則滲漏烏得弗稽？

茶陵軍 茶陵

【建置沿革】自漢以前沿革與衡州同。西漢屬長沙國，武帝時封長沙定王子訢爲茶陵侯。〔六〕

莽改曰聲鄉。齊屬湘東郡。隋屬湘潭。唐立南雲州，仍立茶陵縣，武后因故縣復置南茶陵縣，〔七〕即今理也。中興以來，湖南路安撫、提刑奏陞軍額。知縣曰：「茶陵軍使兼知茶陵縣事，仍隸衡州。」今領縣一，治茶陵。

事要

【郡名】雲陽。

【風俗】頗有蠻風。圖經：「云云，尚勇好鬭。」民貧山居。見下注。

【形勝】古茶王城。郡志：「茶陵者，陵谷名也。今攸縣東北四十里有茶陵故城，是漢所理，俗名茶王城。」

【山川】茶山，在軍城之東。彌勒山，在茶陵縣東五十里。高一千二十丈。大悲山，在軍東十里。雲陽山，在茶陵縣。○丹臺録：「黄初平自號赤松子，治于南嶽之陽，即此地。有松，高百丈。」茶水源，在縣西百二十里。出景陽山，北流至瓏下十餘里，合白鹿泉。桃源溪，出雲陽五洞溪，至此溪二百里，合雲陽水，至縣五十里，合茶水。靈巖泉。在縣東二十里。

【名宦】丘旭，字孟陽，宣城人。南唐狀元及第，自江寧尉調邑簿。吕聖功判銓曰：「吾以爲古人，今乃見之。」薦試學士院，不中。久之，爲茶陵縣，秩滿致仕。見江南野史。皇朝彭友方。熙寧主茶陵簿。民貧而山居，輸潭州造舡木以折歲租，江行千餘里，其費數倍，民益困。友方白護漕朱初平，請均出木，即縣造舟，公私兩便。

【人物】唐譚子。茶陵雲陽人，失其名。以文章隱居山谷。元次山居九疑，扁舟往，從之遊，有送譚山人歸雲陽序。

【題詠】闕。

【四六】寵膺恩綍，榮擢專城。　名雖邑寄，權實州符。　自軍號之更新，加使名而增重。名雖小邑，有疊組以兼榮；體若大邦，可片辭而專決。　撫摩蠻俗，瘝痌不異於邑民；節制兵權，號令實均於郡將。　俗多私販，每嘯聚於羣兇；事可便宜，庶肅清於千里。

校勘記

〔一〕「與牛欄寺相連」，「牛」，底本原作「中」，據輿地紀勝卷五九改。

〔二〕「長藤酌酒跪而飲」，「酌酒」，底本原作「釣酒」，據宋詩紀事卷二二所載章惇梅山歌改。

〔三〕「東吴之師」，四庫本及柳宗元集卷二〇武岡銘并序作「東甌之師」。

〔四〕「願銘武岡首」，「銘」，底本原作「歸」，據柳宗元集卷二〇武岡銘并序改。

〔五〕「公宜百禄」，「禄」，底本原作「福」，據柳宗元集卷二〇武岡銘并序改。

〔六〕「西漢屬長沙國武帝時封長沙定王子訢爲茶陵侯」，「西漢」，底本原脱「漢」字，據漢書卷二八下地理志、輿地紀勝卷六三補。「子訢」，底本原誤「訢」爲「新」，據漢書卷一五王子侯表改。又底本「茶陵侯」下原有「漢爲長沙縣界」六字。上文已云西漢爲長沙國，此不當再云漢爲何地，且據隋書卷三一地理志，長沙縣之名始于隋平陳之後，西漢並無長沙縣之説，此六字實爲賸語，今據刪。或以爲此六字宜改爲「東漢爲長沙郡界」，然下文又是「莽改曰聲鄉」，于朝代順序又不合，故不從。

〔七〕「武后因故縣復置南茶陵縣」，「武后」，底本原作「武帝」。元和郡縣志卷二九茶陵縣下云：「武德四年置茶陵縣，貞觀九年廢，聖曆元年復舊。」舊唐書卷四〇地理志、新唐書卷四一地理志所記略同。聖曆爲武后年號，今據改。

方輿勝覽卷之二十七

湖北路

江陵府

江陵　公安　潛江　監利　松滋　石首　枝江

【建置沿革】禹貢：「荆及衡陽爲荆州。」楚地，翼、軫之分野，鶉尾之次。春秋時謂之郢都。秦以其地置南郡。項羽時封共敖爲臨江王，都江陵。漢爲南郡，後漢因之。三國鼎立，荆州亦分爲三；關羽既没，南郡屬吴。荆州之名，南北雙立，魏立荆州理宛，今南陽郡是也，吴立荆州理江陵，今郡城是也。晉武帝以南郡爲荆州治所；晉或理武昌，王澄還治江陵；自桓温於江陵營城府，此後嘗以江陵爲荆州理所。宋文帝嘗鎮荆州，魏於穰城置荆州，〔一〕於是復有二荆州。陳置荆州於公安，以長江爲界。隋廢南荆州爲公安鎮，煬帝罷荆州爲南郡。唐改江陵郡，復爲荆州，置荆南節度使；又置南都，以荆州爲江陵府；尋罷都。國朝以高繼冲爲江陵尹，中興陞爲帥府，改荆南府，復爲江陵府、荆南節度。今統郡十六，領縣七，治江陵。

事要

【郡名】古荆、釋名曰：「荆州，取名於荆山。」又曰：「荆，驚也。南蠻數寇，常置警備，故謂之荆。」荆臺、在監利縣西三十里土洲之南。家語云「楚王游——，司馬子祺諫，王怒，令尹子西賀」，即此地是也。南楚、孟康漢書注：「三楚，舊名江陵爲——。」西荆、陶潛還江陵詩曰：「遥遥赴——。」注：時京在東，故謂荆州爲西荆。鶴澤。晉羊祜鎮荆州，江陵澤中多有鶴，常取之教舞，以娱賓客，因名——。後人因之，遂呼江陵郡名爲鶴澤。

【風俗】蠻荆之地。詩：「蠻荆來威。」晉元康記：「荆州爲古———。」五方雜居。寰宇記：「唐至德之後，流傭浮食者衆，云云，風俗大變。」衣冠藪澤。僉載：「江陵號云云，諺謂『琵琶多於飯甑，措大多於鯽魚』。」競渡之戲。隋志：「荆州尤重淫祀，屈原爲制九歌，蓋由此也。原以五月五日赴汨羅，土人追至洞庭不見，湖大舡小，莫得見者，乃歌曰：『何由得競湖！』因此争歸，競會亭上，習以相傳，爲競渡。」

【形勝】東連吴會。通鑑：「諸葛亮語劉備曰：『荆州方城爲城，漢水爲池，北據漢、沔，利盡南海，云云，西通巴、蜀，此用武之國也。』」南有洞庭。史：「蘇秦説楚威王曰：『楚西有黔中、巫郡，東有夏州、海陽，————、蒼梧，北有陘塞、郇陽，〔二〕地方五千里，帶甲百萬，此霸王之資也。』」南通五嶺。高武信王神道碑：「云云，旁帶一江，接壤吴、蜀，舟車四達。」北繞潁、泗。淮南子曰：「楚地南卷沅、湘，云云，西包巴、蜀，東裹郯、邳，穎、汝以爲城，江、漢以爲池，垣之以鄧林，綿之以方城。」控扼巴、蜀。胡旦開河記：「｜｜｜、｜，襟帶吳、越。」可出三川。繫年録：「知郢州王庶言：『左吳右蜀，利盡南海，云云，涉大河以圖中原，曹操所以畏關羽者也。』」下瞰京洛。趙鼎奏：「荊、襄左顧川、陜，右視湖、湘，而云云，在三國所必争，真帝王之宅也。」楚有七澤。張孝芳景濂堂記：「云云，水物之美甲於天下，離騷所述，雲夢所賦，非涉其境者，安能知之？」〇史記：「江陵，故郢，西通巴、巫，有雲夢之饒。」熊繹所封。周封熊繹於楚。國之西門。通鑑晉何充云。爲吳、蜀之門户。皇朝繫年録：「吳拱遺大臣書：荊南云云，襄陽爲荊州之藩籬。」有西陜之號。郡縣志：「東晉以後，皇居在建業，以揚州爲京師根本，荊州爲上流之重鎮，此周、召之分陜，故云云。」據江、湖之會。重脩渚宫記：「南夏劇鎮，云云。」即西川、江南、廣南都會之衝。通鑑云：「穆昭嗣曰：『荊南云云，既克此，則水陸皆可趍蜀。』」甲兵所聚。通鑑宋紀曰：「晉氏南遷，爲京畿轂帛所資者皆出焉，以荊州爲重鎮，故｜｜｜｜者在焉。」爲四戰之地。通鑑：「楚將王瓌曰：『江陵云云。』」得人則中原可定。通鑑：「晉永和，庾翼既卒，朝議欲以庾爰之代其任，何充曰：『荊楚，國之西門，户口百萬，北帶强胡，西鄰勁蜀，云云，失人則社稷可憂。』」置使視揚、益。皇甫持正集。

【山川】荊山、郡志：「其首曰景山，金玉所出。卞和得玉於此，獻厲王及武王，皆以爲石，刖其兩足。和抱璞哭於｜｜之下。」龍山、在江陵縣西。有落帽臺。紀山、在府北四十里。自荊門西山而來，蓋州治主山。○江陵志：「後梁宣、明二帝陵，林木鬱然。」巴山、在松滋縣。左傳：「巴人伐楚。」按荆南志云：「巴人後逋而歸，有巴復村，故名。」九岡山、在松滋縣西九十五里。○昔人詩：「江分三峽濁，山帶九岡青。」畫扇峰、荆州記：「脩竹亭西一峰，遠而望之，如畫扇然。」息壤：淮南子曰：「鯀湮洪水，盗帝之——，帝使祝融殺人於羽淵。」今荆州南門外有石，狀若屋宇，陷入地中，不可犯畚鍤。又頗以致雷雨，歲旱有應。○唐元和中，裴宇牧荆州，掘之，得石城與江陵府同，中徑六尺八寸，徙棄之。是年霖雨不止，遂埋之。見息壤記。○蘇子由詩：「南郡城南獨何者，平地生長殊不休。」江水、出岷山，南過江陵。漢水、杜預曰：「禹貢漢水至大別，南入江。」沮水、出漢中房陵縣，東南過枝江縣入于江。」漳水、出臨沮，南至枝江入于沮。○左傳云：「江、漢、漳、沮，楚之望也。」此水也。夏水、楚詞「過夏首而西浮」，即此。左傳：「吴戍楚，至于夏汭。」注：「今名夏口。」東湖、在公安門外五里，佛華寺東北。張商英建。廣袤數里，爲遊賞之勝。高沙湖、在江陵梅迴州上。四蕃志：「齊聘士文範先生嘗家焉。」○黄魯直詩：「不趍吏部曹中板，且膾高沙湖裏魚。」三海、江陵以水爲險。陸抗之築大堰，建隆間高勉得之，名北海是也。紹興，逆亮將渝盟，李師夔櫃上、下海，以爲遏敵之計。開禧，兵端既開，劉帥甲又再築上、中、下三海，吴帥獵繼之引漳、沮及諸湖之水注三海，綿亘數百里，瀰漫相連。又爲八櫃。丁卯春，虜犯荆門，距江陵纔百餘里而去，亦知有三海之險也。漕河、在江陵縣北四里。○紹興元年省劄：「江陵府城下舊有漕河，若略加開淘，則江陵城下綱運順流，從江、漢直達襄峴。契勘本府漕河，乃晉元帝建武初所鑿，自羅堰口出大漕河，由里社穴、沌口、沔水口直通襄、漢二江。」○張孝芳修渠記：「國朝端拱元年，閻文遜奏開東漕渠，自師子口以入于漢，以達于襄陽。遂發丁夫治荆南漕河至漢，可勝二百石舟，上游之人利焉。天禧末，尚書李夷庚濬古渠達夏口，以通賦輸。蓋自襄而郢，順流也，勢易也。自郢而襄，遡流也，勢難也，且有風濤不測之險。」**百洲**、枝江縣江津中有九十九洲。楚諺曰：「洲不滿百，故不出王者。」桓玄有問鼎之意，乃增其一，僭號旬時。及其傾覆，洲亦銷滅。至宋文帝在藩，忽生一洲，果龍飛江表。**龍陽洲**、在江陵縣界。舊經云：「後漢李衡於洲上作宅種橘。」○史記：「江陵千樹橘，其人與千户侯等。」**菊潭**、十道記云：「荆州菊潭，其源旁芳菊被涯，其滋液極甘馨。谷中有三十餘家，不得穿井，仰飲此水。上壽二三百，中壽百餘，其七十、八十猶以爲夭。」**沙頭市**、去城十五里。四方之商賈輻湊，舟車駢集。○元稹江陵翫月詩：「闐咽———，玲瓏竹岸牕。」**寸金堤**。在府城外萬壽寺西。張孝祥記。

【樓觀】**仲宣樓**、在府城東南隅。後梁時高季興建，名以望沙樓。○魏志：「王粲，山陽高平人。少而聰惠，有大才。仕爲侍中。」時董卓作亂，仲宣避難荆州，依劉表，遂登江陵城樓，因懷歸，而有此作，述其進退危懼之情也。賦曰：「登兹樓以四望兮，聊暇日以銷憂。覽斯宇之所處兮，實顯敞而寡儔。挾清漳之通浦兮，倚曲沮之長洲。背墳衍之廣陸兮，臨皐隰之沃流。北彌陶牧，西接昭丘。華實蔽野，黍稷盈疇。雖信美而非吾土兮，曾何足以少留？遭紛濁而遷逝兮，漫踰紀以及今。情眷眷而懷歸兮，孰憂思之可任？憑軒檻以遥望兮，向北風而開襟。平原遠而極目兮，蔽荆山之高岑。路逶迤而脩迥兮，川既漾而濟深。悲舊鄉之壅隔兮，涕横墜而弗禁。昔尼父之在陳兮，有歸歟之歎音。鍾儀幽而楚奏兮，莊舄顯而越吟。人情同於懷土兮，豈窮達之異心？惟日月之逾邁兮，俟河清其未極。冀王道之一平兮，假高衢而騁力。懼匏瓜之徒懸兮，懼井渫之莫食。步棲遲以倚徙兮，白日忽其將匿。風蕭瑟而並興兮，天慘慘而無色。獸狂顧以求群兮，鳥相鳴而舉翼。原野闃其無人兮，征夫行而未息。心悽愴以感發兮，意忉怛而慘惻。循階除而下降兮，氣交憤於胸臆。夜參半而不寐兮，悵盤桓以反側。」**明月樓**、劉孝綽所建。○顏之推詩：「屢陪明月樓。」**曲江樓**：舊有南樓，張曲江嘗登樓賦詩，張南軒建樓，因易今名。○朱元晦記：「廣漢張敬夫守荆州之明年，歲豐人和，幕府無事，顧常病其學門之外即阻高墉，乃直其南外門通道以臨白河，且爲樓觀以表其上。一日，與客往而登焉，則大江、重湖縈紆渺瀰，一目千里。而西陵諸山，空濛晻靄，又皆隱見出没於雲空煙水之外。敬夫於是歎曰：『此亦曲江公所謂江陵郡城南樓者耶？昔公去相，而守於此。其平居暇日，登臨賦詠，蓋皆翛然有出塵之想。至是傷時感事，寤歎隱憂，則其心未嘗一日不在於朝廷，而汲汲然惟恐其道之終不可行也。』」**七澤觀**、在東南隅城門。帥張安國名。**一柱觀**。郡縣志：「在松滋東丘家湖中。」按渚宫故事：「宋臨川王義慶在鎮，於羅公洲立觀甚大，而惟一柱。」○梁劉孝綽詩：「經從一柱觀，出入三休臺。」○杜甫詩：「孤城———，落日九江秋。」

【亭臺】**樂楚亭**、鄭毅夫有記。**繡林亭**、在石首縣陽岐寺。黄魯直題扁。**南極亭**：在松滋縣。山谷有———與鄒天錫詩。**濯纓臺**、在監利東三里。屈原濯纓處。**落帽臺**。見龍山注。○李白詩：「九日龍山飲，黄花笑逐臣。醉看風——，舞愛月隨人。」○胡榘落帽臺記曰：「萬年固佳士，然所事非其人，風伯爲之免冠耳。」

【館驛】江陵館。羅隱荆州江陵館詩：「西遊象闕愧知音，東下荆溪稱越吟。風動芰荷香四散，月高樓閣影相侵。閑欹别枕千般夢，醉送征帆萬里心。薜荔衣裳木蘭檝，異時煙雨好追尋。」

【古跡】郢城、左傳：「襄子臨終，謂子庚必城郢。」荆州記云：「掘得石函，曰楚都郢。」鄖城、在江陵縣南二百里。楚昭王時鄖公所築。今松滋楚城號——。脩門、離騷曰：「來入——。」王逸注：「郢城門也。」渚宫、郡縣志：「楚别宫。」左傳：「楚子西沿漢泝江，將入郢，王在——。」今之城，楚舡宫地也。梁元帝名以——。唐高從誨鑿城西南隅爲池，築亭名曰渚宫。○蘇子瞻詩：「渚宫寂寞依古郢，楚地荒茫非故基。二王臺閣已鹵莽（湘東王、高氏），何况遠問縱横時。〔三〕楚王獵罷擊靈鼓，猛士操舡張水嬉。釣魚不復數魚鼈，大鼎千石烹蛟螭。當時郢人架宫殿，意思妙絶般與倕。飛樓百尺照湖水，上有燕、趙千蛾眉。臨風揚揚意自得，長使宋玉作楚詞。秦兵西來取鍾簴，故宫禾黍秋離離。千年壯觀不可復，今之存者蓋已卑。池空野迥樓閣小，惟有深竹藏狐狸。臺中絳帳誰復見，臺下野鴨浮清漪。緑窗朱户春晝閉，想見深屋彈朱絲。腐儒亦解愛聲色，何用白首談孔、姬。沙泉半涸草堂在，破牕無紙風颸颸。陳公蹤跡最未遠，七瑞寥落今何之。百年人事知幾變，直恐荒廢成空陂。誰能爲我訪遺迹，草中應有湘東碑。」章華臺、晉杜預云：「在今南郡華容城中。」華容即今監利。張文昌樂府有章華行。絳帳臺、郡志：「東漢馬融教授弟子于此。今鼓角樓之西是其處也。」○劉莘老詩：「馬融號耆舊，太守南郡來。横經坐絳帳，自處何崔嵬。帳前列徒弟，帳後歌管陪。書生貧賤志，遽以聲色回。」萊公竹。在潛江藥師院。寇萊公卒于海康，詔許歸葬。道出公安，邑人祭於道。斷竹插地，以掛紙錢，竹遂不根而生。邑人立廟于側，奉祀甚謹。侍讀王公樂道紀其事於石。

【名宦】郭賀、爲荆州刺史，百姓歌之。嘗以章服勑行部去襜帷露冕，使百姓見其容服，以章有德。馬融、爲南郡太守。教養諸生，常以千數。坐高堂，施絳帳，前授生徒，後列女樂。今子城西有絳帳臺。法雄、爲守。先是猛獸爲害，雄令毁去陷穽，虎暴遂去，因名虎渡里。出本傳。劉昆、爲江陵令時，縣連年火災，昆輒向火叩頭，雨降風止。人稱其至誠所感。劉弘、白氏六帖：「弘爲荆州，每有手書郡國，丁寧款密，人皆感之，曰：『得劉公一紙書，賢於十部從事。』」陶侃、代王舒爲刺史，治江陵勤於吏職。終日斂膝危坐，閫外事千緒萬端，罔有遺漏。遠近書疏，莫不手答。引接疏遠，門無停客。諸參佐或以手談廢事者，命取其酒器、蒲博之具投之江。嘗語人曰：「大禹聖人，乃惜寸陰。至於衆人，當惜分陰。」謝安、桓温辟爲征西司馬。既至，温甚喜，言平生，歡笑竟日。既出，温問左右：「頗嘗見我有此客否？」温嘗詣安，值其理髮。安性舒緩，久而方罷，使取帽。温見，留久之，曰：「令司馬着帽。」其見重如此。謝奕、爲桓温司馬。在坐，岸幘嘯詠無常。温曰：「我方外司馬。」王徽之、字子猷。爲桓温參軍，蓬首散帶，不綜府事。又爲車騎桓冲騎兵參軍，冲問：「卿署何曹？」對曰：「似是馬曹。」又問：「管幾馬？」曰：「不知。」冲嘗謂曰：「卿在府日久，比當相料理。」徽之不答，直高視，以手板柱頰云：「西山朝來致有爽氣耳。」孟嘉、爲桓温幕府。九日遊龍山，僚佐畢集，並着戎服。有風至，吹嘉帽落，嘉不之覺。温命孫盛作文嘲之。嘉答之，其文甚美。張九齡、以争牛仙客事，貶荆州長史，常以文史自娱。○賦詩云：「謬忝爲邦寄，多慙理人術。陳力儻無效，謝病從芝术。」張柬之、武后曰：「安得一奇士用之。」仁傑曰：「荆州長史張柬之雖老，宰相材也，用之必盡節於國。」姚崇、天寶遺事：「崇牧荆州，三年授代，闔境民吏泣，擁馬首不使之去。所乘之馬鞭鐙，民皆截留。」元結、安、史之亂，以討賊，遷荆南節度使。段文昌、帥荆南。或旱，禬解必雨；或久雨，遇出遊必晴。民爲語曰：「旱不苦，禱而雨；雨不愁，公出遊。」孟浩然、張九齡爲荆州，辟浩然置幕府，嘗賦觀獵詩。韓愈、德宗時爲監察御史，上疏論宫市，貶陽山令，貞元移荆州法曹參軍。韓朝宗、李白與韓荆州書：「白聞天下談士相聚而言曰：『生不願萬户侯，但願一識韓荆州。』何令人之景慕，〔四〕一至於此？君侯不以長揖見拒，若必接之以高宴，縱之以清談，請日試萬言，倚馬可待。今天下以君侯爲文章之司命，人物之權衡，一經品題，便作佳士。而今君侯惜階前盈尺之地，不使白揚眉吐氣，激昂青雲耶？」元稹、字微之。憲宗時拜監察御史，不避中人，仇士良怒擊稹敗面。宰相謂稹年少輕立威，失憲臣體，貶江陵士曹參軍。皇朝陳堯咨、祥符中知荆南。母馮氏問曰：「汝典郡有何治效？」堯咨曰：「稍精於射。」母曰：「汝不務仁政，而專一夫之技。」杖而擊之。元絳、湘山野録：「公成童時，侍錢塘府君於荆南，每從學於龍安僧舍。後三十年，以龍圖二卿爲帥，昔僧猶有存者，公因建堂，名曰碧落。」詩云：「九重侍從三明主，四紀乾坤一老臣。」鄭獬、帥江陵，劉忠肅摯爲察推，章子厚爲帥屬，後人以爲一時盛事。劉摯、治平中爲察推。張商英、以言事出監荆南商税。爲帥。嘗有送舉人赴省詩云：「解苞珍貢入，琢玉寶光寒。簇仗春旗裏，看君策治安。」胡安國、爲江陵察推，改除教授。今江陵北地名新店，文定故宅存焉。張栻、爲帥。張孝祥。爲帥。

【人物】老萊子、寰宇記：「楚人。事親至孝，常服斑斕之衣。年七十，尚爲嬰兒啼戲於親前。」漢陰叟、寰宇記：「楚人，居漢水之陰。子貢南遊，見丈人爲圃鑿池，抱甕出灌園，用力多。子貢教之鑿木爲桔槔。丈人曰：『吾聞有機事者，必有機心也。』」陸通接輿、楚人謂之楚狂接輿。〔五〕宋玉、有故宅。○杜甫詩：「曾聞——宅，每欲到荆州。」胡廣、華容人。西漢平帝時，大司徒馬宫辟之。值王莽居攝，廣解衣冠、垂府門而去，遂亡命交趾，隱於屠肆。莽敗歸鄉。岑文本：家江陵，封江陵縣子。或勸其營産業，文本曰：「吾漢南一布衣，以文墨致宰相，奉稍已重，尚何殖産耶？」皇朝唐介、荆南人。仁宗朝爲御史，論張堯佐除四使。因劾宰相文彦博，介貶英州别駕。仁宗朝參大政，因與王安石榻前論事不屈，發疽死。唐恪、靖康爲少宰。朱昂、太宗朝爲翰林學士，〔六〕引年請考，上以荆南故苑賜之，力辭，乃賜城東一坊爲宅。是時知制誥陳堯咨爲尹，乃題坊曰垂車。孫諭、元祐末掛冠，同時退休者吴師道、梁宏、宋光復、賈亨彦、張叔達，布衣唐僉，爲七老人會，飲酒賦詩，五日一集。田偉。燕人。歸朝授江陵尉，因家焉。作博古堂，藏書至五萬七千卷，無重複者。黄魯直過之，曰：「吾校中祕書，及徧遊江南，文士圖書之富，未有過田氏者。」

【題詠】江、漢分楚望。文選顏延年詩：「云云，衡、巫奠南服。」〔七〕三湘淪洞庭，七澤藹荆牧。」巴國山川盡。陳子昂詩：「云云，荆門煙霧開。」地利西通蜀。杜甫江陵望幸詩：「云云，天文北照秦。」漢水照天碧。白居易和江陵士曹元微之詩：「云云，楚山拂雲霄。」北行連鄧、許。蘇子瞻詩：「云云，南去極衡、湘。」楚地盡平川。蘇子瞻詩：「游人出三峽，云云。北客隨南賈，吳檣間蜀舡。江侵平野斷，風卷白沙旋。欲問興亡事，重城千古堅。」風煙紀城南。杜甫北南歌：「云云，塵土荆門路。」關梁豁五湖。張九齡登荆州城樓詩。此府雄且大。韓愈赴江陵法曹寄王翰林詩：「云云，騰凌盡戈矛。」磐磐此都會。李頻詩：「楚地八千里，云云。巍峨數里城，遠水相映帶。」府中丞相閣。孟浩然陪張丞相登荆城樓：「云云，江上使君灘。」兵符下渚宮。劉禹錫寄荆州嚴司空詩：「蠻水阻朝宗，云云。」三楚多秀士。阮籍詠懷詩。白魚如切玉。杜甫詩：「云云，朱橘不論錢。」幢橘過霜收。李維詩：「使梅和雪賞，云云。」南荆西蜀大行臺。劉禹錫與嚴司空成都武相公唱和。煙開碧樹渚宮秋。武元衡酬荆南嚴司空見寄詩：「簾捲青山巫峽雨，云云。」千里江陵一日還。李白詩：「朝辭白帝彩雲間，云云。兩岸猿聲啼不盡，輕舟已過萬重山。」清江依舊遶空城。杜牧送劉秀才歸江陵詩：「鄉人來話亂離情，淚滴殘陽向楚荆。白社已應無故老，云云。」〔八〕起居八座太夫人。杜甫送蜀州别駕將中丞命赴江陵起居衛尚書太夫人示從弟位詩：「中丞問俗畫熊頻，愛弟傳書綵鷁新。遷轉五州防禦使，云云。楚宮臘送荆門水，白帝雲偷碧海春。與報惠連詩不惜，知吾斑鬢總如銀。」**荆州佳境不須山。**鄭毅夫夷陵張仲孚以荆州無山爲戲作：「云云，自有碧江無限好。」**漢家太守治才高。**司馬君實送齊學士知荆南詩：「云云，楚國山川氣象豪。旌旆逶迤盤夢澤，樓舡贔屭壓江濤。」**來依絳帳馬融州。**黄魯直詩：「誰謂石渠劉校尉，云云。」**地連雲夢水無邊。**張商英詩：「云云，天斷夷陵欲盡山。曾是劉虬高飲地，不知何處扣玄關。」**江村竹樹多於草。**姚合從陳彤之江陵從事：「云云，山路塵埃半是雲。」**只有灘聲似舊時。**陸務觀楚城詩：「江上荒城猿鳥悲，隔江便是屈原祠。一千五百年間事，云云。」**脊令飛急到沙頭。**杜甫喜舍弟到沙頭詩：「鴻鴈影來連峽内，云云。」**兩岸緑楊遮虎渡。**公安人張景居城南之方城，仁宗召見，問曰：「卿在江陵何處居？」景對曰：「云云，一番青草覆龍洲。」上喜其對。

【外邑】**野曠吕蒙營。**杜甫公安懷古：「云云，江深劉備城。」**縣吏迎來怪到遲。**張籍送枝江劉明府詩：「家僮從去愁行遠，〔九〕云云。定訪玉泉幽院宿，應過碧澗早茶時。」

【四六】演綍北門，開藩南紀。坐專方面，遥制邊頭。帥閫尊嚴，兵威震肅。肅清三楚，彈壓重湖。眷荆楚之西門，實江、漢之南紀。惟全楚之上流，實皇家之要屏。摘山之黨，摇毒而方張；荷戈之卒，弛備而不武。惟重湖之重地，乃全楚之奥區。伊荆州用武之國，最今日任人之先。南連嶺嶠之奥，北倚襄、漢之長。惟是重湖之外，實連三楚之區。渺焉蒲澤之深阻，甚者潢池之繹騷。雖爲魚米富饒之鄉，亦號盜賊出没之地。控引吴、蜀，財賦之所委輸；通達關、河，舟車之所走集。由中興百餘載以來，最爲重鎮；凡屬部二千石以下，悉隸元戎。

無可戮之鯨鯢；武陵、桃源，皆相安之雞犬。貔貅萬竈，肅先聲於營壘之間；蜂蟻千屯，戢大憝於笑談之頃。田土膏腴，莫盡新耕之利；人煙蕭瑟，靡聞舊觀之還。控持中原，是爲四通八達之地；考按前古，豈但三國、六朝所争。地控上游，允謂江、淮之屏蔽；兵屯重鎮，尤爲巴、蜀之輔車。一江天險，處襟喉控扼之中；萬旅雲屯，屬頤指驅馳之下。

漢陽軍 漢陽　漢川〔一〇〕

【建置沿革】禹貢荆州之域。在天文爲翼、軫之分野。春秋時鄖國地，戰國屬楚。秦屬南郡。漢爲江夏郡安陸縣地。魏初定荆州，屯沔陽以爲重鎮。晋立沔陽縣，而江夏郡自上昶城移理焉，後移理夏口縣；晋陶侃爲荆州刺史，鎮沔口，即此。宋、齊、梁因之。後周於此置復州。隋改爲沔州，以沔水爲名，尋復爲沔陽郡。唐置沔州。周世宗以漢陽、漢川二縣置軍。國朝嘗廢爲縣，屬鄂州，尋復爲軍。今領縣二，治漢陽。

事要

【郡名】古沔、沔陽、見「沿革」注。沔口。漢水入江處曰——。

【風俗】美化行江、漢。詩：「文王之時，——乎——、——之域。」

【形勝】沔口重鎮。輿地志：「漢入江處謂之沔口，魏及吴人皆以爲重鎮。」呑江納漢。吴都賦云。前枕蜀江。元和志：「云云，北帶漢水。」却負大別。李知新學記云云。路通荆、雍。通鑑：「梁武帝曰：『云云，控引秦、梁。』」左武昌。陳澤鳳棲經藏記：「漢水合大江，夾江而城，——，右漢陽。」

【山川】鳳棲山、軍治在其陽。劉辟强記：「昔有——于—，故名。」大別山、在沔陽縣東。一名魯山。○郡志云：「梁武帝築漢口城以守魯山，即今漢陽軍城是也。史本新經，云上有横江將魯肅祠，豈因是而名山歟？」○梁武帝曰：「漢口不闊一里，以箭道交至，〔一一〕不若遣軍逼郢，吾自圍魯山以通漢、沔，使郢城、竟陵之粟方舟而下。」○潘大臨登——眺望詩云：「人争漢口渡，日落陽臺坂。鼓吹隔岸聞，樓觀排雲見。」赤壁山、在漢川縣西八十里。輿地紀勝：「里人多言是周瑜破曹操處。」按曹操舟師自江陵順流而下，周瑜自柴桑泝流而上，兩軍相遇於赤壁，則赤壁當臨大江，臨嶂及漢川皆非臨江處。舊經云：「今江、漢間言赤壁者有五：黄州、嘉魚、江夏、漢陽、漢川。」其説各有所據，惟江夏之説近古而合於中。臨嶂山、在漢陽西六十里。晉置沔陽縣，江夏郡自上昶城移理焉。湖蓋山、在漢陽縣。山形似蓋，南臨漢水，西帶大湖，故名。陽臺山：在漢川縣南三十五里。或言宋玉作高唐賦處。有裴敬碑，載其事。當考。郎官湖、李白郎湖詩序：「故人尚書郎張謂出使夏口，沔州牧杜公、〔一二〕漢陽宰王公，觴於江城之南湖。方夜水光如練，清光可掇，白因舉酒酹水，號之曰———，亦鄭圃之有僕射陂也。」但白詩謂沔州城南，今乃在城北，不同耳。○李白詩：「張公多逸興，共泛沔城隅。郎官愛此水，因號郎官湖。」又詩：「南湖秋月白，王宰夜相邀。〔一三〕笛聲喧沔郡，歌曲上雲霄。」江水、在軍南。漢水、按桓宣傳，「宣鎮襄陽，石季龍使騎七千渡沔襲之」，則——自襄陽以下，在晉時皆名沔水。○杜牧漢江詩：「溶溶漾漾白鷗飛，淥净春深好染衣。南去北來人自老，夕陽長送釣舡歸。」○劉澄之山水記：「沔口古以爲滄浪水，即屈原遇漁父作歌處。」漢陽渡、李白贈漢陽輔録事詩：「鸚鵡洲横———，水引寒煙没江樹。」又云：「漢口雙魚白錦鱗，今傳尺素報情人。」煙波灣、在漢陽西北三十里。唐崔顥詩：「日暮鄉關何處是，煙波江上使人愁。」鎖穴。在大別山之陰，即孫皓以鐵鎖鎖江處。

【堂亭】漢廣堂、在軍治。南紀樓、在軍治。○夏倪詩：「江發岷山如甕口，漢從嶓冢又東流。滔滔從此爲南紀，我憶禹功時倚樓。」秋興亭、在軍治後山巔。唐刺史賈載建。中書舍人賈至云：「詩人之興秋最高，故以名亭。」竹齋。唐張謂題從弟沔州判官——詩：「竹裏藏公案，花間隱使車。」

【名宦】陶侃、王敦表——爲荆州刺史，鎮沔陽。皇朝游酢、爲知軍。彭乘。益州人。爲漢陽判官，乞歸侍養，寇準薦之，召爲集賢校理。求便親，得知普州。舊制，蜀人不許赴蜀官，特恩自乘始。

【名賢】李白。乾元間遷夜郎過此，嘗游南湖。

【題詠】漢陽抱青山。唐李群玉詩：「云云，飛樓映襄渚。白雲蔽黄鶴，緑樹藏鸚鵡。」水從嶓冢來。王貞白曉泊漢陽渡詩：「雲向蒼梧去，云云。」西州風物好。温庭筠詩：「云云，遥見武昌樓。」漢水橫衝蜀浪分。杜牧之寄牛相公詩云云。夾江分命兩諸侯。曾子固送漢陽守詩：「楚國封疆最上頭，云云。」

士之煙波。【四六】疏綍嚴宸，擁麾古沔。分南北之一江，置東西之二郡。湖浸郎官之風月，洲橫處臨沔水，遂分太守之符。禹貢披圖，大別之名自古；周南紀詠，漢廣之化至今。源出蜀江，欲重上流之勢；州泛月於南湖；馹召亟馳，行即就雲於北闕。畫地爲疆，昔特稱於支邑；夾江分命，今仍託於附庸。燕凝多暇，不妨

校勘記

〔一〕「魏於穰城置荊州」，「穰城」，底本原作「穰苑」，據魏書卷一〇六下地形志、元和郡縣志卷二一改。

〔二〕「東有夏州海陽（至）北有陘塞鄖陽」，「海陽」、「陘塞」，底本原作「海陵」、「涇塞」，據史記卷六九蘇秦傳改。

〔三〕「渚宮寂寞依古郢（至）何況遠問縱橫時」，底本原誤「古郢」爲「古郡」，又訛「時」爲「詩」，今據蘇軾詩集卷二渚宮改。

〔四〕「何令人之景慕」，底本原脱「令」字，據李太白全集卷二六、全唐文卷三四八所載與韓荊

州書補。

〔五〕「楚人謂之楚狂接輿」，底本原誤「狂」爲「在」，據四庫本、傳是樓本、嶽雪樓本改。論語微子篇有云：「楚狂接輿歌而過孔子曰：『鳳兮鳳兮！何德之衰？往者不可諫，來者猶可追。』」可證作「狂」字是。

〔六〕「太宗朝爲翰林學士」，宋史卷四三九朱昂傳云朱昂爲翰林學士在真宗咸平二年，疑本書有誤。

〔七〕「衡巫奠南服」，「衡」，底本原作「行」，據文選卷二七顏延年始安郡還都與張湘州登巴陵城樓作改。

〔八〕「杜牧送劉秀才歸江陵詩（至）云云」，按杜牧樊川集卷三送劉秀才歸江陵詩共八句，原文如下：「綵服鮮華覲渚宮，鱸魚新熟别江東。劉郎浦夜侵船月，宋玉亭春弄袖風。落落精神終有立，飄飄才思杳無窮。誰人世上爲金口，借取明時一薦雄。」而本書所引，不見于樊川集。輿地紀勝卷六五亦引此詩，且云：「杜牧送劉秀才歸江陵，又作鄭谷詩。」今檢全唐詩卷六七五，果見鄭谷此詩，然詩題爲渚宫亂後作，除本書所引四句外，還有四句是：「高秋軍旅齊山樹，昔日漁家是野營。牢落故居灰燼後，黄花紫蔓上墻生。」則此處「杜牧送劉秀才歸江陵」當改爲「鄭谷渚宫亂後作」也。

〔九〕「家僮從去愁行遠」，「從」，底本原作「促」，據全唐詩卷三八五張籍送枝江劉明府改。

〔一〇〕「漢川」，底本原作「汉川」。汉川乃唐縣名，舊唐書卷四〇地理志、新唐書卷四一地理志均有記載，爲唐武德四年所置。而元豐九域志卷六安州下云「太平興國二年改汉川縣爲漢川縣」，則本書不應再記唐名，宋史卷八八地理志、輿地紀勝卷七七皆作「漢川」，今據改。

〔一一〕「以箭道交至」，「箭」，底本原作「前」，據梁書卷一武帝紀改。

〔一二〕「故人尚書郎張謂出使夏口沔州牧杜公」，底本原誤「張謂」爲「張渭」，又訛「杜公」爲「桂公」，據李太白全集卷二〇、全唐詩卷一七九泛沔州城南郎官湖詩序改。

〔一三〕「王宰夜相邀」，「王宰」，底本原作「玉宰」，據四庫本、傳是樓本改。王宰即上文所云漢陽宰王公也。

方輿勝覽卷之二十八

鄂州 江夏 蒲圻 崇陽 咸寧 通城 嘉魚

【建置沿革】禹貢荆州之域。於天文爲翼、軫，鶉尾之次。自周夷王時入于楚，楚雄渠封其子紅爲鄂王。春秋時謂之夏汭。秦屬南郡。漢置江夏郡，領鄂縣；獻帝時黄祖爲江夏太守，始於沙羡置屯，今郡治是也。吴孫權自公安徙治鄂，更名曰武昌。晉立鄂縣，惠帝分荆州置江州，而武昌改隸江州，江夏仍隸荆州。宋江夏郡治夏口，宋武立郢州，治江夏，是爲郢城。隋改鄂州，後爲江夏郡。唐復爲鄂州，陞武昌軍節度。皇朝因之，或兼制置，或兼安撫，或兼漕。今領縣六，治江夏。

湖廣總領，湖北轉運置司。

事要

【郡名】鄂渚、在江夏西黄鶴磯上三百步。輿地記：「雲夢之南，是爲——。」其名於離騷見之。」○晏類要：「隋立鄂州，似渚，故名。」武昌、吴破黄祖於沙羡，遂改名——。江夏、見「沿革」内注。夏汭。書注：「水北曰汭。」亦名夏口。

【風俗】人多勁悍。圖經：「火耕水耨，以漁稻爲業，云云決烈。」

【形勝】地接荆、峴。喬大觀南樓賦：「云云，江吞雲夢。」扼東江、湖。記室新書：「云云，襟帶吴、楚。」通接梁、雍。何尚之議：「夏口在荆江之中，云云，實爲津要。」江、漢爲池。吴趙咨對魏王曰：「吴帶甲百萬，云云。」江、漢合流。通典：「江、漢二水在州西合流。」○禹貢：「江、漢朝宗于海。」三國争衡。郡國志：「夏口（魯口），吴置督將於此，云云，吴之要害。」

【山川】鳳凰山，在江夏縣北二里。其形如鳳，故名。江夏山，本名峽山，唐天寶改名。黄鶴山，一名黄鵠，在江夏東九里。縣西北二里有黄鶴磯。〔一〕○李白詩：「東望黄鶴山，雄雄半空出。〔二〕四面生白雲，中峰倚紅日。巖巒行穹跨，峰嶂亦冥密。頗聞列仙人，於此學飛術。一朝向蓬海，千載空石室。金竈生烟埃，玉潭祕清謐。地古遺草木，庭寒老芝术。〔三〕蹇余羨攀躋，因欲保閑逸。觀奇徧諸岳，兹嶺不可匹。結心寄青松，永悟客情畢。」赤壁山，郡縣志：「在蒲圻西百二十里。北岸烏林，與赤壁相對，即周瑜用黄蓋策焚曹公舡處。」今江、漢間言赤壁者五，漢陽、漢川（即汉川）、〔四〕黄州、嘉魚、江夏，惟江夏之説爲近，烏林與赤壁即非一地。蓋赤壁初戰，操軍不利，引次江北，而後有烏林之敗，則烏林當在江北。詳見黄州注。○李白詩：「二龍争戰决雌雄，赤壁樓舡掃地空。烈火漲天照雲漢，周瑜於此破曹公。」○杜牧詩：「折戟沉沙鐵未銷，自將磨洗認前朝。東風不與周郎便，銅雀春深鎖二喬。」大觀山，在江夏東南五十里。巖壑頗勝。金城山，在江夏東南二百里。吴將陸涣屯兵于此。蒲磯山，在嘉魚縣境。蓋蒲圻縣初置于此。幕阜山，在通城東南五十里。

周五百里，跨三縣。吴太史慈拒劉表于此，置營幕，故名。**黄龍山**、即幕阜之東頂。有湫池，中有黄魚，能致雨。有瀑泉。**鍾臺山**、在咸寧東南百里。有桃花洞，即李邕讀書之所。石室尚存。**龍泉山**，在崇陽西南六十里。周二百里。山有洞、石渠，泉流清駛，鄉人號魯溪巖。有茶甘美。**夏口**、一名魯口，似指夏水之口。然何尚之云：「夏口在荆江之中，正對沔口，浦大容舫，於事爲便。」而章懷太子注東漢亦謂夏口戍在今鄂州，故唐史皆指鄂州爲夏口，本在江北，自孫權取對岸夏口之名以名之，而江北之名始晦。**東湖**、在城東四里。有東園，爲近城登覽之勝。**南湖**、在望澤門外。周二十里。舊名赤欄湖。外與江通，長堤爲限。長街貫其中，四旁居民蟻附。**太平湖**、在嘉魚縣南三十里。頃歲中涸，夜有光怪，誌其處而掘之，得古銅鍾。秦少游爲吊鑄鍾文，即此。**蒲圻湖**、晏公類要：「湖多蒲草。吴大帝時蒲圻縣於湖側。」**南浦**、在江夏南三里。離騷云：「送美人兮——。」水出景首山，西入大江，冬涸夏盈，商舟聚泊。今名新開港。**黄金浦**、在鸚鵡洲上。以吴將黄蓋屯軍于此得名。**盧洲**、孫仲謀泛江遇大風，柂師請所之，仲謀欲往——，其僕谷利以刀擬柂師，〔五〕使泊樊口，鑿山通道，歸武昌。今謂之吴王峴。有洞穴，土紫色，可以磨鏡。**鸚鵡洲**、在江中。黄祖殺禰衡處。衡賦鸚鵡，故名。初，孔融薦衡於操，操不能容，送與劉表。表不能容，送與江夏太守黄祖。祖善待焉。祖長子射尤善於衡。時大會賓客，人有獻鸚鵡者，請賦以娱嘉賓。衡攬筆而作，文不加點。後以言不遜，祖竟殺之。○李白詩：「魏帝營八極，蟻觀一禰衡。黄祖斗筲人，殺之受惡名。吴江賦鸚鵡，落筆超羣英。鏘鏘振金玉，句句欲飛鳴。鷙鶚啄孤鳳，千春傷我情。五嶽起方寸，隱然詎可平。才高竟何施，〔六〕寡識冒大刑。至今芳洲上，蘭蕙不忍生。」〇「鸚鵡來過吴江水，〔七〕江上洲傳鸚鵡名。鸚鵡西飛隴山去，芳洲之樹何青青。煙開蘭葉香風暖，夾岸桃花錦浪生。遷客此時徒極目，長洲孤月向誰明。」**萬金堤**。在城西南隅。紹熙間，大軍築壓江亭於其上。

【樓亭】南樓、晉庾亮在武昌，諸佐史殷浩之徒乘秋夜共登——，俄而庾至，諸人將避之，亮曰：「諸人可住，老子於此興復不淺。」便據胡床，與浩等談詠竟夕。〇在郡治南黃鶴山頂上，有登覽之勝。舊基不知其處，中間改爲白雲閣。元祐間守方澤重建，復舊名。記文以爲庾亮所登故基，非也。亮所登乃武昌安樂宫端門也。李巽巖燾作鄂州——記云：「吴孫氏更名漢鄂曰武昌，今州東百八十里武昌縣是也。今鄂州乃漢沙羡。當晉咸康時，沙羡未始有鄂及武昌之名，庾亮安復至此？」〇李白陪宋中丞武昌夜飲懷古詩：「清景——夜，風流在武昌。庾公愛秋月，乘興坐胡床。龍笛吟寒水，天河落曉霜。我心還不淺，懷古醉餘觴。」〇黃魯直登——詩：「江東湖北行畫圖，鄂州——天下無。高明廣深勢抱合，表裏江山來畫閣。雪筵披襟夏簟寒，胸吞雲夢何足言。庾公風流冷似鐵，誰其繼之方公悦。」〇「四顧山光接水光，憑欄十里芰荷香。清風明月無人管，併作南樓一味凉。」**黃鶴樓**，在子城西南隅黃鶴山上。此樓因山得名，蓋自南朝已著矣。〇南齊志：「仙人子安乘黃鶴過此。」〇閻伯理記：「州城西南隅有———者，圖經云費禕登僊，嘗駕黃鶴返憩于此，遂以名樓。事列神僊之傳，迹存述異之志。觀其聳構巍峨，高標籠嵸，上倚河漢，下臨江流，重簷翼舒，四闥霞敞，坐窺井邑，俯拍雲煙，亦荆、吴形勝之最也。何必賴鄉九柱、東陽八詠，迺可賞觀時物、會集靈僊者哉？

刺史兼侍御史、淮西租庸使、鄂岳沔等州都團練使河南穆公，名寧，下車而亂繩皆理，發號而庶政其凝。或逶迤退公，或登車送遠。遊必於是，宴必於是。極長沙之浩浩，見衆山之纍纍。王室載懷，思仲宣之能賦；僊蹤可揖，嘉叔偉之芳塵。迺喟然嘆曰：『黃鶴來時，歌城郭之並是。浮雲一去，惜人世之俱非。』有命抽毫，紀兹貞石。時皇唐永泰元年，歲次大荒落月孟夏日庚寅記。」○張敬夫云：「————，以山得名也。而唐圖經何自而爲怪説，謂費文禕仙去，駕鶴來憩于此。閻伯理記中乃實其事。而或者又引梁任昉記所謂駕鶴之賓乃荀叔偉，非文禕也。此皆因黃鶴之名，而世之喜事者妄爲之説。後來者既不之察，又從而並緣增飾之。樓旁有石照亭，不知何妄男子題詩窗間，遽相傳曰：『此仙人吕洞賓所書也。』文人才士又爲之夸大其事。而蘇子瞻亦載馮當世之説，有『羽衣著屐』之詩。吁！世亦寧有是理哉？甚矣，世俗之好怪也。」○李白聽黃鶴樓吹笛詩：「一爲遷客去長沙，西望長安不見家。黃鶴樓中吹玉笛，江城五月落梅花。」○又送孟浩然詩：「故人西辭黃鶴樓，煙花三月下揚州。孤帆遠影碧空盡，惟見長江天際流。」○崔顥黃鶴樓詩：「昔人已乘白雲去，此地空餘黃鶴樓。黃鶴一去不復返，白雲千載空悠悠。晴川歷歷漢陽樹，芳草凄凄鸚鵡洲。日暮鄉關何處是，煙波江上使人愁。」○蘇子瞻云：「李公擇求黃鶴樓詩，因記舊所聞於馮當世者。詩曰：『黃鶴樓前月滿川，抱關老卒飢不眠。〔八〕夜聞三人笑語言，羽衣著屐響空山。非鬼非人意其仙，石扉三扣聲清圓。洞中鏗鋐落門關，縹緲入石如飛煙。雞鳴月落風馭還，迎拜稽首願執鞭。汝非其人骨腥羶，黃金乞得重莫肩。持歸包裹弊席氈，夜穿茅屋光射天。里閭來觀已變遷，似石非石鉛非鉛。或取而有衆忿喧，

訟歸有司今幾年。無功暴得喜欲顛，神人戲汝真可憐。願君與考然不然，此語可信馮公傳。」〔九〕

石鏡亭、在黄鶴樓西。臨崖有石如鏡，爲西日所照，則炯然發光。○賀鑄詩：「西戍夕陽晴，東城石鏡明。有山分八字，供作兩眉横。」**壓雲亭**、在黄鶴山椒。隸統制司。**江漢亭**。在倅廳。張芸叟記云：「因古城爲之。」

【寺院】

頭陀寺、在黄鶴山上。自南齊王中作寺碑，遂爲古今名刹。○黄魯直詩：「頭陀全盛時，宫殿梯雲級。城中空金碧，雲外僧濈濈。人亡經緯盡，屋破龍象泣。惟有簡西碑，文章巍然立。」

靈竹院。在江夏。本孟宗泣竹之所。天聖中孫晟有記。今安遠樓即其故基。

【祠壇】

社稷壇。朱元晦記云：「清江劉君清之行州事，遂屬録事參軍周明仲行視，得城東黄鶴山廢營地一區，東西十丈，南北倍差，按政和五禮，畫爲四壇，而屬其役事於兵馬監押趙伯烜。某月壇成，〔一〇〕東社、西稷居前，東風伯、西雨雷師居後少郤。壇皆三成，有壝，壝四門。前二壇趾皆方二丈五尺，崇尺二寸。〔一一〕後二壇趾皆方一丈六尺五寸，崇八寸。其再成，方面皆殺尺，崇四分而去一。三成，方殺亦如之，而崇不復殺。前二壝皆方四丈二尺，〔一二〕門六尺，間丈五尺。後二壝皆方二丈八尺，門五尺，間四丈九尺。其崇皆四尺。社有主，崇二尺五寸，方尺。剡其上，培其下，半石也。南五丈，爲門三間，北二丈有奇，爲齋廬五間。繚以重垣，甃以堅甓，而植以三代之所宜木。」又云：「某按：社實山林、川澤、丘陵、墳衍、原隰五土之祇，而后土勾龍氏其配也。稷則專爲原隰之祇，能生五穀者，而后稷周棄氏其配也。風師，箕也。雨師，畢也。是皆著於周禮，領於大宗伯之官。唯社稷自天子之都至於國里通得祭，而風雨之神則自唐以來諸郡始得祀焉。至於雷神，則又唐制所與雨師同壇共牲而祀者也。」

【名宦】庾亮，鎮武昌。見南樓注。黄祖，劉表以爲江夏太守。陶侃，鎮武昌。商浩、庾翼皆爲佐史，時號多士。孔覬，爲内史。每醉，彌日不醒；醒則判决，未嘗有壅。衆云：「孔公一月二十九日醉，〔一三〕勝他人二十九日醒也。」陸遜，輔孫登於武昌，令建昌侯慮毁撤鬬鴨欄。牛僧孺，陶甓甃城。元稹，爲武昌節度使。周瑜，孫策以瑜爲江夏守討黄祖，始治夏口，自此以前江夏太守乃治安陸耳。柳公綽，韓愈與鄂州柳公綽書：「淮右殘孽，尚有巢窟。環寇之師，殆且十萬。瞋目語難，自以爲武人，不肯循法度，頡頏作氣勢，竊爵位，自尊大者，〔一四〕肩相摩也。不聞有一人援桴鼓誓衆而前者，但月令走馬來求賞給，〔一五〕助寇爲聲勢而已。閤下書生也，詩、書、禮、樂是習，仁義是修，法度是束，一旦去文就武，鼓三軍而進之，陳師鞠旅，親與爲辛苦，慷慨感激，同食下卒，將二州之牧以壯士氣，斬所乘之馬以祭踶死之士，雖古名將，何以加兹？」皇朝張詠，爲崇陽令。民以茶爲業。公曰：「茶利厚，官將榷之。」命拔茶而植桑，民以爲苦。其後榷茶，而崇陽之桑已成。張商英，爲守。時蔡京行方田，又築圜土囚罪人。公謝表曰：「方田擾安業之民，圜土聚徙鄉之惡人。」傳以爲口實。

【人物】丁固，母作大被，以招賢學。李邕，文名天下，時稱李北海。元結，始稱猗玕子，又稱浪士，又稱漫郎。客樊上，更曰聱叟。孟嘉，按陶潛作孟府君傳云：「嘉，江夏鄳人也。〔一六〕庾亮以帝舅民望鎮武昌，并領江州，辟君部廬陵從事。亮引見，問風俗得失。對曰：『嘉不知。』亮以麈尾掩口而笑，曰：『嘉故是盛德人也。』又爲安西將軍庾翼府功曹，再爲江州别駕、征西大將軍譙國桓温參軍。九月九日，温遊龍山，參佐畢集，四弟二甥咸在坐。時佐吏並著戎服，有風吹君帽墮落。君初不覺，良久如廁，温命取以還之。仍命孫盛爲文嘲之。〔一七〕君請筆作答，文辭超卓，四座嘆之。温問君：『酒有何好，而卿嗜之？』君曰：『明公但不得酒中趣爾。』淵明先親，君之第四女也。凱風寒泉之思，實鍾厥心，謹採行事撰此傳。」**馮京**。字當世，江夏人。自鄉選至廷對，俱爲第一。

【名賢】王欽若、祖郁官鄂渚時，其母李氏將免娠，江水驟溢，已逼廨舍，亟還黄鶴樓，生男即公也。**李綱**、以侍御史張浚論，鄂州居住。**黄庭堅**。謫監州税。

【題詠】鐃吹發夏口。王維送江夏南康守云云。**乘鄂渚而反顧。**屈平涉江有曰：「云云兮，欸秋冬之緒風。」**過夏首而西浮。**屈平哀郢：「云云兮，顧龍門而不見。」**落帆黄鶴之浦。**庾信哀江南：「云云，藏舡鸚鵡之洲。」**路指鳳凰山北雲。**唐岑參詩：「云云，衣沾鸚鵡洲邊雨。」**漢水北吞雲夢入。**游儀：「云云，蜀江西帶洞庭流。」**雲開遠見漢陽城。**盧綸晚次鄂州詩：「云云，猶是孤帆一日程。估客晝眠知浪静，〔一八〕舟人夜語覺潮生。三湘愁鬢逢秋色，萬里歸心對月明。舊業已隨征戰盡，更堪江上鼓鼙聲。」

【四六】武昌上流，湖右巨鎮。武昌屏翰，江左衿喉。遠控湖、湘，旁帶漢、沔。萬騎雲屯，一江天險。眷兹沔、鄂之雄，實控江、淮之勢。仍以攸臨之郡，就煩兼部之勞。眷洞庭、彭蠡之間，接牂牁、夜郎之境。　臺隍枕吴、楚之郊，形勢盡湖、湘之秀。　夏口、武昌，三國之山川如舊；江沱、漢廣，諸侯之風化一新。　惟武昌大都會之邦，實江國最上流之地。　誦崔、李黄鶴之詩，層樓故在；考周、曹赤壁之戰，折戟未銷。　舟車輻凑，商賈之往來；貔虎雲屯，軍民之雜處。　南樓乘興，當知天下之所無；北闕歸班，即慶日邊之有召。　浩渺波濤，來舳艫於千里；峥嶸城壘，屯貔虎於列營。　鎮臨鄂渚，常兼漕節之榮；彈壓淮壖，更總制垣之重。　左洞庭，右彭蠡，據湖、湘形勢之區；東夏口，西武昌，覽吴、魏興亡之迹。

壽昌軍武昌

【建置沿革】吴以前並同鄂州。孫權改鄂曰武昌郡。晉、宋、齊、梁因之。隋以江夏爲鄂州，武昌以縣屬焉。唐及五代以至國朝並屬鄂州，嘉定十五年陞爲軍使，尋又陞武昌軍，以與鄂州節鎮之名相類，因玉寶壽昌文，錫名壽昌軍。今領縣一，治武昌。

事要

【郡名】東鄂、晉地理志。樊楚。水經注。

【風俗】土地墝确。吴陸抗疏：「——危險而——。」

【形勝】捍禦上流。郡志：「晉庾翼欲移鎮樂鄉。王述與庾冰牋：『武昌實江東鎮戍之中，非但云云而已。』」吴、晉重鎮。舊唐志云云。吴主故宫。張文潛吴故宫賦云：「登武昌之故墟，弔西門之衰柳。是——之——兮，昔仲謀之所有。」

【山川】武昌山，在縣南百九十里。舊云孫權都鄂，欲以武而昌，故名。樊山，在武昌西三里。一名西山，下有寒溪。○蘇子瞻云：「鄧聖求爲武昌令，遊寒溪、西山。余時居黄，與武昌相望，常往來溪山間。後與聖求會宿玉堂，話舊作詩云：春江緑漲蒲萄醅，武昌官柳知誰栽。憶從樊口載春酒，步上西山尋野梅。西山一上十五里，風駕兩腋飛崔嵬。同遊困卧九曲嶺，褰衣獨到吴王臺。中原北望在何許，但見落日低黄埃。歸來解劍亭前路，蒼崖半入雲濤堆。浪翁醉處今安在，石臼杯飲無尊罍。爾來古意誰復嗣，公有妙語留山隈。至今好事除草棘，常恐野火燒蒼苔。當時相望不可見，玉堂正對金鑾開。豈知白首同夜直，卧看椽燭高花摧。江邊曉夢忽驚斷，銅環玉鎖鳴春雷。山人帳空猿鶴怨，江湖水生鴻鴈來。請公作詩寄父老，往和萬壑松風哀。」石門山，在武昌縣。兩石對峙如門。○郭功父詩：「雙崖屹然起，剔蘚認題字。乃知賢令尹，曾同漫叟醉。」唐武昌令馬安與元次山同遊，石刻存焉。東方山，在縣南百五十里。有石刻，云東方朔故隱。西塞山，在縣東百三十里。介于兩山之間，爲關塞也。土俗編：「吴、楚舊境，孫策擊黄祖子射于此。」袁宏賦：「沿西塞之峻崿。」吉祥山，在武昌東七十里。吴主微時嘗隱此。○羅隱詩：「吴主當時隱此山，吴都去後緑潺潺。」郎亭山，在樊山西。路出武昌退谷中。朱梁時，朱友泰鑿山開道，射以强弩，遂拔武昌，即此。西山，武昌——，天下勝處也。自孫氏譙集以來，至元子始顯。逾二百年，鄧安惠公爲邑，訪元子之跡，爲之作窪樽銘，則又顯。東坡先生謫居黄岡，間往游焉，愛其山水，多見於文字中，「翻鴉落雪」之句，雖畫工不能盡也，則又加顯。夫物之興廢有時，到天下勝處終不可掩，必有賢人君子爲之品題，而況於人乎？方二公對直玉堂，刻燭揮制，曾不及人間名利事。而詩章往來，獨夢寐於寂寞之濱，則其胸中所期，蓋相索於閬風之上矣。今安惠之孫俣能追斂其酬唱以貽好事之玩，真不墜其家聲者。嗚呼，元子遠矣！二公之流風餘韻既不可復得，而一時金馬、石渠文士之盛，亦豈可多得哉？三復遺音，爲之興歎！**吴王峴**、輿地志：「孫權於樊口被風破舡，鑿樊嶺而歸，因名。」**退谷**、在郎亭。元結故居。**瓜圻**、在縣西南十里。何頡詩序有云：「吴王種瓜于此地。」**蟠龍石**、在縣東北江上。舊傳有龍蟠於此。庾信哀江南賦：「龍蟠鳳集之鄉。」**杯樽石**，在郎亭西。孟仕源居其下。有石臨樊水，有窊，元結命爲杯樽。銘曰：「時俗澆狡，日益僞薄。誰能杯飲，共守淳樸？」**車湖**、在武昌縣東三十里。有車武子墓。**南湖**、在武昌縣東八里。寰宇記：「舊名南浦，江淹別賦『送君南浦』，即此。」**樊溪**、在武昌縣。亦名袁溪。**寒溪**、在樊山下。有菩薩泉，東坡銘。郡志云：「吴王有避暑殿在——，山間西山寺即故基。」**釣臺**、在北門外大江中。郡志：「孫權嘗整陳於——。」**峥嶸洲**、在縣西。劉毅嘗破桓玄於此。**蘆洲**。在武昌西。子胥去楚出關，於江上求渡，漁父曰：「灼灼兮侵已私，與子期兮蘆之漪。」〔一九〕子胥既渡，解劍與之，直千金，不受。子胥令其勿露。漁父知其意，遂覆舟而死。

【井泉】**巽泉**、在西塞山。郡志：「天寶中泉出山巔，垂流四百仞，元結命曰——。」**白巖泉**。

在武昌縣南百六十里。泉石幽絶，有馬祖禪師道場。

【樓閣】南樓：見鄂州——注。松風閣。在西山寺。黄魯直命名詩：「依山築閣見平川，夜闌箕斗插屋椽，我來名之意適然。老松魁梧數百年，斧斤所赦今參天。風鳴媧皇五十弦，洗耳不須菩薩泉。」

【亭榭】殊亭、臨大江。馬向理武昌日作。元結取其材殊政異，故以名亭。怡亭、蔣穎叔序云：「——銘刻于江濱巨石上，乃李陽冰篆，李莒八分書，裴虬作銘。」廣讌亭、在樊山。相傳吴主游宴于此。元結有記。九曲亭。蘇子由序：「子瞻遷於齊安無名山。而江之南，武昌諸山中有浮屠精舍，西曰西山，東曰寒溪。適西山，行於羊腸九曲而獲少平，乃營亭，而西山之勝始具。」

【名宦】陸遜、孫權遷都建業，留遜輔太子登，掌武昌留事。陶侃、鎮武昌，課種柳。都尉夜盜柳爲己種。侃問西門柳何以盜種？都尉驚怖謝罪。○劉禹錫詩：「一辭温室樹，幾見武昌柳。」庾亮。與庾翼、庾冰俱鎮武昌。

【人物】孟嘉、武昌人。孟陋。嘉之弟。桓温召之，不至。

【名賢】元結。逃亂居樊山。有子曰叔閑，直者，〔二〇〕故詩曰：「將牛何處去，耕彼西山陽。叔閑修農具，直者畔我耕。」又有子曰叔静，正者，〔二一〕故詩曰：「將舡何處去，釣彼大回中。叔静能鼓橈，正者隨弱翁。」

【題詠】樊山開廣讌。謝玄暉和伏武昌登孫權故城詩：「炎靈遺劍璽，當塗駭龍戰。聖期缺中壤，霸功興宇縣。鵲起登吴山，鳳翔陵楚甸。襟帶窮巖險，帷帟盡謀選。北拒溺驂鑣，西龕收組練。江海既無波，俯仰流英盼。裘冕類禋郊，卜揆崇離殿。釣臺臨講閲，云云。文物共葳蕤，聲明且葱蒨。三光厭分景，書軌欲同薦。〔二二〕參差世祀忽，寂寞市朝變。舞館識餘基，歌梁想遺轉。故林衰木平，荒池秋草徧。〔二三〕雄圖悵若兹，茂宰深遐睠。幽客滯江皋，從賞乖纓弁。清巵阻獻酬，良書限聞見。幸藉芳音多，承風采餘絢。于役儻有期，鄂渚同游衍。」**不食武昌魚**。吴初欲都武昌，陸凱上疏言：「武昌土地危險磽确，非王者之都。且童謡云：『寧飲建業水，云云。寧還建業死，不向武昌居。』人心所在，天意可知。」**津亭疏柳風**。錢起詩：「曉泊武昌岸，云云。數株曾手植，好事憶陶公。」**起來望樊山**。唐孟彦深爲武昌令，元次山居樊山，新春大雪，彦深以詩問之：「江山十日雪，雪深紅霧濃。云云，但見羣玉峰。」**武昌無限新栽柳**。韋蟾罷鄂州，祖席嘗書文選云：「悲莫悲兮生別離，登山臨水送將歸。」以牋授賓從，請繼其句。逡巡有妓泫然起曰：「妾不才，不敢染翰。」遂占兩句曰：「云云，不見楊花滿院飛。」**家家開門枕江水**。鄧温伯次子瞻韻：〔二四〕「武昌山水誠佳哉，當年五柳親栽培。云云，春風照耀桃與梅。」**亦復不厭武昌居**。王介甫寄鄂州張使君詩云：「昔人寧飲建鄴水，共道不食武昌魚。公來建鄴每自如，云云。武昌山川今可想，緑水逶迤煙莽蒼。白鷗晴飛隨雨槳，岸薺茸茸映魚網。投老留連陌上塵，思公一語何由往。」

【四六】出綍西垣，剖符東鄂。鎮臨要郡，控禦上流。惟義昌之小壘，乃鄂渚之故封。訪樊口之梅，何妨覓句；折武昌之柳，聊可贈行。若論勝境，乃元郎題詠之鄉；雖曰小邦，亦庾亮鎮臨之地。　分鄂渚之鋭兵，足知地重；開樊山之廣讌，姑俟時清。

校勘記

〔一〕「縣西北二里有黄鶴磯」，底本「縣」上原有「遺」字，嶽雪樓本及輿地紀勝卷六六均無此字，今據删。

〔二〕「雄雄半空出」，「雄雄」，底本原作「雄雌」，據四庫本及李太白全集卷二一、全唐詩卷一八〇望黄鶴山改。

〔三〕「庭寒老芝术」，「术」，底本原作「木」，據四庫本及李太白全集卷二一、全唐詩卷一八〇望黄鶴山改。

〔四〕「即汊川」，底本原作「即瀁川」，據元和郡縣志卷二七、太平寰宇記卷一三一改。

〔五〕「其僕谷利以刀擬柂師」，「刀」，底本原作「力」，據嶽雪樓本及三國志卷四七吴書吴主傳第二裴松之注引江表傳改。

〔六〕「蟻覩一禰衡（至）才高竟何施」，「覩」、「竟」，底本原作「視」、「覽」，據李太白全集卷二二、全唐詩卷一八一望鸚鵡洲懷禰衡改。

〔七〕「鸚鵡來過吴江水」，底本原缺「鸚鵡」二字，據北圖本、四庫本及李太白全集卷二一、全唐詩卷一八〇鸚鵡洲補。

〔八〕「抱關老卒飢不眠」，底本原作「抱關飢卒老不眠」，據蘇軾詩集卷八李公擇求黄鶴樓詩因記舊所聞於馮當世者改。

〔九〕「此語可信馮公傳」，「馮公」，底本原作「馬公」，據四庫本、傳是樓本、嶽雪樓本及蘇軾詩集卷八李公擇求黄鶴樓詩因記舊所聞於馮當世者改。

〔一〇〕「某月壇成」，「某」，底本原作「其」，據朱子大全卷七九鄂州社稷壇記改。

〔一一〕「崇尺二寸」，「尺」，底本原作「盡」，據嶽雪樓本及朱子大全卷七九鄂州社稷壇記改。

〔一二〕「前二壝皆方四丈二尺」，「壝」，底本原作「壇」，誤。上文已叙前後二壇，此不當重複。下文云「後二壝皆方二丈八尺」，知此應爲「前二壝」。核朱子大全卷七九鄂州社稷壇記，正作「前二壝」，今據改。

〔一三〕「孔公一月二十九日醉」，「二十九日」，底本原作「三十九日」，據四庫本、傳是樓本及宋書卷八四孔覬傳改。

〔一四〕「瞋目語難（至）竊爵位自尊大者」，底本原倒「語難」爲「難語」，又脱「位」字，今據嶽雪樓本及韓昌黎集卷一九與鄂州柳中丞書乙正，並補「位」字。

〔一五〕「但月令走馬來求賞給」，「月」，韓昌黎集卷一九與鄂州柳中丞書作「日」。

〔一六〕「江夏鄳人也」，「鄳」，底本原作「鄂」。按晉書卷一五地理志，江夏郡無鄂縣，只有鄳縣；同書卷九八孟嘉傳亦云孟嘉爲鄳縣人，則作「鄂」字誤，今改正。

〔一七〕「仍命孫盛爲文嘲之」，「孫盛」，底本原作「孜盛」，據四庫本、嶽雪樓本及晉書卷九八孟嘉傳、陶淵明集晉故征西大將軍長史孟府君傳改。

〔一八〕「估客晝眠知浪静」，「估客」，底本原作「佑客」，據嶽雪樓本及全唐詩卷二七九所載盧綸晚次鄂州改。

〔一九〕「灼灼兮侵已私與子期兮蘆之漪」，按吴越春秋卷三王僚使公子光傳，此二句作「日月昭昭乎侵已馳，與子期乎蘆之漪」，與本書異。

〔二〇〕「有子曰叔閑直者」，全唐詩卷二四〇所載元結將牛何處去二首自注云：「叔閑，漫叟（即元結）韋氏甥。直者，漫叟長子也。」則叔閑與直者爲二人，本書所述有誤。

〔二一〕「又有子曰叔静正者」，全唐詩卷二四〇所載元結將船何處去二首自注云：「叔静，漫翁李氏甥。正者，漫翁次子也。」則叔静與正者亦爲二人，本書此處亦有誤。

〔二二〕「書軌欲同薦」，「書」，底本原作「盡」，據四庫本及文選卷三〇謝玄暉和伏武昌登孫權故城改。

〔二三〕「荒池秋草徧」，「徧」，底本原作「偏」，據文選卷三〇謝玄暉和伏武昌登孫權故城改。

〔二四〕「鄧温伯」，鄧温伯即鄧潤甫，温伯爲其字，底本原作「鄧伯温」，今據宋史卷三四三鄧潤甫傳乙正。

方輿勝覽卷之二十九

岳州 巴陵 平江 臨湘 華容

【建置沿革】禹貢荆州之境，古三苗國也。楚分，翼、軫之次。春秋麇、羅二國。〔一〕秦屬長沙郡。漢屬南郡。吴以爲重鎮。晉屬長沙郡。宋曰巴陵郡。梁置巴州，又置羅州。隋曰岳州，又置玉州，復曰巴陵郡。唐置巴州，改岳州。國朝因之，以英宗潛邸，領岳州團練使，陞岳陽軍節度，中興改純州華容軍，尋復爲岳州及岳陽軍節度。領縣四，治巴陵。

事要

【郡名】岳陽。居天岳山之陽。

【風俗】人性悍直。郡志：「土厚水深，故云云。」女子皆服力役。郡志：「云云，芻蕘僨賣，力奪男夫，否則耻之。」以漁爲生。同上。「諸邑之地，面背江、湖，每遇霖潦，則壞堤決埽，民無安止。中人之産，不過十金。以舟爲家，云云者，十室而四五。其土人則以潭户名之。」

【形勝】左洞庭，右彭蠡。同上。「古三苗國，云云。」背衡嶽，面重湖。譙門記云云。北通巫峽。同上。「云云，南極瀟湘。」湘水環其左。同上。「云云，岷山揖其右。」兼有江、湖之勝。郡志：「地有四瀆，江爲之長；五湖，洞庭爲之最。江、湖之勝，巴陵兼有之。」城小而固。舊經云：「魯肅所立。唐天寶初，裴光贊重加版築。」今以前史考之，侯景之亂，湘東王繹以王僧辯爲大都督，軍至巴陵，遺僧辯書曰：「但守巴丘，以逸待勞。」又謂僚佐曰：「巴陵云云，僧辯足可委任。」景水陸並進，僧辯乘城固守，偃旗卧鼓，安若無人。景服其膽勇。荆、潭、黔、蜀四會之衝。歐陽偃虹堤記。據衡、湘、巴、蜀、荆楚之會。滕宗諒桂亭記。

【山川】天岳山，在洞庭湖。一名幕阜。前有培塿，曰巴蛇冢。高一萬八千尺，周亘五百餘里。昔有真人艾君居之。石崖壁立，飛鳥莫息。壁有篆文。夏禹治水嘗至此。東隅有温泉三穴。○郡縣志：「山臨大江。吴使魯肅以萬人屯巴丘，即此。」又云：「蜀先主稱尊號，凡文誥策命，皆劉巴所作。卒葬岳陽，後人因號爲巴陵。」○尋江記：「羿屠巴蛇於洞庭，其骨若陵，故謂之巴陵。」白鶴山，在巴陵縣。山之南有兩池，池潛巨蟒，吕翁招而出，化而爲劍。南皐有老木，木末悉槁，蔓草翳焉。翁嘗憩其下，有人自木杪降而拜之，惟松之精，翁授之藥。○小説：「有江叟者，好吹笛。嘗遇樵叟，而髯髯遺江鐵笛。每於君山之龍潭吹之，無聲。一日携笛登——，吹於紫荆臺，響震林谷。忽有兩女子出授神藥，云：『服此當爲水仙。』後不知所終，女子蓋龍云。」道巖山，在巴陵縣。有巨石，中竅而邃，東西可以輿馬往返，容屋百楹。上下流泉不竭。有斷石，云許旌陽嘗以礪劍斬蛟。君山，在湖中。方六十里，亦名洞庭之山。昔舜之二女居之，曰湘夫人。又曰湘君所遊，故名——。○湘中記：「昔秦皇欲入湘觀衡山，而遇風浪，幾溺，至此山而免。」〇郡志：「君山狀如十二螺髻。」〇北夢瑣言：「湘江北流至岳陽，達蜀江。夏潦後，蜀江漲，遏住湘波，溢爲洞庭湖，凡數百里，而君山宛在水中。秋水歸，此山復居于陸，惟一條湘川而已。」〇劉禹錫詩：「湖光秋色兩相和，潭面無風鏡未磨。遥望洞庭山水翠，白銀盤裏一青螺。」〇黄魯直詩：「滿川風月獨憑欄，綰結湘娥十二鬟。可惜不當湖水滿，銀山堆裏看青山。」〇湘中老人者，有洞庭客吕雲卿嘗遇之於——側，索酒數行，老人歌曰：「湘中老人讀黄、老，手挼紫蘠坐碧草。春至不知湘水深，日暮忘却巴陵道。」蘇子瞻云：「唐末有人誦此詩，殆是李謫仙輩。老人真遁世者也。」**酒香山**、湘州記：「君山上有美酒，飲者不死。漢武帝遣欒巴求得之，未進御，東方朔竊以飲。帝怒，欲殺之。對曰：『苟殺臣，臣亦不死。已死，酒亦無驗。』遂赦之。」**玄石山**、亦名墨山，在華容縣。楚詞有云「馳余車於玄石」，即此地也。**石門山**、張説詩序：「——與墨山相連。有禪堂、道觀，天下絶境。」**石牛山**、在平江。上有井泉，可以避地。**烏黎山**、亦名烏林。郡志：「漢、沔在夏口北，赤壁在夏口南，烏林在赤壁南，巴陵又在烏林南，華容道在巴陵西。」**楞伽峰**；在巴陵東南。有無姓和尚居之，柳宗元爲記。**三江**、郡縣志：「巴陵城對——：岷江爲西江，澧江爲中江，湖湘爲南江。」**洞庭湖**、在巴陵縣西。西吞赤沙，南連青草，横亘七八百里，日月若出没其中。風土記：「鼎、澧、沅、湘，合諸蠻黔南之水，匯于洞庭，至巴陵與荆江合。」〇王直方云：「老杜有過洞庭詩曰：『蛟室圍青草，龍堆擁白沙。護江盤古木，迎棹舞神鴉。破浪南風正，〔二〕收帆畏日斜。雲山千萬疊，底處上仙槎。』」——李希聲云：「得之江心小石上。」〇孟浩然詩：「八月湖水平，涵虛混太清。氣蒸雲夢澤，波撼岳陽城。欲濟無舟楫，端居耻聖明。可憐垂釣者，空有羡魚情。」○李白遊洞庭詩：「洞庭西望楚江分，水盡天南不見雲。日落長沙秋色遠，不知何處弔湘君。」○小説：「開寶中有賈知微遇曾城夫人及二妃於洞庭。歌曰：『黄陵廟前春草生，黄陵女兒茜羅裙。輕舟短棹唱歌去，水遠天長愁殺人。』歌畢，贈之羅巾而去。」○劉元方嘗宿湖岸驛中，夜聞歌聲，朝閲楹間，有題云：「爺娘送我青楓根，不記青楓幾回落。當時手刺衣上花，今日成灰不堪着。」**青草湖**、一名巴丘湖。北洞庭，南瀟湘，東納汨羅之水，自昔與洞庭並稱。**赤亭湖**、在華容縣。郡縣志：「有赤亭城，三面臨水，即梁遣胡僧祐所據城。」**赤沙湖**、與洞庭通。**澭湖**、在巴陵南十里。左傳定公四年「吴人敗楚於雍澨」，即此。郡志：「夏潦奔注，則泆爲此湖。冬霜既零，則涸爲平野。」**雲夢澤**、禹貢曰「雲、土夢作乂」，則是二澤也。按左傳桓公四年載「邧夫人使棄諸夢中」，言夢而不言雲；定公四年載「楚子涉睢，濟江，入于雲中」，言雲而不言夢；正與禹貢合。杜預注：「雲夢跨江之南北。」漢陽圖經：「雲在江之北，夢在江之南。」**西水**、郡志：「荆江，六七月間其水暴漲，逆泛洞庭，旬日乃復，謂之——。」**五渚**、資水、沅水、澧水、湘水同注洞庭，北會大江，謂之——。戰國策：「秦與荆戰，大破之於洞庭五渚。」**金沙堆**、在洞庭湖中，延袤數里。張安國有賦。**鱘魚脊**、風土記：「昔傳有異人讖曰：『江西沙洲過岳陽樓，即出狀元。』」**鴨欄磯**、即建昌侯孫慮作鬭鴨欄於此。**楊子洲**、在華容縣。昔日荆佽飛斬蛟之所。**偃虹堤**。城濠東北，湖面百里，每西南風，濤聲萬鼓，晝夜不息，漱嚙城下。滕子京欲爲———以捍之，預求記於歐陽公。未幾滕去，遂不果築。建安胡明仲詩云：「有時風浪戰城西，何翅漁陽萬鼓鼙。狎水蚩蚩志墊溺，誰人能續——？」蓋傷之也。

【井泉】雲母泉。在華容大雲寺。李華詩序：「玄石山盡生雲母，如列星。井泉溪澗，色皆純白。」

【樓閣】燕公樓、在岳陽樓北。滕子京序，張説謫守作。岳陽樓。在郡治西南。西面洞庭，左顧君山，不知創始爲誰。唐開元四年，中書令張説出守是邦，日與才士登臨賦詠，自爾名著。滕宗諒作而新之，范希文爲之記，蘇子美書其丹，邵竦篆其首，時稱四絶。○范希文記云：「慶曆四年春，滕子京謫守巴陵郡。越明年，政通人和，百廢具興。乃重修岳陽樓，增其舊制，刻唐賢、今人詩賦於其上，屬予作文以記之。予觀夫巴陵勝狀，在洞庭一湖。銜遠山，吞長江，浩浩蕩蕩，横無際涯；朝輝夕陰，氣象萬千。此則岳陽樓之大觀也。若夫霪雨霏霏，連月不開，陰風怒號，濁浪排空，日星隱耀，山岳潛形；商旅不行，檣傾檝摧，薄暮冥冥，虎嘯猿啼。登斯樓也，則有去國懷鄉，憂讒畏譏，滿目蕭然，感極而悲者矣。至若春和景明，波瀾不驚，上下天光，一碧萬頃；沙鷗翔集，錦鱗游泳，岸芷汀蘭，郁郁青青。而或長煙一空，皓月千里，浮光躍金，靜影沉璧；漁歌互答，此樂何極！登斯樓也，則有心曠神怡，寵辱皆忘，把酒臨風，其喜洋洋者矣。嗟夫！予嘗求古仁人之心，〔三〕或異二者之爲。何哉？不以物喜，不以己悲；居廟堂之高，則憂其民；處江湖之遠，則憂其君。是進亦憂，退亦憂。然則何時而樂耶？其必曰：先天下之憂而憂，後天下之樂而樂歟？噫！微斯人，吾誰與歸？」○顔延年與張湘州登巴陵城樓作：「江、漢分楚望，衡、巫奠南服。三湘淪洞庭，七澤藹荆牧。經途延舊軌，登闉訪川陸。〔四〕水國周地險，河山信重複。却倚雲夢林，前瞻京臺囿。清雰霽岳陽，曾輝薄瀾澳。悽矣自遠風，傷哉千里目。萬古陳往還，百代勞起伏。存没竟何人，炯介在明淑。〔五〕請從上世人，歸來藝桑竹。」〇韓愈岳陽樓詩：「洞庭九州間，厥大誰與讓。南維羣崖水，北注何奔放！渚爲七百里，吞納各殊狀。自古澄不清，環混無歸嚮。炎風日搜攪，〔六〕幽怪多冗長。軒然大波起，宇宙溢而放。巍峨拔嵩、華，騰躍較健壯。聲音一何宏，轟磕車萬兩。猶疑帝軒轅，張樂就空曠。蛟螭露筍簴，縞練吹組帳。鬼神非人世，節奏頗跌蕩。陽施見夸麗，陰閉感悽愴。朝迴宜春口，極地缺隄障。夜纜巴陵洲，叢芮纔可傍。〔七〕星河盡涵泳，俯仰迷下上。餘瀾怒不已，喧聒鳴甕盎。〔八〕明登岳陽樓，輝焕朝日亮。飛廉戢其威，清晏息纖纊。泓澄淇凝緑，物影巧相況。江豚時出戲，驚波忽蕩漾。時當冬之孟，隙竅縮寒漲。前臨指近岸，側坐眇難望。滌濯神魂清，幽懷舒以暢。主人童孩舊，握手乍欣悵。憐我竄逐歸，相見得無恙。開筵交履舄，爛熳倒家釀。盃行無停留，高柱送清唱。中盤進橙栗，投擲傾脯醬。歡窮悲心生，婉孌不能忘。〔九〕念昔始讀書，志欲干霸王。屠龍破千金，爲藝亦云亢。愛才不擇行，觸事得讒謗。〔一〇〕前年出官日，此禍最無妄。公卿採虚名，擢拜識天仗。姦猜畏彈射，斥逐恣欺誑。新恩趁府庭，逼仄厠諸將。于嗟苦駑緩，但懼失宜當。追思南渡時，魚腹甘所葬。嚴程迫風帆，劈箭入高浪。顛沉在須臾，忠鯁誰復諒？生還真可喜，尅己自懲創。庶從今日後，粗識得與喪。事多改前好，趣有獲新尚。誓耕十畝田，不取萬乘相。〔一一〕細君知蠶織，稚子已能餉。行當掛其冠，生死君一訪。」○杜甫登樓詩：「昔聞洞庭水，今上岳陽樓。吴、楚東南坼，乾坤日夜浮。親朋無一字，老病有孤舟。戎馬關山隔，憑高涕泗流。」○李白詩：「樓觀滄海盡，川迥洞庭開。鴈引愁心去，江銜好月來。雲間逢下榻，天上接行盃。醉後涼風起，吹人舞袖迴。」○白居易題：「岳陽城下水漫漫，獨上危樓憑曲欄。春岸緑時連夢澤，夕陽紅處近長安。猿攀樹立啼何苦，鴈點湖飛渡亦難。此地惟堪畫圖障，華堂張與貴人看。」

【館驛】洞庭南館。張祜題詩云：「一逕逗霜林，朱欄遶碧岑。地盤雲夢角，山鎮洞庭心。樹白看煙起，沙紅見日沉。還因此悲屈，惆悵又行吟。」

【佛寺】興國寺，在城南。寺有西閣。李白詩：「明湖落天鏡，香閣凌雲闕。」法寶寺。唐曰龍興，下瞰灉湖。李白嘗與賈舍人于此剪桐，望灉湖，作詩云：「剪落青桐枝，灉湖坐可窺。雨洗秋山净，林光澹碧滋。」

【祠廟】三閭廟。屈平沉沙之處曰汨羅江，在岳州境内。正廟以漁父配享。唐末有洪州衙前軍將題一絶云：「蒼藤古木幾經春，舊祀祠堂小水濱。行客謾陳三酹酒，丈夫元是獨醒人。」

【名宦】張説，唐人。謫守岳，詩益凄惋，人謂得江山之助。劉長卿，爲觀察使。皇朝王旦。爲平江宰。

【人物】胡廣，後漢人。居華容縣。鄭田，自唐以來，隱者凡七八人，曰一一、二劉山人、嵇處士，而劉長卿、李頻、王昌齡、鄭谷輩皆有詩見稱。吕巖客。字洞賓，河中府人，唐禮部侍郎渭之孫。〔一二〕會昌中兩舉進士不第，去遊廬山，遇異人，得長生訣，多遊湘、潭、岳、鄂之間，人莫之識也。○岳陽風土記：「岳陽樓上有吕先生留題云：『朝遊北粤暮蒼梧，袖有青蛇膽氣麄。三入岳陽人不識，朗吟飛過洞庭湖。』」○東軒筆録：「滕宗諒守巴陵，有華州回道士上謁，風骨聳秀，滕知其異人，口占以贈之曰：『華州回道士，來到岳陽城。别我遊何處，秋空一劍横。』回聞之，憮然大笑而别。」或云宗諒因密令畫工傳其像，今岳陽樓傳本狀貌清俊，與俗本特異。

【名賢】韓註、以直言忤代宗，貶岳陽。○杜甫贈韓諫議詩：「今我不樂思岳陽，身欲奮飛病在牀。美人娟娟隔秋水，濯足洞庭望八荒。鴻飛冥冥日月白，青楓葉赤天雨霜。玉京羣帝集北斗，或騎麒麟翳鳳凰。芙蓉旌旗雲霧欒，影動倒影摇瀟湘。星宫之君醉瓊漿，羽人稀少不在傍。似聞往者赤松子，恐是漢代韓張良。昔隨劉氏定長安，帷幄未改神慘傷。國家成敗吾豈敢？色難腥腐飡楓香。周南留滯古莫惜，南極老人應壽昌。美人胡爲隔秋水，焉得置之貢玉堂？」陳與義。嘗假館郡圃，所居室自號簡齋。

【題詠】江國踰千里。杜甫詩：「云云，山城僅百層。岸風翻夕浪，舟雪灑寒燈。留滯才難盡，艱危氣益增。圖南未可料，變化有鵾鵬。」地圖封七澤。竇庠酬退之詩：「云云，天限鎖重扃。」清晨登巴陵。李白詩：「云云，周覽無不極。」城郭蜂房綴。朱頔詩：「岳陽多丘山，云云。」瀟湘春水來。杜牧早春寄岳州李使君李善棋愛酒情地閑雅云：「城高倚峭巘，地勝足樓臺。朔漠暖鴻去，云云。縈盈幾多思，掩抑若爲裁。返照三聲角，寒香一樹梅。烏林芳草遠，赤壁健帆開。往事空遺恨，東流豈不迴。分符潁川政，弔屈洛陽才。拂匣調珠柱，磨鉛勘玉杯。棋翻小窟勢，壚撥凍醪醅。此輿予非薄，何時得奉陪？」猿叫洞庭秋。雍陶送徐使君赴岳州詩：「渺渺楚江上，風旗摇去舟。馬歸雲夢晚，云云。別思滿南渡，鄉心生北樓。巴陵山水郡，應稱謝公遊。」

【四六】問津湖右，分壘岳陽。控連七澤，彈壓重湖。維郡之分，據水之會。北通巫峽，西極瀟湘。惟岳陽之凋郡，占湖右之要衝。分符夢澤之濱，息駕洞庭之野。地分千里以維均，〔一三〕郡以一樓而增重。面湖背嶽，乃形勝之要區；囊山帶江，亦往來之孔道。吞雲夢八九於胸，方將坐嘯；展洞庭萬里之眼，自足生春。啼猿嘯虎，聊尋駭異之觀；翳鳳騎麟，行慶清華之召。京洛雲山外，方佇來儀；乾坤日夜浮，又煩坐填。壁題巖客之詩，知非俗境；樓有范公之記，喜得壯遊。先天下之憂，後天下之樂，不在茲乎？有刺史之榮，無刺史之難，亦足試矣。

峽州夷陵　宜都　長陽　遠安

【建置沿革】禹貢荆州之域。鶉尾之分野。春秋及戰國屬楚。秦、漢爲南郡。魏武置臨江郡，蜀改宜都郡，吴曰西陵。晉、宋、齊並爲宜都郡。梁置宜州。西魏改爲托州。後周以地扼三峽之險，改托爲硤。隋改夷陵郡。唐改峽州，始從「山」。國朝因之，中興移治于紫陽山，又于石鼻山，尋復故。今領縣四，治夷陵。

事要

【郡名】夷陵、西陵、峽口。

【風俗】民俗儉陋。郡志：「常自足，無所仰於四方。」業儒者鮮。同上。地僻而遠。歐陽永叔至喜亭記云云。地僻而貧。歐陽永叔記曰：「云云，故夷縣爲下縣，而峽爲小州。」

【形勝】西通全蜀。荆渚記：「夷陵郡居大江之上，云云，故夷陵有安蜀古城。」北轅襄、漢。張商英記：「云云，南下荆、鄂。」陸輦秦、鳳。歐陽永叔至喜亭記曰：「云云。」距三峽之口。郭見義三游洞記：「云云，介重湖之尾。」在吴、蜀之介。寰宇記云云。西陵重鎮。元和志：「郡城陸抗所築。吴改——，以爲——。」楚之西塞。袁崧宜都山川記云：「南有荆門山，北有虎牙山相對，云云也，在今宜都。」國之西門。通鑑：「吴陸抗曰：『西陵、建平，國之藩表。臣父遜昔上言，西陵云云，或有不守，則荆州非吴有也。』」峽險至此平夷。歐陽永叔送田秀才序：〔一四〕「巴——之——，——地始——。」西陵勝景三。張安國記：「——之————：亭曰至喜，樓曰楚塞，洞曰三游。」夏后疏鑿。文選江賦：「巴東之峽，云云。」楚王墳墓。夷堅志：「————之地。」

【土産】米、麪、魚、歐陽永叔與尹師魯書：「夷陵有————如京洛。」椒、紙、漆。歐陽公記：「有————以通商賈。」○夷陵紙不甚精熟，然最柰久。歐公紙説：「三省中帳籍，惟峽州者不壞。」

【山川】夷陵山、一名西陵峽，在夷陵縣西北二十五里。○吴志云：「陸遜破劉備，還屯——，守峽口以備蜀。」即此—是也。宜陽山、有風井穴，大如甕，夏出冬入。有樵人置笠穴口，風噏之，後於長陽溪口得笠，則知潛通也。落鍾山、系本云：「廩君之先，故出巫峽————石穴中。穴有二所，廩君出於赤穴，餘姓出於黑穴。」黄牛山、荆州記：「南崖有重嶺疊起，崖間有石，色如人牽牛，人黑牛黄，成就分明，加以江湍紆迴，行途經宿，猶望見之。」○行者歌曰：「朝發黄牛，暮發黄牛。」〔一五〕○白居易詩：「白狗次黄牛，灘如竹節稠。路穿天地險，人續古今愁。」虎牙山、在夷陵東南三十五里。荆州記：「——、——二—臨江，楚之西塞。」馬鞍山、在夷陵縣。通鑑：「陸遜攻劉備，備升————，陳兵自遶。」即此山。石鼻山、夷陵志：「後周移峽州州治於此。」其山隔大江，高五百餘仞，廣袤二十里。下臨江流，中有石，横六七十丈，如簰筏，又呼爲石簰。重山、在長陽。上有風穴，夏則風出，秋則風入，春、秋分則静。孤山、在遠安縣。有陸抗城。袁崧嘗登此山，謂俯見大江，舟如鳧鴈。丹山、在遠安。時有赤氣，故名。鹿溪山、在遠安西六里鹿苑寺之側。山皆鹿疃。梁居士陸法和云：「著脚名山多矣，未有如鹿溪者。」遂棲隱焉。石龕猶存。百井山、在遠安西四十五里。高三千五百丈，有清泉數十級。絶頂望見江陵。望州山、在宜都縣。可望見州。巫峽、其間首尾百六十里，謂之——。○宋玉賦：「我帝之季女，名曰瑶姬，未行而亡，封於——之陽，高唐之岨，旦爲雲，暮爲雨，朝朝暮暮，陽臺之下。故爲立廟，號朝雲焉。」明月峽、在夷陵。倚江千崖面，其白如月，又如扇。西陵峽、楊炯詩：「絶壁聳萬仞，長波射千里。盤薄荆之門，滔滔南國紀。楚都昔全盛，高丘烜望祀。秦兵一旦侵，夷陵火潛起。四維不復設，關塞良難恃。洞庭且忽焉，孟門終已矣。自古天地闢，流爲峽中水。行旅相贈言，風濤無極已。及余踐斯地，瓌奇信爲美。江山若有靈，千載伸知己。」白起洞、在夷陵。世傳白起燒夷陵時駐此。三游洞：白居易與弟知退及元微之會於夷陵，〔一六〕尋幽踐勝，知退曰：「斯景勝絶，天地間有幾乎？」○蘇子瞻三游洞詩：「一逕遶山翠，縈紆似去蛇。忽驚溪水急，争看洞門呀。滑磴攀秋蔓，飛橋踏古楂。三扉迎北吹，一穴向西斜。歎息煙雲老，〔一七〕追思歲月遐。唐人昔未到，古俗此爲家。」○歐陽永叔詩：「漾檝泝晴川，捨舟緣翠嶺。探奇冒層嶮，因以窮人境。弄舟終日愛雲山，徒見青蒼杳靄間。誰知一室煙霞裏，乳竇雲腴凝石髓。蒼崖一徑横查渡，翠壁千尋當户起。昔人心賞爲誰留，人去山阿迹更幽。〔一八〕青蘿緑桂何岑寂，山鳥嘐嘐不驚客。松鳴澗底自生風，月出林間來照席。仙境難尋復易迷，山回路轉幾人知。惟應洞口春花落，流出巖前百丈溪（即下牢溪也）。」○蘇子由詩：「洞前危逕不容足，洞中明曠坐百人。蒼崖硉兀起成柱，亂石散列如驚麏。清溪百丈下無路，水滿沙上如魚鱗。夜深明月出山頂，下照洞口纔及唇。沉沉深黑若大屋，野老構火青如燐。平明欲出遊上下，洞氣飄亂爲横雲。深山大澤亦有是，野鳥鳴噪孤熊蹲。三人一去無復見，至今冠蓋長滿門。」清江、在宜都。寰宇記云：「一名夷水。東自施州開蠻界流入。昔巴蠻五姓未有君長，令各乘土舟，約浮者爲君。惟務相獨浮，因共立之爲廩君。乃乘土舟從夷水下，因立城，其傍四姓臣之。」青溪、唐田遊巖愛夷陵青溪，上廬其側。〔一九〕高宗親至門，謂曰：「先生此佳否？」答曰：「臣所謂泉石膏肓，煙霞痼疾。」**赤溪**、在夷陵。昔陸抗封步闡，自赤溪築城至故市，〔二〇〕即此。**緑羅溪**、歐陽永叔送田秀才序曰：「遊東山，窺——————。」**滄茫溪**、在宜都。溪生五色石，細紋，紅如瑪瑙，青如玻瓈。夏雨過，人競採掇。**姜詩溪**、在州南。○歐陽永叔詩：「叢林已廢姜祠在，事跡難尋楚語訛。」詩，廣漢人，故云。郭璞詩：「青溪千仞餘，中有一道士。借問是何人，云是鬼谷子。」**諸灘**、曰青草，曰西蛇，曰難禁，曰三溜，曰偏劫，曰叱波，曰趍灘，曰老翁，曰大蛇，曰鹿角，曰南、北兩席頭，曰上狼尾，皆在州西北。**硯池**、在州南。昔郭景純注爾雅，汲水于此，有黑水出焉。**鳳凰洲**、在遠安縣。昔令韋皐有美政，鳳凰雙集。**蝦蟆碚**。〔二一〕在夷陵縣之南。凡出蜀者，必酌水以瀹茗。陸羽第其品爲第四。○唐張又新水記言：「峽州扇子峽石，中突而洩水，獨清冷，俗謂蝦蟆石。其水煎茶爲第一。」○黄魯直云：「蝦蟆碚從舟中望之，頤項口吻，甚類蝦蟆。尋泉源入洞中，石氣清寒。流泉出石骨，若虬龍吼。」○蘇子瞻詩：「蟆背似覆盂，蟆頤如偃月。謂是月中蟆，開口吐月液。根源來甚遠，百尺蒼崖裂。當時龍破山，此水隨龍出。入江江水濁，猶作深碧色。禀受苦清潔，獨與凡水隔。豈惟煮茶好，釀酒應無敵。」○歐陽永叔：「石溜吐陰崖，泉聲滿空谷。能邀弄泉客，繫舸留巖腹。陰精分月窟，水味標茶籙。共約試春芽，槍旗幾時緑。」

【井泉】**五眼泉**。在宜都西三十五里。有龍。今有祠。

【堂亭】**絳雪堂**、在州治。歐陽永叔集云：「峽州署中，舊有千葉紅梨花，知郡朱郎中始加欄檻，命坐客賦之。」○公詩云：「風輕絳雪樽前舞，日暖繁香露下聞。」**四賢堂**、在州治。二蘇、歐、黄也。

六乙堂。在夷陵縣。至喜亭、歐陽永叔作亭記云：「蜀於五代爲僭國，以險爲虞，〔一二二〕以富自足，舟車之迹不通於中國者五十有九年。宋受天命，一海内，四方次第平。太祖改元之三年，始平蜀。然後蜀之絲枲織文富，衣被于天下。而貢輸商旅之往來者，陸輦秦、鳳，水通岷江，不絶于萬里之外。岷江之來，合蜀衆水，出三峽爲荆江，傾折回直，悍怒鬬激，束之爲湍，觸之爲旋。順流之舟，頃刻數百里，不及顧視。一失毫釐，與崖石遇，則糜潰漂没，不見蹤跡。故凡蜀之可以充内府供京師而移用乎諸州者，皆陸出；而其羡餘不急之物，乃下於江，若棄之然。其爲險且不測如此。夷陵爲州，當峽口。江出峽始漫爲平流，故舟人至此者，必瀝酒再拜相賀，以爲更生。尚書虞部郎官朱公再治是州之三月，作至喜亭於江津，以爲舟者之停留也。且誌夫天下之大險，至此而平夷，以爲行人之喜幸。夷陵固爲下州，廪與俸皆薄，而僻且遠，雖有善政，不足爲名譽以資進取。朱公能不以陋而安之，其心喜夫人之去憂患而就簡易，詩所謂『愷悌君子』者矣。自公之來，歲數大豐。因民之餘，然後有作，惠于往來，以館以勞，動不違時，而人有賴。〔一二三〕是皆宜書，故凡公之佐吏，因相與謀而屬筆於脩焉。」天開圖畫、在城東五里雲際院。楚西第一。在州對江普濟院。山巔望夷陵甚偉。

【樓臺】南紀樓、胡明仲詩：「西望巫峽峰，東望洞庭湖。南望大江横，北望楚王墟。平時十萬户，鴛瓦百賈區。夜半車擊轂，差鱗銜舳艫。麥麻謾沃衍，家家足粳魚。」又云：「古來上流地，最重荆州符。形勢在東南，横跨此其樞。」楚塞樓：在州宅。○許自誠詩：「雄當蜀道三千里，巍壓荆南十五州。」○何麟詩：「但見岑樓名楚塞，不知元是國西門。」爾雅臺。在州宅。方輿記：「郭璞注爾雅於此臺。」有廟。

【祠廟】黃牛廟。在黃牛峽，名靈應廟。相傳佐禹治水有功，蜀後主建興初諸葛武侯建祠。然三國時西陵、建平非蜀土，而任清臣記亦不言日月。○歐陽永叔爲夷陵令日，作黃牛廟詩曰：「大川雖有神，淫祀亦有俗。石馬繫祠門，山鴉噪林木。」後子瞻跋云：「嘗聞之於公：『予昔以西京留守推官爲館閣校勘。時同年丁寶臣元珍適來京師，夢與予同舟泝江，入一廟中，拜謁堂下。〔二四〕予班元珍下，方拜時，像爲起。既出門，見一馬隻耳。覺而語予，固莫識也。已而元珍除峽州判官，余亦貶夷陵令。一日，與元珍泝峽謁黃牛廟，入門惘然，皆夢中所見。予爲縣，固班元珍下。而門外鐫石爲馬，缺一耳。相視大驚，乃留詩廟中，蓋私識其事也。』」

【名宦】張飛、先主既定江南，以飛爲宜都太守。陸遜、領宜都太守。許紹、爲峽州刺史。蕭銑圍峽州，紹擊走之，悉獲戰艦云。韋皋、爲遠安令。〔二五〕顏真卿；代宗時以言祭器不飭，元載以爲誹謗，由刑書貶峽州。皇朝歐陽脩。以切責諫官，遂貶峽州夷陵縣令。

【人物】何參、夷陵縣人，居篤學坊。以博學孝義著，不求聞達，人稱曰「處士」。郭雍。河南府人。父忠孝，從伊川先生二十年，頗得其學。後持憲陝西，死於金人之難。雍隱於長陽縣之下魚山，懼父學之湮没，乃推先志，纂前書。乾道初召，力辭，授沖晦處士。有易中庸説。

【名賢】程頤、貶涪州，移峽州。劉安世、爲正言，論蔡確、章子厚，責嶺外，後復貶峽州。張商英。以斥蔡京，謫峽州。

【題詠】巫山夾青天。李白上三峽題詩曰：「云云，巴水流若兹。巴水忽可盡，青天無到時。三朝上黄牛，三暮行太遲。三朝又三暮，不覺鬢成絲。」闊狹各一葦。白居易初入峽詩：「上有萬仞山，下有千丈水。蒼蒼兩崖間，云云。」巖腹有穿壙。蘇子瞻出峽：「忽聞巫峽尾，云云。仰見天蒼蒼，石室開兩向。宣尼古廟宇，叢木作幃帳。鐵楯横半空，俯瞰不計丈。古人誰架構，下有不測浪。石竇見天囷，瓦棺悲古葬。〔二六〕玉虚悔不至，實爲舟人誑。追思偶成篇，〔二七〕聊贈舟人唱。」峽口巴江水。司空曙送史申之峽州詩：「云云，無風浪亦翻。兼葭新有鴈，雲雨不離猿。江客思鄉遠，愁人賴酒昏。檀郎好聯句，莫滯謝家門。」一條白練峽中央。白居易詩：「萬丈赤幢潭底日，云云。」一葉纔通石罅間。雍陶峽中行：「兩崖開盡水回環，云云。楚客莫言山勢險，世人心更險於山。」出峽朝天第一州。劉長源詩：「云云，史君重敞最高樓。蜀江雪浪初平處，楚國金城欲盡頭。」〔二八〕江轉荆湖第二州。張權題詩：「巴、渝東畔楚西畔，云云。」夷陵城闕倚朝雲。胡曾詠史：「云云，戰敗秦師縱火焚。何事三千珠履客，不能西禦武安君？」岡勢元依陸抗城。查籥詩云：「浪痕自記彭岑壘，云云。」南標銅柱北虎牙。王龜齡詩：「云云，天險城邊古西塞。」

【外邑】夷陵雖小邑。蘇子瞻至喜堂詩：「云云，自古控荆、吴。形勝今無用，英雄久已無。誰知有文伯，遠謫自王都。人去年年改，堂傾歲歲扶。追思猶咎吕，感歎亦憐朱。舊種孤楠老，新霜一橘枯。清篇留峽洞，醉墨寫邦圖。故老問行客，長官今白鬚。著書多念慮，許國減歡娱。寄語公知否，還須數倒壺。」

【四六】西陵古郡，南國上游。荆爲重地，峽占上游。遠聯胡嶠，近接岷江。山號虎牙，灘名狼尾。巴蜀恃爲咽喉，荆楚倚爲根柢。據南楚之上游，控西蜀之要會。載惟三峽之偏州，乃是六朝之要地。郡鄰襄、漢，當折衝禦侮之機；地控東南，爲深根固蔕之所。雖云僻郡，固難要譽以進身；然念遠民，尤在承流而宣化。杖藜登水榭，〔二九〕而揮翰宿春天，前稱杜老；漾楫泛晴川，〔三〇〕而捨舟緣翠嶺，後美歐公。公將把麾，登至喜之亭，熟覽醉翁之迹；僕方杜門，繼歸來之賦，敢希靖節之風。

荆門軍 長林　當陽

【建置沿革】星土分野，三代以前並同江陵府。前漢南郡有臨沮、當陽、編縣，皆荆門之地，而編縣乃今長林也。晉立武寧郡於故編縣，〔三一〕其屬有長林縣。隋省入長寧縣，屬南郡，改長寧爲長林。唐置基州，後廢，屬荆州；尋以舊基州之地長林縣立荆門縣，屬江陵府。五代朱粱割據，爲荆門軍。皇朝以荆南之荆門鎮爲軍，後廢爲縣，屬江陵；元祐間知荆南唐義問請復爲軍，從之。〔三二〕今領縣二，治長林。

事要

【郡名】荆門。春秋時楚地，故曰——。

【風俗】冠蓋旁午。朱震惠泉詩序：「荆門控扼要衝，————于道。」

【形勝】東帶漢水。朱震鼓角樓記：「云云，西被峽石。」西控巴峽。滿中行壁記：「云云，扼其咽喉；東連鄢郢，爲之襟帶。」南距江陵。張式鼓角樓記：「云云，北界漢水。」北抗沮川。晏類要。介荆、襄之兩間。張師中撰鼓角樓記云云。信荆楚之門户。滿中行荆門軍記：「云云，襄、漢之藩垣。」與襄陽相犬牙。荆門軍記云云。爲用武之國。朱漢圖經序云：「俯雲夢，連巫峽，據襄陽之阻，通沮、漳之利，由楚、漢迄唐季，云云。」

【山川】荆門山、宜都山記：「即楚西塞。」張式記：「峰巒對起，厥狀如門。」章山、在長林縣。九域志云：「即禹貢所謂内方也。」蒙山、一名硤石山，在軍城西百餘步。兩巒對起，如蛾眉。有二泉水發其麓，曰蒙、惠。屏風山、在長林西北三十五里。壁立如屏幃，絶頂平衍，中有兩泉。紹興間郡守建廬其上，爲避地之計。開禧丙寅，郡守李直柄亦徙居焉。磨劍山、在長林縣馬鞍山西。有秦王磨劍石，上多礪痕。東山、去軍城一里許。西山、在城西三里。有洞及海會院。靈鷲山、在長林北。舊有寺。有穴曰龍洞。有石臺，甚高。金薄山、在長林。有金石如雲母。中城山、在軍城磨林溪之東。觀有石碑。上有城壘，極峻險。紫蓋山、在當陽縣。有二峰，四垂若繖。有觀及丹井。○葛立方送舒殿丞詩：「紫蓋亭亭秀荆渚，股分綵水穿林莽。尚想當年老阿瞞，燕騎蛇矛走先主。」緑林山、元和志：「在當陽縣東南百二十里。漢光武起兵于此。」輿地廣記：「即所謂當陽之長坂也。〔三三〕曹公追劉備，而張飛拒之於此。」後漢劉玄傳：「諸亡命共攻離鄉聚，藏於緑林中。」圓臺山、在當陽縣東六十里。俗傳唐玉真公主建粲霞觀于此。方山、在當陽北三十里漳水之上，四顧峰巒環列。玉泉山：，山有寒泉，過客多題詩。左溪、在長林縣。蓋蠻人姓左所居。蠻水、在雞鳴澗北，即夷水也。桓温父名彝，改曰——。○王建詩：「荆門行喚起，官舡渡——。」漳水、在當陽縣北。左傳：「江、漢、沮、漳，楚之望也。」綵水、出紫蓋山下，綵碧馨香。建水、在郡北百里。金龍潭。在當陽北二十五里。〔三四〕徽廟時嘗投金龍鎮潭中。

【井泉】南泉、出白崖麓之南。其水溉田千頃。蒙泉、在城西蒙山。南曰蒙泉，北曰惠泉。晝夜兩潮，水溢數寸，世傳南出玉，北出珠。朱震詩序：「詞人才客，臨流濯纓，賦詩紀行，徘徊乎清冷之濱，而不忍去。」○沈傳師詩：「京路馬駸駸，塵勞日向深。蒙泉聊息駕，可以洗君心。」○蘇子瞻詩：「楚人少井飲，地氣常不洩。蓄之爲惠泉，坌若有所折。」○楊繪詩注：「一派白，謂之雄；一派碧，謂之雌。源有雌雄，分碧白。」○孫僅詩：「孤城深鎖亂雲間，城上雲開面面山。負郭惠泉誰共訪，衛公詩碣緑苔班。」○歐陽永叔詩：「淹留桂樹幾經春，野鳥巖花識使君。使君今是尊前客，誰與山泉作主人。」惠泉。在荆門。○蘇子由詩：「泉源何從來，山下長溪發。油然本無營，誰使自激烈？茫茫九地底，大水浮一葉。使水皆爲泉，地已不勝洩。應是衆水中，獨不容至潔。涓涓自傾瀉，奕奕見清澈。石泓凈無塵，中有三尺雪。下爲百丈溪，冷不受魚鱉。脱衣浣中流，解我雙足熱。樂哉泉上翁，大旱不知渴。」

【亭榭】湖北道院、在郡治。荆岑偉觀、在郡治。潛玉亭、在蒙山。亭序云：「有卞氏抱玉亭在疆内，〔三五〕則此山之有美玉信矣。」○李衛公詩：「明珠雖秘彩，美玉詎藏珍。」寒亭。在玉泉山。人多題詩，獨一篇云：「朔風凜凜雪漫漫，未是寒亭分外寒。六月火雲天不雨，請君來此憑欄干。」

【佛寺】玉泉寺。在當陽縣西南二十里玉泉山。陳光大中，浮屠知覬自天台飛錫來居此山。寺雄於一方，殿前有金龜池。○玉泉詩序：「山水之勝甲天下，張曲江、孟浩然輩嘗託於詩，以寫其勝。」

【名宦】皇朝陸九淵。爲守，號象山。

【人物】皇朝胡安國。有故居，在金龍潭上。

【題詠】策馬傍荆岑。張九齡詩：「指途躋楚望，云云。」荆門蔽三巴。孟浩然詩云云。塵土荆門路。劉禹錫歌云：「飛煙紀南城，云云。天寒多獵騎，走上樊姬墓。」春水月峽來。李白荆門浮舟望蜀江詩：「云云，浮舟望安極。正見桃花流，依然錦江色。」玉馬朝周從此辭。劉禹錫後梁宣明二帝陵詩：「云云，園林寂寞對豐碑。千行宰樹荆門道，暮雨瀟瀟聞子規。」宋臺梁館尚依稀。〔三六〕劉禹錫荆門道中：「南國山川舊帝畿，云云。」霜落荆門江樹空。李白秋下荆門詩：「云云，布帆無恙挂秋風。」斜分漢水横湘水。王建作詩：「云云，山青水緑荆門間。」〔三七〕

土風南去接荆蠻。孫僅送岳州舒殿丞詩：「江路北來通漢水，云云。」看炊紅米煮白魚。王建荆門行：「峴亭西頭路多曲，櫟林深深石簇簇。云云，夜向灘頭店家宿。」〔三八〕楚俗歲時多雜鬼。歐陽永叔詩：「春山四顧亂無涯，雞犬蕭條數百家。云云，蠻風言語不通華。」

【四六】疏恩魏闕，紆紱荆門。擁江帶漢，控蜀接淮。有嚴要害之防，兼制剽輕之俗。是爲要地，乃古人交戰之場；雖曰小邦，實今日必争之地。千里分疆，守險壯貔貅之旅；五方雜處，受廛多鴻鴈之民。其在荆、襄，實相依於唇齒；若論巴、蜀，亦有係於襟喉。廢而爲邑，賦租偏嗇而不優；陞以作邦，保鄣要衝而當守。

校勘記

〔一〕「春秋麇羅二國」，「麇」，底本原作「麋」，誤。左傳定公五年云「王使由于城麇」，即此。嘉慶重修一統志卷三五九岳州府下有麇城，亦即春秋時麇國。今據改。

〔二〕「破浪南風正」，「正」，底本原作「止」，據元甲本、元乙本、四庫本及杜詩詳注卷二三、全唐詩卷二三四過洞庭湖改。

〔三〕「予嘗求古仁人之心」，底本原脱「仁」字，據四庫本、傳是樓本及范文正公全集補。

〔四〕「登闉訪川陸」，「闉」，底本原作「闡」，據四庫本及文選卷二七顔延年始安郡還都與張湘州登巴陵城樓作改。

〔五〕「炯介在明淑」，「炯」，底本原作「烱」，據北圖本、元甲本、四庫本及文選卷二七顔延年始安郡還都與張湘州登巴陵城樓作改。

〔六〕「自古澄不清（至）炎風日搜攪」，「澄」、「搜」，底本原作「汀」、「披」，據北圖本、四庫本、傳是樓本及韓昌黎集卷二岳陽樓別竇司直改。

〔七〕「叢芮纔可傍」，「芮」，底本原作「内」，據北圖本、四庫本、傳是樓本及韓昌黎集卷二岳陽樓別竇司直改。

〔八〕「喧聒鳴甕盎」，「甕盎」，底本原作「雍孟」，據四庫本及韓昌黎集卷二岳陽樓別竇司直改。

〔九〕「婉孌不能忘」，「孌」，底本原作「變」，據四庫本、嶽雪樓本及韓昌黎集卷二岳陽樓別竇司直改。

〔一〇〕「觸事得讒謗」，「讒謗」，底本原作「免也」，據北圖本、四庫本、傳是樓本及韓昌黎集卷二岳陽樓別竇司直改。

〔一一〕「不取萬乘相」，「取」，底本原作「敢」，據韓昌黎集卷二岳陽樓別竇司直改。

〔一二〕「唐禮部侍郎渭之孫」，「渭」，底本原作「謂」，據舊唐書卷一三七及新唐書卷一六〇吕渭傳改。

〔一三〕「地分千里以維均」，「維」，底本原作「雖」，據四庫本、嶽雪樓本改。

〔一四〕「歐陽永叔」，「永」，底本原作「方」，據四庫本、傳是樓本、嶽雪樓本改正。歐陽永叔即歐陽修，永叔爲其字。

〔一五〕「朝發黄牛暮發黄牛」，水經卷三四江水注引此歌作「朝發黄牛，暮宿黄牛，三朝三暮，黄牛如故」，與本書異。

〔一六〕「元微之」，底本原誤「微」爲「徽」，據嶽雪樓本改。元微之即元稹，微之爲其字。

〔一七〕「歎息煙雲老」，「歎」，底本原作「難」，據蘇軾詩集卷一游三游洞改。

〔一八〕「人去山阿迹更幽」，「山阿」，底本原作「山河」，據歐陽修全集卷一三游洞改。

〔一九〕「上盧其側」，底本原重一「側」字，據四庫本、嶽雪樓本删。

〔二〇〕「自赤溪築城至故市」，「赤溪」，底本原作「青溪」，據輿地紀勝卷七三、三國志卷五八吴書陸遜傳附陸抗傳改。

〔二一〕「蝦蟆碚」，「碚」，底本原作「焙」，據四庫本及輿地紀勝卷七三改。

〔二二〕「以險爲虞」，「險」，底本原作「陸」，據歐陽修全集卷三九峽州至喜亭記改。

〔二三〕「而人有賴」，「有」，底本原作「是」，據歐陽修全集卷三九峽州至喜亭記改。

〔二四〕「拜謁堂下」，「謁」，底本原作「詔」，據蘇軾文集卷六八書歐陽公黄牛廟詩後改。

〔二五〕「爲遠安令」，「遠安」，底本原作「建安」。按唐代峽州無建安縣，舊唐書卷一四〇及新唐書卷一五八韋皐傳亦無任建安令之記載，則此「建安令」必有誤。本書同卷鳳凰洲下有云：「在遠安縣。昔令韋皋有美政，鳳凰雙集。」據此，知「建安」乃「遠安」之誤，今改正。

〔二六〕「瓦棺悲古葬」，「悲」，底本原作「非」，據蘇軾詩集卷一出峽改。

〔二七〕「追思偶成篇」，「追思」，底本原作「退思」，據蘇軾詩集卷一出峽改。

〔二八〕「楚國金城欲盡頭」，底本原脱「楚國」及「城」三字，今據北圖本、四庫本、傳是樓本及輿地紀勝卷七三補。

〔二九〕「杖藜登水榭」，底本原缺「杖」字，「藜」字則誤作「山」，今據北圖本、四庫本、傳是樓本及輿地紀勝卷七三補、改。

〔三〇〕「漾楫泛晴川」，底本原缺「漾」字，據北圖本、四庫本、傳是樓本及輿地紀勝卷七三補。

〔三一〕「前漢南郡有臨沮（至）晉立武寧郡於故編縣」，文中有三編縣，底本原誤前二編縣爲「編都縣」，衍「都」字，今據漢書卷二八上地理志、太平寰宇記卷一四六、輿地紀勝卷七八删。又「武寧郡」，底本原作「武寧軍」，然晉地方行政建制無軍一級，晉書卷一五地理志作「武寧郡」，則本書「軍」乃「郡」之誤，今改正。

〔三二〕「從之」，底本原作「後之」，據北圖本、四庫本、嶽雪樓本改。

〔三三〕「即所謂當陽之長坂也」，「長坂」，底本原作「長故」，據四庫本、嶽雪樓本及三國志卷三二蜀書先主傳改。

〔三四〕「在當陽北二十五里」，「當陽」，底本原作「常陽」，據四庫本、傳是樓本、嶽雪樓本改。

〔三五〕「有卞氏抱玉亭在疆内」，「卞氏」，底本原作「下氏」，據北圖本、四庫本、傳是樓本、嶽雪樓本改。

〔三六〕「宋臺梁館尚依稀」，「依稀」，底本原作「依依」，據劉禹錫集卷二四荆州道懷故改。輿地紀勝卷七八引此詩作「依稀」，不誤。

〔三七〕「斜分漢水横湘水山青水緑荆門閒」，按全唐詩卷二九八王建荆門行，此二句作「斜分漢水横湘山，山青水緑荆門關」，與本書異。

〔三八〕「夜向灘頭店家宿」，「灘頭店」，全唐詩卷二九八王建荆門行作「雞鳴店」。

方輿勝覽卷之三十

常德府武陵　桃源　龍陽　沅江

【建置沿革】禹貢荆州之域。星土爲翼、軫，鶉尾之次。殷、周爲蠻蜑所居。春秋、戰國時屬楚。秦爲黔中郡。漢更武陵郡，今州是也。梁置武州。隋改爲辰州，煬帝更武陵郡。唐因之，復爲朗州，昭宗置武貞軍節度。後唐爲武平軍。〔一〕國朝祥符避聖祖諱，改鼎州，陞永安軍，改靖康軍，陞常德軍節度；〔二〕乾道以孝宗潛邸，陞爲常德府。今領縣四，治武陵。

事要

【郡名】古鼎、舊名鼎。以神鼎出於此，故名。武陵、晉書：「潘京，——漢壽人，辟主簿，太守問曰：『貴郡何以名武陵？』京曰：『本名義陵，在辰陽縣界，與夷獠相接。光武移東出，〔三〕遂得完，共議易號。傳曰「止戈爲武」，詩注「高平曰陵」，於是名焉。』」義陵、初，項羽殺義帝於郴，武陵人縞素哭於招屈亭。高帝聞而義之，故曰——。常武。詩序：「有常德以立武事。」

【風俗】人氣和柔。伍安貧武陵記：「云云，多淳孝，少宦情，以黄、老自樂，有虞、夏之遺風。」

信鬼而好巫。屈原九歌云：「昔楚南郢之邑，沅、湘之間，俗云云。其祠必作樂鼓舞，以樂諸神。」以漁獵山伐爲業。西漢地理志云云。

【形勝】東抵洞庭。樓圖南奏狀：「云云，西接夜郎。」右控五溪。郡志云云。沅、湘之濱。劉禹錫爲鼎州司馬上杜司徒求澧陽曰：「云云，寒暑一候，陽鴈不到，華言罕聞。」古黔中地。郡志：「在昔黔中爲楚之南宇，左包洞庭之險，右控五溪之要。秦以虎狼之威，志在吞楚，而必欲得楚之黔中，故楚由是衰。武陵實黔中郡也。」故郢之裔邑。劉禹錫楚望賦：「武陵云云，夜郎諸夷雜居。」乃張若之遺址。郡縣志：「在州東五十步。初，秦昭王使白起伐楚，張若築此城以拒。楚自義陵移治武陵，今州東是也。」桃源八景。如桃川仙隱、白馬雪濤、緑蘿晴晝、〔四〕梅溪煙雨、尋陽古寺、楚山春晚、沅江夜月、童坊曉渡，亦一方之佳致也。提舉五州兵馬。乾道九年，府守樓圖南奏：「本府東抵洞庭，盗賊之所淵藪；西鄰夜郎，蠻夷之所巢穴。乞依舊——鼎、澧、辰、沅、靖——盗賊節推兼提學。」〔五〕

【山川】枉山、〔六〕宋起居注云：「元嘉中，武陵大水，——崩，聳石闕，其高數丈，宛若雕刻。」元和郡縣志：「一名善德山，在武陵縣東九里。此山本名枉山，開皇中，刺史樊子蓋以善卷嘗居此，名善德山。」武山、山半有盤瓠石，〔七〕水出，謂之武陵溪。梁山、在武陵縣北三十九里。舊名陽山。按舊注云：「陽山之女，雲夢之神，嘗以夏首秋分獻魚。唐天寶六載始改——。漢梁松廟食于此，〔八〕故以名山。」桃源山，在——縣南二十里。〔九〕圖經云：「山下有桃川宫，西南一里即桃源洞。云是昔秦人避亂之地。有洞如門，巨石屏蔽，靈跡猶存。有水自中流出，涓涓不絶。」○陶潛桃花源記云：「晉太元中，武陵人捕魚爲業。沿溪行，忽逢桃花夾岸，芳華鮮美，落英繽紛。漁人異之，前行，盡水源，便得一山。有小口，捨舟從口入，豁然開朗。屋舍儼然，有良田、美池、桑竹之屬。男女衣着，悉如外人。黄髮垂髫，見漁人驚問。還家設酒，殺雞作食。自云先世避秦時亂來此。問今是何世，乃不知有漢，無論魏、晉。停數日，辭去。既去，得其舡，便扶向路，處處誌之。乃郡下，詣太守説如此。太守即遣人隨其往，迷不復得路。後遂無問津者。」○伍安貧武陵記：「晉太康中，武陵漁人黄道真泛舟自沅泝流而入。道真既出，白太守劉歆。歆與俱往，則已迷路。」與陶記略同。○李白尋桃源序：「水引漁者，花藏仙溪。春風不知從來，落英何許流出？三十六洞，别爲一天耶？」○陶潛叙桃源事，初無神仙之説。梁任安貧爲武陵記，亦祖述其語耳。後人不深考，因謂秦人至晉猶不死，遂以爲地仙。洪駒父云：「介甫桃源行，子瞻和桃源詩，皆得之。王摩詰、韓退之、劉夢得諸人以爲神仙，皆非是。」○陶潛詩：「嬴氏亂天紀，賢者避其世。黄、綺之商山，伊人亦云逝。往跡寖復湮，來徑遂蕪廢。相命肆農耕，日入從所憩。桑竹垂餘蔭，菽稷隨時藝。春蠶收長絲，秋熟靡王税。荒路曖交通，雞犬互鳴吠。俎豆猶古法，衣裳無新製。童孺縱行歌，班白歡游詣。〔一〇〕草榮識節和，木衰知風厲。雖無紀曆誌，四時自成歲。怡然有餘樂，于何勞智慧。奇蹤隱五百，一朝敞神界。淳薄既異源，旋復還幽蔽。借問游方士，焉測塵囂外。願言躡輕風，高舉尋吾契。」○子瞻和陶淵明詩：「凡聖無異居，清濁共此世。心閑偶自見，念起忽已逝。欲知真一處，要使六用廢。桃源信不遠，藜杖可小憩。躬耕任地力，絶學抱天藝。臂雞有時鳴，尻駕無可税。苓龜亦晨吸，杞狗或夜吠。耘樵得甘芳，齕齧謝炮製。〔一一〕子驥雖形隔，淵明已心詣。高山不難越，淺水何足厲。不知我仇池，高舉復幾歲。從來一生死，近又等癡慧。蒲澗安期境（在廣州），羅浮稚川界。夢往從之游，神交發吾蔽。桃花滿庭下，流水在户外。却笑逃秦人，有畏非真契。」○韓愈桃源圖行：「神仙有無何渺茫，桃源之説誠荒唐。流水盤迴山百轉，生綃數幅垂中堂。武陵太守好事者，題封遠寄南宫下。南宫先生忻得之，波濤入筆驅文辭。文工畫妙各臻極，異境恍惚移於斯。架巖鑿谷開宫室，接屋連墻千萬日。嬴顛劉蹶了不聞，地坼天分非所恤。種桃處處惟開花，川原遠近蒸紅霞。初來猶自念鄉邑，歲久此地還成家。漁舟之子來何所，物色相猜更問語。大蛇中斷喪前王，羣馬南渡開新主。聽終辭絶共凄然，自説經今六百年。當時萬事皆眼見，不知幾許猶流傳。争持酒食來相餽，禮數不聞尊俎異。月明伴宿玉堂空，骨冷魂清無夢寐。夜半金雞啁哳鳴，火輪飛出客心驚。人間有累不可住，依然離别難爲情。舡開棹進一回顧，萬里蒼蒼煙水暮。世俗寧知僞與真，至今傳者武陵人。」○王介甫詩：「望夷宫中鹿爲馬，秦人半死長城下。避世不獨商山翁，亦有桃源種桃者。一來種桃不計春，〔一二〕採花食實枝爲薪。兒孫生長與世隔，知有父子無君臣。漁郎放舟迷遠近，花間忽見驚相問。世上空知古有秦，山中豈料今爲晉。聞道長安吹戰塵，春風回首亦沾巾。重華一去無消息，天下紛紛經幾秦？」○劉商詩：「桃花流出武陵洞，夢想仙家雲樹春。今看水入洞中去，却是桃源洞裏人。」○古汴高士詩：「山前溪是當時水，源上桃非舊日花。多是黃郎露消息，洞門從此鎖桃花。」○劉禹錫桃源行：「漁舟何招招，浮在武陵水。拖綸擲餌信流去，誤入桃源行數里。清源尋盡花緜緜，踏花覓徑至洞前。洞門蒼暗煙霧生，暗行數步逢虛明。俗人毛骨驚仙子，争來致詞何至此。須臾皆破冰雪顔，笑言委曲問世間。因嗟隱身來種玉，不知人世如風燭。筵羞石髓勸客餐，燈爇松脂留客宿。雞聲犬聲遥相聞，曉光葱蘢開五雲。漁人振衣起出户，滿庭無路花紛紛。翻然恐失鄉縣處，一息不肯桃源住。桃源滿溪水似鏡，塵心如垢洗不去。仙家一出尋無蹤，至今流水山重重。」○王維桃源行（時年十九）：「漁舟逐水愛山春，兩岸桃花夾古津。坐看紅樹不知遠，行盡清溪忽值人。山口潛行始隈隩，山開曠望旋平陸。遥看一處攢雲樹，近入千花映煙竹。樵客初傳漢姓名，居人未改秦衣服。居人共住武陵源，還從物外起田園。月明松下房櫳静，日出雲中雞犬喧。驚聞俗客争來集，競引還家問都邑。平明閭巷掃花開，薄暮漁樵乘水入。初因避地去人間，及至成仙去不還。峽裏誰知有人事，世上遥望空雲山。不疑靈境難聞見，塵心未盡思鄉縣。出洞無論隔山水，辭家終擬長遊衍。自謂經過舊不迷，安知峰壑今來變。當時只記入山深，青溪幾度到寒林。春來遍是桃花水，不辨仙源何處尋。」〔一三〕○漁隱叢話載子瞻云：「世傳桃源事，多過其實。淵明所記，止言先世避秦來此，則漁人所見似是其子孫，非秦人不死者也。又云殺雞作黍，豈有仙而殺者乎？使太守得而至焉，則已化爲争奪之場久矣。」**緑蘿山**、在桃源縣南。下有潭。**聞山**、在武陵縣西百四十里。武陵記曰：「昔臨沅人黃道真在此山釣魚，見桃花源，即陶潛所記是也。」**白馬洞**、第三十五洞天。**樊坡**、在武陵縣北八十九里。後漢—重隱於此。

有肥田數千畝。**橘洲**、在龍陽縣西北五十里。周回三里。按盛弘之經云：「李衡，字平叔。仕吳，爲丹陽太守。每欲理産業，妻習氏不許。衡密遣人於武陵龍場汎洲種—千株。臨終，謂其子曰：『汝母惡吾榮家，故貧如此。吾於汎—種橘，乃千頭木奴，不費汝衣食。』太史言『江陵千株—，其人與千户侯等』，蓋謂此也。」今—上民數百家，橘不存矣。**玉帶河**、端拱元年，太守龔穎嘗篆「秀水斗門」四字。熙寧中，有神仙海蟾翁劉易遊斗門，曰：「此秀水河乃武陵郡一條玉帶也。他年必有繫玉帶之人。」故又謂之———。○熙寧中，章子厚來平辰州蠻，寄居張待制頡爲章條畫蠻事。及章歸朝，起復張充東南發運使，仍畀以白玉帶一條。**延溪**、寰宇記云：「在武陵縣。有柘樹千餘頃，枝條茂暢。昔有烏集其上，枝下垂着地，烏去，枝偶振折，羣烏號嘯。楚人取其枝爲弓，名曰『烏號』。」**武陵溪**、在縣西二十里。亦曰德勝泉。**五溪**、司馬錯爲秦將，定黔中，據城以阸——。酈元水經注：「武陵有五溪，謂雄溪、樠溪、酉溪、無溪、辰溪，是爲蠻夷所居，謂之——蠻。」**朗水**、在武陵縣。其水西南自辰、錦州入郡界，經郡城入大江，謂之—江。漢書何邵所封於此。**沅水**、經武陵南二十步。**枉水**、出武陵縣南蒼山，名曰枉渚。善卷所居，時人號曰——。楚詞云「朝發枉渚，夕宿辰陽」，亦謂此也。**芷水**、即沅水之别派。其兩岸多生杜衡并白芷，仍以杜衡爲材名。**酉水**、〔一四〕在龍陽縣東百八十里。漢志云：「武陵郡酉陽，水所出。」**滄浪水**、在龍陽縣西二十里。〔一五〕浪水與滄水合，故號———。寰宇記云：「在武陵縣西，二水合流。禹貢『又東爲——之—』，乃漁父濯纓之處。」**鼎**

口。寰宇記云：「在武陵縣。有水名——，蓋沅、澧二江最深之處，尤多魚。」按朗陵地圖云：「昔有神鼎出乎其間。」

【井泉】萊公泉。在武陵縣北六十里。皇朝類苑云：「鼎州甘泉寺介官道之側。始寇萊公南遷日，題於東楹曰：『平仲酌泉經此。』回望北闕，黯然而去。未幾，丁晉公又過之，題於西楹曰：『謂之酌泉，禮佛而去。』後范諷留詩於寺曰：『平仲酌泉回北望，謂之禮佛向南行。烟嵐翠鎖門前路，轉使高僧厭寵榮。』詩牌猶存。○崔嶧詩云：「二相南行至道初，記名留詠在精廬。甘泉不洗天涯恨，留與行人鑒覆車。」○淳熙中，南軒張敬夫榜曰「——」。

【亭榭】招屈亭。在城南。相傳三閭大夫以五月五日由黔中投汨羅，土人以舟救之，爲何由得渡湖之歌，其名咸呼云何在。

【佛寺】甘泉寺。麈史云：〔一六〕「在武陵縣北二十里許，有———，行人多憩止焉。寇萊公往雷州，凡題三十字曰：『庚申年秋九月，平仲南行至甘泉院，僧以詩板視之。征途不暇吟詠，代記年月。』後丁晉公謫朱崖，過寺留題云：『翠影人疏度，波光瑟瑟凝。帝家金掌露，仙署玉壺冰。曉井侵星汲，宵厨向月澄。豈推蠲肺渴，灌頂助三乘。』因而至寺下者多所賦詠。」

【祠墓】伏波祠、劉禹錫詩：「蒙蒙篁竹下，有路上壺頭。漢壘麏鼯泣，蠻煙暮雨愁。」〔一七〕安義王廟；在武陵縣之梁山。即梁松也。○劉禹錫陽山廟觀賽神詩：「漢家都尉始征蠻，血食于今配此山。」春申君墓。在開元寺。——坊即其故宅。○杜牧詩：「烈士思酬國士恩，春申誰與快幽魂。三千賓客總珠履，欲使何人殺李園？」

【古跡】采菱城，在桃源縣。武陵記云：「其湖産菱，殻薄肉厚，味特甘香，楚平王嘗採之。有——亭。」張顛墨池。龍陽净照寺有小池，乃張旭學書于此。

【名宦】馬援，征五溪蠻，以薏苡能辟瘴而食之。其後載數車還。有讒之者，以援所載皆文犀蠙珠也。李翺，字習之，爲朗州刺史。今有文集在郡齋。劉禹錫，居朗州十五年，惟以文章吟詠陶冶情性，作爲新詞以教巫祝，故武陵溪洞間夷歌多禹錫之詞。黄蓋，吴人。爲武陵太守，擊蠻有功。劉伯寵，爲太守。皇朝薛居正，國初平湖湘，以居正知朗州。有亡卒數千爲盜，監軍使疑城中釋子爲應，欲盡殺之。居正以計緩其事，因擒賊首汪端詰之，乃知釋子千數無與謀者，咸得免。唐介，嘗爲武陵尉，繼爲沅江令。

【人物】善卷，武陵縣東一十五里枉山之上有——壇。按南華真經云：「舜以天下遜於善卷，曰：『余逍遥於天地之間，而心意自得，吾何以天下爲哉？』遂不受而去。」古傳——隱此山，後人爲之立觀。國朝政和間訪天下道跡，賜號曰遁世高蹈先生，郡守李燾嘗爲壇記。○劉禹錫詩曰：「先生見堯心，相與去九有。〔一八〕斯民既已治，我得安林藪。道爲自然福，名是無窮壽。瑶壇在此山，識者常迴首。」伍安貧，梁朝漢壽人。撰武陵記。皇朝管師復，自號白雲先生。又弟師常齊名，號「二管」。陳公襄以公與伊川經明行脩，薦爲學官。柳拱辰。其先青州人，五季避地荆楚，爲武陵之青陵人。年六十即有掛冠之志，創亭於青陵館，名橋曰歸老。南豐曾鞏爲之記。

【題詠】百雉俯清沅。劉禹錫詩：「西漢開支郡，南朝號戚藩。四封當列宿，云云。茗坼蒼溪秀，蘋生枉渚暄。」李衡墟落存。前人：「沈約臺榭故，云云。」西南奠遐服。劉禹錫司馬錯故城詩：「將軍將秦師，云云。故壘清江上，蒼煙晦喬木。楚塞鬱重疊，蠻溪紛詰曲。」蠻陬相犬牙。劉禹錫登武陵城詩：「星象承烏翼，云云。俚人祠竹節，仙洞閉桃花。」十見蠻江白芷生。劉禹錫酬朗州崔員外：「昔日居鄰招屈亭，楓林橘樹鷓鴣聲。一辭御苑青門路，云云。」百姓縣前挽魚罟。劉禹錫龍陽歌：「縣前白日無塵土，云云。」武陵控扼五溪猺。皇朝大觀初楊川詩：「云云，路入京城萬國朝。石櫃雄排抗水勢，浮圖高聳接雲霄。」

【四六】光奉渙恩，出臨常武。潛龍舊邸，分虎新綸。剖竹新疆，種桃遺俗。總提列戍，彈壓五溪。報武陵之善政，賦仙洞之新篇。惟今南楚之上游，式據重湖之舊壤。左連川、蜀舟車之衝，右控辰、沅溪洞之險。雲蒸秦洞之桃，香泛沅川之芷。眷今股肱之名郡，爲古神仙之舊遊。利兵堅甲，兼制五州；大纛高牙，長雄千里。挹江芷之香風，悉爲德化；酌溪桃之流水，總是恩波。青草、洞庭，無復鯨鯢之爲患；桃花流水，又皆雞犬之相聞。專城剖竹，雖遠控於蠻溪；流水種桃，乃幸鄰於仙境。農桑千里，劇談太守之風流；雞犬萬家，依舊仙源之和樂。

澧州

澧陽　安鄉　石門　慈利

【建置沿革】禹貢荆州之域。爲翼、軫，鶉尾之次。春秋、戰國皆屬楚。秦屬黔中郡。漢改爲武陵郡，屬荆州，今州理即漢武陵之零陽縣地。吴立天門郡。晉置南平郡及南義陽郡。陳廢郡，置松州，尋改澧州；以州在澧水之北，故以爲名；仍廢天門郡爲石門縣，尋改澧陽郡。唐置澧州，改澧陽郡，復爲澧州。〔一九〕國朝因之。今領縣四，治澧陽。

事要

【郡名】澧陽、涔陽。見屈原離騷。

【風俗】有屈原之遺風。元微之行澧州刺史制：「澧，旁荆之劇郡，沅、湘沉怨抑激，云云。」風俗夷、獠。唐戎昱頌：「水陸吴、楚，云云。」南州美莫如澧。柳宗元送南涪州移澧州序：「自漢而—，—之—者————。」

【形勝】東接洞庭。樓大防澧陽樓記：「云云，西連施、黔。」右接巫峽。陳相之郡守題名記云：「左界洞庭，云云，衡岳峙其前，漢沔、荆峴帶其後。」彭阜聳其西。圖經：「云云，藥山列其東，蘭江前陳，仙洲外蔽，所謂神仙窟宅也。」江陵在其北。樓大防澧陽樓記：「武陵在其南，云云，湖廣之孔道。」倚連崗以起伏。唐戎昱：「新城云云，面長江以演漾。登觀則山川在目，雄鎮則黔、巫可航。」荆之近庸。同上。「澧州云云，國之南屏。」

【山川】彭山、——廟碑曰：「崇山連天，外界越巂。岡阜靡迤，如舞如馳。遏千重之勢於洞庭之野，屹瞰郡治，並爲——，蓋澧邦之所瞻也。」藥山、在澧陽縣南八十里。昔多芍—。大浮山、在澧陽縣西南一百三十五里。圖經載石門縣亦有浮山，以爲浮丘先生學道之所。蓋浮山闊遠，跨據數縣也。**崇山**、輿地廣記云：「昔舜放驩兜於此。」**黄山**、在安鄉縣北六十里。有謝晦廟。南麓有唐處士洪古墓，柳宗元作誌。**天門山**、在慈利縣。寰宇記云：「古嵩梁山也。有十六峰相次，最高爲天門，空明透徹，明貫山頂。其上有泉。門之兩向有竹，磬折垂地，揺拂無塵，人謂天帚。」○圖經：「慈利縣亦有——，五代有道之士周朴有題天門十六峰詩。」**赤松山**、在慈利縣，天門山相對。耆老相傳，以爲——子隱遁之鄉。舊有赤松庵。而上下數十里，號赤城村。**長嘯峰**、僧惟儼禪夜登山，見雲開月現，大嘯一聲聞數里。李翺嘗贈詩。**花石**：在慈利縣武口寨。石上自然有花，如堆心牡丹之狀，枝葉繚繞，雖精於畫者莫能及。或以物擊其花，應手而碎。既拂拭之，其花復見，重疊非一，莫不異之。**蘭江**、楚詞云「捐余珮兮澧浦」，因稱珮浦。又云「澧有蘭」，故曰——。**洳溪**、寰宇記：「在澧陽縣。源出龍洳山，極清。昔楚莊辛説楚襄王飲——之流是也。」**雙溪**、在慈利縣，乃前後江合流之口。有芙蓉洲，至菱花渡，今爲一邑之勝。**澧水**、在澧陽縣南六十步。○楚詞湘夫人曰：「遺余褋兮澧浦。」**澹水**。在澧陽縣東二十里。○王仲宣詩：「悠悠——、澧——。」

【井泉】**廉泉**。在大同山。唐人有銘。

【池館】**明月池**：在郡圃東。李羣玉遊息之地也。**八桂堂**、在州治。胡明仲記：「以堂之前有一叢桂生八榦，故名之。」**譙門**。延平羅薦可爲守日建。○胡明仲爲記云：「古之爲城也，非曰必可恃也；其爲門也，非曰必可鍵也；蓋立制度焉耳。苟得民心，雖畫地而守，植表而限，效死者莫肯去，冒死者不能入。不然，崇城到天，嚴扉重閉，金鋪而銅環，鐵扇而石樞，無以内固民心，至於内攜而外叛，曾不若折柳之樊吾圃也。澧陽舊苦衆溪羡溢，歲築隄防，然後郊與市咸得奠厥居。歲在己酉，北盜南騖，有守者闕隄召水以自保。賊既引去，城亦隨陷。他日立郡於荆榛瓦礫中，天水時至，沈竈産鼃，稚耋病之。太守羅侯下車，訪民疾苦，莫先斯事。即帥百姓修缺補壞，乃作譙門。徇民之欲，闔内外，謹闔開，置壺箭以謹時，棲鼓角以警軍。匠則庸工，役則鳩兵，材則斬浮屠氏之山泛流以來。未幾告成，而民不與焉。」

【古跡】隋朝柏、在石門。○范希文詩：「百尺參天隋代柏，可憐終老棟梁材。」范公讀書堂。在安鄉縣。范希文幼孤，從母歸朱氏。來宰安鄉，與俱來讀書此地。

【名宦】彭思王、諱元則，高祖之子。嘗爲刺史，民懷其惠，至今祠之。李泌、字長源。大曆中爲澧州刺史，更築新城。澧人德而歌之，戎昱爲之頌。杜悰。以駙馬都尉爲澧州刺史。

【人物】申鳴、劉向新序曰：「楚士——以孝聞，王相之。白公勝爲亂，申鳴曰：『始吾父之孝子也，今吾君之忠臣也，何以得全身？』遂殺白公，其父亦死。王欲賞之，鳴遂自殺云。」白善將軍、白公勝之族，爲楚將。白公欲亂其國，乃召之。將軍曰：「從子而亂其國，則不義於君；背子而發其私，則不仁於族。」遂棄其祿，築圃灌園以終其身。楚人名之曰————藥園。今其地在州東藥園寺。車武子、博學不倦，家貧不常得油，夏月練囊盛螢火照書。江夏紀詠：張俞有車湖詩云：「憶昔車公居此地，遺黎繚繞臨清淵。惜哉斷石文尚在，野老不識投波瀾。」自爲之注云：「武子墓下得碑，其文尚存，田父斷而沉之江。」則武子及墓皆在車湖上。李羣玉。裴休入相，以詩薦之，遂授校書郎。

【題詠】上有清使君。唐戎昱作李泌新城頌：「云云，下有清江流。」涔陽兮極浦。庾信哀江南賦云云。雄風吞七澤。劉禹錫詩：「云云，異産控三巴。秋原被蘭蘂，春渚漲桃花。」夷音語嘲哳。白居易詩：「云云，蠻態舞睢盱。」水市通闤闠。前人詩：「云云，煙林混舳艫。」吏征魚户税。前人詩：「云云，人納火田租。」謂冠漢南州。樓鑰：「忠以申鳴著，學首車公優。外挹蘭溪水，下俯仙明洲。讀書記羣玉，採藥思浮丘。况得子厚語，云云。」蘭浦蒼蒼春欲暮。杜牧之詩：「云云，落花流水動離襟。」澧水店頭春盡日。白居易詩：「云云，送君馬上適通川。」鄰境諸侯同舍郎。劉禹錫詩：「云云，芷江蘭浦恨無梁。秋風門外旌旗動，曉露庭中橘柚香。」新賜魚書墨未乾。劉禹錫寄澧州元郎中詩：「云云，賢人暫屈遠人安。朝驅旌旆行時令，〔二〇〕夜見星辰憶舊官。梅蘂覆階鈴閣暖，雪峰當户戟枝寒。寧知楚客思公子，北望長吟澧有蘭。」一話涔陽舊使君。杜牧登澧州驛寄京兆韋尹詩：「云云，郡人回首望青雲。」

【四六】疏恩佩扆，紆紱蘭江。湖右名州，涔陽極浦。澧浦小邦，荆湖佳郡。夷音嘲哳，漁户腥膻。訪文正之遺祠，每懷賢德；讀致堂之壁記，當固民心。士風甚陋，地頗近於風寒；郡計未優，財尤難於天雨。　眷涔陽之極浦，備著楚騷；兮漢南之美州，更陳柳序。

辰州 沅陵　盧溪　辰溪　溆浦

【建置沿革】古蠻荆地，槃瓠之後。楚地，翼、軫分野。春秋屬楚。秦置黔中郡。漢置武陵郡，屬荆州，而沅陵、辰陽、酉陽、義陵皆以水得名。東漢屬武陵郡。三國時或吴或蜀。自晉及宋、齊並爲武陵郡地。隋改爲辰州，取辰溪爲名，煬帝改爲沅陵郡。唐復置辰州，明皇改盧溪郡，復爲辰州。皇朝熙寧中，章子厚置沅州，割辰之麻陽、招諭二縣以隸焉。今領縣四，治沅陵。

事要

【郡名】酉陽、以水得名。辰陽。郡在辰水陽，取辰溪爲名。

【風俗】頗雜猺俗。郡縣志：「夷、獠雜居。其處城市者，衣服言語皆華人，而山谷間——」裔出蠻瓠。同上。蠻瓠者，蓋雄溪、樠溪、辰溪、酉溪，武陵之五溪蠻是也。漢建武二十三年，精夫相單程等叛，劉尚擊之，爲所敗。復遣伏波將軍馬援、馬武等擊破之，始乞降。本朝太祖既下荆湖，有辰州猺人秦再雄者，身長七尺，武健多謀，歷山飛塹，捷如猿猱。及至闕下，〔一一〕除爲辰州刺史，官其一子，使自辟吏屬，盡與一州租田，蠻猺遂皆向化。〇大抵蠻猺種類，犵狫不一。挾山阻谷，依林積木，以爲之居，人迹罕至。椎髻跣足，登走巖險，如履平地。言語侏離，衣服褊襴。畏鬼神，喜淫祀，刻木爲契，不能君長。持弓挾矢，匿草射人，復讎報怨，視死如歸。板竹覆屋。圖經云：「風俗尚治屋宇，五溪俗誇辰州鬬屋。〔二二〕今連甍接棟，皆覆以板竹，意古今貧富有不同也。」仰給鼎、澧、荆、岳。風土記曰：「辰、沅、靖三州，朝廷非有望其賦入也。往時本路轉運使每歲於鼎州撥支錢七萬貫，絹二千五百疋，紬四百疋，布五百疋；岳州撥紬二千七百疋，綿七十兩；澧州撥絹一千疋，綿一萬兩；荆門軍撥絹一千；以此當一歲之計。而沅、靖所入亦稱是。故兵廪贍給，足以控制。自紹興初，湖盜鍾相竊發之後，〔二三〕而辰之歲計不行，支撥止於鼎州支錢四千五百貫，自是官兵俸給日窘。至隆興初，守臣徐彭年有請于朝，歲添給二千緡，終未能少紓其窘也。」〔二四〕

【形勝】内控諸蠻咽喉。辰州風土記云：「大抵辰當沅、靖諸蠻咽喉出没之地，内可以控諸蠻，而外爲武陵障蔽。諸蠻不由此，則商販不通；武陵不得此，則諸蠻不通，雖欲高枕而卧，不可得也。」非古夜郎。貞觀八年，以龍標置敘州，析其地爲夜郎縣，九年省。以唐志考之，獎州二縣峨山、渭溪，皆夜郎更名，〔二五〕則龍標、夜郎不隸辰久矣。唐人以爲夜郎者，以其風聲氣習相近耳。五溪十洞。寰宇志：「按沅陵記：云云，頗爲邊患。自馬伏波征南之後，雜爲郡縣。其民叛擾，蓋恃險所致。」

【土産】輸賨布。古者，蠻夷無税。漢興，始以口計賦｜｜｜。辰砂不出於辰。辰砂本出麻陽縣。唐以麻陽縣及開山洞爲錦州，今隸沅州，不屬辰也。其地産丹砂，而砂井之名有九，皆在猺、獠窟穴之中，而錦之舊城猶在焉。遇歲寒，獠以薪竹燔火爆石以取之，時出與土人貿易，不知者以辰砂爲辰所出也。

【山川】光明山、在沅陵縣。一名龍門山。有砂井。土人採取，入井把火，行二里，燒石取之。壺頭山、在沅陵縣百三十里。寰宇記云：「後漢馬援征蠻，穿山爲室以避炎氣。」武陵記曰：「山邊有石窟，即援所居石室也。」明月山、在沅陵縣東百三十里。山下有明月池，兩岸素崖若被雪，寒松如插翠。芋山、寰宇記：「在沅陵縣。山有蹲跜，如兩斛大，食之終身不飢。」今民取之。葱山、寰宇記：「在沅陵縣。有孤山，巖石上有葱如人植，人往取輒絶，禱神而求，不拔自出。」武陵記謂之葱嶺。武山、在盧溪縣西百八十里。後漢書南蠻傳云：「昔高辛氏有犬戎之寇，帝患其侵暴，而征伐不克。乃訪募天下有能得犬戎之將吴將軍者，賜黄金千鎰，邑萬家，又妻以少女。有畜狗，其毛五彩，名曰槃瓠。下令之後，槃瓠俄銜人頭詣闕下。群臣怪而診之，乃吴將軍首也。帝大喜，且謂槃瓠不可妻之以女，又無封爵之道，議欲報之而未知所宜。女聞，以爲皇帝下令，不可違信，因請行。帝不得已，以女配槃瓠。瓠得女，負而走入南山石室中，險絶，人跡不至。經三年，生六男六女。槃瓠死後，因自夫妻。好色衣服，製裁皆有尾。其母後歸，以狀白帝，於是使迎諸子。衣裳斕斑，言語侏離，好入山壑，不樂平曠。帝順其意，賜以名山廣澤。其後滋蔓，號曰蠻夷。今長沙武陵蠻是也。」武山本作「潕」，其五溪之一。唐章懷太子注後漢云：「在今辰州之盧溪縣。」小西山、又名烏速山，在酉溪口。方輿記云：「山下有石穴，中有書千卷，秦人避地，隱學于此。梁湘東王謂『訪酉陽之逸典』是也。」耆舊相傳，堯時善卷、唐張果老皆嘗隱居于此，又名爲大酉華妙洞天。或云自酉溪西北百餘里有洞。

五城山、在辰溪縣東南三百六十里。武陵記云：「楚威王使將軍莊蹻定黔中，因山造此城。」無時山，坤元録云：「在溆浦縣西北三百五十里。此山之下，蠻俗當吉慶之時，親族會集，歌舞於此。」五溪、水經云：「武陵有——，謂雄溪、樠溪、酉溪、潕溪、辰溪，悉是蠻夷子孫。」後漢書注云：「今在辰州界。」元和郡縣志亦曰：「——盡在辰州。」武溪、在盧溪縣。善類録曰：「馬援門生善吹笛，援作歌以和之，名曰武陵深。其曲曰：『滔滔武溪深復深，鳥飛不能渡，獸遊不能臨。嗟哉！武溪多毒淫。』」辰溪、即五溪之一也。沅水、在沅陵縣西南五里。盧水、在盧溪縣西二百五十里，即武溪所出。唐王昌齡作箜篌引云：「盧溪郡南夜泊舟，夜聞兩岸羌、戎謳。」溆浦。在溆浦縣。出鄜梁山。

【祠墓】善卷先生墓。見莊周書。有墓在辰溪縣西南龍溪觀。本朝封塋立祠。

【古跡】銅柱銘。在會溪城西南一里。〔二六〕天福五年，溪州刺史彭士狄納土求盟，楚王馬希範請于朝以立之，學士李臯爲銘。○胡曾銅柱詩云：「一柱高標險塞垣，南蠻不敢犯中原。功成自合分茅土，何事飜喩薏苡冤。」

【名宦】宋均，爲辰陽長。其俗少學者，而信巫鬼。爲立學校，禁絶淫祀。皇朝張綸、辰州溪洞蠻寇邊，以綸知辰州，賊遁去。後擢爲辰、澧沿邊安撫，諭蠻酋，使脩貢，與之盟，刻石于境上。邵隆。繫年録云：「紹興中，——在商州披荆棘，立官府，州界金人，隆怏怏不已。秦檜怒，以隆知辰州。」

【名賢】段成式，唐人。著酉陽書數十篇。皇朝王庭珪。胡銓鄉人也。銓過海，以詩送之曰：「癡兒不了公家事，男子安爲天下奇。」又云：「百辟動容觀奏牘，幾人回首愧朝班。」得責辰州居。【題詠】夕宿辰陽。離騷：「朝發枉渚，云云。」山留槃瓠跡。晏類要：「云云，洞有秦人書。」草市人朝醉。陶弼：「云云，畬田火夜明。瀧江入地寫，棧道出雲行。」蠻帥引旌旗。韓翃送辰州李中丞詩：「巴人迎道路，云云。」入漵浦而邅回。離騷云云。一曲青溪一曲山。陶弼題白霧壁：「云云，鳥飛魚躍白雲閑。」採金人簇青莎岸。陶弼詩：「詔條符節古連今，王澤漸濡豈不深。賦役未行中國法，謳歌猶帶遠夷音。云云，射虎兵圍黃葉林。寄語湖頭灘上客，預將忠信待浮沉。」

【四六】出綸午位，分竹辰陽。湖右名區，辰陽小郡。被剖竹之新榮，訪佩蘭之幽致。一札十行，寵被循良之選；五溪十洞，往宣彈壓之威。朱轓皂蓋，肯臨竹屋之蕭條；丹詔紫泥，即覲楓宸之嚴邃。言語侏㒧，俗尚遺於蠻瓠；名聲赫奕，政當效於伏波。衝蠻煙瘴雨於千嶂之間，僕宜久處；揖光風霽月於九霄之上，公亦肯來。

校勘記

〔一〕「昭宗置武貞軍節度後唐爲武平軍」，「武貞軍」，底本原作「武勝軍」，據舊唐書卷二〇上昭宗紀、新唐書卷六七方鎮表改。又「武平軍」，底本原作「武平郡」，據新五代史卷六〇職方考、元豐九域志卷六、輿地紀勝卷六八改。

〔二〕「陸常德軍節度」，「常德軍」，底本原作「武平軍」，據宋史卷八八地理志、輿地紀勝卷六八改。

〔三〕「光武移東出」，「出」，底本原作「山」，據晉書卷九〇潘京傳、輿地廣記卷二七改。

〔四〕「緑蘿晴晝」，「緑蘿」，底本原作「絲蘿」，據北圖本及本書同卷「緑蘿山」改。

〔五〕「乞依舊提舉鼎澧辰沅靖五州兵馬盗賊節推兼提學」，「靖」，底本原作「静」，據宋史卷八八地理志、輿地紀勝卷六八改。又，「節推兼提學」，底本原作「節惟兼提舉」，據北圖本、元乙本、四庫本、傳是樓本、嶽雪樓本改。

〔六〕「枉山」，底本原作「柱山」，據太平寰宇記卷一一八、輿地紀勝卷六八改。又，下文引元和郡縣志，亦誤「枉山」爲「柱山」，今一併改正。按今本元和郡縣志武陵郡已缺，但輿地紀勝卷六八常德府下引有此條，作「枉山」不誤，且本書同卷「人物」善卷下亦云「武陵縣東一十五里枉山之上有善卷壇」，可證「柱山」爲「枉山」之誤甚確，故改。

〔七〕「山半有盤瓠石」，「石」，底本原作「右」，據北圖本、四庫本改。

〔八〕「漢梁松廟食于此」，「梁松」，底本原作「梁嵩」，據後漢書卷三四梁松傳改。本書同卷「祠墓」安義王廟下云「在武陵縣之梁山，即梁松也」，不誤。

〔九〕「在桃源縣南二十里」，底本原脱方位詞，輿地紀勝卷六八云桃源山在桃源縣南二十里，今據補「南」字。

〔一〇〕「來徑遂蕪廢（至）班白歡游詣」，「徑」、「歡」，底本原作「區」、「觀」，據陶淵明集桃花源詩改。

〔一一〕「杞狗或夜吠（至）齕齧謝炮製」，「杞狗」，底本原作「狗杞」，據蘇軾詩集卷四〇和陶桃花源詩乙正。又「齕」，底本原作「齙」，亦據蘇軾詩集改正。

〔一二〕「一來種桃不計春」，臨川先生文集卷四所載桃源行作「此來種桃經幾春」，與本書有異。

〔一三〕「王維桃源行（至）不辨仙源何處尋」，按王維桃源行一詩，四部叢刊本唐王右丞集及全唐詩卷一五二所載與本書有多處字異，現據上述二書改如下六處：「還從物外起田園」，「起」字底本原作「超」；「世上遥望空雲山」，「雲」字底本原作「穹」；「不疑靈境難聞見」，「靈」字底本原作「雲」；「辭家終擬長遊衍」，「辭」字底本原作「亂」；「當時只記入山深」，「當」字底本原作「常」；「不辨仙源何處尋」，「仙」字底本原作「山」。另外還有幾處字異，各書不一，如「行盡清溪忽值人」，唐王右丞集及全唐詩作「行盡清溪不見人」。蓋此詩流傳已久，多有異文，今仍存原字，不作改動。

〔一四〕「西水」，底本原作「西水」，據漢書卷二八上地理志、水經卷三七沅水注、輿地紀勝卷六八改。

〔一五〕「在龍陽縣西二十里」，底本原脱方位詞，本書下文引寰宇記云在武陵縣西，讀史方輿紀要卷八〇亦云滄浪水在縣西，今據補「西」字。

〔一六〕「麈史」，底本原作「塵史」，誤，今據四庫本改正。麈史爲宋王得臣所著，共三卷，宋史卷二〇六藝文志有著録。

〔一七〕「漢壘磨鼯泣蠻煙暮雨愁」，劉禹錫集卷二二經伏波神祠作「漢壘磨鼯鬭，蠻溪霧雨愁」，與本書有異。

〔一八〕「斯民既已治」，「既」，底本原作「説」，據劉禹錫集卷二三善卷壇下作改。輿地紀勝卷六八引此詩作「既」，不誤。

〔一九〕「唐置澧州改澧陽郡復爲澧州」，底本原脱「置澧州」三字，據舊唐書卷四〇地理志補。

〔二〇〕「朝驅旌旆行時令」，底本原作「朝驅行旆盼時令」，據劉禹錫集卷二四早春對雪奉寄澧州元郎中改。

〔二一〕「及至闕下」，「闕下」，底本原作「閃下」，據北圖本、四庫本及宋史卷四九三西南溪峒諸蠻傳改。

〔二二〕「五溪俗誇辰州鬭屋」，「鬭屋」，底本原作「閃屋」，據北圖本、四庫本及輿地紀勝卷七五改。

〔二三〕「湖盜鍾相竊發之後」，「鍾相」，底本原作「踵相」，據宋史卷四九四西南溪峒諸蠻傳、輿地紀勝卷七五改。

〔二四〕「守臣徐彭年（至）終未能少紓其窘也」，「守臣」、「少」，底本原作「守二」、「今」，據北圖本、四庫本及輿地紀勝卷七五改。

〔二五〕「獎州二縣峨山渭溪皆夜郎更名」，底本原無「縣」字。舊唐書卷四〇地理志云開元二十年改夜郎爲峨山縣，天授二年分夜郎置渭溪縣，新唐書卷四一地理志同，則此謂獎州峨山、渭溪二縣皆夜郎更名也，故據補「縣」字。

〔二六〕「在會溪城西南一里」，底本原無方位詞，讀史方輿紀要卷八一沅陵縣下云「會溪城西南一里有銅柱」，今據補「西南」二字。

方輿勝覽卷之三十一

沅州 盧陽 麻陽 黔陽

【建置沿革】鶉尾，楚分。春秋元命包曰：「軫星散爲荆州。」昔秦昭王使白起侵楚，取蠻夷地爲黔中郡。漢高帝改爲武陵郡，屬舞陽地，武帝置牂牁郡，屬益州。梁置沅陵郡。隋以郡爲辰州。〔一〕唐析辰溪置麻陽縣，以龍標置巫州，更曰沅州，〔二〕復爲巫州，爲潭陽郡，又更巫州爲敘州。本朝熙寧命章子厚收復其地，置沅州。今領縣三，治盧陽。

事要

【郡名】沅陵、潭陽。

【風俗】槃瓠之後。隋地理志：「嗜好居處頗與巴、渝同俗，本承――――――――，服章多以班布爲飾。」○今州西南有猪羚、獴獠，其名皆犬屬，乃其子孫。俗好巫鬼。西漢南夷傳：「地多雨潦，云云。」江山風物之所蕩。劉禹錫集：「及謫于沅、湘間，爲云云，往往指事成歌詩。」

【形勝】牂牁、武陵之交。圖經云云。四塞重阻。隋地理志。溪山阻絶。郡縣志：「云云，非人跡所履。」

【山川】明山，郡主山也。崗巒重複，朝抱郡治，飛雲濃嵐，如列畫屏。武陽山，郡國志：「龍標———有仙人，每土人聚即來，入衆莫能辨，惟脚趾向後，而踵向前，以刀斫之不死，唯以杉木爲刀礙之，方得其去。」辰山，在麻陽縣。苞茅山，在麻陽縣西南三百五十里。武陽記云：「上有三脊茅，可以縮酒。」寰宇記云：「即楚國入貢之茅。」九疊山，山勢盤紆，九峰相次。每遇天晴，月明煙斂，峰巒争翠，儼若畫圖之中。大谷洞，在黔陽，去州三十三里。洞中深邃，泉流不絶。芙蓉江，來自湖南，蓋唐之芙蓉縣溪也。雄溪，郡志：「即渠河，潭江、沅江及沅州江等會衆水入于此江，九溪之中昔所謂——江也。」九溪，曰郎，曰溮，曰雄，曰辰，曰龍，曰叙，曰武，曰杠，〔三〕曰酉，而雄其一也。鑿字溪，元豐癸亥，通道於廣西，溪旁得古碑，乃唐久視中遣將王思齊率甲兵征蠻過此，隔礙山險，負舟而濟，刻石以記歲月，而夷人以爲———。今分入廣西界，作零溪堡。龍溪，在鎮江寨界。今謂之—門—。沅水，在黔陽。溮水，在盧陽。新經曰：「巫、無、潕、—、舞，一—而五名，〔四〕聲之變耳。」

【名宦】王昌齡，新唐書：「王昌齡，江寧人，爲詩縝密而清新。自江寧縣丞貶爲龍標縣尉。」

皇朝章子厚，爲湖北常平使者。收復沅州，夜築城，西偏一面比曉而畢，東、南、北三面三日而成。○東皐雜録：「子厚於熙寧間奉詔城沅州。時陶弼知辰州，贈詩云：『善戰無如新息侯，漢兵纔渡緑蘿洲。愛君挽我陶溪粟，直到牂牁水口頭。』今有詩在洪江寨，正與牂牁水相直。」王憲之、政和間，黃安俊叛，死于賊，邦人爲立祠。汪長源。靖康間爲州太守，集脩戰具，禦退曹寇。

【題詠】人臨沅水望。僧無可送沅江宋明府璟之任：「初聞從事日，鄂渚動芳菲。〔五〕一遂鈞衡薦，今爲長吏歸。云云，鴈映楚山飛。唯有傳聲政，家風重發揮。」沅有芷兮澧有蘭。楚詞：「云云，思公子兮未敢言。」聞説龍標過五溪。唐王昌齡嘗尉是邑，李白以詩送之云：「楊花落盡子規啼，云云。我亦甘心寄明月，隨君直到夜郎西。」注云：「龍標，在古夜郎東南。今之辰溪縣，乃隋之夜郎。此云西者，以隋地理志言之也。」州符就領五蠻溪。守陶弼詩云：「使介重登雙御闕，云云。爭雄白鵲臨崖鬬，憶子玄猿遶澗啼。」溆浦、潭陽隔楚山。王昌齡送別詩。十萬屯田古未耕。陶弼寄新沅守謝麟詩：「險盡天開溪路平，詩書新將典新城。三千戍卒今無幾，云云。屬縣乞除防虎檻，生蠻願獻採砂坑。」

【四六】拜恩宸陛，往填蠻溪。肅擁州麾，遠臨蠻徼。地近牂牁，種遺槃瓠。撫摩以惠，彈壓以威。香溢沅江之芷，宜入詠歌；陰濃召國之棠，更覃惠愛。山深溪阻，雖蠻俗之雜居；地僻人稀，亦土風之素朴。朱幡地重，敢論五馬之榮；畫戟兵森，聊化九溪之俗。雖喜則人怒則獸，性固靡常；然賁爾劍買爾牛，化之亦易。

靖州 永平　會同　通道

【建置沿革】鶉尾，楚分野。春秋爲荆州。秦置黔中郡。漢更黔中爲武陵郡，武帝置牂牁郡，屬益州。唐爲夷播、敘二州之境。後周時節度使周行逢死，敘州刺史鍾存志奔武陽，而楊正巖以十洞稱徽、誠二州。皇朝十洞酋長楊通藴送款内附，楊通寶來貢，朝廷以通寶爲誠州刺史，其子璁復爲誠州刺史；又詔於武岡之西作城，在渠河之陽，爲誠州；廢爲渠陽軍，尋廢爲寨，隸沅州，復置誠州，改爲靖州，蓋自崇寧再歸職方。今領縣三，治永平。

事要

【郡名】渠陽。見「沿革」注。

【風俗】槃瓠餘種。圖經：「——之——，今尚有猎狑、犵獠之號。其計歲月，率以甲子。其要約，以木鐵爲契。其樂器，有愁笛壺笙。其兵器，與中國等。東通于邵，南通于融，北通于沅。」土風不惡。魏華父與人書：「靖爲天下窮處，其最陋又在峽郡下，而————，民俗亦淳，時歲豐則物平如土。」

【形勝】漢牂牁、武溪之間。圖經：與澧州同。與蠻壤相犬牙。汪彦章靖州營造記云：「初，夷人散居溪谷間，各爲酋長。及上版圖，職方氏爲王民與彼之山川壤比疆連，犬牙相入也。歲久聲教所覃，去椎髻之俗而飾冠巾，轉侏儷之音而通字畫，奉官吏約束，一如中州。」

【山川】飛山、在州北十五里。比諸山爲最高，四面絶壁千仞。九疊山、注見沅州。福湖山、在州南四十里。通道縣北之諸山，最爲蒼翠。元豐通道廣西，出是山之間。青蘿山：在州南二十里，屬永平縣。煙蘿蒼翠，故名。沅江、出西南蕃界。郎江、源出湖耳山。青陂湖、在會同縣。寶溪、在州城之東北，屬永平縣。大抵洞中諸溪，皆産金。武溪。九溪之一。

【井泉】金井。邪直深淺不等。寶之所生，皆有礓石以爲之墻壁，而礦在其中，善取者乃得真礦。辨礦之術，銅豆爲先，黄窠、烏窠次之。若—星見於石，則爲興廢之兆也。有爐院，有水池。臨池作亭，乃監官閲視之所。

【名宦】吕師周。楚書云：「馬氏偏霸之初，飛山洞酋潘全盛遣其黨楊承磊略武岡，馬氏遣——討之。援蘿躡石，晝夜兼行，直抵飛山，分軍布栅。全盛大駭，曰：『此真從天降也。』承磊來戰，師周破其軍，縛降者爲鄉導，襲飛山，擒全盛斬之，盡平飛山巢穴。」今環飛山有濠塹，而遺址尚存。

【名賢】程子山、魏華父觀亭記：「靖爲州，南距廣西，東障湖南，北抵沅、辰，西極夜郎。四竟之外，自靈均後，代有顯人播之詩歌。靖以晚出，未嘗有顯者來推。———以忤檜，居歲餘，土人爲作觀亭。」今渠江之左，僅存遺址。魏了翁。以謫居，築鶴山書院。云：「山囚瀨縶益，得循念昔愆。」

【人物】【題詠】並闕。

【四六】簡求郡將，鎮撫蠻猺。自昜州麾，始雄地望。湖右奥區，渠陽名郡。地近牂牁，種餘槃瓠。十洞創州，肇自聖明之世；雙旌出守，遴求豈弟之賢。九溪十洞，蠻丁舊屬於羈縻；五馬雙旌，郡將兹爲之彈壓。

德安府

安陸　應城　孝感　雲夢

【建置沿革】禹貢荆州之域。楚地，翼、軫之分野。春秋鄖子之國。秦屬南郡。漢置江夏郡，安陸預焉。東漢、晉因之。宋置安陸郡。齊寄治司州。梁置南司州，復爲安陸縣。西魏置安州。隋煬爲安陸郡。〔六〕唐改安州，又改安陸郡，置安、黄州節度，又號奉義軍。梁置宣威軍，後唐改安遠軍節度。皇朝爲安遠軍，後以神宗潛邸，陞德安府，依前軍額。今領縣四，治安陸。

事要

【郡名】安陸。

【風俗】其土風醇厚。茇堂記。其士多秀傑。同上。「云云，其民多隱德，承平時宦游者樂焉。」俗喜儒學。李元衡記云云。名勝相望。李元衡記：「近世云云，由進士擢天下第一者三人。」謂王世則、宋庠、鄭獬也。地多磽确。李元衡學田記：「云云，殖貨不饒。」郡務甚簡。張師亮知江陵府，乞知安州，云云，可以頤養醫藥。

【形勝】西枕溳水。郡縣志。北接漢東。李元衡鎮楚堂記：「云云，南望沔、鄂，偃然足爲一都會也。」控荆、衡之遠勢。李白代淮南壽山答孟少府文云云。唐之督府。武德改爲大都督府。人境之勝。前人記：「西揖白兆，峰巒秀出。其下李太白之廬，想見拏丹砂，撫青海，而陵八極。北壽山，即太白所謂『攢吸霞雨，隱若靈仙』者也。云云如此。」

【山川】石巖山，在府南十里。晉張昌作亂於——上，織竹爲鳥形，衣以五綵，聚肉於其旁，而集百鳥，詐云鳳凰降，而建元神鳳，即此山也。陪尾山，在府東北。即禹貢———。白兆山，在安陸西三十里。北史：「于翼爲安州刺史，遇旱，祈雨於———。」李白有桃花崖寄李侍御詩。〔七〕紫金山，在今府治西北。峭壁斗絶，石皆紫色，故名。有跨鰲亭。大安山，在安陸縣西六十里。○李白忤高力士放還，而黄山晦叔桃花巖詩云「———婦翁舍，時來枕流眠」，則許負相圉師家此山下。〔八〕壽山，在安陸縣西北六十里。昔山民有—百歲者。鳳山，在府東南。以形得名。章山，在安陸縣東四十里。古人以爲内方山。京山，在應城。有温泉。五家山，在應城東三十里。王得臣麈史云：「伍氏所居之地。」九嵕山，在孝感北。疊嶂深林，景物幽邃。○范雍詩：「山奇號——，名與雍州同。」長安亦有此—。桃花巖，在白兆山，即李白讀書處。○蔡持正詩：「聞説———石畔，讀書曾有謫仙人。」司馬巖，在郡圃。鳳凰崗，在孝感縣。晉永和，鳳産其上。雲夢澤，在安陸南五十里。○杜預云：「南郡枝江縣有雲夢城，安陸縣亦有——城，此—江南、江北皆有。」詳見岳州。

溳水、在安陸西北。繞城西隅入雲夢。漳水、在安陸西五十里。○沈存中筆談：「清濁相揉者爲漳。章，文也。別有雲夢之漳，與溳合流，色理如螮蝀，數十里方混。」漻水。出應城縣。唐置漻州于此。〔九〕

【井泉】玉女泉。在應城縣西四十里。相傳玉女煉丹之地。

【佛寺】救苦寺。在府西四里。今名勝業院。李白有春游——詩。又有周世宗微時洗脚石。古檜一株，云柴氏所植。

【堂舍】黄堂、郡守滕甫建。記曰：「據紫金之秀，面碧玉之奇，鄖溪、鳳臺，如拱如揖。」四賢堂、始，連氏之父舜賓有隱德，歐陽永叔表其墓。二子庶、庠，從學於二宋，相繼登第，與二宋同學於法興寺。○張文潛作———記。五桂堂、在書記廳。元豐中方城范公爲掌書記，官舍西偏有桂甚茂。後范公之子致君、致明、致虛、致祥、致厚相繼登第，致君記其事。後周洪道爲之記云。七相堂、在府治。○郡守陸世良詩：「七相聲名俱屬此，尚期他日更添君。」跨鼇堂。鄭昂記云：「平沙回岸，縈帶城郭。商帆漁舟，出没煙波。瀟灑有江鄉之興，楚山水之觀未有以易此者也。」

【亭樓】車蓋亭：，在郡治西北隅。○魏文帝詩「西北有浮雲，亭亭如車蓋」是也。○漁隱叢話云：「蔡確守安州日，登———，賦詩云：『紙屏石枕竹方床，手倦抛書午夢長。睡覺莞然成獨笑，數聲漁笛在滄浪。』殊有閑適之意。」浮雲樓。杜牧之有題安州浮雲寺樓詩。周顯德中毁寺，改建黃堂，而樓遂備宴遊。○滕甫詩：「舉頭便是長安日，弄袖時飄夢澤風。茂苑久拋飛鳥外，楚臺遙在碧雲中。」

【古跡】古蒲騷城、在應城北三十里。左傳有云「鄖人軍于蒲騷」，即此。釣魚臺、在安陸縣石淙村，云是郝處俊遺迹。○蔡確詩：「矯矯名人郝甑山，忠言直節上元間。釣臺蕪没知何處，嘆息思公俯碧灣。」○東都事略蔡確傳：「知漢陽軍吳處厚奏確在安州作詩，借郝處俊事以譏訕太皇太后。宣仁太后怒曰：『蔡確以吾比武后，當重謫。』確奏曰：『臣在安州，州有涓溪，舊有郝處俊釣臺，蓋上元中高宗令其子周王等分朋角勝爲樂。及欲傳位於武后，皆爲處俊論議所回，故臣詩因嘆其忠直。今太后以帝之祖母垂簾聽政，而輒無故引唐高宗遜位與皇后之事上瀆聖聽，其誣罔可見。』」西湖村。去孝感九十里。太祖潛龍日，因渴索酒飲村姥家，姥持酒以進，言「榷禁甚嚴，此私釀，當密之」。與金不受。及至太祖既貴，宥西湖村酒禁，至今置萬户酒。

【名宦】傅介子：封義陽侯。皇朝張齊賢、知江陵。謝病，乞知安州。范純仁、坐議濮王典禮，出通判安州。有題名，在九嵕山寺中。范雍、爲太守。謝良佐。爲應城宰。朱元晦作應城縣上蔡先生祠記云：「先生名良佐，字顯道，學於河南程夫子兄弟之門。初，頗以該洽自多。夫子笑曰：『可謂玩物喪志矣。』先生爽然自失，乃盡棄所學而學焉。如以生意論仁，以實理論誠，以常惺論敬，〔一〇〕以求是論窮理，其命意皆精當，而直指窮理。居敬爲入門，則於夫子教人之法又最得其綱領。中間嘗宰是邑，胡文定公以典學使者行部過之，不敢問以職事，顧因紹介，請以弟子禮見。入門見吏卒植立庭下，如土木人，肅然起敬，遂稟學焉。」

【人物】楚鬬穀於菟、生於邧。通典：「安州，春秋邧子之國。」黄香、江夏安陸人。京師爲之語曰：「天下無雙，江夏黄童。」子黄瓊。郝處俊、爲中書令，請唐高宗毋遜位武后。許紹：，安陸人。葬縣東，名辛相林。皇朝令狐揆、卜築涢溪南。雪中跨馬入城，詣侯君旁借書，〔一二〕令小童携書篚，負琴、皂繒、暖帽，委轡長吟曰：「借書離近郭，冒雪渡寒溪。」後有布衣林逸善繪，爲令狐雪中渡寒溪圖。張君房、安陸人，爲著作郎。真宗時，日本遣使入貢，詔本國建寺，夷使乞詞臣撰寺記。時直院之文多君房代爲之。既宣令撰寺記，夷使待命，而君房醉飲市肆，索之不得，直院大窘。後楊億作閑忙令曰：「世上何人最號忙，紫微失却———。」鄭獬、仁宗重於選士，廷試既考定前一日，取首卷焚香祝之曰：「願得忠孝狀元。」而公遂魁天下。宋庠。父玘，爲應山令。嘗因僑寓安陸，今城中錦標坊即其所居。與弟祁俱以文學顯。〔一三〕夏英公嘗守安陸，有書表吏鄭生者，鄰二宋，情跡甚熟，凡郡守所欲牋狀，多二公爲之。英公怪而問焉：「若將學而自爲此耶？」對曰：「非也，乃二宋秀才之文。」英公他日見之，得其所著，大嗟賞，因命賦落花。莒公一聯曰：「漢皋珮冷臨江濕，金谷樓危到地香。」景文公一聯曰：「將飛更作回風舞，已落猶成半面粧。」英公曰：「詠落花而不言『落』，大宋君異日作宰相，小宋君非所及，然亦須登嚴近。」後皆如其言。初，其母錢氏夢人以文選一部與之，遂生子京，小名選郎云。

【名賢】李白：，有上裴長史之書曰：「見鄉人相爲大夸雲夢之事，云楚有七澤，遂來觀焉。而許相公家見招，妻以孫女，便憩迹于此，至移三霜焉。」**皇朝寇準**、自相州徙安州，後又貶道州司馬。**呂大防**。紹聖初安州居住，嘗寓郡齋。有呂公亭。

【題詠】蒹葭出夢中。韓愈自袁州除官還京行至安陸先寄周循州詩：「行行指漢東，暫喜笑言同。雨雪離江去，云云。面猶含瘴色，眼已見華風。歲夢難相值，酣歌未可終。」**民淳詞訟少**。范伯純詩：「安陸號方鎮，江邊無事州。云云，務簡官政優。」**遥泛扁舟安陸郡**。王昌齡送人赴安陸詩：「云云，天邊何處穆陵關。」**春風只到穆陵西**。劉文房行次安陸詩：「暮雨不知溳口處，云云。孤城盡日空花落，三户無人但鳥啼。」**朱欄流水牧之詩**。錢緦詩：「夢澤盤山長卿賦，云云。」

【四六】光膺鳳綍，來填龍藩。古爲重鎮，今號潛藩。維北夢之奥區，實南京之名部。俗多尚朴，故訟簡之亦稀；民稍力農，故輿賦之僅足。世屬升平，深有宦游之樂；時方俶擾，遂爲争戰之場。宋莒公毓秀之鄉，文風獨盛；謝上蔡宦遊之地，道學有傳。棣萼相輝，有四賢之擢秀；竹符分寵，蒞七相之聯芳。

復州 景陵 玉沙

【建置沿革】禹貢荆州之域。楚地，翼、軫，鶉尾之次。春秋、戰國並屬楚。秦屬南郡。在漢即江夏之竟陵縣。晉、宋、齊因之。梁置沔陽郡。周武改置復州，取復池湖以爲名。隋改沔州，又爲沔

陽郡。唐改復州，獨理沔陽，改竟陵郡，又爲復州。皇朝因之，熙寧州廢，元祐復立。今領縣二，治
景陵。

事要

【郡名】景陵、孫宗鑑東臯雜録曰：「自蔡州南至信陽軍，始有山路，險隘迤邐，至安防；又兩驛至復州，〔一三〕皆平地，南至大江，並無丘陵之阻；渡江至石首，始有淺山。謂之竟陵者，陵至此而竟。謂之石首者，石自此而首也。」沔陽。見「沿革」。

【風俗】人性淳和。舊經：「地多卑濕，云云。」風俗之美。陸羽自傳曰：「云云，無出吾國。」多雜蠻俗。隋地理志。民足魚蟹。復州從事廳壁記：「地濱江、漢之洳，云云之饒。」

【形勝】襟帶隨、郢。朱昂廣澤廟序：「云云，腹背吴、楚。」沅、湘之間。楚辭：「南郢之邑，云云。」有古帝王之祀二。曰伏羲氏，曰神農氏。夢澤之南。舊經：「雲—七———，率皆水鄉。」地窪而卑。朱昂序：「云云，水漾而瀦。」

【山川】五華山、在竟陵縣東七十里，即古風氏國之城也。風國即伏羲之後。子城上有伏羲廟，胡明仲爲記。又臨津門外有神農廟。天門山，在景陵縣西六十里。唐鄒夫子別墅在焉。陸羽自傳云：「負書於———鄒子別墅。」三陽湖、在玉沙縣西二里。東曰朝陽，南曰南陽，北曰水陽，故曰——。三澨水、書曰：「過——。」左傳有漳澨、雍澨，皆—邊地名。七里沔。周地圖記：「夏

水合諸水同入漢，自漢入渚，名爲——，即屈原逢漁父處。」

【亭榭】境會亭、祥符間，因創鼓角樓，掘得一塊石，乃唐竇使君——記，故名。鴻軒、右史張文潛謫居景陵日所創，遺址在菜園湖。後起倅黄州，有望復州詩云：〔一四〕「他年若問——人，堂下薔薇應解語。」蓋其處植薔薇故也。今黄州亦有——，豈如老杜之在夔三易居，而皆以高齋命名也耶？夢野奇觀。景祐間，郡守王琪作于子城西南隅。後晏殊、宋祁、吴育、楊友之、蘇紳、石延年皆有詩。

【寺觀】西塔院，今名廣教。有文學井，謂陸羽也。○裴拾遺詩：「竟陵文學泉，蹤跡尚空虚。不獨支公住，曾經陸羽居。草堂荒散蛤，茶井冷生魚。」謂此也。紫極觀。有皮、陸讀書堂。日休襄陽人，但龜蒙乃吴人，何爲皆讀書于此？然龜蒙有寄日休讀襄陽耆舊傳，而日休次韵有云：「結彼世外交，遇之於邂逅。」則或邂逅於此耳。

【古跡】范溉巾。在玉沙西四十里。瀕漢江。○晉鄭交甫南遊漢江，遇二女，佩兩珠。交甫與言，願得子之佩。二女解佩與交甫懷，去十餘步，探之亡矣。回視二女，亦失所在。

【名宦】韋放、梁人。爲竟陵守。狄仁傑、唐人。爲刺史。李齊物、爲守。見陸羽於伶人中，異之，授以詩。崔訏：韓愈送崔復州序：「有地數百里，自長史、司馬已下數十人，其禄足以仁其三族及其朋友故舊。樂乎心，則一境之人喜；不樂乎心，則一境之人懼。大丈夫官至刺史，亦榮矣。雖然，幽遠之小民，其足跡未嘗至城邑，苟有不得其所，能自直於鄉里之吏者鮮矣，况能自辯於縣吏乎？能自辯於縣吏者鮮矣，況能自辯於刺史之庭乎？由是刺史有所不聞，小民有所不宣。賦有常而民產無常，水旱疾疫之不期，民之豐約懸於前，縣令不以言，連帥不以信，民就窮而斂愈急，吾見刺史之難爲也。崔君爲復州，其連帥則于公。愈以爲崔君之仁足以蘇復人，于公之賢足以庸崔君，有刺史之榮，而無其難爲者，將在於此乎？愈嘗辱于公之知，而舊遊於崔君，慶復人之將蒙其休澤也，於是乎言。」**皇朝王彥超**。後周爲復州刺史。按國史：「建隆二年，太祖幸作坊，宴射酒酣，顧王彥超曰：『卿曩在復州，朕往依卿，何不納我？』彥超降堦，頓首曰：『臣當時一刺史，勺水豈可容神龍乎？使臣容陛下，陛下安有今日？』上大笑而罷之。」

【人物】陸羽：號竟陵子，有煎茶碣。舊傳鴈橋乃得——處。初，見群鴈翔集，覆小兒於下，僧史種師得而育之。既長，以易筮之，得蹇之漸，曰：「鴻漸于陸，其羽可用爲儀。」乃氏以陸，名以羽，字以鴻漸，因以鴈目其橋。唐書「有僧得之水濱，既長，以易筮之」，事同。**皇朝張徽**。以能詩名，有滄浪集。司馬溫公、范忠宣公皆與之友善。

【題詠】八十年前棠樹陰。李齊物爲竟陵太守，生李監察，後復爲竟陵守，故周愿三感吟：「云云，竟陵太守公先人。」**家家門外一渠蓮**。皮日休送弟歸復州詩：「羨爾優游正少年，竟陵煙月似吳川。車螯近岸無妨取，舴艋隨風不費牽。處處路旁千頃稻，云云。慇懃莫笑襄陽住，爲愛南遊縮頸鯿。」〔一五〕**所至先傳喜雨詩**。呂本中寄適道寺丞刻江漢樓柱詩：「聞道復州賢太守，只如前在武陵時。相逢未說爲州樂，云云。」

【四六】疏綍掖垣，分符澤國。惟兹七澤之南，實在重湖之右。乃眷竟陵之郡，實居沔水之陽。地多斥鹵，木稱魚稻之鄉；郡有循良，化作蠶桑之俗。天威大震，掃空狡兔之羣；王澤旁流，安集驚鴻之衆。畫千里之封圻，莫非王土；宣九重之德意，共爲帝臣。

信陽軍信陽　羅山

【建置沿革】禹貢荆、豫二州之域。鶉尾之分。古申國之地。春秋時屬楚。秦屬南陽郡。漢立平氏縣，隷荆州之南陽郡。〔一六〕魏分置義陽郡。宋文帝於北義陽復立司州，又置宋安郡。梁改北司州，尋罷。北魏又改郢州。〔一七〕周武帝改申州。隋煬帝改爲義州，尋爲義陽郡。唐立申州，改爲義陽郡，後復爲申州，即今之軍治。皇朝以户口少，降爲義陽軍，改信陽軍。今領縣二，治信陽。

事要

【郡名】義陽、古申。

【風俗】申伯遺俗。元和志：「申在周爲侯伯。」此其遺俗也。

【形勝】北接陳、汝。寰宇記：「云云，控帶許、洛，齊、宋以來常爲邊鎮。」三關之險。左傳定公四年：「蔡侯與吴子、唐侯伐楚，還塞太隧、直轅、冥阸。」所謂太隧，即黄峴關；直轅、冥阸，〔一八〕乃武陽、平靖也。黄峴今名九里關，在郡南百里。武陽在今大寨嶺，郡東南九十里。平靖今名行者坡，在軍南七十五里。自中原失守，談兵者謂堅守三關，則安陸以南可無虞。莫汲嘗論之曰：「三關險矣。關外百里皆險也，若虜人得信陽，將與我分險而守。謍要陂以抗武陽，謍雞頭以抗平靖，謍石門以抗黄峴。若棄信陽，是舉三關併棄之也。信陽與三關勢如首尾，欲全三關，必固守信陽。」○鄱陽志：「余童知信陽軍，終更圖上山川形勢，以爲欲復宛、洛，則必自此地始，當使與三關控扼緩急相應。」上覽之喜，擢知蘄州。與德安相表裏。繫年録：「紹興三十一年，金人寇信陽軍，趙撙屯德安，曰：「信陽雖小，云云，不可失也。」自將所部馳赴之，虜騎徑去。

【山川】金山，在軍南一十里。通鑑：「梁天監七年，魏辛祥堅守義陽。梁遣將胡武成、陶平虜於州南——之上連謍侵迫，辛祥遂夜出襲其謍。」〔一九〕義陽山，寰宇記云：「在軍治東五十步，即郡之主山也。」石城山，在軍東南五十五里。輿地廣記云：「有石城山，甚高峻。」史記曰「魏攻冥阸」，蓋謂此山也。吕氏春秋言：「九塞，冥阸其一焉。」於此山置義陽郡，今廢城猶在。鵲山，在羅山縣南九里。霸山，比於諸山，最高大。每出雲，則必雨雪。陪尾，九域志。冥阸塞，在軍東南五十五里，屬信陽。又有大小石門，皆鑿山爲道，以通往來，荆楚守隘之地也。淮南子云：「太汾、冥阸、荆阮、方城、殽坂、井陘、令疵、勾注、居庸，是謂九塞。」〔二〇〕淮水，西自唐州桐柏縣流入。㴔水，南至隨縣界流入江。

【樓閣】白雲樓，在子城東北。咸喜堂，在軍治。取申伯「周邦咸喜」之意。相公園。范忠宣公爲郡日創，後人因以相公名園。

【古跡】武城，在軍東二十五里，今有遺基。而吴、楚之争有武城里，謂令尹子常治於此。方城，圖經：「方城塞在軍東三十里。」左傳：「吴伐楚，司馬戌謂子常曰：『子沿漢而與之上下，我悉方城之外以毁其舟。』」謝城，在軍東三十里。申伯所封之邑也。詩曰「于邑于謝」是也。曹城。在軍城南三十五里。有曹店，即曹景宗鑿峴口所築。

【名宦】申伯，周宣封國於申。傅介子，封義陽侯。姚崇，坐與宋璟謀出太平公主於東都，坐貶申州刺史。皇朝吕公著，封申國。范純仁，知軍。劉安世。哲宗朝爲右正言，論蔡確，責嶺外，後爲知軍。

【人物】鄧禹，新野人。來歙，同上。並仕漢。鄧艾，義陽棘陽人。後封鄧侯，爲征西將軍。費禕，江夏鄳人也。後代蔣琬爲大將軍。孟嘉。陶潛爲嘉作傳，以爲鄂人，而晉史以爲鄳人，乃今信陽軍羅山縣也。

【題詠】山空水復清。方雄飛過申州詩：「涼風吹古木，野火燒殘營。寥落千餘里，云云。」獨憐溮水在。劉文房至申州：「云云，時亂亦能清。」城邊一水抱城流。郡志載古詩曰：「云云，城外羣山擁郡樓。」春來芳草滿雞頭。郭篦義陽懷古。郡有雞頭山。

【四六】拜命宸庭，承流申國。屹是謝城，臨于溮水。惟義陽之名郡，乃京右之要區。城惟斗大，劣於千里之封；地有風寒，幸以三關之險。邦人咸喜，競騰良翰之歌；天子載嘉，即箎市邑蕭條，頗覺文書之省；江山環遶，不妨嘯詠之清。

內控荆、襄，固重蕃宣之寄；外連宛、洛，足爲進取之圖。禁塗之列。

校勘記

〔一〕「隋以郡爲辰州」，「辰州」，底本原作「陜州」，據隋書卷三一地理志、元和郡縣志卷三〇、輿地紀勝卷七一改。隋之陜州在今河南陜縣，與此沅州無涉。

〔二〕「更曰沅州」，「沅州」，底本原作「沄州」，據嶽雪樓本及新唐書卷四一地理志、輿地紀勝卷七一改。

〔三〕「曰杶」，「杶」，底本原作「柱」，本書卷三〇常德府下作「杶水」，並引楚辭「朝發杶渚，夕宿辰陽」以爲證，今據改。

〔四〕「巫無潕㵎舞一水而五名」，底本原脱「潕」字，據四庫本及輿地紀勝卷七一補。又後漢書卷二四馬援傳注云土俗「潕」作「武」，則所謂「一水而五名」，或可謂「一水而六名」也。

〔五〕「初聞從事日鄂渚動芳菲」，「初」、「菲」，底本原作「祁」、「芥」，據四庫本及全唐詩卷八一三無可送沅江宋明府即開府璟之孫改。

〔六〕「隋煬爲安陸郡」，「安陸郡」，底本原作「宣郡」，據隋書卷三一地理志、舊唐書卷四〇地

〔七〕「李白有桃花崖寄李侍御詩」，此詩題李太白全集卷一三、全唐詩卷一七二作「安陸白兆山桃花巖寄劉侍御綰」，又云「一作『春歸桃花巖貽許侍御』」，人名均與本書有異。

理志、太平寰宇記卷一三二改。

〔八〕「則許負相國師家此山下」，「國師」，底本原作「國師」，據舊唐書卷五九、新唐書卷九〇許國師傳改。

〔九〕「唐置漴州于此」，「漴州」，底本原作「環州」，據隋書卷三一地理志、新唐書卷四一地理志改。

〔一〇〕「如以生意論仁（至）以常惺論敬」，「論仁」，底本原作「論心」，據朱子大全卷八〇德安府應城縣上蔡謝先生祠記改。又，底本原重一「惺」字，亦據朱子大全刪。

〔一一〕「詣侯君旁借書」，輿地紀勝卷七七「令狐揆」下記曰：「安陸人，卜築溳溪之南。嘗雪中跨馬入城，詣張君之第借書，長吟曰：借書離近郭，冒雪渡寒溪。」「侯君旁」作「張君」，與本書不同。

〔一二〕「與弟祁俱以文學顯」，「祁」，底本原作「郊」，據四庫本、嶽雪樓本及宋史卷二八四宋庠傳附宋祁傳改。

〔一三〕「又兩驛」，「兩」，底本原作「丙」，據嶽雪樓本及輿地紀勝卷七六改。

〔一四〕「有望復州詩云」，「云」，底本原作「去」，據元甲本、元乙本、四庫本、嶽雪樓本改。

〔一五〕「爲愛南遊縮頸編」，「南遊」，全唐詩卷六一三皮日休送從弟皮崇歸復州作「南溪」。又云：「一作『南塘』。」

〔一六〕「漢立平氏縣隸荆州之南陽郡」，「南陽郡」，底本原作「南陽縣」。平氏爲縣，南陽亦縣，安得云隸屬？核諸漢書卷二八上地理志，平氏縣隸南陽郡，則本書「縣」乃「郡」之誤，今改正。輿地紀勝卷八〇作「隸荆州之南陽郡」，不誤。

〔一七〕「北魏又改郢州」，「北魏」，底本原作「北宋」。隋書卷三一地理志云：「梁曰北司州，後復曰司州，後魏改曰郢州。」元和郡縣志卷九申州下亦云：「入後魏爲郢州。」舊唐書卷四〇地理志、太平寰宇記卷一三二所記相同，則本書「北宋」乃「北魏」之誤，今改正。

〔一八〕「冥阨」，底本原作「宜阨」，據左傳定公四年、輿地紀勝卷八〇改。

〔一九〕「通鑑至辛祥遂夜出襲其營」，此所引文字實不出自通鑑，而出自魏書卷四五辛祥傳。通鑑卷一四七梁紀三原文爲：「魏義陽太守狄道辛祥與婁悦共守義陽，將軍胡武成、陶平虜攻之，祥夜出襲其營。」並不言及金山之事。而魏書辛祥傳乃云：「蕭衍遣將胡武成、陶平虜於州南金山之上連營侵迫，衆情大懼。祥從容曉喻，人心遂安，時出挑戰，僞退以驕賊。賊果日來攻逼，不復自備，乃夜出襲其營。」又，底本原脱「於」字，今據魏書辛祥傳補，以使文義通達。

〔二〇〕「淮南子云（至）是謂九塞」，此九塞之名，底本或訛或脱，所誤甚多：「太汾」，底本原作「大維」；「荆阮」，底本原作「荆院」；「殽坂」，底本原作「豪坂」；「井陘」，底本原作「井徑」；「令疵」底本原脱；今均據淮南子地形訓及太平寰宇記卷一三二補正。

方輿勝覽卷之三十二

京西路

襄陽府 襄陽　穀城　宜城　南漳

【建置沿革】禹貢荆、豫二州之域。楚地，翼、軫之分野。於周諸國，則穀、鄧、鄾、盧、羅、鄀之地。〔一〕春秋時屬楚，襄陽城本楚之下邑。秦兼天下，自漢以北爲南陽，今鄧州是也；自漢以南爲南郡，今荆州是也；襄陽乃南陽、南郡二郡之地。東漢劉表爲荆州刺史，始理襄陽。魏分南郡置襄陽郡，自赤壁之敗，魏失江陵，南守襄陽。西晉爲荆州治所，羊祜、杜預皆鎮襄陽；〔二〕東晉於襄陽僑置雍州，遂爲雍州刺史治所。梁置南雍州。西魏改曰襄州。隋、唐皆爲襄州，唐復陞爲山南東道節度，以襄州爲襄陽府。皇朝因之，真宗潛藩，陞襄陽府，寶慶以京湖制置安撫兼領。今統郡七，領縣四，治襄陽。

京西轉運、提刑、提舉置司。

事要

【郡名】古雍、古峴、襄漢、穀城、古穀伯國。鄾城、在穀城縣。蕭何所封。鄧城。古樊邑，仲山甫之國。

【風俗】其民尚文。舊志：「宋玉、王逸、張悌、習鑿齒之徒，實生此土，故云云。」田土肥良。蕭子顯齊志雍州序：「襄陽云云，桑梓野澤，蓋處處而有。」俗尚豪侈。舊志：「魚弘、徐緄皆襄陽人，尚豪侈，人化之。府中謡曰：北路魚，南路徐。」厖雜難理。曲江襄州刺史遺愛銘序：「江、漢間州以十數，而襄陽爲大。昔名三輔之雄，今則一都之會，故在晉稱南雍，在楚爲北津，厥繇——，亦云——。」

【形勝】北據漢、沔。諸葛亮説先主曰：「荆州云云，利盡南海，東連吴會，西通巴、蜀，此用武之國。」西接梁、益。庾翼疏：「襄陽，荆楚之舊，云云，與關、隴咫尺，北去河、洛，不盈千里，土沃田良，方城險峻，進可以掃蕩秦、隴，退可以保據上流。」外帶江、漢。魯肅説孫權曰：「云云，内阻山陵，有金城之固，沃野萬里，士民繁富。」北接宛、許。庾亮表：「云云，南阻漢水，其險足固，其土足食。」南包臨沮。習鑿齒記：「云云，北接陰、鄧。」獨雄漢上。趙善俊告詞：「爰念襄陽，云云，蔽淮右而處荆河之奥壤，接洛南而據楚、沔之要區，田土肥良，山澤淵邃。」西控蜀漢。張松告詞：「襄陽重地，控制上流，云云，東帶吴、楚，自古用武之地，三國之所必争。」吴會上游。本郡志：「江、漢之紀，居——之——；楚、蜀之交，以襄陽爲重鎮。」峴山亘其南。前人：「云云，檀溪帶其西。」挾大漢以爲池。晉順陽碑文：「云云，面崇山以爲固。」壓平楚之千里。魏泰文選樓賦：「漢流東下，楚山南峙；西挾沮、漳，北通鄧鄙。據蜀、粵之上流，云云。雲夢七澤之富，方城、漢水之大，畫工吟筆之所不能盡者，皆致吾几席之中。」南北必争之地。郭見義嘗造記：「跨荆、豫之遠，走江、淮之衝，號——————。」襄陽、江陵，勢同唇齒。郡志云：「由江陵步道五百里至襄陽，勢同唇齒，無襄陽則江陵受敵。」臂淮、楚，面巴、蜀。孫沖賦：「——、——而——、——，足交、廣而首畿甸。」

【山川】峴山，去襄陽十里。○十道志：「羊祜嘗與從事鄒潤甫登峴山，垂泣曰：『自有宇宙，便有此山。由來賢達勝士，登此遠望者多矣，皆湮滅無聞。』潤甫對曰：『公德冠四海，道嗣前哲，令聞令望，當與此山俱傳。』後人思慕，遂立羊公廟并碑。」○李白峴山懷古詩：「訪古登峴首，憑高眺襄中。天清遠峰出，水落寒沙空。弄珠見遊女，醉酒懷山公。感歎發秋興，長松鳴夜風。」○李涉詩：「方城、漢水舊城池，陵谷依然身世移。歇馬特來尋故事，逢人惟説峴山碑。」襄山，荆楚記：「水駕山而下者，皆呼爲襄。」萬山，在襄陽西十里。有解佩渚，即鄭交甫遇龍女解珠之所。詳見復州。鳳山，在襄陽東南。梁韋叡立寺。伏龍山，襄陽、穀城皆有之。曾鞏知州，嘗祈雨於此山。卧龍山，在襄陽縣。有高陽池。白馬山，在襄陽城東南十里。以白馬泉名。每年三月三日，刺史禊飲于此。馬鞍山、一名登楚山。高處有三磴，即劉洪、山簡九日宴處。百丈山、在襄陽南二十里。舊傳云有麝香獸，劉表遣人採藥，得麝香數斗。穀山、在穀城西北十里。古穀伯綏之舊國。薤山、在穀城西北六十里。寰宇記：「諸山雲起，此山無雲，終不降雨。」屏風山、在穀城北九十里。有白玉堂，仙人於此得素書。獨樂山、在鄧城西七里。諸葛亮嘗登，于此作梁父吟。荊山、在南漳縣西北八十里。禹貢云「荊及衡陽爲荊州」，即此是也。有抱璞巖，云是卞和宅。鹿門山，在宜城東北六十里。上有二石鹿，故名。○後漢龐德公與龐蘊、孟浩然、皮日休俱隱于此。漢江、出嶓冢。〔三〕○蘇子瞻詩：「襄陽逢漢水，宛似蜀江清。〔四〕文王化南國，遊女儼如卿。」襄水、亦名涑水，在襄陽西北五里。沮漳水、並在中廬鎮。粉水、在穀城北六里。南雍州記：「蕭何夫人漬粉鮮潔，異於諸水，故名。」檀溪、在襄陽縣西南。郡縣志云：「蜀先主乘的顱馬西走，至此溪一躍而過。」沉碑潭。杜預南征紀功，勒爲二碑，一沉萬山之下，一立峴山之上。○鮑溶詩：「襄陽太守沉碑意，身後身前幾年事。漢江千里未爲沉，〔五〕水底魚龍應識字。」

【井泉】金沙泉。在宜城縣東一里。造酒極美，世謂之「宜城春」，又名「竹葉酒」。

【亭臺】漢廣亭、在府治南。望羣山環繞，有漢水映帶，平陸萬里，故名。峴山亭、歐陽永叔記：「峴山臨漢上，望之隱然，蓋諸山之小者。而其名特著於荊州者，豈非以其人哉？其人謂誰？羊祜叔子、杜預元凱是已。方晉與吴以兵爭，常倚荊州以爲重。而二子相繼於此，遂以平吴而成晉業，其功業已蓋於當世矣。至於流風餘韻，藹然被於江、漢之間者，至今人猶思之。而於思叔子也尤深。蓋元凱以其功，而叔子以其仁。二子所爲雖不同，然皆足以垂於不朽。余頗疑其反自汲汲於後世之名者，何哉？傳言叔子嘗登兹山，慨然語其屬，以謂此山常在，而前世之士皆已湮滅於無聞，因自顧而悲傷，然獨不知兹山待己而名著也。元凱著功於二石，一置兹山之上，一投漢水之淵。是知陵谷有變，而不知石有時而磨滅也。豈皆自喜其名之甚，而過爲無窮之慮歟？將自待者厚，而所思者遠歟？山故有亭，世傳以爲叔子之所遊止也。故其屢廢而復興者，〔六〕由後世慕其名而思其人者多也。熙寧元年，余友人史君中輝以光禄卿來守襄陽。明年，因亭之舊，廣而新之，周以回廊之壯，又大其後軒，使與亭相稱。君知名當世，所至有聲。襄人安其政而樂從其遊也，因以君之官名其後軒爲光禄堂；又欲紀其事于石，以與叔子、元凱之名並傳于久遠。君皆不能止也，乃來以記屬於余。余謂君知慕叔子之風，而襲其遺迹，則其爲人與其志之所存者可知矣。襄人愛君而安樂之如此，則君之爲政於襄者又可知矣。此襄人之所欲書也。若此左右山川之勝勢，與夫草木雲煙之杳靄，出没於空曠有無之間，而可以備詩人之登高，寫離騷之極目者，宜其覽者自得之。至於亭屢廢興，或自有記，或不必究其詳者，皆不復道。」**望海亭**，在卧龍山頂上。李紳題：「烏盈兔缺天涯迥，鶴背松梢拂檻低。湖鏡坐隅看匣滿，海濤生處辨雲齊。夕嵐明滅江帆小，煙樹蒼茫客思迷。蕭索感心俱是夢，九天應共草萋萋。」**呼鷹臺**。在鄧城東南一里。○蘇子瞻詩：「莫上———，平生笑劉表。」表有野鷹來曲。

【館驛】善謔驛。襄州有驛，名善却，唐之———也。乃淳于髠放鵠處。柳宗元和劉禹錫—

——莫淳于先生者，即此地。

【古跡】冠蓋里、荆州記：「峴首山南至宜城百餘里，其間雕墻峻宇，漢宣末有刺史二千石數十家，朱軒華蓋，晻映於太山下，號———。」○杜審言詩：「冠蓋仍爲里，臺池尚識名。」文選樓、梁昭明太子立，聚賢士共集文選。習家池、襄陽記：「峴山南有習郁大魚池，依范蠡養魚法，當中築一釣臺。將亡，敕其兒曰：『必葬我近魚池。』山季倫每臨此，必大醉而歸。」按郁，後漢人，封襄陽公，即鑿齒之先也。大隄城、今城是也。李白有大隄曲。○李善美大隄曲云：「酒旗相望大隄頭，隄下連墻隄上樓。日暮行人争渡急，槳聲幽軋滿中流。」長渠。在宜城縣。曾子固記：「荆及康狼，楚之西山也。水出二山之間，春秋之世曰鄢水。楚屈瑕伐羅，及鄢，亂次以濟是也。其後曰夷水，水經所謂『漢水過宜城』是也。其後避桓温父名，改曰蠻水是也。秦昭王使白起攻楚，去鄢百里立碣，壅是水爲渠以灌鄢。鄢，楚都也。遂拔之。漢惠帝改曰宜城。宋武帝築宜城之大隄爲城，今縣治是也，而更謂鄢曰故城。鄢入秦，而白起所爲渠因不廢，引鄢水以灌田，田皆爲沃壤，今長渠是也。令孫永曼叔理渠，皆復其舊，謁余文以爲之記。」

【名宦】劉表、爲荆州刺史。軍馬入宜城，遂理襄陽。關羽、字雲長。攻曹仁於樊，圍呂常於襄陽，破降于禁，威震華夏，曹操議徙都以避其鋭。羊祜、字叔子，太山南城人。出鎮南夏，甚得江、漢之心。後卒，百姓爲建碑於峴山，望其碑者莫不墮淚，杜預名曰墮淚碑。○祜與吴將陸抗相對，使命交通。抗嘗病，祜饋之藥，抗服之無疑心。人多諫抗，抗曰：「——豈酖人者！」時談以爲華元、子反復見於今。**杜預**、字元凱，京兆人。羊祜舉預自代，都督荆州。爲征南將軍，都督荆、湘，鎮襄陽。每至習家池，未嘗不大醉而歸。時人歌之曰：「山公何所詣，往至高陽池。日暮倒載歸，酩酊無所之。醉時能騎馬，倒着白接䍦。舉鞭問葛强：何似并州兒？」○李白襄陽歌：「落日欲没峴山西，倒着接䍦山下迷。襄陽小兒齊拍手，攔街爭唱白銅鞮。傍人借問笑何事，笑殺山公醉似泥。君不見晉朝羊公一片石，〔七〕龜頭剥落生莓苔。淚亦不能爲之墮，心亦不能爲之哀。清風明月不用一錢買，玉山自倒非人推。舒州杓，力士鐺，李白與爾同死生。襄王雲雨今何在？江水東流猿夜聲。」**陶侃**、劉洪爲荆州，辟侃爲南蠻長史。**裴度**、爲節度使。**沈約**、爲襄陽令。**元結**、嘗參山南東道，攝領府事。**皇朝潘美**、爲山南東道節度使。**趙普**、爲山南道節度使。**曾鞏**、知襄州。**岳飛**、繫年録：「紹興五年，復郢州，遂引兵復襄陽。六年，爲京西宣撫使，置司襄陽。」**尹洙**。授山南道掌書記。

【人物】**宋玉**、宜城人，有宅在城南。○陸龜蒙詩：「自從宋玉賢，特立冠耆舊。離騷既日月，九辯即列宿。卓然悲秋詞，合在風、雅右。」**王逸**、宜城人。注楚詞。**龐德公**、後漢南郡襄陽人也。居峴山南廣昌里，未嘗入城府，夫妻相敬如賓。時劉表延請不能屈，乃就候之。曰：「先生苦居畎畝，而不肯官禄，後世何以遺子孫？」公曰：「世人皆以危，今獨遺之安。」後遂携妻子登鹿門山，採藥不返。○司馬德操嘗詣龐德公，值德公上冢，德操徑入其室，命德公妻子速作黍，云：「徐元直當來，就此共談。」其妻子供設。須臾，德公還，直入相就，不知何者是客也。**龐統**、字士元，襄陽人，從父德公以爲鳳雛。習鑿齒、襄陽人。博學治聞，以文章稱。馬良、諺曰：「馬氏五常，白眉最良。」張柬之、以賢良召，年七十餘，對策第一。孟浩然、襄陽人也。隱鹿門山。年四十游京師，王維私邀入内省。俄而玄宗至，詔浩然出，問其詩。云：「不才明主棄，多病故人疏。」玄宗曰：「朕亦何嘗棄才。」因放還山。○今郡治有孟亭。杜審言、襄陽人。有孫曰甫，有故宅在焉。曾子固嘗有詩以紀其事。皇朝胡旦、鄧城人。進士冠天下。魏泰、襄陽人。章子厚欲官之，拂袖還家。米芾。襄陽人。

【題詠】送別峴山頭。梁簡文帝詩：「分手桃林岸，云云。君欲寄音信，漢水向東流。」江、漢變鄒、魯。元帝示荆州吏民詩：「方今—、—士，—爲—、—俗。」漢池水如帶。沈約別謝文學詩：「云云，巫山雲似蓋。一望沮、漳水，寧思江、漢會。」南關繞桐柏。江淹望荆州詩：「奉詔至江、漢，始知楚塞長。云云，西岳出魯陽。」控帶荆門遠。韓愈送李尚書赴襄陽詩：「帝憂南國切，改命付忠良。壤畫星摇動，旗分獸簸揚。五營兵轉肅，千里地還方。云云，飄浮漢水長。賜書寛屬郡，戰馬隔鄰疆。縱獵雷霆迅，觀棋玉石忙。風流峴首客，花艷大隄娼。富貴由身致，誰教不自强。」盧、羅遵古俗。皮日休讀襄陽耆舊傳作詩云：「漢水碧於天，南荆豁然秀。云云，鄢、郢迷昔囿。」〔八〕訪古登高峴。李白詩：「云云，憑高眺襄中。天晴遠峰出，水落沙塞空。」山色郡城頭。岑參詩：「別乘向襄州，蕭條楚地秋。江聲官舍裏，云云。」夜入橘花宿。前人：「云云，朝穿楓葉紅。」果得槎頭鯿。孟浩然詩：「試垂竹竿釣，云云。」漢水鯿魚極美，襄人以槎斷水，因謂槎頭鯿。鬬訟日已稀。蘇子瞻遊峴山題詩：「吏民憐我懶，云云。我來無時節，杖屨自排扉。」煙雨接三湘。崔湜襄陽作：「廟堂初解印，郡邸忽腰章。按節巡河右，鳴騶入漢陽。城臨南峴出，樹遶北津長。好學風猶扇，誇才俗未亡。江山距七澤，云云。蛟浦荷菱浄，魚舟橘柚香。醉中求習氏，夢裏憶襄王。宅毁仍思鳳，碑存更憶羊。下車慙政美，閉閤幸時康。多謝征南術，于今尚不忘。」玉節前臨南雍州。劉禹錫詩：「金貂曉出鳳池頭，云云。」重與江山作主人。張籍詩：「商路雪開旌旆遠，楚堤梅發驛亭春。襄陽風景由來好，云云。」平明旌旆入襄州。戎昱收復襄陽詩二首：「悲風慘慘雨瀟瀟，峴北山低草木愁。暗發前軍連夜戰，云云。」○「五營飛將擁霜戈，百里僵屍滿瀘河。日暮歸來看劍血，將軍却恨殺人多。」南通交、廣西峨、岷。歐陽永叔詩：「言語輕清微帶秦，云云。」人道使君如羊、杜。蘇子瞻詩：「襄陽春遊樂何許，峴山之陽漢江浦。使君朱旆來翻翻，云云。」襄陽州望古爲雄。王介甫詩：「云云，耆舊相傳有素風。四葉表閭唐尹氏，一門逃世漢龐公。」遊人多是弄珠仙。顏堯詩：「爽籟盡成鳴鳳曲，云云。」

【四六】眷是邊城，屹然制閫。控此上游，式是南服。峴山同峻，漢水俱清。獎率貔貅，掃清狐兔。眷荆、襄之沃壤，據江、漢之要津。在晉則稱南雄，在楚則爲北津。帝眷西鄙之名部，地鄰北虜之極邊。方城、漢水，素稱用武之區；峴首、習池，亦號勝遊之地。毋失我陵尺地，莫非王土；各守爾典黎獻，共爲帝臣。休兵屯田，正須元凱之規畫；輕裘緩帶，會繼叔子之功名。北控關、河，拓祖宗之故境；東連楚、泗，據江、漢之上流。夜奏捷書，請繼「旌旆入襄州」之句；晨開幕府，更歌「江山作主人」之詩。

隨州　隨縣　應山

【建置沿革】禹貢豫州之域。韓地，角、氐、亢分野。春秋爲隨國，楚以爲縣。秦屬南陽郡。〔九〕二漢因之。晉屬義陽郡，後分置隨郡。梁曰隨州。西魏於隨郡置并州。唐爲隨州，改漢東郡。國初陞爲崇義軍節度，改崇信軍；中興以來陷於僞齊，岳飛始復隨州。今領縣二，治隨縣。

事要

【郡名】漢東、隨陽。

【風俗】其地僻絶。曾子固尹公亭記：「隨去京師遠，云云。」其俗醇厚。范公擇長慶寺碑：「其人繁阜，云云。」庳貧薄陋。同上。「云云，自古然也。」常有賢者。太平興國改崇信軍詔：「隨於春秋，雖號小國，然觀其應接鄰敵，云云。」山澤無美材。歐陽永叔李氏東園記：「——之産——，土地之貢無上物。」

【形勝】實下州。同上。「雖名藩鎮，而———。」未嘗通中國。同上。「在春秋世云云盟會朝聘，僻居荆，蓋於蒲騷、鄖、蓼小國之間特大耳。」介襄、郢、申、安之間。漢東志。

【山川】大洪山，在州西南隅。乃慈忍盧尊者道場。舊爲奇峰寺，今爲保壽院。山崛起一方，巉然雲間，四面斗險。其絶頂峰巒崖石中有大湖，常見雲氣在下。靖康避寇之人立寨柵自保，賊竟不能破，以斗絶不可躋攀也。厲山、禮記祭法云：「厲山氏之有天下也，其子農能殖百穀。」注云：「厲山氏，炎帝也。起於厲山。」西漢志注：「隨，故厲國也。」皇甫謐：「今隨之厲鄉。」○荆州記：「山有二穴，云是神農所生，遂即此地爲神農社，常年祀之。」四望山、在隨縣東。最高，四望皆見。壽山、在州東北三十五里。詳見德安府。高貴山、在應山縣。西有靈濟祠，前有龍井、聖水。大義山、在州東北，幾環百里。民居其間，貧富自相取足，有義風，故名。九十九岡，自棗陽至厲鄉，道路交錯，素號「——————」。溳川、在隨縣。○劉長卿詩：「淮南摇落客心悲，——悠悠怨別離。早鴈初辭舊關塞，秋風先入古城池。」武河、西南流五里，至樊老湖，合縣東河。檀溪、在隨縣。汶水、在應山縣北。溠水、〔一〇〕左傳云「楚人除道梁溠，營軍臨隨」，即此。溠水、在州城西北。○陳師道詩云：「溠、溳雙水絶城隅，高誼前聞李大夫。九十九岡風俗厚，人人況已握靈珠。」天井澗。在應山東。澗之内有平原寨，丙寅虜寇侵犯，居民皆在此寨。

【樓亭】漢東樓、沈括詩：「野草粘天雨未休，客心自冷不關秋。寨西便是猿啼處，滿目傷心悔上樓。」白雲樓；邢居實賦云：「洞庭之北兮，漢水之東。高樓之特起兮，群山環峙，曾不知其幾重？」溳陰亭。張天覺———詩：「駕言晨出溠臺隅，溳上登臨酒拍壺。不似峴山羊叔子，心隨漢水欲吞吴。」

【古跡】舜井斷碑。碑字漫滅，惟碑陰有「五大夫」字。相傳秦時碑舊在舜子巷草間，今在漢東閣下。○元祐間許覺之詩：「一千二百餘年外，萬古銷磨不可尋。舜子井泉誰記古，隨人間巷秖如今。隸書字雜科蟲體，民爵名存樂石陰。登覽時來醒醉眼，也勝他物在園林。」

【名宦】柳元景、宋元嘉爲守，斬獲羣蠻。李繁：容齋隨筆云：「韓愈詩鄴侯，蓋謂李繁。時爲隨州刺史，藏書既多，且記性警敏，故籤軸嚴整如是耳。」○韓愈詩：「鄴侯家多書，插架三萬軸。一一懸牙籤，新若手未觸。爲人强記覽，過眼不再讀。偉哉羣聖文，磊落載其腹。」皇朝呂大防、紹興爲守。范純仁。以忤章子厚，落職爲守。

【人物】季梁、使隨侯修政，楚不敢伐。見左傳。周章：後漢時隨人。爲諫大夫，論竇憲。皇朝連舜賓、應山人。歲飢出穀萬碩，損價以糶，惠及鄰邑。歐陽公表其墓。李堯輔。歐陽永叔作昌黎文集序云：「予寓漢東，大姓李氏子堯輔頗好學。予多游其家，得昌黎集六卷，因乞李氏以歸，讀之見其源深而雄博。」

【名賢】尹洙、慶曆中貶隨州，寓居金燈院。後人立尹公亭。沈括。神宗永樂城陷，括以始議責隨州。〔一二〕

【題詠】彼美漢東國。李白詩：「云云，川藏明月輝。誰知喪亂後，吏有一珠歸。」陸產不萬一。王安中詩：「隨岡百欠一，云云。」鈴齋終日敞閑扉。范純夫詩：「山郡經時無好客，云云。」

【四六】疏榮天上，剖竹漢東。〔一二〕曾屈名賢，來臨此郡。聚落隨山之下，煙嵐湞水之濱。井邑蕭條，既苦無於陸產；里閭窮陋，亦不富於農田。寂寞山城，雖舟車之罕至；慈祥郡政，幸襦袴之相安。洪山斗絶，或爲移治之謀；漢郡星羅，即奏歸疆之捷。指日鼓行，獎率貔貅之衆；聞風奔遯，掃除狐兔之羣。

校勘記

〔一〕「則穀鄧酇盧羅鄀之地」，「鄀」，底本原作「郡」，據北圖本、嶽雪樓本及元和郡縣志卷二一、太平寰宇記卷一四五改。

〔二〕「羊祜杜預皆鎮襄陽」，「杜預」，底本原作「杜佑」，誤。杜佑爲唐人，安得于西晉時鎮守襄陽？晉書卷三四杜預傳云：「時帝密有滅吴之計，而朝議多違，唯預、羊祜、張華與帝意合。祜病，舉預自代，因以本官假節行平東將軍，領鎮南軍司。及祜卒，拜鎮南大將軍、都督荆州諸軍事。」然則「杜佑」乃「杜預」之誤，四庫本改作「杜預」，是，今據改。

〔三〕「出嶓冢」，底本原誤「冢」爲「蒙」，據元甲本、四庫本、嶽雪樓本及水經卷二〇漾水注改。

〔四〕「宛似蜀江清」，「宛」，蘇軾詩集卷二漢水詩作「偶」，與本書異。

〔五〕「漢江千里未爲沉」，輿地紀勝卷八二引鮑溶此詩作「漢江千里未爲陵」，而全唐詩卷四八七録鮑溶此詩又作「湘江千歲未爲陵」，與本書大異。細玩詩意，似應以輿地紀勝爲是。

〔六〕「故其屢廢而復興者」，底本「故」下原有「自」字，據歐陽修全集卷四〇峴山亭記刪。

〔七〕「君不見晉朝羊公一片石」，「羊公」，底本原作「王公」，據四庫本、傳是樓本及李太白全集卷七襄陽歌改。

〔八〕「皮日休讀襄陽耆舊傳作詩云（至）鄢郢迷昔囿」，底本原誤此詩爲陸龜蒙所作，今核全唐詩卷六〇九，知爲皮日休作，據改。又陸龜蒙確有讀襄陽耆舊傳因作詩五百言寄皮襲美，全唐詩卷六一七有收録，但無「漢水碧於天」云云，本書所引，乃皮日休答陸龜蒙詩。蓋祝穆抄録時不審，故有此誤。又，「讀」字底本原作「續」，「南荆」底本原作「南京」，今一併據全唐詩改正。

〔九〕「秦屬南陽郡」，「秦」，底本原作「奉」，據北圖本、傳是樓本、四庫本及輿地紀勝卷八三改。

〔一〇〕「溠水」，底本原作「槎水」，據左傳莊公四年、元和郡縣志卷二一、輿地紀勝卷八三改。

〔一一〕「神宗永樂城陷括以始議責隨州」，「永樂城」，底本原作「永洛城」，據宋史卷三三一沈括傳、輿地紀勝卷八三改。又宋史本傳云「坐謫均州團練副使」，不云隨州，與本書異。

〔一二〕「剖竹漢東」，「漢東」，底本原作「溪東」。據本書隨州沿革，該州唐代曾名漢東郡，知「溪東」乃「漢東」之訛，四庫本作「漢東」，是，今據改。

方輿勝覽卷之三十三

棗陽軍 棗陽

【建置沿革】本漢蔡陽縣地，屬南陽郡。後漢分蔡陽立襄鄉縣，屬南陽郡。後魏置南荆州。〔一〕西魏改昌州。後周改襄鄉縣曰廣昌縣。隋改廣昌曰棗陽縣。唐改昌州曰唐州，以棗陽縣屬焉。國朝因之，中興以來屬隨州，莫將申請陞爲軍，尋降軍使，後因京湖制置趙方申請陞棗陽軍。今領縣一，治棗陽。

事要

【郡名】棘陽。

【風俗】佳氣鬱葱。按西漢長沙定王發子春陵戴侯仁求徙南陽，〔二〕元帝以蔡陽白水鄉徙仁爲春陵侯。蔡陽屬南陽郡，望氣者蘇伯阿見春陵城郭，唶曰：「氣佳哉！鬱鬱葱葱，則南陽之春陵也。」世祖即位，幸春陵，復其傜役，改曰章陵。〔三〕

【形勝】漢白水鄉。圖經：「武帝封長沙王子買爲春陵侯，至戴侯仁，以春陵地形下濕，上書請徙南陽，元帝許之，以蔡陽之白水、上塘二鄉徙仁爲春陵侯。光武，其後也。故張衡賦曰『白水龍飛』是也。晉改春陵曰安昌郡，隋屬昌州。」爲襄外屏。戰守編：「襄峴爲今巨鎮，而棗陽又云云。」密邇虜境。荆湖制置趙方申：「照得隨州棗陽縣云云，彈壓爲先，官府稍卑，體面不振，知縣雖兼軍使，境土實隸隨州。俾自爲郡，密護風寒，庶壯邊城。」

【山川】資山、在軍北。其上深邃闊遠，居其間者可以耕種。脩竹巨木，環山之民皆資焉，故名。舊屬隨縣，新撥隸棗陽。赤眉山、在棗陽縣東北八十里。世傳昔赤眉嘗軍此山下，地名北寨。武王山、在棗陽縣南七十里。世傳楚武王獵于此。觀崗、見戰守編。檞林崗；同上。白水、即白河。濜水、源出濜山，南流入昆水，西北入襄陽縣界。張衡南都賦「滍、澧、藻、濜」是也。瀴水。——出棗陽縣，經襄陽縣界。

【古跡】光武宅、按本紀注「——舊——在今棗陽東南，宅旁二里有白水」是也。岑彭馬城、在縣東北水中，有石羊虎存焉。驌驦橋、左傳云：「唐成公有兩驌驦馬。」今唐城鎮之南北地名唐里，有石刻「———」三字。蔡倫池。荆州記：「在棗陽縣。」

【名宦】岑彭。棘陽人。王莽時守本縣，後降光武。

【人物】鄧艾、棘陽人。司馬宣王辟爲掾，後爲將，滅蜀。岑文本。棘陽人。其父之象仕隋爲邯鄲令，坐爲人訟，不得伸。子文本，年十四，詣司隷理冤，令作蓮花賦，〔四〕合臺嗟賞焉。

氣象微。」重岡九十九。邢居實棗陽道中詩：「春仲賦南征，歲暮復北走。岐路劇羊腸，云云。馬瘦須着鞭，袖短難藏手。與君從此別，把袂倚衰柳。」何處南陽有近親。韓愈題廣昌館詩：「白水龍飛已幾春，偶逢遺迹問耕人。丘墳發掘當官道，云云。」

【題詠】魯堰田疇廣。孟浩然夕次蔡陽館詩：〔五〕「聽歌知近楚，投館忽如歸。云云，章陵

【四六】疏榮芝檢，共理棘陽。昔乃雷封，今爲斗壘。眷惟斗大之城，實控風寒之地。昔非要地，第聞百里之弦歌；今乃極邊，庸作重城之保鄣。雖號小邦，實襄陽之外屏；正須賢守，爲并郡之長城。氣望鬱葱，難訪白水真人之故宅；兵嚴守衛，今爲黄堂太守之新疆。

郢州 長壽　京山

【建置沿革】禹貢荆州之域。楚分，鶉尾之次。春秋屬楚，爲郊郢。秦屬南郡。二漢屬江夏郡雲杜縣之地。〔六〕魏立郢州，尋廢。晉分江夏郡立竟陵郡。宋立郢州。梁爲南司、北新二州之境。西魏平漢東，以石城爲守境，改南司州爲安州，改北新州爲温州，又立富水郡。隋廢温州入安陸郡，又廢郢州入竟陵郡。唐初於長壽縣復立郢州，後爲富水郡，復爲郢州。皇朝因之。今領縣二，治長壽。

事要

【郡名】富水。

【風俗】民俗朴儉。石才孺風土考古記云云。土饒粟麥。同上。「其——————，有西北之風聲氣習焉。」

【形勝】西浮江、漢。唐刺史劉丹記：「楚郢之境，云云，東鶩京嶺。」東抵安陸。考古記：「——————，西抵荆門。」南徑荆、湖。張聲道圖經序：「東走江、淮，西通梁、漢，云云，北則馳騖乎陳、蔡、汝、潁之郊。」北抵襄陽。考古記：「云云，南抵景陵，蓋通荆、襄、川、陝、陳、蔡、汝、潁，舟車往來水陸之衝也。」邔子之國。左傳。古石城戍。唐崔耿記：「今郢之理，——————也。郡跨大江之東，因山以爲固。」○圖經：「子城三面墉基皆天造，正西絶壁下臨漢江，石城之名本此。」臨漢水以爲限。圖經序。水急岸高。晉庾亮欲移鎮石城，蔡謨曰：「自沔以北，云云，魚貫泝流，水陸異勢。」

【山川】章山，在長壽縣南。西魏平漢東，立基州，仍統——郡，即此是也。又見德安荆門注。𣓿木山，在長壽縣。見左傳楚武王事。大洪山，在京山。詳見隨州注。石人山，在京山。形像如人。漢江，在州之西。自北來，經石城而南，歷漢陽入大江。泗河，在京山西四十里。東入竟陵縣界。臼水，在京山南四十里。左傳「楚昭王奔隨，將涉成臼」，即此。曲水池，寰宇記：「梁太清四載，邵陵王綸爲富水郡太守，雅好賓客，效王右軍爲曲水池。」鹿湖池。在長壽縣聊屈山之麓。舊傳有白鹿入水，禱雨即應。今爲善利廟。

【井泉】煉丹井：在長壽縣東南八十步。舊傳今縣治乃梅福宅，嘗煉丹于此，有井在焉。潮泉。在州北深谷中。有泉出於石，日再潮，至則有聲如雷。

【樓臺】白雪樓、選宋玉問：〔七〕「客有歌於郢中者，其始曰下里巴人，國中屬而和之者數千人。其爲陽春白雪，屬而和者不過數十人。故其曲彌高，其和彌寡。」○今在郡治。謝諤重建樓記曰：「楚地諸州皆有樓觀收攬奇秀，而郢之白雪尤雄勝。」○王介甫寄題白雪樓詩：「折楊黄華笑者多，陽春白雪和者少。知音四海無幾人，況乃區區郢中小。千載相傳始欲慕，一時獨唱誰能曉？古心以此分冥冥，俚耳至今徒擾擾。朱樓碧瓦何年有，榱桷連空欲驚矯。郢人爛熳醉浮雲，郢女參差躡飛鳥。丘墟餘響難再得，欄檻兹名復誰表？秋來欲歌聲更苦，石城寒江暮空繞。」〔八〕西樓：張繼郢城西樓吟：「連山盡塞水縈迴，山上戍門臨水開。朱欄直下一百丈，〔九〕日煖遊鱗自相向。昔人愛險閉層城，今人復愛閑江清。沙洲楓岸無求客，草緑花開山鳥鳴。」蘭臺。在州城龍興寺。宋玉所遊。

【堂亭】五客堂：唐李昉嘗畫五禽於壁間，以鶴爲仙客，孔雀爲南客，鸚鵡爲隴客，鷺鷥爲雪客，白鷳爲閑客。孟亭、唐詩紀事：「王維過郢，畫孟浩然像於刺史廳，後名以浩然。咸通中，刺史鄭誠以賢者之名不可斥，〔一〇〕改曰孟亭。」○皮日休郢州孟亭記：「北齊美蕭慤有『芙蓉露下落，楊柳月中疏』，先生則有『微雲淡河漢，疏雨滴梧桐』。樂府美王融『日霽沙嶼明，風動甘泉濁』，先生則有『氣蒸雲夢澤，波動岳陽城』。謝朓之詩句，精者有『露濕寒塘草，月映清淮流』，先生則有『荷風送香氣，竹露滴清聲』。此與古人争勝於毫釐也。」陽春亭。在通判廳。

【古跡】宋玉石，凡二石。李昉守郡日得之於榛莽間，今移在白雪樓前。莫愁村。古樂府云「莫愁，石城人」，在今漢江之西。而名傳於魯史禮樂志，意其爲宋人乎？○容齋三筆云：「梁武帝河中之歌曰：『河中之水向東流，洛陽女兒名莫愁。莫愁十三能織綺，十四採桑南陌頭，十五嫁爲盧家婦。』此莫愁者，洛陽人也。近世周美成西河一闋專詠金陵，有『莫愁艇子曾繫』之語，豈非誤指石頭城爲石城耶？」○鄭谷詩：「石城昔有莫愁鄉，意愁魂散石城荒。江人依舊棹舴艋，江岸還飛雙鴛鴦。帆去帆來風浩渺，花開花落春悲凉。煙濃草遠望不盡，千古漢江閑夕陽。」

【名宦】許志雍：韓送許郢州志雍序：「愈嘗以書自通于公頔，累數百言。其大要也，言先達之士得人而託之，則道德彰而名聞流；後進之士得人而託之，則事業顯而爵位通。下有矜乎能，上有矜乎位，雖常相求而有不相遇。于公不以其言爲不可，復書曰：『足下之言是也。』于公身居方伯之尊，蓄不世出之才，而能與卑鄙庸陋相應答如影響，是非忠乎君而樂乎善，以國家之務爲己任者乎？愈雖不敢私其大恩，〔一一〕抑不可不謂之知己；常矜而誦之。情已至而事不從，小人之所不爲也。故於使君之行，道刺史之事，以爲于公贈。凡天下之事，成於自同，而敗於自異。爲刺史者，常私於其民，不以實應乎府。爲觀察使者，常急於其賦，不以情信乎州。繇是刺史不安其官，觀察使不得其政。財已竭而斂不休，〔一二〕人已窮而賦愈急，其不去爲盜也亦幸矣！誠使刺史不私於其民，觀察使不急於其賦，刺史曰：『吾州之民，天下之民也。惠不可以獨厚。』觀察使亦曰：『某州之民，天下之民也。賦不可以獨急。』如是而政不均、令不行者，未之有也。其前之言者，于公既已信而行之矣。今之言者，其有不信乎？縣之於州，猶州之於府也。有以事乎上，有以臨乎下，同則成，異則敗者，皆然也。非使君之賢，其孰能從之？愈於使君，非燕遊一朝之好也，故贈行不以頌，而以規。」皇朝王安石、孔夷甫有送王介甫赴郢州京山丞詩。岳飛。爲江西制置，復郢州，僞州荆超投崖而死。

【人物】申包胥、郢人。與伍子胥友善。宋玉。郢人。

【名賢】尹洙、謫居。呂大防。謫居。

【題詠】郢客吟白雪。李白詩：「云云，遺響飛青天。徒勞歌此曲，舉世誰爲傳。試爲巴人唱，和者乃數千。吞聲何足道，歎息空凄然。」日與政聲流。錢起送元使君詩：「遥聞江、漢水，云云。」山川鬱重複。李百藥郢城懷古：「客心悲暮序，登墉瞰平陸。林澤窅芊綿，山川鬱重複。霸功資設險，名都距江澳。方城次此門，溟海窮南服。長策挫吴豕，雄圖競周鹿。萬乘重沮、漳，〔一三〕九鼎輕伊、穀。大蒐雲夢掩，壯觀章華築。人世更盛衰，吉凶良倚伏。遽見鄰交斷，仍睹賢臣逐。南風忽不競，西師日侵蹙。運圮屬驅除，時屯恣敲撲。莫救夷陵火，無復秦庭哭。鄢郢遂丘墟，風塵俄慘黷。狐兔竟遊踐，霜露日沾沐。釣渚曲池平，神臺層宇覆。陣雲埋夏首，窮陰慘荒谷。悵矣舟壑遷，悲哉年代倏。雖異三春望，終傷千里目。」縷切魚膾肥。司馬君實送張伯常移居郢州詩：「楚江白逶迤，楚山碧參差。玉炊稻粒長，云云。」

【四六】疏恩金闕，紆紱石城。土風朴陋，郡政靖閑。但觀政理而訟平，可謂調高而和寡。

政聲洋溢，與漢水以俱流；歡誦愉揚，皆郢人之相和。　郡樓嘯詠，不妨和白雪之歌；朝路論思，行即侍紅雲之列。

均州 武當　鄖鄉

【建置沿革】禹貢豫、雍之域。秦、韓之交，角、亢、氐、東井、輿鬼之分野。春秋屬麇。〔一四〕戰國屬韓及楚。秦、漢屬南陽、漢中二郡地。魏屬南鄉郡。晉屬順陽郡，永嘉之亂，僑置始平郡。齊因之，又置齊興郡。梁爲南始平郡。後魏改爲武當郡。梁置興州，西魏改爲豐州。隋改爲均州，又爲淅陽郡，又爲武當郡。唐復置均州。皇朝陞爲武當節度。今領縣二，治武當。

事要

【郡名】均陽。

【風俗】俗好楚歌。晏類要云云。民多秦音。圖經。桑麻蔽山。陸愷宗海樓記：「云云，衣食自足。」公庭無事。同上。「民人朴野，云云。」風物美秀。同上。「云云，泉甘土肥。」魚稻之鄉。同上。「擷芳珍而鱠紫鱗，蓋｜｜｜｜也。」

【形勝】東連襄、沔。均陽郡志序：「云云，西徹梁、洋。」南通荊、衡。同上。「｜｜｜｜、｜｜，北抵襄、鄧。」襄陽保障。郡守題名記。當襄、鄧之衝。通鑑唐僖宗紀：「均州云云。」

【山川】西山、一名寶蓋，在鄖鄉縣西南三里。其山南臨漢水。武當山、荆州記：「在縣南二百里。一名仙室，一名大和。斯山乃嵩高之參佐，五嶽之流輩。」○武當記云：「周迴四五百里。中有一峰，名曰參嶺，清明之日，然後見峰。山有三十六巖。」○郭仲産南雍州記：〔一五〕「學道者常以百數。若學者心有隆替，輒爲百獸所逐。有石門、石室，相傳尹嘉所棲之地。山在南陽界，而去洛陽甚近。」○圖經引道書載：「真武開皇三年三月三日生，生而神靈，誓除妖孽，救護群品，捨俗入道，居武當山四十三年，功成飛昇，遂鎮北方。人召而至，語以其故，妖氣遂息。因曰：『爾後每遇庚申、甲子及三、七日，當下人間斷滅不祥。』五龍觀即其隱處。」天柱山、在武當山上。有三石門。金鎖嶺、在武當山前。有流水，相傳國師鎖獮猴於此，水涸乃放去。法華巖、在俞公巖西。俞公巖：古記：隋僧慧哲往巖中誦蓮花經，有白衣老人，自謂曰：「我東溟之子，謫居此地，限滿得還。斯我所居，願奉仁者。」○陳圖南題詩云：「萬事若在手，百年聊稱情。他時南嶽去，記得此巖名。」漢水、在武當縣北四十里。中有滄浪洲，即漁父棹歌處。均水、前漢地理志：「丹水東來，折入均水。」龍池、在武當山頂。祈禱無不應者。鹽池。在武當東南百里。水氣所染，着草木如霜雪，土人呼爲鹽花。

【樓亭】宗海樓、陸愷記：「下臨清漢，江山映帶，景物之變無窮。」太和樓：向太和峰，爲一州之壯觀。紫雲亭。晁端夫記云：「面迎武當之疊嶂，左瞰漢川之巨浸。」

【古跡】濮王故宫、唐濮王泰薨，妃閻氏捨宫地建延福寺，今乾明寺是也。仙李園、潘岳閑居賦：「房陵朱仲家有縹李，世所希有，在千丈峰下。」社柏樹。圖經：「南陽武當南門有——，大四十圍。梁蕭欣爲守，伐之，忽有大蛇從樹腹中出，群蛇隨入南山，其聲如風雨。」

【名宦】皇朝梁翰。太祖征蜀，以翰爲均州刺史，鑿山開道，商旅以濟。

【人物】張士遜。均州人。按士遜乃光化人，嘗爲鄖鄉簿，或者游宦就居於此歟？

【名賢】尹洙、謫監均州酒稅。范純粹。坐元祐黨，謫均州。

【題詠】二紀重來愧此身。張順之雍熙中植桐於蕭寺，壬辰登科。後告老，留題於寺云：「桐枝手植有桐孫，云云。三世衣冠聯貴仕，十州軒冕接清塵。耕桑雖喜多新隴，耆艾堪嗟少故人。蕭寺門前題粉壁，又書丁巳對壬辰。」

【四六】疏恩天上，紆紱漢濱。郡臨漢水，地近洛陽。畫爲均水之封疆，用作襄城之保鄣。民俗相安，盡是桑麻之野；江流所溉，亦爲魚稻之鄉。山名佐岳，乃仙聖之所居；水號朝宗，亦臣民之所慕。土風秀美，人或育於奇才；民俗朴淳，郡亦稱於易治。

房州 房陵　竹山

【建置沿革】禹貢梁州之域。楚地，翼、軫之分野，鶉尾之次。舜封丹朱於房，古麇、庸二國之地。〔一六〕春秋爲房子國。戰國屬楚。秦屬漢中郡。西漢因之。東漢立房陵郡，又置上庸郡。魏合房陵、上庸、西城三郡爲新城。歷晉、宋、齊爲新城、上庸二郡。梁置岐州，理房陵，改新城爲光遷國，後州爲遷州。隋爲房陵郡。唐改遷州，又於竹山縣置房州。皇朝雍熙陞爲保康軍，以劉繼元爲節度使，中興置金、房、開、達四州安撫使，房隸金。今領縣二，治房陵。

事要

【郡名】房陵、防渚。圖經云：「其地即春秋之——也。」

【風俗】有蠻夷之風。唐書韋景駿傳：「州窮陋，云云。」兼秦、楚之俗。郡縣志：「房自戰國時更秦屬楚，故其民云云。」少從學之士。同上。「男子燒畬爲田，婦人則績麻爲布，以給衣食，云云。」無兵火之患。陳希夷撰脩城記云：「歷五代亂離，云云，誠久安之地也。」

【形勝】東聯襄、鄧。譙樓記：「云云，西接金、商，當南北風寒之衝，據楚、蜀咽喉之會。」三面際水。水經注云：「上庸郡云云。」居萬山底。庾斯助房渚貢銀記：「龍馬渡江，京右爲北鄙，屬郡凡六，獨防渚云云。」隍塹有法。晝墁集修城記：「房陵爲州隘陋，無遊適之地，獨是城矗矗言言，而門觀——，一如邊壘，皆有法度。」其地四塞險固。華陽志：「秦始皇以云云，徙呂不韋舍人萬家於房陵。」○又載：「蜀將孟達云：『所在深險，司馬公必不來，吾無患矣。』」○漕周綰至喜館記：「房在畿右，爲僻郡，兵火之後，以險獲全，繁盛甲於一路。」有江、漢川澤山林之饒。地理志。有建鼓、馬鬣之崔嵬。呂昌明登凝嵐門賦：「其險也，云云。其勝也，有睡嶽、龍光之幽密。」

【山川】房山，在房陵西南四十三里。山四面有石室似房，因名。景山，在房陵西南二百里。

山海經：「荆州之首曰景山。」南山、在房陵南三里。○陳去非有遇虜奔入南山詩：「石門泄風無晝夜，古木截道藏雲雷。」定山、吴曾謾録：「此山有朱仲李園三十六所。」筑山、在房陵縣。又有筑水，昔劉備屯兵筑口是也。白馬山、〔一七〕元和志：「在竹山縣西南三十五里。」〔一八〕山似石馬，曹孟德嘆金城千里，即此也。○荆州記：「孟達爲新城太守，登白馬塞而嘆曰：『劉封、申躭據金城千里而不能守，豈丈夫哉！』」建鼓山、在房陵縣。袁崧記：「登句將山，見馬鬣、建鼓屹然半天。」與馬鬣山相接。方城山、又名庸城山，在竹山縣東三十里。山上平坦，四面險固。山南有城，周十餘里，春秋庸地。楚使廬戢黎侵庸方城，在上庸縣。女媧山、在竹山縣，與燕子山相對。沮水、出景山，入于漢江。堵水、在竹山縣。即今南江水，通漢江。粉水、源出房陵。水宜陶粉。浸水、在王家山下。宜染纑紗。上元水。源出庸嶺下，南流入孔陽水。有一潭，投石其中，即有雷雨。

【亭館】道院、在郡治。至喜館。在房陵縣北二十里。舊名悔來館。

【名宦】崔述、唐人。權載之集：「述爲房州刺史，惻隱所被，四封喜静。」韋景駿、李白贈詩曰：「惟君固房陵，誠節冠古今。」皇朝陳希亮、富弼薦知房州。素無兵備，希亮以牢城卒雜山河户，得百人，日夜部勒，聲振山南，盗不敢入境。許安世。爲倅。元豐間，有曰三花仙來自京師，嘗簪三朵花游於市廛，頗能詩。安世以告蘇子瞻，有詩序，因云：「郡守李侯在京師，與之相善。扣以前事，則至房中説之。及侯守房，三花曰：『記房中之言否？』既見李侯，七日而尸解。」

【人物】黄香、後漢時爲吏書。尹吉甫。圖經：「世傳爲房陵人。」今城西三里有廟。房之人尹姓爲多，豈其苗裔歟？

【名賢】張舜民。謫房州，號浮休居士。

【題詠】售用無非竹。張舜民詩：「云云，衣裾盡是麻。」未恨落房州。陳去非詩：「同行得快上，勝處頻淹留。乘除了身世，云云。」南北兩巖花。前人：「紙坊山絶頂，直下夕陽斜。却看來時路，云云。」十里平郊連郡堞。周詢詩：「云云，一溪清水溉民田。」

【四六】疏榮宸扆，出守房陵。分千里地，在萬山間。矧房陵之小壘，介邊瑣之窮鄉。邑舍稀疏，殆若三家之市；山蹊險阻，甚於九折之途。舟車少而行旅弗通，田畝狹而農夫告病。民染蠻夷之俗，有待撫摩；士稀文學之風，正須教養。地惟險阻，足爲自固之圖；時苟繹騷，獨號久安之地。

光化軍 光化

【建置沿革】禹貢豫州之域。韓地，角、亢、氐之分野。春秋穀伯國，楚地，陰國所遷。秦、漢爲陰縣及酇縣，屬南陽郡。〔一九〕後漢末，魏武分南鄉郡。晉武改南鄉爲順陽郡。梁立酇城郡，領陰、酇二縣。後周廢爲縣，屬襄陽郡。隋改陰曰陰城。唐立酇州，領穀城、酇城二縣，尋廢爲鎮，隸襄陽之穀城縣。皇朝陞陰城鎮爲光化軍，後爲通化軍，復爲光化軍。今領縣一，治光化。

事要

【郡名】鄧城、南陽。

【風俗】其俗朴陋。圖經注。

【形勝】蕭何所封。漢書蕭何傳注云：「鄧屬南陽縣。」即非沛之鄧縣也。

【山川】固封山、在軍城西北九里，晉順陽王城西。舊經：「本名崇山，唐天寶改。」馬窟山，在鄧城東南六里。雍州記：「漢時有馬百足從此窟出，故名。」漢水、出嶓冢。是水有四名：曰漾，曰沔，曰漢，曰滄浪，特以地爲別耳。温水、在城南三里。西南流入漢江。白河、在城東百五十里。泌河。在城東南。

【樓閣】霽景樓。李豸詩：「層樓壓清漢，初上便忘歸。夕靄藏平野，晴煙漏翠微。」

【名宦】蕭何。封鄧侯。今軍城内有廟。皇朝葉康直。四明志：「爲光化令。人歌之曰：『葉光化，豐穀城。清如水，平如衡。』」

【人物】張士遜。光化人。○皇朝類苑：「退傅少孤貧，讀書武當山。有道士見而異之，曰：『子有道氣，可隨我學仙。』公不欲。道士曰：『不然，亦位極人臣。』」

【題詠】溪山動越吟。沈存中光化道中遇雨詩：「望遠初翻葉，隨風已結陰。雨蓬宜倦枕，鄉夢入寒衾。莎笠侵郥俗，云云。煙波千里去，誰識魏牟心？」

【四六】疏榮宸陛，擢守邊城。粤由一鎮，陞作十同。惟鄧城之小壘，實京、峴之要區。有社稷，有人民，豈輕郡寄？非城池，非兵甲，當固人心。地近窮邊，正欲風寒之護；郡屯勁卒，初何斗大之嫌。内而農畝買牛，自此相安；外則邊疆牧馬，至於不敢。昔雄地望，乃蕭相國賜履之區；今盛人才，亦張退傅垂弧之地。

校勘記

〔一〕「後漢分蔡陽立襄鄉縣屬南陽郡後魏置南荆州」，底本原誤「襄鄉縣」爲「襄陽縣」，誤「南陽郡」爲「義陽郡」，今據後漢書郡國志四、元和郡縣志卷二一改正。又「後魏」，底本原作「後復」。漢代並無興廢南荆州之事，焉得云復？隋書卷三一春陵郡下云：「後魏置南荆州，西魏改曰昌州。」太平寰宇記卷一四四、輿地紀勝卷八八所載相同，則本書「後復」乃「後魏」之誤，今據改。

〔二〕「西漢長沙定王發」，「西漢」，底本原作「東漢」，誤。長沙定王發乃西漢景帝子，事見漢書卷五三景十三王傳，今據改。

〔三〕「改曰章陵」，「章陵」，底本原作「春陵」，據後漢書郡國志四、元和郡縣志卷二一、輿地紀勝卷八八改。

〔四〕「令作蓮花賦」，「令」，底本原作「今」，據四庫本、傳是樓本、嶽雪樓本及舊唐書卷七〇岑文本傳改。

〔五〕「孟浩然夕次蔡陽館詩」，底本原倒「夕次」爲「次夕」，又脱「蔡」字，今據全唐詩卷一六〇孟浩然夕次蔡陽館改正。

〔六〕「二漢屬江夏郡雲杜縣之地」，「雲杜縣」，底本原作「雩社縣」，據漢書卷二八上地理志、後漢書郡國志四改。

〔七〕「選宋玉問」，此即文選卷四五宋玉對楚王問。

〔八〕「秋來欲歌聲更苦石城寒江暮空繞」，臨川先生文集卷一一寄題郢州白雪樓作「我來欲歌聲更吞，石城寒江暮雲繞」，與本書異。

〔九〕「朱欄直下一百丈」，「丈」，底本原作「尺」，據四庫本及全唐詩卷二四二張繼郢城西樓吟改。

〔一〇〕「刺史鄭誠以賢者之名不可斥」，「鄭誠」，底本原作「鄭誠」，據唐詩紀事卷二三、新唐書卷二〇三孟浩然傳、輿地紀勝卷八四改。

〔一一〕「愈雖不敢私其大恩」，「不」，底本原作「人」，據四庫本、嶽雪樓本及韓昌黎集卷一九送許郢州序改。

〔一二〕「財已竭而斂不休」，「斂」，底本原作「凱」，據北圖本、四庫本及韓昌黎集卷一九送許郢州序改。

〔一三〕「萬乘重沮漳」，「漳」，底本原作「障」，據四庫本及全唐詩卷四三李百藥郢城懷古改。

〔一四〕「春秋屬麋」，「麋」，底本原作「麇」，誤。元和郡縣志卷二一均州鄖鄉縣下云：「本漢錫縣，古麋國之地也，左傳曰『楚潘宗伐麋，至于錫穴』是也。」太平寰宇記卷一四三、輿地紀勝卷八五同，今據改。

〔一五〕「郭仲産南雍州記」，「郭仲産」，底本原作「郭仲」，四庫本、嶽雪樓本作「郭仲」，均有誤。輿地紀勝卷八五、舊唐書卷四六藝文志云南雍州記爲郭仲産所撰，今據改。

〔一六〕「古麋庸二國之地」，「麋」，底本原作「麇」，誤。元和郡縣志卷二一房州下云：「古麋國之地，左傳曰『楚子伐麋，成大心敗麋師于防渚』。闞駰以爲防陵即春秋時防渚，州之得名，蓋自此也。」太平寰宇記卷一四三房州下亦作「古麋、庸二國之地」，今據改。

〔一七〕「白馬山」，元和郡縣志卷二一、太平寰宇記卷一四三皆作「白馬塞山」，此脱「塞」字。下文引荆州記所載孟達語即云「登白馬塞」，是爲證。

〔一八〕「在竹山縣西南三十五里」，底本原脱「五」字，據元和郡縣志卷二一補。

〔一九〕「秦漢爲陰縣及酇縣屬南陽郡」，「南陽郡」，底本原作「南鄉郡」，據漢書卷二八上地理志、輿地紀勝卷八七改。

方輿勝覽卷之三十四

廣東路

廣州南海　番禺　清遠　懷集　東莞　增城　新會　香山

【建置沿革】禹貢揚州之域。在天文牽牛、婺女，則越之分野，兼得楚之交。春秋時百越之地。秦置南海郡。趙佗自立爲南海王，漢因封之。武帝既定越地，以爲南海、蒼梧、鬱林、交阯、九真、日南、珠崖、儋耳郡。按南海即秦故郡也，屬交趾刺史。獻帝末，孫權以步騭爲交州刺史，遷州於番禺，即今之州理也。孫休以交州土壤太遠，迺徙交州理龍編，分交州置廣州，領郡十，理番禺。晉因之。安帝時，盧循陷番禺，執廣州刺史吴隱之，自稱平南將軍，爲裕所敗。宋、齊皆爲廣州，理番禺。隋置總管府，改廣州以爲番州，煬帝改爲南海郡。唐置廣州總管府，後以廣、桂、容、邕、安南五府皆隸廣州，以廣州爲嶺南五府節度、五管經略使理所；曰清海軍經略使，又曰桂管經略使，曰容管經略使，曰鎮南經略使，曰邕管經略使，名嶺南五管；陞五管爲嶺南節度，改爲南海郡，復爲廣州；自杜佑爲嶺南節度，當兼五府經略，適執政者遺脱，佑獨不兼；唐末分爲東、西道，改嶺南節度使爲東道節度；黄巢攻破廣州，以士卒疾疫，乃去，掠湖、湘；賜東道爲清海軍節度。皇朝平嶺南，地歸版圖，仍舊爲清海軍節度，領廣南東路兵馬鈐轄，帶本路經略安撫使，陞爲帥府。今統郡十四，領縣八，治南海、番禺二縣。

廣東轉運、提舉、廣南市舶置司。

事要

【郡名】南海、番禺、五羊、羊城。

【風俗】質直尚信。隋書地理志：「其俚人則云云。」**椎髻箕踞。**〔一〕同上。「其人性並輕悍，」云云，乃其舊風。」**胡賈雜居。**余安道知廣州謝表：「越臺之俗，云云。」**俗雜五方。**余安道羅漢院記：「番禺大府，節制五嶺，秦、漢以來，號爲都會，云云。」**喜則人，怒則獸。**見後昌黎韓愈送鄭權序云云。**下潦上霧。**馬援曰：「吾在浪泊、西里間，〔二〕虜未滅時，云云，毒氣薰蒸，仰視飛鳶跕跕墮水中。」**黄茅瘴。**五代史：「成汭鎮荆門，與宰相徐彦若不平，銜之。及彦若出鎮南海，路過江陵，汭思嶺外有黄茅瘴，患者髮落，乃謂彦若曰：『黄茅瘴，望相公保重。』彦若應聲答曰：『南海黄茅瘴，不死成和尚。』蓋譏汭曾爲僧也。汭甚愧。」**可以避地。**五代史劉隱傳：「唐末，天下已亂，中朝士人以嶺外最遠，可以避地，故多遊焉。」**唐人皆客嶺表。**劉隱傳：「唐世名臣謫死南方者，往往有子孫皆客嶺表。」**賈胡齎貨**。許得已撰南海廟達奚司空碑云：「番禺控引海外，諸國賈胡歲具大舶，齎奇貨，涉巨浸，以輸中國。」

【形勝】**鉅海敵其陽**。見後昌黎韓愈送竇平從事序云云。**五嶺峙其北**。蔣穎叔州學記：「云云，大海環其東，衆水匯于前，羣峰擁于後，氣象雄偉。」五嶺，乃大庾、始安、臨賀、桂陽、揭陽是也。**祝融之宅**。見後韓愈南海廟碑云云。**謂之嶺表**。類要：「廣南越分，云云。」**負山險阻**。西漢南粵傳云：「番禺云云，南北數千里。」**地控百粵**。史通云云。**境接羣蠻**。許致撰魏公遺愛碑：「逖彼番禺，去都萬里，云云，地居海涘。」**環水而國以百數**。柳宗元集：「云云，則統于押蕃使焉。」**以保南藩**。史記南粵敘傳：「集楊越云云。」**以殿南服**。見後韓愈南海廟碑云云。**選帥重於他鎮**。同上，云云。**獨爲大府**。韓愈送鄭尚書序：「嶺之南，其州七十，其二十二隸嶺南節度府，其四十餘分四府，府各置帥，然獨嶺南節度爲大府。大府帥始至，四府必使其佐啓問起居，謝守地，不得即賀以爲禮。歲時必遣賀問，致水土物。大府帥或道過其府，必戎服，左握刀，右屬弓矢，帕首袴鞾迎于郊。及既至，大府帥先入據館，帥守屏，若將趍入拜庭之爲者。大府與之爲讓，至一至再，乃敢改服以賓主見。適位執爵皆興拜，不許乃止，〔三〕虔若小侯之事大國。有大事，咨而後行。隸府之州離府遠者至三千里，懸隔山海，使必數月而後能至。蠻夷悍輕，易怨以變。其南州皆岸大海，多州島，飄風一日踔數千里，漫不見蹤跡。控御失所，依險阻結仇黨，機毒矢以待將吏，撞搪呼號，以相應和，蜂屯蟻雜，不可爬梳。好則人，怒則獸，故常薄其征入。簡節而疏目，〔四〕時有所遺漏，不究切之。

長養以兒子，至紛不可治，乃草薙而禽獮之，盡根株痛斷乃止。其海外雜國，若躭浮羅、流求、毛人、夷亶之州，林邑、〔五〕扶南、真臘、于陀利之屬，東南際天地以萬數，或時候風潮朝貢。蠻胡賈人，舶交海中。若嶺南帥得其人，則一邊静治，不相寇盜賊殺，無風魚之灾、水旱癘毒之患，外國之貨日至，珠、香、象、犀、玳瑁奇物溢於中國，不可勝用。故選帥常重於他鎮，非有文武威風知大體可畏信者，則不幸往往有事。」戎服袴鞾迎于郊。同上，云云。南海一都會。隋地理志：「自嶺以南二十餘郡，云云。」尉佗霸迹。南齊志云：「一一餘基，亦有一一。」

【土産】鹽、洪邁鹽倉記：「吾州南肘大海，厥土廣鹵，牢盆取赢百他郡。」珠、香、犀、象、玳瑁，見韓愈送鄭尚書序云云。荔支。杜甫詩：「憶昔南海使，奔騰獻荔支。」

【山川】番山、在南海縣南十餘里。禺山、在番禺縣，即尉佗葬處。番山在南，禺山在北。堯山，在南海。盛弘之荆州記：「赭巖迭起，冠以青林。」郡國志云：「堯山高四千丈，自番禺迄交趾見之。」峽山、在清遠縣東三十里。崇山峻峙，如擘太華，中通江流。廣慶寺居峽山之中，有殿甚古，梁武帝時物也。舊傳黄帝二庶子善音律，南採崑崙竹爲黄鍾之管，隱于此山。祠在東廡。詳見峽山寺注。寶山、在東莞。有銀場，今廢。猊山、在增城東南二十里。多婆娑羅竹，圍三四尺，至堅，里人以爲弓。崑山、在新會縣。有道人卓菴於上，其巔有井。崙山、在新會縣。上有白龍池。羅浮山、在南海。本名蓬萊山，一峰在海中與羅山合，因名。山有洞，通勾曲。又有璇房、瑶房七十二所。裴淵廣州記云：「羅、浮二山隱天，唯石樓一路可登。」羅浮山記曰：「羅浮者，蓋二山總名，在增城、博羅二縣之境。」靈洲山、在南海。南越志：「肅連山西十二里有靈洲焉，其山平原彌望。郭景純云南海之間有衣冠之氣者，斯其地也。」唐志：「靈洲山，在鬱水中。」有寶陁院。○蘇子瞻詩：「靈洲峰上寶陁寺，白髮東坡又到來。前世法曇今我是，〔六〕依稀猶記妙高臺。」抱旗山、在水南。觀亭山、一名中宿峽，在清遠縣東三十五里。譚子和脩海嶠志云：「二月、五月、八月，有潮上此峽，逐浪返五羊，一宿而至，故曰中宿峽。」又云：「晉時縣人使洛，有一人寄書云：『吾家在觀亭山，石間懸藤，即其處也。』還者如其言，果有人出水取書。同入泉中。主禮畢，遣出，雖經潛泳，衣不沾濡。」石鼓山、在東莞東南四百里。南越志：「其土有亂則鼓鳴。昔盧循來寇，隱然有聲，循敗。」大奚山、在東莞海中，有三十六嶼。慶元間，提舉徐安國捕鹽，島民嘯聚爲盜，商榮用火箭射之，〔七〕賊遂大敗。白水山、在增城。有五距鳥。有瀑布，四時不竭。佛迹山、在——寺。上有大盤石，中有佛足、獅子、象迹宛然。亂石山、在蒲澗後。○杜審言詩：「乍將雲鳥極，還與星河次。山聳忽如飛，下臨如欲墜。」九曜山、郭功父詩：「番禺城西偏，九石名——。危根插滄浪，古魄鎮臨眺。」〔八〕文筆峰、在水南，與州相對。滴水巖、在蒲澗上。峭壁屹立，飛泉下瀉，勢若建瓴。○蘇子瞻詩：「千章古木臨無地，百尺飛濤瀉漏天。」二巖、在蒲澗寺後。○李羣玉詩：「五仙騎五羊，何代降兹鄉。〔九〕澗有堯時韭，山餘禹代糧。樓臺籠海色，草樹羨天香。吟嘯秋光裏，浮溟興甚長。」標幡嶺、在峽山嶺上。唐大曆間，哥舒晃叛廣州，遣將平之，夢神人謂曰：「見幡即出。」及賊平回師，果見掛二幡於禺山上，乃二神之助云。石門，在州西北二十里。兩山對峙，〔一〇〕横截巨浸。漢樓舡將軍楊僕將精卒破——，即其地。南海、在——縣南。沓潮、劉禹錫集：「元和十年終，風駕潮，南海羨溢。南人曰：『——也。率三更歲一有之。』」鰐湖、在東莞之東監。舊有鰐魚。黄木灣、韓愈南海廟碑云：「在州東十八里。」東溪、在州東。夾流皆刺桐，郡人踏青之地。牛潭、一名金鎖潭，在清遠縣東三十里。秦時崑崙貢犀牛，帶金鎖走入潭中。菖蒲澗、在州東北二十里。〔一一〕澗舊有菖蒲，一寸九節。〔一二〕○昔咸平中，姚成甫採菊於———側，〔一三〕遇一丈夫曰：「此澗菖蒲，昔安期生所餌，可以忘老。」今有寺。○郭功父詩：「———中宅九節，流水遂作菖蒲香。安期服之已仙去，謾脱雙舃留秦皇。」○蘇子瞻詩云：「舊日菖蒲方士宅，後來簷葡祖師禪。如今只有花含笑，笑道秦皇欲學仙。」藥洲、在西園之石洲。○郭功父獨遊——懷穎叔修撰：「驅車欲何適，獨往觀——。荒蘆喧鳥雀，怪石森龍虬。大亭插層城，玉虹跨深溝。雙門控西渚（石門），九星聚中流（九曜石）。其名何壯哉！像貌儼可求。鋹王卷國去，故物惟此留。滄溟霸氣滅，落日孤煙浮。空畦已無藥，草蔓青柔柔。常年一百五，載酒傾城遊。炎炎二聖作，德澤覃海陬。土帥用文儒，静鎮十五州。請公握鴻筆，刻蘚揮戈矛。仍要水宫月，一笑挹浮丘。蓬萊自兹往，〔一四〕穩踏金鼇頭。」荔支洲、在南海東四十五里，周迴五十里。劉氏創昌華苑于上。圓沙、郡志：「昔有賴布衣，改遷邑基，留讖云：沙頭圓，出狀元。」聖池、在新會縣北二里。山頂有塘，花果不種而生，樵夫採之輒雷雨。貪泉。在番禺縣西二十里石門北岸。○郡國志：「吕嘉拒漢，積石江中爲門，因名石門。」○晉吴隱之爲廣州刺史，酌泉賦詩：「古人云此水，一歃懷千金。試使夷、齊飲，終當不易心。」

【堂亭】廣平堂、在州治。以宋璟得名。十賢堂、在子城上。滕脩、吴隱之、王綝、宋璟、李尚隱、盧奂、李勉、孔戣、賈鈞、蕭倣。八賢堂：在十賢堂東。潘美、向敏中、余靖、魏瓘、邵曄、陳世卿、陳從易、張頡。浴日亭。在扶胥鎮南海王廟之右。小丘屹立，亭冠其顛，前瞰大海，茫然無際。○蘇子瞻詩：「劍氣峥嶸夜插天，瑞光明滅到黄灣。坐看暘谷浮金暈，遥想錢塘湧雪山。」○楊廷秀詩：「南海水爲四海魁，扶桑絶境信奇哉！日從若木梢頭轉，〔一五〕潮到占城國裏回。最愛五更紅浪沸，忽吹萬里紫霞開。天公管領詩人眼，銀漢星槎借一來。」

【樓臺】海山樓：在城南。○陳去非詩：「百尺欄干横海立，一生襟抱與山開。岸邊天影隨潮入，樓上春容帶雨來。」石屏臺。在經略廳西。有池百餘步，池中列石，其狀若屏。或云南漢時玉液池也。○郭功父詩云：「———下玉池泉，遶岸石屏青齒齒。輦置應須費萬金，園囿森羅供燕喜。劉鋹族盡已無餘，〔一六〕此石猶存舊基址。」

【寺觀】資福寺、在東莞一百六十步。有羅漢閣，蘇子瞻爲之記。蘇公又以犀帶并藏閣上，及作舍利閣銘。廣慶寺：在峽山。傳奇小説載：「廣德中，有孫恪者遊洛中，遇袁氏女，遂納爲室。後十餘年，因至峽山寺，袁氏欣然，改服理鬟詣老僧，乃持一碧玉環獻僧曰：『是此院舊物。』僧初不曉，及齋罷，有野猿數十，悲嘯捫蘿而躍，袁氏惻然，俄命筆題詩云：『無端變化幾湮沉，剛被恩情役此心。不如逐伴歸山去，長嘯一聲煙霧深。』詩畢，遂裂衣化爲老猿，追嘯者躍附而去。老僧方悟曰：『乃貧道爲沙門時所養者。碧玉環則胡人所施，繫於其頸者也。』」○李翱詩：「傳者不足信，見景勝如聞。一水遠赴海，兩山高入雲。魚龍晴自戲，猿狖晚成羣。醉酒斜陽下，離心草自薰。」○許渾詩：「夜醉晨方起，孤吟恐失羣。海鰌潮上見，江鵠霧中聞。未臘梅先實，經冬草自薰。樹隨山崦合，泉到石稜分。虎跡空林雨，猿聲絶頂雲。蕭蕭異鄉鬢，明月共絲棼。」○「薄暮沿西峽，停橈一訪僧。鷺巢橫卧柳，猿飲倒垂藤。水曲嵓千疊，雲重樹百層。山風寒殿磬，溪雨夜舡燈。灘漲危槎没，泉衝怪石崩。中臺一襟淚，歲杪别良朋。」○蘇子瞻赴惠州賦詩云：「天開清遠峽，地轉凝碧灣。我行無遲速，攝衣步孱顔。山僧本幽獨，乞食況未還。雲碓水自舂，松門風爲關。石泉解娱客，琴筑鳴空山。佳人劍翁孫，遊戲暫人間。忽憶嘯雲侣，賦詩留玉環。林深不可見，霧雨埋煙鬟。」〔一七〕○楊廷秀詩：「清遠望峽山，山脚無半里。小舟行雲間，五日翠未已。並馳兩蒼龍，中夾一玉水。送我到英州，渠當自回轡。」○「誰開峽山寺，正要避世喧。深潭無來路，斷崖有青天。獠飢摘山菓，擊磬煩嶺猿。人跡今擾擾，只緣一漁舡。」**五仙觀**。在南海。寰宇記：「昔高固爲楚相，有五仙人，騎五色羊，各持穀穗，一莖六出，以遺州人，騰空而去。」今呼爲五羊。其城周十里，初尉佗築之，後爲步騭脩之，既而爲黄巢所焚。○郭功父廣州五仙謡：「番禺五仙人，騎羊各五色。手持六秬穗，翱翔遶城壁。翩然去乘雲，諸羊化爲石。至今留空祠，異像猶可識。曾聞經猛火，毫髮無痕跡。五仙寧復來，三説頗難測。只憂風雨至，半夜隨霹靂。君不見羌盧劉越之洞天，萬象森羅無一尺。」

【祠墓】**南海廟**：東廟在州東，即南海王廟。西廟去城十五里，蓋勑封靈惠助順顯衛妃行祠也。○韓愈南海廣利王廟碑：「海於天地間，爲物最鉅。自三代聖王，莫不祀事。考於傳記，而南海神次最貴，在北東西三神、河伯之上，號爲祝融。天寶中，天子以爲古爵莫貴於公侯，故海岳之祀，犧幣之數，放而依之，所以致崇極於大神。〔一八〕今王亦爵也，而禮海岳，尚循公侯之事，虚王儀而不用，非致崇極之意也。由是册尊南海神爲廣利王，祝號祭式，與次俱升。因其故廟，易則新之，在今廣州治之東南，海道八十里，扶胥之口，黄木之灣。常以立夏氣至，命廣州刺史行事祠下，事訖驛聞。而刺史常節度五嶺諸軍，仍觀察其郡邑，於南方事無所不統，地大以遠，故常選用重人，既貴而富，且不習海事。又當祀時，海常多大風，將往皆憂戚。既進，觀顧怖悸，故常以疾爲辭，而委事於其副，其來已久。故明宫齋廬，上雨旁風，無所蓋障。牲酒瘠酸，取具臨時。水陸之品，狼籍籩豆。薦裸興俯，不中儀式。吏滋不恭，神不顧享。盲風怪雨，發作無節，人蒙其害。元和十二年，始詔用前尚書右丞、國子祭酒孔公爲廣州刺史兼御史大夫，以殿南服。公正直方嚴，中心樂易，祗慎所職，治人以明，事神以誠，内外單盡，不爲表襮。至州之明年，將夏，祝册自京師至，吏以時告，公乃齋祓，册誓羣有司曰：『册有皇帝名，乃上所自署。其文曰：嗣天子某，謹遣某官某敬祭。其恭且嚴如是，敢有不承？明日吾將宿廟下，以供晨事。』明日，吏以風雨白，不聽。於是州府文武吏士凡百數，交謁更諫，皆揖而退。公遂陞舟，風雨少止。櫂夫奏功，雲陰解駁，日光穿漏，波伏不興。省牲之夕，載暘載陰。將事之夜，天地開除，月星明概。〔一九〕五鼓既作，牽牛正中。公乃盛服執笏以入。即事文武賓屬，俯首聽位，各執其職。牲肥酒香，樽爵静潔。降登有數，神具醉飽。海之百靈祕怪，恍惚畢出，蜿蜿蜒蜒，來享飲食。闔廟旋艫，祥飈送颿。旗纛旌麾，飛揚晻靄。鐃鼓嘲轟，高管嗷譟。武夫奮棹，工師唱和。穹龜長魚，踴躍後先。乾端坤倪，軒豁呈露。祀之之歲，風灾熄滅，人厭魚蟹，五谷胥熟。明年祀歸，又廣廟宮而大之。治其庭壇，改作東西兩序。齋庖之房，百用具修。明年其時，公又固往，不懈益虔。歲仍大和，耋艾歌詠。〔二〇〕始公之至，盡除他名之税，罷衣食於官之可去者。四方之使，不以資交。以身爲帥，燕賞有時，賞與有節。公藏私蓄，上下與足。於是免屬州負逋之緡錢十有八萬，米八萬二千斛。賦金之州，耗金一歲八百，困不能償，皆以丐之。加四面守長之俸，誅其尤無良不聽令者，由是皆自重慎法。人士之落南不能歸者，與流徙之冑百二十八族，用其才良，而廩其無告者。其女子可嫁者，與之錢財，令無失時。刑德並流，方地數千里，不識盜賊；山行海宿，不擇處所；事神治人，其可謂備至矣！咸願刻廟石以著厥美，而繫以詩曰：『南海之墟，祝融之宅。即祀于旁，帝命南伯。吏惰不恭，正自今公。明用享錫，佑我家邦。惟明天子，惟慎厥使。我公在官，神人致喜。海嶺之陬，既足既濡。胡不均弘，俾執事樞。公行勿遲，公無遽歸。匪我私公，神人具依。』」○楊廷秀詩：「羅浮山如萬石鍾，一股南走如渴龍。雷奔電邁遮不住，直抵海濱無去處。低頭飲海吐絳霞，舉頭戴着祝融家。珠宮玉室水精殿，萬水一日朝兩衙。〔二一〕青山四圍作城郭，海濤半浸青山脚。客來莫上浴日亭，亭上見海君始驚。青山缺處如玉玦，潮頭飛來打雙闕。晴天無雲奔碎雪，天下都無此奇絶。大海更在小海東，西廟不如東廟雄。南來若不到東廟，西京未睹建章宫。海神喜我着綺語，爲我改容收霧雨。乾坤軒豁未能許，小試日光穿漏句。」

趙佗墓。在南海。孫權使交阯求發其墓，卒不能得，得其子嬰齊墓，得珠襦、玉匣之類。

【古跡】越王臺，在州北悟性寺。○唐子西記云：「臺據北山，南臨小溪。橫浦、牂牁之水，輻湊於其下。顧瞻則越中諸山不召而自至；而立延望，則海外諸國蓋可髣髴於溟濛杳靄之間。」○陸龜蒙和皮日休寄南海詩：「城連虎踞山圖麗，〔二二〕路入龍編海舶遥。江客漁歌衝白荇，野人貪語映紅蕉。〔二三〕庭中必有君遷樹，莫向空臺望漢朝。」交州記云：「有君遷樹，有朝漢臺，尉佗望漢所築。」○許渾登尉佗樓：「劉、項持兵鹿未窮，〔二四〕自乘黄屋島夷中。南來作尉任囂力，北向稱臣陸賈功。」達磨井，在悟性寺前。梁達磨指其地曰：「下有黄金。」貪者力鑿，泉渫而金亡。甘泉池，在州東北五里。番禺雜記云：「晉陸史君以海水味鹹，導以給民。唐節度盧仝鑿山取泉以廣之，名曰甘泉。」劉王花塢，乃劉氏華林園，在郡治六里，名泮塘。廣州古塼。皇朝類苑：「魏侍郎瓘知廣州，忽子城一角頹，得古塼範，四大字云『委於鬼工』，蓋合而成『魏』也。乃大築子城。未幾，儂智高寇廣，外城一擊而摧，獨子城堅完。」

【名宦】鍾離牧，意之孫，仕吴，遷南海太守。陶侃，仕晉，爲廣州刺史。在州無事，朝暮運甓，常惜分陰。吴隱之，隆安中爲刺史，嘗酌貪泉賦詩。滕脩，爲刺史。獲一巨蝦，鬚長四丈四尺。王琨，齊書：「琨爲廣州刺史。南土沃實，在任者常致巨富。世謂廣州刺史但經城門一過，便得三千萬也。〔二五〕琨無所取納，表獻禄俸之半。及罷任，孝武知其清，問還資多少？琨曰：『臣買宅百三十萬，餘物稱之。』帝悦其對。」宋璟，邢州人。開元初，徙廣州刺史。廣人以竹茅覆屋，多火，璟教之陶瓦築堵。○賈至爲璟作遺愛碑云：「駕五管之政教，揔三軍之鼓旗，不怒而威，不言而信。雖有文身衣卉種落，異俗而化齊，言語不通而心喻矣。」**鄭權**、韓愈送鄭公序，前段見「形勝」注。「長慶三年四月，以工部尚書鄭公爲刑部尚書兼御史大夫，往踐其任。鄭公嘗以節鎮襄陽，又帥滄、景、德、棣，歷河南尹、華州刺史，皆有功德可稱道。入朝爲金吾將軍，散騎常侍，工部侍郎、尚書，家屬百人，無數畝之宅，僦屋以居，可謂貴而能貧，爲仁者不富之效也。及是命，朝廷莫不悅。將行，公卿大夫士苟能詩者，咸相率爲詩，以美朝政，以慰公南行之思。韻必以『來』字者，所以祝公成政而來歸疾也。」**盧鈞**、擢嶺南節度，不取商舶珍貨，時人稱其廉潔。**李勉**、拜嶺南節度使，素稱廉潔。及召歸，至石門，盡搜家人所蓄犀珍諸物投之江中。**孔戣**、初，明州歲貢淡菜、蚶蛤，戣奏罷之。憲宗擢授廣州刺史。**陸鴻漸**、佐南海隴西公幕府，自號東園先生，即廣州東郊園也。**竇平**；韓愈送竇從事序云：「踰甌、閩而南，皆百越之地。於天文，其次星紀，其星牽牛。連山隔其陰，鉅海敵其陽。是維島居卉服之民，風氣之殊，著在古昔。唐之有天下，號令之所加，無異於遠近。民俗既遷，風氣亦隨。雪霜時降，疫癘不興。瀕海之饒，固加於初。是以人之於南海者，若東西州焉。皇帝臨御天下二十有二年，詔工部侍郎趙植爲廣州刺史，盡牧南海之民；署從事扶風竇平，平以文詞進。於其行也，其族人殿中侍御史牟，合東都交遊之能文者二十有八人，賦詩以贈之。於是昌黎韓愈嘉趙南海之能得其人，壯從事之答於知我，不憚行於遠矣。又樂貽周之愛其族叔父，又能合文辭以寵榮之。是爲序。」**皇朝向敏中**、知廣州。至荊南，市南藥以往。以清德聞。**馬亮**、知廣州。宜賊未就戮，上面遣之，委以綏靖，至則輯睦。余靖、廣之番舶裝舡，舊皆取税，公奏罷之，以來遠商。又請立法，戒當任官吏不得市南藥。及公北歸，不載廣南一物。方滋、容齋四筆：「秦氏當國，先忠宣公鄭亨仲、胡明仲、朱新仲皆在謫籍，分置廣東。方務德爲經略，待之盡禮，秦頗云云。〔二六〕客曰：『方之爲人，唯以周旋爲志，非獨遷客然也。』」汪應辰。通判廣州。

【人物】區册。韓愈送區册序，前段見連州。「愈待罪於斯，且半歲矣。有區生者，誓言相好，自南海拏舟而來，〔二七〕升自賓階，儀冠甚偉；坐與之語，文義卓然。莊周云：『逃空虚者，聞人足音跫然而喜矣。』况如斯人者，豈易得哉？入吾室，聞詩、書仁義之説，欣然喜，若有志於其間也。與之翳嘉林，坐石磯，投竿而漁，陶然以樂，若能遺外聲利，而不厭乎貧賤也。歲之初吉，歸覲其親，酒壺既傾，序以識别。」

【題詠】南斗避文星。杜甫送李大夫赴廣州詩：「斧鉞下青冥，樓舡過洞庭。北風隨爽氣，云云。日月籠中鳥，乾坤水上萍。王孫丈人行，垂老見飄零。」文章落上台。杜甫送翰林張司馬南海勒碑：〔二八〕「冠冕通南極，〔二九〕云云。詔從三殿去，碑到百蠻開。」漢節梅花外。杜甫寄廣州段功曹詩：「云云，春城海水邊。」〔三〇〕蓋海旌幢出。韓愈送鄭尚書赴南海詩：「番禺軍府盛，欲説暫停盃。云云，連天觀閣開。」衙時龍户集。同上。「云云，上日馬人來。風静鶢鶋去，官廉蚌蛤迴。」貨通獅子國。同上。「云云，樂奏越王臺。事事皆殊異，毋嫌屈大才。」邑里雜鮫人。岑參送楊瑗尉南海詩：「縣樓重蜃氣，云云。海暗三山雨，江明五嶺春。」**毛氈家家織。**王建送鄭權尚書詩：「戍頭龍腦鋪，關口象牙堆。云云，紅椒處處栽。」〔三一〕**榔葉瘴雲集。**張籍送蠻客詩：「云云，桂枝鸞鳥聲。」**遠人來百越。**劉長卿送徐大夫赴廣州詩：〔三二〕「云云，元老事三朝。霧遶龍川暗，山連象郡遥。」**海對羊城闊。**高適送柴司户判官之嶺外詩：「云云，山連象郡高。」**規外布星辰。**交、廣間，南極浸高，北極浸低，圓規度外，星辰至衆，大如五曜者數十，皆不在星經。元微之和樂天詩：「波心湧樓閣，云云。」**鳶跕路難登。**高適餞宋判官之嶺外詩：「猿啼山不斷，云云。海岸出交趾，江城連始興。」**花鳥名皆别。**杜荀鶴送友人遊南海詩：「云云，寒暄氣不均。」**巨舶通蕃國。**張少愚廣州城樓詩：「朔風驚瘴海，霧雨破蠻荒。云云，孤雲遠帝鄉。」**海虚争翡翠。**許渾詩：「云云，溪邏鬬芙蓉。」**翠耀孔家禽。**張祜送蘇紹之歸嶺南詩：「夜月江流闊，春風嶺路深。珠繁楊氏果，云云。」**蠻唱與黎歌。**蘇子瞻將至廣州詩：「云云，餘音猶杳杳。」**石有羣星象。**余安道題廣州西園詩「云云」，謂九曜石也。「花多外國香」，皆舶上來，嶺北所無。**嶺南封管送圖經。**張籍送鄭尚書詩：「海北蠻夷來蹈舞，云云。此處莫言多瘴癘，天邊看取老人星。」**徵入中臺作侍郎。**韓愈贈馬摠：「紅旗照海壓南荒，云云。」**海花蠻草連天有。**張籍送侯判官詩：「云云，行處無家不滿舡。」〔三三〕**經冬來往不踏雪。**朱慶餘詩：「越嶺向南風景暑，人人傳説到羊城。云云，盡在刺桐花上行。」〔三四〕**映日颿多寶舶來。**劉禹錫詩：「連天浪盡長鯨息，云云。」**銅鼓臨軒舞**

海夷。劉禹錫詩：「象筵照日會詞客，云云。百粤酋豪稱故吏，十州風景助新詩。」【外邑】乳蕉花發訟庭前。皮日休送李明府：「五羊城在蜃樓邊，墨綬搥腰正少年。山靜不應聞屈鳥，草深從使翳貪泉。蟹奴晴上臨朝檻，燕婢秋隨過海舡。一事與君消遠宦，云云。」候吏多來拾翠洲。陸龜蒙：「居人愛近沈珠浦，云云。」賨稅盡應輸紫貝。陸龜蒙詩：「云云，蠻童多學佩金鉤。」退公秖傍蘇勞竹。皮日休送南海二同年詩：「云云，移宴多隨茉莉花。」人瞻颶母識陰晴。余安道詩：「客聽潮雞迷早夜，云云。」黑面胡兒耳帶環。丘濬詩：「碧晴蠻婢頭蒙布，云云。幾處樓臺皆枕水，四周城郭半圍山。」

【四六】進職西清，擁麾東廣。疏恩鳳闕，分閫羊城。申命紫宸，宣威玉帳。升班東觀，宅牧南郊。眷番禺之古郡，實嶺海之名藩。島夷載新於卉服，滄海自息於鯨波。高牙指黃木之灣，大幙開紅蓮之府。念嶺嶠之地偏，去闕庭之天遠。宋廣平古之遺愛，吴隱之直哉惟清。舟車之會，水陸之衝；商旅所藏，蕃、猺所聚。自晉、唐置守，僅數於十賢；而蕃、漢錯居，幾重乎九譯。威聲所暨，掃清鯨海之波濤；號令初傳，改觀羊城之風物。萬里鯨波，既息寇攘之警；千村犢佩，各安耕耨之常。戎服迎郊，選帥夙推于大府；鋒車載道，覲君即篷於近班。貪泉酌水，〔三五〕已知隱之之心；祥飆送颿，佇應孔戣之召。聞隱之貪泉之賦，坐想清風；續廣平德政之碑，佇攄遠業。專方面十四城，雞犬相聞；制水屯數萬竈，貔貅肅立。地聯夷島，象犀寶貨之川流；境接閩山，韋布衣冠之都會。珥戈茸纛，稱嶺外之雄藩；衮衣繡裳，仰海濱之大老。使扶胥黃木之灣，民皆自樂；則甘泉紫荷之橐，王曰遄歸。

肇慶府 高要　四會

【建置沿革】古百粤之地。分野、星土與廣州同。本秦南海郡地。漢武置蒼梧郡，高要以縣屬焉。東漢因之。宋文帝割南海郡四會等縣置綏建郡。梁立高要郡。隋廢高要，立端州，煬帝罷端州爲信安郡。唐立端州，以州當西江入廣州之要口也，〔三六〕爲高要。又以四會縣置南綏州，改綏州爲真州，尋廢真州，以四會縣隸廣州。改高要郡，復爲端州。皇朝平嶺南，地歸版圖，以徽宗潛邸，陞興慶軍節度。廣東運判燕瑛奏：「元係端州，今爲潛邸，欲望親洒宸翰，賜以美名。」遂賜名肇慶府，仍爲肇慶軍節度。今領縣二，治高要。

事要

【郡名】古端、端溪、高要。見上注。

【風俗】土曠民惰。郡國志。不力於耕。同上。「云云，惟運鹽鈔以爲業。」夷、獠雜居。郡國志。一日之間有四時。龔茂良詩：「晴雲當午僧揮扇，曉雨生寒人着綿。此是嶺南天氣候，日中常有四時天。」

【形勝】北望頂湖。圖經：「云云，萬仞峙其後。」南瞻銅鼓。同上。「云云，四峰列其前。

白羊岡居其左，腐柯山居其右。」**州當西江口**。元和志：「——————入廣州要—。」

【土產】端硯、柳公權曰：「端州有溪，曰端溪。其硯有赤白黃色點者，謂之鸜鵒眼。或脉理黃者，謂之金線紋。」○郡志云：「有青紋者，謂之音條。其短者，謂之眼筋，下巖石亦有之。色微班者，謂之火黯，下巖無此。又有曰赤裂，曰黃霞，曰鐵線，曰白鑽。圓而深如鑽眼，曰壓矢，其色班駁。其舊坑則有龍巖、汲綆、黃圃三石，汲綆全無眼。其新坑則有後歷、小湘、唐竇、黃坑、蚌坑、鐵坑六處，皆不及上三石。」○蘇易簡硯譜：「端溪硯，水中者石色青，山半者石色紫，山頂石尤潤，如猪肝色者佳。若匠者識山之脉理，鑿一窟，自然有圓石青紫色者，琢而爲硯，可直千金，謂之子石硯。」○東軒筆録：「魏泰曰：『端溪硯有三種：曰巖山，曰西坑，曰後磨石。石色深紫，襯手而潤，叩之清遠，有青綠圓小鸜鵒眼，乃巖石。其次色赤，呵之乃潤，鸜鵒眼，色紫，紋慢而大，此乃西坑石也。其下青紫色，向明側視有碎星光點，如沙中雲母，乾而少潤，謂之後磨石。西坑硯三當巖石之一，後磨石三當西坑之一，其品可知。』」○李賀紫石硯歌：「端州石匠巧如神，露天磨刀割紫雲。紗帷晝睡墨花春，輕漚漂沫松麝薰。」○昔丁寶臣知端州，以詩送綠石硯於介甫，所謂「玉堂新樣」者。介甫以詩報之云：「玉堂新樣世爭傳，况以蠻溪綠石鐫。嗟我長來無異物，愧君持贈有新篇。久埋瘴霧看猶濕，一取春波洗更鮮。還與故人袍色似，論心於此亦同堅。」○蘇子瞻硯銘：「千夫挽綆，百夫運斤，篝火下縋，以出斯珍。」**蠻布**、寰宇記：「有夷、夏人，織蕉竹、苧麻、都落等布以自給。」**翠羽**。韓翃送端州馮使君：「玉樹羣兒爭翠羽，金盤少妾揀明珠。」

【山川】北山、在城北七里。峽山、在城西二百里。㟅山、在城南九十里。上有砂，夷人語訛爲奢。爛柯山、在高要東三十六里。峰頂常有紫霞。按衢州亦有爛柯山，蓋二郡名信安，衢在吴爲信安，則去王質時爲近，端名信安乃始於隋，不應載晉人事跡，不可不辨。此山産美石，爲硯。銅鼓山、在南岸。府治之對山。石室山、在城北六里。南北有聳石如二門，土人謂之嵩臺。繆瑜竹記：「又有七星巖。」○郭功父詩：「雙峽天開控江水，水自牂柯來萬里。端州正在雙峽間，石室嵩臺壓孤壘。」扶盧山、在四會縣東四十里。上有池水。相傳六祖嘗隱于此。六祖姓盧，故名。三足山、在四會縣西百五十里。有人姓蘇，仙者。下巖、在大江中。又名北壁。有龍潭硯，最佳。騰豻嶺、在高要縣。〔三七〕山有人豻，即沐猴之類，似人，髮覆面。又有飛偪山羣。龍子嶺：又有鳳頭岡。淳熙丁酉，邑宰蘇邦平縣基，得古碑，乃鹿鳴燕士詩，云：「龍嶺行歌龍已化，鳳頭將見鳳齊鳴。」西江、在高要縣。四會水、東有古津，〔三八〕南湞江，西有建水，北有龍江，四水俱會，因名。新江水、在高要南六里。源出新州。端溪。在高要縣。

【堂榭】相堂、在四會簿尉廳。先是，郭其姓者作尉，丞相梁克家嘗館焉，故名此。雲秀臺。在高要西北八里。祥符間，五色雲現於臺峰之上。郡守范雍建。

【古跡】陳霸先墓、在府治南五十里。有苟逕山。有載碑石龜，其大數尺。鴿奔亭、干寶搜神記：「漢九江何敞爲交趾刺史，行部至蒼梧高要縣，暮宿一一一。夜未半，有女子從樓下呼曰：『明使君，妾冤人也。妾本廣信縣脩里人，嫁爲同縣施氏。妻薄命，夫死。有雜繒百二十疋，及婢名致富。之旁縣賣繒，日暮爲亭長龔壽操刀刺脅下，又刺致富立死，合埋於樓下，取財物而去，故來告訴。』敞乃掘尸以驗，令吏捕壽拷問具伏。初發尸時，有雙鵠奔其亭，故名。」○郭功父詩：「新江自南來，西與端江匯。屹然——，遺意溢千載。」桄榔亭。李翺與監察御史韋君皆自東京來嶺南，約偕行。翺居信安四十餘日，比及西江，韋君已前行矣。上——，見韋紀姓名，且有念我之意。李翺題。

【名宦】李紳：唐人。貶端州司馬。皇朝鄭端義、真陽人。爲守，築外城。有記。陳堯叟、詩話總龜云：「——知端州，艤舟於廬陵，阻風數日，有胡僧謂公曰：『骨方神清，身當極貴。但虎目猿聲，〔三九〕當有攀附，然後有所立。』因贈詩云：『虎目猿聲形最貴，秖因攀附即升高。知君今向端州去，願助清風泛怒濤。』」包拯、爲守，歲貢硯。〔四〇〕前守所取輒數十倍，以遺權貴。公命製者纔足貢數。歲滿不持一硯歸。郭祥正。爲守。

【人物】李積中、寓居豫章。良弼、安國、大性、大異、大理、大東，皆其後也。譚惟寅。梁榜乙科。讀書一覽，終身不忘。

【題詠】越井人南去。賈至送陸協律：「云云，湘川水北流。」西江瘴癘多。張説端州别高六詩：「南海風潮壯，云云。於焉須判手，〔四一〕此别傷如何。」

【四六】昔號信安，今稱高要。土風醇厚，民物夥繁。惟高要之潛藩，乃炎荒之名郡。地重潛藩，亦是羊城之亞；民歌政績，即爲鳳闕之歸。不持一硯，足知包孝肅之清；來擁雙旌，已卜陳文忠之責。

校勘記

〔一〕「椎髻箕踞」，「髻」，底本原作「髺」，據四庫本改。隋書卷三一地理志作「結」，通「髻」。又，此字本書所誤甚多，下不一一出校。

〔二〕「吾在浪泊西里間」，「間」，底本原作「聞」，據後漢書卷二四馬援傳改。

〔三〕「不許乃止」，「止」，底本原作「正」，據四庫本及韓昌黎集卷二一送鄭尚書序改。

〔四〕「簡節而疏目」，「目」，底本原作「日」，據四庫本及韓昌黎集卷二一送鄭尚書序改。

〔五〕「林邑」，底本原作「林色」，據四庫本、嶽雪樓本及隋書卷八二南蠻傳、韓昌黎集卷二一送鄭尚書序改。

〔六〕「前世法曇今我是」，「法曇」，蘇軾詩集卷四四題靈峰寺壁作「德雲」，與本書異。

〔七〕「商榮用火箭射之」，「商榮」，底本原作「商營」，據四庫本及輿地紀勝卷八九改。

〔八〕「古魄鎮臨眺」，「眺」，底本原作「佻」，據郭祥正青山續集卷二九曜石奉呈同游蔣帥穎叔吳漕翼道及輿地紀勝卷八九改。

〔九〕「何代降兹鄉」，「代」，底本原作「伐」，據四庫本、傳是樓本、嶽雪樓本改。

〔一〇〕「兩山對峙」，「兩山」，底本原作「西山」，據嶽雪樓本及輿地紀勝卷八九改。

〔一一〕「在州東北二十里」，「東北」，底本原作「東此」，據元乙本、四庫本、傳是樓本、嶽雪樓本及輿地紀勝卷八九改。

〔一二〕「一寸九節」，底本原作「一十九節」，蘇軾詩集卷三八廣州蒲澗寺注文引嵇含南方草木狀作「一寸九節」，輿地紀勝卷八九同，今據改。

〔一三〕「姚成甫採菊於菖蒲澗側」，「姚」，底本原作「桃」，據嶽雪樓本及太平寰宇記卷一五七改。蘇軾詩集卷三八廣州蒲澗寺注文引南越志亦作「姚成甫」，可證。

〔一四〕「蓬萊自玆往」，「往」，底本原作「在」，據北圖本、元甲本、元乙本、四庫本改。

〔一五〕「扶桑絶境信奇哉日從若木梢頭轉」，底本原誤「扶桑」爲「扶胥」，又誤「若木」爲「若水」，今據四庫本、嶽雪樓本及誠齋集南海集卷二〇南海東廟浴日亭改。

〔一六〕「劉鋹族盡已無餘」，「劉鋹」，底本原作「劉鋹」，據舊五代史卷一三五劉鋹傳、新五代史卷六五劉鋹傳、宋史卷四八一南漢劉氏世家傳改。

〔一七〕「霧雨埋煙鬟」，「煙鬟」，蘇軾詩集卷三八作「髻鬟」，與本書異。

〔一八〕「所以致崇極於大神」，底本原脱「致」字，據韓昌黎集卷三一南海神廟碑補。

〔一九〕「月星明概」，「概」，底本原作「槪」，據四庫本及韓昌黎集卷三一南海神廟碑改。

〔二〇〕「耋艾歌詠」，「詠」，底本原作「求」，據元甲本、元乙本、四庫本及韓昌黎集卷三一南海神廟碑改。

〔二一〕「珠宫玉室水精殿萬水一日朝兩衙」，「玉室」，底本原作「玉寶」，據北圖本、四庫本改。又，「兩衙」，誠齋集南海集卷二〇題南海東廟作「丹衙」，與本書異。

〔二二〕「城連虎踞山圖麗」，「虎」，底本原作「虚」，據全唐詩卷六二五陸龜蒙奉和襲美吴中言懷寄南海二同年改。輿地紀勝卷八九引此詩作「虎」，不誤。

〔二三〕「野人貪語映紅蕉」，全唐詩卷六二五所載陸龜蒙奉和襲美吴中言懷寄南海二同年作「野禽人語映紅蕉」，疑本書有誤。

〔二四〕「劉項持兵鹿未窮」，「兵」，底本原作「央」，據全唐詩卷五三五許渾登尉佗樓改。輿地紀勝卷八九引此詩作「兵」，不誤。

〔二五〕「便得三千萬也」，「三千萬」，底本原作「三十萬」，今核諸南齊書卷三二王琨傳，乃作「三千萬」，據改。

〔二六〕「容齋四筆（至）秦頎云云」，「朱新仲」，底本原作「宋新仲」，據容齋四筆卷八賢者一言解疑謗改。又，「秦頎云云」，語義不明，今録容齋四筆原文，以方便讀者閲覽：「秦對一客言曰：『方滋在廣部，凡得罪于朝廷者，必加意護結，得非欲爲異日地乎？』」

〔二七〕「自南海拏舟而來」，「舟」，底本原作「州」，據四庫本、傳是樓本及韓昌黎集卷二一送區册序改。

〔二八〕「杜甫送翰林張司馬南海勒碑」，「勒」，底本原作「勤」，據四庫本、嶽雪樓本及杜詩詳注卷六、全唐詩卷二二五改。

〔二九〕「冠冕通南極」，「南極」，底本原作「南海」，據四庫本及杜詩詳注卷六、全唐詩卷二二五杜甫送翰林張司馬南海勒碑改。

〔三〇〕「春城海水邊」，「海水」，底本原作「錦水」，據杜詩詳注卷一一、全唐詩卷二二七杜甫廣州段功曹到得楊五長史譚書功曹卻歸聊寄此詩改。

〔三一〕「毛氈家家織紅椒處處栽」，全唐詩卷二九九所載王建送鄭權尚書南海作「白氈家家織，紅蕉處處栽」，疑本書有誤。

〔三二〕「劉長卿送徐大夫赴廣州詩」，「劉長卿」，底本原作「劉真卿」，核諸全唐詩卷一四九，此送徐大夫赴廣州詩爲劉長卿所作，輿地紀勝卷八九引此詩亦云劉長卿作，今據改。

〔三三〕「海花蠻草連天有行處無家不滿舡」，全唐詩卷三八五所載張籍送侯判官赴廣州從軍作「海花蠻草連冬有，行處無家不滿園」，與本書有兩處字異。

〔三四〕「越嶺向南風景暑（至）盡在刺桐花上行」，按全唐詩卷五一四所載朱慶餘南嶺路詩，「風景暑」作「風景異」，「花上行」作「花下行」，與本書異。

〔三五〕「貪泉酌水」，「貪泉」，底本原作「貧泉」，據元甲本、元乙本、傳是樓本、四庫本及本書同卷「貪泉」改。

〔三六〕「以州當西江入廣州之要口也」，底本原作「以州當入廣西之要口也」，據元和郡縣志卷三四改。

〔三七〕「在高要縣」，底本原作「在高安縣」，據四庫本、嶽雪樓本及太平寰宇記卷一五九、輿地紀勝卷九六改。

〔三八〕「東有古津」，「有」，底本原作「在」，據太平寰宇記卷一五七、輿地紀勝卷九六改。

〔三九〕「虎目猿聲」，今核詩話總龜前集卷三〇，原文作「虎目鳳鼻猿身」，與本書異。

〔四〇〕「歲貢硯」，「硯」，底本原作「視」，據四庫本、傳是樓本及宋史卷三一六包拯傳改。

〔四一〕「於焉須判手」，全唐詩卷八七張説端州别高六戩作「於焉復分手」，與本書異。

方輿勝覽卷之三十五

德慶府 端溪 瀧水

【建置沿革】越地，牛、女之分野。秦屬南海郡。漢置蒼梧郡及端溪縣。晉分蒼梧立晉康郡。隋廢郡，以端溪縣屬端州，煬帝時屬信安郡。唐高祖置南康州，又置康州；太宗復置南康州，已而去「南」字；改晉康郡，復爲康州。皇朝爲端州，尋復舊，以瀧州瀧水縣來屬；以高宗潛邸，〔一〕陞德慶府，仍爲永慶軍節度。今領縣二，治端溪。

事要

【郡名】晉康。

【風俗】夷、獠相雜。寰宇記：「云云，康、瀧一同。」其俗食稻與魚。隋書。

【形勝】居西江上游。郡志。

【土産】果下馬。虞衡志：「土産小駟，以出德慶之瀧水者爲最高，不踰三尺，駿者有兩脊骨。」

【山川】端山、在端溪縣。有樹冬榮，子大如杯，味似猪肉。藿山、在端溪。山有草如藿。香山、一名利人山，出五色石。瀧峽、張子壽詩：「霜清百丈山，風落萬重林。」三洲巖、在端溪縣。西江之三島也。錦石：，在端溪。陸賈使南越時，設錦帳于此。西江、在端溪。端溪。在縣南。

【亭榭】壽康亭、在雙門之内。艤舟亭。在郡治之東。

【祠墓】忠景廟、郭功父題趙康州石磬編後詩：「一賊鳴銅鼓，孤城隕使星。形骸靡矢石，忠義貫丹青。皎皎張巡傳（聖俞），新新季子銘（荆公）。吾詩愧涓滴，何以助南溟。」五龍廟：，蕭注，字巖夫，新喻人。少侍父之官康州，過悦城，題———詩：「五龍兄弟古英名，今日拏舟過悦城。莫向草茅久盤屈，早施霖雨治蒼生。」孔道輔見其詩，曰：「未可量也。」登慶曆第，爲番禺令。儂智高圍廣州，注突圍出，募壯士二千人解圍，與賊格鬬，焚其舟數百，斬首五千級。温媪墓。南越志：「昔有温氏媪，端溪人，常捕魚，忽於水側得一物如守宫，能入水捕魚。媪後治魚，誤斷其尾，遂去，數年乃還。媪曰：『龍子復來也。』後媪殂，瘞于江濱，龍子常爲大波縈浪，〔二〕轉沙以成墳土。」今在悦城鄉之東。

【名宦】皇朝趙師旦、字叔潛，楚州人。倦游録云：「儂賊破邕州，偶江漲，遂乘桴沿流入番禺。時趙師旦知康州，到任始一日，賊既迫境，諭官屬吏民使避賊；守城而死，乃監兵泊吾之職也。城陷，趙與監兵皆死。先是一日，趙方出其妻，藏於山谷道上，生一子，棄草中。賊去凡三日，復歸見之，尚生。人謂忠義之感。康人立祠祭祀。」馮拯。以左正言知州。

【題詠】與子避地西康州。杜甫送長沙李十一：「云云，洞庭相逢十二秋。」已交鴻鴈早隨陽。李涉謫康州詩：「惟將直道信蒼蒼，可料無名抵憲章。陰騭却應先有謂，云云。」

【四六】疏榮涣綍，來牧晉康。地居嶺嶠，俗雜蠻猺。土曠人稀，不富蠶桑之業；山環水繞，頗爲魚稻之鄉。居東廣之上游，爲中興之潛邸。雖云僻郡，環井邑於山光水色之中；猶幸大江，通商賈於蠻煙瘴雨之外。

封州 封川 開建

事要

【建置沿革】古南越之地，星紀之次。秦爲南海郡。漢置蒼梧郡，今州即漢蒼梧郡之廣信縣也。晉屬蒼梧郡，又屬晉康郡。宋文帝分置開建縣。齊因之。梁置梁信郡，兼置成州。隋改成州爲封州，煬帝時廢，以縣屬蒼梧郡。唐復立封州，〔三〕改臨封郡，復爲封州。國朝陞爲望郡，紹興間併封州入德慶府，未幾復爲封州。今領縣二，治封川。

【郡名】臨封、封川。

【風俗】其民知義。臨封志：「云云。蘇子瞻作司馬温公神道碑，云：『公薨，封州父老相率致祭，且作佛事。公之至誠，無所不感。』而封之民獨見稱於坡公，亦足以見——之——也。」民淳訟簡。同上。茅簷葦户。郡國志：「其俗荒陋，市肆鮮陶瓦，而多云云。」

【形勝】據三江口。臨封志：「——邕、桂、賀———，誠控扼之地。」

【山川】東山、去城一里。舊於山爲三舍學基。西山、在州西隔江。下有寺。登高山、在州治後山上。舊有花藥圃，郡人九日遊此。忠讜山、在開建北七十里。舊經：「居人多——。」龍石山、出石膏。猿居山、在州北二十里。多猿猱。麒麟山，在州東八十里。視諸山最高。風溪、在州南三十里。源出豐壽山，入大江。西江、源出邕州，經潯、融、象、柳州，入州界，合桂江。南越志：「漢武帝自巴、蜀檄夜郎兵下牂牁江會番禺，即此水。」封溪、源出賀州馮乘縣合封口，入大江。龍吟水。在金鏤村。有莫狀元讀書堂。山水清響，〔四〕人呼———。

【堂舍】宅生堂、郭功父題李封州————詩：「鱗鱗鴛瓦構新堂，意在黔烏恩澤長。峴首去思猶墮淚，〔五〕召南遺愛有甘棠。水光送月浮珍席，山勢和雲插畫梁。安得才如張相國，爲君重賦宅生章。」五友堂，在城西。沈清臣有記。取江、山、風、月，與太守而五。致爽樓。在州宅之西。

【亭臺】吸江亭，在州治之東。〔六〕望雲臺。在州北。太守沈清臣有記。

【名宦】皇朝陳升之、爲守。時稱循良，後爲相。孔延世、嘉祐間爲守，遺愛在民。有三子：曰文仲，武仲，平仲。後人榜其讀書之所曰桂堂。曹覲、建安人，脩古之子。皇祐中，以儂賊死節，建州守臣魏矼奏，賜謚忠肅。○魏詩云：「文武龍門日再晡，空拳猶自把戈鈇。身垂虎口方安坐，命棄鴻毛更疾呼。柱下杲卿存大節，袴間杵臼得遺孤。可騰三尺英雄氣，不愧山西士大夫。」○方維詩云：「青膽雄於金斗大，赤心堅比成山高。」**鄭夷甫**。吴郡志：「郡人也。嘉祐中監高郵税，遇一術士曰：『年不過三十五。』調封州判官，預知死日。至期，沐浴更衣。公舍有面溪一亭。夷甫至其間，親督灑掃，方揮手指畫間，屹然立化，猶作指畫之狀。」見墨客揮犀。

【人物】陳欽、漢書云封川人也。武帝時治左氏傳。**莫宣卿**。開建人。唐大中間狀元及第。

【名賢】李甘。葛常之詩話載：「唐史『——嘗論鄭注不可相，故有封州之謫』。杜牧之贈甘詩云：『太和八九年，訓、注極虓虎。吾君不省察，二兇日威武。喧喧皆傳言，〔七〕明晨相登注。和鼎顧予云，我死有處所。明日詔書下，謫斥南荒去。』」

【題詠】唯放日高衙。田開臨封十詠：「秋冬三釀酒，風景四時花。守官真吏隱，云云。」**海上荔支莊**。同上。「嶺南蕉子國，云云。民有千年壽，家存十歲糧。」○荔支莊去城十里。

【四六】光膺涣渥，榮涖臨封。地分千里，水合三江。燕寢凝香，挹西山之佳致；虎符奏最，歸北門之清班。眷封川之小郡，乃嶺嶠之名區。宅生有賴，請稽郭功父之名章；報政既優，當踵陳秀公之盛事。

英德府 真陽 浛光

【建置沿革】禹貢揚州之域。天文牽牛、婺女之分野。古百越地，戰國屬楚。秦爲南海郡。漢屬桂陽郡。吴、晉屬始興郡。宋屬廣興郡。齊復屬始興郡。梁置衡州及陽山郡。隋改衡州爲洭州，廢湞陽縣入曲江，尋廢洭州，以含洭縣隸廣州。唐置洭州。五代時南僞漢竊據嶺表，於真陽縣置英州。皇朝潘美克英、雄二州，紹聖五年以潛藩陞英德府，宣和賜名真陽郡。今領縣二，治真陽。

事要

【郡名】真陽。

【風俗】頗同中夏。圖經：「婚嫁禮儀云云。」俗樂商販。同上。「云云。巨産之家，得米則東下於廣州，糶買鈔鹽以取贏；貧則採山之奇石以貨焉。」地廣人稀。同上。「云云，爲農者擇沃土而耕，磽地不復用力。」茅簷土床。楊廷秀詩：「人人藤葉嚼檳榔，户户——覆——。只有春風不寒乞，隔溪吹度柚花香。」

【形勝】地接南海。圖經：「云云，有魚鹽之利。」

【土産】英石。同上。「——之山—，名擅天下。鄉評云：峰巒聳秀，巖竇分明。無斧鑿痕，有金玉聲。」

【山川】湞山、在真陽北四十里。尉佗爲城於此。堯山、在浛光北四十餘里。寰宇記：「四面瀑布，傾瀉萬丈。」始興記：「——巡狩經此—。或謂此山嶢然而高，故名。」○米元章詩：「信美此山高，穹窿遠朝市。暑木結蒼陰，飛泉落晴翠。」龜岡、在郡東八里。蓋郡之印山。鳴弦峰、在州南二里。相傳虞舜南巡，撫琴於此。○查許國詩：「木葉蕭蕭江水清，幅巾藜杖遶山行。忽然行到山深處，聽得鳴弦一兩聲。」南巖、在州南鳴弦峰之前。石壁上有唐人元傑所刻涵暉谷銘。通天巖、在州西十五里，與碧落洞相去二里。有竅通天。真陽峽、在真陽東南十五里。崖壁千仞。碧落洞、在州南十五里。懸石如霓旌羽蓋狀。洞中有蜕骨，皆勾連，因號爲蜕仙臺。南越志：「有沈侍郎，隱于———旁之雲華堂。唐元和六年，真陽令侯著來遊。」○蘇子瞻詩：「槎牙亂峰合，晃蕩絶壁橫。遥知紫翠間，古來仙釋并。陽崖射朝日，高處連玉京。陰谷叩白月，夢中遊化城。果然石門開，中有銀河傾。幽龕入窈窕，别户生靈明。〔八〕泉流下珠琲，乳節交纓纓。我行畏人知，恐爲仙者迎。小語輒響答，空山雷自驚。策杖歸去來，治具煩方平。」涵暉谷、在州南。中有潛靈洞、棲雲洞、晞暘島、飛霞嶺、夢弼巖、桃花洞。牯牛石：在縣南十九里真陽峽中。諺云：「過得——沙—灘，〔九〕寄書歸去報平安。」溱水、一名始興江，亦名真水，避仁廟嫌。羅溪、在浛光西四十六里。桃溪、在浛光縣東五里。桂溪、在浛光縣。光水。在浛光縣。本名洭水，避廟諱，改今名。

【樓榭】煙雨樓：在府治之東。千巖萬壑，羅列遠近，爲一郡登臨之勝。○郭功父詩：「江路分韶、廣，城樓壓郡東。妓歌星漢上，客醉水雲中。」寒翠亭、在晞暘島之北。石壁東坡留題云：「蜀人蘇子瞻南遷惠州，艤舟巖下，與幼子過同遊聖壽寺，遇隱者石君汝礪，話羅浮之勝，至暮乃去。紹聖元年書。」鳳凰驛。郭功父詩：「晚泊———，得名知謂何。鳳凰不可見，篁竹空娑娑。驛吏指英州，兩舍皆平坡。天寒無瘴癘，虛市饒鶏鵝。」

【橋梁】何公橋。今名政和橋。容齋三筆：「英州小市，江水貫其中。郡守建安何智甫始疊石爲橋。橋方成，而蘇子瞻還自海外，智甫求文以記。蘇子瞻作詩云：『天壤之間，水居其多。人之往來，如鵜在河。順水而行，雲駛鳥疾。惟水之利，千里咫尺。亂流而涉，過膝則止。惟水之害，咫尺千里。沔彼濫觴，蛙跳鯈游。溢而懷山，神禹所憂。豈無一木，支此大壞。舞于盤渦，冰拆雷解。坐使此邦，畫爲兩州。雞犬相聞，胡、越莫救。允毅何公，甚勇于仁。始作石梁，其艱其勤。將作復止，更此百難。公心如鐵，匪石則堅。公以身先，民以悦使。老壯負石，如負其子。疏爲玉虹，隱如金堤。直欄横檻，百賈所棲。我來與公，同載而出。驩呼闐道，抱其馬足。我嘆而言，視此滔滔。未見剛者，孰爲此橋。願公千歲，與橋壽考。持節復來，以尉父老。如朱仲卿，食于桐鄉。我作銘詩，子孫不忘。』」

【名宦】侯著，唐朝爲真陽令，題名在涵暉洞。皇朝王仲達、景德間爲守，建涵暉書院。慶曆中建學，始移宣聖祠於州學。蘇軾、紹聖初，御史論軾，知英州，道貶惠州。過英州，憩小廳西，今名坡公堂。米芾、作浛光尉。唐介。爲臺官，廷疏宰相文彦博之失，仁廟怒，責英州别駕，仍命中官押赴任，朝中士夫以詩送行者衆。○獨李師中待制一篇爲人傳，詩云：「孤忠自許衆不與，獨立敢言人所難。去國一身輕似葉，高名千古重於山。並游英俊顔何厚，已死姦諛骨尚寒。天爲吾皇扶社稷，忍教夫子不生還。」

【人物】石汝礪、真陽人。問學淹該，撰易解、易圖，擬進于朝，爲荆公所抑。有水車賦，刻南山石壁。馮安上。真陽人。元祐間，父子相繼登科。

【名賢】孔平仲、坐黨籍，英州安置。鄭俠、貶英州。劉安世、紹聖初，章子厚入相，安世坐謫英州。洪皓。奉使虜庭得歸，秦檜嫉其功。皓謂檜：「憶室燃否？」室燃者，虜庭用事之人也。檜深憾之，出知饒州，又謫英州。

【題詠】萬室通釀酤。梅堯臣作英州別駕，唐子方送行詩：「英州五千里，瘦馬行駃駃。妻孥不同塗，風浪過蛟窟。越林多蔽天，黄柑雜丹橘。云云，撫遠無禁律。醉去不論錢，醒來弄琴瑟。」萬疊青山一水間。李孝博次蔣穎叔韻：「維舟亭下號三灣，云云。偏愛澄江照天碧，飛來幾片白雲閑。」支與真陽幾石山。楊廷秀詩：「郡官不患無供給，云云。」

【四六】維此東衡，介于南服。矧真陽之小壘，控東廣之上流。家乏百金之産，郡無一歲之儲。真陽山石，誠齋夸供給之珍；碧落洞天，坡老記神仙之勝。仙風冉冉，數千年碧落洞天；佳氣葱葱，五百歲潛龍福地。

韶州 曲江 翁源 樂昌 仁化 乳源

【建置沿革】禹貢揚州之域。星土、分野與廣州同。春秋爲百越地，戰國皆楚地。漢初趙佗有國，地屬南粤，武帝平南粤，而曲江以縣隸桂陽郡，統於荆州。後漢因之，置始興都尉。三國屬吴。晉以始興郡屬廣州。宋更郡名曰廣興。齊復爲始興。陳霸先爲始興太守，起兵討侯景。陳於此置東衡州。隋改爲韶州。唐置番州，又更名韶州，改始興郡。皇朝爲韶州，領縣五，治曲江。

廣東提刑置司。

事要

【郡名】始興、韶陽、曲江。余靖韶州真水館記：「真水出大庾嶺，與武水合，回曲而流，故名曲江。」

【風俗】其民短力弱材。圖經：「云云，不能勤作，故呰窳偷生，而無積聚。」習樸而不雜。同上。「云云，淳而不漓。」拳勇善戰。通鑑：「何無忌拒盧循，殷闡曰：『始興溪子，云云。』」爲農者不力於耕，「云云，而運販鹽鈔，歲月可以致富。」爲士者鮮力於學。「云云。而臺府奏公，頤旨可以如意，故其人優吏而不知儒。」惟簡質之是安。「云云。而市井貿易，自日用飲食之外，珍奇之貨不售焉。」並郡志。士多願慤。朱元晦濂溪祠堂記云：「韶故名邦，云云，少浮華，可與進於道者，蓋有張文獻、余襄公之遺風。」士之名聲，抗衡上國。圖經「如王、鄧之世科陸續」，謂王式子陶、孫履，鄧戣子堂、孫弼亮也；「蕭氏之棣萼連輝」，蕭雄弟雅及維也。翁源氣候之異。同上。「翁源在萬山之間，氣候又異。地峻山高，嵐氣四合，朔風初厲，則黄蜂四集，蔽塞窗牖，土人謂之黄蜂瘴。」

【形勝】控扼五嶺。余安道修州衙記：「云云，韶爲交衝。」咽喉交、廣。同上。「云云，唇齒江、湘。」**唐開北嶺**。唐徐浩張文獻碑：「始興北嶺，峭嶮巉絶。大庾南谷，坦然平易。公乃獻狀，詔委開道。曾不閱時，行可方軌。」**嶺道九十里**。余安道撰真水館記：「云云，爲馬上之役，餘皆篙工、楫人之勞。」**地高氣清**。皇甫湜集朝陽樓記。〔一〇〕**韶郡最大**。余安道望京樓記：「廣之旁郡一十五，而韶最大。」**越之北門**。九朝通略：「潘美長驅至韶州，奏云：『此地越之北門也。』」**在番禺北**。余安道州衙記：「韶———之—。」**樂石奇怪**。許申撰張曲江祠記：「庾嶠之南，舜遊之地。云云而甲出，曹溪甘爽而泌湧。八泉會而同沼，二流合爲曲江。」**山水之名聞天下**。韶石圖記。

【土産】**鍾乳**。柳文與崔連州書：「——始興爲上，次乃廣、連。」

【山川】**韶石**、在州東北八十里。郡國志：「斗勞水間，有兩石相峙，高百仞，廣五里，相去一里，大小略均，似雙闕，州取名焉。此外又有三十六石，各有名。相傳舜登此石，奏韶歌。隋開皇九年取以名郡。」**蓮花山**、在州東五里，以形得名。州治對山。**芙蓉山**、在州西五里。○許渾芙蓉寺詩：「宋玉含悽夢亦驚，———響一猿聲。」**越王山**、在州北六里。有廟，太守初至皆款謁焉。**大峒山**、余安道———序：「韶之景富于山水，而佛刹相望於野。」**靈鷲山**、山似天竺———，因名。始興記：「嶺南佛寺，此爲最。」唐沈佺期有詩。**浮山**、在州東北五里。躡地一處，百餘步地動。**桂山**、在州西北四十里，蓋一郡之望。**靈池山**、在翁源縣。池中有石人，或隱或見，自號「老翁」。人居此源，皆享壽考，因名翁水源曰翁源。昌山、在樂昌。士庶嬉遊之所。帽子峰、州治主山。書堂巖、在城東十五里，白芒渡相對。巖洞劃然，泉清石潔，張曲江讀書之所。錦石巖、在仁化南十七里。有三巖，其徑彎環，直二千餘級。夾道杉松，高凌霄漢。紫微洞、在州西南十餘里。紹興間，朱新仲自詞掖謫居曲江，遇父老指示，始得此洞。可容數百人。石室：，在樂昌西五里。舊經：「石高三千餘丈。室外藤蘿交聯，登之者攀援而入。有石牀、石臼。仙經七十二福地，此係泐溪福地。有陸羽題名。」湞水、在城東六步。源出大庾嶺，南流三百六十里入曲江，合武水。柳宗元酬裴韶州詩「湞水想澄灣」是也。勞水、韶石在水中。武水、在城西二十步，復出桂陽監，南流合湞水。盧水、在曲江縣。與武水合處，其險名曰新瀧。有太守周昕廟，即始開此瀧者。舟人放雞散米以祈福，忌濕衣入廟云。瀧水、在樂昌。自臨武東南流入曲江界。○韓愈詩：「南行踰六旬，始下樂昌——。險惡不可狀，舡石相舂撞。」滄湖、在樂昌東南十里。周迴三十五里。曹溪、在曲江縣東南三十五里。源出本縣界牛嶺下，西流五十里，合大江、湞水，南流下英州。以土人曹叔良捨宅爲寺，因名——。雲水源、在曲江縣。有湯泉沸湧，每至雪霜，其上蒸氣高數丈，生物投之，俄而熟矣。○韓愈詩：「韶州南去接宣溪，——茫茫日向西。」臨水源。在曲江縣。其山有石室，室前盤石上羅列十銀瓶。昔縣人封驅之奴株蒙竊銀瓶，行未數里，爲大蛇所螫，封驅驚悟尋奴，則奴已死而瓶存。

【井泉】大涌泉、在曲江，南渡湞水十里。余襄公作涌泉亭，後朱新仲記：「自有天地，便有此泉，振高僧之錫，而蠟騷人之屐多矣。若據石臨清，舉白盡醉，則自我輩始。」卓錫泉。在大庾嶺。圖經云：「六祖大鑒禪師自黄梅傳衣鉢之曹溪，五百大衆相逐至大庾嶺，取五祖所傳衣鉢回。大衆久立，告渴者半，祖師手拈錫杖點石眼，寒泉遂湧，清冷甘美，大衆驚駭。」

【樓臺】韶陽樓、許渾——夜宴詩：「待月江—卷翠羅，玉盃瑶瑟近星河。簷前碧樹窮秋密，窗外青山薄暮多。鴝鵒未知狂客舞，鷓鴣先讓美人歌。使君不惜通宵醉，刀筆初從馬伏波。」朝陽樓、唐李守建，皇甫湜有記。九成臺、在州宅。○蘇子瞻———銘云：「韶州太守狄咸新作———，玉局散吏爲之銘。曰：自秦并天下，滅禮、樂，韶之不作，蓋千三百二十有三年矣。〔一二〕其器存，其人亡，則韶既已隱矣，而况人器兩忘而不傳？雖然，韶則亡矣，而有不亡者存，蓋嘗與日月寒暑晦明風雨並行乎天地之間。世無南郭子綦，則耳未嘗聞地籟也，而况得聞其天籟？使耳得聞天籟，則凡有形有聲，皆吾羽旄、干戚、筦磬、匏絃。嘗試與子登夫韶石之上，舜峰之下：望蒼梧之渺莽，九疑之聯綿：覽觀江山之吐吞，草木之俯仰：鳥獸之鳴號，衆族之呼吸：往來唱和，非有度數而均節自成者，非韶之大全乎？上方立極以安天下，人和而氣應，氣應而樂作，則夫所謂『簫韶——，來鳳凰而舞百獸』者，既已粲然畢陳于前矣。」逍遥臺。隋薛道衡刺史創，州東有遺址。張九齡陪王司馬登臺詩：「常聞薛公淚，非直雍門琴。竄逐留遺迹，悲凉見此心。府中因暇裕，江山幸招尋。人事已成古，風流獨至今。」

【堂亭】思古堂、在州宅。守狄咸建，蘇子瞻名并書。清淑堂、在九成臺下。圖經：「王介甫天聖間侍其父令公守韶日讀書于此。」政寶堂：有蘇、黄石刻。楊廷秀跋云：「蘇、黄皆落南，而嶺南無二先生帖，大似魯人不識麟，惟韶有之。耿光異氣，上燭南斗，下貫碧海矣。」又有米帖，楊廷秀跋云：「萬里學書最晚，雖徧參諸方，然袖手一瓣香，五十年未拈出。今得此帖，乃知李密未見秦王耳。」盡善亭、在建封寺。○蘇子瞻詩：「雙闕浮空照短亭，至今猿鳥嘯青熒。君王自此西巡狩，再使魚龍舞洞庭。」○「蜀人文賦楚人詞，堯在崇山舜九疑。聖主若非真得道，南來萬里亦何爲？」

整冠亭、梁安世記云：「左瞰湞水，右俯武溪，方山衮衮，悉在目前。」○韓愈詩：「暫欲係舡韶石下，上賓虞舜——裾。」望韶亭、楊廷秀題————詩：「新隆寺後看韶石，三三兩兩略依稀。金坑津頭看韶石，十十五五不整齊。一來望韶亭上看，九韶八音堆一案。金鍾大鏞浮水涯，玉瑟瑶琴倚天半。堯時文物也麁疏，禮樂猶帶鴻荒餘。茅茨殿上椎土鼓，葦葉聲外無笙竽。黄能郎君走川嶽，領取后夔搜禮樂。嶧山桐樹夜半鳴，泗水石頭清晝躍。山祇川后争獻珍，姚家制作初一新。帝思南嶽來時巡，宫琛廟寶皆駿奔。曲江清澈碧瓊軟，海山孤尖翠屏展。天顔有喜后夔知，一奏雲韶供亞飯。帝登九疑忘却歸，不知班盡湘笛枝。后夔一脛跛莫隨，坐委衆樂江之湄。儀鳳舞獸埽無迹，獨留一狻守其側。至今喚作獅子石，雨淋日炙爛不得。洞庭張樂已莓苔，犍爲獲磬亦塵埃。不如九韶故無恙，戛擊尚可起冬雷。何時九秋霜月裏，來聽湘妃瑟聲美。曲終莫道不見人，江上數峰是誰子。」韶亭。余安道記：「賢人君子樂夫佳山水者，蓋將寓閑曠之目，託高遠之思，滌蕩煩紲，開納和粹，故遠則攀蘿拂雲以躋乎杳冥，近則築土飭材以寄乎觀望。惟韶山去州治八十里，自元精胚胎，陽結陰流，不知鑪錘者誰，獨秀兹境。在昔虞舜南狩蒼梧，九韶之樂奏于石上，山之得名起於是矣。國家丕冒海隅，擇材綏遠，殿省丞潘君伯恭特膺詔選，來守嶺陀，勔强（御名）弱，〔一二〕有意於古。下車期年，人用休息，乃曰：『山爲州鎮，厥名尤著。自秦開五嶺，迄今千載。憑軾之使，泛舟之賓，大麓之下，往還如織，不知觀矚之地，以爲山榮，豈守之者詳近而略遠哉！』遂按郡諜而相之，背山東渡五里而近，得地曰靈溪，即道左建亭，而山之奇秀森然在目矣。伻來，以圖授之矩畫。先是，賜紫僧法崇者，推誠導慕，衆所欽信，嘗於康衢（御名）榭，〔一三〕以壯州邦。既勤基締，將賁髹臒，太守曰：『吾以敦朴化人，無事於侈，可去華就實，移其用於兹亭。』崇曰：『明使君之言，非唯集事，兼存爲政之體。』繇是捨飾畫之浮費，市楩梓之美材，特畚築運斧斤者，子來而樂成矣。越再出魄而亭就，則兹山具美，纖芥無隱。屹者如闕，圜者如庾，平者如臺，呀者如谷，向者如鬬，背者如逃；人立鳥跂，霞明霧暗，碧玉千仞，青螺萬疊，殊形詭制，紛不可名，驅鬼役物，巧不能備；信方外之絶區也。』既而請名，太守曰：『亭以山（御名）而能盡山之美，〔一四〕其名韶云。』」

【寺觀】南華寺、梁天監元年，有天竺國僧智藥自西土來，泛船至漢土，尋流上至韶州曹溪水口，聞其香，掬嘗其味，曰：「此水上流有勝地。」尋之，遂開山立石寶林。乃云：「此去一百七十年，當有無上法寶在此演法。」今六祖——是也。○六祖姓盧，名惠能，新州人，得法於黄梅五祖忍大師，傳其衣鉢。唐萬歲通天初，則天皇后錫賚宣詔。元和間賜塔曰靈照之塔。柳宗元爲記。其寺爲嶺外禪林之冠。○唐曹松詩：「西土文殊留印跡，大中皇帝舊參禪。」○蘇子瞻詩：「前身便是盧行者。」○楊廷秀詩：「南斗東頭第一山，白頭初得扣禪關。祖衣半似雲來薄，金鎖纔開霧作團。」光運寺、在州西，〔一五〕即始興内史王導故宅。廣果寺：宋之問詩：「影殿臨丹壑，香臺隱翠霞。巢飛銜象鳥，〔一六〕砌蹋雨空花。寶鐸摇初霽，金池映晚沙。莫愁歸路遠，門外有三車。」天慶觀。祥符間創，依終南山太平宫玉皇殿樣式造，其勝妙出諸州上。

【祠廟】虞帝廟：在州西北七里皇岡嶺。有石刻朱文公迎送神樂歌。見静江府。張相國祠、在郡東，墓在武臨原。唐子西云：「張相鐵胎，韶人相傳以爲明皇悔時所鑄。」○郭功父詩：「常平致主陳金鏡，後世宫祠見鐵胎。」周濂溪祠、在州學。○朱文公記云：「秦、漢以來，道不明於天下，而士不知所以爲學。言天者，遺人而無用。語人者，不及天而無本。專下學者，不知上達而滯於形器。必上達者，不務下學而溺於空虚。優於治己者，或不足及人而隨世。以就功名者，又未必自其本而推之也。先生言聖學之有要，而下學者知勝私復禮之可以馴致於上達，明天下之有本；而言治者知誠心端身可以舉而措之天下，脉絡分明而規模宏遠矣。」余襄公祠。在相國廟東偏。

【名宦】王導、晉人，爲内史。蕭道成、爲内史。即齊高祖。范雲：爲内史。郡多盜賊，雲撫以恩德。曲江有修仁水，雲酌而飲之，賦詩云：「三楓何習習，五溪何悠悠。且飲修仁水，不挹背邪流。」皇朝許申、天禧初爲太守，〔一七〕栽官道松、榕數萬株，至今行者感其德。王益、天聖間爲守。初，夷越無男女之别，公一切窮治。未幾，男女之行别於塗。周敦頤、熙寧間爲提刑，不憚瘴毒，荒崖絶島，人迹所不至，皆緩視徐按，以洗冤澤物爲己任。以病求知南康軍。楊萬里、爲憲。臨汀有警，勢連潮、梅，公即日召諸郡兵直抵循、梅，賊懼就擒。○有詩云：「不是潢池赤白嚢，何緣杖屨到潮陽。官軍已埽狐兔穴，歸路莫孤山水鄉。」林光朝。自號艾軒，爲憲，嘗擊茶寇。

【人物】鄧文進、始興人，爲本州刺史，移州於水西。蕭銑叛，發兵攻樂昌城，文進堅守，累有戰功。廟食樂昌。張九齡：，曲江人。七歲知屬文。擢進士，調校書郎中。初，武惠妃謀陷太子，遣官奴誘公爲援，公叱去之。安禄山以范陽偏校入奏事，九齡謂裴光庭曰：「亂幽州者，此胡雛也。」及討奚、契丹師敗，又奏請誅之，帝不聽。禄山犯闕，帝思其忠，遣使祭於韶州，厚幣恤其家。方明皇千秋節，衆獻服玩，公奏金鑑録以箴規之。皇朝余靖。曲江人，爲集賢校理。范仲淹以言事忤意，貶饒州，諫官不敢言。靖上疏論仲淹不當貶，出知泰州。〔一八〕

【題詠】薜荔摇青氣。宋之問詩：「云云，桄榔翳碧苔。南中雖可悦，北思日悠哉。」炎海韶州牧。杜甫送韋員外牧韶州詩：「云云，風流漢署郎。分符先令望，同舍有輝光。白首多年疾，秋天昨夜凉。洞庭無過鴈，書疏莫相忘。」看取北來魚。同上。「養拙江湖外，朝廷記憶疏。雖無南過鴈，云云。」江曲山如畫。許渾送竇司直詩：「云云，貪程亦駐舟。」行舟傍越岑。張曲江真陽詩：「云云，窈窕越溪深。水闇先秋冷，山晴當晝陰。」曲江水滿花千樹。韓愈同張籍遊曲江寄白居易詩：「漠漠輕陰晚自開，青春白日映樓臺。云云，有底忙時不肯來。」曲江山水聞來久。韓愈將至韶州先寄張史君借圖經詩：「云云，恐不知名訪倍難。願借圖經將入界，每逢佳處便開看。」乘舡泛鷁下韶湍。唐胡曾自嶺下泛舟清遠峽詩：「云云，絶景方知在嶺南。薜荔雨餘山似染，蒹葭煙盡水如藍。日遊蕭帝新松寺，夜宿嫦娥桂影潭。不爲篋中書未獻，便來此地結茅庵。」怪石巉巉上泬寥。王介甫送崔左藏之廣東詩：「云云，昔人於此奏簫韶。水清但有嘉魚出，風暖何曾毒草摇。今日淹留君按節，當時嬉戲我垂髫。因尋舊政詢遺老，爲作新詩變俚謡。」

【四六】卷是始興，舊爲南粤。雖曰炎州，實爲樂土。惟炎海之遐陬，有曲江之名郡。山明水秀，九成之韶樂可賓；人傑地靈，千秋之鑑録未泯。濂溪持節，備殫問俗之勞；坡老作銘，妙得聞韶之意。張曲江千秋之録寫作忠規，余襄公四諫之名凛有生氣。江濱執别，悵九成韶石之音；嶺外重來，賦萬里梅花之句。

校勘記

〔一〕「以高宗潛邸」，底本原重一「邸」字，今據四庫本删。

〔二〕「龍子常爲大波縈浪」，「常」，底本原作「當」，據四庫本及太平寰宇記卷一六四改。

〔三〕「梁置梁信郡（至）唐復立封州」，「兼置成州」，底本原作「王置成州」，據北圖本及隋書卷三一地理志、太平寰宇記卷一六四改。又，「隋改成州爲封州」，底本原誤「隋」爲

「陳」，今亦據隋書卷三一地理志、元和郡縣志卷三四、太平寰宇記卷一六四改。而「唐復立封州」，底本原作「唐太立封州」，嶽雪樓本改爲「唐太宗立封州」，然元和郡縣志卷三四、舊唐書卷四一地理志、太平寰宇記卷一六四均云封州復立于武德四年，則作「唐太宗」亦誤，北圖本、四庫本、傳是樓本等作「唐復立封州」，是，據改。

〔四〕「在金鏤村（至）山水清響」，「金鏤村」，底本原作「金井村」，據北圖本、四庫本、傳是樓本及輿地紀勝卷九四改。又，「清響」，底本原作「清音」，亦據上述諸書改。

〔五〕「峴首去思猶墮淚」，「墮淚」，底本原作「隨淚」，據北圖本、四庫本、嶽雪樓本改。此乃用襄陽墮淚碑典，可參閱本書卷三二襄陽府「名宦」羊祜。

〔六〕「在州治之東」，「治」，底本原作「府」，據北圖本、四庫本、傳是樓本及輿地紀勝卷九四改。

〔七〕「喧喧皆傳言」，「言」，底本原作「豈」，據北圖本、四庫本、傳是樓本及全唐詩卷五二〇杜牧李甘詩改。

〔八〕「別户生靈明」，「生靈明」，蘇軾詩集卷三八碧落洞作「穿虛明」，與本書異；四庫本及輿地紀勝卷九五又作「生虛明」，亦有字異。

〔九〕「過得牯牛沙石灘」，「沙」，底本原作「抄」，據嶽雪樓本改。

〔一〇〕「皇甫湜集朝陽樓記」，底本原無「湜」字，本書同卷朝陽樓下云「唐李守建，皇甫湜有記」，知朝陽樓記爲皇甫湜所作；又新唐書卷六〇藝文志載有皇甫湜集三卷，則本書脱「湜」字，今據補。

〔一一〕「蓋千三百二十有三年矣」，「三百」，底本原作「二百」，蘇軾文集卷一九九成臺銘作「三百」。按蘇軾此銘作于建中靖國元年，即公元一一〇一年，秦併天下爲前二二一年，距建中靖國元年當爲千三百二十有三，今據改。

〔一二〕「鋤强（御名）弱」，四庫本作「鋤强扶弱」，嶽雪樓本又作「鋤强撫弱」，似均與御名無涉。按文意，宜作「鋤强匡弱」。匡者，救助也。匡者，宋太祖趙匡胤之御名也。

〔一三〕「嘗於康衢（御名）榭」，四庫本作「康衢構榭」，是。構，宋高宗趙構之御名也。

〔一四〕「亭以山（御名）而能盡山之美」，四庫本作「亭以山構而能盡山之美」，是。例同上條。

〔一五〕「在州西」，底本原作「在水西」，據嶽雪樓本改。

〔一六〕「巢飛銜象鳥」，底本原缺「銜」字，據四庫本及全唐詩卷五二宋之問游韶州廣果寺補。

〔一七〕「天禧初爲太守」，「天禧」，底本原作「天僖」，據嶽雪樓本及宋史卷八真宗紀改。

〔一八〕「出知泰州」，「泰州」，底本原作「秦州」，據宋史卷三二〇余靖傳改。又，據宋史本傳，余靖上疏爲范仲淹辯解，觸怒皇帝，先落職監筠州酒税，又徙監泰州税，再知英州，故此云「出知泰州」亦不確，當云「出知英州」。

方輿勝覽卷之三十六

潮州 海陽 潮陽 揭陽

【建置沿革】禹貢揚州之域。牽牛之分野。古閩越地。秦屬南海郡，秦末屬南越。漢武屬南海郡，今州即漢南海之揭陽縣地。晉成帝分立東官郡，安帝又分東官立義安郡及海陽縣。〔一〕梁置東揚州，又改瀛州。陳廢爲義安郡。隋廢郡，置潮州，煬帝復爲義安郡。唐復爲潮州，改潮陽郡，復爲潮州。皇朝因之。今領縣三，治海陽。

事要

【郡名】潮陽、古瀛、鳳城、以鳳皇山得名。金城、以是州舊屬於金氏。鱷渚。以——魚名。

【風俗】士篤於文行。見韓廟碑。州人知書自文公始。圖經。聯名桂籍自太平興國始。同上。稻得再熟。寰宇記：「云云，蠶亦五收。」夷、獠遂生。皇甫持正韓文公神道碑：「洞——海——，陶然——。鱷魚稻蟹，不暴天物。」

【形勝】大海在其南。韓愈祭鱷魚文。閩南、兩越之界。韓愈胡公墓碑。在廣府極東。

韓愈潮州謝表：「臣所領州，云云界。上去廣府，雖云才二千里，然來往動皆經月。過海口，下惡水，濤瀧壯猛，難計程期。颶風鱷魚，患禍不測。州南近界，漲海連天，毒霧瘴氣，日夕發作。臣少多病，年才五十，髮白齒落，理不久長。居瘴癘之地，蓋與魑魅鄰。苟非陛下哀而憐之，誰肯爲臣言者。」

【山川】韓山，與州山相對。湖山，與韓山對。其麓寺觀錯立。東山，在州東。文公舊遊之地，今多亭榭。蛇山，皇甫持正送簡師序：「適潮不顧——、鱷渚萬里之險。」鳳凰山，在海陽縣。昔有爰居來集，因名之。山海經：「南方有贛巨人，人面長唇，黑身有毛，反踵。見人笑亦笑，笑則唇蔽其面。」寰宇記「有神名山都」，即此。金城山，九域志：「山上有韓木，韓愈所植，不知其名，士人觀其華之疏密，以知登第之多寡。」獅子巖，在郡東山坡上。雙旌石，州東山之二峰。東湖，在韓山之後。四面回環，荷花彌望。西湖，縈繞於州之太平橋下，徑湖以橋。鱷溪。舊名惡溪。產鱷魚，其身黃，四足，脩尾。其形如鼉，而舉止趫疾，口森鋸齒，往往害人。鹿走崖岸之上，羣鱷嗥叫其下，鹿必怖懼落崖，亦物之相懾服也。○按韓愈傳：「潮之惡溪有鱷魚，食民畜産且盡。愈令其屬秦濟以一羊一豕投溪水而祝之。其略曰：『鱷魚有知，其聽刺史言。潮之州，大海在其南。今與鱷魚約：盡三日，其率醜類南徙于海，以避天子之命吏。三日不能，至五日；五日不能，至七日。七日不能，是終不肯徙也。刺史則選材技吏民，操强弓毒矢，以與鰐魚從事，必盡殺乃止。其無悔！』是夕，暴風震電起溪中，數日水盡涸，徙六十里，自是潮無鱷魚之患。」○周洪道云：「韓退之逐鱷事，李翺行狀及皇甫湜神道碑皆不載，豈以鱷近怪，故删去乎？」

【樓榭】揭陽樓、韓愈建。今之韓亭即其地。東齋：在揭陽縣治。丞相梁克家嘗館於是，梅花忽大，梁賦詩曰：「九鼎爕調終有待，百花羞澀敢言芳。」後魁天下，不十年登宰輔。水簾亭、在州東。梅花院。在倅廳。取陳文惠「——庭—竹青青」之句。

【祠廟】韓文公廟。蘇子瞻作廟碑：「匹夫而爲百世師，一言而爲天下法，是皆有以參天地之化，關盛衰之運。其生也有自來，其逝也有所爲，故申、吕自嶽降，傅説爲列星，古今所傳，不可誣也。孟子曰：『我善養吾浩然之氣。』是氣也，寓於尋常之中，而塞乎天地之間。卒然遇之，則王公失其貴，晋、楚失其富，良、平失其智，賁、育失其勇，儀、秦失其辯。是孰使之然哉？其必有不依形而立，不恃力而行，不待生而存，不隨死而亡者矣。故在天爲星辰，在地爲河嶽；幽則爲鬼神，而明則復爲人。此理之常，無足怪者。自東漢以來，道喪文弊，異端並起。歷唐貞觀、開元之盛，輔以房、杜、姚、宋而不能救，獨韓文公起布衣，談笑而麾之，天下靡然從公，復歸於正，蓋三百年於此矣。文起八代之衰，道濟天下之溺，忠犯人主之怒，而勇奪三軍之帥，豈非參天地，關盛衰，浩然而獨存者乎？蓋嘗論天人之辯，〔二〕以謂人無所不至，惟天不容僞；智可以欺王公，不可以欺豚魚；力可以得天下，不可以得匹夫匹婦之心。故公之精誠能開衡山之雲，而不能回憲宗之惑；能馴鱷魚之暴，而不能弭皇甫鎛、李逢吉之謗；能信於南海之民，廟食百世，而不能使其身一日安於朝廷之上。蓋公之所能者，天也；所不能者，人也。〔三〕始，潮之人未知學，公命趙德爲之師，自是潮人皆篤於文行，延及齊民至于今，號稱易治。信乎孔子之言：『君子學道則愛人，小人學道則易使也。』潮人之事公也，飲食必祭，水旱疾疫，凡有求必禱焉。而廟在刺史公堂之後，民以出入爲艱，前守欲請諸朝作新廟，不果。元祐五年，朝散郎王君滌來守是邦，凡所以養士治民者，一以公爲師。〔四〕民既悦服，則出令曰：『願新公廟者，聽。』民驩趨之。卜地於州城之南七里，期年而廟成。或曰：『公去國萬里，而謫于潮，不能一歲而歸，殁而有知，其不眷戀於潮也審矣。』軾曰：『不然。公之神在天下者，如水之在地中，無所往而不在也。而潮人獨信之深，思之至，焄蒿悽愴，〔五〕若或見之。譬如鑿井得泉，而曰水專在是，豈理也哉？』元豐七年，詔封公昌黎伯，〔六〕故榜曰『昌黎伯韓公之廟』。潮人請書其事于石，因爲作詩以遺之，使歌以祀之。其詞曰：公昔騎龍白雲鄉，手决雲漢分天章，天孫爲織雲錦裳。飄然乘風來帝旁，下與濁世埽粃糠。西遊咸池略扶桑，草木衣被昭回光。追逐李、杜參翱翔，汗流籍、湜走且僵，滅没倒景不可望。作書詆佛譏君王，要觀南海窺衡、湘，歷舜九疑吊英、皇。祝融先驅海若藏，約束鮫鱷如驅羊。鈞天無人帝悲傷，謳吟下招遣巫陽。犦牲雞卜羞我觴，於粲荔丹與蕉黄。公不少留我涕滂，翩然被髮下大荒。」

【古跡】韓木。楊廷秀詩云：「笑爲先生一問天，身前身後兩般看。亭前樹子關何事，也得天公賜姓韓。」

【名宦】常衮、爲刺史。所歷有丞相嶺。韓愈、以論佛骨貶潮州刺史，謝表云：「與官吏百姓等相見，具言朝廷治平，天子神聖，威武慈仁，子養億兆人庶，無有親疏遠邇，雖在萬里之外，嶺海之陬，待之一如畿甸。」○韓湘，公之姪孫，落魄不羈，嘗賦詩云：「解逅逡巡酒，〔七〕能開頃刻花。」公曰：「子安能奪造化開花乎？」湘曰：「直易事耳。」取土聚之，以盆覆其上，須臾曰：「花已發矣。」及啓視之，花葉上有小金字，乃詩一聯云：「雲横秦嶺家何在，雪擁藍關馬不前。」公亦莫曉其意。湘曰：「事久乃驗。」後公以言佛骨事貶潮州，途中俄有一人冒雪而來，乃湘也。謂公曰：「頗憶前日花上之句乎？此地即藍關也。」公嘆異，乃足成一聯曰：「一封朝奏九重天，夕貶潮陽路八千。欲爲聖明除弊事，豈於衰朽計殘年。」又云：〔八〕「知汝遠來因有意，好收吾骨瘴江邊。」湘曰：「公非久即當回矣。」遂别而去。李德裕：爲司户。皇朝陳堯佐。類苑：「陳希元以言事切直，謫潮州通判。時潮人張氏子濯於江邊，爲鰐魚食之。公曰：『昔韓吏部以文投惡溪，鰐爲遠徙。今鰐魚食人，則不可赦矣。』乃命吏督漁者網而得之，因鳴鼓告其罪，戮之于市。」

【人物】趙德：韓文公請置鄉校牒云：「——秀才排異端而宗孔氏。」皇朝許申、爲本路漕。詳見惠州。吴復古。字子野，有道之士。見知於待制李師中，曰：「白雲在天，引領何及。」蘇子瞻名其室曰「遠遊」，且爲銘。

【名賢】趙鼎。紹興間，坐與秦檜不協，安置潮州。中丞詹大方乞竄鼎遠方，乃移吉陽軍。時鼎子汾力請侍行，鼎不忍使之俱死瘴鄉，乃手書付之曰：「紹聖初，吕微仲丞相謫嶺南，惟一子曰景山，愛之不令同行。而景山堅欲隨去，將過嶺，吕顧其子，謂曰：『吾萬死何恤？汝何罪，欲俱死瘴鄉耶？我不若先死，尤有後也。』吕遂縱飲而死。吾不令汝侍行，亦微仲意也。」微仲，大防字也。

【題詠】鱷魚大於舡。韓愈詩云：「惡溪瘴毒聚，雷霆常洶洶。」云云，「牙眼怖殺儂。」颶風

有時作。同上詩。「州南數十里，有海無天地。云云，掀簸真差事。」**鱟實如惠文**。韓南食貽元十八詩：「云云，骨眼相負行。蠔相粘爲山，百十各自生。蒲魚尾如蛇，口眼不相營。蛤即是蝦蟆，同實浪異名。章舉馬甲柱，鬬以怪自呈。其餘數十種，莫不可歎驚。我來禦魑魅，自宜味南烹。調以鹹與酸，芼以椒與橙。腥臊始發越，咀吞面汗騂。惟蛇舊所識，實憚口眼獰。開籠聽其去，鬱屈尚不平。買爾非我罪，不屠豈非情。不祈靈珠報，幸無嫌怨并。聊書以記之，又以告同行。」**海氣昏昏水拍天**。韓詩：「潮陽未到人先説，云云。」**魚鹽城郭民熙熙**。陳希元送潮州李孜主簿詩云：「潮陽山水東南奇，云云。」**海邊鄒、魯是潮陽**。陳希元送王生及第歸潮陽詩：「休嗟城邑住天荒，已得仙枝躍故鄉。從此方輿載人物，云云。」

【四六】演綸鰲禁，剖竹鳳城。城號鳳棲，溪傳鰐去。眷今古瀛，實望南粵。惟時嶺表，莫盛潮陽。惟潮陽之偏壘，實廣右之奧區。封疆雖隸於炎方，文物不殊於上國。雖境土有閩、廣之異，而風俗無潮、漳之分。千里秀民，已習韓昌黎之教；累朝故老，能言陳文惠之賢。土俗熙熙，無福建、廣南之異；人文郁郁，自昌黎、趙德而來。魚佩虎符，香自凝於燕寢；鳳城龍首，患何有於鰐魚。文章政事，曾逢嶺表之韓、陳；氣習風聲，今號海邊之鄒、魯。

梅州 程鄉

【建置沿革】禹貢揚州之域。牽牛之分野。古閩越地，秦、漢並屬南海郡。晉屬東官郡，晉末及宋並屬義安郡。梁屬東揚州，又改屬瀛州。隋置潮州，而程鄉以縣屬焉，煬帝屬義安郡。唐復屬潮州。僞漢劉氏割潮之程鄉縣置敬州。皇朝以敬州犯翼祖諱，改名梅州，賜名義安郡。中興以來，廢而復置。今領縣一，治程鄉。

事要

【郡名】義安。

【風俗】土曠民惰。圖經：「云云，而業農者鮮，悉藉汀、贛僑寓者耕焉。」其俗信巫尚鬼。同上。「云云，捨毉而即神。」

【形勝】在廣之極東。同上。介汀、贛之兩間。同上，云云。

【土産】菱米。同上。「不知種之所自出，植於旱山，不假耒耜，不事灌溉，逮秋自熟，粒米粗糲。」

【山川】西陽山，在程鄉縣東南四十五里。明山，在州東三十里。相傳昔有叟黄姓者，採茶於山。值兩人坐石而弈，遺叟以拳石，歸視之，白金也。叟後來亦絶粒，不知所終。東巖，在州東五里。西巖，在州西七里，中有蘭若。〔九〕元祐間，元城嘗登覽賦詩。南田石洞，在州西北六十里。郡之名士古姓者詩云：「仙客有靈千古在，洞門無鑰四時開。」〔一〇〕石窟洞；距城八十里。中有石鼓、天窗，又有小溪。程江，在州西北七十里。蓋因程旼姓氏而名。百花洲。在城南，介兩水之間。古讖云：「———尾齊州前，此地出狀元。」

【井泉】曾井。曾姓者所鑿泉，〔一一〕甘而清，人苦瘴癘，一歃疾即止。

【亭樓】東亭：在東城上。銜遠山，吞長江，爲一郡登覽之勝。望雲樓。在城上。

【名宦】方漸。知梅州。嘗謂梅人無殖產，教以讀書。

【人物】程旼。圖經云：「不知何代人。或云隋人，家于—江口。性嗜書，恬榮進，結廬江濱，環堵蕭然。人服其行義，有不平，不詣官府，而質於—。」

【名賢】皇朝劉安世。紹聖初，章子厚入相，公謫知南安軍，又貶英州，徙梅州。先生謫南七年，未嘗一日病。問其故，則曰：「絕慾斷酒，以是無恙。」後北歸十年，壽幾八十。張致遠詩：「曾井有泉消毒瘴，程江無屋祀高賢。」

【題詠】市小山城寂。楊廷秀詩：「云云，舡稀野渡忙。金暄梅蘂日，玉冷草根霜。」只爲梅花也合來。楊廷秀云：「自彭田鋪至楊田，道傍梅花十餘里，有詩云：一行誰栽十里梅，下臨溪水恰齊開。此行便是無官事，云云。」循州過了到梅州。楊廷秀題瘦牛嶺：「行盡天涯意未休，云云。平生不慣乘肥馬，老夫須教過瘦牛。」〔一二〕深入循、梅瘴癘鄉。前人：「云云，煙雲浮動日蒼涼。連年踏遍嶠南土，賴有仙翁肘後方。」

【四六】疏榮魏闕，出守程江。眷是義安，介于東廣。析隋、唐之一縣，雖號偏州；介汀、贛之兩間，頗存獷俗。昔曰隋縣，剖符竹以更新；今似誠齋，爲野梅而一到。中和宣布，洗蠻煙瘴雨之餘」，稚老歡呼，在春風和氣之内。

惠州 歸善　博羅　海豐　河源

【建置沿革】古南粤之地，星紀之次。秦屬南海郡。漢因之，今州即漢博羅縣之地也。梁置梁化郡。隋置循州，煬帝改龍川郡。唐復置循州，今惠州本循州之舊理也。僞漢劉鋹移舊循州，立禎州。國朝避仁廟諱，改曰惠州。今領縣四，治歸善。

事要

【郡名】惠陽、羅浮、龍川、浮陵、皮日休有——集。鵝城。舊經：「相傳有古仙放木鵝，流而至于此，因建城，故至今稱爲——、鵝嶺。」

【風俗】吾州以東坡重。圖經：「潮州以昌黎重，云云。」文物不下他州。郡學記：「古成之第進士，張宋卿祕郎魁南宫，皆惠人爲南越倡，故此邦云云。」盤游飯，谷董羹。土人好造盤游飯，取鮓脯膾炙，皆埋之飯中。又好作谷董羹，取凡飲食雜烹之。陸道士詩：「投醪谷董羹鍋口，掘窟盤游飯椀中。」蘇子瞻見之大喜。啗蜜唧。蘇子瞻詩云：「朝盤見蜜唧，夜枕聞鵂鶹。」蓋土人取鼠未生毛開眼者，飼以蜜，以箸挾而啗之，謂之蜜唧，以其唧唧作聲也。鵂鶹者，惡鳥。土人惡之。紅螺白餅。紅螺，蜆屬也。冬間甚盛，土人多以配白酒，故名。

【形勝】軒轅所居。皮日休題羅浮云：「乃昔軒轅皇帝所居。」南海之濱。郡志。

【山川】羅山、在博―西北三十里。漢志：「浮山自會稽浮來，博於――，故又名博――。」○羅浮記云：「蓬萊之一島，堯時洪水所漂，浮海而來，與――合而爲一。今山上猶有東方草木，及翡翠、五距、越王山雞。」○元和志：「山之峰四百三十有二。」南越志：「高三千六百丈，周迴三百二十七里。十五嶺，三十二峰，九百八十瀑泉。」○茅君内傳曰：「―浮―有洞，周迴五里，名曰朱明曜真天，又曰勾曲洞天，東通王屋，北通岱，西通峨眉，南通―浮是也。―有洞房石室七十里。所有巨竹皆十圍，謂之籠葱竹。有瀑布，垂流三十仞。有奇石，勢如削成，謂之石樓。山有上湖，岸周迴數里，常應海潮。」又云：「山有鐵橋、石柱，人罕到者。又有啞虎巡山。」〔一三〕遂將子姪至廣州，刺史鄧嶽留不聽去，乃止―浮―。○劉禹錫―浮―見日詩：「陰陽迭用事，乃俾夜作晨。咿喔天雞鳴，扶桑色昕昕。赤波千萬里，湧出黄金輪。」○蘇子瞻同過子遊―浮―詩：「人間有此白玉京，羅浮見日雞一鳴。〔一四〕南樓未必齊日觀，鬱儀自欲朝朱明。東坡之師抱朴老，真契久已交前生。玉堂金馬久流落，寸田尺宅令誰耕。道華亦嘗啖一棗，契虚正欲仇三彭。鐵橋石柱連空横，杖藜欲趁飛猱輕。雲溪夜逢瘖虎伏，〔一五〕斗壇晝出銅龍獰。小兒少年有奇志，中宵起坐存黄庭。近者戲作凌雲賦，筆勢髣髴離騷經。負書從我盍歸去，群仙正草新宫銘。汝應奴隸蔡少霞，我亦季孟山玄卿。還須略報老同叔，贏糧萬里尋初平。」白水山、在羅浮東麓。有寺及懸水崖。有巨人跡，名佛迹巖。○蘇子瞻詩：「何人守蓬萊，夜半失左股。浮山如鵬蹲，忽展垂天羽。根株互連絡，崖嶠争吞吐。

神功自鑪鞴，融液相綴補。至今餘隙罅，流出千斛乳。方其欲化時，天匠麾月斧。〔一六〕帝觴分餘瀝，山骨醉后土。峰巒尚開闔，澗谷猶呼舞。海風吹未凝，古佛來布武。當時汪罔氏，投足不蓋拇。〔一七〕青蓮雖不見，千古落花雨。雙溪匯九折，萬馬騰一鼓。奔雷濺玉雪，潭洞開水府。潛鱗有飢蛟，掉尾取渴虎。我來方醉後，〔一八〕濯足聊戲侮。回風卷飛雹，掠面過强弩。山靈莫恶劇，微命安足賭。此山吾欲老，〔一九〕慎勿厭求取。溪流變春酒，與我相賓主。當連青竹筒，下灌黄精圃。」

白鶴峰、在江之東。舊稱惠陽爲鶴嶺者，以此山下有合江樓，蘇子瞻所居。石埭山、在郡西七里。崖石壁立。有水簾洞。瑇瑁山、在羅浮山之東。山下池中有——。龍穴山；在河源縣。相傳有五色龍乘雲出入。南海、在海豐縣。多鮫鯢，其大吞舟。又有䱜魚，朝出食，暮則宿其母腹。西江、發源九龍山，二百里至郡城。釣潭、在歸善縣，北抵西江。有盤石小潭，可以垂釣。蘇子瞻嘗遊，因作江郊詩曰：「江郊葱朧，雲水蒨絢。碕岸斗入，回潭輪轉。先生悦之，布席閒燕。〔二〇〕初日下照，潛鱗俯見。意釣忘魚，樂此竿綫。優哉游哉，玩物之變。」豐湖、在郡西。廣袤十里，亦名西湖。楊廷秀過惠游——詩：「三處西湖一色秋，錢塘、潁水更羅浮。東坡元是西湖長，不到羅浮便得休。」

龍塘。在郡南。有龍居之。

【井泉】湯泉、在白水山。○蘇子瞻詩：「積水焚大槐，〔二一〕畜油災武庫。驚燃丞相井，疑浣將軍布。自憐耳目隘，未測陰陽故。鬱攸火山烈，觱沸——注。豈惟渴獸駭，坐使癡兒怖。安能長魚鱉，僅可燖狐兔。山中惟木客，户外時芒屨。雖無傾城浴，幸免亡國汚。」卓錫泉。唐子西記云：「人之精神，亦何所不至哉？揮戈可以退日，搏膺可以隕霜，悲泣可以頹城，浩歎可以決石，而況於得道者乎？諸妄既除，表裏皆空，一真之外，無復餘物，則其精神之外，又何如哉？吾遊羅浮，至寶積之寺，飲泉而甘。寺僧曰：『此———也。』昔梁景泰禪師始居此山，其徒以無水難之。師笑而不答。已而庵成，師卓錫于地，泉湧數尺。自是得井山中，迨今賴之。知水者以爲甲於嶠南，而自梁以來未有紀其事者。夫師之爲人，誠不可得而知，然吾聞世間萬有，皆心想所生。而古之學道，未有不用定慧得者。完則深定，慧則流通。以深定流通之精神，而致吾心想中物，如父之使子，君之使臣，有必得之勢。其於此也，特未足多也。或曰：『前世之士，如李廣利、耿恭之徒，皆功名進取之人，以成敗得喪爲心。其精神之富，不踰常人，而喑嗚叱咤，飛泉爲之湧溢，與師無異。此何理也？』曰：『二人者，皆一時貴臣，左氏所謂用物精多，至於神明。方其由於絕域之中，感激奮發於萬死一生之時，其用意至到與精進二體。惟其出於一切之誠，而無定慧之素，以故得之艱勤，非若師之頤指目使，既捷而且逸也。』嗟乎！事之不立也，我知之矣。志意耗於思慮，聰明流於視聽，則精神所感，不行於父子兄弟之間，而尚何有於物？苟能全吾之精神，則雖山石之堅，水泉之柔，雍容談笑之間，堅者可使闢，其柔者可使激而躍也。獨不得於人乎？吾是以知天下之善，無不可立者。」

【樓閣】合江樓：在郡東。昔蘇子瞻嘗居焉。○詩云：「海山葱曨氣佳哉，二江合處朱樓開。蓬萊方丈應不遠，肯爲蘇子浮江來。」平湖閣：在豐湖泗洲寺前。枕湖倚山，最爲勝遊之地。取「鰐湖平」以名。

【亭臺】松風亭、在嘉祐寺。○蘇子瞻有松風亭下梅花詩云：「春風嶺上淮南村，昔年梅花曾斷魂。豈知流落復相見，蠻風蜑雨愁黄昏。長條半落荔支浦，卧樹獨秀桄榔園。豈惟幽光留夜色，直恐冷艷排冬温。松風亭下荆棘裏，兩株玉蘂明朝暾。海南仙雲嬌墮砌，月下縞衣來扣門。酒醒夢覺起繞樹，妙意有在終無言。先生獨飲勿嘆息，幸有落月窺清樽。」野吏亭，在州宅。太守陳希元建。

平遠臺。在無量壽院前，爲一郡遊覽之勝。

【橋梁】東新橋、在郡東。○蘇子瞻詩：「羣鯨貫鐵索，背負横空霓。首摇翻雪江，尾插崩雲溪。機牙任信縮，漲落隨高低。轆轤卷巨索，青蛟挂長堤。奔舟免狂觸，脱筏防撞擠。一橋何足云，讙傳廣東、西。父老有不識，喜笑争攀躋。魚龍亦驚逃，雷電生馬蹄。嗟此病涉久，公私困留稽。姦民食此險，出没如鳧鷖。似賣失舡壺，如去登樓梯。不知百年來，幾人如沙泥。豈知濤瀾上，安若堂與閨。往來無晨夜，醉病休扶携。使君飲我言，〔一二〕妙割無牛雞。不云二子勞，歎我捐腰犀。我亦壽使君，一言聽扶藜。常當修未壞，勿使後噬臍。」西新橋。在郡豐湖上。○蘇子瞻詩：「昔橋本千柱，掛湖如斷霓。浮梁陷積淖，破板隨奔溪。笑看遠岸没，坐覺孤城低。聊因三農隙，稍進百步堤。炎洲無堅植，潦水輕推擠。千年誰在者，鐵柱羅浮西。獨有石鹽木，白蟻不敢躋。似開銅駝峰，如鑿鐵馬蹄。岌岌類鞭石，山川非會稽。嗟我久閣筆，不書紙尾鷖。蕭然無尺箠，欲駕飛空梯。百夫下一杙，椓此百尺泥。探囊賴故侯，寶錢出金閨。父老喜雲集，簞壺無空携。三日飲不散，殺盡西村雞。似聞百歲前，海近湖有犀。那知陵谷變，桂瀆生茨藜。後來勿忘今，冬涉水過臍。」

【寺觀】棲禪寺，在湖山。蘇子瞻葬妾朝雲于此。容齋三筆云：「東坡既至惠州，殘臘獨出，至棲——，不逢一僧。其詩云：江邊有微行，詰曲背城市。〔二三〕平湖春草合，步至棲禪寺。堂空不見人，〔二四〕老稗掩門睡。所營在一食，食已寧復事。客行豈無得，施子浄掃地。松風獨不静，送我作鼓吹。」白鶴觀、觀廢，蘇子瞻請其地築室以居，堂曰德有，鄰齋曰思無邪。○蘇子瞻詩云：「前年家水東，回首夕陽麗。去年家水西，濕面春雨細。東西兩無擇，緣盡我輒逝。今年復東徙，舊館聊一憩。已買——峰，規作終老計。長江在北户，雪浪舞吾砌。青山滿墻頭，鬟髻幾雲髻。〔二五〕雖慙抱朴子，金鼎陋蟬蜕。猶嫌柳柳州，廟俎薦丹荔。吾生本無待，俯仰了此世。念念自成劫，塵塵各有際。下觀生物息，相吹等蚊蚋。」沖虚觀。有朱明洞、朱真人朝斗壇。蘇子瞻云：「近於壇上獲銅龍六，銅魚一。」

【古跡】蘇公堤、在豐湖左。蘇子瞻出上所賜金錢築之。將軍樹。陳文惠祠下有公手植荔支，郡人謂之————。○蘇子瞻詩：「丞相祠堂下，——大—旁。炎雲駢火實，瑞露酌天漿。爛紫垂先熟，高紅掛遠揚。分甘徧鈴下，也到黑衣郎。」

【名宦】皇朝陳堯佐、閬州志載：「公以潮倅權惠守，携潮士許申偕行，艤舟于岸，新月初出，纔甲夜，有馬騎數人，指呼甚嚴，云：『丞相與漕使會宿於此。』其或疏虞，毫髮不赦。』公與申相對驚喜，莫測其由。明日行訪其地，有姚娘廟焉。及居相位，遣人祭告。申亦任本路轉運使，一如其言。」

陳偁。爲守。嘗奏罷豐湖魚租。時子瓘隨侍，即了翁也。

【名賢】趙師雄：龍城録載：「隋開皇中，——遷博羅。〔二六〕一日，天寒日暮，於松林間酒肆旁舍見美人淡粧素服出。近時已昏黑，殘雪未銷，月色微明。師雄與語，言極清麗，芳香襲人，因與之扣酒家門共飲。少頃，一緑衣童來，笑歌戲舞。——醉寢，但覺風寒相襲。久之，東方已白。起視，大梅花樹上有翠羽啾嘈。相顧月落參横，但惆悵而已。」容齋隨筆：「參星見於昏，若至曉，則已殁，故蘇子瞻梅詩云『耿耿獨與參横昏』也。」皇朝蘇軾、紹聖元年謫居。〇蘇子瞻在惠州，有詩云：「爲報先生春睡美，道人輕打五更鍾。」傳至京師，章子厚笑曰：「蘇子，尚爾快活耶？」故有昌化之命。〇黄魯直詩：「東坡謫嶺南，時宰欲殺之。飽喫惠州飯，細和淵明詩。淵明千載人，東坡百世士。出處雖不同，氣味仍相似。」陳鵬飛、字少南，永嘉人，以言事謫死惠州。初居郡之舍人巷，面湖，榜曰謫官湖。〇唐子西詩：「湖邊冷艷浸秋浦，湖上寒光轉夜烏。太白持盃問月夜，予爲題作謫官湖。」唐庚。謫居。沙子步有故宅。

【題詠】犀象滿城邑。唐殷堯藩寄嶺南張明甫詩云：「瘴雨出虹蝀，蠻煙渡江急。嘗聞島夷俗，云云。」散策桄榔林。蘇子瞻惠州上元夜詩：「前年侍玉輦，端門萬枝燈。璧月掛罘罳，珠星綴觚稜。去年中山府，老病亦宵興。牙旗穿夜市，〔二七〕鐵馬響春冰。今年江海上，雲房寄山僧。亦復舉膏火，松間見層層。云云，林疏月鬅鬙。使君致酒罷，簫鼓轉松陵。狂生來索酒，一舉輒數升。浩歌出門去，我亦歸瞢騰。」鄰翁餽蠅蛇。蘇子瞻詩：「何以侑一盃，云云。」蠻果粲蕉荔。蘇子瞻遊棲禪詩：「凄凉羅浮館，風壁頹雨砌。棲禪晚置酒，〔二八〕云云。」蠻菊秋末花。蘇子瞻詩：

「登山作重九，云云。」**梅雨翛翛荔子然。**蘇子瞻見顧秀才談惠州風物之美詩云：「到處聚觀香案吏，此邦宜著玉堂仙。江雲漠漠桂花濕，云云。聞道黄柑常抵鵲，不容朱橘更論錢。恰從神武來弘景，便向羅浮見稚川。」**置酒椰葉桄榔間。**蘇子瞻詩：「云云，艤舟蜑户龍岡窟。」**嶺南萬户皆春色。**蘇子瞻詩：「云云，會有幽人客寓公。」**蝦菜賤時皆丙穴。**唐子西詩：「云云，茅柴美處即郫筒。」

【四六】矧兹偏壘，邈在炎陬。鵝城斗大，鱷穴淵深。視翠羽於梅梢，難尋故迹；酌天漿於荔子，聊和新詩。飽惠州之飯，和淵明之詩；使渤海之民，霑宣帝之化。淪泉誦卓錫之記，貫以精神；渡江讀新橋之詩，施於惠政。

校勘記

〔一〕「安帝又分東官立義安郡及海陽縣」，「立」，底本原作「之」。晉書卷一五地理志云：「安帝分東官立義安郡。」元和郡縣志卷三四潮州下亦云：「晉安帝義熙九年于此立義安郡及海陽縣。」則本書「之」乃「立」之訛，今據改。

〔二〕「蓋嘗論天人之辯」，「天人」，底本原作「天下」，據四庫本、嶽雪樓本及蘇軾文集卷一七潮州韓文公廟碑改。

〔三〕「蓋公之所能者天也所不能者人也」，底本原作「蓋公之所能者，人也；所不能者，天也」。今據四庫本及蘇軾文集卷一七潮州韓文公廟碑改。

〔四〕「一以公爲師」，「公」，底本原作「君」，據四庫本及蘇軾文集卷一七潮州韓文公廟碑改。

〔五〕「焄蒿悽愴」，「焄」，底本原作「焄」，據四庫本、嶽雪樓本及蘇軾文集卷一七潮州韓文公廟碑改。

〔六〕「元豐七年詔封公昌黎伯」，「元豐七年」，底本原作「元祐十年」。按元祐爲宋哲宗年號，只九年便改元紹聖，此必有誤。今核蘇軾文集卷一七潮州韓文公廟碑，實作「元豐七年」，宋史卷一六神宗紀亦云元豐「七年……五月……壬戌，以孟軻配食文宣王，封荀況、揚雄、韓愈爲伯，並從祀」，今據改。

〔七〕「解逅逡巡洒」，「解逅」，底本原作「解造」，據嶽雪樓本改。

〔八〕「又云」，底本原作「云云」，非是。按本書例，「云云」是用以替代標題内容的，此處並無此意。據上文，韓愈已述一聯，下文亦是韓愈所述，故當作「又云」，今改正。

〔九〕「中有蘭若」，底本原作「中登山若」，據北圖本、四庫本及輿地紀勝卷一〇二改。

〔一〇〕「洞門無鑰四時開」，「鑰」，底本原作「金」，據北圖本、四庫本及輿地紀勝卷一〇二改。

〔一一〕「曾姓者所鑿泉」，「鑿」，底本原作「金」，據北圖本、元甲本、四庫本、嶽雪樓本改。

〔一二〕「楊廷秀題瘦牛嶺（至）老夫須教過瘦牛」，按誠齋集南海集卷一九，此所引爲過瘦牛嶺中詩句。楊廷秀另有題瘦牛嶺詩，内容與此不同。又誠齋集所載過瘦牛嶺與本書亦有字異，今録以備考：「行盡天涯未遣休，梅州到了又潮州。平生豈願乘肥馬，臨老須教過瘦牛。」

〔一三〕「晉葛洪爲苟扃令」，「苟扃」，底本原作「　嶁」，據晉書卷一五地理志及卷七二葛洪傳改。

〔一四〕「羅浮見日雞一鳴」，「雞」，底本原作「初」，據四庫本及蘇軾詩集卷三八游羅浮山一首示兒子過改。

〔一五〕「雲溪夜逢瘖虎伏」，「瘖」，底本原作「溪」，據四庫本及蘇軾詩集卷三八游羅浮山一首示兒子過改。

〔一六〕「天匠麾月斧」，「麾」，底本原作「磨」，據四庫本及蘇軾詩集卷三八白水山佛迹巖改。

〔一七〕「投足不蓋拇」，「拇」，底本原作「脢」，據四庫本及蘇軾詩集卷三八白水山佛迹巖改。

〔一八〕「我來方醉後」，「後」，底本原作「從」，據蘇軾詩集卷三八白水山佛迹巖改。

〔一九〕「此山吾欲老」，「此山」，底本原作「北山」，據蘇軾詩集卷三八白水山佛迹巖改。

〔二〇〕「布席閒燕」，「閒」，底本原作「開」，據蘇軾詩集卷三八江郊改。

〔二一〕「積水焚大槐」，「大槐」，底本原作「火槐」，據四庫本及蘇軾詩集卷三八詠湯泉改。莊子雜篇外物有云：「水中有火，乃焚大槐。」此即蘇詩所本。

〔二二〕「使君飲我言」，「飲」，底本原作「領」，據蘇軾詩集卷四〇東新橋改。

〔二三〕「詰曲背城市」，「詰曲」，底本原作「談曲」，據四庫本及蘇軾詩集卷三九殘臘獨出二首、容齋二筆卷一一東坡三詩改。

〔二四〕「堂空不見人」，「堂空」，底本原作「堂堂」，據四庫本及蘇軾詩集卷三九殘臘獨出二首、容齋二筆卷一一東坡三詩改。

〔二五〕「鬖髾幾雲髻」，「髾」，底本原作「髻」，據蘇軾詩集卷四〇遷居詩改。

〔二六〕「趙師雄遷博羅」，「博羅」，底本原作「浮羅」。此惠州領縣，本書及隋書卷三一地理志、元和郡縣志卷三四均只有博羅，而無浮羅，「浮羅」乃「博羅」之誤，今改正。

〔二七〕「牙旗穿夜市」，「牙旗」，底本原作「紅旗」，據蘇軾詩集卷三九上元夜改。

〔二八〕「棲禪晚置酒」，「棲禪」，底本原作「棲賢」，據四庫本及蘇軾詩集卷三九游羅浮道院及棲禪精舍改。

方輿勝覽卷之三十七

循州 龍川 興寧 長樂

【建置沿革】古揚州之境。其分野應粤地。其次星紀，其星牽牛。春秋爲百越地。戰國屬楚。秦置南海郡，龍川以縣屬焉，而趙佗爲龍川令。漢、吴因之。晉割龍川縣地置興寧縣，隸東官郡，故又爲南海、東官之地。隋於歸善縣置循州，煬帝改循州爲龍川郡。唐復爲循州總管府，改海豐郡，復爲循州。國朝平嶺南，地歸版圖，宣和賜名博羅郡。今領縣三，治龍川。

事要

【郡名】循陽、龍川、海豐。

【風俗】爲最饒富。林諮大廳記：「循户四萬，歲出租米僅十萬石，於番禺都會中云云。」今租米僅三萬耳。資奉易足。余安道普安寺記云：「地有魚鹽之饒，士多江海之樂，故云云。」藉蘇、陳爲光榮。循陽志：「蘇子由、陳次升遷徙兹土，蘇著龍川志，陳有論諫，循之談者，云云。」無大寒盛暑。蘇子瞻默化堂序略云：「嶺南云云。秋冬之交，勾萌盜發；春夏之際，柯葉潛改。」

【形勝】重山峻嶺。循陽志：「東南抵惠，東北接梅、潮，西連汀贛，云云數百。」尉佗故基。郡志：「紹興十五年，韓京遷於城東，即——城之——。」漢之名部。余安道普安寺記：「龍川郡者，云云，越之沃野。」常屯甲兵。林諮廳記：「梁、唐、晉、漢、周之間，常爲總管府，甲兵屯焉。」

【土產】碧雞、鸚鵡：寰宇記：「羽則五距、——、越鳥、——。」梗、楠、杞、梓：林諮大廳記：「循之山林，云云，罔不畢具。」水精。出長樂縣山間。

【山川】嶅山、在城西北五里。霍山、在龍川東北八十里。山有佛迹、石逕、石樓，多海中草木。○曹松詩：「七千七百七十丈，丈丈藤蘿入九天。西土文殊曾印迹，大中皇帝舊參禪。月將河漢巡巖轉，僧與龍蛇共穴眠。直是畫工須閣筆，更無名畫入流傳。」博羅山、郡國志：「有山浮海而來，——着——，故名。」詳見惠州。丞相嶺：在興寧，即循、廣二州分水嶺也。唐常袞除潮州，經此嶺，人呼爲————。浰溪、一名龍川。裴氏廣州記：「龍川本博羅之東鄉，有龍穿地而出，即穴泉流，因以爲名。」循江、在河源縣界。蚌湖、在興寧東北四十里。有老蚌大數尺，夜吐光。嶅湖、在州北。周回數里，龍潭之水注焉。龍潭。在嶅山上。有三潭，龍藏焉，祈雨必應。

【堂閣】默化堂：在郡治。蘇子瞻在惠州時，爲循守周彥質命名，大書其榜。水心閣。在城廣福寺前。嶅塘環繞，前峰疊秀，爲一郡登臨勝處。

【名宦】趙佗、西漢南粵王傳：「佗爲龍川令。」李翺、知循州。詳見文集。李義山。有謝循州刺史表。

【人物】韋思明、唐詩紀事載：「李彙征客循州，宿———家，年八十餘，與彙征談論至李涉詩，酷稱善。」羅孟郊。五代時自南昌遷守興寧，官至翰林學士。有茆屋數間，號翰林堂。旁有泉，曰羅公滌硯池。

【名賢】皇朝陳次升、仙遊人。爲御史，論章子厚、蔡京、卞，又乞留陳瓘，湔洗鄒浩，謫循州。蘇轍、謫循州。撰龍川志。巢谷。眉山人。蘇子瞻責黃州，與谷同鄉，因與之遊。及軾與弟轍在朝，谷未嘗一見。軾、轍謫嶺海，平生親舊無相聞者，谷慨然自眉山徒步訪兩蘇。谷見轍，握手相泣，時已七十三矣。將復見軾於海南，自循至新，遂病死。

【題詠】地説炎蒸極。盧綸得循水趙司馬書因寄回使詩：「瘴海寄雙魚，中宵達我居。兩行燈下淚，一紙嶺南書。云云，人稱老病餘。殷勤報賈傅，莫放酒杯疏。」昔我遷龍川。〔一〕蘇子由贈廖有象詩：「云云，不見平生人。傾囊買破屋，風雨疪病身。頎然一道士，野鶴墮雞羣。飛鳴閭巷中，稍與季子親。」〔二〕時叨送米續晨炊。蘇子瞻答周循州詩：「蔬飯藜牀破衲衣，掃除習氣不吟詩。前身自是盧行者，後學過呼韓退之。未敢叩門求夜話，云云。知君清俸難多輟，且覓黃精與療飢。」籃輿觸熱道龍川。李伯紀詩：「海嶠經行陟兩年，云云。只愁青草黃茅瘴，敢意江風佳月天。」

【四六】疏榮鰲禁，作填龍川。郡濱嶺海，地接潮、梅。惟尉佗之故基，乃隋代之名部。

濱江控海，俗頗擅於魚鹽；跨漢歷隋，權遂專於保鄣。粵從五季之間，嘗爲會府；及至先朝之盛，亦號名藩。摩挲壁記，尚尋李商隱之舊題；點檢圖經，盍訪蘇潁濱之陳迹。

連州 桂陽　陽山　連山

【建置沿革】禹貢荆州之域。翼、軫之分野。春秋時楚地。秦爲長沙郡之南境。西漢有桂陽郡，而桂陽、陽山以縣屬焉。吴分桂陽置始興郡。宋改始興爲廣興郡。齊復爲始興郡。梁武帝分置陽山郡。隋廢郡置連州，因黄連嶺以爲名，煬帝改熙平郡。唐復置連州，改連山郡，復爲連州。國朝因之。今領縣三，治桂陽。

事要

【郡名】陽山、九域志：「日出先照，故名——。」連山、劉禹錫云：「州以山得名。」湟川。以水得名。

【風俗】風俗醇厚。朱葆石路記：「溪山鍾美，云云，視南方爲佳郡。」炎裔之凉墟。劉禹錫記：「環峰密林，激清儲陰，海風驅温，交戰不勝，觸石轉柯，化爲凉颸。城壓赭岡，踞高負陽，〔三〕土伯噓濕，抵堅而散，襲山逗谷，化爲鮮雲。故罕嘔哋之患，亟有華皓之齒。信荒服之善部，而云云也。」地大民衆。劉勃鼓角樓記：「云云，過於他郡。」商賈阜通。劉若冲連山縣記：「人物富庶，云云，嘗有『小梁州』之號。」烏言夷面。韓愈送區册序：「陽山，天下之窮處也。陸有丘陵之險，虎豹之虞；水有江流悍急，橫波之石廉利侔劍戟，舟上下失勢破碎淪溺者，往往有之。縣郭無居民，官無丞尉。夾江荒茅篁竹之間，小吏十餘家，皆——。始至言語不相通，畫地爲字，然後可告以出租賦，奉期約，是以賓客從遊之士，無所爲而至。」陽山天下之窮處。荒茅篁竹之間。並見上。湟川八景。一雙溪春漲，二龍潭飛雨，三楞伽曉月，四静福寒林，五中峰遠眺，六秀巖滴翠，七星峰晚靄，八巖湖秋巘。南軒有賦。

【形勝】北接九疑。歐陽經雲闕記：「云云，南連衡嶽，其清粹秀爽之氣，鍾爲勝槩，賢傑繼出。」介楚、越間。費俶閱武亭記：「連云云，號爲會衝。」地控荆湖。詹礪西園記：「熙平古郡，云云。」犬牙番禺。劉禹錫廳壁記：「田壤制與番禺相犬牙，〔四〕觀民風與長沙同祖習。」無土山濁水。武陽震學記：「地接湖、湘，云云。秀徹之氣，凛然浮空。」山水爲嶺南冠。歐陽實蔣氏三徑記云云。奇峰怪石。游烈興造記：「荆、粤之偏，是惟連州。土壤寒殖，溪山岑峻，云云，森若圖繪。」

【土産】石鍾乳、劉禹錫記：「山秀而高，〔五〕靈液滲漉，故————爲天下甲，歲貢三百銖。」紵蕉、劉禹錫記：「原鮮而膴，卉物柔澤，故——爲王服貴，歲貢十笥。」林富桂檜。同上。「云云，土宜陶旊，故侯居以壯聞。石侔琅玕，水孕金碧，故境物以麗聞。」

【山川】桂山、在桂陽縣。方山、在桂陽，對九疑山。静福山、在桂陽縣北五十里。梁廖冲時爲本郡主簿，〔六〕後於此山飛昇。黄連嶺、在桂陽縣西南百五十里。巾子嶺、州之案山。天際嶺、陶弼：「南來未見此高峰，下際滄溟上際空。辛苦限蠻成底事，坐看嵩、華作三公。」同冠峽、韓文次———詩：「今日是何朝，天晴物色饒。落英千尺墮，遊絲百丈飄。〔七〕泄乳交巖脉，懸流揭浪摽。無心思嶺北，猿鳥莫相撩。」貞女峽、在桂陽縣南十五里。郡國志：「有石臨水，狀若婦人，云秦時女子採螺於風雨中，忽化爲石。」○韓愈詩云：「江盤峽束春湍豪，〔八〕雷風戰鬭魚龍逃。懸流轟轟射水府，一瀉百里翻雲濤。漂舡擺石萬瓦裂，咫尺性命輕鴻毛。」陽山關、史記云：「尉佗移檄———，曰：『盗兵且至，急絶道，聚兵自守。』」今縣北當騎田嶺路，秦於此立關。湟谿關：，在陽山縣。劉勃鼓角樓記：「連雖介於楚、越之間，僻在一隅，秦於此置———。漢武遣路博德兵出桂陽，〔九〕下湟水，實此地也。」湟水、在桂陽縣，即漢伏波將軍路博德討南越之所。〔一〇〕桂水、源出桂山之陽，東入于湘。五溪、在桂陽西合爲一江。龍宫灘、韓愈有詩。海陽湖。在桂陽東北二里。唐大曆間，元結到此，創湖通小舟遊泛，劉禹錫賦————十詠。

【井泉】潮泉。在桂陽縣南。有山泉，每二月已後至初秋，每日丑時水湧，流至申時住；八月已後至初春，從申時湧流，至丑時住。

【亭榭】海陽亭、吕温答崔連州————詩云：「吏中習隱好躋攀，不擾疲人便自閑。聞説殷勤海陽事，令人轉憶舜祠山。」宴喜亭、在州城。○韓愈記：「太原王弘中在連州，與學佛之人景常、元惠者游。異日，從二人者行於其居之後荒丘之間，上高而望，得異處焉。斬茅而嘉樹列，發石而清泉激。輦糞壤，焚椔翳，却立而視之：出者突然成丘，陷者呀然成谷，窪者爲池，而缺者爲洞，若有鬼神異物陰來相之。自是，弘中與二人者晨往而夕忘歸焉。乃立屋，以禦風雨寒暑。既成，愈請名之：其丘曰竢德之丘，蔽於古而顯於今，有竢時之道也。其石谷曰受謙之谷，瀑曰振鷺之瀑，谷言德，瀑言容也。其土谷曰黄金之谷，瀑曰秩秩之瀑，谷言容，瀑言德也。洞曰寒居之洞，志其入時也。池曰君子之池，虚以鍾其美，盈以出其惡也。泉之源曰天澤之泉，出高而施下也。合而名之以屋，曰——之——，取詩所謂『魯侯宴喜』頌者也。於是州民之聞者相與觀焉。曰：『吾州之山水名天下，然而無與燕喜者比。經營於其側者相接也，而莫宜其地。凡天作而地藏之，以遺其人乎！』弘中自吏部貶秩而來，次其道途所經，自藍田山入商洛，涉淅、湍，〔一二〕臨漢水，升峴首，而望方城，出荆門，下岷江，過洞庭，上湘水，行衡山之下，繇郴踰嶺，猿狖所家，魚龍所宫，極幽遐瓌詭之觀，宜其於山水飫聞而厭見也。今其意乃不足，傳曰『智者樂水，仁者樂山』，弘中之德，與其所好，可謂叶矣。智以謀之，仁以居之，吾知其去是而羽儀於天朝也不遠矣，遂刻石以記。」○李貺後記：「余自幼伏覽外王父昌黎文公———記，則知連州山水之殊、亭之稱，因記爲天下所嘉。連爲郡既遠且秀，亦因亭而高。時談山水可娱者，較數連矣。中州人既以連遐遠不可得與遊，皆依記以圖爲館宇飾，味山水者莫不目登心到焉。如此，則亭豈可荒，記豈可仆乎？三年冬，余侍行承紐于連。水陸南馳，幽無所據，志無所用，乃縱業于山水，以資養志，況又外祖所記亭在是耶？昔聞，今見必矣。踵于郛，則訪焉。耆老曰：『無矣。』吁！昔奚寵遇而讚詠之如彼，今遭何人廢棄之如此，豈亭之屯耶？竊嘆數月，得刺史武公至，嘆之尤甚，且曰：『不修則過及余矣。』遽揮徒而窮尋之。冒翳履淖，抵巘擘蔓，得餘趾焉。級磚缺擲，棟欀垣瓦寸折片碎，蓊污其甚。石記斷僵，莓昧其字。公整而修之。徵記本於余家，易石而琢之，不旬就矣。於舊不移不損，煥而爲新。命余記其迹。余辭，小子豈敢措筆以並前記。公曰：『不與記實，此則又毀。後人知子至，而不顧子過矣。余何别不修者乎？』余曰：『諾。』」**十詠亭**。劉禹錫序：「元次山作海陽湖，後人作亭榭，標之曰——：曰吏隱亭、切雲亭、雲英潭、玄覽亭、裴溪、飛練瀑、雙溪、月窟、象池、棼絲瀑，即十詠也。」

【名宦】劉禹錫、唐永貞元年自屯田郎出爲連州刺史，又以尚書郎得譴刺連山。禹錫云：「重領連山郡印綬，居五年不得調，滯念欻起，因作問大鈞賦。」○韓愈作柳宗元墓誌云：「中山劉夢得亦在譴中，當詣播州。子厚泣曰：『播州非人所居，而夢得親在堂，吾不忍夢得之窮，無辭以白其大人。且萬無子母俱往理。』請于朝，將拜疏，願以柳易播，雖重得罪，死不恨。遇有以夢得事白上者，夢得於是改刺連州。嗚呼！士窮乃見節義。今夫平居里巷相慕悦，酒食游戲相征逐，詡詡强笑語以相取下，握手出肺肝相示，指天日涕泣，誓生死不相背負，真若可信。一旦臨小利害，僅如毛髮比，反眼若不相識；落陷穽不一引手救，反擠之，又下石焉者，皆是也。此宜禽獸所不忍爲，而其人自視以爲得計。聞子厚之風，亦少媿矣。」**韓愈**、自監察御史出爲陽山令，有惠及下。百姓多以公之姓命其子。

王晙；唐肇武德，迄光化己未，凡二百八十二年，作太守者九十一人，惟王晙位至將相。皇朝李若谷。自開寶三年至熙寧戊申，凡九十九年，假守者四十五人，惟李若谷嘗參大政。

【名賢】張浚。——紹興十六年以排講和，連州居住。

【題詠】窮冬或摇扇。韓愈詩：「遠地觸塗異，吏民似猿猴。山獰知忿狠，辭舌上嘲啁。白日屋簷下，雙鳥鬭鵂鶹。有蛇類兩頭，有蟲羣飛游。云云，盛夏或重裘。颶起最可畏，訇哮簸林丘。」毒霧怕熏晝。韓詩：「投荒誠職分，領邑幸寬赦。湖波翻日車，嶺石坼天罅。云云，炎風每燒夏。」何處好畬田。劉夢得詩：「云云，團團縵山腹。鑽龜得雨卦，〔一二〕上山燒卧木。下種暖灰中，乘陽坼牙蘖。蒼蒼一雨後，苕穎如雲發。」忽有飛詔從天來。韓和張十一詩：「陽山鳥路出臨武，驛馬拒地驅頻隤。践蛇茹蠱不擇死，云云。」唯有青山畫不如。劉禹錫詩：「剡中若問連州事，云云。」邊鴻不到水南流。唐劉禹錫詩云：「謫在三湘最遠州，云云。」連州萬里無親戚。盧肇詩：「云云，舊識唯應有荔支。」

【外邑】出宰山水縣。韓詩：「云云，讀書松竹林。蕭條捐末事，邂逅得初心。哀狖醒俗耳，清泉潔塵襟。詩成有共賦，酒熟無孤斟。青竹時默釣，白雲日幽尋。南方本多毒，北客恒懼侵。譴謫甘自守，滯留愧難任。投章類縞帶，佇益逾兼金。」

【四六】有華銀嶺，遠畀銅符。　疏恩北闕，宅牧南郊。　地接中州，苦無瘴癘；舶通蠻徼，素號劇繁。陽山篁竹之地，不圖見於似人；曲江櫻笋之天，儻共談於今夕。皁蓋朱轓，聊訪湟川八景；清香畫戟，細和湖亭十詩。昌黎宰縣而賦詩，頗嗟毒霧；夢得爲州而作記，乃謂涼墟。失計茲來，悔長安日邊之遠；相逢一笑，説陽山天下之窮。

南雄州 保昌 始興

【建置沿革】禹貢揚州之域。越地，牽牛、婺女之分野。春秋爲百越地。戰國屬楚。秦屬南海郡。漢平南粵，而曲江以縣隸桂陽郡，統於荆州。三國屬吴，孫皓分桂陽爲始興郡，治曲江，而始興以縣屬焉。宋屬廣興郡。齊復屬始興。梁、陳因之。隋廢始興郡，屬廣州。唐初屬韶州，後分其地置湞昌縣。〔一三〕五代劉氏割據，割韶之湞昌、始興二縣置雄州。國朝潘美征嶺南，克英、雄二州，自此復歸版圖；以河北有雄州，故加「南」字；宣和賜名保昌郡。今領縣二，治保昌。

事要

【郡名】凌江、詳見「名宦」凌皓注。保昌。

【風俗】俗雜夷、夏。倅廳題名記：「地當衝要，云云。」無珍異之産。洪勳修學記：「地雖偏小，云云，以來四方之民。」有膏沃之田。同上。「而土性温厚，云云，以爲家給之具。」擅八行之殊選。洪勳修學記：「大觀元年，天子親製孝弟、睦婣、任恤、忠和八行之選，每路以三人爲率。廣十五郡無應選者，惟南雄得譚焕、歐陽班、許孜三人，以其行聞奏。以八行一路殊選，而南雄擅之。」**操翰墨取青紫者相屬**。同上。「本朝以來，——以————，比比——。」

【形勝】**兩路喉襟**。倅廳題名記：「南雄古郡，——之——，由東度嶺而南，由南度嶺而東，足跡所接，舟車所會，其地甚重焉。」**襟會百粤**。同上。**控帶羣蠻**。修城記：「州獨以『雄』名，蓋以其云云，襟會百粤，傑然峙於一隅。」

【山川】**巾山**，在州北。州之主山。**青嶂山**，在城東南五十里。有神仙隱几，一鍋似玉磨琢，瀑布潺湲。相傳龍王居此，祈禱有應。**桂山**，在始興。桂木叢發，人多以爲藥，故名。**丹鳳山**，在始興西北。天監中，有鳳翔此山。**天柱峰**，在始興西二十里。峭秀奇拔無支峰，贅阜屹然撐天。梁天監中九鳳翔集，亦名九鳳山。傅大士講經于下。**玲瓏巖**，在始興縣南。石峰平地拔立。有石室虚曠，葛仙嘗煉丹于此。**揚歷巖**，距城西北二十里。山巔方廣百餘丈，飛泉瀉空。有龍祠，祈禱輒應。**仙女巖**，在州東北。闞天封寺，杉檜鬱翳。求石潺湲中，有二仙像，謂秦時二女子於此得道飛仙。**梅嶺**，在始興。即大庾嶺，一名塞嶺，在五嶺東。詳見南安軍。**羅漢洞**，在州東。天漢中有——數尊現相。**正陽峽**，張九齡詩：「行舟傍越吟，窈窕越溪深。水暗先秋冷，山晴當晝陰。重林間五色，對石聳千尋。此物生遐遠，誰知造化心。」**放鉢石**，在雲封寺。○章希言詩：「石上曾經轉鉢盂，石邊南北路崎嶇。行人不見空嗟嘆，還識西來意也無。」**朔水**，在始興縣東三十五里。水出贛州，遇月朔即漲，晦即減。修仁水。在城南二十里。齊范雲爲守，至此嘗酌水賦詩。

【井泉】龍井、在州北道傍寺中，深百餘尺。舊傳通海眼，時有龍躍。蘇子瞻、張順之皆有詩。霹靂泉。昔大鑒禪師得法南歸，經庾嶺，有卓錫遺跡，後人從而屋之，遂爲一方名藍。詳見南安軍。

【堂院】景郇堂、在州宅。道院。李俠修，黄匪躬記。

【樓亭】城樓：齊祖之詩：「漢初開郡出南夷，方壑千巖足嶮巇。天上斗牛應共域，人間江、嶺自分歧。」通越亭。在庾嶺。余安道：「嶺嶠古來稱絶徼，梯上從此識通津。」

【古跡】鼻天子墓、在始興縣。不知何代。相傳云：昔有人掘之，銅人數十擁笏列侍，俄聞擊鼓大呼，震動山谷，遂返。張九齡書堂。在始興縣南。山幽水秀，花木長春。几案庭户，皆石琢就。

【名宦】楊僕：漢人。爲樓舡將軍，出豫章，下横浦，即此。皇朝章得象、爲守，後入相，封郇公。凌皓、知保昌。興水利，開導江水，農人感德，號曰凌江。蕭渤。爲守。預築城，以禦儂賊。

【人物】張九齡：祖居始興縣，今墳墓宅基皆在焉。本傳謂韶州曲江人，蓋雄州未建之前均隸曲江，既又析曲江爲雄州，則九齡乃雄州始興縣人也。今子孫盡在南雄。皇朝鄧戒、始興縣人，與弟闢聯名登第。顧希甫、保昌人，與子衮相繼登科。李邵。保昌人，與子琰俱登第。

【名賢】吴元美。任福建帥幹，坐作賦譏時宰，又其家有潛光亭、商隱堂，鄭煒併作啓上秦公。〔一四〕檜云：「亭號潛光，蓋有心於黨李；堂名商隱，本無意於事秦。」〔一五〕後遷南雄以死。

【題詠】庾嶺南邊第一州。章希言詩：「凌江清淺繞城流，云云。惟有梅花傳遠信，只憑萱草緩離憂。」一麾遠在百蠻中。前人。黄梅雨歇荔支紅。前人：「青草瘴深盧橘熟，云云。」兩州南北護梅關。章穎詩：「云云，盡日人行石壁間。」

【四六】棨分漢竹，來訪嶺梅。斗、牛共域，江、嶺分歧。惟凌水之名邦，號廣南之道院。章郇公舊治之邦，尚存善政；張相國始生之地，可想高風。度嶺而南，尚接中州之美俗；浮江而下，實爲東廣之上游。

南恩州 陽江　陽春

【建置沿革】禹貢揚州之域。斗、牛之分野。春秋時爲百粤地。秦屬南海郡。漢置合浦郡，今州即合浦之高凉縣地也。吴屬高興郡，置海安縣。〔一六〕宋屬東官郡。齊置齊安郡，海安以縣屬焉。梁置陽春郡。隋廢郡入高州，置高凉郡，以海安、陽春二縣隷焉。唐立春州，太宗又立恩州，改恩州爲恩平郡，復爲恩州。〔一七〕皇朝廢春州，以其地隷恩州，尋復置春州；仁宗時以河北路貝州爲恩州，仍於舊恩州上加「南」字。今領縣二，治陽江。

事要

【郡名】恩平、鼍山。唐郡。

【風俗】與夷、獠雜居。春州記。瘴癘以春州爲首。同上。「四方言云云，故凡補吏得罷，必加優賞焉。」五馬名目。倦游録載陳亞滑稽之語云：「使君之五馬雙旌，名目而已；螃蟹之一文兩箇，真實不虛。」其地下濕宜稻。同上。耕種多在洞中。寰宇記：「土地多風多旱，云云。」郡兼山海之利。恩平志：「云云，富於魚鹽。」

【形勝】南濱巨海。郡守丁璉學記：「恩平古郡，漢屬合浦，云云，耳目遠於中州。」阻山瀕海。圖經：「恩平與廣右接境，云云。」孤絶海隅。李觀翠巖亭序。襟帶巖洞。春州記：「東南湊大海纔百里，環山繞林，云云。」昔春、勤二州之地。鼉山志序云：「今之陽江，蓋併唐之三縣，而陽春乃云云。」當五州之要路。投荒録：「當海南五郡泛海之路，頗有廣陵、會稽賈人循海而至，故吴、越所産，不乏於斯。」

【山川】東山、在州之東。舊築熙春臺於其上。羅琴山、在州西二十里。昔羅含嘗携琴遊此。射木山、在陽春縣。春州記：「——之—以爲望。」龍鼉山、在陽春縣，爲南服之冠。鳳凰山、一名北甘山。倦游録：「此山壁立千仞，有瀑水飛下。猿猱不能至。鳳皇巢其上，遇大風雨，或飄墮其雛。」鐵坑山、在陽春縣東。○胡邦衡詩：「初疑金谷嶺，元是———。人云兹地惡，我愛碧孱顔。」峒石山、在陽春縣。巖谷幽邃。○胡邦衡詩：「兹處山皆石，他山盡不如。固非從地出，疑是補天餘。下漏一拳小，高凌千仞虛。奇章應未見，名不到中書。」望海岡、在州南二里。金雞石：

在州西北。郡國志：「石上時有——。」漠陽江、在陽江西。流入大海。恩平江。在城界。平城山發源。

【亭臺】揖秀亭。胡邦衡詩云：「青山如高人，可揖不可致。」熙春臺、在州東北。高跨嶺首，下視南溟。望海臺。胡邦衡南遷賦詩：「君恩寬逐客，萬里聽歸來。未上凌煙閣，聊登———。山爲翠濤湧，潮拓碧天開。目斷飛雲處，終身愧老萊。」

【古跡】劉王女冢素馨花。舊名那悉茗。昔劉王女名素馨，冢上生此花。傅伯成詩，見泉州。

【名宦】皇朝李綸。邴之子，寓居泉南，所至有清操。提舉廣東常平日，適伯氏繼出守恩平，酌别江濱，相勵以清白。綸慷慨臨江，矢天曰：「儻負君民，有如此水。」遂投盃于江，盃停不没。

【名賢】胡銓。謫居。自號澹菴。

【題詠】荒城斗樣大。郡守王子明賦西樓詩云：「西江横玉虹，西山羅畫屏。云云，此樓何峥嶸。炎嶺狀隴、蜀，三洲通蓬、瀛。人煙幾村落，數點如晨星。誰謂海一涯，好峰無數青。」簿書休吏早。黄狀元度隆蔭堂詩：「云云，花鳥向人閑。」縣古松杉老。胡邦衡詩：「云云，人居水竹間。字民無獄訟，携客有江山。」

【四六】缜綸亹禁，剖竹麗山。畫地千里，負海一隅。包春、勤二州之地，得嶺嶠五馬之名。海舶所經，當五州之要路；郡城雖小，介二廣之提封。山石補天餘，乃胡澹菴之見賞；簿書休吏早，有黄文昌之留題。

新州 新興

【建置沿革】古南越之地，星土分野與廣州同。秦屬南海郡。漢置臨允縣，屬合浦郡。〔一八〕吴屬蒼梧郡。東晉穆帝始分蒼梧立新寧郡，又分臨允地置新寧縣以屬焉。梁武改置新州，立新興縣。隋廢州，以新興縣屬信安郡。唐又置新州，改新昌郡，復爲新州。後國朝因之。陞威塞軍節度。〔一九〕今領縣一，治新興。

事要

【郡名】新昌、見「沿革」注。臨允。元和志云：「今州即漢合浦郡之——也。」

【風俗】瘴氣最惡。郡縣志云云。嶺外代答：「今俗以新州爲大法場，英州爲小法場。」俗以雞卜。郡志：「———骨——吉凶。」漢書「越巫以雞卜」，即此。民薄産而多貧。崔頤題名記：「地僻境隘，云云。」喪祭則鳴銅鼓。寰宇記：「豪渠之家，云云，召衆則鳴春堂。」此路荊棘。元祐間，范忠宣爲右僕射。有吴處厚者，以蔡確題安州車蓋亭詩來上，以爲謗訕。宣仁太后怒曰：「蔡確以吾比武后，當重謫。」呂汲公爲左丞，不敢言。初議貶確新州，忠宣謂汲公曰：「云云已七八十年，吾輩開之，恐自不免。」

【土産】異花、有花曰優曇鉢，以琵琶無花而實。異木、寰宇記：「山多香木，謂之密香，辟惡氣，殺鬼精。」○「斷續藤，山行渴則斷取汁而飲之，號曰東風菜。」○「勾緣藤，南人績以爲布。」○「木葵，可以爲扇。」異禽、越王鳥，似鳶，而口勾可受二升，南人以爲酒盃。○雲白鳥，能禁蛇。○乾闥婆城有　鳥，似山雞，以家雞鬬之則可擒。其翬有光，漢以飾侍中冠。○桂山有翡翠、孔雀。異獸。桂山有黑猿、鼷鼠。○江中有潛牛，形似魚，能上岸與牛鬬。

【山川】龍山、在州南。錦山、在州南。金山、在信安縣。銀山、出白金。天露山、在州東南二十里。高於諸山。雲秀山、在州東二十五里。寶蓋山、在州西五里。瑞峰山、在州北七里。桂山；在新會縣西南三十四里。南海、在新會縣南百五十里。有浮洲，襟帶甚遠。山挺方木，水食珠母。新江、新興縣南二百里。階湍、寰宇記：「在永固縣南。魚鼈不可至，雖吕梁之險無以過，石如階級故也。」三章溪、允吾縣南。溪有三源。新昌水。經永順縣南二里。

【院宇】道院、在州宅東。郡守魏彥琳建。澹庵、在嶽祠東。胡邦衡居焉。覺軒。在龍山寺方丈後。左丞王履道爲銘曰：「本自不迷，何者爲｜？惟無舌人，滿口道着。龍山名｜，無病求藥。從而銘之，分一半錯。」

【園亭】十仙園；在郡西南。謂新昌官屬，自郡守而下，止十員，訟簡用足，宦遊若神仙焉。雙溪亭、彭德遠：「｜｜｜詩碑乃唐光府君清德碑，一沉東江之上，故詩云：雨過畫橋横蝃蝀，月明玉塔卧清瀾。景全堪作吾鄉冠，還有沉碑客未看。」相遊亭。在秀羅寺後。蔡持正喜遊之，僧因以名。

【橋梁】仁義橋。在東門外。跨江三十六間，覆以瓦屋。

【名宦】張柬之：武三思使鄭愔告柬之與王同皎通謀，貶新州司馬。皇朝梁立則、熙寧中爲守。於郡西十里得白蟮坑，決其水灌田，至今爲利。黄濟。静江府人，紹興間守新州。舊無城，濟以竻竹環植之，羗豚不能徑，號竹城。至今以爲利。

【名賢】郭元振：遷吏部尚書。玄宗講武驪山，軍容不整，流新州。皇朝劉摯、字莘老，以論新法貶新州。鄒浩、爲正言，乞追停劉后册禮，編管新州。蔡確、謫居。胡銓、爲密院編脩。上書乞斬秦檜，謫新州。胡寅。爲起居郎。排和議，忤秦檜，謫新州。

【題詠】仁義橋邊楊柳斜。蔡持正詩：「云云，洗亭岡畔種桑麻。」龍山水遶祖師塔。前人：「國恩禪寺乃六祖故居，寺有木塔安祖師像。」夏院雲埋宰相家。前人。

【四六】炎嶺窮陬，新昌小郡。雖曰炎荒，實稱道院。地居嶺海之窮，郡自晉、唐而創。事簡訟稀，官屬有十仙之號；民貧地僻，州城劣千里之封。郡在炎陬，雖達宦美官之罕至；時稱惡地，乃騷人遷客之辱臨。

校勘記

〔一〕「昔我遷龍川」，「遷」，底本原作「游」，據蘇轍欒城三集卷三龍川道士廖有象改。輿地紀勝卷九一引此詩作「遷」，不誤。

〔二〕「稍與季子親」，「與」，底本原作「覺」，據蘇轍欒城三集卷三龍川道士廖有象改。輿地紀勝卷九一引此詩作「與」，不誤。

〔三〕「踞高負陽」，「踞」，底本原作「路」，據劉禹錫集卷九連州刺史廳壁記改。

〔四〕「田壤制與番禺相犬牙」，「田」，底本原作「由」，據劉禹錫集卷九連州刺史廳壁記改。

〔五〕「山秀而高」，「高」，底本原作「宣」，據劉禹錫集卷九連州刺史廳壁記改。

〔六〕「梁廖冲時爲本郡主簿」，「時」，底本原作「詩」。初疑「廖冲詩」爲人名，然輿地紀勝卷九二云：「梁廖冲者，字靖虛，爲本郡主簿。」可見「詩」字並非人名。此字既非人名，于句中便不可解。細析文意，蓋云廖冲梁時爲本郡主簿，後於静福山飛昇，因「時」、「詩」形近，故有訛誤。今改正。

〔七〕「遊絲百丈飄」，「百丈」，底本原作「百尺」，據韓昌黎集卷九次同冠峽改。輿地紀勝卷九二引此詩作「百丈」，不誤。

〔八〕「江盤峽束春湍豪」，「春」，底本原作「看」，據韓昌黎集卷三貞女峽改。輿地紀勝卷九二引此詩作「春」，不誤。

〔九〕「漢武遣路博德兵出桂陽」，底本原作「漢武誅建德，兵出桂陽」。查漢書卷六武帝紀，無誅建德事，更無建德其人，而作「遣伏波將軍路博德出桂陽，下湟水」；本書同卷「湟水」下亦作「漢伏波將軍路博德討南越之所」，今據改。

〔一〇〕「即漢伏波將軍路博德討南越之所」，底本原脱「德」字，據漢書卷六武帝紀、卷五五路博德傳補。

〔一一〕「涉淅湍」，「淅」，底本原作「浙」，據韓昌黎集卷一三宴喜亭記及水經卷二〇丹水注改。淅，古作「析」，爲丹水支流。

〔一二〕「鑽龜得雨卦」，「雨」，底本原作「兩」，據劉禹錫集卷二七畬田作改。

〔一三〕「後分其地置湞昌縣」，「湞昌縣」，底本原作「須昌縣」，誤。據舊唐書卷四一地理志、新唐書卷四三上地理志改。

〔一四〕「鄭煒併作啓上秦公」，「鄭煒」，底本原作「鄭曄」，據宋史卷四七三秦檜傳改。輿地紀勝卷九三則作「鄭暐」。又，宋史原作「鄭瑋」，今中華書局點校本云據繫年要録卷一六一、十朝綱要卷二四、中興兩朝聖政目録任相門改。

〔一五〕「本無意於事秦」，「事」，底本原作「仕」，據宋史卷四七三秦檜傳、輿地紀勝卷九三改。

〔一六〕「吴屬高興郡置海安縣」，「高興郡」，底本原作「高興縣」。晋書卷一五地理志海安縣屬高興郡，高興郡下亦云「吴置」，而廣州所領各郡中並無高興縣，則此「高興縣」確爲「高興郡」之誤，今據改。

〔一七〕「復爲恩州」，「復」，底本原作「後」。按本書例，凡述唐天寶至乾元間州郡互改事，皆用「復」字，此「後」乃「復」之訛，今改正。輿地紀勝卷九八作「復」，不誤。

〔一八〕「漢置臨允縣屬合浦郡」，「臨允縣」，底本原作「臨允郡」。漢書卷二八下地理志合浦郡所轄有臨允縣，太平寰宇記卷一六三新州下亦云「漢爲合浦郡之臨允縣」，則此處「臨允郡」爲「臨允縣」之誤，今據改。

〔一九〕「陞威塞軍節度」，按元豐九域志卷九、宋史卷九〇地理志，宋代未嘗升新州爲威塞軍節度；又據新五代史卷六〇職方考，後唐同光元年曾于新州置威塞軍，然此新州在北方，與此南方新州無涉；據上所述，則此「陞威塞軍節度」六字有誤。

方輿勝覽卷之三十八

廣西路

静江府

臨桂　興安　靈川　陽朔　永福　修仁　理定　古縣　荔浦　義寧

【建置沿革】禹貢荆州之域。翼、軫之分，鶉尾之次。古百粤之地，七國時楚、越之交。秦置桂林郡。漢置零陵郡，始興隸焉；置蒼梧郡，荔浦縣隸焉；今州即始興縣地。東漢爲始安國。吴置始安郡，屬荆州。晉屬廣州。梁立桂州於蒼梧、鬱林之境，因桂江以爲名。隋置始安郡。唐置桂州總管府，改始安郡，又改建陵郡，復爲桂州，置桂管都防禦等使，陞桂管爲静江軍節度。皇朝兼廣西經略、安撫，以高宗潛藩，陞静江府。今統郡二十五，領縣十，治臨桂。

本路轉運、提刑、提舉置司。

事要

【郡名】八桂、桂林。

【風俗】俗比華風。唐蕭昕送桂州刺史序：「云云，化同內地。」多荒茅篁竹。張敬夫靜江府壁記：「然其土素瘠，云云。風俗異西北，民之生理甚艱。是以賦入寡少，郡縣亦例以迫束。」赤子龍蛇。同上。「而又並邊非止一面，蠻夷之性不常，云云交致其恩威，乃克無事，故其任常重。」一日四時之氣備。嶺外代答云：「冬月久晴，不離葛衣紈扇。夏月苦雨，急須襲被重裘。大抵早溫晝熱，晚涼夜寒，云云。」氣候與江、浙頗類。嶺外代答云：「雨下便寒晴便熱，不論春夏與秋冬。此蓋南方之氣候，桂林與江、浙頗類，過桂林而南則大異矣。」風氣清淑。范至能虞衡志序：「始予自紫微垣出帥廣右，姻親故人張飲松江，皆以炎荒風土爲戚。余取唐人詩攷桂林之地，少陵謂之宜人，樂天謂之桂林無瘴氣，退之至以湘南江山勝於驂鸞仙去，則宦遊之適，寧有瘉此者乎？至郡則云云，果如所聞。」士之秀美豈乏人。張敬夫三先生祠記：「桂爲郡，山拔而水清，云云。」

【形勝】東控海嶺。白居易制：「云云，右控蠻荒。」西距雕題、交趾。韓雲卿平蠻頌：「云云，南控夜郎、昆明，北洎黔、巫、衡、湘，彌亘萬里。」東接諸溪。吳宗旦設廳記：「西連交趾，南極炎海，云云。」湘水之南。李彥弼八桂堂記：「云云，粵壤之西，是爲桂林。秦以郡置，唐以管分。」左控荆、衡。郭見義修城記：「云云，右走甌越，枕灕湘之間，爲一都會。」南浮瓊、崖。唐弼安遠橋記：「西通道於交趾、大理之區，云云，盡島夷之國。」與湖南犬牙。虞衡志。重江束隘。柳宗元訾家洲記：「萬山面內，云云，聯嵐合暉。」千巖競秀。唐韋宗卿隱山六峒記：「桂林郡郛，云云。」

山皆平地拔起。倦游録：「桂州左右，山皆平地拔起數百丈。竹木蓊鬱，石如黛染，陽朔縣尤佳，四面峰巒皆駢立。」居五嶺之表。唐蕭昕送桂州刺史序：「云云，控兩越之郊。」五筦桂爲大。唐弼安遠記：「——之地————，被山帶江，控制數千里。」爲西南會府。李彦弼湘南樓記：「桂云云，所以爲襟蠻帶海，用兵遣將之樞。」地望隆重。張敬夫壁記：「唐末陞静江軍節度，然是時嶺南已分爲東西路，而西道所領實在邕管，桂獨得察州十餘。宋有天下，四方萬里罔不臣，規摹法制加詳於前代。景祐二年，詔桂州兼廣西兵鈐。〔一〕後十七年，又詔兼經略、安撫，於是始得顓制，云云。其後復兼大都督之號。」控制雄劇。同上。「合一路所領郡二十有五；其外則羈縻之州七十有二；又其外則諸小番羅殿、自杞、特磨、白衣之屬環之；又其外則交趾、大理等國屬焉，其地南入于海，去帥治所水陸幾四千餘里。其——亦可謂——矣。」襟喉二十有六州。李彦弼八桂堂記云：「遥制海疆，旁控蠻窟，云云，巍然爲會府。」二廣爲天子南庫。范至能鹽法奏。

【山川】桂山，在臨桂縣之東。山海經云：「八桂成柱。」○范至能虞衡志序：「余嘗評——之秀，宜爲天下第一。太行、常山、衡嶽、廬阜，皆崇高雄厚，雖有諸峰之名，政爾魁然大山。其最奇秀，莫如池之九華，歙之黄山，括之仙都，温之鴈蕩，夔之巫峽，此天下同珍之者，然皆數峰而止，又因重岡復嶺之勢盤而起。桂之千峰皆旁無延緣，悉自平地崛然特立，玉笋瑶簪，森列無際，誠爲天下第一觀。韓愈詩，柳宗元訾家洲記，黄魯直詩，則——之奇在目中矣。」堯山，在府城東北四十里。舜山，在城北。有舜廟并唐人碑。隱山，寰宇記云：「唐李渤出鎮，見石門大開，有水淵澈，乃夷薙蕪穢，跡通巖穴。上有六洞，皆在西湖中、——之上：一曰朝陽，二曰夕陽，三曰南華，四曰北牖，五曰嘉蓮，六曰白雀。汎湖泊舟，自西北登山，先至南華，中有水十許步，水傍平坦，可坐數十人。出洞而西，至夕陽，其深百丈，水亦竟焉。洞窮，有石門可上，出至北牖，潭水沉黑，巨魚躍然，左右怪石萬狀。潭上石室、便房，窗牖如琢玉。出洞十許步，至朝陽，潭水尤清洌，下通湖面。其上石壁有碧石、白石二盆，盆中常有水數升，斞之不竭。轉至一處，別名雲户，洞有石榻，刻爲博局，故又名仙弈，傍通虛明，下臨湖山，如指掌。又西至白雀，穴口隘狹，側身入中，有石室容數十人。潭上石樓有二石人，若倚樓者。中有穴通嘉蓮，多白蝙蝠，有石榻、石琴之類，不可具載也。西湖之外，既有四山繞之，碧玉數十峰倒映水面，固已奇絶，而湖心又浸——。諸洞之外，別有奇峰，繪畫所不及。余名其最巧一峰曰沉香，大略似雕鎪通脱沉香山子也。湖水漣漪，荷花時有，泛舟故事，勝賞甲於西南。」灕山、在城南二里灕水之陽。其山孤拔，下有澄潭，傍有洞穴廣數丈，世亂民保以避寇。陽朔山、宋咸詩：「獨起獨高雄入漢，相輝相映翠成堆。若非羣玉崑西玉，即是三峰海上來。疑有洞天通日月，絶無樵路到塵埃。如何得似巨靈手，擘向天家對鳳臺。」南溪山、在臨桂縣南五里。其山聳拔千尺，其溪東注與桂江合。靈巖山、在靈川縣西北三十里。山下有洞，南北相通，水灌其中。龍隱巖、在水東七星山。俗傳昔有龍蟠伏其間。今江水汎舟至石壁下，有大洞，門高可百丈。鼓棹而入，兩壁石皆玉立。仰視洞頂，有龍迹夭矯若印泥，然其長竟洞。舟行僅一箭許，別有洞門可出。兩門虛明相射，泊舟其間，琴奕觴詠，奇賞終日。巖在洞側，山半有小寺，即巖爲佛堂，不復屋。雉巖、江濱獨山。有小洞，深百許步，路窄不可窮。劉仙巖、在白龍洞之陽。仙人劉仲遠所居。磴道險峻，攀援而上。石室高寒，出半山間。佛子巖、亦名中隱巖。去城十里，號最遠，一山崒起莽蒼中。山腰有上、中、下三洞。下洞最廣，如横大艘。入洞秉燭行，亦有石液融結爲人物。轉一再曲，道窄不可進。中洞明敞，高百許丈，透出山背，洞門垂石，高深如幡蓋，飛仙騰虬之屬以千百計，仰視驚心奪目，移晷忘去。疊綵巖、在八桂堂後。大山屏開壁立，山石層層横斷，如積疊錦綵。躡支徑登大半，有大洞門，入洞行十許步，則曲轉穿出山背，北望平遠如畫。前後洞門皆有蒼石嵌巖，古苔封之，如世所作仙聖宴坐之龕，遊者徘徊不忍去。前山脚有小洞，幽闇不可窮，昔有猴怪居之，自有傳記。屏風巖、在平地。斷山峭壁之下入洞門，上下左右皆高廣百餘丈，如康莊大逵。延納光景，内外明徹。中有平地，可宴百客。仰視鍾乳床，森然倒垂，如珠玉瓔珞寶蓋者甚多。石乳融結丈餘，圓如囷廩，外紋縠皺星燦極可觀。躡石磴五十級，有石穴通明，逗穴而出，則山川城郭恍然無際。余因其處作壺天觀，而命其洞曰空明。讀書巖、在獨秀峰下，直郡治後，爲桂主山。傍無坡阜，突起千丈。峰趾石屋有便房，石榻、石牖，如環堵之室，顔延年守郡時讀書其中。伏波巖、在灕江濱。突然而起，且千丈。下有洞，可容二十榻。穿鑿通透，户牖旁出。有懸石如柱，去地一線不合，俗名馬——試劍石。五嶺：李白詩：「桂水之——，衡山朝九疑。」○嶺外代答：「自秦世有——之説，皆指山名。考之，乃入嶺之途五耳。」白龍洞、在溪南平地。半山中龕然大石屋，盛暑重裘而入，半途有石室，四壁悉是乳液所凝，玉鱗雪花，燦若寶所。棲霞洞、在七星山者。〔二〕七峰位置如北斗。又一小峰在傍，曰輔星。石洞在山半腹。入石門，下行百餘級，得平地，可坐數十人。穴口空明，下燭高爽明豁，政爾大空也。盛暑無炎歊，大冬温然，竟日忘出。傍有兩路，其一西行，兩壁石液凝冱，玉麟雪華，摩挲奪目，雖秉炬入，石色亦自照人。頂高數十丈，路闊亦三四丈，地亦甚平，如行通衢。中頓足曳杖，彭鏗有鍾鼓聲，蓋洞之下又有洞焉。半里，遇大壑，不可進一步。北行，俯僂而入，數步則寬廣。傍十許丈，石液融結，多所形似，鍾乳垂下纂纂。凡乳床，必因石脉方出，不自頑石出也。路高下曲折，或須躋攀匍匐，始可進。里餘，所見益奇，如佛寺經藏，高大莊嚴。四衆圍繞，有如臺坐，刻削平正，疑仙聖之所。盤旋石液滴至地，凝爲老稺人物、幢蓋、囷廩、牛馬、狻猊、異獸之伏者，不可勝紀。又行食頃，則多岐，遊者恐迷路，不敢進，云通九疑山也。唐人鄭冠卿遇日華君於洞中，仙者與詩，略云：「不因今世行方便，安得今朝會碧虛。」余於洞口作亭，以碧虛榜之，登覽之勝，與千山觀齊名。**水月洞**、在宜山之麓。其半浸江，天然刓刻作大洞門，透徹山背，頂高數十丈。其形正員，望之映空，明皎端正，如大月輪。**元風洞**、去棲霞旁數百步。風自洞中出，寒如冰雪，不可當户立。**曾公洞**、舊名冷水巖。山根石門砑然。〔三〕入門，石橋甚華，曾丞相子宣所作。有澗水，莫知所從來，自洞中右旋，東流橋下，復自右入，莫知所往，或謂流入于江也。仰視怪石，如垂蓮稹雲，危欲下墮。度橋有仙田數畝，塍畛龍鱗。過田路窄，且濕。俯視石罅尺餘，匍匐而進，旋復高曠，可通棲霞。又復自左隅數十步回至澗旁，其水清淺不流，崖壁星星然。**南潛洞**、在西湖中羅家山上。自南竇持炬入，數步則豁然。乳石中峙如經藏，乳穗纍然。地有跡，如龍爪所劃，俗名龍田。下有水，清深不可進。山背復有小穴，陡下丈餘得層洞。其左即前所謂龍田者。

北濳洞、在隱山之北。中有石室、石臺。又有石果，作荔子、胡桃、棗栗之狀。人採取之，或以釘盤相遺。虛秀洞、去城差遠。大石室面平野。室左右皆有徑隧，各數十百步，穿透兩旁，亦臨平野。以上所紀，皆附郭可日涉者，餘外邑巖洞尚多，興安之乳洞、雲泉之靈巖最奇。乳洞上中下三洞，有泉凝碧，自洞中沿石壁流出，窈然深黑。水上有龍田，溝塍如鑿，每稜中常滿貯，水未嘗竭。水至洞門，觸石噴激湏洞。洞外有盤登山至中洞，門有三石柱，及石室、石床，雲氣常霏，衣袂清泠。自中洞左盤至上洞，入門却下，入十步至平處，秉炬入，石乳玲瓏。有五色石，横亘其上，如飛霞。有淺水，揭厲可行，水中亦多石果。好事者名其上洞曰噴雷，中曰駐雲，下曰飛雲。此洞與栖霞相甲乙。靈巖尤殊絶。大江洞其腹，闊數十丈，深不可測。遥望山根，横光一線，迫之乃知巖在山底水上，表裏明徹而然巖口水面拍拍，僅容小舟擊汰而入，仰視巖腹，與水面正平，相去纔丈餘。水深不可施篙，仰撑巖腹以行，而輔以檝。篙檝之聲，鍧然震動。人聲發則山水皆響應，大聲叱咤則砰隱砉裂可駭。當巖正中，石穴隆起如蓋。其下神龍所居，歲旱遣官祈龍汲水，歸禱往往有應，故爲遊觀常處。陽朔亦有繡山、羅漢、華蓋、白鶴、味明五洞，皆奇。羅漢之高十尋。繡山石壁如繡畫，洞浸江，可棹舟入焉。陽朔在府城之南，故余不能至。又聞容州都嶠有三洞天；融州有老君洞，張舍人安國榜曰「天下第一真仙之洞」，相傳不下桂林；但皆在瘴地，仕者罕到。曾丞相子宣風洞詩云：「都嶠三天臨瘴水，雲巖千里接溪蠻。何如咫尺鄰風穴，杖屨時時一往還。」蓋桂山率去城密邇，真杖屨間物，天下所稀也。又其風俗醇厚，士民各安本業，猶有太平遺餘。宦遊者與之相安，而登臨之勝又如此，蓋忘其身之在嶺表云。華景洞。高廣如十間屋，洞門亦然。桂江、在臨桂縣。荔江、今名荔水，源出崇仁縣。陽江、在臨桂縣南二里。源出靈川縣界，東流合於桂江。灕水、輿地廣記云：「灕水、湘水二水皆出海陽山而分源，南流爲灕，北流爲湘。漢討南粤，戈舡、下瀨將軍出零陵，〔四〕下——，即此。」癸水、范至能詩：「癸水遶東城，水不見刀兵。」西湖、江文叔詩：「桂林佳麗冠羣城，父老從來不識兵。南嶠昔雖多勝槩，——今獨擅佳名。」訾家洲。在臨桂縣。○柳宗元———記：「桂州多靈山，發地峭堅，林立四野。署之左曰灕水，水之中曰訾氏之洲。凡嶠南之山川達于海上，於是畢出，而古今莫能知。中丞裴公伐惡木，刜奥草，考極相方，南爲燕亭。蓋非桂山之靈不足以瓌觀，非是洲之曠不足以極視，非公之鑒不能以獨得。」

【學校】府學。乾道間，守張維徙學，南軒張敬夫爲記。後南軒一新建造。○朱元晦記云：「静江之學，自唐觀察使李侯昌巙始立於牙城之西，其後又徙於東南，乾道間又徙於始安故郡之墟。蓋其地自郡廢而爲浮屠之室者三，始議易置，而部使者有惑異教，持不可，乃僅得其一，以故規模偏陋。至于今侯，乃得并斥左右佛舍置他所，度材鳩匠，合其地而一新焉。夫遠非鬼，崇本教，侯之爲是既可書已。侯名栻，字敬夫，丞相魏國忠獻公次子。其學近推程氏，以達於孔、孟。治己教人，一以居敬爲主，明理爲先。嘗以左司副郎侍講禁中，既而出臨此邦，以幸遠民。其論説政教皆有明法，則士之學於是者，可謂得師矣。」

【堂舍】八桂堂、在府治。無倦齋。在府治。張敬夫云：「舊名緩帶，予懼其肆也，更題曰——

——，且志其故。昔者洙、泗之門，子張問政，夫子首告之以無倦，是知爲政終始之道無越乎此也。夫難存而易怠者，心也。吏者分天子之民而治焉，受天子之土而守焉，一日之間所爲酬酢事物者，亦不一端矣。幾微之所形，紀綱之所寓，常隱於所忽而壞於所因循。纖毫之不謹而萬緒之失其機，方寸之不存而千里之受其害，又況欲動而物乘，意佚而形隨，其所差謬何可勝計，可不畏哉？」

【樓觀】逍遥樓：在城東角。宋考功陪王都督登樓詩：「晦日登樓望，江山一半天。」千山觀。在西峰之絶頂。羣峰回環，西湖蕩漾，爲桂林登覽之會。

【祠廟】虞帝廟、朱元晦記云：「静江府故有————，在城東北五里而近。虞山之下，皇澤之灣，蓋莫詳其始所自立，而有唐世刻詞在焉。淳熙二年春，秘閣張侯栻撤而新之。時又方按國典，毁諸淫祀不如法者，因悉致其美材文石以奉兹役。新安朱熹又作此歌以遺桂人，使聲于廟侑牲璧焉。其迎神詞曰：皇胡爲兮山之幽，翳長薄兮俯清流。渺冀州兮何有，眷兹土兮淹留，皇之仁兮如在。子我民兮不窮以愛，沛皇澤兮横流。暢威靈兮無外，潔尊兮肥羜。九歌兮招舞，嗟莫報兮皇之祐。皇欲下兮儼相羊，烈風雷兮暮雨。其送神曰：「虞之陽兮灕之滸，皇降集兮巫屢舞。桂酒湛兮瑶觴，皇之歸兮何許。龍駕兮天門，羽旄兮繽紛。俯故宫兮一慨，越宇宙兮無鄰。無鄰兮奈何，七政協兮羣生。嘉信玄功兮不宰，猶彷彿兮山阿。」三先生祠。在府學。濂溪、明道、伊川也。○南軒祠記云：「師道之不可不立也久矣。良材美質，何世無之，而後世之人才所以不古如者，以夫師道之不立故也。繼自今瞻———之在此—也，其各起敬起慕，求其書而讀之，味其言，考其旨，講論紬繹，心存而身履，以進於孔、孟之門墻，將見人才之作興，與灕江相爲無窮矣。」

【名宦】顔延之、宋時爲始安守。常衮；爲桂管安撫使。皇朝陳堯叟、爲廣西運使。勸民廣殖麻苧，請以苧麻充折桑柘。又其俗有疾不服藥，唯禱神，——以集驗方刻石桂州驛舍，自後始有服藥者。嶺外少林木井泉，——爲植木，道傍鑿井，置二舍，至今爲利。余靖、五朝言行録：「儂智高叛，交趾請出兵討賊，詔不許。公曰：『邕州與交趾接境，今不納，必忿而反助智高。』乃以便宜趣交趾會兵。公曰：『使不與智高合足矣。』及智高入邕州，遂無外援。又遣人入特磨，襲取智高母，獻于京師。」范成大、爲漕及帥，作虞衡志。汪應辰、繫年録：「——倅静江，帥臣吕愿中欲殺走卒王超，——諫而止。有録事周某者，恃與秦檜有舊，嘗以國忌命妓，——欲糾之。周懷感，使人持書告檜，以應辰嘗遣使渡海餉趙鼎，又與李光交通。超以計竊其書易之，應辰乃得免。」張栻。嶺外代答：「南軒爲帥，請于朝，以三分鹽息分諸州，而免諸州民户苗米，每一石二斗耗。又毁淫祠，新學校。」

【人物】王世則。太平興國八年，以安州貫中進士第一，爲右正言。

【題詠】江作青羅帶。韓愈送桂州嚴大夫詩：「蒼蒼森八桂，兹地在湘南。云云，山爲碧玉篸。户多輸翠羽，家自種黄柑。遠勝登仙去，飛鸞不暇驂。」宜人獨桂林。杜甫寄楊五桂州詩：「五嶺皆炎熱，云云。梅花萬里外，雪片一冬深。聞此寬相憶，爲邦復好音。江邊送孫楚，遠附白頭吟。」桂林無瘴氣。白居易送嚴大夫赴桂州詩：「地壓坤方重，官兼憲府雄。云云，柏署有清風。山水衕門外，旌旗艛艓中。大夫應絶席，詩酒與誰同。」**南州實炎德**。謝靈運詩：「云云，桂樹凌寒山。」**桂水通百粤**。孟浩然詩。**英英桂林伯**。韓愈：「云云，實惟文武材。」**嶺頭分界堠**。王建送嚴大夫詩：「云云，一半屬湘潭。水驛門旗出，山蠻洞主參。辟邪犀角重，解酒荔支甘。莫道中華遠，安南更有南。」**南島鯨波駕**。梁安世詩：「列城二十五，去國一百舍。西夷蟻穴通，云云。」**行路九疑南**。張籍送嚴大夫之桂州詩：「旌旆過湘潭，幽奇得遍探。莎城百粤北，云云。有地多生桂，無時不養蠶。聽歌疑似曲，風俗自相諳。」**我所思兮在桂林**。張衡賦：「云云，欲往從之湘水深。」**桂嶺環城如鴈蕩**。黄魯直到桂州詩：「云云，平地蒼玉忽嵯峨。李成不生郭熙死，柰此百嶂千峰何？」**湖如杭、潁共佳名**。姚少彭：「山接衡、湘多爽氣，云云。」**八桂西南天一握**。王安中詩：「云云，重江今古水雙流。」**二十四州民樂否**。張安國詩：「云云，莫教一物怨途窮。」**瘴連梅嶺月多昏**。木湜送陳希元赴廣西漕詩云：「雨歇桂林秋更暖，云云。」**棹衝秋霧瘴江流**。楊侃送陳希元詩云：「馬困炎天蠻嶺路，云云。」

【外邑】**碧蓮峰裏住人家**。唐沈彬題陽朔縣詩：「陶潛彭澤五株柳，潘岳河陽一縣花。雨處争如陽朔縣，云云。」**瀑布聲中窺案牘**。陶弼詩云：「青壁森森遶縣衙，不離牀衽見煙霞。民耕紫芋爲朝食，僧煮黄藤代晚茶。云云，女蘿陰裏勸桑麻。欲知言偃弦歌處，水墨屏風數百家。」**榕葉陰中掩縣門**。前人：「桂花香裏尋僧寺，云云。」

【四六】申命九宸，開藩八桂。楓陛選賢，桂林作牧。桂居五筦，地控諸蠻。水接重湖，山當五嶺。有唐五筦之雄，南越一都之會。帝惟嶺嶠，地遠朝廷。西控龍編，東連鯨海。玉簪羅帶，雪片梅花。蒼梧直斗、牛之次，桂林當楚、越之交。羈縻餘七十州，封畛蓋四千里。一札十行，自天而下；五羊、八桂，易地皆然。信行銅柱之蠻邦，威肅樓舡之故道。外接南詔六蕃，西連交趾九道。唐分五筦以建節度，宋專一道以制邊陲。指麾部屬，多至二十五城；綏撫蠻猺，不知幾千萬落。外則羅殿、自杞，諸小蕃之部落；遠而占城、大理，數外國之梯航。洗炎州之瘴霧，盡變清涼；驅滄海之波濤，一歸約束。垂矣建臺，何八桂軍民之未遇；復茲開府，乃七星風月之有緣。貪如羊，狠如狼，〔五〕每難控御；好則人，怒則獸，正賴撫綏。裴中丞登訾洲之遊，〔六〕寧容久外；張曲江自桂筦而入，竚正登庸。英英桂林之伯，願懋膚功；渺渺洞庭之波，尚資餘潤。羈縻幾百餘種，連特磨、自杞之間；節制二十五州，到渤海、滄溟之外。玉簪羅帶，固知風土之宜人；卉服鴂音，抑見蠻夷之向化。玉簪羅帶，江山分一半之天；金節油幢，庭户行千里之地。别江東日暮之雲，不妨移鎮；賦五嶺梅花之雪，趁得班春。李百藥請郡，暫輟侍郎而除；張九齡還朝，旋膺相國之拜。

柳州 馬平　洛容　柳城

【建置沿革】古百粤地，牽牛、婺女之分野。秦平百粤，屬桂林郡。漢改鬱林郡，又爲鬱林郡之潭中縣地。梁置龍州。隋以馬平縣置象州，屬始安郡。唐置南昆州，又改爲柳州，以當柳星之下；又置崖山縣，又置洛封、洛容縣；改龍城郡，復爲柳州，更洛封曰洛曹。皇朝仍爲柳州，以洛曹隸宜州，改龍城爲柳城，省象縣入洛容。今羈縻思順、歸化二州，領縣三，治馬平。

事要

【郡名】柳江、柳城、龍城。

【風俗】古爲南夷。柳宗元孔子廟碑。風俗與全、永不相遠。圖經：「柳雖古荒服，而實連湖、湘，云云。」風氣與中州不甚異。南豐曾子固送李材叔知柳州序云：「談者謂南越偏且遠，其風氣與中州異，故官者皆不欲久居，往往解弛，無憂且勤之心。然越與閩、蜀始俱爲夷，閩、蜀皆已變，而越獨尚陋，豈其俗不可更歟？蓋爲吏者莫致其治教之意也。噫！彼不知繇京師而之越，水陸之道皆安行，非閩溪、峽江、蜀棧之不測，則均之吏於遠，此非獨優歟？其風氣吾所諳之，〔七〕與中州亦不甚異。起居不違其節，未嘗有疾。苟違節，雖中州寧能不生疾耶？其物産之美，果有荔子、龍眼、蕉、柑、橄欖，花有素馨、山丹、含笑之屬，食有海之百物、累歲之酒醋，皆絶於天下。人少鬭訟，喜嬉樂。吏者惟其無久居之心，故謂之不可；如其有久居之心，爲越人滌其陋俗而驅於治，居閩、蜀上。其事出千年之表，則其美之巨細可知也。予知其材之穎然過於衆人能行吾説者，李材叔而已。今材叔爲柳州，其越人之幸也夫！其可賀也夫！」至唐始循法度。孔子廟碑云云。柳河東之教化。圖經：「地近桂林，號無瘴，且山水清曠，中朝名士如王初寮輩嘗避地寓居，耳濡目染，或者恥於爲非。

韓碑言：云云，其所由來者遠矣。」唐多遷客。圖經序：「自唐以來，多着遷客，山哀浦思，翰墨具存。」絃誦爲嶺南諸州冠。汪彦章學記：「大觀中，士子之絃誦者至三百人，云云。」登科自甘翔始。龍城志：「嶺南云云。翔乃景祐張唐卿榜。」蠶不能帛。郡志：「云云，率以爲纊。」聚巫用卜。唐柳宗元大雲寺記云：「越人信祥而易殺，傲化而偭仁。病且憂，則聚巫師用雞卜。始則殺小牲；不可，則殺中牲；又不可，則殺大牲；而又不可，則訣親戚飭死事，曰：『神不置我，已矣。』因不食，蔽面死。」

【形勝】州界柳嶺。寰宇記：「云云，因以爲名。」山石奇秀。同上。「云云，平地忽崛起數百，韋曲、鄠杜蓋無之。」〔八〕

【土産】荔丹，龍眼，見前曾鞏序。小魚。圖經：「武陽——大如針。候蟲異於他所，窮冬猶鳴。」

【山川】背石山，柳宗元山水記云：「古之州治在潯水南山石間，今徙在水北，直北四十里，南北東西皆水匯。北有雙山夾道，曰————。」甑山，南絶水。有山無麓，廣百尋，高五丈，上下若一，曰——。駕鶴山、甑山之南皆大山，多奇。又南且西曰————，壯聳環立，古州治負焉。有泉在坎下，常盈而不流。屏山，南有山正方而崇，類屏者，故名。四姥山，其西曰————，皆獨立不倚，北流潯水瀨下。仙弈山，又西曰——之—，可上。其上有穴，穴有屏，有室，有宇。其宇下有流石成形，東入小穴，常有四尺，則豁然甚大，無竅，正黑，燭之僅見其宇，皆流石怪狀。由屏南室中入小穴，倍常而上，始黑，已而大明，爲上室。由上室而上，有穴北出之，乃臨大野，飛鳥皆視其背。其始登者，得石枰於上，黑肌而赤脉，十有八道，可奕。石魚山、全石，無大草木。山小而高，其形如立魚，在多秭歸西。〔九〕龍壁：有支川東流，入于潯水。其東有曰——，下多秀石，可硯。雷塘、雷山兩崖皆東西雷水出焉，蓄崖中，曰——。能出雲氣，作雲雨，變見有光。禱用俎魚、豆彘、脩形糈稌、〔一〇〕酒，陰虔則應。○以上並見柳文。柳水、一名潯水。源自牂牁，出辰、沅，經融州東會于郡，又東過潯、藤，至廣州入海。龍江。源出宜州，會于柳。

【井泉】靈泉。山麓泉，大類轂。雷鳴西奔二十尺，有洄在石澗，因伏無所見。多緑青之魚及石鯽，多儵。〔一一〕

【堂樓】柑子堂、柳宗元城西種柑詩：「手植黄柑二百株，春來新葉遍城隅。方同楚客憐皇樹，不學荆州利木奴。幾歲開花聞噴雪，何人摘實見垂珠。若教坐待成林日，滋味還堪養老夫。」○陶弼詩：「子厚才名甲有唐，謫官分得荔支鄉。羅池水盡黄柑死，獨有空碑在晝堂。」明秀堂：在郡治。王安中書扁龕。石刻甚富。南樓、在郡治。摹刻張安國鄂州本榜之。東亭。在就日門外。柳宗元有記。

【祠廟】文宣王廟、柳宗元記：「仲尼之道，與王化相遠邇。惟柳州古爲南夷，椎髻卉裳，攻劫鬬暴，雖唐、虞之仁不能柔，秦、漢之勇不能威。至於有國，始循法度，置吏奉貢，咸始采衛，冠帶憲令，進用文事。學者道堯、舜、孔子，如取諸左右；執經書，引仁義，旋辟唯諾。中州之士，猶或病焉。然後知唐之德大以遐，孔氏之道尊而明。元和十年八月，州之廟屋壞，幾毀神位。刺史柳宗元始至，大懼，不任以墜教基。丁未，奠薦法，齊時事，禮不克施，乃合初、亞、終獻三官衣布。洎于羸財，取土木金石，徵工僦功，完舊益新。十月乙丑，王宫正室成，乃安神棲，乃正法庭，祇會群吏。卜日之吉，虔告于王靈曰：昔者夫子嘗欲居九夷，其時門人猶有惑聖言。今夫子去代千有餘載，〔一二〕其教始行，至於是邦。人去其陋，而本於儒。孝父忠君，言及禮義。又況巍然炳然，臨而炙之乎！惟夫子以神道設教，我今罔敢知。欽若兹教，以寧其神。追思昔誨，如在于前。苟神之在，曷敢不虔？居而無陋，罔貳昔言。申陳嚴祀，永永是尊。麗牲有碑，刻在廟門。」雷塘廟、見——注。柳宗元禱雨文云：「惟神之居，爲坎爲雷，專此二象，宅于巖隈。風馬雲車，肅焉徘徊，能澤地産，以祛人災。欽兹有靈，爰以廟饗。歲既旱暵，害于生長，敢用昭告，〔一三〕期於肸蠁。」羅池廟。韓愈撰廟碑云：「———者，故刺史柳侯廟也。柳侯爲州，不鄙夷其民，動以禮法。三年，民各自矜奮，曰：『兹土雖遠京師，吾等亦天氓。今天幸惠仁侯，若不化服，我則非人。』於是老少相教語，莫違侯令。凡有所爲，於其鄉閭及於其家，皆曰：『吾侯聞之，得無不可於意否？』莫不忖度而後從事。凡令之期，民趍勸之，無有後先，必以其時。於是民業有經，公無負租，流逋四歸，樂生興事。宅有新屋，步有新舡，池園潔修。猪、牛、鴨、鷄，肥大蕃息。子嚴父詔，婦順夫指。嫁娶葬送，各有條法。出相弟長，入相慈孝。先時民貧，以男女相質，久不得贖，盡没爲隸。我侯之至，按國之故，〔一四〕以傭除本，悉奪歸之。大修孔子廟。

城郭巷陌，皆治使端正，樹以名木，柳民既皆悦喜。嘗與其部將魏忠、謝寧、歐陽翼飲酒驛亭，謂曰：『吾棄於時，而寄於此，與若等好也。明年吾將死，死而爲神。後三年，爲廟祀我。』及期而死。三年孟秋辛卯，侯降於州之後堂，歐陽翼等見而拜之。其夕夢翼而告曰：『館我於——。』其月丙辰，廟成，大祭。過客李儀醉酒，慢侮堂上，得疾，扶出廟門即死。明年春，魏忠、歐陽翼使謝寧來京師，請書其事于石。余謂：『柳侯生能澤其民，死能驚動禍福之，以食其土，可謂靈也已。』作迎享送神詩遺柳民，俾歌以祀焉，而并刻之。柳侯河東人，諱宗元，字子厚，賢而有文章，嘗位於朝光顯矣，已而擯不用。其辭曰：荔子丹兮焦葉黄，雜肴蔬兮進侯堂。侯之舡兮兩旗，度中流兮風薄之，待侯不來兮不知我悲。侯乘駒兮入廟，慰我民兮不嚬以笑。鵝之山兮柳之水，桂樹團團兮白石齒齒。侯朝出遊兮暮來歸，春與猿吟兮秋鶴與飛。北方之人兮爲侯是非，千秋萬歲兮侯無我違。福我兮壽我，驅癘鬼兮山之左。下無苦濕兮高無乾，秔稌充羡兮蛇蛟結蟠。我民報事兮無怠其始，自今兮欽于世世。」

【名宦】柳宗元、墓誌云：「子厚少精敏，無不通。少年取進士第，嶄然見頭角。衆謂柳氏有子矣。議論證據今古，出入經旨百子，踔厲風發，率常屈其座人。名聲大振，一時皆慕與之交。諸公要人，争欲令出我門下，交口薦譽之。」劉蕡。蕡以對策直言下第，令狐楚、牛僧孺表之入幕，竟爲宦者所嫉誣，貶柳州司户。

【人物】皇朝甘翔、郡人。景祐登第。張亞卿、再試擢第。王之才。進士題名記：「柳有巷談『兩過南宫，鴈行侍從』，爲張亞卿、——登科設也。」

【名賢】王安中。字履道，北岳居，號初寮道人。〔一五〕建炎中避地于郡，與吴少宰、汪丞相、折樞密遊，得郡人熊氏園，植桃數百本，號曰「小桃源」。

【題詠】種柳柳江邊。柳宗元詩：「柳州柳刺史，云云。談笑成故事，推移成昔年。垂陰當覆地，聳榦會參天。好作思人樹，慙無惠化傳。」寄書龍城守。唐韓愈詩：「云云，君驥何時秣。」謂子厚也。讀書教蠻獠。蘇子瞻詩：「莫學柳儀曹，云云。」印文生緑經旬合。柳宗元詩：「云云，硯匣留塵盡日封。」狼荒猶得紀山川。柳宗元南省轉牒令道風俗故事詩：「聖代提封盡海壖，云云。華夷圖上應初録，風土記中殊未傳。椎髻老人難借問，黄茅深洞敢留連。南宮有意求遺俗，試檢周書王會篇。」共來百粤文身地。柳宗元登柳州城樓詩云：「城上高樓接大荒，海天愁思正茫茫。驚風亂颭芙蓉水，密雨斜侵薜荔墻。嶺樹重遮千里目，江流曲似九回腸。云云，猶自音書滯一鄉。」榕葉滿庭鶯亂啼。柳宗元柳州二月榕葉落盡偶題：「宦情羈思共悽悽，春半如秋意轉迷。山城過雨百花盡，云云。」剩種庭前木槲花。前人詩：「秖應長作龍城守，云云。」青箬裹鹽歸峒客。柳宗元氓峒詩：「郡城南下接通津，異服殊音不可親。云云，緑荷包飯趁虚人。鵝毛禦臘縫山罽，雞骨占年拜水神。愁向公庭問重譯，欲投章甫作文身。」山腹雨晴添象跡。前人嶺南江行詩：「瘴江南去入雲煙，望盡黄茅是海邊。云云，潭心日暖長蛟涎。射工巧伺游人影，颶母偏驚旅客舡。從此憂來非一事，豈容華髮待流年。」正北三千到錦州。柳宗元柳州寄京中親故詩：「林邑山聯瘴海秋，牂牁水向郡前流。勞君遠問龍城地，云云。」

【四六】 輟班鷺序，作填龍城。出綸楓陛，作牧柳城。朱轓皂蓋，肯惠顧於偏州；青裹緑包，示不忘於遠俗。儒學冠於嶺南，物産絶於天下。因柳記而夫子之教行，何拘夷俗；有韓碑而郡侯之功著，是即吏師。

校勘記

〔一〕「詔桂州兼廣西兵鈴」，「鈴」，底本原作「鈐」，據四庫本、傳是樓本及宋史卷九〇地理志改。

〔二〕「在七星山者」，底本原誤「七星山」爲「七里山」，據四庫本及輿地紀勝卷一〇三改。

〔三〕「山根石門砑然」，「砑」，底本原作「砑」，然字書無「砑」字，輿地紀勝卷一〇三作「砑」，今據改。

〔四〕「南流爲灕（至）下瀨將軍出零陵」，「南流」，底本原作「南北」，據四庫本及輿地廣記卷三六改。水經卷三八湘水注云：「湘、灕同源，分爲二水，南爲灕水，北則湘川。」可證。又，底本原誤「下瀨將軍」爲「下將軍瀨」，今亦據輿地廣記改正。

〔五〕「狠如狼」，「狠」，底本原作「狼」，據四庫本改。

〔六〕「裴中丞登訾洲之遊」，「訾洲」，底本原作「譽洲」，據本書同卷「訾家洲」及柳宗元訾家洲記改。

〔七〕「其風氣吾所諳之」，「吾」，底本原作「若」，據四庫本及曾鞏集卷一四送李材叔知柳州序改。

〔八〕「韋曲鄠杜蓋無之」，「杜」，底本原作「社」。漢書卷二八上地理志右扶風領有鄠縣，卷二八下地理志又云「故秦地……有鄠杜竹林」，杜即杜陵，爲漢宣帝陵，位于鄠縣境，故云「鄠杜」。今據改。

〔九〕「石魚山（至）在多秭歸西」，按各地志均不見柳州有地名「多秭歸」者，此處似有訛誤。這段文字出自柳宗元所撰柳州山水近治可遊者記，柳先生集卷二九、柳河東集卷二九皆有記載。今細讀全文，知柳宗元在述説石魚山之前，先將仙奕山作了一番描繪，並云「其山多樫，多櫧，多篔簹之竹，多橐吾，其鳥多秭歸」。秭歸即子規，爲鳥名，亦與地名無涉。疑古之抄書者誤抄「多秭歸」於石魚山下，遂有此異。中華書局聚珍版柳河東集有校注云：「『石魚』上一有『其南有』三字，『立魚』下無『在多秭歸』四字。」若以此校，則原文即變爲：「其南有石魚之山，全石，無大草木。山小而高，其形如立魚。」文通字順，可謂言簡而意明。尚餘一「西」字，宜屬下句，因原文其下爲「有穴類仙奕」，若聯成「西有穴類仙奕」，亦通。要之，此「在多秭歸西」一句有誤，似已不必懷疑，今仍存而不改者，蓋中華書局聚珍版所云另一版本不知何本，吾未能親自校閲，故仍存原文，亦慎重之意也。

〔一〇〕「脩形糈稌」，「稌」，底本原作「粽」，誤。山海經南山經云「糈用稌米」，稌米即糯米，今據改。

〔一一〕「多鯈」，「鯈」，底本原作「鰷」，據柳河東集卷二九柳州山水近治可遊者記改。鯈即小白魚，莊子秋水云：「鯈魚出游從容，是魚之樂也。」是爲證。

〔一二〕「今夫子去代千有餘載」，底本原脱「去」字，據柳宗元集卷五柳州文宣王新修廟碑補。

〔一三〕「敢用昭告」，「敢」，底本原作「教」，據四庫本及柳宗元集卷四一雷塘禱雨文改。

〔一四〕「按國之故」，「故」上底本原有「經」字，據韓昌黎集卷三一柳州羅池廟碑删。

〔一五〕「王安中（至）號初寮道人」，「初寮道人」下底本原有「建人」二字，據宋史卷三五二王安中傳，王安中爲中山陽曲人，非建人，輿地紀勝卷一一二述王安中生平，亦無此「建人」二字，今據删。

方輿勝覽卷之三十九

鬱林州 南流 興業 博白

【建置沿革】古南越地。前漢志爲牛、女分野。唐志屬翼、軫。秦置桂林郡。漢改鬱林郡。王莽改曰鬱平郡。梁置定州，又改爲南定州。隋改爲尹州，煬帝改鬱州，尋改鬱林郡。唐初曰尹州，太宗改貴州，尋析貴州置鬱州，又改鬱林郡，尋復爲鬱林州。皇朝因之。今領縣三，治南流。

事要

【郡名】鬱林、西甌。郡國志：「永嘉爲東甌，鬱林爲——。」

【風俗】俗反淳古。蔡條叢話：「嶺右僻且陋，而博白又甚焉。惟其僻陋之甚，故云云，且多長年。博白城下有新村，吾曳杖其間，至一村舍，有兩老對坐飲，乃兄弟也。大者年九十四，謂客曰：『此吾幼弟，纔七十八矣。』從旁環拱而侍之，皆兩老人之曾孫。是殆可入畫圖也。」力田務本。修學記：「鬱林古郡，居嶺海之間。其民不誘於末，知孝弟，云云而已。」好學者多。倦游録：「鬱林風土，比諸郡爲盛。良才秀民，云云。」啜糟摶飯。寰宇記：「夷人居山谷，食用手摶。酒名都林，合糟共飲，刻木契焉。」**椎髻散髮**。古黨洞夷人，女以烏色相間爲裙，用緋點綴裳下。男——，女——，徒跣吹笙，巢居夜泊。

【形勝】 **鬱林古郡**。見後劉敞送楊侯序。**居三州之境**。郡志：「鬱林爲郡，已併唐牢、黨、白三州之境。」**前引長江**。政績堂記：「云云，北背原阜，形洩勢坦，無嵐露煙瘴。」

【土産】 **鱷魚**、狀如鼉，齒如鋸，食人。**猩猩**、封溪有——，似黄狗，人面善言，音如女人。**檳榔木**、樹如棕櫚，高七八丈。無枝柯，籜堪爲扇。與蛤灰同食，令人齒黑，故有雕題、黑齒之俗。**椰子木**、樹似檳榔，實大如瓜，堪爲飲器。文選曰：「檳榔無枝，椰葉無陰。」**桄榔木**、似棕櫚，心中出麪。**人面木**。春花，夏實，秋熟，兩邊似人面。

【山川】 **寒山**、九域志：「南越尉佗遣人入山採橘，七日方回，問其故，云山中大寒，不得歸，故名。」**大龍山**、在南流縣。以形得名。**飛雲山**、在博白縣。石上有巨人跡。**宴石山**、在博白縣西六十里。其山皆盤石，壁立峭絶，北臨大江，中有流泉。**萬石山**、在興業縣西南。**鬼門山**、郡國志：「在牢州界。」語云「若度鬼門關，十去九不還」，言多瘴也。**隱仙巖**、在南流縣西一里。有石室幽邃。**緑秀嶺**；在博白縣。林泉秀絶，因名———。**大江**、源出容州，入縣界。**羅望江**、在南流縣。**定川水**。在故牢州定川縣。

【井泉】 **濯纓泉**。即城南江邊石井。

【堂亭】尋山堂，在博白縣。劉子羽謫白州時所作。賞心亭。郡守王過有詩。

【古跡】越王船，郡國志：「馬援造銅舡濟海，後令沉于渚，天晴水澄，往往望見。」緑珠井。太平廣記：「在白州雙角山下。昔梁氏之女有容貌，石季倫爲交趾採訪使，以真珠三斛買之。梁氏之居，舊井存焉，汲飲者必誕美女里閭。以美女無益，遂以石填之。」○黄魯直詩「欲買娉婷供煮茗，我無一斛明月珠」，用此事也。

【祠廟】伏波廟。在鬼門山之隈。○司馬君實詩：「漢令班南海，蠻兵避鬱林。天涯分柱界，徼外貢輸金。坐失姦臣意，誰名報國心。一棺忠勇骨，漂泊瘴煙深。」

【名宦】谷永，後漢南蠻傳：「永守鬱林，以恩信招降，烏滸人十餘萬内附，皆受冠帶。」陸績，唐陸龜蒙傳：「其遠祖績，仕吴守鬱林，歸裝舟輕，不可越海，取石爲重，人稱其廉，號『鬱林石』。」皇朝楊侯。劉邃父送楊鬱林序：「鬱林古郡也，太守尊官也，其任不輕矣。然而當拜者，輒以炎瘴霧露爲解。天子以謂此皆全軀保妻子之臣，無憂國之風，皆置不用，而詔丞相擇刺史之賢者，使舉奇偉倜儻之士以充其選。於是大人部荆州，詔書先至，則以楊侯聞。天子可焉，遂自郡從事遷廷尉丞，假五品服以行，賜錢十萬。衆皆榮之。然楊侯既受命，退而治裝，泛然不以爲喜；聞嶺海之説，風土之異，漠然不以爲憂，如它日焉。人皆曰：『楊侯，矯亢人也。』嗚呼！前世之所以能治也，爲官擇人；後世之所以不治也，爲人擇官。彼庸庸之臣，志得意滿，生而養交，以饕富貴，真若長者。一旦有意外之事，〔一〕憂畏首鼠，堅以死辟，若常庸之夫，不可使往，春秋貶焉。若無君子，何以矯也？吾以楊侯矯世之君子，春秋之徒歟！推此心也，雖在嶺海之外，而加千乘之國，其有難治哉！於其行，序以贈之。」

【名賢】劉子羽。紹興安置白州。初，子羽參宣幕，吴玠統制軍馬，頗相厚善。後子羽坐事安置，玠憐其母老，力解於朝，至納節請贖。上高其義，釋子羽，且降詔獎諭。

【題詠】今到鬼門關。沈佺期入鬼門關詩：「昔傳瘴江路，云云。土地無人老，流落幾客還。」訟訴榕庭空。王履道和鬱林守詩：「官遊梅嶺林，云云。」波濤初過鬱林州。張籍崑崙兒詩：「崑崙家住海中州，蠻客將來漢地遊。言語解通秦吉了，云云。」越裳濟海喜天晴。陶弼寄郡守姚道源詩：「云云，五葉戈舡不渡兵。堯、舜遠夷皆樂國，漢、唐諸將半書生。」桂門關在鬱林西。始呼爲鬼門關，近曹載作文辨之云：「寄語往來荆楚客，云云。」

【四六】桂嶺遐陬，鬱林古郡。地雖僻陋，民乃朴淳。境包三郡之封，郡雜群蠻之俗。漢賢守之分符，是爲古郡；唐詩人之題句，乃謂惡鄉。序稽遼父，豈辭炎嶺之鬱蒸；詩誦初寮，頗謂訟庭之清簡。

横州 寧浦 永定

【建置沿革】古百越之地。牽牛、婺女之分野。趙佗王越，地亦屬之。漢平南越，置合浦郡。合州即漢合浦郡之高涼縣地，今在高州界。吴孫休分立合浦北部。晉改立寧浦郡。梁分立簡陽郡。

隋於寧浦置簡州，又改爲緣州，煬帝廢，寧浦縣屬鬱林郡。唐以鬱林郡之寧浦、樂山縣置簡州，改南簡州，又改曰横州，改寧浦郡，復爲横州。國朝因之。今領縣二，治寧浦。

事要

【郡名】寧浦、横槎。寰宇記：「横州號横槎。」

【風俗】地隘民瘠。圖經。俗惟種田。同上。

【形勝】南瀕海徼。同上。「云云，西接猺洞。」東聯懷澤。守章鎬貢院上梁文：「云云，西接欽江，實二州車馬之衝。」拒邕爲鄰。易祓記：「云云，實犬牙相制之地。」三梁故縣。寰宇記：「云云，烏滸所巢。」

【山川】東山、在寧浦縣南三十里。寶華山、在寧浦縣南二十里。山頂嘗有寶氣。○徐安國詩：「秀出城南號寶華，翠微深處衲僧家。百年臺殿歸煨燼，一逕蒼苔落晚花。」古鉢山、在寧浦縣西十里。下有廟。○徐安國詩：「羣嶺中推古鉢尊，山川羅列掌中存。亭臺突兀聖婆廟，丘垤逶迤山子村。」秀林山、在寧浦縣西十里。〔二〕山林秀鬱，因名。鬱江、在寧浦縣。清江。在寧浦縣東十五里。

【井泉】古辣泉。在桂海。虞衡志云：「古辣乃賓、横間墟名。以墟中泉釀酒，既熟不煮，但埋之地中，日足取出，色淺紅，味甘，可致遠，雖行烈日中，不至壞。南州珍之。」

【樓亭】望雲樓、在郡治。横浦樓，在城上。僊槎亭。在登高嶺。

【橋梁】海棠橋。梁該撰懷古亭記：「橋附城郭，抱林麓，大江横鶩，澗流屈折，政爾幽趣。故老云：此橋之南北，舊皆海棠。有書生祝其姓者家焉，少游嘗醉宿其家，明日題一詞而去，所謂『醉鄉廣大人間小』是也。」

【祠廟】慈感廟。舊經：「唐貞觀中，婦人陳氏居朝京門外。有鬻魚者，忽見白衣人謂陳曰：『魚不可食，既市，可擲於水，急上山頂避之。』陳如其言，比至山巔，回望所居，皆陷而爲池矣。陳既没，即山頂立祠。」○徐安國詩：「有時風雨連村暗，夜半龍遊古鉢歸。」

【名宦】杜正倫。本傳：「由中書令出爲横州刺史。」

【名賢】皇朝秦觀。字少游，嘗居横州，有寧浦書懷詩云：「揮汗讀書不已，人皆怪我何求？我豈更求聞達，日長聊以消憂。」

【題詠】一灣江抱海槎浮。徐安國横浦詩：「萬疊山圍城堞古，云云。」盡日江山對雙目。賈成之横浦樓詩：「横槎三月江如束，風浪縈紆接天緑。郡樓新創插雲飛，云云。」

【四六】疏綍掖垣，分符寧浦。維桂林之廣郡，有寧浦之小邦。昔爲烏滸之故巢，今乃虎符之重寄。棨分符竹，實爲杜中令之舊邦；試訪海棠，猶誦秦淮海之佳句。地僻民貧，郡雖居於遐嶠；山圍江抱，景如在於仙槎。

邕州宣化　武緣

【建置沿革】禹貢九州之外，揚州之南境。天文星紀，牽牛之次。古越地。秦併南越，爲桂林縣地。漢平南越，改爲鬱林郡，又爲鬱林郡之領方縣也。〔三〕東漢因之。晉分鬱林置晉興郡。宋、齊因之。隋廢晉興爲縣，屬簡州，後又屬鬱林郡。唐置南晉州太守，改爲邕州，以州近邕溪，故名。後以廣、桂、容、邕、安南五府皆隸廣府，謂之五府節度，名嶺南五管。後改永寧郡，復爲邕州，又置建武軍節度。皇朝更晉興爲樂昌，今爲邕州、建武軍節度，管溪洞羈縻州十三，仍兼安撫都監。領縣二，治宣化。

事要

【郡名】邕管、建武、樂昌。

【風俗】椎髻箕踞。隋志：「人性輕悍，而云云，乃其舊風。」鼻飲之俗。王介甫諭交趾文略曰：「爾民頭飛，我有車馬；爾民——，我有酒食；用華爾——也。爾民斷髮，我有衣冠；爾民鳥語，我有詩、書；用教爾之禮也。煌煌炎洲，煙蒸霧煮，我飛堯雲，洒爾甘雨。湯湯瘴海，雲燒日鎔，我張舜琴，扇爲薰風。」

【形勝】唐爲西道。唐大詔令：「咸通三年，分嶺南爲東西道，廣州爲東道，邕州爲西道。又爲都督府。」三十六洞。郡志：「先是，兩江州洞各執山獠古銅印至。治平四年，準朝廷給賜銅印，左江十八面，右江十八面。」今所謂三十六洞者，此也。繼此又降印識，固不止此。**夢蛇示城址**。皇祐築城，隨築輒壞，役者苦之。夜夢有蛇，環地而行，若示其址，遂即其地而築焉。**號爲大府**。雄州圖經：「皇祐丁寶臣新城記：嶺南東西二部四十五州，惟有桂、邕——。」**雲南頭，楚分尾**。杜光復風土歌云。**所莅最廣**。李大異書横山買馬圖云：「度嶺而西，爲州二十有五，而道里延袤，與蠻錯居，有永平、横山二寨。永平通交趾，暨于海外。横山通自杞、羅殿諸蠻，控連巴、蜀。」

【土産】**象**、出交趾山谷，惟雄者有兩牙。以鼻爲用，一軀之力皆在鼻。將行，先以鼻柱地，乃移足，知其足力劣於鼻也。安南出象處曰象山，歲一捕之。縛欄道旁，中爲大穽，以雌象前行爲媒，遺甘蔗於地，傅藥蔗上。雄象來食蔗，漸引入欄，閉其中，就穽中教習。馴擾之始，甚咆哮，穽深不可出，牧者以言語喻之，久則漸解人意。不馴，則告之云「當爲爾引雌來」，即聽。**山猪**、即毫猪。身有棘刺，能振發以禦人。一二三百爲羣，以害苗稼。**蠻犬**、如獵狗，警而獅。諸——率携一——自防，盜莫敢近。**孔雀**、生溪洞高山喬木之上，而下浴沙上。雄者尾長數尺。生三年，尾成長，金碧晃燿，時時自奮，盡張其尾，圓如錦輪，俗謂之朝。其朝無時。**秦吉了**、似鸜鵒。**鸚鵡**、能言。**倒挂**、緑毛，常——於樹枝。**翡翠**、人採其羽。**錦雞**。能吐錦，久復收入。

【山川】**武號山**、在州南二十里，高五十丈。**馬退山**、在州西。詳見柳宗元茅亭記。**羅秀山**、在州西。昔有羅秀隱于此，後昇仙。**崑崙山**、在宣化縣東九十二里，崑崙關在焉。**鏌鋣山**、在武緣縣南三十二里。山形盤薄，地勢險隘，鎮鄒關在焉。**橫山**、其山橫截江河，置橫山寨於此，爲市馬之地。○中興小曆：「紹興初，五路既陷，馬極難得。韓肖胄建議宜即邕州置市馬場，取馬嶺表，以資國用。」○朝野雜記：「廣馬者，建炎末廣西提舉峒丁李棫始請市戰馬赴行在。〔四〕紹興初，隸經略司。三年春，即邕州置司提舉，市於羅殿、自杞、大理諸蠻。未幾，廢市馬司，以帥臣領其事。七年，待制胡舜陟爲帥，歲中市馬四千二百疋，〔五〕詔賞之。其後馬益精，歲費黃金五鎰，中金二百五十鎰，錦四百端，佗帛千疋，〔六〕廉州鹽二百萬斤，而得馬千五百疋。必四尺二寸以上乃市之，其直爲銀四十兩。每高一寸，增銀十兩，有至六七十兩者。土人云：『其尤駔駿者，在其出處，或博黃金二百兩，〔七〕日行四百里。但官價有定數，不能致此耳。』然自杞諸蕃本自無馬，又市之南詔。南詔，大理國也，去自杞國可二十程。而自杞至邕州橫山寨二十二程，橫山寨至靜江府又二十餘程。羅殿國又遠如自杞十程。宜州溪洞巡檢常恭者赴闕，持南丹州莫延甚表來，乞就宜州市馬，比之橫山可省三十餘程。張說在樞筦，以其表聞。李壽翁時爲檢詳文字，爲說言：『邕遠宜近，人孰不知？前迂其塗，亦豈無意？況今莫氏方橫，〔八〕乃欲爲之除道，而擅以互市之饒誤矣。小吏妄作，將啓邊釁，請論如法。』說不聽，命從義郎李宗彥以提點綱馬驛程往宜州措置。既而說罷政，密院乃奏宗彥所言邊防不便，罷之。時淳熙元年也。」又諸蕃多以馬易錦，蓋蠻人死，即以一錦纏繞親友。賻者亦以錦貴，人至纏十數疋，故須錦爲急。**望仙坡**，在州東。與羅秀山相對，故名——。皇祐間，狄青、余靖、孫沔平儂賊，訾于上，後郡守陶弼因而建堂。**左江**、出源州界，至合江鎮與右江水合爲一水，流入橫州，號鬱水。——道隸太平、永平寨，右江道隸横江寨，各管羈縻州。右江、源出峨利州界。虞衡志：「——水與大理大槃水通。大槃在大理之威楚州，而特磨道又與其善闡府相應，自邕道諸蠻至大理四五十程，北梗自杞，南梗特磨，故久不得至。」〔九〕○陶弼右江詩云：「昔年觀地志，此水出牂牁。」邕溪、源出欽州。鬱水。輿地廣記：「即夜郎溪水，與温水合，又與歡水合。亦名駱越水。」郡縣志云：「在城西北，兩江合處。源出蠻地。」

【堂亭】清風堂。在郡治。茅亭、在馬退山。柳宗元作邕州柳中丞——記：「冬十月，作新亭於馬退山之陽。因高山之阻以面勢，無欂櫨節棁之華，〔一〇〕不斲椽，不剪茨，不列墻，以白雲爲藩籬，碧山爲屏風，昭其儉也。是山崒然起於莽蒼之中，馳奔雲矗，亘數十百里。尾蟠荒陬，首注大溪。諸山來朝，勢若星拱。蒼翠詭狀，綺綰繡錯。蓋天鍾秀於是，不限於遐裔也。然以壤接荒服，俗參夷徼，周王之馬跡不至，謝公之屐齒不及，巖徑蕭條，登探者以爲嘆。歲在辛卯，我仲兄以方牧之命試于是邦。夫其德及故信孚，信孚故人和，人和故政多暇。由是常徘徊此山，以寄勝槩。迺墬迺塗，作我攸宇，不崇朝而木工告成。每風止雨收，煙霞澄鮮，輒角巾鹿裘，率昆弟友生冠者五六人，步山椒而登焉。於是手揮絲桐，目送還雲，西山爽氣，在我襟袖，以極萬類，攬不盈掌。夫美不自美，因人而彰。蘭亭也，不遭右軍，則清湍脩竹蕪没於空山矣。是亭也，僻介閩嶺，佳境罕到，不書所作，〔一一〕使盛跡鬱湮，是貽林澗之媿，故志。」三公亭。在望仙坡上。○陶弼詩：「異日誰相繼，來書第四名。」謂狄青、余靖、孫沔三公也。

【古跡】銅鼓、郡志：「此古蠻人所用，左右溪峒時得之。相傳爲馬伏波所製。其形如坐墪，而空其下。滿腹皆細花紋，極工緻。四角有小蟾蜍，兩人舁行拊之。聲似鞞鼓。」銅柱。漢伏波將軍馬援征蠻，立柱界上。又唐馬總爲安南都護，獠夷安之，建二——於漢故處，鑱著唐德，以明伏波之裔，故今左、右江各有其一。又其一在欽州蠻界，其刻云：「——折，交人滅。」至今交人來往，累碎石於下不絶。○吕伯恭作銘曰：「溪獦洞獠，惕息奉詔，約梏牛閑馬，不敢飲啖漢芻水。」

【名宦】馬援、字文淵。交趾女子徵側反，拜援伏波將軍，南擊交趾。軍至浪泊上，虜未滅之時，下潦上霧，〔一二〕毒氣薰蒸，仰視飛鳶跕跕墮水中，卧念少游平生時語，何可得也！今賴士大夫之力，蒙被大恩，且喜且慙。吏士皆伏。李翱，文集載：「貞元中，翱守邕，大首領黄氏帥其屬納質供賦。黄氏、儂氏，皆羣盗也。韋氏不附，率羣黄之兵以攻之，而逐諸海。黄氏既至，羣盗皆伏，於是十三部二十九州之蠻悉平。」皇朝狄青、東軒筆録：「狄青之征儂智高也，自過桂林，即以辨色時先鋒行。先鋒既行，青乃出帳。受衙罷，命諸將坐，飲酒一巵，小餐，然後中軍行。率以爲常。及頓軍崑崙關下，翊日將度關，辰起，諸將張立甚久，而青尚未坐。殆至日高，親吏疑之，遽入帳周視，則不知青所在。諸將方相顧驚怛，俄有軍候至，曰：『宣徽傳語，諸官請過關喫食。』方知青已微服同先鋒度關矣。」○言行録：「青入邕州，獲尸有衣金龍之衣者。或言智高已死亂兵中，當亟作奏者。公曰：『安知其非詐？寧失智高，不敢欺朝廷也。』」○郡志：「時智高再犯邕，或以告襄公：『賊必送死。何者？臘處邕而潰，勢不可久也。』已而果然。」余靖、爲廣西經略，同狄青經制廣西盗賊，作平蠻碑曰：「蠢兹狂寇，起乎徼外。卒陷邕郛，乘流東邁。天生狄公，仗節臨戎。英材鱗集，猛將風從。賊之敢鬭，實惟天誘。僭補僞署，叢然授首。厥惟邕邊，南國之紀。九洞襟帶，列城唇齒。我公之來，電掃雲開。天聲遠揚，繄公之材。」陶弼、治平間，以崇儀使知邕州，撫定儂賊，有功。孔宗旦、爲司户。逆料智高必反，守陳珙不聽。及城陷，宗旦死於賊。蘇緘。以右騏驥使知邕州。儂賊攻城，以戰而死，今賜廟焉。

【人物】石鑑。邕州人，舉進士。儂智高攻廣州不下，還據邕州。鑑干余靖言：「若使智高盡得邕州三十六洞之兵，其爲中國慮，未可量。」鑑請説諭諸洞酋長，使之不附智高。靖遣鑑説諸洞酋長，皆聽命。惟結洞酋長黄守陵强暴，智高深與相結。鑑説守陵：「智高父子貪詐，不可不爲之備。」守陵由是稍疏智高。智高怒，遣兵襲之。守陵先爲之備，逆戰破之。遂不敢入結洞，而奔逃於特磨。

【名賢】韓愈、有論黄家賊事宜狀，以爲宜招討。柳宗元。有代裴中丞論黄家賊事宜狀。

【題詠】山川禹貢外。唐子西詩：「云云，城郭漢兵餘。」分野窮禹畫。劉禹錫送張茖赴邕幕詩：「云云，人煙過虞巡。不言此行遠，所樂相知新。」恩浹黄、儂族。陶弼横山詩：「云云，師還左、右溪。」象隈銅柱卧成痕。沈彬詩：「龍約海舡行有氣，云云。」路指鬼門幽且夐。韓愈贈張十一詩云：「念君又署南荒吏，云云。」五十溪州六萬丁。陶弼詩：「南極諸蠻傲典刑，斗間時復見飛星。君王仁恕將軍老，云云。」

【四六】地標銅柱，郡固金城。俗陋而荒，民驕以悍。眷駱川之地重，距螭陛之天遥。

地控龍編之遠，歲通駿骨之奇。維兹建武之封，越在嶠南之外。矧一壘際窮荒之遠，乃羣蠻來互市之衝。自韓及柳，備言討寇之宜；惟狄與余，尤壯平蠻之策。朱幡皂蓋，來分竹使之左符；碧山白雲，尚訪茅亭之佳致。布揚威德，遠踰銅柱之封；寧輯疆陲，益壯金城之勢。虎符出守，蓋總五千衆之屯；馬政攸關，要謹十二閑之別。互市散集，關馬政之重輕；兵籍盈虛，係蠻猺之畏侮。

廉州 合浦　石康

【建置沿革】古越地，牽牛、婺女之分野。秦屬象郡。漢置合浦郡，即今州治也。吴時改珠官郡，復改合浦郡。宋置越州。隋煬帝改爲禄州，又改爲合州，又廢爲合浦郡。唐又爲越州，又置珠池縣，改爲廉州。皇朝移州治於長沙場，開寶廢廉州，於海門鎮置太平州，後又爲廉州。今領縣二，治合浦。

事要

【郡名】合浦。

【風俗】青草黄茅瘴。元和志：「自瘴江至此，瘴癘尤甚，中之者多死，舉體如墨。春秋雨時彌甚，春謂青草瘴，秋謂黄茅瘴。馬援所謂『仰視烏鳶，跕跕墮水中』，即此也。土人諳則不爲病。」土少耕稼。郡志。

【形勝】因洞爲名。元和志：「地有大廉洞，故武德五年置大廉縣。」〔一三〕今縣雖廢，而州名則以大廉洞故名耳。鼜山爲城門。宋陳伯紹爲刺史，云云，以威服蠻獠。距海二百里。自州西南至廉江入海處約二百里。海口有梁德鎮，亦是往來安南水路。

【土産】珠、郡國志：「合浦縣海曲出珠，號曰珠池。」唐貞觀五年置珠池縣。嶺外代答云：「合浦産珠之地名曰斷望池，去岸數十里。蜑人没而得蚌剖珠。蜑家自云海中珠池若城郭，然其中光怪不可向邇，常有怪物護持。」蔡絛叢談云：「合浦珠池大抵皆居海中。珠母者，蚌也。採珠必蜑丁，皆居海艇中。採珠以大舶環池，以石懸大絙，別以小繩繫諸蜑腰，没水取珠。氣迫則撼繩，繩動舶人覺，迺絞取，人緣大絙上。紹興二十六年詔：廉州歲貢珠，取之或傷人，命自今可罷貢。」龍眼。蘇子瞻——詩云：「異哉南海濱，珠樹羅玄圃。〔一四〕纍纍似桃李，一一流膏乳。坐疑星隕空，又恐珠還浦。圖經未嘗説，玉食遠莫數。獨喜皺皮生，弄色映琱俎。蠻荒非汝辱，幸免妃子污。」

【山川】畫山、在古縣北五十里。其山百卉，明艷如然。狼頭山，在合浦縣。廉江、在州界，又名合浦江。鴈湖、在古廉州二百步。鴈所罕至，故名。明月溪。合浦北八十里。

【亭榭】還珠亭、陶弼有詩：「合浦還珠舊有亭，史君方似古人清。沙中蚌蛤胎常滿，潭底蛟龍睡不驚。」海角亭。見欽州天涯亭注。

【名宦】孟嘗。後漢循吏傳云：「嘗遷合浦太守，郡不産穀實，而海出珠寶，與交趾比境，常通商販，貿糴糧食。〔一五〕先時宰守並多貪穢，詭人採求，不知紀極，珠遂漸徙於交趾界。嘗到官，革易前弊，求民利病。曾未踰歲，去珠復還，百姓皆反其業，商貨流通，稱爲神明。」

【名賢】皇朝蘇軾、紹聖初，御史論軾，貶昌化軍，徽廟移廉州。陳瓘、論蔡卞，又詆曾布，貶袁移廉。曾布。坐薦趙諗及棄湟州地，謫廉州。

【題詠】荒涼海南北。蘇子瞻宿興廉村净行院詩：「云云，佛舍如雞棲。忽此榕林中，跨空飛拱枅。當門冽碧井，洗我兩足泥。〔一六〕高堂磨新塼，洞口分角圭。倒床便酣寢，鼻息如虹霓。僮僕不肯去，我爲半日稽。」示我海濱石。陶弼詠海石：「史君合浦來，云云。千巖秀掌上，大者不盈尺。」

【四六】拜寵玉宸，分符珠浦。已著還珠之瑞，即歸鳴玉之班。地不宜於稼寶，海特富於驪珠。孟太守之聲名，與此邦而不朽；蘇長公之氣節，尚故老之能言。廉操冰清，與郡名而相稱；寬恩春播，至海物而亦豐。

校勘記

〔一〕「一旦有意外之事」，「意外」，底本原作「竟外」，據嶽雪樓本改。

〔二〕「秀林山在寧浦縣西十里」，底本原缺方位詞，輿地紀勝卷一一三云「在寧浦縣西十里」，今據補「西」字。

〔三〕「又爲鬱林郡之領方縣也」，「領方縣」，底本原作「領方郡」，誤。漢書卷二八下地理志鬱林郡轄有領方縣，元和郡縣志卷三八、太平寰宇記卷一六六亦云「在漢爲鬱林郡之領方縣地」，則此「領方郡」爲「領方縣」之誤甚明，今據改。

〔四〕「建炎末廣西提舉峒丁李棫始請市戰馬赴行在」，「李棫」，底本原作「李域」，據建炎以來朝野雜記甲集卷一八廣馬、宋史卷一九八兵志改。

〔五〕「歲中市馬四千二百疋」，「四千二百疋」，建炎以來朝野雜記甲集卷一八廣馬及宋史卷一九八兵志作「二千四百疋」。

〔六〕「佗帛千疋」，建炎以來朝野雜記甲集卷一八廣馬作「綺四千疋」，而宋史卷一九八兵志又作「絁四千」，均與本書異。

〔七〕「或博黄金二百兩」，「二百兩」，建炎以來朝野雜記甲集卷一八廣馬及宋史卷一九八兵志作「二十兩」。

〔八〕「況今莫氏方横」，「莫氏」，底本原作「黄氏」，建炎以來朝野雜記甲集卷一八廣馬作「莫氏」，本書上文有「南丹州莫延甚表來」之句，此當以「莫氏」爲是，今據改。

〔九〕「虞衡志（至）故久不得至」，此段文字，今通行本桂海虞衡志已佚，唯輿地紀勝卷一〇六、文獻通考卷二二九四裔六存之。「其」，底本原作「甚」，據上述二書改。又「四五十程」，底本原脱「十」字，亦據上述二書補。

〔一〇〕「無樽櫨節棁之華」，「節棁」，底本原作「節稅」，據四庫本、傳是樓本、嶽雪樓本及柳宗元集卷二七邕州柳中丞作馬退山茅亭記改。

〔一一〕「不書所作」，「書」，底本原作「盡」，據四庫本及柳宗元集卷二七邕州柳中丞作馬退山茅亭記改。

〔一二〕「下潦上霧」，「潦」，底本原作「獠」，據四庫本及後漢書卷二四馬援傳改。

〔一三〕「故武德五年置大廉縣」，「武德」，底本原作「元德」，據舊唐書卷四一地理志、新唐書卷四三上地理志、輿地廣記卷三七改。

〔一四〕「異哉南海濱珠樹羅玄圃」，蘇軾詩集卷四三廉州龍眼質味殊絶可敵荔支作「異哉西海濱，琪樹羅玄圃」，與本書有兩處字異。

〔一五〕「貿糴糧食」，「貿」，底本原作「貨」，據後漢書卷七六孟嘗傳改。

〔一六〕「洗我兩足泥」，「足」，底本原作「耳」，據四庫本及蘇軾詩集卷四三自雷過廉宿於興廉村浄行院改。

方輿勝覽卷之四十

象州 陽壽 來賓 武仙

【建置沿革】古百粤之地，於天文屬翼、軫之度，鶉尾之次。秦始皇南取百粤，以爲桂林、象郡，象郡之名始此，然非今之象州。漢初爲南越王趙佗所據。漢武平南越，以桂林地置鬱林郡，而秦之象郡更名日南，今之象州即鬱林郡之中溜、潭中二縣也。東漢因之。吴孫皓分鬱林置桂林郡。晉桂林郡有潭中，而無中溜。宋桂林郡有中溜，而無潭中。陳置象郡。隋置象州，此則象州之所從始也；煬帝廢象州爲縣，屬桂林郡。唐以陽壽、桂林縣置象州。皇朝因之。今領縣三，治陽壽。

事要

【郡名】象臺、象郡。

【風俗】俗好淫祀。郡縣志：「云云，以雞骨卜吉凶。」人多騁獵。同上。「云云，郡少秀民。」地無桑柘。象郡志：「云云，民不事蠶作。雖間有之，不能繅絲，第爲綿絮而已。或水熟而紉縷之，以爲粗紬。婦女以緝麻織布爲業。」多膏腴之田。象郡志：「云云，長腰玉粒，爲南方之最旁郡，亦多取給焉。」

【形勝】控扼番洞。象郡志：「連屬桂林，外接交、邕，云云，往來要衝。」居嶺嶠之表。漕邊公珝撰新井記：「云云，接蠻貊之疆。」當牂牁、龍江之沿流。象郡志：「郡跨三邑之封，云云。」城門畫象。嶺外代答：「象州郡治西樓正面西山山腹忽起白雲，狀如白象，經時不滅，然不常有。」案秦象郡乃交趾，非象州也。今象州城門畫一白象，不審何義。然象州自昔不遭兵革，凡有大盗，皆相戒以不宜犯象鼻，然則城門之畫象，豈著此也耶？水泉甘潔。郡志：「民富魚稻，云云，不減中州。」

【土産】水清魚肥。郡志：「踰桂嶺而南，云云，爲南方之最。」貨多珠翠。瑶光堂記：「地宜稻粱，云云。」山多麞、麋。同上。

【山川】象山，在陽壽縣西五里，以形得名。又見「城門畫象」注。西山，與象山相連。風土記云：「刀兵永不見，——最高現。說者以儂智高、陳進之猖獗至境，或自退，或敗亡，土人以爲應讖。」象臺山，近柳州界三十里，平地突起，巋然一臺，蓋古之州治也。唐武德始遷治陽壽，今猶相承謂州爲象臺云。銅鼓山，在武仙縣西十里，下有銅鼓灘。昔馬援南征，獲駱越銅鼓。廣化志：「狸獠鑄銅爲鼓，惟以高大爲貴，面闊丈餘。初成，掛於庭，尅辰置酒，招置同類，來者盈門。」雙泉巖，在來賓縣西北百里。夏涼冬温，士人多於巖中結課。舊傳山中患無水，忽一日雙泉湧迸，因名。大江、在來賓縣西五十步，至武仙縣，通廣州入海。**雷江**、在來賓西北三十里。舊經：「有毛雷捕魚於此，因名。」**牂牁水**、郡國志：「嚴州州門有長水，自牂牁流下來賓。」**陽水**、在陽壽縣。**大藤溪**。在武仙縣東南。源出潯州大立山，今延賓驛前溪是也。

【井泉】**靈泉**。在陽壽縣。

【堂樓】**扶疏堂**：在城外東南街，土人謝氏建，竹木深邃。王右丞、孫尚書寓此，壁間有舊題。**率齋**、郡守陳太和建，孫覿記。**瑶光樓**。在西城上。俯瞰溪山，景物勝絶。今爲西峰樓。

【名賢】**薛仁貴**：絳州人。吐蕃入寇，命爲邏娑道行軍總管，〔一〕兵敗於大非川，貶象州。後召爲都督，擊突厥，大破之。**皇朝王安中**、字履道，自號初寮道人。宣和中遷尚書右丞，靖康謫象州。**孫覿**。紹興中謫象州。

【題詠】**島夷通荔浦**。陳陶南海送韋七使君赴象州：「一鶚韋公子，新恩領郡符。云云，龍節過蒼梧。地里金城近，天涯玉樹孤。聖朝朱紱貴，從此展雄圖。」**炎涼頃刻分**。陶弼題太平驛詩云：「急雨隨風至，云云。」**人家多住竹棚頭**。張籍詩：「瘴水蠻江入洞流，云云。青山海上無城郭，惟見松排出象州。」**瘴雲如海蹴天浮**。孫覿詩：「過嶺逢人問象州，云云。」

【四六】疏恩鳳闕，作填象臺。眷此象臺，邈在駱粤。地控百蠻，疆連五嶺。地罕蠶農，俗饒魚稻。雖雕題、交趾之俗，滋變華風；而含哺、鼓腹之人，雅安淳政。象郡自秦，既入中州之境；虎符分漢，是資循吏之功。竹使虎符，允謂人生之貴；桂林、象郡，諒增地望之雄。夷通荔浦，既蠻俗之雜居；人住竹棚，亦土風之甚朴。

潯州　桂平　平南

【建置沿革】粵地，牽牛、婺女之分野。秦平百粵，屬桂林郡。漢改桂林爲鬱林郡，今潯州之桂平即鬱林郡布山之地。梁置桂平郡。隋以布山縣置桂平縣，屬鬱林郡。唐初屬鷰州；太宗以鷰州之桂平、大賓等三縣置潯州，尋廢，隸龔州；後復割龔州桂平、大賓三縣置潯州；改潯江郡，復爲潯州。皇朝平嶺南，廢隸貴州，尋復置，今龔州之平南即猛陵縣地；中興廢龔州爲平南縣，隸潯州，自是以後合龔、潯二州爲一州。〔二〕今領縣二，治桂平。

事要

【郡名】清潯、潯江。

【風俗】民淳訟簡。郡志：「云云，人多業儒。」地瘠民貧。趙善惹奏狀：「僻處山間，云云。」土無坌惡。慶曆學記：「潯爲善地，鬱江東注，云云，溪蠻、峒獠，不際其境，民之從化，豈間然哉？」

【形勝】實有三州之地。同上。「封域廣袤，云云，繡州、鷰州、龔州是也。」限以二江。郡志：「云云，左黔右鬱。黔之源出牂牁，鬱之源出交趾，合于山之麓曰潯水。」山水奇秀。同上。「潯雖爲古荒服，沃壤頗多，云云。」○李邦彦留題白石云：「潯江窮瘴嶺之南，郡雖僻，旁與都嶠、勾漏爲鄰，而白石近在境上，其江山氣象之秀，有足嘉者。」

【山川】白石山，在州南六十里。下有洞，曰白石洞天。內有清真觀，傍有壽聖寺。洞門自下透入容州勾漏洞天，世傳葛仙翁往來其間。閬石山，在州北。有梁狀元嵩讀書巖。暢巖，在郡西龍華寺之上。郡守姚嗣宗詩：「寒谷常留九秋氣，——别是一壺天。」羅叢巖，在郡西南六十里。巖中明快，可容三百人。內有三教殿。東曰碧虚洞，西曰靈源洞。又曰水月巖、超然亭，實潯之勝槩。潯江，在桂平縣北二十步。鬱江，在州南一里。黔江，在州北二十步。烏江，在平南縣西。淥水，在平南縣南十五里。曠野之中，天然怪石甃其傍，泉水深碧而澄清。中有巨魚，人不敢捕。

【堂亭】清心堂，在郡治。平政堂，在郡治。清凉境界。郡圃。

【祠廟】廣祐廟。在思靈山。郡嘗苦虎，守禱于神，信宿，虎夾死廟樹間。范希文嘗言其事，姚嗣宗記其靈驗。

【古跡】鷰石，在平南縣東南十二里。圖經云：「春夏燕巢其上，故唐置鷰州。」糖牛。大賓縣南山有——，與蛇同穴。牛嗜鹽，里人以皮裹手，塗鹽入穴探之。其角如玉，取以爲器。

【名宦】皇朝姚坦，嘗守潯州。東都事略載：「越王元傑嘗作假山，召僚屬置酒共觀之。翊善姚坦曰：『坦見血山，不見假山。』太宗亦爲假山，或以坦言聞，亟命毁之。」程珦。皇祐間守龔州，二子隨侍，乃明道、伊川也。

【人物】梁嵩。郡人。南漢時狀元及第，仕至翰林學士，故龔以公爲大魁。歷顯仕，因獲蠲一郡之丁賦，以迄于今。郡人感公，立白馬廟。

【題詠】西巖境獨清。姚嗣宗詩：「井邑倦炎酷，云云。」兩江横截壯金湯。廖德明南樓詩：「三里之城渺大荒，云云。唐家設險基猶在，聖代增陴慮更長。」嶺外此州爲道院。石應孫題南山詩：「孤鶩去邊天浩渺，萬家窮處水灣環。云云，風煙殊不類南蠻。」

【四六】塗鵶畫省，分虎清潯。地控兩江之會，境環三郡之封。惟清潯之郡境，有白石之洞天。訟簡民淳，夙號嶺南之道院。山奇水秀，亦稱物外之洞天。皂蓋分榮，此郡頗優於地望；玉堂揮翰，昔賢曾破於天荒。

藤州 鐔津　岑溪

【建置沿革】古百粵地。秦屬南海郡。漢地理志牽牛之分野，即唐志所謂「韶石以西，朱崖以東，爲星紀之分」是也。漢屬蒼梧郡之猛陵縣地。晉分蒼梧立永平郡。宋、齊以後因之。〔三〕隋廢永平郡，置石州，又改爲藤州，煬帝復爲永平郡。唐置藤州，初領永平、猛陵、安基、武林、隋建、陽安、普寧、戎城、寧人、淳人、大賓、賀川等十二縣，後以武林屬龔州，普寧屬容州，猛陵屬梧州，以隋建屬龔州；改義感郡，復爲藤州；廢南儀州，以岑溪縣隸藤。皇朝平嶺南，移州治於大江南岸。今領縣二，治鐔津。

事要

【郡名】鐔江、古藤。

【風俗】俗不知歲。寰宇記：「云云，唯用八月酉日爲臘，長幼相賀以爲年。」以白布裹頭。同上。「男兒以白布爲頭巾，女兒以白布爲衫。」以青石爲刀劍。郡國志：「其俗云云，如鐵；婦人亦以爲環玦，代珠玉也。」

【形勝】郡居大江之南。郡志。

【土産】竹枝霜、土人沿江種甘蔗，冬初壓取汁作糖，以净器貯之，蘸以——，皆結—。蔞藤。土人採取雜蜃灰，并檳榔啗之。左思作吴都賦所引「石帆、水松，東風、扶留」，此其一也。一名扶留。○又産大藤及波羅密樹、竹子布。

【山川】羅山、在故南儀州。山有冷泉。羅幔山、在鐔津縣。秀峰山、在岑溪縣。鳳山；在岑溪縣。鐔江、一名鬱江，發源自辰州之鐔嶺。濛江、自昭州立山縣來，〔四〕經城外古藤州地，與潯江合。繡江。自容江來，經州東南與鬱江合。

【樓觀】江月樓、在州宅。以坡詩名。鬱繡樓、在州城東。南浦亭。在州城東。

【名宦】裴敬業。隋人。爲永平縣丞，得民夷心。

【人物】皇朝蘇軾、子瞻自惠州謫昌化，子由亦貶雷州，相遇於藤，同途至雷。秦觀、紹聖初，御史劉拯論其增損實録，謫藤州以終。觀嘗作詞云：「醉卧古藤陰下，杳不知南北。」時以爲讖。陳師道。字無己，號后山，謫藤州。○黄魯直鐔江即事詩：「閉門覓句陳無己，對客揮毫秦少游。二子不知温飽味，西風吹淚古藤州。」

【題詠】嶠南瘴毒地。蘇子瞻藤州城下對月詩：「江月照我心，江水清我肝。端如徑寸珠，墮此白玉盤。我心本如此，月滿江不湍。起舞者誰歟，莫作三人看。云云，有此江月寒。乃知天壤間，何人不清安。牀頭有白酒，盎若白露溥。獨醉還獨醒，夜氣清漫漫。仍呼邵道士，取琴月下彈。相將乘一葉，夜下蒼梧灘。」繫舟藤城下。蘇子瞻詩：「松如遷客老，酒似使君醇。云云，弄月鐔江濱。」躋險緑中行。宋之問發藤州：「朝夕苦遄征，孤魂長自驚。汎舟依島泊，投館聽猿鳴。石髮緣溪蔓，〔五〕林衣拂地輕。雲峰刻不似，苔壁畫難成。露裛千花氣，泉和萬籟聲。攀幽紅處歇，云云。戀結芝蘭砌，悲纏松栢塋。丹心江北死，白髮嶺南生。魑魅天邊國，窮愁海外情。勞歌意無限，今日爲誰明？」

【四六】塗鴉禁掖，分虎鐔江。雖居炎嶠，實號名邦。惟大江之最近，〔六〕宜毒霧之潛銷。聞滕君之仁政，皆願受廛；歌蘇子之月詩，何妨舉酒。民夷雜處，昔雖劣於華風；名勝辱居，今實爲於佳郡。

梧州蒼梧

【建置沿革】禹貢荆州之域。越地，婺女、牽牛之次。舜帝南巡，至于蒼梧之野。秦取百粤，屬桂林郡。漢武以其地爲蒼梧郡之廣信縣，後於蒼梧郡兼置交州，治廣信。東漢立交州牧，〔七〕治蒼梧，後徙治番禺。晉、宋、齊、梁、陳爲郡不改。梁析廣信郡，兼置成州。隋改爲封州。隋於廣信縣置蒼梧縣，屬静州。唐置梧州，改蒼梧郡，復爲梧州。皇朝因之。今領縣一，治蒼梧。

事要

【郡名】蒼梧。以——名郡，始於漢武，然不知何所本。檀弓云：「舜葬於——之野。」傳以爲南越地。湘中記：「九疑，舜之所葬。」漢書載漢武望祀虞舜於九疑，又與檀弓不合。漢文穎注曰：「九疑山半在——，半在零陵。」如淳曰：「舜葬九疑，九疑在——之馮乘縣。」九域志謂：「九疑山亦名——山。」未免皆牽合。按太史公云：「舜南狩行，死於——之野。歸葬於江南之九疑，是爲零陵。」則是舜死於——之野，歸葬於零陵之九疑山。太史公徧歷名山大川，必有所據。

【風俗】質直尚信。隋志：「自嶺以南二十餘郡，大率下濕瘴癘，人性輕悍，俚人則———，諸蠻則勇敢自立，皆重財輕死。」樂音閑美。蒼梧志：「——節——，有京洛遺風。」廣西俗語，推遜亦謂梧州樂、韶州角云。又善爲渠犀舞。」爲善地。吴具七賢祠記云：「蒼梧於南紀———。」

山地氣歊瘴。史通：「蒼梧云云。」

【形勝】襟喉五羊。丘翔蒼梧郡賦：「唇齒湖、湘，云云，距封圻於高要，窮津源於邕江。」連五嶺。史通：「地總百越，云云。」交趾之域。東漢郡守喻猛頌：「於惟蒼梧，云云。」

【土産】鍾乳、南越志：「孟陵縣山多——及石英。」翠羽、舊孟陵縣山多——。暘夷、勃盧。南越志：「暘夷之甲，以錫薄飾之，雜以丹漆，照耀昱晃，左思所謂云云。」

【山川】火山、寰宇記：「山下有丙穴，嘉魚生焉。」虞衡志：「嘉魚狀如小鯡魚，味極腴美，出梧州火山，春末尤多。山上有火，每三五夜一見，如野燒之狀。或言其下水中有寶氣；或言越王尉佗藏神劍於山阿，故深夜騰焰如火。」○沈佺期詩：「身經火山熱，顏入瘴鄉消。」大蟲山：在州東三里。搜神記：「扶南王范尋常養虎五六頭，若有犯罪，投與虎，不噬乃赦之，因名。」鬱水、南去縣八里。雷水、出戎城縣。赤溪。在大江之西。有茂林脩竹、小橋流水之勝。傍有古寺，與李太白讀書臺相對。

【井泉】冰井。在州東北一里。味甘且冷。元結過郡，目曰——。又爲銘，刻石泉上，有「火山無火，冰井無冰」之句。皇朝宣和間，郡守蕭磐訪求得之。詩云：「井名未磨滅，自我發沉晦。」

【堂館】習隱堂、在東山。太守李亨伯有記。蒼梧道院、在郡圃。江山偉觀。在子城上。

【寺觀】白鶴觀。唐開元置。咸通末，宰相鄭畋自翰林承旨謫官蒼梧太守，增修觀宇，臨江建水閣，因題詩云：「松陰如蓋水如羅，秋夕山青白鳥過。獨坐一庵心正寂，數聲何處竹枝歌。」

【名宦】范曄：宋人，爲守。皇朝陳執中。七賢祠序：「公爲郡，陶以豈弟，愛山水爲篇章，以道其登覽之勝。至作相，猶眷眷不忘。」

【人物】陳元、蒼梧廣信人。明左氏春秋，後漢時辟司徒府。吴士燮。蒼梧廣信人。爲交趾太守，學問優博。兄弟四人，一爲合浦太守，鮪爲九真太守，武爲南海太守。

【題詠】南國無霜霰。宋之問經梧州：「云云，連年見物華。青林暗換葉，紅蘂續開花。」草没嘉魚穴。陶商翁送吕濤典獄詩：「峽口蒼梧縣，城依南斗魁。江渾潮海上，地熱火山來。云云，雲封拜表臺。到應無獄訟，荳蔻酒頻開。」看發蒼梧太守船。張籍送王梧州詩：「楚江亭上秋風起，云云。千里同行從此别，相逢又隔幾多年。」蒼梧獨在天一方。蘇子瞻詩：「九疑連綿屬衡、湘，〔八〕云云。孤城吹角煙樹裏，落月未落江茫茫。幽人撫枕坐歎息，我行忽至舜所藏。他年誰作輿地志，海南萬里真吾鄉。」鬱鬱蒼梧海上山。蘇子瞻詩：「云云，蓬萊萬丈有無間。」自注：「鬱洲山自蒼梧浮來。」蒼梧之邦舜遊處。郭功父和梧守蔡希蘧留别詩：「帷君萬里分符去，云云。九疑七澤皆相連，墨海濡毫寫長句。」

【四六】棨分符竹，來涖蒼梧。地乃舜遊，郡因漢置。居百粤五嶺之中，連九疑七澤之勝。北接湖、湘，而爲唇齒之邦；下通番禺，而有咽喉之勢。潮海火山，曾入陶商翁之句；青林紅蘂，備陳宋之問之詩。地望匪輕，曾是陳恭公之舊治；人才亦盛，尚尋吴太守之故家。

貴州 鬱林

【建置沿革】虞、商暨周並爲荒裔，古西甌、駱越之地，牽牛、婺女之分野，其次星紀。秦平百越，置桂林郡，而貴州乃桂林之南境，徙謫人以居之。秦末，尉佗自王其地。漢武平吕嘉，改爲鬱林郡，廣鬱縣隸焉。吴立陰平縣。晉武改爲鬱平縣。梁武割鬱林、寧浦二郡立定州，後改南定州。隋置鬱林郡，改南定州爲尹州，又改尹州爲鬱州，尋罷爲鬱林郡。唐平蕭銑，置南尹州，又改爲貴州，又更貴州爲懷澤郡，復爲貴州。國朝因之，廢懷澤、義山、潮水入鬱林縣；後孝宗爲貴州防禦使，本州不曾陳乞恩例。今領縣一，治鬱林。

事要

【郡名】懷澤。

【風俗】土風尚朴。懷澤志：「云云，不事華飾，不機巧趨利。」人性輕悍。隋志：「云云，而椎髻箕踞，乃其舊風。」民力耕爲業。風土記：「云云，不産蠶絲。」民貧地瘠。崇寧加封二侯廟制。茅葦彌望。守趙汝鈸奏狀：「蕞爾之區，閑田瘠土，云云，而無原隰膏腴之地。」以富爲雄。舊經：「俚人質直，重貨輕死，云云，蓋古者夷、獠之俗如此。」夷、獠雜處。郡志：「懷澤乃漢廣鬱之地，與云云，自谷永、陸績出守是邦，始迪以詩、書、禮、樂之化。」○異物志：「郡北連山數百里。有俚人，皆烏滸諸蠻，巢居鼻飲，以射翠求珠爲業。」

【形勝】連山數百里。見上。負郭二千家。圖經：「有唐盛時，——————。」

【山川】東山、在州東二十里，峰巒秀峙。古經云：「唐時有何特進、履光二人隱此山，化爲石。」今山狀如二人立。西北一峰，望之如婦人，搭帔簪花，號爲新婦巖。南山、在州南十里。羣峰秀異，甲於一郡。山有石笋、佛象。相傳葛仙翁於此煉丹。西山、在郡西三十里。多躑躅花。北山、在城北十里。山高聳。上有瀑布。有池，周數十丈，禪人羽客多棲止焉。古經云：「周穆王時，山上有物相鬬。有羣女號泣，云：吾乃山神，因金牛星驅雷電與山上池中神物相鬬，今神物已化爲石牛矣。」世傳石牛神每歲禱旱，無不應。祭則殺牲取血，和泥塗於牛背，用鹹鹵塗於牛口，鄉人歌放牛之歌以樂之。祀畢即雨，泥盡乃晴。龍影山：在州南。石壁上有五色畫龍。鬱江、來自邕、横，經州界入清潯。寶江、在州西二里。又名浮江，水來自賓州。紫水。鬱江有——兩派，若流出即有異。其對州門流下者，郡守必除擢；在州向上而流下者，應在僚屬。

【井泉】東井、在州東北二里。中有怪石。谷永井、在州治東北。漢——鑿，古刻猶存。陸績井、在城内東偏。有橘一株，乃乾和中刺史劉傳古所種。嘉魚井。在州西。井泉通江。風土記：「水足——，臨水觀之，歷歷在目。有亭臺舊基存焉。」

【亭榭】南澗亭、在城西二里。○守唐弼詩云：「伏泉地脉能通海，疊玉山峰喜近城。」巢蓮亭、在郡治蓮池北。亭有蘇子瞻墨刻。薰風亭。子瞻爲梁詔書。

【名宦】谷永、爲鬱林太守。今之縣名，故附見也。陸績。爲鬱林太守。今水南有懷橘坊存焉。

【人物】皇朝梁詔。州東下郭人。少孤，事母至孝。任廣東提幹，未幾，以母病掛冠而歸。母卒，廬墓側，手植松柏，號碧林。亭有甘露降，芝草生。蘇子瞻海外聞其孝節，往見之，易亭名曰甘露，林名曰瑞松。坡皆爲親染。

【題詠】鬱江清徹底。運判董端逸詩：「云云，十里郡城南。」萬山飛不出。運使王繁舍山驛詩：「云云，守令最相親。」二十四峰尖。郡守俞括詩：「云云，參差列郡南。半空擎鷲宇，絶頂寄僧龕。」二十四峰稱小桂。郡守陳嗣昭鹿鳴宴詩。朝衣駝裘暮揮扇。陳亨伯詩：「冬來行部駕軺車，一日之間氣候殊。云云，未應嵐瘴得全無。」蓋泛言南中氣候也。

【四六】眷今懷澤，析古鬱林。眷懷澤之小邦，亦炎荒之樂土。賦少而供億亦稀，民淳而獄訟頗簡。鼻飲巢居，雖雜遠夷之俗；山環水遶，不虚小桂之稱。民既力耕，有斗米三錢之俗；郡無囂訟，乃人生五馬之榮。

昭州 平樂　恭城〔九〕　龍平　立山

【建置沿革】禹貢荆州之域。古百粤之地，牽牛、婺女之分野。秦爲桂林郡地。二漢並屬蒼梧郡。吴置始安郡，仍置平樂縣隸焉。晉、宋、齊因之，至隋不改。唐以平樂縣置樂州，又以恭城縣來屬，與永平縣而四；更名昭州，取昭潭以爲名；改平樂郡，復爲昭州。皇朝仍爲昭州。今領縣四，治平樂。

事要

【郡名】昭潭、昭平。

【風俗】風俗視沅、湘伯仲。昭潭志序云：「風聲氣習，布衣韋帶之士肩摩袂屬，視沅、湘以南猶伯仲。」決科入仕不乏。鄒道鄉得志軒記云：「——————，每每——。朝廷興崇學校，而中上舍者三人，貢辟雍者二人。」大法場。嶺外代答云：「嶺外瘴毒不必深廣之地，如海南之瓊管，海北之廉、雷、化，雖曰深廣，而瘴乃輕。昭州與湖南、靜江接境，士大夫反指爲——————，言瘴毒之多也。如横、邕、欽、貴，其瘴殆與昭等。然今俗又以廣東之新州爲大法場，英州爲小法場也。」

【形勝】與清湘、九疑犬牙相入。昭潭志序：「居蒼梧、始安之間，云云。」灘瀧至昭而中分。俗謂自靜江漓川合樂川以至梧，——三百六十，————。自昭而上至靜江，不甚險惡。自昭而下至梧，多鋭石，灘高而水湍激，兩岸皆懸崖峭壁。」

【山川】西山，在平樂縣西。有巨石，徑百尺，屹立水中，如神龍戲珠狀。縈山，寰宇記：「山多曲折。有木客，形似小兒，行坐衣服不異人，而能飲。〔一〇〕山居崖宿，時出市易。作器人亦無別。」昭潭岡，在郡北。陶李峒，在平樂縣，有二仙廟。相傳唐陶英太尉謫居，與李氏聯姻。後此二姓居峒，數百家世爲婚姻云。平樂溪、在縣南三里。其西岸曰昭潭，周回一里，在今光孝寺考槃澗之口。漓水、自州合流，東南過梧州，會邕江、容江達廣入于海。漢戈舡將軍下漓水，即此。荔水。源出桂之荔浦。

【井泉】感應泉。夷堅己志：「鄒忠公再謫昭州，江水不可飲，汲於數里山中。人暑月殊以爲苦。所居仙宫嶺下忽有泉涌，清冷瑩潔，因疏爲小池，日得四五斛，遂給用，名曰——。將有北歸之命，數日前，泉乃涸。旋有人大醉，至門厲聲呼曰：『侍郎歸矣。』尋求不可見。明日命下。故龜山先生楊中立爲公挽詞有『泉甘不出户，客至豈無神』之句，蓋指二事也。」

【亭閣】天繪亭、夷堅志：「郡圃有亭，名天繪。郡守以與金國年號同，欲乞名於徐師川易之。忽積壤中得片石，其略云：『予擇勝得此亭，名曰——。後某年月日，當有俗子易名清暉者。』可爲一笑。」○鄒道鄉詩：「江山天繪出，留待主賓同。」十愛亭；在城内光孝寺門側，刺史梅摯作。仍有十愛詩石刻，今存焉。雙榕閣。在州治東二里江邊二榕之間。

【祠廟】鄒公祠。張敬夫記：「按郡城之西北有所謂得志軒者，公所嘗游歷也。下臨長塘，曰木梁，廣數十畝，群山環於前。其秀曰龍嶽，舊爲郡士張雲卿之居，公實名而記之。棟宇今無復存者，乃即其地爲屋四楹，繪公像於中，俾張氏之後人居而世守之。」

【名宦】韋陟；貶平樂尉。楊國忠忌才，諭守令脅陟，使憂死。土豪諭以輕舟泛溪峒，——曰：「我無負神理，命之合爾，其敢逃刑？」歲餘，起爲吴郡守。〔一一〕皇朝胡銓、紹興八年，爲密院編修，上疏乞斬王倫并秦檜、孫近，乃以銓監昭州鹽倉。〔一二〕銓之行也，鼓院陳剛中以啓送之，云：「屈膝請和，知廊廟禦侮之無策。張膽論事，喜樞庭經遠之有人。身爲南海之行，名若泰山之重。」又云：「知無不言。願請上方之劍；不遇故去，聊乘下澤之車。」亦坐謫知贛州安遠縣。〔一三〕梅摯。爲太守。

【人物】周渭，字得臣，恭城人。建隆初，由桃源舉進士，走京師，以書干藝祖皇帝畫下嶺表之策，召對稱旨，賜進士出身，調滑州司馬簿。太宗時爲御史，乞不受錫賜，願充昭州所收百姓秋苗耗米。鄉人德之，爲立祠，徐俯爲記。韓迥。郡人。以太子中舍致仕，號東山野叟，仍作書院，年八十有三。運使李師中以詩贈之，曰：「未衰前已得懸車，骨立清風八十餘。松竹最宜貧宅舍，江山偏照白髭鬚。」

【名賢】鄒浩，東都事略：「有田晝者，志義之士也，與浩善。浩除言官，一日報立皇后劉氏，晝曰：『鄒君不言，可以絶矣。』又一日，鄒以書約晝會潁昌，自云得罪，留連三日，臨别，浩出涕，晝正色責之曰：『使君隱默官京都，遇寒疾不汗，五日死矣。豈獨嶺海之外能死人哉？願毋以此自滿。』」徐俯。字師川。避亂抵昭州。紹興間，召除諫議大夫，遂執政。

【題詠】猿上驛樓啼。李義山昭州詩：「桂水春猶早，昭州日正西。虎當官路鬭，云云。繩爛金沙井，松乾乳洞梯。鄉音吁可駭，仍有醉如泥。」千家不禁燒。俗名酒謂之「燒」，故梅公十愛有此句。此亦唐人「燒春」之義。國朝以南方瘴霧，特弛其禁，家自市魯酒。偷閑少送迎。陶弼詩：「假守昭平郡，云云。亭標梅老句，堂識敬公名。」詔移丞相木蘭舟。許渾聞昭州李相公移拜郴州詩：「云云，桂水潺湲嶺北流。青漢夢歸雙闕曉，白雲吟過五湖秋。」

【外邑】燈火似漁村。陶弼過龍平詩：「數家深峽裏，云云。」入城人半是漁樵。立山縣劉君詩。度暑田夫竹作衫。立山縣俚婦長於縷績，吉貝、蕉落之類甚細輕，又能以竹作衫充暑服，劉詩「云云」，即此也。

【四六】桂嶺遐陬，昭潭佳郡。雖居廣右，實接湘南。鄒、陳辱臨，遂發江山之秀；周、韓挺出，足爲人物之英。烏鳴柏府，當知人傑而地靈；猿上驛樓，可想境幽而郡僻。入仕决科，備著道鄉之記；凝香索句，尚存梅老之詩。

校勘記

〔一〕「命爲邏娑道行軍總管」，「娑」，底本原作「婆」，據舊唐書卷八三、新唐書卷一一一薛仁貴傳改。

〔二〕「自是以後合龔潯二州爲一州」，「二州」，底本原作「二水」，據輿地紀勝卷一一〇改。宋史卷九〇地理志龔州下亦云：「紹興六年復廢，仍隸潯州。」可證。

〔三〕「宋齊以後因之」，「宋、齊」，底本原作「宋、晉」。上文已云「晉分蒼梧立永平郡」，下文焉得再云「宋、晉」？且宋在晉後，不得云「宋、晉」明甚。今核宋書卷三八州郡志、南齊書卷一四州郡志，其廣州下均領有永平郡，則本書「宋、晉」乃「宋、齊」之誤，輿地紀勝卷一〇九藤州下即作「宋、齊以後因之」，今據改。

〔四〕「自昭州立山縣來」，「立山縣」，底本原作「立江縣」，據本書同卷昭州立山縣及宋史卷九〇地理志改。

〔五〕「石髮緣溪蔓」，「緣」，底本原作「緑」，據四庫本及全唐詩卷五三宋之問發藤州改。

〔六〕「惟大江之最近」，「大江」，底本原作「火江」。按本書所述，藤州無火江之目，而「形勝」下乃云「郡居大江之南」，則此「火江」爲「大江」之誤，今據改。

〔七〕「東漢立交州牧」，「東漢」，底本原作「更漢」，「更」字誤。元和郡縣志卷三八云交州立于建安八年，建安爲東漢獻帝年號，故「更漢」應作「東漢」，輿地紀勝卷一〇八即作「東漢立交州牧」，今據改。

〔八〕「九疑連綿屬衡湘」，「衡湘」，底本原作「湘湘」，據四庫本及蘇軾詩集卷四一吾謫海南子由雷州被命即行了不相知至梧乃聞其尚在藤也旦夕當追及作此詩示之改。輿地紀勝卷一〇八作「衡湘」，不誤。

〔九〕「恭城」，底本原作「茶城」，據元豐九域志卷九、宋史卷九〇地理志、輿地紀勝卷一〇七改。

〔一〇〕「而能飲」，按此文原載太平寰宇記卷一六三昭州平樂縣下，今本彼處作「而能隱形」，與本書所引有異。

〔一一〕「起爲吴郡守」，「吴郡」，底本原作「吾郡」，據舊唐書卷九二、新唐書卷一二二韋陟傳改。

〔一二〕「乃以銓監昭州鹽倉」，宋史卷三七四胡銓傳云：「書既上，檜以銓狂妄凶悖，鼓衆劫持，詔除名，編管昭州，仍降詔播告中外。給、舍、臺諫及朝臣多救之者。檜迫於公論，乃以銓監廣州鹽倉。」此云「監昭州鹽倉」，不確。

〔一三〕「亦坐謫知贛州安遠縣」，「亦」，底本原誤爲「石」，據四庫本、傳是樓本改。

方輿勝覽卷之四十一

融州 融水　懷遠

【建置沿革】春秋、戰國爲百越地。漢志以爲牛、女之分野，唐志以爲翼、軫之分野。漢爲鬱林郡潭中縣地。吴分鬱林郡置鬱林縣。蕭齊置齊熙郡。梁置東寧州。隋改東寧爲融州，又改齊熙郡爲義熙縣，煬帝隷始安郡，即今之桂州也。唐置融州，改融水郡。皇朝復爲融州，大觀中陞清遠軍節度。今領縣二，治融水。

事要

【郡名】玉融。

【風俗】氣候不殊荆湖。圖經云云。民猺雜居。同上。昔石湖范至能帥桂林，嘗請于朝，每歲令猺人預聖節錫宴。除屬縣塞堡外，州庭幾至千人，列坐兩廡下。皆椎髻，屬衣以青紅染紵織成，花縵爲服；吹匏笙爲樂，聽之如聚蚊聲；十數連袂，眩轉而舞，以足頓地爲節。刻木爲契約，字畫如梵書，不可曉。

水。」黔南帥府。郡志：「大觀初置云云，三年罷，陞清遠軍。」鎮壓諸蠻。乞建節鎮奏狀：「云云，安静邊界。」曲阜行李巽制：「融水並邊，兼撫夷落。」山水爲天下最。山水巖洞序云：「玉融云云，而真仙巖、老人巖之類又其最也。」

【形勝】東南接桂林。同上。「云云，都會之境；西北有牂牁、夜郎之地，潭江合荆湖數路之

【山川】銅鼓山、在城西二十里。昔諸葛武侯浮牂江而下，以銅鼓散埋，用壓蠻徼。後得於此山，故名。石門山、在縣西十八里。山相對如門。真仙巖、本名靈巖山，又名老君洞，在州南五里。洞高二十丈，仰視高遠。靈壽溪貫串，中出玲瓏，清響如環珮聲。有白石，高四五丈，巍然一天尊像，道服冠髯，偉岸如真。舊傳老君南游至融，語人曰：「此洞天絶勝，不復西渡流沙，我當隱焉。」一夕身爲石，匪雕匪鐫，大質具焉。石獅、丹竈，羅列後先。玉柱擎天，龍鱗印地。仙遊履迹，顯然可攷。咸平中，勑改爲真仙巖，頒降太宗御書一百二十軸藏巖内。張安國磨崖大書「天下第一真仙之巖」。老人巖；在城西五里。舊傳有垂白老人，拄杖悠揚其上。洞在山半，高峻不可登。旁有一洞穿出，闊五六丈，深二十丈。郡因其勢增建屋閣，凭欄一視，如在半天。大江横其前，支流遶其下，縈迂清淺，可濯可游。潭江、在融水縣。融水、在州北六里，接叙州界。清潭。在州南七里。其水無源，而自成潭。

【堂舍】廉静堂、在郡治。玉融道院、在郡治。真仙書院。在真仙巖之前，太守李興時建。

【名宦】皇朝岳飛。清遠軍節度使。

【名賢】傅自得。忠肅公察之子。知興化，以體究趙令衿在泉時事，劾徙融州。四年，陳文恭公奏聞，得徙自便。

【題詠】遊遍真仙洞府中。陶弼題仙巖詩：「溪僧過此説山公，云云。乳石崖邊得靈草，可能封裹寄衰翁。」

【四六】涣綸西掖，分竹東寧。疏榮金闕，作鎮玉融。維東寧之列郡，乃南土之名麾。山居谷聚，控並海之蠻夷；地大物荒，據仙城之襟帶。拜二千石之尊官，暫綏遠俗；揭第一巖之佳號，頗稱英遊。

賓州 嶺方 遷江 上林

【建置沿革】古越地。漢志牽牛、婺女之分野，唐志翼、軫之分野。秦置桂林、象郡。漢更爲鬱林郡，今州即鬱林郡之嶺方縣也。吴改嶺方縣曰臨浦。梁立嶺方郡。隋爲嶺方縣，屬尹州。唐置南方州；太宗又析南方州之嶺方、琅琊、思干、〔一〕南尹州之安城縣置賓州，更南方州曰澄州；改安城郡，又改嶺方郡，復爲賓州。皇朝廢賓州，隸邕州，尋復舊。唐以南方州地析爲賓州與澄州，至本朝合而歸之賓州，又益以思剛州，是以唐之三州併爲一州，而三縣即唐之三州也。今領縣三，治嶺方。

事要

【郡名】南賓、安城。

【風俗】**民醇事簡**。圖經：「云云，俗阜物廉，視他州爲樂土。」**巢居崖處**。圖經：「巢居崖處，盡力農事。」**築室如巢窟**。范太史曰：「賓人計口云云，屋壁以木爲筐，竹織不加塗墍。」**民雜素冠**。圖經：「云云，虛市所集，白黑相半。」前輩詩云：「簫鼓不分憂樂事，衣冠難辨吉凶人。」**野不植桑**。同上。「賓俗工於織布，煮練如雪，縝密可愛。婦不識蠶，云云。」○「野蠶乃食楓葉，漁者取其絲以爲綸，或取織紬。」**採木綿茅花**。同上。「羅紈絲帛，仰給它郡。俗多云云採作絮綿，以禦冬寒。」**惟事雞卜**。同上。「病者不求醫藥，云云。郡守蔣國博刻方書一册，邦人稍爲之變。」**博扇爲昏**。同上。「羅奉嶺去城七里，春秋二社，士女畢集。男女未昏嫁者，以歌詩相應和，自擇配偶，各以所執扇帕相博，謂之博扇。歸日，父母即與成禮。」**擊鼓吹笙**。寰宇記云：「其俗有禮會，——葫蘆——以爲樂。」

【形勝】**西接建武**。余鏞譙樓記：「云云，北拒慶遠，欽、象、横、貴，皆擬其境。」**無大江以泄水氣**。圖經：「賓之爲州，云云，民居皆沮洳卑濕，故人多腿重脚軟之患。」

【山川】**嶺方山**，在上林縣南五里。○風土記：「且説賓州一片地，金龜出海，勢正骨乾，來自嶺方，此地稍安康。」○五代蠻獠雜處，郡治遷徙靡定，開寶間始還今州治。**鏌鋣山**，在上林縣南三十二里。昔人有得古劍於此。**銅錢山**，在州東十五里。相傳有藏銅錢于此。**仙影山**，在解鞍驛北。○陶弼詩：「月擘星冠七大夫，遠看雖有近還無。瑶池侍女雙成過，遺下羣仙聚飲圖。」**葛仙巖**，在州西十五里。有洞深窈，非執炬不可入。緣石磴而上直至巖，西南諸山，皆在目前。明鏡湖、在州南三十五里，闊五頃。寶水、在嶺方縣西南十五里。中有陂堰，可以溉田。賓水、在州西五里。賀水、在遷江縣。其水流入柳江。浮江水、在嶺方縣南二里。瑯琊水、在故琅琊縣西一里。馬潭。在州東七里。歲遇旱，投潭以虎頭，謂之鬬龍，即感應也。

【樓觀】環山樓、舊名凌霄。翠中樓：在城北墉，最高。琅琊奇觀。在郡治。

【名宦】皇朝陶弼、弼之父及姪皆嘗爲守。有繼政堂。王鞏、字定國，素之子也。從東坡遊，嘗坐軾黨，貶賓州酒税。坡既北歸，出侍兒柔奴勸坡酒。坡問柔奴：「嶺南應是不好？」柔奴曰：「此心安處便是吾鄉。」坡因綴定風波，其詞曰：「誰羡人間琢玉郎，天教乞與點酥娘。自作清歌傳皓齒，風起雪飛炎海變清涼。萬里歸來顔愈少，笑時猶帶嶺梅香。試問嶺南應不好，却道此心安處是吾鄉。」狄青。言行録載青宣撫廣西時，儂智高守崑崙關。青至賓州，值上元節，令大張燈，饗軍校。次夜二鼓時，青忽起如内，久之，使人諭孫元規令暫主席行酒。至曉，客未敢退，報者云：「是夜三鼓，狄宣撫已奪崑崙關矣。」

【人物】韋厥。漢韋元成之裔。唐武德七年，持節壓伏生蠻，開拓化外，詔領澄州刺史，後隱於智誠洞。公與諸子皆封侯廟食，爲廟者九。

【名賢】范祖禹。紹聖初，言者論祖禹朋附司馬光，責永州，移賓州。

【題詠】賓州在何許。蘇子瞻在黄州詩：「云云，爲子上棲霞。」湅笋蒼崖坼。蘇子瞻和王犟詩云：「春蔬黄土軟，云云。」民俗不知金鼓聲。陶弼詩：「官曹惟識簿書字，云云。」金鼓聲闌劍戟收。前人詩：「云云，史君迴上雅歌樓。樽前一闋清商曲，消盡窮邊萬里愁。」安城太守知邊計。前人詩云：「往歲傳聞南詔檄，近時方築伏波城。云云，菡萏花中閱水兵。」莫教弦管作蠻聲。前人詩：「勸把鉛黄記官樣，云云。」

【外邑】思剛置縣衙。邑令秦密遷江紀實詩：「廣右開炎服，云云。羈縻唐世及，正朔聖朝加。」又：「鄉分今賀水，邑隸古琅琊。泉脉通明鏡，封鄰接鏌鋣。」蓋縣爲羈縻思剛州，本朝改爲遷江縣，有明鏡湖及鏌鋣山。

【四六】出綸北闕，分牧南賓。事簡訟稀，物廉俗阜。惟嶺方之小郡，乃越駱之通都。陶刺史之舊詩，可知風土；狄武襄之陳迹，猶記威聲。雖蠻風之雜襲，見謂陋邦；然物産之豐盈，頗爲樂土。

慶遠府 宜山　忻城　天河　思恩　河池

【建置沿革】粤地，牽牛分野。秦屬象郡。漢屬交趾、日南二郡界，並同安南府，〔二〕後没于蠻夷。唐招降所置，初曰粤州，後曰環州，改爲龍水郡，復爲粤州，改爲宜州。皇朝詔嶺南羈縻環州、鎮寧州、金城州、智州、懷遠軍並依前隸宜州，又以羈縻芝忻、歸恩、紆三州地爲忻城縣來屬；〔三〕以英宗潛邸，陞慶遠軍節度；咸淳元年八月二日，係今上潛藩之地，陞慶遠府。今領縣五，治宜山，又管五砦羈縻之州十有八。

事要

【郡名】龍江、宜陽。

【風俗】人風獷戾。寰宇記：「山川險峻，云云，常持兵甲以事戰争。」以巖穴爲居止。同上。「左衽椎髻，禮異俗殊，云云。」

【形勝】爲嶺南要害之地。郡志：「控牂牁、昆明等十五部，云云。」控扼夷蠻。嶺外代答：「廣西云云，曰邕、曰宜，邕屯全將，宜屯半將。本朝皇祐間，分宜州爲一路帥，所統多夷州，後罷爲郡。今守臣猶兼廣西都監，爲慶遠節度。宜之西境有南丹州、安化州，三州一鎮。又有撫水五洞，龍河、茅灘、荔波等蠻，及陸家砦；其外有龍、羅、方、石、張五姓，謂之淺蠻；又有西南韋番，及蘇綺、羅坐、夜回、計利、流求，謂之生蠻；又其外則有羅殿、毗那大蠻；皆徑路直抵宜城之境上。」

【土産】宜砂、虞衡志：「宜之山人云：出砂處與湖北相犬牙，山北曰辰砂，山南曰宜砂。然地脉不殊，無甚分别也。」宜錫。出蠻峒中。

【山川】宜山、宣和更龍水曰宜山。南山、山中有龍隱洞及神祠。日山、在城東九里。月山、在城西十五里。風土記「東有日山西有月，年年征戰無休歇」，謂此也。繼之曰「賴得西水向東流，世代永無憂」。高峰山、九域志：「昔有陸猿仙隱此山。」拜相山；又名天門山。二峰如筍，峷崖參天。馮三元祖塋在其下。龍江、在城北一百步。石岸峭嶮，東流至柳、象、潯、藤、梧等州一千餘里，至廣州入於南海。謂江道如龍，故名云。小江、在州城北合龍江。洛蒙江。在城南六十里。通龍水，北流至崖山合龍江。

【井泉】龍泉。去郡城二里。宜陽志「龍泉湧其前，龍江繞其後」是也。其水湧出猶勺合，然而潤澤丘畝，綽有餘裕。

【學校】州學。張敬夫學記：「宜爲州被邊所，控制非一。前此爲州者，日夜究切備禦，繕治財計之不暇，莫遑他議。韓侯璧至官，既舉其職，慨然念學校委廢，議所以修復之，蓋積累而後成。廟宮既嚴，講肄有堂，師生有舍，門廡庖湢悉具。合境人士歎息誦詠，伻來請記。方韓侯之爲是舉也，或者竊笑，以爲在邊州乃不急之務。且曰：『宜固寡士，亦何必汲汲爲？』栻獨以爲不然。蓋俎豆之脩，則軍旅之事斯循序而不忒；教化興行，則禍難之氣坐銷於冥冥之中。詩曰：『既作泮宮，淮夷攸服。』是有實理，非虛言也。建學於此，使爲士者知名教之重，禮義之尊，脩其孝弟忠信，則其細民亦將風動胥勸，尊君親上，協力一心，守固攻克，又孰禦焉？近而吾民既已和輯，則夫境外聚落聞吾風者，亦豈不感動？有以服其心志，柔其肌膚，其孰有不順？況於秉彝之心，人皆有之，奇才之出，何間遠邇？遠方固曰寡士，然如唐張公九齡出於曲江，姜公公輔出於日南，皆表然著見於後世。宜之士由是而作興，安知異日不有繼二公而出者乎？然則其可以寡士而忽諸？」

【堂舍】宜山堂、在郡治。四賢堂、在宜山堂後。謂黃山谷、馮三元、趙清獻、呂究公也。南樓。有山谷所書范孟博傳石刻在焉。

【名宦】曹克明、嘗知邕州。既而宜州澄海軍校陳進反，會鬱江暴漲，州城摧，克明伐木造舟，爲虛城水上，以備守禦，仍募溪洞兵趣象州，賊遂南去。巡撫使曹利用召克明會兵，至貴州遇賊，斬首四百餘級。賊平，利用專其功，克明耻自言。趙抃。嘗倅是邦。有一卒，殺人當死，方繫獄，病疽未潰，公使醫療，得不死，會赦以免。公愛人之周如此。

【人物】馮京、慶曆間廷對第一，解省又俱與首選，時號「三元」。其母葬長沙。有讀書堂在春陵。其解試寓鄂渚。其生長于宜，其遊學隨所至，而往祖塋在龍江浪步之北。今有馮村。區革。嘗與黄魯直交遊，後爲瓊州秋掾。魯直以青玉案送之，有「送我之官窮海上，鯨吞舟楫，蜃嘘樓觀，落筆添清壯」之句。

【名賢】黄庭堅。太府丞余伯山禹績之六世祖若著倅宜州曰，山谷謫居是州。時黨禁甚嚴，若著爲之經理舍館，遣二子滋、滸從之游。一旦請曰：「先生今日舉動，無愧東都黨錮，諸賢願寫范孟博一傳許之。」遂默誦，大書盡卷，僅有二三字疑誤。次年遂仙去。○潘大臨別魯直於江夏詩：「翰墨精神全魏、漢，文章波瀾似春秋。可是中州著不得，江南已遠更宜州。」○徐得之試雙井茶詩：「先生老作宜州鬼，誰與一甌同注湯。至今捧着雙井椀，猶帶是翁書傳香。」

【題詠】孤城溪洞裏。陶弼詩：「云云，聞説已堪哀。蠻水如鮮血，瘴天已死灰。吏憂民置毒，巫幸鬼爲災。」去作宜州夢。黄魯直寄翠巖禪師詩云：「山谷青石牛，自負萬鈞重。八風吹得行，處處是日用。又將十六口，云云。」

【四六】塗芝禁掖，剖竹宜城。　疏榮鼇禁，懷紱龍江。　維今分虎之邦，乃昔潛龍之邸。民多獷矣，境實接於蠻風；郡固荒凉，土頗饒於珍産。　趙清獻題輿之郡，地望固隆；馮三元毓秀之邦，人才不乏。

賀州 臨賀　富川　桂嶺

【建置沿革】禹貢荊州之域，分野當星紀鶉尾之次。春秋屬越，七國屬楚。秦置南海郡。趙佗王南越，其地屬焉。漢武帝平南越，置蒼梧郡，屬交州，今州即蒼梧郡之臨賀縣也。後漢因之。吴大帝爲臨賀郡，隸荊州。宋改爲臨慶。齊爲臨賀國。隋置賀州，改臨賀郡，其後又更爲綏越郡。唐置賀州，因賀水以名。皇朝平嶺南，賀州首入版圖，開寶四年省蕩山、封陽二縣及寶城場入臨賀，馮乘縣入富川。今領縣三，治臨賀。

事要

【郡名】臨賀。輿地廣記云：「臨水西流，右合賀水，縣對二水之會，故以臨賀爲名。」

【風俗】俗重雞卜。寰宇記：「俗重鬼，嘗以雞骨卜。」　架木爲巢。同上。「俗多云云，以避瘴氣。所居謂之栅。」　好吹匏笙。同上。「節會則鳴銅鼓，云云。俚人則筋竹爲箭，以葉羽之，名曰圭黎。」**民少瘴癘**。圖經：「氣候稍近湖外，山清水秀，云云。」**民不飢寒**。同上。「去州二十里，〔四〕深山大澤間多猺人所居。——俗耕種，雖無資積，亦——。」**士知爲學**。同上。「賀之爲州，云云，民知力田，雖溪洞蠻猺，亦皆委順服從，無剽敚之患。」**鴈塔有人**。同上。「自咸平三年歐陽陟登科之後，題名——，時—其—。」

【形勝】**崇山峻嶺**。裴氏記：「自九疑之南，云云高排霄漢，綿亘數百里，皆賀之境也。」**山清水秀**。見上。

【山川】**甑山**、在州西五里。舊名幽山，唐李郃出守，山有新煙覆其上，因名。**橘山**、在臨賀東二十里。其山七十一峰，多橘株。**秦山**、在富川縣西百八十里，北連道州。荆州記：「昔孫權時，此山夜雷暴，震開爲六洞。」〇陳去非有遊秦山詩。**桂山**、在桂嶺縣東北十三里。〔五〕山多桂竹。東接連，北接道。**白雲山**、去富川縣五十里。乃丹霞福地。**銀殿山**、去富川縣百五十里。舊馮乘縣山上常有白雲，故名。**萌渚嶠**；元和志：「在馮乘縣北一百三十里，即五嶺之第四也。」按今州與道州江華縣分界於此嶠之上。**臨水**、源出舊馮乘縣西北靈山下，南流至縣界。**賀水**、源出富川縣，地名石龍，亘郡城，合桂嶺水至三江口，謂賀江、梧江、封江也。**橘水**、出橘山，合賀江。**桂水**、順流至州城東南合於賀江。**富水**、在富川縣西四十里，南入昭州。**竈溪水**。在富川西五十里。相傳天師煉丹取此水，〔六〕故名。

【亭閣】荔枝亭：在郡治。譚良佐建。清音閣。在城西五里佛寺之西。有瀑布巖，故名。

【名宦】李郃：唐文宗時舉賢良，劉蕡對策，極言宦官，考官不敢取。郃曰：「劉蕡不第，我輩登科，能無厚顔？」乃上疏言：「臣所對不及蕡遠甚，内懷愧耻，乞回所授以旌蕡直。」帝不納。中人深疾蕡，誣貶郴州司户，郃遂出知賀州，爲政有聲。見李時亮古碑總録。皇朝岳飛。神武軍副都統。紹興初，曹成再入賀州，飛引兵擊成，大破之。

【名賢】范祖禹、紹興初，言者論所修實録誣詆，又論乳媪事以爲離間兩宫，貶賀州，移賓州，再移化州，卒。吕居仁、避地于此。陳與義。避地于此。

【題詠】罅開蠻俗合。陶弼桂嶺詩云：「捨轡歷天險，身疑出馬郡。云云，脊盡瘴江分。」賀州城西丹甑山。郭功父詩：「云云，一亭遥插紫雲間。龍墀讓策名猶在，鶴馭凌風去不還。善政再來應瑞物，勝遊安得伴酡顔。元戎詞翰鏘金玉，千古長如碧澗潺。」

【四六】明嶠遐陬，賀江古郡。兹剖竹符，乃依桂嶺。龍墀遜第，未聞賢守之高風；虎帳論功，尚想元戎之妙略。甑山盛事，備陳郭功父之詩；秦洞勝遊，尚訪陳簡齋之迹。

化州石龍　吴川　石城

【建置沿革】禹貢、職方所不載。五嶺之外，古越地，牽牛、婺女之分野。秦屬象郡。漢爲合浦郡高涼縣之地。高涼縣在今高州界。吴孫權立高涼郡，又立高興郡。梁因之，仍置羅州。唐以高州之石龍、吴川二縣置羅州，又於石龍縣置南石州，尋改南石州爲辯州；改羅州曰招義郡，辯州曰陵水郡。皇朝廢羅州入辯州，又改辯州曰化州，中興復置石城。今領縣三，治石龍。

事要

【郡名】陵水、羅川。

【風俗】其俗信鬼。圖經：「云云，好淫祠。」無復文身斷髮。同上。「夷俗悉是左衽。今士民被禮遜之教，頗衣冠相尚，雖賤隸亦襟衽，云云之舊。」

【形勝】大海環其南。同上。三江遶其東北。同上。「云云，濱海數郡，惟此地炎風不蒸。三水繞城，以泄嵐瘴，民少痁疫。」境多土山。同上。「云云，無甚峻嶺。」

【山川】東山、起高涼，拱於州治之左。南山、起雷陽，拱於州治之右。有龍母廟。麗山、在古幹水縣東北二十里。帽子山；山在石龍縣之南五里。大海、東去吴川縣四里。陵水、寰宇記：「在石龍縣，源出容州界，會羅水合流。」羅水、在廢陵羅縣西北五里。自羈縻禺州羅辯縣界南流，下合陵水。州治在陵、羅二水之間，陰陽家謂其得浮龜之形。零烈水。在廢縣南三十里。源出廉江，入大江。

【堂亭】清心堂；在州治。歸鴻亭。在龍母山之巔。淳熙辛丑，寇平，取「歸民安集」

之義。

【名宦】皇朝李丹、紹興初爲守，有甃城之績。廖顒。爲守。凌鐵之擾，有招諭之功。

【人物】楊思勉。石城人。唐玄宗朝嘗平諸蠻。〔七〕見唐本傳。

【名賢】范祖禹、紹聖初，言者論祖禹朋附司馬光，永州安置，再貶賀州，移賓州，又移化州，卒。窆之南山，後歸葬焉。沈長卿、先是，紹興戊午，李光自洪州召歸，長卿以啓賀之，云：「縉紳競守和親，甘出婁欽之下策。夷狄難以信結，孰虞吐蕃之劫盟？與其竭四海以奉豺狼之歡，何至辱萬乘而下穹廬之拜。」至紹興甲戌，通判常州，以吟詩謫化州。莫伋。湖州人，自號月湖，紹興間謫居于此。

【題詠】羅川帶郭古南州。郡守詩：「云云，陵水環城小庾樓。雲淡青林無過鴈，雨涵丹荔集鳴鳩。叨棨銅竹三經夏，勸課農桑屢有秋。好趁湍流下吴會，章臺無柳繫歸舟。」

【四六】疏恩黼扆，分牧羅川。農桑粗足，獄訟亦稀。越居五嶺之外，近臨二水之間。自唐世人才已盛，備見平蠻；至皇朝郡縣更新，足知向化。雖周職方之不載，越在炎陬；然唐郡治之屢遷，頗稱善地。

校勘記

〔一〕「思干」，底本原作「思于」，據舊唐書卷四一地理志、新唐書卷四三上地理志改。

〔二〕「並同安南府」，「安南府」，底本原作「南安府」，據通典卷一八四州郡一四、輿地紀勝卷一二二乙正。

〔三〕「又以羈縻芝忻歸恩紆三州地爲忻城縣來屬」，「芝忻」、「紆」、「忻城」，底本原作「足圻」、「經」、「圻城」，據元豐九域志卷九、輿地紀勝卷一二二、宋史卷九〇地理志改。

〔四〕「去州二十里」，「去」，底本原作「云」，據輿地紀勝卷一二三改。

〔五〕「在桂嶺縣東北十三里」，「桂嶺縣」，底本原作「往嶺縣」，據輿地紀勝卷一二三、宋史卷九〇地理志改。太平寰宇記卷一六一云山在桂嶺縣東北一百五里，與本書所記里數相差甚多。

〔六〕「相傳天師煉丹取此水」，「丹」，底本原作「舟」，據四庫本、傳是樓本、嶽雪樓本改。

〔七〕「楊思勉石城人唐玄宗朝嘗平諸蠻」，「楊思勉」，舊唐書卷一八四、新唐書卷二〇七本傳均作「楊思勗」，蓋避後唐莊宗李存勗之諱改。「唐玄宗」，底本原作「唐元憲」，據兩唐書楊思勗傳，思勗確于玄宗朝開元年間多次平蠻，然其卒年在開元二十八年，事不及憲宗朝，「元憲」乃「元宗」之誤，亦即「玄宗」之誤，今據改。

方輿勝覽卷之四十二

高州 電白　信宜　茂名

【建置沿革】古越地，牽牛、婺女之分野，星紀之次。秦屬南海郡。漢武帝平南越，置合浦郡，今州即漢合浦郡之高涼縣地。吴孫權立高涼郡，又立高興郡。梁討平俚洞，置高州。隋爲高涼郡。唐復置高州，移州治於舊州南三十里電白縣界置。皇朝廢高州入竇州，尋復置高州。今領縣三，治電白。

事要

【郡名】高涼。投荒録：「土厚而山環繞，高而稍涼，因以名焉。」○舊經有云：「一日常具四時天氣，至三伏間反無畏暑，命名似不苟。然郡境自有高涼山，昔人名郡或取諸此。」

【風俗】民尚簡儉。圖經：「云云，易於取足。」祭鬼祈福。元城先生曰：「此間飲食粗足，絶無醫藥。土人遇疾，惟——以——。」多燠少寒。圖經：「郡據叢山之中，去海百里。四時之候，云云。春冬遇雨差凍，頃刻日出，復如四五月。」號爲瘴鄉。同上。「五嶺之南，云云。諺曰：高、竇、雷、化，説着也怕。」椎髻洗足。寰宇記云：「穀熟時，里閈同取戌日爲臘，男女盛服，椎髻洗足，聚會作歌。悉以高欄爲居，號曰干欄。三日一市。」

【形勝】依山爲郡。舊經：「郡不濱海，云云。」去海百里。見上。

【土産】樹石屏。洪景嚴記云：「祁陽石藉人力磨治，此即混然天成，略無斧鑿一跡。」

【山川】竇山，在州治之後，去城二里。創登高亭于上，爲一郡登臨勝處。高凉山，在郡西四十里。羣山森然，盛夏如秋，因名。銅魚山，與郡治對。賴仙翁風土歌：「一條丁水銅魚塞，三十年來舊相識。」龍湫山，在電白縣東二十里。一泉出巖石之下，四時常湧。有坎甚深，相傳有龍伏其間，名曰龍湫井。每遇歲旱，鄉民相率祭於井上，有以竹木刺之，〔一〕則雷雨立至。因以立廟，以爲祈禱之地。大海，在平定縣界東百里。〔二〕高源水。在信宜縣西北。源出高源嶺，入茂名縣界。

【名宦】馮盎，祖馮業，燕人，浮海奔宋，居新會。自業至孫融，世爲羅州刺史。融子寶，爲高凉太守，聘蠻酋冼氏之女爲婦。李遷仕反，冼氏擊定之。孫盎，隋仁壽初爲宋康令。〔三〕潮、成等五州獠叛，詔盎擊平之。後以地降，高祖授以高州總管，冼氏封譙國夫人，又封靈順誠敬夫人。有廟。

皇朝杜介之。瓊州人，爲高州司法。李光有詩贈曰：「南極當老人，及見九代孫。君生古崖州，氣質清且温。今年八十二，頗覺行步奔。白髮映紅頰，疑是羲皇人。」

【名賢】劉安世。號元城先生。安置英州，移高凉。

【題詠】嶺外向潘州。唐詩紀事：「李明遠謫爲潘州司馬。」〔四〕潘州，今屬高州。詩云：「北鳥飛不到，南人誰去遊。天涯浮瘴水，云云。」

【四六】地高而凉，民朴而儉。在天一涯，去海百里。雖居炎瘴之鄉，乃是高凉之境。馮將軍之故封，是爲古郡；劉元城之寓處，宜有秀民。考禹貢之分疆，固非侯服；稽唐詩之紀事，是謂潘州。

容州 普寧　北流　陸川

【建置沿革】古越地。〔五〕其次星紀，其星牽牛。秦開五嶺，置南海、桂林、象郡。漢置合浦郡，屬交趾，今州即合浦縣地。宋立南流郡，屬越州。隋爲合浦、永平二郡地。唐於今州理北置銅州，即合浦之北流縣、永平之普寧縣也；又改銅州爲容州，以州西帶銅山，因以爲名；改普寧郡，置容州管内安撫使。初，唐嶺南舊五管廣、桂、邕、容、安南皆隸嶺南節度。自蔡京制置嶺南，始奏以廣州爲東道，邕州爲西道，又割容管藤、嚴二州隸邕管，又置寧遠軍於容州。國朝因之。初，王拱辰請倣唐制，益以東路之潮，西路之邕、容，各爲總制，與桂、廣爲五管。不果行。中興以來，陞寧遠軍。今領縣三，治普寧縣。

事要

【郡名】容管、普寧。

【風俗】人性剛悍。十道志：「云云，重死輕生。」不習文學。同上。鼻飲跣行。同上。

「夷多夏少，云云。好吹葫蘆笙，擊銅鼓，習射弓弩。無蠶桑，績葛以爲布。」**呼市爲虚**。同上。「云云，五日一集。」**地多瘴氣**。寰宇記：「云云，春謂青草瘴，秋謂黄茅瘴。」**禮度同中州**。容管志云：「渡江以來，北客避地留家者衆，今衣冠——並——。」**仕五管者多至卿相**。唐容管經略刺史題名記：「宋璟、李勉、杜佑、馬植、盧鈞、李渤、王渤輩，皆一時名臣，由五管罷歸，多至卿相。」

【形勝】**介桂、廣間**。容管志：「容云云，蓋粤徼也。」**由漢始登版籍**。普寧郡志序云：「五嶺以南，禹貢、職方所不載，——以來，————。」

【山川】**容山**、寰宇記：「在陸川縣。其山迥闊，故曰容山，州以此得名。」**勾漏山**、在普寧縣。其巖穴多勾曲而穿漏，故名。平川中石峰千百，皆矗立特起，周迴三十里。相傳葛仙嘗修煉于此。**都嶠山**、寰宇記：「在普寧。」山上有八峰：曰兜子、馬鞍、八疊、雲蓋、香爐、仙人、中峰、丹竈。而八疊奇秀，視諸峰最高。有南北兩洞，俱有石室。南洞寬坦，中刻浮屠大像，儀制甚古；北洞差狹，爲星壇凡八。二洞虚爽，天造地設，非它洞穴幽翳之比。虞衡志云：「三洞天不下桂林。」**白石山**、在陸川縣。山色潔白，四面懸絶。上有飛泉瀑布；下有勾芒木，可爲布。**普照巖**、吴元美記：「山如覆釜，登巖却顧，則黄坡翠巘與石峰相對，歷歷落落，尤可觀也。」**獨秀巖**、吴元美記：「度普照巖而西，平野中鬱然孤峙者，獨秀巖也。洞門宏邃，古木蕭森，與韶真抗衡。室中可容數千人。石乳掛壁上，如彌陀大士像。」**白沙洞**、吴元美記云：「秉燭從竇入，俯偃扶伏，凡經六七竇，每過益寬，而所見益奇。行里餘，乃至中洞，千態萬狀，不可殫盡。勾漏甲於天下，而此洞爲勾漏之次。」鬼門關；舊唐書云：「在北流縣之南。有兩石相對，俗號鬼門關。漢伏波將軍馬援討林邑蠻，路由此，立碑石龜尚在。昔時趍交趾，皆由此關。其南尤多瘴癘，去者罕得生還。諺曰：『鬼門關，十人去，九不還。』」唐李德裕貶崖州，經此賦詩云：「一去一萬里，千知千不還。崖州在何處，生度———。」容江、在普寧縣。郡國志：「即馬援所謂『仰視飛鳶，跕跕墮水中』者是也。」繡江、在普寧縣前。石湖、在陸川縣。崑崙水。在陸川縣。水中有石，似崑崙。

【亭榭】迎富亭、與滄浪亭相對。容俗以二月二日爲迎富節，因以——名—。繡江亭。在州西南子城外。江流橫陳，都嶠諸峰，一覽可盡。

【道觀】韜真觀、出洞天門，其東曰———。觀中碣，僞漢時中官陳君所經始觀當勾漏之中，旁鄰玉虚，面揖玉田，東望寶圭，西抵普照、獨秀。靈寶觀。在州西勾漏山寶圭洞天，江之干，古勾漏城也。羣峰森羅在上，而道出其間，行者駭愕。觀直當其門户。觀後石峰，拔起千仞，獨以一柱擎天。

【名宦】葛洪、字稚川。欲煉丹，聞交趾出丹砂，求爲勾漏令，曰：「非以爲榮，爲有丹砂耳。」杜甫詩：「遠慚勾漏令，不得問丹砂。」元結、授容管經略使。身諭蠻豪，綏定八州。民樂其教，至立石頌德。韋丹。丹爲容州刺史，始城容州，周十二里。韓文公銘其墓。

【題詠】直傍青天崖。賈島送張校書季霞詩云：〔六〕「容州幾千里，云云。」泉歸滄海近。柳宗元酬徐中丞普寧池館詩：「落日明朱檻，繁花照羽觴。云云，樹入楚山長。」**燒香翠羽帳。**杜牧送容州中丞赴鎮詩：「交趾同星座，龍泉佩斗文。云云，看舞鬱金裙。鷁首衝瀧浪，犀渠拂嶺雲。莫教銅柱北，空説馬將軍。」**浪經蛟浦闊。**歐公歸田録載僧惠崇送遷客詩：「云云，山入鬼門關。」**尋盡洞中天。**陶弼詩云：「一年勾漏守，云云。」郡有勾漏、白石、都嶠等山，所謂三洞天也。**佛記盧藏用。**藏用大雲寺記：「石高丈二尺。」**仙壇葛稚川。**見勾漏山。**醒心西驛水。**韋丹建閣，下有石泉，并記。**燒眼碧池邊。**後唐李復作池木檝記曰：「北池植蓮數萬。」**詩碑與酒泉。**「我豈元新事，云云。」並陶弼詩。**萬松亭下清風滿。**劉禹錫傷秦姝行：「北池含煙瑶草短，〔七〕云云。」北池與萬松皆容州之勝槩。**有唐曾宿萬家兵。**陶弼詩：「云云，節制東南十一城。此若得人無盜賊，昔之爲守盡公卿。」

【四六】出綍嚴宸，分符容管。介于桂、廣，雜以民夷。元次山之故封，葛稚川之仙境。漢控百蠻，關實雄於林邑；唐爲五管，鎮尤重於銅州。勾漏名山，夙號神仙之宅；普寧置管，實爲卿相之階。

欽州 安遠 靈山

【建置沿革】古越地，非九州之域。其次星紀，其星牽牛。秦爲象郡地。尉佗王越，地亦屬焉。

今州即合浦郡之合浦縣也，在廉州界。二漢、吴、晉並屬合浦郡。宋置宋壽郡，隸交州，後隸越州。齊屬交州。梁武帝於今欽江縣南置安州。隋改曰欽州，取欽江以爲名；改欽州爲寧越郡。唐復爲欽州，又置玉州、南亭州，並隸欽州總管府；改爲寧越郡，復爲欽州。○國朝因之，初治欽江，後治靈山。今領縣二，治安遠。

事要

【郡名】寧越。

【風俗】人戴白巾。寰宇記：「今鄉村云云。」赤裩短褐。同上。「又有獠子，巢居海曲，每歲一移，椎髻鑿齒，云云。」食用手摶。同上。「俚人不解言語，文肱椎髻，云云，水從鼻飲之。」用臘日爲歲。同上。「又有一種夷人，不種田，入海捕魚爲業，婚嫁不避同姓，云云。」逢掖之士蓋鮮。見南軒州學記。

【形勝】南轅窮途。同上。瀕海而郡。同上。

【土産】欽鹽。朝野雜記：「建炎十二年，議者以欽州鹹土生發，歲産鹽三十餘萬斤，商人不通，請復官賣。許之。後又改爲鈔法。乾道四年罷鈔，令漕司自認鈔錢，嶺南極以爲患。淳熙初，張敬夫爲帥，〔八〕始與漕司詹體仁叶議，立爲定額定直，且條上之，邕州官賣鹽每斤百錢。二公既去，漕趙公瀚增其六十；〔九〕欽州歲賣鹽千斛，公瀚亦增其五。六年，侍御史江溥以爲言，〔一〇〕上黜公瀚，詔閩、廣發賣鹽白有舊額及定直，自今毋得擅有增添。」

【山川】三山、在安遠縣南五里。桂山、在安遠東二十里。孔雀山、在州西南五里。三峰峙立，仍多孔雀。上有亭。羅浮山、在州西北六十里。形似惠之羅浮。三海巖、在靈山縣西。一曰錢巖，一曰月巖，一曰龜巖。治平間，陶弼訪得之。詩云：「新邑西南古洞天，我來方信海爲田。無名不入州圖載，有路惟聞野老傳。」海嶺、在安遠縣之北，去海一十里。峰子嶺：，在靈山，即縣之主山。五湖、在城外江岸上。有亭。欽水、自城外東南流，入于海。羅浮水、在州南四十里，入於海。瀑布灣。在那容村。其瀑自石頂飛激，下成深灣。歲旱則投石於灣以禱之，雨立至。

【學校】州學。張敬夫州學記云：「安陽岳侯霖爲欽州之明年，政通人和，乃經理其州之學，悉易故之庳陋，廟堂齋廡，次第一新。伻來謁記，久未暇也。又明年，其學之教授周去非秩滿道桂，復以侯意來請，且曰：『欽之爲邦，僻在海隅，地近鹽而俗尚利，逢掖之士蓋鮮有焉。惟侯不敢以其陋而鮮加忽也，故新其學以勸之，且求一言以示後，庶或有起也。』某於是而歎曰：『是可書也已。』夫所謂建學者，固欲其士之衆多也。今夫通都大邑，操觚習辭，發策决科，肩摩袂屬，必如是，而後謂之多士乎哉？殆未然也。夫寡國鮮士，亦何病？十室之邑，必有忠信之質者焉。其成就與否，則係乎學與不學而已。學也者，所以成才而善俗也。今欽雖僻而陋也，其士雖鮮也，然其間亦豈無忠信之質者乎？無以揭之，曷其昭之。無以導之，曷其通之。爲之嚴學宮於此，詳其啓迪，以夫人倫之教、聖賢之言行薰濡之，以漸由耳目，以入其心志，其質之美者，能不有所感發乎？有所感發，則將去利就義，以求夫爲學之方，而又訓其子弟，率其朋友，則多士之風豈不庶幾矣。異時人才成就，風俗醇美，其必由侯今日之舉有以發之。」請刻記于學。

【亭軒】天涯亭。在東門，北畔臨水。嶺外代答：「欽州有——，廉州有海角亭，二郡並南轅窮途也。欽遠於廉，則天涯之名，甚於海角之可悲矣。昔余襄公守欽，爲直鈎軒於亭之東偏，即江濱之三石命曰釣石、〔二〕醉石、卧石云。」直鈎軒。在天涯亭之東。余靖、陶弼有詩。

【古跡】銅柱。漢馬伏波平交趾，立——爲極西界。唐馬總爲安南都護，夷獠爲建二銅柱於伏波之處，以明總爲伏波之嗣，是銅柱在安南矣。按欽境有古森洞，與安南抵界，有馬援銅柱，有誓云：「銅柱折，交人滅。」安南人每過其下，人以一石培之，遂成丘陵。又見邕州。

【名宦】李邕。玄宗時自陳州刺史左遷欽州遵化尉。皇朝余靖、爲守。楊友。紹興初，太守——以交趾責使爭地界。公植鐵槍於庭，謂之曰：「若必要地界，請鏖戰一場。」交使惕息而退。今邦人誌之，呼爲楊鐵槍。

【名賢】張說。說爲鳳閣舍人，辨張易之誣陷魏元忠，忤旨流欽州。皇朝吕祖泰。上書辨趙子直之忠，乞誅韓侂胄及蘇師旦、周均，而罷逐陳自强之徒，以周必大任其事，遂謫欽州。

【題詠】客懼蠻螺作酒盃。陶弼寄欽州洪適侍御詩：「僧憐海石爲棋子，云云。自笑平生喜韜略，此時何計上金臺。」民樂占城稻米豐。陶弼三山亭詩：「商夸合浦珠胎賤，云云。火炬影沉江岸北，潮聲流過郡城東。」紅螺紫蟹新鱸膾。陶弼詩：「云云，白藕黄柑晚荔支。酒盡月斜潮半落，山翁不省上舡時。」

【四六】疏渥宸庭，分符欽管。邈居廣右，越在天涯。眷惟嶺外之邦，實接安南之境。牢盆頗羡，故多逐末之民；縫掖者稀，故罕業儒之士。訪襄公之釣磯，惟知直道；讀南軒之學記，一洗陋風。

雷州 海康 遂溪 徐聞

【建置沿革】古越地，牽牛、婺女之分野。秦屬象郡。漢平吕嘉，置合浦郡，統縣六，其一爲徐聞，隸合浦郡。梁分合浦郡立合州，又改南合州。隋爲合州，置海康縣，屬合浦郡。唐置南合州，〔一二〕改海康曰徐聞，又改名曰雷州，復置遂溪縣，改海康郡，〔一三〕復爲雷州。皇朝省徐聞、遂溪入海康，紹興間高居弁知雷州，節制高、容、廉、化四州軍馬。今領縣三，治海康。

事要

【郡名】海康、雷陽。國史補：「雷州春夏多雷，無日無之，秋日則伏地中。其狀如彘，人取而食之。」○投荒録：「以其雷聲近在簷宇之上，與他郡不同，故名雷陽。」

【風俗】風俗頗淳。余安道學記：「海康郡，瀕海之樂郊也。地域雖遠，云云，聖訓涵濡，人多嚮學。」實雜黎俗。圖經：「本州云云，故有官語、客語、黎語。」居民富實。同上。「州多平田沃壤，又有海道可通閩、浙，故云云，市井居廬之盛，甲於廣右。」夷多欄居。寰宇記：「地濱炎海，人惟夷獠，多欄居以避時鬱。」氣候倍熱。圖經：「州居海上之極南，云云，所謂除夜納凉者，容有之。」徐聞交易。元和志：「漢置左右候官，〔一四〕在徐聞縣南七里，積貨物於此交易。諺曰：欲拔貧，詣徐聞。」以己酉爲臘。郡志：「或云路伏波之闢九郡也，徐聞之人以冬己酉日遇害，故州人以是日爲臘而祭其先。」○潁濱和陶淵明詩曰：〔一五〕「人飲嘉平，漿酒如江。」注云：「雷人以十月臘祭。」蓋其年己酉在十月耳。以鵲巢占颶風。同上。「州人以鵲巢爲占，蓋巢低則有颶風，巢高則無之。」呼遷客爲相公。折彦質記：「陳瑩中云：『嶺南人見逐客，不問官之尊卑，盡呼相公，豈非相公愛遊此乎？』近日瑩中赴龍城，士美相繼過桂，又報伯紀來，因念瑩中言，發一笑云。」

【形勝】三面並海。圖經。

【土産】浮留藤。左太冲蜀都賦云：「蒟醬流味於番禺之鄉。」本草蒟醬注：「蔓生，葉似王瓜而厚大，實似桑椹，皮黑肉白，其苗爲浮留藤，合檳榔食之辛香。又呼蔞藤。」

【山川】擎雷山，在海康縣南八里。昔被雷震而有水。英高山，在海康西南百三十里。兩峰聳峙，有泉湧出。徒會山，在海康南百三十里西海中。上有巖穴奇怪，又有泉。螺岡，在海康北八十里。大海。在城外。

【學校】州學。張敬夫記：「廬陵戴君爲雷州之明年，以書抵栻曰：『雷之爲州，窮服領而並南海，士生其間，不得與先生長者接，於聞見爲寡，而其風聲氣習亦未有能遽變者。某惟念所以善其俗，宜莫先於學校，願不鄙爲記以詔之。』予嘗觀孟子論王政，其於學曰：『謹庠序之教，申之以孝弟之義。』而後知先王所以建庠序之意，以教之孝悌爲先。戴君之所以教，宜莫越於是矣。」

【樓館】北樓、舊名楚閣。思亭，希白先生爲記。蓬萊館。在蓬萊坊英録山，有亭榭十餘所。

【祠廟】雷公廟、嶺表録異云：〔一六〕「雷州西南八里有——，每歲鄉人造雷鼓、雷車置廟内，有以魚、彘肉同食者，立有霆震。人皆畏憚。」〇丁謂撰記曰：「舊記云，州南七里有擎雷水，今南渡是也。始者，里民陳氏家無子，因射獵中獲一大卵，〔一七〕圍及尺餘，携歸家，不知其何名。忽一日，霆霹而開，遽生一子，鞠育撫養，遂成其家。鄉俗異之，曰雷種。陳天建二年也。」今其廟曰震顯。威武廟、蘇子瞻廟記：「漢有兩伏波，皆有功德於嶺南之民。前伏波，邳離路侯也；後伏波，新息馬侯也。南越自三代不能有，秦雖遠通置吏，旋復爲夷。邳離始伐滅其國，開九郡。然至東漢，二女子側、貳反嶺南，〔一八〕震動六十餘城。時世祖初平天下，民勞厭兵，方閉玉關謝西域，况南荒何足以辱王師？非新息苦戰，則九郡左衽至今矣。由此論之，兩伏波廟食於嶺南，均也。古今所傳，莫能定于一。自徐聞渡海適朱崖，南望連山，若有若無，杳一髮耳。艤舟將濟，眩栗喪魄。海上有伏波祠，元豐中詔封忠顯王，凡濟海者必卜焉。曰：『某日可濟乎？』必吉而後敢濟，〔一九〕使人信之如度量衡石，必不吾欺者。嗚呼！非盛德，其孰能如此？自漢以來，朱崖、儋耳，或置或否。揚雄有言曰：『朱崖之棄，捐之力也。否則，介鱗易我衣裳。』此言施於當時，可也。自漢末至五代，中原避亂之人多家於此，今衣冠禮樂，蓋班班然矣，其可復言棄乎？四州之人以徐聞爲咽喉，南北之濟者以伏波爲指南，事神其可不恭？某以罪謫儋耳三年，今乃獲還海北，往返皆順風，無以答神貺，乃碑而銘之：至險莫測海與風，至幽不仁此魚龍，至信可恃漢兩公，寄命一葉萬仞中。自此而南洗汝胸，撫循民夷必清通。自此而北端汝躬，屈伸窮達常正忠。生爲人英歿愈雄，神雖無言我意同。」**萊公廟**。在報恩寺。紹興年間勅賜廟額，曰旌忠烈。

【名賢】李邕：邕坐與張柬之善，貶雷州。**皇朝寇準**、字平仲，再相。○真宗天禧末，爲丁謂所誣，再貶雷州司户，及境，吏以圖獻，抵海岸凡十里，公恍然悟曰：「少時有『到海秪十里，過山應萬重』之句，乃今日意爾。人生得喪，豈偶然耶？」○上庠録：「公之貶雷州也，丁晉公遣中使賷勅往授之，以錦囊貯劍揭於馬前。既至，萊公方與郡官宴飲。驛吏言狀，萊公遣郡官出逆之。中使避不見，入傳舍中不出。問其所以來之，故不答。上下皆皇恐，不知所爲。萊公神色自若，使人謂之曰：『朝廷若賜準死，願見勅書。』中使不得已，乃以勅授之。萊公乃從録事參軍借緑衫着之，短，纔至膝，拜受勅於庭，升階復宴坐，至暮而罷。」**丁謂**、天聖元年爲真宗山陵使，内侍雷允恭擅移域，貶崖州司户，後徙雷州。公從者聞丁當來，有欲謀不利於丁者。公知之，陳大席一廡間，設戲具，悉召坐，且命之博弈，因隱几觀焉。聞行，乃罷。初，謂之貶崖州也，作陳情表，假家書附商販行。詳見崖州。**章子厚**、徽宗朝貶雷州司户。初，蘇子由謫雷，不許占官舍，遂僦民屋。子厚以爲强奪民居，下州追民究治，以僦券甚明，乃已。及子厚謫雷州，亦問舍于民，民曰：「前蘇公來爲章幾破我家。今不可也。」

人以爲報。**蘇轍**、子由既謫雷州，子瞻亦謫儋耳，相遇於藤，同至海康。月餘，郡人吴國鑑特築室以處焉。其後黨錮浸密，屋亦漸廢。靖康丙午，海康令買而有之，且開遺直軒，繪二公像於中。〔二〇〕**秦觀**、謫居。有詩云：「白髮坐鈎黨，南遷海瀕州。灌園以餬口，身自雜蒼頭。籬落秋暑中，碧花蔓牽牛。誰知把鋤人，舊日東陵侯。」**李綱**。留題云：「余謫萬安，次雷陽，適海南黎寇猖獗，艱阻留寓天寧丈室累月，聞官軍既破賊，即日成行。南渡次瓊管，不三日，祗奉德音，蒙恩聽還，往返纔十日，復天寧舊館。」建炎己酉書又云：「故翰林蘇公謫儋耳，既北歸，作漢伏波廟記，迨今踰三十年，未克建立。綱以罪謫居萬安，遣了宗之攝祭，默禱于神，異時倘得生還，當書蘇公所作廟碑以答神貺。」

【人物】**吴國鑑**。海康人，爲太廟齋郎。紹聖中，蘇子由貶雷州，僦國鑑宅居爲創一小閣。元符初，本路走馬承受段諷言其事，詔提舉常平董必具實狀以聞。必至雷，置獄根治。詔轍移循州，知州張逢以下降罰有差，國鑑編管。

【題詠】**回望古合州**。蘇子瞻寄子由詩：「云云，屬此琉璃鍾。離别何足道，我生豈有終。」**同落百蠻裏**。前人詩：「與子各行意，云云。」**猶在寰海中**。蘇子由詩：「我還海康郡，云云。」**風露淒涼西館静**。寇平仲海康西館有懷：「云云，悄然懷舊一長歎。海雲銷盡金波冷，半夜無人獨憑欄。」**聖恩尚許遥相望**。蘇子瞻寄子由詩：「莫嫌瓊、雷隔雲海，云云。」**老去仍栖隔海村**。前人詩。儋耳在海南，故云。**兹遊奇絶冠平生**。蘇子瞻詩：「九死南荒吾不恨，云云。」

【四六】出綸天上，作填雷陽。今之海康，古者越地。夷言莫辨，海氣常昏。既有農田之沃，亦居海道之衝。東坡廟碑，謂禮樂衣冠之地；南軒學記，皆仁義道德之言。馬、路兩伏波苦戰，澤在斯民；寇、丁二相國謫居，論公後世。

校勘記

〔一〕「有以竹木刺之」，「有」，底本原作「因」，據輿地紀勝卷一一七改。

〔二〕「大海在平定縣界東百里」，據本書及宋史卷九〇地理志，宋代高州領縣無平定縣，則所謂「大海在平定縣界東百里」當有誤。又據宋書卷三八州郡志、南齊書卷一四州郡志，南朝宋、齊時廣州高涼郡領有平定縣，而輿地紀勝卷一一七云「平定縣界東有巨海」乃太平寰宇記引南越志文，南越志是南朝時沈懷遠所作，故其行文皆用宋、齊時地名。本書摘録太平寰宇記時，不言此文出自南越志，遂使人誤以爲平定縣爲宋代地名。類似情況，本書不只一處，爲引起讀者注意，特作此校記説明之。

〔三〕「隋仁壽初爲宋康令」，「宋康」，底本原作「宋唐」，據舊唐書卷一〇九、新唐書卷一一〇馮盎傳改。

〔四〕「李明遠謫爲潘州司馬」，核諸唐詩紀事卷五九李明遠事跡，本書所説有誤。其文云：「宣宗時，太僕卿韋覲以禱醮之故，爲女巫誣告。帝知其冤，詔誅巫，謫覲潘州司馬。李明遠時爲監察御史，有詩曰：『北鳥飛不到，南人誰去游？天涯浮瘴水，嶺外向潘州。』」則謫爲潘州司馬者爲韋覲，非李明遠也。

〔五〕「古越地」，底本原作「古越州」，秦以前此地並無越州之設，太平寰宇記卷一六七及輿地紀勝卷一〇四皆作「古越地」，今據改。

〔六〕「送張校書季霞詩云」，「詩云」，底本原作「詩詩」，據四庫本、傳是樓本改。

〔七〕「北池含煙瑶草短」，「北池」，底本原作「池北」，據劉禹錫集卷三〇傷秦姝行乙正。

〔八〕「張敬夫爲帥」，「張敬夫」，底本原作「張欽夫」，此乃避宋太祖趙匡胤祖父諱而改。張敬夫即張栻，敬夫爲其字。

〔九〕「漕趙公瀚增其六十」，「趙公瀚」，宋史卷一八三食貨志作「趙公澥」，與本書異。

〔一〇〕「侍御史江溥以爲言」，「江溥」，底本原作「江漕」，據建炎以來朝野雜記甲集卷一四廣鹽、宋史卷一八三食貨志、輿地紀勝卷一一九改。

〔一一〕「鈞石」，底本原作「鈞石」，據輿地紀勝卷一一九改。本書同卷欽州「四六」下有「訪襄公之鈞磯」，可證作「鈞石」不誤。

〔一二〕「唐置南合州」，「唐」，底本原作「隋」。按上文已云「隋爲合州」，此不當再云隋置州。舊唐書卷四一地理志雷州下云：「隋合浦郡之海康縣，武德四年平蕭銑，置南合州。」太平寰宇記卷一六九所記相同，則此「隋」乃「唐」之誤明甚，今改正。

〔一三〕「改海康郡」，「郡」，底本原作「縣」，誤。唐天寶改州爲郡，至乾元初又改郡爲州，此處所云，即海康郡與雷州之互改。舊唐書卷四一地理志云：「天寶元年改爲海康郡，乾元元年復爲雷州。」可證作「海康郡」不誤，今據改。

〔一四〕「漢置左右候官」，「左右」，底本原作「在右」，據四庫本、傳是樓本改。

〔一五〕「潁濱和陶淵明詩」，「潁濱」，底本原作「穎濱」，據四庫本及宋史卷三三九蘇轍傳改。蘇轍號潁濱遺老。又，「陶淵明」，底本原作「陶弼」，據欒城後集卷五和子瞻次韻陶淵明停雲詩改。

〔一六〕「嶺表録異」，底本原作「嶺表異録」，據新唐書卷五六藝文志、宋史卷二〇四藝文志乙正。此書爲唐人劉恂所撰，共三卷。本書所録「雷公廟」一節，今本嶺表録異已脱，魯迅校勘本一九八三年已由廣東人民出版社出版，補遺中收有「雷公廟」一條，文字與本書稍異。

〔一七〕「因射獵中獲一大卵」，「卵」，底本原作「卯」，據北圖本改。

〔一八〕「二女子側貳反嶺南」，「二女子」，底本原作「一女子」，蘇軾文集卷一七伏波將軍廟碑作「二女子」，核諸後漢書卷二四馬援傳，云「交阯女子徵側及女弟徵貳反」，則作「二女子」是，今據改。又，「嶺南」，底本原作「海南」，亦據蘇軾文集改。

〔一九〕「必吉而後敢濟」，「吉」，底本原作「告」，據蘇軾文集卷一七伏波將軍廟碑改。

〔二〇〕「繪二公像於中」，底本「中」下原有「大」字，據北圖本、四庫本删。

方輿勝覽卷之四十三

海外四州

瓊州 瓊山　澄邁　文昌　臨高　樂會

【建置沿革】非禹貢所及，春秋所治。古揚越地，牽牛、婺女之分野。漢武帝遣路博德平南粤，以其地爲珠崖、儋耳郡；至昭帝時，凡六反，遂罷儋耳，併屬珠崖；至元帝時，珠崖又反，賈捐之建議不當擊，遂罷珠崖郡。東漢立珠崖，屬合浦郡。吴大帝於徐聞立珠崖郡，又於其地立珠官一縣招撫，竟不從化。晉省珠崖入合浦，尋又廢珠官。梁置崖州，又於徐聞立珠崖郡，竟不有其地。隋煬帝更置珠崖郡，立十縣，又置儋耳、臨振二郡。唐立都督府，管崖、儋、振三州；太宗以崖州之瓊山置瓊州，領瓊山、萬安二縣，又割崖州之臨機來屬，析置曾口、〔一〕顔羅、容瓊縣，又置樂會縣。皇朝平南漢，割崖州之地入瓊州，以舍城、文昌、澄邁來屬；後省舍城入瓊山，以儋、崖、振、萬安四州隸瓊州守臣，提舉儋、崖、萬安等州水陸轉運事；改瓊管安撫，昌化、萬安、吉陽三軍隸焉；政和元年，陞静海軍節度。

今隸廣西經略司，領縣五，治瓊山。

事要

【郡名】瓊管、瓊臺。在譙樓下，臨放生池。蓋置使時，以使臺得名。

【風俗】其俗朴野。郡志：「云云，若叔伯兄弟之子，不以齒序。伯之子雖少，皆以兄自居；而叔之子雖耄，亦爲弟也。」氣候不甚寒熱。郡志：「夏不至熱，冬不甚寒。鄉邑多老人。」風土則見於東坡數語。蘇子瞻帖云：「食無肉，出無友，居無屋，病無醫，冬無炭，夏無寒泉。」語雖不多，已盡風土之大槩。夏無蠅蚋，則可喜也。夷人之俗。寰宇記：「夷人無城郭，俗異居，非譯語難辨其言。不知禮法，須以威服，號曰生黎。巢居深洞，績木皮爲衣，以木綿爲毯。〔二〕性好酒，每醞釀，用木皮草葉代麴蘖，熟則以竹筩吸之。打鼓吹笙以爲樂。男則髽首，〔三〕插梳帶人齒爲瓔飾。好弓矢，削竹爲弦，箭鏃鋭而無羽。女人文領，穿耳垂環。病無藥餌，但烹犬羊祀神而已。」長編：「開寶八年，瓊州之俗無醫，民疾病但求巫祝，詔以方書、本草給之。」生黎、熟黎。繫年録：「初，知瓊州定南寨劉蕩貸黎人王文滿銀香馬錢而不償，文滿破定南寨，遂掠臨高、澄邁二縣。紹興三十年，鄧祚爲瓊管安撫，〔四〕擊逐之，奪其田以賜有功者以聞。」黎，海南四郡島上蠻也。島直雷州，有黎母山，諸蠻環居，號黎人。其去省地遠，不供職役者，號生黎。耕作省地者，號熟黎。熟黎之外，始是州縣。四郡各占島之一陲，珠崖在島南，既不可取徑，則復桴海，循海島而南，所謂再涉鯨波也。四郡之人多黎姓，蓋其裔族。而今黎人乃多姓王。」郡民皆服布。漢志：「云云如單被，穿中央爲貫頭。」島夷卉服。郡志：「瓊無火麻，産苧麻，歲四收採，閩、廣專用之，常得倍利。南中所出木綿，吉布，苧、蕉麻皮，無非卉也。」以檳榔爲命。瓊人云云。其産於石山者最良。歲過閩、廣者，不知其幾。非檳榔之利，不能爲此一州也。以藷菜爲糧。海南所産，秔稌不足於食，乃以藷蕷爲糧，雜菜作粥。蘇子瞻有云：「海南藷爲糧，幾米之十六。」以安石榴釀酒。崖州婦人着緦緶。以土爲釜，器用匏瓢。無水，人飲惟石汁。以安石榴花着釜中，經旬即成酒，其味香美，仍醉人。賜一監書。慶曆間，提刑彭次雲巡歷至此，奏請云云。詔俞其請。無馬與虎。漢志：「云云，民有五畜，山多麈麖。」〔五〕郡志：「今其地無虎，而馬實繁。」

【形勝】居海中洲。漢書賈捐之傳：「初，武帝立儋耳、珠崖郡，皆在南方海中洲居，廣袤千里，合十六縣，户二萬三千。其民暴惡，自以阻絶，數犯吏禁。吏亦酷之，率數年一反。」〇通典：「瓊、崖環海，尤難賓服。」南極之外。交州記：「朱崖在大海云云。」南望連山。蘇子瞻伏波廟記云云。詳見雷州注。如囷廪大。元和志：「珠崖云云，與徐聞對渡，北風舉帆，一夕一日而至。」潮候不同。嶺外代答：「江、浙之潮，自有定候。欽、廉之潮，則朔望大潮，謂之先水；日止一潮，謂之小水。瓊海之潮，半月東流，半月西流，潮之大小隨長短星，不係月之盛衰，豈不異哉？」

【土産】瓊枝、出樂會縣海岸，惟此邑有之。販者徑自取載以往，瓊人莫之用也。椰子、無時而生，樹似檳榔，葉如鳳尾。**海漆**、海南有野花如芍藥，目爲倒粘子，漬以爲膠，可代柿油。東坡命名。**長節竹**、黎母山有水五派，流入四郡。其源有巨竹，節長不啻丈許。**知風草**、叢生，若藤蔓。土人視其葉之節有無，以知一歲之風候。**檳榔水**、郡城環百里，絶無水。惟烈村有石井，諸村三五十里內盡焉，每每用葫蘆負水以歸。其人經月不盥手，每取草上露濡手。遇雨則檳榔樹下溜水甕中，雖久不壞。〔六〕**五色雀**、海南謂之鳳皇，久旱而見則雨。○坡詩：「仁心知憫農，常告雨霽符。回翔天壤間，何必隱此都。」**紅藤簟**、北户録云：「方言謂之笙，亦曰籧篨。」**烏喙**。蘇子瞻云：「余來儋耳，得犬曰——，甚猛而馴。隨予遷合浦，過澄邁，泅而濟，路人皆驚。」○詩云：「長橋不肯躡，遥渡清深浦。何當寄家書，黄耳乃其祖。」〔七〕

【山川】**瓊山**、在本縣。有——、白玉二村，其石皆白似玉而潤，種藷其上特美。所産檳榔，其味尤佳。州以此山而得名。**那射山**、在瓊山縣。其人以射獵爲生。**黎母山**、圖經：「島上四州，以———爲主山，特高，每日辰巳後，雲霧收斂，則一峰聳翠插天，申酉間復蔽不見。此必所謂南極星芒所降之地也。」○虞衡志云：「山極高，常在雲霧中，黎人自鮮識之。久晴，海氣清明，時見翠尖浮半空。」○劉誼平黎記：「故老相傳，雷攝一蛇卵在此山中，生一女，號爲——。食山果爲糧，巢林木爲居。歲久，致交趾之蠻過海採香，因與之結昏，子孫種多，方開山種糧。」又云：「天將降雨，則祥光夜見。望氣者謂南極星降。」又云：「婺女星見此山，因名黎婺，後訛呼爲——。」**雲露山**、在瓊山縣西南六十里。有三潭，俗傳陷屋潭上。潭林木陰森，人不敢近。次二潭有小石如橄欖，有竅可穿，歲旱禱雨，故名。**毗耶山**、在臨高縣。有廟。每有黎人叛，則神驅蜂以禦之，官軍遂勝。**東猱山**、在文昌縣。其鄉之民如猿猱，然猱婦紡績吉貝，細密瑩白。**浮丘山**、郭功父詩：「仙翁得仙二千歲，碧海變田田變海。——却接番禺西，罇跡篙痕至今在。」**銅鼓嶺**：在文昌縣。俗傳民得——，乃諸葛武侯征蠻之鉦。**神應港**。名白沙津，番舶所聚之地。其港不通大舟，而海岸又多風濤之虞。王帥光祖欲直開一港，以便商旅，已開而沙復合。忽颶風吹開一港，尤徑，今遂名———。時淳熙戊申也。

【井泉】**雙泉**、乃兩井，相去咫尺而異味。昔東坡寓此。後紹興間李光貶瓊州，亦居此九年，再貶昌化。**惠通泉**、蘇子瞻記云：「唐相李文饒好飲惠山泉，置驛以取水。有僧言，長安昊天觀井與惠山泉通。雜以它水十餘缶試之，僧獨指其一曰：『此惠山泉也。』文饒爲罷水驛。瓊州之東五十餘里有三山庵，庵下有泉，味類惠山泉。東坡居士後過瓊，庵僧惟德以水餉焉，且求爲名，名之曰惠通泉。」**卓錫泉**。在州東北二十里。雲峰巍然聳拔，分兩臂，並趍西南，一泉中湧，相傳景泰禪師之所——也。有七仙爲守其地，開山得石履，藏寺中。

【學校】**州學**。朱元晦瓊——記云：「昔者，聖王作民君師，設官分職，以長以治，而其教民之目，則曰『父子有親，君臣有義，夫婦有別，長幼有序，朋友有信』，五者而已。蓋民有是身，則必有是五者，而不能一日離。有是心，則必有是五者之理，而不可以一日離也。是以聖王立教，因其固有，還以導之，使不忘乎其初。然又慮其由而不知，無以久而不壞也，則爲之擇其民之秀者，羣之以學校，而聯之以師儒，開之以詩、書，而成之以禮、樂。凡所以使之明是理，而守之不失傳。是教而施之無窮者，蓋亦莫非因其固有而發明之，而未始有所務於外也。夫如是，是以其教易明，其學易成，而其施之之博，至於無遠之不暨，而無微之不化。此先王教化之澤所以爲盛，而非後世所能及也。淳熙九年，瓊管帥守長樂韓侯璧既新其―之―，〔八〕而使以圖來請記，曰：『吾州在中國西南萬里，炎天漲海之外。其民之能爲士者既少，幸而有之，其記誦文詞之習又不能有以先於北方之學者，故其功名事業遂無以自白於當世。僕竊悲之。今其公堂序室則既脩矣，然尚懼其未能知所興起也，是以願有謁焉。吾子其有以振德之！』某竊惟國家教學之意不爲不廣，斯人蒙化之日不爲不深，然猶有如侯之所慮者，豈前日之所以教者，未嘗導之以其身心之所固有，而徒强之以其外，是以若彼其難與？因爲之書其所聞於古者以告之，使瓊之士知夫所以爲學者，不外於身心之所固有，而用其一日之力焉，則其德成行脩而無所疑，於天下之理將無難者。而凡所謂功名事業云者，其本已在是矣。若彼記誦文詞之末，則本非吾事之所急，而又何足爲輕重乎？嗚呼，瓊士勉旃！天生蒸民，有物有則，民之秉彝，好是懿德，是豈有古今之間、遠近之殊哉？侯於是邦，政多可紀，已具刻於池亭之石，因不復書。而是役之面勢功程，又非侯所以屬筆之意也，亦略不論著云。」

【亭軒】知樂亭：郡守韓璧建。朱元晦記云：「瓊管在中州西南萬里，鯨波浩渀之外。其長吏常以領護島中四郡、鎮撫民夷爲職，委寄甚重。然以其險且遠也，朝廷往往不暇擇人。冒而往者，意或私有所利，固不復知所謂承流宣化爲何等事。是以其地今爲王土數百年，而舊俗未盡革。論者因鄙夷之，以爲是果不足以與中國之聲教。其人蓋深耻之，而未有以雪也。淳熙八年，今帥守韓侯始以經略使廉察表行州事，而天子許之。至則爲之正田畝之籍，薄鹽米之征，教之以耕耨灌溉之法，而絀其官吏之無狀者。民業既有經矣，然後日爲陳説禮義廉耻之意以開曉之。既又表其從化之民，以厲其不率教者。出入阡陌，勞來不怠，行之期年，民吏浹和，俗以一變。化外黎人，聞風感慕，至有願得供田税比省民者。於是侯亦自喜其政，而幸其民之不我違也。乃取莊生濠上之語，作知樂之亭於放生池上，北望觀闕於雲天縹緲之間，以爲歲時瞻仰祝延之地。且曰：『其使邦人士女嘉辰勝日有所詠歌鼓舞以自樂，其得被聖化而不愧於王民也。』間而以書屬予記之。予惟韓侯之於此邦，其勤至矣，不但一亭之作爲可書也。然其爲政本末之序，則於此亦有可觀者，因爲書之以告後人。使凡居侯之位而遊於是者，必以侯之心爲心，又觀於其政而取法焉。則庶乎民生日厚，民德日新，而王化之純無遠邇矣。世豈有絶不可教之民哉？」茉莉軒。在臨高縣治。胡邦衡有題——詩。

【樓閣】海山樓。在州城南。○陳瑩中詩：「勝事荒煙久，高城觀閣宜。均勞青瑣客，餘事——詩。」鑒空閣。在城西五十里金利崇福寺，前瞰江流。○蘇子瞻詩：「明月本自明，無心孰爲境。掛空如水鑑，寫此山河影。吾觀大瀛海，巨浸與天永。九州居其間，何異蛇盤鏡。空水兩無質，相照但耿耿。」通明閣。在澄邁縣。○蘇子瞻詩：「倦客愁聞歸路遥，眼明飛閣俯長橋。貪看白鷺横秋浦，不覺青林没晚潮。」

【古跡】鐵柱。南海志云：「劉氏鑄——十二築乾和殿，後柯述取四柱植於設廳，今子城東濠水中尚存其二，餘莫知所在。」焚艛、平黎記云：「漢武發兵至雷州海岸，造艛舡渡兵，黎人不出降，亦無兵糧，李將軍於海岸焚舟而回，故名。」雞窠小兒。錢易洞微志云：「李守忠爲承旨，奉使過海，至瓊，道逢一翁，自稱楊遐舉，〔九〕年八十一，其父叔皆年一百二十餘。又見其祖宋卿，年百九十五。次見——中有——出頭下視，宋卿曰：『此九代祖也。』不語不食，不知其年歲。」

【名宦】皇朝蘇軾。紹聖自惠州再謫瓊州别駕，昌化軍安置。元符量移廉州，由澄邁北渡。

【人物】姜唐佐。字君弼，郡人也。黄門云：「余兄子瞻謫居儋耳，瓊士———遂從之遊，氣和而通，有中州士人之風。」子瞻贈之一聯曰：「滄海何曾斷地脉，白袍端合破天荒。」後姜以詩示子由，坡已下世，子由續之云：「錦衣他日千人看，始信東坡眼目長。」

【題詠】四州環一島。蘇子瞻詩：「云云，如度月半弓。登高望中原，但見積水空。此生當安歸，四顧真途窮。眇觀大瀛海，坐詠談天翁。區區魏中梁，一米誰雌雄。幽懷忽破散，永嘯來天風。千山動鱗甲，萬谷酣笙鍾。安知非羣仙，鈞天宴未終。喜我歸有期，舉酒屬青童。急雨豈無意，催詩走羣龍。夢雲忽變色，〔一〇〕笑電亦改容。應怪東坡老，顏衰語徒工。久矣此妙聲，不聞蓬萊宫。」

南方到海行。釋無可送使君赴瓊州兼五州招討使：「分竹雄兼使，云云。臨門雙旆引，隔嶺五州迎。猿鶴同枝宿，蘭蕉夾道生。雲垂前騎失，山豁去帆輕。雨霧蒸秋岸，潮濤震夜城。政閑開迥閣，敧枕島風清。」青山一髮是中原。蘇子瞻題澄邁驛通明閣詩：「餘生欲老海南村，帝遣巫陽招客魂。海闊天低鶻没處，云云。」兹遊奇絕冠平生。蘇子瞻過海北歸詩：「九死南荒吾不恨，云云。」脚力行窮地盡州。胡邦衡題茉莉軒詩：「眼明漸見天涯驛，云云。」萬山行盡逢黎母。胡邦衡到瓊和李參政詩：「落網從前一念斜，崖州前定復何嗟。云云，雙井渾疑似若耶。行止非人十年夢，廢興有命一浮家。此行所得誠多矣，更願從今泛北槎。」

【四六】拜命玉宸，分符瓊管。領瓊管之一麾，涉鯨波之萬里。據百蠻通道之要津，兼四國于蕃之重寄。雙旌五馬，有隆節制之權；一島四州，盡入蕃宣之域。鯨波萬里，暫同季路之乘桴；鳳闕九重，遥想子牟之馳志。東坡之勉瓊士，賦詩合破於天荒；文公之訓邦民，作記願霑於聖化。

吉陽軍寧遠

【建置沿革】星土分野並同瓊州。本漢珠崖郡地，漢武帝初置珠崖、儋耳二郡，至昭帝併儋耳入珠崖，元帝用賈捐之議，遂罷珠崖郡。東漢立珠崖縣，屬合浦郡。吴於徐聞縣立珠崖郡，於其地置珠官縣。晉省珠崖入合浦。梁立崖州。隋文以臨振縣爲洗夫人湯沐邑，煬帝置臨振郡。唐改爲振州，折延德置吉陽縣；改爲延德郡，復爲振州。本朝割舊崖州之地隸瓊州，改振州爲崖州，又爲朱崖軍，又改吉陽軍；今軍城非崖與振之古城，乃吉陽縣基也；中興以來廢爲寧遠縣，未幾復爲軍，又以軍使兼知縣事，未幾依舊爲軍。今隸瓊管，領縣一，治寧遠。

事要

【郡名】朱耶、延德、珠崖。漢武紀元鼎六年應劭注：「郡在大海之中，崖岸之邊出珠，故曰——。」

【風俗】地狹民稀。郡志：「吉陽云云，氣候不正，春常苦旱，涉夏方雨。樵牧漁獵，與黎、獠錯雜，出入持弓矢。婦女不事蠶桑，止織吉貝。」多陰陽拘忌。胡邦衡云：「吉陽夷俗云云，有數十年不葬其親者。」水土無他惡。國朝盧多遜以開寶六年貶崖州。李符謂趙普曰：「崖州云云。」地僻無書。李德裕窮愁志序。

【形勝】西則真臘、交趾。瓊管志：「其外則烏里蘇密、吉浪之洲，南與占城相對，云云，東則千里長沙、萬里石塘，上下渺茫，千里一色。」無復陸途。同上。「至吉陽則海之極處，云云。」○「東西兩路並無鋪兵，緣昌化、萬安兩界道路不通，遞角皆由海道。」再涉鯨波。同上。「瓊去吉陽，隔越黎洞，雖有陸路，已八十年不通，赴官者以云云爲可畏。自知寨陳維翰方誘羣黎開通道路，自昌化縣泛海三日而至軍城，阻風則月餘。若往儋、萬則無阻焉，去儋尤近。」地多高山。郡志：「吉陽云云，峰巒秀拔，所以郡人間有能自立者。」崖州爲大。丁公言謫崖州，嘗問客：「天下州郡，孰爲大？」客曰：「京師也。」公言曰：「不然。朝廷宰相作崖州司户參軍，則————也。」聞者絶倒。○瓊管志：「海南以———著郡。」崖州舊治在今瓊州之譚村，土人猶呼爲舊崖州。

【山川】南山、在城西南十里，枕海。黎莪山、在吉陽縣東七十里。澄島山、寰宇記。石舡、在南嶺之南，距海數步。長丈餘，形如舡。旁有峻嶺，名試劍峰。石盤：，去城十三里。平如掌，周圍數丈，可坐十客。林木茂密。傍有澗水。臨川水、在吉陽縣。藤橋水。在吉陽縣。

【堂亭】洗兵堂：，郡西過江二里。胡邦衡名，取「挽天河洗甲兵」之義。相公亭。在城南十五里，地名力競田。○天聖間，丁晉公謫是郡，續有旨拘於荒僻不近人煙之處，郡乃建屋數椽，名曰相公亭。

【名宦】李德裕、唐人，貶崖州司户。瑣言云：「德裕爲寒進開路，及南遷，或有詩曰：『八百孤寒齊下淚，一時南望李崖州。』新繁縣有東湖，德裕爲宰日所鑿。夜夢一父老曰：『潛形其下，幸庇之，明府富貴今鼎來。七九之年，當相見於萬里外。』後於土中得一蟆，徑數尺，投之水中，而德裕以六十三卒於朱崖，果應七九之讖。公卒，見夢於令狐綯曰：『公幸哀我，使我歸葬。』綯曰：『衛公精爽可畏，不言禍將及。』乃白于帝，得以喪還。」韋執誼：，執誼自卑官，常諱言嶺南州縣名。觀職方圖，每至嶺南，閉目不視。至拜相，還所坐堂，北壁有圖，乃崖州也，甚惡之。永貞元年，坐王叔文黨，貶崖州司户。此雖非古崖州，聊附見焉。皇朝丁謂、字公言，初字謂之，蘇州人也。真宗既相李迪，未幾亦拜謂同中書門下平章事，加司空，封晉國公。尋貶崖州司户參軍。謂在朱崖凡五年，嘗以家財與士人商販，蠲其息。其人問所欲，曰：「願賫家書至洛陽爾。」仍戒其人：「俟有中貴人至，與留守宴，即投之。」其人如教。留守得之，大驚，不敢拆其書，遂奏之。乃謂作陳情表，假家書以達之。其表叙其受遺册立之功，有云：「臣有彌天之罪，亦有彌天之功。」章獻與仁宗覽之惻然，遂徙雷州。○歸田録云：「丁公言貶雷州時，權臣實有力焉。後十二年，丁以祕監召還光州致仕，時權臣出鎮許田，丁以啓謝之，其略曰：『三十年門館遊從，不無事契；一萬里風波往復，盡出生成。』其婉約若此。又自夔漕召還知制誥，謝兩府啓云：『效謹密於孔光，不言温樹；體風流於謝傅，且詠蒼苔。』公在朱崖，有詩近百篇，號知命集，其警句有云：『草解忘憂憂底事，花名含笑笑何人？』」**趙鼎**、紹興九年，以與秦檜議和戎及議宗子出閤不合，貶潮州，後移吉陽軍。○中興遺史：「紹興十七年八月，——安置在海外者凡數年，秦檜降朝旨，令吉陽軍月具存亡申尚書省。鼎遣人呼其子至，委之曰：『檜必欲我死也。我若不死，必當誅及一家，死則汝曹無患矣。』付以後事，不食而死，年六十三。」○容齋隨筆：「趙忠簡公謫朱崖，士大夫畏秦氏，無敢寄聲。張淵道爲廣西帥，遣書持藥及酒麵爲餽。忠簡答書，令存張氏。」又夷堅志云：「趙丞相居朱崖，桂林帥遣使臣往致酒米之饋。自雷州浮海而南，越三日，方張帆早行，風力甚勁，顧見洪濤間紅旗靡靡，相逐而下，極目不斷。遠望不可審，疑爲海寇，或外國兵甲。呼問舟人，舟人摇手，令勿語，愁怖之色可掬。急入舟，被髮持刃，出蓬背，立割其舌，出血滴水中，戒使臣使閉目坐舡内。凡經兩時，頃聞舟人相呼曰：『更生，更生。』乃言曰：『朝來所見，蓋巨鰌也。平生未嘗睹。所謂旗者，海鰌耳。世所傳吞舟魚何足道，使是鰌與吾舟相值，在數里之間身一展轉，則已淪溺於鯨波中矣。吁，可畏哉！』是時舟南去，而鰌北上，相望兩時，彼此各行數百里。計其身，當千里有餘。莊子鯤鵬之説，非寓言也。此説張子思得之使臣云。」**胡銓**。繫年録：「紹興十八年，自新州移貶吉陽軍。知新州張棣奏銓自賦詞云『欲駕巾車歸去，有豺狼當轍』爲譏訕。」○容齋三筆：「紹興中，——竄新州，再貶吉陽軍。軍主張生，乃右列指使，遇之無狀，邦衡有性命之憂，朝不謀夕。是時黎酋聞邦衡名，遣子就學。其居去城三十里，嘗邀邦衡入山，見軍守者，荷枷絣西廡下，酋指而語曰：『此人貪虐已甚，吾將殺之。』邦衡曰：『此人固無狀，要之爲一邦之主，合以告海南安撫司，不行則訟于密院，不應擅殺人。』酋悟，釋之。明日詣邦衡謝。」

【人物】**裴瑑**。字聞義。趙丞相爲作家譜，本裴晉公十四代孫。瑑守雷州時，中原亂，不得歸，召爲吉陽守，遂居吉陽焉。

【題詠】**烏飛猶用半年程**。李德裕望闕亭詩云：「獨上江亭望帝京，云云。碧山也恐人歸去，百匝千遭遶重城。」**聞道崖州一萬里**。名賢詩話云：「晉公舊有園，在保康門內。園內有仙遊亭及洞，景趣瀟灑。有道士劉遁相往來，遁作仙遊亭詩贈公曰：『謫官三年尚未回，故人今日又重來。云云，今朝須盡數千盃。』又云：『屢上仙遊亭上醉，仙遊洞裏杳無人。他時駕鶴遊滄海，同看蓬萊海上春。』公初莫曉其意，及南遷，遁往見公於崖，公方悟，乃知遁異人也。與之泛舟海上而飲，公曰：『今日之遊，成子之詩意也。』」**户口都無三百家**。丁公言到崖，見——蕭條，賦詩：「今到崖州事可嗟，夢中常若在京華。程途何啻一萬里，云云。夜聽猿啼孤樹遠，曉看潮上瘴煙斜。吏人不見中朝禮，麋鹿時時到縣衙。」**人生何處不相逢**。湘山野録云：「初，寇忠愍南貶日，丁當秉筆，謂馮相曰：『欲與竄崖，令再涉鯨波，如何？』馮但唯唯，丁乃除擬雷州。及丁之貶也，適當馮相秉筆，謂魯參曰：『丁相欲貶寇於崖，嘗有鯨波之嘆，今暫屈丁公涉鯨波一巡。』竟竄崖州。時人爲之語曰：『傳語崖州寇司户，云云。』」生前定合到朱耶。胡邦衡在新州，夢謁趙丞相。後十年，乃還朱崖，館丞相之舊居。李參政詩：「夢裏分明見黎母，云云。」南來怕入買愁村。胡邦衡跋裴氏家譜云：「還朱崖時，行臨高道中買愁村，曰：『古未有對。』馬上口占云：『北往長思聞喜縣，〔一一〕云云。區區萬里天涯路，野草荒煙正斷魂。』」

【四六】朱耶古郡，黎母名山。郡毋薄於朱耶，民實均於赤子。惟猿猱之路莫通，故鯨鯢之波再涉。四州環一島，不異中原；大海控百蠻，是爲遠徼。賈捐之八百餘言，足知夷俗；丁晉公三千二字，備見土風。

昌化軍 宜倫　感恩　昌化

【建置沿革】星土分野與珠崖同。本漢儋耳郡，以其人鏤離其耳爲名；昭帝罷儋耳郡，併入珠崖。自漢至陳，更不得其本地。梁置崖州。隋即宜倫縣爲珠崖郡治，煬帝分珠崖置儋耳郡，隋亂陷賊。唐平蕭銑，置儋州，領義倫、昌化、感恩、富羅四縣，州城即漢儋耳郡城，初隸高州總管，隸嶺南道崖州都督府；〔一二〕又分昌化置普安縣，尋廢；割隸廣州，又隸崖州；改昌化郡，復爲儋州；又置洛場縣。五代爲南漢所有。國朝平嶺南，更義倫曰宜倫，省富羅、洛場二縣入宜倫；詔改三州爲軍，而儋州賜名昌化軍；中興以來廢爲宜倫縣，隸瓊州，復爲昌化軍，仍隸瓊管。今領縣三，治宜倫。

事要

【郡名】儋耳。

【風俗】民服單被。西漢志：「儋耳、珠崖郡民所服如單被，穿中央爲貫頭。男則耕稼禾稻紵麻，女子桑蠶績織。民有五畜，山多麈麖。兵則矛、戈、刀，木弓弩，竹矢，或骨爲鏃。自初爲郡縣，吏卒中國人多侵陵之，故率數歲一反。元帝遂罷棄之。」數百家之聚。蘇子瞻謂葛延之曰：「儋州雖云云，州人所須，取之市而足。」

【山川】峻靈山、在昌化縣西北，有廟。黎母山、寰宇記。黎粉山、同上。黎毗山、在宜倫縣之北六十里。黎曉山、在宜倫縣西四十里。毗耶山、在宜倫縣。山有獸，似大蟲，俚人呼爲毗邪，故名。感勞山、在感恩縣。黎虞山、在感恩縣東五十里。落膊岡；在昌化縣西北二十里。南龍江、在感恩縣。南崖江、在昌化縣。南湘江、同上。延澄江、在感恩縣東北。黎水、在宜倫縣東。棋子灣、在峻靈山側。有石如｜｜，每取之，即以紙錢拋神山之下，所取不得揀選，取畢視之，黑白相均。清水池、在城東。四季荷花不絶。城南池、在蘇子瞻所居之側。温湯。寰宇記：「在感恩縣北七十里。夏即清泠，冬即沸熱。有患疥癬者，浴之皆愈。」

【井泉】白馬井；唐咸通中，命辛、傅、李、趙四將部兵來滴灘，將過海，兵馬渴甚，有白馬嘶嗷，以足跑沙，美泉湧出。乳泉、蘇子瞻居儋耳天慶觀，得泉甚甘，作乳泉賦。相泉。趙丞相謫吉陽，過儋耳十五里，盛暑渴甚，鑿井數尺，得泉以濟從者之渴。

【堂亭】吏隱堂、在軍治。栽花蒔竹，疊石爲山，李參政光命名，因賦詩云：「旋移松石成巖壑，時引笙歌入醉鄉。吏散簾垂公事畢，清風一榻傲羲皇。」賓燕堂、李參政光云：「海南羣花早發，至春時已盡，獨荷花自四、五月至窮臘，與梅、菊相接，雖花蘂稍小，而香色可愛。」蘇端明詩云：「城南有荒池，瑣細誰復採。幽姿小芙蕖，香色獨未改。」蓋此池也。胡邦衡詩：「危亭涵風漪，盛夏秋色冷。」載酒堂、在城南，儋耳人黎氏之居，蘇子瞻訪之，爲名其堂，仍作詩云：「城南兩黎子，室邇人自遠。呼我釣其池，人魚兩忘返。使君亦命駕，恨子林塘淺。」秀香堂：，在陳氏北園，李參政名之，取醉翁亭記中語。有詩云：「月林夜動參差影，花徑時供自在香。」問漢亭、州人築亭橋上，胡邦衡名。李參政詩云：「河畔牽牛織女星，東西相望幾千亭。乘槎我欲機邊坐，應解停梭問姓名。」息軒。在天慶觀司命宮。○蘇子瞻詩：「無事此静坐，一日似兩日。若活七十年，便是百四十。黄金幾時成，白髮日夜出。開眼三十秋，速於駒過隙。是故東坡老，貴汝一念——。時來登此——，日送過海席。家山歸未得，題詩寄屋壁。」

【祠廟】峻靈王廟、在——山上。有巨石，極爲靈異，祈禱多應。○蘇子瞻作廟碑云：「古者王室及大諸侯皆有寶，周有琬琰大玉，魯有夏后氏之璜，皆所以守其社稷，鎮其人民也。唐代宗之世，有比丘尼若夢恍惚見上帝，得八寶以獻諸朝，且傳命曰：『中原兵不久解。腥聞于天，〔一三〕故以此寶鎮之。』則改元寶應，以是知天亦分寶鎮世也。自徐聞渡海，歷瓊至儋耳，又西至昌化縣西北，有山秀峙海上，石峰巉然，若巨人冠帽。西南向而坐者，里人謂之『山洛膊』。而僞漢之世，封其山神鎮海廣德王。五代之末，南夷有望氣者曰：『是山有寶氣，上達于天。』艤舟其下，斵山發石以求之。夜半，大風浪駕其舟空中碎之石峰之右，夷皆溺死。儋之父老，猶有及見敗舡山上者，今獨有矴石存焉耳。天地之寶，非人所得睥睨者。晉張華使其客雷煥發酆城獄，取寶劍佩之，終以忠遇禍，坐此也。今夫此山之上，上帝賜寶以奠南極，而貪冒無知之夷欲以力取而已有之，其誅死宜矣。元豐五年七月，瓊州別駕蘇軾以罪讁於儋。〔一四〕至元符三年五月，有詔徙廉州。自念謫居海南三載，飲鹹食腥，凌暴颶霧，而得生還者，山川之神實相之。謹再拜稽首，向西而辭焉。且書其事，碑而銘之。山有石池，産紫鱗魚，民莫敢犯。石峰之側，有荔枝、黄柑，得就食，持却則有風雹之變。銘曰：瓊、崖千里塊海中，〔一五〕民夷雜居古相蒙。方壺、蓬萊此別宫，——獨立秀且雄。爲帝守寶甚嚴恭，庇廕嘉穀歲屢豐。大小逍遥遂蝦龍，鵝鶥安棲不避風。我浮而西今復東，碑銘燁然照無窮。」〔一六〕洗氏廟。高凉人，適馮融之子寶，在隋時以忠義佐國，有平寇之功，封譙國夫人。至唐武德，夫人之孫馮盎以地降高祖，儋人事之甚嚴。蘇子瞻詩云：「馮洗古烈婦，翁媪國於兹。」

【名宦】皇朝裴聞義、知昌化。父紹，爲吉陽守。胡邦衡題其堂曰盛德。陳中孚。字中正，爲方寧令。黎賊犯城，居守有勞，擢知昌化軍。子適，爲臨高尉。儋耳民王高叛，適徑造賊壘，諭以禍福，賊遂乞去。後辟知昌化。有繼美堂，胡公邦衡作記。

【人物】王霄、以貢士住辟雍，建炎間歸鄉，潛德不仕，年九十六，推爲鄉先生。王公輔。號王六公，蘇子瞻雅重之，年百單三。

【名賢】蘇軾、紹聖四年，自惠州再責昌化，寓城南天慶觀。初，軾與弟轍相別渡海，既登舟，笑謂曰：「豈所謂道不行，乘桴浮於海者耶？」元符三年，徽廟登極，量移廉州，由澄邁北渡，有「九死南荒吾不恨，兹遊奇絶冠平生」之句。○費衮云：「東坡在儋耳，儋守張中事之甚至，且日從叔黨棋以娱東坡。洎張解官北歸，東坡凡三作詩送之。東坡在儋耳，一日過黎子雲，遇雨，乃從農家借篛笠戴之，着屐而歸，婦人小兒相隨争笑，邑犬羣吠。竹坡周少隱有詩云：『持節休誇海上蘇，前身便是牧羊奴。應嫌朱紱當年夢，故作黄冠一笑娱。遺跡與公歸海外，清風爲我襲庭隅。憑誰唤起王摩詰，畫作東坡戴笠圖。』今時亦有畫此者，然多俗筆也。」〔一七〕○黄魯直作東坡贊二首：「子瞻堂堂，出於峨眉。司馬、班、揚，金馬、石渠，閲士如墻。〔一八〕上前論事，釋之、馮唐，言語以爲階，而投諸雲夢之黄。東坡之酒，赤壁之笛，嬉笑怒駡，皆成文章。解羈而歸，紫微、玉堂。子瞻之德未變於初爾，而名之曰元祐之黨，貶之珠崖、儋耳。方其金馬、石渠不自知，其東坡、赤壁也。及其東坡、赤壁不自意，其紫微、玉堂也。及其紫微、玉堂不自知，其朱崖、儋耳也。九州四海，知有東坡。東坡歸矣，民笑且歌。一日不朝，其間容戈。其一丘一壑，則無如此道人何！」○「岌岌堂堂，如山如河。其愛之也，引之上西掖、鑾坡。是亦一東坡，非亦一東坡。槁項黄馘，觸時干戈。其惡之也，投之於鯤鯨之波。是亦一東坡，非亦一東坡。計東坡之在天下，如太倉之一稊米。至於臨大節而不可奪，則與天地相終始。」呂公著、貶昌化司户參軍。任伯雨、謫居。折彦質、自號葆真居士，建炎間謫居。李光。自號轉物老人，〔一九〕紹興間謫居。

北闕，家事在南荒。云云，毛州海驛長。玄成知必大，〔二一〕寧是泛滄浪。」自古無戰場。蘇子瞻和擬古詩：「少年好遠遊，蕩志隘八荒。九夷爲藩籬，〔二二〕四海環我堂。稍喜海南州，云云。奇峰望黎母，何異嵩與邙。〔二三〕飛泉瀉萬仞，舞鶴雙低昂。芋魁儻可飽，無肉亦奚傷。」日與雕題親。蘇子瞻與殷晉安別詩云：「久安儋耳陋，云云。」南極多老人。李光與杜秀才詩：「云云，及見九代孫。君生古儋州，氣質清且温。〔二四〕今年八十二，頗覺行步奔。白鬚映紅頰，疑是羲皇人。」〔二五〕

【題詠】莎草山城小。嚴維送李祕書往儋州詩：「魑魅曾爲伍，〔二〇〕蓬萊近拜郎。臣心瞻

【四六】疏紆宸庭，分符海島。凡鏤耳以爲氓，皆銘心而感德。維南海之小邦，有東坡之遺迹。民本島夷，漢代始稱於儋耳；海環郡治，坡仙嘗擬於蓬萊。非循良則不足以分遠俗之竹符，非重厚則不足以作此邦之寶鎮。

萬安軍 萬寧　陵水

【建置沿革】十道志萬安州、萬安郡與朱崖同。〔二六〕唐置萬安州，星土分野並同瓊州。南海序云：「海南諸國，漢武通焉，元帝棄之。」唐析文昌縣置萬安縣，并置富雲、博遼二縣，屬瓊州，尋屬崖州，又立萬安州；明皇時移理陵水；更州爲萬全郡，復爲萬安州。五代爲劉氏所據。皇朝更爲軍，移軍於陵水洞，又移於博遼，後移今處；未幾，提刑薰分奏廢爲萬寧縣，以軍使兼知縣，隸瓊州；安撫

王趯奏復爲軍。〔二七〕今領縣二，治萬寧。

事要

【郡名】萬全。

【風俗】其俗質野。圖經：「此邦與黎、蜑雜居，云云而畏法，不喜爲盜，牛羊被野，無敢冒認。」居多茅竹。同上。「云云，絶少瓦屋。」信尚巫鬼。同上。以織貝爲業。同上。「云云，不事文綉。」服色頗異。同上。「女人以五色布爲帽；以班布爲裙，似袋，號曰都籠；以班布爲衫，方五尺，當中開孔，但容頭入，名曰思便。」

【山川】南山、在陵水縣南八十里。靈山、去陵水縣三十里。聲山、在陵水縣内。獨洲山、在城東南五十里。其峰插天。赤隴山、在萬寧縣東南三十里。〔二八〕湳陵山、在萬寧縣西南二里。金牛嶺，在城西北，有寶氣。都籠水、在陵水縣東北十五里。金仙水。在萬寧縣北三十里。

【堂亭】愛民堂，在萬安軍治。凝香亭。在軍治。

【名宦】皇朝湯鷽。南劍人，以武舉守郡。南洞王利學叛，鷽平之，民爲立祠。

【名賢】李綱、建炎元年，以尚書左僕射落職，自鄂移澧，自澧移萬，未及軍而還。楊煒。以排和議貶。

【題詠】萬安無市井。蘇東坡夜卧濯足詩：「云云，斗水寬百憂。天低瘴雲重，地薄海氣浮。」

【四六】疏恩一札，出守萬全。漢棄其地，唐創爲州。當海邦之窮處，與黎、蜑以雜居。臯使騰囊，嘗廢軍而爲邑；帥臣奏疏，復自邑而陞軍。鳥言夷面，非譯語而莫通；茅屋荆扉，亦土風之甚陋。

校勘記

〔一〕、「析置曾口」，「曾口」，底本原作「曾江」，據舊唐書卷四一地理志、新唐書卷四三上地理志、太平寰宇記卷一六九改。

〔二〕「以木綿爲毯」，「木綿」，底本原作「水綿」，據北圖本、四庫本、嶽雪樓本及太平寰宇記卷一六九改。

〔三〕「男則髽首」，「髽」，底本原作「髮」，據北圖本、四庫本及太平寰宇記卷一六九改。

〔四〕「鄧祚爲瓊管安撫」，「鄧祚」，底本原作「劉祚」，據建炎以來繫年要録卷一八七改。

〔五〕「山多麈麖」，「麖」，底本原作「麋」，據漢書卷二八下地理志改。師古曰：「麈似鹿而大，麖似鹿而小。」

〔六〕「雖久不壞」，「壞」，底本原作「瓌」，據四庫本、傳是樓本、嶽雪樓本改。

〔七〕「黄耳乃其祖」，蘇軾詩集卷四三余來儋耳得犬狗曰烏觜作「黄耳定乃祖」，與本書異。

〔八〕「長樂韓侯璧」，「璧」，底本原作「壁」，據四庫本及朱子大全卷七九瓊州學記改。

〔九〕「李守忠爲承旨（至）自稱楊遐舉」，「李守忠」，底本原作「李守」，脱「忠」字，據錢易洞微志補。又，「楊遐舉」，底本原作「楊避舉」，亦據洞微志改。

〔一〇〕「夢雲忽變色」，「雲」，底本原作「靈」，據四庫本及蘇軾詩集卷四一行瓊儋間改。

〔一一〕「北往長思聞喜縣」，「往」，底本原作「注」，據元乙本改。又，「聞喜縣」，底本原作「聞善縣」，據輿地紀勝卷一二七改。此聞喜縣原名曲沃，漢書卷六武帝紀云：「元鼎六年冬十月……至左邑桐鄉，聞南越破，以爲聞喜縣」。蓋「喜」、「善」形近，故本書誤刻。

〔一二〕「初隸高州總管隸嶺南道崖州都督府」，「崖州都督府」，底本原作「瓊州都督府」。據舊唐書卷四一地理志崖州及瓊州下所云，唐初未置瓊州都督府，此儋州屬崖州都督府。至德宗貞元五年，嶺南節度使李復奏置瓊州都督府，崖州都督府遂停。輿地紀勝卷一二五作「初隸高州總管，隸嶺南道崖州都督府」，是，今據改。

〔一三〕「腥聞于天」，「腥」，底本原作「醒」，據四庫本及蘇軾文集卷一七峻靈王廟碑改。

〔一四〕「元豐五年七月瓊州别駕蘇軾以罪譴於儋」，按蘇軾文集卷一七峻靈王廟碑原文作「皇宋元豐五年七月，詔封山神爲峻靈王，用部使者承議郎彭次雲之請也。紹聖四年七月，瓊州别駕蘇軾以罪譴于儋」。核諸宋史卷三三八蘇軾傳，亦云貶瓊州别駕在紹聖中。本書因節略不當，遂使封山神爲峻靈王之年誤爲蘇軾貶瓊州别駕之時。

〔一五〕「瓊崖千里塊海中」，「海」，底本原作「侮」，據四庫本、嶽雪樓本及蘇軾文集卷一七峻靈王廟碑改。

〔一六〕「碑銘煒然照無窮」，「照」，底本原作「詔」，據蘇軾文集卷一七峻靈王廟碑改。

〔一七〕「子瞻堂堂」，底本原脱一「堂」字，據北圖本、四庫本及豫章黄先生文集卷一四東坡先生真贊改。

〔一八〕「閲士如墻」，「士」，底本原作「上」，據四庫本及豫章黄先生文集卷一四東坡先生真贊改。

〔一九〕「自號轉物老人」，「轉」，底本原作「體」，據北圖本、四庫本、傳是樓本改。

〔二〇〕「魑魅曾爲伍」，「魑魅」，底本原作「云魅」，據北圖本、四庫本、傳是樓本及全唐詩卷二六三嚴維送李祕書往儋州改。

〔二一〕「毛州海驛長玄成知必大」，底本原缺「海驛長玄成」五字，據北圖本、四庫本、傳是樓本及全唐詩卷二六三嚴維送李祕書往儋州補。

〔二二〕「九夷爲藩籬」，「藩籬」，底本原作「藩維」，據蘇軾詩集卷四一和陶擬古九首改。輿地紀勝卷一二五引此詩作「藩籬」，不誤。

〔二三〕「何異嵩與邙」，「嵩」，底本原作「松」，據蘇軾詩集卷四一和陶擬古九首改。

〔二四〕「君生古儋州氣質清且温」，底本原缺「儋州氣質清」五字，據北圖本、四庫本、傳是樓本補。

〔二五〕「白鬚映紅頰疑是羲皇人」，底本原誤「鬚」爲「馬」，又誤「皇」爲「青」，據北圖本、四庫本、傳是樓本改。

〔二六〕「十道志萬安州萬安郡與朱崖同」，「萬安州」，底本原作「萬安軍」，據下文所云「皇朝更爲軍」，則唐時並未置軍，舊唐書卷四一地理志、新唐書卷四三上地理志皆作「萬安州」，太平御覽卷一七二引方輿志亦云「萬安州、萬安郡土地與朱崖郡同」，今據改。

〔二七〕「安撫王趯奏復爲軍」，「王趯」，底本原作「王成」，據北圖本、四庫本、傳是樓本及輿地紀勝卷一二六改。

〔二八〕「在萬寧縣東南三十里」，「萬寧縣」，底本原作「萬安縣」。據宋史卷九〇地理志記載，萬寧縣後復名萬安，則此處作「萬安縣」亦不誤。然本書同卷滴陵山下云「在萬寧縣西南二里」，金仙水下又云「在萬寧縣北三十里」，所標地名皆用萬寧縣。爲使全書前後一致，故此處亦改作「萬寧縣」。

方輿勝覽卷之四十四

淮東路

揚州 江都 泰興

【建置沿革】禹貢「淮、海惟揚州」。唐、虞淮、海之間皆州域也。於天文爲牛、斗之分，星紀之次。春秋時屬吴，故吴城邗，溝通江、淮。後屬越，越後屬楚。秦屬九江郡。漢爲荆王國，又爲吴王國，景帝更江都國，武帝更廣陵國。東漢爲廣陵郡。三國初屬魏，後屬吴。西晉屬廣陵郡。宋改爲南兖州。北齊改東廣州。後周爲吴州。隋、唐爲揚州。皇朝陞節度、安撫。今統郡九，領縣二，治江都。

本路安撫、制置置司。

事要

【郡名】廣陵、江都、淮海、惟揚、蕪城、邗城。僧皎然詩：「别渚望邗城。」

【風俗】江南之氣躁勁。元和郡縣志：「云云，故曰揚州。」土俗輕揚。孔六帖：「李濟翁謂其云云，故名揚州。」朴而不争。廣陵志：「其俗云云，有學而好文。」富庶甲天下。通鑑：「唐昭宗曰：『揚州云云，故稱揚一益二。』」俗喜商賈。唐書李襲譽傳云：「揚州，江、吴大都會，云云，不事農。」遷徙貿易，皆出揚州。沈存中云：「自淮南之西、大江之東，南至五嶺、蜀、漢十一路，百州—————之人，往還—————之下。舟車日夜灌輸京師者，居天下之七。」○容齋隨筆：「唐鹽鐵轉運使揚州判官多至數十人，故諺稱『揚一益二』。杜牧之有『春風十里珠簾捲』之句。張祜詩有『十里長街市井連，月明橋上看神仙』。〔一〕本朝承平百七十年，尚不能及唐之什一，今日真可酸鼻也。」

【形勝】據淮拒海。秦少游揚州集序：「北——，東南——，江湖之間，盡有其地。」王觀揚州賦：「南躡于距海之滸，北壓乎長淮之流。」枕江臂淮。王觀揚州賦曰：「揚州古都會也，云云，與益部號爲天下望，故有唐以來，節鎮首稱揚、益焉。」重江複關。文選鮑照登廣陵城作蕪城賦：「云云之險，四會五達之衢。」土甚平曠。南齊地理志：「云云，刺史每以秋月出海陵觀濤。」江左大鎮。通典：「云云，莫過荆、揚。」○宋書割荆江置郢州議：「江左以來，以揚州爲根本。」東南佳麗。廣陵志序：「長淮之區，綿亘數百里，揚其都會也。迷樓九曲，鳳池螢苑之名，甲於前代。而十里珠簾，二十四橋風月之景，尤爲云云。以至春風蕩城郭，滿耳沸笙歌，與夫重城向夕，絳紗萬户，珠翠填咽於街陌者，又天下所無也。」

【土產】**芍藥**。王觀序云：「有三十二種。」○蘇子瞻志林：「揚州——爲天下冠。蔡繁卿爲守，始作萬花會，用花十餘萬枝，既殘諸園，又吏因緣爲姦，久亦必爲民患也，會當有罷之者。錢惟演爲留守，始置驛貢洛花，識者鄙之。此宮妾愛君之意也。」○孔武仲——譜云：「州宅舊有——廳，在都廳後，聚一州絶品於其中，今鎮淮堂是也。」

【山川】**浮山**、去地纔高三尺二寸，其狀似鐵，不生草木。**大銅山**、在江都縣西北七十二里。漢書「吴王濞即山鑄錢」，此其處也。**崑崙山**、一名廣陵。鮑照蕪城賦：「柂以漕渠，軸以崑崗。」〔二〕又河圖括地象曰：「崑崙山横爲地軸，此陵交帶崑崙，故曰廣陵也。」○權德輿廣陵行云：「廣陵實佳麗，隋季此爲京。八方稱輻湊，五達如砥平。」**蜀崗**、舊傳地脉通蜀。或曰——産茶味如蒙頂，故曰——。**大江**、在江都縣南四十五里。郡國志：「西北自六合縣界流入，舊闊四十餘里。昔魏文帝登廣陵觀兵，戎卒數十萬，旌旗數百里，臨江見波濤洶湧，歎曰：『吾武騎萬隊，何所用之？嗟乎，固天地所以限南北也！』」○晉元帝以祖逖爲奮威將軍、豫州刺史，渡江，中流擊楫而誓曰：「祖逖不能清中原而復濟者，有如大江！」辭色壯烈。○江面舊有揚子鎮，與京口對岸，而瓜洲乃江中一洲耳，故潮水悉通城中。李紳與李頻詩云：「鸕鷀山頭片雲晴，揚州城裏看潮生。」自大曆後，潮水始不通。**揚子江**、楊廷秀詩：「天將大塹護吴天，〔三〕不數殽函百二關。萬里銀河瀉銀海，一雙玉塔表金山。旌旗隔岸淮南近，鼓角吹霜塞北寒。多謝江神風色好，滄波千頃片時間。」**伊婁河**、即揚子鎮以南至江運河也，潤州刺史齊澣所開。自隋以前未有此河澗，唐時江濱始積沙至二十五里，故穿此河。**南冷水**、李秀卿至維揚，逢陸鴻漸。李曰：「聞陸君別，茶、揚子——又殊絶，二妙千載一遇。」命軍士謹畏者入江取——。及至，陸以杓揚水曰：「江則江矣，非——，臨岸者乎？」既而傾—及半，陸又以杓揚之曰：「此似南冷者矣。」使者蹶然曰：「某自——賫至岸，舟蕩覆過，懼其尠，挹岸—增之。」處士乃神覽也，其敢隱焉。」**茱萸灣**、郡國志云：「在江陽縣東北九里。隋仁壽四年開以通漕運。其側有——村，故名。」又吴王濞嘗開茱萸溝，以通海陵倉。**灣口**、坡詩：「——猶屢送。」**淮口**、王介甫望——詩：「白煙瀰漫接天涯，黯黯長空一道斜。有似錢塘江上望，晚潮初落見平沙。」**瓜洲渡**、在江都縣南四十里。江濱昔爲——村，蓋揚子江中之沙磧也。沙漸漲出，其狀如瓜，接連揚子江口，民居其上。唐爲鎮。今有石城三面。——爲—，介于江、淮之間，南之瀟湘，北走秦、隴。〇鄭谷詩：「揚子江頭楊柳春，楊花愁殺渡江人。數聲風笛離亭晚，君向瀟湘我向秦。」〇孟浩然揚子津望京口詩：「北固臨京口，夷山近海濱。江風白浪起，愁殺渡頭人。」〇楊廷秀過——鎮詩：「夜愁風浪不成眠，曉渡清平却晏然。數棒金鉦到江步，一檣霜月到淮舡。佛狸馬死無遺骨，阿亮臺傾只野田。〔四〕（土人云：「完顏亮辛巳南寇，〔五〕築臺望江，誅死其上。」）南北休兵三十載，桑疇麥壠正連天。」**邗溝**、左傳哀公九年：「吴城——，——通江、淮。」注云：「於邗江築城，穿溝東北通射陽湖，〔六〕西北至末口入淮，通糧道也。」今廣陵韓江是。〇郡縣志云：「合瀆渠在江都縣東二里。昔吴王夫差將伐齊，北霸中國，自廣陵城東南築邗城，下掘深溝，謂之邗江，亦曰——，自江東北通射陽湖。今謂之官河，亦謂之山陽瀆。」〔七〕又云：「漕河貫城中，即——也。」**薔薇溝**、在江都縣東北六十里，接高郵永安港。耆舊云：「昔之——村也。」雷塘、在州東北十里。煬帝平昔遊之，多從宮人，故時耕出寶釵焉。蘇子瞻詩云：「——水乾禾黍滿，寶釵耕出餘鸞龍。」○煬帝葬其上。羅隱題煬帝陵詩：「入郭登橋出郭舡，紅樓日日柳年年。君王忍把平陳業，只換雷莊數頃田。」○唐李襲譽爲刺史，引——水灌田，故又名雷陂。新塘。在城外。紹定間，以張燈之夕，敗逆賊李全于此，露布有云：「奮幟麾軍，開關延敵，實精兵於堡寨，蹙酋虜於——。」其後又云：「羣戈既奮，遂舂鄋瞞之喉；異服空遺，俱識智高之面。」

【井泉】蜀井。在蜀崗上，井水最宜煎茶。○蘇子瞻詩：「剩覓—崗新—水。」○蘇子由詩：「信脚東遊十二年，甘泉香稻憶歸田。行逢——恍如夢，試煮山茶意自便。短綆不收容盥濯，紅泥仍許置清鮮。早知鄉味勝爲客，遊宦何須更着鞭？」○秦少游次韻：「蜀岡精氣蓄多年，故有清泉發石田。乍飲肺肝俱澡雪，久窺杖屨亦清便。炊成香稻流珠滑，煮出新茶潑乳鮮。坐使二公鄉思動，放杯西望欲揮鞭。」

【堂舍】平山堂、在州城西北大明寺側。慶曆八年二月，歐陽公來牧是邦，爲堂於大明寺庭之坤隅，江南諸山拱列簷下，若可攀取，因目之曰———。沈括爲記。○洪邁撰———後記云：「揚爲州最古，南傳海，北揵淮，井而方之，蓋萬里。後世華離觚析，殆且百郡。獨廣陵得鼎其名，故常稱巨鎮：爲刺史治所，爲總管府，爲大都督府，爲淮南節度使。方唐盛時，全蜀尚列其下，有『揚一益二』之語。入本朝，事權雖衰，而太守猶一道鈐轄安撫使，品其域望，他方莫與京也。迷樓九曲，珠簾十里，二十四橋風月，登臨氣槩，政以突兀今古。茲堂最後出，前志謂江南諸峰植立欄户，且肩摩領接，若可扳取。山既佳，而又歐陽實張之，故聲壓宇宙，如揭日月。縉紳之東西，以身不到爲永恨，意謂魯城閭風中天之臺抑末耳。然百餘年間，〔八〕屢盛屢歇，瓦老木腐，因之以傾陊，薦之以兵革，而禾黍離離，無復一存，荒煙白露，蒼莽滅没，使人意象蕭然，誦山色有無之句，付之三嘆而已。」吴興周琮復興是堂。○王介甫詩云：「城北横岡走翠虬，一堂高視兩三州。淮岑日對朱欄出，江岫雲齊碧瓦浮。墟落耕桑公豈弟，杯觴談笑客風流。不知峴首登臨處，壯觀當時有此不？」○蘇子瞻———次王居卿韻：「高會日陪山簡醉，狂言屢發次公醒。酒如人面天然白，山向吾曹分外青。江上飛雲來北固，檻前脩竹憶南屏。六朝興廢餘丘壠，空使姦雄笑寧馨。」○蘇子由詩：「堂上平看江上山，晴光十里對憑欄。〔九〕海門僅可一二數，雲夢猶吞八九寬。簷外小棠陰蔽芾，壁間遺墨涕汍瀾。人亡坐覺風流盡，遺構仍須子細觀。」○秦少游次韻：「棟宇高開古寺間，盡收佳處入雕欄。山浮海上青螺遠，天轉江南碧玉寬。雨檻幽花滋淺淚，風巵清酒漲微瀾。遊人若論登臨美，須作淮東第一觀。」○劉原父詩：「蕪城此地遠人寰，盡借江南萬疊山。」後歐公在翰林，原父出守，公作朝中措詞餞之，有曰：「平山欄檻倚晴空，山色有無中。手種堂前楊柳，别來幾度春風。文章太守，揮毫萬字，一飲千鍾。行樂直須年少，樽前看取衰翁。」○蘇子瞻西江月：「三過———下，半生彈指聲中。十年不見老仙翁，壁上龍蛇飛動。欲弔文章太守，仍歌楊柳春風。休言萬事轉頭空，未轉頭時已夢。」**淮海堂**、在州宅。**四并堂**、韓忠獻建于郡圃。**谷林堂**。在大明寺，元祐中建。○郡守蘇子瞻詩「深谷下窈窕，高林合扶疏」是也。

【館驛】水館：李紳宿揚州——詩：「舟依淺浦參差合，橋映晴虹上下連。輕檝過時摇水月，遠燈繁處隔秋煙。却思海嶠還悽歎，近涉江濤更凛然。閑憑欄干指星漢，尚疑煙蓋在樓舡。」〔一〇〕臨都驛。唐白居易詩：「揚子江頭月，——裏燈。」

【亭榭】斗野亭、東坡、秦觀、孫覺、黄庭堅、蘇子由、米芾皆有詩。○黄魯直詩：「維斗天司南，其下百瀆傾。盤礴淮海間，風煙浸十里。」九曲亭、按圖志，藝祖之破李重進也，駐蹕九江池上，有龍鬬於池。今有——在池上。○鮮于侁廣陵雜詩序：「煬帝奏樂于此地。初，帝欲幸江都，命樂府撰水調九曲，工人王令言謂子曰：『此曲無宫聲，又無回韻，汝必不還。』」又蘇子由——詩：「嵇老清彈怨廣陵，隋家水調寄哀音。可憐——遺聲盡，只有一池春水深。」無雙亭、與后土廟瓊花相對，歐陽公名，前賢賦詠甚多。摘星亭。秦少游次韻：「崑崙左右兩招提，中起孤高雉堞西。不見燒香成宿霧，虚傳裁錦作障泥。螢流花苑飛星亂，苔滿蕪城緑髮齊。長憶憑欄風雨後，斷虹明處海天低。」○障泥事，見李奇隱隋宫詩。

【樓閣】文選樓、王觀揚州賦曰：「帝子久去兮，空文選之樓。」圖經云：「文樓巷即其處，曰煬帝嘗幸焉。」迎仙樓、高駢建。○羅隱詩云：「仙境是誰知處所，人間空自造樓臺。」摘星樓、在城西角。江、淮南北，一目可盡。鎮淮樓、在南城上。規模甚壯。賞心樓：孔氏六帖云：「揚州有——。」雲山閣。吕申公公著守維揚建，詩見秦觀注。

【寺觀】法雲寺、謝安故宅。劉禹錫有雙檜詩。禪智寺、杜牧留題：「雨過一蟬噪，飄蕭松桂秋。青苔滿階砌，白鳥故遲留。暮靄生深樹，斜陽下小樓。誰知竹西路，歌吹是揚州。」○羅隱春日獨遊詩：「遠樹連天水接空，幾年行樂舊隋宮。花開花謝長如此，人去人來自不同。鸞鳳調高何處酒，〔一二〕吴牛蹄健滿車風。思量只合騰騰醉，煮海平陳盡夢中。」石塔寺，小説載：王播少孤貧，客揚州木蘭院，隨僧齋粥，僧厭苦之，飯後擊鍾。其後播鎮揚州，訪舊處，題詩曰：「上堂已了各西東，慙愧闍梨飯後鍾。」後二紀，播出鎮是邦，向所題已碧紗籠之矣。乃續云：「三十年來塵撲面，如今始得碧紗籠。」○蘇子瞻云：「世傳王播飯後鍾詩，蓋揚州——院事也。」詩云：「飢眼眩西東，詩腸忘蚤晏。雖知燈是火，不悟鍾非飯。山僧異漂母，但可供一莞。胡爲三十年，記憶作此訕。齋厨養若人，無益秖遺患。乃知飯後鍾，闍梨蓋具眼。」又有石塔試茶詩云：「禪窗麗午景，蜀井出冰雪。坐客皆可人，鼎器手自潔。」蕃禧觀。即古之后土廟。有瓊花，擅天下無雙之名，香如蓮花，清馥可愛。○唐詩紀事云：「揚州唐昌觀玉蘂花折，有仙人遊。或云唐所植，即李衛公所謂玉蘂花也。」康駢劇談録謂有女子遊其下。○劉禹錫詩：「玉女來看玉樹花，異香先引七香車。攀枝弄雪時回首，驚怪人間日易斜。」○「雪蘂瓊絲滿院春，羽衣輕步不生塵。君平簾下徒相問，長伴吹簫別有人。」○「玉蘂天中樹，金閨昔共窺。落英閑舞雪，密葉作低帷。舊賞煙霄遠，前懽歲月移。今來想顔色，還似憶瓊枝。」○王元之云：「揚州后土廟有花一株，潔白可愛，且其樹大而花繁，不知實何木也。俗謂之瓊花，因賦詩以狀其態云：春冰薄薄壓枝柯，分與清香是月娥。忽似暑天深澗底，老松擎雪白婆娑。」

○劉邍父云：「自淮南遷東平，移后土廟瓊花植於濯纓亭，此花天下獨一株爾。永叔爲揚州，作無雙亭以賞之。彼土人别號八仙花。或云李衛公所賦玉蘂，即此也。詩云：淮海無雙玉蘂花，異時來自八仙家。魯人未睹天中樹，乞與春風賞物華。」

【古跡】故城、羅隱題故都詩：「江南、江北兩風流，一作迷津一拜侯。畢竟不如隋煬帝，破家猶得到揚州。」○孟遲廣陵城詩：「紅遶高樓緑遶城，城邊春草傍墻生。隋家不向此中盡，汴水應無更去聲。」○郭棣知揚州，以爲——憑高下臨四面，國初李重進始夷而改卜今相距三十里處，勢卑㴽，遭虜襲瞰則圍在掌股中。虜亮之來，厥咎可鑒。請即遺址建築兩壕相通轉餉，緩急足以相赴；爲九曲池，即建樓爲籌邊，倚欄舒眺，見百里秋毫，以杜他日伏戎之患。三塘既豐，運河常溢，卓爲上策。隋宮、李義山——詩：「紫泉玉殿鎖煙霞，欲取蕪城作帝家。玉璽不緣歸日角，錦帆應是到天涯。于今腐草無螢火，終日垂楊有暮鴉。地下若逢陳後主，豈宜重問後庭花。」玉鉤斜、桂苑叢話：「唐李蔚自大梁移鎮淮海，見郡寡勝遊之地，命於戲馬亭西連——道葺亭，名之曰賞心。」坡詩：「路失玉鈎芳草合。」騎鶴仙、太平廣記：「有四人各言所願：甲曰願多財；乙曰願爲揚州太守；丙曰願爲仙；丁曰願腰纏十萬貫，騎鶴上揚州。」蘇子瞻詩曰：「野無佩犢子，府有———。」來蘇舞、因類載：杜邠公守維揚，耽於遊燕，有獄市之譽。宣宗聞，除崔鉉爲代，以詩送之，有「一方獄市喜來蘇」之句。揚州押衙傅希聞之，即教習———以迎崔公，邠公頗銜之。迷樓九曲、廣陵志：「揚州建新宫成，帝幸之。曰：『若使真仙遊此，亦自當迷。』」○杜牧詩：「煬帝雷塘路，迷藏有舊樓。誰家唱水調，明月滿揚州。駿馬宜閑出，千金好暗遊。喧闐醉年少，半脱紫貂裘。」**珠簾十里**、承平時，東南之士試京師取高第，往來皆經維揚，其詞曰：「玉京此去春猶淺，正雪絮馬頭零亂。嫦娥剪就緑雲袍，待來到蟾宫與換。來年三月桃花岸，棹雙槳浪平煙暖。揚州十里小紅樓，盡捲上珠簾一半。」○杜牧詩：「娉娉嫋嫋十三餘，荳蔻梢頭三月初。春風十里揚州路，捲上珠簾總不如。」**吹臺琴室**、徐湛之爲南兗州刺史，建於城北。今亡其處。**水亭**、獨孤及有——泛舟望月宴集賦詩序：「徐知浩每夜引宋齊丘於——屏語，獨置大爐，相向坐，不言，以畫灰爲字，隨即滅去，故所謀人莫得而知。」**東府齋**、梁宣城王爲揚州刺史，顧野王及王褒爲賓客。野王好丹青。於東府起齋，令野王畫七賢，命王褒書贊，稱爲兩絶。**二十四橋**、隋置，並以城門坊市爲名。後韓令坤省築州城，分布阡陌，別立橋梁，所謂————者，或存或廢，不可得而考。○杜牧之寄韓判官詩：「雲山隱隱水遥遥，〔一二〕秋盡江南草木凋。————明月夜，玉人何處教吹簫？」○歐公自揚州移汝，西湖詩云：「緑芰紅蓮畫舸浮，使君那復憶揚州。都將————月，換作西湖十頃秋。」○後蘇子瞻自汝移揚，作詩曰：「————亦何有，換此十頃玻璃風。」**三十六陂**、在江都縣。王介甫題西太乙宫壁：「————，春水白頭。」**皁角林**、紹興，逆亮入寇，劉琦自淮陰回軍瓜洲。虜將高景山以兵十萬直擣瓜洲，琦伏於———，破虜兵，斬景山。○楊廷秀詩云：「水漾霜風冷客襟，苔封戰骨動人心。河邊獨樹知何木，今古相傳皁角林。」**雙檜**、在法雲寺。張祜詩：「謝家雙植本南榮，樹老人亡地變更。朱頂鶴知深蓋偃，白眉僧見小枝生。高臨月户秋雲影，静入風簷夜雨聲。縱使百年爲上壽，緑陰終借暫時行。」

酒肆柱間詞。黄魯直謂州東酒肆或書詞云：「秋風吹渭水，落葉滿長安。黄塵車馬道，獨清閑自然。爐鼎虎繞與龍盤，九轉丹砂就。琴心三疊，蘂宫看舞胎仙。便萬釘寶帶，貂蟬富貴欲薰天。黄粱炊未熟，夢驚殘，再遊漁浦，廬山。」後有醉道士於廣陵市上歌此曲，或云即吕洞賓也。〔一三〕

【名宦】韓信、漢人，爲楚王。董仲舒、出爲江都相。張綱、爲守。張嬰等寇亂揚、徐，綱單車之職，將吏卒十餘人過嬰壘，賊面縛歸降。謝安、築新城堰。謝玄、領廣陵相。何遜、爲揚州法曹。廨舍有梅花盛開，遜吟詠其下。後居洛思梅，因請曹職。至，適梅花方盛，遜對之，彷徨終日。遜嘗有梅詩云：「兔園標物序，驚時最是梅。銜霜當路發，映雪凝寒開。枝横却月觀，花遶凌風臺。應知先百卉，故逐上春來。」以月觀、風臺爲揚州勝景故也。李德裕、父吉甫，年五十一出鎮淮南，五十四自淮南復相。及德裕鎮淮南，後入相，一如父之年。杜牧、性疏放。會丞相牛僧孺出鎮揚州，辟節度掌書記，唯以遊宴爲事。揚州，勝地也。每重城向夕，樓上常有絳紗燈萬數，輝耀空中，九里三十步街，珠翠填咽，邈若仙境。牧常出没馳逐其間，初無虚夕，有街卒三十易服隨後潛護之，僧孺之密教也，而牧自謂人不知之。及召拜，僧孺餞之，發一書簏，乃街卒之密報也，悉曰「某夕，杜書記過某家無恙」。杜鴻漸、唐宋遺史：「劉禹錫爲蘇守，嘗赴揚州大司馬———宴，醉歸宿傳舍。既醒，見二妓在側，驚問之，乃曰：『郎中席上與司空詩，因遺某等。』問其詩何言，曰：『高髻雲鬟宫樣粧，春風一曲杜韋娘。司空見慣渾閑事，惱亂蘇州刺史腸。』」皇朝陳升之、爲守。高麗遣使入貢，所經州縣悉要地圖。升之給使者，欲盡見所得地圖，倣其規模供造。及圖至，聚而焚之。鄒浩、字志完，嘗爲教授。呂申公守維揚，命撰樂語，鄒不允。公曰：「使教授他時作翰林學士，將如何？」鄒答曰：「使爲翰林學士則可，爲國子司業則不可。」後首薦之。韓琦、魏公守維揚，王介甫爲僉判，每讀書達旦，假寐，日已高，亟上府，多不及盥漱。魏公意其年少夜飲，謂公曰：「少年毋廢書，不可自棄。」公不答，退而言曰：「韓公非知我者。」及魏公薨，介甫有挽詩曰：「幕府少年今白髮，傷心無路送靈輀。」又有望揚州詩云：「落日平村一水邊，蕪城掩映秪蒼然。白頭追想當年事，幕府青衫最少年。」猶不忘前事也。○魏公自樞副出守維揚，初夏郡圃芍藥盛開，忽於叢中得黄緣稜者四朵，土人呼爲金繫腰，云：「數年間或有一二，不常見也。」魏公開宴，時王岐公珪、監郡王荆公安石爲幕官，陳秀公升之初授衛尉丞，忽經由相召同賞，各簪一朵。其後四人相繼皆登宰輔，果花瑞也。歐陽脩、與魏公爲代，有手帖云：「廣陵幸遵遺矩，獨平山堂占勝蜀岡，江南諸山，一目千里，以至大明并瓊花二亭，此三者拾公之遺，以繼盛美云。」呂公著、公守維揚，蘇子瞻自黄岡移汝州，〔一四〕經從見公。公置酒，終日不交一語。子瞻昏睡，歌者唱「夜來陡覺羅衣薄」。子瞻驚覺，小語云：「夜來走却羅巫博也。」歌者匿笑。後子瞻書歌者團扇，公見之亦無語。蘇軾、東都事略：「軾喜作詩，言者妄詆，以龍圖閣學士知潁州，徙揚州，俄以兵部尚書召還，兼侍讀。」晁補之、子瞻知揚州，無咎作倅，子瞻作點絳唇詞云：「獨倚胡床，庾公樓外峰千朵，與誰同坐？明月清風我別乘，一來有唱，終須和還，知麽？自從添個風月，平分破。」晁詠之、字之道。蘇子瞻知揚州，無咎爲倅，以其弟詩文獻子瞻，子瞻曰：「有才如此，獨不令識一曲耶？」詠之。時以蔭入官，爲揚州司法，未上。具參軍禮入謁，子瞻下堂挽而上之，謂坐客曰：「此奇才也。」韓世忠。紹興四年，兀朮與酉帥撻孛耶合三路兵入寇，自泗取揚，步兵自楚取高郵，〔一五〕塵覆飛鳥。時建康、鎮江、淮東宣撫使——自鎮江濟師，親提隊騎以當淮、泗之寇，伐木爲柵，自斷歸路。會朝廷遣魏良臣使虜，至維揚，世忠置酒送別，杯示再行，世忠曰：「有詔移屯守江。」乃撤炊爨班師，良臣喜，疾馳出境。世忠乃上馬，令軍中曰：「視吾鞭所向！」四面並進，虜太半降服。凱旋，論者以此舉爲中興武功第一。

【人物】陳琳、魏太祖謂琳所草檄能愈頭風。張祜、客淮南幕中，赴宴時，杜紫微爲支使，坐中有屬意處，索骰子賭酒，牧之微吟曰：「骰子逡巡裹手拈，無因得見玉纖纖。」祜應聲曰：「但知報道金釵墜，彷彿還應露指尖。」李邕、唐人。既冠，見李嶠，自言讀書未徧，願一見祕書。李善、邕之子，注文選。李紳、唐摭言：「李紳鎮揚州，謂張孝標賦春雪詩云：六出花飛處處飄，粘窗拂砌上寒條。朱門到曉難盈尺，盡是三軍喜氣銷。」淳于棼、家廣陵。宅南有古槐，夢至大槐安國，王以女妻之，命理南柯郡，凡二十載，卒葬於盤龍岡，遂覺。因尋古槐下，穴可容一榻，上有土壤爲城郭臺殿之狀。有蟻數斛，即槐安都邑也；南枝則郡也；腐龜則山也；一穴盤屈若龍蛇狀，有小塚隆然，即盤龍岡也。棼墓今在縣北十里，俗呼爲南柯太守墓。徐鉉、與韓熙載齊名，謂之韓、徐。皇朝張方平、天性穎悟，凡書皆一閱終身不再讀，屬文未嘗起草。秦觀、字少游，高郵人。吕申公守維揚，以舉子謁見。時適中秋，雲山閣成，宴客其上。公素聞秦才名，即煩撰樂語。云：「雲山簷楯接晴空，公宴初開氣鬱葱。照海旌旗秋色裏，激天鼓吹月明中。香槽旋滴珠千顆，歌扇驚團玉一叢。二十四橋人望處，台星已在廣寒宫。」呂溱。溱應舉作鯤化爲鵬詩，有「九霄離海嶠，一息到天池」之句，仁宗見之，升爲第一。時有三魁，謂——、王昴、李易也。

【名賢】陳瓘。遭紹聖、崇寧黨錮之禍，與任伯雨相繼内徙是州，〔一六〕俱不幸死。兩家子弟奉遺命，丘壠對封於西山之下。

【題詠】揚州隋故都。武元衡詩：「云云，竹使漢名儒。」海雲助兵氣。韋應物詩：「雄藩鎮楚郊，地勢鬱岧嶤。雙旌擁萬戟，中有霍嫖姚。云云，寶貨益軍饒。嚴城動寒角，晚騎踏霜橋。」紅旆擁雙節。白居易送牛僧孺鎮揚州：「坐移丞相閣，春入廣陵城。云云，白髮無一莖。」煙花三月下揚州。李白送孟浩然之廣陵：「故人西辭黄鶴樓，云云。孤帆遠影碧山盡，惟見長江天際流。」蒜山晴日照揚州。獨孤及詩：「蕪城西眺極滄流，漠漠春煙暗曙樓。瓜步早潮催建業，云云。」維揚景物勝西川。杜荀鶴詩：「見説西川景物繁，云云。青春花柳樹臨水，白日綺羅人上舡。」夜市千燈照碧雲。王建詩：「云云，樓高紅袖客紛紛。如今不似時平日，猶自笙歌徹曉聞。」故人多在芙蓉幕。杜荀鶴惟揚冬末寄幕中二從事：「江上數株桑棗樹，自從離亂更荒凉。那堪旅館經殘臘，秖把空書寄故鄉。典盡客衣三尺雪，鍊精詩句一頭霜。云云，應笑孜孜道未光。」江蹙海門帆散出。潮吞海門石。劉長卿：「氣混京口雲，云云。」秋色上蕪城。劉長卿：「寒潮落瓜步，云云。」羅隱開元寺門上作：「滿檻山川漾落暉，檻前舊事去如飛。雲中雞犬劉安過，月裏笙歌煬帝歸。云云，地吞淮口樹相依。紅樓翠幕知多少，長向東風有是非。」五馬雙旌何處逢。劉長卿詩：「眇眇雲山去幾重，依依獨聽廣陵鍾。明朝借問南來客，云云。」灞陵殘雨夢依依。趙嘏送盧緘歸揚州詩：「曾向雷塘寄掩扉，〔一七〕荀家燈火有餘輝。關、河日暮望空切，楊柳渡頭人獨歸。隋苑荒臺人裛裛，〔一八〕云云。今年春色還相悮，爲我江邊謝釣磯。」春風十里珠簾捲。黄魯直早春過廣陵詩：「云云，髣髴三生杜牧之。紅藥梢頭初繭栗，揚州風物鬢成絲。」淮南二十四橋月。黄魯直詩：「云云，馬上時時夢見之。想得揚州醉年少，正圍紅袖寫烏絲。」飛雪堆盤膾魚腹。黄魯直次王定國揚州見寄韻：「云云，明珠論斗煮雞頭。」團臍紫蟹脂填腹。蘇子瞻揚州以土物寄少游詩：「鮮鯽經年祕醽醁，云云。後春蓴出滑於酥，先社薑芽肥勝肉。鳧子纍纍何足道，點綴盤飧亦時欲。淮南風俗事瓶罌，方法相傳竟留蓄。且同千里寄鵝毛，何用孜孜飫麋鹿。」

【四六】光奉宸綸，宏開制閫。維今重鎮，自古雄藩。廣陵奧區，淮甸重鎮。開大幕府，號小朝廷。惟江都之舊壤，亦海道之要衝。眷揚、楚之重鎮，據吴、越之通塗。載惟南渡財賦之淵，尤藉東淮鹺茗之利。分淮海之巨屏，控東南之要津。昔號往來之會，今當守禦之衝。禹别九州，斯爲奥壤；唐分十道，是曰大邦。虜亮於焉而送死，逆全即此以就誅。陜以東周公，分權尊任重；閫以外將軍，制令肅威行。練卒厲兵，固藩籬於江面；出師擣賊，壯聲援於邊頭。龍蛇飛動，重尋歐子之舊地；貔虎鼓行，尚繼韓王之盛元。竹西歌吹，遥瞻刺史之居；山東捷書，行入詩人之詠。萬竈雲屯，盡屬元戎之節制；羣兇風靡，皆驚大將之威名。靜而固境，或爲牽制之謀；動以除兇，直作掃清之舉。　歌珠簾十里之詩，略無舊觀；和風笛數聲之句，空有羈情。　分閫令嚴，肯作棘門兒戲；平戎捷奏，當符瓜步童謡。　數百萬騎之甲兵，頻聞奏凱；二十四橋之風月，靜聽傳更。　韓忠獻之規模，惟歐公而可繼；蘇東坡之風月，非晁子而莫分。　淮、海惟揚州，襲夏后平成之號；江、吴大都會，爲唐朝繁盛之區。

校勘記

〔一〕「月明橋上看神仙」，「月明橋」，底本原作「月明樓」，據全唐詩卷五一一張祜縱游淮南、容齋隨筆卷九唐揚州之盛改。

〔二〕「軸以崑崗」，底本原作「軸以金銀池」，據文選卷一一鮑照蕪城賦改。太平寰宇記卷一二三、輿地紀勝卷三七皆作「軸以崑崙」，與文選稍異。

〔三〕「天將天塹護吴天」，「吴天」，底本原作「昊天」，據四庫本及誠齋集朝天續集卷二九過揚子江改。

〔四〕「阿亮臺傾只野田」，「阿亮」，底本原作「河亮」，據誠齋集朝天續集卷二九過瓜州鎮改。此阿亮，據下文作者原注，乃指金主完顔亮。

〔五〕「完顔亮辛巳南寇」，「完顔亮」，底本原作「元顔亮」，據誠齋集朝天續集卷二九過瓜州鎮改。金史卷一世紀云金人始祖爲完顔部人，後遂以完顔爲姓。完顔亮即金廢帝海陵。

〔六〕「穿溝東北通射陽湖」，底本原脱「通」字，據左傳哀公九年杜注及太平寰宇記卷一二三補。

〔七〕「亦謂之山陽濁」，「山陽濁」，隋書卷一高祖紀、通鑑卷一七六陳紀一〇均作「山陽瀆」，唯太平寰宇記卷一二三作「山陽濁」，與本書同。

〔八〕「然百餘年間」，底本原作「然餘百年間」，據嶽雪樓本乙正。

〔九〕「晴光十里對憑欄」，「十里」，欒城集卷九揚州五詠平山堂作「千里」。

〔一〇〕「尚疑煙蓋在樓舡」，「煙」，全唐詩卷四八二所載李紳宿揚州水館詩作「軒」。

〔一一〕「鸞鳳調高何處酒」，「鸞」，底本原作「鑾」，據四庫本、嶽雪樓本及全唐詩卷六五六羅隱春日獨游禪智寺改。全唐詩又云：「鸞，一作『楚』」。

〔一二〕「雲山隱隱水遥遥」，「雲山」，樊川集卷四寄揚州韓綽判官作「青山」。

〔一三〕「或云即吕洞賓也」，「賓」，底本原作「濱」，據四庫本、嶽雪樓本改。

〔一四〕「蘇子瞻自黄岡移汝州」，「汝州」，底本原作「汝海」，據宋史卷三三八蘇軾傳改。本書卷五〇黄州雪堂下即作「移汝州」，可證。

〔一五〕「步兵自楚取高郵」，「高郵」，底本原作「高麗」，誤，據建炎以來朝野雜記甲集卷一九韓世忠大儀之勝改。

〔一六〕「與任伯兩相繼内徙是州」，「任伯雨」，底本原作「任伯兩」，據北圖本、四庫本、傳是樓本及宋史卷三四五任伯雨傳改。

〔一七〕「曾向雷塘寄掩扉」，「雷塘」，底本原作「番塘」，據全唐詩卷五四九趙嘏送盧緘歸揚州改。雷塘，本書同卷有記載。

〔一八〕「隋苑荒臺人裹裹」，「人」，全唐詩卷五四九趙嘏送盧緘歸揚州作「風」。

八閩文庫

八閩文庫

要籍選刊

26

方輿勝覽

三

[宋]祝穆 撰
施和金 點校

海峽出版發行集團
THE STRAITS PUBLISHING & DISTRIBUTING GROUP
福建人民出版社

方輿勝覽卷之四十五

真州 揚子　六合

【建置沿革】禹貢揚州之域。爲斗、牛之分，星紀之次。春秋爲吴、楚二國之境。五代並屬揚州，僞吴置迎鑾鎮。國朝太祖陞迎鑾鎮爲建安軍，尋以揚州之永正縣隸焉，又割揚州之六合縣併隸於軍，六合本楚之棠邑也；真宗以鑄聖像成，陞爲真州；淳化始建漕臺，或兼大使，後又陞爲儀真郡。今領縣二，治揚子。

淮東轉運置司。

事要

【郡名】儀真、見前「沿革」注。白沙。見「名宦」門陳德林注。

【風俗】其俗躁勁。郡國志云云。市井荒陋。郡志：「屢經焚掠，云云，茅簷草屋未盡革也。」民以魚鹽爲業。同上。

【形勝】望於淮右。壯觀亭記：「朝廷次第郡邑，固已————。」當東南之水會。見後

歐陽公東園記。江、淮一都會。司馬君實送吴處厚知真州序。東南水陸要衝。繫年録：「梁揚祖
云云。」大江奔流。壯觀亭記：「——日夜——，羣山古今秀峙，羅列目前，應接不暇。」

【山川】横山、在揚子西三十里，與丫山、方山鼎峙。方山、隋朝六宫居之。瓜步山、鮑昭—
——文云：「因迥爲高，據絶作雄。凌清瞰遠，擅奇含秀。」小銅山、去揚子縣二十里。相傳吴王鼓
鑄之所。赤岸山、其山巖與江岸數里土色皆赤。○羅君章詩云：「——若朝霞。」郭景純江賦云：
「鼓洪濤於——。」六合山、即定山，在縣北八十里。其山有六峰相接連。吴敏白鼉泉達磨觀音兩巖
序：「巖壑之秀，殆非淮南有。」蜀岡：在揚子縣西北。自胥浦至江都界並謂之——，以其來遠也。
揚子江、在揚子縣南，與鎮江分界。運河、在城南，其東通維揚。胥浦、詩話總龜：「子胥解劍渡江
之所。」五馬渡、在宣化山之陽，爲建康往來津渡之要。晉五王南渡於此。回軍渡、在六合縣。藝
祖皇帝以舟師伐李璟於瓜步，振旅凱旋，因名云。瓦梁堰。即滁塘也。王巘謂滁河而上數百里，鉅
細駢比，合五十四流，輻湊於此堰。

【亭圃】壯觀亭、在城北五里山之頂。米元章書榜。有賦云：「壯哉！江山之觀也。」又詩
云：「邀賓——不辭寒，玉立風神氣上干。欲識謝公清興處，千山萬嶺雪漫漫。」谿陰亭：在縣東
范氏園。蘇子瞻嘗游，有詩。東園、施正臣、許子春爲發運使作。○歐陽永叔記云：「真爲州，當東南
之水會。所謂——者，流水横其前，清池浸其右，高臺起其北。臺，吾望以拂雲之亭；池，吾俯以澄

虛之閣；水，吾泛以畫舫之舟。敞其中以爲清讌之堂，闢其後以爲射賓之圃。芙蕖芰荷之的歷，幽蘭白芷之芬芳，與夫佳花美木列植而交陰，此前日之蒼煙白露而荆棘也。高甍巨桷，水光日景，動摇而下上，其寬閑靚深，可以答遠響而生清風，此前日之頹垣斷塹而荒墟也。嘉時令節，州人士女嘯歌而管弦，此前日之晦冥風雨、鼪鼯鳥獸之嘷音也。吾於是信有力焉。」○王介甫詩：「十年偏歷人間事，却繞新花認故叢。南北此身知幾日，山川長在淚痕中。」蔡君謨書。時謂三絶。舫齋。在州治，頗深廣。

【寺觀】長蘆寺，元在——鎮。章獻明肅太后少隨父至京師，長老勉之入京。及垂簾聽政，長老已往，后問所需，曰：「——無三門。」后乃以本閤服用器物成之。淳熙十二年，徙于滁口山之東。○劉攽詩云：〔一〕「越船吴商倚萬橈，紺園金刹起中霄。魚龍聽法因多雨，江海歸心每上潮。林黑夜深燈影白，川平天闊梵聲遥。心知水陸俱調伏，惜取靈犀不用燒。」○王介甫舟過詩云：「木落草摇洲渚昏，泊舡深閉雨中門。回燈秖欲尋歸夢，兒女紛紛强笑言。」〔二〕○黄魯直阻風入——詩：「福公開百室，不借鄰國權。法筵森龍象，天樂下管弦。我來雨花地，依元薰爐煙。金碧動江水，鍾魚到客舡。茗椀洗昏著，經行數阻年。歲寒風落山，故鄉喜言旋。林回負赤子，白壁乃可捐。持親如履冰，風雨淼暗川。」永定寺，在六合縣，其北有芳草澗。○韋應物過——詩云：「獨憐幽草澗邊行，上有黄鸝深樹鳴。春潮帶雨晚來急，野渡無人舟自横。」儀真觀。祥符間，司天臺言建安軍西山有旺氣，詔即其地鑄聖像。時有青鸞、白鶴、景雲盤繞爐冶之處，詔建———，立青鸞白鶴亭。

【名宦】唐王績：爲六合丞。以周易、老子置牀頭，他書罕讀也。著五斗先生傳、醉鄉記。自號東皐子。皇朝胡宿、爲揚子尉。大水溺民居，令不能救，宿曰：「拯溺，吾職也。」即率公私舟以前，所活數千人。胡宗愈、英宗朝，李定自信州推官除御史，知制誥蘇頌、李大臨不草制，皆落職歸班。宗愈以舍人封還詞頭，坐落職，通判真州。陳德林、嘗爲真州守。蘇子瞻詩：「白沙何必煩此翁。」真州，唐永貞白沙鎮也。吴處厚。司馬君實送——知真州詩云：「鄉託星屏駕，今隨丞相車。終朝容懶拙，經歲庇迂疏。共此趍雲闕，旋聞建隼旟。江、淮一都會，遊刃必多餘。」

【人物】蔡㠓、自元祐中居真州，崇寧間魁多士，後任尚書，蔡京叙宗盟，結死黨。詳見言行録。孫洙。錫之子。錫年十九登第，洙年十九亦登第。舉制科，與二蘇、李邦直同選。陳襄薦士，在三十三人之數。

【題詠】維舟至長蘆。李白送趙明府赴長蘆詩：「云云，目送烟雲高。摇扇對酒樓，把袂持蟹螯。」江聲六合暮。韓翃送郭贊善歸淮南：「駿馬淮南客，歸時引望新。云云，楚色萬家春。白紵歌西曲，黄苞寄北人。不知心賞後，早晚見行塵。」金山只隔水。蘇子由送董掾詩：「云云，時復聽晨鍾。」分符江海衝。前人：「奏課西南最，云云。」夜江看斗辨西東。歐陽永叔知滁州出儀真泛大江詩：「孤舟日日去無窮，行色蒼茫杳靄中。山浦轉帆迷向背，云云。」昇州一日到真州。彭汝礪真州江亭詩：「潮落淮風起不收，云云。多情楊柳能青眼，底事波瀾亦白頭。」當使淮人服教條。

王介甫送吴仲純守儀真詩：「江上齋舡駐彩橈，嗚笳應滿緑楊橋。久爲漢吏知文法，云云。拱木延陵瞻故國，叢祠瓜步認前朝。登臨莫負山川好，終欲東歸聽楚謡。」

【四六】分符江國，將漕淮壖。　臺府兼榮，節麾交耀。　遂以偏師，獨當一面。　每嚴素備，自折遐衝。　維儀真之名郡，控揚子之要津。　内護江流之險，外當淮甸之衝。　當樵蘇供億之繁，賴醝茗阜通之利。　使節肅持，既重將輸之任；州符兼綰，尤嚴保鄣之圖。　闤闠蕭條，蓋荐經於蹂躪；里閭安静，尤有賴於撫摩。　居東南之水會，可謂要津；控西北之風寒，實爲重鎮。　郡圃襄羊，細讀東園之記；江樓倚徙，好賡北固之詩。

通州 静海　海門

【建置沿革】禹貢揚州之域。星土、分野與泰州同。春秋屬吴，吴滅屬越。戰國屬楚。秦屬九江郡。漢屬臨淮郡。東漢、晉屬廣陵郡。隋初郡廢，屬江都郡。唐屬揚州。南唐李氏於海陵之東境置静海都鎮制置院。周世宗建静海軍，爲通州。皇朝因之，後改曰崇川，尋復爲通州。今領縣二，治静海。

事要

【郡名】通川、崇川。

【風俗】其民苦窳而貧。朱彦海山樓記。訟庭多虚。郡守楊皁作通州圖序：「云云，囹圄空隙，殆有古之淳風。」仕宦之樂土。曾曲阜行宋湜知通州制：「淮海之濱，專城而治，不領於吏部，而選於朝廷，非以其獄訟稱簡、魚稻饒足爲云云耶？」利市州。談苑：「先是，數舉士人至辟雍者，皆不利。大觀中，朱侍郎彦爲守，始移壯武營射垛，不使壓州學上，當年所解三名，至辟雍皆上舍，選太守，教官及考官皆轉一官。以其全榜皆過，御筆添解額十名，通州號爲『一一一』。」魚稻饒足。曾曲阜行宋湜知通州制。民以魚鹽爲業。俞授能劄子。

【形勝】瀕海控江。俞授能劄子：「通之爲郡，云云，南通閩、粤，北通齊、魯。」旁通吴、越。楊皐序：「南瀕吴會，列壤相望，云云。」東北當海口。繫年録：「知通州郭凝奏：『云云，南接大江，最爲要害。』」極淮之南。海山樓記：「通爲州，云云，距海之濱。」風帆海道。楊皐序云云。

【土産】鹽户納鹽。長編：「云云，舊以布泉茶米等折償其直。開寶庚辰，詔折以錢。今官爲鹽鈔。」

【山川】狼山，在静海縣南，五山相連。陶隱居注曰：「狼五山在海中，對勾章岸，今直呼爲一一。山下有拇窠，上有鞭迹，皆着石。或云始皇履是山，且鞭以投海中。不知何據。尚書郎齊郭有歌曰：『祖龍神兵驅不得，揮電成鞭有遺迹。』及觀六帖，云始皇作石橋過海，有神人能驅山下石去，不速者神輒鞭之云。淳化中邑長楊鈞乞改『狼』爲『琅』。」○趙閲道詩云：「一一一五峰高，下壓淮壖郡。」○任伯雨詩：「狼去青山迹已陳，惟餘樓閣向南薰。」軍山，在江際。海門島，長編：「國初以來，犯死獲貸者多配隸登州沙門島、通州――――，皆有屯兵使者領護。」料角：海門有――。其中有鹹、淡二水，不相混雜，舟人不待汲能辨之。形勢控扼，紹興中差舟師把隘。其沙脉坍漲不常，潮小則委蛇曲折，水路可見；潮大水則一槩漫没，非熟於往來者未易知也。李寶膠西之捷，以此。大海、去海門縣東八十里。澠水燕談：「熙寧四年，高麗遣使脩貢，將由四明登岸，爲海風飄至新港，先以狀致通州云：『望斗極以乘槎，初離下國；指桃源而迷路，誤到仙鄉。』」其同行朴寅亮詩尤精：如泗州龜山詩：「門前客棹洪濤急，竹下僧棋白日閑。」大江、在靜海縣南十五里。運河、周世宗、侯仁矩鑿渠四十里接泰州，時被其利。南布洲、舊是大海，其中沙漲，復爲洲。東布洲。元是海嶼沙島之地。

【堂亭】淮南道院、楊廷秀談苑：「通州南阻江，東北瀕海，士大夫罕至，居民以魚鹽自給，不爲盜賊，訟希事簡，仕宦者最爲逸，士大夫號通州爲――――。」三會亭。在狼山。東顧巨海，南瞰長江，吴、楚煙雲勝槩，一覽周盡。

【樓閣】海山樓、在城上。○陳瑩中作青玉案云：「碧空黯淡寒雲繞，聽枕上風聲峭。明透紗窗初欲曉。珠簾才捲，美人驚報，一夜青山老。使君留客金樽倒，正千里瓊瑶未經掃，欺壓梅花春信早。十分農事，滿城和氣，管取來年好。」○陳博古有詩云：「門下―濤奔鐵騎，檻前―背擁金鼇。」南門樓：鄉僧妙瑛云：「崇寧門有青巾白袍偉丈夫現於其上。」蓋吕夷簡也。狼山閣。賢良齊唐有詩：「海腹藏吴、楚，天樞轉斗、牛。夜分驚日浴，潮退見鯨遊。」

【名宦】王素、爲守。吕夷簡、嘗通判通、濠二州，往河北按行水災，還奏免天下農器之筭。

范仲淹、監西溪倉，建白于朝，請築堤于三州之境，以衛民田。元絳、知静海縣。時私販鹽至二十斤，請坐徒。絳曰：「海旁之民，斥鹵不毛，恃鹽以生。」自是非羣販者止笞罰。沈興宗、爲海門令。王介甫爲撰海門興利記。岳飛。爲通、泰鎮撫使。

【人物】吴及、字幾道。年十七，以進士起家，直昭文館，兼知桂州。姚原道、知吉州，黄太史嘗誌其墓。張東喬、以父廕補官。年十六，以文潞公起復，調泰興簿。包孝肅公、司馬温公皆愛重之。張次山。公明直節，受知包孝肅及温公，嘗知泰州。

【題詠】曲渚留越舡。趙閲道詩：「云云，遥岑辨吴分。」遠水南回建業舡。夏子喬侍父監通州鹽場登狼山賦詩云：「渡口人稀黯翠煙，登臨嘗怯夕陽天。殘雲右倚維揚樹，云云。山引亂猿啼古樹，電驅甘雨過閑田。季鷹死後無歸客，江上鱸魚不直錢。」公時年十七，識者謂：「甘雨過閑田，雖有爲霖之志，終無澤物之功。」江氣南吞吴分野。楊士彦題狼山詩：「云云，海波北撼楚封陲。」

【四六】輟從朝路，擢守海邦。通川名郡，淮甸奥區。左臨淮甸，右控海沂。彈壓江流，隄防海道。以洙、泗之遺教，易淮、海之陋風。富商豐魚鹽之利，章甫喧弦誦之聲。豈特富魚鹽之利，抑將資保鄣之雄。海邦千里，幸安魚稻之居；魏闕九重，徒結鼓鍾之戀。觀山海上，重尋清獻之舊遊；詠雪樓頭，曾入了齋之樂府。通浙並淮，昔宦遊之樂土；控江瀕海，今備禦之要津。

泰州 海陵　如臯

【建置沿革】禹貢揚州之域。爲牛、斗之分，星紀之次。春秋屬吴，後屬越。戰國屬楚。秦屬九江郡。漢初以封吴王濞，海陵屬焉。東晉分廣陵置海陵郡。唐初置吴州，更海陵縣曰吴陵縣。南唐升爲泰州，相傳以爲取「通泰」之義。皇朝中興，爲通泰鎮撫使，後仍爲州。今領縣二，治海陵。

淮東提刑、提舉置司。

事要

【郡名】海陽、郡志：「晉以海陵爲——。以其地並海而高，故名。」吴陵。唐改海陵曰——。

【風俗】性多朴野。吴陵志。見下注。俗務儒雅。吴陵志：「雖窮巷茅茨之下，往往聞弦誦聲。」有屯田煮海之饒。按江南李主時廳壁記：「以海陵云云，因建爲泰州。」

【形勝】幽邃肥美。吴陵郡志引晉中興書云：「海陵——而地——，故民事耕桑樵漁，而性多朴野，耻以浮薄相夸，鮮出機巧謀利，雖無富强豪右，而家亦自給。」賜鼓角門戟。皇祐間，大廳題名載周世宗云云。海陵倉粟流衍。枚乘説吴王曰：「吴實富於天子：轉粟西鄉，陸行不絶；水行滿河，不如海陵之倉。」左思吴都賦：「——之—，則紅———。」

【土産】鹽課與解池等。皇朝皇祐間，通、泰二州云云，歲終四百萬緡。運使蔣之奇開古井，獲金龍玉璧三十六。

【山川】天目山、在海陵縣東六十里。寰宇記云：「土山也。山有雙井相對，其水清冽。」發摩訶山、在揚子江中流，亦名蝦蟆。呂城山：縣東三十里。高一丈，形如城。羅浮山、在海陵縣澤藪中，不爲水所没，遥望如——————。里。雞雀湖、縣東北五十里。包老湖、縣北四十里。湖水清而無滓，挈壺氏取以供滴漏。於祈湖、縣東北四十在海陵縣百五十三里。大唐李承創，范仲淹重築。○呂伯恭修桑子河堰記：「淳熙元年夏六月，泰州東部潮大，上敗————，詔州與使者參治。維堰初作於文正范公，首起海陵，尾屬鹽城，衡二縣間百餘里。及是半圮於水，有司繕築。未幾以訖工聞，獨桑子河以南逕如皋境，繚許氏莊後，皆文正規略所未及。詔以委今魏侯甫，半月堰成。」捍海堰。

【井泉】天女繅絲井。在西溪鎮西廣福院。相傳漢董永所居，井即——汲以——者。

【樓閣】望京樓、曾密公詩見後「題詠」。安邊樓：在郡城上，可以遠眺。芙蓉閣。曾正臣詩云：「參差紅菡萏，迤邐緑菰蒲。沙鷺窺吟榻，風蟬入坐隅。」

【堂舍】淮東道院、在州治大廳之東。海陵地僻少訟，故以————名之。左丞陸農師到任，謝表云：「飛蚊漸少，頗無澤國之風。過客甚稀，至有道堂之號。」清風堂、自五代時疊石爲山，高三丈五尺，東西十丈有五尺，翼以兩徑，爲登陟之階。咸平中，曾密公以户部員外郎知州事，有郡圃山亭六詠。————詩云：「更無塵土當軒起，只有松蘿繞檻生。」紹興間，其孫文昭公肇復典是郡，文昭之父易占又嘗知如皐縣，以三世守官海陵，遂立三至堂云。**文會堂**、范希文書。滕子京從事——詩云：「東南滄海郡，幕府清風堂。詩、書對周、孔，琴瑟視羲、黄。君子不獨樂，我朋來無方。」又云：「一學許、周、查，三仙周、陳、唐。德星一聚會，千載有餘光。」**五賢堂**、在光孝寺。内祠張發運綸、范希文；富彦國嘗侍父爲征官，讀書于此；又增郡之先賢胡侍講、王内翰，爲———。**狀元坊**。在市河西，即王右司所居。宣和間爲大魁，而郡志不書其名。

【古跡】**高麗鼓**、在西溪鎮聖果院，相傳保大中海汐飄至。○范希文詩：「千年人已化，三昧語空傳。唐世碑尤在，———半穿。」即此也。**古井欄**、在聖果院。相傳僞唐保大中造。舊有綆迹，深寸許，今復生合，而誌文亦漫滅莫辨，蓋活石云。按歐陽公集古目録有李陽冰書縉雲三碑，篆刻最細瘦。世言此三碑皆活，歲久漸生，刻處幾合，故細耳，亦此類也。**富鄭公讀書堂**、在景德寺之東。○韓子蒼詩：「藤床瓦枕快清風，破悶文書亦謾供。鄉信未傳霜後鴈，旅懷生怯曉來鍾。淹留已辦三年計，流落應無萬户封。猶有筆間詩句在，他時誰爲寫塵容。」**小兒塚**。在州宅之東，有墳數十。宋江南初主本徐温養子，及僭號，遷徐氏于海陵。中主繼統，用謀士齊丘計，徐氏無男女少長皆殺之。後齊丘有一——病，有老樂工作一詩書紙鳶上，放入齊丘第中。其詩云：「化家爲國實良圖，總是先生畫計謨。一箇小兒抛不得，上皇當日合何如。」謂此也。

【名宦】**皇朝曾致堯**、爲守。**曾肇**、致堯孫，爲守。**韓琦**、以侍中知泰州。時以卧病，適夢以手捧天者再，不覺驚悟。其後受顧命，援英宗於藩邸，翼神宗於春宫，捧天之祥，已肇於此矣。**呂夷**

簡、監西溪鹽場。皇朝類苑云：「吕文靖嘗官于此，手植牡丹一本，有詩刻其後。范文正亦嘗臨涖，復題一絶云：『陽和不擇地，海角亦逢春。憶得上林色，相看如故人。』以二公詩筆，故題詠極多，而花亦爲人所貴重。」范仲淹、公爲西溪鹽官，嘗築捍海堤。景德寺有生祠。○監倉楊阜作畫像詩云：「青衫下僚，名世高節。捍患禦災，豈不在余？」又云：「我思范公，水遠隄長。」滕子京、爲郡從事。劉攽、自道山倅海陵詩云：「壁間金闕倚天開，五見宫花落晚梅。明日扁舟滄海去，却尋雲氣訪蓬萊。」○蘇子瞻送行詩：「君不見阮嗣宗臧否不掛口，休誇舌在齒牙牢，是中惟可飲醇酒。」吕本中、調海陵縣尉。張次山、爲守。嘗有鶴集戒石前，若有所訴。次山諭鶴使先飛，令兵官隨往。鶴集一大木上，蓋鄰側有取其二雛烹食者。即以其人至府，鶴亦同至。次山爲治其罪，鶴乃飛去。張綸、爲制置發運，後自請兼州，築堤堰。范希文爲作生祠記，詩云：「海陵嗷嗷，古防弗牢。萬頃良膏，歲凶于濤。」又云：「草奏屢達，狂議四遏。心過金鐵，對天不奪。」又云：「盤盤偃偃，百里而遠。如天作旱，奠萬家産。朝以公賢，兼于蕃宣。」云云。趙抃、知海陵縣。岳飛。建炎四年爲通、泰鎮撫使。

【人物】查道、南唐文徽之孫。鑿冰求鱖以養母，竹間見一蹄金而掩之。查陶、南唐近臣。太宗知其名，除監察御史，後贈兵部尚書。周孟陽、終天章閣待制。少遊徑山，賦詩有「地高多與風雲會，天近常爲日月鄰」之句，人以爲遭遇英宗之符。胡瑗、字翼之，海陵邑人。自明道、景祐以來，學者有師，惟先生暨泰山孫明復、石守道。先生嘗爲湖州州學教授，邊防、水利，各居一齋。王觀、治聞强記，善屬文。王覿。爲翰林學士，後以黨禍奪官。

【題詠】人家匝海隅。曾正臣望京樓詩云：「望京樓上望，望久思踟躕。境土連江徼，云云。隔山人隱映，近郭水縈紆。雨過風腥檻，潮來岸浸蘆。」野水粘天鸛鶴飛。吕本中至海陵詩：「江村遇雨蓬麻亂，云云。」吏散重門印不開。鮑溶寄海陵縣韓長官詩：「云云，玉琴招鶴舞徘徊。野人爲此多東望，雲雨仍從海上來。」香粳炊熟泰州紅。陸務觀對食戲作：「云云，苣甲蓴絲放箸空。」

【四六】眷惟海陵，實冠淮甸。眷此海邦，號稱名郡。有煮海摘山之大利，當航川梯嶠之要津。鈔鹽轉餉，歲益於商緡；薪粲論輸，日交於吏案。暫違丹闕，望雲氣於蓬萊；來駕朱轓，息風濤於瀚海。土風淳厚，人自足於魚鹽；吏隱豐餘，地不驚於烽燧。海隄功著，想范文正之遺風；道院名標，追陸左丞之故事。

校勘記

〔一〕「劉攽詩云」，「劉攽」，底本原作「劉邠」，據宋史卷三一九劉攽傳改。宋詩紀事卷一六據公非先生集載録本書所引詩，公非是劉攽弟子爲他加的私謚。

〔二〕「兒女紛紛强笑言」，「强」，底本原作「解」，據臨川先生文集卷三三、王文公文集卷七〇舟過長蘆改。輿地紀勝卷三八引此詩作「强」，不誤。

方輿勝覽卷之四十六

淮安軍 山陽　鹽城　淮陰

【建置沿革】禹貢揚州之域。在牽牛之分。春秋時屬吳，後屬越。戰國屬楚。秦屬九江郡。西漢屬臨淮郡及廣陵國。東漢屬廣陵郡及下邳國。三國屬魏。東晉祖逖屯淮陰，庾希自下邳退屯于山陽，謝玄自彭城退屯于淮陰，又分廣陵置山陽郡。宋以山陽爲重鎮，宋蕭道成鎮淮陰，爲北兖州。東魏復爲山陽郡。隋廢郡爲楚州。唐初爲臧君相所據，曰東楚州，尋歸于唐，改曰楚州。皇朝爲團練州，寶慶以逆全之亂，降爲淮安軍。今領縣三，治山陽。

事要

【郡名】山陽、境内有地名——。東楚、淮陰。許氏説文：「水之北爲陽，水之南爲陰。」縣在淮水之南，故曰——。

【風俗】其俗勁悍輕剽。隋志云云。士任氣節。同上。「其—則挾———，好尚賓遜，蓋楚之風焉。」戰爭詐僞。晉伏滔正淮論：「其俗尚材氣，而多勇悍。其人習——，而貴——。豪右兼并之家，十室而九藏甲。挾劍之民，比屋皆是。」急則以驟戎馬。新志：「聞之故老，物盛人衆，足爲一都會。今擬於窮邊極塞，云云，緩則以宅狐兔。」

【土産】唐鹽課四十五萬石。郡縣志云：「今關中置鹽監以收其利，每歲煮鹽四十五萬石。」○阮昇之南兖州記云：「鹽城海水，有南兖州鹽池百二十所，縣人以魚鹽爲業，略不耕種，擅利巨海，用致沃饒，公私商運，充實四遠，舳艫往來，常以千計，此吴王所以富國强兵而抗漢室也。」

【形勝】北有清泗。南齊志：「云云，臨淮守險。」屏蔽淮東。紹興十一年，高宗謂大臣曰：「山陽要地，云云，無山陽則通、泰不能固，賊來徑趨蘇、常。」水陸交通。晉荀羡北征議：「淮陰舊鎮，地形都要，云云，易以觀釁，沃野有開殖之利，方舟漕運亦無他阻。」揚、楚要衝。長編云：「太宗朝王化，基澄清略，云江、淮諸郡，——、——最曰————，水陸兩塗，咽喉數國，務穰事衆，地廣民繁。」淮南控扼之地。繫年録：「左正言吴表臣言，楚州實云云。」南北必争之地。繫年録：「徐宗偃云：『山陽俯臨淮海，實云云，我得之可以控制山東。』」東晉爲重鎮。廣陵記：「云云，元帝嘗使劉隗守淮陰。」有道之齊、魯、山東。新志：「一道自南渡門絶淮，則之齊、魯、山東；一道自淮陰放洪澤閘達淮，則入汴入洛。」

【山川】羽山、崔國輔石頭瀨詩云：「悵矣秋風時，予臨石頭瀨。因高見遠望，盡此楚州內。————一點青，海岸雜花碎。日暮千里帆，楚色有微靄。」鐵柱岡、在鹽城北門外二里海岸。故老相傳，秦王繫馬處也。**金牛岡**，在山陽縣北七十里。周世宗宿兵于此。**大海**、在鹽城南一里。**淮水**、在山陽北五里。水經注云：「一一、泗之會，即角城也。〔一〕左右兩川夾翼二水以入，即泗口也。自巃山之北縈回楚城，東入于海。」詩云「淮有三洲」，今山陽灣對岸有上洲、中洲、下洲，豈其此歟？**淮河**、〔二〕楊廷秀登楚州城詩云：「望中白處日争明，箇是一一凍作冰。此去中原三里許，一條玉帶界天横。」**清河**、在淮陰縣北十里。**新河**、去磨盤古跡八十步，乾道中開。**老鸛河**、在城西。周世宗至此，艦大不能過，遂開此河以通其道。**故沙河**、在山陽縣西北十里滿蒲閘之西，避山陽灣清河口風濤之患。**射陽湖**、在山陽縣東南八十里。今與寶應、鹽城分湖爲界，縈回三百里。**邗溝**、自寶應縣北流入淮。左傳哀公九年：「吴城一一，一通江、淮。」隋大業元年，發淮南民十萬開一一，自山陽至揚子入江，渠廣四十步。○王介甫詩云：「將母一一上，留家白紵陰。月明聞杜宇，南北總關心。」**公路浦**、即淮口也。寰宇記：「袁術，字公路，向九江，將奔袁譚，路出斯浦，因名。」**捍海堰**。在鹽城縣。詳見泰州呂東萊記。

【亭榭】**南昌亭**：，在山陽縣西三十五里。史記云：「韓信布衣，就一一一一長寄食，長竟絶之。信爲楚王，召亭長，賜錢百萬，曰：『公小人，爲德不竟。』」**籌邊樓**、在郡治。輪奐壯麗，甲於鄰郡。**宴花樓**。趙嘏題楚州一一一詩：「門外煙横載酒舡，謝公携客醉華筵。尋花偶坐將軍樹，飲酒方重刺史天。幾曲艷歌春色裏，斷行高鴈暮雲邊。分明聽得行人語，願及行春更一年。」

【橋梁】跨下橋。在淮陰縣，即韓信爲少年所辱之處。

【祠墓】淮陰廟、錢諫議詩：「築壇拜處恩雖厚，躡足封時慮已深。隆準若知同鳥喙，將軍應有五湖心。」○劉禹錫詩：「將略兵機命世雄，蒼黄鍾室嘆良弓。遂令後代登壇者，每一尋思怕立功。」○羅昭諫詩：「剪項移秦勢自雄，布衣還是負深功。寡妻稚女俱堪恨，休把餘盃奠蒯通。」○許渾詩：〔三〕「朝言雲夢暮南循，已爲功名少退身。盡控兵權猶不得，更將心事託何人。」○汪遵詩：「秦季賢愚混不分，只應漂母識王孫。歸榮便累千金贈，爲報當時一飯恩。」○張文潛詩：「雲夢何須僞出遊，遭讒猶得故鄉侯。平生蕭相真知己，何事還同女子謀？」東西塚。在縣北八里莊。東塚，韓信母墓也。本傳云「信行營高燥地，令旁可置萬家」，即此也。西塚，即漂母墓也。○羅昭諫漂母墓詩云：「寂寂荒墳一水濱，蘆洲絶島自相親。雖然寂寞千秋魄，猶是韓侯舊主人。」

【古跡】紫極觀畫壁。李伯時嘗於壁間畫猴戲馬驚，而圉人鞭之，時稱奇筆。東坡題其後曰：「吾觀沐猴以馬爲戲，至使此馬竊銜詭轡。人言沐猴宜馬，而今爲累，真虛言耳。」陳后山亦有詩曰：「沐猴自戲馬自驚，圉人未解猴馬情。猴其天資馬何罪，意欲防患猶傷生。異類相宜亦相失，同類相傷非所及。志行萬里因一悟，吐豆乾芻甘伏櫪。」舊有石刻，今不存。

【名宦】張敞、守山陽。久之，渤海、膠東盜起，拜膠東相，盜悉平。鄭弘、弘遷淮陰太守，行春天旱，隨車致雨，白鹿方道，夾轂而行。弘怪，問主簿黄國曰：「鹿爲吉？爲凶？」國拜賀曰：「聞三公車轓畫作鹿，明府必爲宰相。」祖逖，屯淮陰，嘗誓清中原。皇朝蔣之奇、爲太守。米芾、自無爲移守山陽。韓世忠。繫年録：「紹興五年，都督張浚出江勞師，至鎮江，召——，親諭上旨，使移屯楚州，以撼山東。世忠欣然受命，即日舉軍渡江。」又云：「山陽凋弊之餘，世忠披荆棘，立軍府，與士同力役。軍壘既成，乃撫集流散，通商惠工，遂爲重鎮。岳飛至楚州視兵籍，始知世忠止有衆三萬，而在楚州十餘年，金人不敢犯，猶有餘力以侵山東，可謂奇特之士也。」

【人物】韓信、淮陰人，封侯。枚乘、淮陰人。有舊宅基在縣南二百步。枚皋，淮陰人。並見漢書本傳。皇朝徐積、字仲車，本州人。從安定胡先生學，事母孝，年四十不婚不仕。鄉人勉就舉，偕母之京師。既登第，未調官，母亡，遂不仕。監司上其行，謚曰「節孝處士」。張耒、淮陰人也，從蘇子瞻學，有文集。趙師旦。本州人也。嘗守康州，儂智高亂，率羸師血戰而死。

【名賢】陳瓘。因彈蔡京，謫居合浦，著尊堯集，益加竄逐，最後移楚州居住。

【題詠】蕪城枕楚田。温庭筠送淮陰縣令：「隋堤楊柳煙，孤棹正悠然。蕭寺通淮戍，云云。魚鹽橋上市，燈火雨中舡。故老青葭岸，先知宓子賢。」淮水東南第一州。白居易贈郭史君詩：「云云，山圍雉堞月當樓。」野人懷惠欲移家。劉商送元使君自楚移越詩：「露冕行春向若耶，云云。東風二月淮陰近，〔四〕惟見棠梨一樹花。」家在枚皋舊宅邊。唐趙嘏憶山陽詩：「云云，竹軒晴與楚波連。〔五〕芰荷香透垂鞭袖，楊柳風横聞笛舡。」士林皆賀振家聲。劉禹錫送李楚州：「緹騎朱旗入楚城，云云。兒童但喜迎賢守，故吏猶應記小名。」山陽太守政嚴明。白居易枸杞井詩：

「云云，吏静人安無犬驚。不知靈藥根成狗，怪得時聞吠夜聲。」**韓、枚、步騭建三亭。**淮陰有——亭。晁端彦詩：「云云，故顯當時將相名。」**秋燈點點淮陰市。**陳羽宿淮陰縣作：「云云，楚客連檣宿淮水。夜深風起魚鼈腥，韓信祠堂月明裏。」**劉伶臺下稻花晚。**許用晦詩：「云云，韓信廟前楓葉秋。」**雜耕今是一雄藩。**楊廷秀望楚州新城詩：「已近山陽望漸寬，湖光百里見千村。人家四面皆臨水，柳樹雙垂便是門。全盛向來元孔道，云云。金湯再葺真長策，此外猶須子細論。」

【四六】維今東楚，實國北門。大江前流，長淮却阻。長淮奥壤，表海名邦。既護藩籬，孰窺堂奥。郡居江北，既嚴護於近畿；路出山東，更掃清於小醜。邦人還定，各安鴻鴈之居；海道肅清，更息鯨鯢之浪。襲韓信之故封，宜知兵略；訪枚皐之舊宅，益倡文風。兵衛森羅，既作淮壖之重鎮；舟師畢集，又居海道之要衝。

寶應州 寶應

【建置沿革】星土與淮安軍同。本漢平安縣，屬廣陵國，王莽嘗改爲杜鄉。隋地理志云：「梁置陽平郡及東莞郡，開皇初郡廢爲安宜縣，又廢石鼈縣入焉。」安宜溪在縣界，因此得名。唐武德立倉州，領安宜一縣，及州廢，縣屬楚州；上元三年，縣尼真如獲定國十三寶，以其年爲寶應元年，改安宜縣爲寶應縣。皇朝因之，寶慶三年六月以蒙國進寶璽，詔年穀屢豐，雨暘時若，可謂受寶之應，以寶應縣陞寶應州。今領縣一。

事要

【郡名】安宜。

【風俗】與淮安軍同。

【形勝】地居四塞。郡志：「————之衝，無險可守。」

【山川】箕山、在州東六十里。寰宇記：「今無山，唯丘阜百餘。」雲山；在城西南百二十里。山下有白龍潭。射陽湖、在州城北十五里。其西頗多丘阜。清水湖、在城南五里。范光湖、在城西南三十里。安宜溪、在州城西南四十餘里。白水陂。在城西八十里。乃鄧艾所築，闊三十里。

【橋梁】孝仙橋。在城北市。蘇子瞻曰：「秦少游言，寶應民有以嫁娶會客者。客一人徑起，出門至橋下，若將赴水者。主人急持之，客曰：『婦人以詩招我。』其詩曰：『長橋直下有蘭舟，破月衝煙任意游。金玉滿堂何所用，爭如年少去來休。』倉皇就之，不知其爲水也。』然客亦無他。」

【古跡】神寶、唐楚州刺史鄭輅撰記曰：「肅宗元年建子月十六夜，女尼真如忽見二皂衣，引至一所見天帝。因出寶授真如，曰：『汝往，令刺史崔侁進達於天子。』肅宗寢疾方甚，視寶，召代宗謂曰：『汝自楚王爲皇太子，今上天賜寶，獲於楚州，天祚汝也，宜保愛之。』代宗再拜受賜，即日以寶應紀年云。」高黎王城、在縣西八十里。金牛城、在縣南十五里。石鼈城。在縣西八十里。本——

縣，寰宇記以爲石鼈山，引郡國志云：「山有石鼈游，因名之。山下有鄧艾築城，猶存。」今驗其處，無山有城，以爲山誤也。荀羨傳曰：「羨鎮淮陰，屯田于東陽之石鼈。」通典載宋因晉，以山陽爲重鎮，曰：「北對清泗，臨淮守險，有陽平石鼈，〔六〕稻田豐饒。」蓋歷代皆屯田於此，舊志隸山陽，非是。

【名宦】當考。

【人物】闕，當考。

【題詠】**賤買魚蝦已厭烹。**呂本中行次寶應，有詩云：「半升濁酒試蓴羹，云云。淺水依蒲有舡過，淡煙籠月更人行。」**聞說德宗曾到此。**陶應題寶應縣詩：「雪樓當月動清寒，渭水、梁山鳥外看。云云，吟詩不敢倚欄干。」

【四六】疏綍宸廷，分符邊壘。粵由男國，陞建侯邦。既重蠶桑之務，亦爲魚稻之鄉。石鼈置城，昔號屯兵之地；銅魚分治，今爲固圉之邦。寶璽紀祥，蓋古今之嘉瑞；銅符疏渥，當南北之要衝。廣陵、東楚，既應援之匪遥；渭水、梁山，亦鼓行之甚易。城惟斗大，雖云猶劣於十同；地近風寒，要使雄當於一面。

高郵軍 高郵　興化

【建置沿革】禹貢揚州之域。分野與揚州同。春秋時屬吴。戰國屬楚。秦因高郵置郵傳，爲高郵亭。漢屬廣陵國。晉屬臨淮郡，東晉有三阿。宋屬廣陵郡。梁置廣業郡，尋以有嘉禾，爲神農使；尋爲高郵縣，兼軍使；復陞爲高郵軍。今領縣二，治高郵。

郡。隋屬江都郡。唐屬邗州。皇朝始建爲高郵軍；中興以來陞爲承州，割泰之興化縣來屬，置鎮撫

事要

【郡名】孟城、郡志謂：「地形四隅皆低，城基特高，狀如覆盂。」秦郵、同上。「一名——。」

見「沿革」注。高沙。有——館。

【風俗】俗厚而勤稼。題名舊記：「土高而廉於水，————於—。」好談儒學。郡志：

「自孫覺、秦觀諸公以文章政事名，至今云云。其間桀黠之民，好以訟相雄，往往挾法律以議吏是非。

然亦終不敢犯長吏，故易治而難服。」人足於衣食。楊公濟衆樂園記云：「高郵當東南衝會，邑居

繁盛，加之魚稻之富，云云。」

【形勝】東漸于海。郡志：「云云，南接大江。」北據長淮。同上。「西有土山，云云。」南

逼真、揚。馬仲荀記：「云云，北連楚、泗。」古稱大邑。皇朝開寶間建軍。詔：「惟彼高郵，云云，

舟車交會，水陸要衝，宜建軍名，以隆地望。」南北水道之要衝。趙侯脩水門記：「高郵古邗州，蓋

邗溝所經，云云。」介于揚、楚之間。葉宗古太守題名記：「云云，號爲東南咽領，連帶陂湖，轉入

江、淮。」水深而岸峻。昔令狐綯節度淮南，徐卒龐勛等逃歸，裨將李湘曰：「高郵之北，云云，我以

鋭卒焚荻舟塞其前，勁兵蹙其後，蓋可盡殪也。」形便而勢利。舊經：「高郵據諸郡脊，扼亢拊背，

云云，莫之能禦。」

【山川】土山，在高郵縣西南六十里。上有石井、石臼，俗傳謝安公煉丹于此。孤山，在興化縣東南七十里。陽山，在興化縣西四里，舊有廟。史記楚世家：「昭陽爲楚懷王令尹，出入將相。」此即其廟。五湖，去城六十里。○黄魯直詩：「九陌黄塵烏帽底，五湖春水白鷗前。扁舟不爲鱸魚去，收取聲名四十年。」○秦少游詩：「高郵西北多巨湖，纍纍相連如貫珠。」○蔣穎叔詩：「三十六湖水所潴，其間尤大爲——。」三湖，繫年録：「承、楚相距有樊梁等三湖。」甓社湖，去城三十里。東南長七十里，南北闊五十里。湖有明珠，崔伯易賦序云：「夜見大珠，其光屬天。嘗問諸漁者，皆云：『或遇於它湖中，有竊謀之者，則風輒引舡而去。』又云：『明珠光焰類火炬，然不徒見，不有大喜，必有大災。』」○圖經：「高郵西北有新開、甓社、塘下、五湖、平阿、七里、張良、珠湖，又有羨里、石臼、鵝兒白，凡十一湖相連。內有一灣，名子父灣。」○楊廷秀詩云：「爲愛淮中似掌平，忽逢巨浸却心驚。怪來萬頃不生浪，凍合五湖都是冰。碧玉湖寬容我到，白銀池滑没人行。茲游只道清無價，清殺詩翁老不勝。」○孫莘老於———上讀書，夜見明珠而登第，黄魯直遺詩云：「———中有明月，淮南草木借光輝。」○建炎中光竟夜，繼而賊犯郡。白沙湖，在興化縣南十里。得勝湖，本名率頭湖。張榮、賈虎嘗掩擊金虜撻辣于此。南溪，在興化縣。范希文宰邑日有馴鷗詩。平淮堰，在高郵縣境內，李吉甫築，溉田數千頃。捍海堰。范希文監西溪倉，悉力脩之。詳見泰州。

【井泉】玉女井。崔伯易記：「在高郵縣治之東。」圖經云：「東齊郟公道光與其女居井旁煉丹。」見神仙傳。少西有望仙橋，今其側蓋闤闠之地。○蔣穎叔詩：「蒼龍脱角瑩且澤，解爪自與風雷俱。郟家女子已仙去，尚有故井存通衢。」

【堂榭】燕堂、楊公濟詩：「吏隱盂城九十旬，豐年日日是佳辰。五壇芍藥齊教放，何處揚州更覓春？」瞻衮堂、在軍北城上。紹興四年，都督、丞相張公撫臨𠋫衛，次于淮東，後人名之。威敵堂，在軍治之後。濯纓亭、在税務前，范文正公建。○詩云：「素心愛雲水，此日東南行。笑解塵纓處，滄浪無限清。」○「滄浪清可愛，白鳥鑑中飛。不信有京洛，風塵化客衣。」寄老庵、黄魯直有賦。四達齋、蘇子瞻集：「高郵趙使君晦之作齋東圃，户牖四達，因以名之。眉山蘇軾過而爲之銘曰：『有藏于中，必謀于外。惟慢與謹，皆盗之誨。孰知此間，空洞無物。户牖開闔，廣焉——。擊去盗易，使無盗難。我無可攘，以守則全。趙侯無心，得法赤溪。四出其—，以達民迷。』」文游臺。在城東二里。舊傳東坡與王鞏、孫、秦諸公及李伯時同遊，論文飲酒，因以名之。伯時畫爲圖，刻之石。

【祠廟】露筋廟。去城三十里。舊傳有女子夜過此，天陰蚊盛，有耕夫田舍在焉，其嫂止宿，女曰：「吾寧處死，不可失節。」遂以蚊死，其筋見焉。○歐陽永叔詩云：「近聞高郵間，有虎夜凌辱。哀哉——女，萬劫讎不復。」

【古跡】邗溝、左傳哀公九年：「吴城邗溝。」杜預注云：「於——築城，穿溝東北，通射陽湖，西北至末口入淮，通糧道。」唐爲邗州，以此得名。三阿。即今北阿鎮。在晉爲——，即謝安破堅將彭超之地。唐爲下阿，徐敬業屯兵下阿溪，魏思温破之於此。

【名宦】李承、唐人，始創捍海堰。李吉甫，爲淮南節度，於高郵築陂塘溉田。皇朝范仲淹、監西溪倉，又宰興化。楊蟠、字公濟，有詩名。張浚、初，薛慶據高郵軍，公自往招撫之，留公三日，而外間不知。宰執議遽罷公樞筦奉祠，慶以兵衛公出，乃赴行在。韓世忠。胡馬自中興初蹂踐淮楚，〔七〕北鄙之警，略無寧歲。及——節制淮東，募敢死士，號「背嵬軍」，教以擊刺戰射之法，無不一當百。與虜遇於天長、大儀間，其酋孛堇撻也擁鐵騎來，背嵬百遇百克，虜以爲神。轉戰至高郵，卒擒撻也等俘獻于朝。紹興四年，劉豫借援入寇，步騎數萬，蕩然如風雨至。公以鋭士絶江，殲其衆於高郵之北門，乘勝駐軍淮楚，以遏賊衝。並見郡志。

【人物】皇朝孫覺、字莘老。其先邵武人，卜居高郵。還吏侍，坐元祐黨。孫覽、覺之弟，知諫院。崔公度、字伯易，直龍圖閣。王鞏、字定國，從蘇子瞻遊。朱壽昌、父守雍日，年三歲，母劉氏嫁民間，母子不相知者五十年。熙寧初，棄官入秦尋訪，行次同州，遂獲其母，相持慟哭，感動行路，乃迎以歸。王荆公而下，皆有孝子詩數百篇。後徙居高郵，〔八〕名其里曰彰孝。喬竦、以鄉先生教授鄉里，莘老其徒也。喬執中、以經術教授淮壖，與孫、秦齊名。秦觀、字少游。與張耒、黄庭堅、晁補之，號四學士。有淮海閒居集。○黄魯直贈詩云：「國士無雙秦少游。」全篇見揚州。○觀進士不中，元祐中蘇軾以賢良方正薦于朝，除太學博士，校書。還正字，兼國史院編脩。紹聖中坐黨籍，通判杭州。以御史劉拯論其增損實録，責監處州酒税，又編置郴州，横、雷二州，至藤州而卒。〔九〕觀長於議論，文麗而思深。蘇軾嘗以其詩薦之於王安石，安石曰：「公奇秦君，口之而不置。我得其詩，手之而不釋。」秦觀，字少章，有詩名，坡、谷皆稱之。馬永卿。從劉元城遊。

【題詠】過淮風氣清。蘇子瞻過高郵寄孫君孚詩：「云云，一洗塵埃容。水木漸幽茂，菰蒲雜游龍。可憐夜合花，青枝散紅茸。美人游不歸，一笑當誰供。故園在何許，已偃手種松。我行忽失路，歸夢千山重。聞君有負郭，二頃收橫從。卷野畢秋穫，殷床聞夜舂。樂哉何所憂，社酒粥面濃。宦游豈不好，毋令到千鍾。」地據揚、楚脊。秦少游詩：「吾鄉如覆盂，云云。環以萬頃湖，粘天無四壁。」濛濛春雨濕邗溝。歐陽永叔詩：「云云，蓬底安眠晝擁裘。知有故人家在此，速將詩卷洗窮愁。」霜落邗溝積水清。秦少游詩：「云云，寒星無數傍舡明。菰蒲深處疑無地，忽有人家笑語聲。」城外城中四通水。楊廷秀詩：「解纜維揚破夕陽，過舟覆盎已晨光。夾河漁屋都編荻，背日舡篷尚滿霜。云云，堤南堤北萬垂楊。一州斗大君休笑，國士秦郎此故鄉。」

【四六】輟班禁陛，作鎮高沙。勢若覆盂，俗皆奠枕。西臨滄海，北控清淮。州維斗大，地控風寒。處秦郵之高阜，壁壘最堅；控隋漕之通津，舟車畢集。昔者繹騷遺患，幾成於養虎；今而安集務農，皆願於買牛。淮海之高文大册，可想英風；紫巖之妙略深籌，尚存陳迹。長安日近，豈容聖化之不霑；瀚海波澄，抑使邊烽之自息。

校勘記

〔一〕「淮泗之會即角城也」，底本原作「淮水之會即城角也」，今據水經卷三〇淮水注改「淮水」爲「淮、泗」，乙「城角」爲「角城」。

〔二〕「淮河」，按上文已有「淮水」條，此不宜再列「淮河」條，二條當合爲一條。

〔三〕「許渾詩」，底本原誤「許渾」爲「許澤」，據全唐詩卷五三八許渾韓信廟改。

〔四〕「東風二月淮陰近」，「近」，全唐詩卷三〇四所載劉商送元使君自楚移越作「郡」。

〔五〕「竹軒晴與楚波連」，輿地紀勝卷三九引此詩作「竹軒暗與楚墻連」，與本書異。

〔六〕「有陽平石鼈」，「陽平」，底本原作「平陽」，據南齊書卷一四地理志改。按南齊書地理志或有作「平陽」者，今中華書局校點本已據局本及錢大昕廿二史考異改。

〔七〕「胡馬自中興初蹂踐淮楚」，「中興」，底本原作「中間」。按本書例，凡高宗朝復興宋室期間，皆謂之「中興」。韓世宗受命于建炎、紹興間，多立戰功，此當謂「中興」無疑，今改正。宋史卷三六四韓世忠傳述及世忠于大儀、天長大敗金兵時，亦云「論者以此舉爲中興武功第一」，可證。

〔八〕「後徙居高郵」，「徙」，底本原作「徒」，據元甲本、元乙本、四庫本、傳是樓本、嶽雪樓本改。

〔九〕「至藤州而卒」，「藤州」，底本原作「滕州」，據宋史卷九〇地理志、卷四四四秦觀傳改。

方輿勝覽卷之四十七

滁州 清流　來安　全椒

【建置沿革】禹貢揚州之域。吴地，斗分野。春秋時屬吴、楚之交。秦爲九江郡。二漢因之。晉屬淮南郡。宋屬新昌郡。梁於此立南譙州，今之州城是也；又改北譙爲臨滁郡，而南譙領新昌、臨滁、高塘三縣。隋改南譙爲滁州。唐析揚州地置滁州。〔一〕皇朝因之，中興爲濠、滁鎮撫使。今領縣三，治清流。

事要

【郡名】滁陽、臨滁、滁上、永陽、王元之詩：「淮邊永陽郡。」南譙。韋應物詩：「今歲臥——。」

【風俗】風俗醇厚。常安民州學記：「滁之人，雖云云而尚氣，易以德化，難以力服。」地僻事簡。章衡重建醉翁亭記：「滁陽云云，其俗安閑。」年豐事少。同上。命世之士至焉。曾子開二賢堂祝文：「滁在江、淮，號爲僻陋。然磊落瑰偉，————亦或——。」賢士君子居焉。歐陽永叔答李大臨書：「永陽窮僻，而多山林之景，又嘗得云云。」

淮海。李衛公譜懷嵩之記，李庶子刻泉石之銘，韋應物形野渡之詠。」**清淮灌其北**。林希望撰白鶴觀記：「云云，烏江蕩其南。」**環滁皆山**。歐陽永叔醉翁亭記。**滁當備禦**。周必大奏：「雷世賢說淮南地形緩急，欲守滁，臣謂不然。滁有山林之阻，若廬和嬰，虜衝此則當備禦。」

【形勝】 **羣峰環於西南**。慶曆前集跋：「滁陽古名郡，云云，清溪注於東北，形勢深秀，實甲

【山川】 **豐山**、在清流縣西南五里。歐公於此建豐樂亭。有漢高帝廟。**琅琊山**、在清流縣南十里。有——洞。舊經云：「晉元帝爲——王，避地于此。」○曾子開滁州集序：「泉石林亭之勝，至聞天下。」○顧況詩：「東晉王家在此溪，南山樹色隔窗低。碑沉字滅昔人遠，谷鳥猶向寒花啼。」**八公山**、在來安縣西南十三里，即淮南——憩石之處。**五湖山**、在全椒縣東北十八里。山下有——，在縣境最爲險要。**九鬭山**、一名陰陵山，在全椒縣南九十餘里。昔項羽兵敗，欲東渡烏江，經此山，與漢兵一日——，故名。**幽谷**、即豐樂亭地，有紫微泉。○歐陽永叔詩：「滁陽——抱山斜，我鑿清泉手種花。故事留傳父老說，世人合作畫圖誇。」**石屏路**，梅聖俞詩：「尋常畫屏多畫山，何意此山還作屏。峭排直下幾千尺，下有石路莓苔青。」**滁水**、在全椒縣南六十里，其源出廬州。**菱水**、在清流縣。出永陽嶺西，經皇道山下。歐陽永叔有菱溪石記云：「本名苻溪，避楊行密嫌名，改名曰菱。」**清流水**、晏公類要云：「自全椒縣界流入。」**蓮溪**、見吴卓南譙郡城十詠。**明月溪**、在琅琊

山。○王元之詩：「惜哉幽勝事，盡落唐賢手。惟餘舊時月，團圓照山口。」西澗。韋蘇州詩：「獨憐幽草澗邊行，上有黄鸝深樹鳴。春潮帶雨晚來急，野渡無人舟自横。」

【井泉】真珠泉、在清流縣西三十里。泉水濺射，有若跳珠。紫微泉、吕元中記：「歐陽文忠公以右正言、知制誥謫守滁上。明年，得釀泉於醉翁亭之東南隅。一日，會僚屬於州廨，有以新茶獻者。公敕吏汲泉未至，而汲者仆，出水，且慮後期，遂酌它泉以進。而公已知其非釀泉，窮問之，得——於幽谷下。文忠博學多識，而又好奇，既得是泉，乃作亭以臨泉上，名之曰豐樂。當時名公宿儒，皆爲賦詩，以紀其事，由是———始盛聞於天下。今帖所稱酒名，豈非滁陽官釀耶？」庶子泉、在琅琊山寶應寺。唐李幼卿守滁州，今有———。○盛度詩：「深藏西竺寺，寒擁北譙城。石字贊皇古，泉銘——清。」○歐陽永叔叙云：「右———銘，李陽冰撰并書。慶曆五年，余自河北都轉運使貶滁陽，屢至陽冰刻石處，未嘗不裴徊其下。———昔爲流溪，今爲山僧填爲平地，起屋其上。問其泉，則指一大井曰：『此———也。』可不惜哉！」六乙泉。在琅琊山。

【園亭】東園，在郡城東隅。唐李紳有詩。梅執禮叙云：「滁陽舊無郡圃，而醉翁、豐樂諸亭皆在闕外。李紳所謂——者，南直琅琊諸山，北通西澗，脩木交映，左右又適介守貳宅，固一佳處也。」醉翁亭、在琅琊寺。慶曆中，太守歐陽永叔記云：「環滁皆山也。其西南諸峰，林壑尤美，望之蔚然而深秀者，琅琊也。山行六七里，漸聞水聲潺潺，而瀉出乎兩峰之間者，讓泉也。峰回路轉，有亭翼然臨于泉上者，———也。作之者誰？山之僧曰智仙也。名之者誰？太守自謂也。太守與客來飲于此，飲少輒醉，而年又甚高，故自號曰『醉翁』也。——之意不在酒，在乎山水之間也。山水之樂，得之心而寓之酒也。若夫日出而林霏開，雲歸而巖穴暝，晦明變化者，山間之朝暮也。野芳發而幽香，佳木秀而繁陰，風霜高潔，水落而石出者，山間之四時也。朝而往，暮而歸，四時之景不同，而樂亦無窮也。至于負者歌于塗，行者休于樹，前者呼，後者應，傴僂提携，往來而不絶者，滁人游也。臨谿而漁，溪深而魚肥；釀泉爲酒，泉香而酒冽。山殽野蔌，雜然而前陳者，太守宴也。宴酣之樂，非絲非竹，射者中，奕者勝，觥籌交錯，起坐而諠譁者，衆賓懽也。蒼顔白髮，頹然乎其間者，太守醉也。已而夕陽在山，人影散亂，太守歸而賓客從也。樹林陰翳，鳴聲上下，游人去而禽鳥樂也。然而禽鳥知山林之樂，而不知人之樂；人知從太守游而樂，而不知太守之樂其樂也。醉能同其樂，醒能述以文者，太守也。太守謂誰？廬陵歐陽脩也。」○滁陽郡志云：「記成刻石，遠近争傳，疲於模打。山僧云：寺庫有氈，打碑用盡，至取僧堂卧氈給用。凡商賈來供施，亦多求其本，所過關征以贈監官，可以免税。」**豐樂亭**、歐陽永叔記云：「脩既治滁之明年，夏始飲滁水而甘，問諸滁人，得於州南百步之近。其上則豐山聳然而特立，下則幽谷窈然而深藏，中有清泉滃然而仰出。俯仰左右，顧而樂之。於是疏泉鑿石，闢地以爲亭，而與滁人往遊其間。滁於五代干戈之際，用武之地也。太祖皇帝嘗以舟師破李景兵十五萬於清流山下，生擒其將皇甫暉、姚鳳於滁東門之外，遂以平滁。脩嘗考其山川，按其圖記，升高以望清流之關，欲求暉、鳳就擒之所，而故老皆無在者，蓋天下之平久矣。自唐失其政，海内分裂，豪傑並起而争，所在爲敵國，何可勝數？及宋受命，聖人出而四海一。向之憑恃險阻，剗削消磨，百年之間，漠然徒見山高而水清，欲問其事，則遺老盡矣。今滁介于江、淮之間，舟車商賈四方賓客之所不至。民生不見外事，而安於畎畝衣食以樂生送死，而孰知上之功德，休養生息，涵育百年之深也。脩之來此，樂其地僻而事簡，又愛其俗之安閑，既得斯泉於山谷之間，乃日與滁人仰而望山，俯而聽泉，掇幽芳而蔭喬木，風霜冰雪，刻露清秀，四時之景，無不可愛。又幸其民樂其歲之豐成而喜與予遊也，因爲本其山川，道其風俗之美，使民知所以安其豐年之樂者，幸生無事之時也。夫宣上恩德以與民共樂，此刺史之事也，遂書以名其亭云。」**醒心亭**，在琅琊山。曾子固記：「滁州之西南，泉水之涯，歐陽公作亭曰豐樂，自爲記以見其名之意。既又直豐樂之東築亭曰——，而望以見夫羣山之相環，雲煙之相滋，曠野之無窮，草木衆而泉石嘉，使目新乎其所睹，耳新乎其所聞，則其心灑然而醒，更欲久而忘歸也。故即其所以然而爲名，取韓子退之北湖之詩云。噫！其可謂善取樂於山泉之間而名之，以見其實又善者矣。雖然，公之樂，吾能言之。吾君優游而無爲於上，吾民給足而無憾於下，天下之學者皆爲材且良，夷狄鳥獸草木之生者皆得其宜，公樂也。一山之隅，一泉之旁，豈公樂哉？乃公所以寄意於此也。若公之賢，韓子殁數百年而始有之，今同遊之賓客尚未知公之難遇也。後百千年，有慕公之爲人而覽公之迹，思欲見之有不可及之歎，然後知公之難遇也。則凡同遊於此者，其可不喜且幸歟？而鞏也，又得以文辭託名於公文之次，其又不喜且幸歟？」○西清詩話云：「歐陽公作——、醉翁兩——於琅琊山，命植花卉，有詩云：淺深紅白宜相間，先後仍須次第栽。我欲四時携酒去，莫教一日不花開。」○常安民詩：「爲愛昌黎湖上句，醉來直上———。煩醒不待山風解，〔二〕

卧讀殘碑已自醒。」茶仙亭。在琅琊寺，紹聖中建，南豐記。○杜牧之詩云：「誰知病太守，猶得作——。」

【堂樓】四賢堂：在琅琊寺。張商英詩：「文昭、文定（二曾）與文忠（歐），内翰元之共四公。政事風流俱第一，典刑人物更誰同。能詩只有東坡老，到處唯尋六一翁。欲遣滁陽招作客，五星同聚此堂中。」北樓。在郡治後。唐李德裕貶滁州，作此樓，又作懷嵩賦，後名懷嵩樓，又名贊皇樓。

【古跡】統軍池、在郡治後。○曾文昭詩：「長山漫刻金芝頌，宫相空吟石竹詩。事往歲深無處問，北園唯見孟家池。」注云：「孟元喆，淳化中以龍武——知軍事，鑿—北園。」清流關。在——縣西南二十餘里。舊傳南唐置關，地尤險要。周世宗征淮，唐將皇甫暉、姚鳳率衆塞——，太祖擊走之，生擒暉及鳳，遂下滁州。

【名宦】韋應物、爲守。李德裕、爲刺史。獨孤及：爲刺史。皇朝趙普、爲判官，後封韓王。王元之、爲翰林學士。嘗草繼遷制，送馬五十疋以備濡潤，——以書不如式，却之，出守滁州。元之到郡，謝表云：「諸縣豐登，苦無公事。一家飽煖，全荷君恩。」歐公嘗用以作詩。歐陽脩、初，仁宗朝杜、韓、范、富以黨議罷，公上疏言之，爲言事者所誣詔獄，坐左遷知滁州。脩之在滁，作亭琅琊山，以「醉翁」名之。張方平、慶曆知州。曾肇、紹聖知州。張商英、爲守。羅畸。字疇老，嘗授滁州法掾。或曰：「滁，山郡也。以公高才，處此非宜。」公曰：「此歐陽之醉鄉也。雖草木禽魚，皆能出祥光，發妙音。庶子、紫薇，香泉萬斛，以爲供給；琅琊、幽谷，白雲千頃，以爲職田；何謂貧僻耶？」

【人物】南唐張洎、全椒縣人。仕南唐知制誥，參預機密。太祖朝爲參政。茅革。爲池州貴池令。黄魯直爲墓誌。

【題詠】古國晕舒地。司空曙送永陽崔明府詩：「云云，前當桐柏關。淹綿江上雨，稠疊楚南山。」分竹守南譙。韋應物詩云云。或謂韋應物守亳，不知南譙乃滁州也。晦庵云耳。山郡多暇日。韋蘇州寒食日滁州作詩：「云云，社時放吏歸。」典郡清淮旁。王元之詩：「今年四十二，云云。卧錦郎位正，腰金服色光。」偷詠左司篇。韋應物自左司刺滁，有詩。後李紳爲刺史，和登北樓詩：「君愴風月夕，余當童稚年。閑窗讀書罷，云云。」芭蕉葉上獨題詩。韋應物詩：「盡日高齋無一事，云云。」時傍青山去問農。梅聖俞春亭詩：「林下鳴鳩拆紅杏，田間水慢春溶溶。使君固自足風味，云云。」公餘多愛入林泉。王元之詩：「忽從天上謫人間，知向山州住幾年。俸外不教收果實，云云。朝簪未解雖妨道，宦路無機即是禪。鈴閣悄然私自問，郡齋何異玉堂前。」此心長在水雲間。王元之詩。名雖爲翁實少年。歐陽永叔詩云：「我昔被謫居滁州，云云。」滁人思我雖未忘。前人詩：「云云，見我今應不能識。」諸縣豐登少公事。前人題王元之畫像：「云云，一家飽暖荷君恩。」教得滁人解吟詠。蘇子瞻詩：「君看永叔與元之，坎軻一生遭口語。」又：「云云，至今里巷嘲輕肥。」

【四六】疏榮北闕，出守南譙。淮右奥區，滁陽名郡。雖曰山城，實鄰邊徼。地僻山深，民淳俗阜。自間關百戰之場，僅生聚十室之邑。雖依山而爲固，隱若長城；然弛備而弗修，寧無外患。山秀水清，風流可想；年登事少，賦詠猶存。六乙記文，勝景盡推於佳郡；東坡字畫，豐碑争掛於高堂。琅琊舊俗，户户魚鹽；魯國大夫，人人絃誦。不能五十里之國，獨占林泉；其惟二千石之良，庶安田里。環滁皆山，名已聞於天下；釀泉爲酒，恨不到於亭間。五馬雙旌，自得游山之樂也；四郊多壘，安能高枕而卧哉？

招信軍 盱眙 天長 招信

【建置沿革】禹貢揚州之域。於天文爲鶉尾星紀之次。春秋時爲吴善道之地，後屬楚。戰國時，楚始爲縣。秦二世時，項羽立懷王，都於此。西漢爲盱眙縣，屬臨淮郡。東漢屬下邳國。西晉爲臨淮郡，治盱眙。東晉立盱眙郡。南齊北兖州自淮陰移鎮盱眙。魏置盱眙郡。陳置北齊州。唐改西楚州，改隸泗州。〔三〕皇朝屬楚州，復隸于泗，中興以來陞爲盱眙軍，紹定間金虜殘黨合納買住乞降，改招信軍。今領縣三，治盱眙。

事要

【郡名】都梁。見山注。

【風俗】尊儒慕學。隋書地理志盱眙本屬下邳。隋書謂：「其地在列國爲楚、魯之交，云云，有洙、泗之俗。」**東南之秀**。章綱記：「鬱鬱葱葱之氣萃於東南，而云云實起於此。」**東魯之遺風**。郡守沈該勸學文云：「地連洙、泗，有云云。」**郡有搉場**。郡志：「云云，南北懋遷，凡物與土產無異焉。」

【形勝】**阻山帶海**。圖經：「云云，自漢以來屢爲戰守之地。漢建安初，袁術攻劉備，備使張飛守下邳，自將拒術於盱眙。晉姚襄屯于盱眙。紹興間，張浚駐兵于盱眙，與虜對壘，後以和議撤戍。而劉錡亦嘗屯守盱眙。」**襟帶吳、楚**。章綱撰東南起秀記：「云云，屏翰京邑，蓋神州赤縣之地，非榆關沙漠之比也。仰觀天宇，下瞰郛郭，清淮耀明，古汴涵景。」**江、淮要衝**。宋沈琰以爲云云。**爲國北門**。都梁志序：「云云，爲今重鎮。」**淮南本原**。魏高間以爲壽陽、盱眙云云也。**梁、宋、吳、楚之衝**。陸務觀翠屏堂記：「盱眙實云云。」

【山川】**東山**、在郡治之東。有石洞。有南山十景，此居其首。郡守霍箎重脩治之，〔四〕界以方池，映以朱户，洞中曲折相通，〔五〕宛然洞府，左曰雲關，右曰劍壁。**軍山**、在盱眙北六里。鄧艾於此築堰溉田。**斗山**、在盱眙縣西南。當淮水之險峻，故名。**龜山**、在盱眙縣北三十里。其西南上有絶壁，下有重淵。○廣記：「禹治水，以鐵鎖鎖淮渦水神無支奇於——之足。」○按張商英——水陸院記：「以佛書考之，則五百梵僧遊止之地。以仙經考之，則太真元君之别治也。」○周明老題——回文詩云：「迢迢綠樹淮天曉，靄靄紅霞海日晴。遥望四山雲接水，碧峰千點數帆輕。」**浮山**、在招信縣西七十里。梁天監築堰於此。○秦少游有——堰賦。**横山**、在招信縣南五十里。劉綱保聚於此。**第一山**、在郡東。一名南山。○米元章詩:「莫論衡、霍撞星斗,且是東南———。」○楊廷秀詩:「第一山頭第一亭,聞名未到負平生。不因王事略小出,那得高人同此行。萬里中原青未了,半篙淮水碧無情。登臨不覺風煙暮,腸斷漁燈隔岸明。」**寶積山**、在郡南,與都梁相接,爲郡朝山。**都梁山**、在盱眙縣。隋於此置都梁宫,出都梁香。古詩:「博山爐中百和香,鬱金、蘇合與都梁。」**盱眙山**、在縣東南四十里。一名馬鞍,天寶改今名。**望州山**、在盱眙縣南五里。自南而登,見泗州城。**臺子山**、在盱眙縣東一里。宋書云:「宋將臧質守盱眙以拒魏師,魏造弩臺以射城中,因以爲名。」**長圍山**、在盱眙縣北七里。宋臧質守盱眙,魏太武遂於都梁山築長城,造浮橋,絶水路,即此。**三臺山**、在招信縣南九十里。上可屯十萬衆。**青平山**、在招信縣東南二十五里。紹興間,劉澤保聚於此,虜不敢近。嘉定末,武統制敗虜于此。**杏花巖**、在崇福寺後。將穎叔名之,陳述古諸賢皆有題名。**繡谷**;在普濟院南。其石巖多花木,春日如錦—。**淮水**、經盱眙縣故城西。**新河**、在龜山鎮。蔣之奇開河以避淮流。○蘇子瞻詩云:「故人宴坐虹梁南,——巧出龜山背。」**東溪**、在都梁山東五里。**曲溪**、在盱眙縣西南十里。周顯德五年,張永德敗泗州兵于——堰。**長沙汀**。在盱眙縣北。自淮河渡南接牛場巷,長一里餘,高丈餘,淮水泛漲時賴以捍禦。○蘇子瞻詩云「十里清淮上,長隄隱雪龍」是也。

【井泉】玻瓈泉。在第一山之下。○張文潛詩：「——美酒舊知名。」崇寧中劉晦叔名之曰——。○楊廷秀有詩云：「清如淮水未爲佳，泉迸淮山好煮茶。鎔出——開海眼，更和月露瀹春芽。仰看絶壁一千丈，削下青瓊無點瑕。從事不教愁肺渴，〔六〕臨泓帶雪吸冰花。」

【堂亭】清淮堂、在百花巖前。取蔣穎叔「緑野有佳氣，——無點塵」之句以名之。淮山堂；在第一山起秀亭下，後即玻瓈泉。雲山堂；郡守霍箎創，取東坡「一看——遶淮甸」之句以名。左山右淮，北眺中原，咸在几席。飛步亭、在東山。○楊廷秀和太守霍和卿韻：「杏花巖左斸東巖，驅使淮山指顧間。招信上流總奔赴，僧伽孤塔正灣環。今來古往皆陳迹，遠草斜陽秪慘顔。走馬看山真慷懼，忙中恰得片時閑。」起秀亭。在玻瓈泉上。舊名會景，後曰參雲，曰覽冀，郡守吴説改曰淮山偉觀；淳熙庚子，郡守王渥易名東南——。面對汴口，下瞰城郭。亭後石壁峭列，東坡、米元章諸公皆有詩詞刻于上。

【寺觀】靈巖寺。在浮山頂上。○白居易宿寺上院詩：「高高白日上青林，客去僧歸獨夜深。葷血屏除唯對酒，歌鍾放散只留琴。更無俗物當人眼，但有泉聲洗我心。最愛曉亭東望好，太湖煙水緑沉沉。」○趙嘏宿寺詩：「明月溪頭寺，蟲聲滿橘洲。倚欄香徑晚，移石太湖秋。古樹雲歸盡，荒臺水更流。無人見惆悵，獨上最高樓。」○羅鄴夏日宿寺宗公院詩：〔七〕「寺入千巖石路長，孤吟一宿遠公房。卧聽半夜杉壇雨，轉覺中峰枕簟凉。花界已無悲喜念，塵襟自足是非妨。他年縱使重來此，息得心猿鬢已霜。」○蘇子瞻詩：「人言寺是六鰲宫，升降隨波與海通。共坐舡中那復見，乾坤浮水水浮空。」

【名宦】沈璞、宋元嘉末爲守，嘗與臧質共守盱眙。魏太武以三十萬衆攻之，三旬不克而去。臧質以璞城主，使之上露版。璞固辭，歸功於質。上聞而嘉之。孫堅、熹平間除鹽瀆丞，徙盱眙丞，又徙下邳丞。江表傳曰：「堅歷佐三縣，所在有稱。黄巾賊起，堅身當一面，登城先入，衆乃蟻附，遂大破之。拜堅司馬。」皇朝江夢孫、知天長縣。民爭馬，二年不決，馬繫于官。夢孫曰：「吾聞管仲以老馬識路，王忳馬知其故第。」遂縱馬郊外，馬乍釋羈束，果奔入其主家，訟遂息。包拯。知天長縣。有訟盜割牛舌者，公使歸屠其牛鬻之。既而有告私屠牛者，拯曰：「何爲割其家牛舌而又告之？」盜色變，遂引伏。徙知端州，後爲樞密使。謚曰孝肅。

【人物】武涉，盱眙人。嘗説韓信以三分天下。皇朝沈晦。分定録云：「晦赴省，至天長中，夢身騎大鵬，摶風而上，因作大鵬賦以紀其事，已而果魁天下。」

【題詠】落帆逗淮鎮。韋應物：「云云，停舫臨孤館。」白煙横海戍。崔峒送陸明府之官盱眙詩：「陶令之官去，窮愁慘别魂。云云，紅葉下淮村。」雲濕淮南樹。喻坦之晚泊盱眙詩：「廣葦夾深流，蕭蕭到海秋。宿舡横月浦，驚鳥遶霜洲。云云，茄清泗上樓。徒懸鄉國思，羈跡尚東遊。」平沙依鴈宿。常建泊舟盱眙詩：「泊舟淮水次，霜降夕流清。夜久潮侵岸，天寒月近城。云云，堠館聽雞鳴。鄉國雲霄外，誰堪羈旅情。」繫舟清洛尾。蘇子瞻送程表弟詩：「云云，初見淮南山。〔八〕淮山相媚好，曉鏡開煙鬟。」山凝翠黛孤峰迥。李紳入淮至盱眙詩：「云云，淮起銀花五丈高。天外綺霞明海鶴，日邊紅樹艷仙桃。岸鷺目眩同奔馬，〔九〕浦溢心疑睹抃鼇。寄謝雲帆疾飛鳥，莫誇迴鴈卷輕毛。」**黄塵欲礙龜山出。**蘇子瞻詩：「照汴玉峰明佛刹，云云。」**清淮濁汴争强雄。**蘇子由詩：「云云，龜山下閟支祁宫。」**魚躍銀刀正出淮。**水多美魚，白魚尤爲世所珍，故蘇子由有是句。**舡頭出汴翠屏間。**自京洛抵都梁山始有山，淮、汴、渦、池皆會于此，實山川之會，故米元章詩「京洛風塵千里還，云云」。**淮增汴水長流急。**李昭玘詩：「云云，城睨南峰不遜高。」

【四六】近控長淮，俯臨古汴。矧都梁之晝境，實北鄙之要藩。河海東縈而西帶，川塗南往而北來。曩淪左衽之區，訖從效順；今際右文之世，可冀升平。邊烽未息，適當敵境之要衝；郡政素脩，庸作淮壖之保鄣。瘡痍未復，驚鴻有待於慰安；唇齒相依，虓虎當嚴於守衛。況貿遷有無，欲阜通於商旅；而還定安集，在摩撫於人民。

校勘記

〔一〕「唐析揚州地置滁州」，「析」，底本原作「折」，據元甲本、元乙本、四庫本、嶽雪樓本改。

〔二〕「煩醒不待山風解」，「煩醒」，底本原作「吹醒」，據輿地紀勝卷四二所引常安民詩改。宋詩紀事卷二五引此詩又作「宿醒」，與輿地紀勝稍異。

〔三〕「唐改西楚州改隸泗州」，新唐書卷三八地理志泗州盱眙縣下云：「武德四年以縣置西楚州，八年州廢，隸楚州……建中二年來屬。」本書不述西楚州之廢，下文即云「改隸泗州」，遂使人易生西楚州改隸泗州之誤解，此亦爲文過簡之病也。輿地紀勝卷四四盱眙軍下云：「唐改西楚州，尋廢，以縣隸楚州，德宗時改隸泗州。」此説甚爲簡明。

〔四〕「郡守霍篪重脩治之」，「郡守」，底本原作「郡治」，據元甲本、元乙本、嶽雪樓本改。

〔五〕「洞中曲折相通」，「曲折」，底本原作「曲析」，據四庫本、傳是樓本、嶽雪樓本改。

〔六〕「從事不教愁肺渴」，「教」，底本原作「澆」，據誠齋集朝天續集卷二九題盱眙軍玻瓈泉改。

〔七〕「夏日宿寺宗公院詩」，「宗公院」，底本原作「宗分院」，據四庫本及全唐詩卷六五四羅鄴夏日宿靈巖寺宗公院改。

〔八〕「初見淮南山」，「見」，底本原作「具」，據蘇軾詩集卷三〇送程七表弟知泗州改。

〔九〕「岸驚目眩同奔馬」，「目眩」，底本原作「日眩」，據嶽雪樓本及全唐詩卷四八〇李紳入淮至盱眙改。

方輿勝覽卷之四十八

淮西路

廬州合肥　梁縣　舒城

【建置沿革】禹貢揚州之域。吴地，斗分野。春秋時屬舒，戰國屬楚。秦爲合肥縣。漢分立廬江國。東漢爲合肥侯國，仍隸九江郡；又更爲淮南國，合肥隸焉。魏、晉爲重鎮。宋、齊二代皆爲廬江郡地。梁改合肥爲汝陰郡，尋改爲合州。隋改合州爲廬州，以廬江名。舊經云古廬子國，此蓋惑於應劭之説，非也。又引左氏云「自廬以往，振廩同食」，此乃中廬之地，去合肥遠矣。煬帝改爲廬江郡。唐爲廬州。後唐陞爲昭順軍節度。周世宗改爲保信軍節度。皇朝因之，紹興兼淮西安撫使、馬步軍都總管，後復兼制閫。統州七、軍二，領縣三，治合肥。

本路安撫、制置、轉運置司。

事要

【郡名】合肥。見下肥水注。

【風俗】人性躁勁。隋地理志："廬江云云，風氣果決，包藏禍害，視死如歸，好戰而貴詐。"俗尚淳質。同上。"自平陳之後，其—頗———，好儉約，喪禮婚姻率漸於禮。"廬江記云："人物語音，風土明茂，皆勝淮左諸郡。"唐羅珦德政碑云："不好學而信鬼神，廣占田而不耕，人稀而病於吏衆，藝桑鮮而布帛疏濫。"舊經云："率性真直，賤商貴農，自更戎馬，遺甿存者不什二，而江、浙轉徙之民實居之。〔二〕故嚚訟喜争，率不如古，非其風土然也。"酷信淫祀。唐刺史羅珦德政碑："廬江之俗，不好學而云云。"嚚訟好争。郡志："自兵火之後，江、淛之民實居之，流移多於土著，於是平醇厚之風不如古，而云云者紛然，非其風土本然也。"

【形勝】南臨江湖。魏滿寵云："南臨江湖，北達壽春。"龍眠蟠其前。曹明之新城記："云云，紫金跨其北。"淮海之郡廬爲大。羅珦德政碑："云云，封略闊而土田瘠。人産寒薄，井賦尤重。"地大以要。葉祖洽撰三至堂記云："廬於淮西，爲一道都會。人物之富，甲兵之强，四方商旅游士之多，不比他郡，云云，故選守常重。"廬爲淮西根本。崔琳撰田侯廟記云云。合肥號金斗。曹明之記："合肥入斗度最多，故號金斗。"江北恃爲唇齒。曹明之新城記："云云，淮右襟喉之地。"亦一都會。前漢志："壽春、合肥，受南北湖皮革、鮑、木之輸，〔三〕云云。"地有所必争。

魏明帝曰：「先帝東置合肥，南守襄陽，西向祁山，敵來輒破於三城之下，云云。」**腹巢湖，控渦、潁**。韓无咎風鶴亭記云：「淮之南，故秦九江郡也。至漢孝文析其郡，又爲廬江，實今西路也。自春秋季年，吴嘗會于橐皋，而漢封王皆在於六。及孫、曹紛争，則以合肥屬揚州之治，築爲新城。晉人扼肥水以敗秦師。周世宗屬兵正陽，攻戰於紫金山下，遺跡猶存。故今廬州形勝，云云，膺濡須，枕灊、皖，隱然爲用武之郊。」

【山川】**灊山**、今州治所據。言舒之——，其二支至此而伏。**大蜀山**、在合肥縣西二十里。爾雅釋山：「蜀者，獨也。此山獨起，無岡阜連屬，故名。」**小蜀山**、在合肥縣西四十里。**龍穴山**、在合肥縣西百三十里。穴上有池，張又新以此水爲第十。**四頂山**、在合肥縣東南。寰宇記作「四鼎」。郡國志：「魏伯陽煉丹之所。」○羅隱詩：「勝境天然别，精神入畫圖。一山分四頂，三面瞰平湖。過夏僧無熱，凌冬草不枯。遊人來至此，願剃髮和鬚。」**雞鳴山**、在合肥縣西北四十里。**紫蓬山**、在合肥縣西南七十里。**龍眠山**、在舒城縣西南八十里。如卧龍狀，李公麟因取此山自號。**春秋山**、在舒城縣南三十里。有李公麟讀書堂。**浮槎山**、在梁縣東南三十五里。按隋志云：「有浮闍山。」俗傳自海上來。昔有梵僧過而指曰：「此耆闍一峰也。」梁天監間，帝女總持大師於此建道林寺。無諸釋用孫嘗題詩云：「山爲浮來海莫沉，蕭梁曾此布黄金。梵僧親指耆闍路，帝女歸傳遠磨心。地控好峰排萬仞，澗餘流水落千尋。靈蹤斷處人何在，日夕雲霞望轉深。」人謂可得山中大槩。歐陽公水記云：「碑陰有元豐七年洛陽景謨遊山留刻，云寺有榴花，根榦偉茂，世傳昔梁武帝女尼所植也。」有井泉，陸羽所謂「乳泉漫流」者也。歐陽公水記：「———與龍穴山皆在廬州界中，較其水味，不及浮槎遠甚。」**北峽關**，在舒城南四十五里。官兵守把，爲入蘄、黄之要地。**肥水**、在合肥縣南。應劭曰：「夏水出父城東南，至此與淮合，故曰合肥。」○爾雅云：「歸異出同曰肥。」○廬江四辨曰：「水出雞鳴山，北流二十里，分而爲二：其一東南流入巢湖，其一西北流二百里，出壽春而投于淮；二水皆曰肥。」○郡志載：「梁韋叡爲豫州刺史，討魏至合肥，乃堰——通戰艦，高與合肥城等，城遂潰。」**巢湖**、港汊大小三百六十，周圍四百里，與合肥、舒城、巢、廬江四邑接境。詳見無爲軍。**藏舟浦**、在金斗門外。長八十丈，闊十丈。舊經云：「昔魏將張遼掘巨浦禦孫權，藏戰艦於此。唐貞元間刺史杜公作斗門，與肥水相接。浦内島嶼花木，頗爲佳景。」**小史港**、在城東門内。按太平寰宇記：「廬江府小史焦仲卿妻劉氏爲姑所出，自誓不嫁，其家逼之，乃投水死，仲卿聞之自縊，因以爲名。」李太白廬江主人婦詩云：「孔雀東飛何處棲，廬江小史仲卿妻。爲客裁縫君自見，城烏獨宿夜空啼。」〔三〕**龍潭**、在梁縣治不十步，有蜃母居焉。**鵲岸**。在舒城縣西北。左傳昭公五年：「楚伐吳，吳人敗諸——。」杜預注云：「謂廬江舒縣鵲尾渚。」

【堂亭】**安邊堂**、在州治。**衣錦亭**、在州治。天禧中馬忠肅公歸守鄉郡，創此亭，因名。**三至堂**。在州治。陳文惠公三守是邦，故名。

【祠廟】**張龍公祠**，在合肥縣西百三十里龍穴山。按歐陽公集古録載唐布衣趙耕撰張龍公碑云：「張公諱路斯，潁上百社人。仕隋爲宣城令，罷歸，每夕出，自戌至丑歸，常體濕且冷。其夫人石氏異而詢之。公曰：『吾龍也。蓼人鄭祥遠亦龍也。吾據池，屢與龍戰，明日取决，可令吾子挾弓矢射之。繫鬣以青綃者，鄭也。絳綃者，吾也。』子遂射中青綃者。鄭怒，東北去，投合肥西山死，今龍穴山是也。」其後蘇内翰軾作——————記，亦載此事。山之東南隅有池，傍有一廟，遇旱，鄉人即請水以禱。詳見龍穴山注。**廣惠王廟**。在合肥縣西二十里。按廟碑有云：「唐貞觀間，有僧慧滿結庵此山誦經。忽有布衣造門曰：『我東海龍王之少子。』〔四〕屬時苦旱，僧令其降雨。答曰：『盜布天澤，罪當殛死。』須臾，膏澤隨霈。三日，龍死於山隅。僧乃携以葬，而民爲之立祠。其後水旱禱之必驗。」

【古跡】**石牛**、在土地堂前。有二——。父老相傳：初，濬治肥河，得之土中，形製甚精，對峙爲角觝狀。後塑二牧童，横笛跨其上。**飛騎橋**、即今西津橋。大觀間所立碑乃曰：「飛騎且謂吴孫權爲魏將張遼所襲，橋丈餘無板，權乘駿馬越而獲去，因此得名。」**教弩臺**、在懷德坊明教寺。舊經云：「昔魏武帝築臺，教彊弩五百人以禦孫權棹舡。唐大曆間因得鐵佛，高一丈八尺，刺史裴緝奏請爲明教寺。」**明遠臺**。在梁縣城内西南隅。回環皆水，中有一洲。古老相傳，鮑明遠讀書于此。

【名宦】**劉馥**、魏太祖表爲揚州刺史。暨受命，單馬造合肥空城，建立州治，興治芍陂及茹陂、吴塘諸堰。**朱敬則**、唐朝爲刺史，代還，無淮南一物，所乘止一馬，子曹步從以歸。**鄭綮**、爲刺史。黄巢掠淮南，綮移檄請無犯州境，巢笑爲斂兵。**李翱**；爲廬州刺史。**皇朝陳堯佐**、知州。以方嚴肅下。**馬亮**、合肥人，兩爲本郡守。**包拯**、苕溪漁隱曰：「拯，合肥人。守本郡，不肯少屈法以阿鄉曲之好，故流俗稍稍謗議。公乃爲詩見意曰：『直幹終爲棟，衡剛不作鈎。』其守正不回如此。」**孫覺**、以司諫知州，蘇子瞻有詩送之。**周美成**、爲教授。**馮京**。爲守。

【人物】周瑜、仕吴，廬江舒人。**陶侃**、仕晉，廬江人。**楊行密**；合肥人。墓在鐵索澗。皇朝**李公麟**。字伯時，舒城人。博學好古，多識奇字，以丹青妙絶一世，號爲龍眠居士。

【題詠】西江天柱遠。李白送裴大擇赴廬州長史詩：〔五〕「云云，東越海門深。去割辭親戀，行憂報國心。好風吹落日，流水引長吟。五月披裘者，應知不取金。」**平湖阻城南**。張祜詩：「云云，長淮帶城西。壯哉金斗勢，曹瞞築合肥。」**多幸逢時擁旆旌**。唐鄭綮題合肥郡齋詩：「九衢城裏一書生，云云。醉裏眼開金使字，紫旂風動耀昆明。」〔六〕**襟帶東南第一州**。郭功父澄惠寺詩：「云云，揚鞭得從使君遊。」**蜀山迥出千螺秀**。郭功父郡城眺望詩：「云云，肥水長縈一帶迴。猶有金城藏後浦，不惟銅雀起高臺。」**郡城百里即羣舒**。劉貢父詩：「云云，留滯頻驚歲月除。」**沃壤欲包淮甸盡**。朱服詩：「昔年吴、魏交兵地，今日承平會府開。云云，堅城猶抱蜀山迴。柳塘春水藏舟浦，蘭若秋風教弩臺。獨有無情原上草，青青還入燒痕來。」

【四六】申命宸廷，總戎制閫。開大幕府，號小朝廷。淮甸極邊，合肥重鎮。惟合肥之重鎮，接古壽之長淮。邊城蹂躪之餘，野馬也，塵埃也；制閫經營之始，繭絲乎？保鄣乎？陛文昌垣獻納之班，重合肥水守禦之寄。得李勣之才，見謂城堅於金斗；知裴度之績，未嗟人老於玉關。

胡人不敢縱南下之牧，天子遂可寬西顧之憂。　分陝之西，則合肥既爲重鎮；自閫以外，則元帥實總中權。　擁元戎之旌纛，名震江、淮；建大將之鼓旗，威行蠻、貊。　開關延敵，精兵發弩以飈馳；射賊擒王，黠虜棄圍而星遁。　折衝禦侮，寬南面之顧憂；畫策運籌，壯西淮之屏蔽。　宿重兵百萬之屯，前鏖大敵；總元戎十乘之寄，進取中原。

無爲軍 無爲　巢縣　廬江

【建置沿革】禹貢揚州之域。吴地，斗之分野。商時爲巢伯之國。春秋、戰國屬楚。秦爲九江郡。漢高帝更爲淮南國，以黥布爲王；景帝爲廬江郡，統縣十一，而居巢、臨湖、襄安隸焉，即今無爲之地也。曹操屯軍居巢；後屬吴，周瑜爲居巢長。梁屬南豫州，又屬合州。隋屬廬州。唐武德以居巢縣爲巢州。皇朝太平興國間析舊廬州廬江縣爲巢縣，以無爲鎮爲無爲軍。又耆舊相傳云：「無爲軍本號城口鎮，隸巢縣。淳化中，鎮居土豪侯仁信等進狀，乞創軍壘。時僭僞悉平，思與天下安於無事，因取『無爲而治』之意以名之。」熙寧間又析巢縣、廬江之六鄉置無爲縣。今領縣三，治無爲。

本路提刑、提舉置司。

事要

【郡名】濡須。寰宇記：「魏築無爲城，臨——水上源，尋爲無爲監，乃江、淮之要津。」圖經所謂城口鎮者，因此——城得名。

【風俗】習於干戈。郡志：「其民云云，勇於戰鬭。」風氣果决。隋地理志。頗務農桑。郡志：「承平以來，云云。」

【形勝】古南譙郡。郡志：「晉咸康中置南譙郡，即今之南譙鄉，在巢縣。」淯川上游。錢惟岳雙峰院記：「截糝潭之捷徑，據——之——。」北聯和、廬。無爲郡志：「秀溪驛記：『云云，南接舒、蘄，在淮甸實爲要衝。』」江、淮要津。寰宇記。吴、魏相持於此。無爲志：「云云，東關之北岸吴築城，西關之南岸魏置柵。」

【山川】巢山、在巢縣西南百里。姥山、在巢湖中，湖陷姥升。此山有廟。○羅隱詩：「臨塘古廟一神仙，綉幌花容色儼然。爲逐朝雲來此地，因隨暮雨不歸天。眉分初月湖中鑑，〔七〕香散餘風竹上煙。借問邑人沉水事，已經秦、漢幾千年。」紫芝山、在無爲縣錦綉溪西。皇祐間生紫芝。八公山、在巢縣西，非苻堅時所望草木爲晉兵之山。○水經注云：「山無草木，惟童阜耳。〔八〕上有淮南王安廟。劉安，漢高帝之孫，〔九〕折節下士，好神仙祕法鴻寶之道。忽有八公，皆鬚眉皓素，詣門希見。門者曰：『吾王好長生。今先生無駐衰之術，未敢聞。』八公咸變成童，白日升天。餘藥在器，雞犬舐之者，皆得上升。故山以八公爲目。」○王介甫詩：「淮山但有八公名，鴻寶燒金竟不成。身與仙人守都厠，可能雞犬得長生。」銀瓶山、在軍城之西。時有雲氣，以形得名。亞父山、在巢縣東十二里。昔范增居此山之陽。七寶山、在巢縣。濡須山謂之東關，七寶山謂之西關。王喬山、在巢縣西南九十里。昔有王子喬於此山採藥，遂得名。卧牛山、在巢縣城南。九華山；蘇子由過九華題詩云：「南遷私自喜，看盡江南山。孤舟少僮僕，此志還復難。局促守破窗，聯翩過重巒。忽驚九華峰，高拱立我前。蕭然九仙人，縹緲凌雲煙。碧霞爲裳衣，首冠青琅玕。揮手謝世人，可望不可攀。我行竟草草，安能拍其肩？但聞有高士，卧聽松風眠。松根得茯苓，狀若千歲黿。煮食一朝盡，終身棄腥羶。腹背生緑毛，輕舉如翔鸞。相逢欲借問，已在長松端。何年脱罪罟，出處良自便。〔一〇〕芒鞋拄藤杖，逢山即盤桓。斯人未可求，巖室儻復存。」**西江**、岷山導江，至此號——。**巢湖**、在巢縣西。周圍四百里，占合肥、舒城、廬江、巢縣四邑境。○郡志云：「昔有巫，言居巢縣門有石龜，口出血，此地當陷爲湖。未幾，有人以猪血置龜口，巫嫗見之南走，其地遂陷。」○青瑣高議云：「今巢湖，古巢縣。一日江漲，港有巨魚，漁者取以貨於市，合郡食之。有一姥獨不食，遇老叟，曰：『此吾子也。汝獨不食，吾厚報汝。若東門石龜目赤，城當陷。』姥日往視，有稚子訝之，姥以實告。稚子欺之，以朱傅目，〔一一〕姥見，急出城。有青衣童子曰：『吾龍之子。』乃引姥登山而免。然東漢永平之時——出黄金則城陷之説妄矣。」○杜荀鶴過巢湖詩：「世人貪利復貪榮，來向湖邊始至誠。男子登舟與登陸，把心何不一般行？」**濡須水**、在軍北二十五里。源出巢湖，東流經亞父山。曹、吴相拒於此月餘，曹公牋曰：「春水方生，公宜速去。」公曰：「權不敢欺孤。」遂還。

【堂舍】**仰高堂**，在郡治。米元章建并記，後張孝祥題扁。**寶晉齋**、米元章建，中藏晉人法帖。**錦繡溪**。在城内天慶觀前。**羣山觀**。在漕廳之東，遥揖江南繁昌、鍾阜諸山。

【樓閣】**南樓**、楊次公詩云：「此樓此景他州無，山川形勢吞三吴。」**九華樓**、在移風門上。

米元章建。江南九華諸峰屹然相向。**明遠樓**：在楚澤門。郡守米元章所建。下臨百萬湖。**聚山閣**。在郡圃北。羣山横列，惟二山爲勝：銀瓶之深秀，則喬松所居；寶峰之壯嶮，則吴、魏之所守也。

【園池】**西園**：亭館爲一郡之勝槩。**墨池**。在郡廳。米元章所鑿。

【寺觀】**大寧院**：在軍東南六十里，地名臨湖。當濡須、灊水之交，有湖山林泉之勝。○吕坦夫詩：「飄然吟魄到鼇山，好句空留水石間。眼愛清虚心不息，浮生能有幾人閑。」**紫微觀**、去巢鄉北八里，有紫微山及洞，道書所謂第十八金庭福地。此山乃王喬登仙之處。有碑云：「乘鳧馭鶴，吹笙脱履而歸，舉手長别。」其碑皴刻難讀，今亦不存矣。**玉虚觀**。在廬江南一里。又曰南臺，東漢左慈真人之故隱也。○後有人自稱劉方，題詩於壁曰：「南臺舊觀再焚修，鸞鳳徘徊無樹留。芳草滿時迷白鹿，落花深處卧青牛。九天宛轉雲常在，萬象縱横月不收。應是廬江人不識，蟾宫遺下水晶樓。」人謂左真人復來也。觀後有水簾洞。

【古跡】**巢縣**、堯世巢父即巢之者艾也。書稱：「成湯放桀於南巢。」旅獒稱：「巢伯來朝。」左傳文公十二年：「羣舒叛，楚遂圍巢。」襄公二十六年：「吴伐巢。」昭公九年：「城巢。」即今——也。**亞父井**、在巢縣廳之西廡，云亞父宅基。**柘皐**、在巢縣，即春秋哀公十二年「會吴於槖皐」是也。紹興十一年，兀朮入寇，劉錡敗之於——。**灊城**、在廬江縣南六里。左昭二十七年：「吴公子燭庸帥師圍灊。」**濡須塢**。亦名偃月城，在巢縣東南四十里，接巢湖，西北至合肥界。湖東南有石渠，鑿石通水，是名關口，相傳云夏禹所鑿。其地高峻險狹，實守阸之所，故大下有事，是爲必爭之地。

吴、魏相持於此。初，孫權欲作塢，諸將皆曰：「上岸擊賊，洗足上舡，何用塢爲？」吕蒙曰：「兵有利鈍，戰無百勝，如有邂逅，賊步騎蹙人，不暇及水，其得入舡乎？」權曰：「善。」遂築之。曹公攻之，不能破。○嘉平四年，諸葛恪於東關作大隄，〔一二〕遏巢湖，左右依山，挾築兩城，各留千餘人，使全端、留略守之。魏遣諸葛誕、胡遵圍東關，將壞其隄。諸葛恪率衆四萬大破之，遂退。○阮户部東西關詩：「笻杖芒鞋上短篷，半篙春水飽帆風。兩關三寺山無數，藏在濛濛煙雨中。」○龔相詩：「南北安危限兩關，迅流一去幾時還。淒涼千古干戈地，春水方生鷗自閑。」

【名宦】周瑜、三國志本傳：「吴中呼爲周郎，以恩信著於廬江。袁術欲以爲將，瑜觀術終無成，求爲居巢長，遂還吴。」劉知幾、唐人，封居巢子。皇朝米芾、字元章。傳云善書畫。初，宣仁聖烈皇后在藩時，母出入邸中，後以恩補校書郎。嘗爲大學博士，出守無爲軍，後召爲書畫博士，擢禮部員外郎。然元章性好石。守無爲日，初到公廨，適有一石甚奇，元章見大喜，曰：「吾當以兄事之。」遂再拜。未幾，言路有論其怪不可治民者，徽廟薄其罪。陳瓘、以論蔡京，責揚州料院，續知無爲軍。李公麟、字伯時，廬州舒城人，自號龍眠居士。有才名，馳譽丹青。元豐中，爲無爲司户參軍。撰百刻漏箭，其浮蓮、盤莖、鼇頭、龜荷、渴烏、螭首，皆有法度。今譙樓銅壺上刻吴道子所畫者，乃伯時所製也。楚建中、爲守，與文潞公耆英會。吕夷簡。爲倅。

【人物】范增、鄛人，年七十居家，好奇計。○王介甫詩云：「鄛人七十謾多奇，爲漢驅民了不知。誰合軍中稱亞父，直須推讓外黄兒。」文翁、廬江人，嘗爲蜀郡太守。朱邑、廬江人，爲大司農，嘗爲桐江嗇夫。**皇朝焦蹈**、無爲縣人。四爲舉首，元豐八年魁多士，六日而終。**左慈**。廬江人。嘗在曹操坐，以銅盤貯水，以竹竿餌釣於盤中，引鱸魚鱠之。詳見蘇州。

【題詠】**掩映軍城隔水鄉**。林君復詩：「云云，人煙物景共蒼蒼。酒家樓閣摇風旆，茶客舟舡簇雨檣。殘笛遠砧聞野墅，老苔寒檜看僧房。狎鷗更有西湖興，珍重江頭白一行。」**山横大秀一峰高**。楊次公詩：「云云，水入平湖千里遠。」

【四六】疏棨禁掖，分壘巢湖。　雖云小壘，乃是次邊。　惟吴、魏相持之地，乃江、淮至要之津。　濡須立塢，素稱壁壘之雄；淳化創軍，實據江、淮之險。　外連肥水之衝，足爲保鄣；内護長江之險，實固藩籬。　州麾肅擁，分千里以鎮臨；地望雄誇，建兩臺而對峙。　人煙物景，曾歸和靖之新篇；樓扁亭名，尚灑元章之妙墨。

安豐軍　壽春　安豐　霍丘　六安

【建置沿革】禹貢揚州之域。吴地，斗分野。春秋時爲六、蓼國地，後屬楚；楚考烈王自陳徙都壽春，命曰郢。秦、漢屬九江郡。東漢爲揚州刺史治所。魏即安豐縣陞爲郡。晉爲淮南郡，治壽春，東晉爲豫州刺史治所。梁以壽陽爲豫州。隋曰壽州。唐玄宗改壽春郡，後復爲壽州。後唐陞爲順化軍節度。南唐改爲清淮軍。周平淮南，徙壽州治下蔡，以清淮軍爲忠正軍，自此州治始在淮北，而舊州廢爲壽春縣，仍隸焉。國朝因之，後陞爲壽春府，紹興間陞安豐縣爲軍。今領縣四，治壽春。

事要

【郡名】壽陽。

【風俗】人習戰爭。伏滔正淮論：「其俗尚勇力而多勇悍，其云云而貴詐僞。」文辭巧而少信。漢書地理志。

【形勝】臯陶所封。晏類要：「——子孫封於英、六。」皇覽云：「臯陶塚在六安縣。」春秋文公五年：「楚人滅六與蓼。臧文仲聞六與蓼俱滅，嘆曰：『臯陶、庭堅不祀忽諸。』」古壽州地。圖經：「宣撫使張浚劄子欲將壽春縣改爲壽春府，以淮北壽春府爲下蔡縣，仍隷焉。其安豐軍却合改作縣，使隷壽春府。」又云：「古壽春在淮南，自周世宗攻劉仁贍於此，惡其險，遂徙壽州治於淮北下蔡，是安豐即———。」南引荆、汝之利。晉伏滔正淮論：「東連三吴之富；云云；北接梁、宋，平塗幾七百里；西援陳、許，水陸千里。」外有江湖之阻。同上。「云云，内保淮、淝之固。」有陂澤之饒。宋地理志：「爲淮南一都會，地方千里，云云。」〔一三〕爲要害之地。郡縣志：「自東晉至唐，云云。」城郭如帛繞花。宋武帝嘗登八公山劉安故臺，曰：「———足——叢—。」

【山川】霍山，元和郡縣志：「漢武帝以——爲南嶽，遂祭其神。」今其土俗呼南嶽，隋以江南衡山爲南嶽。八公山，在壽春北四里。苻堅伐晉，望山上草木皆人形。〇謝玄暉和王著作———詩：「二别阻漢坻，雙崤望河澳。兹嶺復巑岏，分區奠淮服。東限琅琊臺，西距孟諸陸。阡綿起雜樹，檀欒蔭脩竹。日隱澗凝空，雲聚岫如複。〔一四〕出没眺樓雉，遠近送春日。戎州昔亂華，素景論伊、穀。阽危賴宗衮（謝安），微官寄明牧（謝玄）。長蛇固能剪，奔鯨自此曝。道峻芳塵流，業遥年運倏。平生仰令圖，吁嗟命不淑。浩蕩别親知，連翩戒征軸。再遠館娃宫，兩去河陽谷。風煙四時犯，霜雨朝夜沐。〔一五〕春秀良已凋，秋場庶能築。」〔一六〕

大别山、漢書云：「禹貢——在霍山縣。」**硤石山**、寰宇記云：「兩岸相對，淮水經中過，山上立二城以防津要，故名爲——。」**紫金山**、在壽春南。或云即八公山。○周顯德四年征淮，太祖率殿前諸軍擊——連珠砦，拔之，遂下壽州。**青岡**，去壽春縣三十里。晉書「謝玄敗苻堅於——，死者如麻」，即此地也。**淮水**、經壽陽西北。**淝水**、東南自安豐縣界流入壽春界，經縣北二里入淮。○晉謝玄傳：「苻堅率兵次于項城，衆號百萬。詔以玄爲前鋒，都督諸軍，衆凡八萬。進屯壽陽，列陣臨肥水，玄軍不得渡。玄使謂苻融曰：『君遠涉吾境，而臨水爲陣，是不欲速戰。諸君稍却，令將士得周旋，僕與諸君緩轡而觀之，不亦樂乎！』衆皆曰：『宜阻肥水，莫令得上。我衆彼寡，勢必萬全。』堅曰：『但却軍，令得過，而我以鐵騎數十萬向水，逼而殺之。』融亦以爲然，麾使却陣，衆因亂不能止。於是玄與從弟琰、中郎將桓伊等以精鋭八千涉渡——决戰。堅中流矢，臨陣斬融。堅衆奔潰，自相蹈藉投水死者不可勝計，——爲之不流。餘衆棄甲宵遁，聞風聲鶴唳，皆以爲王師至。獲堅乘輿，軍資寶貨山積。」**逃蛟澗**、在六安縣。舊傳淠河有蛟爲人害，楚公子芋乙弓矢射之，蛟走。邑人德之，爲立廟。**芍陂**、在安豐縣東。崔寔月令曰：「孫叔敖作期思陂，即此。」郡縣志：「周迴三百二十里，灌四萬頃，與陽泉陂、大葉陂並孫叔敖作，鄧艾修之。淮、廣陵等十鎮皆仰給於此，疆場豐稔，無復轉輸之勞。」小史埭。〔一七〕在安豐縣。魏武帝遣小史何友憲開，〔一八〕因以爲名。後魏遣大將宋王劉昶攻壽春，南齊豫州刺史垣崇祖乃於城西北立堰塞淝水，〔一九〕堰北起小城，使數千人守之。及魏軍薄攻小城，崇祖決——，水勢奔下，魏軍溺死甚衆，遂退走。

【井泉】咄泉。在壽春縣東北十里。人至其傍，大叫則大湧，小叫則小湧。

【亭院】慶豐亭。下瞰芍陂，故有是名。

【名宦】竇融、漢封安豐侯。時苗、爲壽春令。牛生一犢，留之而去。今有飲犢池。鄧艾、魏邵陵厲公嘗屯於芍陂。〔二〇〕詳見前芍陂。劉仁贍，南唐時李景稱臣割地，而仁贍獨守壽春不下，故治壽春。世宗以其難剋，遂徙下蔡，而復其軍曰忠正軍，曰：『吾以旌仁贍之節也。』○漁隱叢話曰：「王旐游金陵昇元寺，見房壁上有繪金紫大夫，上題詩曰：『陣前金牌生無愧，鼓下蠻奴死合羞。三尺生綃暗塵土，凜然霜鶻欲横秋。』不能解，卷畫歸示其父，平甫曰：『此———像，袁世弼詩也。』」皇朝陳舜俞、字令舉，爲判官。明鎬、通判壽州。薛奎稱其有廊廟才。曾致堯。嘗爲兩浙漕。諫議魏庠知蘇州，介舊恩以進，致堯奏劾其罪。太宗曰：「是敢治魏庠，可畏也。」知壽州。

【人物】英布、六人，皐陶之後。梅福、壽春人。召信臣、九江壽春人。陸贄，授鄭縣尉。省母歸至壽春，刺史張鎰有名當時，大加賞識。既别，鎰以貨泉爲饋，且曰：「願以此奉太夫人一日之膳。」———悉辭之，領新茶一串而已。皇朝吕夷簡。字坦老，河南人。祖龜祥，知壽州，因家于此。

仁宗皇帝朝拜平章事，封申國公。

【題詠】風獵紅旗入壽春。劉禹錫寄楊壽州詩：「云云，滿城歌舞向朱輪。八公山下清淮水，千騎塵中白面人。」

【四六】簡求人傑，彈壓邊城。塗芝禁掖，分竹壽陽。昔爲男國，今號侯邦。眷壽陽之小壘，當淮右之要衝。南控荆湖之地，北連梁、宋之郊。犢池慕時苗之介，芍陂懷鄧艾之功。分斗大之一州，初無地險；禦風寒之萬里，賴有人謀。望公山草木之狀，儼若旌旗；聞淝水風鶴之聲，凜如鼙鼓。方韃虜率衆以來，俄而大敗；自壽春移鎮之後，罕此奇功。以孤城而當一面，始歎其難；及百戰而解重圍，終知其勇。精兵八千而破敵，重逢前代之謝玄；强敵百萬而解圍，蓋有當今之杜預。

濠州鍾離　定遠

【建置沿革】禹貢揚州之域。吴地，斗分野。塗山氏之國。春秋時爲鍾離子之國，嬴姓，徐子之別封。戰國屬楚。秦併天下，屬九江郡。漢置鍾離縣，屬九江。莽曰蠶富縣。東漢爲鍾離侯國。宋立徐州。齊改西楚州。隋改濠州。皇朝因之。領縣二，治鍾離。

事要

【郡名】濠梁、郡志：「濠水中有石梁，故名。」臨濠。唐地理志濠州作「豪」，天寶改從「濠」。

【風俗】性率真直。寰宇記：「云云，賤商務農，其食粳稻，其衣絁布，地帶淮、濠，皆通舟楫。」淮南賓客，集而著書，流風所被，云云，非南北二邊比。」文詞並興。錢文子脩學記：「濠水之上，江、淮之間，惠、莊隱士，昔所遊處。

【形勝】長淮横其北。連南夫脩城記：「濠之爲城也，——桐柏之流——，石梁會衆水之流環其西，兩水中注，介於城闉。」背渦口之曲流。魏王粲浮山賦：「云云兮，望馬丘之高澨。」遺録云：「五代時渦口爲控扼之地。」阻淮帶山。郡縣志。舊有二城。昔魏中山王英圍鍾離，梁韋叡救之，曹景宗募軍士賫敕潛行水底，得達東城，則知州有東、西城舊矣。自建炎間連南夫作郡守，謂濠水介于兩城不合一，始決濠水徑達于淮，而不復介于城中，城始爲一矣。南北朝爲重鎮。郡縣志。

【山川】塗山、在鍾離縣西九十五里。左傳昭公四年：「禹有塗山之會。」杜預注：「在壽春東北。」今有禹會村。紹興亦有——，未知孰是。〇蘇子瞻濠州——詩：「川鎖支祁水尚渾，地埋汪罔骨猶存。樵蘇已入黄熊廟，烏鵲猶朝禹會村。」左傳稱鯀化爲黄熊。〔一二〕〇蘇子由詩：「娶婦山中不肯留，會朝山下萬諸侯。古人辛苦今誰信，只見清淮入海流。」荆山、在鍾離縣西八十三里。梁、魏爭戰時，又築堰以灌壽陽。」杏山、在鍾離南六十里。世傳董奉居此山種杏，爲人治病。畫山、在鍾離西七十里。崔確、崔白、李從升、張藻皆郡人，以畫名。人謂此山炳靈。韭山、在定遠縣東北四十里。其山多韭。繫年録：「鍾離人王惟忠嘗據山上累石爲城，民之依者九萬餘人。金人以孫興知濠州，惟忠不從僞命，率衆歸節制劉位，爲左軍統領。」臨淮山、一名浮山，去鍾離九十里。山下有穴，名浮山洞，夏潦不能及，而冬不加高，故人疑其浮也。○蘇子瞻詩：「人言洞府是鰲宫，升降隨波與海通。共坐舡中那得見，乾坤浮水水浮空。」雲母山、在鍾離南四十里。出雲母，彭祖取服。其上有廟。○蘇子瞻詩：「跨歷商、周看盛衰，欲將齒髮鬭蛇龜。空餐——連——盡，〔一二二〕不見蟠桃著子時。」橫澗山；在定遠西北七十里，兵火中爲屯禦之地。濠水、州臨——，故名。西——出鏌鋣山，東——出濠塘山。淮水、出桐柏山。洺水。出定遠縣，下流入淮。

【井泉】漢泉、在定遠縣。世傳漢軍至此渴，因大呼，泉遂出。楚泉。在定遠縣，其流稍微。○吕坦夫有詩云：「地與分雙派，天方鬭二雄。」

【堂亭】威信堂；在郡治。淳熙間，守王回陛辭，上諭曰：「守邊之道，無出『威信』二字。」一品亭、在子城西南隅。遺録云：「王欽若父郁爲郡判官，作亭。後文穆天聖初知濠州，亭尚在。公之孫仲徽守濠，增大之，遂名。」今廢。倐然亭、在倅廳子城上。舊名觀瀾。元祐中，王雍爲郡丞，有言：「晉簡文遊華林園，謂左右曰：『會心處不必在遠，倐然臨水，便有濠、濮閑趣，覺鳥獸禽魚，自來親人。』當知濠自是佳處。」雍喜，遂易亭名倐然。三槐亭、在倅廳。通判王淮名。既以三槐在其側，又以王欽若、吕夷簡、曾懷皆爲倅，故名。短李亭。即四望亭。唐李紳分司東洛，過濠州，爲作記。紳矮小，時號「——」，因名—。○蘇子瞻詩：「頽垣破礎没柴荆，故老猶言短李亭。〔一二三〕敢請使君重起廢，落霞孤鶩换新銘。」

【樓臺】清淮樓：，張頔詩：「觀魚惠子臺蕪没，夢蝶莊生冢木秋。唯有清淮供四望，年年依舊背城流。」觀魚臺、在鍾離縣西南七里。莊子遊於濠梁上，見鯈魚出游從容。莊子曰：「是魚樂乎？」惠子曰：「子非魚，安知魚之樂耶？」莊子曰：「子非我，安知我不知魚之樂耶？」○蘇子瞻詩：「欲將同異較錙銖，肝膽猶能楚、越如。若信萬殊皆一理，子今知我我知魚。」逍遥臺。在開元寺後。唐開元中刺史梁延嗣累土爲臺，刻莊子像於其上。○蘇子瞻詩：「常怪劉伶死便埋，豈伊忘死未忘骸。烏鳶奪得與螻蟻，誰信先生無此懷。」

【館驛】水館。張祜濠州——詩：「高閣去煩燠，客心遂安舒。清流中浴鳥，白石下游魚。秋樹色凋翠，夜橋聲裊虚。南軒更何待，坐見玉蟾蜍。」

【橋梁】望仙橋。相傳藍採和登仙時，人聚此橋以望。石上有藍採和足跡。

【古跡】夢蝶坊、在開元寺之西。○莊子云：「周夢爲蝴蝶，栩栩然，蝴蝶也。俄然覺，則蘧蘧然，周也。不知周之夢爲蝴蝶歟？蝴蝶夢爲周歟？」解帶石、在清流門外。昔項羽敗垓下，投薛公，薛公不納，羽解帶飯石上而去。今清流門外有———。陰陵、高適東征賦：「次靈壁之逆旅，面垓下之遺墟。嗟魯公之慷慨，聞楚聲而悒於。歌拔山而涕洟，竊霸國以狼狽，〔二四〕至——以躊躇。」虞姬冢、在定遠縣南。今宿州亦有墓。相傳靈壁葬其身，此葬其首。○蘇子瞻詩：「帳下佳人拭淚痕，門前壯士氣如雲。倉皇不負君王意，只有虞姬與鄭君。」弈壇、在州西七里。石臨河，刻棋局，又鑿竅，可置棋子。上刻唐人詩，字甚古。**渦口城**、去鍾離九十里。唐李正己反，張萬福馳至渦口，悉發漕舡，相銜以進，賊兵倚岸，熟視不動。郡縣志：「自貞元後，西渦口置兩城，刺史常帶兩城使。」**垂花塢**、在逍遥臺南十餘步。上有樛藤垂花，唐獨孤及甚愛之，名曰——。又詩云：「紫蔓青條覆酒壺，落花時與竹風俱。歸來自負花前醉，笑向游魚問樂無。」**乘龍洲**、去州二十里，在淮水中。周世宗征濠，夜遣兵持炬乘橐駝絶淮，濠兵驚，以爲鬼乘龍也，因以名洲。**斷梅谷**。周世宗征淮，以荆、塗二山乃濠州之朝岡，有王者氣，命斷之。有梅族居此，因曰斷梅山。

【名宦】**張萬福**、李正己反，德宗以——爲濠州刺史，召謂曰：「先帝改爾名正者，所以褒也。朕謂江、淮草木亦知爾威名，若從所改，恐賊不曉，卿復舊名萬福。」**獨孤及**：爲刺史。歲飢賑貸，鄰郡流亡，而此州獨安。**皇朝梅詢**、詢仕於朝，嘗請守濠。王文正公訪問之，曰：「欲温故耳。」文正曰：「當除一通判伴讀。」於是吕申公夷簡通判州事。今州治倅廳之兩間，有梅、吕讀書之所存焉。**王旦**、王文正公旦、吕文靖公夷簡、尹公洙皆爲通守於此。元祐四年，通判王雍刻石題名甚詳。近世丞相曾懷亦嘗爲倅，議者謂倅廳多賢達。**趙抃**、清獻公。**王欽若**、文僖公。**游酢**。定夫先生。並爲守。

【人物】**莊周**、爲漆園吏。墓在開元寺後。**魯肅**：吴人，字子敬，臨濠東城人也。周瑜爲居巢長，將數百人往見肅，并求資糧。肅家有米兩囷，各三千斛，乃指一囷與之。肅嘗仕吴，爲横江將軍。**皇朝郭延澤**。知建州。代還致仕，居濠州城南，傳寫書籍至萬卷，號爲「書藏」。景德中，遣使詣其家，取三館所闕書至三千卷以進。

【題詠】傳語濠州賢刺史。黄魯直道中寄景珍兼簡庾元鎮：「云云，隔年詩債幾時還。」**塗山廣大納萬國**。王韶詩：「云云，帝禹於此分江、河。」

【四六】乃眷濠梁，實臨虜境。　昔爲男國，今乃侯邦。　惟其當要害之衝，所以重蕃宣之任。得塞翁之馬，初亦何心；觀莊氏之魚，大過初望。　古稱别駕，率多公衮之曾遊；今得名流，可卜緹屏之必貴。　地當邊徼，敢論分虎之榮；時急軍需，河有觀魚之樂。　自澆烽灌燧之餘，久陶眷澤；遂鑿井耕田之樂，殆若中州。

校勘記

〔一〕「而江浙轉徙之民實居之」，「徙」，底本原作「徒」，據四庫本、傳是樓本改。

〔二〕「受南北湖皮革鮑木之輸」，「南北湖」，史記卷一二九貨殖列傳作「南北潮」，與漢志不同，正義云：「言江、淮之潮南北俱至廬州也。」又，「輸」，底本原作「須」，據漢書卷二八下地理志改。

〔三〕「城烏獨宿夜空啼」，「啼」，底本原作「歸」，據李太白全集卷二二、全唐詩卷一八一廬江主人婦改。

〔四〕「我東海龍王之少子」，「東海」，底本原作「東漢」，據四庫本及輿地紀勝卷四五改。

〔五〕「李白送裴大擇赴廬州長史詩」，「裴大擇」，李太白全集卷一七、全唐詩卷一七六杭州送裴大澤時赴廬州長史作「裴大澤」。

〔六〕「紫旂風動耀昆明」，「昆明」，全唐詩卷五九七所載鄭綮題廬州郡齋作「天明」。

〔七〕「眉分初月湖中鑑」，「湖」，底本原作「明」，據四庫本及羅隱集甲乙集姥山改。

〔八〕「惟童阜耳」，「童」，底本原作「重」，據水經卷三二肥水注改。

〔九〕「劉安漢高帝之孫」，底本原無「劉安」二字，致使語句不通，今據水經卷三二肥水注補。

〔一〇〕「出處良自便」，「自」，底本原作「日」，據四庫本及欒城集卷一〇過九華山改。

〔一一〕「以朱傳目」，底本原作「以先傳目」，據北圖本、元甲本、四庫本改。

〔一二〕「諸葛恪於東關作大隄」，「諸葛恪」，底本原作「諸葛亮」，誤。三國志卷六四吳書諸葛恪傳云：「初，權黄龍元年遷都建業，二年築東興隄遏湖水。後征淮南，敗以内船，由是廢不復脩。恪以建興元年十月會衆於東興，更作大隄，左右結山俠築兩城，各留千人，使全端、留略守之，引軍而還。」三國志卷四八吳書三嗣主傳及通鑑卷七五魏紀七、輿地紀勝卷四五所記與諸葛恪傳同，則作隄者爲諸葛恪無疑，四庫本已改諸葛亮爲諸葛恪，是，今亦據改。

〔一三〕「宋地理志（至）有陂澤之饒」，按宋書卷三六州郡志無本書所引語，漢書卷二八下地理志有「壽春、合肥受南北湖皮革、鮑、木之輸，亦一都會」之文，而無「地方千里，有陂澤之饒」之説。此文或祝穆雜採諸地志而成，今姑存之。

〔一四〕「雲聚岫如複」，「岫」，底本原作「袖」，據四庫本及文選卷三〇謝玄暉和王著作八公山改。

〔一五〕「霜雨朝夜沐」，「朝」，底本原作「期」，據四庫本及文選卷三〇謝玄暉和王著作八公山改。

〔一六〕「漢書云禹貢大别山在霍山縣」，底本原脱「貢」字，據漢書卷二八下地理志補。又漢書地理志六安國安豐縣下云「禹貢大别山在西南」，不聞有霍山縣之説，且隋書卷三一地理志云隋開皇初始設霍山縣，漢代並無此縣，本書所述有誤。

〔一七〕「小史埭」，「埭」，底本原作「堞」，據南齊書卷二五垣崇祖傳、太平寰宇記卷一二九改。

〔一八〕「魏武帝遣小史何友憲開」，「何友憲」，太平寰宇記卷一二九作「何文憲」。

〔一九〕「後魏遣大將宋王劉昶攻壽春南齊豫州刺史垣崇祖乃於城西北立堰塞淝水」，「宋王」，底本原作「宋玉」，據魏書卷五九劉昶傳改。劉昶曾于北魏太和初封齊郡開國公，加宋王之號，故本書稱其爲「宋王劉昶」。又，「南齊豫州刺史垣崇祖」，底本原誤爲「北齊豫州刺史桓崇祖」，今亦據南齊書卷二五垣崇祖傳及通鑑卷一三五齊紀一改正。

〔二〇〕「魏邵陵厲公嘗屯於芍陂」，按，依此條所記，則屯于芍陂者非鄧艾，而爲邵陵厲公。據三國志卷四三少帝紀裴松之注，邵陵厲公即魏主齊王芳，晉代魏以後封其爲邵陵縣公，死後謚爲厲公。又據三國志卷二八鄧艾傳，鄧艾在壽春屯軍，事在正始二年，正始爲齊王芳年號。則此處是記鄧艾屯軍芍陂在邵陵厲公時，非言邵陵厲公在芍陂屯軍也。疑原文有缺漏。

〔二一〕「左傳稱鯀化爲黄熊」，「黄熊」，底本原作「黄羆」，據左傳昭公七年、史記卷二夏本紀正義改。

〔二二〕「空餐雲母連山盡」，「餐」，底本原作「飧」，據四庫本、傳是樓本及蘇軾詩集卷六彭祖廟改。

〔二三〕「故老猶言短李亭」，「短」，底本原作「矮」，據四庫本及蘇軾詩集卷六四望亭改。

〔二四〕「竊霸國以狼狽」，按高適集所載東征賦，原文作：「竊霸國而莫居。擯亞父之何甚，悲虞姬之有餘。出重圍以狼狽，至陰陵以躊躇。」本書節録不當，合數句爲一句，與高適原著之意相差甚遠。又，「竊」，底本原作「切」，據高適集改。

方輿勝覽卷之四十九

和州 歷陽　含山　烏江

【建置沿革】禹貢揚州之域。於天文直南斗魁下。春秋、戰國屬楚。秦爲歷陽縣，隸九江郡。漢屬淮南國，後屬九江郡，而歷陽爲治所。後漢揚州移理於此。三國吴爲重鎮。晉立歷陽郡。宋爲南豫州，治歷陽。後齊立和州。隋、唐或爲歷陽郡，或爲和州。皇朝因之，嘗兼管内安撫。今領縣三，治歷陽。

事要

【郡名】歷陽。

【風俗】取協和之義。劉禹錫廳壁記云：「梁之亡也，北齊圖霸功，擁貞陽侯淵明以歸，王僧辯來迎，會于兹地，二國協和，故以名州。」男夫尚鬬。同上。「云云，無即山近監之逸。女工尚堅全，無文章交錯之奇。」無游人異物以遷其志。同上。

【形勝】内險之地。郭功甫含山縣記：「方用兵時，而含山爲云云，當江、淮水陸之衝，故鋭師宿將嘗屯營于此。」**實爲要津**。李白天門山銘：「梁山、博望，關扃楚濵，夾據洪流，云云。」**城高而堅**。劉禹錫記：「云云，亞父所營。」**常留重兵**。劉禹錫曰：「自孫權距六代，云云。」**上岸擊賊**。吴欲擊楚，諸將曰：「云云，洗足上舡。」**吴、魏相持於此**。晏類要：「南岸吴築城，北岸魏置栅，云云月餘。」

【山川】**梅山**，在歷陽南五十里。昔曹操指山上梅林，軍士渴止，蓋此山也。○王安上詩：「將軍馬上設良謀，遥望青山指梅樹。」**梁山**，郡縣志：「在歷陽南七十里，俯臨歷水。侯景之亂，梁王僧辯軍次蕪湖，與景將侯子鑒戰于梁山，大破之。江東有博望山，屬姑孰，二山隔江相對如門，南朝謂之天門山。兩岸山頂各有城，並王玄謨所築。自六代皆於此屯兵扞禦。」**歷陽山**，在歷陽縣西北四十里。吴志云：「————石文理成字。」**八公山**，在郡城北耒山之左。世説：「有八仙人圍棊會飲于此，故名。」張祁謂仙風對八公，蓋一郡之勝槩。**雞籠山**，在歷陽西北四十里，道家第四十福地。淮南子云：「麻湖初陷之時，有一老母提雞籠以登此山，因化爲石。」今有石狀如雞籠，故名。○劉禹錫詩：「雞籠爲石顆，龜眼入泥坑。」**陰陵山**，在烏江西北四十五里，即項羽迷失道處。**四潰山**，在烏江縣西北三十里，直陰陵山。項羽既敗于垓下，走至東城，所從惟二十八騎，漢兵追者千餘，羽乃引騎依此山爲圓陣。**濡須山**，在含山西南七十五里。與無爲軍七寶山對峙，中爲石梁，鑿石通水，山川險阻，最爲控扼之雄，吴、魏必争之地。陸士衡論孫權聞曹公來，築此塢拒之，狀如偃月。詳見無爲軍。

華陽山、在含山縣北十八里。本名蘭陵山，下有華陽亭，因名。山有洞曰華陽，至和初，王介甫遊焉。洞有二，前洞遊者甚衆，後洞則介甫所遊。寺僧言山嶺有天梯洞。石湖關，紹興辛酉，兀术再犯境，張浚以兵五千守——，虜遂遁去。大江、自岷山西南流過歷陽、烏江二縣界。○劉禹錫詩：「海潮隨月——，——水應春生。」栅江、在歷陽縣西南百五十里，與無爲軍分界。——口，古濡須口也。歷湖、在歷陽縣西三十里。今謂之麻湖，蓋訛爲「歷」字。○淮南子云：「歷陽之郡，一夕爲湖。」○劉禹錫詩：「憶昔泉源變，斯須地軸傾。」烏江浦、在烏江縣東四里，即亭長艤船待項王處。當利浦、在州城東十二里。晉時王濬過三山，王渾遣人邀之，濬曰：「風利不得泊。」遂先入石頭，故名。横江浦、建安初，揚州刺史劉繇遣將樊能、于麋屯横江，孫策破之。對江南之采石，往來濟渡處。滁溪。在歷陽西一里，其源出金泉寺之山。○唐李聽詩「水通滴瀝落冰崖」，蓋其流雖小而冷然也。○王安上詩：「冷冷一帶清溪水，遠遠來穿歷陽市。涓涓出自碧湖中，流入楚江煙霧裏。」

【井泉】沸井。圖經：「在郡西百步。」郭璞筮云：「歷陽井當沸。」○劉禹錫詩：「————今無湧，烏江舊有名。」

【堂亭】惠政堂、在郡治。堂扁乃孝宗居青宫時親灑宸翰，賜守臣胡昉。三老堂，元祐孫賁建。三老即劉摯、傅堯俞、范純仁也。○胡彦國詩：「歷陽賓主昔多賢，三老風流二十年。獬豸冠中曾補衮，鳳凰池上迭摯天。」雲蔭軒、劉莘老詩：「古木無年歲，新亭記舊樓。」衣錦亭、劉莘老詩：

「陰陰佳木與城齊，襟袖迎風弄晚暉。」**凌雲亭**、劉莘老詩：「軒宇憑虛出半天，忽驚身寄碧雲端。」

水心亭。在三老堂前。○唐張籍詩：「送客特過山口堰，看花多向——。」

【祠廟】西楚霸王廟、在烏江縣東南二里，號靈惠廟。紹興辛巳，逆亮欲渡江，乞杯珓，不從。亮怒，欲焚廟。俄大蛇遶出屋梁，殿後林木中鼓噪發聲，若數千兵然。亮大驚，左右皆駭散。○杜牧詩：「勝負兵家事不期，包羞忍恥是男兒。江東子弟多才俊，卷土重來未可知。」○李山甫詩：「爲虜爲王盡偶然，有何羞見漢江舡。平分天下猶嫌少，可要行人贈紙錢。」○王介甫詩：「百戰疲勞壯士哀，中原一敗勢難迴。江東子弟今雖在，肯與君王卷土來？」○胡曾詩：「争帝圖王勢已傾，八千兵散楚歌聲。烏江不是無舡渡，耻向東吴再起兵。」○許表詩：「千載興亡莫浪愁，漢家功業亦荒丘。空餘原上虞姬草，舞盡春風未肯休。」**龍洞山廟**。游文清九言禱雨辭并序：「慶元庚申夏，不雨，燥風挾日，播植焦黄。九言涖邑全椒，徧禱莫孚。或言烏江有龍洞山，山出青蛇，神龍之裔，人多崇之。因民之憂，越境躬造。自湯泉入山，未百步，有蜿而藍者，道絶中道。從者喜曰：『龍也。凡禱雨，類索于山。幸遽得之，勿失。』余疑焉。夫山川吐雲霈爲潤澤，蓋天地陰陽之氣也。人，一氣相爲流通，精神懇惻，乃有感動。龍，靈物，能乘陰陽變化，故言興雨。必求之，若可捕也，龍其何神？挹洞水足矣，捕蛇非禮也。既至，酌奠甫畢，忽顧石楯之上，翠鱗驤首，盤不盈握，目光警耀，若竚而竢。衆亦驚怪，奉以潔器。雲陰護行，空濛絲洒，用彰厥應，明日飄潤草木，又明日簷溜瑽琤。四民喜驩，炷香再拜。餞龍之日，遂大傾注，溪澗充盈，豐登有兆。嘗觀天下至毒螫，莫過虺蟲。江南有號青竹者，脩細如筯，螫人若針芒，死者十九，幸而一活，肢膚已殘。今蛇無異青竹，唯弗傷人。以手掬之，夷猶不懼，復能吸酒。蓋形雖同而善惡遠甚，玆爲龍裔歟？古今以來，君子小人，狀貌固同，唯交際而情遂見，蛇亦然哉！蛇本螫類，而慈祥若此，是尤可敬異也。已，湯泉主僧道海曰：『蛇室洞傍，弗搜弗獲。今先五里而見，其相迎也。又知世雖我捐，而神不余斁也。』既感龍君之惠，迺爲辭曰：山砢峨兮巖幽，望君居兮大江。流斂變化兮嵌竇，起霈澤兮九州。烏焰焰兮暘空，鼓坎坎兮阿丘。儼裔孫兮戾止，吸巵酒兮嬉游。謂余不來兮盍虔，倏瀐泉渚兮石洌。老木毅兮枝樛，御雲氣兮顯晦，靈夭矯兮千秋。」

【古跡】歷陽城。劉禹錫——書事：「一夕爲湖地，千年列郡名。霸王迷路處，亞父所封城。〔一〕漢置東南尉，梁分肘腋兵。本吴風俗剽，兼楚語音傖。沸井今無湧，烏江舊有名。土臺遊柱史，石室隱彭鏗。（老君適楚，有臺存焉。彭祖石室在含山縣。）曹操祠猶在，濡須塢未平。」〔二〕

【名宦】范增，封歷陽侯。張萬福，爲和州刺史。德宗謂江、淮草木，亦知威名。劉禹錫；爲刺史。○白居易答劉和州詩：「换印雖頻會未通，歷陽湖上又秋風。不教才展休明代，爲罰詩争造化功。我亦思歸田舍下，君因厭卧郡齋中。好相收拾爲閑伴，年齒官稱略約同。」皇朝范純仁、爲成都轉運，坐失察僚佐燕遊，左遷知和州。劉摯、爲守。傅堯俞、以論濮邸，出知和州。鄭居中、爲守。胡宗愈、爲守。吴居厚、太守爲宰執者，凡六人。游酢。知和州，因家焉。

【人物】紀瞻、晉朝自丹陽徙歷陽，以方直知名。何蕃、和州人。朱泚反，諸生將從亂，蕃正色叱之，故六館之士無受污者。韓愈爲傳。張籍；烏江人，與韓愈游。有宅，在通淮門裏，報恩寺是也。有讀書處，在縣西五里紫極觀後桃花塢。**皇朝彭思永**、明道程先生之母舅也。明道年方十二三，思永異之，許妻以女。其鑒裁賢，於人遠矣。**魏矼**、歷陽人。爲監察御史，會虜入寇，矼勸高宗親征，罷「講和」二字，忤秦檜，退寓常山僧舍十四年。**沈文通**、皇祐魁多士。**張孝祥**。紹興魁多士。

【題詠】**一夕爲湖地**。劉禹錫詩云云。**當利江頭最僻州**。傅堯俞寄王微之詩：「云云，懷人惟是數登樓。」**今年送君守歷陽**。蘇子瞻送吕希道知和州詩：「去年送君守解梁，云云。觀君崛鬱負奇表，便合劍佩趍明光。胡爲小郡屢奔走，征鞍未解風帆張。」

【四六】疏恩北闕，分壘西淮。　捍禦邊頭，控持江面。　既江山登覽之稀，亦井邑蕭條之甚。郡居四達之衝，此爲孔道；江有兩山之峙，兹乃要津。　當吴、魏戰爭之境，實異偏州；居江、淮來往之衝，是爲孔道。　近連屬邑，濡須之城塢猶存；旁拱陪京，采石之波濤不湧。　堂標三老，既推先達之曾來；郡有雙魁，可謂異才之間出。

安慶府 懷寧　桐城　宿松　望江　太湖

【建置沿革】禹貢揚州之域。爲斗分野。春秋時皖國，匽姓咎繇之後，亦爲舒國、桐國之地，皆爲楚所滅。戰國時屬楚。秦屬九江郡。二漢屬廬江郡。魏爲重鎮。梁置豫州。陳曰晉州。隋曰熙州，後廢爲同安郡。唐初爲東安州，改爲舒州。皇朝因之，政和陞德慶軍，紹興以康州陞德慶府，改本軍爲安慶軍，又以寧宗潛邸，陞安慶府。今領縣五，治懷寧。

事要

【郡名】龍舒、郡縣志：「漢爲廬江，統縣十二，有皖，有灊，有舒，有——。」又云：「舒有五名：舒、龍舒、庸舒、舒鳩、舒城，其實一也。又曰羣舒。」按合肥志：「今舒城縣屬廬州。」引春秋注，且曰：「廬江南有舒城，舒城西南有——。」當考。皖城、見上。桐鄉、同安。

【風俗】人性躁勁。隋地理志：「云云，風氣果決。」風土清美。圖經序。率性真直。寰宇記：「云云，賤商務農。」粳稻之饒。圖經。

【形勝】其山深秀而穎厚。郡志：「云云，其川迤邐而蕩潏，有魚蟹麥禾之饒。」九江之北。灊山賦：「——————，三楚之南。」介于壽春、合肥之間。郡志：「舒附楚而迫於吴，云云。」淮服之屏蔽。朱綽壁記：「云云，江介之會衝。」江表得之亦以患中國。徐鍇灊山詩序云：「中國得之可以制江表，云云。故孫權克皖，而曹魏不寧；世宗平淮，而李氏窮蹙。」

【山川】灊山、一名灊嶽，在懷寧西北二十里。魏左慈居此山，有煉丹房。皖山、在懷寧西十里，皖伯始封之地。漢地理志：「與灊山、天柱峰相連。」〔三〕三峰鼎峙，疊嶂重巒，拒雲槩日，登陟無由。東有激水，冬夏懸流，狀如瀑布。下有九井。有一百床，可容百人。其井莫知深淺，若旱，則殺一犬投其中，即降雲雨，犬亦流出。龍眠山、在桐城西北六十里，又屬廬之舒城。〇黄魯直詩：「諸山何處是——，舊日龍眠今不眠。聞道已隨雲物去，不應只雨一方田。」石鏡山、在懷寧北。其西有石裂皎然，望之如玉鑑。一名玉照。○黄魯直詩：「仙人持玉照，留在潛峰西。」三祖山、在郡西。有唐三祖禪師志公塔。主簿山、在玉鏡山之東。昔唐相畢諴讀書于此。司空山、在太湖東北百三十里。○李白避地司空原言懷詩：「南風昔不競，豪聖思經綸。我則異於是，潛光皖水濱。卜築司空原，北將天柱鄰。雪霽萬里月，雲開九江春。俟乎泰階平，然後託微身。傾家事金鼎，年貌可長新。所願得此道，終然保清真。弄景奔日馭，攀星戲河津。一隨王喬去，長年玉天賓。」投子山、劉輿言詩：「三雄分漢鼎，郊野戰羣龍。將軍偶敗北，投子空山中。」○周美成詩：「緬懷魯將軍，兵敗携部曲。來投衲子衣，解甲飯戎菽。誰令名此山，異代有餘辱。」浮渡山、在桐城東九十里。上有五十三巖，〔四〕其可居可遊者三十六。西南有獨山，直上千仞，大江環遶，望之若浮。○夷堅癸志：「——，名刹也。巖名大通者，居半山間，視諸巖最勝，泉瀑千仞，真奇觀也。」西硤山、在桐城縣北四十七里。吕蒙與甘寧伐皖，〔五〕張遼救之，至硤石，聞城已拔，乃退築———。天柱峰；在皖山。高三千七百丈，周二百五十里。山東有瀑布。漢武帝嘗登此山，即司元洞府，九天司命真君所主也。○獨孤及詩：「早歲慕五嶽，嘗爲塵機礙。孰知———，今與郡齋對。漢皇南遊日，望秩此昭配。法駕到谷口，禮容振荒外。燔柴百神趍，執玉萬方會。如今封禪壇，唯見雲雨晦。」大江、在懷寧南百八十里，中流與江州、池州分界。南湖、在郡南。舊名南園。三面依城，古木參天，湖浸甚廣。潛水、出潛山。皖水、自霍山縣流入，經懷寧縣北二里，又東南流三百四十里入大江。吴塘陂。在懷寧南二十里，皖水所注。曹公遣朱元光屯皖，大開稻田。吕蒙上言：「皖地肥美，若一收熟，彼衆必增，宜早除之。」乃征皖，破之。此塘即朱元光所開也。○王介甫封舒國詩：「開國桐鄉已白頭，國人誰復記前遊。故情但有吴塘水，轉入東江向我流。」

【堂閣】静山堂、在郡圃，以王介甫詩命名。詩云：「皖城終日静如山，府掾應從到日閑。一水碧羅裁繚繞，萬峰蒼翠刻孱顔。舊遊筆墨苔今老，浪走塵沙鬢已班。攬轡羡君橋北路，春風枝上鳥關關。」英輔齋；在太平寺東，乃王禹玉讀書之地。公自舒發解，至登台輔。守朱綽易此名。天柱閣、在郡圃。○郭功父詩：「羣山奔來一峰起，千丈芙蓉碧霄裏。老松自作孤鳳吟，潮浪時生三井水。」潛峰閣、在倅廳，乃王介甫通守日讀書之地。擢秀閣。在彰法寺，乃陳瑩中讀書之所，自此登第。黄魯直名而書之。

【亭館】橋公亭、在懷寧北，即漢末橋公故居。今廢爲雙溪寺。涪翁亭；在山谷寺；石牛相對。西溪館。在城西一里。刺史吕渭所創，帶山夾沼，爲一州勝處。

【寺觀】山谷寺；在懷寧西二十里。梁大同二年，以山谷名寺。東北隅有三祖璨大師塔。○王介甫留題三祖——石壁云：「水泠泠而北出，山靡靡以旁圍。欲窮源而不得，竟悵望以空歸。」○西北有石牛洞，其狀如牛，唐李翺諸賢題詠甚多。李伯時畫黄魯直坐石牛上，魯直因自號山谷道人，仍題詩石上云：「鬱鬱窈窈天官宅，諸峰排霄帝不隔。六時謁天開關鑰，我身金華牧羊客。羊眠野草我世間，高真衆靈思我還。石盆之中有甘露，青牛駕我山谷路。」○又書小石橋下，有詩云：「司命無心播物，祖師有記傳衣。白雲横而不渡，高鳥倦而猶飛。」神霄宫。在桐城縣西南五里。本爲投子寺，政和間改爲——萬壽——。

【名宦】周大夫皖伯、始封于此。朱邑、字仲卿。少時爲桐鄉嗇夫，廉平不苛，所部吏民愛敬焉。入爲大司農，後病且死，曰：「我故爲桐鄉吏，其民必愛我，死必葬桐鄉。」縣人爲立生祠。今有墓在縣西。呂蒙、初，魏遣朱元光大田皖城，蒙建議攻皖，拔之。拜蒙廬江太守。又見吴塘陂注。陶侃、領樅陽令，有能名。獨孤及、權載之集：「其理舒州，屬歲飢旱，而舒人不知凶年，發廩賑貸。」李翺、爲刺史。麴令：爲望江令。禱雨即應，百姓爲之立祠。後歿，因葬焉。○白居易詩：「我聞望江縣，——撫惸嫠。攀轅不得去，留葬此江湄。」皇朝樊若水、長編云：「若水，江南人。言事不報，遂謀北歸。先釣魚采石，以小舫載絲繩，以度江之廣狹。開寶中，遂詣闕，自言有策可取江南。令學士院試，賜及第，授舒州團練推官。如若水之策，造大艦及黄龍舡數千艘，將浮江以濟也。」王安石、以殿中丞通判舒州，及爲相，又封舒國。黄庭堅、知州，召爲吏部員外郎。游酢。爲太守。

【人物】文翁、舒人，爲蜀郡守。周瑜、字公瑾，廬江舒人。孫策取荆州，以爲中護軍，攻皖，拔之。得橋公兩女，策納大橋，瑜納小橋。後破曹公於赤壁。李白：安禄山反，轉仄宿松、匡廬間。皇朝潘閬、劉貢父詩話：「閬字逍遥，爲詩有唐人風。因得罪，匿舒州灊山寺，爲行者題詩鍾樓云：『頑童趁暖貪春睡，忘却登樓打曉鍾。』孫僅見之，曰：『此逍遥也。』令寺僧呼之，潘已亡去。」李公麟。黄魯直有送李伯時歸舒州龍眠詩，則當爲舒人。又見廬州。

【名賢】徐鉉、以直道忤時，貶舒三年。徐俯。字師川，山谷之甥也。崇觀間，僑居同安。

【題詠】古國羣舒地。唐司空水部詩：「云云，前當桐柏關。」溪長二水流。徐師川詩有云：「久留舒子國，慣作北門遊。山遠三峰出，云云。」白水千丈瀑。徐師川詩：「云云，吳塘千頃陂。」月黑虎夔藩。容齋隨筆：「黄魯直宿舒州太湖觀音院詩：『汲烹寒泉窟，伐燭古松根。相戒莫得出，云云。』按杜甫課伐木詩序云：『有虎，必昏黑撐突夔人屋壁。』所謂夔人者，述其土俗耳。本無抵觸之義，蓋誤用之。」松竹二喬宅。黄魯直：「築室皖公城，木末置曲欄。歲晚對煙雨，人家橘柚門。獨秀司命峰，衆丘遜高寒。云云，雪雲三祖山。」龍舒太守人中傑。唐人殷文圭詩：「云云，風韻堂中心似月。」二十七峰常對門。徐師川詩云云。當時我自愛桐鄉。王介甫封舒國公詩：「桐鄉山遠復川長，紫翠連城碧滿隍。今日桐鄉誰愛我，云云。」行問啬夫多不記。王介甫到舒州答平甫詩云：「夜別江舡曉解驂，秋威氣象亦潭潭。山從樹外青争出，水向沙邊緑半涵。云云，坐論公瑾少能談。秖愁地僻無賓客，舊學從誰得指南。」

【外邑】官閑應得看潛峰。羅隱送宿松縣傅堅詩云：「江離漠漠樹重重，〔六〕東過長淮到宿松。縣好也知臨皖水，〔七〕云云。春生緑野吳歌怨，雪霽平郊楚酒濃。留取餘波待張翰，明年歸棹一從容。」

【四六】疏榮鳳闕，出鎮龍舒。古稱佳郡，今號潛藩。市邑頗繁，里閭不擾。雖號次邊，實爲重鎮。矧羣舒之劇郡，控九江之奥區。唯此邦土之封，昔者宦遊之壤。近居潛、皖之旁，密接光、黄之境。皖伯古城，立咎繇之祀；潛峰勝地，經漢武之游。北連大霍，乃司命之别宫；南眺匡廬，實衆真之靈洞。一麾出守，籠分刺史之符；八柱承天，實表元臣之象。考於方志，舊爲楚國之附庸；驗彼民風，尚有漢臣之遺愛。符分銅虎，皆循吏之遺風；洞紀石牛，有前賢之陳迹。久陶聖化，非復魯僖之所懲；積習仁風，乃嘗朱邑之見愛。濱江爲郡，古稱沙脚之卑；建議築城，今號石頭之固。真仙所游，司命有集靈之宇；禪林特盛，祖師開説法之堂。

蘄州　蘄春　蘄水　黄梅　廣濟　羅田

【建置沿革】禹貢揚州之域。楚地，翼、軫之分野。春秋、戰國並屬楚。西漢爲蘄春縣，隸江夏郡。三國時屬魏，吴爲蘄春郡。晉以爲縣，屬弋陽郡。東晉改蘄春爲蘄陽縣，避宣太后諱也。北齊置齊昌郡及羅州。後周改爲蘄州。隋廢爲郡。唐復爲蘄州。皇朝因之。今領縣五，治蘄春。

事要

【郡名】蘄陽、曹公與喬蕤戰于—水之—。〔八〕蘄春。

【風俗】淳厖近古。李常廣濟寺記：「其人——而——。」秀民樂於爲儒。同上。「云云，而不輕釋其業。彬彬喜學，有鄒、魯遺風。」

【形勝】南距江。王之義蘄州舊治記：「云云，北接光、蔡，西連黄岡，東峙潛、皖。」左舒右黄。張子師廣教院記：「蘄春古郡，云云，佳山秀水，環絡千里，有鼓吹白雲之勝。」濱帶江、淮。唐大詔令李勣制：「蘄春之地，云云。」居江湖絶處。余章三泉堂記云云。占淮壖之上腴。關詠神光觀記：「蘄西故封，浠水古邑，溪山重複，云云。」居三楚之中。史記：「楚文王徙都于郢，江陵爲西楚，云云。」

【土産】蘄簟、韓愈謝鄭羣贈簟詩：「蘄州笛竹天下知，鄭君所寶尤瑰奇。携來當晝不得卧，一府争看黄琉璃。體堅色净又藏節，滿眼凝滑無瑕疵。〔九〕法曹貧賤衆所易，腰腹空大何能爲。自從五月困暑濕，如坐深甑遭蒸炊。手磨袖拂心語口，慢膚多汗真相宜。日暮歸來獨惆悵，有賣直欲傾家貲。誰謂故人知我意，卷送八尺含風漪。呼奴掃地掃未了，〔一〇〕光彩照耀驚童兒。青蠅側翅蚤蝨避，肅肅疑有清颸吹。倒身甜寢百疾愈，却願天日常炎曦。明珠青玉不足報，贈子相好無時衰。」〇白居易寄簟與元九詩：「笛竹出蘄春，霜刀劈翠筠。織成雙入簟，寄與獨眠人。卷作筒中信，舒爲席上珍。滑如鋪薤葉，冷似卧龍鱗。清潤宜乘露，鮮華不受塵。通州炎瘴地，此物最關身。」蘄笛。劉禹錫武昌老人説笛歌：「武昌老人七十餘，手把庾令相聞書。自言年少學吹笛，早事曹王曾賞激。往年征鎮戍蘄州，楚山蕭蕭笛竹秋。當時買材恣搜索，〔一一〕典却身上烏貂裘。古苔蒼蒼封老節，石上孤生飽風雪。商聲五音隨指發，水中龍應行雲絶。曾將黄鶴樓上吹，一聲占盡秋江月。如今老去興猶遲，音韻高低耳不知。氣力已無心尚在，時時一曲夢中吹。」

【山川】蔡山、出大龜。尚書「九江納錫大龜」，即此山也。茶山、在蘄水縣北，每年造貢茶之所。白雲山、在城北四里。盤龍山、在城南十五里。鳳凰山、在城北。羅真人飛昇于此。靜明山、在城東三十里。三角山、在州北七十里。有龍潭。四祖山、在黃梅縣西北二十五里，即大醫禪師道場。五祖山、在黃梅東北二十五里，即大滿禪師道場。烏牙山、在黃梅東北五十里。有靈峰院，白居易、張商英碑記存焉。練巖：在羅田縣西三十里。有瀑泉。大江、上接黃州，過伍州、巴河、蘭溪、蘄河，下流入舒州宿松界。〔一二〕蘄河、源出大浮山，謂之蘄陽口。巴河、源出板石山。浠水、源出於雲山。蘭溪。在蘄水縣。產竹之地。

【井泉】三泉。余章——記，米芾書。「鳳山之陰，蘭溪之陽，有泉出石罅爲蘭溪。其在寺庭之陰，爲陸羽烹茶之泉；其在鳳山之陰，爲逸少澤筆之井。蘭溪於茶經之品第三。茶之所最宜王、陸二水，皆蘭溪一源耳。在蘄水縣西。」蘇子瞻云：「游清泉寺洗筆，泉水極甘。」〇王元之題陸羽泉詩：「甃石封苔百尺深，試嘗茶味少知音。惟餘夜半泉中月，留得先生一片心。」

【亭閣】四見亭：在州北塔後。范忠宣名。涵輝閣。在郡治子城之上。〇蘇子瞻在黃，客有道其勝，而誦所賦「霽容天在水，春態柳藏橋」之句，先生欣然，謂以「態」易「色」字。此蓋賦——也。自是涵輝之名益著。〇郭功父寄題呈太守章子平詩：「天垂星斗數尋近，地卷雲山千里來。」

【名宦】員半千：爲刺史。皇朝王元之、元之自黃州移蘄州，聞啼鳥，問其名，或曰：「此名『蘄州鬼』。」元之大惡之。未幾，果卒於蘄。蘇子瞻作禽言詩云：「使君向蘄州，更唱『蘄州鬼』。我不識使君，寧知使君死。人生作鬼會不免，使君已老知何晚。」范純仁。爲殿中侍御史。時議濮王典禮，出通判安州，徙知蘄州。

【人物】吳公瑛。瑛，比部安道之子。壯年以母憂服除，遂致仕歸隱，温公贈以詩。

【題詠】下車書奏龔、黄課。白居易寄蘄州李使君詩：「云云，動筆時傳鮑、謝風。江郡謳吟夸杜母，洛城歡會憶車公。笛愁春盡梅花裏，〔一三〕簟冷秋生薤葉中。不道蘄州歌酒少，使君難稱與誰同？」春風門外有紅旗。白居易送蘄春李十九使君赴郡詩：「可憐官職好文詞，五十專城未是遲。曉日鏡前無白髮，云云。郡中何處堪携酒，席上誰人解和詩。唯共交親開口笑，知君不及洛陽時。」松花滿椀試新茶。劉禹錫送李蘄州詩：「薤葉照人呈夏簟，云云。」

【四六】疏榮禁掖，擢守邊城。蘄陽古壘，淮右極邊。內則牧民，外而固圉。當嚴兵備，庸折虜鋒。雖仰官爐之羨，不勝僞冶之多。既郡計之空窮，亦兵威之單弱。粤由淮南行鐵以來，以至蘄口置監而後。胡塵滿目，每懷蹂躪之餘；郡政勞心，尤切癢痾之念。土產無奇簟，特稱於薤葉；泉源有品茶，可試於松花。處江湖之絶處，據地則偏；當淮甸之極邊，恃人而險。堅甲利兵，抗方張之虜勢；深溝高壘，得固守之民心。

校勘記

〔一〕「亞父所封城」，「城」，底本原作「成」，據傳是樓本及劉禹錫集卷三八歷陽書事七十韻改。

〔二〕「濡須塢未平」，「濡須塢」，底本原作「須濡塢」，據嶽雪樓本及劉禹錫集卷三八歷陽書事七十韻乙正。三國志卷四七吴書吴主傳云：「明年，城石頭，改秣陵爲建業。聞曹公將來侵，作濡須塢。」

〔三〕「漢地理志與灊山天柱峰相連」，按漢書地理志無此語，唯廬江郡灊縣下有「天柱山在南」五字。

〔四〕「上有五十三巖」，底本原作「上有三十五巖」，據輿地紀勝卷四六改。若作「三十五巖」，則下文云「其可居可遊者三十六」不可解矣。

〔五〕「吕蒙與甘寧伐皖」，「與」，底本原作「正」，據太平寰宇記卷一二五改。吕蒙、甘寧伐皖事，見三國志卷五四吕蒙傳、卷五五甘寧傳。

〔六〕「江離漠漠樹重重」，「江離」，底本原作「離江」，據羅隱集甲乙集送舒州宿松縣傅少府改。其校記有云：「『江離』原作『離江』，據英華、張本、全唐詩改。」「江離」，或作「江蘺」，香草名。

〔七〕「縣好也知臨皖水」，「皖水」，底本原作「浣水」，據四庫本、傳是樓本及羅隱集甲乙集送舒州宿松縣傅少府改。

〔八〕「喬蕤」，底本原作「喬甤」，據北圖本、四庫本、嶽雪樓本改。三國志卷一武帝紀作「橋蕤」；橋，本亦作「喬」。

〔九〕「滿眼凝滑無瑕疵」，「疵」，底本原作「疪」，據四庫本、傳是樓本、嶽雪樓本及韓昌黎集卷四鄭羣贈簟詩改。

〔一〇〕「呼奴掃地掃未了」，「掃未了」，底本原作「呼未了」，據韓昌黎集卷四鄭羣贈簟詩改。

〔一一〕「當時買材恣搜索」，「材」，底本原作「林」，據劉禹錫集卷二五武昌老人説笛歌改。

〔一二〕「下流入舒州宿松界」，「下」，底本原作「卞」，據四庫本、傳是樓本改。

〔一三〕「笛愁春盡梅花裏」，「梅花」，底本原作「悔花」，據四庫本、傳是樓本、嶽雪樓本及白氏長慶集卷六七寄李蘄州改。

方輿勝覽卷之五十

黄州 黄岡　黄陂　麻城

【建置沿革】禹貢荆州之域。楚地，翼、軫之分野。春秋時爲黄國之地，楚滅黄而有其地；楚宣王滅邾，徙其君於此，又名邾城。秦屬南郡。漢爲西陵縣及邾縣地，屬江夏郡。晉爲西陽國。宋爲西陽郡。蕭齊分西陽爲齊安郡。北齊别置衡州。隋改爲黄州，煬帝改永安郡。唐復爲黄州，置總管府，於麻城縣置亭州，於黄陂縣又置南司州，後並廢，屬黄州。國朝因之，或兼本路提刑。今領縣三，治黄岡。

事要

【郡名】齊安、見前「沿革」注。黄岡。

【風俗】其民寡求而不争。蘇子瞻跋韓忠獻贈詩云云。其士朴而不陋。同上。「其士静而文，——，——，——，尊德樂道，異於他邦。」

【形勝】東望夏口。蘇子瞻赤壁賦云云。前介大江。唐咸通中脩文宣王廟記：「云云，後據崇阜。」襟帶湘、漢。齊安志：「通接巴、蜀，云云，介乎淮、楚之交。」地連雲夢。王元之謝表：「云云，城倚大江。」濱江帶山。蘇子瞻書：「云云，多適耳目之好。而生事百須，亦不難致。」山靈川媚。許端夫瑞慶堂記：「云云，嘗生大賢，爲國家瑞慶。」楚東北之鄙。張文潛撰雜志云：「黄州蓋云云，與蘄、鄂、江、沔、光、壽一大藪澤。」

【山川】赤山，在黄岡縣之楊林店。南山，蘇子瞻詩：「——一尺雪，雪盡山蒼然。澗谷深自暖，梅花應已繁。使君厭騎從，車馬留山前。行歌招野叟，共步青林間。」柯山，一名柯丘。黄岡山，瑞慶堂記：「齊安郡治，據依——，來自天柱。」赤壁山，水經載赤鼻山，齊安拾遺遂以赤鼻山爲———，以三江下口爲夏口，以武昌縣華容鎮爲曹操敗走華容道，其説乖繆。蓋周瑜自柴桑至武昌縣樊口，而後遇於赤壁，則赤壁當在樊口之上。今赤鼻山在樊口對岸，何待進軍而後遇之乎？又赤壁初戰，操軍不利，引次江北，而後有烏林之敗，則赤壁當在江之南岸。今赤壁乃在江北，亦非也。然蘇子瞻赤壁賦乃疑似語，而大江東去之詞亦云「人道是三國周郎赤壁」，又可見矣。子瞻嘗云：「黄州守居之數百步爲赤壁，或言即周瑜破曹公處，不知是否。斷崖壁立，江水深碧，二鶻巢其上。有二蛟，或見之，遇風浪静輒至其下。」〇赤壁賦：「壬戌之秋，七月既望，蘇子與客泛舟，遊於赤壁之下。清風徐來，水波不興。舉酒屬客，誦明月之詩，歌窈窕之章。少焉，月出於東山之上，裴回於斗、牛之間。白露横江，水光接天。縱一葦之所如，凌萬頃之茫然。浩浩乎如憑虚御風，而不知其所止；飄飄乎如遺世獨立，羽化而登仙。於是飲酒樂甚，扣舷而歌之。歌曰：『桂棹兮蘭槳，擊空明兮泝流光；

渺渺兮予懷，望美人兮天一方。』客有吹洞簫者，倚歌而和之。其聲嗚嗚然，如怨如慕，如泣如訴；餘音嫋嫋，不絕如縷。舞幽壑之潛蛟，泣孤舟之嫠婦。蘇子愀然，正襟危坐，而問客曰：『何爲其然也？』客曰：『月明星稀，烏鵲南飛。此非曹孟德之詩乎？西望夏口，東望武昌，山川相繆，鬱乎蒼蒼。此非孟德之困於周郎者乎？方其破荆州，下江陵，順流而東也，舳艫千里，旌旗蔽空，釃酒臨江，横槊賦詩，固一世之雄也，而今安在哉？况吾與子漁樵於江渚之上，侶魚蝦而友麋鹿，駕一葉之扁舟，舉匏樽以相屬；寄蜉蝣於天地，渺浮海之一粟。哀吾生之須臾，羡長江之無窮。挾飛仙以遨遊，抱明月而長終。知不可乎驟得，託遺響於悲風。』蘇子曰：『客亦知夫水與月乎？逝者如斯，而未嘗往也；盈虚者如彼，〔二〕而卒莫消長也。蓋將自其變者而觀之，則天地曾不能以一瞬；自其不變者而觀之，則物與我皆無盡也。而又何羡乎！且夫天地之間，物各有主，苟非吾之所有，雖一毫而莫取。惟江上之清風，與山間之明月，耳得之而爲聲，目寓之而成色，取之無窮，用之不竭。是造物者之無盡藏，而吾與子之所共食。』客喜而笑，洗盞更酌。肴核既盡，杯盤狼籍。相與枕藉乎舟中，不知東方之既白。」〇後赤壁賦：「是歲十月之望，步自雪堂，將歸于臨皋。二客從予，過黄泥之坂。霜露既降，木葉盡脱。人影在地，仰見明月。顧而樂之，行歌相答。已而歎曰：『有客無酒，有酒無肴，月白風清，如此良夜何？』客曰：『今者薄暮，舉網得魚，巨口細鱗，狀似松江之鱸，顧安所得酒乎？』歸而謀諸婦，婦曰：『我有斗酒，藏之久矣，以待子不時之須。』於是携酒與魚，復遊於赤壁之下。江流有聲，斷岸千尺，山高月小，水落石出。曾日月之幾何，而江山不可復識矣。予乃攝衣而上，履巉巖，披蒙茸，踞虎豹，登虬龍，攀棲鶻之危巢，俯馮夷之幽宮，蓋二客不能從焉。劃然長嘯，草木振動。山鳴谷應，風起水涌。予亦悄然而悲，肅然而恐，凜乎其不可留也。反而登舟，放乎中流，聽其所止而休焉。時夜將半，四顧寂寥。適有孤鶴，橫江東來，翅如車輪，玄裳縞衣，戛然長鳴，掠予舟而西也。須臾客去，予亦就睡。夢二道士羽衣翩躚，過臨皋之下，揖予而言曰：『赤壁之遊樂乎？』問其姓名，俛而不答。嗚呼噫嘻，我知之矣。疇昔之夜，飛鳴而過我者，非子也耶？道士顧笑，予亦驚悟，開户視之，不見其處。」○朱元晦云：「前赤壁賦言『吾與子之所共食』，食如食邑之食。今人改作『共樂』，非矣。後賦前言二道士，後言孤鶴，東坡親蹟亦然，則或是筆誤耳。」**聚寶山**、在石壁之上。〔二〕山多小石，紅黄粲然。東坡蘇子瞻所作怪石供，即此也。**徐公洞**、蘇子瞻云：「非有洞穴，但深邃耳。」圖經云徐邈，不知何人。**烏林**：按水經述江水源流，至今巴陵之下云「江水左逕，止——南」。酈道元注云「右逕赤壁山北」，則赤壁、——相去二百餘里。又赤壁初戰，操軍不利，引次江北，而後有烏林之敗。二戰初不同日，後漢紀摠書爲——、赤壁，故荆州記「臨嶂山南峰謂之烏林峰，亦謂之赤壁」，寰宇記引圖經以烏林爲赤壁，皆失之。要之，道元乃後魏人，去三國尚近，考驗必得其真。**武湖**、郡縣志：「在黄陂縣，乃黄祖習戰閲武之所。宋謝晦走——戍，即此。」**夏澳**、在州西南二里許。夏子喬爲守，鑿水入陂以藏舟。**峥嶸洲**。晉劉毅破桓玄處，在黄岡，與武昌相近。

【井泉】**君子泉**。郡倅孟震亨有賢德，時稱孟君子。庭中有泉，蘇子瞻名之曰————。黄魯直詩：「雲夢澤南———，水無名字託人賢。」

【堂館】雪堂、在州治東百步。蜀人蘇子瞻謫居黃三年，故人馬正卿爲守，以故營地數十畝與之，是爲東坡。以大雪中築室，名曰——，繪雪于堂之壁。西有小橋，堂下有暗井。七年，移汝州。去黃之日，遂以雪堂付潘大臨兄弟居焉。崇寧壬午，黨禁既興，堂遂毀。其後邦人屬神霄宮，道士李斯立重建。何斯舉作上梁文，其警聯云：「歲在辛酉，蔚爲鸞鳳之棲；堂毀崇寧，奄作鼪鼯之野。」又云：「前身化鶴，嘗陪赤壁之遊；故事博鵝，無復黃庭之字。」蓋佳語也。其後韓子蒼爲守日，遊赤壁詩：「翠緩尋竹白沙遊，更挽藤梢到上頭。豈有危巢尚棲鶻，亦無塵迹但飛鷗。經營二頃將歸去，眷戀羣山爲少留。百日史君何足道，空餘詩句滿江樓。」相隱堂、在司理廳。龐公籍初爲郡司理，後邦人即廳建———。思賢堂、在黃陂尉廳。二程先生生於此，故名。清暉堂：，在州治。臨皐館、在朝宗門外。舊曰臨皐亭，東坡嘗寓居焉。故相秦檜之父艤舟其下，秦公生於是館。横江館。在赤壁南。李宗諤圖經以爲晉龍驤將軍蒯恩建。○杜牧留題：「孫家兄弟晉龍驤，馳騁功名業帝王。畢竟江山誰是主，苔磯空屬釣魚郎。」

【樓亭】竹樓、王元之記：「黃岡之地多竹，大者如椽，竹工破之，剖去其節，用代陶瓦，比屋皆是，以其價廉而工省也。子城西北隅，雉堞圮毀，蓁莽荒穢，因作小竹樓二間，與月波樓通。遠吞山光，平挹江瀨，幽闃遼敻，不可具狀。夏宜急雨，有瀑布聲；冬宜密雪，有碎玉聲；宜鼓琴，琴調虛暢；宜詠詩，詩韻清絶；宜圍棋，子聲丁丁然；宜投壺，矢聲錚錚然；皆——之所助也。公退之暇，披鶴氅，戴華陽巾，手執周易一卷，焚香默坐，銷遣世慮，江山之外，第見風帆沙鳥煙雲竹木而已。迨其酒力醒，茶煙歇，送夕陽，迎素月，亦謫居之勝槩也。彼齊雲落星，高則高矣。井幹麗譙，華則華矣。止於貯妓女，藏歌舞，非騷人之事，吾所不取。吾聞竹工云：『竹之爲瓦，僅十稔。若重覆之，得二十稔。』噫，吾以至道乙未歲，自翰林出滁上，丙申移廣陵，丁酉又入西掖。戊戌歲除日，有齊安之命，己亥閏三月到郡。四年之間，〔三〕奔走不暇，未知明年又在何處，豈懼竹樓之易朽乎？幸後之人與我同志，嗣而葺之，庶斯樓之不朽也。」月波樓、在郡廳後。涵暉樓、曾史君詩：「雪浪踰千頃，雲波列萬艘。」後改名無盡藏。棲霞樓、在儀門外之西南。軒豁爽塏，爲一郡奇景，蘇子瞻所爲賦鼓笛慢者也。○和王鞏詩：「賓州在何處，爲子上棲霞。」四望亭、在雪堂南高阜之上。唐劉嗣之立，李紳記。快哉亭、蘇子由記：「江出西陵，始得平地。其流奔放肆大，南合湘、沅，〔四〕北合漢、沔，其勢益張。至於赤壁之下，波流浸灌，與海相若。清河張君夢得謫居齊安，即其廬之西南爲亭，以覽觀江流之勝，而余兄子瞻名之曰快哉。蓋亭之所見，南北百里，東西一舍，濤瀾洶湧，風雲開闔。晝則舟楫出没於其前，夜則魚龍悲嘯於其上，變化倏忽，動心駭目，不可久視。今乃得翫之几席之上，舉目而足。西望武昌諸山，岡陵起伏，草木行列，煙消日出，漁父樵夫之舍，皆可指數，此其所以快哉者也。至於長洲之濱，故城之墟，曹孟德、孫仲謀之所睥睨，周瑜、陸遜之所騁騖，其流風遺俗，亦足以稱快世俗云。」覽春亭、在州治。韓魏公嘗作詩序。萬松亭。在麻城縣西。縣令張毅夾道植松萬株，立亭其中。○蘇子瞻詩云：「千年栽種百年規，好德無人助我儀。爲問幾株能合抱，慇懃記取角弓詩。」

【軒榭】鴻軒。張文潛記云：「——者，文潛讀書舍也。客有言曰：『吾聞之：時其往來，以避寒暑之害，而高飛遠舉，能使弋人無慕者，鴻也。今子以戇暗不見事，幾得譴辱於聖世，蒙垢忍耻於泥塗，苟升斗以自養，而欲自比於鴻，不亦愧乎？』張子曰：『子之言是也。然余居此以已卯之秋，其遷也庚辰之春，與夫謷謷陂澤中獵食以活，秋至而春去者，得無類乎？』客曰：『然。』」

【祠廟】二程先生祠。朱元晦記云：「齊安在江、淮間最爲窮僻，而國朝以來名卿大夫多辱居之，如王翰林、韓忠獻公、蘇文忠公。邦人至今樂稱，而於蘇氏尤致詳焉。至於河南兩程夫子，則亦生於是邦，而未有能道之者。蓋王公之文章，韓公之勳業，皆已震耀於一時。而其議論氣節、卓犖奇偉，尤足以驚動世俗之耳目，則又莫若蘇公之盛也。若程夫子，則其事業湮鬱，既不足以表於當年；文詞平淡，又不足以夸於後世。獨其道學之妙，有不可誣者，而又非知德者莫能知之。此其遺跡所以不能無顯晦之殊，亦其理勢之宜然也。蓋天聖中，洛人太中大夫程珦初仕爲黄陂尉，秩滿不能去，而遂家焉。實以明道元年壬申生子曰顥，〔五〕字伯淳；又以明年癸酉生子曰頤，字正叔。其後十有餘年，當慶曆丙戌、丁亥之間，攝貳南安，乃得獄掾舂陵周公敦頤而與之游，於是二子因受學焉，而慨然始有求道之志。既乃得夫孔、孟以來不傳之緒於遺經，遂以其學爲諸儒倡，則今所謂明道先生、伊川先生是也。先生之學，以大學、論語、中庸、孟子爲標指，而達于六經，使人讀書窮理，以誠其意，正其心，脩其身，而自家而國以及于天下。其道坦而明，其説簡而通，其行端而實。是蓋將有以振百代之沉迷，而内之聖賢之域。其視一時之事業詞章，議論氣節，所繫孰爲輕重，所施孰爲短長，當有能辨之者，而世非徒不之好也。甚者乃或目以爲道學之邪氣，而必剪滅之。於斯時也，苟無遭其伐木而削迹焉，斯已幸矣，尚何望其餘哉？今太守李侯乃能原念本始，追誦遺烈，立二夫子之祀於學官，以風厲其人而作興之。非其自信之篤，而不以世俗之趍舍動其心，其孰能與於此？李侯名訦，〔六〕字誠之。其爲此邦勤事愛民，固多可紀，特於此舉，尤足以見其操行之不凡，而非衆人之所能及。是以因其請，記而具論之，以告來者，使有考焉。」

【古跡】五關、李臯奏：「乞復——之險。夫虎頭關形勢最險，兩山千仞，一澗衝激。黄土關形勢聳峭。白沙關相去密邇，虜人往來，俱由此關；山路峭壁，委折而上。大城關山關不甚高峻，而横斜盤繞，據高臨下，北望二十里皆在目中；霖雨積雪，日見壞爛。竊聞虜人初破黄土、白沙，亦由小路以犯大城。騎兵數千先至關内，適射雉者六七人與之遇，遂用射雉之弩連斃兩騎。虜疑有伏，竟以退走，不敢犯關。向使諸關之兵據險效死，虜豈能遽入乎？」東坡、張安國詩：「繫舡着西日，曳杖到——。暗井蛙成部，荒祠鳥作窠。老仙騎鶴去，稚子飯牛歌。興廢何須問，斯文自不磨。」韓魏公讀書堂。在安國寺。

【名宦】杜牧：爲刺史。○郡齋獨酌詩：「前年鬢生雪，今年鬚帶霜。往往自撫己，淚下神蒼茫。御史詔分洛，舉趾何猖狂。闕下諫官業，拜疏無文章。尋僧解幽夢，乞酒緩愁腸。豈爲妻子計，未去山林藏。平生五色線，願補舜衣裳。弦歌教燕、趙，蘭芷浴河、湟。腥羶一洒掃，兇狠皆披攘。生人但眠食，壽域富農桑。孤吟志在此，自亦笑荒唐。江郡雨初霽，刀好截秋光。池邊成獨酌，擁鼻菊枝香。醺酣更唱太平曲，仁聖天子壽無疆。」〔七〕（見樊川集。）皇朝龐籍、爲户掾。温公集以爲任理掾。王元之、以脩實録，出爲守。州境有二虎鬭，其一死，而食其半，羣雞夜鳴，經月不止。元之上疏，引洪範傳申戒，且自劾。真宗詢日官，則云：「守臣當其咎，亟移知蘄州。」元之謝表云：「宣室鬼神之問，敢望生還。茂陵封禪之書，正期身後。」至郡未踰年而卒，年四十八。〇黄魯直嘗題其墨蹟後云：「掘地與斲木，智不如機春。聖人懷餘巧，故爲萬物宗。世有斲泥手，或不待郢工。往時王黄州，謀國極匪躬。朝問不及夕，百壬避其鋒。九鼎安盤石，一身轉孤蓬。浮雲當日月，白髮照秋空。諸君發蒙耳，汲直與臣同。」〔八〕程珦、西洛程遹寓居黄陂，子珦爲黄陂尉，生二子：曰顥，號明道先生；曰頤，號伊川先生。今尉廳有思賢堂。張耒、謫監黄州酒税，繼爲倅，又爲守，凡三至焉。榜其所居曰鴻軒。劉摯、爲相，落職知黄州。韓駒、字子蒼，爲黄州守。有詩名。洪芻。黄魯直之甥，爲黄之酒正。榜其室曰璧陰軒，黄公爲之銘。

【人物】潘大臨、郡人，字邠老。有詩名。何頡之、黄岡人，從蘇子瞻遊。陳慥。字季常，寓居黄之陂亭，號龍丘子。東坡爲作方山子傳。

【名賢】韓琦、謚忠獻，封魏公，嘗寓居于黄州。蘇軾。謚文忠，嘗謫居于黄州。

【題詠】雲夢澤南州。杜牧憶齊安詩：「平生睡足處，云云。一夜風欺竹，連江雨送秋。格卑常汩汩，力學强悠悠。終掉塵中手，瀟湘釣漫流。」太守政如冰。杜牧詩。傍村林有虎。方干詩：「弭節齊安郡，孤城百戰殘。云云，帶郭縣無官。暮角梅花怨，清江桂影寒。黍離緣底事，撩我起長歎。」赤壁風月笛。黄魯直和蘇子瞻詩：「云云，玉堂雲霧窗。」黄岡壓上游。王元之詩：「淮甸爲内地，云云。」**官閑無一事**。舒人朱載爲黄教官，有詩「云云，蝴蝶上階飛」，蘇子瞻見之稱賞。**使君家似野人居**。杜牧齊安晚秋詩：「柳岸風來影漸疏，云云。雲容水態還堪賞，嘯志歌懷亦自如。雨暗殘燈棋欲散，酒醒孤枕鴈來初。可憐赤壁争雄渡，惟有衰翁坐釣魚。」**茅屋數間依竹葦**。蘇子瞻送任伋通判黄州詩：〔九〕「黄州小郡夾溪谷，云云。知命無憂我何病，見賢不薦誰當耻。」**試問淮南風月主**。黄魯直詩：「云云，今年桃李爲誰開。」**陂陀山上使君衙**。董乂望江南有詩云：「縹緲煙中漁父槳，云云。」**風帆一日到潯陽**。董乂詩：「雲影萬重連鄂渚，云云。」**長江遶郭知魚美**。蘇子瞻詩：「云云，好竹連山覺笋香。」**爲買烏犍三百尾**。黄出水牛。蘇子瞻詩：「却下關山入蔡州，云云。」

【四六】申命嚴宸，擁麾重鎮。出綸丹禁，紆紱黄岡。眷兹名郡，控彼窮邊。肅擁州麾，榮兼憲節。維邾城之名郡，實淮甸之要衝。惟黄岡之要地，據赤壁之上游。竊觀雲夢之南州，素號江、淮之要地。登覽故迹，多名勝嘯詠之餘；參攷前聞，亦豪傑驅馳之舊。横槊釃酒，悼孟德一世之雄；揮扇岸巾，想公瑾當年之鋭。黄堂勝槩，傳王、杜之風流；赤壁威稜，餘孫、劉之雄烈。横槊賦詩，繼「烏鵲南飛」之句；舉酒屬客，歌「大江東去」之詞。訟牒晝稀，吏既欣於静治；戍亭夜寂，民尤樂於奠居。郡將堅城養鋭，不輕於一試；賊兵卷甲逃形，遂解於重圍。固境息民，豈獨專於守禦；訓民積粟，當力贊於修攘。往者開邊赤子，横遭於糜爛；今而固圉黄童，思脱於呻吟。

光州定城　固始　光山

【建置沿革】禹貢揚州之域。楚地，翼、軫之分野，上應鶉尾。在春秋爲弦國、黄國、蔣國，〔一〇〕後併於楚。秦屬九江郡。漢屬汝南郡之弋陽國及期思縣、江夏郡之西陽縣及軑縣。東漢兼屬固始侯國。魏置弋陽郡。〔一一〕晉立光城縣。宋末於光城縣置光州。隋改弋陽郡。唐爲光州，又自光山徙定城。皇朝因之；以神宗潛邸，陞光山軍節度；中興以來改爲蔣州，復爲光州。今領縣三，治定城。

事要

【郡名】浮光。

【風俗】人性躁勁。隋志：「江都、弋陽，云云，氣習果決，視死如歸。」俗好儉約。同上。「其——尚淳質，而————。」俗美民淳。郡守任詩勸學文：「云云，其異才秀民業儒術，以自見於世。」地雄物夥。浮光志序云云。士尚名教。郡志：「西漢之時，其俗急疾有氣勢。東漢有月旦評，汝、潁復多奇士。本朝拊摩，習俗雅循。靖康之難，逆亮之變，城不陷於虜。云云，居田里者亦畏禮法。」

【形勝】面山負野。茹令芑賞心堂記：「云云，限淮爲圻。」襟帶長淮。郡志：「云云，控扼潁、蔡，爲一方巨屏。」下濕墝埆。漢孫叔敖廟碑：「楚莊王頡封孫叔敖之子，子辭曰：『如楚不忘臣父而欲賞，必於潘國，云云，人所不貪。』遂封潘，即固始。」

【山川】杏山、在固始，亦名弋山。上有抱朴子，仙迹甚多。皇朝元符間郝及中詩：「佩蘭隱者今何在，煉杏仙翁去不還。」〔一二〕浮光山、在固始縣西八十里。一名浮弋山。水經云：「此即弋陽山，出名玉及黑石棋子。」梅林山、在固始。自此山隘口至蚌港，皆山險去處，可以守禦。鐵林山、在固始。可以把守。石額山、在固始縣。紹興初，忠義軍統領張昂據之爲寨。石盤山、在沙窩之西。自山腰盤旋，取道而登，其勢險峻，可屯千餘人。五關、在光山縣西南。一曰白沙，二曰土門，三曰斗木嶺，四曰黄土嶺，五曰修善嶺。又見黄州。中渡市、在光山縣北十里，與蔡彰、息縣、灌陽對境。沙窩市：，在光山縣東百八十里。有寨。金漿湖、源出固始縣大蘇山。唐陳德順命名。淮水、去固始縣六十里。澮水、在故殿城縣五里。淠水、在固始縣西五十里。潢水、在城北。龍塘。在固始縣北。世傳漢高祖從此遁去，墮玉鞭塘中。

【井泉】金線泉。在城外。河水名。

【堂閣】煙水堂：，在光山縣西。○張紫微詩：「此堂縱逐人俱廢，亦有陽冰篆字存。」愚閣。見盛文肅弋陽十詠。

【樓臺】鎮淮樓、在州城潢橋門上。籌邊樓：，即雙樱樓舊基。脩竹臺。盛文肅詩：「我來小小郡，愛此高高臺。前對蒼筤竹，萬竿球琳材。」

【祠廟】温公祠。記云：「公父池，以天禧甲午自湖南赴闕。夫人有娠，次光山驛，一夕生公。

相傳有『光山驛裏生司馬』之句，因以名之。或謂即父爲光山令時。」

【名宦】臧宮、後漢人。封期思侯。屈突通、唐人。封蔣國公。皇朝盛度、爲守。謚文肅。司馬池、陝州人。盛度守光州，池爲光山令。大内火，詔諸州市竹木，期以三日畢輸。池以土不産，轉市於鄰郡，非三日可得，度怒甚。而光山爲諸邑先，池於民有信，而不俟於催督也。王堯臣、知光州。歲旱，民發倉廩，吏法當死。公謂飢民求食，減死，遂以爲令。後拜相。謚文忠。鄭俠、字介夫，福唐人。嘗從王安石學，舉進士，調光州司法。秩滿，言青苗、免役、用兵之害，坐責。詳見福州。朱勝非。宣撫。

【人物】孫叔敖、爲楚相。黄歇、世傳州治即歇故宅。丁蘭、今固始有丁母塚。祖尚。樂安人。唐有傳。

【題詠】山城信夷曠。盛度詩：「我來佩竹使，方且憩熊轓。云云，公庭接園樊。」居常郡事簡。前人詩：「云云，閒或囹户空。」分得方州在淮澨。前人詩：「前年斗直湣灘歲，云云。」潢河遶出郡城樓。趙彦珧詩：「云云，樓枕潢南城上頭。天闊星連翼軫分，地長川帶漢江流。」

【四六】光山名郡，淮甸奥區。隱然巨屏，端若長城。重兵出戍，聿嚴萬竈之屯；要地分符，兼恃五關之險。以司馬公毓秀之鄉，宜知遺烈；以盛文肅分符之郡，盍繼流芳。平日承流，盍是龔、黄之惠；一朝排難，盍推張、許之忠。

校勘記

〔一〕「盈虚者如彼」，「彼」，底本原作「代」，據四庫本、嶽雪樓本及蘇軾文集卷一赤壁賦改。

〔二〕「在石壁之上」，「上」，底本原作「止」，據四庫本、嶽雪樓本改。

〔三〕「四年之間」，「間」，底本原作「問」，據四庫本改。

〔四〕「其流奔放肆大南合湘沅」，底本原誤「放」爲「故」，又誤「合」爲「今」，據四庫本及欒城集卷二四黄州快哉亭記改。

〔五〕「實以明道元年壬申生子曰顥」，「明道元年」，底本原作「明道九年」。按明道爲宋仁宗年號，只二年，作「九年」必誤。今核朱子大全卷八〇黄州州學二程先生祠記，實作「明道元年」，據改。

〔六〕「李侯名詵」，「詵」，底本原作「誂」，據四庫本及朱子大全卷八〇黄州州學二程先生祠記改。

〔七〕「郡齋獨酌 （至） 仁聖天子壽無疆」，此所引杜牧郡齋獨酌詩，底本共有三處字誤：「今年鬚帶霜」，誤「鬚」爲「鬢」；「闕下諫官業」，誤「業」爲「集」；「弦歌教燕、趙」，誤「趙」爲「越」；今一併據樊川集卷一、全唐詩卷五二〇郡齋獨酌改正。

〔八〕「汲直與臣同」，「臣」，底本原作「君」，據山谷内集卷二、豫章黄先生文集卷二題王黄州墨迹後改。

〔九〕「送任伋通判黄州詩」，「送」，底本原作「入」，據蘇軾詩集卷六送任伋通判黄州兼寄其兄孜改。

〔一〇〕「在春秋爲弦國黄國蔣國」，「弦國」，底本原作「强國」，據元和郡縣志卷九、太平寰宇記卷一二七改。

〔一一〕「魏置弋陽郡」，底本原倒「魏置」爲「置魏」，今據四庫本及太平寰宇記卷一二七乙正。

〔一二〕「出名玉及黑石棋子」，「棋子」，底本原作「基子」，據四庫本、嶽雪樓本及水經卷三〇淮水注改。

方輿勝覽卷之五十一

成都府路

成都府

成都　華陽　郫縣　新都　新繁　温江　雙流　廣都　靈泉

【建置沿革】禹貢梁州之域。秦地，鶉首之次，天官東井、輿鬼之分野，入參一度。古蜀國也，歷夏、商不改。周武王伐商，蜀人從焉。周官職方氏以梁合雍，又爲雍州之地。及周衰，蜀僭號稱王。秦惠王時，蜀人來朝。巴、蜀相攻，秦使司馬錯、張儀伐蜀，滅之，貶蜀王爲侯，於成都置蜀郡，因蜀山以爲名。漢武帝改古梁州曰益州，蜀郡隸焉。王莽改益州曰庸部，蜀郡曰導江。公孫述改益州曰司隸，蜀郡曰成都郡。東漢靈帝末，劉焉爲益州牧，自綿竹徙治成都。蜀先主有蜀，於益州置牧，蜀郡置守。魏鍾會、鄧艾伐蜀，蜀降，分益州置梁州。晉武帝改蜀郡爲成都國。宋、齊並爲益州。梁置始康郡。後周置益州總管，及置蜀郡。隋罷州爲蜀郡。唐改蜀郡爲益州總管府，又陞爲大都督府，置劍南節度使，改益州爲蜀郡；〔一〕明皇幸蜀，駐蹕成都，及還京，改蜀郡爲成都府，長史爲尹，又分劍南東、西川各置節度使。五代孟蜀繼有其地，而知府始於前蜀。皇朝分西川爲兩路，又分益、梓、夔、利四路，而成都爲益州路，復陞爲成都府，以益州路爲成都府路；中興以來，罷兼西路，始帶一路安撫使；後兼四路，更名安撫、制置大使；以成都而得行四川民事，自張燾始，制置不與宣撫並除，用兵則宣、制二司間或置司，利、沔二州休兵，則本府始帶成都府路安撫。今統郡十六，領縣九，治成都、華陽兩縣。

本路安撫、轉運、四川提舉茶馬置司。

【總論開國之初】寰宇記：「蜀之先，肇於人皇之際。至黄帝子昌意，娶蜀山氏女，〔二〕生帝嚳，後封其支庶於蜀。歷夏、殷、周始稱王者，自名蠶叢，次曰栢灌，次曰魚鳧。其後有王曰杜宇，宇稱帝，號望帝。自恃功德高，乃以褒斜爲前門，熊耳、靈關爲後户，玉壘、峨眉爲城郭，江、潛、綿、洛爲池澤。〔三〕時有荆人鼈靈，其尸隨水上，荆人求之不可得。鼈靈至汶山下，忽復見望帝，帝立以爲相。後帝自以其德不如鼈靈，因禪位於鼈靈，號開明。遂自亡去，化爲子鵑，故蜀人聞子鵑鳴，曰：『是我望帝也。』自開明而上至蠶叢，凡四千歲。自開明而下五葉，有開明帝尚，〔四〕始立宗廟。尚書牧誓所謂庸、蜀者，即此。」通鑑：「慎靚王五年，巴、蜀相攻，俱告急於秦。秦使張儀、司馬錯伐蜀，滅之。貶蜀王，更號爲侯。後以其地爲蜀郡。」

【總論四路定差】論蜀編云：「定差之法，逐路漕司分四孟定差，銓量就權，皆漕使主之。注闕之後，類聚申部，給换差劄。闕有三等：有本司闕，則漕使得專予奪；有部闕，則申部給换差劄；

制司闕，則制司自辟。若辟闕，則監司具申，以聽朝廷之予奪。若得就權帖，則可先期赴上。定差之闕，非特蜀人，東南士夫移籍入蜀，皆可入闕。」

【總論四路辟差】辟差不拘，川南貫籍皆可，或資格不及亦可辟，往往逐司使長遴選。而辟制司可辟，漕司亦可同辟。教官則提學司主之，沿邊倅貳則制司主之，買馬州郡則茶司主之。或小小州郡，往往取制閫之命。路鈐則多屬帥閫及制閫，大郡則必候朝廷降旨也。

【總論四路解省試】朝野雜記：「紹興二十四年，並以中秋日引試，惟四川則悉用三月十五日。其類省試，舊以九月。二十九年，〔五〕制置司言去行在地遠，恐舉人赴御試不及，請以八月鎖院。許之。」今以八月初一日鎖院，十五日引試，九月十四日開院。又云：「建炎元年，命諸道即漕司所在州類試。紹興五年始試進士於南省，惟四川即試宣撫司，後又移付制置司。二十七年，言者請悉令赴南省。楊椿言於朝曰：『蜀士多貧，而使之狼狽萬里，可乎？欲革此弊，一監試得人足矣。』」又云：「自慶元後，監試考官率以南士，餘官選南士及蜀人參之。然去取之柄多在南人，無復曩時之弊矣。」

【總論蜀兵】華陽國志：「周赧王七年，秦司馬錯率巴、蜀之士十萬，大舶舡萬艘，浮江伐楚，取商於之地爲黔中郡。漢高帝發賨民兵定三秦。蜀劉禪之降也，甲士十萬二千。」晉王濬用蜀兵伐吴，戍卒八萬。梁武陵王紀在蜀，器甲殷積，有馬八千匹。元和郡縣志：「劍南節度，唐都管兵三萬四千七百人，馬三千匹。」〔六〕蓋唐止備西、南二邊，故兵數不多。蜀檮杌云：「蜀王建武成二年，講武於星宿山，步騎二十萬，官馬八千，私馬四千。」通鑑：「後唐明宗天成元年，初，郭崇韜時，蜀騎兵三千，步兵二萬四千。孟知祥增置六千人，營羅城内；萬六千人，分戍管内州縣；四千人，分戍成都境内；六千人，分戍濱江諸州。長興三年，知祥克遂、閬、利、夔、黔、梓六鎮，得東兵三萬，孟蜀之兵垂十萬矣。」孟昶之降，有「十四萬人齊解甲」之句，則五代已前，蜀兵之數可考也。

【總論蜀鹽】朝野雜記：「有龍州之仙井，邛州之蒲江，榮州之公井，大寧、富順之井監，西和州之鹽官，長寧軍之淯井，皆大井也。若隆、榮等十七州，則皆卓筒小井，用力甚艱。惟大寧之井，鹹泉出於山竇間，有如飛瀑，民間分而引之。又有彭山之瑞應井，味稍硝，得隆、榮鹵餅雜煎之，然後成鹽。元豐、崇寧兩嘗禁止，以食者多病故也。仙井歲産鹽二百餘萬斤，〔七〕隸轉運司。蒲江亞之，隸總領所。大寧鹽二百五十餘萬斤，歲取其四分隸總領所。淯井鹽四十餘萬斤，歲取其贏五萬餘緡，爲軍食之用。自祖宗以來，民間自煮鹽歲輸課利錢八十萬緡。」○又云：「自紹興初，趙應祥變鹽法，增至四百餘萬緡。又逃絶之井，許人增其額以承認，鹽既益多，遂不可售。紹熙三年，楊嗣勳總計，棧閉助筒二千，鹽由是頓昂。〔八〕自後井户稍舒，而民愈食貴鹽矣。」

【總論蜀酒】中興小曆：「建炎三年，張浚以趙開兼本司隨軍轉運使，總領三川財賦，大變酒法，自成都始。」朝野雜記云：「建炎中，總爲緡錢一百四十萬。趙開變法，置隔釀。民願釀者，米一斛輸錢三千。徧四路行其法，於是增至六百九十餘萬緡。王瞻叔爲潼川漕，請罷監糟務，許撲賣。四川酒課累減之餘，猶爲緡錢四百一十餘萬。夔路自祖宗以來不榷酒，趙應祥始榷之，歲取錢四萬二千九百餘引。鄭剛中爲宣撫，奏除之。」眉州志云：「范成大帥四川，議減鹽酒課以蘇蜀民。朱時敏白范曰：『榜賣之法不除，則今日之惠有時而盡。』後時敏爲都司，奏曰：『陛下睠念全蜀，歲捐上供，對減酒課四十八萬，德至渥也。未減之前，元管酒額五百五十萬；既減之後，今甫七年，又增近五百四十餘萬矣。欲乞罷榜賣之法，而用推排。』孝宗可其奏。」

【總論四川總領】

朝野雜記：「古無其官。靖康末，高宗駐軍濟州，命梁揚祖總領措置財用，然未以名官也。建炎末，張魏公用趙應祥總領四川財賦，總領之官自此始。四川始置都轉運司，故四川總領又廢。」中興小曆：「紹興十年，侍御史汪勃請置四川總領，治利州。」朝野雜記云：「東西三總領皆仰朝廷科撥，獨四川總領專掌利源，即有軍興，朝廷亦不問，故趙應祥榷鹽酒而王瞻叔括白契以佐軍需。」中興小曆：「紹興三年初，趙開言：自改修茶鹽酒已壞之法，歲有常息。起建炎己酉，至紹興癸丑，共收一千五百餘萬緡。兼陝西茶馱及陝西造銅錢引紐，計川錢又八百三十餘萬緡。」朝野雜記云：「紹興休兵之初，歲費二千六百六十五萬緡。始，紹興五年，四川收錢物總三千三百四十二萬緡，而所多五十二萬緡。趙應祥既與武安不協，遂丐免。十二年，朝廷罷兵，鄭亨仲爲宣撫副使，以後始節節寬減。亨仲召歸，而宣總所椿積錢至五千餘萬，〔九〕休兵之力也。」又中興小曆：「紹興三十年，王之望總領四川財賦時本以見錢引一千四百四十餘萬，道糧三百餘萬石。」朝野雜記：「乾道中，淮東、淮西、湖廣三總領所支，僅當四川一年之數。蓋川中雜買歲爲八百三十餘萬緡，而東南三總領收正色米故也。」

【總論四川茶馬】朝野雜記：「川、秦榷牧，自元豐以來，雖各有兩司，然大抵川、秦皆止除一使，紹興中乃合爲一司。熊克通略云：『元豐元年初，蜀茶額歲三十萬緡，熙寧中四十萬，及李稷加爲五十萬。至是陸師閔加至一百六十萬。詔定以百萬爲額。』」中興小曆：「建炎二年，趙開奏：榷茶馬乞依嘉祐故事，併歸漕司。及開主管川、陝茶馬事，開乃先更茶法，酌政和都茶場法印給茶引，使茶商執引與茶户交易；改成都茶場爲合同場，仍置茶市，交易者必由市引與茶相隨。四年，買馬踰二萬匹，茶收錢一百七十餘萬緡。十六年，先是茶馬司設買馬兩務：一在成都府，市於文、叙、黎、珍等州，號川馬；一在興元府，市於西和之宕昌寨、階之峰貼峽，號秦馬。十九年，歲發川馬二百匹進御，而以四千匹付諸處屯軍：鎮江、建康、荆、鄂各七百五十匹，江、池各五百匹。又秦馬三千五百匹，付三衙殿前司一千五百匹，侍御兩軍各一千匹，又七百二匹付宣撫司，總計八千四百二十匹。」朝野雜記云：「乾道川、秦茶馬之類，歲爲萬有一千九百匹，川司六千，秦司五千九百。其後文州改隸秦司，而川司增珍州之額，共爲四千八百九十六，秦司六千一百二十，合兩司爲萬有一千十有六匹。此慶元初之額也。嘉泰末，川司增爲五千一百九十六匹，秦司增爲七千七百九十八匹，兩司爲萬有二千九百九十四匹。然累歲所市，多不及額焉。成都府馬務每年排發江上諸軍馬五十八綱，興元府馬務每年排發三衙馬一百十二綱。」容齋隨筆云：「蜀道諸司惟茶馬一臺最爲富盛，東坡有送周漢州詩云：「茶爲西南病，〔一〇〕甿俗記二李。何人折其鋒，矯矯六君子。」」又朝野雜記云：「殿前取馬官彭輅賂蘇師旦，自言西人知馬政。翌日，召輅見韓平原，遂有分司之命，王大過與輅分領之：大過置司成都，輅置司興元。」

【總論四路監司】諭蜀編云：「成都路漕置司成都，憲置司嘉定，而漕不及憲。潼川路漕置司遂寧，憲置司潼川，而憲不及漕。利路憲置司興元，漕置司利州，而憲過於漕。夔路憲置司重慶，漕置司夔門，而漕過於憲。夔路郡守、監司、帥臣皆在三路之下，獨漕爲八監司之最，蓋專一路鹽利故也。」

事要

【郡名】錦城、錦里、西川、龜城、張儀之初築城也，屢築屢頽。忽有大龜出於江，儀異之，以問巫，巫曰：「隨龜築之。」功果就，故名。成都、蓋取史記所謂「三年成都」之義。益州。風俗記：「疆壤益廣，故號益州。」釋名曰：「隘，阨也。言其險阨。」

【風俗】民性循柔。田況四蜀蕃夷圖序：「云云，喜文而畏兵。」○華陽志云：「益州之俗，文多於質，故其民柔弱。」其俗好文。寰宇記：「其人尚侈，云云。」學者比齊、魯。見文翁注。江、漢炳靈。蜀都賦：「云云，世載其英。蔚若相如，皭若君平。王褒韡曄而秀發，揚雄含章而挺生。」〔一二〕奮之則賓旅。同上。「若乃剛悍生其方，風謡尚其武。云云，翫之則渝舞。鋭氣剽於中華，蹻容世於樂府。」地險物侈。張俞送黄士安序：「外戎内華，云云。」國富民殷。漢龐統説先主曰：「益州云云，户口百萬，寶貨無求於外，今可權借以定大事。」工商結駟。常璩華陽國志：「一一致一一連騎，豪族服王侯美衣。」寶藪珍藏。文同成都漕廳讌思堂記：「惟劍南西川，原野衍沃，畊庶豐夥，金繒紵絮，天灑地發。裝餽日報，舟浮輦走，以給中府，以贍諸塞。號居大農，所調之半，縣官倚之，爲云云。」**萬商之淵**。蜀都賦。**夜市三鼓**。成都志載古詩云：「錦江——連——，石室書齋徹五更。」**遨頭宴集**。成都遊賞之盛，甲於四蜀。俗好娛樂，凡太守歲時宴集，騎從雜沓，車服鮮華；倡優鼓吹，出入擁導；四方奇技幻怪百變序進於前，以從民樂。歲率有期，謂之故事。及期，則士女闐道嬉遊，以坐具列於廣庭，謂之「遨床」，謂太守爲「——」。**蠶市、藥市**。成都古蠶叢之國，其民重蠶事，故一歲之中，二月望日，鬻花木蠶器於某所者，號——；五月鬻香藥於觀街者，號——；鬻器用者，號七寶市。

【形勝】 **西抗吐蕃**。元和志：「西川節度使云云，南撫蠻獠。」**東接廣漢**。華陽志：「云云，北接汶山，西接漢嘉南接犍爲。」〔一二〕州治太城，郡治少城。」**上絡東井**。河圖曰：「岷山之地，——，帝以會昌，神以建福。」○郭璞云：「岷山之精，云云，作紀南夏。」**外負銅梁**。蜀都賦：「云云，於宕渠，內函要害於膏腴。」〔一三〕**華陽西極**。揚雄益州箴：「云云，黑水南流。」**面越負秦**。成都記：「左巴右涼，云云。」**岷、嶓鎮其域**。華陽志：「蜀之爲邦，天文井絡輝其上，地理云云，五嶽華山表其陽，四瀆汶江出其徼，蕃衍三州，廣土萬里。」**包玉壘以爲宇**。蜀都賦：「夫蜀都者，蓋肇基於上世，開國於中古。豁靈關而爲門，云云。帶二江之雙流，抗峨眉之重阻。水陸所湊，兼六合而交會焉；豐蔚所盛，茂八區而菴藹焉。」○靈關，今在雅州。玉壘，今在茂州。**以褒斜爲前**

門。河圖括地象：「云云，熊耳、靈關爲後户，玉壘、峨眉爲城郭，江、潛、綿、絡爲池澤，〔一四〕汶山爲畜牧，南中爲園苑。」**緣以劍閣**。蜀賦：「却背華容，北指崑崙，云云，阻以石門。」**金城石郭**。同上賦。「云云，兼匝中區，既麗且崇，實號成都。」**雲門陸澤**。同上。「其封域之内，則有原隰墳衍，通望彌博。演以潛、沫，浸以綿、絡。溝洫脉散，疆里綺錯。黍稷油油，粳稻莫莫。指渠口以爲——，灑滮池而爲——。」雖星畢之滂沱，尚未齊其膏液。」注言：「水自渠而灌田，指渠口爲——，猶雲來則雨至也。滮池，蓄水池也。言自此而灑田，實爲—地之潤—。」**地稱天府**。華陽志：「————，原曰華陽。」**坤維大都會**。范蕃砌街記：「市區櫛比，衢遂棋布。太、少二城，云云。」○陳子昂傳：「蜀爲西南一都會，國之寶府。」**地大且要**。蘇明允吴職方書：「蜀之云云，無如益與嘉、眉，爲諸郡綱領。」**一人守隘**。蜀賦：「若臨谷爲塞，〔一五〕因山爲障，峻岨塍埒長城，豁險吞若巨防，云云，萬夫莫向，公孫躍馬而稱帝，劉宗下輦而自王。由此言之，天下孰尚？故雖兼諸夏之富有，猶未若兹都之無量也。」**二九之門**。同上。「闢———通—。」漢元鼎間立太城九門，少城九門。揚一益二。見廣陵志。

【土産】**蜀牋**、有薛濤十色牋。濤，蜀妓也，以紙爲業。○南部新書云：「元和之初，薛濤好製小詩，惜其幅大，不忍長賸，乃狹小之。—中才子後減諸—，因號爲『薛濤牋』。」○李義山送崔珏詩：「卜肆至今多寂寞，酒壚從古擅風流。浣花牋紙桃花色，好好題詩詠玉鈎。」○楊文公談苑載：韓浦與弟洎皆有辭藻。洎語人曰：「吾兄爲文，譬如繩樞草舍，聊避風雨。予之爲文，是造五鳳樓手。」因寄——，仍贈詩曰：「十樣蠻牋出益州，寄來新自浣溪頭。老兄得此渾無用，助爾添修五鳳樓。」**蜀錦**、錦江橋之水，濯錦則鮮明。**嘉魚**、細鱗。蜀中謂之拙魚。**海棠**、本出蜀中，而杜甫獨無此詩，故鄭谷詩云：「濃淡方春滿蜀鄉，半隨風雨斷鶯腸。浣花溪上堪惆悵，子美無情爲發揚。」○陸務觀驛舍見故屏風畫——有感云：「成都二月——開，錦綉裹城迷巷陌。燕宫最盛號花海，霸國雄豪有遺跡。」**桐花鳳**。桐花中有小鳥，紅翠碧相間，生於花間。人畫———扇，即此也。

【山川】**雪山**、一名—嶺。在城西，又名西—。○杜甫詩：「雪嶺界天白。」見萬里橋注。又云：「東郭滄江合，西山白雪高。」**武擔山**、在城北二百步。一名武都山。蜀記云：「武都山精化爲女子，蜀王納爲妃，不習水土而死。王遣五丁，於武都山擔土爲冢，故曰———。今—有石照表其門焉。開明悼念不已，爲作臾邪之歌、龍歸之曲。今成都及毗橋有一折石，長三丈，相傳是五丁擔土擔。」**聖燈山**、在廣都縣東南四十里。世傳郡人荀瑜奉釋教于此，普賢——出現。蜀太后有看聖燈詩：「所恨風光看未足，却驅金翠入龜城。」**大塔山**、在廣都縣東四十里。有阿育王塔，因名。**天涯石**、與昭覺寺相對。**地角石**、見羅城記。**支機石**、因話録載漢書張騫窮河源，言其奉使之遠，實無天河之説。惟張茂先博物志説近世有人居海上，每年八月見槎來，不違時，齎一年糧，乘之到天河，見婦人織，丈夫飲牛。遣問嚴君平，云：「某年某月某日，客星犯牛、斗。」即此人也。後人相傳云得織女———，持以問君平。今成都嚴真觀有一石，呼爲———。余寶曆中下第還家，於京師途中逢官差遞夫舁張騫槎，不知是何物。相襲訛謬縱出，雜詩亦不足據也。**石笋**、在城内。寰宇記：「蜀之五丁，每一王死，輒爲立大石，長三丈，重千鈞，以爲墓誌，今——是也。」〇杜甫詩：「君不見益州城西門，〔一六〕陌上——雙高蹲。古來相傳是海眼，苔蘚蝕盡波濤痕。雨多往往得瑟瑟，此事恍惚難明論。恐是昔時卿相墓，立石爲表今仍存。惜哉俗態好蒙蔽，亦如小臣媚至尊。政化錯迕失大體，坐看傾危受厚恩。嗟爾——擅虛名，後生未識猶駿奔。安得壯士擲天外，使人不疑見本根。」**石犀**、去城三十五里，犀浦。太守李冰作五——沉江，以壓水怪。〇杜甫詩：「君不見秦時蜀太守，刻——立作三——牛。自古雖有厭勝法，天生江水向東流。蜀人矜夸一千載，泛溢不近張儀樓。今年灌口損户口，此事或恐爲神羞。終藉隄防出衆力，高擁木石當清秋。先王作法皆正道，〔一七〕詭怪何得參人謀。嗟爾三犀不經濟，缺訛只與長川逝。但見元氣常調和，自免洪濤恣凋瘵。安得壯士提天綱，再平水土犀奔茫。」**石鏡**；在武擔山。〇杜甫詩：「蜀王將此鏡，送死置空山。〔一八〕冥漠憐香骨，提携近玉顏。衆妃無復歎，千騎亦虛還。〔二〇〕獨有傷心石，湮淪玉宇間。」**三江**、一名汶江，一名流江，經縣南七里。蜀守李冰穿二江成都中，皆可行舟，溉田萬頃。蜀中又謂流江爲笮橋水，此水濯錦鮮於它水。皇朝郡縣志：「初，太守鑿離堆，又開二渠：由永康過新繁入成都，謂之外江；一渠由永康過郫入成都，謂之内江。高駢未築羅城，内、外江皆從城西入。自駢築城，遂從西北作縻棗堰，堰外江遶城北而東注於合江，復回内江，水循城南，而與外水俱注。」〇又名錦江。杜甫詩：「錦江春色來天地，玉壘浮雲變古今。」**沲**

石牛、在成都縣鄧艾廟之南，即秦惠王所遺蜀者。**石婦**、在錦城門西十五里。昔有婦守節，後人刻——象之。〇白居易詩：「至今爲——者，見者孝心生。不比山頭石，空有望夫名。」〔一九〕

江、在新繁縣。禹貢：「岷山導江，別爲沲。」岷江、支流過温江縣西二里，東南分入成都、雙流縣界。
浣花溪、在城西五里。一名百花潭。按吴中復冀國夫人任氏碑記云：「大人微時，以四月十九日見
一僧墜污渠，爲濯其衣，百花滿潭，因名曰百花潭。」解玉溪、在大慈寺之南。韋皋所鑿。用其沙解
玉，則易爲功。皂水、在温江縣。李膺記云：「相林寺前清、——二——是也。」粉水。一名都江水，在郡
城西。水宜造粉。

【池井】躍龍池，在成都縣東南十二里。隋開皇中欲伐陳，鑿大池以教水戰。○僞蜀王衍乾
德元年，以————爲宣華苑，即此。○隋蜀王秀取土築廣子城，因爲池。有胡僧見之，曰：「摩訶宫
毗羅。」蓋胡僧謂「摩訶」爲大宫，「毗羅」爲龍，謂此池廣大有龍耳。又云：「摩訶池，或云蕭摩
訶所開。」○杜甫陪嚴武泛舟，有詩云：「湍駛風醒酒，舡回霧起隄。」諸葛井、孔明欲通井絡王氣，
故爲井。通仙井。在嚴真觀。相傳此井與廣漢綿竹縣君平宅井相通。往歲有人淘井，得銅錢三，徑
可二寸，因恍惚不安，復投井中，立愈。或謂此君平擲卦錢也。

【樓臺】錦樓、在龜城之上。前瞰大江，岸列花木，西眺雪嶺，東望長松，二江合流。白敏中嘗
登其上，有詩。錦宫樓、在制司僉廳。吕大防建。籌邊樓、在府治。雪錦樓、在大慈寺門。元宵守
帥遊賞于此。丹霞樓、杜光庭續記云：「王建作。即檮杌所載孟知祥宫人乞巧之所。」散花樓、李
白登錦城———詩：「日照錦城頭，朝光————。金窗夾綉户，珠箔懸瓊鈎。飛梯緑雲中，極目散

我憂。暮雨向三峽，春江繞雙流。今來一登望，如在九天遊。」張儀樓，李膺記：「即宣明樓也。重閣複道，跨陽城門，故左思賦云『結陽城之延閣，飛觀榭乎雲中』。」琴臺、即司馬相如宅。寰宇記：「在華陽縣市橋西。」成都志云：「在浣花溪之海安寺南。」今爲金花寺，城内非其舊。○杜甫詩：「茂陵多病後，尚愛卓文君。酒肆人間世，——日暮雲。野花留寶靨，蔓草見羅裙。歸鳳求凰意，寥寥寂不聞。」草玄臺、岑參詩：「吾悲子雲居，寂寞人已去。娟娟西江月，猶照——處。精怪熹無人，睢盱藏老樹。」○圖經云：「即今中興寺，有載酒亭及墨池。」郫縣有子雲讀書堂，趙清獻爲記。讀書臺、在廣都縣順聖寺南，蓋段文昌遺址。寫經臺、在新繁縣。漢末苟居士於臺上援筆書空，曰：「吾爲諸天——，雨降則苔上不沾濕。」—側有石硯。望鄉臺。隋蜀王秀所築。○杜甫詩：「神交作賦客，力盡———。」

【宅舍】

君平宅、在府城西。今爲嚴真觀，一名———肆。其後有井名通仙，相傳君平所浚。○岑參詩：「君平曾賣卜，卜肆蕪已久。至今杖頭錢，時時地上有。不知支機石，還在人間否？」杜甫宅。在浣花溪。○——卜居詩：「浣花流水水西頭，主人爲卜林塘幽。已知出郭少塵事，更有澄江銷客愁。」○西郊詩：「時出碧雞坊，西郊向草堂。市橋官柳細，江路野梅香。傍架齊書帙，看題減藥囊。無人競來往，疏懶意何長。」○茅屋爲秋風所破歌：「八月秋高風怒號，卷我屋上三重茅。茅飛渡江灑江郊，高者掛罥長林梢，下者飄轉林塘坳。南村兒童欺我老無力，忍能對面爲盜賊。公然抱茅入竹去，唇焦口燥呼不得，歸來倚杖自嘆息。俄頃風定雲墨色，秋天漠漠向昏黑。布衾多年冷似鐵，嬌兒惡卧踏裏裂。床床屋漏無乾處，雨脚如麻未斷絶。自經喪亂少睡眠，長夜沾濕何由徹。安得廣厦千萬間，大庇天下寒士俱歡顔，風雨不動安如山。嗚呼！何時眼前突兀見此屋，吾廬獨破受凍死亦足。」○黄魯直浣花溪圖引云：「拾遺流落錦官城，故人作尹眼爲青。碧雞坊西結茅屋，百花潭水濯冠纓。故衣未補新衣綻，空蟠胸中書萬卷。探道欲度羲皇前，論詩未覺國風遠。干戈峥嶸暗宇縣，杜陵、韋曲無雞犬。老妻稚子具眼前，弟妹飄零不相見。此心樂易真可人，園翁溪友肯卜鄰。鄰家有酒邀皆去，得意魚鳥來相親。浣花酒舡散車騎，野墻無主看桃李。宗文守家宗武扶，落日蹇驢馱醉起。願聞解鞍脱兜鍪，老儒不用千户侯。中原未得平安報，醉裏眉攢萬國愁。生綃鋪墻粉墨落，平生忠義公寂寞。兒呼不蘇驢失脚，猶恐醒來有新作。常使詩人拜畫圖，煎膠續弦千古無。」〔二一〕

【橋梁】七星橋、李冰造。上應——。李膺記：「一、長星—，今名萬里；二、員星橋，今名安樂；三、璣星橋，今名建昌；四、夷星橋，今名笮橋；五、尾星橋，今名禪尼；六、冲星橋，今名永平橋；七、曲橋，今名昇仙。」萬里橋、在成都縣之東。按寰宇記：「昔諸葛亮送費禕聘吴至此，曰：『——之路，始於此矣。』」又劉光祖—記云：「孔明於此送吴使張温曰：『此水下至揚州，萬里不同。』」又唐史載玄宗狩蜀至成都，過此問橋名，左右對曰：「———。」上因歎曰：「開元末，僧一行謂朕曰：『更二十年，國有難，陛下當遠遊至萬里之外。』此是也。」由是駐蹕成都。○杜甫詩：「———南宅，百花潭北莊。層軒皆面水，老樹飽經霜。雪嶺界天白，錦城曛日黄。惜哉形勝地，〔二二〕回首一茫茫。」昇仙橋、橋次有送客亭。司馬相如嘗題柱云：「不乘駟馬車，不過此橋。」市橋、在州西四里。常璩云：「石牛門曰——。後漢吴漢征公孫述，而延岑渡——挑戰襲擊，大破之，即此橋。」杜詩謂——，即此。**鴈橋**。龜城中水出金鴈，因名。

【佛寺】**中興寺**、成都志：「唐高僧智浩於此寺嘗誦法華經，鄰有龍女祠，龍每夜聽之。一夕，施一寶珠。浩曰：『僧家無用。』龍以神力化大圓石榴而去。今以水澆之，則『龍宮石寶』四字隱隱可見。」**梵安寺**、在成都縣南，與杜甫草堂相接。每歲四月中澣前一日，太守宴集于此。吕大防建草堂，繪少陵像。張燾盡取少陵詩，勒石刻置焉。**安福寺塔**。成都志：「大中間建塔，十有三級。李順之亂，塔燬於火。祥符間重建，仍十有三級。初取材岷山，得青石，中隱白晝浮圖像十有三級，梁柱欄楯皆歷歷可觀。此建塔之神異也。

【道觀】**玉局觀**、道經：「二十四化，上應二十四氣，六十甲子分隸之，玉局化其一也。」彭乘記：「後漢永壽元年，李老君與張道陵至此，有局脚玉床自地而出。老君昇座，爲道陵説南北斗經。既去，而座隱地中，因成洞穴，故以玉局名之。」〇子瞻送戴蒙赴成都——將老焉詩云：「拾遺被酒行歌處，野梅官柳西郊路。聞道華陽版籍中，至今尚有城南杜。我欲歸尋萬里橋，水花飄葉暮蕭蕭。芋魁徑尺誰能盡，〔一二三〕榿木三年已足燒。百歲風狂定何有，羨君今作峨眉叟。縱未家生執戟郎，也應世出埋輪守。莫欺老病未歸身，玉局他年第幾人。會待子猷清興發，還須雪夜去尋君。」**天師觀**、在廣都縣北，張道陵之祠也。今壇下有井，名伏鬼井。趙閲道記：「華陽縣衡山有井，妖怪藏其中。道陵運石以鎮其井，鬼妖乃絶。邑人爲立祠，植杖井旁。令爲喬木，曰戒鬼木。又有曬經壇。」

青羊觀。蜀王本紀：「老子謂關令尹喜曰『後於——中相尋』，因立觀也。」

【祠廟】盤古祠、元和志：「在成都縣東三十里。」徐整三五曆記云：「天地渾沌如雞子，盤古生其中。八萬四千歲天地開，闢陽清爲天，陰濁爲地。——在其中，一日九變，神於天，聖於地。天日高一丈，地日厚一丈，盤古日長一丈。如此滿八萬四千歲，天極高，地極深，——極長。後乃有三皇。數起於一，立於三，成於五，盛於七，處於九，故天去地九萬里也。」蠶叢祠、蜀王——氏祠也，今呼爲青衣神，在聖壽寺。——氏教人養蠶，作金蠶數十，家給一蠶。後聚而弗給，瘞之江上，爲蠶墓。○南史：「齊永明間，始興王蕭鑑爲益州刺史，於州園得古冢，有金爲蠶數斗。鑑一無取，復爲起冢，且立祠焉。」望帝祠、在州西五里。杜宇自立爲蜀王，號——。有墓在郫縣南一里，與鼈靈墓相對。○杜甫詩云：「君不見昔日蜀天子，化爲杜鵑似老烏。寄巢生子不自啄，羣鳥至今爲哺雛。雖同君臣有舊禮，骨肉滿眼身羈孤。業工竄伏深樹裏，四月五月偏號呼。其聲哀痛口流血，所訴何事常區區。爾豈摧殘始發憤，羞帶羽翮傷形愚。蒼天變化誰料得，萬事反覆何所無。萬事反覆何所無，豈憶當殿羣臣趍。」周公祠、前代以——爲先聖，至唐貞觀始從房玄齡等議，更祀孔子。至開元，册謚爲文宣王，位南嚮，自是號文宣王殿，而周公之祀遂廢。然舊象猶存，帥袁説友乃爲殿祀之。金馬碧雞祠、在金馬坊前。漢宣帝聞益州有————之神，遣諫議大夫王褒持節醮祭而致之。本朝賜爲昭應廟，封其神爲靈光侯。關張祠、俱在府西七里惠陵左右。江瀆祠：，在成都縣南四里。漢郊祀志載秦併天下，立江水祠於蜀，至今歲祀焉。太祖平蜀，依唐志立夏日祭——於成都。蜀先主廟、成都記：「在府南八里。」○杜甫詩：「慘澹風雲會，乘時各有人。力侔分社稷，志屈偃經綸。復漢留長策，中原仗老臣。雜耕心未已，歐血事酸辛。霸氣西南歇，雄圖歷數屯。錦江元過楚，劍閣復通秦。舊俗存祠廟，空山立鬼神。虛簷交鳥道，枯木半龍鱗。竹送清溪月，苔移玉座春。閭閻兒女换，歌舞歲時新。絶域歸舟遠，荒城繫馬頻。如何對摇落，况乃久風塵。孰與關、張並，功臨耿、鄧親。應天才不小，得士契無鄰。遲暮堪帷幄，飄零且釣緡。向來憂國淚，寂寞灑衣巾。」○劉夢得詩：「天下英雄氣，千秋尚凛然。勢分三足鼎，業復五銖錢。得相能開國，生兒不象賢。凄涼蜀故妓，來舞魏宫前。」

武侯廟：在府西北二里，今爲乘煙觀。孔明表云「薄田十頃，桑八百株」，即此地。孔明初亡，百姓遇節朔各私祭於道上。李雄稱王，始爲廟於少城内。桓温平蜀，夷少城，獨存孔明廟。後封武興王廟，至今祠祀不絶。○杜甫詩：「丞相祠堂何處尋，錦官城外柏森森。映階碧草自春色，隔葉黄鸝空好音。三顧頻繁天下計，兩朝開濟老臣心。出師未捷身先死，〔二四〕長使英雄淚滿襟。」

張忠定祠、淳化、咸平間，公兩治蜀。自蜀召歸，嘗留畫一軸遺僧希白，曰：「後十年開。」僧聞訃，開視，乃公像，衣布褐，大縚巾裹。自爲贊曰：「乖則違俗，崖不利物。中崖之名，聊以表德。」嘉祐四年建祠於馬務街。

張文定祠。蘇老泉作畫像記：「至和元年秋，蜀人傳言有寇至邊，邊軍夜呼，野無居人。妖言流聞，京師震驚。方命擇帥，天子曰：『毋養亂，毋助變。衆言朋興，朕志自定。外亂不作，變且中起，既不可以文令，又不可以武競，惟朕一二大吏，孰爲能處兹文武之間，其命往撫朕師。』乃推曰：『張公方平其人。』天子曰：『然。』公以親辭，不可，遂行。冬十一月，至蜀。至之日，歸屯軍，徹守備。使謂郡縣：『寇來在吾，無爾勞苦。』明年正月朔旦，蜀人相慶如它日，遂以無事。又明年正月，相告留公像于净衆寺，〔二五〕公不能禁。眉陽蘇洵言於衆曰：『未亂，易治也。既亂，易治也。有亂之萌，無亂之形，是謂將亂。將亂難治，不可以有亂急，亦不可以無亂弛。惟是元年之秋，如器之攲，未墜於地。惟爾張公，安坐於其旁，顔色不變，徐起而正之。既正，油然而退，無矜容。爲天子牧小民不倦，惟爾張公。爾繄以生，惟爾父母。且公嘗謂我言：「民無常性，惟上所待。人皆曰蜀人多變，於是待之以盜賊之意，而繩之以盜賊之法。重足屏息之民，而以碪斧令，於是民始忍以其父母妻子之所倚賴之身，而棄之於盜賊，故每每大亂。夫約之以禮，驅之以法，惟蜀人爲易。至於急之而生變，雖齊、魯亦然。吾以齊、魯待蜀人，而蜀人亦自以齊、魯之人待其身。若夫肆意於法律之外，以威劫齊民，吾不忍爲也。」嗚呼！愛蜀人之深，待蜀人之厚，自公而前，吾未始見也。』皆再拜稽首曰：『然。』蘇洵又曰：『公之恩在爾心，爾死在爾子孫。其功業在史官，無以像爲也。且公意不欲，奈何？』皆曰：『公何事於斯？雖然，於我心有不釋焉。今夫平居，聞一善必問其人之姓名，與其鄰里之所在，以至於其長短小大美惡之狀。甚者，或詰其平生所嗜好，以想見其爲人。而史官亦書之於其傳，意使天下之人，思之於心則存之於目，存之於目則其思之於心也固。由此觀之，而亦不爲無助。』蘇洵無以詰，遂爲之記。公南京人，爲人慷慨有大節，以度量雄天下。天下有大事，公可屬。系之以詩曰：天子在祚，歲在甲午。西人傳言，有寇在垣。庭有武臣，謀夫如雲。天子曰嘻，命我張公。公來自東，旗纛舒舒。西人聚觀，于巷于塗。謂公暨暨，公來于于。公謂西人，安爾室家，無敢或訛。訛言不祥，往即爾常。春爾條桑，秋稱滌場。西人稽首，公我父兄。公在西囿，草木騈騈。公宴其僚，伐鼓淵淵。西人來觀，祝公萬年。有女娟娟，閨闥閑閑。有童哇哇，亦既能言。昔公未來，斯須棄捐。禾麻芃芃，倉庾崇崇。嗟我婦子，〔二六〕樂此歲豐。公在朝廷，天子股肱。天子曰歸，公敢不承。作堂嚴嚴，有廡有庭。公像在中，朝服冠纓。西人相告，〔二七〕無敢逸荒。公歸京師，公像在堂。」

【古跡】太城、府子城，張儀所築。少城、張儀既築太城，後一年又築——，唯西南北三壁，東即左城之西墉。芙蓉城、孟昶在蜀，僭擬宮苑，城上盡種——。○容齋續筆：「晉益州刺史治太城，蜀郡太守治少城，猶言大城、小城耳。」錦官城、一名錦里。言——，猶合浦之珠官也。龍壇。在萬歲池。唐開元中，有僧誦法華經，有老叟來聽，僧問之，曰：「我池中龍也。」僧曰：「今方旱，何不降雨？」叟曰：「凡雨，須天符。不爾，天誅之。今當爲師降雨，師其葬我。」是夕大雨。質明，池邊大蛇斬而兩，僧取焚之，爲立塔，呼爲——。

【名宦】李冰、秦昭王時爲守。宋祁作廟碑云：「冰爲蜀，鑿離堆，遂捍水以溉所及，常無旱年。西人德之，因言冰身與水怪鬭，鬭不勝，死。自是江無暴流，蛟蜃怖藏，人恬以生，故侈大房殿，歲擊羊豕雉魚，伐鼓嘯籥，傾數十州之人奔走鼓舞，以娛悦神。」文翁、景帝末爲守。宋祁作廟碑云：「翁之治蜀，開學校，以詩、書教人，澡熨故俗，長長少少，親親尊尊，百姓順賴。其後司馬相如、王褒、揚雄以文章倡，張寬以博聞顯，嚴遵、李仲元以有道稱，何武入爲三公，漢家號令典章赫然與三代等。蜀有儒自公始。」初，公爲禮殿以舍孔子及七十二子之象。殿右廡作石室，舍公像於中。王尊、先是，王陽爲益州刺史，至九折坂，歎曰：「奉先人遺體，奈何乘此險。」遂以疾去官。後——爲刺史，至坂，自叱其馭，驅之曰：「王陽爲孝子，——爲忠臣。」**張堪**、成都志云：「光武伐公孫述，拜堪蜀郡太守。去職之日，乘折轅車，布被囊而已。」**王褒**、蜀人。何武傳：「宣帝時，天下和平，益州刺史王襄使——頌漢德，〔二八〕作中和、樂職詩。武年十四五，與成都楊覆衆等習歌之。」**廉范**、建中初爲太守。民歌之曰：「廉叔度，來何暮。不禁火，民安作。平生無襦今五袴。」**王濬**、爲廣漢太守。夜夢三刀懸於屋梁上，須臾又益一刀，濬甚惡之。李毅曰：「三刀爲州字，又益一刀者，明府其臨益州乎？」果遷益州刺史。**嚴武**、武節度劍南東、西川，甫往依焉。武再帥劍南，表甫爲參謀、檢校工部員外郎。武以世舊，待甫甚善，親詣其家。甫見之，或時不巾，而性偏躁傲誕。嘗登武床瞪視曰：「嚴挺之乃有此兒！」武亦暴猛，外若不爲忤，中銜之。一日，欲殺甫及梓州刺史章彝，集吏于門，武將出，冠鈎于簾三。左右白其母，奔救，得止，獨殺彝。**杜甫**：居嚴武幕。**皇朝張詠**、知成都府。嘗曰：「前日李順脅民爲賊，今日吾化賊爲民，不亦可乎？」在蜀，有録曹參軍老病廢事，公責之曰：「何故不歸？」明日，參軍求去，且以詩留別，其略曰：「秋光多似宦情薄，山色不如歸興濃。」公驚歎曰：「吾過矣。同僚能詩，而吾不知。」留而慰薦之。〇塵史：「乖崖守蜀，兵火之餘，人懷反側。一日，令軍旅大閱。始出，衆遂嵩呼者三。乖崖亦下馬，東北望而三呼，復攬轡行，衆不敢讙何。」**趙抃**、知成都，神宗召知諫院。故事，自成都還者，必更省府，大臣以爲疑。帝曰：「吾賴其言耳。」及謝，帝曰：「聞卿匹馬入蜀，以一琴一鶴自隨。政簡易，亦稱是耳。」未幾，擢爲參知政事。熙寧五年，再知成都，屏去龜鶴，止一蒼頭執事。張公裕以詩送之云：「馬諳舊路行來滑，龜放長江不共來。」宋祁、東軒筆録：「子京知成都府，帶唐書於本任刊修。每宴罷盥漱畢，開寢門，垂一簾，燃二椽燭，媵婢夾侍，和墨伸紙。遠近觀者，皆知尚書修唐書，望之如神仙焉。」薛奎、天聖四年守蜀，蜀人以比張公詠而不苛。○薛簡肅公知成都，范蜀公方爲舉子，一見愛之，館於府第，俾與子弟講學。每曰：「范君，廊廟人也。」公益矣謙退，乘小駟至銅壺閣下，即步行趍府門。踰年，人不知爲帥客也。簡肅還朝，載蜀公以去。或問簡肅曰：「自成都歸，得何奇物？」曰：「蜀珍産不足道，吾歸，得一偉人耳。」文彦博、慶曆間，以密直知益州，多燕集，有飛語至京師。御史何郯聖從謁告歸蜀，上遣伺察之。張俞少愚，潞公客也，迎見聖從於漢州。同郡會有營妓楊其姓者，善舞，聖從喜之。少愚因取其項帕題詩曰：「蜀國佳人號細腰，東臺御史惜妖嬈。從今喚作楊臺柳，舞盡春風萬萬條。」後數日，聖從至成都，頗嚴重。一日，潞公大作樂以燕之，迎其妓雜府妓中，歌少愚之詩以酌聖從，聖從每爲之醉。聖從還朝，潞公之謗乃息。此與陶穀使江南郵亭詞頗相類云。○潞公少時，從其父赴眉州幕官。過成都，潞公入江瀆廟，祠官接之甚勤，且言：「夜夢神，令洒埽祠庭，明日有宰相來。」公笑曰：「宰相非所望。若爲成都，當使廟宇一新。」及知益州，謁江瀆廟，若有感焉，即經營改造。忽江漲，大木數千章，蔽流而下，取以爲材。廟成，壯觀甲于天下。並聞見録。張方平、爲守，奏減横賦四十萬。馮京、知成都。夷人寇雞標關，京出兵，夷人懼，請降。議者欲蕩其巢穴，京禁侵掠，給稼器糧餉使歸。夷人出犬豕盟，願世爲漢藩。召知密院，以疾未至。神宗夢京造朝，甚慰，乃賜京詔，有「渴想儀刑，不忘夢寐」之語。司馬池。寧武志云：「池爲郫縣尉，邑人妄傳蠻人將入寇，富室争瘞金玉，避於山谷間。池攝縣事，上元乃張燈作樂，縱民遊觀，凡三日，民心遂安。」

【人物】司馬相如、字長卿，成都人。嘗慕藺相如之爲人，更名相如。著子虛賦、上林賦。武帝有「朕不得與此人同時」之歎。詳見邛州。欒巴、後漢人，爲尚書郎。正朝大會，得酒不飲，西南噀之。有司奏巴大不敬。巴謝曰：「臣本縣成都失火，故噴酒以爲雨。」後成都奏火得雨而滅，雨中作酒氣也。揚雄、字子雲，蜀郡人。著法言及太玄經。〔二九〕嚴遵、字君平。按西漢王貢敘傳：「君平卜筮於成都市，以爲『卜筮者賤業，而可以惠衆人。有邪惡非正之問，〔三〇〕則依蓍龜爲言利害。與人子言依於孝，與人弟言依於順，與人臣言依於忠，各因勢導之以善。從吾言者，已過半矣。』裁日閲數人，得百錢足自養，則閉肆下簾而授老子。博覽亡不通，依老子、莊周之指著十餘萬言。揚雄少時從游學，其論曰：『蜀嚴湛冥，不作苟見。』然未嘗仕，其風聲足以激貪厲俗，近古之逸民也。」李白；蜀郡人。皇朝梅摯、新繁人。慶曆中爲御史，嘗論張堯佐緣宫掖以進，恐上累聖德。仁宗曰：「摯言事有體。」范鎮、華陽人。神宗朝論新法不合，遂請致仕。司馬温公言勇决不如范景仁。范祖禹、鎮從姪，温公辟同修通鑑。進帝學、政典、唐鑑之書。紹聖初責化州，卒。與范鎮、范百禄號曰「三范」。成都隱者、二程侍父入蜀，至大慈寺，有箍桶者口吟易數，就揖之挽歸，質所疑，酬答如響。問其姓名，不答徑去。宇文虛中。廣都人。建炎二年使金，虜不如所請，遂不與還。每密令人懷蠟彈奏虛實，願早爲北伐之計。〔三一〕和議既定，金人來取虛中一家，秦檜發往，盡爲所害。

【名賢】李郃。南鄭人。善河、洛風星，爲郡候吏。和帝遣二使微行，至蜀，宿郃候舍。郃問曰：「君來時，寧知二使何日發耶？」二人怪之。郃指星曰：「有二使者入益部。」

【題詠】蜀道之難。李白歌云：「噫吁嚱，危乎高哉！蜀道之難，難於上青天。蠶叢及魚鳧，開國何茫然。爾來四萬八千歲，不與秦塞通人煙。西當太白有鳥道，可以横絶峨眉巔。地崩山摧壯士死，然後天梯石棧相鈎連。上有横河斷海之浮雲，下有衝波逆折之回川。黄鶴之飛尚不得過，猿猱欲度愁攀緣。青泥何盤盤，〔三二〕百步九折縈巖巒。捫參歷井仰脅息，以手撫膺坐長歎。問君西游何時還，〔三三〕畏途巉巖不可攀。但見悲鳥號古木，雄飛雌從遶林間。又聞子規啼夜月，愁空山。蜀道之難，難於上青天，使人聽此凋朱顔。連峰去天不盈尺，枯松倒掛倚絶壁。飛湍瀑流争喧豗，砯崖轉石萬壑雷。其險也如此，嗟爾遠道之人胡爲乎來哉！劍閣峥嶸而崔嵬，一夫當關，萬夫莫開。所守或匪親，化爲狼與豺。朝避猛虎，夕避長蛇，磨牙吮血，殺人如麻。錦城雖云樂，不如早還家。蜀道之難，難於上青天，側身西望長咨嗟。」西蜀稱天府。隋盧思道詩：「云云，由來擅沃饒。雲浮玉壘夕，日映錦城朝。南尋九折路，東上七星橋。琴心若易解，令客豈難要。」分土跨梁、岷。諸亮：「列宿光輿井，云云。」公來雪山重。杜甫八哀詩云：「諸葛蜀人愛，文翁儒化成。云云，公去雪山輕。」吴、蜀水相通。杜甫詠蜀道畫圖詩：「日臨公館静，畫列地圖雄。劍閣星橋北，松州雪嶺東。華、夷山不斷，云云。輿與煙霞會，清樽幸不空。」閣道通丹地。杜甫送嚴公入朝詩：「鼎湖瞻望遠，象闕憲章新。四海猶多難，中原憶舊臣。與時安反側，自昔有經綸。感激張天步，從容静塞塵。

南圖回羽翮，北極奉星辰。漏鼓還思晝，宫鶯罷囀春。空留玉帳術，愁殺錦宫人。云云，江潭隱白蘋。此生那老蜀，不死會歸秦。公若登台輔，臨危莫愛身。」**説尹終在口**。杜甫遭田父泥飲美嚴中丞詩：「步屧隨春風，村村自花柳。田翁逼社日，〔三四〕邀我嘗春酒。酒酣夸新尹，畜眼未見有。語多雖雜亂，云云。」**萬里至揚州**。武元衡詩：「蜀國春與秋，岷江朝夕流。長波東接海，云云。」**政簡坤維静**。司馬君實寄成都吴龍圖同年詩：「云云，仁深絡井安。」**情依節制尊**。杜甫寄嚴公詩：「跡忝朝廷舊，云云。」**舊俗接魚、蠶**。蘇子瞻詩：「遺民悲昶、衍，云云。」**文章四子盛**。雍陶詩：「云云，道路五丁開。」〔三五〕**元戎小隊出郊坰**。杜甫嚴中丞見過：「云云，問柳尋花到野亭。」川合東西瞻使節，地分南北任流萍。扁舟不獨如張翰，白帽應兼似管寧。寂寞江天雲霧裏，何人道有少微星。」**魚知丙穴猶來美**。杜甫寄嚴鄭公詩：「得歸茅屋赴成都，直爲文翁再剖符。但使閭閻還揖讓，〔三六〕敢論松竹久荒蕪。云云，酒憶郫筒不用沽。五馬舊曾諳小徑，幾回書札待潛夫。」**枉沐旌麾出城府**。杜甫奉酬嚴公寄題野亭詩云：「拾遺曾奏數行書，懶性從來水竹居。奉引濫騎沙苑馬，幽棲真釣錦江魚。謝安不倦登臨費，〔三七〕阮籍焉知禮法疏。云云，草茅無逕欲教鋤。」**竹裏行厨洗玉盤**。杜甫嚴公仲夏枉駕草堂携酒饌詩：「云云，花邊立馬簇金鞍。〔三八〕非關使者徵求急，自識將軍禮數寬。百年地闢柴門迥，〔三九〕五月江深草閣寒。看弄漁舟移白日，老農何有罄交歡。」**重鎮還須濟世材**。杜甫呈嚴大夫詩：「殊方又喜故人老，云云。常怪偏裨終日待，不知旌節隔年回。欲辭巴徼啼鶯合，遠下荆門去鷁催。身老時危思會面，一生襟抱向誰開。」錦里逢迎有主人。杜甫寄嚴公詩：「雪山斥堠無兵馬，云云。」甘棠終少海棠多。范至能有詩云：「手開花徑錦城窠，浩蕩春風載酒過。來歲游人應解笑，云云。」少城風物似揚州。范至能詩：「十里珠簾都捲上，云云。」石犀江下春波緑。陸務觀：「云云，金鴈橋邊夜燭紅。」桑麻接畛餘無地。王介甫送人赴成都詩：「槃礴西南江與岷，石犀金馬世稱神。云云，錦綉連城別有春。」

【四六】庭揚成涣，閫制全坤。輟賢禁甬，作鎮少城。疏恩北闕，作牧西陲。疏渥天庭，出鎮坤軸。距上國萬里之遥，爲西蜀一都之會。躋班禹閣，宅牧蜀都。進直奎文，借留井絡。火井沉熒，雪山增重。其民務本而力穡，其士好學而有文。天有井絡，地稱坤維。宣揚兑澤，告戒坤垠。眷此坤方，號稱天府。許以金城之便宜，盡護玉關之疆埸。仰止高才，屹然方面。帝念岷、峨，地連關、陝。井、鬼名疆，岷、峨會府。況從漢棧之闤闠，不見秦兵之耐戰。維蜀一方，去天萬里。夢協三刀，恩覃兩劍。方謹戍西山之雪，何因近南斗之星。捫參歷井，挹斗翕箕。擁元戎之小隊，布方國之細書。張忠定嚴明爲政，趙清獻簡易臨民。有可福虚、危之次，諒何憚參、井之捫。長沙千里之平，成都萬事之好。天使爲入蜀之星，人已卜擒胡之月。召從瞿唐灧澦之間，歸奉閶闔明光之對。駕風鞭霆，已上蓬萊之島；捫參歷井，遂登蜀道之天。非天府前腴而後瘠，殆雪山昔重而今輕。捫參歷井，重經蜀道之難；就日望雲，不覺長安之遠。去來關雪山之重輕，出入係蜀道之難易。遮日而走長安，幾穿破履；登天而攀蜀道，忽得舊氈。

益州疲弊，民不聊生；劍閣峥嵘，君誰與守。　古來天府之腴，莫如益部；今使雪山之重，是在我公。　惟漢有文翁、廉范之規，在唐有德裕、元衡之略。　萬甕萬牛，窘韋皐之去鎮；一琴一鶴，欠清獻之乘軺。　惟真學士象十二月之班，而大府帥總六十州之重。　星紀一周，未皇皇而奠枕；風寒數處，屹在在之長城。　金馬入渭，兩經鳥鼠之邦；歷井捫參，再造魚鳧之國。　蠶叢啓國，魚鳧羽化於湔山；望帝開基，鱉靈復生於岷水。　松陵笠澤，雖睽故國之歸期；四海草堂，聊竊老師之補處。周家地官，方賴小司徒之職；益州天府，遽勤大元帥之行。　臨民簡易，有趙清獻之餘風；馭下嚴明，繼張忠定之遺躅。　千二百里之邊面，威令風行；六十餘郡之人心，驩呼雷動。　江路市橋，想已遂碧雞之訪；天梯石棧，得無憐黄鶴之飛。　孔明用蜀，府中實委之費禕；嚴武鎮川，幕下固謀之杜甫。　雲門陸澤，夙稱要害之膏腴；石棧天梯，素忌吮磨之牙血。　厭承明，勞侍從，久陪上雍之祠；望太白，横岷、峨，爰馳諭蜀之檄。　出鎮踰歲月，共期裴相之來歸；小隊駐郊坰，復喜嚴公之因任。　撫五十四州之軍民，瘡痍帖泰；壯一百八盤之門户，氣色晶明。　三分籌策，小試渭濵耕戰之謀；百二山河，行複關中帝王之業。　魚鳧以來幾千年，素稱用武之國；貔貅之衆百萬騎，今爲足食之謀。　載惟魚鳧之國幾千歲，今則不殊；使有能羆之士不二心，誰其敢侮？　推成都夙稱陸海，海已近於揚塵；而益部舊號使星，星今同於隕石。　謂江、漢朝宗于海，必導岷而導嶓；當荆、益跨有之時，欲保吴則保蜀。

校勘記

〔一〕「改益州爲蜀郡」，「蜀郡」，底本原作「蜀部」，據舊唐書卷四一地理志、新唐書卷四二地理志改。

〔二〕「娶蜀山氏女」，底本原作「娶蜀人女」，據華陽國志卷三蜀志、太平寰宇記卷七二改。

〔三〕「玉壘峨眉爲城郭江潛綿洛爲池澤」，底本原脱「城郭江潛綿洛爲」七字，據華陽國志卷三蜀志、太平寰宇記卷七二補。

〔四〕「有開明帝尚」，底本原無「開明帝」三字，據太平寰宇記卷七二補。又，本書云開明帝尚爲五世，而華陽國志卷三蜀志則以爲是九世，二書有所不同。

〔五〕「二十九年」，「年」，底本原作「日」，據建炎以來朝野雜記甲集卷一三諸路同日解試、宋史卷一五六選舉志改。依據上文，此「二十九年」即紹興二十九年。

〔六〕「元和郡縣志（至）馬三千四」，今核元和郡縣志卷三一，此劍南節度所管兵馬數爲「兵三萬九百人，馬二千四」，與本書異。

〔七〕「仙井歲産鹽二百餘萬斤」，「鹽」，底本原作「鹹」，據嶽雪樓本及建炎以來朝野雜記甲集卷一四蜀中官鹽改。

〔八〕「鹽由是頓昂」，「昂」，底本原作「易」，據建炎以來朝野雜記甲集卷一四蜀鹽及宋史卷一八三食貨志改。

〔九〕「而宣總所椿積錢至五千餘萬」，「椿」，底本原作「樁」，誤。宋有封椿庫，每年國用之餘及額外上供均藏此庫，以備非常之需。此宣總所椿錢，亦是備上供之需。宋史卷一七九、一八〇食貨志多處提及封椿事宜，本書誤「椿」爲「樁」，蓋形近而訛，今改正。

〔一〇〕「東坡有送周漢州詩云茶爲西南病」，「周漢州」，底本原脱「州」字，據蘇軾詩集卷三〇送周朝議守漢州改。周朝議即周思道，成都人，因爲漢州守，故人稱周漢州。又，「爲」，底本原作「馬」，亦據蘇軾詩集及容齋三筆卷一四蜀茶法改。

〔一一〕「蜀都賦（至）揚雄含章而挺生」，「世載其英」，底本原誤「英」爲「美」，據文選卷四左太冲蜀都賦改。又，「蔚若相如」、「王褒韡曄」，底本缺「蔚若」、「韡曄」四字，今一併據四庫本及文選補之。

〔一二〕「西接漢嘉南接犍爲」，底本原作「西——嘉犍爲」，北圖本作「西接漢嘉犍爲」，即以北圖本而言，亦脱「南接」二字。蓋祝穆所本，乃誤本華陽國志，今巴蜀書社所出劉琳華陽國志校注已據顧廣圻校本補正，這條校記，即據校注本。

〔一三〕「外負銅梁於宕渠内函要害於膏腴」，底本原脱二「於」字，據文選卷四蜀都賦補。

〔一四〕「江潛綿絡爲池澤」，「池」，底本原作「地」，據華陽國志卷三蜀志、太平寰宇記卷七二改。

〔一五〕「若臨谷爲塞」，「塞」，底本原作「寨」，據文選卷四蜀都賦改。

〔一六〕「君不見益州城西門」，底本原脱「益州」二字，據四庫本及杜詩詳注卷一〇、全唐詩卷二一九石笋行補。

〔一七〕「先王作法皆正道」，「先王」，底本原作「先三」，據元甲本、元乙本、四庫本及杜詩詳注卷一〇、全唐詩卷二一九石犀行改。

〔一八〕「空有望夫名」，底本原作「空爲通浥」，據北圖本、傳是樓本、四庫本及白居易集卷一蜀路石婦改。

〔一九〕「送死置空山」，「置」，底本原作「至」，據杜詩詳注卷一〇、全唐詩卷二二六石鏡改。

〔二〇〕「千騎亦虛還」，「虛還」，底本原作「逞遠」，據北圖本、四庫本、傳是樓本及杜詩詳注卷一〇、全唐詩卷二二六石鏡改。

〔二一〕「黄魯直浣花溪圖引（至）煎膠續弦千古無」，本書所引黄魯直浣花溪圖引，核諸山谷外集卷一六老杜浣花溪圖引，共有三處字誤：「老妻稚子具眼前」，「具」誤作「宜」；「顚聞解鞍脱兜鍪」，「顚」誤作「厭」；「兒呼不蘇驢失脚」，「呼」誤作「孫」；今一併改正。

〔二二〕「惜哉形勝地」，「形勝」，底本原作「形勢」，據杜詩詳注卷一四、全唐詩卷二二九懷錦水居止二首改。

〔二三〕「芋魁徑尺誰能盡」，「芋」，底本原作「芊」，據元甲本、元乙本、四庫本、傳是樓本及蘇軾詩集卷二六送戴蒙赴成都玉局觀將老焉改。

〔二四〕「出師未捷身先死」，「捷」，底本原作「戰」，據四庫本、嶽雪樓本及杜詩詳注卷九、全唐詩卷二二六蜀相改。

〔二五〕「相告留公像于淨衆寺」，底本原脱「留」字，據元甲本、元乙本、四庫本、嶽雪樓本及蘇洵嘉祐集卷一五張益州畫像記補。

〔二六〕「嗟我婦子」，「婦」，底本原作「歸」，據嶽雪樓本及蘇洵嘉祐集卷一五張益州畫像記改。

〔二七〕「西人相告」，「西人」，底本原作「兩人」，據北圖本、元甲本、元乙本、四庫本、嶽雪樓本及蘇洵嘉祐集卷一五張益州畫像記改。

〔二八〕「益州刺史王襄使王褒頌漢德」，底本原無「王襄使」三字，若無此三字，則益州刺史即由王襄變爲王褒，顯與史實不符。漢書卷六四下王褒傳云：「益州刺史王襄欲宣風化於衆庶，聞王褒有俊材，請與相見，使褒作中和、樂職、宣布詩。」同書卷八六何武傳亦云「益州刺史王襄使辯士王褒頌漢德」。由此可見，任益州刺史者爲王襄，作詩者爲王褒，本書節録有誤，今改正之。

〔二九〕「著法言及太玄經」，底本原作「著不」，又缺「言及太玄經」五字，據四庫本、傳是樓本及漢書卷八七揚雄傳改、補。

〔三〇〕「有邪惡非正之問」，「問」，底本原作「間」，據北圖本、四庫本及漢書卷七二王貢兩龔鮑傳改。

〔三一〕「願早爲北伐之計」，「計」，底本原作「訪」，據北圖本、四庫本、傳是樓本、嶽雪樓本改。

〔三二〕「青泥何盤盤」，「青泥」，底本原作「音泥」，據北圖本、元甲本、元乙本、四庫本、傳是樓本、嶽雪樓本及李太白全集卷三、全唐詩卷一六二蜀道難改。

〔三三〕「問君西游何時還」，底本原作「問君西北何當還」，據嶽雪樓本及李太白全集卷三、全唐詩卷一六二蜀道難改。又，「何時還」，全唐詩云「一作『何當還』」，北圖本、元乙本、四庫本、傳是樓本等亦作「何當還」，今從李太白全集。

〔三四〕「田翁逼社日」，「逼」，底本原作「遭」，據杜詩詳注卷一一、全唐詩卷二一九遭田父泥飲美嚴中丞改。

〔三五〕「道路五丁開」，「開」，底本原作「聞」，據四庫本、嶽雪樓本及全唐詩卷五一八雍陶蜀中戰後感事改。

〔三六〕「但使閭閻還揖讓」，「讓」，底本原作「遜」，據杜詩詳注卷一三、全唐詩卷二二八將赴成都草堂途中有作先寄嚴鄭公改。

〔三七〕「謝安不倦登臨費」，「費」，底本原作「貫」，據北圖本、四庫本及杜詩詳注卷一〇、全唐詩卷二二七奉酬嚴公寄題野亭之作改。

〔三八〕「花邊立馬簇金鞍」，底本原作「花邊簇馬立金鞍」，據杜詩詳注卷一一、全唐詩卷二二七嚴公仲夏枉駕草堂兼攜酒饌改。

〔三九〕「百年地闢柴門迥」，「迥」，底本原作「過」，據四庫本及杜詩詳注卷一一、全唐詩卷二二七嚴公仲夏枉駕草堂兼攜酒饌改。

方輿勝覽卷之五十二

崇慶府 晉原　新津　江原　永康

【建置沿革】禹貢梁州之域。秦地，天官東井、輿鬼之分野，入參一度。秦置蜀郡。在漢爲蜀郡之江原縣，莽曰邛原，後漢復曰江原。晉因之。李雄據蜀，分爲漢原郡。晉穆帝改晉原郡。南齊爲晉康郡。西魏平蜀，移爲犍爲郡理，立多融縣。後周廢郡，以縣入蜀郡。隋改屬益州。唐分益州四縣地於晉原縣立蜀州，改唐安郡，復爲蜀州。唐末及五代蜀王氏建、孟氏昶有其地。皇朝平蜀，地歸版圖，以高宗潛邸，陞爲崇慶軍節度，紹興陞府。今領縣四，治晉原。

事要

【郡名】蜀郡、晉康、唐安。並郡志。

【風俗】輕易褊阨。漢志：「民食稻魚，亡凶年之憂，俗不愁苦，而云云。」尚侈好文。益州記：「其風俗——而——。」俗好歌舞。常璩志：「云云，危弦促管，聲尤激切。」

【形勝】土地肥美。周職方：「巴、蜀、廣漢，云云，有山林竹木蔬食草實之饒。」連山特起。

張俞學記：「武陽西鄙，云云。」四相牧州。唐張柬之、鍾紹京、李峴、王縉四公皆牧是州。唐刺史皇甫澈壁記。三千官柳。劍南詩稿云：「蜀人謂唐安有云云，四十琵琶，故詩云『歸心日夜逆江流，官柳三千憶蜀州』。」

【山川】查山、去永康縣五里。上有寺。龍華山、唐詩紀事：「郭震留題云『最好寺邊開眼處』。」段文昌有讀書堂。鶴鳴山、在晉原縣西八十里，絕壁千尋。李膺益州記：「張道陵登仙之所，嘗有白鶴遊其上。」天國山、在永康縣。左連大面，右連鶴鳴，前臨獅子，後枕大隨等山。有龍池及融照寺。青城山有八大洞，此乃第五洞也。有山曰香爐峰。翠圍山、在永康縣西八里。上有院。前有繩橋，乃古王仙柯燒丹之處。石門山、在永康西七里。上有天池及石龍，又有化成寺，縣人以元旦遊禮焉。蟆頤山、在永康縣西七里。山有穴，類——。——中多鹿，號鹿市。天社山、在新津縣南三里。北枕大江，南接連嶺，益土有難，人多依焉。稠稉山：，在新津南八里。有草名稠稉，服之長生不死。鄠江、自青城縣南流入縣界。味江、入永康縣界，注白馬、文井兩江。舊經：「蜀主征西番，有野人以壺酒獻王，王使投之江中，三軍飲之皆醉，因名。」白馬江、自晉原縣界入新津縣界。東湖、有趙清獻留題。西湖、在郡圃。蓋皂江之水皆道城中，環守之居，因瀦其餘以爲湖云。黑水、在永康縣西十一里，流入青城縣。溪石皆黑，故名。皂水、自江源縣流入天社山下。文溪、自永康縣白崖流出大溪。夜郎溪。在新津北七里。

【亭閣】浮觴亭：在西湖。文與可輯之，范蜀公有詩。東閣。杜甫和裴迪登東亭送客見梅：〔一〕「——官梅動詩興，還如何遜在揚州。此時對雪遥相憶，送客逢春可自由。幸不折來傷歲暮，若爲看去亂鄉愁。江邊一樹垂垂發，朝夕催人自白頭。」

【橋梁】北橋、杜甫詩：「望極春城上，開筵近鳥巢。白花簷外朵，青柳檻前梢。池水觀爲政，厨煙覺遠庖。西川供望眼，〔二〕唯有此江郊。」竹橋。杜甫陪李司馬皂江上觀造——詩：「伐—爲—結構同，褰裳不涉往來通。天寒白鶴歸華表，日落青龍見水中。顧我老非題柱客，知君才是濟川功。合歡却笑千年事，驅石何時到海東。」

【寺觀】修覺寺、在新津縣南五里。○杜甫新津寺寄王侍郎詩：「何限倚山木，吟詩秋葉黃。蟬聲集古寺，鳥影度寒塘。風物悲遊子，登臨憶侍郎。老夫貪佛日，隨意宿僧房。」○遊———詩：「野寺江天豁，山扉花竹幽。詩應有神助，吾得及春遊。徑石相縈帶，〔三〕川雲自去留。禪枝宿衆鳥，漂轉暮歸愁。」○「寺憶曾遊處，橋憐再渡時。江山如有待，花柳更無私。野潤煙光薄，沙暄日色遲。客愁全爲減，捨此復何之？」龍門院、在永康縣六里。〔四〕青城、大面三十六峰，嵯峨萬仞，盡在軒檻間。張天覺記其本末，且賦詩云：「四時積雪瞻岷嶺，三派飛泉出洞天。」太平院：在府城。有范鎮留題。妙真觀、在永康縣西四十里。昔有女子於此上昇。有真仙洞、聖水池，有燒藥爐。投龍觀。在新津縣南六里，枕夜郎溪及白木水。〔五〕上有龍穴，祈雨有驗。

【祠廟】蜀先主廟：在晉原縣西二里。有唐碑，乃房琯文。杜工部祠、在江源縣，邑宰趙抃在判官廳。蓋公之父在天禧時來作判官，令公受業於晉原大夫張錫之客任君，〔六〕後爲立祠。建。昔杜甫依高適，寓於此，頗多題詠，故爲立祠。**文潞公祠**。

【名宦】**高適**、爲蜀刺史。**張柬之**：爲守。○皇甫澈詩：「周曆革元命，天步值艱阻。烈烈張漢陽，左袒誅諸武。休明神器正，文物舊儀睹。南向翊大君，西宫朝聖母。茂勳鑄鍾鼎，江山食茅土。〔七〕至今稱五王，卓立邁千古。」**皇朝趙抃**。皇祐初宰江源，與邑之張景通遊，有詩題其堂。

【人物】**鍾紹京**、皇甫澈詩：「清宫闈闥啓，滌穢氛沴滅。紫陌重昭回，皇天新日月。從容廟堂士，〔八〕肅穆人神悦。唐元佐命功，輝煥何烈烈！」**張令問**：本唐興人，隱居不仕，號天國山人。與杜光庭詩：「試問朝中爲宰相，何如林下作神仙。一壺美酒一爐藥，飽聽松風清晝眠。」**皇朝張商英**。字天覺，新津人。爲童子時，日記萬言。十四歲，從其兄唐英遊學梁山，鄉先生向子山見而大驚，妻以女，資使入京，登治平第。崇寧中入相，以力詆蔡京之姦，入元祐黨籍。

【題詠】**城闕輔三秦**。王勃送杜少府之任蜀州詩：「云云，風煙望五津。與君離別意，同是宦遊人。」〔九〕**煙綿劍道微**。宋之問送趙司馬赴蜀州詩：「餞子西南望，云云。橋寒金鴈並，林曙碧雞飛。」

【外邑】**水足野田芸鼓急**。永康令國表民題天林寺詩：「訟連多雨緑苔荒，勝事閑隨日月長。云云，風回山焙茗旗香。」

【四六】疏榮漢札，擢守唐安。　惟蜀地之奥區，有晉康之古郡。　趙清獻分符之地，張丞相毓秀之鄉。　剖西川之符竹，可謂勝遊；賦東閣之官梅，未妨佳致。　導玻瓈萬頃之江，委諸汶井；駐峨眉半輪之月，照此唐安。

簡州陽安　平泉

【建置沿革】禹貢梁州之域。秦地，東井、輿鬼之分野。秦屬蜀郡地。漢武分蜀郡置犍爲郡，今州即犍爲郡之牛鞞縣也，屬益州。東漢及晉因之。南齊於此置牛鞞戍，又置縣。西魏置資州及武康郡。後周移資州於漢資中城。隋文帝於此置簡州，煬帝廢州。唐分益州，復置簡州，又改陽安郡，復爲簡州，號清化軍。國朝割金水縣隸懷安軍。今領縣二，治陽安。

事要

【郡名】陽安、簡池。

【風俗】有鄒、魯風。劉昊記：「土厚水深，民和俗阜，云云。」四出大魁。圖經云：「王歸璞僞蜀時狀元，皇朝許將、張孝祥及許奕云云，皆此邦之人。」成都不如。唐刺史韋宗卿壁記：「揆以氣候，較似土宜，雖云云也。」東之朴，西之文。闕者孫碑陰記：「東普慈，西成都，有——，有——，蓋嘗出磊落瑰奇之士。」人多工巧。隋志：「云云，綾錦雕鏤之妙，侔於上國。」郡治之古。

郡志：「設廳棟宇，盡唐制。梁上題唐寶曆元年簡州刺史張炎建，抵嘉定之壬午，已三百九十有八年矣。」不被兵火。郡守題名序云：「簡之先民有言，蜀屢叛，獨我州云云，自唐貞觀丁亥，距今開禧丁卯五百八十有一年。」

【形勝】東界普慈。闕者孫碑陰記。南距赤水。郡守郭由中叢桂樓記：「云云，東距隴江，二水合流，是爲陽安之郡治。」東望漢江。趙汝霖志民亭記：「——，雲煙聯綿；西望前溪，林巒茂美。」控扼巴峽。折柳亭記：「密邇川府，云云。」山不險而川平。沈璞平泉縣題名記：「山峙而不險，水流而且平。」土地肥美。漢地理志。鹽饒而田瘠。靈惠廟記。

【土産】鹽。郡守江見禮撰制置胡公生祠記：「淳熙六年有旨，簡之郡産—爲最，虚額尤多，每歲計豁除，折估錢五萬四千九百五十餘萬，皆胡公奏蠲免。」

【山川】賴山、去陽安五十里。又名賴憨。東山、在東江之外，州治之左。逍遥山、在元都。山去城三十里。景德間，有楊用晦者隱居此山。其北有層崖，命工發之，得東西二室。西室後刻二竈，若養丹之所。又鑿二窟，中可坐五七人，東西二壁鐫二孔雀、二神人。有「漢安元年四月十八日會仙」字。自漢安至景德二年，已九百二十餘年矣。南巖、在陽安縣。有光孝寺，前敞飛閣，盡覽江山之勝。左有洞，可容數十人。北巖、在州北。有寺及洞。牛鞞戍：在州城西岸。南齊於此置戍。〔一〇〕赤水、在陽安縣南七十步。隴水、在陽安縣。東溪、姚孳碧波亭詩：「賴簡池臺兩蜀誇，東溪别是一仙家。令人却憶康王谷，坐看珠簾濺雨花。」三溪、劉巨濟云：「三溪號一郡之勝。前溪在陽安縣治之北，南溪在壽昌寺之側，沿江行一里許，是爲東溪，最勝。」三池、郡以——名，或指賴簡池、柳池、鳳池，以足三者之數。賴簡池。在陽安縣東九十里。〔一一〕隋高祖立州名，取此。

【堂院】清忠堂：在倅廳。以趙—獻、范—宣嘗按臨斯郡，故以爲名。西州道院。紹興間黎持道院記：「陽安鄰於會府，而有江山之勝；處於高仰，而有魚稻之饒。民事獄訟，比之旁郡十無一二。凡隱於吏者，樂趍焉。人目之爲云云。」

【樓榭】望湖樓、在州治道院之後。湖光山色，交相輝映。輕舟小艇，時時撑出柳陰之中。不謂重岡疊嶂間，乃有瀟、湘、苕、霅之景也。江月樓：在郡治。下臨雁、赤二水之間。小桃源、在郡治。以桃花最多，故名。天水相接，放目無際，爲西州之絶景。會勝亭、在郡治。西北角繪趙清獻公像，龕于壁。公將漕西蜀，按部至此，賦詩詞。十五年帥蜀，復和前韻。今皆刻於亭中。琴軒。在報恩寺。以僧能琴，故名。趙清獻聽琴詩云：「輟飲揞筇會勝亭，溪山佳處古琴横。憑君傾耳慇懃聽，一弄清風四坐生。」

【橋梁】忠宣橋、熙寧間運使范——公巡按，始命架此—。折柳橋。在朝天門外。舊名情盡。○唐刺史雍陶詩：「從來只説情難盡，〔一二〕何事教名情盡橋。自此改名爲折柳，任教離恨一條條。」

【寺觀】東巖院：在陽安縣東五里，唐智通禪師卓菴之地。院居兩山之間，溪流其中。又有縣溜，清響不絶。〔一三〕旁有洞。又有古柏，可二十圍，爲一郡之望刹也。景德觀、在郡南一里。黄魯直詩序云：「覺範道人種竹於所居之東軒，使君楊夢貺題其軒曰『也足』，取古人所謂『但有歲寒心，兩三竿也足』者，仍爲之賦詩。余輒次韻。詩云：『道人手種兩三竹，使君忽來唾珠玉。不須客賦千首詩，若是賞音一夔足。世人愛處但同流，一絲不掛似太俗。客來若問有何好，道人優曇遠山緑。』」天光觀。在陽安縣東二十里。仙人李八百煉丹于此。有聖燈。〔一四〕

【名宦】何遐、隨侍父世英爲平泉主簿，〔一五〕嘗平朱泚之亂。德宗在奉天，命羣臣射鴈，遐一發雙鴈，應弦而落。韋皐贈詩曰：「腰間寶劍七星文，掌上彎弓掛六鈞。箭發雲中雙鴈落，始知秦地有將軍。」其子孫因家於平泉。劉昊，其先秦人也。唐僖宗時爲平泉令，因家焉。嘗遇異人告曰：「劉氏自是官矣。」既而子諷登第，而子孫之登第者，七世九人焉。皇朝利師道、爲倅。任孜。爲平泉令。蘇子瞻贈詩曰：「平泉老令更可悲，六十青衫貧欲死。」

【人物】皇朝劉諷、爲都官郎官，年六十三致仕。宋景文贈詩云：「稱疾本避事，辭官終引年。還家三逕在，教子一經傳。」子孝孫爲侍御史。許奕。慶元廷試爲第一。

【題詠】城下江流金鴈水。漕滎湮詩：「云云，亭中人弄玉弦琴。」參差草樹連巴國。熙寧間李珣詩：「云云，依約雲煙遶楚臺。」兩江回合東南隅。程端臨：「郡城好處西州無，〔一六〕云云。」東溪清絶人最夸。李良臣詩：「簡州何處景最佳，云云。」

【四六】塗膺禁省，分虎笛池。　維此東溪，冠於西蜀。　地僻左而非走集之地，山周遶而皆墝埆之田。　地産不豐，所特牢盆之利；民生甚朴，亦稀狴犴之姦。〔一七〕　江山頗勝，曾標道院之名；人物所鍾，亦有倫魁之彦。

嘉定府 龍遊　夾江　犍爲　峨眉　洪雅

【建置沿革】禹貢梁州之域。東井、輿鬼之分野。秦爲蜀郡，今府即漢犍爲郡之南安縣地也。梁武帝開通外徼，立青州，取青衣以爲名。西魏改青州爲眉州，取峨眉山以爲名。後周復曰青州，又改曰嘉州，取漢嘉郡以爲名。隋改嘉州爲眉州。唐復爲嘉州，改犍爲郡，復曰嘉州。皇朝因之，以寧宗潛邸，陞嘉定府及嘉慶軍節度。今領縣五，治龍遊。

本路提刑置司。

事要

【郡名】漢嘉、李巽巖作雅州學田記：「昔公孫述據蜀青衣不賓，光武嘉之，後因改青衣曰漢嘉。」嘉陽、嘉陵、犍爲、南犍。韓魏公詩云：「主人獨戀南犍樂，只恐瓜期未肯歸。」

【風俗】地靈人秀。鮮于繪議道堂記：「漢嘉背負三峨，襟帶二江，爲西南州最清歸處，云云。」〇任熙明教授題名記云：「蜀爲西南巨屏，繇漢以來，號爲多士，莫盛於眉、益二邦，而嘉定次之。」人士俊乂。華陽國志：「益州以蜀郡、廣漢、犍爲爲三蜀，〔一八〕土地沃美，云云。」爲風月主人。海録碎事：「僞蜀歐陽彬守嘉州，〔一九〕曰：『青山緑水中爲二千石，作詩飲酒，——————，豈不佳哉？』」

【形勝】西有熊耳。華陽國志：「云云，南有峨眉。」東接江陽。同上。「云云，西接廣漢，南接朱提，北接蜀郡。」地大且要。蘇明允上吴職方書：「蜀之云云，無如益與嘉者。」非漢夜郎。輿地廣記：「漢武帝開夜郎置犍爲郡，而漢史地理志夜郎故縣乃屬牂牁郡，則知今嘉州犍爲縣非夜郎故地。後世徒見嘉州名犍爲郡，又領犍爲縣，遂以爲夜郎國，失其真矣。」分巴割蜀。華陽國志：「蓋漢時云云以成犍、廣二郡。」當荆、蜀、渝、瀘要道。宇文粹中萬景樓記。畫八景圖。太守吕昌朝得宋復古——————，來嘉州。而其目曰洞庭晚靄、廬阜秋雲、平沙鴈落、遠浦帆歸、雨暗江村、雪藏山麓、泉巖古柏、石岸孤松，故東坡有「八詠繼東吴」之句。三峨之勝聞天下。楊輔貢院記：「漢嘉江山雄秀，云云。」

【土産】荔支、吴中復詩：「莫愛荔子紅，歲作嘉州孽。」橘柚。文選蜀郡賦：「户有——之園。」注曰：「出犍爲南安縣。」

【山川】蒙山、禹貢梁州之山四：岷、嶓、蔡、——。西——背岷，北山背嶓，南山背蒙，峨眉之在禹貢，則————之首也。九頂山、在城左。有九峰：曰鳳集、棲鸞、靈寶、就日、丹霞、祝融、擁翠、望雲、兑説。會昌以前峰各有寺，今惟存報恩一寺。**烏尤山**、一名離堆山，在九頂山之左。舊名烏牛，突然於水中，如犀牛狀，至山谷題涪翁亭，始謂之——。**高標山**、一名高望，乃府之主山。巋然高峙，萬象在前。**海棠山**、在石碑山上，皆植海棠，爲郡守宴賞之地。**梨花山**、過西津橋五里。有寺。**金燈山**、即至樂山。其趾有淵，每歲人日，郡守於此脩油卜。故事謂以油灑水面，觀其紋，驗一歲之豐歉。**揚雄山**、在府治西。有洞深邃，子雲隱居于此。今爲延祥觀。**古像山**、在城西。有石鐫彌勒佛，如凌雲像而小。或謂初作此，以爲大像之式。**錦江山**、在龍遊縣北四十里。江自成都經此山。**大峨山**、在峨眉縣南百里，兩山相對如峨。眉山記云：「其山周匝千里，有石龕百一十二，大洞十二，小洞二十八，南北有臺。」○凡遊大峨者，自縣勝峰門出，至華嚴院恰十五里。前代於峨眉山創寺六，光相居山之絶頂，爲遊山之底；華嚴居山之前峰，爲遊山之嚮導。○陳子昂詩：「浩然坐何慕，吾蜀有峨眉。念與楚狂子，悠悠白雲期。」○李白登峨眉山：「蜀國多仙山，峨眉邈難匹。周流試登覽，絶怪安可悉。青冥倚天開，彩錯疑畫出。泠然紫霞賞，果得錦囊術。雲間吹瓊簫，石上弄寶瑟。平生有微尚，歡笑自此畢。煙容如在顔，塵累忽相失。儻逢騎羊子，携手凌白日。」○李白峨眉山月歌：「峨眉山月半輪秋，影入平羌江水流。夜發清溪向三峽，思君不見下渝州。」○蘇子瞻詩：「峨眉山西雪千里，北望成都如井底。春風日日吹不消，五月行人凍如蟻。」○田錫詩：「高高百里一屈盤，八十四盤青雲端。」○宋白詩：「不知立處高多少，只見星辰在下頭。」○陸務觀詩：「三峨舊不到郡齋，留與詩人供几案。」**中峨山**、在峨眉縣南二十里。又名覆蓬山。有葛仙洞一穴，初纔容人，行數里漸寬。

其蝙蝠大如箕。**小峨山**、在峨眉縣南三十里。一名鏵刃山。又有季仙洞。是爲三峨。**龍門山**、在峨眉西十里。分兩崖峭峙，其形如削，仰視青天，纔餘一罅。**脩文山**、在洪雅縣西八里。雅江所注，驚湍怒濤，名曰龍潭，漁者不敢入。**阿吒山**、在洪雅縣西四十里。有寺，鐫石羅漢一百八身。**隱蒙山**、在洪雅縣南。晉處士龐居士，字隱蒙，處此。**張綱山**、在犍爲縣東北五里，以張綱墓在其側。後漢人，討張嬰，以功授廣陵太守，到郡一年卒。百姓五百餘人素服行喪，送至此山，負土成墳。**東巖**、在城東佛峽。山明水秀，有洞曰——。泉宜釀酒，坡詩「一時何與——酒」，謂此也。**聖崗**、即郡治前崗。〇杜甫詩：「遠材通後徑，一郡隔前崗。」**白雲洞**、在白崖山。趙清獻爲漕，曾遊焉。**方響洞**：在丁東院。洞腹有水，如環珮聲。黄魯直改今名。**大江**、一名汶江，俗名通江。自平羌縣界流入。**瀆江**、即岷江也。**陽江**、蜀南方之水所交會。**明月湖**、在州東。**大渡河**、一名沫水，源出嶲州，入龍遊縣界。藝祖得天下，以所持玉斧畫輿地圖：「自大渡爲界，此外吾不有也。」故二百年無外患，遠慮如此。**漢水**、漢成帝時得古磬十六枚於水濱。**青衣水**、出盧山徼外，東南流逕嚴道、洪雅、夾江，至龍遊與岷江合。青衣，以縣名；一名蒙水，以山名；一名大渡，以溪名。又曰雅州以江名。**夷惜水**、源出嶲州。有嘉魚，每年二月隨水而下，八月逆水而上。**璧玉津**、隋置玉津縣。以江有璧玉，故名。**龍泓**。在龍遊縣。

【井泉】**八卦井**。在城内，皆晉郭璞所鑿。

【樓亭】明月樓、在譙樓之右，下瞰明月湖。郭璞讖：「鬱姑鬱姑，將州對洛都。但看千載後，變成明月湖。」後隋鬱姑將軍開此湖。荔支樓、陸務觀詩：「山横瓦屋披雲出，水自牂牁裂地來。」璧津樓、在城東南隅。下瞰三江，三峨九頂森列左右。澄江樓、在憲司。左窺龍泓，右瞰烏尤，高明爽塏，得江山之勝。諸邑邊寨，一目可盡。○范至能詩：萬景樓：在郡治安樂園，太守吕由誠建。「若爲唤得涪翁起，題作西南第一樓。」涪翁亭、在萬景樓之前。○黄然詩：「清音妙絶東坡老，方響名高太史公。水遶烏尤談笑外，江連洪雅畫圖中。」競秀亭、陸務觀詩：「竹葉浙江舡，春薺隔樹煙。」太白亭、在平羌鎮錦江寺之側。清音亭。在九頂山。蘇子瞻書額。

【寺觀】凌雲寺、在府之南山。唐開元中，僧海通於瀆江、沫水、濛水三江之合，悍流怒浪之濱，鑿山爲彌勒大像，高踰三百六十尺，建七層閣以覆之。至韋皐時，積十九年而工始備。皐有大像記。又有清音亭。邵博記：「天下山水之勝在蜀，蜀之勝曰嘉州，州之勝在———，寺之南山又其勝也。」蘇子瞻名其亭曰清音，又南山之勝也。」○岑參詩：「寺出飛鳥外，青峰載朱樓。搏壁躋半空，喜得登上頭。始知宇宙闊，下看三江流。天晴見峨眉，如向波上遊。」○薛能詩：「像閣與山齊，何人致石梯？萬煙生聚落，一崦露招提。」○司空文明題詩：「春山古寺遶滄波，石磴盤空鳥道過。百丈金身開翠壁，萬龕燈焰隔煙蘿。雲生客到侵衣濕，花落僧禪覆地多。不與方袍同結社，下歸塵世竟如何？」○陸務觀凌雲謁大像詩：「出郭尋幽一笑新，旋呼艇子截煙津。不辭疾步登重閣，聊欲今生識偉人。泉鏡正涵螺髻緑，浪花不犯寶趺塵。（一泉泓然，正在髻下，每歲水漲，不能及佛足。）始知神力無窮盡，丈六黄金果小身。（觀無量壽經云：〔二〇〕「或現小身丈六尺。」）光相寺、自白水至寺，歷八十四盤，山徑如線可通。登躋如是者六十里，至峰頂即普賢示現之處。寺屋皆以板爲之。石洞院、在小市。黄太史自叙南經此，有所作墨竹記。東津院、有黄魯直草書。圓照大師小碑詩云：「赤旃檀塔六七級，白菡萏花三四枝。禪客相逢只彈指，此心能有幾人知。」能仁院：陸務觀——前有石像丈餘蓋作大像時樣也詩云：「江閣欲開千尺像，〔二一〕雲龕先定此規模。斜陽徙倚空三歎，嘗試成功自古無。」天慶觀。在城北。有唐元和銅鍾，重千斤。

【祠廟】花將軍廟。在州之西。○邵氏聞見録云：「廟史匣藏唐鄭丞相告云：——敬定——也。」○高適傳：「梓州副使段子章反，以兵攻東川節度李奂。適率州兵與西川節度崔光遠攻子章，斬之。西川牙將花敬定者恃勇，既誅子章，大掠東蜀，天子怒之。」○杜子美戲作花卿歌：「成都猛將有花卿，學語小兒知姓名。用如快鶻風火生，見賊惟多身始輕。綿州副使著柘黄，我卿掃除即日平。子章髑髏血模糊，手提擲還崔大夫。李侯重有此節度，人道我卿絶世無。既稱絶世無，天子何不喚取守京都。」即此也。

【名宦】杜軫、晉人，弟烈，〔二二〕俱爲犍爲太守。岑參、唐人，爲守。陸務觀讀岑嘉州詩：「漢嘉山水邦，岑公昔所寓。公詩信豪偉，筆力追李、杜。」趙昱：嘗隱青城山，隋煬帝起爲嘉州太守。時犍爲潭中有老蛟爲害，昱率甲士千人，夾江鼓噪。昱持刀入水，有頃，江水盡赤。昱左手執蛟首，〔二三〕右手持刀，奮波而出。隋大亂，隱去，不知所終。後嘉陵水漲，蜀人見昱青霧中騎白馬，從數獵者於波面過。太宗賜封「神勇大將軍」，廟食灌江口。**皇朝吴中復**、爲犍爲令。土産紅桑、紫竹、荔枝三香，爲民害，作三戒詩勒諸石。**宋白**、爲玉津縣。有貽田表聖詩云：「玉津縣裏三年悶，金粟山前九月愁。」又：「竹底衙人吏，花間押簿書。」**石介**、爲軍事推官。魏華父作祠記云：「昔歐公嗜先生之文，嘗爲詩曰：『後世苟不公，至今無聖賢。』又曰：『我欲犯衆怒，爲子記此冤。』嗚呼！後世必有發於斯言者矣。」**楊儀之**。劉光祖縣學記：「峨眉自一文莊爲之邑長，田公諫議客其門，流風所被，文教興焉。」

【人物】**楚狂接輿**、費士戣歌鳳堂記云：「按晉皇甫謐作高士傳，宋劉孝標注世説，唐陳子昂賦感遇詩，皆以爲避楚入蜀，隱于峨眉。接輿姓陸名通，接輿其字也。」**李密**：犍爲人。晉武帝召爲洗馬，以祖母老，上陳情表固辭。密與人交，常公議其得失而切責之。嘗言：「吾獨立於世，顧影無儔。」**皇朝田錫**。弟二人及第，仕至諫議大夫。蘇子瞻爲文集序曰：「田公，古之遺直也。公洪雅縣人，屬嘉、眉二州。」

【題詠】**犍爲古佳郡**。唐詩：「云云，山水宜不惡。」**縈我是犍爲**。薛能初發嘉州詩：「云云，南征又北移。唯聞杜鵑夜，不見海棠時。」**巉巉九頂峰**。蘇子由初發嘉州詩：「放舟沫江濱，往意念荆楚。擊鼓樹兩旗，勢如遠征戍。紛紛上舡人，櫓急不容語。余生雖江陽，未省至嘉樹。云云，可愛不可住。飛舟過山足，佛脚見江滸。舟人盡斂容，競欲揖其拇。俄頃已不見，烏牛在中渚。移舟近山陰，壁峭上無路。云有古郭生，此地苦箋注。區區辨蟲魚，爾雅細分縷。洗硯去殘墨，遍水如黑霧。至今江上魚，頂有遺墨處。覽物悲古人，嗟此空自苦。余今方南行，朝夕事鳴櫓。至楚不復留，上馬千里去。誰能居深土，永與禽獸伍。此事誰是非，行行重回顧。」**不見故人十年餘。**杜甫寄岑嘉州詩：「云云，不道故人無素書。願逢顏色關塞遠，豈意出守江城居。外江、三峽且相接，斗酒新詩終自疏。謝朓每篇堪諷誦，馮唐已老聽吹噓。泊舡秋夜經青草，伏枕青楓限玉除。眼前所寄選何物，贈子雲安雙鯉魚。」〔二四〕**重疊江山遶城郭。**李堯夫：「嘉州地僻天西南，云云。」**犍爲城下牂牁路。**陳羽城下聞夷歌：「云云，空冢灘西賈客舟。此夜可憐江上月，夷歌銅鼓不勝愁。」**竹籬西畔是雲南。**楊徽之：「俗遇臘辰持藥獻，吏逢衙日隔花參。耆宿因來問封部，云云。」**聊將八詠繼東吴。**蘇子瞻送吕昌朝知嘉州詩：「不羨三刀夢蜀都，云云。卧看古佛凌雲閣，勑賜詩人明月湖。得句會應緣竹鶴，思歸寧復爲蓴鱸。橫空好在脩眉色，頭白猶堪乞左符。」**頗願身爲漢嘉守。**蘇子瞻送張嘉州詩：「少年不願萬户侯，亦不願識韓荆州。云云，載酒時作凌雲遊。虛名無用今白首，夢中却到龍泓口。浮雲軒冕何足言，唯有江山難入手。峨眉山月半輪秋，影入平羌江水流。謫仙此語誰解道，請君見月時登樓。笑談萬事真何有，一時付與東巖酒。歸來還受一大錢，好意莫違黃髮叟。」**公事無多厨釀美。**陸務觀詩：「平羌江水接天流，涼入簾櫳已似秋。云云，此身端不負嘉州。」

【四六】疏恩北闕，分牧南犍。對月半輪，好在漢嘉之太守；披雲五朵，乃是瀟湘之故人。風俗甚美，有岑、杜、石典刑之尚在；高山良美，與彭、蜀、漢境土之相連。太白對影成三人，更弄平羌之明月；東坡不願封萬户，只尋古佛於凌雲。

校勘記

〔一〕「杜甫和裴迪登東亭送客見梅」，「和」，底本原作「招」，據杜詩詳注卷九、全唐詩卷二二六和裴迪登蜀州東亭送客逢早梅相憶見寄改。

〔二〕「西川供望眼」，「望」，杜詩詳注卷九、全唐詩卷二二六題新津北橋樓作「客」。全唐詩又云：「客，一作『遠』。」

〔三〕「徑石相縈帶」，「縈」，底本原作「素」，據北圖本、四庫本、嶽雪樓本及杜詩詳注卷九、全唐詩卷二二六游修覺寺改。

〔四〕「龍門院在永康縣六里」，此缺方位詞，其它各地志亦無記載，故今仍付闕如。

〔五〕「枕夜郎溪及白木水」，「白木水」，底本原作「白术水」，據北圖本、元甲本、元乙本、四庫本、嶽雪樓本改。

〔六〕「令公受業於晉原大夫張錫之客任君」，「令」，底本原作「今」，據四庫本、傳是樓本改。

〔七〕「茂勳鑄鍾鼎江山食茅土」，全唐詩卷三一三所載皇甫澈中書令漢陽王張柬之作「茂勳鏤鐘鼎，鴻勞食茅土」，與本書異。

〔八〕「從容廟堂士」，「士」，全唐詩卷三一三所載皇甫澈中書令鍾紹京作「上」，與本書異。

〔九〕「王勃送杜少府之任蜀州（至）同是宦遊人」，底本原誤此詩爲李百藥所作，今據王子安集卷三、全唐詩卷五六改。又，「杜少府」，底本原作「林少府」；「五津」，底本原作「玉津」；亦據上述二書改。

〔一〇〕「南齊於此置戍」，「南齊」，底本原作「西齊」。本書同卷簡州沿革下云「南齊於此置牛鞞戍」，輿地紀勝卷一四五同，則此「西齊」實爲「南齊」之訛，今據改。

〔一一〕「賴簡池在陽安縣東九十里」，底本原脱「東」字，據輿地紀勝卷一四五補。

〔一二〕「唐刺史雍陶詩從來只説情難盡」，「雍陶」，底本原作「陶雍」，據輿地紀勝卷一四五及全唐詩卷五一八乙正。又，「情」，底本原作「甚」，亦據上述二書改。

〔一三〕「清響不絶」，「響」，底本原作「音」，據北圖本、四庫本、傳是樓本及輿地紀勝卷一四五改。

〔一四〕「有聖燈」，底本原脱「燈」字，據北圖本、四庫本補。輿地紀勝卷一四五作「有聖燈天光之瑞」，意更完備。

〔一五〕「隨侍父世英爲平泉主簿」，「平泉」，底本原作「平原」，據下文「其子孫因家于平泉」，又據輿地紀勝卷一四五「隨侍父世英爲平泉主簿」，知此「平原」爲「平泉」之誤，今據改。

〔一六〕「郡城好處西州無」，「無」，底本原作「元」，據北圖本、四庫本、嶽雪樓本改。

〔一七〕「亦稀狌犴之姦」，「狌」，底本原作「梐」，據北圖本、四庫本、嶽雪樓本改。

〔一八〕「益州以蜀郡廣漢犍爲爲三蜀」，「蜀郡」，底本原作「蜀魏」，據北圖本、四庫本及華陽國志卷三蜀志改。又底本脱一「爲」字，亦據華陽國志補。

〔一九〕「僞蜀歐陽彬守嘉州」，「歐陽彬」，底本原作「歐陽郴」，據嶽雪樓本及海録碎事卷一二改。

〔二〇〕「觀無量壽經云」，「觀無量壽經」，底本原作「觀無盡量經」，據陸游集劍南詩稿卷四謁凌雲大像改。

〔二一〕「陸務觀（至）江閣欲開千尺像」，「陸務觀」下底本原有「詩」字，而下文又有「詩云」，此「詩」字實賸，今删。又，「江閣」，底本原作「江闊」，據陸游集劍南詩稿卷三能仁院前有石像丈餘蓋作大像時樣也改。輿地紀勝卷一四六引此詩作「江閣」，不誤。

〔二二〕「弟烈」，底本原作「弟列」，據晉書卷九〇杜軫傳及輿地紀勝卷一四六改。

〔二三〕「昱左手執蛟首」，「首」，底本原作「手」，據四庫本、傳是樓本、嶽雪樓本改。

〔二四〕「贈子雲安雙鯉魚」，「雲安」，底本原作「雲中」，據杜詩詳注卷一四、全唐詩卷二二九寄岑嘉州改。本書卷五八雲安軍下引杜甫此詩作「雲安」，不誤。

方輿勝覽卷之五十三

眉州 眉山　彭山　丹稜　青神

【建置沿革】禹貢梁州之域。觜觿、參，主益州。秦地，井、鬼分野。秦屬蜀郡之武陽縣。漢武帝分蜀地置犍爲郡，武陽縣隸焉，昭帝時武陽爲犍爲郡治。王莽改武陽曰戢成。後漢仍以武陽爲郡治。齊分置齊通郡。梁立青州，取漢青衣縣爲名。西魏改青州爲眉州，〔一〕因峨眉山爲名。後周復曰青州，改爲嘉州。隋又改爲眉州，又爲眉山郡。唐復曰嘉州，又别置眉州，尋移今治所，改爲通義郡，復爲眉州。皇朝陞爲防禦。今領縣四，治眉山。

事要

【郡名】眉山、眉陽、峨眉、通義。

【風俗】俗近古者三。見蘇子瞻遠景樓記。學者獨盛。張剛通義儒榮圖序：「後世以蜀學比齊、魯，而蜀之——亦——於通義。政和御筆：『西蜀惟眉州學者最多。』」以詩書爲業。修譙樓記：「其民云云，以故家文獻爲重。夜燃燈誦聲，琅琅相聞。」以名節相尚。華陽志：「公孫述據蜀時，犍爲拒守不屈，述攻之。曹朱遵逆戰，死。任永閉户，〔二〕費貽素隱。光武嘉之曰：『士大夫之郡也。』」圖經云：「唐張文紀出于武陽，名節卓犖，照映今古。」本朝士大夫尤盛。元祐之黨，而此州乃有八人焉。元符之黨，而本州有二十六人焉。靖康之禍，而眉之忠義死守者，猶有四人焉。**舉禮部者四十五人。**蘇子瞻上范舍人書：〔三〕「通義蜀之小州，眉山又其一縣，〔四〕去歲云云，得者十三人，其他可知矣。」**蠶市。**二月十五日，村人鬻器于市，因作樂縱觀，以爲——。○蘇子瞻詩：「蜀人衣食常苦艱，蜀人遊樂不知還。千人耕種萬人食，一年辛苦一生閑。」

【形勝】**古犍爲之地。**毛敏列仙樓記。**介岷、峨之間。**張剛序：「通義云云，前揖三峨，後通岷江。」**象耳鎮於後。**唐盧拯羅城記：「云云，峨眉列乎前。」**山秀水清。**通義志：「昔人評吾州—不高而—，—不深而—。」**通衢平直。**同上。「吾邦之勝，似乎洛陽。眉之云云廣衍，夾以槐柳，緑陰蓊然。」

【山川】**峨眉山、**在眉山縣。詳見嘉定府。**蟆頤山、**在眉山縣東七里。狀如蟆頤，因名。有至德觀。有爾朱洵丹泉，傳記所載，以爲軒轅氏丹宅。山腹有穴曰龍洞，傳者以爲四目老翁。唐末有楊太虚得道于此。今祠中有三仙象，四目居中焉。人日出東郊，渡江遊———，眉之故事也。蘇子瞻詩：「人日東郊尚有梅。」**石佛山、**在眉山之南。蘇子瞻寄子由詩：「石田向何許，———下路。下有爾家山，千畦種秔稌。山泉宅龍蜃，平地流膏乳。」**熊耳山、**在青神縣。蜀志曰：「望帝以褒斜爲前門，——、靈關爲後户。」**崌崍山、**在彭山縣東二十里。**象耳山、**在彭山縣。有楊祐甫十事記：「一曰———。二曰彭祖宅。三曰大悲道場。四曰寶現、磨鍼二溪。五曰太白書臺，有石刻。太白留題云：『夜來月下卧醒，花影零亂，滿人襟袖，疑如濯魄於冰壺也。』六曰師俉、志栖二大士會昌寺。七曰薛、范二詩。八曰龍池、蟹泉。九曰千歲松柏。十曰石恪畫護法身。」金華山、在彭山縣東五里。有丈六佛像，夜多神燈。盤石山、在彭山縣。有普照寺。巖腹有石室。○范文忠公留題云：「窮幽訪盤石，細徑入荒凉。踏葉履屢濕，觸花衣袂香。」平蓋山、在彭山縣北，二十四化之一也。李文簡平蓋觀詩：「平蓋神仙院，武陽山水鄉。」打鼻山、在彭山縣南十餘里。山形孤起，東臨江水。昔周鼎淪於此，或見其鼻，故名。鵝鼻山、在長泉北五里。長泉士人每登科而歸，鄉人迓之，於此三酌。史幹詩云：「龍泉五盞張帆去，鵝鼻三盃衣錦歸。寄語長泉後生者，年年盛事莫相違。」上巖、去中巖五里。唐末有佛剎，號垂拱寺。相傳巖下龍聽僧講經于此，由是建寺。中巖、在青神縣，諾矩羅尊者道場。遊者渡江入巖口。有喚魚潭。循山三里許始至寺中。有羅漢洞，即牛頭以木鑰扣石笋處。下巖、馮當可題三峰詩：「古院無人僧作佛，碧潭有水魚化龍。當年矩諾小遊戲，一石擊碎成三峰。」小桃源：小南城門，村家多竹籬桃樹，春色可愛。橋之下流，皆花竹楊柳。泛舟其間，鄉人謂之———。蘇子由詩：「彷彿城南路，繁香撲市橋。」蜀江、在城外。一名玻瓈江。輿地志：「後漢安帝以蜀郡、廣漢、犍爲爲三蜀，故名——。」○蘇子瞻送楊孟容詩：「我家峨眉陰，與子同一邦。相望六十里，共飲玻瓈江。」○陸務觀詩：「玻瓈江上柳如絲，行樂家家要及時。只怪今朝空巷出，使君人日宴蟆頤。」大江、一名汶江。李膺記：「山下有灘。昔周衰，鼎淪没其一，每雲開風息，則曉然見之。」導江、在眉山縣東四里。源出岷山。芙蓉溪、在青神縣。岸有芙蓉，因名。磨鍼溪、在象耳山下。世傳李太白讀書山中，未成棄去，過是溪，逢老媪方磨鐵杵，問之，曰：「欲作針。」太白感其意，還卒業。媪自言武姓，今溪傍有武氏巖。繫龍潭、在彭山縣北四里。舊經：「後漢漢安元年，仙人瞿君武入峨眉山得道，乘龍還家，每年往——于——。」○龐籍詩：「巢鳳閣邊勞遠夢，————下認前題。」喚魚潭、劍南詩稿云：「在中巖。客至撫掌，魚輒羣出。」○陸務觀詩：「春枕悠然夢何許，兩枝筇杖——————。」魚蛇水、在青神縣南二十里。〔五〕源出陵州木梓山，合導江。有魚似蛇，故名。玉津。陸務觀舟過——詩：「玻瓈江上送殘春，疊鼓催帆過——。」

【井泉】猪龍泉、漁隱叢話載蘇子瞻云：「青神縣百年前有牝猪伏於此，化爲二鯉在泉中，而莫有見者。余一日偶見之，以告妻兄王愿。愿疑余誕，余因禱于泉，已而二鯉復出。」老人泉。梅聖俞寄蘇明允詩：「泉上有老人，隱見不可常。蘇子居其間，飲水樂未央。淵中必有魚，與子自徜徉。淵中苟無魚，子特翫滄浪。日月不知老，家有雛鳳凰。百鳥戢羽翼，不敢言文章。去爲仲尼歎，出爲盛時祥。方今天子聖，毋滯彼泉傍。」

【樓閣】遠景樓。蘇子瞻記云：「吾州之俗，有近古者三：其士大夫貴經術而重氏族，其民尊吏而畏法，其農夫合耦以相助。蓋有三代、漢、唐之遺風，而他郡莫之及也。始，朝廷以聲律取士，而天聖以前，學者猶襲五代之弊，獨吾州之士通經學古，以西漢文詞爲宗師。方是時，四方指以爲迂闊。至於郡縣胥吏，皆挾經載筆，應對進退，有足觀者。而大家顯人，以門族相尚，推次甲乙，皆有定品，謂之江鄉。非此族也。雖貴且富，不通婚姻。其民事太守縣令，如古君臣，既去，輒畫像事之。而其賢者，則記録其行事，以爲口實，至四五十年不忘。富商小民，常儲善物而別異之，以待官吏之求。家藏律令，往往通念而不以爲非。雖薄刑小罪，終身有不敢犯者。歲二月，農事始作。四月初吉，穀稚而草壯，耘者畢出，數十百人爲曹，立表下漏，鳴鼓以致衆。擇其徒爲衆所敬畏者二人，一人掌鼓，一人掌漏，進退坐作，惟二人之聽。鼓之不至，至之不力，皆有罰。量田計功，終事而會之。田多而丁少，則出鈔以償衆。七月既望，穀艾而草衰，〔六〕則仆鼓決漏，取罰金與償衆之錢，買羊釃酒，以祀田祖，作樂飲食，醉飽而去，歲以爲常。其風俗蓋如此，故其民皆聰明才智，務本而力作，易治而難服。守令始至，視其言語，輒了其爲人。其明且能者，不復以事試，終日寂然。苟不以其道，則陳義秉法以譏切之，故不知者以爲難治。今太守黎侯希聲，軾先君子之友人也，簡而文，剛而仁，明而不苛，衆以爲易事。既滿將代，不忍其去，相率而留之。上不奪其請，既留三年，民益信，遂以無事。因守居之北墉而增築之，作遠景樓，日與賓客僚友遊處其上。軾方爲徐州，吾州之人以書相往來，未嘗不道黎侯之善，而求文以爲記。嗟夫！軾之去鄉久矣。所謂遠景樓者，雖想見其處，而不能道其詳也。然則人之所以樂斯樓之成，而欲記焉者，豈非尚有易治之俗也哉？〔七〕孔子曰：『吾猶及史之闕文也。有馬者借人乘之，今亡矣夫！』夫是二者，於道未有大損益也，然且録之。今吾州近古之俗，獨能累世而不遷，蓋耆老昔人豈弟之澤，而賢守令撫循教誨不倦之力也。可不録乎？若夫登臨覽觀之樂，山川風物之美，軾將歸老於故丘，布衣幅巾，從邦君於上，酒酣樂作，援筆而賦之，以頌黎侯之遺愛，尚未晚也。」

清風閣、蘇子瞻記云：「文慧大師慶符居成都玉溪上，爲閣曰——，求文爲記。天地之相磨於虛空，與有物之相推，而風於是焉生，執之而不可得也，逐之而不可及也。汝爲居室而名之，吾又爲汝記之，不亦惑歟？」又云：「風起於蒼茫之間，彷徨乎山澤，激越乎城郭道路，虛徐演漾，以汎汝之軒窗、欄楯、幔帷，而不去也。汝隱几而觀之，亦有得乎？力生於所激，〔八〕而不自爲力，故不勞。形生於所遇，而不自爲形，故不窮。嘗試以是而觀之。」**臨風閣**、唐沈迥有詩：「煙霞生座右，林沼匝城隈。」**明霞閣**、在蟆頤山至德觀。又有春風樓。**嘉祐閣**。枕羅城。繪三蘇於上，刻和陶詩於壁間。

【堂榭】**大雅堂**：丹稜人楊素，從黃魯直遊。黃謫戎州，嘗曰：「安得一奇士而有力者，盡刻杜子美東、西川及夔州詩，使大雅之音復盈三巴之耳哉！」素聞之，欣然拏舟，訪黃於戎，請攻堅珉，募善工，作華堂以宇之。黃偉其言，悉書子美詩遺之，因以「大雅」名其堂，且爲之記。**借景亭**、黃魯直文集：「在青神尉廳，下瞰史家園。」嘗有詩云：「當官借景未傷民，恰似鑿池取明月。」**披風榭**。在郡治。

【祠墓】**孟拾遺祠**：在蟆頤山。僖宗幸蜀，政事悉出内侍田令孜之手。左拾遺孟昭圖、右補闕常濬上疏論事，昭圖坐貶，令孜遣人投之蟆頤津，賜濬死，後人爲立祠。裴澈詩：「一章何罪死何名，千載惟君與屈平。從此蜀江煙雨夜，杜鵑應作兩般聲。」**張綱墓**、在峼崍山東。**花卿冢**、漁隱叢話載黃魯直云：「在丹稜之東館鎮。至今有英氣，血食其鄉。」**老泉墓**。蘇明允葬於蟆頤山東二十里，地名老翁泉。

【名宦】蘇味道、楊繪題名序：「——————練達臺閣，王方慶深明禮典。」高仁厚、中和二年，以西川牙將討羅夫子之亂，〔九〕凡出軍六日，賊皆平。張琳、許昌人。蜀檮杌載：「五代前蜀時爲眉州刺史，修章仇通濟堰，溉彭山、通義、青神田萬五千頃，民被其惠。歌曰：『前有章仇後張公，疏决水利秔稻豐。南陽杜詩不可同，何不用之代天工。』」山行章、盧拯記：「行章攝守眉州，時郡無羅城，山侯合五縣之力城之。逮淳化中李順之亂，攻圍半載，竟不能下。」皇朝梁周翰、太祖時以左拾遺通判眉州。段思恭、眉城人。乾德三年，全師雄之黨攻眉州，思恭募先登者，許以厚賞，賊遂敗走。思恭矯詔，出上供錢帛給之。其後度支劾思恭，上嘉其果幹，命知軍事。李簡。淳化中爲守。四年，盜起，陷州郡。寇至，設方略堅壁固守，賊力屈解圍去。

【人物】蘇洵、眉山人，號老泉先生。二子：軾，仕至翰林學士、禮部尚書；轍，仕至門下侍郎。天下號曰「三蘇」。蘇軾、貶黃州，築室於東坡，自號東坡居士。〇贈太師制云：「朕承絶學於百聖之後，探微言於六籍之中。將興起於斯文，爰緬懷於故老。雖儀刑之莫覿，尚簡册之可求。揭爲儒者之宗，用錫帝師之號。〔一〇〕故禮部尚書、端明殿學士、贈資政殿學士、謚文忠——，養其氣以剛大，尊所聞而高明。博觀載籍之傳，幾海涵而地負；遠追正始之作，殆玉振而金聲。知言自况於孟軻，論事肯卑於陸贄。方嘉祐全盛，嘗膺特起之招；至熙寧紛更，乃陳長治之策。歎異人之間出，驚讒口之中傷。放浪嶺海，而如在朝廷；斟酌古今，而善斡造化。不可奪者，嶢然之節；莫之致者，自然之名。經綸不究於生前，議論嘗公於身後。人傳元祐之學，家有眉山之書。朕三復遺書，久欽高蠲。王佐之才可大用，恨不同時；君子之道闇而彰，是以論世。儻九原之可作，庶千載以同風。惟而英爽之靈，服我衮衣之命。」蘇轍、致仕，卜築于許，號潁濱遺老。○王元之贊：「受之於天，超出乎萬物之表，而充塞乎天地之間者，氣也。施之於事業，足以消沮金石；形之於文章，足以羽翼元化。惟軾爲不可及矣。故置之朝廷之上，而不爲之喜；斥之嶺海之外，而不爲之愠。〔一一〕邁往之氣，折而不屈。此人中龍也。轍之名跡與軾相上下，而心閑神至，學道有得，是以年益加而道益邃，道益邃則於世事愈泊如也。不有所守而然哉？」楊繪、題名序：「楊紫微以諫諍顯。」孫抃、字夢得。權御史中丞，内侍任守忠建節，抃奏罷之。張貴妃卒，追册爲后，且議建陵廟，抃固争。丞相陳執中嬖妾笞殺婢，抃疏十二上，罷執中。抃喜藏書，爲樓置書其上，號「書樓孫氏」。任孜、字師聖，伋字師中，東坡謂之大任、小任。陳希亮、字公弼。早孤，其兄使治息錢三十餘萬，希亮悉召逋家焚券。從學，登天聖第。復知鳳翔時，東坡爲僉書。子慥，字季常，號方山子。孫與義，有簡齋集行于世。唐庚、字子西，丹稜人。張商英薦其才，後坐貶惠州。杜莘老、甫十三世孫，遷殿中侍御史，論王繼先、秦檜。任盡言、秦檜死，推湯鵬舉爲侍御史，盡言以啓賀曰：「敢以三尺之童，連冠兩科之士。老牛舐犢，溺愛誰先？野鳥爲鸞，欺君孰甚？」程仁霸、蘇子瞻記其外祖——公逸事云：「公諱——，眉山人，以仁厚信於鄉里。蜀平，中朝士大夫憚遠官闕，選士人有行義者攝。公攝録事參軍。眉山尉有得盗蘆菔根者，而所持刀誤中主人。尉幸賞，以劫聞。獄掾受賕，掠成之。太守將慮囚，囚坐廡下泣涕，衣盡濕。公適過之，知其冤。咋謂盗曰：『汝冤，盍自言，吾爲直之。』盗果稱冤。移獄，竟殺盗。公坐詸囚，罷歸。不及月，尉、掾皆暴卒。後三十餘年，公晝日見盗拜庭下曰：『尉、掾未定服，待公而决。前此地府欲召公暫對，我叩頭争之，曰：「不可以我故死公。」〔一二〕是以至今。公壽盡今日，我爲公荷檐而往。暫對，即生人天。子孫壽福，朱紫滿門矣。』〔一三〕公具以語家人，沐浴衣冠就寢而卒。某幼時聞此語。已而外祖父壽九十，舅氏始貴顯，壽八十五。曾孫皆仕有聲。而獄掾之子孫微矣。紹聖二年三月九日，某在惠州，讀陶淵明所作外祖孟府君傳，云『凱風寒泉之思，實鍾厥心』。意凄然悲之，乃記公之逸事以遺程氏，亦庶幾淵明之心也。」李燾。丹稜人。孝宗朝仕至禮侍，同脩國史。本朝典故，尤爲該洽，續資治通鑑長編千卷。號巽巖先生。子垕，中賢良；壁，參政；𡌴，亦爲參政。

【題詠】劍門倚青漢。賈島送眉州穆少府詩：「云云，君昔未曾過。日暮行人少，山深異鳥多。狖啼和峽雨，棧盡到江波。一路白雲裏，飛泉灑薜蘿。」江花照錦衣。司馬君實送石昌言詩：「鄉樹迎朱轂，云云。臨邛不足並，榮耀古今稀。」江山秀氣聚西眉。李熙績詩：「云云，人有儒宗學有規。」郡齋閑静似僧居。李熙績詩：「民俗畏公無訟事，云云。」王署歸封詔檢泥。龐籍詩：「眉山秋色無多戀，云云。」峨眉翠埽雨餘天。蘇子瞻寄黎眉州詩：「膠西高處望西川，應在孤雲落照邊。瓦屋寒堆春後雪，云云。」白魚紫笋不論錢。蘇子瞻有詩云：「想見青衣江畔路，云云。」

【外邑】官閑日閉門。仲昂丹稜即事：「慮澹常高枕，云云。」主人王事簡。文與可留題彭山縣詩：「公館静寥寥，園亭景物饒。溪光明短釣，樹影映危譙。山鳥忽雙下，池魚時一跳。云云，文酒且逍遥。」

【四六】東坡故國，通義名邦。西眉古壘，右蜀名區。今得蟆頤，大似雞肋。或秉耒以耦耕，亦戴經而絃誦。名山大川，鍾蘇氏一門之秀；皇天后土，鑒坡老千古之忠。家有眉山之書，人知元祐之學。丙穴維舟，竟欲歸耕於谷口；庚書傳置，顧令改牧於峨眉。爲政未善，蓋負薪必議於市中；讀書不知，雖斲輪亦笑於堂下。然四蜀衣冠之郡，宜煩禮樂之英；在三蘇翰墨之鄉，合着文章之守。然好文而慕權勢，至今餘西漢之風；其事守如古君臣，近世異北墉之記。

隆州 仁壽　井研　貴平　籍

【建置沿革】禹貢梁州之域。東井、輿鬼分野，鶉首之次。秦爲蜀郡治。漢武置犍爲郡，又爲蜀郡。後漢、三國因之。晉仍屬犍爲及蜀郡。宋屬犍爲、寧蜀二郡。齊因之。梁置懷仁郡。西魏置隆山郡及隆州，又置陵州，因張道陵井爲名。隋煬帝爲隆山郡。唐爲陵州，改仁壽郡，復爲隆州。國朝平蜀，陞爲團練，廢爲陵井監，改仙井監，陞爲隆州。今領縣四，治仁壽。

事要

【郡名】隆山、陵陽。

【風俗】有古淳質之風。郡縣志：「俗愿慤而好静，公議而無私，云云。」地左俗朴。韓子蒼進士題名記：「其土瘠，〔一四〕故無萬鍾之家。其——，故無千金之賈。其——，不樂遷徙。」地塉而力耕。何丞相㮚作仁壽縣學記云云。側耕危穫。文同復二井記。家貧而好學。仁壽學記。頗慕文學。隋志云：「隆山風俗與漢中不別，而云云。」

【形勝】牛鞞在其東。隆山志：「前距漢嘉，後距廣都，云云，鼎鼻、崌崍在其西。」南臨鹽井。元和志：「州城東北二面懸岸斗絶，西面顯敞，云云。」州以跨鼇名。李石超覺寺記：「云云者，居三嵎山之槩也。」居三嵎中。圖經：「郡治——之中，兩山環合，有自然之勢。」在高山上。蘇子瞻玉堂硯銘曰：「文與可將赴陵州，孫洙巨源以玉堂大硯贈之，子瞻爲之銘。」又曰：「硯大如四塼許，而陵州云云，難得水，故以戲之。」

【土産】鹽井。古名陵井。寰宇記：「按圖經，漢時有山神，號十二玉女，爲道人張道陵開——，因此名陵州。」今有玉女廟，甚靈。若以火墜井中，即雷吼沸湧，煙氣上衝，濺泥漂石，甚可畏也。或云井泉傍通江海，微有敗舡木浮出。其井煎水爲鹽，歷代因之。唐萬歲通天二年，右補闕郭文簡奏賣水，一日得四十五函半，百姓貪利失業。長安二年，停賣水，依舊税鹽。先天二年，加課利，歲有三千六百二貫。僞蜀井塞。國朝乾德三年平蜀，陵州通判賈璉重開舊井，一晝一夜汲水七十五函，每函煎鹽四十斤，日獲三千斤。至雍熙元年，春冬日收三千八百一十七斤，秋夏日收三千四百四十七斤，蓋水源之有長短也。○郡國志云：「井乃東漢張道陵所開，曰狼毒井。有毒龍藏井中，及鹽神玉女十二爲祟。天師以道力驅出毒龍，禁玉女於井下，然後人獲鹹泉之利。」又云：「在仁壽縣，縱廣三十丈，深八十丈。益部鹽井甚多，陵井最大。以大牛皮囊盛水，引出之役作甚苦，以刑徒充役。後廢陵井，更開狼毒井，今之煮井是也。又有主井官。有兩竈二十八鑊，一旦夜收鹽四碩。又有甞井、蒲井，在籍縣：及研井、稜井、律井，在井研縣。」○沈存中筆談云：「陵州鹽井陰氣襲人，入者輒死。候雨入井，則隨雨施工。後人以木盤滿中貯水，底鑿小竅，釃水如雨點，設於井上，謂之雨盤，終日不絕，井幹於是一新。」○張天覺治平末主文是邦，閱其山川起伏盤礴，謂此英靈秀粹之氣必生異人，熬波出素，利及全蜀，非所稱也。

【山川】印山、在跨鼇山之坳，捫膝先生喻公故居之上。麟山、與井研縣治相對。鳳山、與井研縣學相對，登科者題名於此。龜山、在井研縣南。鐵山、在井研縣東北六十里。出鐵，諸葛亮取以爲兵器。其鐵剛利，堪充貢焉。鼎鼻山、在仁壽縣南一里。其山隆起，又曰隆山，州蓋以此得名。三嵎山、在仁壽縣之東南隅。三山相對，去鹽井一里。東曰飛泉，南曰翳嘶，西曰跨鼇，即州衙坐山也。民謡云：「三嵎青，陵陽榮；三嵎翠，陵陽貴。」郡守何公甞於東山之下作青榮臺以表之。○張紹祖山扉記曰：「有岡北來，莫窮所自。不亟不徐，勢趍東南。欲薄城下，岐而爲三。行且五里，虎踞盤礴，不復去。此陵陽之所謂三山也。」飛泉山、舊名東嵎山。隋仁壽元年獠亂，百姓城於山頂避亂。其上無水，百姓致禱，——湧出，由是建廟於—頂，立二碑以紀其靈焉。跨鼇山、上有跨鼇亭。每歲上元、重九，太守率僚屬燕其上。玉屏山、距城西二十里。西山環聚，玉屏爲之冠。虞丞相父祺功德院在焉。石城山、在仁壽縣。〔一五〕石壁似城，絶頂望見峨眉山。瑞雲山、在仁壽縣東四十里。丞相何公始生之日，此山夜半有紅霧亘天。執笏山、在井研縣南五里。一峰突出。下有青陽氏，登科不絶。**唱車山**、在貴平縣南九里。漢宋辰爲巴郡守，有惠於人，州人送辰到蜀，迴至此，爲辰立廟。以其山近鹹井，聞推車唱歌之聲，故名。**艶陽洞**、在州城至道觀之後。昔天師既誓玉女於井，因藏去其衣，念藏之未固，徑取鎖之石室，或謂之藏衣洞。洞在重巖之下，峆岈幽窈，晦明變化，千態萬狀。雖距闤闠不數武，〔一六〕而若與世隔，蓋張道陵修煉之所也。**石姥**、在跨鼇山頂。歲旱，里人轉徙之，天即黯黮，雨四注。文同嘗賦之云：「上簪岑之飛泉兮，披薈蔚之榛莽。爰有石之跂跂兮，旁無他而相伍。其遠睨之若人兮，迫猶疑其蹲虎。里俗神而甚恭兮，號相尊而曰姥。」**息壤**：，在籍縣南一里。有地畝餘，踏之軟動。**蟠溪**、在飛泉山下。丞相何公居其側。**蘭溪**。在貴平縣北四十里。唐末隱士張鴻所居。

【亭閣】**樂道園**、在州東鳳門外。城中遊賞，惟此最盛。文與可有詩。**蓬萊閣**、在艶陽洞之前。○秦少游詩：「雄簷傑檻跨崢嶸，席上風雲指顧生。千里勝形歸俎豆，七州和氣入簫笙。人遊晚岸朱樓遠，鳥度晴空碧嶂橫。今夜請看東越分，藩星應帶少微明。」○程公闢次韻：「半天鍾鼓宴崢嶸，早晚晴陰景旋生。湖暖水香春載酒，月寒雲向夜聞笙。金鼇破海頭争並，玉露排煙陣自横。我是蓬萊東道主，倚欄先占日初明。」**平雲閣**。在郡圃。○文與可詩云：「陵陽郡事全稀少，嬾守長贏半日閑。晚後須來上高閣，就中無厭是雲山。」

【祠廟】**玉女祠**：，在仁壽縣。今名靈真夫人。郡國志：「昔張道陵於此得鹽井，後人因祀玉女於井内。初，——無夫，每年取一少年置放井中，不爾水即竭。又蜀郡西山有大蟒蛇吸人，上有一，號曰西山神，每歲土人莊嚴一女，置祠傍，以爲神妻，蛇輒吸去。周氏平蜀，宇文貴爲益州總管，乃擇日設樂，送玉女像以配西山神，自是之後，無復此害。」**翳嘶神廟**。相傳爲巴郡太守嚴顔之祠。

【名宦】

皇朝賈璉、再闢陵井。**孫明復**、爲倅。**文同**、梓州人，爲守。嘗奏鹽井爲民害，乞從買撲。**蘇協**、爲州推官。其子易簡，生於官舍中。**張商英**。司文是邦。

【人物】

范雍、籍縣人。張詠、寇準所薦，天聖間拜樞使。**黄千**、井研人。以選人上書詆時相，入黨籍。**陳祐**、爲諫官，後入黨籍。**李新**、仁壽人。元符上書，入黨籍。**喻汝礪**、靖康初爲祠部員外郎，不附割三鎮之議。金賊立張邦昌，遂掛冠，號捫膝先生。**何㮚**、政和五年狀元。及第後爲相，不肯割三鎮，死於國事。**虞允文**、仁壽人。事親篤孝，嗜學好修。紹興三十一年冬，完顔亮入寇，以中書舍人、督視府參謀督戰，敗之於采石，自此名聞一時。歷兵部尚書、四川宣撫、荆襄制置，還朝爲僉樞、參政、知院，宣撫四川，召還拜相。**韓駒**。字子蒼。

【題詠】

岳牧用詞人。杜甫送陵州路使君詩云：「王室比多難，高官皆武臣。幽燕通使者，云云。國待賢良急，君當拔擢新。佩刀成氣象，行蓋出風塵。〔一七〕戰伐乾坤破，創痍府庫貧。衆僚宜潔白，萬役但均平。霄漢瞻佳士，泥塗任此身。秋天正摇落，回首大江濵。」**俊髦始接迹**。員安輿有詩云：「國初吾鄉民，萬户一縫掖。蓋自咸平後，云云。」**蕭條官宇巖嶺上**。文與可送通判喻郎中詩：「前年請郡得隆時，不謂其州陋如此。云云，零落民家坑谷裏。」**近日簿書全簡少**。文與可詩：「云云，吏人惟聽雨衙休。歸來便只尋冠履，遶遍林亭山上頭。」**寂寥都不似州城**。同上。「可笑山州爲刺史，云云。若無書籍兼圖畫，便不教人白髮生。」

【四六】 地重跨鼇，恩隆分虎。陵井熬波，夙擅牢盆之利；峨山毓秀，率爲鈞軸之才。雖封疆不足於千里，而風俗未歉於四川。陋州如此，至形文與可之詩；縫掖者稀，亦著員安輿之咏。

校勘記

〔一〕「西魏改青州爲眉州」，「西魏」，底本原作「西漢」，據隋書卷二九地理志、元和郡縣志卷三二、太平寰宇記卷七四改。

〔二〕「任永閉户」，「任永」，底本原作「任永忠」。華陽國志卷三蜀志、卷一〇中先賢士女總贊均作「任永」，後漢書卷八一李業傳附有任永事跡，本書衍「忠」字，今删。

〔三〕「上范舍人書」，蘇軾文集卷四九作「謝范舍人書」。

〔四〕「眉山又其一縣」，「其」，底本原作「共」，據四庫本、傳是樓本、嶽雪樓本及蘇軾文集卷四九謝范舍人書改。

〔五〕「魚蛇水在青神縣南二十里」，底本原無「南」字，據讀史方輿紀要卷七一補。

〔六〕「穀艾而草衰」，「穀」，底本原作「斬」，據蘇軾文集卷一一眉州遠景樓記改。

〔七〕「豈非尚有易治之俗也哉」，按蘇軾文集卷一一眉州遠景樓記，此句原作「豈非上有易事之長，而下有易治之俗也哉」，本書有脱誤。

〔八〕「力生於所激」，「生」，底本原作「止」，據蘇軾文集卷一二清風閣記改。

〔九〕「以西川牙將討羅夫子之亂」，「討」，底本原作「計」，據文義改。高仁厚討羅夫子之亂，事見通鑑卷二五五唐紀七一。

〔一〇〕「用錫帝師之號」，「用」，底本原作「川」，據四庫本、嶽雪樓本及郎曄經進東坡文集事略所載贈太師制改。

〔一一〕「而不爲之愠」，「愠」，底本原作「温」，據四庫本、傳是樓本、嶽雪樓本改。

〔一二〕「不可以我故死公」，「死」，蘇軾文集卷六六書外曾祖程公逸事作「斃」。

〔一三〕「朱紫滿門矣」，「門」，底本原作「前」，據蘇軾文集卷六六書外曾祖程公逸事改。

〔一四〕「其土瘠」，「土」，底本原作「上」，據北圖本、四庫本、傳是樓本、嶽雪樓本改。

〔一五〕「石城山在仁壽縣」，「縣」，底本原作「院」，據嶽雪樓本及輿地紀勝卷一五〇改。

〔一六〕「雖距闤闠不數武」，「不數武」，底本原作「不數舉武」，輿地紀勝卷一五〇、蜀中名勝記卷八均無「舉」字，此字衍，今據删。

〔一七〕「行蓋出風塵」，「蓋」，底本原作「葦」，據四庫本及杜詩詳注卷一二、全唐詩卷二二七送陵州路使君之任改。

方輿勝覽卷之五十四

彭州 九隴　崇寧　濛陽

【建置沿革】禹貢梁州之域。〔一〕秦地，鶉首，井、鬼分野。在周爲彭國。秦屬蜀郡，新繁縣屬焉。漢、晉因之。宋曰晉壽。梁置東益州。後周州廢，置九隴郡。隋郡廢，後置濛州，尋廢入蜀郡。唐初又置濛州，尋又廢，以縣屬益州；尋分益州四縣置彭州，始隸劍南道，後分劍南爲東、西川，而彭隸西川；改濛陽郡，又復爲彭州；後爲威勝軍。國朝平蜀，來屬。今領縣三，治九隴。

事要

【郡名】濛陽、彭門。

【風俗】其人敏惠。隋地理志：「云云，頗慕文學。」士多英才。元符中袁鷺東湖記：「地宜嘉禾，云云，美發西南，聞于天下。」大旱不旱。古語有「云云，蜀有彭、漢」，以其土地沃饒也。

【形勝】號爲斗城。忠濟王楊晟守彭州，王建來攻，晟曰：「此斗城也。」比之郫邑。益州記：「彭之土地肥良，云云，號小郫。」九峰高峙。袁鷺記：「云云，濛水濬發。」湖分東西。同上。

「云云。樓閣亭軒，隱映於茂林脩竹間。」**小成都**。圖經云：「宋元嘉間，有樵人於山左見羣鹿，引弓將射之。有一麚所趍險絶，進入石穴，行數十步，則豁然平衍，邑屋連接，阡陌交通。問是何所，有人答云：『——。』後更往尋之，不知所在。」

【土産】**牡丹**。彭門——，在今蜀爲第一。承平洛陽花最盛，獨彭門有小洛陽之稱。按酉陽雜俎：「隋朝文士集中，無——歌詩。隋種植法七十卷，——亦不著録。——之號，起唐天寶間，而蜀亦未有。」成都記載僞蜀王氏宣華苑所植，多自梁、洋間移本。秦州董城村僧院紅——，至掘土方丈，盛以木匣，歷三千里而致之。及孟氏以——名苑，時彭門爲輔郡，典州者多，其戚里得之上苑，而彭門花之所始也。天彭亦謂之花州，而牛心山下謂之花村。宋景文帥蜀，以彭門——錦被堆爲第一。

【山川】**彭門山**、兩峰如闕，相去四十步，名天彭門，因以名州。又曰彭祖出入此山，因名彭門。**九隴山**、古彭州之西山。一伏隴，二豆隴，三秋隴，四龍奔隴，五走馬隴，六駱駝隴，七千秋隴，八較車隴，九横擔隴。**至德山**、在郡西三十里。上有廣明院。蜀王衍專事遊幸，嘗登是山，患其高險。今於福唐寺東別開一徑，凡數里，廣可二丈，栽松砌石，以達于寺，從官悉騎以從。松枯石怪，尚有存者。**金城山**、在九隴縣西北五十里，即二十四化之一。**大隋山**、在堋口鎮北三十五里。昔神照禪師居之。有瀑布。張天覺記云：「西山之勝，在彭門者大隋爲甲。」**中隋山**、在大隋山後。又上三十里，至光相閣。三月半間，掃去積雪，峰頂下視葛仙、白鹿、大隋，真培塿也。**白鹿山**、在濛陽縣西北二十里。有大乘金覺禪寺，本晉佛圖澄所建。**曲尺山**、在城北五十里。有雲居院，春時遊覽之所。**葛仙山**；有崇真觀，在濛陽北四十里，二十四化之第五化也。葛仙翁瓚、楊仙翁昇賢於此得道。大同中，蒲仙翁高遠復於此白日上昇。梁武帝錫名上清觀，劉孝先作碑以紀其事。按成都記，韋臯夢神人謂曰：「異日富貴，無忘葛瓚也。」後尹成都，再夢，乃復新觀宇。化之東有明月宫、千人龕，洞穴八十一所及二十四峰。有韋臯記。**羅江**、在九隴縣西北二十餘里。**東湖**、在倅廳。政和間，眉山蘇元老頗加開浚。**西湖**、唐元和間，守王潛、蕭祐創。**瀘水**。——在濛陽縣。

【井泉】**夏冰泉**。在城北駱氏家。池水清瑩，爲避暑之地。

【樓閣】**南樓**、在郡圃中。范百禄有記。**望雪樓**。在子城上。

【古跡】**誓水碑**。集古録載：「秦李冰爲蜀守，鑿山導江，以去水患。其神怒，化爲牛，出没波上。君操刀入水，殺之。因刻石以爲五犀牛，立之水旁，與江誓曰：『後世淺無至足，深無至肩。』謂之———，立在彭州。」

【名宦】**高適**；爲彭州刺史。**皇朝馬知節**。年十八，監彭州，兵馬嚴飭，見憚如老將。李順之亂，公討平之。

【題詠】**彭門地里遥**。杜甫詩：「蜀路江干窄，云云。」**城勢誠斗絶**。唐蘇頲經三泉詩：「天彭信方隅，云云。忝曳尚書履，叨兼使臣節。」〔二〕**巴牋染翰光**。杜甫寄彭州高使君適虢州岑使君參詩有云：「彭門劍閣外，虢略鼎湖旁。荆玉簪頭冷，云云。豈異神仙宅，俱兼雲水鄉。竹齋燒藥竈，

〔三〕花嶼讀書床。」**交情老更親。**杜甫簡高使君詩：「當代論才子，如君復幾人。驊騮開道路，鷹隼離風塵。〔四〕行色秋將晚，云云。天涯喜相見，披豁對吾真。」**何時救急難。**杜甫寄高彭州詩：「百年已過半，秋至轉飢寒。爲問彭州牧，云云。」**皂蓋能忘折嶺梅。**杜甫集王侍御携酒至草堂邀高使君同到詩：「綉衣屢許携家醞，云云。戲假霜威促山簡，須成一醉習池迴。」〔五〕**今年復拜二千石。**高適春酒歌：「去年留司在東京，云云。盛夏五月西南行，彭門、劍門蜀山裏。」**東來誰迎使君車。**蘇子瞻送宋朝散知彭州迎侍二親詩：「云云，知是丈人屋上烏。丈人今年二毛初，登樓上馬不用扶。使君負弩爲前驅，蜀人不復談相如。老幼化服一事無，有鞭不施安用蒲。春波如天漲平湖，鞓紅照座香生膚。帣韝上壽白玉壺，公堂登歌鳳將雛。諸孫歡笑争挽鬚，〔六〕蜀人畫作西湖圖。」

【四六】輟班漢闕，出守彭門。榮膺芝檢，來涖花州。人夸剖竹，嘗經高使君之吟；俗重賞花，亦有小洛陽之號。

漢州 雒縣 什邡 綿竹 德陽

【建置沿革】禹貢梁州之域。秦地，井、鬼之分野。秦屬蜀郡。漢分蜀郡爲廣漢郡，今州即廣漢郡之雒縣也。〔七〕後漢爲益州刺史理所，劉焉徙益州治於成都郡如故。西晉分置新都郡。〔八〕宋、齊爲廣漢郡。後周至隋郡廢，以其地併入蜀郡。唐分益州雒縣等五縣復立漢州，改爲漢陽郡，復爲漢州。今領縣四，治雒縣。

事要

【郡名】廣漢。

【風俗】土地沃美。華陽國志：「以蜀郡、廣漢、犍爲爲三蜀，云云。」人士俊乂。同上。士爲世師式。三國時，夏侯纂爲廣漢太守。纂問主簿王朴曰：「至於貴州養生之具，實絶餘州矣。不知士人何如餘州也？」朴對曰：「先漢以來，其爵位或不如餘州。乃若著作爲世師式，則不負於餘州也。」大亂不亂。唐章仇置成都市，刻誓文曰：「云云，蜀有廣漢。大荒不飢，蜀有蹲鴟。」

【形勝】西接汶山。華陽國志：「云云，北接梓潼，東接巴、蜀。」咽喉外蜀。圖經：「云云，而臂視諸郡。」浸以綿、洛。蜀都賦「云云」，謂綿水、洛水也。蜀人稱郫、繁曰膏腴，綿、洛爲浸沃。分巴割蜀。華陽國志：「高帝分巴郡置廣漢郡，武帝又兩割巴、蜀郡置犍爲郡，故世本曰『云云，以成犍、廣』。」

【土産】鵝兒酒。杜甫詩：「鵝兒黄似酒，對酒愛新鵝。」故陸務觀詩云「兩川名醞避鵝黄」，乃漢州酒名，〔九〕蜀中無能及者。

【山川】章山、在什邡縣。又名洛通山。華陽國志：「李冰導洛水通于此。」龍居山、在什邡縣。有等慈院。飛瀑千尺，虚亭屹然，橋横路轉，萬柏擁翠。大蓬山、在什邡縣。高崖矗天而立，瀑布飛落，最爲奇觀。有保聖院。小蓬山、在綿竹縣。有石洞極邃，中有石柱，左右隱出白龍十二，蜿蜒如畫。龍角山、在綿竹北三十里。以形得名。紫巖山、在綿竹縣，去無爲山十里，皆西北勝絶處。武都山、在綿竹縣，即蜀王妃所生之地。蜀王本紀：「——精化爲女子，顔色美絶，蜀王納以爲妃。未幾物故，乃發卒之武都擔土，葬于成都郭中。」庚除山、在綿竹縣，二十四化之一。山有石室。三國初，有霹雲子者入洞中，見樓臺金碧。門者呵止之，曰：「子凡骨，可亟去。不然及禍。」霹雲子回。後再入石洞，遂迷故道。東武山；有江渰。出白蓴，爲一州之最。鴈江、在雒縣南。曾有金鴈，故名。又有鴈橋記云：「廣漢境中，獨洛、鴈二水最盛。太史公河渠書著離堆而略洛口，兩漢地理志名洛水而遺鴈水，何耶？」房公湖、又名西湖。○蘇子由詩：「酒壓郫筒憶舊酤，花傳丘老出新圖。此行真勝成都尹，直爲房公百頃湖。」〔一〇〕玉妃溪、在綿竹縣。成都耆老傳載：「妃與五丁同生，父母棄之溪中，後聞呱呱之聲，就視乃一女五男。女即蜀文併妃，〔一一〕男即五丁。」洛水、在州東。寰宇記：「水性剛直，宜淬刀。」有犀橋。大抵州境上下衆水，皆會于金堂縣同出峽，謂之内江。綿水。在雒縣東三十里。源出綿竹縣紫巖山，灌田頗廣。

【井泉】七星井、相傳嚴君平鑿，如北斗象。八角井；在什邡縣石碑鎮。相傳龐真人浴丹於此，患瘡者洗之立愈。濯纓泉。在什邡縣之水陸院。上有閣，范蜀公嘗留題。○程珦詩云：「————潔存遺跡，促軫亭空想舊風。公暇未應無客會，春遊更喜與民同。」

【堂榭】清心堂；在倅廳。文與可爲倅日造。房湖亭榭。按壁記，房相上元初牧此邦，其時始鑿湖，有詩存焉。同時高達夫、杜子美皆嘗賦詠，李贊皇、劉賓客相繼有作。迨國朝，程文簡、宋景文、司馬文正、趙清獻、韓子蒼、文與可留題者甚衆。治平間，郡守韓標叙云：「今亭館皆非房公時事。」○房琯遊西湖詩：「高流纏峻隅，城下緬丘墟。决渠信浩蕩，潭島成江湖。結宇依回渚，水中還可居。三伏氣不蒸，四達暑自徂。」○杜甫得房公池鵝詩：「房相西湖鴈一羣，〔一二〕眠沙泛渚白於雲。鳳凰池上應回首，爲報籠隨王右軍。」○趙閱道詩：「廣漢園池蜀所無，却思房相未如吾。漸東歸去君恩重，乞得蓬萊與鑑湖。」○王之望詩：「金鴈橋南二頃湖，房公遺墨未湮蕪。人遊杜牧晚晴賦，境對王維別墅圖。經始園林心自巧，折衝廊廟術何迂。常時只作幽人計，留得陳濤四萬夫。」○宋子京詩：「丞相于蕃日，疏湖訟闗西。疑從濟川地，寫出釣璜溪。」

【古跡】蠶女冢。在什邡、綿竹、德陽三縣界。每歲祈蠶者雲集。蜀之風俗，塑女像披馬皮，謂之馬頭娘，以祈蠶焉。初，高辛時，有女子父，爲人所掠，所乘馬。〔一三〕其母誓於衆曰：「有得父還者，以女嫁之。」馬聞其言，振迅而去。數日，父乘馬歸。自此，馬嘶鳴不已。父怒，射殺之，曝其皮於庭，蹶然而起，卷女飛去。旬日，皮掛桑上，女化爲蠶，食葉，吐絲，成繭。一日，蠶女乘雲駕馬，謂父母曰：「太上以我心不忘義，授以九宮仙嬪矣。」

【名宦】雍齒、封什邡侯。陳寵、後漢人，爲郡守。閻憲、後漢人，爲綿竹令。邑人夜行，得遺錦，平明送縣。憲曰：「行得遺物，是天賜也，何爲將來？」曰：「縣有明府，犯此則慙。」蔣琬、廣漢志云：「先主擢爲什邡令。」許遜、晉南人，爲德陽令。房琯，爲守，開湖。皇朝文同、爲倅。有畫墨竹，仍題詩云：「興來雷出土，萬籜起崖谷。」今畫與詩皆亡矣。**程珦**。爲守。二子曰顥，曰頤，實侍焉。公爲郡日，嘗以書幣請綿竹宇文之邵典學，士人從學者甚衆。邦人今繪三先生之像祠于學。

【人物】嚴遵、字君平。或云廣漢人。詳見成都。**姜詩**；廣漢人。姑好江水及魚，妻每汲，旦出雙鯉。赤眉亂，經詩里，弛兵而過，曰：「驚大孝，必觸鬼神。」國朝賜廟曰孝感。○蘇子瞻詩：「廣漢有姜子，孝弟行里閭。赤眉雖豺虎，弛兵過其墟。至今空清泉，無復雙鯉魚。」**皇朝張浚**、字德遠。南渡以來，士大夫唱爲和議，公毅然以虜未滅爲己責。子栻，號南軒。**張栻**。以廕補官，召爲侍講。謚宣公，寓居長沙。

【題詠】召還當有詔。蘇子瞻送周朝議守漢州詩：「茶爲西南病，岷俗記二李。何人折其鋒，矯矯六君子。君家尤出力，流落初坐此。謂當收桑榆，華髮看劍履。胡爲犯風雪，歲晚行未已。念歸誠得計，顧自爲謀耳。吾聞江、漢間，瘡痏有未起。莫輕襲遂老，君王付尺箠。云云，挽袖謝鄰里。猶堪作水衡，供帳園林美。」**松桂影中旌旆色**。唐韋莊詩：「北來初入漢州城，郭邑樓臺觸目驚。云云，芰荷風裏管絃聲。」**八年漢州爲刺史**。陸務觀詩：「房公一跌叢衆毁，云云。遶城鑿湖一百頃，島嶼屈曲三四里。」

【四六】棨佩銅魚，出臨金鴈。維今廣漢，實古雒城。元和宰相之舊遊，紫巖先生之故里。疏鑿成湖，來訪房公之陳迹；召還有詔，願賡坡老之名篇。登橋而訪，君平挹河漢之遠派；臨池而憶，諸葛懷宇宙之大名。

綿州 巴西　彰明　魏城　羅江　鹽泉

【建置沿革】禹貢梁州之域。周併於雍。秦之分野，鶉首之次。秦屬蜀郡。漢分蜀郡爲廣漢郡，今州即廣漢郡之涪縣。莽曰統睦。東漢復曰涪縣。劉備分廣漢郡立梓潼郡，涪縣亦屬焉。宋爲巴西、梓潼二郡。梁置西、潼二州。西魏別置潼州。〔一四〕舊梓潼城在今劍州界。隋文帝改潼州爲綿州，改爲金山郡。唐復爲綿州，改巴西郡，復爲綿州。國朝因之，中興以來兼綿、茂、石泉沿邊安撫，節制屯戍軍馬。今領縣五，治巴西。

事要

【郡名】左綿、以綿水經其左，故謂之左綿。○左太冲蜀都賦：「於東則有左綿、巴中。」綿者，綿歷也。金山、涪陵、巴西。

【風俗】文而不華。郡縣志：「郡界東西二川，北負梁、雍，風氣所濡，各得其偏，故其俗云云，淳而不魯，剛而不狠，柔而不弱。」人饒地腴。文同通判廳伐木堂記：「巴西郡處二蜀之會，云云，財貨繁茂。」有巴渝舞。郡國志：「賨人鋭氣而喜舞，故云云。」

【形勝】北接漢中。郡國志：「東接巴郡，〔一五〕南接廣漢，西接陰平，云云。」北負果、雍。古涪志：「介乎東西二川之間，云云。」西臨涪水。元和郡縣志：「按州城理漢涪縣也，去成都三百五十里。依山作州，東據天池，云云，形如北斗，卧龍伏馬。〔一六〕梁天監中，張齊爲太守，更造樓櫓却敵。有東、西門。東門久塞，富樂山氣所衝，門開則喪亂。宋元嘉初，太守王懷素開之，果致喪敗，爾後復塞。」**控扼二川**。通判陳君璋壁記：「云云，舟車輻湊。」**水陸四衝**。古涪志序：「左綿據涪上流，云云，爲蜀重地。」**爲三川之襟帶**。張演撰廉泉堂記云：「東介於梓、遂，而北與劍、利接，云云。」

【山川】**靈山**，在巴西縣。郡志：「山南絶頂有方石，相傳神女擣衣于此。」**匡山**，在彰明縣北。○杜甫寄李白詩：「不見李生久，佯狂真可哀。世人皆欲殺，吾意獨憐才。敏捷詩千首，飄零酒一盃。——讀書處，頭白早歸來。」○容齋續筆引吴曾漫録取李白新墓碑云：「白本宗室子，厥先避地客蜀，居蜀之彰明，太白生焉。彰明，綿之屬邑，有大、小匡山。白讀書於大匡山，有讀書堂在清廉鄉，後廢爲隴西院，蓋以太白得名。院後有太白像。」吴君以是證杜甫詩蓋蜀之匡山，非廬山也。○郡志：「又名戴天山。太白集有訪戴天山道士不遇詩：『犬吠水聲中，桃花帶露濃。樹深時見鹿，溪午不聞鍾。野竹分青靄，飛泉掛碧峰。無人知去處，愁倚兩三松。』」**富樂山**，在巴西縣東五里。劉備自鑾荆入蜀，劉璋延之於此山，望見蜀之全盛，飲酒樂甚，故得——之名。又有石盆山、迎真觀、卧佛院、洞靈觀，在山之麓。○雍有容詩：「當時四海一劉備，至此已堪悲失脚。出語番爲樂國想，是人止可偏方着。大漢曾封隆準翁，聞道山河錦綉中。安能鬱鬱久居此，睥睨三秦日欲東。」○唐子西詩：「富樂之名誰所留，建安年中劉豫州。擁兵入蜀萬貔貅，孱璋送國來迎頭。軍中釃酒椎千牛，炙如巴山酒如涪。酒酣握手登高丘，極日紫芋蹲春疇。富樂之名此其由，君聞此說還信不？當時兵起四十秋，拆屋不足供誅求。生靈嗷嗷鼎中油，山中胡爲乃爾優？想今富樂萬倍劉，端能容我逃窮愁，山僧笑言客罷休。」**天池山**、在州城北二十餘步，即郡之主山也。山頂有池，方數丈，冬夏不竭。〇唐子西詩：「上到山椒窮，始覺天池尊。」**延賢山**、即郡之南山。岸曲有巨石。初，有父老釣於涪水，因名涪翁釣磯。後漢書云郭玉嘗傳其學，故延賢之名因此得之。范鎮有詩，文同有記。**白馬山**、在魏城縣西。山勢高峻。上有龐統墓。杜甫詩云：「連山西南斷，俯見千里豁。」**靈臺山**、在彰明縣北。一名天柱山，即漢張道陵昇仙之所。郡志云：「天柱崖下有一桃樹，高五丈餘，道陵與王長、趙昇試法于此。桃迄今不朽，有小碑記之。」**竇圌山**；在彰明縣。李白題——————詩：「樵夫與耕者，出入畫屏中。」又送竇主簿詩：「願隨子明去，煉火燒金丹。」竇子明名圌，隱此山，故名。**羅江**、在本縣。兩水相蹙成羅紋，故名。**芙蓉溪**、在郡北官道傍。有亭下瞰。一名蚌溪。〇唐子西詩：「人間八月秋霜嚴，————上春酣酣。二南變盡魯叟筆，七國戰處鄒軻談。人間二月春光好，溪上芙蓉迹如掃。周家盛處伯夷枯，漢室隆時賈生老。小兒造化誰能窮，幾回枯枿還芳叢。只應人老不復少，有酒且發衰顔紅。」**涪水**、自龍州入州界。**廉水**、在彰明縣北，平地泉出。宋書：「范柏年，梓潼人。明帝因問：『卿鄉土有貪泉否？』柏年曰：『臣梁、益間有廉遜水，不聞有貪泉。』帝嘉之，即拜蜀郡太守。」或云人飲此水則廉遜，故名。**潺水**、水經注云：「源出潺山，有金銀礦，下注流涪水，合羅江。」**梓潼水**、經鹽泉縣八十里。**東津**。杜甫觀打魚歌：「綿州江水之東津，魴魚潑潑色勝銀。漁人漾舟沉大網，截江一擁數百鱗。衆魚常才盡却棄，赤鯉躍出如有神。潛龍無聲老蛟怒，迴風颯颯吹沙塵。饔子左右揮霜刀，鱠飛金盤白雪高。徐州秃尾不足惜，漢陰槎頭遠遁逃。魴魚肥美知第一，既飽歡娛亦蕭瑟。君不見朝來割素髻，咫尺波濤永相失。」

【樓閣】越王樓、在城西北。唐顯慶中，太宗子越王貞爲綿州刺史日建。○杜甫詩：「綿州州府何磊落，顯慶年中越王作。孤城西北起高樓，碧瓦朱甍照城郭。樓下長江百丈清，山頭落日半輪明。君王舊迹今人賞，轉見千秋萬古情。」○李偓詩：「越王曾牧劍南州，因向城隅建此樓。横玉遠開千嶠雪，暗雷下聽一江流。」江樓；枕城之東隅。上有唐江亭記。○杜甫送嚴侍郎到綿州同登杜使君——宴詩：「野興每難盡，——延賞心。歸朝送使節，落景惜登臨。稍稍煙集渚，微微風動襟。重舡依淺瀨，輕鳥度層陰。檻峻背幽谷，窗虚交茂林。（觀此句，則古之江樓在南山下。）燈光散遠近，月彩静高深。城擁朝來客，天横醉後參。窮途衰謝意，苦調短長吟。此會共能幾，諸孫賢至今。不勞朱户閉，自待白河沉。」捫參閣。在天池寺，據山之巔。

【堂亭】六一堂、在司户廳，舊爲推官廳。昔歐陽文忠父鄭公觀嘗爲推官，公實生兹地。思賢堂、在州宅。畫揚子雲、杜子美、李白、樊紹述、蘇易簡、歐陽永叔、司馬君實、蘇子瞻、唐子西九賢之像。十賢堂；繪涪翁、龐統、蔣琬、杜公微、尹公默、李白、陳該、蘇易簡、王仲華、歐陽脩，共十人。南山亭。在城南治平院，有范蜀公留題在焉。

【驛舍】萬安驛。在羅江縣西。舊經云：「唐明皇幸蜀至此，聞驛名，歎曰：『一安尚不可，况

——乎？』移宿真明寺。」舊驛碑所載如此。○張演有詩云：「勁兵重作付胡奴，歐雀歐魚計自疏。地入萬安知幾許，却憐此邑始回車。」

【古跡】桃花犬、楊大年談苑：「淳化中，州貢羅江犬，常循於御榻前。太宗不豫，犬不食。及上僊，號呼涕泗，以至疲瘠，見者隕涕。參政李至作——歌，以寄史館錢若水，末句云：『白麟赤鴈且勿書，願君書此警浮俗。』」姜楚公畫鷹。陸務觀劍南詩稿云：「在綿州録參廳。」杜甫有詩。

【名宦】霍峻、字仲邈，南郡枝江人。先主定蜀，嘉峻之功，分廣漢爲梓潼郡，以峻爲太守。嚴武；舊唐書：「自綿州刺史遷東川節度。」皇朝唐庚。爲倅。

【人物】李白；李陽冰草堂集序：「——，興聖皇帝之九世孫。其先非罪，謫居條支，神龍之始，逃歸於蜀之昌明。」按彰明縣自先天以前止曰隆昌，後避玄宗，始曰昌明，而五代時改曰彰明。又按唐詩紀事東蜀楊天惠彰明逸事云：「李白本邑人，隱居戴天大匡山。」皇朝蘇易簡。母薛氏，期而弗誕，有虹入室，少選散去，井池釜盎水皆涸，俄而易簡生。十歲能誦五經，屬詞賦，名傳京師。太平興國中進士第一，後爲翰林。太宗書玉堂之署以賜。後參大政。

【題詠】淡煙喬木隔綿州。羅隱魏城逢故人詩：「一年兩度綿江遊，前值東風後值秋。芳草有情皆礙馬，好雲無處不遮樓。山將別恨和心斷，水帶離聲入夢流。今日因君試回首，云云。」

【四六】寵分左竹，來涖東綿。右蜀奥區，左綿佳郡。越王樓和少陵之傑句。隴西寺訪太白之舊遊。登富樂山，懷劉備之遺業；酌廉遜水，挹柏年之清風。然富樂之山，固有富樂之實；在磊落之府，正須磊落之人。

校勘記

〔一〕「禹貢梁州之域」，「梁州」，底本原作「揚州」，誤，今據元和郡縣志卷三一改。

〔二〕「唐蘇頲經三泉詩（至）叨兼使臣節」，核全唐詩卷七三所録蘇頲詩，本書所引「天彭信方隅，城勢誠斗絶」，是夜發三泉即事中詩句，詩題作「經三泉」有誤。蘇頲所寫經三泉路作詩，全唐詩亦有記載，現抄録如下：「三月松作花，春行日漸賒。竹障山鳥路，藤蔓野人家。透石飛梁下，尋雲絶磴斜。此中誰與樂，揮涕語年華。」

〔三〕「俱兼雲水鄉竹齋燒藥竈」，「雲水鄉」，杜詩詳注卷八、全唐詩卷二二五寄彭州高三十五使君適虢州岑二十七長史參三十韻作「山水鄉」。又，底本原誤「齋」爲「齊」，今亦據上二書改。

〔四〕「鷹隼離風塵」，「離」，杜詩詳注卷九、全唐詩卷二二六奉簡高三十五使君作「出」。

〔五〕「綉衣屢許携家醖（至）須成一醉習池迴」，底本原誤「醖」爲「醉」，又誤「習池迴」爲「習家池」，今據四庫本及杜詩詳注卷一〇、全唐詩卷二二六王十七侍御掄許携酒至草堂奉寄此詩便請邀高三十五使君同到改。

〔六〕「桊鞲上壽白玉壺（至）諸孫歡笑争挽鬚」，底本原誤「桊」爲「縢」，又誤「歡」爲「微」，據蘇軾詩集卷二八送宋構朝散知彭州迎侍二親改。

〔七〕「今州即廣漢郡之雒縣也」，「雒縣」，底本原作「雅縣」，據漢書卷二八上地理志、元和郡縣志卷三一改。

〔八〕「西晉分置新都郡」，「西晉」，底本原作「西漢」，按上文已云「漢分蜀郡爲廣漢郡」，此不當再述西漢事。晉書卷一四地理志云「泰始三年……又分廣漢置新都郡」，舊唐書卷四一地理志及太平寰宇記卷七三亦云「晉置新都郡」。泰始爲西晉武帝司馬炎年號，本書「西漢」顯爲「西晉」之誤，今改正。又，「新都郡」，底本原作「新都國」，亦據上述諸書改正。

〔九〕「乃漢州酒名」，「漢州」，底本原作「漢中」，誤。此鵝兒酒乃漢州土産，「中」爲「州」之訛，今改正。

〔一〇〕「直爲房公百頃湖」，「頃」，底本原作「里」，據北圖本、四庫本及欒城集卷一五送周思道朝議歸守漢州改。

〔一一〕「女即蜀文併妃」，明曹學佺蜀中名勝記卷九綿竹縣下引成都耆老傳無「文併」二字。

〔一二〕「房相西湖鴈一羣」，「鴈」，杜詩詳注卷一二、全唐詩卷二二八得房公池鵝作「鵝」。

〔一三〕「所乘馬」，此句當有脱文，據文義似可補「回」或類似意義之字。

〔一四〕「西魏別置潼州」，「潼州」，底本原作「潼川」，據隋書卷二九地理志、元和郡縣志卷三三改。

〔一五〕「東接巴郡」，「巴郡」，底本原作「巴西」。此綿州即巴西郡，巴西郡東接巴西郡，絶無此理。華陽國志卷一巴志作「東接巴郡」，是，今據改。

〔一六〕「卧龍伏馬」，「馬」，底本原作「焉」，據元和郡縣志卷三三改。

方輿勝覽卷之五十五

雅州 嚴道　名山　盧山　百丈　滎經

【建置沿革】禹貢梁州之域。東井、輿鬼之分野，鶉首之次，秦之分也。周屬雍州。秦滅蜀，爲嚴道縣。漢爲蜀郡屬縣。後漢屬漢嘉郡。自李雄竊據，夷、獠雜居。西魏僑立蒙山縣，後置雅州。煬帝廢爲臨邛郡。唐復爲雅州，後改爲盧山郡，復爲雅州。孟蜀置永平軍，治雅州。皇朝平蜀，始入版圖，仍提舉黎州兵甲。領縣五，治嚴道。

事要

【郡名】雅安。

【風俗】地多嵐瘴。圖經：「州治舊在雅安山上，大中祥符間國子博士何昌言爲守，以云云聞于朝，徙山之麓。」黎風雅雨。梁益記：「大、小漏天在雅州西北，山谷高深，沉晦多雨，黎州常多風，故謂云云。」皇祐始有登科者。郡縣志：「自國初曹光實父子以忠義奮，云云。」

【形勝】西通碉門。郡志道路序：「云云，南通沉黎，北通盧山，東出者與臨邛之蒲江、嘉定之洪雅相接。」**左據蔡山**。王大象邛崍關記：「云云，右依蒙頂。」又孫漸招應廟記：「其山蔡、蒙，其關邛崍。」○巽巖遊蔡山序：「蜀惟岷山，蔡、蒙二山雅獨兼有之。」**控帶夷落**。謝湜太守題名記：「抵接沉黎，云云，在蜀最爲都會。」○孫漸清嘯樓記云：「襟帶邛、筰，羈縻諸蕃。」**南詔之咽喉**。張旦遷城記：「西蜀之襟帶，云云。」**當西南夷孔道**。張方平奏：「乞用雷大簡知雅州，以云云。」**古漢嘉地**。巽巖記：「公孫述據蜀，青衣不賓，光武嘉之，後因改青衣曰漢嘉。」古稱青衣，漢嘉今雅州之嚴道、名山、盧山三縣實當之。

【土產】**蒙頂茶**、圖經：「——有—，受陽氣全，故茶芳香。」白樂天琴茶行云：「李丞相德裕入蜀，得蒙餅以沃於湯餅之上，移時盡化，以驗其真。」○文彥博謝人惠———詩：「舊譜最稱蒙頂味，露芽雲液勝醍醐。」○吴中復謝惠茶詩：「我聞蒙山之巔多秀嶺，煙巖抱合五峰頂。」岷、峨氣象壓西垂，惡草不生生菽茗。」**紫竹**。梅聖俞蒙山——鞭詩：「蜀道之峭壁兮，如快刀一削平無痕，春雷驚龍走竹鞭。」

【山川】**蔡山**、禹貢曰：「蔡、蒙底平。」葉少蘊解蔡在嚴道；蒙在漢嘉，即嚴道也。舊傳諸葛亮於此夢見周公，因立廟爲文憲王廟，遂號周公山。○巽巖詩：「巖巒最高頂，雲氣時蔚薈。」仿佛羣仙宅，宫闕耀珠貝。」**蒙山**、在嚴道南十里。山有五頂，前一峰最高，曰上清，岸産甘露茶，常有瑞雲及瑞相影現。**盧山**、在本縣北九里，接邛州火井縣界。**孟山**、在滎經東十里。前臨大江，曰七縱渡，即孔明擒孟獲之地。**雅安山**、郡以此山名。**離崖山**、秦蜀守李冰所鑿，以導江。崖音雅。**翠屏山**、在嚴道旗頭山，環列如屏。**金雞山**、在嚴道北三十五里。俗傳有金雞鳴于此。**龍頭山**、在盧山。前後峽綿亘四十里，夭矯如龍，接蕃部，實爲要害。**百丈山**、去本縣十五里。**邛崍山**、自邛、筰而來，距百丈山西南九十里，阻峻如羊腸，即漢書王尊所謂九折坂。一云在滎經縣。詳見黎州。**瓦屋山**、在滎經縣東百二十里，形如瓦屋。上有念佛鳥、婆羅花。其巖朝現辟支，午現普賢，夜有神燈。或問禪惠大師：「瓦屋何故却似木皮蓋？」師曰：「錦府豈從機上織，劍門寧自匣中開。」○巽巖詩：「瓦屋如案平，金仙閱光景。」**萬勝岡**、在州西。有龍觀寺。其趾曰百丈山，自邛崍或起或伏，環雅州治。**漏閣**、在嚴道縣。○宇文溥新路賦：「惟天下之至險，有嚴道之漏閣焉。孤峰上絶於青天，湍波下走於長川。斷崖横壁立之岸，飛溜濺千尺之泉。」**靈關**；在盧山縣北十里。蜀都賦：「闢——以爲門。」其地甚險，一人守之，可以當百。有峽口，闊三丈，長二百步，俗呼爲——，去蕃界旬日程。以繩爲橋，外此不知里數。**平羌江**、在嚴道東北城下。嘉州亦號———。**竹溪**、在郡西三十里。郡士胥九鼎所居陶仙洞在焉，有林泉之勝。**沬水**、自盧山發源，注于郡之平羌江，夾洪雅大江，與沉黎之陽山江合流。陽山江即——也。**丙穴**。在州城南。出嘉魚。興州、雅州皆有之。

【堂亭】**雙鳳堂**；在設廳後，爲二蘇設。至和中，老泉携二子謁太守雷簡夫，雷以書薦于張文定公及韓魏公、歐陽文忠公。其後太守樊汝霖作堂以表其事。**無弦亭**、在州學南，長瀆江側，隱士王潛所居也。〔一〕潛好琴，趙清獻公爲榜其亭曰「濯纓」，文同書。**萬壑亭**。在雅安山，頗有勝槩。

【名宦】皇朝雷簡夫、至和初，儂智高走入雲南，蜀人相驚。知益州張方平乞用簡夫爲守，既至，而蜀人遂安。**虞允文**、嘗爲名山監茶。今北廳在清溪橋左，有梅及槐柳，皆虞雍公手植。壁間有公遺墨，尚存。**李燾**。嘗爲監酒。繫年録：「紹興中欲增簡州鹽筴，以其事屬雅州推官——，燾力拒之。」張浚謂其有臺諫風。

【人物】高頤、後漢人，字貫方。弟君實，字貫光。而文三乃其子。一門三舉孝廉。貫光歷仕至益州刺史。見所存石碑。**曹光實**。百丈縣人，爲銀夏都巡檢使，擒李繼遷之母以獻。克明乃光實從子，李順之亂，攻復雅州，後又平溪洞賊，賜「推誠保順」功臣。

【題詠】江聲捲出風雷響。李艾詩：「云云，山色携將圖畫來。」

【四六】郡貫平羌，江連邛峽。適蠻貊之邦，入狼夷之界。邛、筰兩關之壁峙，蔡、蒙四面之屏開。疑香舊治，蓋東坡、潁濱之曾來；筦庫微官，乃雍公、巽巖之不鄙。豁開蒙頂之雲，近依堯日；收斂漏天之雨，霈作商霖。

茂州 汶山 汶川

【建置沿革】禹貢梁州之域。秦地，井、鬼之分野，蜀近入井三度。古氐、羌地。周武興師，羌、髳八國始從征伐。至秦、漢時，君長十數，冉駹最大。漢武誅且蘭君，冉駹請臣，遂以冉駹爲汶山郡；宣帝罷汶山郡。東漢爲汶山道，安帝復爲汶山郡。晉隸汶陽郡。梁置繩州。後周改曰汶州。隋改爲蜀州，又改爲會州，煬帝罷爲汶山郡。〔二〕唐改南會州，太宗改爲茂州；改通化郡，復爲茂州。國朝因之，治汶川縣，置威武軍使，復爲茂州。今領縣二，治汶川。

事要

【郡名】通化、汶山、史記曰：「南越破後，冉駹等皆懼，請臣置吏，以冉駹爲——太守。」隴蜀。寰宇記：「隴山之南首，故曰——。」

【風俗】夷俗耐飢寒。圖經。疊石爲礫。同上。「夷俗云云以居，如浮圖數重門。内以梯上下；貨藏于上，人居其中，畜圂于下。高二三丈者謂之籠雞，後漢書謂之邛籠；十餘丈者謂之碉；亦有板屋、土屋者。自汶川以東，皆有屋宇，不立碉礫。豹嶺以西，皆織毛毯蓋屋，如穹廬。」氈裘雜揉。見王咨防邊五事云。盛夏凝凍。華陽國志：「汶山郡云云不釋，故夷人冬則避寒入蜀，庸賃自食，夏則反茂避暑，習以爲常。蜀人謂之筰氏。」詩、書之訓闕如。寰宇記：「此州本戎、羌之人，好弓馬，以勇悍相高，云云。」耕作者多。舊經：「其俗漸漬聲教，云云。」號爲難理。唐回車院記：「土惟高潤，產多諸珍。岷沲之源，東注于海。雖節候攸叙，咸若京華。而冉駹之俗，云云。」並無兩税。寰宇記：「自古及今，————。」

【形勝】東接蜀郡。華陽國志：「云云，南接漢嘉。」西接梁州。華陽國志：「云云酒泉，北接陰平。」西近邛、筰。西漢志：「云云馬旄牛。」〔三〕古氏、羌地。後漢志：「冉駹有六夷、七羌、九氏，各有部落。其王侯頗知書，而法制嚴重。」地當西極。宣和西嶽神加封勑詞云：「維彼通化，云云，金天氏之分域也。」控制吐蕃。圖經。全蜀巨屏。同上。「岷山巉絶崛立，實捍阻羌，以——倚爲——。」即灌口之障蔽。淳熙五年，胡元質奏曰：「唐之季年，吐蕃入寇，必入黎、文；南詔入寇，必入沉黎；吐蕃、南詔合入寇，必出灌口。其文、黎兩州，去成都尚千里，關隘險阻，足以限隔。唯灌口一路，去成都止百里，又皆平陸，朝發夕至。威、茂兩州，云云。大率沿邊諸州城，資堡寨以爲蔽，堡寨賴州城以爲援。惟此兩州不然，堡寨參錯於中，州城孤立於外，而屬部蕃落周分環據，二三百里之間，官路僅留一線以達于兩州。若邊事不寧，孤城坐見隔絶。」

【山川】岷山、即汶山，去青城石山百里。天色晴明，望見成都。〔四〕山嶺停雪，當深百丈，夏月始泮。○張敬夫西嶽碑：「——之祠見于秦，其禮與五嶽侔。在茂州之列鵝村。其跗曰羊膞，則江所出也。」○郡志：「岷山，俗謂之鐵豹嶺。熙寧九年，静州楊文緒導蕃董阿丹作亂，聲援俱絶，至書木牌投于江以告急。朝廷遣内侍王中正將兵旁出雞宗山擊之，楊文緒等伏誅。中正請割石泉軍屬綿州，舊路與茂通者斷絶之。政和間，蕃衆復作亂，朝廷遣兵屠其一村。明年，詔石泉爲軍，專一控制，自是蕃部始服。」○王咨上備邊五事云：「近年蕃僧自熙河來至鐵豹嶺下，云自此平地二十程可至熙州。」茂濕山、郡志：「州以此名。」雞宗山、在州南四十里，扼羌人出入之路。熙寧九年置鎮羌寨。

玉壘山、在汶川縣東四里。出璧玉。七盤山、去汶川縣九里。相公嶺、州之主山。桃關、在汶川縣之南八十里，遠通西域，公私經過，唯此一路。關北當風穴，其一二里間，晝夜起風，飛沙揚石。龍洞；在牛溪鎮。入洞數步，向南石壁有穴可通，無路可陟，掌洞道人附巨竹一枝於穴内，令遊人攀竹而上。汶江、郡國志：「即大江。發源在當州，故當州號江源郡。」玉輪江、在汶川縣北三里。龍溪水、引水城内至光孝寺，以兩池潴之，居民常汲飲。龍湫。在巨人山，號「黑——王」。其湫四山環繞百二十里。

【堂亭】雪峰堂、在州治。列岫堂；在州治。鄭薇記：「九頂列於南，屏風、盤臺列於西，巨人、橐駝列於東。」練光亭、王咨留題云：「汶江自徼外東繞汶山郡西北出，極目可百里許。每朝陽舒彩，夜月流天之際，一望水光，若萬丈長虹，夭矯其上，而吐吞之也。舊有亭曰觀瀾，據城之隅，不與景會，因取少陵賦岷山沲江圖『川蜺飲練光』之句，因以練光題其額。」西亭。李新詩：「水出吐蕃分黑白，地窮巴、蜀隔幽陰。」

【祠廟】大禹廟、在州東門。元和志：「禹本汶山廣柔人，生於石紐村。」其石緑色。古石紐在茂州，故有廟。今石紐隸石泉軍。江瀆神。圖經：「神姜姓，生於汶川。禹導江岷山，神佐之，是爲昭靈孚應威烈廣源王。」○山海經云：「岷山神馬首龍身。祠用雄雞，瘞用黍，則風雨可致焉。」○又云：「大禹生於石紐，江瀆神生於汶川。」

【名宦】皇朝趙抃、言行録：「茂州蕃部鹿明玉等蠭聚剽掠，趙清獻公遣兵討之。夷人乞降，願殺婢以盟。公使人喻之曰：『人不可，用三牲可也。』聞命，讙呼以聽，訖不殺一人。」家定國。眉州人，爲永康軍司法。韓絳帥蜀，欲治西山道。定國謂：「蜀近夷，特險以安。昔唐中衰，吐蕃三入寇，一出汶川。今鑿平塹爲坦途，將貽蜀憂。」韓然其言，爲之罷役。

【題詠】雨雪閉松州。杜甫西山詩：「辛苦三城戍，長防萬里秋。煙塵侵火井，云云。」松州會解圍。杜甫詩：云：「玉壘雖傳急，云云。」夷界荒山頂。杜甫西山詩：「云云，蕃州積雪邊。」〔五〕轉粟上青天。同上。「築城依白帝，云云。」朔雲邊雪滿西山。杜甫軍城早秋詩：「昨夜秋風入漢關，云云。更催飛將追驕虜，莫遣沙場匹馬還。」玉帳分弓射虜營。杜甫詩：「秋風嫋嫋動高旌，云云。已收滴博雲間戍，更奪蓬婆雪外城。」雪迷夏禹從前宅。李新静坐詩。

【四六】佩銅虎竹，臨鐵豹嶺。責賦無三品之金，羈縻近十州之獠。越岷、峨深入不毛，古松州强名曰郡。江山炳靈，雖神禹之故宅；夷、獠雜處，乃冉駹之舊都。凝薌静治，對白雪於西山；選表趨環，侍紅雲於北闕。

永康軍 導江　青城

【建置沿革】禹貢梁州之域。秦地，東井、輿鬼之分野。秦隸蜀郡，太守李冰堰流以灌平陸，因名灌口。漢屬蜀郡郫、綿虒、江原三縣。蜀置安都縣，屬汶陽郡。晉徙安都於灌口，屬汶山郡。後魏置灌口鎮，後因廢郡，以汶山縣屬益州。隋屬蜀郡。唐改汶山縣爲盤龍縣，尋改爲導江，又割屬濛州；太宗於灌口鎮地立爲鎮静軍；唐末易名灌州。國朝改永安軍，治灌口鎮；尋改永康軍，兼渠堰事；又廢爲灌口寨，復即導江縣置永康軍使兼知縣；復專爲永康軍。今領縣二，治導江。

事要

【郡名】灌口。

【風俗】其俗剛悍。圖經：「云云，頗尚氣節。」頗雜夷風。同上。民知力耕。同上。

【形勝】上應井絡。河圖括地象云：「岷山之地，云云，下奠坤維。」今岷山實在永康，其星分上應東井明矣。外控夷詔。熙寧七年，趙抃知成都日，乞復永康軍。奏狀：「云云，内捍成都。」嘉定二年，知軍虞剛簡五事曰：「本軍近接威、茂，并青城一帶山，不五七十里，即是夷界。唐吐蕃入寇，自此塗出，又距成都百二十里而近，其爲緊切，甚於黎、雅。」正控西山。熙寧置永康軍詔：「云云，六州軍隘口。」古魚鳧國。成都記：「魚鳧治在導江縣。」井陘之地。元和志：「灌口鎮在導江縣西二十六里。後魏置。自灌口坂迄千頃山五百里間，兩岸壁立，有瀑布飛流，十里而九，昔人以爲云云。」泉源爲四瀆之首。秦宓曰：「江、河、淮、濟四瀆，江爲之首。」

【山川】汶山、在導江縣西北三十里，即岷山。詳見茂州。揚雄蜀王本紀：「汶山爲天彭門，二峰相對如闕。」**高臺山**、在岷山，上有天池。晉朝立天宮於上，號曰上清宮。夜燈火飛行滿空，或謂草木之精所爲。**登高山**、在郡城之西北。一峰卓立。舊有亭。**灌口山**、在導江縣西北二十六里。漢時蜀文翁穿湔江灌溉，〔六〕故以名山。**玉壘山**、在導江縣西北二十九里。漢地理志云湔水所出。**青城山**、在本縣北三十二里。一名赤城，一名青城都，亦爲第五大洞寶仙九室之天。玉匱經：「黄帝封爲五嶽丈人，乃嶽瀆之上司，真仙之崇秩，一月之内，羣嶽再朝。」上有流泉懸澍，一日三時灑落，謂之潮泉。天倉諸峰，屹然三十有六：前有十八，謂之陽峰；後有十八，謂之陰峰。」○杜光庭——記：「岷山連峰接岫，千里不絕，青城乃第一峰也。此山前號青城，後曰大面山，其實一耳。有七十二小洞，應七十二候。有八大洞，應八節。乃神仙都會之府也。」○五嶽真形圖：「洞天所在，其下別有日月，分精以照。張天師道陵於此山與鬼兵爲誓。」○福地記：「上有甘露、芝草，天池、醴泉。」○杜甫詩：「自爲青城客，不唾青城地。爲愛丈人山，丹梯近幽意。丈人祠西佳氣濃，緣雲擬住最高峰。〔七〕掃除白髮黄精在，君看他時冰雪容。」**天倉山**、在延慶觀南。分爲三十六神仙，以爲帑庫。**鬼城山**、在丈人觀西北。**大面山**、在三溪之北。**慈母山**、在青城山東。導江人馮大量與八仙相遇，入隱此山。**蠶崖關**、在導江縣西五十里。以振西山之走集。**牡丹平**、自青城之長平山，捫蘿而上，由鳥道三十里許，有平阜數十畝，高樹蔽天，春深先花後葉，狀如芙蕖，香類牡丹，譙定天授、季浩太素二先生隱其中云。○范至能詩：「十丈牡丹如錦蓋，人間姚魏敢争春。」**老人村**；在大面山之北，如秦人之桃源。昔人避難居其中，多享年壽，故名。或云：「潛夫張不羣因入山採藥，浹旬不返，見一叟，致敬而問之。曰：『吾族本丞相范賢之裔。范公知李雄之祚不永，挈吾輩居此，爲終焉之計。』」圖經云：「即老澤也。」○蘇子瞻云：「蜀青城山老人村有五世孫者，道極嶮遠，生不識鹽醯，而溪中枸杞根如龍蛇，飲其水故壽。近歲道漸通，漸能致五味，而壽亦益衰。」**岷江**、禹貢：「岷山導江。」郡縣志：「岷山在茂州直西北裂鵜村。水之上原曰羊膊，裂爲三派：一入大渡河，一入征南，一入溢村至石紐，則禹之所導江也。」**湔水**、在導江縣。出玉壘山。**味江水**、在青城縣。其水甘美，故名。**沱江水**、在導江縣西北二十里。源出岷江。**白沙水**、在導江縣西三十里。源出灌口。**獠澤**、在青城縣北百三十里。或曰諸葛亮遷羣獠於青城山下，〔八〕故名。或曰——即老人村。**花洲**。在軍城南百步。王子俊爲賦，魏華父爲記。

【堂亭】**玉壘堂**、在軍治。**致爽軒**；范至能詩：「夕陽塵土漲郊墟，〔九〕六六峰頭夢覺餘。竹色喚人來下馬，亂蟬深處有圖書。」○陸務觀詩：「黃塵赤日汗沾裾，竹裏煎茶喜有餘。堪笑放翁窮意巧，就君池館讀君書。」○子焞詩：「團團竹色遶郊居，勾引清風百畝餘。憶昔敲門蘇内翰，而今下馬范中書。」**廣莫亭**。在軍北朝天門，守呂汲公建。李壁記：「危簷飛檻，負城四出。觀覽之勝，甲於東南。出金馬門，過朝天寺，登廣莫亭，憑欄下視，一目千里。」

【佛寺】**飛赴寺**、在青城縣飛赴山下，名昌聖院，乃唐左軍容使嚴君美捨宅。有四望亭。○呂汲公詩：「最勝西峰下，林梢四望亭。江山觀掌握，梁、益布丹青。」**香積寺**。在青城縣香積山。有瀑布及雞骨禪師塔。○張孝芳詩：「雞骨埋靈塔，龍山對佛龕。」○巽巖詩：「斷碑唐日寺，遺像晉時僧。」

【道觀】 **丈人觀**、在青城北二十里，今名會慶建福宮。舊記云：「昔甯封先生栖於北巖之上，黄帝師焉。乃築壇，拜甯君爲五嶽丈人。」或云故基在今重慶府天國寺中。○胡叔豹詩：「宫徙瀆山方得地，閣藏宸翰不知年。」○陸務觀丈人觀詩：「黄金篆書榜朱門，夾道巨竹屯蒼雲。崖嶺劃若天地分，千柱耽耽壓其根。〔一〇〕纓冠肅謁丈人君，廣殿空庭吹寶薰。摩挲畫墻手爲皸，異哉山夔與土羵。物怪鬱鬱冠丘墳，僊人佩玉雜帨紛。手整貂冠最不羣，欲去不忍恨日曛。道翁采藥晝夜勤，松根茯苓獲兼斤。人芝植立强骨筋，狗杞羣吠聲狺狺。山爐小甑炊幽芬，朱顔不飲常自醺。我亦宿誦五千文，一念之差墮世紛。逝將從翁走如麇，隱書祕訣何由聞。」○又題丈人觀道院壁詩：「斷雲浮月磬聲殘，〔一一〕木影如龍布石壇。偶駕青鸞塵世窄，閑吹玉笛洞天寒。奇香滿院晨炊藥，異氣穿巖夜浴丹。却笑飛僊未忘俗，金貂猶帶侍中冠。」**長生觀**、舊名碧落觀，在青城縣北二十里。昔有范寂，字無爲，劉先主時棲止青城山中，以脩煉爲事。先主徵之不起，就封爲逍遥公，得長生久視之道。劉禪易其宅爲——|——。有巨楠，高數十尋，圍三十尺，世傳長生手植。上有赤城閣，臨眺甚遠。○胡叔豹詩：「更斸盤根藏大藥，也令嘉樹得長生。」○張孝芳詩：「老龍拏空欲輕舉，山靈地祇挽之住。」**清都觀**、自延慶觀上二三里，有觀曰洞天，宋逸士費元規讀書于此。唐道士薛昌飲章陸酒得道。有浴丹井。杜光庭亦尸解于此。文潞公鎮蜀，與張俞定交，市觀側之地以贈之，號「白雲隱居」。○任宗易詩：「懶隨六詔上丹闕，高卧一峰藏白雲。」**延慶宮**、自會慶宮西行一二里，有觀曰常道，乃古黄帝祠。觀

乃隋時建，有張天師遺跡及唐明皇御札碑。其南有六時水，六時灑水以代晷漏，於陰時即飄然而灑，陽時即無。○呂汲公詩：「巖暉萬古照，泉漏六時飛。」○京鏜詩：「八千里隔東西境，十二時分晝夜泉。」○有九株松。范蜀公詩：「九松峥嶸姿，一一大夫封。」**儲福宮**、在天倉峰下。有唐睿宗女玉真公主及明皇像，乃公主修真之地。有天峰閣，望三十六峰如列屏焉。○沈少南玉真像詩：「割盡齊封奉魯元，更開沁水占名園。何如帝子空山外，落日騎驢芳草原。」○胡叔豹詩：「棄形如遺但養神，阿兄爛醉梨園春。人百撼之耳不聞，何物女子乃獨醒。徑來空山卧白雲，不見漁陽胡馬塵。」○晁公遡詩：「天風夜半剪水花，三十六峰如玉立。」○趙雄詩：「三十六峰如不到，青城還似不曾遊。」○陸務觀詩：「路轉屏風疊，雲藏帝子家。」**上清宮**。在高臺山丈人祠之側。晉朝立宮于上，夜則神燈遍空。其東北麓有天師手植栗十七株。仁宗踐祚之六年，宫庭木生異花，曰「太平瑞聖花」。○范至能詩：「但覺星辰垂地上，不知風雨滿人間。」○王叔瞻詩：「神燈點點光可燭，星斗熒熒低欲捫。」○處士孫知微詩：「臺殿壓平青嶂頂，松杉插破白雲根。」

【古跡】**張天師誓鬼壇**、一曰石日月，日在延慶觀東北，月在溪西崖中，並徑五尺六寸半。一曰石天地，天形有十二角，地形正方，闊六七尺，在常道觀北。**楊妃池**、按樂史楊太真人傳云：「貴妃小字玉環。父玄琰，爲蜀州司户。貴妃生於蜀，嘗誤墮此池中。」在導江縣，今爲唐氏居。**花蘂夫人宅**、後山詩話：「費氏，蜀之青城人，以才色入蜀宫。後主嬖之，效王建作宫詞百首。國亡，入備後宫。太祖聞之，召使陳詩，誦其國亡。詩云：『君王城上竪降旗，妾在深宫那得知。十四萬人齊解甲，寧無一箇是男兒。』」**孫太古畫范長生像**。劍南詩稿云：「青城山中有孫太古畫碧落侍中范長生舉手整貂蟬像，特妙。其詩云：『浮世深沉何足計，丹成碧落珥貂蟬。』」

【名宦】李冰；漢河渠書：「蜀守——，鑿離堆（在軍之南），避沫水之害，穿二江成都之中。此渠皆可行舟，有餘則用灌溉，百姓享其利。」立廟祠之，歲刲羊以數萬計。**皇朝劉隨**、景德中爲軍判官，得蠻人心，後擢右正言。**趙抃**、事見容齋隨筆。**呂大防**。圖經云：「嘉祐辛丑宰青城，至今邑人誦之。」

【人物】張俞、字少愚，居岷山之白雲溪，六辭召命。有詩云：「欲作外臣誰是友，白雲孤鶴在巖扉。」**宋汝爲**、字師禹，東海豐邑人。呂頤浩爲相，使之致書劉豫，面陳朝廷密意。遇兀朮軍，師禹入虜壁，見兀朮，不屈，乃送之京師。見豫，勉以忠義，不從。乃謀劫豫南歸，陰遣蠟彈，事泄逃歸。後虜人講和，知蠟彈始於師禹，遂以姓名來求。師禹時爲處州倅，乃改姓名爲趙復，而字逸老，入青城山。其後金虜叛盟，朝廷始求師禹，而師禹已死，葬青城山，乃官其子南强。朱元晦嘗録其遺事。**譙定**、劍南詩稿：「青城大面山有二隱士。一曰——先生——，字天授。建炎初召至揚州，留之講筵，不可，拜通直郎致仕。今百三十餘歲。巢險絶，人不能到，而先生數年輒一出，山前人亦罕有見之者。」**姚平仲**。同上。「其一曰姚太尉平仲，字希晏。靖康初，在圍城中，夜將士攻賊營，不利，騎駿驢逸去。建炎初，所在揭榜以觀察使召之，不出。淳熙間，乃或見之於丈人觀道院，年近九十，紫髯長委地，蓋皆得道於山中。」

【題詠】江從灌口來。杜甫詩：「竹瘦青城合，云云。」蠶崖鐵馬瘦。杜甫有詩：「云云，灌口米舡稀。」玉壘浮雲變古今。杜甫詩云云。

【四六】疏綍彤庭，分符玉壘。古號魚鳧之國，今多鴃舌之蠻。外當夷徼之要衝，内作成都之捍蔽。職方之籍，用列附庸；公車之章，乃容專達。對玉壘之浮雲，未妨吟詠；訪青城之仙境，不憚躋攀。郡惟斗壘，似稍鬱於經綸；地近氈裘，實有資於撫御。

校勘記

〔一〕「隱士王濳所居也」，「士」，底本原作「在」，據四庫本、嶽雪樓本及輿地紀勝卷一四七改。

〔二〕「煬帝罷爲汶山郡」，「煬帝」，底本原作「暘帝」，據四庫本、嶽雪樓本及隋書卷三煬帝紀改。

〔三〕「西近邛筰馬旄牛」，底本原重一「筰」字，據漢書卷二八下地理志删。

〔四〕「望見成都」，「成都」，底本原作「城都」，據元甲本、元乙本、四庫本、嶽雪樓本及元和郡縣志卷三二改。

〔五〕「蕃州積雪邊」，底本原作「蠻州積粟邊」，據杜詩詳注卷一二、全唐詩卷二二七西山改。

〔六〕「漢時蜀文翁穿湔江灌溉」，「湔江」，底本原作「湔江」，據漢書卷二八下地理志、華陽國志卷三蜀志改。

〔七〕「緣雲擬住最高峰」，「雲」，底本原作「雪」，據嶽雪樓本及杜詩詳注卷一〇、全唐詩卷二一九丈人山改。

〔八〕「或曰諸葛亮遷羣獠於青城山下」，「遷」，底本原作「仙」，據輿地紀勝卷一五一改。

〔九〕「夕陽塵土漲郊墟」，「塵土」，底本原作「塵外」，據范石湖集卷一八范氏莊園改。輿地紀勝卷一五一引此詩作「塵土」，不誤。

〔一〇〕「千柱耽耽壓其垠」，「垠」，底本原作「根」，據陸游集劍南詩稿卷六丈人觀改。

〔一一〕「斷雲浮月磬聲殘」，「雲」，陸游集劍南詩稿卷六題丈人觀道院壁作「香」。

方輿勝覽卷之五十六

威州 保寧　通化

【建置沿革】本漢徼外冉駹之地。秦地，東井、輿鬼之分野。漢武帝開之，屬汶山郡。蜀劉禪時，姜維、馬忠等討汶山叛羌，此其地也。自晉以後，羌夷或降或叛。隋討叛羌，以其地置薛城戍，屬會州。唐初白苟羌首領鄧賢佐内附，於姜維故城置維州以統之；太宗時叛羌州縣皆罷，復立維州，始以羈縻州屬茂州，後爲正州；改維川郡，復爲維州。五代王氏、孟氏繼有其地，徙就中州城，即今治也。皇朝平蜀後，以京遞發灘州誤至維州，因改曰威州。類要：「唐置此州，以威制西羌故也。」今領縣二，治保寧。

事要

【郡名】維川、維城。

【風俗】工習射獵。隋地理志：「地本氐、羌，人尤勁悍，性多質直，云云。」衣羯羊，皮鞈靺。郡國志云云。懸珠爲飾。同上。「婦人多戴金花，穿云云。」

【形勝】冉駹之地。九域志。南界江城。李宗諤圖經：「云云，岷山連嶺而西，不知其極。」北望雪山。同上。「云云，積雪如玉。」東望成都。同上。「云云，若在井底。」據高山絕頂。李文饒集：「云云，在瀘、戎平川之衝，是漢地入邊之路。」三面臨江。圖經：「云云，是西蜀控吐蕃之要衝。」地甚險固。元和志。地接蕃部。通略：「韓億知益州，以維、茂二州云云，以其歲至永康官場鬻馬，因熟道路，恐覘兩川，遂奏徙黎州境上。」

【山川】雪山、在保寧縣西。南連乳川、白苟嶺。山有九峰。山有積雪，春夏不消。花崖山、在保寧縣。水合大江。高碉山、今州、縣治並據此山，三面懸崖，姜維故城在焉。定廉山、在故定廉縣東十里。下有鹽溪。白苟嶺；與雪山連。沱水、東經保寧，至汶州與大江合。赤水。在保寧縣。

【古跡】無憂城。圖經：「李德裕築。吐蕃號曰——。」

【名宦】王重華；司空表聖集云：「重華深究韜鈐，從擊匈奴，著勞盟府，歷維州刺史。」皇朝桂堂。彭山人。熙寧登第，諸司薦堂守威。是時羈縻保、霸二州交惡，堂自携牛酒至通化軍會二州酋長，諭以禍福，乃降。

【題詠】窗含西嶺千秋雪。杜甫詩：「云云，門泊東吴萬里船。」

【四六】疏榮漢札，作填維城。外聯蕃部，内控蜀都。得名實自於姜維，築壘亦由於德裕。虎符分鎮，蓋將威制於羌、戎；鳳詔趣裝，行即班高於禁禦。身被羯羊，蓋雜夷人之俗；符分銅虎，有隆郡將之權。

邛州 臨邛　依政　安仁　大邑　蒲江　火井

【建置沿革】禹貢梁州之域。秦地，鶉首之次，天官東井、輿鬼之分野。秦爲蜀郡地，今州即蜀郡之臨邛縣地。自滇以北，君長以十數。漢武帝十三部刺史，在益州之部。東漢屬蜀郡。晉因之。宋及齊、梁不置郡縣，惟豪家能服獠者名爲保主，總屬益州。梁益州刺史蕭範於蒲水口立柵，以備生獠，名爲蒲口頓；武陵王紀於蒲口頓改置邛州。西魏置蒲陽郡，後因置臨邛縣。隋廢郡爲縣，屬雅州。唐割雅州五縣置邛州，治依政縣，移治臨邛縣，僖宗置永平軍。皇朝復爲邛州。今領縣六，治臨邛。

事要

【郡名】臨邛、南接邛峽山，因名臨邛。邛峽。圖經序。

【風俗】其人敏慧。隋志：「臨邛風俗，大率與漢中不別，云云，頗慕文學。」郡多富人。司馬相如傳：「臨邛多富人，卓王孫僮客八百人，程鄭亦數百人。」○華陽國志：「秦始皇徙上郡人以實之。」又按史記，卓王孫之先趙郡人，因遷徙到臨邛，則是秦徙民之驗也。夷、獠相雜。寰宇記云。

【形勝】外接邛、筰。蜀自臨邛外，即接邛、筰界。○圖經序：「山曰邛峽，浸曰邛水，淵曰邛池，毛曰邛竹。」東接太城。通判題名記：「云云，南通沈黎、越嶲之邦，後接秦塞、筰都之表。」

【土産】鹽井。蘇子瞻志林：「蜀去海遠，取鹽於井。陵州井最古，淯井、富順監亦云久矣。惟邛州蒲江縣井乃祥符中民王鸞所開，〔一〕利入至厚。自慶曆、皇祐以來，蜀始創筒井。用圜刀鑿山如碗大，深者數十丈，以巨竹去節，牝牡相銜爲井，以隔横入淡水，則鹹泉自上。又以竹之差小者出入井中，爲桶無底，而竅其上，懸熟皮數寸，出入水中，氣自呼吸而啓閉之，一筒致水數斗。凡筒井皆用機械，利之所在，人無不知。後漢書有水鞴法，此法惟蜀中鐵冶用之，大略似——取水筒。太子賢不識，妄以意解，非也。」○張上行曰：「此郡昔有四利。今有四害：曰茶，曰鹽，曰酒，曰鐵。爲利有四，他郡或有其一，或有其二，而吾邛獨全。昔以爲利，民競豪富；今以爲害，民皆貧薄。」

【山川】霧山、與石城山相連。○張少俞詩：「霧山環合自雲川，户有青溪種玉田。萬木桃花不知處，幾人曾得問秦年。」邛崍山、山海經云：「山出邛竹杖。」蜀記：「漢張騫奉使尋河源，得高節竹，植於邛山，堪爲杖。」白鶴山、在城西八里。常璩曰：「臨邛名山曰四明，亦曰羣羊，即今白鶴也。」漢胡安嘗於山中乘白鶴仙去，弟子即其處爲白鶴臺。○魏華父瞥造記曰：「州之西直冶城十里所，〔二〕有山曰白鶴，林麓蒼翠，江流縈紆，蔚爲是州之望山，故爲浮屠之宫。自隋、唐迄今，庵院凡十四所。遠有胡安先生授易之洞，近有常公諫議讀書之庵；泉有滴珠，樹有木蓮；白鶴有臺，玉兔有蹤；中峰信美、平雲之觀，〔三〕西巖翠屏萬竹之境；皆山中勝處。壁間繪像，率范瓊、杜措、丘文播諸人名筆，雖丹青剥落，而筆法具在。」七盤山、在臨邛。銅官山、在臨邛縣南二里，鄧通所封。史記：「蜀卓氏之先，趙人也。秦破趙，卓氏夫妻推輦而行，曰：『吾聞岷山下沃野，有蹲鴟。』乃求遠遷，致之臨邛，即山鑄錢。」即此山也。○華陽國志：「臨邛縣有石山，有石鏡大如蒜子，火燒成鐵甚剛，因置鐵官。漢文帝時以銅鐵山賜鄧通，通假民卓王孫，歲取千疋，故王孫貨累鉅萬億，鄧通錢亦徧布天下。」鳳凰山、在大邑縣。北平山、在依政縣，二十四化之一也。相臺山、在火井縣東北。唐袁天綱登此山以相縣治，故名。青霞嶂、劍南詩稿云：「——、碧玉潭皆山水佳處。」詩云：「千巖角逐互吞吐，一峰拔起矜崔嵬。日光微漏見潭底，水氣上薄雲成堆。」後巖；在鳳凰山下七八里。山水尤奇絶。○陸務觀詩云：「——在眼中，飛去無羽翼。」西湖、距城八里。邛水、出邛峽山下，入青衣江。䣕水、在臨邛。布濮水、在臨邛縣。出獠界，來合火井。牡丹池、在大邑縣牡丹平。或纖芥墜其水中，則鴛鴦、野鶩即銜去之。浴丹池。在蒲江縣崇真觀。世傳軒轅修煉于此。

【井泉】火井；在臨邛縣西南八里。○文選蜀都賦：「——沉熒於幽泉，高焰飛煽於天垂。」注曰：「欲出其光，先以家火投之，須臾隆隆如雷聲，焰出通天，光輝十里。以筒盛之，接其光而無炭。」今無復見。○異苑云：「當漢室之隆，則炎赫彌熾。暨桓、靈之際，火勢漸微。諸葛一闞而更盛，故曰『高焰飛煽於天垂』。井有二水，取井火煮之，一斛水得五斗鹽，家火煮之利無幾。」虎擘泉。在大邑縣之鳳凰山。文與可記：「唐契覺道人結庵于此，有虎爲之擘地出泉。」

【樓閣】南樓；濱大江。翠屏閣。在西巖。○陸務觀詩：「把酒孤亭半日留，西巖獨擅鶴山秋。」

【亭館】平雲亭、在大邑之静惠山，蓋蜀郡文忠范公所居。公熙寧間上疏論新法致仕，既還蜀，窮山水勝處，徜徉此山。○詩云：「平日蘭溪隱，春雲蕙帳眠。定應猿鶴怪，歸去執蘆鞭。」○「磴道誰云險，肩輿亦可行。坐來知日永，立處與雲平。」信美亭、勾龍庭實———詩云：「䣝嶨渡水過西頭，〔四〕東面一亭無限幽。火井江潮盤附郭，浮屠天際表吾州。」萬松亭；在臨邛三十里靈巖之絶頂，盡得一境江山之勝。白鶴館。館中有文與可所作怪木竹石真蹟，號曰「墨林」。

【古跡】騎鯨柏、在鳳凰山。紫柏十圍，根盤巨石之上，如騎鯨然。相如琴臺、在臨邛。或云在成都。文君井。在臨邛。○陸務觀詩：「落魄西州泥酒杯，酒酣幾度上琴臺。青鞋白笑無拘束，又向———上來。」

【名宦】袁天罡、舊史云天罡爲火山令。按圖經云「天罡嘗登相臺山相縣治」，則當是火井令。柏正節；丹陽集云：「杜子美柏中允除官制詩，舊注以爲柏者，又以爲柏——。」按杜詩云：「紛然喪亂際，見此忠孝門。蜀中寇已甚，柏氏功彌存。三止錦江沸，獨清玉壘昏。」當是有功於蜀者。方是時，段子璋反於上元，徐知道反於寶應，而柏正節爲邛州刺史，數有功，則是正節無疑矣。皇朝楊繼勳、司馬君實日曆云：「楊繼勳以閤門祇候知邛州。王均反，繼勳伏兵於竹林，殲之，乘勝逼成都，檄諸州皆會，賊由是不能犯他州。」文同。皇祐間自州判官攝蒲江縣事，又通判邛州。○王介甫送文學士倅邛州詩：「文翁出治蜀，蜀士始文章。司馬唱成都，嗣音得王、揚。犖犖漢守孫，千秋起相望。操筆賦上林，脱身選爲郎。擁書天禄閣，奇字校偏傍。忽乘駟馬車，牛酒過故鄉。時平無喻檄，不訪碧雞祥。問君行何爲，關、隴正繁霜。中和助宣布，循吏綴前芳。豈特爲親勞，〔五〕區區夸一方。」

【人物】嚴遵、臨邛人。詳見成都。司馬相如、本傳：「字長卿，成都人。素與臨邛令王吉相善，相如往，舍都亭。富人卓王孫聞令有貴客，爲具召之，并召令。酒酣，令前奏琴曰：『竊聞長卿好之，願以自娱。』相如爲鼓一再行。是時卓王孫有女文君新寡，好音，故相如繆與令相重，而以琴心挑之。相如時從車騎，甚都。文君竊從户窺，心悦而好之。相如乃令侍人重賜文君侍者通殷勤。文君夜亡奔相如，與俱之臨邛，盡賣車騎，買酒舍，乃令文君當壚。相如身自著犢鼻褌，滌器於市中。卓王孫耻之，不得已，分與文君僮百人，錢百萬，及其嫁時衣被財物。居久之，以子虛賦得召。會邛、筰之君長願爲臣妾，乃拜相如爲中郎將，建節往使。至蜀，太守以下郊迎，縣令負弩矢先驅，蜀人以爲寵。於是卓王孫、臨邛諸公皆因門下獻牛酒以交驩。乃厚分與其女財與男等。相如以通邛、筰還報，天子大悦。」林閭、字公孺，臨邛人。善學，揚雄師之。甘寧；臨邛人。仕吴，爲折衝將軍。今廟食於富池口。皇朝李公泰、依政人。累遷至起居舍人。仁宗春秋高，未有繼嗣。公因侍祠高禖，奏賦，上嘉納之。常安民、臨邛人。哲宗朝爲御史，與蔡確有連。確爲相，絶不與通。子同，亦爲言官。常同、爲言官，忤時宰，出知衢州、湖州。汪應辰撰墓碑。陳賓、號「白衣御史」。登第後，上書論蔡京之奸。魏了翁。自號鶴山，仕至參政。

【題詠】雲水遶重城。榮咨道詩：「平生林壑性，客官久羈束。得麾邛江隈，雖遠愜所欲。云云，青山長在目。」緑髮監州册府歸。唐許渾送人之任邛州詩：「云云，還家樂事我先知。羣童竹馬交迎日，二老蘭觴初見時。」**鄉郡榮歸及壯時。**王介甫送李大防才元知邛州詩：「朝廷孝治稱今日，云云。關吏相呼迎印綬，兒童争出望旌麾。北堂已足夸三釜，南畝當令識兩歧。獨我尚留真有命，天於人欲本無私。」

【四六】疏綸涣渥，趣鎮臨邛。火井標奇，珠泉紀勝。昔擅銅山之利，今夸鹽井之饒。過灉潁、百牢之關，甫兹憑軾；叱邛徠、九折之坂，俄復乘軺。胡氏之易、相如之賦，在漢有聞；常公之諫、鶴山之文，于今尤盛。

黎州 漢源〔六〕

【建置沿革】禹貢梁州之域。天文東井、輿鬼分野。古西南夷自越巂以東北，君長以十數，徙、筰都最大。〔七〕秦時嘗爲郡縣，至漢興而罷。自唐蒙使，略通夜郎，而邛、筰之君請爲内臣。及漢誅且蘭、邛君，并殺筰侯，乃以邛都爲越巂郡，筰都爲沈黎郡。尋罷郡，置兩部都尉：一治旄牛，主外羌；一治青衣，主漢民；並隸蜀郡。李雄又立沈黎、漢原二郡。晉立南陰平。宋、齊並爲沈黎郡。後周置黎州。隋置沈黎郡及登州。唐置南登州，已而復置黎州，改爲洪源郡，後曰漢源郡，復爲黎州，僖宗又置永平軍。國朝復爲黎州，繼陞平陽軍節度。今領縣一，治漢源。

事要

【郡名】沈黎、筰都。元鼎五年，以——爲沈黎郡。

【風俗】黎常多風。梁益記：「云云，雅常多雨。」嵐霧常晦。唐古碑云：「山林參天，——。」漢、蕃博易不用錢。寰宇記：「云云，漢以紬、絹、茶、布，蕃用紅椒、鹽、馬。」氈裘椎髻。郡守余授朱櫻堂記：「蠻商越駔，云云，交錯於闤闠中。」

【形勝】内捍右蜀。圖經：「云云，外捍蠻、夷。」元和志：「西與蕃接，南與蠻接，北與羌接。」南鄰六詔。樊柔直侯寶堂記：「全蜀五十餘州，沉黎爲襟喉地，云云。」三面鄰絶澗。元和志：「自唐以來，徙治大渡河内，〔八〕而水源在城外。韋皐始築今城，東西南云云，惟北面稍平。地多井泉，與諸城鎮戍烽火相通，誠西南之險要。」處越嶲、邛、蜀之中。唐古碑云。爲蜀西門。王巳盤陀寨記：「蜀爲今日之重地，而沈黎又云云。」關沫、若，司馬相如傳注：「張楫曰：『以沫、若水爲關。沫水出蜀廣平徼外，若水出旄牛徼外。』」徼牂牁。同上。「南至牂牁爲徼。」張楫曰：「徼謂以木水石爲界。」南北二路。郡志：「自黎州清溪關出邛部川，經姚州入雲南，謂之南路；自戎州石門外出魯望昆川，經拓東城至雲南，謂之北路。」棄羈縻州。寰宇記：「唐羈縻州五十四，皆徼外生蠻。」本朝太守題名記：「太祖以玉斧畫大渡河，外云云。」

【土産】邛竹杖、生於邛峽山。市馬務。國朝以後，設茶馬、買馬兩務。成都府市於文、黎、珍、叙等州，號川馬。梁武陵王紀在蜀十七年，有馬八千匹。通鑑：「唐昭宗天復三年，〔九〕朱全忠遣王殷聘蜀，蜀王建與之宴。殷言蜀甲兵之盛，但乏馬耳。建乃集諸州馬，大閱於星宿山，官馬八千，私馬四千，部隊甚整。建本騎將，故得蜀之後，於文、黎、維、茂州市胡馬。〔一〇〕十年之間，遠及茲數。」

此川馬之始也。

【山川】邛崍山、在州北。本名邛筰，乃邛人、筰人界也。又曰邛人自蜀入，度此山，故名邛崍。漢書作「郲」，華陽國志作「崍」，水經作「來」，開路記作「萊」。又有邛崍關，距州七十里，昔有楊氏婦造閣其上。登高山、在州西五里。上有小阜，曰望州坡。笋箟山、在州西北五十餘里。有前箟山、後箟山。多笋，故名。春時州人百十爲羣，入山採笋。紹興間守臣始立租以贍學，歲收緡錢八十千。山又採林木，〔一一〕樵蘇者以爲衣食之源。和尚山、在州東南百里，與峨眉、瓦屋爲三乘。山常有五色光現，天晴極爲奇觀。白崖山、在州西北二百五十里。山外即生界，險峻不通人跡。鏤靈山、漢書謂通靈山道也。九折坂、在邛崍山。其坂阻峻，曲回九折，乃至山上。凝冰夏結，冬則極寒。○漢書：「王陽爲益州刺史，行部至邛郲———，歎曰：『奉先人遺體，奈何數乘此險！』後以病去。及尊爲刺史，至其坂，問吏曰：『此非王陽所畏道耶？』吏對曰：『是。』尊叱其馭曰：『驅之！王陽爲孝子，王尊爲忠臣。』」風穴；在白崖山之右。有巨穴如井，不知淺深。穴口四圍，津津如汗，間有氣出，騰空如白雲。須臾風起，怒號如雷。里人見雲，即知風。〔一二〕氣散則風定，細則風小，盛則風猛。窒其穴，風雖少而民多瘴；開之，風如故而瘴亦衰。東湖、在郡圃。方廣十丈，架橋其中。大渡河、寰宇記：「———自吐蕃界經雅州諸部落至黎州東界，流入通望界，入黎州，爲南邊要害之地。唐時大渡之戍一不守，則黎、雅、邛、嘉、成都皆擾。建隆三年，王全斌平蜀，以圖來上。議者欲因兵威復越嶲，藝祖皇帝以玉斧畫此河，曰：『外此吾不有也。』於是爲黎之極邊。曩時河道平廣，可通漕身。自玉斧畫河之後，河之中流忽陷下五六十丈，河流至此澎湃如瀑，從空而落，舂撞號怒，波濤洶湧，舡筏不通，名爲噎口，殆天設險以限夷、狄。父老常云：『舊有寨將，欲將杉木版於楊山入嘉定貿易，以數片板試之。板至噎口，爲水所舂没。須臾，但見其板片片自水下浮出。蠻人知此，益不敢妄有窺伺。』」漢水、發源自飛越嶺。寰宇記云：「在漢源縣西百二十里，地名通望，合入大渡河。夏秋常有瘴氣，中人爲瘧疾。」橋孫水、漢書：「孫水出臺登縣，南入若水。」顔曰：「於孫水上作橋也。」龍池。在州東十里蘭若寺前，方廣十數丈。池上有龍祠。水中有枯楂三株，隱然如龍狀，觸之則暴風卒雨，變於俄頃，歲旱取湫立應。

【井泉】白雲泉。在州宅東。從白塔谷前取水，穴城東以入，始以木槽承之，分四大井。

【堂亭】静鎮堂、在州治。弘敞邃深，爲郡治之冠。思仙堂、圖經：「昔有人駕牛採樵入蒙秦山，〔一三〕見二老人奕棋。其人係牛坐斧而觀，局未終，老人謂曰：『非汝久留之所。』樵者起，而斧柯已爛，牛已爲枯矣。」詩云：「思仙亭上望蒙秦，此間昔有避秦人。不應棋罷却歸去，再見桃花且問津。」藜廳。在州治小廳之東隅。世傳唐三藏師遊西域，經行植藜杖於此，云他日州治在此，後果遷如師言。杖成，株高五十尺，圍九十尺。○余授詩：「神僧曾西征，目覽江山異。深林植杖藜，他日成州治。」

【名宦】皇朝蕭定基、明道中爲守。郡始無舉進士者，得甯誠誨之，逾年，以文貢禮部。虞允文。紹興間，自鈐轄司幹辦公事攝郡。時有旨下制司市真珠，蓋秦檜之意，公持之不下，會檜没而止。

【題詠】偏城越巂東。知郡余授詩：「絶塞邛崍外，云云。山含初夏雪，林偃夕陽風。」地僻無參謁。同上。「云云，民淳少訟爭。睡餘兵放教，衙退吏歸耕。」萬重山裏到沉黎。提刑李師錫詩：「窮冬按部極西陲，鳥道盤空積雪迷。報國憂民寧憚遠，云云。」

【四六】惟此沉黎，介在雪嶺。疏恩楓陛，出鎮藜廳。乃眷憑熊之地，實爲市駿之區。持玉斧以畫河，實存深意；分銅符而治筰，當奉寬恩。下方國十行之書，寵承委寄；陟邛崍九折之阪，來任蕃宣。

石泉軍

石泉　龍安　神泉

【建置沿革】禹貢岷山之域。秦地，井、鬼之分野，蜀郡入井三度。古氐、羌地，至秦、漢時君長以十數，冉駹最大。漢誅且蘭君，冉駹恐，請臣，遂以冉駹爲汶山郡。靈帝以汶江、蠶陵、廣柔三縣立汶山郡，廣柔即今石泉也。後周屬汶州。隋屬蜀州及會州。唐改爲南會州，又改爲茂州，太宗始析汶山地置石泉縣，屬茂州，其後吐蕃内侵，茂州以西被兵無寧歲。皇朝神宗時，静州夷寇邊，攻茂州，窒隴東以孤石泉。成都守孫羲叟經畫事宜，以石泉爲邑，介綿、茂之間，道里闊遠，緩急不相應，非扼其衝要不足捍外患。於是詔改石泉縣爲軍。今領縣三，治石泉。

事要

【郡名】石泉。

【風俗】習俗静約。圖經：「云云，不萌侈心。」

【形勝】西接汶山。舊經。東北接文、茂。同上。控扼蕃路。夔帥張上行奏狀。地介夷壤。成都帥席貢議石泉利害。國乎衆山之隈。圖經。

【山川】浮山、在龍安縣南二十里。有十二峰，峭拔如屏。梁楊孚真人上昇于此。石紐山、本屬茂州，今在石泉縣南。石城山、在石城縣東一里。鳳凰山、在軍北。二水合流其下。三面山、在石泉北六十里。三面内向。上有龍湫，徑不及四寸，而水流不竭。瓜菜山、在神泉北二里。樓真人上昇于此。松嶺山、去龍安縣四十里。出附子，雖産不可食。龍安山；在龍安縣北十里。有林泉之勝。隋開皇中，蜀王秀立亭館以避暑。赤溪、在神泉東北二里，天鏵山之衆水出焉。黑水、在神泉北百餘里，合大江。水皆大石，湍險不通舟。綿水、在神泉縣西南四十餘里。積石水、在龍安西三十餘里。銀線潭。在神泉縣南山。相傳白龍往來其間，水面有銀線一道，以物撓之即不見，波定如故。

【井泉】神泉。在縣西平地。冬温夏沸，氣如附子，能愈衆疾。

【堂舍】愛山堂。在郡治。取杜甫「爲愛丈人山」之句。

【祠廟】大禹廟。在石紐山下江邊。○按帝王世紀以爲鯀納有莘氏，〔一四〕臆胸坼而生禹於石紐。郡人以禹六月六日生，是日熏脩裸享，歲以爲常。又見茂州。

【名宦】皇朝張上行，字道從，漢州德陽人，登元豐第。後會石泉夷人犯邊，朝廷命孫羲叟帥蜀，召公問計，公曰：「按唐王涯傳云：『吐蕃有兩道：一由龍州清川縣抵松州，一由綿州威蕃栅抵雞城，皆虜險要之地。』今石泉三十里威蕃亭，地名栅底，即唐之威蕃栅，宜先築堡寨以禦其來。次陞石泉爲軍，以重其權。然後調思、黔義軍以制其暴，則收功一時，爲利後世。不然，蜀之憂未艾也。」羲叟盡用其策，且命公調軍馳步兵至境急擊，大破之。夷人自是服，蜀以無事。魏僖。守郡十三載，治狀最著。民思不忘，立祠在郡圃雞心山，春秋嘗奉之。

【題詠】闕。

【四六】雖爲小壘，實係要衝。訟簡獄稀，賦微用嗇。石紐山乃神禹之所生，冉駹郡至漢靈而後創。析而置邑，昔非廣於封疆；陞以爲軍，今欲威於夷落。內當寬疲瘵，以令民力之蘇；外當嚴訓閱，以使邊烽之息。

校勘記

〔一〕「惟邛州蒲江縣井乃祥符中民王鸞所開」，底本原脱「井」字，據蘇軾文集卷七三蜀鹽説補。

〔二〕「州之西直冶城十里所」，「冶城」，蜀中名勝記卷一三作「治城」，與本書異。

〔三〕「中峰信美平雲之觀」，「信美」，底本原作「並美」，據下文「信美亭」及蜀中名勝記卷一三改。

〔四〕「䊪罌渡水過西頭」，底本原脱「過」字，據元甲本、元乙本、嶽雪樓本及蜀中名勝記卷一三補。

〔五〕「脱身選爲郎（至）豈特爲親勞」，「身」、「勞」，臨川先生文集卷九送文學士倅邛州作「巾」、「榮」，與本書異。

〔六〕「漢源」，底本原作「溪源」，據太平寰宇記卷七七、元豐九域志卷七、輿地廣記卷三〇、宋史卷八九地理志改。

〔七〕「徙筰都最大」，「徙」，底本原作「徒」，據嶽雪樓本及史記卷一一六西南夷傳改。

〔八〕「自唐以來徙治大渡河内」，「自唐以來」，底本原作「南唐以來」，有誤。按元和郡縣志作于唐憲宗時，焉能言及南唐之事？今本元和郡縣志此文已佚，清張駒賢作元和志攷證，云顧祖禹引元和志有「自唐以來」云云，今據改。

〔九〕「唐昭宗天復三年」，「三年」，底本原作「二年」，據通鑑卷二六四唐紀八〇改。

〔一〇〕「於文黎維茂州市胡馬」，「維」，底本原作「雅」，據通鑑卷二六四唐紀八〇改。

〔一一〕「山又採林木」，「採」字似誤，據文義疑當作「産」。

〔一二〕「即知風」，「知」，底本原作「如」，今據元甲本、元乙本、四庫本、傳是樓本、嶽雪樓本改。

〔一三〕「昔有人駕牛採樵入蒙秦山」，「山」，底本原作「化」，據元甲本、元乙本、嶽雪樓本改。

〔一四〕「按帝王世紀以爲鯀納有莘氏」，據史記卷二夏本紀索引，此「鯀納有莘氏」非帝王世紀語，是系本中語，下文「胸坼而生禹」云云，方爲正義所引帝王世紀語。

方輿勝覽卷之五十七

夔州路

夔州 奉節　巫山〔一〕

【建置沿革】禹貢荆、梁二州之域。當翼、軫之分野，鶉首之次。周初爲魚復國。春秋庸國之魚邑。其後楚人、秦人、巴人滅庸，分其地屬於巴。秦置巴郡，魚復隸焉。二漢因之。公孫述據蜀土，自稱白帝，更魚復曰白帝城。東漢獻帝分巴郡爲永寧郡，劉璋又改爲巴東郡。蜀先主改爲永安縣，又於此置固陵郡；蜀先主改固陵郡爲巴東郡，爲蜀重鎮。晉仍爲魚復。宋置三巴校尉，〔二〕治白帝。梁置信州，治白帝城。周移治永安宫南，即瀼西也，總管王述移府於白帝。隋楊素又復修之，煬帝罷爲巴東郡。唐爲信州，改爲夔州，又爲雲安郡，復爲夔州。蜀主以施、夔、忠、萬置鎮江軍，治夔州。後唐改寧江軍節度。皇朝平蜀後，徙治瀼西，中興陞爲帥，帶歸、峽州兵甲司公事。今統郡十五，領縣二，治奉節。

本路安撫、轉運置司。

事要

【郡名】夔門、固陵、漢初平間，分巴爲三，以朐䏰至魚復爲——郡。三巴。杜巴東歌注云：「劉璋分———，有中巴、巴西、巴東。魚復，巴東之屬也。」○———記：「閬、白二水東南流，三曲如『巴』字，故曰三巴。」

【風俗】其人豪。李貽孫都督府記云：「———，其俗信鬼，其税易征，其民不偷。」人多勁勇。巴志：「郡與楚接，云云，少文學，有將帥材。」雪不到地。宋肇詩序：「夔冬暖，云云，惟山高處白。」燒地而耕。杜詩注：「峽土磽确，煖氣既達，故民云云，謂之火耕。」未嘗苦飢。范至能勞畬耕序：「峽民平生不識秔稻，而云云。」踏蹟而遊。圖經：「夔人重諸葛武侯，以人日傾城出遊八陣磧上，謂之踏蹟。婦人拾小石之可穿者，貫以綵索，繫於釵頭，以爲一歲之祥。府帥宴於磧上。」○王梅溪詩：「今日爲人日，傾城出江皋。遨頭老病守，呼賓酌春醪。好遨蜀風俗，夔人貧亦遨。」○陸務觀詩：「鬼門關外逢人日，踏歌千家萬家出。」使女負薪。杜甫作負薪行云：「夔州處女髮半華，四十五十無夫家。更遭喪亂嫁不售，一生抱恨長咨嗟。土風坐男使女立，就當門户女出入。十猶八九負薪歸，賣薪得錢應供給。至老雙鬟只垂頸，野花山葉銀釵並。筋力登危集市門，死生射利兼鹽井。面粧首飾帶啼痕，地偏衣寒困石根。若道巫山女粗醜，何得此有昭君村？」

【形勝】據三峽之上。寰宇記云：「郡城臨江，而云云。」據荆楚上游。歐陽穎引水記：「夔州控二川，限五溪，云云，爲巴、蜀要郡。」據三州要津。趙瑑之鈐轄廳記：「瞿唐云云。」居瞿唐上游。丁公言夔州移城記：「云云，即白帝舊址。」當全蜀之口。董鉞制勝樓序：「夔爲一路，一左右————。」堅完兩川。丁公言記：「巴中郡多崖居岸泊，登危履險，以扼束要道，蓋云云，間隔三楚也。」咽喉巴、峽。丁公言記：「憑高控深，云云。」介于巴、楚。徐粹中學記：「夔之爲州，云云。」荆、蜀之衝。張天覺制勝樓序：「——、——往來——，渝、瀘、施、黔疆埸之制。」鎮以灩澦。報恩寺佛牙樓記：「夔當全蜀衆水所會，云云，扼以瞿唐。」水陸津要。吴簡言作慕容公禦寇記：「當云云，乃蜀之東門也。」非古夔國。史記楚世家服虔注：「夔在巫山之陽，秭歸鄉是也。」

【土産】橘、荔。蜀都賦：「户有——之園。」注：「朐䏰、魚復二縣出橘。」○王梅溪與曹夢良書：「有荔而不及涪，有柑而不及果。」

【山川】白帝山、元和志：「即州城所據，與赤甲山相接。初，公孫述殿前井有白龍出，因號————。」○杜甫遷居夔州詩：「伏枕雲安縣，遷居白帝城。春知催柳别，江與放舡清。農事聞人説，山光見鳥情。禹功饒斷石，且就土微平。」注云：「沿峽皆因開鑿而成，故少平土，惟夔州稍平耳。」○又詩：「嵯峨白帝城東西，南有龍湫北虎溪。」赤甲山、元和志：「在城北三里。上有孤城。漢時常取巴人爲赤甲軍，蓋犀甲之色也。」寰宇記：「公孫述築。不生樹木，土石悉赤，如人袒臂，故曰赤甲，與舊白帝城相連。」類要：「赤甲城即古魚復縣基。」白鹽山、在城東十七里。崖壁五十餘里，其色炳耀，狀若白鹽。○杜甫詩：「卓立羣峰外，蟠根積水邊。他皆任厚地，爾獨近高天。白榜千家邑，清秋萬里舡。詞人取佳句，刻畫竟誰傳。」卧龍山、在奉節縣。有諸葛武侯祠及寺觀。有泉，極清冷。麝香山、在城東百三十里。○杜詩：「水生魚復浦，雲煖——。」女觀山、在巫山縣東北四里。有石如人形。相傳昔婦人夫官于蜀，登山望夫，因化爲石。十二峰、在巫山。曰望霞、翠屏、朝雲、松巒、集仙、聚鶴、净壇、上昇、起雲、飛鳳、登龍、聖泉。其下即巫山神女廟。琵琶峰、在巫山，對蜀江之南，形如琵琶。此鄉婦女，皆曉音律。巫峽、在巫山縣之西。水經云：「杜宇所鑿，以通江水。」圖經云：「此山當抗峰岷、峨，偕嶺衡嶽，凝結翼附，並出青雲，謂之巫山，有十二峰。上有神女廟、陽雲臺，高一百二十丈。」三峽、謂西峽、巫峽、歸峽。盛弘之荆州記：「——七百里中，兩岸連山，略無闕處。重巖疊嶂，隱天蔽日，自非亭午及夜分，不見日月。至於夏水襄陵，泝沿阻絶。或王命急宣，有時朝發白帝，暮至江陵，其間一千二百里，雖乘奔馳風，不爲疾也。春冬之間，則素湍緑潭，迴清倒影，絶巘多生檉柏，懸崖瀑布，飛灑其間，清榮峻茂，良多雅趣。每晴初霜旦，林寒澗肅，有高猿長嘯，屬引凄異，空岫傳響。故漁者歌曰：『巴東——巫峽長，猿鳴三聲淚沾裳。』」○梁簡文蜀道難詩：「峽山七百里，巴水三回曲。笛聲下復高，猿鳴斷還續。」○杜甫客居詩：「峽開四千里，水合數百源。人虎居相半，相殘終兩存。」又歸詩：「林中纔有地，峽外絶無天。」南鄉峽、在奉節縣西五十里。荆州記：「峽西八十里有巴鄉村，善釀酒。村傍有溪曰龍門，多靈壽木。」瞿唐峽、在州東一里。舊名西陵峽。——

——乃三——之門，兩崖對峙，中貫一江，望之如門。○杜甫瞿唐兩崖詩：「三峽傳何處，雙崖壯此門。入天猶石色，穿水忽雲根。〔三〕猱玃鬚髯古，蛟龍窟宅尊。羲和冬馭近，愁畏日車翻。」○白居易夜入——————詩：「瞿唐天下險，夜上信難哉！岸似雙屏合，天如匹練開。逆風驚浪起，挂篙暗舡來。欲識愁多少，高於灧澦堆。」○又云：「瞿唐呀直瀉，灧澦屹中峙。未夜黑巖昏，無風白浪起。」○范至能詩：「不知灧澦在舡底，但覺瞿唐如鏡平。劍閣翻成蜀道易，請看范子瞿唐行。」〔四〕

鬼門關、在奉節縣東北三十里。○范至能詩：「百年會須作鬼，無事先穿鬼門。」

百牢關、辛毗曰：「夔州————，兵馬不可越。」○杜甫詩：「中巴之東巴東山，江水開闢流其間。白帝高爲三峽鎮，夔州險過百牢關。」然觀此詩，則當在興元。

灧澦堆；在州西南二百步瞿唐峽口蜀江之心。水經注：「白帝城西有孤石，冬出二十餘丈，夏即没，名————。土人云：『灧澦大如象，瞿唐不可上。灧澦大如馬，瞿唐不可下。』峽人以此爲水候。又曰：『舟子取途不决，名曰猶豫。』」○杜甫詩：「巨石水中央，江寒出水長。沉牛答雲雨，如馬戒舟航。天意存傾覆，神功接渺茫。干戈連解纜，行止憶垂堂。」○又詩：「灧澦既没孤根深，西來水多愁太陰。江天漠漠鳥飛去，風雨時時龍一吟。舟人漁子歌回首，估客胡商淚滿襟。寄語舟航惡年少，休翻鹽井横黄金。」○張祜詩：「不遠夔州路，層波灧澦連。下來千里峽，入去一條天。樹色秋帆上，灘聲夜枕前。何堪正危側，百丈半山巔。」○白居易送人赴峽詩：「見説瞿唐峽，横斜灧澦根。〔五〕難於尋鳥道，險過上龍門。」○元稹詩：「倒入黄牛峽，還驚————。古今流不盡，流去不曾回。」○張華詩：「象馬誠可驗，彼神亦露機。」六乙以爲絶唱。○蘇子瞻————賦：

「天下之至信者，惟水而已。江河之大，與海之深，而可以意揣。惟其不自爲形，而因物以賦形，是故千變萬化，而有必然之理。掀騰勃怒，萬夫不敢前兮，宛然聽命，惟人之所使。予泊舟乎瞿唐之口，而觀乎灧澦之崔嵬，然後知其所以開峽而不去者，固有以也。蜀江遠來兮，浩漫漫之平沙。行千里而未嘗齟齬兮，其意驕逞而不可摧。忽峽口之逼窄兮，納萬頃於一盃。方其未知其峽也，而戰乎灧澦之下，喧豗震掉，盡力以與石鬬，勃乎若萬騎之西來。忽孤城之當道兮，鈎援臨衝。畢至於其下兮，城堅而不可取。矢盡劍折兮，迤邐循城而東去。於是滔滔汩汩，相與入峽，安行而不敢怒。嗟夫！物固有以安而生變兮，亦有用危而求安。得吾説而推之兮，亦足以知夫物理之固然。」**長江**、在灧澦之下。○杜甫——詩：「衆水會涪、萬，瞿唐爭一門。朝宗人共挹，〔六〕盜賊爾誰尊。孤石隱如馬，高蘿垂飲猿。歸心異波浪，何事即飛翻。」○李白自白帝下江陵詩：「朝辭白帝彩雲間，千里江陵一日還。兩岸猿聲啼不盡，須臾却過萬重山。」**龍脊灘**、在城東三里。狀若龍脊，夏没冬見。**虎鬚灘**、在奉節縣。○杜詩：「瞿唐漫天虎鬚怒。」**魚復浦**、漢之魚復縣基即奉節縣。**大瀼水**、在奉節縣。州城以景德二年遷瀼西。○夷堅志：「夔人龍澄遊瀼水，見水中一石合，命漁人探取之。獲玉印五，文字如星霞焰，非世間篆籀比。忽見天神侍立，曰：『某乃九天使者。所獲玉印，乃上帝所寶。昔禹治水，拜而授之。水土既平，復藏之名山大川。今守護不謹，可亟投元處。』澄如其言，後亦登科爲桃源令。」○杜甫詩：「瀼東、瀼西一萬家，江南、江北春冬花。」**相公溪**。在瀼東。王龜齡云：「以丁公言得名。」水可烹茶。

【井泉】義泉。源出卧龍山。○杜甫引水詩：「月峽、瞿唐雲作頂，亂石崢嶸俗無井。雲安沽水奴僕悲，魚復移居心力省。白帝城西萬竹竿，接筒引水喉不乾。人生留滯生理難，斗水何直百憂寬。」○王龜齡詩：「夔州苦無井，俗瘦殊可憐。竹筒喉不乾，可浣不可煎。日汲卧龍水，屢賴擔夫肩。〔七〕宮費接筒竹，民蠲沽水錢。丁寧後來者，莫負義名泉。」

【樓亭】白帝樓，在城上。○杜甫——城——詩：「江度寒山閣，城高絶塞樓。翠屏宜晚對，白谷會深遊。急急能鳴鴈，輕輕不下鷗。夷陵春色起，漸擬放扁舟。」○又詩：「漠漠虛無裏，連連睥睨侵。樓光去日遠，峽影入江深。臘破思端綺，春歸待一金。去年梅柳意，還欲攪邊心。」最高樓，杜甫詩：「城尖徑仄旌旆悠，〔八〕獨立縹緲之飛樓。峽坼雲霾龍虎睡，江清日抱黿鼉遊。扶桑西枝封斷石，弱水東影隨長流。杖藜歎世者誰子？泣血迸空回白頭。」制勝樓，王延禧詩：「夔子城新築，長江便作壕。百蠻歸指掌，三峽見秋毫。」白雲樓，在計臺。有三層，登覽之勝，甲於一郡。江月亭，在戎鈐司。○王龜齡詩：「長江何處水，明月幾州天。月與江無約，相逢是偶然。」

【堂齋】三峽堂，在瞿唐。宋肇建。十賢堂，在州治。○王龜齡記：「夔州十賢：屈大夫、嚴刺史、諸葛武侯、杜少陵、陸宣公、章丞相諱處厚、白文公、柳文公、寇萊公、唐質肅公。續得七人：宋玉、源乾曜、李適之、李吉甫、温造、程伊川、黄太史。」高齋。陸務觀——記：「少陵居夔三徙居，皆名——。其記曰：『次水門者，白帝城之——也。曰依藥餌者，瀼西之——也。見一川者，東屯之——也。』」

【祠廟】高唐神女廟、在巫山縣西北二百五十步。有陽臺。○漫叟詩話：「高唐事乃懷王，非襄王也。」苕溪漁隱曰：「高唐賦云昔楚襄王與宋玉遊於雲夢之臺。玉曰：『昔先王嘗遊高唐，怠而晝寢，夢一婦人，曰妾巫山之女也。』李善注：『楚懷王。』則漫叟之言是也。然神女賦復云襄王與宋玉遊雲夢之浦，使玉賦高唐之事，其夜與神女遇。異同當考。」○襄陽耆舊傳曰：「楚襄王遊於高唐，怠而晝寢，夢見一婦人，云：『我帝之女，名瑶姬，未行而亡，封于巫山之臺。』乃辭去，曰：『妾在巫山之陽，高丘之岨。朝爲行雲，暮爲行雨。』比旦視之，如其言。乃立廟，號爲朝雲。」年代已久，今無遺跡。○劉禹錫詩：「星河好夜聞清佩，雲雨歸時帶異香。何事神仙九天上，人間來就楚襄王？」〔九〕○白居易詩：「巫山廟花紅似粉，昭君村柳緑於眉。誠知老去風情少，見此争無一句詩。」○李義山詩：「非關宋玉有微詞，却是襄王夢較遲。一自高唐賦成後，楚天雲雨盡堪疑。」○李羣玉宿巫山廟詩：「寂寞高唐別楚君，玉人天上逐行雲。停舟十二峰巒下，仙佩仙香半夜聞。」〔一〇〕○李賀詩：「巫山叢碧高插天，大江瀾翻神曳煙。楚魂尋夢風颸然，曉風飛雨生苔錢。瑶姬一去一千年，丁香筇竹啼老猿。古祠近月蟾桂寒，椒花墜紅濕雲間。」〔一一〕○鮑溶巫山懷古詩：「十二峰巒鬬翠微，石煙花霧犯容暉。青春楚女妬雲老，白日神人入夢稀。誰傷宋玉千秋後，留得青山辨是非。」○韋莊謁廟詩：〔一二〕「亂猿啼處訪高唐，路入煙霞草木香。山色未能忘宋玉，水聲猶似哭襄王。」○李涉詩：「巫峽雲開神女祠，緑潭紅樹影參差。不勞戌口初相問，無義灘頭剩別離。」又詩：「十二山晴花盡開，楚宮雙闕對陽臺。細腰争舞君沉醉，白日秦兵天下來。」○元微之詩：「楚王忽妖夢，宋玉復淫祠。萬事捐宫館，空山雲雨期。」○蘇子瞻詩：「遥觀神女石，綽約誠有以。世人喜狂怪，論説驚幼稚。」○蘇子由詩：「山中廟堂古神女，楚巫婆娑奏歌舞。空山日落悲風吹，舉手睢盱道神語。神仙潔清非世人，瓦盎傾醪薦麋脯。子知神君竟何自，西方真人古王母。飄然乘風遊九州，揭渡西海薄中土。白雲爲車駕蒼虬，驂乘湘君、宓妃御。天孫織綃素非素，衣裳飄飖薄煙霧。泊然冲虚眇無營，朝飡屑玉咽瓊乳。下視人世安可據，超江乘山去無所。巫山之下江流清，偶然愛之不能去。湍崖激作相喧豗，白花翻翻龍正怒。堯使大禹導九川，石隕山墜幾折股。山前恐懼久無措，稽首山下苦求助。丹書玉笈世莫欺，〔一三〕指示文字相爾汝。擘山洩江幸無苦，庚辰、虞余實相禹。功成事定世莫知，空山俄頃千萬古。廟中擊鼓吹長簫，採蘭爲飡蕙爲肴。玉缶薦芰香飄蕭，龍勺取酒注白茅，神來享之風飄飄。荒山長河何所有，豈有瓊玉薦沉寥？神君聰明無我責，爲我驅獸攘龍蛟。乘舡入楚泝巴、蜀，濆旋深惡秋水高。歸來無恙無以報，山下麥熟可作醪。神君尊貴豈待我，再拜長跪神所勞。」○吴簡詩：「惆悵巫娥事不平，當時一夢是虚成。只因宋玉閑唇吻，流盡巫江洗不清。」○朱元晦嘗云：「宋玉賦雖有『思萬方，憂國害，開聖賢，輔不逮』之語，亦屠兒之禮佛，娼家之讀禮耳。」白帝廟，在奉節縣東八里舊州城内，有三石笋猶存。公孫述據蜀，自稱白帝。○杜甫詩：「白帝空祠廟，浮雲自往來。江山城宛轉，棟宇各徘徊。勇略今何在，當年亦壯哉。後人將酒肉，虚殿日煙埃。谷鳥鳴還過，林花落又開。多慙病無力，騎馬入蒼苔。」○蘇子瞻詩：「朔風催入峽，慘慘去何之？共指蒼山路，來朝白帝祠。荒城秋草滿，古樹野藤垂。浩蕩荆江遠，凄凉蜀客悲。〔一四〕遲回問風俗，涕泗閔興衰。故國依然在，遺民豈復知。一方稱警蹕，萬乘擁旌旗。遠略初吞漢，雄心豈在夔。崎嶇來野廟，閔默愧當時。破甑蒸山麥，長歌唱竹枝。荆邯真壯士，〔一五〕吴柱本經師。失計雖無及，圖王固已奇。猶餘帝王號，皎皎在門楣。」**蜀先主廟**、去奉節縣六里。○杜甫詩：「蜀主窺吴幸三峽，崩年亦在永安宫。翠華想像空山裏，玉殿虚無野寺中。古廟杉松巢水鶴，歲時伏臘走村童。武侯祠屋長鄰近，一體君臣祭祀同。」○——————詩云：「天下英雄氣，千秋尚凛然。勢分三鼎足，業復五銖錢。得相能開國，生兒不象賢。凄凉蜀故妓，來舞魏宫前。」**諸葛忠武侯廟**。在州城中八陣臺下。後封威烈武靈仁濟王。○杜甫詩：「久遊巴子國，屢入武侯祠。竹日斜虚寢，溪風滿薄帷。君臣常共濟，賢聖亦同時。翊戴歸先主，并吞更出師。蟲蛇穿畫壁，巫覡醉珠絲。疑憶吟梁父，躬耕起未遲。」

【古跡】**陽雲臺**、在巫山縣西北五十步。寰宇記：「南枕大江。」宋玉賦云「楚王遊於——之——，望高唐之觀」，即此。○李白詩：「我到巫山渚，尋古登陽臺。天近彩雲滅，地遠清風來。神女知已久，襄王安在哉？」**永安宫**、在奉節縣東七里。魏武七年，蜀先主自征吴，爲陸遜所敗，〔一六〕還至白帝，改魚復爲——————居之，明年寢疾而卒。諸葛亮受遺於此。○蘇子瞻詩：「千古陵谷變，故宫安得存。徘徊問耆舊，惟有夔州門。遊人雜楚、蜀，車馬晚喧喧。不見重樓好，誰知昔日尊。吁嗟蜀先主，兵敗此亡魂。只因法正死，使公去遭燔。」**八陣蹟**、荆州圖經云：「在奉節縣西南七里。」又云：「在永安宫南一里。渚下平磧上有孔明八陣圖，聚細石爲之。各高五尺，〔一七〕皆棋布相當，中間相去九尺，正中開南北巷，悉廣五尺，凡六十四聚。或爲人散亂，及爲夏水所没，及水退，復依然如故。

又有二十四聚，作兩層，其後每層各十二聚。」○成都圖經云：「武侯之八陣凡三：在夔者六十有四，方陣法也。在牟彌者一百二十有八，當頭陣法也。其在棋盤市者二百五十有六，十營法也。」○興元志：「興元西縣亦有八陣。」則八陣凡四矣。〔一八〕○杜甫詩云：「功蓋三分國，名成八陣圖。江流石不轉，遺恨失吞吴。」蘇子瞻云：「嘗夢子美謂僕：『世人多誤會吾八陣圖詩，以爲先主、武侯恨不滅吴，非也。我意謂吴、蜀脣齒，不當相圖。晉所以能取蜀者，以蜀有吞吴之意，以此爲恨耳。』」此説甚長。」○劉禹錫詩：「軒皇傳上略，蜀相運神機。水落龍蛇出，沙平鵝鸛飛。」○蘇子瞻詩：「平沙何茫茫，髣髴見石蓯。縱横滿江上，歲歲沙水齧。孔明死已久，誰復辨行列？唯餘八陣圖，千古壯夔峽。」

越公堂，在瞿唐關城内。隋楊公素所爲也。○杜甫宴——詩：「此堂存古制，城上俯江郊。落構垂雲雨，荒階蔓草茅。柱穿蜂溜蜜，棧缺燕添巢。坐接春盃氣，心傷艷蘂梢。英靈如過隙，宴衎願投膠。莫向東流水，生涯未即拋。」

杜少陵故宅。陸務觀記：「東屯李氏居已數世，上距少陵纔三易主，唐大曆初故券猶在。」○王龜齡云：「世傳計臺乃少陵舊宅，今有祠堂。」舊經云：「少陵祠有三，在漕臺、奉節縣及東屯三處。」○東屯乃公孫述留屯之所，距白帝五里。杜甫移居東屯詩：「白鹽危嶠北，赤甲古城東。平地一川穩，高山四面同。」〔一九〕○東屯有青苗陂。杜詩云：「東屯稻田一百頃，北有澗水通青苗。晴浴狎鷗分處處，雨隨神女下朝朝。」又云：「東屯復瀼西，一種住青溪。」東屯之田，可得百許頃，稻米爲蜀第一。郡給諸官俸廩，以高下爲差，帥漕月得九斗。故王龜齡詩云：「少陵別業古東屯，一飯遺忠畎畝存。我輩月叨官九斗，須知粒粒是君恩。」

【名宦】鮑陋、鎮白帝城，爲譙道福所圍。城中無水，鑿石開道以汲引。道福不悟，謂陋渴，欲降之。陋令人於江捕得生魚以遺，道福乃解圍去。開鑿之跡今猶存。李孝恭、唐高祖時封趙郡王，拜山南招討大使，數進策圖蕭銑，帝嘉納。源乾曜、劉禹錫壁記云：「嘗爲參軍，修圖經，言風俗甚備。」劉禹錫、爲刺史。有別夔州官吏詩：「三年楚國巴城守，一去揚州揚子津。唯有九歌詞數首，里中留與賽蠻神。」黄太史書之，號爲絶唱。柏中丞；大曆中鎮夔。○杜甫詩：「柏公鎮夔門，滯務兹一掃。」皇朝慕容德琛、淳化中爲守，值王小波、李順之亂，以孤城抗賊，大破賊衆，乘勢尅取一十郡。丁謂、咸平五年，施、黔蠻爲寇，以丁謂爲夔路轉運使。謂乃罷兵屏從吏，自入溪洞，蠻酋田彦伊出迎。謂言有詔赦不殺，蠻酋皆感泣，作誓刻石柱立境上。唐介、宰奉節。今有祠堂，王龜齡爲記。王十朋。公遠牧古夔，朝廷初議以馬綱行水路，巴、蜀病之，公力奏其不可。○公賦詩云：「村落尚餘煙火舍，山林暫息斧斤痕。坐看巴、蜀回生意，故我驩呼倒酒尊。」

【人物】廖彦正、郡人也。以南平録參上書論時政，後與黨籍。李公京、奉節人。公京，裳之子，襲之姪。公奕，襲之子，公京之從弟也。父子叔姪五人，相繼登科，號「李氏五桂」。袁師奭。雲安人，張九成榜登科。師奭，孝純之子，師允、師文之弟也。父子兄弟四人，相繼登科。

【名賢】李綱。靖康中安置。

【題詠】傳聲典信州。杜甫送王信州詩：「下詔選郎署，云云。」唐志：「信州，即夔州也。」

絶塞烏蠻北。杜甫夔府詠懷詩：「云云，孤城白帝邊。」又：「峽束滄江起，巖排石樹圓。拂雲霾楚氣，潮海蹴吴天。煮井爲鹽速，燒畬度地偏。有時驚疊嶂，何處覓平川。鸂鶒雙雙舞，獼猴壘壘懸。碧蘿長似帶，錦石小如錢。」〔二〇〕（黄牛峽出錦石，有五彩花紋。）**西南控百蠻**。杜甫詩：「峽口大江間，云云。城高連粉堞，岸斷更連山。開闢多天險，防隅一水關。亂離聞鼓角，秋氣動衰顔。」**城峻隨天壁**。杜甫詩：「云云，樓高更女墻。江流思夏后，風至憶襄王。老去聞悲角，人扶報夕陽。公孫初恃險，躍馬意何長。」**地蒸餘破扇**。杜甫詩：「云云，冬煖更纖絺。」**家家養烏鬼**。杜甫詩：「異俗吁可怪，斯人難並居。云云，頓頓食黄魚。舊識難爲態，新知已暗疏。治生且耕鑿，只有不關渠。」沈筆談曰：「峽中人謂鸕鷀爲烏鬼。」漫叟詩話以爲猪。元稹詩：「病賽烏蠻鬼，巫占瓦代龜。」嚴端常藝苑：「雌黄亦曰烏蠻鬼。」吴虎臣謾録曰：「老烏神若是養鸕鷀與猪，則未爲異俗，可怪當是養鬼。但『養』字讀作去聲。」**粔籹作人情**。杜甫詩：「西歷青羌坂，南留白帝城。於菟侵客恨，云云。瓦卜傳神語，畬田費火耕。是非何處定，高枕笑浮生。」粔籹以蜜和米煎之。**鐃管隨征旆**。唐劉駕送盧使君赴夔州：「云云，高秋上遠巴。白波連霧雨，青壁斷蒹葭。凭几雙瞳静，登樓萬井斜。政成知俗變，當應畫輪車。」**青壁與城連**。盧綸送夔州班使君：「曉日照樓舡，三軍拜峽前。白雲隨浪散，云云。萬嶺岷、峨雪，千家橘柚川。還如赴河内，天子許經年。」**夜鼓祭神多**。司空曙送夔府班使君詩：「魚國巴、庸路，麾幢漢守過。曉檣争市隘，云云。雲白當山雨，風清滿峽波。夷陵舊人吏，猶誦兩岐歌。」**天旋夔子峽**。杜甫續得觀書定出三峽詩：「云云，春近岳陽湖。」**民風雜莫猺**。陸務觀夔府書懷詩：「云云，封域近南詔。凄凉黄魔宫，峭絶白帝廟。通衢舞竹枝，譙門對山燒。但見瘦纍纍，把鏡羞自照。」**夔府孤城落日斜**。杜甫秋興詩：「云云，每依南斗望京華。聽猿實下三聲淚，奉使虚隨八月槎。畫省香爐違伏枕，山樓粉堞隱悲笳。請看石上藤蘿月，已映洲前蘆荻花。」**赤甲、白鹽高刺天**。杜甫夔州詩：「云云，閭閻繚繞接山巔。楓林大樹丹青合，複道重樓錦繡懸。」**白帝城中雲出門**。杜甫詩：「云云，白帝城南雨翻盆。高江急峽雷霆鬬，翠木長藤日月昏。戎馬不如歸馬逸，千家今有百家存。哀哀寡婦誅求盡，慟哭秋原何處村。」**峽門江腹擁城隅**。杜甫詩云：「閬風玄圃與蓬壺，中有高堂天下無。借問夔州壓何處，云云。」**南紀巫、廬瘴不絶**。杜甫苦寒行：「云云，太古以來無尺雪。蠻夷長老怨苦寒，崑崙天關凍應折。玄猿噤口不能嘯，白鶴垂翅眼流血。安得春泥補地裂？」**三峽星河影動摇**。杜甫閣夜詩：「五更鼓角聲悲壯，云云。」**蜀麻吴鹽自古通**。杜甫詩：「云云，萬斛之舟行若風。長年三老長謌裏，白晝攤錢萬浪中。」**夔峽民淳獄訟稀**。王龜齡詩：「云云，使君無事只吟詩。」**山從夔子盡侵雲**。石湖范至能詩：「人入恭南多附贅，云云。」**壯憶公孫劍器舞**。〔二一〕陸務觀思夔州有詩：「云云，愁思賓客竹枝歌。」

【外邑】**今年强作歸**。杜甫巫山縣唐使君宴別題壁詩：「卧病巴東久，云云。故人猶遠謫，兹日倍多違。接宴身兼杖，聽歌淚滿衣。諸公不相棄，擁別借光輝。」**巴俗深留客**。黄魯直用韻：「云云，吴儂但憶歸。直知難共語，不是故相違。東縣聞銅臭，（蓋過巫山用銅錢。）江陵换裌衣。丁寧巫峽雨，謹莫暗朝暉。」宓子彈琴宰邑日。杜甫題終明府水樓詩：「云云，終軍棄繻英妙時。承家節操尚不泯，爲政風流今在茲。可憐賓客盡傾蓋，何處老翁來賦詩。楚江巫峽半雲雨，清簟疏簾看奕棋。」

【竹枝歌】白帝城頭春草生。劉禹錫竹枝歌：「云云，白鹽山下蜀江清。試聽南人歌一曲，北人陌上動鄉情。」〔一二二〕山桃紅花滿上頭。「云云，蜀江東水拍江流。花紅易衰似郎意，水流無限似儂愁。」瞿唐嘈嘈十二灘。「云云，此中道路古來難。長恨人心不如水，等閑平地起波瀾。」〔一二三〕巫峽蒼蒼煙雨時。「云云，清猿啼在最高枝。箇裏行人腸自斷，由來不是此聲悲。」楊柳青青江水平。「云云，聞郎江上唱歌聲。東邊日出西邊雨，道是無晴還有晴。」〔一二四〕

【四六】疇庸靈石，改牧夔藩。古來夔子，地近烏蠻。竊以夔門，當夫蜀隘。眷此巴、渝，實鄰溪洞。惟此巴、夔之寄，介乎荆、蜀之間。西南四道之咽喉，吴、楚萬里之襟帶。自蜀道分八使之權，以夔漕爲諸司之冠。顧卧龍之遺蹟，有化鶴之故城。地荒半雜於猩猩，俗獷易罹於狴犴。天旋夔峽，良費驅馳；地重秦關，徑煩彈壓。惟巴山之三峽，會瞿唐之一門。竊惟夔子之故邦，實雜冉駹之蠻俗。況巴、渝十四州之地，據吴、蜀八千里之衝。耀東壁之圖書，光于列宿；控西陵之門户，專在三巴。晨入太學而招諸生，遽求外補；夜發清溪而向三峽，聊作西遊。蛇退猿愁，人何堪而至此；狨啼狌嘯，公所過以晏然。瞿唐五六月，自昔畏團團之天；巫山十二峰，何況霽朝朝之雨。富媪孕靈，坐溢牢盆之利；姦胥落膽，盡空訟斫之冤。認常山之蛇，默識木牛之運；跨灩澦之象，佇觀畫鷁之來。　假以節旄，總列城於帥閫；侈之鼓吹，兼他道之戎鈐。　烏蠻塞近，猩語混夷獠之居；白帝城高，象馬卜瞿唐之險。　烏蠻塞近，古稱冉駹之居；灩澦浪高，人占象馬之險。　白帝城高，符節久煩於兼領；烏孫國亂，藩維有貴於預防。　白鹽、赤甲，久淹長城之賢；紫誥黄麻，行有左席之召。　一百八盤之天險，率在部封；五十四郡之星分，兹爲門户。　盧矢彤弓，新元戎之號令；白鹽、赤甲，壯全蜀之藩垣。　畫舫青簾，昔嘗觀灩澦之馬；碧油紅旆，今重認常山之蛇。

校勘記

〔一〕「奉節巫山」，底本夔州原領奉節、巫山、雲安三縣，元豐九域志卷八、宋史卷八九地理志均云開寶六年以夔州雲安縣建爲軍，夔州止領二縣，故今删雲安一縣，且將「建置沿革」中「領縣三」改爲「領縣二」。本書卷五八雲安軍下領縣有雲安。

〔二〕「宋置三巴校尉」，「三巴」，底本原作「二巴」，據宋書卷八明帝紀、太平寰宇記卷一四八改。

〔三〕「穿水忽雲根」，「忽」，底本原作「入」，據四庫本及杜詩詳注卷一八、全唐詩卷二二九瞿唐兩崖改。

〔四〕「請看范子瞿唐行」，「看」，范石湖集卷一九瞿唐行作「歌」。

〔五〕「横斜灎澒根」，「横斜」，白居易集卷一七送友人上峽赴東川辟命作「斜衡」。

〔六〕「朝宗人共挹」，「共」，底本原作「苦」，據四庫本及杜詩詳注卷一四、全唐詩卷二二九長江改。

〔七〕「屢賴擔夫肩」，底本原作「屢頼擔夫扇」，據王十朋梅溪後集卷一二題卧龍山觀音泉呈行可元章改。

〔八〕「城尖徑仄旌旆悠」，「悠」，杜詩詳注卷一五、全唐詩卷二二九白帝城最高樓作「愁」。

〔九〕「人間來就楚襄王」，「來」，底本原作「未」，據嶽雪樓本及劉禹錫集卷三八巫山神女廟改。

〔一〇〕「仙佩仙香半夜聞」，「仙佩」，全唐詩卷五七〇所載李羣玉宿巫山廟作「幽佩」。

〔一一〕「楚魂尋夢風颸然（至）椒花墜紅濕雲間」，「颸」，底本原作「颺」，據全唐詩卷三九三李賀巫山高改。又，「墜紅」，底本原作「墜雲」，亦據全唐詩改。

〔一二〕「韋莊謁廟詩」，「韋莊」，底本原作「掌莊」，據四庫本、嶽雪樓本改。韋莊此詩，全唐詩卷六九八有收録。

〔一三〕「丹書玉笈世莫欺」，「欺」，欒城集卷一巫山廟作「窺」，與本書異。

〔一四〕「凄凉蜀客悲」，「蜀」，底本原作「獨」，據蘇軾詩集卷一白帝廟改。

〔一五〕「荆邯真壯士」，「荆邯」，底本原作「荆都」，據蘇軾詩集卷一白帝廟、後漢書卷一三公孫述傳改。

〔一六〕「爲陸遜所敗」，「陸遜」，底本原作「陸遊」，據四庫本、嶽雪樓本及三國志卷五八吴書陸遜傳改。

〔一七〕「各高五尺」，「五尺」，底本原作「五丈」，據太平寰宇記卷一四八及蜀中名勝記卷二一改。水經卷三三江水注言及八陣蹟時亦云：「今夏水漂蕩，歲月消損，高處可二三尺，下處磨滅殆盡。」可證作「五尺」不誤。

〔一八〕「則八陣凡四矣」，「凡」，底本原作「九」，據北圖本、四庫本改。

〔一九〕「高山四面同」，「高山」，底本原作「高齋」，據杜詩詳注卷二〇、全唐詩卷二二九自瀼西荆扉且移居東屯茅屋改。

〔二〇〕「夔府詠懷詩（至）錦石小如錢」，「夔府詠懷」，底本原作「夔府書懷」。據杜詩詳注卷一九、全唐詩卷二三〇，此所引詩句出自杜甫秋日夔府詠懷奉寄鄭監李賓客一百韻，杜甫另有夔府書懷四十韻，爲避免歧誤，今改「書懷」爲「詠懷」。

〔二一〕「壯憶公孫劍器舞」，「劍器舞」，底本原作「舞劍器」，據陸游集劍南詩稿卷七五思夔州乙正。

〔二二〕「試聽南人歌一曲北人陌上動鄉情」，底本原誤「南人」爲「南來」，又誤「陌上」爲「莫上」，據劉禹錫集卷二七竹枝詞改。

〔二三〕「等閑平地起波瀾」，「平地」，底本原作「平定」，據劉禹錫集卷二七竹枝詞改。

〔二四〕「道是無晴還有晴」，「無晴」，嶽雪樓本及劉禹錫集卷二七竹枝詞作「無情」。

方輿勝覽卷之五十八

歸州 秭歸　巴東　興山

事要

【建置沿革】禹貢荆州之域。楚地，翼、軫之分野。周爲夔子之國，後屬楚。秦屬南郡。二漢因之。魏武平荆州，以秭歸縣屬臨江郡。三國先屬蜀，後屬吴，景帝置建平郡。晉因之。宋屬荆州。南齊屬巴州。梁屬涪州。後周置秭歸郡。隋屬巴東郡之秭歸縣。唐改爲夔州，割秭歸、巴東二縣置歸州。皇朝因之，中興割隸夔州，而夔帥兼提舉歸、峽兵甲。〔一〕今領縣三，治秭歸。

【郡名】巴東、建平、秭歸。郡志：「屈原既被放，忽然暫歸。有賢秭，曰：『女嬃亦歸。』諭令自寬。離騷所謂『女嬃之嬋媛兮，申申其詈予』也。袁崧以爲——之名始於此。」

【風俗】郡少農桑。荆州記：「建平云云，農不如工，工不如商。」最爲墝瘠。建平郡嘉禾詩序：「湖、楚之北郡十有二歸之地云云。」最能操舟。杜甫最能行：「峽中丈夫輒輕死，少在公門多在水。富豪有餘駕大舸，貧窮取給隨艓子。小兒學問止論語，大兒結束隨商旅。攲帆側舵入波濤，撇旋捎瀆無險阻。朝發白帝暮江陵，頃來目擊信有徵。瞿唐漫天虎鬚怒，歸州長年與最能。此鄉之人氣量窄，悞競南風疏北客。若道土無英俊才，何得山有屈原宅。」夷、夏相半。晏類要。踏啼之歌。同上。「有巴人焉，有白虎人焉，有蠻蜑人焉。巴人好歌，名踏啼。白虎人事道。蠻蜑人與巴人事鬼，伐鼓以祭祀，叫嘯以興哀；詰朝爲市，男女錯雜，日未午，交易而退。」拔河之戲。同上。「以麻絙巨竹分朋而挽水，謂之拔河。以定勝負，而祈農桑。」

【形勝】左荆、襄，右巴、蜀。秭歸志：「云云，面施、黔，背金、房。大江經其前，香溪遶其後。」劉備故城。同上云：「相傳蜀先主征吴，連營七百里，至秭歸。此城蓋當時所築舊址。」四川之門户。楊輔乞歸峽甲兵司奏狀：「夔、歸唇齒之邦，云云。」國之藩表。通鑑：「吴陸抗疾篤，上疏曰：『西陵、建平，云云，既處上流，受敵二境，若敵汎舟順流，星奔雷邁，非可恃援他部以救倒懸也。』」增建平兵。三國志：「晉將王濬自蜀沿江伐吴，守將吴彦表皓曰：『請——————，若建平不下，晉師終不敢過。』皓不從。」

【山川】巴山、在巴東，縣治所依。朱雀山、在秭歸縣南，故名。————與州治相對。卧牛山、在秭歸縣治之後。有翰林亭。破石山、在秭歸縣。山有大石，破爲十字，人登者咸經其間。明月山、在巴東。山上有竅如明月。石門山、在巴東縣東北三十五里。山有石逕，深若重門。劉備爲陸遜所破，走經石門，追者甚急，備乃燒鎧斷道，然後得免。八學士山、在秭歸。有八疊，皆朝州治。

建陽峽、在興山東七十里。源出寧都，曲折四十八渡，約十餘里，至建陽村中。空舲峽、在秭歸縣東。絶崖壁立，飛鳥不能栖。有一火燼插石崖間，長數尺。相傳堯洪水時，行者泊舟，繫於崖側，故插餘燼于此。至今猶曰「插竈」。玉虚洞、在興山縣南五十里。舊經：「唐天寶，有人遇白鹿於此山，逐而視之，乃有洞，可容千人，遂於洞側置觀。」雷鳴洞、在秭歸縣大江之左。駭浪激石，聲若——，故名。龍昌洞、亦名三游洞，在巴東。有龍昌寺。此非石洞。有溪十里，可浮舟往來。大沱石；在巴東縣。歐公硯譜云：「歸州大沱石，其色青黑班班，其文微巃，亦頗發墨。」○杜詩：「奉使三年後，長嘯得石硯。」吒溪、在秭歸縣。水石相激，如噴吒之聲。在雷鳴洞之南。分三吒：官槽口爲上吒，雷鳴洞爲中吒，黄石口爲下吒。吒心大潭如甕，舟行多覆溺之患，故名「人鮓甕」。○黄魯直詩：「命輕人鮓甕頭舡。」合溪、在秭歸縣。兩溪合流。香溪、即昭君溪也。下牢溪、在秭歸縣西六十里。○杜甫詩：「始知雲雨峽，忽盡下牢邊。」○歐陽永叔詩：「隔谷聞溪聲，尋溪度横嶺。清流涵白石，静見千峰影。巖花無時歇，翠柏鬱何整。安能戀潺湲，俯仰弄雲景。」滑石灘。在秭歸縣。岸皆滑石。

【井泉】清冷泉。出東溪石罅，極清冷。作亭其下，因泉爲名。石碣尚存。

【堂亭】雙鳳堂；在秭歸縣治。縣令鄧惟清生二子，後俱參政事，此堂因名。白雲亭、在巴東縣。秋風亭、在巴東縣。並萊公建。○陸務觀詩：「江上秋風宋玉悲，長官手自葺茅茨。人生窮達誰能料，蠟淚成堆又一時。」翰林亭。在卧牛山下。唐翰林李矗爲刺史，嘗建亭，故名。

【寺觀】靈泉寺：在州西三里。西臨水，狀若瀑布。張無盡於此院著華合論。○詩云：「合道通爲七卷經，默教開眼示羣生。不須天女添瓶水，自有靈泉一派清。」雲居觀。在秭歸縣。有金銅混元皇帝像，并二鐵真人，皆唐開元間鑄。

【祠廟】三閭大夫祠、晏類要：「在州東五里。」○東漢地理志引荆州記云：〔二〕「秭歸縣北一百里有屈平故宅，累石爲屋基，名樂平里。其東北六十里又有女須廟。」〔三〕擣衣石猶存。○陸務觀歸州逢端午詩：「屈平鄉國逢重午，不比常年角黍盤。」黄魔神、寰宇記載其廟記云：「咸通壬辰，翰林蘭陵公蕭遘自右史竄黔南，泝三峽，次秭歸，夢神人曰：『險不足懼。』公詰之。曰：『我——也，居紫極宮之西北隅，將祐助明公出于此境。』」又廟記載李吉甫自忠州除替，峽漲洶怒，忽有神人湧出水上，爲之扶舡。李公祝而謝曰：「是何神也。」神曰：「我———也。」本朝寇萊公經從吒灘，〔四〕亦有神扶舡而下，自號———。寇萊公祠：在龍興觀之西。又巴東亦有祠。有萊公柏二株，在縣庭，民以比甘棠。○蘇子瞻詩：「萊公昔未遇，寂寞在巴東。聞道山中樹，猶餘手種松。」明妃廟。昭君名嬙，避晉諱改曰明妃，本縣人王穰之女也。年十七，漢元帝時待詔掖庭，不得見。後單于願婿漢氏，於是以昭君行。○寰宇記：「在興山縣。昔明妃入胡，於馬上彈琵琶，怨且歌曰：『藜萊萋萋，其葉立黄。有鳥處此，集于苞桑。』昭君服毒而死，單于舉國葬之。胡中多白草，而此塚獨青，鄉人思之，爲之立廟。○州東北四十里有昭君村。○白居易詩：「靈珠産無種，彩雲出無根。亦如彼姝子，生此遐陋村。」○杜甫詩：「羣山萬壑赴荆門，生長明妃尚有村。一去紫臺連朔漠，獨留青塚向黄昏。」又云：「若道巫山女麄醜，何得此有昭君村？」○李白詩：「漢月還從東海出，明妃西嫁無來日。燕支長寒雪作花，蛾眉憔悴没胡沙。生乏黄金枉圖畫，死留青塚使人嗟。」○又云：「丹青能使醜者妍，無鹽翻在漢宫裏。」○唐楊凌明妃怨：「漢國明妃去不還，馬駝絃管向陰山。匣中縱有菱花鏡，羞對單于照舊顔。」○王介甫詩：「當時枉殺毛延壽，意態由來畫不成。」○歐陽永叔詩：「雖能殺畫工，〔五〕於事竟何益。耳目所及尚如此，萬里安能制夷、狄。」

【古跡】丹陽城，在秭歸東八里，今屈沱楚王城是也。北枕大江，周十二里。山海經云：「夏啓封孟涂於丹陽城。」〔六〕昔周武王封熊繹於荆丹陽之地，即此。與江南丹陽不同。夔子城，寰宇記：「在秭歸縣東二十里。春秋夔子之都，熊摯所治也。」高陽城，在興山縣西三里山上。歸鄉城，在秭歸縣東五里，即歸國也。向王槍，在巴東縣北，臨大江傍。有鐵槍頭，長數丈，經數百年不損，〔七〕目曰「向王槍」。公孫樓柱。盛弘之荆州記：「巴東有一折柱，孤直，高三丈，可十圍，相傳云是公孫述樓柱，枯而不朽。」

【名宦】杜延年，封建平侯。蔡邕，爲巴東守。李嚴，宰秭歸，後輔蜀少主。皇朝寇準。爲巴東令。有「野水無人渡，孤舟盡日横」之句。○王龜齡詩云：「澶淵一段奇功業，句在孤舟野水中。」○陸務觀詩云：「巴東詩句澶淵策，信手拈來盡可驚。」

【人物】屈伯庸、屈瑕之後，采食於屈，因氏焉。生女嬃及子平。屈平，字原，仕楚懷爲三閭大夫，以讒被逐，自沉汨羅。宋玉。屈原弟子，爲楚大夫。閔其師以忠被放，乃作九辯，以述其志。

州東五里有故宅。〇杜甫詩：「搖落深知宋玉悲，風流儒雅亦吾師。〔八〕江山故宅空文藻，雲雨荒臺豈夢思？」

【名賢】張商英。以忤蔡京，安置歸州，移峽州。

【題詠】看我過龍門。秭歸集詩：「亂石烏牛伏，驚濤白馬奔。大家齊拭目，云云。」楚水春多逆浪風。白居易入峽次巴東詩：「巫山暮足霑花雨，云云。兩片紅旌數聲鼓，使君艛艓上巴東。」竹籬茅舍作晚市。范至能詩：「云云，青蓋黃旗稱使君。」城邑舊爲夔子國。王龜齡詩：「身乘華轂思熊繹，詞誦離騷弔屈原。云云，民人多是楚王孫。」過眼黃牛、竹節灘。秭歸集詩：「驚心烏石、蓮花淖，云云。征棹直從中溜過，好山只得片時看。」

【四六】巴東古郡，蜀口要津。建平小壘，荊楚上流。地雖要害，境則蕭條。雖云古地，尚習蠻風。山城分壘，已疇固圉之功；野水橫舟，行作濟川之具。夔子國、蜀主城，尚存遺址；昭君村、屈原宅，曾入名篇。地惟瘠土，民不富於田疇；水亦奔湍，俗善操於舟楫。竹籬茅舍，分符聊試於小邦；金馬玉堂，召對即躋於近列。

雲安軍 雲安

【建置沿革】禹貢梁州之域。秦巴郡之地。漢朐腮縣也。其地下濕，多朐腮蟲，故名。周武帝改爲雲安縣，屬巴東郡。隋因之。唐隸夔州，後爲雲安監。皇朝開寶以雲安縣陞爲監，中興以來分道置帥，〔九〕以雲安爲夔州屬邑，差京朝官爲軍使，仍借服色。蓋雖以縣隸，而軍額仍舊。今領縣一。

事要

【郡名】雲安。

【風俗】風俗淳厚。唐商真君飛昇記：「雲安云云，陶染真風，如瞿法言、楊雲外之徒繼出，故琳宫祕館，獨盛於它處。」猶存使名。李臯雲安橘官堂記：「建炎中改軍爲縣，隸於夔，云云，官儀仍備太守之略，而時節得以需章自達于朝，〔一〇〕他邑莫比也。」

【形勝】東有瞿唐。張顥雲安鍾秀亭記：「云云灩澦之壯。」西有縉雲。同上。「云云塗山之美。」

【土産】鹽。元和志：「郡有一官、橘官。」

【山川】石城山、在岷江北岸，相去一里。漢志：「朐䏰山有大小石城。」〔一一〕飛鳳山、與縣治相對。馬嶺山；在縣北三十里。扶嘉所謂「三牛、馬嶺」。曲水、李巽巖留題云：「雲安之西三十里有自然曲水，泊舟横石灘，步往訪之，水峻急不可流觴，巖頂有永和間題字。」龍溪。在縣西三十里。

【堂亭】德輝堂、晁公遡有記。橘官堂；李臯有記。杜鵑亭、杜甫詩云：「雲安有杜鵑。」水閣。杜甫水閣朝霽奉簡嚴雲安詩：「東城抱春岑，江閣鄰石面。崔嵬晨雲白，朝日射芳甸。〔一二〕

雨檻卧花叢，風牀展書卷。鈎簾宿鷺起，丸藥流鶯囀。呼婢取酒壺，續兒誦文選。晚交嚴明府，矧此數相見。」

【人物】扶嘉。按雜記：「漢廷尉——，朐䏰人也。初，嘉母於湯溪水側遇龍，後生嘉。長，占吉凶，巧發奇中。高祖爲漢王時，與嘉相遇。嘉勸定三秦，高祖以嘉志在扶翼，賜姓扶氏。爲廷尉，食邑朐䏰。嘉臨終有言曰：『三牛對馬嶺，不出貴人出鹽井。』」

【題詠】天外巴子國。劉禹錫始至雲安縣詩：「云云，山頭白帝城。波傾蜀帝盡，雲散荒臺傾。」避暑雲安縣。杜甫奉寄李祕書詩：「云云，秋風早下來。」終日子規啼。杜甫子規詩：「峽裏雲安縣，江樓翼瓦齊。兩邊山木合，云云。」雲安縣前江可憐。杜甫十二月一日詩：「今朝臘月春意動，云云。一聲何處送書鴈，百丈誰家上瀨舡。未將梅蘂驚愁眼，更取椒花媚遠天。明光起草人所羨，肺病幾時朝日邊。」日長巫峽雨濛濛。唐戎昱雲安阻雨：「云云，又説歸州路未通。遊人不及西江水，先得東流到渚宫。」雲安酒醲麴米賤。〔一三〕范至能竹枝歌：「云云，家家扶得醉人歸。」贈子雲安雙鯉魚。杜甫寄岑嘉州詩云：「眼前所寄選何物，云云。」雲安沽水奴僕悲。杜甫引水詩，見夔州義井注。

【四六】塗芝泥檢，剖竹雲安。名雖小邑，體如大邦。維雲安之蕞邑，乃夔峽之要區。聽巫峽之鵑，似催佳句；聞雲安之鴈，忽送尺書。地分朐䏰之雷封，强名郡治；憂及雲安之斗水，可想土風。

大寧監 大昌

【建置沿革】禹貢荊州之郡，占翼、軫之分野。在峽之北，於夔爲近。春秋時夔并於楚。秦以爲巫縣。漢屬南郡。三國迭有其地，蜀分南郡立宜都郡，吴孫休分宜都立建平郡。晉置建昌縣，又改泰昌，屬建平郡。後周又改曰建昌縣，又改曰大昌郡。隋屬巴東郡。唐屬夔州，縣有鹽井，其後劉晏爲鹽鐵使，以嘉興及大昌等爲十監。五代屬夔州。皇朝開寶六年於鹽井十七里置大寧監，端拱間以大昌縣來屬。今領縣一，與監治自爲兩處。

事要

【郡名】大寧。

【風俗】最爲褊陋。知監黄中江山堂記：「大寧在巴峽，云云。」軒冕者寡。登科題名記：「大寧僻在東南，云云，而封略之内皆樂善之編氓。」田賦不滿六百碩。大寧志序。藉商賈以爲國。同上，云云。圖經：「一泉之利，足以奔走四方。吴、蜀之貨，咸萃于此。」辣茶辟嵐氣。監地接朐䏰，多瘴土。人以茱萸𣤎茶飲之，可以辟嵐氣。以其味辛，名曰辣茶。

【形勝】地近巴、夔。圖經：「云云，有楚遺風。」又壁記云：「僻在夔峽之左，土産不及他郡中下。」亂山縈紆。知監元克鳳山泉記：「境土延袤數百里，大率皆云云，一水經乎其中。」峽郡之桃源。知監正子申大寧志序：「一溪前陳，可濯可沿；衆峰巉絶，如削如畫；亦云云也。」

【土產】鹽井。晏類要：「山嶺峭壁之中，鹹泉湧出，土人以竹引泉置鑊煮鹽。」○郡志：「鹽井隸監。淳熙甲辰，部使者楊公輔更法歸之漕司，監不復與。熙寧中，歲額四百餘萬斤。紹興中，以二百四十萬斤爲額，閏年加十萬斤，爲二百五十萬斤。」又云：「鹽泉有絞篊引泉踏溪，每一筧用一篊。其筧與篊，經一年十月，旦日以新易陳，郡守作樂以臨之，井民相慶，謂之絞篊。」○杜甫詩：「鹵中草木白，青者官鹽煙。官作既有程，煮鹽煙在川。汲井歲榾榾，出車日連連。自公斗三百，轉致斛六千。君子慎止足，小人苦喧闐。我何良歎嗟，物理固自然。」

【山川】鳳山、直監治之東，亦名東山。際溪千仞，木石蒼翠，景物幽絶。寶山、在監北十七里。半山有穴如瀑泉，即鹹泉也。山有牡丹、芍藥、蘭蕙，氣象盤蔚。大寧諸山，惟此獨雄。石柱山、在監東四里。一峰削成如巫峽，所望剪刀峰與道士峰相連，皆奇觀也。石鍾山、在監東北十五里，與二仙山相望。有巨石如鍾，下有三足，煙火之跡宛然，父老以爲爾朱丹爐云。道士峰、在監東四里，與石柱山相連。觀音巖、在監治東鳳凰山。郡守張孝芳愛其類湘中山水，暇日窮討，得月窟、雲巖、釣雪、玉環、浮玉、寶華之勝。二仙洞；在鹽泉之側。峭壁上有石紋，如人相對起伏狀。洞深不可測，前有池不竭。又有仙骨，長丈餘。馬連溪、在監西五里。中春清明，郡守領客於江皐泛舟，遊人亦買州鼓吹隨之，會飲於緑陰之下，不減蠶市之樂。千頃池。在大昌縣西三十六里。波瀾浩渺，分爲三道：一道東流，爲當縣井源；一道西流，爲雲安縣陽溪；一道南流，爲奉節縣西瀼水。

【樓榭】絶雲樓、在郡治。藏春塢。在縣治。

【名宦】皇朝雷説、淳化中，説知監，見人户汲泉强弱相凌，多抵於訟，乃於穴傍創爲石池以潴之，外設横板三十竅，承以脩竹，謂之筧筒。孔嗣宗。嘉定中，歲久滋弊，朝廷乃遣榮州資官令孔嗣宗措置，有不便於民者悉除去，止存壠户資鹽三色，除去四色。

【人物】姚邦基、調開封尉氏令。以劉豫僭竊，遂匿迹於山林。高廟嘉之，華以京秩。王文義。景德中，文義母疾篤，刲股進藥。母卒，廬墓去水遠，忽感夢得泉。今名孝感泉，崔守有文以記之。

【題詠】燒畬度地偏。杜甫詩：「煮井爲鹽速，云云。」注云：「巫土瘠确，煖氣晚達，故民燒地而耕，謂之火耕。」匣琴虚夜夜。杜甫西閣期大昌嚴明府不至詩：「云云，手板自朝朝。」分符真吏隱。白巽題江山堂詩：「云云，燕寢傍巖棲。」

【四六】光膺鳳綍，榮佩虎符。　昔維置監，今實爲州。　官儀頗覺於森嚴，地望無嫌於褊陋。煮井爲鹽，既利權之莫擅；燒畬度地，復田賦之甚微。　環郡皆山，疑是桃源之聚落；陞邑爲監，均爲竹使之蕃宣。

校勘記

〔一〕「中興割隸夔州而夔帥兼提舉歸峽兵甲」，據輿地紀勝卷七四記載，歸州于南宋建炎四年自湖北路割隸夔州路，淳熙十四年復還湖北。次年，夔帥楊輔上言，云夔與歸爲脣齒之邦，四川之門户，乞比類贛州例，兵甲盗賊之事，許本路帥臣節制。此奏得到朝廷批准，並須特旨令夔州帥臣兼提舉歸、峽二州兵甲公事。因歸、峽二州均屬湖北路，不屬夔州路，故云「兼提舉」；若屬夔州路，則提舉兵甲公事爲夔帥份内之事，不云「兼」也。據上所述，本書當于「中興割隸夔州」下補「淳熙十四年又隸湖北路」之事，方爲妥貼。究致誤原因，皆因祝穆敘州郡沿革求簡所致。又，「峽」，底本原作「陜」，據輿地紀勝卷七四、宋史卷八八地理志改。

〔二〕「東漢地理志引荆州記云」，「荆州記」，底本原作「荆門記」，核後漢書郡國志四南郡秭歸縣注文所引，實作「荆州記」，今據改。

〔三〕「其東北六十里又有女須廟」，「六十里」，底本原作「十里」，而後漢書郡國志四南郡秭歸縣注文及水經卷三四江水注引荆州記均作「六十里」，則本書誤脱「六」字，今據補。

〔四〕「本朝寇萊公經從吒灘」，底本原重一「本」字，據四庫本、傳是樓本、嶽雪樓本删。

〔五〕「雖能殺畫工」，「雖」，底本原作「誰」，據嶽雪樓本及歐陽修全集卷八再和明妃曲改。

〔六〕「夏啓封孟涂於丹陽城」，「孟涂」，底本原作「孟除」，據山海經海内南經、水經卷三四江水注改。

〔七〕「經數百年不損」，「損」，底本原作「捐」，據四庫本、嶽雪樓本改。

〔八〕「摇落深知宋玉悲風流儒雅亦吾師」，底本原誤「知」爲「秋」，又誤「雅」爲「稚」，今據四庫本、嶽雪樓本及杜詩詳注卷一七、全唐詩卷二三〇詠懷古跡五首改。

〔九〕「中興以來分道置帥」，「帥」，底本原作「師」，據北圖本、元甲本、元乙本、四庫本、嶽雪樓本改。

〔一〇〕「而時節得以需章自達于朝」，「需章」，輿地紀勝卷一八二引李塈此文作「封章」，蜀中名勝記卷二三雲陽縣下亦引此文，作「奏章」，三書均有字異。

〔一一〕「漢志朐䏰山有大小石城」，此語見後漢書郡國志五巴郡朐䏰縣注文所引巴漢志，底本原倒「大小」爲「小大」，今據後漢書乙正。

〔一二〕「朝日射芳甸」，「芳」，底本原作「方」，據杜詩詳注卷一四、全唐詩卷二二一水閣朝霽奉簡雲安嚴明府改。

〔一三〕「雲安酒醲麴米賤」，「麴米」，底本原作「麥米」，今據范石湖集卷一六夔州竹枝歌九首改。「麴米春」是雲安所出酒名，杜甫撥悶詩及蘇軾天門冬酒熟詩均對此酒贊揚不已。

方輿勝覽卷之五十九

開州 開江 清水

【建置沿革】禹貢梁州之域。東井、輿鬼之分野。秦、漢爲巴郡朐䏰縣地。後漢獻帝分朐䏰西北界今州南二里置漢豐縣，屬固陵郡。蜀先主改爲巴東郡。西魏恭帝於達州新寧縣置開州，因開江以爲名。〔一〕後周改漢豐縣爲永寧縣，〔二〕自東關郡城移開州於今理，今州西九十里濁水故城是也。隋煬帝改永寧爲盛山縣，恭帝於盛山縣置萬州及萬歲郡。唐重置開州，改盛山郡，復爲開州。皇朝因之。今領縣二，治開江。

事要

【郡名】盛山、朐䏰。天寶更名——。劉禹錫云：「——，蚯蚓也。地濕多此蟲，故名。」

【風俗】俗重田神。寰宇記云云。績文相高。學記：「士以云云，有温造、柳公綽之餘烈。」唱竹枝歌。寰宇記：「男女皆云云。」

【形勝】漢中支郡。權載之作開州刺史新宅記：「云云曰盛山，所理阸狹。」禹服荒略。温造宿雲亭記云：「郡當——之——，巴封之徼隧。」**水陸所湊**。隋志：「巴東等郡，云云，貨殖所萃，蓋一都會也。」

【山川】盛山、在州北三里。山下有宿雲亭、隱月岫、流盃渠、琵琶臺、綉衣石。**熊耳山**、在州東北。其南至夔州界。**青岡山**、在開江縣西南百四十里。**石門山**、在清水縣東北十里。有石穴至深。**靈洞**；在州南五里温井後。**兩江**、開江、清江，又名疊江。**墊江**、發源高梁山，流至縣南。**白水溪**。在清水縣西南。

【亭臺】宿雲亭、在盛山。〔三〕温造有記。○韋處厚詩：「齊平聯郭柳，帶繞抱城江。」**翠蔣亭**、夏侯孚先記云：「盛山風物，冠冕峽郡。其間十二景，唐、宋鉅公更酬迭唱云。」**雲鴻亭**；賈偉有詩。**四并臺**。張顥有詩。

【名宦】韋處厚、韓愈開州韋處厚侍講盛山十二詩序：「韋侯昔以考功副郎守盛山。人謂韋侯美士，考功顯曹，盛山僻郡，奪所宜處，納之惡地，以枉其材，韋侯將怨且不釋矣。或曰：不然。夫得利則躍躍以喜，不得利則戚戚以泣，若不可生者，豈韋侯之謂哉？韋侯讀六藝之文，以探周公、孔子之意，又妙能爲辭章，可謂儒者。夫儒者之於患難，苟非其自取之，其拒而不受於懷也，若築河隄以障屋霤；其容而消之也，若水之於海，冰之於夏日；其翫而忘之，以文辭也，若奏金石以破蟋蟀之鳴，蟲飛之聲，況一不快於考功盛山一出入息之間哉。未幾，果有以韋侯所爲十二詩遺余者。其意方且以入谿谷，上巖石追逐雲月，不足日爲事。讀而詠歌之，令人欲棄百事，往而與之游，不知其出於巴東以屬胸䏶也。于時應而和者凡十人。及此年，韋侯爲中書舍人，侍講六經禁中。名處厚。和者通州元司馬，名稹，爲宰相；洋州許使君，名康佐，爲京兆；忠州白使君居易，爲中書舍人；李使君景儉，爲諫議大夫；黔府嚴中丞武，爲祕書少監；温司馬造，爲起居舍人；皆集闕下。於是，盛山十二詩與其和者大行於時，聯爲大卷，家有之焉。慕而爲者，將日益多，則分爲別卷，韋侯俾余題其首。」柳公綽、爲守。劉禹錫爲屯田郎，舉以自代。宋申錫；唐書：「文宗朝，王守澄黨鄭注誣告申錫，貶開州司馬。」許渾有聞開江—相公——下世詩云：「必竟功成何處是，五湖雲月　帆開。」皇朝劉源、遂寧人，爲開州萬歲令，即清水也。嘗疏鑿縣灘，號曰「開灘長官」。張堯佐。爲開州太守。

【題詠】開州入夏皆涼冷。杜甫寄常徵君有詩：「云云，不如雲安熱毒新。」拄笏看山尋「盛」字。蓋山如「盛」字也。盛山更在天上頭。謝諤詩：「金、房、開、達皆名州，云云。」

【四六】言從涪水，易守固陵。眷惟峽郡，莫若盛山。自魚鳬之開國，析胸䏶以爲州。蜀道數千里，靡憚載驅；盛山十二詩，正將屬和。編元子之樞機，多傳詩賦；奏韋侯之金石，又妙辭章。雖云僻郡，不無奪所宜處之嫌；其在清朝，即有選諸所表之慶。

達州

通川　巴渠　永睦　新寧　東鄉　明通

【建置沿革】古巴子國。秦地，鶉首之分野。秦爲巴郡。漢爲巴郡宕渠縣之東界。後漢分宕渠置宣漢郡，即今通川理所。劉璋分屬巴西郡。晉省宣漢縣。宋武帝又置宣漢縣，屬南宕渠。蕭齊又屬巴渠郡。梁於宣漢縣置萬州及東關郡，因界内萬頃池，〔四〕故名。西魏廢帝以郡居四達之路，改通州。隋廢通川郡。唐改通州。皇朝平蜀，以淮南有通州，改達州。今領縣六，治通川。

事要

【郡名】古通、通川、寶城。並郡志。

【風俗】地濕墊卑偏。唐詩記事：「元稹受通之初，有習通之熟者曰：『云云，人士稀少，邑無吏，市無貨，百姓茹草木，刺史以下計粒而食。大有虎豹蛇虺之患，小有蟆蚋浮塵蜘蛛之類，皆能鑽噆肌膚，使人瘡痏。夏多陰霪，秋爲痢瘧。』」○元微之集：「通之地叢穢卑偏，蒸瘴陰鬱。」土地肥美。地理志：「云云，有江水沃野、山林蔬食果實之饒。」任俠尚氣。通川志：「山高水深，民俗秀野，云云，有楚公黄歇之風。」質朴無文。隋志：「云云，不甚趍利。」俗不耕桑。九域志：「男女不耕桑，貨賣用雜物以代錢。」地無醫藥。圖經。夏秋多瘴。白居易詩：「人稀地僻醫巫少，夏旱秋霖瘴瘧多。」○又訓元刺史詩：「來時子細説通州，州在山根峽岸頭。四面千重火雲合，中心一道瘴江流。」○又云：「匼匝巔山萬仞餘，人間恰似甑中居。」○元稹訓樂天詩：「君避海鯨驚浪裏，我隨巴蟒瘴煙中。一樹梅花數升酒，醉尋江岸笑春風。」○又云：「三冬有電連春雨，九月無霜盡火雲。併與巴南終歲熱，四時誰道各平分？」茅舍竹籬。元稹酬樂天詩：「茅苫屋舍竹籬州，虎怕偏蹄蛇兩頭。暗蠱有時迷酒影，浮塵終日似波流。沙含水弩多傷骨，田仰畬刀少用牛。知得共君相見否？近來魂夢轉悠悠。」○白居易詩：「蛇蟲白日欄官道，蚊蟆黄昏撲郡樓。」**父罷母孏**。楊晨云：「齊人呼母爲孏，今巴俗亦然；呼父爲罷，山中人亦呼爲罷。故詩云『結網孏教女，操舟罷詬男』。」

【形勝】東瀉巴水。陳升翠玉軒序：「通川之境，云云，西峙鐵嶺，南對戞雲，北望鳳山。」**郡居四達**。見「沿革」。**其州枕江**。寰宇記。**山水之國**。曹溈雙清閣記。**蓋四萬室**。元稹告三陽神文：「通川爲郡，云云。」寰宇記：「土居十萬户，水居三千户。」**爲四川咽喉**。宣撫司謝昇上言：「明通、東鄉兩縣，云云。」

【土産】魚、鹽、絲、枲。朱肱記：「通川在諸郡爲最優，茶、鹽、魚、米，漢中有不如者。」○常氏馬鳴山記：「水航於蜀，陸肩於雍，持金易絲枲者不絶于道。」○段氏蜀記：「産鹽、漆之利。」

【山川】竹山、在通川縣東南十餘里。**鐵山**、馬璘有詩。**鳳凰山**、在通川縣西五里。**金華山**、去通川縣四十里，與石城山相接。楊晨詩：「吾州金華峙霄漢，上有兜率香飄帷。」**石城山**、四面懸絶。晁公遡有詩。**八疊山**、張之才有詩。**七盤山**、在永睦縣東北三十里。**北巖**、巖壁聳然，下有平池，春時遊人甚盛。**垂虹巖**、在大原市之西。有水自巖巔流下，春夏甚壯，若垂虹焉。**巴嶺**；在故宣漢縣東十里。**赤溪**、在巴渠縣東五里。**黑潭**、在安居鎮。潭上有穹巖枵然，其下平廣。巖東偏有溪水自上流下，作水簾狀。**丙穴**。在明通縣井峽中。其穴凡十，其中皆産嘉魚。春社之前，魚即出穴，秋社即歸。其出也，止於巴渠龍脊灘。首有黑點，謂照映星象相感而成。長身細鱗，肉白如玉，其味自鹹，蓋食鹽泉也。

【樓亭】六相樓；李嶠自宰相，劉晏自京兆尹，皆貶爲刺史。元稹自拾遺貶爲司馬，與前刺史李適之後皆登相位。熙寧中張天覺爲通川主簿兼令，後亦爲相。建炎丁未，余應求記。後以韓滉爲州長史，共爲——————。又有韋昭範貶通州，昭宗時爲平章事。夏雲亭、在南山。元稹爲司馬時立。下瞰江流，周覽城邑。勝江亭。在州西三里。郡守王蕃，因讀江州司馬白居易寄通州司馬元稹詩有「通州猶似——州」之句，因以名—。

【名宦】李適之、遷通州刺史。李嶠、武后時出爲福州刺史，改通州。韓滉、休之子，爲通川郡長史。元稹、字微之。自御史左遷司馬，權知州事。微之到通州日，授館未安。代宗時調發糧帛，當時賴之。塵壁間有數行字，乃是僕十五年前初及第時贈長安妓阿軟絶句。緬思往事，杳若夢中。懷舊感今，因詶長句呈白居易。詩云：「十五年前似夢遊，曾將詩句結風流。昔教紅袖佳人唱，今遣青衫司馬愁。」劉晏；自京兆尹出爲通州刺史。皇朝韓廣叔、赴通川日，黄太史以言贈之曰：「惟勤能辦公家，惟清能律貪吏。嚴而信，則吏不病民。簡而敏，則民多在野。」張商英、公初調通川簿，渝州蠻反，詔夔漕張詵討之，惟王袞未降。詵檄公往，王袞見而下拜，蠻遂平。陳并、以上書斥蔡京之黨，謫監達州茶場，後亦與黨籍。余應求。欽宗擢爲御史，以論事謫監達州茶場。

【人物】羅戩、通川人。以剛直聞于鄉里，爲武學諭。上幸學，百官先集，蔡京於坐談兵，戩昂視屋角不聽，觸怒奪官。**謝昇**。資州人。父立爲達州推官，因家焉。以上書救鄒浩，斥爲邪等。

【題詠】芒屩泗牛婦。元稹訓樂天百詠：「云云，丫頭蕩槳夫。酢醅荷裹賣，〔五〕醨酒水淋沽。」**江郭舡添店**。元稹詩：「夷音啼似笑，蠻語謎相呼。云云，山城木豎郛。楚風輕似蜀，巴地濕如吴。」**天與通州繞郡山**。元稹詩：「愛山欲得山中住，〔六〕云云。睡到日西無一事，月儲三萬買教閑。」**別君緣是在通州**。元稹別李十一詩：「京城每與閑人別，猶自傷心欲白頭。今日別君心更苦，云云。」**江館無人虎印泥**。元稹見樂天詩：「通州到日日平西，云云。忽向破簷殘漏處，見君詩在柱中題。」**偏梁閣道上通州**。白居易雨夜憶元九詩：「一種雨中君最苦，云云。」**閣欄都大似巢居**。元稹訓樂天詩：「平地纔應一頃餘，云云。」

【四六】巫峽奥區，通川名郡。　地居四達，山列千峰。　據四川之通道，總六邑之提封。　火雲雹雨，奈天氣之多炎；茅舍竹籬，亦土風之甚陋。　絲枲魚鹽，備載通川之記；蟲蛇蚊蟆，乃表長慶之詩。　乃眷通川之太守，地望雖輕；曾逢長慶之詩人，州符特重。

萬州南浦　武寧

【建置沿革】秦地，鶉首之分野。春秋及戰國並屬巴國，又爲楚之西鄙。秦屬巴郡，今州即漢巴郡朐䏰縣之地。〔七〕東漢末劉璋以朐䏰屬巴東郡。蜀後主立南浦縣，屬巴東郡，此南浦縣之所自始也。〔八〕後周分朐䏰縣置安鄉郡，又改萬川郡，又兼置南州於此。隋廢郡及萬州，改萬川縣爲南浦縣。唐初割信州之南浦縣置南浦州，〔九〕複立浦州，太宗改爲萬州。皇朝平蜀，割梁山縣置梁山軍，又陞萬州。今領縣二，治南浦。

事要

【郡名】萬川、南浦。

【風俗】風俗朴野。圖經。尚鬼信巫。同上。「云云，乃巴、蜀之舊。」民賴魚罟。寰宇記：「土地多泉，云云，立魚泉縣。」

【形勝】北環梁山。張白雲濟川亭記。北接夔門。南浦記：「云云，前控歸、峽，略有楚風。」南帶長川。同上。岷江流于前。西池記：「萬川枕都櫪山足，云云，苧溪出其右。」處岷、嶓之下。唐段文昌岑公洞記：「云云，據三峽之上。」扼東巴、楚。齊川亭記：「云云，有舟車之會。」萬川八景。郡守趙公有詩。曰岑公洞，曰西山，曰秋屏，曰魯池，曰江會樓，曰天生橋，曰蛾眉磧，曰古練石。

【山川】西山，距州治二里。初，泉荒草蕪，郡守馬元穎、魯有開元翰修——池亭，種蓮栽荔支雜果凡三百本。白雲張俞作詩於至和間云：「池光復涵澈，萬象皆鏡入。」蜀公范鎮作詩於熙寧云：「——瞰大江，迤邐龍鱗濕。」○郡守王絢記曰：「——之勝聞天下，蓋以張、范二詩重，故亭以詩名。」

〇王佀岑公洞記：「——如一帶翠屏，下浸湖面。」〇南浦令史元穎云：「萬州——，爲峽上絕勝。」〇黄魯直留題——勒封院云：「郡西渡大壑，稍陟半山，竹柏薈翳，水泉潴爲大湖，亭榭環之。僧舍樓觀重複，出没煙霏之間，光影在水，景物清絕，爲夔路第一。」南山、下瞰大江。水落石出，曰娥眉磧，即州之對山也。都歷山、在郡北。一峰突出衆山之上，巋巃爲平阜，氣象融結，蓋郡之主山。高梁山、在州北四十里。江源記云：「山尾東跨江，西首劍閣，東西數千里，望之若長雲垂天，俯視衆山，泯若平原，劍閣銘所謂『巖巖梁山，積石峨峨』者是也。」下巖、黄魯直云：「萬州之——，唐末有劉道者，聞道於雲居膺禪師，爲開巖第一祖，法號道微，自鑿石龕，曰：『死便藏龕中，不用日時。』門人奉其命。二百年來，遊者題詩不可勝讀，莫能起此開巖者，故予作詩表見之。云：『空巖靜發鍾磬響，古木倒掛藤蘿昏。莫道蒼崖鎖靈骨，時應持鉢到諸村。』」岑公巖、在大江之南。廣六十餘丈，深四十餘丈。石巖盤結若華蓋。左右方池，有泉湧出巖簷，遇盛夏注水如簾。松篁藤蘿，蓊蔚葱翠，直神仙窟。〇唐刺史馬冉詩：「南溪有仙洞，咫尺非人間。泠泠松風下，日暮空蒼山。」〇范蜀公詩：「洞居獨嵌空，壁溜珠玉濺。」〇黄太史詩：「肩輿欲到岑公洞，正怯衝泥傍險行。應是岑公閟清境，春光一夜雨連明。」古練巖、在州西一里。有寺。絕塵龕，在西山石壁間，幽人勝士之所遊覽。有唐人題記。大江、即岷江也，在州東。其左有二石穴，名天倉、地倉。地倉滿則豐，天倉滿則歉。南溪、在州南。苧溪、在州西。魯池。在西山，即太守魯有開所鑿。廣百畝，植以紅蓮。

【井泉】包泉。在西山。或謂與惠泉相上下。

【樓堂】江會樓、在州西。桂華樓、在州宅。太守侯賓以郡士二人同年登科，故名。四望樓；白居易寄題楊萬州——詩：「江上新樓名四望，東西南北水茫茫。無由得與君攜手，同凭欄干一望鄉。」七賢堂。太守魯有開、白雲張俞、蜀公范鎮、老泉蘇洵、東坡蘇軾、潁濱蘇轍、山谷黄庭堅先後經行，取其詩翰刻置堂上，仍繪七賢像。

【橋梁】天生橋。在苧溪。乃一巨石，自然成橋。其長與溪等，而平闊如履平地。溪流出其下。

【寺觀】白鶴寺；在武寧縣。三蘇皆有題詠。白鶴觀。在武寧縣，許旌陽舊宅。

【名宦】皇朝嚴挺之、爲萬州司户。魯有開、宗道乃其從父。皇祐間爲守，西山池亭自公發之。馮時行。紹興間爲守，號縉雲先生。

【人物】甘寧。臨江人，即今武寧縣地。佐吴爲折衝將軍，輕財敬士。

【名賢】苗拯。柳文先友記云：「上黨人，有學術，峭直。以諫議大夫漏省中語，貶萬州。」

【題詠】青山繞萬州。鄭谷寄南浦謫官詩：「白首爲遷客，云云。醉敧梅障曉，〔一〇〕歌壓竹枝秋。」我懷巴東守。白居易初到忠州登東樓寄萬州楊八使君：前見忠州。「云云，本是關西賢。平生已不淺，流落重相憐。水梗漂萬里，籠禽囚五年。新恩同雨露，遠郡鄰山川。書信雖往復，封疆徒接連。其如美人面，欲見杳無緣。」迴頭望南浦。白居易寄楊萬州詩云云。南浦淒淒别。白居易南浦詩：「云云，西風嫋嫋秋。」**南州煙水北州雲**。白居易答楊使君登樓見憶詩：「忠、萬樓中南北望，云云。兩州何事偏相憶，各是籠禽作使君。」**東都緑李萬州栽**。白居易和楊萬州嘉慶李詩：「云云，君手封題我手開。〔二〕把得欲嘗先悵望，與渠同別故鄉來。」**峽中天下最窮處**。陸務觀憶萬州短歌：「云云，萬州蕭條誰肯顧。南浦尋梅雪滿舟，西山載酒雲生屨。」

【四六】出綍西垣，分符南浦。雖峽中之窮處，乃天下之名區。據三峽之上游，有諸賢之遺迹。南浦尋梅，頗動雪舟之興；西山載酒，尚爲蠟屐之遊。五馬雙旌，暫向名邦而出守；萬川八景，不妨小隊之行春。

校勘記

〔一〕「西魏恭帝於達州新寧縣置開州因開江以爲名」，「開江」，底本原作「開州」。開州以開州爲名，于理不通。我國古代地名多以山水等地理實體爲據，本州有開江，州蓋以此江爲名，今據改。

〔二〕「後周改漢豐縣爲永寧縣」，「改」，底本原作「置」，據隋書卷二九地理志、舊唐書卷三九地理志、太平寰宇記卷一三七改。

〔三〕「宿雲亭在盛山」，「在盛山」，底本原作「在盛山堂」。按堂中不可有亭，據上文「盛山」

下所云「山下有宿雲亭」，知此「堂」字衍，今删。

〔四〕「因界内萬頃池」，「頃」，底本原作「須」，據四庫本、傳是樓本及太平寰宇記卷一三七改。

〔五〕「酢醅荷裹賣」，「裹」，底本原作「裹」，據元稹集卷一二酬樂天東南行詩一百韻改。

〔六〕「愛山欲得山中住」，「愛山」，元稹集卷二〇通州詩作「平生」。

〔七〕「今州即漢巴郡朐䏰縣之地」，「巴郡」，底本原作「巴部」，據嶽雪樓本及太平寰宇記卷一四九改。

〔八〕「蜀後主立南浦縣屬巴東郡此南浦縣之所自始也」，兩處「南浦縣」，底本原作「南浦郡」，誤。晉書卷一四地理志巴東郡屬縣有南浦，水經卷三六延江水注亦有「更始水東入巴東之南浦縣」之語，依上所述，此南浦爲縣不爲郡甚明，今據改。

〔九〕「唐初割信州之南浦縣置南浦州」，「割」，底本原作「創」，據舊唐書卷三九地理志、太平寰宇記卷一四九、輿地紀勝卷一七七改。

〔一〇〕「醉欹梅障曉」，「欹」，底本原作「歌」，據全唐詩卷六七四鄭谷寄南浦謫官改。

〔一一〕「君手封題我手開」，「君手」，底本原作「君子」，據白居易集卷一八和楊萬州使君四絶句嘉慶李改。

方輿勝覽卷之六十

梁山軍 梁山

【建置沿革】禹貢梁州之域。天文屬鶉首之次。本漢朐䏰縣地。西魏分置安鄉郡，又改爲萬川郡。後周又分朐䏰縣地置梁山郡，因界内高梁山以爲名。隋屬巴東郡。唐置浦州，梁山以縣屬焉，尋改浦州爲萬州。五代僞蜀在今軍治置務，曰石氏屯田務。皇朝平蜀，土豪石處贇納莊田八所，遂廢此田務，移縣于此，因陞爲軍。今領縣一，治梁山。

事要

【郡名】高梁、都梁。

【風俗】閲旬無訟。郡守題名記：「其民未嘗造難聽之訟以溷有司，守居蕭然，云云牒至庭下。」稻田蓄廡。劉焕題名序：「云云，常多豐年。」又云：「西境之田，獨平衍可耕。」

【形勝】前涪後峽。同上。「云云，挾以夔、萬，皆崇山環委。」介夔、梓之間。圖經。與萬州表裏。同上。「——爲水陸——要地。」夔子咽喉。續題名記。控扼巖險。同上。

【山川】高梁山、去城四十餘里。按江源記云：「蜀中望之，若長雲垂天。」蟠龍山、在城東二十里。孤峙秀傑，突出衆山之上。下有二洞，洞中有二石，龍狀，首尾相蟠，故名。旁曰噴霧崖。洞中之泉下注，垂崖約二百餘丈，噴薄如霧。張無盡嘗游，留題云：「水味甘腴，偏宜煮茗，非陸羽莫能辨。」范石湖以爲天下瀑布第一。峰門山、在軍東十五里。其山高大，頂有寒泉。兩崖對峙如門，故名。多喜山、在軍南五十里。山或神光夜現，則是境之人必——事。陳希夷嘗修煉于此，有丹井、石枕，猶存。白雲山、在軍西百里。奇峰突出如筆，亦名筆山。○張無盡詩：「————上揖世尊，各以願力濟羣生。」識者知其有宰相器。書院峽、在軍東五十里峽石市之北。每風雨冥冥，如聞讀書聲，故其中有夫子崖、子貢壩。寒泉洞；在軍之西龍鎮十里許，有洞曰——，勝槩不減盤龍。桂溪、兩岸多桂。御史灘、在軍西百里。張無盡丞相游學之地，及爲——，與親朋燕飲于此，故名。丙穴。在梁山南十里柏枝山。産嘉魚，其美同於蜀、漢。

【樓亭】垂雲樓；在子城之北。左瞰萬石，右倚東山，景物奇麗，峽中所未有。飛練亭、在蟠龍山瀑布之下。舊取徐凝詩名曰——，東坡以爲惡詩，今取歐陽公「六月飛雪灑石矼」之句，〔一〕改曰飛雪。瑞豐亭。在郡圃端敏堂之右。○陸務觀詩：「峽中地偏常苦貧，政令愈簡民愈淳。本來無事只畏擾，擾者才吏非庸人。都梁之民獨無苦，須晴得晴雨得雨。父老羅拜豐年賜，縱産芝房非上瑞。」

【名宦】【人物】並闕。

【題詠】梁山鎮地險。張文琮蜀道難：「云云，積石阻雲端。飛梁架絶嶺，棧道接危巒。」〔二〕

梁山薤黄妙天下。何少卿子應詩：「云云，玉筯金釵盈大把。」梁山薤黄所産特奇，其色鮮黄，其味脆美。

【四六】夔峽上流，梁山要地。聯絡涪、萬，控扼梓、夔。郡稱蓮幕之清閑，俗喜稻田之平衍。

昔屯田而置務，厥望猶輕；今植戟以陞軍，其權實重。瀑泉飛灑，尋張無盡之舊遊；年穀常豐，和陸放翁之佳句。

施州 清江　建始

【建置沿革】古荆、梁二州之域，亦蠻夷之境，翼、軫之分。春秋巴國之界。戰國爲楚巫郡之地。秦屬黔中郡。後漢爲巫縣之境，隸南郡。〔三〕漢武平西南夷，置牂牁郡。蜀先主分南郡置宜都郡，佷山隸焉。〔四〕吴孫休置建平郡，建始、沙渠隸焉。晉析牂牁置夜郎郡，縣隸焉。東晉末，桓元誕竄太陽蠻中，築城臨施水，號施王城，子孫襲王。至後周保定初平之，以其地置施州，而清江郡隸焉；州乃施王之餘址，故以名焉；尋改爲亭州，又改爲庸州，又爲清江郡，恭帝復置施州。唐改清江郡，又改清化郡，復爲施州。皇朝因之。今領縣二，治清江。

事要

【郡名】清江。

【風俗】地雜夷落。黔中記：「施之—雖———，猶近華風，故鄉音則蠻、夷、巴、漢言語相混。」伐木燒畬。同上。「其山岡砂石，不通牛犁，唯云云以種五穀。」冬暖夏寒。圖經：「隆冬可單，盛夏可裌。」

【形勝】夜郎故地。歌羅寨本夜郎縣故地，唐置珍州。乾德四年，蠻酋珍州刺史田景遷内附納土，以西江爲界，自是西江以北所謂夜郎縣故地盡入施州。

【山川】扞山、去州二十里永寧村，古吴、蜀分境之處。阻深據高，便於扞敵，故名。佷山、在州東七十餘里。禄山、在州城之南百五十里。山富有禽獸，足充夷人之庖，洞蠻恃以爲廩禄。連珠山、在州東二里。五峰相—如貫—，施之望—也。猿啼山、在州東八十里。林木深茂，啼猿聲韻比諸山最多。○黄魯直弟知命詩云：「大猿啼罷小猿啼，箐裏行人白晝迷。惡藤牽頸石齧足，傴牽兒隨淚陸續，我亦行下莫啼哭。」都亭山、後漢南蠻傳「夷水出縣西——」，〔五〕蓋此—也。隋書云：「後周置亭州，取此山以爲名。」東門山、在歌羅寨西北五十里，東即夜郎故地，古來夷、夏分界，入貢之門户。州基山、在建始縣東三十五里。隋建業州于此。瘦驢嶺；黄魯直詩：「老馬飢嘶驢瘦嶺，病人生入鬼門關。病人甘作五溪卧，老馬猶思十二閑。」劍南詩稿：「嶺在施、黔間，前輩或用作驢瘦嶺，蓋誤也。故雜感詩有『艱危寧度————，奔走莫隨肥馬塵』之句。」清江、圖經：「一名夷水。蜀中江水皆濁，惟此獨清，故名。」麒麟溪、在州西八里藥山下。盤龍溪、在州驛北馬公泉脚下，昔有龍盤于此。**鐵溝**。蘇子瞻——行贈喬太博云：「城東坡壠何所似？風吹海濤低復起。城中病守無所爲，走馬來尋——水。——水淺不容舟，恰似當年韓與侯。有魚有魚何足道，駕言聊復寫我憂。」

【祠廟】**竹王祠**；在歌羅寨西北五十里東門山，即夜郎侯祠也。華陽國志：「初，有女子浣於遯水，有三節竹流至，聞其中有嬰兒聲，剖竹得男，歸而養之，及長材武，遂自立爲夜郎王，以竹爲姓。捐竹於地，遂成竹林。」崇寧間賜靈惠廟額。**磨嵯神廟**。在州治南百步。按磨嵯山屬黔州界。山極高深，洛浦蠻依爲巢穴，頗爲邊患，孟蜀王擊破之，及祥符中歸順。故老云：「洛浦蠻犯邊，神每以陰兵助官軍擊賊，靈跡顯著，所在祠之。」

【名宦】**南承嗣**；范陽人，霽雲之子。柳子厚睢陽廟碑云：「爲婺州別駕，歷施、涪二州，服忠思孝，無替負荷。」**皇朝丁謂**。爲夔路漕，以施近蠻，食常不足，而有鹽井之利，使鋪卒三十人，往者負粟以次達施州，返者負鹽以次達巫山。至是民無轉餉之勞，而諸寨粟皆可給。

【人物】**詹邈**。元祐爲狀元。

【題詠】**南謁裴施州**。杜甫鄭典設自施州歸詩：「吾鄰滎陽秀，〔六〕冒暑初有適。名賢慎出處，不肯妄行役。旅兹殊俗遠，竟以屢空迫。」云云，氣合無險僻。攀援懸根木，登頓入矢石。青山自一川，城郭洗憂慼。聽子話此邦，令我心悦懌。其俗則純朴，不知有主客。温温諸侯門，禮亦如古昔。勑厨倍常羞，盃盤頗狼藉。時雖屬喪亂，事貴賞匹敵。中宵愜良會，裴、鄭非遠戚。羣書一萬卷，博涉刺史似寇恂，列郡宜競借（音迹）。北風吹瘴癘，羸老思散策。渚拂蒹葭塞，嶠穿蘿蔦幕。此身仗兒僕，高興潛有激。孟冬方首路，强飯取崖壁。歎爾疲駑駘，汗溝血不赤。終然備外飾，駕馭何所益。我有平肩輿，前途猶準的。翩翩入鳥道，庶脱蹉跌厄。」**廊廟之具裴施州**。杜甫寄裴施州詩：「云云，宿昔一逢無此流。金鍾大鏞在東序，冰壺玉鑑懸清秋。〔七〕自從相遇減多病，三歲爲客寬邊愁。堯有四岳明至理，漢二千石真分憂。幾度寄書白鹽北，苦寒贈我青羔裘。霜雪迴光避錦袖，蛟龍動篋蟠銀鈎。紫衣使者辭復命，再拜故人謝佳政。將老已失子孫憂，後來况接才華盛。」**雞號黑暗通蠻貨**。胡人謂犀爲黑暗。○蘇子瞻送喬施州詩：「恨無負郭田二頃，空有載行書五車。江上青山横絶壁，雲間細路躡飛蛇。云云，蜂鬧黄昏採蜜花。共怪河南門下士，不應萬里向長沙。」**一別施州向十霜**。黄魯直寄施州張使君詩：「云云，傳聞佳句望風降。空卷不易當堅敵，振臂猶思起病創。」**夜郎自古流遷客**。黄魯直和張仲謀送別詩：「云云，聖世初投第一人。不是施州肯回首，五溪、三峽更誰親。」

【外邑】**看君自是青田質**。黄魯直次韻清江簿趙彦成詩：「日轉溪山幾百遭，厭聞虎嘯與猿號。笙歌忽把二天酒，風雨猶驚三峽濤。已作齊民尋要術，安能痛飲讀離騷。云云，清唳當聞徹九皋。」〔八〕

【四六】巫峽故疆，清江名郡。民雜侏儷，俗稱純朴。眷惟分虎之邦，乃近啼猿之境。夜郎郡蠻貊之邦，胡然惠顧；裴施州廊廟之具，行矣召環。朱轓皂蓋，暫輟爲太守之行；玉鑑冰壺，敢重獻詩人之句。

紹慶府 彭水 黔江

【建置沿革】禹貢荆州之域。楚地，翼、軫之分野。古蠻夷地。戰國時楚威王使莊蹻將兵略江上，自巴、黔以西屬楚。秦惠王請以武關之外易黔中地；昭王使司馬錯攻楚黔中，拔之；秦武安君定巫、黔中，初置黔中郡。漢改爲武陵郡，武帝於此置涪陵縣。蜀先主又於五溪立黔安郡。晉永嘉後，地没蠻夷。宇文周時，涪陵蠻田思鶴以地内附，因置奉州，又改黔州。自周、隋州郡易名，遂與秦、漢黔中犬牙難辨。隋爲黔安郡。唐改黔州，唐末陞武泰軍，移黔南就涪州爲行府。皇朝因之，太宗朝復歸黔，置理所，後改紹慶府。今領縣二，治彭水。

事要

【郡名】黔中、黔安、黔南。並郡志。

【風俗】巴、渝同俗。隋地理志。草木少凋。舊經：「陰雨多晦，云云。」少有蠶絲。同上。「云云，人多衣布。」蠻、獠雜混。同上。「地接蕃、蠻，境連桂、廣。雖稱州號，人户星居。道路崎嶇，多阻崖壁。行處則跣足露頭，契約則結繩刻木。」號爲難治。黄魯直黔江縣題名記：「黔江縣治所，蓋楚開黔中郡時歌羅蠻聚落也。於今爲縣，二鄉七里，户千有二百。其秋賦庸雇不登三十萬錢，以地産役於公者八十有五。其義軍二千九百，招諭夷自將其衆者五百七十。其役於公之人，質野畏事，大略與義軍、夷將領不殊也。使之非其義，或跳梁不爲用。决訟失其情，或虜掠以償直。暗則小，智者亦溷彊畔而爲欺；懦則細，黠吏亦能用其柄。市廛贍以百計，市蜂蠟以千計，則夷以長吏爲侮。寬則以利啗胥徒而苟免，猛則鳥獸駭而奏篝中矣。至今得其人，〔九〕櫛垢爬癢，民以按堵。而異時號爲難治，吾不知其爲説也。」

【形勝】古蠻、蜑聚落。晏公類要云：「相傳楚子滅巴，巴子兄弟五人流入五溪，各爲一溪之長。一説謂五溪蠻皆槃瓠子孫，自爲統長，乃云云。」爲楚西南徼道。權載之黔州觀察使廳記：「黔中云云，在漢爲武陵。莊蹻循江以略地，唐蒙浮舡以制越。」地近荆楚。舊經：「云云，候如巴、蜀。」五溪襟束。同上。「云云，爲一都會。」多倚溪巖。舊經：「路途闊遠，亦無館舍，凡至宿泊，云云，就水造飡，鑽木出火。」

【土産】茶、鹽。舊經云：「夏供茶蠟，秋輸火糧。」○彭水縣有鹽泉，有左右監官收其課。

【山川】狼山、郡國志云：「——出野狼，眼在背上，能食諸獸。」蒟醬山、在故都濡縣。壺頭山、方輿記：「山形似壺，馬援曾戰于此。」摩圍山、在彭水縣西，隔江四里與州城對岸。夷、獠呼天曰「圍」，言此山摩天，故名。伏牛山、在彭水縣。〔一〇〕方輿記：「山左右有鹽井，州人置竈，煮以充食用。」三峿山、九域志云：「昔鄧艾用師于此。」小歌羅山；在黔江縣東北四十九里。内江、相傳江心有石魚，見則豐稔之兆。○杜甫送弟使蜀詩：「數盃巫峽酒，百丈内江舡。」巴江、又名白沙。

涪陵江、自本州西北流入涪州三百二十里入蜀江。彭水、在候寧縣，即古黔中地。五溪。謂酉、辰、巫、武、沅等五溪。賈耽四夷述云：「即武陵——蠻之西界。」

【館驛】歌羅驛。黄魯直嘗作竹枝歌題——云：「撐崖拄谷蝮蛇愁，入箐攀天猿掉頭。鬼門關外莫言遠，五十三驛是皇州。」〇「浮雲一百八盤縈，落日四十九渡明。鬼門關外莫言遠，四海一家皆弟兄。」〇「尺五攀天天慘眼，鹽煙溪瘴鎖諸蠻。平生夢亦未嘗處，聞有鴉飛不到山。」〇「風黑馬跪驢瘦嶺，日黄人度鬼門關。黔南此去無多遠，想在夕陽猿嘯間。」〇「竹竿坡面蛇倒退，摩圍山腰胡孫愁。杜鵑無血可續淚，何日金雞赦九州。」〇「命輕人鮓甕頭紅，日瘦鬼門關外天。北人墮淚南人笑，青壁無梯聞杜鵑。」

【古跡】黔之驢。柳文：「黔無驢，〔一一〕有好事者舡載以入。至則無可用，〔一二〕放之山下。虎見驢，龐然大物也，以爲神。它日，驢一鳴，虎大駭。然往來視之，覺無異能，稍近益狎，驢怒，蹄之。虎喜曰：『技止此耳。』因跳踉大，斷其喉，盡其肉，乃去。」

【名宦】馬植。自安南都護徙黔州觀察使。太平廣記：「植移黔南時，維舟岸下，夜見白衣吟曰：『截竹爲筒作鳳吹，鳳凰池上鳳凰飛。勞君更向黔南去，即是鈞陶萬物時。』公不久遂拜相。」

【人物】柳莊敏。漢人，舉孝廉。有碑在州治。

【名賢】長孫無忌；郡志：「謫黔州。」皇朝蕭公、名犯高廟諱。寰宇記載歸州紫極宫黄魔神廟記云：「咸通壬辰，翰林蕭公自右史竄黔南，遊三峽，次秭歸，夢神人曰：『險不足懼。』公詰之。

曰：『我黄魔神也，居紫極宫之西北隅，將祐助明公出于此境。』尋爲宰相。」**黄庭堅**。豫章人。以脩實録，被謫黔中。與秦太虚書曰：「某屏棄不毛之鄉，以禦魑魅。耳目昏塞，舊學廢忘，是黔中一老農耳。」

【題詠】山色夜郎西。唐嘉祐送上官侍御赴黔中詩：「莫向黔中路，令人到欲迷。水聲巫峽裏，」云云。」**言語多重譯**。唐詩紀事：竇羣詩：「云云，壺觴每獨謡。」**地遠官無法**。劉長卿送任侍郎黔中充判官詩：「不識黔中路，今看遣使臣。猿隨萬里客，鳥似五溪人。云云，山深俗易淳。須令荒徼外，亦解懼埋輪。」**郡響蠻江漲**。許常寄黔南李校書詩：「從我巫峽外，吟興更應多。云云，山昏濁雨過。」**官俸請丹砂**。杜荀鶴送人尉黔中詩：「盤山行幾驛，水路復通巴。峽漲三川雪，園開四季花。公庭飛白鳥，云云。知尉黔中後，高吟採物華。」**日日江魚入饌來**。杜甫送王判官扶侍還黔中詩：「大家東征逐子回，（大家，指其母。）風生洲渚錦帆開。青青竹笋迎舡出，云云。離別不堪無限意，艱危深仗濟時才。黔陽信使應稀少，莫怪頻頻勸酒盃。」

【四六】昔號蠻邦，今陞潛府。　維黔中之古郡，接湖右之要區。　使蠻煙瘴雨之中，沐瑞露和風之化。　桀瓠子孫，頗雜蠻風之狼戾；羅歌聚落，蓋憑巖險之崎嶇。　山深而俗易淳，雖載劉長卿之句；夷雜而號難治，尚稽黄太史之言。

重慶府巴縣　江津　璧山〔一三〕

【建置沿革】禹貢梁州之域。東井、輿鬼之分野。西南有巴國，因水以爲名。武王伐紂，巴、蜀之屬髳、微預焉。武王克商，封宗姬支庶於巴，是爲巴子。春秋時亦爲巴國。戰國時巴與蜀俱稱王。秦以其地置巴郡。劉璋分墊江以上爲巴郡，理安漢縣；墊江以下爲永寧郡，理江津縣。蜀先主又以固陵爲巴東郡，故巴郡分而爲三，蜀後主屬益州。曹魏屬梁州。梁武陵王置楚州。後魏改爲巴州。周愍帝又改楚州。隋改渝州，復爲巴郡。唐爲渝州，改爲南平郡，復爲渝州。皇朝因之，崇寧改恭州，以光宗潛藩，陞重慶府。今領縣三，治巴縣。

本路提刑置司。

事要

【郡名】南平、三巴。見「沿革」。秦、蜀分爲——。○——記：「閬、白二水東南流，曲折三回如『巴』字，故曰——。」

【風俗】剛悍生其方。文選蜀都賦：「云云，風謡尚其武。奮之則賨旅，翫之則渝舞。銳氣剽於中葉，蹻容盛於樂府。」善歌舞。蜀都賦注引應劭風俗通云：「巴人剽勇。高祖爲漢王時，閬人范目説高祖募取賨人定三秦。封目爲慈鳬鄉侯，〔一四〕並復除目所發賨人盧、朴、沓、鄂、度、夕、龔七姓不供租賦。閬中有渝水，賨人左右居，銳氣善舞，高祖樂其猛勇，數觀其舞，後令樂府習之。」〔一五〕晉禮樂志：「巴部——，高祖愛其舞，詔樂府習之，巴渝舞是也。」重屋累居。華陽國志：「郡治江津，地勢峻急，皆云云，結舫水居五百餘家。」閣欄以居。寰宇記：「今渝之山谷中有狼猱鄉，俗構屋高樹，謂之閣欄；不解絲竹，唯敲銅鼓；視木葉以別四時；父子同諱，夫妻共名。」商販旁午。舊題名記：「二江——，舟楫——。」

【形勝】西控僰道。郡縣志：「東連魚復，云云，北接漢中，南至牂牁。」在岷江之北。寰宇記：「巴城云云，漢水之南。」承三江之會。華陽志云云。蜀將古城。郡縣志：「先主令李嚴鎮此，又鑿南山，欲會汶、涪二水，使城在孤洲上。會嚴被召，不卒其事。今鑿處猶存。」

【山川】浮山、在巴縣。堯時洪水不没，故名。巴山、在巴縣西南百二十里。其山高聳，上有白水，相傳黄帝於此山合神舟。方山、去巴縣五十里。瀛山、在故南平縣西百七十里。以其高峻象海中之蓬、瀛，故名。塗山、重慶、太平、濠州皆有之，然重慶非禹之——也。白崖山、在府城北三十里。有市及寺。君井山、在江津縣西五十里。有井泉，常以水之盈縮卜牧宰之賢否。重壁山、在壁山縣。四面高山，中央平田，周二百里。鼉停山、在江津縣西一里岷江中。其山若鼉形。明月峽；在巴縣。石壁高四十丈，有孔若——。又有廣德等——，亦謂之「三峽」。巴江、在巴縣。水折三回如「巴」字。○鮮于侁詩：「三川會合遶城下，巴字體勢何盤盤。却疑天工𢾞水帝，戲寫鳥迹傾波瀾。」涪江、在巴縣西。來自合州西北，至州城北會岷江。岷江、在巴縣東北。來自江津縣界，至州城北合涪江。内外江、水自渝上合州者謂之内江，自渝西戎、瀘上蜀者，謂之外江。杜甫詩云：「百丈内江舡。」白水、在州南二百二十里。其色如練，故名。赤水。在故南平縣西四里。

【井泉】温泉。在城北百餘里。有寺。○查仲本詩：「浴罷臨泉一整冠，令人搔首憶長安。御湯摇蕩雙龍影，疑是胡兒簇馬鞍。」

【樓圃】香草樓；在江津縣西南。旁有仙池，多植——，故名。荔支圃。在巴縣。

【名宦】張訥、漢人，爲巴郡太守。有德政碑。王濬、晉人。蘇子瞻答李鄂州書：「晉——爲巴郡太守，巴生子皆不舉。濬嚴其科條，寬其徭役，所活數千人。及後伐吴，所活者皆堪爲兵。其父母戒之曰：『王府君活汝，汝必死之。』」柳玭；昭宗時以渝州刺史遷瀘州刺史。柳氏自公綽以來，世以孝悌禮法爲士大夫所宗。玭嘗戒其子弟曰：「凡門地高，可畏不可恃也。立身行已，一事有失，則得罪重於他人，死無以見先人於地下矣。」皇朝張浚。自山南府士曹改秩，調恭州司録參軍。

【人物】譙渙、江津人。爲汝南太守。然温；江津人。爲度遼將軍、桂陽郡太守。皇朝馮時行。巴縣人。嘗知萬州，紹興初以斥和議忤秦檜，坐廢。

【題詠】山帶烏蠻闊。杜甫渝州候嚴侍御不到下峽詩：「云云，江連白帝深。舡經一柱觀，〔一六〕留眼共登臨。」看君妙爲政。杜甫送鮮于萬州遷巴州詩：「京兆先時傑，琳琅照一門。

朝廷偏注意，接近與名藩。祖帳排舟數，寒江觸石喧。云云，他日有殊恩。」思君不見下渝州。李白峨眉山月歌：「夜發清溪向三峽，云云。」故自渝南擲郡章。劉禹錫送周使君罷渝州歸郢中詩：「君思郢上吟歸去，〔一七〕云云。」荔支春熟向渝、瀘。鄭谷之瀘郡遇裴晤詩：「我拜師門更南去，云云。」

【四六】中巴古郡，西蜀要衝。旌麾臨巴字之江，襦袴藹渝歌之俗。有易擾難安之俗，多欺孤負弱之奸。盛蹻容而剽鋭氣，盡屬惠綏；妙爲政而有殊恩，竚聞命召。渝爲潛邸，獨據十四州之上游；帝念遠民，必付二千石之良吏。

南平軍 南川　隆化

【建置沿革】禹貢梁州之域。東井、輿鬼之分野。春秋、戰國爲巴地。秦屬巴郡。西漢屬巴郡之江州及枳縣地，漢武開西南夷，置牂牱郡，今軍之南則牂牱郡之境，北則巴郡之故疆也。東漢、晉、宋、齊因之，後爲蠻夷所據。唐初置南州，更名僰州，復爲南州，治南川縣，此南州建置之本末也；南平獠遣使内款，以其地隸渝州，太宗分渝州巴縣南界置南平州，改爲霸州，此南平州建置之本末也；二郡俱在渝南境，唐衰棄之。皇朝平蜀，南州即先歸化，陞爲懷化軍，隸渝州，其後收復疆土，建南平軍。今領縣二，治南川。

事要

【郡名】南平、渝南、牂牁。並郡志。

【風俗】風俗朴野。王元甲簿尉廳壁記：「云云，服食儉陋。」化爲中華。何麒軍學記：「四民冠昏相襲，耕桑被野，云云。」圖經又云：「自唐賓服，開拓爲郡，今衣冠宫室，一皆中國。」○真景元送南平江知軍序：「南平，故漢巴、渝地，至唐猶以獠名。我朝元豐中，聲教遠浹，始即其地置軍焉。百三四十年間，浸以道德，薰以詩、書，斌斌焉與東西州等矣。紹定四年冬，予友江君往爲之守。將行，請曰：『南平地雜民夷，有赤子龍蛇之異，擾而馴之，政未易也。將何以教我？』予惟江君之先象州，以吏治名當世。江君以世學踵儒科，嘗令靖之永平。即倅靖，廉白清簡，人便安之。以其治靖者治南平，直易易耳。顧弗自足，而求助於予，此樂正子好善之心，孟氏所謂優於天下者也。推以治平，何鄉不可，獨南平乎哉？然嘗竊歎古之爲政者變戎而華，今之爲吏者驅民而狄。昔者箕子八條之化，孔子九夷之居，皆聖人事，吾不敢以律後世。若錫光、任延，漢守將爾，於交趾能與其禮義之俗，於九真能迪以父子之性，是不曰變戎而華乎？今之饕虐吏羅布郡縣，細者爲虻爲蚋以嚼人之膚，大者爲猰㺄、爲鑿齒以血人之顱，以刃其家，以封其孥。於是民始蒿然，喪其樂生之志，而甘自棄於盜賊之徒矣，是不曰驅民而狄乎？故爲政者，以厚視其人，雖戎而華可也；以薄待其人，雖民而狄弗難矣。循其本而觀之，爲吏者不自狄其身，然後能不狄其民。蓋黷貨而忘義者，狄也。喜殺而偭仁者，狄也。以中國之士大夫爲天子之命吏，而其所爲無異於狄，亦何怪其民之狄哉？予方疾當世之吏穽吾民於狄，故因君之請而一吐之。儻以爲然，則願風示屬縣之爲吏者，使皆懋於仁而聳於義，不亦可乎？江君曰：「然。」遂書以贈。」尚鬼信巫。圖經：「風俗與恭、涪類，云云，巴、蜀之舊。」

【形勝】南獠故地。熊本建軍奏：「夷人即古巴郡板盾七蠻、南獠故地。」夜郎夷界。南平縣題名記：「云云，犬牙相錯，藉爲保鄣。」西連僰道。舊經：「云云，南極牂牁。」外控諸酋。陳復亨判官廳壁記：「南平邊夜郎，云云。」圖經又云：「南平跨漢二郡、唐五州之境，封疆闊遠，控扼蠻夷之要地也。」跨接溪洞。晏殊撰劉孝標墓銘：「土地曠遠，云云。」山高谷深。簿尉壁記。四砦九堡。自熊本平夷獠木斗，得地五百里，云云，建南平軍。」

【山川】瀛山、在軍西北七十里。周迴九十里，崖壁峭峻，林翳葱蔚，山類三峽。○有四十八面，而皆不同，劉觀臺詩「山盤四十八面險」是也。南山、在瀛山之對，岡勢甚遠。其上平廣。有石笋峰，嶄然秀拔。最高山、在軍東南九十里。高十五里，林箐深密，視衆山猶培塿。永隆山、在隆化縣西二十餘里。縣以此名。鳳凰山、在隆化縣北七十二里。以形得名。九遞山、在隆化縣東六十里。絶壁如銀色，人視其色之昏明以候晴雨。上有水，瀦爲洞。又有石龍，初非鐫刻，洞以龍名。獅子峰、與鳳凰山相距不數里，兩山爲一邑之冠。獠崖、在軍之西。有獠居之。櫃崖、在軍東南百里。峭崖壁立。有洞，其門有櫃。白錦堡、去播州三百里。係納土官楊光榮，子孫世襲守之。鹿箇堡；去溱溪三十里。其先夷大姓木櫃，大觀中納土，賜姓趙，名亨，子孫亦世襲。三溪、蓋僰溪、東溪、葛溪——水合流也。棘溪、從夜郎境流過軍城下。東溪、在軍之西北，上有小市。有孝感橋。紹興甲戌，有里婦從其姑過溪，其姑墮水，即隨入拯之，漂至灘下，忽若有人扶之而出，兩人俱活，故以名橋。四十八渡水。在隆化縣東三十里。兩山壁立，一水灣環其中，涉是溪者凡四十有八渡。其門有穴，如户牖。

【堂閣】雲山堂；劉夷叔詩：「山繞郡樓秋過雨，月臨池樹晚生煙。」北閣。在軍治。規模宏壯。

【園驛】塞樂園；在軍西一里。南川驛。蒲公詩：「鶯花非漢舊，棟宇尚唐餘。」

【名宦】皇朝陳少遊、爲南平縣令，有政聲，改桂州刺史。劉孝標。守南州日，請置郡縣，後建軍壘，遠人安之。晏殊爲撰墓銘。

【人物】尹珍。漢武帝時人。從汝南許叔重受五經，還牂牁以教授其鄉，於是南域始知學。

【題詠】封疆接播、溱。趙彦邁詩：「風俗連巴、楚，云云。」蕞地曾無一掌平。趙彦邁歲熟詩：「云云，由來作郡亦强名。峰連萬嶂山横翠，〔一八〕川合三溪水遶城。」崖深經夏不融雪。李曼詩。

【四六】出綸西掖，分竹南川。內雜蠻風，外連夷界。地析古之牂牁，俗雜今之溪洞。禹九州之域，既嘗入於版圖；漢五溪之蠻，亦久漸於聲教。置軍而壘，肇從劉孝標之時；變戎而華，更驗真西山之序。

校勘記

〔一〕「六月飛雪灑石矼」，「灑」，底本原作「儷」，據北圖本、四庫本改。

〔二〕「棧道接危巒」，「巒」，底本原作「蠻」，據四庫本及全唐詩卷三九張文琮蜀道難改。

〔三〕「後漢爲巫縣之境隸南郡」，「巫縣」，底本原作「巫山縣」。查漢書卷二八上地理志、後漢書郡國志四，南郡無巫山縣，只有巫縣，元和郡縣志卷三〇施州下亦云「漢爲巫縣之地」，則此「山」字實衍，今據删。

〔四〕「佷山隸焉」，「佷山」，底本原作「銀山」，據漢書卷二八上地理志、晉書卷一五地理志、讀史方輿紀要卷七八改。

〔五〕「夷水出縣西都亭」，底本原作「江夷水出西都亭」，核諸後漢書卷八六南蠻傳，正文並無此語，唯注文有「施州清江水一名鹽水，源出清江縣西都亭山」之言，清江水即夷水，今據删「江」字，補「縣」字，以使文義通順。

〔六〕「吾鄰滎陽秀」，「鄰」，底本原作「賢」，據杜詩詳注卷二〇、全唐詩卷二二一鄭典設自施州歸改。

〔七〕「冰壺玉鑑懸清秋」，「玉鑑」，杜詩詳注卷二〇、全唐詩卷二二一寄裴施州作「玉衡」，與本書異。

〔八〕「清唳當聞徹九皋」，「當聞」，山谷内集卷一二次韻答清江主簿趙彦成作「猶堪」。

〔九〕「至今得其人」，「今」，底本原作「令」，據豫章黄先生文集卷一七黔州黔江縣題名記改。

〔一〇〕「伏牛山在彭水縣」，「彭水縣」，底本原作「彭山縣」，據四庫本、傳是樓本及太平寰宇記卷一二〇改。

〔一一〕「黔無驢」，底本原作「驢無驢」，據元甲本、元乙本、四庫本、傳是樓本、嶽雪樓本及柳宗元集卷一九黔之驢改。

〔一二〕「至則無可用」，底本原脱「至」字，據柳宗元集卷一九黔之驢補。

〔一三〕「壁山」，底本原作「壁江」，據嶽雪樓本及元豐九域志卷八、輿地廣記卷三三、輿地紀勝卷一七五、宋史卷八九地理志改。

〔一四〕「封目爲慈凫鄉侯」，「慈」，底本原作「甆」，據文選卷四蜀都賦注引應劭風俗通改。

〔一五〕「後令樂府習之」，「樂府」，底本原作「樂舞」，據文選卷四蜀都賦注引應劭風俗通改。

〔一六〕「舡經一柱觀」，「一柱觀」，底本原作「一柱過」，據杜詩詳注卷一四、全唐詩卷二二九渝州候嚴六侍御不到先下峽改。

〔一七〕「君思郢上吟歸去」，「君思」，底本原作「思君」，據劉禹錫集卷二八送周使君罷渝州歸郢州别墅乙正。

〔一八〕「峰連萬嶂山横翠」，「嶂」，底本原作「翠」，據輿地紀勝卷一八〇、蜀中名勝記卷一八改。

方輿勝覽卷之六十一

涪州 涪陵 樂温 武龍

【建置沿革】禹貢梁州之域。周爲雍州之地。東井、輿鬼之分野，鶉首之次。春秋爲巴國地。秦置巴郡，在西漢領縣十一，東漢領縣十四，而涪陵與枳縣居其二。蜀先主以其地控巴江之源，因於此立涪陵郡，領漢平、漢葭縣。晉以涪郡理枳縣地。宋、齊並屬涪陵及巴郡。後周於故枳城立涪陵鎮。隋改爲縣。唐置涪州，改涪陵郡，復爲涪州。皇朝平蜀，隸峽路，今隸夔路。領縣三，治涪陵。

事要

【郡名】涪陵、龜陵。

【風俗】人多戇勇。華陽志：「山險水灘，云云。」刀耕火種。郡志：「峽路在巉巖嶮峻之中，其俗云云，惟涪、梁重慶郡稍有稻田。」俗有夏、巴、蠻、夷。郡志：「云云，夏則中夏之人，巴則廩君之後，蠻則槃瓠之種，夷則白虎之裔。巴、夏居城郭，蠻、夷居山谷。」地暖早熱。龜陵志：「五月半早稻已熟，便可食新。七八月間，收割已畢。云云，與中州氣候不同。」

【形勝】東接巴東。華陽志：「云云，南接武陵，西接牂牁，北接巴郡。」〔一〕州在涪江之西。元和志：「州在蜀江之南，云云。」〔二〕在今爲要。魏華父題名記：「江出汶山，合西南衆水，至重慶會嘉陵水，〔三〕至涪陵受黔水，故涪陵云云。」控瞿唐上流。郡志序：「會川蜀之衆水，云云。」與荆楚接境。寰宇記。

【土産】荔支、寰宇記：「地産——，尤勝諸郡。」〇圖經：「相傳城西十五里有妃子園，其地多荔支。昔楊妃所嗜，當時以馬遞馳載，七日七夜至京，人馬多斃於路，百姓苦之。故杜牧之過華清宫詩云：『長安迴望綉成堆，山頂千門次第開。一騎紅塵妃子笑，無人知道荔支來。』又晁説之詩：『荔支一騎紅塵後，便有漁陽萬騎來。』謂此也。然蜀中荔支，瀘、叙之品爲上，涪州次之，合州又次之。涪州徒以妃子得名，其實不如瀘、叙也。」〇蘇子瞻荔支歎：「十里一置飛塵灰，五里一候兵火催。顛坑仆谷相枕藉，知是荔支龍眼來。飛車跨山鶻横海，風枝露葉如新採。宫中美人一破顔，驚塵濺血流千載。永元荔支來交州，天寶歲貢取之涪。至今欲食林甫肉，無人舉觴酹伯游。我願天公憐赤子，莫生尤物爲瘡痏。雨順風調百穀生，民不飢寒爲上瑞。君不見武夷溪邊粟粒芽，前丁後蔡相籠加。争新買寵各出意，今年鬭品充官茶。吾君所乏豈此物，致養口體何陋耶。洛陽相君忠孝家，可憐亦進黄姚花。」〇漢永元間，交州進荔支、龍眼，十里一置，五里一候，奔騰死亡，罹猛獸之害者無數。唐羌，字伯游，爲武陵長，〔四〕上書言狀，和帝罷之。扇、段氏記：〔五〕「涪州出——，爲時所貴。」松屏、出石山間。相傳爾朱先生種松於此，映山之石皆有松紋。匠人欲採，先祈禱山神，焚爇方得佳者。不加人力，天然成文。**茶磨**。江邊細密之石，名曰青蝂，可作——。

【山川】**龜山**、在黔江東岸，州治據其上。形如龜，故州以此名。**鐵櫃山**、舊經：「一名吴君山。橫亘江北，與涪陵縣相對，雄壓諸山。**遊蘭山**、在高松鄉，地名羅雲，蘭真人修煉之處。人至洞門，望見丹竈，真人題字巖石，自揺欲墜，駭不可至。**巾子山**、在樂温縣北百里。**北巖**、在大江之北。相傳王真人修煉於此。**石甕磧**：與州治相對，東渡高峰之上。耆舊云：「國初太守吴侯來遊，遇一婦人打纖步行，指石甕磧云：『我久居其地。』又取玉環一付廂吏，云：『爲我以此謝史君，異日當顯仕，子孫復來守此州。』言訖不見。」**涪江**、自思州之上費溪發源，經五十八節名灘方至黔州溉，自黔州溉與施州江會流九十里，經彭水、武德二縣，凡五百餘里，與蜀江會于州之東。水常湛然徹底。以其出於黔州，又呼黔江。坡詩：「合水來如電，黔江緑似藍。」又名内江。昔司馬錯泝此水南上，擊奪楚黔中地。**蜀江**、發源岷山，經嘉、叙、瀘、重慶至城下。自成都登舟十三程，至此會合黔江，過忠、萬、雲安、夔、歸、峽，至荆南一千七百七十里。**鑑湖**、有景物之勝。**白鶴灘**、在州之上流。**錦繡洲**。在銅柱灘東北。洲人能織錦罽，故名。

【井泉】**鹹泉**。在武龍縣。距白馬津東三十餘里，江岸有——。初，康定間有程運使舟次鶻岸，聞江中有硫黄氣，襲人太甚，謂此必有——。駐舟召工開之，果得鹹脉。是時兩岸薪蒸贍足，民未知烹煎之法，乃於忠州遷井竈户十餘家，教以煮鹽之法。未幾，有四百餘竈。由是兩岸林木芟薙，悉成童山。

【堂樓】朋樂堂、黄魯直命名并記。鈎深堂；在北巖。紹聖丁丑，伊川謫居於涪，即普净院闢堂傳易，閲再歲而成。元符庚辰，徙夷陵。會太史黄公自涪移戎，過其堂，因榜曰「——」。嘉定丁丑，范仲武請爲北巖書院，正堂奉安伊川先生塑像，其左待制尹公祠，其右爲直閣譙公祠。簡池劉光祖爲之記。四賢樓。在北巖。謂程、黄、尹、譙也。

【古跡】江心石魚。在涪陵縣江心。有雙魚刻石上，每一魚三十六鱗，一銜蓂草，一銜蓮花。有石秤、石斗在傍。三五年或十年方一出，出必豐年。唐大順元年鐫詩甚多。

【名宦】張濬。唐光啓中爲守。〔六〕郡少井泉，濬乃窮山泉之源，以竹引之，民賴其利。今廢，惟吴公溪上俗猶呼爲水筒埡。今千福院濬之記尚存。

【人物】皇朝譙定。字天發，樂温縣玉溪人。深於易，自號涪陵居士。伊川、魯直相繼謫居于涪，聞其名，未之識，遂率伊川往訪之，從此深加敬仰。後隨伊川入洛。靖康初，許右丞薦至維揚從駕，授通直郎，直祕閣。未幾，寇至，不知所之。或以爲得道，隱青城山。淵聖皇帝召涪陵處士譙定至京師，處以諫職，定以言不用，力辭，杜門不出。

【名賢】程頤、字正叔。紹聖謫居，寓于北巖。先生嘗自言：昔貶涪州，過漢江中流，舡幾覆，舉舟之人皆相視號泣。伊川正襟安坐，心存誠敬，已而舡及岸。於同舟衆人有老父問伊川曰：「當舡危時，君坐甚莊，何以？」伊川曰：「心守誠敬耳。」老父曰：「心守誠敬固善，不若無心。」伊川尚欲與之言，因忽不見。尹焞、字彦明。避亂於涪，獨處一室。范冲舉自代，靖康中朝廷以布衣特起。既至京師，懇辭還山，賜號和静處士。建炎召充崇政説書。**黄庭堅**。字魯直。紹聖間謫涪州别駕，黔州安置。

【題詠】**暮過高唐雨**。張祜送李長史歸涪州詩：「涪江江上客，歲晚却還鄉。云云，秋經巫峽霜。急灘舡失次，疊嶂樹無行。好爲題新什，知君思不常。」**文風齊兩蜀**。宋翰題涪陵郡中詩：「錦綉洲猶在，熊羆夢已無。云云，仙洞接三都。白石從天設，青崖見地圖。荔支妃子國，不復曩時輸。」**舟楫三川會**。馬提幹涪州五十韻：「地據咽喉重，城踰雉堞堅。東漸鄰楚分，南望帶夷邊。云云，封疆五郡連。許雄山苦峻，馬援壩相連。灘急羣猪沸，崖高落馬懸。石魚占歲稔，鐵櫃鎖晴天。地暖冬無雪，人貧歲不綿。巖標山谷字，觀塑爾朱仙。」**人家避水半危樓**。陸務觀詩：「官道近山多亂石，云云。」

【四六】銅虎疏榮，石魚標瑞。惟涪陵之名郡，控夔峽之上流。眷龜陵千里之邦，爲夔門一道之冠。臨荔子之邦，詩請賡於杜牧；玩松紋之石，迹難訪於爾朱。連五郡之封疆，此爲要地；薰四賢之德義，尚挹遺風。

咸淳府

臨江　墊江　豐都　南賓　龍渠

【建置沿革】禹貢梁州之域。輿鬼之分野，入參八度。春秋、戰國爲巴地。秦屬巴郡。漢屬益州巴郡之臨江縣。東漢屬永寧郡。梁於此立臨江郡。後周兼置臨州。隋煬帝罷臨州，以縣屬巴東郡，恭帝重立臨州。唐改忠州，又爲南賓郡，復爲忠州，隸荆南。皇朝隸夔路，咸淳元年八月旨，係今上潛藩之地，陞咸淳府。今領縣五，治臨江。

事要

【郡名】南賓。

【風俗】氣候差熱。清化志：「其地與恭、涪氣候等，視他郡差熱，要不至與桂嶺並爲瘴鄉。」其地荒遠瘴癘。黄魯直復古記云云。士頗尚氣。進士題名記：「有巴蔓子代節死義之遺風，故云云。有甘興霸、〔七〕文廣休任俠之遺風，故士頗倜儻。」守節不屈。清化志：「嚴顔云云，因改名忠。」寰宇記：「以地邊巴徼，當懷忠信爲名。」四君子相望。復古記云云。謂劉晏、陸贄、李吉甫、白居易也。

【形勝】古巴子國。清化志。在恭、涪、夔、萬之間。南賓志。

【土産】馴鹿、唐段文昌記：「珍禽——。」荔支、白居易在忠州，有郡中——十八韻及寄荔支與楊使君詩。丹橘。段文昌記：「素奈——。」

【山川】倚天山、在臨江縣。石堡山、在臨江縣東五十里。平都山、在豐都縣東北一里。神仙傳：「後漢陰長生於此山上昇。」有煉丹遺跡。屏風山、即夏祠山。引藤山；在龍渠縣東十五里。山出引藤，俗用以取酒。岷江、自豐都縣南五十步流入臨江縣界。鳴玉溪、在州北十里。有懸崖瀑布，高五十餘尺。潭洞奇邃，古木蒼然。樊石灘、在豐都縣。張無盡有詩。東澗、在開元寺。白公——種柳詩：「野性愛栽植，植柳水中坻。三年未離郡，可以見依依。」東池。在開元寺。白公有東池春草詩。

【樓閣】巴東道院、在州治。荔支樓、在城西南隅，白公置。公有荔支樓對酒詩：「荔支新熟雞冠色，燒酒初開琥珀香。欲摘一枝傾一盞，西樓無客共誰嘗？」東樓、白公詩：「山東邑居窄，峽牽氣候偏。林巒少平地，霧雨多陰天。隱隱煮鹽火，漠漠燒畬煙。賴此東樓夕，風月時翛然。憑軒望所思，目斷心悁悁。背春有鴈去，上水無來舡。」西樓；白公詩：「悄悄復悄悄，城隅隱林杪。山郭燈火稀，峽天星漢少。年光東流水，生計南枝鳥。月没江沉沉，西樓殊未曉。」四賢閣、黄魯直記：「忠州，漢巴郡之臨江、墊江縣也。其治所在臨江，故梁以爲臨州，〔八〕後周以爲南賓郡，唐貞觀八年始爲忠州。其地荒遠瘴癘，近臣得罪，多出爲刺史、司馬。故劉尚書以刺史貶，一年死；陸宣公以別駕貶，十年死；李忠懿公以刺史居六年；白文公以刺史居二年。其後憙事者以四公俱賢，圖像爲————：故相贈司徒、鄭州刺史南華劉晏士安，故相贈兵部尚書、嘉興陸贄敬輿，中書侍郎、平章事、贈司徒安邑李吉甫宏憲，刑部尚書、贈右僕射下邽白居易樂天。〔九〕由開元以來，訖于會昌，四君子相望，凛然猶有生氣，忠民常以此自負，〔一〇〕而郡守至者必矜式焉。紹聖三年正月，知州事瞀丘王君闢之聖涂下車問民疾苦，曰：『吏驁而民困。』故聖涂爲州，拊養柔良，知其飽飢，鉏治猾姦，幾於傷手，治聲翕然。邑中豪吏、故時受賕舞文法者相與謀曰：『屬且無類。』即以智籠小駮吏郡訴於部使者。聖涂不爲變，且歎曰：『白頭老翁，安能録録畏吏苛民耶?』〔一一〕亦會部使者察其爲姦。而聖涂治成時休車騎野次，咨問故老，訪四賢之逸事，〔一二〕而三君之政寂寥無聞。蓋士安即賜死，而敬輿別駕不治民，宏憲雖在州六年，亦嘿耳。樂天由江州司馬除刺史爲稍遷，故爲郡最暇豫有聲迹。又其在州時詩，見傳東樓以宴賓佐，西樓以瞰鳴玉溪，登龍昌上寺以望江南諸山，張樂巴子臺以會竹枝歌女，東坡種花，東澗種柳，皆相傳識其處所。於是一花一竹，皆考於詩，復其舊貫，種荔支數百株，移木蓮且十本。忠於一時遂爲三峽名郡。聖涂乃以書詫涪翁曰：『爲我記之。』涪翁曰：『聖涂急鰥寡之病，使遠方民沐浴縣官之澤，〔一三〕可謂知務矣。掃除四賢之室，思欲追配古人，可謂樂善矣。樂天去忠州，於今爲二百七十有九年。在官者緦緦然常憂瘴癘之病己，數日求去，故樂天之遺事蕪没欲盡。聖涂，齊人也，蓋不能巴峽之風土，又其擊强撥煩，材有餘地，而晚暮爲遠郡守，迺能慨然不倦，興舊起廢，使郡中池觀花竹鬱然如元和己亥時，追樂天而與之友，聖涂於是賢於人遠矣。』聖涂爲州之明年六月，而涪翁爲之記。」東坡亭、在郡圃。白公於此種花。◯詩云：「何處慇懃重回首，東坡桃李種新成。」又云：「最憶東坡紅爛熳，野桃山杏水林檎。」◯蘇子瞻別杭州詩云：「平生自覺出處，老少粗似樂天。」非東坡之名，偶爾同也。又有西坡，白公亦有詩。東亭、白公詩：「緑樹爲閑客，紅蕉當美人。」南亭、白公詩：「高城直下視，蠢蠢見巴蠻。安可施政教，尚不通語言。」舉盃亭。在城東石盤山。

【寺觀】龍昌寺、在臨江縣，今爲治平寺。白公嘗於寺旁植柳，柳盛則寺興，柳衰則寺廢。僧愛此柳，比之甘棠。龍興寺；陸務觀有龍興寺弔少陵先生寓居詩：「中原草草失承平，戍火胡塵到兩京。扈蹕老臣身萬里，天寒來此聽江聲。」寺門聽江聲甚壯。**景德宫**。在平都山。舊名仙都觀，即白鶴觀也。自豐都縣東行二里許，始登山，石徑縈迴可一二里，平瑩如掃，林木邃茂，夾徑皆翠柏，殆數萬株，有老柏十數，云皆千年物也。〔一四〕麀鹿時出没林間，皆與人狎甚。又名禹廟，又名平都福地，乃前漢王方平得道之所。張孝祥爲書「紫府真仙之居」。○陸務觀詩：「唐碑多斷蝕，梁殿半攲傾。」

【祠墓】**禹祠**、在臨江縣南，過岷江二里。○杜甫詩：「禹廟空山裏，秋風落日斜。荒庭垂橘柚，古屋畫龍蛇。雲氣生虚壁，江聲走白沙。早知乘四載，疏鑿控三巴。」**屈原塔**；在臨江縣東。○蘇子瞻———詩：「楚人悲屈原，千載意未歇。〔一五〕至今滄江上，投飯救飢渴。遺風成競渡，哀叫楚山裂。南賓舊屬楚，山上有遺塔。〔一六〕應是奉佛人，恐子就淪滅。」**陸宣公墓**。在玉虚觀南三十步。舊經：「陸宣公嘗藁葬于此。」或曰宣公已歸葬，而忠南特虚塚耳。然杜子美已歸葬偃師，而耒陽之墓自若；李太白已移殯青山，而采石之塚猶存；則敬輿此墓宜封殖之。

【古跡】**巴子臺**、在臨江縣。○白公登城東古臺詩：「迢迢東郊上，有土青崔嵬。不知何代物，疑是巴王臺。巴歌久無聲，巴宫没黄埃。」**黄葛木**、景德觀前有古木，大數十圍，枝柯盤鬱如蓋。山中人云：「此黄葛木，千年物也。」**黄心木**。白公木蓮樹詩自序云：「巴人呼爲———，大者高四五丈，涉冬不凋，身如青楊，葉如桂，花如蓮，香色艷膩皆然，獨房蘂有異。四月初，花自開，迨謝，僅二十日。忠州鳴玉溪生者，穠茂尤異。」○又有詩云：「如折芙蓉栽旱地，似抛芍藥掛高枝。雲埋水隔無人識，〔一七〕惟有南賓太守知。」

【名宦】嚴顔、三國時，劉璋使守巴郡，爲張飛所擒。顔曰：「有斬頭將軍，無降將軍。」飛怒，命斬之。顔色不變，曰：「斫頭便斫頭，何必怒耶？」今臨江縣西南二十里有嚴太守祠。東坡嚴顔碑詩注云：「在忠州。」○詩曰：「先主反劉璋，兵意頗不義。孔明古豪傑，何以爲此事。劉璋固庸主，誰爲死不二。嚴子獨何賢，談笑傲碪几。國亡君已執，嗟子死何爲。何人刻山石，使我空涕淚。」劉晏、坐與元載有仇，貶忠州刺史。陸贄、以論延齡姦佞，貶忠州別駕。公在忠州十年，避謗不著書，集古今名方五十卷，號集驗方。今紫極觀有宣公墓。○王介甫詩：「英英陸忠州，學問輔明智。低回得坎軻，勳業終不遂。」李吉甫、吉甫初爲陸贄所疑，出爲明州長史。〔一八〕及贄貶忠州，時宰欲殺之，起李吉甫爲忠州刺史，使甘心焉。既至，置怨結驩，人益重其量。贊皇公來爲忠州，時李獻公生於巫峽之中，歸時已六歲矣。白居易；初，盗殺武元衡，公首請捕賊，貶江州司馬。久之，徙忠州刺史。居忠二年，政事之美，吟詠之什，至今忠人以夸耀四方。皇朝胡旦、爲守。王旦。知臨江縣。壁記。

【人物】巴蔓子。巴人也。周末國亂，將軍巴蔓子請師于楚，許以三城。楚王已救巴，使請城。蔓子曰：「藉楚之靈，克濟禍難。誠許楚王城，可持吾頭往謝，城不可得也。」乃自刎。使者以蔓子首歸報楚王，王曰：「使吾得臣如巴蔓子者，用城何爲？」乃以上卿之禮葬其首。巴亦舉其尸，以上卿之禮葬之。施州今有廟焉。

【題詠】井邑聚雲根。杜甫詩：「忠州三峽内，」云云。小市常争米，孤城早閉門。空看過客淚，莫覓主人恩。淹泊仍愁虎，深居賴獨園。」**巫峽中心郡。**白居易感春詩：「云云，巴城四面春。」**峽深田地窄。**白居易郡中春宴詩：「云云，藤枝注酒尊。蠻鼓聲坎坎，巴女舞蹲蹲。」**薰草鋪坐席。**白居易詩：「城暗雲霧多，云云。」**山上巴子城。**白居易詩：「云云，山下巴江水。中有窮獨人，强名爲刺史。時時竊自哂，刺史豈如是。食粟餧家人，黄縑裹妻子。」注云：「忠州刺史已下，悉以畬田粟給禄食，以黄絹支給充俸。」**可憐島夷師。**白居易忠州詩：「云云，自稱爲史君。勿笑風俗陋，勿欺官府貧。蜂窠與蟻穴，隨分有君臣。」**吏人生硬都如鹿。**白居易初到忠州詩：「好在天涯李使君，江頭相見日黄昏。云云，市井疏蕪只抵村。一隻蘭舡當驛路，百層石磴上州門。更無平地堪行處，虛受朱輪五馬恩。」**閟取藤枝引酒嘗。**白居易春至詩：「閑拈蕉葉題詩句，云云。」圖經云：「蜀地多山，多種黍爲酒，民家亦飲粟酒。地産藤枝，長十餘尺，大如指，中空可吸，謂之引藤，屈其端置醅中，注之如晷漏。本夷俗所尚，土人效之耳。」**徒使花袍紅似火。**白居易着刺史緋詩：「故人安慰善爲辭，五十專城未是遲。云云，其如蓬鬢白成絲。」**黄茅岸上是忠州。**白居易寄向侍御詩：「明月峽邊逢制使，云云。」**忠、萬樓中南北望。**白居易答楊萬州見憶詩。詳見萬州。**多是通州司馬詩。**白居易竹枝歌：「江畔諸人唱竹枝，前聲斷咽後聲隨。〔一九〕怪來調苦緣詞苦，云云。」夔人所歌劉禹錫九章。今南賓所傳有白文公四章，謾載其一。

【四六】西蜀奥區，南賓大郡。按楚峽之上游，有唐賢之遺烈。乃眷雲根之聚，正當月峽之間。皂蓋朱幡，尚覺官儀之盛；黄縑紅粟，未嫌俸入之微。巴子故城，遺俗尚餘於氣節；樂天舊部，勝遊殆偏於詩歌。

珍州 樂源　綏陽

【建置沿革】禹貢荆州之域。爲翼、軫之分野。古山獠夜郎國，自古非臣服之地。南夷君長以十數，夜郎最大。漢武帝時，唐蒙請置夜郎縣及牂牁郡。晉分牂牁置夜郎郡。宋、南齊因之。隋無所經見。唐太宗開山洞置珍州，并置夜郎、麗皋、洛源三縣；改爲舞州，又爲鶴州，復爲珍州；憲宗廢，屬溱州。五代復爲蠻夷。皇朝復賜珍州舊名，繼改高州；以廣西有高州，改爲西高州；徽宗時大駱解上下族帥駱世華、駱文貴等獻地，立珍州，亦曰樂源郡。今領縣二，治樂源。

事要

【郡名】樂源、夜郎。

【風俗】其俗夷、獠。圖經：「遵義軍，宣和改爲寨，隸樂源縣。其俗以射獵山伐爲業，信巫鬼，重謡祝，好詛盟，外癡内黠，安土重舊。凡交易，刻木爲書契，結繩以爲數。其桀黠能言議屈服種人者，謂之耆老。其昏姻以銅器、氈刀、弩矢爲禮。其燕樂以銅鑼鼓、横笛、歌舞爲樂。其所居無城池之固，架木爲閣，聯竹爲壁，開窗出箭，以備不虞。出入佩刀弩自衛。至與華人交易，略無侵犯禮義之風。凡賓客聚會，酋長乃以漢服爲貴。」其民以耕殖爲業。同上。「——端厖淳固，————

一。天資忠順，悉慕華風。」

【形勝】古夜郎郡。圖經：「云云，唐改珍州。」黔中故壤。見圖經云。夷州之境。同上。「云云，與黔、思犬牙相錯。」又云：「夷州乃古夜郎、牂牁郡故地。」

【山川】豹子山、在州北八里。山多產豹。羅蒙山、在州西南二百九十里。東松山、在州南三百五十里。西松山、在州南三百二十五里。綏陽山、在州西二百四十里。白崖堡；乃官軍於此把守之地。有麗皋堡、思義堡、安定堡、壽山堡。三江、去州三十里。一名明溪。虎溪、在州東十七里。思溪、在州西北百八十里。出南平軍，與明溪合。貫珠溪。在州東南五十里。

【人物】尹珍。漢桓帝時牂牁人。珍自以居於荒裔，不知禮義，乃從汝南許慎、應奉受經書圖緯，學成還鄉里教授，於是南域始有學焉。

【名賢】李白。蔡寬夫詩話云：「太白之從永王璘，世頗疑之。唐書載其事甚略，亦不爲明辨其是否。獨其書自序云：『半夜水軍來，潯陽滿旌旃。空名適自誤，迫脅上樓舡。從賜五百金，棄之若浮煙。辭官不受賞，翻謫夜郎邊。』以此觀之，則太白豈從人亂者哉？」

【題詠】夜郎萬里道。唐李白寄江夏韋太守詩：「云云，西上令人老。」山繞夜郎城。張文昌送蠻客詩：「借問炎洲客，天南幾日行。江連惡溪路，云云。」夜郎還客帶霜寒。李白寄韋南陵詩：「君爲張掖近酒泉，我竄三巴九千里。天地再造法令寬，云云。」

【四六】夔路奥區，樂源古郡。雖云夷俗，實慕華風。古不居於臣服，今久被於皇靈。萬里朱轓，暫撫夜郎之俗；一封紫詔，即歸曉禁之班。粵從漢代，〔二〇〕尹珍之教化始行；循至唐朝，太白之詩歌尤盛。

思州 務川 邛水 安夷

【建置沿革】楚地，翼、軫之分野。戰國土地與黔中同，楚爲黔中地。秦置郡。自漢至吴，並爲武陵郡酉陽縣地。吴分置黔陽郡。隋屬清江郡；又置務川，屬庸州，即今之黔江縣是也，尋廢屬巴東郡。唐以務川當牂牁要路，置務州；太宗改爲思州，以思邛水爲名；〔二一〕明皇改寧夷郡，復爲思州。黔州之美胥而爲夷。皇朝平蜀，思州不預；大觀元年，蕃部長田祐恭願爲王民，始建思州；而夔路化外州郡凡十，而思居其首；尋省爲務川城；高宗中興，復以務川城爲思州，就以田祐恭爲守。今領縣三，治務川。

事要

【郡名】務川、思南。

【風俗】蠻獠雜居。寰宇記：「俗同黔中，地在荒徼之外，云云，言語各異。」漸被華風。圖經：「思南之地，云云，飲食言語，素所服習。椎髻之俗，勁悍之性，靡然變易矣。」

【形勝】當牂牁要路。唐招慰使冉安昌以務川云云，須置郡以撫之。縣名思王。元和志：

「故老相傳，漢陳立爲牂牁太守，阻兵保據思邛水。漢將夜郎王兵數萬破立於此，撫安百姓。時人思慕，遂名思王縣。」**郡非古城。**輿地廣記：「本朝但據夷人所指以爲縣，涪州夏判官謂思州舊城去今城百八十里。」**一寨四堡。**運使龐恭孫建築思州奏：「州治務川，因山川控扼，建云云，以備要害。」

【山川】**唐山、**在州東四里。南連河只水，北枕内江水。**思王山、**在州西南三百七十里，抵貴州界。**思邛山、**在思王縣東南。**都來山、**在思邛縣東二十五里，接錦州界。**都波山、**在思邛縣東，接錦州界。**無黨山；**去思邛縣四十里。四面懸絶。**巴江水、**出城西南牂牁界。**河只水、**在務川縣東二十里。「河只」者，獠姓名。**羅多水。**在務川縣東八十里。「羅多」亦獠姓名。

【亭榭】【名宦】【人物】【題詠】並闕。

【四六】夔路奥區，思南要地。　畫地以守，變戎而華。　雖曰黔中之地，實爲徼外之州。　周職方之不及，固遠華風；秦郡國之肇分，久漸王化。　在天一涯，雜鴃舌侏儷之俗；環地千里，藉虎符彈壓之威。

校勘記

〔一〕「北接巴郡」，「郡」，底本原作「部」，據四庫本及華陽國志卷一巴志改。

〔二〕「云云」，「云云」之上底本原有「今」字，此文引自元和郡縣志卷三〇，今核原書無「今」

字，據删。

〔三〕「至重慶會嘉陵水」，「會」，底本原作「至」，誤。本書卷六十重慶府下云重慶承三江之會，今據改爲「會」字，以使文義順暢。

〔四〕「爲武陵長」，「武陵」，底本原作「陵武」，據嶽雪樓本乙正。武陵爲漢郡名，見漢書卷二八上地理志及後漢書郡國志四。

〔五〕「段氏記」，「氏」，底本原作「民」，據嶽雪樓本及太平寰宇記卷一二〇改。

〔六〕「唐光啓中爲守」，「光啓」，底本原作「先啓」。按唐帝年號無「先啓」，必有誤。今檢兩唐書張濬傳，其用事在僖宗時，僖宗有年號爲光啓，則「先啓」爲「光啓」之誤也。今據改。

〔七〕「甘興霸」，底本原作「甘霸興」，據四庫本及三國志卷五五吴書甘寧傳乙正。甘寧字興霸，臨江人。

〔八〕「故梁以爲臨州」，「臨州」，底本原作「臨川」，據豫章黄先生文集卷一七忠州復古記改。然隋書卷二九地理志臨江縣下云「梁置臨江郡，後周置臨州」，輿地廣記卷三三同，則此云「梁以爲臨州」亦不確。

〔九〕「贈右僕射」，「右」，底本原作「左」，據豫章黄先生文集卷一七忠州復古記及舊唐書卷一六六、新唐書卷一一九白居易傳改。

〔一〇〕「忠民常以此自負」，「常」，底本原作「書」，據豫章黄先生文集卷一七忠州復古記改。

〔一一〕「安能録録畏吏苛民耶」，「畏吏苛民」，底本原作「畏吏民苛民」，衍一「民」字，據豫章黄先生文集卷一七忠州復古記删。

〔一二〕「訪四賢之逸事」，「訪」，底本原作「詠」，據豫章黄先生文集卷一七忠州復古記改。

〔一三〕「使遠方民沐浴縣官之澤」，底本原脱「民」字，據豫章黄先生文集卷一七忠州復古記補。

〔一四〕「云皆千年物也」，「云」，底本原作「去」，據元甲本、元乙本、四庫本、傳是樓本、嶽雪樓本改。

〔一五〕「千載意未歇」，「千」，底本原作「十」，據北圖本、四庫本、嶽雪樓本及蘇軾詩集卷一屈原塔改。

〔一六〕「山上有遺塔」，「上」，底本原作「下」，據蘇軾詩集卷一屈原塔改。

〔一七〕「雲埋水隔無人識」，「識」，底本原作「見」，據白居易集卷一八木蓮樹生巴峽山谷間改。

〔一八〕「吉甫初爲陸贄所疑出爲明州長史」，底本原誤「疑」爲「擬」，又誤「長史」爲「刺史」，今據舊唐書一四八、新唐書卷一四六李吉甫傳改正。

〔一九〕「江畔諸人唱竹枝前聲斷咽後聲隨」，白居易集卷一八竹枝詞作「江畔誰人唱竹枝，前聲斷咽後聲遲」與本書異。

〔二〇〕「粤從漢代」，「粤」，底本原作「奥」，據四庫本、嶽雪樓本改。粤同越，發語詞。

〔二一〕「以思邛水爲名」，底本原脱「水」字，據太平寰宇記卷一二二補。

方輿勝覽卷之六十二

潼川府路

瀘州 瀘川 江安 合江

【建置沿革】禹貢梁州之域。天文東井、輿鬼之分野。春秋、戰國爲巴子國。秦屬巴郡。漢武帝分置犍爲郡，而犍爲之江陽、符縣即今之州域是也。東漢末，劉璋立爲江陽郡。晉寄治武陽，穆帝置東江陽郡。宋、齊因之。梁置瀘州，取瀘川以爲名，移治馬湖江口。隋爲瀘川郡。唐復爲瀘州，改瀘川郡，復爲瀘州。皇朝陞爲上州，又陞爲節度，賜名瀘川軍；中興以來四路建帥府，分委邊防，而夔路鈐轄猶兼於瀘南，張魏公奏請夔、梓各專其任，乃各陞本路安撫，其後以瀘南爲潼川府路安撫使，自梁介始。今統郡十五，領縣三，治瀘川。

本路安撫置司。

事要

【郡名】瀘川、瀘南、江陽。

【風俗】朴野少儒學。華陽國志：「江陽之俗，云云。」氣候偏陽。勾公權瀘川縣廨記：「江陽云云，夏秋多炎燠，冬無苦寒。每夏秋蒸溽，如傍挹大爐鞴。」畬田刀耕。寰宇記：「地無桑麻，每歲云云火種。」

【形勝】東接巴郡。華陽國志：「云云，南接牂牁，西接犍爲，北接廣漢。」西連僰道。鎮遠樓記：「云云，東接巴、渝，南望夜郎、牂牁。」本漢江陽。華陽國志：「瀘川縣云云。昔漢光武微時，過江陽，有一子，望氣者言：『江陽有貴兒孫。』王莽求之縣人，〔一〕殺之。光武怒，爲子立祠，謫江陽人不使冠帶。」肘江負山。劉正字李園序：「瀘爲州，云云。」古巴子國。任伋開福寺記：「瀘云云，淙流東北貫其隅，嶞山西南蟠其址。」枕帶雙流。輿地廣記：「據江、洛會。」舟車之衝。照庵記：「江安，隋舊邑也，號爲——往來——，其外即與西南夷接。自唐閣羅鳳之師出入於此，而國朝元豐以來問罪之師亦由此啓行。」最近蠻獠。通略：「太祖開寶八年召新瀘州錢文敏見於講武殿，謂之曰：『瀘州云云，尤宜綏撫。』」爲邊隅重地。孫羲叟修城記：「瀘控西南諸夷，遠逮爨蠻，最云云。元豐以來用武守，其後始更置儒守。」權任益重。李皇西山堂記：「乾道升領劍南一道十五州，云云。」

【土産】鹽井、華陽國志：「土地雖迫，山川特美，——魚地，一郡豐沃。」瀘茶、茶經云：「瀘州之茶樹，夷、獠常携瓢穴其側，每登樹採摘茶，必含於口中待其展，然後置瓢中，旋塞其竅，歸必置於暖處，故味極佳。」荔支。杜甫過瀘川詩：「憶過瀘、戎摘——，青楓隱映石逶迤。京中舊見君顏色，紅顆酸甜只自知。」

【山川】寶山、在城南。初名堡子山，爲巡檢廨。陳公損之移廨山西，建堂其上。袁公説友名其堂曰「江山平遠」，易堡子爲——，皆大書揭之。下瞰城郭，萬瓦鱗集，兩江合流。○郡國志：「一名瀘峰。山高三十丈。地多瘴，三四月渡之必死，唯五月上旬渡之即無害。故諸葛亮云：『五月渡瀘。』即今之——。李皇西山堂記云：「以常璩華陽國志及辛怡顯雲南録攷之，乃在越巂之地明甚，非瀘之——也。」方山、距州三十五里。又名回峰山。其山八面，下瞰江。有魏武帝廟。南壽山、在城西南三十五里。山既高且秀。安樂山、圖經：〔二〕「在合江西五里。三峰俱秀。有溪及延真觀。有石櫃，爲仙人藏經之所。歧而左，有爛柯跡，後有仙魚影，隱隱在石壁中。歧而右，歷木楠臺、仙人屋、十二盤，至剪刀峽。循山有八洞，通南巖。有石曰許由瓢。又有芙蓉城、〔三〕滴水崖、白猿洞，此三峰之景也。」○任伋遊安樂山詩：「安樂溪上峰，萬木森翠羽。孤撑切天心，横拓壓坤股。氣勢西吞夷，光芒南定楚。雲泉出石竇，淋漓灑玉宇。煙蘿纏林梢，摇曳垂翠組。」○山有天符葉，一夕大風雨，拔去，後得於容子山。如荔枝葉而長，上有紋如蟲蝕，宛如蟲篆，或以爲劉真人仙跡。○蘇子瞻詩：「天師化去知何日，玉印相傳世共珍。故國子孫今尚在，滿山秋葉豈能神。」境子山、在江安縣南五里，又名照山。一峰中峙，兩峰旁翼；二溪交流，峰巒葱蒨；庵廬梵室，金碧交輝。旁有二潭，爲龍所居，禱旱輒應。山有眠雲石、襲淵橋、玎璫巖、磨鎌溪，爲一邑勝遊之地。**木龍巖**、在寶山之趾。有古榕木，盤結夭矯如龍。黄魯直爲題榜。**東巖**、在汶江之東。紹興中，邦人開創大像，依巖不足以庇風雨。近歲有庵者祁氏，親死廬墓，棄俗奉香火於此巖。邦人信之。不十年，重樓複屋，佛宫經藏，甲於一境。**北巖**、在城北。舊有小庵，尚書楊汝明創爲大刹，及創五峰書院，以爲士友會課之所焉。**龍女洞**；在城東南二十五里。高崖之半有二穴，俗傳爲———。李巽巖嘗遊，有留題。**汶江**、出岷山，東流入合江縣界。**瀘江**、按辛怡顯雲南録及唐書志姚州雲南郡下有瀘南縣，則瀘水當在姚州。○李臯西山堂記云：「郡得名爲瀘者，蓋始因梁大同中嘗徙治馬湖江口置瀘州，蓋馬湖即瀘水下流，因遠取瀘水以名州。」**中江**、一名綿水，〔四〕經瀘川縣北三里。出麩金。**涇灘**、在江安縣南三十里。灘上有山刺天，瀑布飛下，相傳武侯誓蠻之地。**黄龍堆**。在瀘江中。有大石闞，每季春則黄龍堆没，此闞亦平。○水經云：「尹吉甫生子伯奇，至孝，後母譖之，自投江中，衣苔帶藻。忽夢水仙，賜之美樂，揚聲悲歌，舡人學之。吉甫聞其聲，援琴作子安之操。」即瀘川縣之黄龍堆也。韓文公履霜操亦援此事。

【井泉】**雙井**；在城西偏。紹興中掘濠塹得碑，乃唐乾元中蘇德充所開也。**滴乳泉**。在城西真如寺。自崖石中流出，味甚甘。魯直經行，大書此三字。

【堂樓】**衮繡堂**、在州治。以趙衛公出鎮于此，改今名。**整暇堂**、在郡圃之内。**西山堂**；在寶山。**南定樓**。在州治，取出師表語。○陸務觀詩：「行遍梁州到益州，今年又作渡瀘遊。江山重復争供眼，風雨縱横亂入樓。」

【亭觀】**四香亭**、在州治。淳熙趙公建。自題云：「永嘉何希深之言曰：『荼蘼香春，芙蓉香夏，木犀香秋，梅花香冬。』斯名以之。」**偶住亭**；在江安縣之對。建中初，魯直自僰道還，過邑宰石諒，同遊此亭，書琴操。後改爲渡瀘亭。有范百禄平蠻碑在焉。**海觀**。在州治。侍郎閻蒼舒詩：「雲南之陰大江東，二水奔騰如海衝。誰能具此壯觀眼，南定樓中今卧龍。」

【名宦】**諸葛亮**、按敘州李嘉謀武侯祠堂記云：「武侯南征，使李恢自建寧，馬忠自牂牁，而身自出越嶲，五月渡瀘，世未有原其説者。蓋吴、蜀之分，五溪諸夷遥接益州四郡，雖不能爲害，然有事之際，得之即强。故先主伐吴，使馬良招五溪諸蠻，授以官爵。五溪之南，即益州牂牁郡界。及先主敗於秭歸，益州四郡皆叛應吴：高定恣睢於越嶲，〔五〕雍闓跋扈於建寧，朱褒反叛於牂牁，闓又受吴之爵，執蜀刺史張裔以與吴。安然不忌？此非獨以險遠爲心，蓋益州四郡，上可撼巴、峽以爲奇，下可通湘、廣以備敗。自漢以來，益州四郡皆士大夫主之，非獨蠻夷而已。公之南伐，蓋以杜塞四郡歸吴之心，使四郡根據。於吴，遥結五溪諸夷，則巴、峽非漢有也。傳所謂因其酋豪擒縱孟獲，使之不叛者，特公之餘略耳。」**柳玭**；通鑑：「昭宗景福二年，以渝州刺史——爲瀘州刺史。」柳氏自公綽以來，世以孝悌禮法爲士大夫所宗。玭爲御史大夫，上欲以爲相，宦官惡之，故久謫於外。**皇朝錢若水**、以右贊善爲守，太祖召見於武德殿，謂之曰：「瀘州最近蠻，尤宜綏撫。」**鄧綰**。爲江安令。有安樂溪記。

【人物】尹吉甫：江陽人。有祠，在城南。又報恩觀建清穆堂以祠之。皇朝唐庚。字子西。來自眉，家於瀘之安夷門外。有文集。

【題詠】地兼夷、漢重。任伋題安樂山詩：「云云，江帶梓、夔寒。」瀘、戎瘴癘窟。劉望之荔支詩：「云云，閩、粤山水鄉。如何産此物，爛然照炎荒。」餘甘渡頭客艇。唐子西瀘川六言：「百斤黄鱸鱠玉，萬户赤酒流霞。云云，荔支林下人家。」牛羊村落晚晴處。唐子西雲南老人行：「云云，煙火樓臺日暮時。」安排春織待新篇。唐子西贈瀘倅詩：「寄語江陽夷洛道，云云。」自注云：「『淯井夷人蠻布織』，梅聖俞詩。」歌唱竹枝終日楚。同上。「云云，笛吹梅弄數聲羌。」

【四六】西瀼奏功，東川徙鎮。若時江陽，實聯益部。宏開帥府，盡護兵權。地控雲南之六詔，疆連井絡之三邊。維瀘川之大郡，控巴徼之羣蠻。地望隆重，視古元侯；民俗怡熙，爲今道院。烏言夷面，雖久被於文明；狼子野心，然易萌於嘯聚。占一星之入蜀，謂合諯歸；不五月而渡瀘，却疑深入。元戎小隊，復班石谷之春；方國細書，趣侍雲臺之下。尹吉甫之清風，穆如可挹；唐子西之遺範，炳若猶存。

潼川府

郪縣　中江〔六〕　涪城　通泉　射洪　鹽亭　飛烏　銅山　東關　永泰

【建置沿革】禹貢梁州之域。東井、輿鬼之分野。春秋、戰國爲蜀地。漢高帝分置廣漢郡，郪縣與焉。後漢因之。先主定蜀，分廣漢置梓潼郡。〔七〕晉又分置新都郡。蕭紀於郪縣置新州。西魏置昌城郡。隋改新州爲梓州，因梓潼水爲名，煬帝廢爲新城郡。唐改爲梓州，又改爲梓潼郡，復爲梓州，肅宗以梓州爲東川節度治所。前蜀爲武德軍。國朝改静戎軍，又改安静軍，又詔梓州稱劍南東川，陞爲潼川府，以梓州爲潼川府路；乾道間陞瀘南爲潼川府路安撫使，而潼川守臣兼果、渠、懷安、廣安五郡兵馬事。今領縣十，治郪縣。

本路提刑置司。

事要

【郡名】梓潼、東川、左蜀。

【風俗】俗好勝尚氣。舊經：「云云，不耻貧賤。」士通經學古。舊經曰：「云云，罕爲異習。」人傑地靈。圖經：「梓州出趙蕤之智術，陳子昂之文章，所謂人傑地靈者也。」○岑象求趙巖記：「東漢以來，人物可見者僅數人，其間以禮自持不應辟命者殆居其半。」

【形勝】左帶涪水。通典：「云云，右挾中江，居水陸之衝要。」東控瀘、叙。乞陞潼川府奏狀：「云云，西扼綿、茂，江山形勝，水陸之衝，爲劍外一都會，與成都相對。」古廣漢郡。劉甲人物志序：「唐以前凡稱梓潼者，即今之隆慶；稱涪者，即今之綿州；惟稱郪及廣漢縣，乃潼川也。」○元和志：「州城宋元嘉中築。」不及西川一大縣。鄧良能南樓記云：「自唐爲東川節度，名有十邑，與西川等，而壤地瘠薄，民物之産云云。」通泉爲梓名邑。楊天惠撰通泉縣連鰲閣記：「梓於西南爲大都，云云，江山秀潤，土田平夷。」

【土産】桃竹。杜甫——杖詩：「江心蟠石生桃竹，蒼波噴浸尺度足。斬根削皮如紫玉，江妃水仙惜不得。梓潼使君開一束，滿堂賓客皆歎息。憐我老病贈兩莖，出入爪甲鏗有聲。老夫復欲東南征，乘濤鼓枻白帝城。路幽必爲鬼神奪，杖劍或與蛟龍爭。重爲告曰：杖兮杖兮，爾之生也甚正直，慎勿見水踴躍變化龍，〔八〕使我不得爾之扶持，滅跡於君山湖上之青峰。噫，風塵澒洞兮豺虎咬人，忽失雙杖兮君將曷從。」

【山川】牛頭山、在郪縣西南二里，形似——。—四面孤絶，俯臨州郭。下有長樂寺，樓閣爲一方勝槩。圖經有云：「羅漢洞在巖之半，永福寺據其頂，廣化寺據其岡，羅漢院據其麓。」東山、在城東。○杜甫陪王侍御同登東山最高頂宴姚通泉晚携酒泛江詩：「姚公美政誰與儔，不減昔時陳太丘。邑中上客有柱史，多暇日陪驄馬遊。東山高頂羅珍羞，下顧城郭銷我憂。清江白日落欲盡，復携美人登綵舟。笛聲憤怒哀中流，妙舞逶迤夜未休。燈前往往大魚出，聽曲低昂如有求。三更風起寒浪湧，取樂喧呼覺舡重。滿空星河光破碎，四座賓客色不動。請公臨深莫相違，迴舡罷酒上馬歸。人生歡會豈有極，無使霜露霑人衣。」大雄山、在中江，有真武祠。杜甫有題玄武禪師屋壁詩，即此。東武山、在射洪縣東十里。唐陳伯玉集云：「陳方慶好道，隱於此。」有唐朝道觀遺址。金華山、在射洪縣。有陳拾遺學堂。○杜甫詩：「涪右衆山内，金華紫崔嵬。上有蔚藍天，垂光抱瓊臺。繫舟接絶壁，杖策窮縈回。四顧俯層巔，淡然川谷開。雪嶺日色死，霜鴻有餘哀。焚香玉女跪，霧裏仙人來。陳公讀書堂，石柱側青苔。悲風爲我起，激烈傷雄材。」白崖山，在射洪縣南十五里。郪江，在郪縣西南，源出銅山縣赤岸溪。涪江，在郪縣北，通遂州。射江，涪江水東南流，與射江合。鵝溪，在鹽亭縣境。其地產絹。梓潼水，在鹽亭縣。其源出劍州。沉水。在通泉縣北。公孫述令延岑盛兵固守——，漢臧宫進兵縱擊之，斬首溺死者萬餘人，即此。

【堂亭】名世堂，在府治。畫司馬相如、王褒、揚雄、嚴君平、屈原、陳子昂、李太白、蘇子瞻八人。來衮堂；在府治。以趙丞相更名。西郊亭、蒲公規亭記云：「蜀相高平公所建。」野亭、在通泉縣東。○杜甫陪王侍御宴通泉東山——詩：「江水東流去，清樽日復斜。異方同宴賞，何處是京華。亭影臨山水，村煙對浦沙。狂歌遇形勝，得醉即爲家。」山亭、杜甫登牛頭——詩云：「路出雙樹外，亭窺萬井中。江城孤照日，山谷遠含紅。兵革身將老，關河信不通。猶殘數行淚，忍對百花叢。」水亭。杜甫章梓州——詩：「城晚通雲霧，亭深到芰荷。吏人橋外少，秋水席邊多。」

【館驛】通泉驛。杜甫詩：「溪行衣自濕，亭午氣始散。冬温蚊蚋集，人遠鳧鴨亂。驛樓衰柳側，縣郭輕煙畔。一川何綺麗，盡日窮壯觀。」

【寺觀】慧義寺、杜甫陪章梓州詩云：「春日無人境，虛空不住天。鶯花隨世界，樓閣倚山巔。遲暮身何得，登臨意惘然。誰能解金印，瀟灑共安禪。」○前人送王少尹赴成都詩云：「苒苒谷中寺，娟娟林表峰。闌干上處遠，結構坐來重。騎馬行春徑，衣冠起暮鍾。雲門青寂寂，此別惜相從。」牛頭寺、杜甫詩：「青山意不盡，衮衮上牛頭。無復能拘礙，真成汗漫遊。〔九〕花濃春寺靜，竹細野池幽。何處鶯啼切，移時獨未休。」○望———詩：「牛頭見鶴林，梯徑繞幽深。春色浮山外，天河宿殿陰。傳燈無白日，布地有黃金。休作狂歌客，〔一〇〕回看不住心。」兜率寺、在南山，名長壽。有劉蛻文冢碑及蛻三詩刻之石。○杜甫詩：「兜率知名寺，真如會法堂。江山有巴、蜀，棟宇自齊、梁。庾信哀雖久，何顒好不忘。白牛連遠近，且欲上慈航。」○望———詩：「樹密當山徑，江深隔寺門。霏霏雲氣重，閃閃浪花翻。不復知天大，〔一一〕空餘見佛尊。時應清盥罷，隨喜給孤園。」東山寺、名普惠寺，在城東涪江之外，去城三里。寺有蘇公泉、臨川閣，〔一二〕下瞰涪江。香積寺、在涪城縣，有官閣。○杜甫詩：「寺下春江深不流，山腰官閣迥添愁。諸天合在藤蘿外，〔一三〕昏黑應須到上頭。」東臺院；在鹽亭縣。郎中任伯傳於山上建亭，讀書十年，而兄弟子孫登科者十餘人。其孫任源有記。玉京觀。在射洪縣北金華山上。東晉陳勳學道山中，白日仙去。梁天監中建觀。有唐明皇所鑄老君像。有陳拾遺讀書堂及盧藏用祭文。

【祠廟】白崖廟、在白崖山。圖經云：「神姓陸，諱弼，梁天監中爲瀘州刺史，卒於官，歸舟過此山下，舟皆沉没，後爲立廟。」勾溪廟。在中江縣，即天齊王祠。○子瞻有「看畫古叢祠」之句，見後「題詠」。

【名宦】郭元振、唐詩紀事：「元振，神龍間尉通泉，任俠使氣，不事小節。武后召，欲詰問。既與語，奇之。索所爲文章，上寶劍篇。后覽之嘉歎。」○杜甫過代公宅詩：「豪傑初未遇，其跡或脱略。

代公尉通泉，放意何自若。及夫登衮冕，直氣森帷薄。〔一四〕磊落見異人，豈伊常情度。定策神龍後，宫中翕清廓。俄頃辨尊親，指揮存顧託。羣公有慙色，王室無削弱。迥出名臣上，丹青照臺閣。我行得遺跡，池館皆疏鑿。壯公臨事斷，顧步涕横落。高詠寶劍篇，神交付冥漠。」蘇榮、唐相味道之父，爲梓州參軍，致書鄉人曰：「頃注吏部，〔一五〕州參子號，縣帶郪名，由來不涉老身，併是婦兒官職。」時人賞之。柳仲郢、公綽之子，字諭蒙，爲東川節度使，美績流聞。又孫光憲北夢瑣言曰：〔一六〕「西川人言：『梓州者，我東門之草市也。』仲郢爲東川節度使，聞之，曰：『吾仕朝廷三十年，清華備歷，今日始與西川作市令耶？』」李商隱；唐大中時爲東川判官。今護彌勒巖佛頌及南禪四證堂碑皆商隱文。皇朝燕肅、天聖中爲守，作蓮花漏。張雍、德安人。知梓州，值李順之亂。士遜蠲煩苛，尚簡素，弔死卹孤，歌頌之聲溢於道路。范百禄。淳熙間爲提刑。會瀘夷反，命熊本措置。夷數千請命，將欲屠之，百禄不可，遂受其降。

【人物】王涣、郪人。爲洛陽令，寬猛得宜，人爲立祠。王堂、郪人。遷汝南太守，委功曹陳蕃匡理政務，郡内稱治。並東漢時。趙蕤、鹽亭人。篤學不仕，與李白善。著書，號長短經。陳元敬、子昂之父。瑰偉倜儻，弱冠豪俠，屬鄉人阻飢，散粟萬斛以濟貧民。年二十二擢第。天后居攝，遂山棲餌木。見趙儋頌。陳子昂、射洪人。唐興，文章承徐、庾餘風，〔一七〕天下祖尚，子昂始變雅正。武后時上書言事，爲右拾遺，後爲縣令段簡所害。盧藏用云：「道喪五百載，而得陳君子昂。」有感遇詩。〔一八〕墓在獨坐山，學堂遺址在金華山。顧彦暉；郡人，以忠義稱。皇朝蘇易簡、銅山人。太平興國五年狀元。**文同**。字與可，永泰人。文潞公守成都，奇之，致書與可云：「襟韻灑落如晴雲，秋月塵埃不可到。」司馬温公、蘇文忠公尤敬重之。有丹淵集。

【題詠】**官柳着行新**。杜甫郪城送李判官詩云：「憑高送所親，久坐惜芳辰。遠水非無浪，他山自有春。天際傷離别，離筵酒太頻。〔一九〕野花隨處發，云云。」**江水流城郭**。杜甫春日登梓州城樓詩：「行路難如此，登樓望欲迷。身無却少壯，跡有但羈棲。云云，春風入鼓鼙。雙雙新燕子，依舊已銜泥。」**五馬何時到**。杜甫送梓州李使君之任詩：「近看除刺史，〔二〇〕還喜得吾賢。云云，雙魚會早傳。」**江清歌扇底**。杜甫陪李梓州泛江有女樂在諸舫戲爲艷曲詩：「上客回空騎，佳人滿近舡。云云，野曠舞衣前。玉袖臨風並，金壺隱浪偏。競將明媚色，偷眼艷陽天。」**立馬千山暮**。前人：「白日移歌袖，青霄近笛牀。翠眉縈度曲，雲鬢儼分行。云云，回舟一水香。使君自有婦，莫學野鴛鴦。」**銜恩到梓州**。姚合送楊尚書赴東川詩：「郄縠詩、書將，云云。遶身垂印綬，護馬執戈矛。劍閣和銘峭，巴江帶字流。從來皆惜别，此别復何愁。」**漢女輸橦布**。王維送梓州李使君詩：「萬壑樹參天，鄉音聽杜鵑。山中一半雨，樹杪百重泉。云云，巴人訟芋田。文翁飜教授，不敢倚先賢。」**得郡書生榮**。蘇子瞻送周正孺知東川詩：「云云，還家昔人重。而況東、西川，千騎擁上冢。里門下車日，父老自驚聳。端如何武賢，不事長卿寵。清時養材傑，杞梓方培擁。未應遺合抱，取用及把拱。如君尚出麾，顧我宜耕壠。告歸謝先手，求去悔不勇。豈云慕廉退，實自知衰冗。爲君掃棠陰，畫像或相踵。」東川得望郎。蘇子瞻次前韻：「云云，坐與西争重。高峰傾石室，舊學鄙文冢。蜀人安使君，所至野不聳。竹馬迎細侯，大錢送劉寵。遥知勾溪路，老稚相扶擁。看畫古叢祠，百怪朝幽拱。牛頭與兜率，雲木蔚堆壠。醉鄉追舊遊，筆陣賈餘勇。聊將詩酒樂，一掃簿書冗。西風吹好句，珠玉本無踵。」水散巴、渝下五溪。杜甫野望詩：「金華山北涪溪西，仲冬風月始淒淒。山連越嶲蟠三蜀，云云。」從來不奉一行書。杜甫投簡梓州幕府兼簡韋郎詩：「幕下郎官安穩無？云云。固知貧病人須棄，能使韋郎迹也疏。」一門三鎮擁朱輪。潼川舊記：「鮮于叔明功德碑載嚴氏詩：『三院四人簪白筆，云云。』」訓練彊兵動鬼神。杜甫寄章侍御詩：「淮海維揚一俊人，金章紫綬照青春。指麾能事回天地，云云。湘西不得歸關羽，〔二一〕河内猶宜借寇恂。朝覲從容問幽側，勿云江、漢有垂綸。」鞭指金門望轉清。張順之送大諫赴闕詩：「一萬餘家留戀意，二三十里管絃聲。惠加棠水流難盡，云云。」深僻還如樗社村。張順之寄唐山人詩：「梓潼江口涪江上，云云。」鳳凰城裏花時別。陳羽梓州與温商夜別詩：「云云，玄武江邊月下逢。客舍莫辭先買酒，相門曾忝共登龍。近風騷屑千家竹，隔水悠揚五夜鍾。〔二二〕明日又行西蜀路，不堪天際遠山重。」

【外邑】高山擁縣青。杜甫行次鹽亭寄嚴遂州蓬州二使君詩：「馬首見鹽亭，云云。雲溪花淡淡，春郭水泠泠。全蜀多名士，嚴家有德星。登臨意無極，〔二三〕好爲老夫聽。」山縣早休市。杜甫倚杖詩自注：「在鹽亭時作。」「看花隨郭内，倚杖即溪邊。云云，江橋春聚舡。狎鷗經白浪，歸鴈喜青天。物色兼生意，凄凉憶去年。」**烏好人亦好**。杜甫贈射洪李四丈：「丈人屋上烏，云云。人生意氣豁，不在相逢早。」**薛公十一鶴**。杜甫通泉縣署屋壁後薛少保畫鶴詩：「云云，背寫青田真。威遲白鳳態，〔二四〕非是倉庚鄰。赤霄有真骨，恥飲洿池津。冥冥任所往，脱略誰能馴。」**江頭且繫舡**。杜甫題鄓縣郭明府茅屋壁：「云云，爲爾獨相憐。雲散灌壇雨，春青彭澤田。頻驚適小國，一擬問高天。別後巴東路，逢人問幾賢。」

【四六】出綸北闕，賜履東川。蜀川巨鎮，鄓道名邦。地接三江，鎮分二蜀。輟從楓陛，分竹使以鼎來；坐使梓潼，與錦城而争重。柳侯見薄，弟言市令之如；坡老送行，乃以望郎而重。建臺移治，蓋田諫議之言；持節策名，有趙清獻之烈。陳伯玉之故鄉，風生諫草；杜少陵之遺跡，月冷詩壇。接漏天之霧雨，隔番冢之煙雲。

校勘記

〔一〕「王莽求之縣人」，底本原脱「莽」字，據華陽國志卷三蜀志、水經卷三三江水注及太平寰宇記卷八八補。

〔二〕「圖經」，底本原作「圖登」，據北圖本、四庫本、傳是樓本及輿地紀勝卷一五三改。

〔三〕「後有仙魚影（至）又有芙蓉城」，底本原誤「仙魚影」爲「仙然影」，又誤「剪刀峽」爲

「剪盡疪」，再誤「芙蓉城」爲「美蓉城」，今一併據北圖本、四庫本、傳是樓本及輿地紀勝卷一五三改正。

〔四〕「中江一名綿水」，「一」，底本原作「二」，據北圖本、四庫本、傳是樓本改。

〔五〕「高定恣睢於越巂」，底本原脱「定」字，據三國志卷三三蜀書後主傳、輿地紀勝卷一五三補。

〔六〕「中江」，底本原作「平江」，據元豐九域志卷七、宋史卷八九地理志、輿地紀勝卷一五四改。

〔七〕「先主定蜀分廣漢置梓潼郡」，「置」，底本原作「蜀」，據晉書卷一四地理志、輿地紀勝卷一五四改。

〔八〕「慎勿見水踴躍變化龍」，「踴躍變化龍」，四庫本及杜詩詳注卷一二、全唐詩卷二二〇桃竹杖引贈章留後作「踴躍學變化爲龍」。

〔九〕「真成汗漫遊」，「汗漫遊」，杜詩詳注卷一二、全唐詩卷二二七上牛頭寺作「浪出遊」。

〔一〇〕「休作狂歌客」，「狂歌客」，杜詩詳注卷一二、全唐詩卷二二七望牛頭寺作「狂歌老」。

〔一一〕「不復知天大」，「知」，底本原作「如」，據傳是樓本及杜詩詳注卷一二、全唐詩卷二二七望兜率寺改。

〔一二〕「臨川閣」，「閣」，底本原作「門」，據輿地紀勝卷一五四改。

〔一三〕「諸天合在藤蘿外」，「外」，底本原作「上」，據四庫本及杜詩詳注卷一二、全唐詩卷二二七涪城縣香積寺官閣改。

〔一四〕「直氣森帷薄」，「帷薄」，杜詩詳注卷一一、全唐詩卷二二〇過郭代公故宅作「噴薄」。

〔一五〕「頃注吏部」，底本原作「須注吏部」，據輿地紀勝卷一五四、蜀中名勝記卷二九改。

〔一六〕「北夢瑣言」，「夢」，底本原作「門」，據宋史卷二〇六藝文志改。

〔一七〕「文章承徐庾餘風」，底本原脱「承」字，據新唐書卷一〇七陳子昂傳補。

〔一八〕「有感遇詩」，底本原作「有感興詩」，據舊唐書卷一九〇、新唐書卷一〇七陳子昂傳改。

〔一九〕「天際傷離別離筵酒太頻」，杜詩詳注卷一二、全唐詩卷二二七鄭城西原送李判官兄武判官弟赴成都府作「天際傷愁別，離筵何太頻」，疑本書有字誤。

〔二〇〕「近看除刺史」，「史」，底本原作「忠」，據元甲本、元乙本、嶽雪樓本及杜詩詳注卷一一、全唐詩卷二二七送梓州李使君之任改。

〔二一〕「湘西不得歸關羽」，「湘西」，底本原作「關西」，據杜詩詳注卷一三、全唐詩卷二二八奉寄章十侍御改。

〔二二〕「隔水悠揚五夜鍾」，「五夜」，全唐詩卷三四八陳羽梓州與温商夜別作「午夜」，與本書異。

〔二三〕「嚴家有德星登臨意無極」，杜詩詳注卷一二、全唐詩卷二二八行次鹽亭縣聊題四韻奉簡嚴遂州蓬州兩使君諮議諸昆季「有德星」作「聚德星」，「登臨」作「長歌」。

〔二四〕「威遲白鳳態」，「威」，底本原作「咸」，據四庫本及杜詩詳注卷一一、全唐詩卷二二〇通泉縣署屋壁後薛少保畫鶴改。

方輿勝覽卷之六十三

遂寧府 小溪　蓬溪　長江　青石　遂寧

【建置沿革】禹貢梁州之域。東井、輿鬼之分野。春秋、戰國爲蜀地。秦爲蜀郡地。漢分爲廣漢郡，今州爲廣漢縣，又分爲德陽縣。東晉於德陽縣界東南置遂寧郡。後周置遂州，又改名曰石山郡。唐改爲遂州，改遂寧郡，復爲遂州，陞東川防禦使，又陞武信軍節度。皇朝因之，提舉合、遂等七州兵甲；徽宗潛邸，陞遂寧府。今領縣五，治小溪。

本路轉運置司。

事要

【郡名】古遂、武信。

【風俗】民醇有古風。張震賦序云云。人物富繁。馬咸記：「云云，江山灑落。」

【形勝】東連巴、蜀。圖經：「四達之區，西接成都，云云。」劍南大鎮。曲阜行李延制：「遂寧云云。」涪水上游。馬咸：「據云云，乃東川會邑。」東蜀都會。劉儀鳳南樓記：「平原沃野，貫以涪江，氣象寬舒，爲云云。」**山原肥沃**。華陽志：「云云，有澤漁之利。」**遂居蜀腹**。白居易行刺史李繁制。**有城如斗**。唐節度使夏魯奇檄文：「云云，有壁如金。」

【土産】**蔗霜**。容齋五筆：「宣和初，王黼創應奉司，遂寧嘗貢糖霜。黄魯直在戎州，作頌答雍熙長老寄糖霜詩：『遠寄蔗霜知有味，勝如崔子水晶鹽。』」〔一〕

【山川】**鳳凰山**，在府城西。**書臺山**，在府城西南，以張九宗得名。連寶臺與金魚山爲三峰。今建學宫於上。**玉堂山**，在小溪縣北十里。巖巒聳秀。**傘子山**，在小溪縣白水鎮。唐大曆間，有禪師跨一白驢抵此山，結茅以居。環山之民，素以植蔗凝霜爲業。和尚所騎白驢頗食民蔗，居民苦之，詣和尚請焉。和尚曰：「汝知糖之爲糖，而不知糖之爲霜，其利十倍。」因示以訣。遂寧糖霜，其色如琥珀，遂爲上品。**鼓樓山**，在蓬溪縣北十里。雙峰對峙，山高千餘仞。王蜀時嘗置鼓樓，望烽火於其上。**赤城山**，在蓬溪縣東二里。**廟山**，在長江縣南十里。孤峰峭拔，下臨江島。**明月山**，在長江縣西南二里。〇賈島詩：「長江微雨後，明月衆星中。」**五龍山**，在長江東五里。**青石山**，在青石縣，有祠甚嚴。九州要記云：「天下青石無加於此，可爲鍾磬。」**招隱洞**；在長江縣南二十里。内有唐員半千題字。**涪江**，源出廣魏涪縣，南至小廣魏與梓潼合。**赤溪**，自蓬溪縣西流入小溪，東合涪江。**郪水**。自銅山、飛烏縣合衆流，歷長江會涪水。

【井泉】**火井**。在長江縣客館鎮之北二里伏龍山下。地窪若池，以火引之則有聲，隱隱然發於池中，少頃熾炎。夏月積雨停水，則焰生水上，水爲之沸，而寒如故。水涸則土上有焰，觀者至焚其衣裾。

【堂院】**静治堂**、孝宗御書三字賜丁逢。**東蜀道院**。在郡治。晁子西爲記。

【寺院】**廣利寺**、在小溪縣西五里。巖壑之勝，甲於一方。◯丁公言詩：「出城數里即青山，路入青松白石間。只合步行尋石徑，不宜呵喝入松關。」**資聖院**。在小溪靈泉山。◯孫謂詩：「四山藏一寺，方丈壓諸峰。回首坐禪處，白雲深幾重。」

【名宦】**顔杲卿**、調遂州司法。性剛直，嘗爲刺史，詰責正色别白。**賈島**、字浪仙。唐文宗時謫長江縣主簿，有墓在焉。◯杜荀鶴詩：「謫官自麻衣，銜怨至死時。山根三尺墓，人口數聯詩。仙桂終無分，皇天似有私。暗松風雨夜，空使老猿悲。」◯唐安錡過其墓，題詩曰：「倚恃才難斷，昂藏貌不恭。騎驢衝大尹，奪卷悟宣宗。馳譽超先輩，吟詩下我儂。司倉舊曹署，一見一心冲。」**張九宗**；小溪人。德宗時持節列侯，歸典鄉郡。其榮禄詩：「牛羊噉草窺環佩，鳥雀離花聽管絃。」**皇朝司馬池**、乾興初爲小溪大夫。初，正版籍賦役，子温公方四歲，識者已知其非凡兒矣。**趙抃**、爲轉運使。**李燾**、〔二〕蜀人，爲守，號巽巖。**馮檝**。小溪縣人。苗、劉之變，檝爲正字，貽書諭以禍福。累遷給事，知瀘州。

【題詠】**肩輿太守醉**。張震詩：「春苗半没脛，社酒期滿腹。云云，燈火歸騎趣。惟有漢月明，依然照山曲。」**劍嶺横天古棧微**。司馬君實送張兵部中庸知遂州詩：「云云，相如重駕傳車歸。

雙親倚門望已久，千騎踏雪行如飛。人間富貴非不有，似君榮耀世亦稀。聞道西川有遺像，使我涕泗空沾衣。」**謫官何事謫詩仙。**鄭谷旅次遇裴晤員外謫居於此因寄詩云：「誰解登高問上玄，云云。不知幾首南行曲，留與巴兒萬古傳。」〔三〕

【四六】

武信舊藩，遂寧新府。　土田肥沃，人物阜繁。　據涪水之上游，乃東川之都會。　地重潛藩，節鎮素雄於一面；權專會府，甲兵兼總於七州。　道院邃清，備載晁子西之記；禪關勝絶，更稽丁晉公之詩。

順慶府南充　西充　相如　流溪

【建置沿革】禹貢梁州之域。秦、楚之交，鶉首之次，參、井之分。春秋、戰國爲巴子國。秦滅巴，立爲巴郡，即漢巴郡之安漢縣也，亦爲充國縣地，二縣並屬益州之巴郡。漢劉璋分墊江置巴西郡。宋於安漢故城置南宕渠郡。隋罷宕渠郡，以安漢縣屬隆州，改安漢縣爲南充縣，改隆州爲巴西郡。唐割隆州南充、相如二縣置果州，隸山南西道；改南充郡，復爲果州；改爲充州，尋復爲果州。僞蜀爲永寧節度。　皇朝平蜀，隸梓州路；以寧宗潛邸，陞順慶府。今領縣四，治南充。

事要

【郡名】巴西、南充。

【風俗】其民喜商賈。程逕社稷壇記：「郡當舟車往來之衝，云云，而怠穡事。」人才之盛。郡守趙不拙鼓角樓記：「果之爲州，山深水長，秀氣所鍾，古今人物不絶：紀將軍忠節，練御史史才，謝真人飛昇，程仙師尸解，牧牛峰大名尊宿顯顯在人耳目。」○呂好問覽秀亭記：「思史（謙恕）、竇（泌）之遺風，弔譙（周）、陳（子昂）之舊績。想陳（練師）、謝（自然）之仙蹤，慕張（嶷）、閻（纘）之英躅。」○開漢志：「在漢以忠節名義著，在唐以神仙浮屠顯，在本朝以文章學術名。」

【形勝】本安漢城。馮休文宣王廟記：「地屬梁、雍，云云。」巴子舊封。邵伯温詞：「云云，充城樂土。」大江襟帶。開漢志：「嘉陵、云云於左，金泉、栖樂諸山雄峙於右。」羣峰矗於四望。馮耘灌口廟記：「果之郛廛袤夷，溪水迤其西南，云云。」號「小城都」。郡志：「自邵伯温守此邦，名山勝景題品無遺，至以『小成都』目之。」○郡守楊濟開漢樓記：「自號『小益』，不復數潼、遂。」又云：「果州雖亞於潼、遂，而士民所聚則過之。」

【土産】黄柑。邵伯温詩：「果山仙果秀天香，處處圓金樹樹芳。」

【山川】果山、在南充縣南八里，郡以此名。郡人御史陳壽隱於此，有祠。金泉山、在城西果山之足。唐謝自然於此上昇。有青霞觀。○韓愈作謝自然詩：「果州南充縣，寒女謝自然。童騃無所識，但聞有神仙。輕生學其術，乃在——————。一朝坐空室，雲霧生其間。須臾自輕舉，飄若風中煙。入門無所見，冠屐同蜕蟬。」大方山、距城十五里。又有小方山。千峰萬嶺，有若洞天。寶臺山、距州城西，與金泉對峙。有覽秀亭。清泉山、距城十里。有古刹。下瞰龍門諸山。有邵太史留題。

朱鳳山、在州南十里。乃爾朱仙及李淳風養煉之地。回視郡城，如在掌握。其山有鳳凰集，因置——觀。清居山、在南充縣。内有四亭：白雲亭、光相亭、吸江亭、五友亭。南岷山、距西充縣十五里。有十三小峰。漢何岷者隱其上，遂以名山。大耽山、在龍溪縣。隋居士楊耽居此修養，冬居——石窟中，夏居小耽山之絶頂。肖巖；在西充縣小陵鎮東。巖竇空潤，泉水清潔。嘉陵江、在相如縣東二百步。○韋應物聽————水寄深上人詩：「水性自云静，石中本無聲。如何兩相激，雷轉空山驚。」西溪、在—充縣東四十步。又有東—。大小洲。圖經載：昔鐵冠過此，云：「—洲連——，此地出公侯。」

【井泉】滴浮泉。在小方山。道士何志全飲此水，年八十面如桃紅。○樊汝賢詩：「雲液落山腹，脉與崑崙通。云何山中叟，八十桃顔紅。」

【樓閣】開漢樓、郡守楊濟記云：「聖朝褒綸，有『實——業』之語，摘二字以名是—。」見紀信注。仙鶴樓；在郡城後子城上。下瞰大江。邵伯温詩：「鶴樓端勝庾公樓。」覽秀亭、在南充縣寶臺山上，爲鄉士期集題名之所。清暉閣。在南充縣。下俯大江，其景清絶。

【名宦】韋貫之、白居易集云：「坐考策收直言者，出爲果州刺史。」崔玄亮、爲守。史謙恕；海録碎事：「謙恕爲果州刺史，百姓歌曰：『使君來何晚，昔日無儲今有飯。』」皇朝查道、字湛然，知果州。王均之亂，賊黨相語曰：「查果州以仁義撫此境，頗得衆心，未可攻也。」抵城而宵遯。又云：「道微服單馬造賊所，諭以詔意，乃相率投兵，羅拜請降。」邵伯温。康節之子。妙得先天之旨，時相欲傳其易學，公力拒之。後守果州。

【人物】紀信、郡城太平門有忠祐廟，誥詞云：「以忠徇國，代君任患，實開漢業，使後世知君爲重，身爲輕，雖糜捐不避者，傒有力焉。」司馬相如、在相如縣南三十五里，宅濱嘉陵江。有琴臺，又水北有相如坪。譙周、安漢人。陳壽嘗師之。孫譙秀。陳壽、安漢人。撰三國志。譙秀；李商隱懷譙秀詩：「梓潼不見馬相如，更欲南行問酒壚。行到巴西覓——，巴西惟是有寒蕪。」皇朝馮休。南充人。真廟朝不應辟召，歸山著書。

【題詠】褒斜不容幰。唐王維詩：「云云，之子欲何之？鳥道一千里，猿啼十二時。」五馬過窮巷。王維謝鄭果州相過詩：「云云，雙童送老身。」騎吏緣青壁。姚合果州刺史崔玄亮詩：「云云，旌旗度白雲。劍銘生蘚色，巴字疊成文。華省思仙侶，疲民愛使君。」閬苑南邊第一州。邵伯温果山即事：「云云，江山絶勝對城樓。」又：「老守自慙無善政，衰翁不稱作遨頭。」萬家燈火春風陌。邵伯温詩：「從昔遨遊盛兩川，充城人物自駢闐。云云，十里綺羅明月天。」傾城出送舊遨頭。邵伯温離果州詩曰：「今日行人去果州，云云。」蜀人唤作「小成都」。邵伯温過充城詩云：「自昔充城號奥區，云云。」四川惟説好充城。邵伯温充城口號詩：「山圍翠合水連雲，萬室樓臺照眼明。勝地風淳真樂國。云云。」充城繁盛冠東川。前人云云。

【四六】

維今開漢，號「小成都」。　紀侯之忠節，謝女之仙風。　維東梓之奥區，有南充之佳郡。　内輸邦賦，視資、普而後先；　外給軍儲，與嘉、眉而甲乙。　疲民愛使君，盍繼崔元亮之政；　勝地真樂土，願賡邵伯温之詩。

資州　盤石　資陽　内江　龍水

【建置沿革】禹貢梁州之域。東井、輿鬼之分野，入參三度。周屬雍州。春秋、戰國爲蜀地。秦置蜀郡。漢武分置犍爲郡，即犍爲郡之資中縣地。自晉李雄之亂，夷、獠居之。西魏析武康郡之陽安縣置資州，理今簡州陽安縣界古資陽郡。後周於今簡州陽安縣移資州於漢資中故城爲治所，仍改資中爲盤石。隋併郡於陽安縣，〔四〕煬帝又置資陽郡。唐改爲資州，隸東川，復隸西川，徙治内江，復治盤石。皇朝因之。今領縣四，治盤石。

事要

【郡名】資川、資中。

【風俗】地狹民貧。宋京至道觀記：「資中云云，無土以耕，在蜀爲窮僻之地。」爲多士國。李浩大晟樂記：「資在東梓，云云。」〇圖經云：「王褒起資，以文詞鳴。自褒以來，如董鈞、范崇凱、李鼎祚，皆以文顯。」詞客才士，未嘗一至。宋京至道觀記：「資中江山瑰奇，自古王公貴人云云，故不得見於歌詠，而爲浮圖、老子氏之學者往往擅而有之。」夷、漢雜居。唐韋皐奏疏：「資與瀘境相接，山川連結，云云。」

【形勝】長江帶其南。李石企仙樓記。靈巖盤其右。傅耆盤石縣遷治舍記：「支江流其前，谷神隱其北，醮壇據其左，云云。」大溪繚其北。企仙樓記：「云云，有山岌然中峙，爲郡治勝處。」東抵昌、瀘。圖經：「資在東蜀，云云，北通普、遂，南接榮、嘉，西達隆、簡。」山水之秀。劉光祖狀元樓記：「蜀東十數郡，云云不敢與資中抗。」

【山川】鳳凰山、在州北小譙山後。形若鳳，故名。重龍山、在州南二里。峭崒盤屈隱若龍轉。亭閣之勝，及諸梵列跨其上，江山城市，歷歷可觀。氈帽山、在州南四里。玉清山、在州南二里。左瞰平湖，侯真人遺跡在焉。玉京山、在州西南五十里。峭險壁立。得道山、在州北十五里。有張開光遺跡存焉。月山、在州北三十里。醮壇山、在州北二里。張道陵、李阿真人修煉于此。資山、在資陽縣。○范淳甫詩：「——巖谷多神仙，鸞車鳳馬隨飛煙。神女蕭蕭來暮雨，浮丘往往下雲軿。」德林山、宋京、李觀有題錢氏———詩。平岡山、在盤石縣西三里。李阿、傅仙宗、崔中古、崔逵居之。華蕚山、距内江縣十里。昔唐范崇凱於此讀書。詳見「名宦」。龍山、在龍水縣西北一里。孟巖、唐楊禹珪題——詩：「郡雖饒勝境，偏愛——山。」東巖、距州城三里。若剖大甕，側立千尺，溪壑深杳，林木葱蒨。**西巖**、在城西六里。山行踰百步，石壁夾道，如城如峽。○宋京跋資中四巖：「獨——幽深，山水富足。」**南巖**、去盤石縣五里。**北巖**、去郡城半里，等慈寺之東。○唐盧并等慈寺詩：「地靈無俗草，巖静有仙禽。」郡志：「崖峻不可游息。其巔古像，半灑苔蘚。乳泉滴瀝，四時不絶。」宋京——記云：「東蜀領郡十六，而山川瑰奇，資中爲之甲。資中勝遊十數，而北巖又爲之最。」**琵琶峽**、在盤石縣南三里。**盤石**；在州城北二里。狀若盤陀，因以名縣。**珠江**、相傳江中有光夜現如燈燭。○劉光祖狀元樓記：「資號——，以地之靈，出産瓌異。」**中江**、在資陽縣西。沈約宋書：「資江爲中水，涪江爲内水。」**龍溪**。在龍水縣西北。

【樓閣】**台星樓**、即東城門。乃趙魏公建，黄裳爲之記。**省元樓**、在譙樓南。爲郡人趙雄建。**狀元樓**；在譙樓東。爲郡人趙逵建。**企仙閣**。一名蓬萊，在郡治之北。高據絶頂，得一郡之要。李石記：「李、傅、侯、張各據一山，合四山而拱揖，故名。」

【亭榭】**瀛洲亭**、在郡圃。繪唐十八學士，故名。鮮于巽記云：「千巖萬壑，綺綰綉錯，如拱如揖，顧接不暇。」**道勝亭**。梅堯臣題龍水縣錢氏——詩：「龍川舊山下，高卧一儒生。有室羅經史，無心繫組纓。」

【名宦】**韋皐**、唐——時，東蠻數爲邊患，能綏服之。又戰有功，蠻部震服，乃建安夷軍於資州，維制諸蠻。**盧并**；文宗時守資中，長於歌詠，有詩刻在等慈寺。**皇朝范祖禹**、治平中宰龍水。

宋京、政和間爲郡幕，喜於詩翰。李新。字元應，隆州人。爲本州司録。東坡命賦墨竹，嘗稱賞之。今墓前有石碣，高一丈，字已磨滅，惟滌硯池尚存。

【人物】萇弘、資中人，即夫子問樂者也。王褒、資中人。爲聖主得賢臣頌。董鈞、東漢永平中爲博士，嘗與議禮樂。范崇凱；内江人。善屬文，明皇命作華萼賦入奏，爲第一。弟元凱。皇朝趙逵、盤石人。廷對第一，不附秦檜。趙雄。内江人。類試爲第一，孝宗朝爲相。

【題詠】元戎鎮静無邊事。羊士諤資州宴行營回將詩：「几劍盈庭酒滿巵，戍人歸日及瓜時。」云云，遣向營中偃畫旗。」日落琵琶峽口風。宋京詩云：「雲生氈帽山頭雨，云云。」

【外邑】縣門倚巖石。范淳甫宰龍水日賦詩：「云云，終日對青峰。初仕借爲宰，讀書過三冬。忘機狎鷗鳥，觀稼親老農。訟庭可羅雀，銅印苔蘚封。」資水通巫峽。范淳甫詩：「云云，誰家萬里舡。」

【四六】

蜀左名區，資中佳郡。山川甲於左蜀，人物擬於西川。褒然龍首之英，卓矣鳳池之彦。地雖窮僻，洞蠻、溪獠之雜居；山獨瑰奇，釋子、仙翁之多占。粤從漢代，名高作頌之文人；迨至本朝，秀毓秉鈞之賢相。

普州安岳　安居　樂至

【建置沿革】禹貢梁州之域。秦地，東井、輿鬼之分野。春秋、戰國爲巴、蜀之境。秦爲巴、蜀二郡地，今州即漢之資中、牛鞞、墊江、後漢之德陽四縣之境。晉因之。梁置普慈郡于此。後周武帝於郡立普州，又置多業縣于此。〔六〕隋改多業縣爲普慈縣，煬帝罷屬資州。唐初又置普州，改爲安岳郡，復爲普州。皇朝領縣三，治安岳。

事要

【郡名】東普、普慈。

【風俗】地僻俗固。唐文若學記云云。士瘠民貧。馮山州學記。俗爲近古。黎持文宣王廟記：「普慈之人，有無相通，憂患相恤，最爲近古。少而羣萃者，遜弟而聽從。退而里居者，無倦於教育。」士多於民。唐文若安居縣學記：「安居，普下邑，地狹而賦寡，占籍爲士者多於民。」○王平彭公堂記：「其民朴厚而俗美，士雅素而篤學，排村徧井，云云，故其俗尚禮義，尊愛賢者。」冠帶並西眉。四賢堂記：「冠帶之盛，與西蜀並稱。」○何耆仲進士題名記：「蜀東西州論士所出，必曰眉，曰普。」普居山谷間，不能當眉之屬縣，而人物表表，殆相頡頏。」

【形勝】普之秀以石。郡志云：「眉之秀以水，閬之秀以山，云云。」介萬山間。普慈志序：

「云云，無土地肥饒之産，無舟車貨利之聚。」**爲東蜀下州**。馮山州學記。

【土産】**棗、梨、藕**。郡土磽瘠，無珍異之産，惟鐵山棗、崇龕梨、天池藕三者，皆陳希夷所種。

【山川】**鳳凰山**、在郡治後。形如飛鳳，福濟廟居其絶頂，舞鳳亭當其咮，州治據其脊，左爲惠民院，右爲白馬廟，延袤數里，氣象雄勝。**雲居山**、在城南一里。其上爲真相寺。有葛仙洞，爲近城游覽勝處。**大雲山**、在鐵山門外二里。**安岳**、以邑治在山上，〔七〕四面險，故曰——。**艮巖**、在安岳之清流鎮。杜孝嚴有記。**西巖**、郡守李耽有詩。**月巖**；在安居高灘，福聖院相對，隱士趙鶱居之，後巖尤奇。**岳陽溪**、在安岳縣。天聖中郡守彭乘鑿石爲曲水，後名翰林灘。每歲脩祀事于此。**雙溪**、在郡西七里。與岳陽溪合而東。**大安溪**。在安居。故老云：「孟蜀嘗取魚於此，當時號禁溪。」

【井泉】**破石井**。在城西。其水清冽，乃一巨石鑿開而得水，云陳摶相地所開。

【堂閣】**清簡堂**；在郡治。**玉虹閣**。在郡治。

【寺院】**報恩寺**、在安岳。有會景亭，便於眺覽。**福勝院**、在安居縣南五里。依巖架屋，下瞰韓朋溪，有巖泉之勝。**棲巖寺**。寺有李洞讀易洞。洞，雍州人，避朱泚之難入蜀，於大雲山鑿石爲洞，讀易其中，嘗師事賈島。

【祠廟】**鐵山神祠**；在州西。神姓姚，諱景澈。隋文帝時，普、昌、瀘三州夷作亂，帝命神爲都統，將兵討平之，卒葬韓朋鎮石城山，後人爲立廟。嘉定乙卯。紅巾作亂於益昌，遂入普，屯於廟山。是夕，暴風雷雨，掀揭寨舍。賊首莫簡，見空中神異，謁廟謝過。探籤得「擒賊先擒王」之句，已而就擒。**普應廟**。在鳳凰山。神姓多，名岳，天彭人。自孟蜀時授徒於普，國初未有登科者。端拱間，門人牟衮廷試第七，自是儒科相踵，實自侯而始。侯既歿，牟衮率諸弟子葬之鳳凰山，遂立祠。

【名宦】賈島；蘇絳銘序云：「島字浪仙，范陽人。長材間氣，超卓挺生，屬思五言孤絶之句，記在人口。罹謗，責授遂州長江主簿，自長江簿遷司倉參軍，又遷普州司户參軍，終焉。」有祠，在城南三里。○韓愈詩：「孟郊死葬北邙山，日月星辰頓覺閑。天恐文章中斷絶，故教賈島在人間。」**皇朝彭乘**、益州華陽人。爲漢陽軍判官，顧望鄉閭，悵然曰：「親老矣。」乞歸侍養。寇準薦之，召爲集賢校理。求便親，得知普州。舊制，蜀人不許赴蜀官，特恩自乘始。慶曆中，與歐陽文忠公、宋景文公、張文定公，同在翰林。今東溪上曰翰林灘者，公遺迹也。**文同**。潼川人。以親老自館職丐外守普州。〔八〕

【人物】陳摶、字希夷，普州崇龕人也。隱於武當山及華山，太宗令見真宗於壽邸，及門而返曰：「王門厮役皆將相材也，何必見王。」按祥符舊經謂陳摶崇龕人，既長，辭父母去學道，或居亳爲亳人，或居洛中則爲洛人，或居華山則爲華山人。此説最有理。祥符去國初甚近，李宗諤博物君子，撰定圖經，必得其實。**牟衮**、永興人。國初登科自衮始，兄弟皆繼踵擢第，謂一門四桂。**諸馮**。自唐馮宿之後，爲彰明令，因家于蜀。在普有南宗、北宗之别。南宗則有馮如晦，能辨范公純仁之誣獄，馮宋則與陳東同伏闕上書；北宗則有馮光戩，能戒大將楊瓊之殺，降馮澥之忤，蔡京遭貶。

【題詠】石秀山回氣象雄。郡守郭邛詩：「地靈人勝風流古，云云。」文屬君華武硬弓。馮如愚詩：「地靈人秀誰稱首，云云。」牟裒字君華，破荒及第。劉澤武藝精絶，從太祖定天下，號劉硬弓。

【四六】

疏綍北門，分符東普。維千里地，介萬山間。地望在東普而最卑，人才與西眉而相埒。試考圖經，地最蜀東之陋；載觀形勝，石爲天下之奇。賈浪仙宦遊之國，詩句難磨；陳希夷毓秀之鄉，清風可挹。

校勘記

〔一〕「勝如崔子水晶鹽」，「鹽」，底本原作「盤」，據容齋五筆糖霜譜改。輿地紀勝卷一五五引此詩作「鹽」，不誤。

〔二〕「李燾」，底本原作「李壽」，據北圖本、嶽雪樓本及宋史卷三八八李燾傳改。

〔三〕「留與巴兒萬古傳」，「萬古」，底本原作「萬口」，據全唐詩卷六七六鄭谷旅次遇裴晤員外謫居於此因寄詩改。輿地紀勝卷一五五引此詩作「萬古」，不誤。

〔四〕「漢武分置犍爲郡（至）隋併郡於陽安縣」，此段原文，錯誤有三：一是誤倒「資中縣」爲

「中資縣」，今據漢書卷二八上地理志及元和郡縣志卷三一乙正；二是誤脱「李雄」之「李」字，今據晉書卷一四地理志、卷一二一李雄載記補；三是兩處陽安縣均誤倒爲「安陽縣」，今亦據元和郡縣志卷三一及舊唐書卷四一地理志乙正。

〔五〕「支江流其前（至）靈巖盤其右」，「支江」，蜀中名勝記卷八引傅耆盤石遷治記作「珠江」，本書下文亦確有「珠江」之目，疑此處「支江」爲「珠江」之誤。又，「谷神隱其北」，底本原重一「其」字，據輿地紀勝卷一五七删；而谷神山，太平寰宇記卷七六、蜀中名勝記卷八均作「丹神山」，名稱亦與本書不同。又「醮壇據其左」，底本原誤「左」爲「主」，據四庫本改。

〔六〕「又置多業縣于此」，「多業縣」，底本原作「多葉縣」，據隋書卷二九地理志、元和郡縣志卷三三、太平寰宇記卷八七改。

〔七〕「以邑治在山上」，「上」，底本原作「一」，據元甲本、元乙本、嶽雪樓本改。

〔八〕「以親老自館職丐外守普州」，「館職」，底本原作「辭職」，據北圖本及輿地紀勝卷一五八改。

方輿勝覽卷之六十四

合州 石照　巴川　銅梁　漢初　赤水

【建置沿革】禹貢梁州之域。秦地，參、井之分野，古巴子之國。秦以其地爲巴郡，今州即秦、漢巴郡之墊江也。東漢及魏、晉因之。宋於此置宕渠郡。南齊以墊江縣屬寧蜀郡。西魏置合州，改墊江爲石鏡縣，改宕渠曰墊江郡，後復曰宕渠。隋廢宕渠郡，改合州曰涪州，煬帝置涪陵郡。唐復爲合州，改巴川郡，復爲合州。皇朝因之，及分川、峽爲益、梓、利、夔四路，〔一〕而合隸梓州路。今領縣五，治石照。

事要

【郡名】巴川、墊江。

【風俗】土風朴厚。華陽國志：「巴、蜀之人，質直好義，云云，有先民之流。」人多秀異。墊江志：「表之以四山之環合，中之以兩溪之襟帶。田畝桑麻，左右交映。——生其間，———而喜習詩、書。」

【形勝】乃古墊江。按漢、晉、宋志，巴郡之墊江縣，今爲合州之石鏡縣，此——之——。通典云：「魏恭帝始置忠州墊江縣，後周改魏安，隋開皇十八年復爲墊江，乃今忠州之墊江。」枕二江口。趙緦新堤記：「合州——之—，衆水之湊也。」○重修單公隄記：「涪、漢合流，州因以名。」巴、蜀要津。晁公武清華樓記：「魏大統初，於—、———置合州。其山曰龍多、銅梁，上接岷、峨，下繚甌越，或斷或續，屬海而止，所謂南戒也；其水曰涪，曰嘉陵，合流於城下，貫江、沱，通漢、沔，控引衆川，偕入于海，所謂南紀也。」

【山川】銅梁山，在石照縣南五里。左思蜀都賦「外負銅梁」，即此山。繆雲馮時行序：「山有茶，色白甘腴，俗謂之水茶，甲於巴、蜀。山之北趾即巴子故城，多玉藥花。」元和志：「出鐵及桃竹杖。」東山，在石照縣東十里，家子伯章之别業也。下瞰涪江。東臺山，在石照縣東北七里。東漢末薛融讀書於此。牟山，在石照縣西二十里。唐康元良讀書於此。學士山，在石照縣東五里，直郡治之江樓。其高不踰旁山，而南峰、斜崖諸山，班班若出其下，亦甚異也。山西北張氏荔枝，異本合榦，唐文若、曲端嘗賦之。釣魚山，在石照縣東十里。涪内水在其南，西溪上流經其北。郡人遊者，以舟下涪水，艤而上，已乃繞山北沿西漢水而歸。此遊觀之奇也。山南大石砥平，有巨人跡。相傳異人坐其上，投釣江中，山以是名。下有大刹，曰護國。每歲二月八日，郡守帥僚屬宴集于此。純陽山，在石照縣北三里。州治在其陽。唐女冠范志玄得道處。天寶間，天使任安者至山中，慕之，而志玄變爲男子。○劉儀鳳詩曰：「誰家遊冶郎，闖首窺幽闥。但見臉如花，不知心似鐵。一夕變其軀，雲姿映雲髪。昔爲桃李姿，今作松篁節。」**龍多山**、在赤水縣北五里。按唐孫職方樵——録，有至道觀。東有大池，即唐武后時放生池。中峰有鷲臺院，東有佛慧院。有萬竹，竹徑圍尺。有東巖，廣五十丈，多唐人刻字。又有靈山院，泉自巖出，潴爲方池，大旱不竭。其山高明窈深，變態萬狀。有駕鶴軒，下視涪水如帶，煙雲出没，山之偉觀也。○圖經云：「廣漢人馮蓋羅煉丹於———之仙臺，晉永嘉三年舉家十七人仙去。」孫樵———録亦紀其事。○馮時詩：「兒童便讀山中記，老大才登記裏山。」○何騏詩：「世路聱牙赤水過，故升天險問龍多。書中舊識唐公昉，圖裏又聞馮蓋羅。」**龍門山**、在銅梁縣東北七十里。山高一里，隱者蘇汝礪之居也。有書院，藏書三萬卷。**雙山**、在巴川縣南五十里。相傳昔漁者網得二石，其一飛去，其一留，因即山築室而寶祠之。石埋土中，其可見者高不盈咫，廣尺有二寸。**聖燈山**、在巴川縣西六十里。巖間夜有光熒然。**中峰**、在巴川縣東南六十里。山環二十里如盤，民錯居如畫。有泉自山注下，曰天池。**南峰**、在巴川縣東四十里，高五里，是爲峽山之首。兩山複出對峙，中廣十里。塗左有穴，謂之仙洞，其深五里。竇水流出爲澗，有嘉魚。**北巖**、在州北五里。或附會爲濮巖，非也。巖有柏數千章，率圍八九尺。有定林院，正月九日，郡以故事設宴，遊人盛集。又有荔枝閣。**斜崖**；在石照縣東北八十里。高十餘里。有石横亘崖腹，如拖脩帛，迤長四五里。崖以此得名。下有穴，謂之龍洞，水由中出。**墊江**、三國志謂先主詣——，即此。**内江**、在州南百步。源出剛氏徼外。有石屹立水心，正圓如月，其下嶄巖如雲氣，俗謂石鏡，冬出水可三丈。南流至渝州入江。又名涪江。〔二〕○杜甫送十五弟使蜀詩：「數盃巫峽酒，百丈内江舡。」

注：「水自渝上合州者，謂之內江；由戎、瀘上蜀者，謂之外江。」**嘉陵江**、在石照縣東。**宕渠水**、鄘道元水經謂之潛水，又謂之渝水，俗謂渠江，在縣北十里。**西漢水**。在石照縣東百步。天下之大川以漢名者二，班固謂之東漢、西漢，而黎州之漢水源於飛越嶺者不與焉。固之所謂東漢，則禹貢之漾漢，其源出於今興元之西縣嶓冢山，逕洋、金、房、均、襄、漢，至漢陽入江者是也；西漢則蘇代所謂「漢中之甲，輕舟出於巴，乘夏水下漢，四日而至五渚」者，其源出於西和州徼外，逕階、沔，水與嘉陵水會，俗謂之西漢，又逕大安軍、利、劍、閬、果、合與涪水會，至重慶府入江。

【堂樓】**沈厚堂**；取姚崇薦張東之之言以名。**江樓**、在郡治。**清華樓**。在郡治。有晁公記。

【古跡】**什邡城**、九域志「漢封雍齒爲什邡侯」，〔三〕即此。**巴子城**、在石照南五里。**仙栢**。在龍多山。圍丈有二尺，中空，而柯葉敷腴。

【名宦】**張東之**；以諫諸王娶突厥女，出守合州。**皇朝文同**、爲銅梁縣令。**周敦頤**、僉書合州判官。郡事不經先生手，吏不敢决。**虞允文**。爲守。

【人物】**譙君黄**；仕漢，成、哀間爲諫議大夫。後避王莽，不仕。**皇朝趙性**。赤水人。紹興入對集英，舟次至喜亭，同年以故事酌酒相勞，時秦檜用事，氣焰薰灼，更相戒無及時事，性奮然曰：「公等宜各行其志，豈當盡掩多士之口耶？」對策以正士大夫之心術爲急。」且曰：「以括囊爲得計，臣知其人矣，主和議者當之。以首尾爲圓機，臣知其人矣，杜言路者當之。」考官驚，以爲劉蕢無以過者。

【題詠】合水來如電。蘇子瞻詩：「云云，黔波緑似藍。」井徑東山縣。范至能詩：「云云，山河古合州。木根拏斷岸，急雨洗中流。闕下嘉陵水，沙頭杜老舟。江花應好在，無計會江樓。」江花未盡會江樓。杜甫送祁録事歸合州因寄蘇使君詩：「君今起柂春江流，余亦沙邊具小舟。幸爲達書賢府尹，云云。」銅梁山昏空翠重。晁公武將發合州詩：「云云，石鏡水落灘聲遲。」合州太守鬢將絲。石守道以燕脂板浣花牋寄徐合州詩：「云云，聞説歡情尚未衰。板與歌郎拍新調，牋共狎客寫芳詞。」

【四六】問津蜀道，作填塹江。況兹一郡，實會二江。二水合流，訪江樓之陳迹；千巖競秀，尋山寺之清遊。竹符出守，乃雍國之嘗臨；蓮幕簡僚，以元公而增重。分漢上之竹，蕃宣盍繼於東之；具沙邊之舟，迎謁將陪於杜叟。

紹熙府 榮德　威遠　資官　應靈

【建置沿革】禹貢梁州之域。天文參、井、輿鬼之分野。秦屬蜀郡。漢爲南安縣地。李雄據蜀後，夷獠居之，所謂鐵山生獠也。齊立南安郡。隋以其地屬資陽，又置大牢縣。唐置榮州，又改大牢爲應靈，州改和義郡，復爲榮州。皇朝屬梓州路，後以係光宗皇帝潛藩，陞紹熙府。今領縣四，治榮德。

事要

【郡名】榮南、三榮、和義。

【風俗】有簡儉風。圖經：「市井云云。」其人敬慧。隋志：「云云，慕文學。」蠻、獠雜處。寰宇記：「夏人少，——、——多。男不巾櫛，女衣班巾。姓名顛倒，不知禮法。」

【形勝】其地四塞。地理志：「云云，山川重阻。」山環水繞。圖經。本爲潛藩。朝野雜記：「天子即位，嘗所領州鎮自防禦州而下皆陞軍名，若節鎮州則建爲府。光宗自榮州刺史進封恭王，〔四〕而榮州至今不錫軍名，蓋中書之誤也。」

【山川】榮德山、在州東北四十二里，州以此得名。其山在川谷之中，獨拔五百餘尺。中有希夷觀、老君祠，刻石爲像。有小路至山頂，以木爲梯。半山有唐刺史薛高磨崖碑。榮黎山、在州東十五里。山上有龍池，祈禱無不應。有松如盤龍。竹有如龍形者，俗謂之羅漢杖。榮隱山、在縣北三十里。有——先生脩道于此。五山、州北凡——：以西爲上，州治據其首，州學次之，嘉祐寺又次之，天慶觀又次之，東郭外東嶽祠又次之。州之西北曰鳳鳴山，州之西南曰浮圖巖，相連如畫屏。鐵山、在資官縣北百里。出—礦。龍洞、在州東南四里真如院。巖穴峭深，耆舊相傳以爲洞。洞之左，石壁奇峭，巨栢老蒼。洞之右，有石角立。舊經以爲孫登嘯臺，三者乃榮之勝處，爲四川之冠，故州郡以爲節序游宴之地。○陸務觀詩：「峭壁磨天如立壁，柟根横走松倒植。呀然一岫驚墮前，空洞坡坨三百尺。幽陰宜爲異物託，角爪痕存猶可識。」嘯臺，在富義門外一里，號孫登——。○陸務觀詩：「——載酒雲生屨，仙穴尋梅雨墊巾。」火穴，在威遠縣西北。雙溪。在城北三里。一從西來，其水濁；一從東來，其水清；會城下。

【軒閣】此君軒，黄魯直題榮州祖無大師———詩：「王師學琴三十年，〔五〕響如清夜落澗泉。有酒如澠客滿門，不可一日無此君。當時寺栽數寸碧，聲挾風雨今連雲。此君傾蓋如故舊，骨相奇怪清且秀。程嬰、杵臼立孤難，伯夷、叔齊采薇瘦。霜鍾堂上弄秋月，微風入絃此君説。君家周彦筆如椽，此君語意當能傳。」横溪閣。陸務觀晚登———詩：「賣蔬市近還家早，煮井人忙下麥遲。」州多鹽井，秋冬收薪茅最急。

【名宦】皇朝李虚己，太宗親擢能吏，給以御書麻紙，曰：「布惠愛民，奉法除奸者書之。」時被選者二十餘人，而虚己與其首列。李畋，名臣傳：「畋爲國子直講，求郡。晨登講席，諸生見畋巾兩焰火起，是日報得榮州。」李燾。紹興間自四川制置知榮州。

【人物】陳寧；李義山集：「寧攝火井縣令，瘦羸之氓戴如父母，囊橐之盗畏如神明。」皇朝王夢易，榮德人。以正論不合，棄官而歸。范蜀公嘗贈以詩。王庠。夢易之子。不仕，號「廉遜處士」。敕旌表門閭，謚康節先生。弟序，爲徽閣學士。

【題詠】江流入漢清。皇朝類苑：「崔仰之送人牧榮州詩云：『山色臨巴迴，云云。』」傳者

或云古夜郎。陸務觀入榮州境詩：「渺然孤城天一方，云云。」**千里鬱爲詩書鄉**。同上。「其民簡陋古甚良，云云。」**亂山缺處城樓呀**。陸放翁初到榮州詩：「云云，雙旗蕭蕭晚吹笳。煙深綠桂臨絶壁，霜落淺瀨鳴寒沙。廢臺已無隱士嘯，遺宅尚有高人家。（雙溪王氏有石穴，黄太史榜曰地仙洞。）鈴齋下榻約僧話，松陰枕石放吏衙。杯羹最珍慈竹筍，缾水自養山薑花。地爐堆獸熾石炭，瓦鼎號蚓煎秋茶。少年遠遊無百里，一飢能使行天涯。豈惟慣見蓬婆雪，直恐遂泛星河槎。故巢肯作兒女戀，異境會向鄉關誇。一杯徑醉幘自墮，燈下髮影看鬖鬖。」〔六〕

【四六】

寵膺一札，來塡三榮。　疏榮銅虎，作鎮石龜。　風寒數處，日費千金。　和義小壘，光廟潛藩。佐黔、巫之東鄙，守巴、僰之南榮。　惟和義之斗絶，實夜郎之奎限。　陞軍開府，獨未霑恩；視邦選侯，率多就近。　焰起於巾，暫出臨於千里；松生於腹，即入應於三公。　事簡地偏，舊雖稱於道院；吏貪俗悍，今殆類於法場。　蓋一歲止五千石之經租，而諸司近八十萬之折估。　與其捐潤下之鹹，徒滋他族；孰若助攻苦之淡，以張吾軍。

昌州 大足　昌元　永川

【建置沿革】禹貢梁州之域。鶉首之次，井、柳之度。春秋、戰國爲巴、蜀之境。秦屬巴、蜀二郡。漢資中之東境，墊江之西境，江陽郡之北境。唐爲瀘、普、渝、合、資、榮等六州地，肅宗時割六州界置昌州，尋爲狂賊張朝等所焚，州遂廢，地各還所屬，其後復置，仍充静南軍使以鎮蠻獠。五代屬遂州。皇朝陞爲上州，隸潼川府路。今領縣三，治大足。

事要

【郡名】静南、昌元。九域志：「昌元郡軍事。」

【風俗】其俗朴厚。太守于保道院記：「昌介於資、普、富義、瀘、合之間，云云，又多秀民。」民勤而力穡。静南志：「云云，不趍末作，不事燕游。」士愿而勸學。圖經：「云云，深山窮谷，户曉禮義。」尊道而重儒。蒲傳正撰州學記：「云云，孳孳以事聖人爲急。」物産不及他郡。于保道院記：「凡衣食物資以養生者，不及它郡。雖無舟楫江、沱之利，而有桑麻秔稌之饒。」

【形勝】東臨赤水。元和志：「云云，西枕管山。」北倚長巖。同上。「云云，最爲險固。」環山爲城。太守于保道院記：「昌附三邑，不滿千里。郡云云，其民纔千百家。」山水奇秀。楊子謨顯惠廟記：「静南云云，士大夫避地者多居焉。仙靈逸迹，尚有董、葛之遺風。」

【土産】鹽、長編：「太平興國三年，有司言昌州歲收虚額十一萬八千五百餘斤。〔七〕及開寶中，知州李佩率意掊斂以希課最，於歲額外别額部民煮鹽，民甚以爲苦。轉運使以聞。二月甲子，詔悉除之。」松石。在永川縣來蘇鎮。相近有松化石，石質而松理，或二三尺許，大可合抱，然不過相望數山有之，俗呼雷燒松。杜詩所謂「萬年松化石」者，即此類，亦異産也。

【山川】南山，在大足縣南五里。上有龍洞、醮壇，旱禱輒應。淳化間供奉官盧斌平蜀，賊任誘等嘗駐兵此山。土人云：「他郡有警，則置烽火於此。」北山，去城二里。唐刺史韋靖於此置城。陔山，在大足縣東四十里。接三華之秀氣，屹然鼎立。葛仙山，在昌元縣南百五十里。下臨中江，上干霄漢，以——翁名。有煉丹巖、洗藥池、甘露茶、打子石。藏馬崖，在大足縣南。相傳云：王蜀時山中民任氏產龍馬，日行千里。○歐陽云：「予讀蜀書，見龜、龍、騶虞盡出其國，異哉！則龍馬亦或有之。」英山洞，在永川縣西三十里。相傳山間有石洞，窮絕處有一潭，或漂出敗蓬破板，疑與江河相接。赤水溪。在大足縣。其水源自普州安溪縣界來。

【樓閣】三華樓，在東街。郡有——山，差遠莫相領會，太守黄皐創——以挹其勝。五桂樓，在正街西。乾道辛卯，郡五士同奏名外省，太守曹岍創———。香霏堂，冷齋夜話載：有人調官都下，踰年始得昌守，已而求易便郡。有淵才者，聞而往見之，曰：「昌，佳郡也。官欲易地，有之乎？」曰：「然。」淵曰：「誤，誤矣。」曰：「俸給優乎？」淵曰：「否。」「訟簡乎？」淵曰：「否。」「然則奚誤？」曰：「海棠患無香，獨静南者有香，〔八〕非佳郡而何？故昌號『海棠香國』。」土人云：地宜此花，易植易蕃。郡治———一老樹，重趺疊萼，〔九〕每花或二十餘葉，花氣醲郁，餘不能及也。太守品題詩甚多。孔平仲談苑載淵才海棠詩云：「雨過温泉浴妃子，露濃湯餅試何郎。」捫參閣。詩見「題詠」。

【館驛】牛尾驛。鄭國華留題云：「龍尾道中退朝客，雕鞍寶馬黄金勒。誰憐遠使足馳驅，夜半孤村——。」何熙志續三韻云：「十年去國真悠悠，秖今便可行歸休。平生意氣羞牛後，去踏金鰲頂上遊。」

【名宦】段建中；文昌之父。嘗典榮、昌二郡，事見李德裕成都資福寺記。唐守之可攷者惟——、楊瑄、李師望、韋君集四人。皇朝雍之奇。任大足縣令，號爲「聖長官」。鮮于學士贈詩：「鄉閭舊號賢夫子，士論今推聖長官。」

【人物】譙南薰、昌元人，居鴨子池。登皇祐五年進士第，後以祕書丞知閬州。李戡。時昌元縣南二十里老鴉山有李戡、李戣兄弟善棋，會虜索棋戰於國朝，詔求天下善奕者。蜀帥以戡應詔。虜望風知畏，不敢措手。文潞公贈以詩云：「昌元建邑幾經春，百里封疆秀氣新。鴨子池邊登第客，老鴉山下着棋人。」

【題詠】分手路悠悠。江總別袁昌州詩：「河梁望隴頭，云云。徂年驚若電，烈日欲成秋。黄鵠飛飛遠，青山去去愁。不言雲易散，更似水東流。」比屋談經史。張孝芳詩：「昌言古佳郡，云云。山岡疊坡坨，溪瀨爲清泚。蓄爲靈秀窟，磊落出髦士。」隆冬方似早春天。宣和太守張唐民詩：「無訟正如高隱地，云云。州民富庶風光好，誰信賞憂滿二年。」訟簡民淳羨小州。張唐民題捫參閣詩：「云云，兩衙纔退似歸休。一懷山果三勝酒，暮掩青峰即下樓。」

【四六】

眷維蜀左，有若靜南。　民勤稼穡，俗喜詩書。　州小而嘯詠雍容，民淳而文書簡靜。　財匱鬼輸，全仰作鹹之潤；郡資井養，詎堪竭澤之漁。昔聞杜叟詠松石於名山，今説淵才號棠香之佳郡。

渠州

流江　鄰山　鄰水　大竹

【建置沿革】禹貢梁州之域。秦地，東井之分野。春秋、戰國爲巴國地。秦滅巴，以爲郡。漢置宕渠縣，屬巴郡，因山以名。蜀先主割巴郡之宕渠等三縣置宕渠郡。晉初屬巴西郡，惠帝又置宕渠郡。宋屬南宕渠郡，又自漢宕渠縣移理安漢故城。南齊因之。梁置北宕渠郡，又置渠州。後周改北宕渠郡爲流江郡。隋初仍爲渠州，煬帝改爲宕渠郡。唐復爲渠州，改爲鄰山郡，後爲渠州。領縣四，治流江。

事要

【郡名】宕渠。

【風俗】其人勇健。輿地廣記：「云云，好歌舞。」人才盛於漢。華陽志：「先漢以來，縣民車騎將軍馮緄、大司農玄賀、大鴻臚龐雄、桂陽太守李温，皆建功立業，有補於世。」地瘠民窶。師帥堂記：「州介夔、梓間，云云。」

【形勝】古之賨國。元和志：「古賨國城在流江縣東北七十里。」晉中興書：「賨者，廩君之苗裔也。巴氏子務相，乘土舡而浮，衆異之，立爲廩君。子孫列巴中，秦併天下，薄其税賦，人出錢四十。

巴人謂賦爲『賨』，遂因名焉。後佐高祖定天下，喜歌舞，所謂巴渝舞也。」**依山爲郡**。天寧寺記曰：「宕渠古郡，云云。自珠嶺東下，至石門伏而特起，隱隱隆隆。由郡北直南而下，爲馬鞍，爲登高，爲西巖，擁蔽坤維，升虛降原，始得郡治。岧分嶺别，俛首東向，爲袁氏之巖。迤邐南轉，爲瞿氏之山。下瞰巴江，舒翼展脛，直趍水濱而後已。由瞿山之北，袁巖以南，川原開曠，形勢之勝與郡治相埒，是爲天寧寺。」**接連漢中**。按隋書地理志：「通川、宕渠，其地皆云云。」

【山川】**宕渠山**、一名大青山。圖經：「在州東五十里。其山東西兩門延連相接，山澗長峽有似溝渠。」蜀都賦：「外負銅梁、宕渠。」〔一〇〕**八濛山**、在流江縣東北七里。起伏八處，有水環之，不匝者一里，常有煙霧濛其上，故名。三國志：「張郃自漢川進軍宕渠蒙頭盪石，與張飛相拒五十餘日。飛率精兵萬餘人從他道邀郃軍交戰，山道狹，前後不得救，飛遂破郃，巴土乃得安。」**緑沼山**、在流江縣北四十五里。上有池水常緑。**樂山**、在流江縣北三十二里。每歲正月七日，鄉人携鼓笛酒食登山娱樂，以祈蠶事。**鄰山**、去本縣百餘里。此山出鐵，鱗比相次。**黑壤山**、在鄰山縣北百里。其壤皆黑，故名——。**晶然山**、在鄰水縣之南，相去三十餘里。東有崖，下有石乳三條，呼爲石鍾，村民擊之以禱。**龍穴**；在鄰山金盤山下，入龍門鎮。有瀑布百八十尺，號爲散水。**渠江**、在流江縣東三百步。其水二源：一源自巴嶺，一源出羅娱山下。**鄰水**、在本縣。源出鄰山，中有大磧，懸流十丈。**渝水**。即流江也。夾水上下，皆賨氏所居。

【井泉】聖泉。在州西七十步西巖院。其後有虹飲亭。

【亭榭】虹飲亭。在西巖。

【佛寺】冲相寺、距城四十里，乃定光佛道場。舊傳唐相崔塗，僖宗時避亂至蜀，題詩云：「水流花謝兩無情，送盡春風過楚城。蝴蝶夢中家萬里，杜鵑枝上月三更。故園書動經年絶，華髮春惟滿鏡生。自是不歸歸便得，五湖煙景有誰爭？」汧江寺。鄭谷渠州——作：「退居瀟洒寄禪關，高掛朝簪凈室間。孤島暫留雙鶴歇，五雲争放二龍閑。輕舟共泛花邊水，野屐同登竹外山。仙署金閨虛位久，夜清應夢近天顔。」

【名宦】第五倫，後漢人，嘗爲宕渠令。皇朝虞允文。紹興中知渠州。地塉民窶，常賦之外，又行加斂，公奏罷之，歲減緡錢一萬有奇，遠民鼓舞。

【人物】王平，華陽志：「宕渠人。丞相亮征隴西，平以牙門屬馬謖。謖違亮指，大敗街亭，惟平所領不敗。」皇朝彭戢、鄰水人。元豐擢第，爲兩浙提舉，奉祠以歸，嘗蓄雙鶴，江左士大夫送行有「扁舟載雙鶴，萬卷貯羣書」之句。何拯。爲屯田員外郎。祥符間，兄弟接踵登科，嘗有詩云：「嫦娥不惜蟾宫桂，從此何家第二枝。」

【題詠】渠江明凈峽逶迤。元微之南昌灘有詩：〔一一〕「云云，舡到名灘拽簽遲。櫓窡動摇妨作夢，巴童指點笑吟詩。」畬餘宿麥黄山腹。同上。「云云，日背殘花白水湄。物色可憐心莫恨，此行都是獨行時。」

【四六】

今之宕渠，古則賨國。　出綸禁掖，分竹宕渠。　封疆介夔、梓之間，歌舞帶巴、渝之俗。　虞雍公之奏躅横斂，民至今稱；何屯田之掇取高科，士皆知勸。　枝上月夢裹家動，崔塗之歸興；竹外山花邊水尋，鄭谷之舊遊。

校勘記

〔一〕「及分川峽爲益梓利夔四路」，「峽」，底本原作「陝」，據元豐九域志卷七、輿地紀勝卷一五九、宋史卷八九地理志改。

〔二〕「又名涪江」，底本原作「又名内江」。按本條之目即爲内江，此又云「又名内江」，不通。本書卷六三資州中江下引沈約宋書云「資江爲中水，涪江爲内水」，則此處當云「又名涪江」，今據改。

〔三〕「九域志漢封雍齒爲什邡侯」，「九域志」，底本原作「凡域志」，據四庫本改。又，「什邡侯」，底本原作「什祁侯」，據四庫本及元和郡縣志卷三一改。史記卷五五留侯世家作「什方」，漢書卷二八上地理志又作「汁方」，而後漢書郡國志五、水經卷三三江水注則作「什邡」，書寫雖不同，實皆一地。

〔四〕「光宗自榮州刺史進封恭王」，「恭王」，底本原作「榮王」，據宋史卷三六光宗紀、建炎以來朝野雜記甲集卷九潛藩州建軍府名改。

〔五〕「王師學琴三十年」，「三十年」，山谷内集卷一三寄題榮州祖元大師此君軒作「二十年」。又，詩題中「祖無」，四部叢刊影印宋本豫章黄先生文集同，其他版本黄山谷别集多作「祖元」。

〔六〕「燈下髮影看髿髿」，「髿髿」，陸游集劍南詩稿卷六初到榮州作「鬖髿」。

〔七〕「十一萬八千五百餘斤」，宋史卷一八三食貨志作「萬八千五百餘斤」，無「十一」二字。

〔八〕「獨静南者有香」，「静南」，底本原作「昌南」，蜀中名勝記卷一七大足縣下引冷齋夜話作「静南」，據本書同卷昌州「事要」下所云此州又名静南，當以蜀中名勝記爲是，今據改。

〔九〕「重趺疊萼」，「趺」，底本原作「跌」，蜀中名勝記卷一七大足縣下引冷齋夜話作「趺」。趺者，花萼也。作「趺」是，今據改。

〔一〇〕「外負銅梁宕渠」，底本原作「外負朝梁、石渠」，據文選卷四蜀都賦、太平寰宇記卷一三八改。

〔一一〕「元微之」，底本原作「元徽之」，據傳是樓本及舊唐書卷一六六、新唐書卷一七四元稹傳改。元稹，字微之。

方輿勝覽卷之六十五

叙州 宜賓　南溪　宣化　慶符

【建置沿革】禹貢梁州之域。秦地，東井、輿鬼分野，入參三度。古僰國。〔一〕初，秦嘗破滇，略通五尺道。漢武帝遣唐蒙發巴、蜀卒，自僰道抵牂牁，鑿石開道，通西南夷，置僰道縣，屬犍爲郡，仍理僰道。東漢、晉、宋犍爲郡徙治武陽，而僰道復爲支縣。南齊復爲郡治。梁武帝使先鐵討定夷獠，乃立戎州。梁又置六同郡於南廣縣，〔二〕以六合所同爲郡之名。隋廢郡，而戎州存，煬帝廢戎州爲犍爲郡。唐初復爲戎州，移治南溪；太宗時徙僰道，在蜀江之西三江口；明皇改爲南溪郡，復爲戎州；武宗時以大水移於蜀江之北，〔三〕即今治也。皇朝陞爲上州。紹聖四年戎倅蘇時曰：「今車書同，聲教一，州名戎，是夷其民也。請易之。」遂改名叙州。領縣四，治宜賓。

事要

【郡名】古戎、南溪、戎僰、黄魯直作楊子建集序。叙南。嘉定志：「西漢僰道，今——也。」

【風俗】朴而易治。李宗丞園記：「云云，然夷、漢雜處，蓬户茅簷，髽髻詭服，頓首拊掌而歌。」士静而文。同上。「其——有—。」夷、夏雜居。圖經：「云云。其蠻獠之類，〔四〕不識文字，椎髻跣足，鑿齒穿耳，以鬼爲證驗，以殺傷爲戲笑。」以涪翁重。黄太史祠堂記：「戎州云云，詩書禮義之澤，漸漬至今。」

【形勝】東距瀘水。圖經：「云云，西連大峨，南通六詔，北接三榮。」鈎帶二江。黄魯直戎州舍利塔銘：「惟我戎州，治漢僰道，云云，撫有蠻獠。」控扼諸蠻。譙炎東樓記：「自漢以來，號爲重地，蓋——石門、馬湖——，威德固兼用，要必有以鎮壓而讋服之者。」負山濱江。張鼎修忠利廟記：「州西南云云，地勢險阻。」古僰道。史公亮宜賓縣譙樓記：「叙州，———。」介兩蜀間。圖經云云。南征之道。韋南康贊石門：「乃隋史萬歲云云。」舟車之衝。同上。「州雖小，實當云云，冠蓋往來相望。」

【土産】荔支、郡國志：「僰在施夷中，古謂之僰僮之富，以——爲業。」○黄魯直詩云：「王公權家荔支緑（酒也），廖致平家緑荔支。試傾一盃重碧色，快剥千顆輕紅肌。潑醅蒲萄未足數，堆盤馬乳不同時。〔五〕誰能同此勝絶味，惟有老杜東樓詩。」苦笋。黄魯直有——賦云：「僰道苦笋，冠冕兩川。苦而有味，如忠諫之可活國；多而不害，如舉士之皆得賢。」○又詩云：「岑寂東園可散愁，膠膠擾擾夢神遊。萬竿苦竹旌旗卷，兩部鳴蛙鼓吹休。」又從斌老求苦笋詩：「南園苦笋味勝肉，籜龍稱寃莫採録。煩君便致蒼玉束，明日風雨皆成竹。」

【山川】東山、在州城東門外。有報恩寺，塔高二百尺。蘭山、在僰溪縣界。圖經云：「蘭生於深林，石門尤多。有春蘭、秋蘭、崇蘭、鳳尾蘭、竹蘭、石蘭。春蘭花生於葉之下，崇蘭花生於葉之上。」黄魯直幽芳亭記：「一榦兩三花，而香有餘者，蘭；一榦十數花，而香不足者，蕙。」小梁山、在宜賓縣。四時常雨，霖霪不絶，俗呼爲大漏天、小漏天。南山、去宣化縣三里，與犍爲接境。洞山、在宣化縣西一里。有登眺之勝。夷牢山、在宣化縣界南。二蘇有過宜賓見——亂山詩，即此。漢陽山、在慶符縣北，〔六〕西接犍爲。朱提山、在故開邊縣界。漢書云：「————出銀。」諸葛亮書：「漢嘉金，朱提銀，採之不足以自食。」韓退之贈立之詩：「我有雙飲醆，其銀得朱提。」平蓋山、在南溪縣西十五里。分三山九隴，惟平蓋一山特出衆山之上，山頂圓平。峰巖，在宜賓西百里。山坡荔支連袤，多屬廖氏。青衣江、在南溪縣南十五里。舊經云：「古有青衣國，與叙州相鄰，其人因賈至蜀，見漢衣冠，遂求内屬，因以名焉。」馬湖江、源出沉黎，實大渡之支流。從馬湖部落之後，舟行十餘日方至平夷，合石門江，至三江口會蜀江。汶江、去南溪縣十步。鎖江、兩岸大石屹立，因置鐵絙横截其處，控扼夷、羌。蘇溪、自州治泝流十里，有前後潭，瀑布自懸崖千尺而下。涪溪、李嘉謀記：「黄太史，紹興初章、蔡用事，以前史官得罪，安置黔州。二年，移戎州。方公之遷，以涪州别駕，因自號爲涪翁。放浪山水間，初不知有遷謫困窮之意。城南有溪，公游而樂之，命之曰涪溪。其後溪山，悉以是名。」滇池、在州西二十里。一名天池，一名波凌池。其池長五十里，闊七里。風雷一動，波浪凌山。中有芰荷。別駕牟孔錫詩：「天池十里如鑑湖，荷花可折魚可鱠。」黑水。輿地志：「華陽、黑水惟梁州。」今出南寧州南廣縣汾關山北，至僰道縣入江。一名皂水。

【亭院】東州道院、在州治之内。荔支廳、在倅廳。名曰萬朵紅，最爲佳品。又一本在尉廳，一株四柯，西南一柯獨肉厚而味甘。黄魯直云。江山偉觀、在郡治。大雅堂。眉人楊素，從黄庭堅謫戎州，嘗曰：「安得一奇士而有力者，盡刻杜子美東、西川及夔州詩，〔七〕使大雅之音復盈三巴之耳哉。」素聞之，欣然拏舟訪黄於戎，請攻堅珉，募善工，作華堂以宇之。黄偉其言，悉書子美詩遺之，因名其堂曰大雅，且爲記。

【樓亭】西樓、在州治。○陸務觀：「畫舡衝雨入戎州，縹緲山横杜若洲。須信時平邊候静，傳烽夜夜到西樓。」東樓；杜甫宴戎州楊使君東樓詩：「勝絶驚身老，情忘發興奇。坐從歌妓密，樂任主人爲。重碧拈春酒，輕紅擘荔支。樓高欲愁思，横笛未休吹。」鎖江亭、黄魯直鎖江亭酌酒詩：「西來雪浪如炰烹，兩崖一葦乃可横。酒盃未覺浮蟻滑，茶鼎已作蒼蠅鳴。」○「山繞樓臺鍾鼓晚，江觸石磯碪杵鳴。鎖江主人能致酒，願渠久住莫終更。」○「鎖江亭上一樽酒，山自白雲江自横。」○陸務觀詩：「千尋鐵鎖還堪恨，空鎖長江不鎖愁。」味諫軒。桯史云：「戎州有蔡次律者，家于近郊，魯直嘗過之，延以飲。有小軒，極華潔。檻外植甘子數株，因乞名焉，題之曰味諫軒。〔八〕後王子予以橄欖遺之，魯直有詩云：『方懷味諫軒中菓，忽見金盤橄欖來。』」

【寺院】無等院、在州南門外。魯直以元符間寓居，作喬木庵。〔九〕今猶存其寺額，亦魯直筆蹟。◯陸務觀詩：「文章何罪觸雷霆，風雨南溪自醉醒。八十年間遺老盡，壞堂無壁草青青。」壽昌院。在城北門外。有浮圖，高二百尺。東坡過戎州，艤舟遊此，壁間有留題。

【名宦】先鐵、梁武帝使先鐵討定夷獠，乃立戎州，以鐵爲刺史。張九宗。爲刺史，撰花臺寺記云。

【人物】任永、後漢李崇傳載：「永，僰道人，長於曆數。公孫述招之，託盲不至。」隗相、事母孝。母好飲江水，中流有横石，生爲橋。漢徵爲郎。黎幹；叙之士人。唐史有傳。皇朝廖琮。宜賓人，同眉山二蘇登進士第。

【名賢】黄庭堅。紹聖初，以修史貶涪州，移戎州安置，自號涪翁。

【題詠】夜泊防虎豹。岑參發犍爲至泥溪作：「云云，朝行逼魚龍。一道鳴迅湍，兩邊走連峰。猿拂岸花落，鳥啼巖樹重。煙靄吴、楚連，泝沿湖海通。」亂山圍古郡。子瞻叙州詩：「江水通三峽，州城控百蠻。云云，市易帶羣蠻。瘦嶺春耕少，孤城夜漏闌。往時邊有警，征馬去無還。自須方從化，年來亦款關。頗能貪漢布，但未脱金環。何足爭强弱，吾民盡玉顔。」

【四六】

漢開僰道，唐立戎州。　眷此叙南，隸于蜀左。　郡在萬山之底，俗居羣獠之中。　荔支紅熟，曾吟杜叟之詩；苦笋緑肥，更入涪翁之賦。　雲出無心，且聊爾陽臺之下；春行有脚，又移之僰道之間。

懷安軍金水　金堂

【建置沿革】禹貢梁州之域。天官東井、輿鬼之分野。周及春秋、戰國爲蜀地。二漢屬廣漢郡新都縣地。晉屬新都郡。宋屬廣漢郡。南齊亦如之。西魏置金淵縣及郡，以金堂山爲名。隋廢郡，屬簡州。唐避高祖諱，改金水縣，屬簡州；又置金堂縣，屬益州。前、後蜀因之。皇朝曹翰奏請建置爲軍，遂割簡、漢支邑，陞金水縣爲懷安軍。今領縣二，治金水。

事要

【郡名】金淵。

【風俗】土瘠民椎。蹇汝明永惠院記：「懷安小國寡民，邈處西南六十驛，遠宅於深山大谷之中，土瘠而無他産，民椎而無他技。」士務力學。前人軍學記：「土瘠人淳，云云。」

【形勝】環郡皆山。蹇汝明澄江樓記：「云云，其西北長岡峻嶺，連亘相屬。」山雄峙而江洪深。金淵志：「山之雄峙，從梁、劍而來；江之洪深，自堋、灌、洛而至。」介山峽之阻。李曼卿澄江樓記有云：「懷安——兩川間，————，地勢險要。」有雲峰、月峽之勝。金淵志：「懷安蕞爾國，而云云，英靈秀萃，鍾爲人物。」介三大府。郡志：「壤地偏小，〔一〇〕介于益、梓、遂三大府之間。」軍不城依雲麓。晁公武作雨零堂記：「云云，而中江縈之，氣象葱鬱，巖壑洲渚之美，映帶左右。」

如縣。圖經：「懷安縣二而鎮九。以縣而言，金堂爲大；以鎮而言，古城爲富。諺謂：『云云，縣不如鎮。』」

【山川】東山，在城東，郡之主山。雲頂山，在城西十五里。一名石城山。上有神泉及祥符寺。有楠樹，已枯。有石，離而爲二。先是，頭陀語曰：「五百年後寺當廢。若楠再生，石再合，然後復興。」果如其言。白神山，在城西南。高五十步，周迴三里。金水山，在本縣北四十里。本名銅官山。三學山，在金堂縣東北十里。山有佛迹，石理堅潤，瑩白如玉，非世間追琢所能。又有神燈，及有法海、普濟、廣濟三寺。○李義山爲八戒和尚謝復三學精舍表云：「況——夜有神燈，朝明佛足。風飄雨濕，且無金燼落時；蘚剥苔侵，尚有寶花承處。」○又有碧玉佛龕，藕絲袈裟，錦字多心經，貝葉金字涅槃經。寺前後檜栢，皆隋、唐故物。又有飛石，乃自雲頂山飛來。又有鸜鵒塔，乃鸜鵒能念佛，死遂瘞于塔。○王雍詩：「五色琉璃白晝寒，當年佛脚印旃檀。藕絲織出三衣妙，貝葉經傳一偈難。夜看聖燈紅菡萏，曉驚飛石碧琅玕。更聞鸜鵒因緣塔，八十山僧試説看。」中江，在軍西北。柳溪，在金水縣南七里。三江，即大江、中江、北江也。源從漢州，彌牟、洛水、毗橋等三水會爲一江。洛水，在金堂縣北三十里。嘗有柳葉從穴出。

【堂閣】淳簡堂，在郡治之內。紫雲閣，在郡治之北。

【名宦】皇朝張天祺。嘗宰金堂，召爲監察御史，論新法不合王安石之意。天祺曰：「不知天下笑參政也。」謫監鳳翔司竹監，海内稱爲「小橫渠」。

【人物】段翳，後漢新都人。習易經，明風角。今天慶觀即翳故宅。王忳；新都人。范曄書「忳爲大度亭長」，即今金堂也。皇朝張正，金水人也。國朝建軍以來，破荒登科自正始，蓋天、慶間仕至太常少卿。子公紀。張公紀，景祐間登第，仕至太常少卿。父正守筠，公紀亦領衡陽，比境分符。范蜀公、蘇老泉、李大臨俱以詩餞送之。及授代，父同舟而歸，且俱至常卿，時人榮之。謝湜。字持正，金堂人，霧隱先生守中之子。年十六，伊川先生侍親官廣漢，公往從之，集中有與謝推官書是也。

【題詠】霈作東州雨。羅大全送孫太冲守懷安詩：「願挽玻瓈江，云云。」桃李照城郭。勾龍行父送孫太冲詩：「金淵春三月，云云。石峽頳鯉魚，時時醉賓幕。」

【四六】疏綸玉陛，植戟金淵。深山大谷之僻居，土風甚朴；達宦高人之罕至，地望亦輕。陞一小縣，雖斗壘之强名；介三大邦，獨雲山之差勝。

廣安軍 渠江　岳池　新明　和溪

【建置沿革】古梁州之域，東井、輿鬼之分野，統於鶉首。春秋、戰國爲巴地。秦及二漢屬巴郡之宕渠、墊江、安漢三縣地。晉屬巴郡及巴西郡地。〔一一〕宋屬巴部巴西及南宕渠二郡地。南齊因之。西魏屬流江、宕渠、墊江三郡。隋屬宕渠、巴西、涪陵三郡。唐屬渠、合、果三州。皇朝初置廣安軍，以合、果、渠三州相去差遠，山川險僻，多聚寇攘，故置軍。今領縣四，治渠江。

事要

【郡名】賨城。

【風俗】賨人剽勇。應劭風俗通云云。人物間出。郡縣志：「近世以來，儒風尤勝，云云，不減果、遂之風。」

【形勝】南鄰渠水。寰宇記：「隋大業間，自賨城縣故城移於今理，云云，東枕大溪。」○圖經云：「右倚秀屏，左瞰渠江。」北接通川。何行中宕渠廣安駐泊記：「南連巴徼，云云，複嶺東横，清江西下，林深菁密，巖穴幽邃。」介三州間。圖經：「一乎果、合、渠一一之一。」

【土産】紫梨。廣安軍梨有數種，入口即化者爲上，左太冲蜀都賦所謂「一一津潤」是也。○世謂廣安有十似，紙似池，席似蘇，梨似耿，魚似嘉，猶之可也，他則未必皆然。若所謂金羹玉飯，與夫紅腊一一，則不爲溢美。金羹，謂鴨也。

【山川】秀屏山、即軍所倚，峭壁森聳，草木叢茂，宛若屏障。畠然山、在廣安縣之東。詳見渠州，蓋相接境。龍穴山、在岳池之封山，去縣五里。有唐何少卿讀書堂。漢山、在岳池縣南五里。有王文雅者，煉丹于此。𡽀山、在岳池縣東南三十里，最高大。羊山；此山下十許里有洞曰角竹，元豐間張諫議廷堅諸公讀書于此。渠江、在城東三百步。濃水、出於龍扶速山，東流入渠江。洄水、下注渠水，縈迴爲潭。**篆水**。去渠江縣五里有石洲，水之灌輸其間者，渦停渠別，莫知其幾。中兩渠相距二尺，廣深半之，可受流觴，天巧致然，非人力疏鑿，人多游焉。

【井泉】**石龍泉**。在報德禪院。經藏坐脚以自然全石爲之。初，石工刻就龍形，〔一二〕自爾龍口水滴。今廢。

【樓亭】**秀屏樓**；在郡治。**戲仙亭**。在渠江縣北十里。〔一三〕相傳有女子游戲其上。○張無盡詩：「濃、洄江水瀉高灘，中有神龍久屈蟠。衆樂妙音時響亮，雙娃長袖忽瓓珊。世間變化無非幻，閣上登臨正好歡。觀幻見真真亦幻，谷花巖草謾凭欄。」

【名宦】**皇朝李旺**、開寶初建軍，以旺知軍事。**朱昂**。知軍，後入居翰林。

【人物】**馮緄**；舉孝廉，七遷爲廣漢屬國。**皇朝張庭堅**、渠江人，爲右正言，後與黨籍。**黎錞**、渠江人，任直講。英宗以蜀士問，歐陽脩對曰：「文行蘇洵，經術黎錞。」帝大悦。**安丙**。字子文，渠江人。吴曦即僞位，丙矯密詔誅曦，除四川宣撫使，召爲樞密，知潭州。奉祠家居，漢中叛兵莫簡、張福等殺總領楊九鼎以叛，再除宣撫。未幾，賊平，西蜀再安。

【題詠】**欲説賨城好**。憲使何志熙詩：「云云，先誇萬物妍。金虀收稻後，紅腊落梅前。照座梨偏紫，堆槃荔更鮮。雪藤尤異産，應不數花牋。」

【四六】

塗鵶禁掖，分虎賨城。　山峙秀屏，石流曲水。　依巖負險，多佩劍以撞搪；宣化承流，援建牙而彈壓。 晝戟朱轓，雖曰州城之陋；紫梨紅腊，頗夸方物之奇。

長寧軍 安寧

【建置沿革】 禹貢梁州之域。東井、輿鬼之分野，古夜郎之國。漢犍爲郡漢陽、江陽縣地。晉、宋、齊並屬犍爲郡之江陽及朱提郡之漢陽縣。〔一四〕 隋屬瀘川郡之江安縣。唐屬賢州之鹽泉縣；唐置羈縻等十四州，屬瀘州；唐末廢四州，存者十州；僖宗在蜀，韓秀昇之亂，淯井道梗，僞蜀王建置淯井刺史。國朝初置淯井監，屬瀘州；神宗朝夷人獻納十州地以屬焉；徽宗陞淯井監爲長寧軍，創武寧縣爲軍治；中興加沿邊都巡檢使，舊差武臣，自乾道始差文臣；陞安夷寨爲縣，名曰安寧。今領縣一，治淯井監。

事要

【郡名】 武寧。

【風俗】 地多瘴疫。祥符年中，運司申請，云云。漢、夷交易。長寧軍申運司：漢户許典賣熟夷田，漢户田土不許夷人買。集夷爲軍。自大中祥符以來，每有邊事，則屯集名夷義軍爲用，屢獲功賞。今安寧縣所管七姓、十九姓僰、戎，皆義軍也。國朝著令：義軍之長咸命以官，得世襲，歲給鹽絹及冬夏犒設。酒茗弛禁。圖經：「極邊云云，是以人樂其生。」○王章嘉魚泉記：「兵厨之酒，冠於東州。」聲教所漸。同上。「唐因四夷内屬之勢，即西南夷部落開山洞置州縣，雖貢賦版籍多不上户部，而——暨，——如華風。」

【形勝】西境馬湖。圖經：「云云，南控烏蠻，東介安溪，北接綿水。」左連阿水。趙招討平夷表：「云云，右連石門。」外鄰蕃、蠻。圖經：「云云，内接瀘、戎。」○僉廳記：「控扼蠻、蜒，捍蔽瀘、叙。」常當兵衝。軍學記：「瀘南邊面闊遠，有警則長寧云云。」

【土産】鹽井、圖經：「初，人未知有井。俄有牧人辨其鹹，告之，有司乃置監鬻——。其——不鑿而自成。」十州五團記：「羈縻十州獻其鹽池，〔一五〕官後爲淯井監。然自唐末僖宗朝，淯井之鹽已給蜀用。」筇竹、蒟醬。郡志：「今夷衆開箐路，殳去——，少有之，惟冬——可以入藥。」

【山川】寶屏山、軍治之主山，與棫山諸峰相對。牛心山、在軍治左。筆架山、在軍治右。燕巖、去軍北三里許，在棲真洞。路旁石巖森列數百。虞易簡有記。水簾洞、去寧遠寨三里。山泉於巖前滴下。槵子洞；在郡北三十里。内有朝真洞在絶頂，棲真洞在山谷之坳，名勝，來游皆有詩。介湖、在郡治西城下，中植荷芰。東溪、發源白崖山，與嘉魚泉合。西溪、發源越王山，與桃源溪合。硯石溪、在牛心山後。岸石如磬，可以爲硯。涇灘瀑布。自山頂飛流而下，幾數十丈。下有深潭。

【井泉】嘉魚泉。去城一里。馬鞍山之趾，泉漱石湧出，有小魚四時如一，不增不長，故以名之。邦人釀酒，必用山後糯米及嘉魚泉，則味極甘，否則剛硬。

【樓閣】鬱藍樓；在介湖上。臨流閣。在嘉魚泉。

【亭榭】登雲亭；在寶屏山上。每歲九日登高于此。小桃源、相傳有耕者得一銅牌，曰「———」，其上有詩云：「綽約去朝真，仙源萬木春。要知竊桃客，定是會稽人。」其水發源筆架山，在軍城冷水溪之上。嘉定己巳，太守張公市民田種植桃李，創置亭榭，曰仙津橋、桃源洞，亭曰蒸霞，堂曰詒然。小離堆。在城北岸溪上崇德廟前。溪中有怪石，似離堆之象，因作亭於此，榜曰———。

【名宦】皇朝劉堯年、建軍之初，以堯年權發遣軍事。卜漏之變，堯年以諸路兵爲先鋒，忠勇叶濟，卒平寇難。甄援。中興遺史載：「建炎間，苗傅、劉正彦爲亂，高宗退居顯寧寺。張浚、吕熙浩等遣兵勤王，遣援携蠟彈間行入顯寧寺，高宗始知勤王消息。後以閤門宣贊權軍事。譙樓記載其補天浴日之功，蓋謂此。」

【人物】單演之。乾道辛卯，破荒以明經中外省。

【題詠】蠻錦織成詩。歸田録載：「蘇子瞻嘗於淯井監得夷人所賣蠻弓衣，其文織成梅聖俞春雪詩，蓋其名重，傳於夷狄。」醉眼誰能望夷落。楊君登寶屏詩：「云云，平生逸興斷鴻邊。」武陵勝處今何在。張師夔：「云云，不聞沿流問花落。」

【四六】

瀘水退陬，夜郎故境。肇唐室之羈縻，成安夷之聚落。儀鳳之初，羅陽建郡；天授以後，思峨啓封。右横筆架，而下瞰藕湖；背倚寶屏，而前矗棫嶺。淯井煮鹽，或少裨於財計；蠻鄉織錦，亦能重於詩章。

富順監

【建置沿革】禹貢梁州之域。東井、輿鬼之分野。春秋、戰國爲巴地。秦爲巴郡。漢武初置犍爲郡。東漢末劉璋分犍爲立江陽郡，江陽縣仍屬焉。江陽縣有富義井。後周置洛源郡及富世縣。隋廢郡，以縣屬瀘州。唐因之，後避太宗諱改爲富義縣。皇朝平蜀，以瀘州富義縣地置富義監，尋改富順監，熙寧置富順縣，尋省。今隸潼川府，不領縣。

事要

【郡名】釜川。

【風俗】俗慤而愿。教授錢士開泮水巷記。俗知禮遜。同上。「天聖初，赤崖斗郎春犯命，旋即討平。今之夷人多其子孫。其俗尚多不巾而髽，近始服青布，刺綉紋，呼爲上獠。漸陶既久，習——知有——。」仍有夷風。郡縣志云云。士競於文。泮水巷記云云。

【形勝】南距戎、瀘。李昌金川驛記：〔一六〕「云云，北走普、資。」大江環其下。泮水巷記：「翠巘絡繹張其前，〔一七〕——繚繞——。」奠梁、蜀之東。知監趙齊題名記：「富順云云，爲水陸之會。」擬於列藩。金川驛記：「舊制等於諸縣，嘉祐以新例，云云。」

【土産】鹽井。寰宇記：「縣有——，人獲厚利，故曰富世。」○郡志：「劍南鹽井，惟此最大，舊日爲額八百餘斤，今日額千五百餘斤。」○楊光清操堂記：「三榮、富順産鹽，其地號爲貪泉。」

【山川】東山，在監治東。龍山，在監治後。凌雲山，在監西養秀山西北。大江前橫，一峰突兀，爲監人登臨之地。馬腦山，在監西，與凌雲相接。西北諸山，惟此最高，下即中巖。聖燈山，在監西五里。養秀山，在監西。一峰聳秀。中巖山，西北二里。富順三歌：「惟山勢盤薄，林木葱茂，有叢林氣象。」北巖，在監北。有五百羅漢洞及水簾。内江，發源漢州雒源，歷監之南門，自東而西，此地因號金川。西湖。在監之西。相傳有此監，即有此湖。皇祐間周侯延儁有記，仍有亭榭。

【堂舍】霧隱堂，在中巖。趙丞相沂公謁中巖大士，獲以夢告，明年舉于鄉。公爲文記之，有「雲霄橫翔」之語。後人爲建斯堂。振文樓，在監南。魏了翁爲記。榕齋，在監治。以榕木名。西疇。由城之南，絶江而上，西行計六七里，其地廣六十畒，萬松森列，嘉樹離立，乃李氏——。趙公遡記：「有亭臺花木之勝，盤據一方。」

【名宦】皇朝張宗誨。天聖間爲守，赤崖夷賊斗郎春等面縛請降。

【人物】丁處榮，家於富義。王均叛，處榮與押衙李英恪詐降，即擒斬斗郎春。賜獎諭擢爲州長史。〔一八〕李見，英恪之子。隱神龜山，〔一九〕有讀易洞。李文淵。治平間登第，仕至朝議大夫。

【題詠】置吏撫南夷。司馬君實送張寺丞知富順監詩：「漢家尺五道，云云。欲使文翁化，兼令孟獲知。盤堆蒟醬實，歌雜竹枝辭。」夷居半巖壁。韓子華送周知監詩云：「唐家諭巴、蜀，通道至邛、僰。列郡徼西南，云云。」民俗半夷風。韓縝詩：「劍外吾能説，山川大抵同。君行在巴徼，云云。火田租賦薄，鹽井歲時豐。」所資鹽井利。韓子華詩：「土瘠事刀耕，家無終成蓄。云云，持易他州粟。」山高地窄江水惡。韓繹詩：「蜀土風景信不好，君之所治西南夷。云云，刀耕火種黎民疲。」街巷家家小酒旗。解旦詩：「亭臺處處垂楊影，云云。」

【四六】

疏恩宸陛，擢守富川。雖云一監，可擬列藩。火田租薄，故罕事於農耕；監井利優，故多趍於商販。監特强名，敢擬諸邦君之貴；事雖專達，不過一大縣之封。

校勘記

〔一〕「古僰國」，「僰」，底本原作「僰」，誤，據史記卷一一六西南夷傳、漢書卷二八上地理志、元和郡縣志卷三一改。又，此誤本書甚多，下不一一出校。

〔二〕「梁又置六同郡於南廣縣」，「南廣縣」，底本原作「如廣縣」，據隋書地理志卷二九、元和郡縣志卷三一改。

〔三〕「武宗時以大水移於蜀江之北」，「武宗」，底本原作「武帝」。按唐代諸帝無稱武帝者，太平寰宇記卷七九云「會昌二年遭馬湖江水，移于今理所」，會昌爲唐武宗年號，則本書「武帝」爲「武宗」之訛，今據改。輿地紀勝卷一六三、蜀中名勝記卷一五皆作「武宗」，可證。

〔四〕「其蠻獠之類」，「其」，底本原作「某」，據太平寰宇記卷七九改。

〔五〕「快剥千顆輕紅肌（至）堆盤馬乳不同時」，底本原誤「肌」爲「肥」，又誤「不」爲「則」，今據山谷内集卷一三廖致平送緑荔支爲戎州第一王公權荔支緑酒亦爲戎州第一及輿地紀勝卷一六三改。

〔六〕「漢陽山在慶符縣北」，「北」，底本原作「下」，山在縣下，此語費解。讀史方輿紀要卷七〇、蜀中名勝記卷一五均云「漢陽山在縣北八十里」，今據改「下」爲「北」。

〔七〕「盡刻杜子美東西川及夔州詩」，「東西川」，底本原作「東西州」，據豫章黄先生文集卷一六刻杜子美巴蜀詩序改。

〔八〕「桯史（至）題之曰味諫軒」，底本原誤「桯」爲「程」，又誤「諫」爲「謙」，據四庫本及岳珂桯史卷一二味諫軒改。

〔九〕「作喬木庵」，按山谷内集卷一二目録序作「作槁木寮、死灰庵」，疑本書有誤。

〔一〇〕「壤地偏小」，「壤」，底本原作「壞」，據四庫本及輿地紀勝卷一六四改。

〔一一〕「晉屬巴郡及巴西郡地」，「屬」，底本原作「蜀」，據嶽雪樓本及輿地紀勝卷一六五改。

〔一二〕「石工刻就龍形」，「就」，底本原作「形」，據北圖本、四庫本、傳是樓本及輿地紀勝卷一六五改。

〔一三〕「在渠江縣北十里」，「北」，底本原作「凡」，據北圖本、四庫本及輿地紀勝卷一六五改。

〔一四〕「晉宋齊並屬犍爲郡之江陽及朱提郡之漢陽縣」，據晉書卷一四地理志、宋書卷三八州郡志、南齊書卷一五州郡志，江陽縣于晉、宋、齊三代均屬江陽郡，不隸犍爲郡。此江陽郡爲三國蜀章武元年由犍爲郡析出，則晉、宋、齊時不宜再稱犍爲舊名。又，漢陽縣，底本原謂「屬朱鳶郡」，據上述三書記載，實屬朱提郡，今改正。

〔一五〕「羈縻十州獻其鹽池」，「縻」，底本原作「索」，據北圖本、四庫本及宋史卷八九地理志改。

〔一六〕「李昌金川驛記」，「川」，底本原作「山」，據本書下文「擬於列藩」條下「金川驛記」改。輿地紀勝卷一六七、蜀中名勝記卷一五亦作「金川驛記」，可證。

〔一七〕「翠巘絡繹張其前」，「巘」，底本原作「讞」，據輿地紀勝卷一六七、蜀中名勝記卷一五改。此處蓋謂青山，當作「巘」，作「讞」誤。

〔一八〕「賜獎諭擢爲州長史」，「擢」，底本原作「摧」，據北圖本、四庫本改。

〔一九〕「隱神龜山」，底本原作「祠龜山」，並脱「隱」字，今據北圖本、四庫本改、補。

方輿勝覽卷之六十六

利州東路

興元府 南鄭　廉水　城固　褒城　西縣

【建置沿革】禹貢梁州之域。秦、楚之交，東井、輿鬼、翼、軫之分野。周合梁於雍，又屬雍州。春秋、戰國屬秦、楚。秦爲南鄭及漢中郡。項羽封漢高爲王，都於此。漢改梁曰益。王莽改曰新成郡。〔一〕後漢張魯據漢中，改曰漢寧。魏武復置漢中郡。〔二〕蜀先主爲漢中王。晉爲梁州。自宋以來，多理南鄭。〔三〕後魏亦立梁州及漢中郡。後周改爲漢川郡。隋廢梁州爲漢川郡。唐爲梁州；又以梁、涼聲相近，更名褒州，尋復故名；改漢中郡，復爲梁州；德宗以朱泚之亂幸梁、洋，陞興元府。皇朝乾德鑄興元尹印；分益、梓、利、夔四路，興元府爲利州路；後分利州東、西路，而興元爲利東路。今統郡十，領縣五，治南鄭。

本路安撫、提刑置司。

事要

【郡名】漢中、天漢、蕭何諫高祖曰：「——，其稱甚美。」○劉禹錫廳壁記：「——之邦，實居右部。」南鄭、褒中、褒陽。

【風俗】其氣彊梁。東漢志：「西方之氣——，故曰梁州。」其民質直。華陽志：「云云好義，土風朴厚，有先民之風。」多事畋漁。隋志：「漢中之人，朴質無文，不甚趍利，性嗜口腹，——，雖柴門蓬室，食必兼味。」秦資其富。華陽國志序：「云云，用兼天下。」漢用以興。同上。「漢祖階之，奄有四海。」又：「以帝業所興，不封藩王。」

【形勝】南接廣漢。華陽國志：「東接南郡，云云，西接隴西、陰平，北接秦川。厥壤沃美，貢賦所出，略似三蜀。」前瞰三秦。紹興孫道夫：「秦漢中云云，後蔽四川，黄權以爲蜀之股肱，楊洪以爲蜀之咽喉，故諸葛亮、蔣琬、費禕之徒皆駐兵于此。」前控六路之師。張魏公德遠奏：「漢中形勢之地，云云，後據兩蜀之粟，左通荆、襄之財，右出秦、隴之馬。」爲巴、蜀捍蔽。元和志：「漢中云云，故蜀先主得漢中，曰：『曹公雖來，亦無能爲也。』是以公孫述、劉備、李雄據蜀，漢中皆陷。」蜀之股臂。按三國蜀志黄權傳曰：「今若失漢中，則三巴不振，此爲割蜀之股臂也。」〔四〕成都之喉嗌。隋書：「南鄭要險，云云。」秦、蜀出入之衝。太守文同奏：「云云，誠山西浩瀼之奥區。」地形險固。曹洪曰：「漢中云云，四嶽、三塗，皆不及也。」連高夾深。歐陽詹：「秦之坤，蜀之艮，云云，九州之險也。陰谿窮谷，萬仞直下。奔崖峭壁，千里無土。」爲威禦之鎮。寰宇記：「氐虜接畛，云云。」鎮梁州之中，故以爲之號。

【山川】中梁山、去南鄭縣十三里。南方之美者，有梁山之犀象焉，州因山名。漢山、山在南鄭縣西南二十里。四峰八面，其南接巴山。山有池水。天臺山、在南鄭縣北四十里。山頂平坦如臺，興元坐其岡脉。石有金星，可作硯。金華山、在南鄭縣西南七十里。峭峰特起。青銼山、在南鄭縣西南五十里。山頂一石如銼。梁州山、在南鄭縣東南百八十里，與孤雲、兩角相接，大山四圍。其上三十里許甚平，或云古——治也。孤雲山、在廉水縣東南百七十里。兩角山、與孤雲山相連。◯玉堂閑話云：「興元之南，有太行路通於巴州。其路險峻，三日而達于山頂。其絶高處謂之『孤雲、兩角，去天一握』，淮陰廟在焉。」仙臺山、在廉水縣。道經云：「仙女、玉女所居之地。」有韓信廟，云蕭何追信至此。斗山、在城固縣。道經云：「山有五穴：一通崑崙，一通隴山，一通武光，一通青城，一通長安。」三嵎山、在城固縣西北四十里。三峰鼎立萬仞。箕山、在褒城縣北十五里。〔五〕鄭子真隱於此山。諸葛亮嘗遣趙雲、鄧芝等據箕谷。卓筆山、去西縣二十里。一峰削出如筆。定軍山、在縣西南十里，北臨沔水。三國志「建安三十二年，劉備嘗於——，夏侯淵引兵争之」，即此。有武侯墓。嶓冢山、在故金牛縣東二十八里。漢水所出。石臼嶺、歐陽詹詩：「鳥企蛇盤地半天，下窺千仞到浮煙。因高回望沾恩處，認得梁州落日邊。」褒谷、在褒城縣北。郡國志謂：「北口曰斜，南口曰褒，長四百七十里，同爲一谷。兩谷高峻，中間谷道褒水所流。乃張良送高祖至褒中，説燒棧道；曹操出斜谷，遮要以臨漢中；諸葛亮由斜谷取郿；〔六〕皆此道也。」

斜谷、在府西北。入——路至鳳州界百五十里，有棧閣二千九百八十九間，板閣二千八百九十二間。又自往土人云：「其間有一溪，可行舟。」◯孫資曰：「昔武帝征南鄭，取張魯，陽平之役，危而後濟。又自往拔出夏侯淵軍，數言『南鄭直爲天獄中，斜谷道爲五百石穴』，言其深險，喜出淵軍之辭也。」**駱谷**、詳見崔覯詩：「高峰偃蹇雲崔嵬，層崖巨壑長峽開。龍蛇縱横虎豹亂，古棧朽滅埋深苔。」**子午谷**、詳見洋州。**武鄉谷**、諸葛亮封武鄉侯，即此。**百牢關**、在西縣三十里。〔七〕元和志：「隋置白馬關。後以黎陽有白馬關，故更此名。」◯李義山送叔梓州詩：「莫歎萬重山，君還我未還。武關猶在望，何況——。」**石頂關**、在西縣東南三十里。今置關，最爲險要。**七盤路**、在褒城北二十里。元稹有詩，見「題詠」門。**石門**、在褒城縣西北。◯元稹詩：「東凌——險，西表金華瑞。」◯韋蘇州有懷谷口詩云：「念昔白衣士，結廬在——。」蓋石門即谷口，鄭子真所居也。**街亭**；三國志：「魏張郃與蜀將馬謖戰于此。」**華陽水**、在褒城縣西北十五里。**黑水**、在城固縣西北太白山。禹貢：「華陽、——惟梁州。」〔八〕諸葛亮箋云：「朝發南鄭，暮宿——。」**廉水**、出大巴山北密谷中。詳見范柏年注。**遜水**、其源起於廉水，溉田之餘，東南流至古廉水城之側。**文水**、在城固縣北。**褒水**、出太白山下，褒中即山河堰也。或云本蕭何堰，訛爲「山河」。**丙水**。源出褒城縣西北牛頭山。有丙穴，出嘉魚。

【堂樓】桂石堂；在府園。○文與可詩：「嘗聞陽朔山，萬尺從地起。孤峰立亭下，此石無乃似。」天漢樓。在府治子城上。山川環繞，〔九〕爲一郡登覽之勝處。

【亭榭】四照亭、在府園。○文與可詩云：「巒嶺附梁山，汀洲隨漢水。秋容上屏障，左右三百里。此景誰能論，殘霞獨憑几。」盤雲塢。在府園。○文與可詩：「幾曲上層城，盤盤次文石。」

【館驛】褒城驛。孫譙記：「——天下第一。及得寓目，視其沼則淺混而茅，視其舟則離敗而膠，庭除甚蕪，堂廡甚殘，烏睹其所謂宏麗者。訊於驛吏，則曰：『忠穆公嘗牧梁州，以褒城控二節度治所，龍節虎旗，馳馹奔軺，以去以來，轂交蹄劘，由是崇侈其驛，以示雄大。〔一〇〕蓋當時視他驛爲壯，且一歲賓至者不下數百輩，苟夕得其庇，飢得其飽，皆暮至朝去者，寧有顧惜心耶？至如棹舟，則必折篙破舷碎鷁而後止；〔一一〕魚釣，則必枯泉汩泥盡魚而後止。至有飼馬於軒，宿隼於堂，凡所以汙敗室廬，糜毀器用。官小者，其下雖氣猛可制；官大者，其下益暴橫難禁。由是日益破碎，不與曩類。其曹八九輩，雖以供饋之隙一二力治之，其能補數百人殘暴乎？』語未既，有老甿笑於旁，且曰：『舉今州縣皆驛也。吾聞開元中，天下無金革之聲，而户口日益破；疆場無侵削之虞，〔一二〕而墾田者益寡，生民日益困，財力日益竭；其故何哉？凡與天子共治天下者，刺史縣令而已。以耳目接於民，而政令速於行也。今朝廷命官，既已輕任刺史縣令，而又促數於變易。且刺史縣令者，三歲再更，故州縣之政，苟有不利於民，可以出意革去者，其在刺史縣令則曰：「我即去，何用如此？當愁醉醲，當飢飽鮮。囊帛匱金，笑與秩終。」嗚呼！州縣者，真驛耶？矧更代之隙，黠吏因緣恣爲奸欺以賣州縣者乎？如此而欲望生民不困，財力不竭，户口不破，墾田不寡，難哉！』予既揖退老吒，條其言，書於褒城驛壁。」

【古跡】媯墟、世本云：「在城固縣西北，舜之居也。」劉禹錫驛路記云：「鎮于一一。」褒城、八陣圖。胡曾詩：「恃寵驕多得自由，驪山舉火戲諸侯。祇知一笑傾人國，不覺胡人滿玉樓。」〔一三〕

在西縣定軍山下。郡志：「每陰曀則有鼙鼓之聲。」〔一四〕

【名宦】田叔、華陽國志：「蕭何守關中，以田叔爲漢中守。叔既餽以軍饟，又致名材，帝嘉之。」魏延、蜀先主還治成都，當得重將以鎮漢中。衆論必在張飛，飛亦以心自許。先主乃拔延，爲督漢中。范柏年、宋人。爲州將劉亮使，至京師諮事。明帝言至廣州貪泉，因問柏年：「卿州亦有此水否？」答曰：「梁州惟有文川、武鄉、廉泉、遜水。」又問：「卿宅在何處？」答曰：「臣所居在廉、遜之間。」帝美其對。温造、以興元軍亂，殺李絳，衆謂造可夷其亂，乃授節度使。李德裕、以李訓用事，爲節度使。元結、少遇亂，沉浮人間，蘇元明薦結於肅宗，上時議三篇，上悦，擢山南西道節度使。元稹、爲刺史。孟郊；興元節度使鄭餘慶奏爲參謀。皇朝許遜、祥符間爲守。府有堰，溉田萬頃，世傳蕭何所爲，〔一五〕乃躬治木石修之。堰成，歲大豐。歐公爲記其事。魯宗道、祥符中以祕丞知城固縣。張浚、宣和中爲士曹，言行録謂調褒城令。劉子羽。紹興四年爲守。初，宣司移軍閬中，公留關外護軍。明年，吴玠戍河池，王彦戍金州，二鎮皆飢，興元帥閉關塞，褒、斜二鎮病之。張公浚乃承制，拜公知興元。至之日，盡弛其禁，通商輸粟，二鎮乃安。

【人物】鄧先、城固人，多奇計。吴、楚反，帝誅錯。先爲校尉，擊吴、楚，還，上問曰：「七國聞誅錯，兵罷否？」曰：「七國爲反，謀數歲，發怒削地，非爲錯也。」帝曰：「公言善。」張騫、城固人。建元中使月氏，開西南夷，封博望侯。鄭子真、褒中人。成帝時，王鳳備禮聘之，不應。家于谷口。楊王孫、城固人。治黄、老。家累千金，厚自奉養。臨終告其子曰：「我死裸葬，以復吾真。」李郃、南鄭人。通五經，善河、洛、風星，知有二使者入益部。詳見成都。李固；南鄭人。爲太尉，以欲立清河王蒜，爲梁冀所害。皇朝楊冲遠、魏公張德遠試吏興元理掾，往别鄉先生楊用中，曰：「公嘗往來梁、洋，其人士有與子遊者乎？」楊曰：「興元楊冲遠可以爲師，洋州雍退翁可以爲友。」公至興元，遂與爲友。雍諱冲，退翁其字也。方元祐大臣變更政事，冲居太學，上書數其罪，乞誅之。有旨移興元府自訟齋。許尹、紹聖中知興元，召對言「今日莫若重蜀，重蜀以興元爲本」，高宗嘉納其説。安守忠。長編：「王師克興元，上召安守忠，謂曰：『遠俗困於苛虐，南鄭走集之地，爲撫和之。』遣知興元府。」

【題詠】梁惟西南屏。韓獻鄭相公：「云云，山厲水刻窟。稟生肖勦剛，難諧在民物。滎公鼎軸老，〔一六〕烹斡力健倔。帝咨女予往，牙纛前坌坲。威風挾惠氣，蓋壤兩劘拂。」緑樹滿褒、斜。劉禹錫送趙中丞參山南幕府詩：「云云，西南蜀道賒。驛門臨白社，〔一七〕棧道過黄花。」棧道與雲齊。趙氏雜言寄杜羔詩：「梁州秦嶺西，云云。」棧想武侯征。元微之褒城贈黄明府詩序：「元稹爲刺史，奉使東川，至褒城驛，有黃明府見迎，艤舟同載，因徧問其褒陽山水，則褒姒所奔之城在其左，諸葛亮所征之路次其右。」作贈黃明府詩：「迤邐七盤路，坡陀數丈城。花疑褒女笑，云云。」**後騎踏橋聲。**劉禹錫送令狐相公鎮梁州詩：「雲樹褒中路，風煙漢上城。前旌轉谷去，云云。」**詩、書理漢中。**姚合送鄭尚書赴興元：「儒有登壇貴，何人得此功。紅旗燒密雪，白馬踏長風。斧鉞來天上，云云。方知百勝略，應不在彎弓。」**孤鶩入洋州。**崔覲城樓詩：「斷煙橫沔水，云云。」**一身騎馬縣官迎。**元稹詩：「今日清明江上去，云云。」**忽驚身在古梁州。**元稹詩云：「驛吏呼人排馬去，云云。」**計程今日到梁州。**白居易寄元稹詩：「花時同醉破春愁，醉折花枝作酒籌。忽憶古人天際去，云云。」**聽唱梁州雙管笛。**李聽西城聽唱梁州詞：「行人夜上西城宿，云云。此時秋月滿關中，何處關山無此曲。」**萬轉江山通蜀國。**羅隱送人赴任褒中詩：「云云，兩行珠翠見褒人。海棠花謝東風老，應念京都共苦辛。」**戮盡鯨鯢漢水清。**劉禹錫送溫尚書出鎮興元詩：「旌旗入境犬無聲，〔一八〕云云。從此世人開耳目，始知名將出書生。」**棧底江含雪水寒。**劉禹錫送令狐楚詩：「山中花帶煙嵐晚，云云。」**漢中沃野如關中。**黃冕仲言和糴之病作罷糴行：「云云，四五百里煙蒙蒙。黃雲連天夏麥熟，水稻漢漢吹秋風。七月八月穲稏紅，一家往往收千鍾。」**雲棧屏山月月遊。**陸務觀漢中詩：「云云，馬蹄初喜踏梁州。地連秦、雍川原壯，水下荆、揚日夜流。」

【外邑】月明西縣驛南樓。元稹漢江聞笛詩：「小年爲寫游梁賦，最説漢江聞笛愁。〔一九〕

今夜聽時在何處，云云。」

【四六】

出綸天上，趣鎮漢中。　眷西陲之要地，有南鄭之名邦。　褒姒所奔之城，諸葛出征之路。　昔炎圖之肇造，由此而興；今全蜀之欲安，賴茲以守。　青天上蜀道，久嚴分閫之權；黑水惟梁州，允賴安邊之傑。　宣化承流，分五馬、雙旌之寄；躋危歷險，在孤雲、兩角之邊。　張留侯棧道之絶，陳迹可尋；鄭子真谷口之耕，清風猶凜。　谷號褒斜，漢功臣之所保；水名廉、遜，宋名士之攸居。　出鎮梁州，歷旌谷騎橋之險；大書褒驛，嚴匱金囊帛之詞。

利州 綿谷　葭萌　昭化　嘉川

【建置沿革】禹貢梁州之域。井、柳之分，鶉首之次。春秋、戰國爲蜀地。蜀王封其弟葭萌於漢中，號苴侯，因命其邑曰葭萌。秦置蜀郡及漢中郡，〔二〇〕而葭萌隸蜀郡。漢分置廣漢郡，今州即廣漢郡之葭萌地。蜀先主改爲漢壽縣，屬梓潼郡。晉武改爲晉壽縣，尋陷於李雄。宋文帝時陷于楊難當。齊分晉壽之興安縣置東晉郡於烏奴城，郡對烏奴山，即其故地也。魏爲西益州。梁改爲黎州，又爲西益州，又改爲利州。隋煬帝改爲義成郡。唐又爲利州，改益昌郡，復爲利州；初隸感義軍，更感義曰昭武軍，治利州。〔二一〕五代前蜀仍爲昭武軍。後唐平蜀，改曰益州。後蜀因之。皇朝改昭武軍爲寧武軍；中興以來，張浚以宣撫使退保利州，鄭剛中、虞允文以宣撫使置司利州，王炎始移司興元，安丙仍乞置司利州。今領縣四，治綿谷。

四川總領、本路轉運置司。

事要

【郡名】寧武、益州、〔一二〕益昌、小益、圖經：「呼爲——，對成都爲大益也。」劍外。寧武志序：「———一大都會。」

【風俗】土瘠民貧。寶峰亭記：「云云，城郭庫而居室陋。」民貧役重。蘇子瞻跋鮮于子駿益昌八詠云云。壤錯羌、氐。司馬公祠堂記：「郡—故——、——，與上庸、百濮、微、髳、彭、盧俱。」雜以秦語。寧武志：「自城以南，純帶巴音；由城以北，云云。」

【形勝】南走劍門。陳恢倅廳題名記：「益昌之—，陸————，過劍而東、西川在焉；水走閬、果，由閬、果而去，適夔、峽焉。西則趣文、龍二州，東則會集、壁諸郡。故益昌於蜀，最爲一方之都會。」後通巴、蜀。寧武志：「前接關表，云云。」前界關表。寧武志：「云云，後據劍北，實爲重地。」西臨嘉陵。元和志：「州城云云。」爲蜀北門。重修學記云云。據秦、巴之衝。司馬温公祠堂記云云。據川陸之會。寧武志云云。咽喉要路。蜀志：「先主使陳戒絶馬鳴閣，魏武聞之，喜曰：『此閣過漢中之陰平，乃——之——。』」○綿谷驛記：「利控蜀之吭，四集之國也。」四戰之地。唐周庠説王建曰：「葭萌云云，難以久安。」蜀檮杌曰：「利州四會五達。」

【山川】烏奴山、在綿谷縣北六七里，以李烏奴得名。峭壁如削。有洞，高不可上。五代時，王真人舉家上昇於此。龍門山、梁州記：「葱嶺石穴，高數十丈，如門。亦名龍洞山。」朝天嶺、在州北五十里。路徑絶險，其後即朝天程舊路，在朝天峽棧閣，遂開此道，人甚便之。」○文與可——詩：「嶺若畫屏隨峽勢，水如衣帶轉巖陰。」漫天嶺、長編：「乾德二年，王師伐蜀，蜀主燒絶棧道，退保葭萌，遂擊金山寨，又破漫天寨，蜀人退保大漫天寨，拔之，追至利州。」郭奕詩見閬州。五盤嶺、杜甫詩：「五盤雖云險，山色佳有餘。仰凌棧道細，俯映江木疏。〔二三〕地僻無網罟，水清反多魚。好鳥不妄飛，野人半巢居。喜見厚朴俗，坦然心神舒。東郊尚格鬬，巨猾何時除？故鄉有弟妹，流落隨丘墟。成都萬事好，豈若歸吾廬。」○岑參早上———詩：「平旦驅駟馬，曠然出五盤。江迴兩崖鬬，日隱羣峰攢。蒼翠煙桑曙，〔二四〕森沉雲樹寒。松疏露孤驛，花密藏迴灘。棧道溪雨滑，畬田巖草乾。此行爲知己，不覺蜀道難。」白衛嶺、在昭化縣南，與劍門相接。有白衛鋪。○唐詩紀事載：「明皇幸蜀，登———，眺覽良久，歌李嶠詩：『山川滿目泪沾衣，富貴榮華能幾時。不見只今汾水上，惟有年年秋鴈飛。』曰：『李嶠真才子也。』」龍門閣、在綿谷縣一里。馮鈴幹田云：「其他閣道雖險，然在山腰，亦微有徑可以增置閣道。獨惟此閣，石壁斗立，虛鑿石竅而架木其上，比他處極險。」○杜甫龍門閣詩：「清江下龍門，絶壁無尺土。長風駕高浪，浩浩自太古。危塗中縈盤，仰望垂線縷。滑石欹誰鑿？浮梁裊相拄。目眩隕雜花，頭風吹過雨。百年不敢料，一墜那得取。飽聞經瞿唐，足見度大庾。終身歷艱險，恐懼從此數。」石櫃閣、杜甫詩：「季冬日已長，山晚半天赤。蜀道多草花，江間饒奇石。石櫃曾波上，臨虛蕩高閣。〔二五〕清輝回羣鷗，暝色帶遠客。羈棲負幽意，感嘆向絕跡。信甘孱懦嬰，不獨凍餒迫。優游謝康樂，放浪陶彭澤。吾衰未自由，謝爾性有適。」**馬鳴閣**、在昭化縣。**劍閣**、在綿谷、葭萌縣。又見隆慶府劍門關注。○歐陽詹棧道銘：「斜根玉壘，旁綴青泥。總庸、蜀之道塗，統岐、雍之康莊。」○李白送友人王炎入蜀作劍閣賦云：「若明月出於劍閣兮，與君兩鄉對酒而相憶。」**大劍城**、元和志：「即秦張儀、司馬錯伐蜀所由路，又謂之石牛道。」詳見劍門關。**小劍城**、在益昌西南五十里，去大劍城三十里。連山險絕，飛閣通衢，〔二六〕故謂劍也。**潭毒關**、在州北九十里。有御前軍屯駐于此。下瞰大江，路皆滑石，登陟頗艱。異時撒離合破興元，帥劉子羽屯兵于此，以捍蜀口。又其下深潭有一鐵索，見則兵動。**明月峽**、晏公類要：「巫峽、巴峽、明月峽，三峽惟明月峽在此界。」**石欄橋**；在綿谷縣一里。自城北至大安軍界，管橋欄閣共一萬五千三百一十六間，其著名者爲石櫃、龍門焉。**西漢水**、一名嘉陵江，在綿谷西一里。**潛水**、出綿谷縣東北龍門山。書：「沱、潛既道。」**藍溪**、在葭萌縣。出龍鼻山，流入閬州界。**南渡**、温庭筠利州南渡詩：「澹然空水帶斜暉，曲島蒼茫接翠微。渡上馬嘶看棹去，柳邊人歇待航歸。數叢沙草羣鷗散，萬頃江田一鷺飛。誰解乘舟尋范蠡，五湖煙水獨忘機。」**桔栢潭**、在昭化縣。今昭化驛有古栢，土人呼桔栢，故以名潭。○杜甫詩：「青冥寒江渡，駕竹爲長橋。竿濕煙漠漠，江水風瀟瀟。連笮動嫋娜，征衣颯飄颻。急流鴇鷁散，絕岸黿鼉驕。西轅自兹異，東逝不可要。〔二七〕高通荆門路，闊會滄海潮。孤光隱顧盼，遊子悵寂寥。無以洗心胸，前登但山椒。」**南池**。劍南詩稿云：「杜詩所謂『安知有蒼池』者，即此地。」或云在閬州。

【堂亭】公居八詠、鮮于侁題靈溪寺，曰桐軒、竹軒、栢軒、巽堂、山齋、燕間亭、會景堂、寶峰亭，凡五言八句。司馬温公、范蜀公、蘇潁濱、〔二八〕文與可偕有詩。會景堂；鮮于子駿詩：「金城環雉堞，雪屋瞰闤闠。雙林聳江右，九隴覘天外。」寶峰亭、司馬君實詩：「髻鬟烏奴翠，衣帶嘉陵碧。霞生白水尾，日没九隴脊。」○鮮于子駿：「舟航日上下，車馬不少閑。近邑凑商賈，遠峰自雲煙。」○文與可：「嘉陵抱江回，平衍出横瀅。中間築雄壘，獨據兩川會。行臺敞嚴府，磊落北城外。」山齋。范蜀公詩云：「衆山四面合，二水南北流。」蘇潁濱詩：「簡書日潭潭走翠楹，直上巒嶺背。」填委，杖屨每幽獨。」

【古跡】望鄉臺、九域志：「武元衡送柳郎中詩：『望鄉臺下秦人去，學射山中杜魄哀。』」望喜驛、李義山詩：「嘉陵江水此東流，〔二九〕望喜樓中憶閬州。若到閬州還赴海，閬州應更有高樓。」嘉陵驛、武元衡詩：「悠悠風旆遶山川，山驛空濛雨作煙。路半嘉陵頭已白，蜀門西更上青天。」籌筆驛。在綿谷縣，去州北九十九里。舊傳諸葛武侯出師嘗駐此。○杜牧詩：「三吴列婺女，九錫獄孤兒。霸主業未半，本朝心是誰？永安宫受詔，籌筆驛沉思。畫地乾坤在，〔三〇〕濡毫勝負知。艱難同草創，得失計毫氂。寂默經千慮，分明混一期。川流縈智慮，山聳助扶持。慷慨匡時略，從容問罪師。褒中秋枝角，渭曲晚旌旗。仗義懸無敵，鳴攻固得宜。〔三一〕若非天奪去，豈復慮能支。子夜星纔落，鴻毛鼎便移。郵亭世自换，白日事長垂。何處躬耕者，猶題八字詩。」〔三二〕○李義山詩：「魚鳥猶疑畏簡書，風雲長爲護儲胥。徒令上將揮神筆，終見降王走傳車。管、樂有才終不忝，關、張無命欲何如。佗年錦里經祠廟，梁父吟成恨有餘。」○羅隱題：「抛擲南陽爲主憂，北征東討盡良籌。時來天地皆同力，運去英雄不自由。千里山河輕孺子，兩朝冠劍恨譙周。惟餘巖下多情水，猶解年年傍驛流。」○薛逢題：「天地三分魏、蜀、吴，武侯崛起贊訏謨。身依豪傑傾心術，目對雲山演陣圖。赤伏運衰功莫就，皇綱力振命先徂。出師表上留遺恨，猶自千年激壯夫。」○陸游題：「一等人間管城子，不堪譙叟作降牋。」

【名宦】武士彠、九域志：「士彠爲利州都督，生武后于此。」今皇澤寺有武后真容殿。沈長源、按歐陽詹集：「貞元中，吴興沈公長源牧利州，其爲政五年。予旅遊乎利，睹人安俗阜，欽所以美，作益昌行詩，有曰：『驅馬至益昌，倍驚風俗和。耕夫壟上行，負者塗中歌。』」何易于、唐史見循吏傳。易于爲益昌令。刺史崔朴嘗泛舟出益昌，索民挽綷。易于即腰笏身引舟，朴驚問狀，易于曰：「方春百姓耕且蠶，惟令不事，可任其勞。」朴愧疾驅去。顔真卿；自蓬州遷利州刺史。皇朝王素、爲守。司馬池、天聖間爲轉運使。按烏奴山祠堂記云：「公侍其先君駐節此邦，春秋纔十有四，已和鮮于子駿寶峰之詩。」鮮于侁、爲轉運副使。有益昌八詠。又嘗爲京東運使，司馬公以福星稱之。虞允文。蜀帥吴璘卒，以公爲四川宣撫使。公開幕於利州。時軍政久蠹，公首劾大將之病民十一人，薦其可爲將帥者三人。諸軍歡呼相慶焉。

【題詠】葭萌氏種迥。杜甫愁坐作詩：「云云，左擔犬戎屯。」〔三三〕棧道籠迅湍。岑參：

「云云，行人貫層崖。」**關山同一照。**杜甫呈漢王詩：「云云，烏鵲自多驚。」**青原帶秦疆。**蘇子由詩：「嘉陵橫其陰，劍門屹其陽。黑水環禹跡，云云。」**不覺蜀道難。**前人：「此行爲知己，云云。」**朝登劍閣雲隨馬。**岑參嘉州和裴相公發益昌：「云云，晚渡巴江雨洗兵。」**百里夷塗無十步。**陸務觀木瓜鋪詩：「鼓樓坡前木瓜鋪，歲晚悲辛利州路。當車礧礧石如屋，云云。」**馬經斷棧危無路。**陸務觀次益昌詩：「云云，風掠枯茅颯有聲。」**暮雪烏奴停醉帽。**陸務觀詩：「云云，秋風白帝放歸舡。」

【四六】

輟自朝端，出臨劍外。　畫千里地，依五盤山。　旁聯四邑，對峙兩臺。　帝念葭萌，地鄰嶓冢。

昔開帥閫，中興曾駐於重兵；今號侯藩，全蜀此爲之都會。　木牛轉粟，路即達於褒、斜；銅虎剖符，師可臨於秦、隴。　山川險阻，多杜陵叟之詩篇；亭館清幽，有范蜀公之賦詠。　驛名籌筆，羣賢之詩句常存；山號劍門，千古之碑銘不泯。

校勘記

〔一〕「王莽改曰新成郡」，「新成郡」，底本原作「新城都」，據漢書卷二八上地理志改。

〔二〕「魏武復置漢中郡」，「魏武」，底本原作「漢武」。按上文已叙漢代沿革，此不當再云漢武建郡之事。元和郡縣志卷二二興元府下云：「後漢末，張魯據漢中，改漢中爲漢寧郡。曹公討平之，復爲漢中郡。」太平寰宇記卷一三三、輿地紀勝卷一八三同，則此「漢武」爲「魏武」之訛也。三國志卷一魏書武帝紀述此事甚詳，元和郡縣志等所記不誤，今據改。

〔三〕「多理南鄭」，「南鄭」，底本原作「南郡」，據元和郡縣志卷二二、輿地紀勝卷一八三改。

〔四〕「此爲割蜀之股臂也」，底本原作「此爲刮蜀之腹臂也」，據三國志卷四三蜀書黄權傳改。

〔五〕「在褒城縣北十五里」，底本原脱「城」字，據宋史卷八九地理志、輿地紀勝卷一八三補。

〔六〕「遮要以臨漢中諸葛亮由斜谷取郿」，底本原誤「漢中」爲「漢平」，據三國志卷一魏書武帝紀改；又誤「取」爲「耶」，據四庫本及三國志卷三五蜀書諸葛亮傳改。

〔七〕「百牢關在西縣三十里」，按元和郡縣志卷二二「西縣」下作「百牢關在縣西南三十步」，太平寰宇記卷一三三「西縣」下作「百牢關在縣西南」。

〔八〕「禹貢華陽黑水惟梁州」，底本原脱「貢」字，據四庫本及漢書卷二八上地理志補。

〔九〕「山川環繞」，「繞」，底本原作「纔」，據北圖本、四庫本改。

〔一〇〕「以示雄大」，底本原作「以云惟大」，據北圖本、四庫本改。

〔一一〕「則必折篙破舷碎鷁而後止」，「折」，底本原作「析」，據北圖本、四庫本改。

〔一二〕「疆場無侵削之虞」，「削」，底本原作「前」，據北圖本、四庫本改。

〔一三〕「不覺胡人滿玉樓」，「胡人」，全唐詩卷六四七所載胡曾褒城詩作「胡塵」。

〔一四〕「每陰曀則有鼙鼓之聲」，「曀」，底本原作「晴」，據北圖本、四庫本改。

〔一五〕「世傳蕭何所爲」，「傳」，底本原作「博」，據元甲本、元乙本、四庫本、傳是樓本、嶽雪樓本改。

〔一六〕「滎公鼎軸老」，「滎公」，底本原作「榮公」，韓昌黎集卷二獻山南鄭相公樊員外作「滎公」。今檢舊唐書卷一五八及新唐書卷一六五鄭餘慶傳，鄭爲滎陽人，以元和十四年封滎陽郡公，韓昌黎集作「滎公」是，今據改。

〔一七〕「驛門臨白社」，「白社」，本書及全唐詩卷三五七均作「白草」，劉禹錫集卷二八送趙中丞自司金外郎轉官參山南令狐僕射幕府作「白社」，今從劉禹錫集。

〔一八〕「旌旗入境犬無聲」，「犬」，底本原作「太」，據劉禹錫集卷二四美温尚書鎮定興元以詩寄賀改。

〔一九〕「最説漢江聞笛愁」，「漢江」，底本原作「漢中」，據元稹集卷一七漢江上笛改。

〔二〇〕「秦置蜀郡及漢中郡」，「蜀郡」，底本原作「巴蜀」，據漢書卷二八上地理志、元和郡縣志卷二二改。

〔二一〕「初隸感義軍更感義曰昭武軍治利州」，據新唐書卷六七方鎮表，此感義軍置于光啓二年，則本書「初」上脱「光啓」二字；又據同書，更感義爲昭武軍在乾寧四年，本書亦未明，特于此補白之。

〔二二〕「益州」，底本原作「益川」，據本書利州沿革及元和郡縣志卷二二改。

〔二三〕「俯映江木疏」，「木」，底本原作「本」，據北圖本、四庫本及杜詩詳注卷九、全唐詩卷二一八五盤改。

〔二四〕「蒼翠煙桑曙」，「桑」，全唐詩卷一九八岑參早上五盤嶺作「景」。

〔二五〕「臨虚蕩高閣」，「閣」，底本原作「間」，據北圖本、四庫本改。杜詩詳注卷九、全唐詩卷二一八石櫃閣均作「壁」，與本書異。

〔二六〕「飛閣通衢」，「衢」，底本原作「劍」，據水經卷二〇漾水注、元和郡縣志卷二二、太平寰宇記卷一三五改。

〔二七〕「急流鴇鷁散（至）東逝不可要」，底本原誤「鴇」爲「鴞」，又誤「不」爲「余」，今據杜詩詳注卷九、全唐詩卷二一八桔柏渡改。

〔二八〕「蘇潁濱」，「潁」，底本原作「穎」，據四庫本及宋史卷三三九蘇轍傳改。

〔二九〕「嘉陵江水此東流」，「此」，底本原作「北」，據全唐詩卷五三九李商隱望喜驛别嘉陵江水二絶改。

〔三〇〕「畫地乾坤在」，「畫」，底本原作「書」，據四庫本及樊川集卷四和野人殷潛之題籌筆驛十四韻改。

〔三一〕「鳴攻固得宜」，四庫本及樊川集卷四和野人殷潛之題籌筆驛十四韻作「鳴攻固有辭」，與底本異。

〔三二〕「猶題八字詩」，四庫本及樊川集卷四和野人殷潛之題籌筆驛十四韻作「猶題殄瘁詩」，與底本異。

〔三三〕「左擔犬戎屯」，底本原誤「左」爲「坐」，又誤「犬」爲「大」，今據杜詩詳注卷一二、全唐詩卷二三四愁坐改。左擔者，謂此地道路險窄，自北來者擔在左肩，不得易右肩也。犬戎，指吐蕃。

方輿勝覽卷之六十七

隆慶府

普安　陰平　梓潼　武連　普成

【建置沿革】禹貢梁州之域。東井、輿鬼之分野。春秋、戰國爲蜀地。秦屬蜀郡，漢屬廣漢郡之梓潼縣，武帝屬益州。劉先主立梓潼郡；諸葛武侯相蜀，於此立劍門，以大劍山至此有隘束之路，故曰劍門；以閣道三十里至險，乃有閣尉，蜀尉姜維拒鍾會於此。晉以其地入梓潼郡，桓温入蜀，於晉壽置劍閣縣，屬梁州，後武帝分梓潼北界立晉壽郡。梁置南梁州，又分立安州。西魏改爲始州，兼置普安郡。隋廢州，置普安郡。唐初爲始州，置劍門縣，改爲劍州。皇朝伐蜀，破劍門，遂平蜀，後以孝宗潛藩，陞普安軍節度、隆慶府。〔一〕今領縣五，治普安。

事要

【郡名】普安、劍陽。

【風俗】人性謙和。郭茵陰平縣記：「地湧香泉，池名百頃，山河横阻，云云。」世有俊彦。華陽國志：「云云，侔於巴、蜀。」

【形勝】西接岷、峨。山海經：「高梁之山，云云，東到荆、衡。」東接巴西。華陽志：「云云，南接廣漢，西接陰平，北接漢中。」前瞰巨澗。元祐郭忱静照堂記：「云云，後倚層巒，多崎嶇高下之勢，鮮平夷亢爽之地。」緣以劍閣。左太冲賦云云。○史記：「蔡澤謂范睢曰：『今君廣秦棧道，千里通於蜀、漢。』」奇峰森列。秦坦春風樓記：「云云，躍入青漢，高下眩轉，隔閡雲雨。」兩川咽喉。郡守題名記：「云云，守土之寄重焉。」邊山立州。春風樓記：「——而——，是——一逕坡地，中貫大溪。太守之居，已在半山。内外居民，悉在山上。其下原野，濃淡若相次第；林壑升降，若有等級；望之若圖畫卷舒，歷歷可見。」

【山川】梁山、在普安縣西北四十九里。一名大劍山，姜維拒鍾會于此。詳見利州及劍門内注。卧龍山、在普安縣東二里。高百丈，盤繞府城。馬閣山、在陰平縣北六十里。峻峭崚嶒，極爲艱險。鄧艾伐蜀，軍行至此，路不得通，乃懸車束馬，造作棧閣，始通江油，因名馬閣。葛山、在梓潼縣北二十五里。昔諸葛亮置營於此。鴈門山、在梓潼縣南三十餘里。山東西起兩嶺，鴈從中過，故曰鴈門。五盤山、見利州。七盤山、在武連縣西。縣令何琰按圖記：「郭璞云：『縣路翠，武功貴。縣路青，武功榮。』」遂刻石焉。九龍山、在武連縣。山腹有洞，洞前石壁如屋。普翠山、在普城縣郭外一里。混一真人棲真之地。秀巖、普安縣後。有池貯泉。劍閣、張孟陽——銘：「巖巖梁山，積石峨峨。遠屬荆、衡，近綴岷、嶓。南通邛、僰，北達褒、斜。狹過彭、碣，高踰嵩、華。惟蜀之門，作固作鎮。是曰劍閣，壁立千仞。窮地之險，極路之峻。世濁則逆，道清斯順。閉由往漢，開自有晉。秦得百二（秦地險，以二萬之衆可敵百萬），并吞諸侯。齊得十二，田生獻籌。矧茲狹隘，土之外區。〔二〕一人荷戟，百人趑趄。形勝之地，匪親勿居。昔在武侯，中流而喜。山河之固，見屈吴起。興實在德，險亦難恃。洞庭、孟門，二國不祀。自古及今，天命匪易。憑阻作昏，鮮不敗績。公孫既滅，劉氏銜璧。覆車之軌，無或重跡。勒銘山河，敢告梁、益。」○柳宗元銘序：「惟蜀都重險多貨，混同戎、蠻，人厖俗剽，嗜爲寇亂。皇帝元年八月，帥喪衆暴，〔三〕羣疑不制，妖孽扇行。怙恃富强，謟天阻兵，攻陷他部，北包劍門，憑負丘陵，以張鷙猛，堅利鋒鏑，以拒大順，謂雷霆之誅莫己加也。惟梁守臣禮部尚書嚴公，以國害爲私讎，以天討爲己任，推仁仗信，不待司死，而人致其命；〔四〕立義抗憤，不待濮血，而士一其心。悉師出次，祗俟明詔。凡諸侯之師，必出於是，儲峙饗賚，取其豐穰。乃遣前軍嚴秦，奉揚王誅，誕告南土。十一月，右師逾利州，蹈寇地，乘山斬虜，以遏奔衝。左師出于劍門，大攘頑嚚，〔五〕諭引劫脅，蟻潰鼠駭，險無以爲固，收奪利地，以須王師。刲刳腎腸，振拔根柢，俾無以肆毒，〔六〕用集我勳力。蕘鼓一振，元戎啓行，取其渠魁，以爲大戮。由公忠勇憤悱，〔七〕授任堅明，謀猷弘長，用能啓闢險阨，夷爲大塗，衰沮害氣，對乎天意。帝用休嘉，議功居首，增秩師長，進爲大藩，宅是南服。將校羣吏，願刊山石，昭著公之功，垂號無窮。」銘曰：「井絡坤垠，時惟外區。界山爲門，環于蜀都。叢險積貨，混并羌、髳。狂猾窺隙，狺狺嘯呼。憑據勢勝，厚其兇徒。皇帝之仁，宥而不誅。暴非德馴，害及巴、渝。乃出王旅，乃咨列岳。牧臣司梁，當其要束。器備攸積，糗糧是蓄。

人無增賦，師以饒足。漢血誓士，玄機在握。分命貔貅，陳爲掎角。右逾岷山，〔八〕左直劍門。攻出九地，上披重雲。攀天蹈空，夷視阻艱。破裂層壘，殄殲羣頑。內獲固圉，外臨平原。天兵徐驅，卒乘嘽嘽。大憝囚戮，戎、夏咸歡。帝圖厥功，惟梁是先。開國進位，南服于藩。邦之清夷，人以完安。銘功鑒亂，永代是觀。」○杜甫詩：「維天有設險，劍閣天下壯。連山抱西南，石角皆北向。兩崖崇墉倚，刻畫城郭狀。一夫怒臨關，百萬未可傍。珠玉走中原，岷、峨氣悽愴。三皇五帝前，雞犬莫相放。後王尚柔遠，職貢道已喪。至今英雄人，高視見霸王。并吞與割據，極力不相讓。吾將罪真宰，意欲鏟疊嶂。恐此復偶然，臨風默惆悵。」○李白蜀道難，見成都「題詠」。飛仙閣、在梁山。○杜甫詩：「土門山行窄，微徑緣秋豪。棧雲欄干峻，梯石結構牢。方壑歆疏林，積陰帶奔濤。寒日外淡泊，長風中怒號。歇鞍在地底，始覺所歷高。往來雜坐卧，人馬同疲勞。浮生有定分，飢飽豈可逃。嘆息謂妻子，我何陋汝曹。」〔九〕石櫃閣、詩見利州。石牛道、在梁山。詳見劍門關注。百頃埧；七曲山之上可以望見。其地極平衍而豐腴。嘉陵江、自鳳州大散關發源，從利州下流入劍門縣界。潼江水、在梓潼縣西四里。源出陰平馬閣山。蜀志：「夏禹於泥陳山伐梓，樹神化爲童子，故其水曰潼水。」華容水、蜀都賦：「却背華容。」白沙渡、杜甫詩：「畏途隨長江，渡口下絶岸。差池上舟楫，窈窕入雲漢。天寒荒野外，日暮中流半。我馬向北嘶，山猿飲相喚。水清石礧礧，沙白灘漫漫。迥然洗愁辛，多病一疏散。高壁抵嶔崟，洪濤越凌亂。臨風獨回首，攬轡復三歎。」水會渡。一名水回渡。○杜甫詩：「山行有常程，中夜尚未安。微月没已久，崖傾路何難。大江動我前，洶若溟、渤寬。篙師暗理楫，歌笑輕波瀾。霜濃木石滑，風急手足寒。入舟已千憂，陟巘仍萬盤。迴眺積水外，始知衆星乾。遠遊令人瘦，衰疾慙加餐。」

【井泉】香泉、在陰平縣二十五里。平地湧出，周迴八十步。其水香碧，故名。劍泉、在梓潼縣北十二里。昔蜀五丁至此，見大蛇入穴，兄弟忿而拔之，山摧，五丁斃焉。餘劍隱於路隅，以爲一泉。每庚申、甲子日，其劍見光。靈泉、劍南詩稿云：「過武連縣安國院，有二泉。傳云唐僖宗幸蜀，至此飲泉，賜名靈泉。」〇陸務觀有詩云：「滴瀝珠璣翠壁間，遭時曾得奉龍顏。」〔一〇〕聞泉。即東園也。唐貞元中，蘇洪之刻聞泉賦。治平中，太守王綱有聞泉十二詠。

【樓亭】春風樓；在郡圃。重陽亭。在郡東山之陽。唐大中間太守蔣侑創亭，李商隱作亭銘。

【古跡】古陰平道、鄧艾所出————在今文州，漢陰平也，其地與江油爲鄰。此陰平縣自晉、宋始置地鄧平郡，非鄧艾之陰平也。上亭驛。在梓潼、武連二縣之界。〔一一〕唐明皇帝蜀，聞鈴聲之地，又名琅璫驛。〇羅隱詩：「山雨霏微宿上亭，雨中應想雨淋鈴。貴爲天子猶魂斷，窮着荷衣好涕零。」〇楊子方詩：「時平總忽忠臣語，世亂仍遭弄臣侮。至今説到忒琅璫，行路猶能痛千古。」

【祠廟】李杜祠；按劍門題詩以太白、子美爲重，而世未有並祠之者。會從李參預壁得所賜阜陵御書蜀道難，又從李左史得趙忠定汝愚大書劍門詩，因建祠刻二詩於前，榜其堂曰「文焰」，取韓退之詩語也。靈應廟。即梓潼廟，在梓潼縣北七八里七曲山。按圖志，神姓張，諱亞子，其先越嶲人也。因報母仇，遂陷縣邑，徙居是山。僖宗幸蜀，神於利州桔柏津見，護駕甚有禮敬。暨回，封濟順王，親幸其廟。王鐸詩云：「爲報山東諸將相，拄天功業賴陰兵。」

【名宦】李頻、唐人，爲劍州刺史。李義山；有赴職梓潼詩。皇朝張知白。景德間爲守。

【人物】邊孝先、居梓潼縣南五里長卿山。景鸞、入儒林傳。李業。入獨行傳。

【題詠】丹嶂五丁開。唐明皇巡狩言歸詩：「劍閣横空峻，鑾輿出狩回。翠屏千仞合，云云。」絶壁劍爲峰。宋之問：「借問梁山道，嶔岑幾萬重。遥州刀作字，云云。」山高人盡耕。雷周輔詩：「地險客須到，云云。」牢落三年坐劍州。杜甫寄别李劍州：「使君高義驅今古，云云。但見文翁能化蜀，當知李廣未封侯。路經灩澦雙蓬鬢，天入滄浪一釣舟。戎馬相逢更何日，春風回首仲宣樓。」井邑全居水國中。姜遵詩：「城隍盡枕溪巖畔，云云。」地控咽喉限蜀城。范百禄詩：「山連襟帶通秦嶺，云云。」

【四六】

塗芝禁掖，剖竹普安。乃眷州城，實依閣道。分銅虎符，控石牛道。昔號偏州，今陞潛府。自漢以來，保蜀必嚴於棧道；至唐而後，司梁尤重於牧臣。維天設險，猿猱欲度而愁攀；以人守關，貔虎莫施其虓勇。後巖前澗，鮮平夷亢爽之區；昔袴今襦，賴豈弟中和之政。太白之歌，少陵之句，日月争光；子厚之序，孟陽之銘，山川增重。

劍門關 劍門

【建置沿革】禹貢梁州之域。東井、輿鬼之分野，上應參宿。春秋、戰國爲蜀地。秦屬蜀郡。漢屬廣漢郡，爲葭萌縣地。蜀先主以霍峻爲梓潼太守，是時有劍門縣，有閣道至險，及有閣尉，諸葛亮於此立劍門。秦苻堅遣徐成寇蜀，攻二劍克之，始有二劍之號。隋置閣之地皆有關官，而於二劍尚未置關。唐置劍門縣，劍門始置關；唐又有大劍戍、小劍鎮。五代時董璋遣兵扼劍門關，爲七砦，又於關北置永定關。皇朝戍蜀，克劍門，擒蜀將王昭遠，以劍門縣隸劍門關，兵馬都監主之；中興以來，劍門關亦列在利路十七郡之數。今領縣一，治劍門。

事要

【郡名】劍關。

【風俗】直行中發文字。圖經云：「關官許令直受頒降詔赦，亦許云云，聖節月旦亦有表疏，異時訓飭關吏至親洒宸翰，皆所以重設險之計也。」貨殖所萃。普安志：「其地四塞，山川重阻，水陸所湊，云云，蓋一都會也。」

【形勝】界山爲門。柳宗元劍門銘：「云云，環于蜀都。」詳見隆慶府。壁立千仞。張載劍閣記：「惟蜀之門，云云。窮地之險，極路之峻。」○韋表微劍閣銘：「天作梁山，坤維之壘。發地千仞，連岡萬里。」**左右絶壁**。秦坦記：「云云，仰見天罅。」**蜀土外户**。劉儀鳳劍門關記：「粱山之險，——所恃，以爲——。」**蜀之金城**。黄晃仲脩關議：「劍門云云，崇墉兩崖。其高切雲，綿數千里，包裹全蜀。中出棧道，行者側立。雖有百萬之衆，安所用之？」**爲西南户樞**。明善堂記：「蜀云云。」○何介連山亭記有云：「劍門據蜀樞，爲天下壯。」**劍嶺據其會**。張衍羅漢閣記：「蜀之襟帶，云云。」**挾楚包漢**。慶曆張俞劍閣銘：「極險之險，莫如劍閣，〔一二〕截野横天，奔峰倒壑。云云，呀秦擁蜀。」**控扼羌、蜀**。趙正亮紀事：「西南之險，山曰劍門，云云，襟帶京洛。」**萬夫莫當**。向韜議：「劍門天險，一夫荷戈，云云。」晉張載劍閣記：「一人守險，萬人趑趄。」**無内顧憂**。通鑑：「趙季良語僞蜀主孟知祥乞守劍門，曰：『若衍兵守劍門，大軍雖未至，吾云云。』」

【山川】**大劍山**、在劍門縣，亦名粱山。又有小劍山，在其西北三十里。又有小劍故城，在益昌縣西南五十里。輿地廣記：「山有小石門，穿山通道，六丈有餘。昔秦伐蜀，而不知道，則作五石牛，以金置尾下，言能糞金，欲以遺蜀。蜀王負力而貪，乃令五丁開道引之。秦因使張儀、司馬錯引兵尋路滅蜀，謂之石牛道。至永平中，司隸楊厥又鑿而廣之，自縣東南經益昌戍，又東南入劍州普安縣界，即鍾會伐蜀之路。其地連山絶險，又謂之劍閣道。大劍雖號天險，有阨塞可守，崇墉之間，徑路頗夷。小劍則鑿石架閣，有不容越，太白所謂『一夫當關，萬夫莫開』者是也。」又按：二劍古不以關名。寰宇記云：「諸葛亮相蜀，鑿石駕空，爲飛閣道，以通行路。於此立劍門縣。〔一三〕以大劍山至此有隘束之路，故曰劍門。」○晉元康中，李特隨流人入蜀，〔一四〕至劍閣，顧盼險阻，曰：「劉禪有此地而面縛於人，豈非庸才耶？」龍巖、在劍門縣西一里。洞穴可坐百許人。雪齋小説云：「王建爲盜，朝廷捕之，急逃於劍門巨石穴中。」劍閣、銘、詩並見隆慶府。劍門、李德裕題：「奇峰百仞懸，清眺出嵐煙。迴若戈回日，高疑劍倚天。參差霞壁聳，合沓翠屏連。想是三刀夢，森然在目前。」玉女臺；在大劍山絶頂上。峭壁千仞，下瞰古道，行人如蟻。有小石刻，云玉女煉丹之所。大劍水。又有小劍水。見大劍山注。

【樓閣】思賢樓。在水門上。有張孟陽、李太白、杜子美、柳子厚畫像，因以爲名。

【寺觀】誌公寺；劉娭誌公殿記云：「劍閣之下，有壽聖寺，石壁之西偏，由益昌道中望之，隱隱如行僧頂伽帽，每秋時出，或見光景。」仙女觀。在梁山之頂。李宗諤圖經云：「在縣東五十里北崖頂。唐先天二年置。道士焚修，去觀僅一里。渡仙女橋，有燒丹臺，巖畔有仙女影。近代以來，改爲禪院。」

【名宦】皇朝李士衡。咸平間知劍州，益州賊王均破漢州，未趍劍，公乃焚倉庫，守劍州，與劍門之兵合以拒賊，公逆擊大破之。

【題詠】劍門當石隘。文苑英華陳宇送許中庸詩：「云云，棧道入雲危。」劍閣峥嶸而崔嵬。李白蜀道難詩云云。全篇見成都府。劍壁門高五千尺。〔一五〕李白巡南京歌：「胡塵輕拂建章臺，聖主西巡蜀道來。云云，石爲樓閣九天開。」劍閣重關蜀北門。李白詩云云。鍵閉諸蠻屏帝都。唐李商隱題劍門先寄上西蜀司徒杜公詩云：「峭壁横空限一隅，劃開元氣建洪樞。梯航百貨通邦計，云云。西釐犬戎威北狄，南吞荆、郢制東吴。千年管鑰誰鎔範，只自先天造化爐。」**鑄爲雙劍倚蒼穹。**杜光庭：「誰運乾坤陶冶功，云云。題詩曾駐三天駕，礙日長含八海風。」**倚天雙劍峰巒峻。**楊日嚴：「云云，控蜀三刀郡府雄。」**倚劍峰巒插太虚。**趙閱道詩：「云云，高門中闢限坤隅。奸雄莫謂防關險，一百年來自坦途。」

【四六】

肅奉涣綸，出臨坤户。五百餘里之石穴，萬夫莫當之劍門。環數千里，而行者側立；縱百萬衆，而誰其敢當！因石爲關，政欲守關於坤軸；平戎有劍，豈徒倚劍於天津？守當要地，是爲雙劍之門；體若大邦，式應三刀之夢。所謂一夫當關，而萬夫莫開；何必三里爲城，而七里之郭。

閬州 閬中　南部　新井　蒼溪　奉國　新政　西水

【建置沿革】禹貢梁州之域。東井、輿鬼之分野。晉梁、益分野臨參宿，唐一行定鶉首之次，井、柳之度。周梁合於雍，又爲雍州地。春秋爲巴地，巴子後理閬中。秦爲巴郡閬中縣。兩漢因之。劉璋改爲巴西郡。晉改巴西隸梁州。李雄之亂，郡縣荒蕪。宋立北巴西郡。梁又即巴西立南梁州。西魏典略曰：「此州古有隆城，故又謂之南隆，治古閬中城。」又改巴西郡爲盤龍郡。隋廢郡而州存，煬帝屬巴西郡。唐改爲隆州，又改閬州，取閬水以爲名，曰閬中郡，復爲閬州。後唐爲保寧軍節度。

皇朝改安德軍節度，初隸西川，後隸利州路，〔一六〕中興隸利東路。今領縣七，治閬中。

事要

【郡名】閬苑、唐時，魯王靈夔、滕王元嬰以衙守卑陋，遂修飾宏大之，擬於宫苑内，是謂之隆苑。其後以明皇諱隆基，改曰閬苑。閬中。閬山四合於郡，故曰——。

【風俗】地暖氣清。太守李獻卿南樓詩序。地僻人富。唐周庠説王建曰：「閬州云云。」地險人豪。同上，云云。恭儉而文。馮忠恕記：「其民云云，在西南爲佳郡。」民淳事簡。南樓詩序云云。鋭氣喜舞。三巴記：「閬州有渝水，賨民云云，漢高祖使人習之，故樂府中有巴渝舞。」剛悍生其方。左思蜀都賦：「云云，風謡尚其武。奮之則賨旅，玩之則渝舞。」人才之盛。元祐中，里人有「閬苑三學士，錦屏三狀元」之語。學士謂雍元直、蒲傳正、鮮于端夫也。狀元謂陳堯叟、堯咨、馬涓也。

【形勝】東接巴郡。巴志：「云云，南接梓潼，北接梁、西城。」〔一七〕土地平衍。馮忠恕記：「其云云而沃。」山川秀麗。同上記，云云。在犨山磽确之中。董丕思政堂記：「閬中在劍南巴峽，云云。」當梁、洋、梓、益之衝。馮忠恕設廳記：「閬之爲郡，云云。」有五城十二樓之勝槩。或謂閬苑仙——————，今有五城，而樓尚闕。宋公德之爲守，乃建碧玉樓於衙城之西南隅，亦名十二樓，以成閬苑之勝槩。

【山川】閬山、在城南，唐先天改名。錦屏山、在城南三里，對郡治。其山四合於郡，山上有四院，曰碼碯寺、羅漢院、晝錦院、西橋院，後又築閬峰亭以眺望焉。○陸務觀詩：「城中飛閣連危亭，處處軒窗對錦屏。涉江親到錦屏上，却對城郭如丹青。」靈山、周地圖：「昔蜀王鼈靈登此山，因名。」蟠龍山、在閬中縣東南三里，以形得名。蘭登山、在新井縣東二十里。相傳嚴君平隱居于此。雲臺山、在蒼溪縣東南三十五里。一名天柱山。張道陵昇仙之地。○蒲傳正詩：「閬州勝絶是雲臺，十里松蘿殿閣開。」小錦屏、在蒼溪縣之對，頗類錦屏。東巖、在城東五里。有寺，鑿山爲巖。北巖、在州北五里。有曰繖蓋山，乃高僧宣什道場。南巖、在閬中縣東南五里。有曰大像山，乃南唐高士安隱居之所。太平興國中，陳堯叟兄弟讀書於此。亦曰台星巖。停雲巖、在南部縣。蒲景珣家於此，巖前爲居室，至者不知其爲巖。離堆巖；在新政縣東。有山曰離堆，鑿腹爲巖，唐鮮于仲通與弟叔明潛脩于此。有顔魯公磨崖記。閬水、晏公類要：「亦曰閬江，又曰渝水，出鳳州梁泉縣。」○郡志：「一名西漢水，源出秦州嘉陵谷，又名嘉陵江。」○元稹蒼溪縣寄揚州兄弟詩：「蒼溪縣下嘉陵水，入峽穿江到海流。」〔一八〕○李義山有望喜驛詩，見利州注。海棠溪、在州城對，江多海棠。龍爪灘、雍熙中，閬州光聖院山下嘉陵江有——出焉，未幾，陳氏二元繼出。元豐間，大像山東北嘉陵江又有灘生，里人亦以「龍爪」名之，元祐六年馬涓果擢第一。南池。在高祖廟傍，東西四里，南北八里。漢志彭道將池在今——也，魚池在今郭池也，然則此池本彭之所開。○杜甫詩：「峥嶸巴、閬間，所向盡山谷。安知有蒼池，萬頃浸坤軸。呀然閬城南，枕帶巴江腹。芰荷入異縣，粳稻共比屋。〔一九〕皇天不無意，美利戒止足。高田失西成，此物頗豐熟。清源多衆魚，遠岸富喬木。獨嘆楓香林，春時好顏色。南有漢王祠，終朝走巫祝。歌舞散靈衣，荒哉舊風俗。高堂亦明王，魂魄猶正直。不應空波上，縹緲親酒食。淫祀自古昔，非惟一川瀆。干戈浩茫茫，地僻傷極目。平生江海興，遭亂身局促。駐馬望漁舟，躊躇慰羈束。」

【堂舍】整暇堂、在州治。○黄魯直記：「無事而使物物得其所，可以折千里之衝，之謂整；有事而以逸待勞，以實擊虛，彼不足而我有餘，之謂暇。夫不素備而應卒，可以徼幸於無患，而其顛沛狼戾者，十常八九也。豈惟人事哉！昔者，晉欒鍼使於楚，楚執政問晉國之勇，對曰：『好以衆整。』又問：『如何？』曰：『好以暇。』雖晉、楚爭盟，務以辭相勝。充其情，楚豈能與中國抗衡哉？今之郡守，古諸侯也。提千里之兵以守關要，平居燕安，拙者奉三尺而有餘，至倉卒變故，巧者應事機而不足。此不知整暇故也。」治平園。國朝治平初，太守朱壽昌築東園於牙城東，内有郎官庵，三角、四照、紅藥之亭，清風、明月之臺，錦屏閣、花塢、柳橋、曲池，文與可嘗賦十詠詩。

【樓亭】錦屏樓、在郡治。南樓、閬州江山奇秀聞天下，直前據其會曰——者，唐滕王元嬰所建也。○李獻卿——詩：「三面江光抱城郭，四圍山勢領煙霞。馬鞍嶺上渾如錦，繖蓋門前半是花。」

會景樓；雍子儀建於將相坊，蘇子瞻爲題。滕王亭、即滕王元嬰所建，在玉臺觀。○杜甫詩：「君王臺榭枕巴山，萬丈仙梯尚可攀。春日鶯啼脩竹裏，仙家犬吠白雲間。清江碧石傷心麗，嫩蘂濃花滿目班。人到于今歌出牧，來遊此地不知還。」**奪錦亭**、在西巖。○陸務觀詩：「奪錦軒中醉倚欄，錦屏紫翠插雲端。平生不喜言爭奪，付與游人自在看。」**紫微亭**、即三陳布衣時所予交遊之地。後諸陳既貴，鮮于康肅寄詩：「當時未識紫微星，獨到漁陽訪此亭。今日園林爲勝地，好將前事載圖經。」鮮于乃子駿之父，嘗期三陳以公輔。**捧硯亭**。司馬君實侍親游三陳讀書巖，題名，其末云：「司馬光捧硯。」勾龍瞻可請以「捧硯」爲名。

【寺觀】**東寺**、丹陽集云：「元、白齊名，有自來矣。蓋元微之寫白居易詩於閬州——壁，白居易寫元詩百篇合爲屏風，更相傾慕如此。」居易詩云：「憶君無計寫君詩，盡寫千行説向誰。題在閬州東寺壁，幾時知是見君時。」**慈光院**；寇平仲過新井——留題海棠詩：「暄風花雜滿欄香，盡日幽吟歎異常。翻笑牧丹虛得地，玉階開落對君王。」**玉臺觀**。在州北七里。唐滕王嘗遊，有亭及墓。遂有馮夷來擊鼓，始知嬴女善吹簫。江光隱見黿鼉窟，石勢參差烏鵲橋。更有紅顔生羽翼，便應黄髮老漁樵。」○杜甫詩：「中天積翠——遥，上帝高居絳節朝。

【祠廟】**張侯祠**、在州治東。蓋張飛爲巴東太守。○曾子固記：「侯以智勇爲將，號『萬人敵』。當蜀之初，與魏將張郃相拒於此，能破郃軍，以安此土，可謂功施於人矣。其殁也，又能澤而賜之，則其食於閬人也宜哉。」**顔魯公祠**。在新政縣。詳見蓬州。○馬存撰祠記：「上元中，——爲蓬州長史，過新政，作離堆記四百餘言，書而刻之石壁上，字徑三寸。雖崩壞剥裂之餘，而典刑具在，使人見之凜然也。元符三年，余友强叔來尹是邑，始爲公作祠堂於其側，而求文以爲記。余謂仁之勝不仁久矣。然有時乎不勝，而反爲所陷焉，命也。史臣論公『晚節偃蹇，爲奸臣所擠，見殞賊手』，是未必然。公孫丞相以仲舒相膠西，梁冀以張綱守廣陵，李逢吉以韓愈使鎮州，而盧杞以公使希烈，其用意正相類爾。然於數君終不能有所傷，而公獨不免於虎口。由是觀之，士之成敗存亡，豈不有命耶？而小人軒然，自以爲得計，〔二〇〕不亦繆乎？且吾聞之，古之尚友者，以友天下善士爲未足。又尚論古之人，誦其詩，讀其書，思見其人而不可得，則方且欲招屈子於江濱，起士會於九原。蓋其志所願，則超然慕之於數千百載之後，而況於公乎？公之功名事業已絶於人，而文學之妙亦不可及，用其書畫之所在而祠之，此昔人尚友之意也。嘗試與强叔登離堆，探石室，觀其遺迹，而有味其平生，則今之精神風采，猶或可以想見也夫！」

【名宦】滕王元嬰，爲刺史。詳見前閬苑注。韋諷；杜甫東津送——閬州録事詩：「聞説江山外，憐君吏隱兼。寵行舟遠泛，〔二一〕惜别酒頻添。推薦非承乏，操持必去嫌。它時如按縣，不得慢陶潛。」皇朝文彦博，公舞雩之年，侍先令公監征閬州，紫極宫道士何守真謂公實南極之靈，降而爲國，申甫公遂自號南極真子。唐庚，字子西，眉州人。爲閬中令，以清嚴著，庭下風生。有惜海賦。朱壽昌，嘉祐中爲守。郭奕。中興遺史：「紹興元年三月，張俊自陝西回，過漫天坡，奕爲詩曰：『大漫天是小漫天，小漫天是大漫天。只因大小漫天後，遂使生靈入四川。』後奕罷宣司幹官，與通判不赴往普州，賣蒸餅爲生，晏如也。」

【人物】范目，王伯夫序云：「佐高祖起漢中。」譙隆，字伯同，閬州人。漢景帝時爲上林令，遷成皐令。**洛下閎**、字長公，閬中人。隱於洛亭，武帝徵造太初曆。**鮮于仲通**；唐書志：「與鮮于叔明相繼爲京兆。」**皇朝鮮于侁**、仲通之後。登景祐第，爲本路轉運判官。方行新法，諸路騷動，公獨平心處之，奉使九年。東坡蘇公以爲上不害法，中不傷民，下不廢親，爲三難云。司馬温公當國，除爲京東轉運，曰：「子駿，福星也。」**陳堯叟**、文忠公、堯佐文惠公、堯咨康肅公皆新井人。堯叟、堯咨皆狀元及第，而堯佐登宰輔，人皆謂陳氏三公。先是，三陳未第時，訪華山，陳摶謂之曰：「三子皆將相才。仲子，伯、季不逮也。」父省華，致仕閑居，傳盃則三子衣金紫侍立。**蒲宗孟**、新井人，爲尚書左丞。家多書，創樓曰清風以藏之。嘗作訓，戒諸子弟曰：「寒可無衣，飢可無食，至於書，不可一日失。」**馬涓**、南部人。父從政，未有子，買妾，見髮間繫白而紅其上，問之，乃曰：「父母死，不克葬，自鬻以葬。」從政嗟嘆，即歸妾，不理所負。後夢一老翁來謝曰：「我妾父也，聞之上蒼矣。願君家富貴涓涓不絕。」及得子，名涓。元祐六年廷對第一，後入黨籍。**張唐英**。爲御史。嘗撰蜀檮杌，及撰昭陵名臣傳。

【題詠】**閬州城東靈山白**。杜甫作閬山歌：「云云，閬州城北玉臺碧。松浮欲盡不盡雲，〔一二〕江動將傾未傾石。那知根無鬼神會，已覺氣與嵩、華敵。中原格鬬且未歸，應結茅齋傍青壁。」**閬州城南天下稀**。杜甫作閬水歌：「嘉陵江色何所似？石黛碧玉相因依。正憐日破浪花出，更復春從沙際歸。巴童蕩槳欹側過，水雞銜魚來去飛。閬州勝事可斷腸，云云。」**溪行盡日無村塢**。杜甫發閬中詩：「前有毒蛇後猛虎，云云。江風蕭蕭雲拂地，山木慘慘天欲雨。女病妻憂歸意速，秋花錦石誰復數。別家三月一得書，〔二三〕避地何時免愁苦。」**花落空山入閬川。**鄭谷遊蜀詩云：「雲横遠塞遮秦甸，云云。」**語音漸正近咸、秦。**陸務觀閬中詩：「遨樂無時冠巴、蜀，云云。」

【外邑】**送客蒼溪縣。**杜甫詩：「云云，山寒雨不開。直愁騎馬滑，故作泛舟迴。青惜峰巒過，〔二四〕黄知橘柚來。江流大自在，坐穩興悠哉。」

【四六】

出綍禁庭，分符閬苑。雖劍外之遐陬，有閬中之佳郡。若非蓬島之仙居，安得錦屏之勝槩。五城十二樓，是謂閬中之勝；四蜀六十郡，此爲天下之稀。山圍海上之閬風，夙惟閬花；水寫人間之巴字，益壯巴風。觀魯公碑，尚想清忠之節；讀山谷記，當爲整暇之圖。持绛節而遊玉臺，决非凡俗；結茅齋而傍青壁，正託栟櫋。

校勘記

〔一〕「後以孝宗潛藩陞普安軍節度隆慶府」，底本「隆慶府」原在「普安軍節度」之前，有誤。宋史卷八九地理志隆慶府下云：「隆興二年，以孝宗潛邸，升普安軍節度。紹熙元年，升府。」由此可知，升節度在前，升府在後，今據以乙正。又紹熙爲光宗年號，則升府亦不在孝宗時，輿地紀勝卷一八六云：「中興以來，以孝宗潛邸，陞普安軍節度，陞隆慶府。」如此敍述，較本書確切。

〔二〕「土之外區」，「土」，底本原作「上」，據四庫本、嶽雪樓本及蜀中名勝記卷二六改。

〔三〕「帥喪衆暴」，「帥」，底本原作「師」，據柳宗元集卷二〇劍門銘並序改。元貞元年八月，劍南西川節度使韋皐卒。此處「帥喪」蓋指韋皐之死。

〔四〕「而人致其命」，「而」，底本原作「神」，據四庫本及柳宗元集卷二〇劍門銘並序改。

〔五〕「大攘頑嚚」，「嚚」，底本原作「狼」，據柳宗元集卷二〇劍門銘並序改。

〔六〕「俾無以肆毒」，「毒」，底本原作「每」，據柳宗元集卷二〇劍門銘並序改。

〔七〕「由公忠勇憤悱」，底本原脱「公」字，據柳宗元集卷二〇劍門銘並序補。

〔八〕「右逾岷山」，「岷山」，底本原作「崛山」，據北圖本、四庫本及柳宗元集卷二〇劍門銘並序改。

〔九〕「我何陋汝曹」，「陋」，杜詩詳注卷九、全唐詩卷二二八飛仙閣作「隨」。

〔一〇〕「遭時曾得奉龍顏」，「遭」，底本原作「遺」，據北圖本、四庫本、傳是樓本及陸游集劍南詩稿卷三靈泉改。

〔一一〕「在梓潼武連二縣界」，「縣」，底本原作「郡」。據本書隆慶府沿革，此梓潼、武連均爲縣，非郡，今改正。

〔一二〕「極險之險莫如劍閣」，「之險莫如」四字底本原爲雙行小字，據本書例，雙行小字是夾注内容。此四字若作注文，則文意扞格。今檢輿地紀勝卷一九二所引張俞劍閣銘，知是銘文原文，並非注解，故由雙行小字改爲單行大字。

〔一三〕「於此立劍門縣」，「於」，底本原作「見」，據北圖本、四庫本及太平寰宇記卷八四、輿地紀勝卷一八六改。

〔一四〕「李特隨流人入蜀」，「李特」，底本原作「李持」，據四庫本及晉書卷一二〇李特載記、元和郡縣志卷三三改。

〔一五〕「劍壁門高五千尺」，「尺」，底本原作「丈」，據李太白全集卷八、全唐詩卷一六七上皇西巡南京歌改。

〔一六〕「初隸西川後隸利州路」，底本原誤「川後」二字爲「山東」，今據北圖本、四庫本、傳是樓本及輿地紀勝卷一八五改。

〔一七〕「南接梓潼北接梁西城」，按此語引自華陽國志卷一巴志。劉琳華陽國志校注謂：「錢、劉、張等本俱作『南接梓潼』，無『西接』二字，惟廖本作『南接西接梓潼』，顧校云『南接』下當有脱字。按當是脱『廣漢』二字。廣漢郡在巴西之南，故可稱『南接廣漢』，正如巴郡在巴西之東南，而此云『東接巴郡』。」「北接梁、西城」，劉琳以爲當作「北接漢中、西城」。

〔一八〕「入峽穿江到海流」，「峽」，底本原作「洞」，據元稹集卷一九蒼溪縣寄揚州兄弟改。輿地紀勝卷一八五引此詩作「峽」，不誤。

〔一九〕「粳稻共比屋」，「比屋」，底本原作「此屋」，據杜詩詳注卷一三、全唐詩卷二二〇南池改。

〔二〇〕「自以爲得計」，「計」，底本原作「討」，據四庫本、傳是樓本、嶽雪樓本改。

〔二一〕「寵行舟遠泛」，「遠泛」，底本原作「泛渚」，據四庫本及杜詩詳注卷一一、全唐詩卷二三四東津送韋諷攝閬州録事改。

〔二二〕「松浮欲盡不盡雲」，「雲」，底本原作「頭」，據杜詩詳注卷一三、全唐詩卷二二〇閬山歌改。

〔二三〕「別家三月一得書」，「別」，底本原作「到」，據杜詩詳注卷一二、全唐詩卷二二〇發閬中改。

〔二四〕「青惜峰巒過」，「巒」，底本原作「蠻」，據北圖本、四庫本、嶽雪樓本及杜詩詳注卷一二、全唐詩卷二二八放船改。

方輿勝覽卷之六十八

蓬州 蓬池 儀隴 營山 良山 伏虞

【建置沿革】禹貢梁州之域。東井、輿鬼之分野，古巴國之地。秦屬巴郡。漢即巴郡之宕渠縣地。東漢置巴西郡。晉因之。後李特據蜀，不置郡縣。宋屬歸化郡。齊因之。梁立伏虞郡。後周武帝立蓬州。隋廢，以其地入清化、宕渠、巴西三郡。唐初復置蓬州，改爲咸安郡，又改爲蓬山郡，復爲蓬州。皇朝分川、峽爲四路，〔一〕蓬州隸利州東路。今領縣五，治蓬池。

事要

【郡名】咸安。

【風俗】其民純朴。咸安志：「云云好義，弗事華侈。」少商多儒。同上。「—爲—，—爲—，家詩户書，文物甚盛。」務農力作。同上。「云云，田里墾闢。」婚禮必親迎。同上。「———，雖賤———，尤爲近古。」

【形勝】巴國之墟。同上。「云云，梁州之分。」環蓬皆山。圖經：「云云，而北山爲之主。」

兩蓬高峙。同上。「溪山奇秀，云云，屹然雲霄，多神仙隱士。」山多蘭菊。同上。「山多崇蘭、黄花，每春秋開時，清香滿山谷間，劍外他州罕有也。」

【山川】大蓬山，在城東南七十里。狀若海中蓬萊，因以爲名。州名亦以此。按列仙傳：「葛由乘木羊上綏山，隨者皆得仙。」綏山即——之始號也。小蓬山，一名秀立，與大蓬對峙，相去二里。北山，在蓬池縣西北，郡之主山。衮山，在城西十五里，隸營山縣。有鳳凰院。山之頂有鳳凰臺，傳以爲鳳曾棲其上。有龍馬槽，石壁隱隱如龍鱗之狀。〇郡守吴幾復詩：「蒼石皺紋龍跡在，清泉涵泳海源通。」儀隴山，在本縣西三十里。山頂石刻「儀隴」字。〔二〕伏虞山，在本縣東南六十五里，甚險。夷獠被征，即入此山中。透明巖，亦名棲真巖，在大蓬山前，俯瞰縣郭。天氣清明，渠、達諸山，隱隱可數。東巖，在龍章山，俯瞰大溪。前眺歌陽、安固諸山，歷歷可數，爲一郡登眺之勝。西巖；在報恩寺西南隅。巖巒奇秀，前有閣曰松風，爲一郡勝槩。嘉陵江，在城西六十里，屬營山縣。〔三〕青溪水，在營山縣西南五十里。平溪水，在儀隴縣東北十里。鰲水。去儀隴縣三十里。水湧，突出一石，如鰲，故名。

【堂館】蓬萊堂；在郡治。蓬山館。記云：「蓬之爲郡，以蓬山得名，故自昔傳與神仙相接。其地靈人傑，足以發紓千古江山之勝。」

【名宦】顔真卿；本傳：「上元元年，李輔國遷明皇於西内，真卿率百僚上表，請問起居，輔國惡之，貶蓬州長史。」○郡志：「真卿在蓬四年，往來新政縣鮮于氏家，爲書離堆記，今在崖石間。又書鮮于仲通里門記，復以小字書之。又大書磨崖碑數丈，今在崖石間，其書體尤爲真妙。」皇朝王旦。端拱間爲守。

【人物】何造。自成都徙蓬。其後，子絳侯、孫修輔、曾孫恪非，俱第進士。

【題詠】去天一尺古蓬州。唐子西贈杜守詩：「云云，除守年來得勝流。」使旌巡稼欲觀農。郡守吴幾復往鳳凰院觀稼詩：「云云，霽景留賓火驪東。」

【四六】輟班楓陛，作牧蓬山。連巴引梓，蔽蜀控夔。環郡皆山，是謂神仙之境；分封而守，宜煩岳牧之才。名麾赴鎮，直宜蓬島之仙居；小隊出郊，聊訪衮山之勝槩。顔長史離堆之書，尚存崖石；元微之蓬萊之守，有似州名。

巴州 化城　難江　恩陽　曾口〔四〕　通江

【建置沿革】禹貢梁州之域。鶉首分野，古巴國之地。秦、漢屬巴郡宕渠縣。後漢分宕渠北界置漢昌縣，今州理是也。劉先主分置巴西郡。〔五〕晉因之。至李特擅蜀，此地遂爲獠所有。宋武帝置歸化、水北二郡，歸化即今州理是也。齊因之。魏於漢昌縣理置大谷郡，又於郡北置巴州。隋改爲清化郡。唐改爲巴州，又爲清化郡，復爲巴州。皇朝平蜀，地歸版圖。今領縣五，治化城。

事要

【郡名】清化、字江、三巴、中巴。按華陽國志載：「漢末，劉璋爲益州牧，以墊江以上爲巴郡，江州至臨江爲永寧郡，朐䏰至魚復爲固陵郡，巴遂分矣。」〔六〕此居其中，爲——。

【風俗】地僻民淳。張忞修州學記。地大俗阜。州學振文堂記。安於簡儉。清化志：「風俗云云。」樂於歌舞。同上。「以歌舞遨遊爲樂。」

【形勝】名因古巴國。寰宇記：「因古巴國以名。」○山海經：「昔太皞生咸鳥，咸鳥生乘釐，乘釐生后昭，是爲巴人。」郭璞注云：「巴之始祖，尚書云髳、微，蓋今巴、蜀之地。」併壁、集二州。洪振文堂記：「惟茲巴土，實云云之地。〔七〕今難江縣即故集州，通江縣即故壁州也。」包錯萬山。邁丹梯書院記云：「今之巴，非昔之巴也。然云云，一水環縈，實曰字江，因川形而成州名。」水成「巴」字。輿地廣記：「巴峽，——屈曲———。」或云江分三流，中有小流，橫貫成「巴」字，故以爲名。控扼南鄭。紹興張忠獻奏疏：「巴州云云要路，乃命知州兼管内安撫。」〔八〕掎角利、閬。王子明作高士瑰畫像記：「巴控扼梁、洋，吾蜀孔道，形勢絶劍閣之險，飛磴踰棧道之危，云云，連衡綿、劍，遮蔽東、西川，最爲襟喉要地。」○李石與太守郭郊書：〔九〕「三巴，吾蜀要地。」

【土産】桃笙、柳宗元詩云：「———、葵扇安可常。」子瞻云：「偶閱方言，簟，宋、魏謂之笙，乃悟———以桃竹爲簟。桃竹出巴、渝間，杜子美有桃竹杖引。」又見潼川府。竹根酒注、段氏蜀記：

「巴州以竹根爲酒注，爲時所珍。」米膏餅。廣雅云：「荆、巴間採茶作餅，既成，以米膏出之。欲煮餅，先炙令色變，擣末甕器中，以湯澆覆之，用葱姜芼之。」

【山川】化城山、在城南，相去三里。崑山、在城東四十里。出璞石。玉山、在化城南六十里。多玉石，然深險不可取。王望山、在江之北岸。自郡城絶江而登，山高二里許，巖徑極險，占一郡之勝。相傳云王真人得道此山。真人名蒙，故名王蒙山。舊志云：「唐玄宗控白 至此山，望見京闕，曰：『此去京師不遠。』故名——。」米倉山、繫年録紹興三年云：「巴之北境，即———，下視興元，出兵之孔道。」孤雲山、與兩角山相連，在難江縣北九十里。又見興元府。〇王子韶詩：「孤雲、兩角，去天一握。」有石刻，云漢相國邀韓信至此。大唐集州刺史楊師謀記。登科山、在恩陽縣東北一里。鄉人謝周卿、謝耕、王紹、謝震讀書于此。壁山、在通江縣西。下枕諸水，與縣治相對。歌籟山、在通江縣東。上有石鼓，擊之聲聞數里，連擊即雨。方山、在通江北十五里。突出衆山，其狀如斗。十二峰、在難江縣西十里馬盤灣。巉巖聳秀，大小———，最爲奇觀。有客題詩曰：「插立翠屏峰十二，爲君唤作小巫山。」雪峰、去曾口縣十里。衆山特出一峰。大巴嶺、在城北。小巴嶺；此山之南，即古巴國。巴江、一名字江。見前注。几水、在舊奇章縣。〔一〇〕水屈曲如「几」字。清水、清化縣界，東流入化成縣。明水。在難江縣北五十餘里。水間出硯屏，林木山川之形，隱於石間。

【井泉】虎井。在州學前。凡有聲如雷，則其年必有人登科。

【樓亭】擊甌樓；唐張禕詩：「駐旌元帥遺風在，擊缶高人逸興酣。水轉巴文清溜急，山連蒙岫翠光涵。」流觴亭。在西龕寺。唐乾元間，嚴鄭公武所創。其水屈曲，可以流觴。楊士諤有詩。

【館驛】冰清驛。姚彥遊詩：「見説巴南一小州，孤城寂寞字江頭。」〔一一〕

【名宦】王濬，爲巴郡太守。兵士苦役，生男多不育，濬乃嚴其科條，寬其傜課，所全活者數千人。及後伐吴，所活者皆堪爲兵。其父母戒之曰：「王府君活汝，汝必死之。」見東坡與朱鄂州書。蘇味道，降集州刺史。嚴武，至德初，坐房琯事，貶巴州刺史。薛逢，爲巴州刺史。人詠之曰：「日出而耕，日入而歸。吏不到門，夜不掩扉。〔一二〕有孩有童，願以名垂。何以字之，薛孫薛兒。」楊士諤。出吉甫之門，後貶巴州刺史。有流杯十四詠。士諤能詩，有直聲。

【人物】洛下閎，巴郡人。武帝太初元年，詔壺遂、司馬遷等議造漢曆，方士唐都、———與焉。甘寧，仕吴爲大將，通江人。今有甘谷，即其所居也。張飛；有塚，在刺史大廳東。皇朝李森，曾口人。登第，爲中執法，嘗劾王黼，出知復州。惠演。居思成溪。早與范蜀公同往太學，〔一三〕范貴，惠方釋褐，范贈以詩云：「相逢三十年前話，記得途中並馬銜。顧我倦遊成白首，喜君新命得青衫。」

【題詠】何路出巴山。杜甫寄嚴大夫詩：「不眠持漢節，云云。」地僻昏炎瘴。〔一四〕杜甫寄巴州嚴史君詩：「云云，山稠隘石泉。」**看君妙爲政。**〔一五〕杜甫送鮮于萬州遷巴州詩：「云云，他日有殊恩。」**巴水急如箭。**唐李白巴女詞：「云云，巴舡去若飛。十月三千里，郎行幾歲歸？」**南國浮雲水上多。**杜甫寄馬巴州詩云：「扁舟繫纜沙邊久，〔一六〕云云。」**東巴、集、壁西梁、洋。**杜甫：「云云，問誰腰鎌胡與羌？」**卧向巴山落月時。**嚴武答杜甫詩：「云云，兩鄉千里勢相思。江頭赤葉楓愁落，籬外黄花菊對誰？」**巴童聲節渝兒舞。**韓翃送楊巴州詩：〔一七〕「白雲縣北千山口，青歲欲開殘雪後。前驅錦帶魚皮鞮，側佩金璋虎頭綬。南鄭侯家醉落輝，東關陌上著鞭歸。愁看野馬隨官騎，笑取秦人帶客旗。〔一八〕使君下車憂疾苦，豪吏銷聲出公府。萬里歌鍾相慶時，云云。」

【四六】

出綸誥掖，來牧字江。維三巴之舊域，控全蜀之左隅。後連延於秦、隴，前迤邐於荆、吴。耀東壁之圖書，光于列宿；控西陵之門户，專在三巴。三刀夢應，乃當水流成字之邦；五袴高興，已徧民俗喜歌之境。

金州 西城 漢陰 洵陽 石泉 平利 上津

【建置沿革】 禹貢梁州之域。秦、楚之交，東井、輿鬼兼翼、軫之分野。虞舜居之，謂之嬀墟。（又曰姚墟。）周爲庸國之地。春秋、戰國皆屬楚。秦惠文王置漢中郡，今州即漢中郡之西城縣也。西漢屬漢中郡。東漢末置西城郡。魏文帝改西城爲魏興郡。晉因之，安康、西城以縣隸焉。宋分魏興之安康縣置安康郡。齊因之。梁爲東梁州。西魏以其地出金，改爲金州，置金城郡，仍領魏興郡。隋爲西城郡。〔一九〕唐復爲金州，改安康郡，又改漢南郡，復爲金州，置昭信軍防禦，改戎昭軍。五代前蜀王建改雄武軍。石晉置懷德軍。皇朝平蜀，改昭化軍節度，舊隸京西，中興以來改隸利路，或帶金、房、開、達四郡安撫，或兼管内安撫。今領縣六，治西城。

事要

【郡名】金城、昭化、安康。

【風俗】深有楚風。寰宇記：「漢高祖發巴、蜀，伐三秦，遷巴中渠帥七姓居商洛。其俗多獵山伐木，云云。」詞訟絶少。陳彭年奏劄：「本州諸縣，率皆人户蕭疏，路岐荒僻，云云，租賦甚微。」俗重寒食。郡志：「每歲是日，傾家上冢，相饋相飲，其俗大類漢中。遊人相逢，先淺慢數拜，後急深六七拜，如是者三次乃止，則又類洋州。是即皇祐間洋守王冲詩所謂『鳴佩相逢拜不休』是也。」

【形勝】東接襄、沔。安康郡志：「云云，南通巴、達，西連梁、洋，北控商、虢。」北阻方山。元和志云：「南臨漢水。」秦頭楚尾。圖經：「自渡江以後，舟車輻湊，商賈接踵，遂爲云云一大都會。」金多平曠。同上。「自漢中而東，則謂金多山嶺；由均、房而西，則謂云云。」

【山川】西城山，在州北五里。魏山，在城西南九里。其山東西南三面險絶不通。昔晉吉挹爲梁州督護，苻堅使韋鍾伐之，挹於急口岐山爲壘固守，〔二〇〕鍾三年不能下，即此山也。牛山，在城北五里，爲金州羣山之冠。上有泉，禱雨輒應。**鳳凰山**、去漢陰縣百五十里。山有十二層，懸竦萬仞。**天柱山**、在上津縣。懸崖壁立，有洞。**饒風嶺**、乃洋州來路，極險要。紹興二年，撒離喝與四太子盡發簽軍，聲言東歸太原，反自於商，出漢陰，擣梁、洋，金州失守。吳玠率兵徑趍金、洋，與賊大戰——上，賊敗衄。撒離喝潛軍間道踰蟬漢嶺，出官軍，斷公歸路。公按兵徑趍西縣，扼其吭，賊便旋中梁山浹月，一夕潛遁。**鶻嶺**、在上津縣，防遏商州來路，地極險要。**安康石**；圖經：「歲飢則見，歲豐則没於沙磧之下。」**漢水**。元和志：「去城百步。書云『嶓冢導漾，〔二二〕東流爲漢』，歷洋州，縈紆數千百里而後至金之境。」

【井泉】**金泉井**。在子城東。取「金生水」之義。

【亭榭】**忘歸亭**、陳師道亭記云：「廢丘、故宫、穨城、敗塚，達于四境；狐鳴、烏聲，日夜間作。」**翠光亭**。楊徽之詩云：「釣舟浮淺瀨，罔舍俛重林。雲放千峰出，花藏一徑深。」

【古跡】**伎陵城**、晏類要：「在洵陽縣。」庾雍漢水記：「即木蘭寨，蜀軍救孟達之所。」**牛山黄獸**。王明清揮塵録：「黄巢凌劫州縣。唐中和三年，有太白山人謁金州刺史崔堯封，云請奏掘破牛山，則賊自敗。堯封遂發義丁萬人掘之，有一石桶，桶中有黄腰獸，其上有一劍，獸見劍自撲而死。黄巢至秋果衰，是歲中原剋平。」

【名宦】**吉挹**、通鑑：「晉太元四年，秦兵拔魏興，太守——不食而死。詔贈益州刺史。」**姚**

合、爲守。姜公輔、爲金州刺史，置石泉縣。李翱；爲郡刺史。皇朝陳彭年、爲守。魯有開。爲守。

【人物】漢陰丈人、莊子云：「子貢過漢陰，〔二二〕遇一丈人，方爲圃畦，鑿隧而入，抱甕而出。子貢曰：『有機於此，日浸百畦，挈水若抽，名曰桔槔。』丈人曰：『有機心，吾不爲也。』」錫光。漢西城縣人，爲交趾太守。王莽簒位，據郡不附。世祖嘉其忠，遂拜爲大將軍。

【題詠】帆入漢陰山。方干金州客舍：「卷箔雲峰暮，蕭條未掩關。江流嶓冢雨，云云。落葉欹眠後，孤砧倚望間。此情偏耐醉，難遣酒罍閑。」山程踐白雲。賈島贈李金州詩云：「綺里祠前後，云云。」山缺通巴峽。馬戴寄金州姚使君：「老懷清净化，乞去守洵陽。廢井人應滿，空山虎自藏。迸泉疏石竇，殘雨發椒香。云云，江流帶楚檣。勸農生野思，禱廟結雲裝。〔二三〕覆局松移影，聽琴月墮光。鳥鳴開郡印，僧去置禪床。貢罷金休鑿，凌寒笋更長。退公披鶴氅，〔二四〕高步隔鵷行。相見朱門内，麾幢拂署霜。」刺郡輟仙曹。李洞送李郎中赴金州詩：〔二五〕「雲明添嶺高，〔二六〕云云。危棧窺猿頂，公庭掃鶴毛。」簿書嵐氣裏。姚合金州書事詩：「云云，鼓角水聲中。井邑神州接，帆檣海路通。」衙庭看鶴多。項斯贈金州姚合郎中詩：「爲郎名更重，領郡是蹉跎。官壁題詩盡，云云。城池連草塹，〔二七〕籬落帶椒坡。未覺旗旛貴，閑行觸處多。」樹勢連巴没。方干送姚合員外赴金州：「受詔從華省，開旗發帝州。野煙新驛曙，殘照古山秋。云云，江聲入楚流。唯應化行後，吟句上閑樓。」**數里時逢一兩家**。〔二八〕方干路入金州絶句：「棹尋椒岸縈迴去，云云。知是從來貢金處，〔二九〕江邊牧豎亦披沙。」

【四六】

被命玉除，出臨金管。　地分南楚，邑號西城。　岡連子午，路接褒斜。　城連於漢水，境接於秦川。　寄重一麾，竚課蕃宣之最；名同五管，有隆彈壓之權。　刺郡輟仙曹，又屈粉闈之儁；題詩盡官壁，當知鈴閣之清。　楚尾秦頭，是亦舟車之會；召父杜母，已傳旌騎之臨。　數路風寒，方重邊壘憑熊之寄；列營霜肅，難希衙庭看鶴之娛。

洋州 興道　西鄉　真符

【建置沿革】禹貢梁州之域。益州分野，參實臨之。周隸雍州。春秋、戰國爲楚地。秦置漢中郡城固縣地。漢隸益州部。蜀分城固縣立南鄉縣。晉改爲西鄉縣。魏廢縣，仍於豐寧戍置豐寧縣，廢帝於此置洋州，又立洋川、儻城二郡。隋置洋川鎮，屬漢川郡。〔三〇〕唐復於西鄉立洋州，改洋川郡，〔三一〕自西鄉縣移理興道，即今州理是也，復爲洋州，又置武定軍節度。孟蜀避孟知祥諱，改名源州。皇朝平蜀，地歸版圖，復爲洋州，隸利州東路，改武康軍節度。領縣三，治興道。

事要

【郡名】武康、洋川。

【風俗】好氣勇鬭。郡志：「云云，如燕、趙。」信鬼不信醫。同上。「云云，如荆楚。」健訟少文藝。郡志云云。孟春解繳。孟春四日，居人遊江上，遇藤葛纏繳草木者解之，取解殃繳咎之意，因而有會，謂之「解繳」。繫石宜蠶。孟春中澣，遊人集於江上，求石之穿者，以絲繫歸，謂之「宜蠶」。祝佛送耗。孟春中澣後一日，州人將五穀欑於寺觀中，因而——，以祛禳虚耗，謂之「———」。午節踏石。五月五日，太守率僚屬觀競渡，謂之「踏石」。臈日揭蒲。冬月成蒲藻，蓋鵜公潭上寒，魚皆往依之。——，太守率僚屬泛舟張樂揭取之，游人縱觀，謂之「——」。

【形勝】東連襄、漢。洋川志序：「云云，西接秦、鳳。」南蔽巴、蜀。同上。「云云，北直長安。」境臨秦、雍。吕彦珂懷昌堰：「云云，地接金、商。」上通荆楚。文同乞修城狀：「云云，旁出雍奇，貿易畢至之地，衣被秦、蜀，有足仰者。」楚之北境。蔡交修學記云云。居華山陽。郡志云云。要地有三。曰褒谷，曰駱谷，曰子午谷，而駱谷、子午谷在洋。國家於駱谷口置石佛堡，子午谷置陽嶺寨，西城路置渭門寨、分水寨，皆備禦之要也。置關有八。白椒關、水碓關、桐木關、蒻嶺關、三嶺關、重陽關、華陽關，〔三二〕以上並總於青座寨。

【山川】興勢山、蜀先主遣諸葛亮出駱谷戍——，指掌圖以爲在興元，寰宇記云在興道縣北四十三里。今郡城所枕，形如一盆，外險而內有大谷，爲盤道上數里方及四門，因名。太白山、去真符縣四百五十里。山面隸鳳翔府，山背屬真符縣。天寶中於山崖下得玉册，遂改爲真符縣。〇韓愈南山詩：「西南雄太白，突起莫間篷。」**念佛巖**、在興道縣。下有潭。**黄金谷**、在興道縣。海録碎事：「楊難當令魏興太守薛健據金戍，姜寶據鐵戍，即此谷也。」○郡縣志：「黄金水出縣西百畝山——，南流經縣西去。其谷水陸艱險，魏遣曹爽由駱谷伐蜀，蜀將王平拒之於興勢，張旗至黄金谷。」梁將軍王神念以緣山避水，橋梁百數，多有毁壞，乃别開乾路，更名子午道，即此路是也。」蜀魏延請直從褒中出，〔三三〕循秦嶺而東，當子午而北，不十日可至長安。又張郃由子午攻漢中。晉桓温命梁州刺史司馬勳出子午**子午谷**、在州東百六十里。又見興元。郡縣志：「舊子午道在金州安康縣界。梁將軍王神念以緣山

道，州東二十里曰龍亭。此出入子午谷之路，至谷六百六十里。○洋川志：「楊妃嗜生荔支，詔驛自涪陵由達州取西鄉入子午谷，至長安纔三日，香色俱未變。」杜甫詩：「百馬死山谷，至今耆舊悲。」**駱谷**、在真符縣。又見興元。屈回八十里，凡八十四盤。蜀姜維出——，魏曹爽自——入漢中，魏鍾會由斜谷、——伐蜀，晉司馬勳出駱谷，並古之出入駱谷者也。**赤坂**；在州東二十里龍亭，山色赬。蜀建興八年，魏司馬懿伐蜀，丞相亮待之於城固——。**清凉川**、寰宇記：「在西鄉縣北。」唐德宗幸梁、洋，中書舍人齊映從駕至此。見旌旗蔽野，上心駭，謂泚之兵追路至此。見梁帥嚴震具軍容拜馬前，上喜，令震登馬，與朕作主人。映叱嚴震，與至尊導馬。頃之，上次洋州行宫，召映，責以儒生不達機權。映曰：「山南士庶只知有嚴震，不知有陛下。今令蜀士民知天子之尊。」上於是嗟嘆久之。**洋水**、出廢洋川縣巴嶺。郡因此水得名。**漢水**、在興勢縣南，入金州界。**駱水**、在興勢縣西一里。**壻水**、在興道縣。因神仙唐公昉盡室昇天，其壻不得偕升，遂以名水及鎮。**小龍溪**、在興道縣東北三

十餘里。大石上有赤書字，曰展溪。張魯女因卧石上，便孕，後生二龍。即此也。鵝公潭。去興道縣十三里，漢江之南。有石鵝一對。

【堂軒】襲美堂；在州宅。韓忠憲公億與子縝嘗守是邦，郡人以其父參大政，子居鼎席，故名。書軒。在州宅。潁濱詩：「綠竹覆清渠，塵心日日疏。使君遺癖在，依舊讀文書。」

【樓閣】望雲樓；在郡圃。〇文與可詩：「巴山樓之東，秦嶺樓之北。樓上捲簾時，滿樓雲一色。」秦雲閣、在興道縣治北。望秦山雲物變態，皆几案間物也。天漢臺。文與可詩：「漾水東流見舊經，銀河左界上通靈。此臺試向天文覓，閣道中間第幾星。」〔三四〕

【亭榭】披錦亭、蘇子瞻詩：「煙紅露綠曉風香，燕舞鶯啼春日長。誰道使君貧且老，繡屏錦帳咽笙簧。」擁翠亭；在倅廳。北望叢山，亦一奇觀。二樂榭、在郡圃。北望秦嶺，一目數萬里。〇劉光祖詩：「同登————，擬續四賢詩。」郡圃、文同詩：「湖上雙禽泛泛，橋邊細柳垂垂。日永庭中無事，使君來此吟詩。」〇鮮于子駿詩：「朝陽動湖水，春色入名園。邑人千萬户，日日望朱轓。」篔簹谷。守文與可作。〇蘇子瞻記：「予詩云：『漢川脩竹賤如蓬，斤斧何曾赦籜龍。料得清貧饞太守，渭濱千畝在胸中。』是日，與可同妻游谷中，燒筍晚食，發函得詩，失笑，噴飯滿桉。」

【館驛】望雲驛。元稹————詩云：「駱駝山下斧刃堆，望秦嶺下堆頭石。五六百里真符縣，四十八盤青山驛。」

【寺院】醴泉院。在興道。院又名開化院。和凝遊——詩：「萬山嵐靄覆洋城，數處禪齋盡有名。古柏八株堆翠色，靈泉一液逗寒聲。」

【名宦】班超、後漢人，封爲定遠侯。有故城，在今漢中西鄉縣南。蔡倫、桂陽人。後漢元初二年，鄧太后封爲龍亭侯。龍亭即今之洋州興道縣東。龍亭之人，至今造紙者特盛。齊映、見前清涼川注。于興宗、嘗爲洋州節度，有政績。和凝；天成中，以檢校工員來爲掌書記。皇朝韓億、東軒筆録：「祥符二年，韓忠憲公知洋州日，有李申以財豪於鄉里，誣其兄子以爲他姓。公察其冤，一日盡召其黨立庭下，出乳醫示之，皆伏罪。子母復如初。」韓縝、忠憲之子。嘉祐五年爲守，後相泰陵。韓琦、皇祐間拜武康軍節度使。文同。熙寧爲守。開元院有古柏八株，根節礧砢。公有留題，筆勢飛動。

【人物】李固、城固縣人，有墓在南鄭。〔三五〕今之洋即古之城固。張猛；漢元帝時騫之孫也。皇朝雍退翁。洋川人。見興元「人物」注。

【題詠】情深是德鄰。〔三六〕劉禹錫和令狐相公寄洋州崔侍御詩云：「金牛蜀路遠，玉樹帝城春。來往皆回首，云云。」武定新雄鬪。蔡交詩：「云云，豐寧舊粵墟。地兼秦、蜀美，川會漢、洋舒。乾酒香村落（不入水者，謂之乾酒），生金富里閭。陸會尋穿石，江遨揭聚魚。繳將藤解拆，耗用轂驅除。」知在青山緑水邊。和凝詩云：「華夷圖上見洋川，云云。官閑最好遊僧舍，江近應須買釣舡。」駱谷轉山圍境内。韓宗魏詩：「云云，漢江奔浪遶城邊。」又：「南浦揭蒲當凛冽，西溪踏石正暄妍。」又：「楊柳影中沽酒市，芰河香裏釣魚舡。戚姬廟宇青蕪没，和相詩牌緑蘚沿。三縣俗淳宜静理，兩衙公退稱閑眠。」

【四六】

虎符地重，駱谷山高。惟洋雖曰小州，在蜀最爲善地。況武康之爲鎮，據全蜀之上游。粤從南渡以來，今號西陲之極。封疆密接於長安，風物不同於他郡。盛時常均逸於公卿，佳境亦寄情於名勝。桐木韓家之父子，襲美麾符；眉山蘇氏之弟兄，留題亭榭。和相曾臨於蓮幕，六字題詩；文侯亦剖於竹符，數篇紀詠。弓刀萬騎，藹壯士之雲屯；鍾鼓三更，帶江城之月色。

大安軍 三泉

【建置沿革】禹貢梁州之域。星土分野與興元同。春秋、戰國爲蜀地。秦屬蜀郡。二漢屬廣漢郡，爲葭萌地。蜀改爲漢壽縣，〔三七〕屬梓潼郡。晉末屬晉壽郡。唐初析綿谷置三泉縣，於縣置南安州，尋廢州，以縣屬利州，改屬梁州，又改縣於關城倉陌沙水西，即今縣理。唐末岐、蜀交兵，始戍三泉。後唐伐蜀，戰于三泉。皇朝平蜀，先下三泉，建爲大安軍，未幾廢爲縣；中興以來，諸將屯三泉以護蜀口；後以縣令權輕，奏復爲軍。今領縣一，治三泉。

事要

【郡名】龍門。

【風俗】純朴好勇。郡志：「其民云云。」務農習獵。同上，云云。

【形勝】東北通秦、隴。圖經云云。西南控川蜀。同上，云云。介居二大國間。同上。曰：「云云，冠蓋往來之衝。」棧道連空。同上。「云云，極天下之至險。」興、利州至三泉縣，橋閣共一萬九千三百十八間，護險偏欄共四萬七千一百三十四間。」州宅如在山林。相業堂記云云。

【山川】龍門山、去軍城五里。官道之傍，懸壁環合，上透碧虛，中敞大洞，下漱清泉，宛然天造，水簾懸夏，冰柱凝冬，真異境也。文潞公詩：「壺中別有境，天下更無奇。」宋景文、趙清獻、王素、韓絳、田況、吕公弼、吕大防諸公皆有留題。行三里，又有後洞。蘇元老龍洞記：「自利至興，行五百里，幾半蜀道，而巖洞之可喜者，莫如龍洞，重簷厦屋，深不可窮。」○唐沈雲卿詩：「長竇亘五里，宛轉復嵌空。伏湍照潛石，瀑水生輪風。」潭毒山、繫年録：「紹興三年，撒離喝入興元府，劉子羽退屯三泉縣，以——形勢斗拔，其上寬平有水，乃築壁壘於是，軍勢復振。」玉簪山、江山井邑，盡在目前，爲一郡登覽之要。龜山、去軍五里。往江之北，有净法院。魚山、在江之南。滴水巖、在軍之西七十里。兩山峭拔，其中一峰有飛瀑千丈，下至山根。白崖、在軍東北八十里。半山有洞。百牢關、在縣西。漢於此置關。萬勝平；在軍東北。平川五里。嘉陵江、晏類要：「西半里。其源出大巖，至魚關始通舟楫。」韓溪，源出崑崙山。里人以蕭何追韓信至此得名。考之唐碑，當以巴州爲是。漾水。在縣南。有關。

【井泉】三泉。——記云：「在今軍東門外。瀕江蒼石上窪然爲泉者三，如小車輪，如古盤盂，品列鼎峙，不越步武。幽竇之溜，涓涓而注。汲而負者，甫就擔肩，而泉之水霎頃又滿。」〔三八〕

【館驛】金牛驛。在大安縣東六十里。見通典。○胡曾——詩云：「山嶺千重擁蜀門，成都別是一乾坤。五丁不鑿——道，秦惠何由得併吞？」

【名宦】

未詳。

【人物】

未詳。

【題詠】透石飛梁下。蘇頲經三泉路詩云：「三月松作花，春行日漸賒。竹郭山鳥路，藤蔓野人家。」云云。尋雲絶磴斜。」柳花漠漠嘉陵岸。陸務觀大安酒病詩：「云云，別是天涯一段愁。」

【四六】

疏綸鰲掖，作鎮龍門。近控益、夔，旁聯秦、隴。特一小縣之地，介二大邦之間。蜀門要地，欲增重於事權；棧道連空，當謹防於關隘。斗壘遐陬，已課帷良之最；水簾勝槩，不防小隊之遊。

校勘記

〔一〕「皇朝分川峽爲四路」，「峽」，底本原作「陜」，據元豐九域志卷七、宋史卷八九地理志改。

〔二〕「山頂石刻儀隴字」，「石」，底本原作「右」，據四庫本、嶽雪樓本及太平寰宇記卷一三九改。

〔三〕「屬營山縣」，底本原誤「營山縣」爲「營江縣」，據元豐九域志卷七、宋史卷八九地理志及本書蓬州沿革改。又下文「青溪水」下之「營山縣」，原亦誤作「營江縣」，今一併改正。

〔四〕「曾口」，底本原作「魯口」，據元豐九域志卷七、宋史卷八九地理志改。

〔五〕「劉先主分置巴西郡」，「置」，底本原作「蜀」，據晉書卷一四地理志改。

〔六〕「朐䏰至魚復爲固陵郡巴遂分矣」，底本原脱「魚復爲」、「郡」四字，又誤「遂」爲「道」，今據華陽國志卷一巴志補、改。

〔七〕「云云」，底本原作「公云」，據四庫本改。

〔八〕「乃命知州兼管内安撫」，「兼」，底本原作「葬」，據北圖本、四庫本、嶽雪樓本改。

〔九〕「與太守郭郊書」，「郭郊」，底本原作「郭　」，據北圖本、元甲本、元乙本、四庫本、傳是樓本及輿地紀勝卷一八七改。

〔一〇〕「在舊奇章縣」，「縣」，底本原作「孫」，據四庫本、傳是樓本、嶽雪樓本改。

〔一一〕「孤城寂寞字江頭」，「字江」，底本原作「宇江」，據北圖本、四庫本、傳是樓本、嶽雪樓本改。本書同卷巴江下云：「一名字江。」可證作「字江」是。

〔一二〕「夜不掩扉」，「扉」，底本原作「罪」，據北圖本、四庫本、傳是樓本、嶽雪樓本改。

〔一三〕「早與范蜀公同往太學」，「范蜀公」，底本原作「范置公」，四庫本、傳是樓本作「范蜀公」。宋史卷三三七范鎮傳云：「哲宗立……以銀青光禄大夫再致仕，累封蜀郡公。」則四庫本等作「范蜀公」是，今據改。

〔一四〕「地僻昏炎瘴」，底本原作「地僻炎瘴昏」，據杜詩詳注卷八、全唐詩卷二二五寄岳州賈司馬六丈巴州嚴八使君兩閣老五十韻乙正。

〔一五〕「看君妙爲政」，「看君」，底本原作「看看」，據嶽雪樓本及杜詩詳注卷一八、全唐詩卷二三一送鮮于萬州遷巴州改。

〔一六〕「扁舟繫纜沙邊久」，「纜沙」二字，底本原作「岸河」，今據杜詩詳注卷一三、全唐詩卷二二八及輿地紀勝卷一八七改。

〔一七〕「韓翃」，底本原作「韓翊」，據全唐詩卷二四三改。

〔一八〕「笑取秦人帶客旗」，「秦人」，底本原作「春人」，據全唐詩卷二四三韓翃送巴州楊使君改。

〔一九〕「隋爲西城郡」，「西城郡」，底本原作「西域郡」，據四庫本及隋書卷二九地理志、舊唐書卷三九地理志及太平寰宇記卷一四一改。

〔二〇〕「晉吉挹爲梁州督護苻堅使韋鍾伐之挹於急口岐山爲壘固守」，底本原誤「梁州」爲

「梁川」，據四庫本、嶽雪樓本及太平寰宇記卷一四一改；又誤「苻堅」爲「符堅」，據晉書卷一一三苻堅載記改。而「急口岐山」，太平寰宇記作「峻山」，無「急口」二字，與本書異。

〔二一〕「嶓冢導漾」，「導」，底本原作「蕩」，據四庫本及尚書禹貢、繆荃孫輯元和郡縣志逸文卷一改。

〔二二〕「子貢過漢陰」，底本原脱「貢」字，據嶽雪樓本及莊子卷三天地篇補。

〔二三〕「禱廟結雲裝」，「禱」，底本原作「縯」，據四庫本、嶽雪樓本及全唐詩卷五五六馬戴寄金州姚使君員外改。

〔二四〕「退公披鶴氅」，「披鶴氅」，底本原作「搜鶴敞」，據四庫本、嶽雪樓本及全唐詩卷五五六馬戴寄金州姚使君員外改。

〔二五〕「送李郎中赴金州詩」，「李郎中」，全唐詩卷七二一録李洞此詩作「盧郎中」，又云「一作唐郎中」，疑本書是涉上文「李洞」而誤爲「李郎中」。

〔二六〕「雲明添嶺高」，「添」，底本原作「漆」，據全唐詩卷七二一李洞送盧郎中赴金州改。

〔二七〕「城池連草塹」，「草」，底本原作「葦」，據北圖本、四庫本、傳是樓本及全唐詩卷五五四項斯贈金州姚合使君改。

〔二八〕「數里時逢一兩家」，「家」，底本原作「花」，據全唐詩卷六五三方干路入金州江中作改。

輿地紀勝卷一八九引此詩作「家」，不誤。

〔二九〕「知是從來貢金處」，「貢」，底本原作「貴」，據全唐詩卷六五三方干路入金州江中作改。

〔三〇〕「又立洋川儻城二郡隋置洋川鎮屬漢川郡」，底本原誤「洋川、儻城」爲「洋州、簡城」，據北圖本、四庫本、傳是樓本及隋書卷二九地理志改；又誤「漢川郡」爲「漢中郡」，據隋書卷二九地理志、舊唐書卷三九地理志改。

〔三一〕「改洋川郡」，「川」，底本原作「州」，據舊唐書卷三九地理志、新唐書卷四〇地理志改。

〔三二〕「置關有八（至）華陽關」，此所列只七關，不足八關之數。據輿地紀勝卷一九〇記載，八關中有一五渡關，本書缺載。

〔三三〕「蜀魏延請直從褒中出」，「蜀」，底本原作「魏」，據嶽雪樓本及三國志卷四〇蜀書魏延傳改。

〔三四〕「文與可詩（至）閣道中間第幾星」，據蘇軾詩集卷一四和文與可洋川園池天漢臺，此詩爲蘇軾所作，非文與可詩，文與可原詩爲：「北岸亭觀衆，最先登此臺。臺高望羣峰，萬里雲崔嵬。」

〔三五〕「有墓在南鄭」，「墓」，底本原作「遠」，據北圖本、四庫本及輿地紀勝卷一九〇改。

〔三六〕「情深是德鄰」，「情深」，底本原作「清涼」，據劉禹錫集卷三三令狐相公見示題洋州崔侍郎宅雙木瓜花頃接侍郎同舍陪宴樹下吟玩來什輒成和章改。

〔三七〕「蜀改爲漢壽縣」，「漢壽縣」，底本原作「漢壽郡」，據晉書卷一四地理志、元和郡縣志卷二二改。

〔三八〕「而泉之水雯頃又滿」，「頃」，底本原作「須」，據北圖本、四庫本、傳是樓本及輿地紀勝卷一九〇改。

方輿勝覽卷之六十九

利州西路

沔州 略陽　長舉

【建置沿革】禹貢梁州之域。秦分，東井、輿鬼之分野。戰國時爲白馬氐之東境。秦屬蜀郡。漢分白馬氐置武都郡，今州即武都郡之沮縣也。蜀置梁州，治漢中之沔陽。西晉末，氐人楊茂搜自號氐王，據武都，後分王武興，即今之州理是也。宋立東益州。梁立武興蕃王國。西魏改東益爲興州，因武興郡爲名。隋爲順政郡。〔一〕唐復置興州。皇朝因之，中興以來爲利西路帥司治所，開禧逆曦之變，改爲沔州。今統郡八，領縣二，治略陽。

本路安撫置司。

事要

【郡名】武興。元和志：「州城即古——城也。蜀以其處當衝要，〔二〕置武興督以守之。城雖在平地，甚牢實，周回五百許步，唯開西北一門，外有壘，三面周匝。」

【風俗】人性質直。隋志：「順政郡人尤勁悍，性多質直。」務農習獵。同上。「皆——於——事，工——射——。」連雜氐、羌。同上，云云。

【形勝】崖谷險峻。柳宗元興州江運記：「興州之西爲戎居，歲備亭障，實以精卒。以道之險隘，兵困于食，守用不固。御史嚴公牧于梁，患之，曰：『自長舉北至於青泥山，又西抵于成州，過栗亭川，踰寶井堡，云云，十里百折，負重而上，若蹈利刃。若是者，綿三百里而餘。自長舉而西，可以導江而下，二百里而至。』乃即山僦功，〔三〕轉巨石，仆大木，焚以炎火，沃以食醯，摧其堅剛，化爲灰燼。畚鍤之下，易甚朽壤。隨山之曲直，以休人力；順地之高下，以殺湍悍。於是決去壅土，疏導江濤，雷騰雲奔，百里一瞬，既會既遠，淡爲安流。烝徒謳歌，枕卧而至，戍人無虞，專力待寇。惟我公之功，疇可侔也。是用假辭謁工，勒而存之，用永憲於後祀云。」十里百折。見上。人居山上。隋志：「山高水峻，云云，種殖甚微，唯以負販爲業，禮樂之道未聞。」

【山川】龍山、在州西五里。山形夭矯如龍。下有水泉。鳳凰山、一名巾子山，去州一里。如鳳之翔。武興山、在州西一里。古興州城於此。烽燧山、在州東一里。僞蜀時多舉——於此。大景山、在州南七十里，與小景山相連。本作「丙」，以避諱改。相傳北有丙穴，産嘉魚。飛仙嶺、在州東三十里。相傳徐佐卿化鶴跧泊之地，故名飛仙。上有閣道百餘間，即入蜀路。○杜甫————詩，見隆慶府。青泥嶺、在長舉縣西北五十里。懸崖萬仞，上多雲雨，行者多逢泥淖。藥水巖、去州七里，有院。院南有二石洞，洞門有泉，能療疾。○鮮于侁詩：「千峰環郡宇，二石繞城堞。每憐山水佳，況復聞崖穴。」殺金平；在長舉縣。紹興四年，金人遣四太子進攻鐵山，於仙人關高嶺立大柵，下瞰吴玠營。關傍有——————，玠堅壘於平土，嚴兵以備。〔四〕虜直攻玠營，會玠弟璘由七方關入援兵禦之，虜遂退。沔水、圖經：「亦名沮水。源出鳳州界。」按沔州在嘉陵江之側，漢中在————之濱，沔州之江即非沔水，州以此名，更當詳考。東池。在城東三里。○唐鄭谷詩：「南連郡郭流，闊碧浸晴樓。徹底千峰影，無風一片秋。」○朱慶餘與賈島——————避暑詩：「四面無炎氣，環流闊復深。蝶飛逢草住，魚戲見人沉。」○司馬君實寄題晁都官東沼詩：「名郎遊勝地，公跡繼風流。〔五〕昔爲題詩著，今因好事修。四山相映照，五馬屢淹留。想見波光净，依然一片秋。」○蘇子瞻寄晁都官東沼詩：「百畝新池傍郭斜，居人行樂路人詩。自然官長如靈運，能使江山似永嘉。」

【樓閣】郙閣。在靈巖寺，〔六〕閣上有漢銘。○文與可詩：「南征曾讀浯溪頌，西遡今觀郙閣銘。」

【館驛】青陽驛。在順政縣東五十里。○石才孺詩：「幸蜀奔波爲禄兒，聞鈴夜雨有餘悲。青陽一夕難高寢，黼幄千官減盛儀。」○「錦綳只擬情方昵，綉襪那知禍已成。自古覆車循一轍，哲王寧不玷聰明。」

【名宦】嚴震、唐人，爲沔州團練使。爲政清嚴，理行第一。嚴礪；權載之集：「嘗爲興州刺史。」郡志云：「元和中爲節度。自長舉縣而西流，嘉陵江三百里，通漕以饋成州。」皇朝薛奎、嘗知興州，向敏中薦其才，擢監察御史。**邵伯温**。建炎元年，逆賊史斌據興州，守臣向子寵望風遁去。賊自武興謀入蜀，鈐轄盧法原、提刑邵伯温遣兵扼劍門以拒之，斌乃去，蜀賴以安。

【題詠】**武興山水郡**。文與可靈巖寺詩：「云云，左右有佳處。仙巖兩蟬殼，佛宇一玉樹。」**人已作秦音**。郡守楊粹中題青泥驛詩：「山猶連蜀道，云云。」**坐聽嘉陵江水聲**。唐鄭谷興州江館詩：「向蜀還秦計未成，寒蛩一夜透床鳴。愁眠不穩孤燈盡，云云。」**山遶興州萬疊青**。蘇子由東池詩：「云云，池開近郭百泉井。」**江上宅尋吴御史**。邵博詩：「云云，池邊詩覓鄭都官。」

【四六】輟班文石，分閫武興。千峰環列，二水交流。控梁、益之間，雜氐、羌之俗。匪西閫之帥權，有隆彈壓；集東池之賓從，不廢吟哦。開藩飛仙嶺之旁，實爲重鎮；護塞殺金平之畔，〔七〕當繼前功。

天水軍 天水

【建置沿革】禹貢雍州之域。東井，秦之分野。周以前爲西戎地。至周孝王時，其地始有秦邑，即天水隴西縣秦亭是也；至武公伐邽、冀，戎滅，初縣之，即邽戎邑也；冀戎屬天水郡，〔八〕今軍爲上邽治境，即秦之舊縣也；始皇時屬隴西郡。漢武帝分置天水郡，治平襄，取天水湖以爲名。王莽改曰鎮戎郡。東漢改天水郡爲漢陽郡，治冀。魏立秦州。晉復曰天水郡，治上邽，復爲秦州。後魏秦州有兩天水郡。隋廢。唐平薛舉，改置秦州，初治上邽，以地震移治成紀之敬親川；改天水郡，還治上邽，復爲秦州；又置天水縣，屬秦州，徙治成紀，而上邽廢，唐末復置。石晉時徙治赤沙川，即今之軍治也。皇朝中興，虜陷秦州，分畫南北界，而天水縣屬于我，始撥隸成州；虜犯天水，徙治米谷寨，又徙治榆林，又徙興州平；又以秦州之太平社、隴城之東阿社來屬；及和議成，復歸於天水。自承平時，議者欲升縣爲軍，以尊表國姓。會兵興，乃寢。及虜騎西來，陝右百城盡陷，惟天水獨存，議者以爲當陞軍。會四川宣撫使安丙奏，乞將天水縣創爲軍，仍置天水縣。今領縣一，治天水。

事要

【郡名】隴西、鎮戎。

【風俗】人性質直。隋地理志：「其——尤——，然尚儉約，習仁義，勤於稼穡，多蓄牧，無復寇盜矣。」〔九〕漢地理志云云。以材力爲官。同上。「漢興，郡家子選給羽林、期門，〔一〇〕云云，名將出焉。」以射獵爲先。尚氣槩，先勇力。朱元晦詩解曰：「岐、豐之地，文王用之，以興二南之化，如彼其忠且厚也。秦人用之，未幾而一變其俗，見於詩者，大抵云云，已捍然有招八州而朝同列之氣矣。蓋雍州土厚水深，其民端重質直，不爲浮靡。以善導之，則易以興起。以猛驅之，則其强毅果敢之資，亦足以强兵力農，而成國家富强之業也。」

【形勝】天水本隸秦。史記秦本紀曰：「周孝王時，非子好馬，及善畜養。孝王曰：『昔柏翳爲舜主牧，畜多息，故有土，賜姓嬴。今其後世亦爲朕息馬，遂分土地爲附庸。』邑之秦，使續嬴氏。」○

同谷志：「云云，在汧、隴之西。秦仲始以車馬禮樂革其戎、狄之習。」**古爲六郡地。**隋地理志：「天水云云。」**迫近戎、狄。**班固地理志：「天水云云。」

【土産】花石屏。在艾蒿下。鎮峽中有石，青質黑理，其紋有松栢、人物、溪橋、水石、山林、樓屋、日月之狀，可爲屏。

【山川】兑山、堯本紀：「申命和仲宅西土，曰昧谷。」鄭康成注：「西者，隴西之西，今人謂之——。」今天水縣，古上邽西縣地也。**嶓冢山、**通典：「嶓冢，一在天水郡之上邽，一在漢中之金牛。」○同谷志：「一在西縣、大安之間；一在天水，即西漢水之所出也。」**米谷山、**去天水縣四十里，去成州百餘里。唐寶應間，吐蕃陷天水，邑人保聚於此山。**麥積山、**在天水縣東百里。狀如——，爲秦地林泉之冠。上有姚秦所建寺。杜甫秦州山寺詩「麝香眠石竹，鸚鵡啄金桃」，即此。山之北曰鵰巢谷，又有隗囂避暑宫，對面瀑布瀉出於蒼崖之間，亦勝景也。又有魏乙弗后墓。○李師中詩曰：「路入青松翠靄間，斜陽倒影下溪灣。此中猿鶴休相顧，謝傅東歸自有山。」**黑谷山、**在天水北五十里。大山喬林，連跨數縣。有黑谷關，紹興初郡守程俊置以防秦、鞏來路，最要衝。**太祖山、**在天水縣南九十里。山巖聳秀，下瞰數州，歷歷可辨。**鐵堂山、**在天水縣東五里。有石笋青翠，長者至丈餘，小者可以爲礪。杜甫詩，見成州。**醉仙崖、**在天水縣連鳳山。○魯百能詩云：「高倚青冥插酒星，山涯誰作醉仙形。從來天地爲衾枕，應笑人間有獨醒。」**石榴關、**去天水縣九十五里。**現子關、**去天水縣百里，對隴州吴山路。東柯谷、在天水縣。杜甫詩：「傳道——，深藏數十家。」又：「瘦地翻宜粟，陽坡好種瓜。」○紹聖間，粟亭令王知彰作祠堂記云：「工部棄官，寓東柯姪佐之居。」湫池堡、天水縣七十里。靖安堡、去天水縣三百里。皂郊堡、在天水縣東北四十里，去秦州纔三十里。地網、自虜陷陝西，天水、長道並當邊面，地勢平衍，虜騎四布，縱横無礙，步兵不能捍禦。隆興中，四川宣撫吴璘乃創地網。其制於平田間縱横鑿爲渠，每渠闊八尺，深丈餘，連綿不斷，如布網然。明年，虜犯天水，礙以——，始不得肆。天水元管三百六十條，後增爲五百五十四條。四川制司、利西帥司每歲農隙差民開淘，近歲雨水湮塞，已損於舊矣。木門；去天水縣十里。張郃追諸葛亮於——，中飛矢死，即此也。天水、發源粟亭縣。清水。古——縣，杜詩所謂「清渠一邑傳」是也。

【寺院】華藏院、在天水東。溪山頗勝。瑞應院。在麥積山。後秦姚興鑿山而修，千崖萬象，轉崖爲閣，乃秦川勝境。又有隋時塔。○杜甫詩：「亂石通人過，懸崖置屋牢。」五代王仁裕詩：「躡盡懸崖萬仞梯，等閑身與白雲齊。簷前下顧羣峰小，掌上平分落日低。」

【名宦】姜謩。上邽人。高祖平薛仁杲，〔一一〕擢謩秦州刺史。帝曰：「昔人稱衣錦故鄉，今以本州相處。」謩至邊，撫以恩信，盜賊衰息。人喜曰：「不意復見太平官府。」

【人物】趙充國、隴西上邽人。段會宗、上邽人，爲西域都護。姜維；天水人。諸葛亮軍出祁山，以維爲倉曹掾，遷征西將軍。皇朝王仁裕、天水人。又見西和州。嘗知貢舉，王溥、李昉、和凝、范質皆其門生，皆至宰相。劉愿、天水人。潛心洛學，以八行舉。董湜。天水人。好讀書教子，經四、登賢、書綬及緯約並皆擢第。

【題詠】清渭無情極。杜甫秦州雜詩：「秦州城北寺，勝迹隗囂宮。」隗囂據隴西天水郡，寺即其故居。關雲常帶雨。杜甫寓目詩：「云云，塞水不成河。羌女輕烽燧，胡兒制駱駝。」

【四六】

出綸中禁，剖竹上邽。維郡名之甚雅，在國姓以當崇。至秦而入於版圖，迨漢而列於郡邑。土厚水深，實隸雍州之域；地靈人傑，亦多漢代之賢。分符欲扞於坤維，豈輕郡寄；設險具存於地網，盍謹邊防。

鳳州 梁泉 兩當 河池

【建置沿革】禹貢梁州之域。鶉首之次。春秋爲氐、羌之所居，戰國及秦時爲隴西郡地。漢高帝分置廣漢郡，武帝置武都郡，領縣九，其屬有固道、河池二縣，今州即二縣之地。東漢因之。魏明帝時其地没於蜀。初，楊氏部落居仇池，至難當，傾國南寇，宋文帝遣裴方明討之，難當奔魏。後魏拓定仇池，於此置固道郡。南齊以固道郡置南岐州。西魏改歸真郡，又改南岐州曰鳳州。隋置河池郡。唐復爲鳳州，改河池郡，復爲鳳州。前蜀王建置武興軍。皇朝降爲團練州，分川、峽爲四路，隸秦鳳路；中興以來，以鳳州隸利西路。今領縣三，治梁泉。

事要

【郡名】鳳城、南岐志：「鳳之名州，其疆理與鳳翔府相鄰。有周之興，鸑鷟嘗鳴於岐，翱翔至於南而集焉。是以西岐曰鳳翔府，南岐曰鳳州。」南岐。——志：「鳳州居岐之南，與關中相表裏，四塞險固。」

【風俗】質直好義。同上。「大抵務農力穡，云云。」有豳風之餘。同上。「西岐鄰壤相接，云云。」

【形勝】大散扼其東。郡志：「云云，武休鄣其西。」〔一二〕北限秦嶺。同上。「云云，西通漁梁，重巒疊嶂，〔一三〕亭障聯絡，隱然爲蜀門之重。」東綿秦、漢。寰宇記：「云云，北接蕃、戎。」萬山盤踞。郡志：「云云，關隘險固。」

【土産】金絲柳。邵堯夫詩：「楊柳垂金絲，風動如飛蓋。」元豐間有旨下本州，取香醪百瓶、————百根。

【山川】豆積山、在梁泉縣北一里，冲妙先生之别隱。淳熙中，憲使李大正大書「遯跡山」三字，鐫於石山之麓。後袁桂有詩辨之云：「通玄靈異不勝多，此處名山未是訛。豆積更名爲遯跡，西康麥積合如何？」御愛山、在梁泉縣松陵堡之側。唐韋莊入蜀記云：「大散嶺之北，唐僖宗巡幸歷山下，愛翫不能去。」○王素知成都，賦詩曰：「當日蒙塵極險艱，猶逢蒼翠强開顔。吾皇高拱巖廊上，只愛生靈不愛山。」**紫柏山**、在梁泉縣七十里。山有七十二洞，仙人多隱于此。**鳳凰山**、在河池縣東五里。〔一四〕**鸑鷟山**、在兩當東。**木皮嶺**、在河池縣西十里。詳見成州。杜甫發同谷，取路栗亭南入郡界，歷當房村，度————，由白水峽入蜀，即此。**大散關**、在梁泉縣，係極邊，爲秦、蜀要路。按漢高祖引兵從固道敗章邯於陳倉，諸葛出散關圍陳倉，曹操自陳倉出散關至河池，後魏尉遲迥自散關伐蜀，後唐郭崇韜入散關取鳳州，石敬瑭伐蜀入散關，後周王環出兵自散關趍秦州。○王仁裕詩：「鐵鎖寨門扃白日，火張旗幟插青天。」**仙人關**、雲麓謾抄：「自講好後，關中之地中分爲界，如南關、大散、仙人、饒風、武休等皆爲我有。————外分左右道。自成州經天水縣，出皂郊堡，直抵秦州。頃年吴璘大軍嘗由此以出西道，地皆平衍，即其地。壕塹縱横，引水縷行，名曰『地網』，以遏奔衝。此————左出之路也。自兩當縣趍鳳州，直出大散關，拒和尚原纔咫尺。彼常憑原下視散關，僅如垤垤，故其勢易以危，卒有緩急，仙人關可恃耳。此仙人右出之路也。」〔一五〕**武休、饒風關**、鳳州之東、興元之西，褒斜谷在焉。谷口三山，翼然對峙，南曰褒，北曰斜。在唐爲驛路，所以通巴、漢。旁連——關，又極東爲————，地斗入，糧運難致，異時獨倚饒風以控商、虢，由武休以達長安，故當關爲蜀之咽喉。向來撒離合寇饒風以迫仙人，吴玠、劉子羽以死守，故不失四蜀。則今諸關，其可不嚴其備乎？紹興十二年，金人遣賀景仁來分劃，乃割商、秦之半，存上津、豐陽、天水三邑，及隴西、成紀餘地，棄和尚原、方山原，以大散關爲界，於關内則興趙原爲控扼之所。**和尚原**；朝野雜記：「紹興初，金陝西選鋒都統妻宿死，兀术會諸道及女真兵數萬人，造浮梁跨渭，親攻————。吴武安以陝西都統制出奇邀擊，大破之。兀术中流矢二，獲其麾蓋。自虜入中原，未嘗如此敗衄也。」○知成都張燾曰：「————最爲衝要，自原以南則入川路。散失此原，是無蜀也。」嘉陵江、源出大散關之西，去州九十里，循城下入兩當、河池。黃花川、在梁泉縣。大散水流入————。唐有黃花縣，後併爲梁泉。王維有詩。紫金水。在河池縣北一里。沿流自武休關入漢中爲山河堰，即褒水也。源出太白山。

【井泉】香泉。在城北。泉自石眼中流出，清冽而甘，宜釀酒。

【堂舍】嘯歌堂。在郡治。取魯直「——山水重」之句。

【館驛】黃花驛、唐薛逢詩：「孤戍迢迢蜀路長，鳥鳴山館客思鄉。更看絶頂煙霞外，數樹巖花照夕陽。」○李端送人詩：「黃花西上路何如，青壁連天鴈亦疏。」兩當驛。兩當縣東抵京都、西抵益州皆三十六程，故曰「兩當」。趙閱道————詩云：「里數三千七百餘，兩當冬夜宿中途。」

【名宦】蕭瑀；隋朝遷内史侍郎，言事忤旨，出守河池，至唐爲相。皇朝唐庚、眉山人。爲州學掾，以文名世。趙鼎。爲兩當尉，紹興爲相。

【人物】張果老、夏居豆積，冬居鷟鷟，明皇聘之不至。吴郁。兩當人。爲侍御史，以言事被謫，居家不仕，與杜子美交游。今杜集中有吴侍御江上宅詩。

【名賢】皇朝文彦博、公微時嘗客兩當富民郇氏之館，教授諸生。邵雍。嘗登郡樓賦詩，紀一時觀覽之勝，留九十日而去。

【題詠】仙鳳歷遺墟。王勃晚届鳳州詩：「寶雞辭舊域，云云。」蜀門自兹始。陳伯玉西還至散關詩：「攬衣度函谷，銜涕望秦川。云云，雲山方浩然。」散關三尺雪。李義山至散關遇雪詩：「云云，回夢舊鴛機。」鳥去林自空。邵堯夫郡樓書所見吟：「云云，雲移山不礙。晚角時斷續，層崖遞明晦。殘陽掛疏紅，遠水生微瀨。塞目煙岑密，都城若天外。」猿啼鬼迷店。陸務觀秋夜感舊詩：「往者秦、蜀間，慷慨事征戍。云云，馬噤飛石鋪。」鬼迷店在大散關卜，飛石鋪在小益道中。頻行鳳、集南。陸務觀追懷從戎南鄭往來興鳳詩：「昔戍蠶叢北，云云。」二王、陳、吕四宗臣。韓魏公詩：「云云，繼擁輕軺諭蜀民。稱職簡心俱入輔，後來何德接芳塵。」乘軺相繼有三王。王拱辰詩：「聖神深意念遐方，前後皆馳諭蜀郎。從此郵亭爲盛事，云云。」

【四六】

出綸鰲禁，憑軾鳳城。爲蜀西鄙，在周南岐。郡樓吟詠，乃邵康節之舊遊；使節經行，亦韓魏公之嘗歷。承流千里，載臨鳳集之邦；守險諸關，小試龍韜之績。丫騎載驅，問道黃花之驛；十行即下，趣環玉筍之班。

校勘記

〔一〕「隋爲順政郡」，「順政郡」，底本原作「順故郡」，據四庫本及隋書卷二九地理志、元和郡縣志卷二二改。

〔二〕「蜀以其處當衝要」，底本原脱「其」字，據元和郡縣志卷二二補。

〔三〕「乃即山僦功」，「僦」，底本原作「獄」，據四庫本、傳是樓本、嶽雪樓本及柳宗元集卷二六興州江運記改。

〔四〕「嚴兵以備」，「嚴」，底本原作「岩」，據北圖本、四庫本、嶽雪樓本改。

〔五〕「公跡繼風流」，「風流」，底本原作「風竈」，據四庫本、傳是樓本、嶽雪樓本改。

〔六〕「在靈巖寺」，「巖」，底本原作「嚴」，據北圖本、四庫本改。

〔七〕「護塞殺金平之畔」，「殺金平」，底本原作「殺金牛」，據四庫本及本書同卷沔州「山川」下「殺金平」改。

〔八〕「冀戎屬天水郡」，「冀戎」，底本原作「冀郡」，據嶽雪樓本及元和郡縣志卷三九改。

〔九〕「以射獵爲先」，「先」，底本原作「生」，據漢書卷二八下地理志改。

〔一〇〕「郡家子選給羽林期門」，底本原誤「給」爲「紟」，又誤「期門」爲「斯門」，今據北圖本、四庫本及漢書卷二八下地理志改。

〔一一〕「高祖平薛仁杲」，「薛仁杲」，底本原作「薛仁果」，據北圖本、四庫本及舊唐書卷五九、新唐書卷九一姜謩傳改。

〔一二〕「武休郭其西」，底本「西」下原有「北」字，據北圖本、四庫本、傳是樓本删。

〔一三〕「重巒疊嶂」，「巒」，底本原作「蠻」，據嶽雪樓本改。

〔一四〕「在河池縣東五里」，底本「五里」下原有「山」字，據北圖本、四庫本删。

〔一五〕「此仙人右出之路也」，「右」，底本原作「左」，據四庫本及雲麓漫抄卷一改。

方輿勝覽卷之七十

西和州 長道　大潭　祐川

【建置沿革】禹貢雍州之域。古西羌地，東井、輿鬼之分野。在秦爲隴西郡之臨洮縣。自秦末至兩漢迄魏、晉，並爲隴西郡地。西魏文帝於此置岷州，南有岷山，故名；仍領同和郡，又改臨洮郡。隋爲岷州，煬帝又改臨洮郡，恭帝又改岷州。唐因之，改政和郡，復爲岷州，宣宗時爲歸義軍節度，後爲吐蕃奴部渾末所據。〔一〕神宗時下河州，破木征，而岷州木令征以城降，復爲岷州，隸熙河路，後隸秦鳳路。紹興間叛將慕容有等相繼降虜，而洮、岷之地復失。宣撫吴玠復五路，以李永琪守岷，遂移治於白石。及金人請和，朝廷從之，改岷曰西和，以郡爲和政故也。又淮西亦有和州，故加「西」字以別之，附於利州路。今領縣三，治長道。

事要

【郡名】西岷、崆峒。

【風俗】其俗悍勁。郡志云云。地瘠少田。同上。「其——，——可耕之——。」

【形勝】内則屏翰蜀門。郡志：「張士佺乞築城奏：『云云，外則控制虜境。』」北並洮、疊。圖經：「州境東直吐谷渾青海之塞，南直白馬氐之地，西連熙、鞏，云云，在西河爲重地。」秦城起於州界。通鑑：「秦始皇三十三年，蒙恬斥逐匈奴，收河南地，築長城，因地形，用制險塞，築臨洮長城，起今州城二十里崆峒山，自山傍洮水而東。」僑治白石鎮。丙午，金人初犯中原。越五年，陝西盡陷。是州北臨洮州，與吐蕃接界，直疊州，去蜀遠，徑絶無輔。熙河偏將關師古率熙河兵駐于本州之白石鎮，外控强虜，内爲全蜀之保鄣，州遂僑治於此。據南山建城。紹興間，安撫李永琪始徙鎮，云云，以禦突騎，而帑藏刑獄咸在。

【山川】岷山、元和志：「在縣南一里。」九域志：「———土黑無樹木，其西有天女神，洮水經其下。禹於此見長人，受黑玉書。」祁山、在長道縣南十里。上有城，極嚴固。〔二〕開山圖云：「漢陽西南有——，乃九州之名阻，天下之奇峻。」蜀志云「諸葛率諸軍攻祁山，南安、天水、安定郡叛魏應亮」，即此。隴山、在漢陽縣。按通典：「漢陽有大坂，曰隴坻，亦曰——。其坂九回，上者七日乃越。」通鑑「建武八年，隗囂反，使王元拒隴坻」，即此地也。元和志：「每山東人西行役，〔三〕升此眺望，莫不悲思。隴上有水，東西分流，因號爲分水嶺。行人歌曰：『隴頭流水，鳴聲嗚咽，遥見秦川，肝腸斷絶。』」西頃山、即禹貢———，在縣西南都尉部是也。朱圉山、在大潭縣。漢地理志天水冀縣有————。崆峒山、在古溢樂縣西二十步。通靈山、去大潭縣七十里。四山環合，二水縈流。有清水巖，飛落如玉繩，亦勝境也。**屏風峽**、在長道縣西四十里。大觀間，郭思作祁山神廟記，以此爲正祁山。**鐵堂峽**、唐杜甫詩云：「山風吹遊子，縹緲乘險絶。硤形藏堂隍，壁色立積鐵。徑摩穹蒼蟠，石與厚地裂。修纖無限竹，嵌空太始雪。威遲哀壑底，徒旅慘不悅。水寒長冰横，我馬骨正折。生涯秪弧矢，盜賊殊未滅。飄蓬踰三年，迴首肝肺熱。」**南北岈**、在長道縣。二岈有萬餘家。諸葛亮上表言：「祁山去沮五百里，有人萬户，瞻其丘墟，信爲殷矣。」**十八盤路**；在大潭縣百二十里。**白江**、源出疊州，歷巖昌，入江油花石峽，過武階，下文、龍，至昭化合嘉陵江。**洮水**、漢地理志：「出西羌中，經岷山之下，北至抱罕東入于河。」**漢水**、在長道縣南。有諸葛亮故壘。**清水**。在大潭縣西南，從番界流來。

【古跡】**白石鎮古城**、乃唐宣宗築。按漢時星隕于地，成白石，狀如龜，故名。○唐郭思詩云：「落星一石幾千年，門外何人扣漢川。」**仇池城**。晉時楊難當竊據築城，自山之上屬長道，下屬成州同谷。

【名宦】**辛公義**；開皇間爲岷州刺史，州人大疫，公義命舁置庭下，爲具醫藥，身自省問。**皇朝种諤**。國朝元祐間爲岷州郡守。

【人物】**李翕**、東漢爲漢陽人，實秦州也。**姜維**、本秦州天水縣人，世代居鐵堂峽，今有子孫。**王仁裕**。天水郡漢陽人。年二十五，方有意於學，忽夢西江神剖其腸胃，到西江以水澆之。睹水中沙石，皆有篆文，因取而吞之，自是文頓進。五代漢高帝即位，充翰林承旨，後充少保。

【題詠】亂山深處一茅廬。郡人詩：「云云，元是姜公舊隱居。惟有鐵堂空峽在，六韜留與子孫無。」

【四六】

出綸北闕，作牧西岷。北連青海之塞，南直白馬之氐。孔明師出於祁山，子美詩成於鐵峽。源尋洮水，古戎洛之封疆；地重岷山，今蜀門之扞蔽。千里金城，秦蒙恬之遺迹；一廬鐵峽，蜀姜維之故居。

同慶府同谷　栗亭

【建置沿革】禹貢梁州之域。〔四〕鶉首之次，東井、輿鬼之分野。古西戎地。戰國時羌、戎居之，爲白馬氏羌國。有山曰仇池，地方百頃，白馬氐據焉。秦逐西羌，置隴西郡。漢武置武都郡，治下辨。今州是界于隴西、武都二郡之間。西晉末，楊茂搜保據百頃關，後爲仇池王。後楊定稱藩於晉，爲仇池郡，治歷城。魏於此置仇池鎮，理百頃岑上，後又改爲仇池郡。梁改爲南秦州。西魏改爲成州。隋煬帝改曰漢陽郡，治上禄。唐復爲成州，又改爲同谷郡，復爲成州；没于吐蕃，於同谷西泥功山權置行州；收復之後，復置成州。朱梁改爲汝州。皇朝屬陝西，尋以秦、隴、鳳、階、成州、鳳翔府自爲一路；中興隸利州路，陞同慶府。今隸西路，領縣二，治同谷。

事要

【郡名】仇池、嘉祐石洵直郡守題名記：「郡曰——，州曰南秦、東益。」〔五〕同谷。張行成裴公湖記：「關外四州，——爲最。」

【風俗】其民以耕織爲生。李脩己記：「云云，居養自足。」以射獵爲先。漢書：「天水、隴西及安定、北地、〔六〕上郡、西河，皆迫近戎、狄，脩習戰備，尚氣力，云云。」俗重冬至。郡志：「里人重此節，饋遺慶賀頗盛。或謂地近西周，故以周正爲重。」有崆峒之氣。石洵直：「其民質朴勁勇，云云。」有古桃源風。張行成雙梧堂記：「川原平衍而褊隘，生生之具足自給，不能波及於人，上下以儉約自持，若陋而甚樸，云云。」

【形勝】南則棧道。晁以道發興閣記：「其————窈窕，望西崖以極白沙。」郡介秦、隴間。同谷志：「成爲云云，古爲用武之國。高祖以曹參攻下辨，今同谷是也。」〇石洵直云：「襟帶秦、隴，其田沃壤，雜以原隰。」背山面池。石洵直記：「城郭之勝，云云。」羊腸盤道。晏類要：「云云，三十六間。」俗鄰羌、戎。仙巖亭記：「成之云云，據山谷，易於動，難於安，可以恩惠臨，不可以刑法制。」

【山川】寶井山、石洵直記：「長慶中始遷於寶井。其傍曰紫金山，即今郡治所據。」鳳凰山、在州東南十里。下爲鳳村溪，中有二石如闕。山腰有瀑布，名迸璣泉。天寶間，哥舒翰有留題刻半巖間。相傳漢世有鳳凰棲其上，號鳳凰臺。○杜甫詩：「亭亭鳳凰臺，北對西康州。西伯今寂寞，鳳聲亦悠悠。山峻路絶蹤，石林氣高浮。安得萬丈梯，爲君上上頭。恐有無母雛，飢寒日啾啾。我能割心血，飲啄慰孤愁。心以當竹實，炯然忘外求。血以當醴泉，豈徒比清流。所重王者瑞，敢辭微命休。坐看綵翮長，舉意八極周。自天銜瑞圖，飛下十二樓。圖以奉至尊，鳳以垂鴻猷。再光中興業，一洗蒼生憂。深衷止爲此，羣盜何淹留。」**仇池山**、在郡西百里。寰宇記：「在今成州上祿縣。其山萬峰萬向，山勢自利，東西二門，盤道可七里，史記所謂『秦得百二之固』也。」元和志載宋書氏胡傳云：「仇池地方百頃，四面斗絶，高平地方二十餘里，羊腸盤道三十六回。山上豐水泉，煮土成鹽。」范曄後漢書：「河池方百頃，左右皆白馬氏矣。」○許靖：「過仇池，樹下有碑，靖一覽無遺，故杜詩云『讀記憶仇池』，謂此也。」又：「萬古仇池穴，潛通小有天。神魚人不見，福地語真傳。近接西南境，長懷十九泉。何時一茅屋，送老白雲邊。」**鹿玉山**、在郡東十里，雲徑如線。有獅子洞，乃神仙之家。**天井山**、在郡西二十里。有白龍潭及漢耿勳磨崖碑。**雞頭山**、在郡城西南十五里。史記：「黄帝東至海登岱宗，至崆峒登雞頭山。」人指爲此山。**泥功山**、在郡西二十里。唐貞元五年權置行州，今有舊城基。泥功廟乃石像天成，古怪殊甚。唐趙鴻泥功廟詩：「立石泥翁狀，天然詭怪形。未嘗私禍福，終不費丹青。」○杜甫詩：「朝行青泥上，暮行青泥中。泥濘非一時，版築勞人功。不畏道路永，反將汩没同。白馬爲鐵驪，小兒成老翁。哀猿透却墜，死鹿力所窮。寄語北來人，後來莫怱怱。」**方山**、在郡東南四十里。〔七〕晉書「武都氏屠飛、啖鐵等殺隴西太守姚回，略三十餘家，據——」，即此。**醉僊**

巖、巖壁間有仙像，如世間所畫醉仙狀。有詩，見天水軍注。飛龍峽、在仇池山下。氐楊飛龍者據仇池，因得名。其東乃杜甫天寶避亂居此，有龍灣、虎穴。杜甫詩：「停驂龍潭雲，回首虎崖石。」又：寄贊上人詩：「徘徊虎穴上，面勢龍泓頭。」〇杜甫詩：「首路栗亭西，尚想鳳凰村。季冬攜童稚，辛苦赴蜀門。南登——，以遮秦、隴，路極險。」木皮嶺、在郡東二十里。郡志：「黃巢之亂，王鐸置關於此，——，艱險不可論。汗流被我體，祁寒爲之暄。遠岫争輔佐，千巖自崩奔。始知五嶽外，別有他山尊。仰干塞大明，俯入裂厚坤。再聞虎豹鬬，屢跼風水昏。高有廢閣道，摧折如短轅。下有冬青林，石上走長根。西崖特秀發，煥若靈芝繁。潤聚金碧氣，清無沙土痕。〔八〕憶觀崑崙圖，目擊玄圃存。對此欲何適？默傷垂老魂。」石龕，在成州近境。〇杜甫詩：「熊羆咆我東，〔九〕虎豹號我西。我後鬼長嘯，我前狨又啼。天寒昏無日，山遠道路迷。驅車——下，仲冬見虹霓。伐竹者誰子，〔一〇〕悲歌上雲梯。爲官采美箭，五歲供梁、齊。皆云直幹盡，無以充提携。奈何漁陽騎，颯颯驚蒸黎。」裴公湖、舊傳乃裴冀公牧蜀日所開，上有湖山堂。天水、發源經栗亭縣東南流入河池界，合嘉陵江。萬丈潭、在同谷縣東南七里。舊經：「昔有黑龍自潭飛出。」〇杜甫詩：「青溪合冥漠，神物有顯晦。龍依積水盤，窟壓萬丈内。跼步凌垠堮，側身下煙靄。前臨洪濤寬，却立蒼石大。山危一徑盡，岸絶兩壁對。削成根虛無，倒影垂澹瀨。黑如灣澴底，清見光炯碎。孤峰倒來深，飛鳥不在外。高蘿成帷幄，寒木疊旋旆。遠川曲通流，嵌竇潛洩瀨。造幽無人境，發興自我輩。告歸遺恨多，將老斯游最。閉藏脩鱗蟄，出入巨石礙。何事炎天過，快意風雨會。」龍泓。一在飛龍峽，一在天井山。

【井泉】玉繩泉。在州南七里龍峽之下，萬丈潭之旁。有秦鳳憲喻陟題詩：「萬丈潭邊萬丈山，〔一一〕山根一竇落飛泉。玉繩自我題巖石，流作人間美事傳。」

【軒榭】清風軒。在郡治。晁說之記云：「守居之東隅，有軒曰清風，壘障前後，爲之屏几，清風無時而不來也。吾郡，漢武都郡之所領也。有漢武都太守河陽李翕伯都竟陵四年之碑，在魚竅峽，其辭曰：『民歌德惠，穆如清風。』昔人本諸此而名斯軒歟？」

【樓閣】八景樓。取仇池、子美祠、鳳臺、醉仙崖、仙人龕、鹿玉山、泥功山、裴公湖八景。

【名宦】廉范、歷武威、武都太守。孔奮、爲武都太守。馬融、爲守。李翕、靈帝時爲守，開西陝及天井道。虞詡；爲守。初到，羌衆萬餘攻圍赤亭，詡奮擊大破之，郡遂以安。皇朝种師道、權同谷縣。晁說之。字以道，自號景迂，宣和領郡。

【人物】趙壹、漢陽西縣人。光和間往造河南羊陟，陟與語，大奇之。明日，從車騎奉謁，名動京師。十辟公府，不就。王澤。同谷農家，六世同居。

【名賢】杜甫。乾元中寓居同谷縣，作七歌，末章云：「男兒生不成名身已老，三年飢走荒山道。長安卿相多少年，富貴應須致身早。山中儒生舊相識，但話宿昔傷懷抱。嗚呼七歌兮悄終曲，仰視皇天白日速。」朱元晦嘗書七歌，仍跋其後云：「杜陵此歌，豪宕奇崛，詩流少及之者。顧其卒章，嘆老嗟卑，〔一二〕則志亦陋矣，人可以不聞道哉！」

【題詠】同谷爲咽喉。杜甫送韋評事充同谷郡防禦判官詩：「鑾輿駐鳳翔，云云。西扼弱水道，南鎮抱罕陬。府中韋使君，道足示懷柔。受詞太白脚，走馬仇池頭。」**居人有萬家。**杜甫秦州雜詩：「州圖領同谷，驛道出流沙。降虜兼千帳，云云。」**能官聖主聞。**岑參送程使君赴成州詩：「程侯新出守，好日發行軍。拜命時人羨，云云。江樓黑塞雨，山郭冷秋雲。竹馬諸童子，朝朝待使君。」**江分白馬氏。**魯百能詩：「山占仇池地，云云。潭深龍自蟄，亭迥鳳曾棲。」**按部由兹得梍車。**杜正獻公按部過此，留題詩：「仇池行館最清虚，云云。對竹只宜思穴鳳，臨流不可見淵魚。」**嶺接青泥入劍天。**史渝詩云：「溪從沮水流嶓冡，云云。」**下辨土風殊不惡。**郭執中詩：「云云，我生薄賦自多屯。」

【外邑】**邑有佳主人。**杜甫同谷縣積草嶺詩：「云云，情已如會面。來書語絕妙，遠客驚深眷。食蕨不願餘，茅茨眼中見。」

【四六】

仇池勝境，同谷名藩。背山面河，襟秦帶隴。鳳山、獅洞之標名，虎穴、龍泓之占勝。關外四州，地望獨隆於同谷；樓中八景，詩篇當似於東陽。杜少陵寓處之鄉，江山增耀；廉叔度承流之郡，田里相安。龕邊虎豹，雖云絕險之區；臺上鳳凰，行應中興之瑞。車繞羊腸，有閣道難攀之路；戟森燕寢，爲仇池小有之天。

文州 曲水

【建置沿革】禹貢梁州之域。周爲雍州之境，星土分野與階、成同。春秋、戰國及秦爲氐、羌地。漢武帝開西南夷，置陰平道，屬廣漢郡。東漢安帝以爲屬國都尉，別領三城：曰陰平道，曰甸氐道，曰剛氐道。晉爲陰平郡。自李雄據有其地，故諸志並不録。西魏平蜀，後周因之，始以葭蘆爲文州，理陰平郡。隋廢州，屬武都郡。唐平隴、蜀，復爲文州；改陰平郡，復爲文州；德宗以舊城在平地，窄小難守，遂移於故城東四里高原上，即今州理是也。皇朝因之，中興初帶沿邊管内安撫，尋罷。今隸利西路，領縣一，治曲水。

事要

【郡名】文臺、譙樓記：「故地在直西五里平地。唐吐蕃之難，徙兹高阜，號曰——。」文南、陰平。閻伯才譙門記：「文南，古——郡，爲氐、羌地。」

【風俗】俗同秦、隴。楊甫學記云：「文南郡本邊壘，地雜羌、夷，其—視吾蜀不類，頗——、—。」無可耕之野。慈霈廟記：「亂山環合，云云。」

【形勝】東接漢中。華陽志：「云云，南接梓潼，西接隴右，北接酒泉。」東望劍嶺。張覺民清暉樓顧北賦：「秦壤之廣莫兮，南盼江油之水湄。西窮鳥獸之穴處兮，云云之參差。」西北出入之地。重修譙門記：「鑿山通道，攀木緣崖，冒萬死而得之，其西則征西將軍之所以入也。國小民疲，智窮力竭，僥倖於萬一而失之，其北則輔漢將軍之所以出也。」唐吐蕃域。圖經：「云云，自昔用武之國。」居萬山中。鮮于子駿題文州詩序：「文臺云云，郡宅高原。」左山右河。宇文之邵申狀：「云云，可耕之田無幾。」蒼崖絶壁。慈霈廟記：「自城闉四出，云云，屹爲巨限。」爲蜀門户。同谷志：「文州有平陰道，云云。」○古今記：「今天下根本在蜀，蜀屏翳在文州。」○寰宇記：「先主都蜀，此地爲邊陲要阨。其後鍾會伐蜀，姜維請備陰平橋，後主不從，故敗。又鄧艾自陰平景谷道懸兵束馬，經江油出綿竹以滅蜀，即此路。」

【山巖】南山、過橋而左，則爲東墅，右則爲——。閻蒼舒詩：「老夫睡熟青天帳，只借南山作畫屏。」龍頭山、在縣西七里。〔一三〕從故松州党叢山來，至當州絶，故以形名。龍女山、前如大屏。相傳蜀廣政間，有郡守夢一女子於南山，自稱龍女，遂立廟。素嶺山、在故扶州尚流縣。冬夏積雪。太白山、在縣南五十里。山高多雪。滴水巖、在州北。亂山矗立，劃開兩峰，如丫髻對峙。有飛泉千尺，置槽引之，以給州人。麻關谷、上有鄧艾、姜維故城。飛邛洞、在州西。其高接天。上清洞、在州北四十里，深遠不可窮。陰平道、同谷志：「秦、蜀出入之道。漢武開西南夷，置陰平道。蜀先主劉備以爲邊陲要阨，諸葛亮定之，因爲西蜀之防。」玉枕石、山有石，狀如玉枕，色白，在巉巖絶壁間，人跡所不能到。有驛，曰玉女驛。○楊檦詩：「棧道嶮復嶮，客懷愁更愁。萬山俱絶壁，一水不通舟。」雲下田；邑有耕天村，其田之良者謂之云云。天池、亦名天湫。尚書郎朱輅山叟記云：「予斥居階州，進士杜防言：『自階接文州界山上，合衆山凹爲大壑，環百五十里，積水其中。』防嘗登焉。水平山之顛，不見畔岸。」黑水、出羌中。白水。出城外五十步，發源於州赤磨嶺下。

【堂亭】安静堂；在州治。○吕澤父詩：「峽束秋空一線青，萬山深處長官廳。此堂虚曠無餘物，面面爲開碧玉屏。」坐嘯亭、吕澤父詩：「使君坐嘯無餘事，楊柳陰中放早衙。」得要亭。吕澤父詩：「人在江山窟裏居，江山雖好不關渠。使君獨具登臨眼，〔一四〕亭上江山畫不如。」

【祠廟】文王廟。在郡治後。孫諤詩：「秋空獨見周王廟，夜月猶懸蜀將營。」

【名宦】宇文之邵；廣漢綿竹人。爲曲水令，歲飢，轉運使以絹高價抑配，之邵言民負不可重困，忤運使意，遂乞致仕。司馬君實曰：「志不行，顧禄仕如錙銖；道不同，視富貴如土芥。今於之邵見之。」後累召不起，建亭於綿竹，名曰止止。皇朝周嗣武。孝宗朝爲夔路漕，建言：「蜀號天險，捨劍門無他道。近歲文州輒開青雲嶺，利州輒開馬道院，皆不由劍閣，别架剗道以引商販，冀收其筭，宜杜邊境萌隙。」奏悉撤之。

【人物】張覺民。郡人。元祐間進士第七人，與馬涓等六十人上書言得失，忤權貴，坐黨錮。

【題詠】官路縈迂水石間。鮮于子駿普門寺詩：「江流屈曲林巒際，」云云。寺址劃開青靄破，僧居長與白雲閑。」邊人高入白雲耕。孫正臣詩：「煙籠合處日華明，龍女山横擁郡城。番馬遠隨流水至，」云云。

【四六】

乃眷文臺，實遮蜀境。　襟帶梓潼，控扼秦、隴。　互市守羈縻之術，警巡兼彈壓之權。　郡落萬山，對玉屏之環立；溪流一水，惜畫舸之難通。　賦需一縣，人依崖谷以耕耘；廩給千兵，歲備羌、蕃之侵擾。

龍州 江油　清川

【建置沿革】禹貢梁州之域。秦地，東井、輿鬼之分野。春秋及秦爲氐、羌之地。西漢屬廣漢郡，爲北部都尉治所。東漢爲屬國都尉，後置陰平郡，會羌反，其後巴郡板楯蠻救漢中，大破羌，始復郡治，置助郡都尉。劉先主入漢中，諸葛遣陳戒拔武都、陰平郡，屬益州。魏亦遥置陰平郡，屬雍州。及鄧艾伐蜀，自陰平行無人之地七百里，鑿山通道，造作橋閣，至江油，即此地也。晉於此置武平縣，屬陰平郡。至梁，有楊、李二姓分據其地，各稱藩於梁。後魏得其地，置江油郡。西魏立龍州，後周仍改爲江油郡。隋復爲縣，煬帝廢爲武平郡。唐改爲龍州，郡加「西」字，〔一五〕又爲龍州，改江油郡，復爲龍州。皇朝因之，徽宗朝避「龍」字，改政州，尋復舊。今領縣二，治江油。

事要

【郡名】武平、唐志爲平武郡，隋志爲——郡。龍城。

【風俗】性多質直。隋地理志：「人尤勁悍，云云。」務農工獵。同上。仰食於綿、劍。治平間，江油令許醇民謠序：「所向皆山石，少平陸，鮮穀稻，人悉云云鄰邑。」巖居谷處。舊經云：「——，多學道教，罕有儒術。」關譏出入。蒲規脩造記：「通階、秦路，禁出入，與劍門關爲比。」

【形勝】境帶靈山。唐升都督府詔：「江油舊壤，云云。」緣以劍閣。蜀都賦：「云云，阻以石門。」山高水峻。寰宇記：「云云，人多瘤癡聾，蓋山水之氣使然也。」峭壁雲棧。蒲翰十景記：「云云，聯屬百里。」郡連氐、羌。隋地理志：「平武云云。」圖經：「西北與羌、戎接壤。」乃蜀捍蔽。圖經：「龍州云云，不獨以備氐、羌也。」

【山川】鳳朝山、在州城北，高數十丈。龍門山、在江油縣東北二十里。馬盤山、在州北二百里，高三千三百丈，重巒層障，極爲險阻。牛心山、在江油縣西一里。玉案山、在江油北一里。天柱山、在江油縣東北五里。鹿苑大師道場。弩牙山、在郡城東二百三十里，高三千七百丈。嗚水山、在江油縣東南。上有飛泉。太華山、在江油縣南一百四十里。有三峰奇怪。崆峒山、在州西二百五十里，接蕃部。山谷深險，不通行人。朝陽洞、在州南八十里。陰洞潛穴，氣蒸成川，有飛泉下流百里，入劍州。十二關、曰涪水，距城一里；曰秦隴，南至清川縣十五里；曰兜率，在清川縣；曰木藥，在楮株口三店原，去州八十餘里；餘不盡載。六閣、在江油縣左擔路上，〔一六〕涪水崖壁上。曰青崖，曰螟頤，曰石回，曰七里，曰東閣，曰石城，凡——。又縣有二閣，曰猿臂，曰黄林。〔一七〕左擔路、自文州界青塘嶺，至州百五十里。地理志：「自北至南者，右肩不得易所負，故云——，此則鄧艾伐蜀——。」石門；在江油縣東百里。有——戍與氐分界。見蜀都賦。涪江、在江油縣北一里。金盤溪、南至綿州，以此溪爲界至。醍醐水。在清川縣北。

【堂舍】吏隱堂、在倅廳。○簽判趙衆詩：「滿耳江聲滿目山，此身疑不在人寰。民含古意村村靜，吏東刑書日日閑。」○司馬君實和詩：「四望逶迤萬疊山，微通雲棧訪雲鬟。誰知吏道自可隱，未必人間有此閑。」○范景仁：「花陰柳榻常欹枕，月色侵門不下關。因諷君詩想佳景，夜涼依約夢魂間。」龍陽十景。蒲翰記曰：「朝陽洞、龍門峽、瀑布、明月潭、濺珠泉、太白臺、月泉、巢雲閣、躡翠亭、雲根亭，郡守趙善齡有十詩。」

【亭臺】太白臺。在江油縣。——與江油尉往來，故有—在尉廳。蒲翰爲之記。

【祠廟】李龍仙廟。按道教靈驗記：「李虎葬龍州之牛心山。」又牛心山靈異記：「梁武陵王紀理益州，使龍僊築城於牛心山，龍僊既没，即葬於山側。鄉里立祠，號李古人廟。武德中改爲觀。其後武氏革命，鑿斷山脉。明皇幸蜀，有老人蘇坦奏曰：『龍州牛心山，國之祖墓。今日蒙塵之禍，乃則天掘鑿所致。』明皇即命刺史蘇邈併工脩填如舊。明年，誅禄山，復官闕。至德二年，乃升龍州爲都督府，號靈應郡。僖宗幸蜀，宗子李特請遣道士醮山祈福，明年遂復兩京。」以二記考之，則李虎與龍仙即一人也。又按唐書高祖紀：「七世祖曰暠，爲凉武昭王，〔一八〕生歆，歆生重耳，重耳生熙，熙生天錫，天錫生虎，虎生昞，昞生淵，是爲唐高祖，當西魏時賜姓大野氏。」是虎秪仕西魏，亦非仕梁也。

【名宦】辛昂、隴西狄道人。魏尉遲迥平蜀，表爲龍州長史，威惠洽著，民畏而愛之。陸騰；代人。魏孝武時拜龍州刺史，通江油路，直出南秦。皇朝許醇。先是，龍州官兵廩給，就遷左綿租以足之。嘉祐丁酉，有請運縑三千匹於江油、清川兩邑博糴，故米價增重。嘉祐癸卯，前部使者李穆乞移綿米四千斛輸龍州，權罷糴以俟豐年。既而奉常史炤將漕，懼後復行，乃移綿邑米豆萬斛輸龍州，仍奏罷博糴。江油令許醇作民謡以紀其事。

【題詠】土産唯宜藥。許崇送龍州樊使君詩：「曾見邛人説，龍州地未深。碧溪飛白鳥，紅旆映青林。云云，王租只貢金。政成閑宴日，誰作使君吟。」龍陽古昔惟荒野。江油令許醇民謡：「云云，石險山深甲天下。始聞魏將征蜀時，閣道通行有來者。」又：「緣崖傍澗縈居止，風景寧將他郡比。地稀平陸少稻粱，菽麥蕎　而已矣。此土瘠薄不出穀，税廩不踰三百斛。我朝設官屯戍兵，供億常於左綿督。」亂山深處指龍州。邵稽仲詩：「峭壁陰森古木稠，云云。猿啼鵶噪溪雲暮，不是愁人亦自愁。」

【四六】

疏榮鳳闕，作填龍城。惟武平之名郡，控全蜀之奥區。事簡頗宜於吏隱，山深不似於州居。

羣蠻境接，當嚴護於數關；五馬山行，試品題於十景。野無耕地，賦輸既嗇於田疇；境有屯兵，供億每資於鄰里。

階州 福津　將利

【建置沿革】禹貢雍、梁之域。古西戎之地，東井、輿鬼之分野。戰國時白馬氐居焉，氐即西戎之別種也。漢武帝以其地爲武都郡。後漢爲武都道。魏武徙武都於美陽，即今好時縣界也。西晉復爲武都郡，永嘉南遷，武都又爲氐楊茂搜所據。宋高祖封茂搜之孫元盛爲武都王，文帝又封楊難當爲武都王。後魏宣武帝復置武都郡，〔一九〕改置武州。後周改武都郡。隋廢。唐置武州，復爲行州；及收蕭關，復立武州，即今州是也；更名階州。皇朝因之。今領縣二，治福津。

事要

【郡名】武都。

【風俗】性多質直。同谷志：「人尤悍勁，云云。」又曰：「其人半秦，多勇戇。」地雜羌、氐。漢志云云。文王理化。寰宇記：「——爲西伯，——西羌。文王薨後，羌人感其化，婦人爲孝髽角，至今未泯。」務農習獵。同谷志云：「————。」

【形勝】東接梓潼。華陽志：「云云，西接天水，北接始平。」道通隴、蜀。曾曲阜行鄭玠知階州制：「壤接羌、戎，云云。」土地險阻。華陽志云云。天池大澤。漢地理志：「武都郡云云，在縣西。」以有大澤，故謂之都。

【土產】紫泥封璽。晏類要：「隴右記：『武都——水有——，其色紫而粘，漢朝貢之，用以——書，故謂之泥詔。』」

【山川】石雞山，在福津縣。石鶴山，在福津縣。盤池山，在縣東南七十里。郡縣志：「魏將鄧艾與蜀將姜維相持於此，置茄蘆戍，〔二〇〕後於此置縣。」楊家崖，郡縣志：「即階州家計寨，控白江、月掌山路。建炎、紹興間，吴玠兄弟繼爲大將，保蜀口。時四州未有城，命逐州各擇地爲寨。而家計寨最控扼險阻，又素有積粟水泉之類，寇至常不能破。」角弩谷，在沮水西。即蜀將姜維勦五部氏、羌之所。青閣，在福津縣。又有牛圈閣，及赤閣、鵝鼻閣。紫水，出紫泥，可封璽。又出上品雄黄，色如雞冠。羌水，在將利縣。白江水。源出西蕃界，東流到州，入文州合嘉陵江。

【名宦】虞詡，以有將帥之略，遷武都太守。王弘贇，後漢人。爲階州刺史，到任添主客户三千餘户，請置將利、福津二邑。皇朝李公璹。祥符中爲守。城東北隅有河爲害，公命鑿山回河，俾東南流，導入於江。郡人德之。

【人物】闕。

【題詠】未詳。

【四六】輟班文石，出守武都。　雜羌、氐之俗，通隴、蜀之郊。　爲蜀之蔽，已欣牧守之得人；歷階而升，行慶公卿之選表。

校勘記

〔一〕「後爲吐蕃奴部渾末所據」，「渾末」，底本原作「渾未」，據四庫本及新唐書卷二一六下吐蕃傳改。

〔二〕「極嚴固」，「固」，底本原作「間」，據北圖本、傳是樓本改。

〔三〕「每山東人西行役」，底本原脱「人」字，據元和郡縣志卷三九補。

〔四〕「禹貢梁州之域」，「域」，底本原作「成」，據四庫本、嶽雪樓本改。

〔五〕「州曰南秦東益」，「東益」，底本原作「東監」，嶽雪樓本作「東鹽」，二州名諸書未見記載。按魏書卷一〇六下地形志載有南秦州、東益州，此二州均領有仇池郡，且東益州治所武興與南秦州治所石門鄰近。又據梁書卷五四西北諸戎傳記載，武興國本仇池國楊氏子孫楊文度所立，至梁天監五年，武興國爲北魏所破，魏書卷一〇一氐傳、通鑑卷一四六梁紀二皆云魏改武興國爲武興鎮，後又改爲東益州。魏書卷四天象志又云：「神龜元年四月，南秦、東益氐皆反。」至大同元年，武興王楊智慧歸梁，梁亦以此地爲東益州。由上所述，可知其地于南北朝時期爲南秦、東益二州甚明，今據改。

〔六〕「北地」，底本原作「此地」，據漢書卷二八下地理志改。

〔七〕「方山在郡東南四十里」，底本「東」下原爲「西」字，「東西」不成方位。按清乾隆六年黄泳第修成縣新志云「方山在縣東南四十里」，今據改「西」爲「南」。又讀史方輿紀要卷五九云：「祝穆以爲晉武都氏嘗居此。按屠飛、啖鐵據方山，蓋隴州之方山原也。」

〔八〕「清無沙土痕」，「無」，底本原作「兼」，據四庫本、嶽雪樓本及杜詩詳注卷九、全唐詩卷二一八木皮嶺改。

〔九〕「熊羆咆我東」，「咆」，底本原作「號」，據杜詩詳注卷八石龕改。全唐詩卷二一八作「哮」。

〔一〇〕「伐竹者誰子」，「子」，底本原作「思」，據嶽雪樓本及杜詩詳注卷八、全唐詩卷二一八石龕改。

〔一一〕「萬丈潭邊萬丈山」，「萬丈山」，底本原作「方丈山」，據嶽雪樓本改。

〔一二〕「嘆老嗟卑」，「卑」，底本原作「乎」，據北圖本、四庫本、嶽雪樓本改。

〔一三〕「龍頭山在縣西七里」，「縣」，底本原作「龍」，據太平寰宇記卷一三四改。

〔一四〕「使君獨具登臨眼」，「具」，底本原作「其」，據北圖本、四庫本、嶽雪樓本改。

〔一五〕「唐改爲龍州郡加西字」，元和郡縣志卷三三龍州下云：「武德元年隴、蜀平定，改爲龍門郡，其年加『西』字，貞觀元年改爲龍州。」太平寰宇記卷八四略同。本書叙述稍欠精審。

〔一六〕「在江油縣左擔路上」，「在」，底本原作「左」，據元甲本、四庫本、傳是樓本、嶽雪樓本改。

〔一七〕「曰黄林」，底本「林」下原有「木」字，據北圖本、四庫本、傳是樓本删。

〔一八〕「爲凉武昭王」，底本原倒「武昭」爲「昭武」，據舊唐書卷一、新唐書卷一高祖紀改。

〔一九〕「後魏宣武帝復置武都郡」，底本原作「西魏宣武帝復置武階郡」，按西魏無宣武帝，此必有誤。元和郡縣志卷三九武州下云：「後魏平仇池，于仙陵山東置武都鎮，宣武帝于鎮城復置武都郡。」則此宣武帝乃後魏宣武帝元恪，所立郡爲武都郡也。今據改。

〔二〇〕「置茄蘆戍」，「蘆」，底本原作「鎮」，據北圖本及元和郡縣志卷三九改。

福建轉運使司　録白

據祝太博宅幹人吴吉狀稱：本宅先隱士私編事文類聚、方輿勝覽、四六妙語，本官思院續編朱子四書附録，進塵御覽，並行于世。家有其書，乃是一生燈窗辛勤所就，非其它剽竊編類者比。當來累經兩浙轉運使司浙東提舉司給榜，禁戢翻刊。近日書市有一等嗜利之徒，不能自出己見編輯，專一翻板。竊恐或改换名目，或節略文字，有誤學士大夫披閲，實爲利害。照得雕書合經使臺申明，狀乞給榜下麻沙書坊長平、熊屯刊書籍等處張掛曉示，仍乞帖嘉禾縣嚴責知委，如有此色，容本宅陳告，追人毁板，斷治施行，庶杜翻刊之患。奉運使判府節制，待制、修史中書侍郎台判給榜，須至曉示。

右今榜麻沙書坊張掛曉示，各仰通知，毋至違犯，故榜。咸淳貳年陸月　日。

使　台押

兩浙路轉運司狀乞給榜約束所屬不得翻刊上件書板，並同前式，更不再録白。

跋

先君子游戲翰墨，編輯方輿勝覽，行于世者三十餘年，學士大夫家有其書，每恨板老而字漫爾。益部二星聚臨閫分，文昌實堂先生吴公漕兼府事乃遺工新之，中書朔齋先生劉公府兼漕事又委官董之。厥書克成，兩先生賜也。惟重整凡例，拾遺則各附其州，新增則各從其類，合爲一袠，分爲七十卷。本朝名賢不敢書其諱，依文選例，謹以字書之。此皆先君子欲更定之遺意。洙又嘗記先君子易簀時語：「州郡風土，續抄小集，東南之景物略盡；中原吾能述之，圖經不足證也。」且朗吟陸放翁絶筆之詩曰：「王師北定中原日，家祭毋忘告迺翁。」堂堂忠憤之志，若合符節。厥今君王神武，江東將相又非久下人者，雪耻百王，除兇千古，洙泚筆以俟，大書特書不一書，鋪張金甌之全盛，于勝覽有光云。咸淳丁卯季春清明，孤從政郎新差監行在文思院洙謹跋。

附録

四庫全書方輿勝覽提要

臣等謹按方輿勝覽七十卷，宋祝穆撰。穆字和甫，建陽人。建寧府志載：穆父康國，從朱子居崇安。穆少名丙，與弟癸同受業于朱子。宰執程元鳳、蔡抗録所著書以進，除迪功郎，爲興化軍涵江書院山長。是書前有嘉熙己亥吕午序，蓋成于理宗時。所記分十七路，各係所屬府州軍于下，而以行在所臨安爲首，蓋中原隔絶，久已不入輿圖，所述者惟南渡疆域而已。書中體例，大抵于建置沿革、疆域道里、田賦户口、關塞險要他志乘所詳者皆在所略，惟于名勝古迹多所臚列，而詩賦序記所載獨備，蓋爲登臨題詠而設，不爲考證而設，名爲地記，實則類書也。然採摭頗富，雖無裨于掌故，而有益于文章，摛藻掞華，恒所引用，故自宋、元以來，操觚家不廢其書焉。考葉盛水東日記，稱元絳閔忠詩石刻在康州，方輿勝覽乃載在封州，又誤以爲魏矼作，亦僞數字，幸真迹石刻尚存三洲巖中，則小小舛誤，亦所不免，要不害其大致之詳贍爾。乾隆四十三年八月恭校上。

程晉芳勉行堂文集卷五方輿勝覽跋

宋祝穆和父方輿勝覽七十卷，余舊從王光禄蠡塘處購得之，既而以贈申副憲拂珊。此本從耳山同年處借得者，其書多載南宋沿革分併事，視北宋諸家地志又一局不可少也，而于識小之功尤多。古地志惟載山川、形勝、風俗、物産，間舉古迹以證地之所在耳；非誇多鬬靡，資文苑之用也。此則亭臺、橋市、佛寺、道觀、名宦、人物、詩文悉載之，開後來志家小派，究非正則。且古地理書所載勝迹皆古事，此則并當時勝迹亦載焉，尤爲元、明以降所祖。惟殿閣名目有宋史所未及載，詩文亦足補宋人文集所未備。唐盧元輔胥山祠銘，終文粹亦未之及。而沿革分併，終恨其略。余嘗謂地理宜分識大識小二種，各自爲書：一則便于按册而稽，熟知天下形勢與其風土物産；一則以資詞人學士歌咏文字之用。若此者，其亦識小之流，而雜以大事，體例毋乃混歟？

錢大昕潛研堂文集卷二九跋方輿勝覽

此書所載，祇南渡偏安州郡，故元時書坊刊本特標混一之名。然元刻出于坊賈，每路廑寥寥數言，不若和父之詳贍也。其云某路領州若干者，統府州軍監計之，與宋史地理志亦不盡合。志稱利州路南渡後府三、州十二、軍二，而此云利州東路十州，利州西路八州，併之得十八，較宋志多一州，蓋併劍門關數之也。志云熙寧五年以劍門關劍門縣復隸劍州，據此則南渡以後劍門仍別于劍州矣。

陸心源儀顧堂題跋卷四宋槧方輿勝覽跋

新編方輿勝覽七十卷，題曰建安祝穆和父編，前有嘉熙己亥吕午序及穆自序，宋刊宋印本，每頁十四行，每行大字十四，小字廿三，邊闌外有府州名。其書首叙建置沿革，次爲事要，以白質黑文別之。事要之中分郡名、風俗、形勝、山川、宫殿、宗廟、館閣、學校、井泉、堂亭、佛寺、道觀、祠廟、古迹、名宦、人物、題詠、四六各類，以黑質白文別之。王象之輿地紀勝亦成于理宗時，與穆同時，不相謀而相似。象之繁而和父簡。象之意在備作詩之用，故所採詩幾倍于和父；此則意在備四六之用，故所採四六倍于象之。觀李𡌴輿地紀勝序及穆自序可見也。提要謂「名爲地理實類書」，誠篤論也。穆爲朱子母黨，曾從朱子游，而沾沾于兔園册子，亦淺之乎爲丈夫矣。卷中有鎮江、揚州、寧國三郡太守白文方印，樹經堂藏書朱文方印，炳喆道人白文方印，拙修堂藏書記朱文方印。吕序係竹坡手書，圓湛遒勁，得蘇之神，可愛也。

楊守敬日本訪書志卷六方輿勝覽

方輿勝覽，前集四十三卷，後集七卷，續集二十卷，拾遺一卷，宋槧本。首吕午序，次祝穆自序，行書。序後有兩浙轉運司録白，蓋祝氏恐人翻雕，故請官爲給榜。初集自浙西路起，至海外四州止，凡四十三卷；後集自淮東、淮西兩路；續集自成都路起，至利西路止；拾遺則自臨安府至紹熙府每府州各補數條。此蓋和父原本。其分數次開雕者，當因資費不足，隨雕隨印行，非别爲起訖也。每半葉大字七行，小字十四行，行二十五字。每卷標題新編四六必用方輿勝覽，蓋本爲備四六之用也。首卷又有引用文集目，亦分類載之。

吕午序，嘉熙己亥。

祝穆自序，嘉熙己亥。

兩浙轉運司録白：據祝太博宅幹人吴吉狀，本宅見刊方輿勝覽及四六寶苑、事文類聚，凡數書，並係本宅貢士私自編輯，積歲辛勤，今來雕板，所費浩瀚。竊恐書市嗜利之徒輒將上件書板翻開，或改换名目，或以節略輿地紀勝等書爲名，翻開攙奪，致本宅徒勞心力，枉費錢本，委實切害。照得雕書合經使臺申明，乞行約束，庶絶翻板之患。乞給榜下衢、婺州雕書籍處張掛曉示，如有此色，容本宅陳告，乞追人毁板，斷治施行。奉臺判備榜，須至指揮。

右今出榜衢、婺州雕書籍去處張掛曉示，各令知悉。如有似此之人，仰經所屬陳告，追究毁板施行，故榜。

嘉熙貳年拾貳月　日榜

衢、婺州雕書籍去處張掛

轉運副使曾　臺押

福建路轉運司狀乞給榜約束所屬不得翻開上件書板，並同前式，更不再録白。

是編蒐獵名賢記序詩文及史傳稗官雜説殆數千篇，若非表而出之，亦幾明珠之暗投。今取全篇分類，以便檢閲，其一聯片語不成章者，更不贅録。蓋演而伸之則爲一部郡志，總而會之則爲一部文集，庶幾旁通曲暢云。（此木記在引用文集目之前）

今將每郡事要標出卷首，餘並倣此，覽者切幸詳鑒！郡名、風俗、形勝、土産、山川、學館、堂院、亭臺、樓閣、軒榭、館驛、橋梁、寺觀、祠墓、古迹、名宦、人物、名賢、題詠、四六。（此在前集目録之前）

今將兩淮州郡作後集刊行，四蜀及兩淮新復之境見此纂輯，續當鋟梓。引用文目已

具前集卷首，更不重複。仍標出每郡事要如右。（此在後集目録之前）

是編亦既鋟梓流布矣。重惟天下奇聞壯觀見於文人才士之所記述者，浩不可窮，耳目所及幸而得之，則亦泰山之一毫芒耳。因閲羣書，復抄小集附刊于後，名以拾遺。每州各空其紙以俟博雅君子續自筆入，或因鬻書者録以見寄，使足成此一奇書，蓋所深望云。（此在拾遺目録之前）

方輿勝覽，七十卷，宋槧本。首吕午序，次祝穆自序，楷書。通篇爲七十卷，不復分前、後、續、拾遺名目，標題亦去其「四六必用」四字，又去其每集告白，字體較原本稍大，行款雖同，小字則每行廿三字（歸安陸氏藏本與此同），字多減畫，蓋麻沙坊本也。此本標題於浙西之嚴州改稱建德府，浙東路之温州改稱瑞安府，廣西路之宜州改稱慶遠府，夔州路之忠州改稱咸淳府。按和父自序，書成于嘉熙己亥，而改嚴、温、宜、忠等州爲府在咸淳元年，相去三十六年，其爲後人改編可知。書中亦多所增添，非祝氏之舊。然其所增亦皆據方志舊志編入，猶有知識者所爲，不似坊賈之羼亂妄作，故亦可貴。余按此書元、明以下均未重鐫，故著録家只有宋本，恐再延數世歸于泯滅，余乃得兩宋本，惜無好事者重雕焉。

余嘉錫四庫提要辨證卷七方輿勝覽

宋祝穆撰。穆字和甫，建陽人。建寧府志載穆父康國從朱子居崇安，穆少名丙，與弟癸同受業於朱子，宰執程元鳳、蔡杭録所著書以進，除迪功郎，爲興化軍涵江書院山長。

嘉錫案：朱子晦菴文集卷九十八外大父祝公遺事云：「今唯伯舅之子康國居建之崇安，叔舅之孫回居劍之尤溪，而康國二子已總髮能讀書矣。因書以遺康國，使藏于家。」篇後自記云：「熹既叙此事，將書以遺濟之弟，未果，而濟之弟復以疾不起，其二子丙、癸相從於建陽，因書畀之。」此即建寧府志所本。方輿勝覽卷十六（據文津閣四庫全書本）徽州人物祝確（即朱子外大父）條下録此文，頗有改竄。康國二子，作康國之子穆；其二子丙、癸，亦作其子穆。疑穆成書時，其弟已先没，當無著述傳世，故記人物時遂不著其名歟。萬姓統譜卷一百十一云：「祝穆字和甫，幼孤，與弟丙（丙即穆舊名，當作癸）同從朱文公授業，刻意問學，下筆頃刻數百言，以儒學昌其家，所著有事文類聚、方輿勝覽諸書。」不言其嘗出仕爲山長。勝覽卷十三興化軍學校涵江書院條下云：「景定四年，知軍事徐直諒奏請於朝，御書今額，時祝洙爲山長，併露章特薦云，臣竊見迪功郎宜差興化軍涵江書院山長祝洙，趨向不凡，學問有本，其祖姑實爲朱熹之母，洙生也後，雖不及親炙，其父穆隱德弗仕，從朱熹於雲谷之間，微言緒論，目染耳濡。洙在家庭，講論精密，嘗讀朱熹四書集注，見其間有引而不發者，遂掇諸家語録附注於逐章之下，名曰附録。洙歲在丙辰，蒙恩賜進士第，於時宰執程元鳳、蔡杭嘗取其書，進呈乙覽，有旨，與升擢差遣。」萬姓統譜云：「祝洙，穆之子，第寶祐進士，景定中爲涵江書院山長。」並載徐直諒薦章，與勝覽略同。是宰執進書除迪功郎爲山長者，皆穆子洙之事，而非穆也。建寧府志誤以其子之事履，加之於穆，提要亦未能糾正。天禄琳琅書目卷二，叙穆父子始末，均不誤，其文即節録萬姓統譜（未著出處），不知提要何以不加參考也。經義考卷二百五十三引胡炳文曰：「洙字安道，建安人。」統譜不載其字，此可補所未詳。

是書前有嘉熙己亥吕午序，蓋成於理宗時。

案：天禄琳琅（所載係宋刊本，亦七十卷）云：「吕午序、祝穆自序、祝洙跋（孫星衍、陸心源、丁丙、楊守敬諸家藏本皆有祝穆自序，無祝洙跋，四庫本則並無之），卷首有引用文集目録一卷，書首有咸淳二年六月福建轉運司禁止麻沙書坊翻版榜文。」祝穆（此「穆」字當作「洙」）跋爲咸淳丁卯季春。丁卯係咸淳三年，是書當是咸淳二年開雕，成于三年。因洙重訂是書，故禁坊間翻刻舊版。洙稱先君子方輿勝覽行於世者三十餘年，版老字漫，遣工新之，重整凡例，分爲七十卷（此當在洙跋中）。又云：「元本拾遺，各入本州之下，新增五百餘條（四庫本此下有「除山川風俗無詩文者」一句，是五百餘條，單指詩文，全書所增，實不止此數也）並標出（此數語見四庫本引用文目前）。」是此書不盡爲穆之舊矣。咸淳爲度宗年號，蓋祝穆元本雖成於理宗時，而祝洙重訂本，則在度宗時矣。觀書中載景定四年徐直諒薦洙奏章，是此書爲洙所增訂之明證。修提要時，既未見元本，又失去洙跋，僅據吕午之序，故以爲穆在理宗時所作也。楊守敬得其元刻本，並得重訂本（見日本訪書志卷六），知非一書。然以未見洙跋，但據改嚴、温、宜、忠等州爲府在咸淳元年，去穆嘉熙己亥成書時三十六年，斷爲後人改編，不知據薦洙奏章，已可見其成於洙手也。蓋從來作書目之人，能將本書首尾入目者鮮矣。穆元本作前集四十三卷（季滄葦書目作四十卷）、後集七卷、續集二十卷、拾遺一卷。宋槧本見季滄葦書目及楊氏訪書志。楊氏云：「初集自浙西路起，至海外四州止；後集自淮東路至淮西兩路；續集自成都路起，至利西路止；拾遺則自臨安府至紹熙每府州各補數條。此蓋和父原本。其分數次開雕者，當因資費不足，隨雕隨印行，非别爲起訖也。每卷標題新編四六必用方輿勝覽，蓋本爲備四六之用也。」楊氏並録其兩浙轉運司榜文（榜末署嘉熙貳年拾貳月，乃初刻時所給之榜，與重訂本咸淳二年福建所給者，非一事），略云：「兩浙轉運司録白，據祝太傅宅幹人吴吉狀，本宅見刊方輿勝覽及四六寶苑、事文類聚，凡數書，並係本宅貢士私自編輯」云云，太傅乃太博之誤。嘉慶一統志卷一百十三徽州府人物祝穆條下云：「子洙，第寶祐四年進士，嘗注四書集注附録，宰執取書進呈，授太學博士。」是也。觀穆所輯書，大抵皆供獺祭之用，則穆雖受學朱子，實是詞章之士耳（勝覽卷十建寧府朱文公祠條下，録有祝和父上梁文一篇）。

劉師培左盦集卷五方輿勝覽書後

祝穆方輿勝覽，蓋于南宋疆域外兼記北方郡縣，具見于他書所引逸文（一統志順天府、南陽府、鳳翔府、汝州、商州所引各一則；方輿紀要大名府、西安府各引一則，鳳翔府引二則）。今所傳宋刊及鈔本僅據宋制，殆非全書。其自序及吕午序均作于嘉熙三年，故所載州縣沿革以成書之時爲斷。如宋史言寶祐六年相如縣改屬蓬州（宋史言自興州來屬，「興」爲「果」之訛，即順慶府舊名），勝覽仍以相如屬順慶；宋史言端平元年六安縣後復爲軍，勝覽仍以六安隷安豐；宋史言咸淳二年廣安軍改名寧西，勝覽仍曰廣安；宋史言資興嘉定二年置，後改興寧，勝覽仍曰資興；均其證也（亦有地名改于嘉熙前，勝覽仍沿前制者。如端平元年淮安改軍爲州，勝覽仍曰軍；紹定五年瀘州增置納溪縣，勝覽缺其名是也）。若所載温州（升瑞安府）、忠州（升咸淳府）升府事均在咸淳改元後（宜州升府，勝覽言在咸淳四年，宋史言元年，誤），且稱度宗爲今上，所標之目亦從所改之府名，均非穆書之舊。考事文類聚續集卷六載穆南溪漳隱記子洙跋云「寶祐戊午仲秋上澣孤洙泣涕謹跋」，則寶祐六年穆已即世，此蓋祝洙所增。宋刊所著洙跋年月作于咸淳丁未，其證也。勝覽于州郡沿革雖記載弗詳，然所據均時制，恒足正宋史之疏。如榮州升爲紹熙府，信陽屬于湖北路，棗陽別升爲軍（輿地紀勝同，錢竹汀曾引紀勝正宋史），其最著也。又宋史地理志載福州十二縣，勝覽增福安爲十三；夔州二縣，勝覽增雲山爲三；招信軍二縣，勝覽增盱眙爲三（紀勝以盱眙、招信、天長三縣屬盱眙軍，蓋寧宗之前盱眙縣爲軍治，故軍名盱眙。理宗之時，或以招信縣爲軍治，故軍名招信。然足徵宋有盱眙縣，史于招信軍下缺載此縣，疏矣）；蓋均南渡後增置之縣，而宋志缺載者也。若夫宋志吉陽軍所屬有吉陽縣，沅州所屬有渠陽縣，襄陽所屬有鄧城縣，安豐所屬有下蔡縣，勝覽均無其名，或理宗之世其縣已廢，宋志未著其文也。厥後元人作混一輿地要覽，恒本穆書，惟詳略迥殊。又陳元靚羣書類要事林廣記乙集四載江南郡縣一卷，即抄撮勝覽目録而成，惟勝覽所載宋官治所則增「前」字以爲別，于勝覽所云古某州或易爲舊名某州，于福建路福州下增云「新建行省」，于江南東路建康府下增云「新建東省」，于湖南路潭州下增云「新建南省」，于湖北路江陵府下增云「新建西省」，似據元初之制（與元史不合，與宋末文天祥議建之四鎮亦不合），餘則悉與勝覽同（惟惠州下挩海豐、河源二縣，昌化軍下挩昌化、感恩二縣，或係鋟梓時之訛挩），即宋季所增軍州府縣亦弗載列（如淮安別爲軍，增置五河縣，在咸淳時，陳書亦弗載入），蓋誤以勝覽所載足該宋季之制也。則宋、元之際誌地之書並時制且弗詳，安能悉以爲據哉？

譚其驤影宋本方輿勝覽前言

方輿勝覽七十卷，宋祝穆編，穆子洙增補重訂。

祝穆字和父，建寧府崇安縣人。先世徽州歙縣人，曾祖確，是朱熹的外祖父。父康國，始移家入閩。穆少時名丙，嘗受業於朱熹。除本書外，又著有事文類聚前、後、續、别四集，共一百七十卷，今存；四六妙語（一作四六寶苑）若干卷，今佚。

洙字安道，寶祐四年（一二五六）進士。嘗取諸家語録爲朱熹四書集注作注，名曰四書集注附録，宰執録其書進呈。景定中除迪功郎，興化軍涵江書院山長，咸淳初轉從政郎，監行在文思院。

四庫全書總目提要説祝穆是建陽人是錯的。穆父康國居建之崇安，見朱文公文集卷九十八外大父祝公遺事、嘉靖建寧府志卷十八人物文學。遺事有云，康國「二子丙、癸相從於建陽」，這是説丙、癸二人到建陽受業於朱熹，不是説祝氏乃建陽人。本書卷首呂午序在「祝穆和父」上繫以「建陽」二字，這是建寧府的郡名，不是縣名。祝穆自序署鄉貫作「建安」，各卷卷端署「建安祝穆和父編」，「建安」也是郡名。

洙字安道，見經義考卷二五三引胡炳文曰，仕履及著作見本書卷十三興化軍涵江書院條、卷末跋及嘉靖建寧府志。四庫提要將宰執録其所著書進呈、除迪功郎爲涵江書院山長誤作祝穆的履歷，此點余嘉錫四庫提要辨證已指出。

祝穆方輿勝覽原本據卷首呂午序及穆自序，刻印於理宗嘉熙三年（一二三九）。全書分爲前集四十三卷、後集七卷、續集二十卷、拾遺附録若干條。季滄葦書目載有此書，清季楊守敬在日本亦訪得此書。據楊氏日本訪書志云：自浙西路至廣西路爲前集，淮東、淮西兩路爲後集，自成都路至利西路爲續集，「拾遺則自臨安府至紹熙府每府州各補數條」。「其分數次開雕者，當因資費不足，隨雕隨印行，非別爲起迄也」。「每卷標題新編四六必用方輿勝覽，蓋本爲備四六之用也」。

祝洙增補重訂本刻印於度宗咸淳二至三年（一二六六——一二六七），去原本梓行凡二十八年。祝洙跋文稱「先君子編輯方輿勝覽行於世者三十餘年」，可能是因爲原本在刻印以前已經以鈔本行世，所以算到咸淳初共有三十餘年。重訂本去「四六必用」四字，不復分前、後、續集名目，又將拾遺散附各府州下，新增五百餘條，通編爲七十卷，而各路次序仍同原本。季滄葦書目、天祿琳琅書目、皕宋樓藏書志皆載有此書，四庫全書所收也是這種本；楊守敬在日本除訪得原本外，也訪得了這種本子。

祝穆原本在國内可能早已失傳〔一〕。據近年調查，現在全國各地圖書館所藏，都屬於祝洙重訂本，北京圖書館和上海圖書館所藏同是重訂本的宋刻本，但並非同一版刻。不僅字體不同，北圖本中的繁體字，上圖本中又往往用簡體字，如國作国，雙作双，盡作尽。據此，可以認定，北圖本較早，上圖本較遲；上圖本可能利用了一部分舊板，大部分是重刻的。重訂本又有元、明刻本，可是清朝和辛亥以來從没有刻印過。

現存的唐、宋地理總志，共有唐代的元和郡縣志，北宋的太平寰宇記、元豐九域志和輿地廣記，南宋的輿地紀勝和方輿勝覽六種。元和志、九域志和輿地廣記，既有好幾種清刻本，又有近時排印本，寰宇記和輿地紀勝，也各有幾種清刻本，都是一般圖書館備有、市上比較易得之書。只有方輿勝覽，由於没有清刻本和近時印本，所以需要參考此書的，非得上少數幾家大圖書館的善本書庫借閲不可，極爲不便。一九六五年，上海古籍出版社的前身中華書局上海編輯所，決定將北圖、上圖兩個宋本中缺頁較少的上圖本

（北圖本缺正文十四頁，上圖本不缺）影印問世，又據北圖本補足所缺祝洙跋四頁、録白一頁，和正文中的缺損文字。一九六六年，已打出毛樣，正在與北圖本的照片逐字進行核校，約我寫的前言也已寫成大半。十年浩劫開始了，這部書當然屬於「四舊」之列，「勒令」不許出版。版子埋没在倉庫中達十多年，前年才翻了出來。上海古籍出版社當即積極將原影印計劃付諸實現。這部宋季「學士大夫家有其書」的名著，終於不日可以以宋版的面目和廣大讀者見面了。這篇前言也就以舊稿爲基礎，稍加修訂補充，謹以就正於讀者。

本書編者生平和版本流傳略如上述。下面請再就此書和輿地紀勝的關係，七百年來它在學術界裏的遭遇，以及今天我們對它該如何評價等，陳述一下管見。

方輿勝覽的體裁迥然不同於元和郡縣志、太平寰宇記、元豐九域志、輿地廣記等早期總志，而極爲接近於差相同時的王象之輿地紀勝。主要表現在：

一、紀勝與勝覽兩書的門類基本相同，只是勝覽比紀勝少了縣沿革和碑記二門。此外如紀勝的景物門在勝覽裏分成山川、井泉、樓閣、堂院、亭榭、館驛、橋梁、寺觀、祠墓等門；紀勝在人物之外另列仙釋一門，勝覽併入人物；紀勝將物産附見於風俗形勢門，勝覽別立土産一門（或有或無）；都只是在分合上的不同，無關實際内容。

二、元和志和寰宇記等早期總志所有的州境、四至八到、户數鄉數等門，紀勝和勝覽都没有。紀勝有而爲元和志、寰宇記等所没有的詩和四六兩門，勝覽也有，僅將詩改稱爲題詠。

三、元和志、寰宇記只是偶或引用前人詩文片言隻語，紀勝和勝覽除專闢詩（題詠）和四六兩門外，又都搜羅了大量與一地風俗、形勢、景物、人物有關的詩、賦、記叙文字，分繫於各門各條之下。

爲什麽出於兩個編者的兩部書的體裁，會如此近似呢？原因有二：一是在同一時代的風尚影響之下，兩書編者的纂輯旨趣本來就相去不遠；二是紀勝成書於嘉定、寶慶間，早於勝覽十餘年，勝覽在制定體裁時又受到了紀勝的影響，這兩個原因是相輔相成的。若不存在前一因素，則勝覽就不會樂於沿用紀勝的體裁。若不存在後一條件，則儘管兩個編者的纂輯旨趣略同，兩書的體裁也不可能接近到這個程度。

日本訪書志卷六載祝穆原本勝覽卷首兩浙轉運司録白云：「據祝太博宅幹人吴吉狀：本宅見刊方輿勝覽，……係本宅貢士私自編輯，積歲辛勤，今來雕版，所費浩瀚。竊恐書市嗜利之徒，輒將上件書板翻開，或改换名目，或以節略輿地紀勝等書爲名，翻開攙奪。……」這是勝覽的編者看到過紀勝的的證。但編者頗諱言其事，卷首吕午序和編者自序裏，言及本書的編纂經過，竟連紀勝這部書名都没有提到。祝洙重訂本删去了這篇録白，元、明以後學者由於只看到重訂本，故諸家題跋，未有能明確指出此點者。陸心源撰宋槧方輿勝覽跋，察覺到了兩書的相似，但又爲本書序文所蔽，因而有「不相謀而相似」之説（儀顧堂題跋）。要是他看到了原本的録白的話，那就不會這樣説了。

勝覽的體裁既與紀勝極爲近似，而紀勝共有二百卷，勝覽僅七十卷，所以祝穆深恐刊行後，會被坊賈用節略輿地紀勝爲名予以翻刻。實際勝覽儘管部分沿襲了紀勝的體例，但就内容言，却跟紀勝並没什麽關係。它根本没有採用紀勝作爲藍本，當然更談不上是紀勝的節略本或改編本；它確是一部由編者「積歲辛勤」、「私自編輯」而成的新著。

勝覽全書約有四分之三條目皆見於紀勝，相同條目的釋文亦多雷同。粗看好像這些條文都有可能是從紀勝鈔襲過來的。但仔細一對勘，就可以知道不是這麽回事。因爲勝覽若以紀勝爲藍本，則勝覽的文字只能與紀勝相同或較少於紀勝，但事實上合乎這種情況的只是極少數，多數條目儘管内容基本相同，却多少有幾句話或幾個字，或不同，或溢出於紀勝記載之外。由此可見，兩書條目與文字之所以有這麽多雷同之處，顯然不是由於勝覽襲用了紀勝的資料，而是由於兩書的資料來源相同。來源相同而兩個編者在選材與摘録文字時取捨不免稍有差異，因而出現了這種大同而小異的情況。同出於什麽來源泥？從兩書的序文和書中所徵引的書目和篇名看來，主要應該是當時市上廣泛流傳着的那些各地圖經（方志）和諸家詩文集，而採自圖經的又較之直接採自詩文集者爲多。

因爲資料來源相同，所以兩書往往犯同樣的錯誤。例如：兩書嘉興府皆有「瀚海」一條。紀勝注云：「在華亭，西抵海鹽，東抵松江，長一百五十里。」勝覽同，惟省去「長一百五十里」一句。此所謂「瀚海」，實係「捍海塘」之誤，見新唐書地理志杭州鹽官縣下。今按，紹熙雲間志卷中堰閘載此塘作「舊瀚海塘」，知誤「捍」爲「瀚」，在宋代方志中已然。紀勝與勝覽此條當同出於某一種嘉興舊志，該志又將「瀚海塘」省作「瀚海」。

又如：紀勝贛州風俗形勢引有王安石虔州學記一條云：「虔於江南，地最曠大，山長谷荒，交廣閩、越，道所出入。」查臨川先生文集卷八二虔州學記，此節原文作「虔州江南，地最曠，大山長谷，荒翳險阻；交廣閩、越，銅鹽之販，道所出入」。可見原文顯然是以「地最曠」爲一句，「大山長谷」爲一句，「荒翳險阻」爲一句。紀勝引文因誤以「地最曠大」爲一句，「山長谷荒」爲一句，致脱去「翳險阻」三字。勝覽贛州風俗也有這一條，徑以「山長谷荒」四字爲標題，引文爲「虔於江南，地最曠大，云云，交廣閩、越，銅鹽之販，道所出入，椎埋盜奪鼓鑄之奸，視天下爲多」。句讀之誤和脱字與紀勝相同。這一錯誤一直沿襲到明一統志。余嘉錫四庫提要辨證「明一統志」條追本溯源，乃謂誤「始於王象之，而祝穆因之，明一統志又因之」。今按，紀勝引文略去「銅鹽之販」一句，截止於「道所出入」，勝覽引文不僅没有略去「銅鹽之販」，又在「道所出入」之下多引了「椎埋盜奪鼓鑄之奸，視天下爲多」兩句，足見勝覽此條決非出於紀勝，當係與紀勝同出於某一贛州圖經。兩書句讀之誤和脱字，都是從這一圖經沿襲下來的，惟引文繁簡則稍有不同。

勝覽的體例和内容基本上與紀勝相同，但亦不盡相同。同的一面略如上述，至於不同的一面，除上面所提到的卷帙多寡不同、門數條目有出入外，兩書又各有特色。構成勝覽的特色的是下列兩點：

一、編者特别重視四六一門，故原本以「四六必用」四字冠於書名之首。全書各門類皆較紀勝爲簡，獨此門較紀勝爲繁；内容亦異多同少。紀勝此門所載皆前人舊作，注明出處。此書所載不注出處，據卷首吕午序及編者自序，多數殆出自編者自撰。

二、在搜載詩文方面作了不同的處理。紀勝所載詩或整首全録，文則例只節取少數幾句。此書不論詩文，凡被編者認爲佳作的，往往整首整篇全録。卷首特分類開列了一個引用文集目録，詩文雜志，共計一七五〇篇（内一八一篇係重訂本新增）。「其一聯片語不成章者」不在内。

這兩點特色使勝覽在行世後廣泛流傳了一個很長的時期。因爲宋人在撰寫表啓文時，例須用四六儷語；爲樓閣亭堂作記叙文的風氣，也盛極一時。元、明時代，四六之風雖漸衰歇，記叙文仍流行勿替。所以這部書正投合了這一段時期内文人墨客的需要。祝洙正是由於原書受人歡迎，而板已漫漶，才進行增補重訂。重訂本梓行不久，在宋末即曾重雕，在元、明兩代又迭經翻刻，可見它一直是一部暢銷書。勝覽一經暢銷，在當時文人看來，紀勝已非必備之書，積久遂漸歸湮没。明代金石家從紀勝中鈔出碑記一門，別爲輿地碑記目四卷，其時全書已亡佚七卷〔二〕。清乾隆間纂輯四庫全書，紀勝竟以未見傳本未收入。其後錢大昕始訪得一影宋鈔本，已佚三十一卷，另有十六卷有闕頁。

可是到了清代乾嘉以後，學者競尚輿地考證之學，紀勝與勝覽二書的遭際就顛倒過來了。紀勝各門的條目本來比勝覽豐富，並且幾乎每條都注明出處，不像勝覽那樣時有時無；特別在建置沿革方面，紀勝的記載很詳細，勝覽則於州沿革甚簡，又根本删除了縣沿革；所以對考據學家説來，紀勝當然遠比勝覽有用。錢大昕十駕齋養新録「輿地紀勝」條云：「此書體裁，勝於祝氏方輿勝覽。」正代表了這種看法。因而紀勝自影宋鈔本被發現後，不久就有廣陵岑氏懼盈齋、南海伍氏粵雅堂兩種刻本，勝覽則終清一代未見重雕。

勝覽盛行於宋末元明，不僅爲綴文之士所重視，對當時的地志編纂，也産生了很大的影響。元代坊刻本混一方輿勝覽，在南宋故土範圍内，幾乎全部内容都是根據勝覽節鈔下來的，極少差異。元大一統志的南宋故土部分，雖多取材於輿地紀勝，但其大段或全篇鈔録詩文，還是沿用了勝覽所開的例。明景泰中修寰宇通志，其初主其事者甚至定議「採事實凡例一準祝穆方輿勝覽」（葉盛水東日記）；後來雖有所更張，因襲之處還是不少，如景物方面的門類分得很煩碎，各卷之末仍有題詠門，記序文仍全篇登録等等。直到天順間將寰宇通志改編爲明一統志，歸併了景物方面的門類，删除了題咏門，删除了記叙文，才基本上改變了勝覽以來的地志面貌。可是在此以後，創修於成化十七年而增修於嘉靖九年的朝鮮東國輿地勝覽，並没有採用明一統志的新樣，還是沿襲了勝覽的舊式。這部書實際上是搜集了東文選等書中的有關輿地的詩文，按祝穆勝覽體例，逐項分條插入成化十四年修成的八道地志而成的。可見勝覽的影響，竟遠達三百年以後的鄰邦。

四庫提要對勝覽作了如下的評論：

書中體例，大抵於建置沿革、疆域、道里、田賦户口、關塞險要，他志乘所詳者，皆在所略；惟於名勝古蹟，多所臚列，而詩賦序記，所載獨備。蓋爲登臨題咏而設，不爲考證而設。名爲地記，實則類書也。然采摭頗富，雖無裨於掌故，而有益於文章，摛藻掞華，恒所引用，故自宋、元以來，操觚家不廢其書焉。

這段話上半段將詳於哪幾方面，略於哪幾方面，作爲本書的特點，實際除略於建置沿革一點外，皆係沿襲紀勝而來，非本書所始創，這是由於四庫館臣没有看到過紀勝，致有此誤解。下半段講到本書的作用與性質，説得也不够確切。「爲登臨題咏而設」，這是王象之編紀勝的主要目的，勝覽對登臨題咏當然也有用處，但其纂輯的目的却主要是爲了備作四六表啓之用。這不僅從紀勝所採詩較勝覽爲富，勝覽所録四六較多於紀勝可以看出來，在兩書的自序裏也都講得很明白。「不爲考證而設」，這句話是對的。但編者不爲考證而設此書，不等於對後人治考證之學一無用處。關於這一點，留待下文再説。

就地志門類而言，此書並不齊備，這是確實的。書中採摭詩文頗富，足供操觚家摛藻掞華之用，並且這部書之所以得以流傳不廢，主要就是由於具有此種作用，這也是事實。但由此便作出「名爲地記，實則類書也」這樣的論斷來，却是錯誤的。

一部書只要内容記載的是地理，就是地記，没有理由説哪幾項闕略了就不能算地記。各種地志各有其所詳所略，並不一樣。提要所謂他志乘所詳的那幾項，其實他志乘並不一概都詳。元豐九域志的建置沿革很簡。輿地廣記根本不載疆域、道里、田賦、户口。至於關塞險要，則唐、宋地志全都不詳。怎麽能説闕略了這幾項就算不得是地記？更没有理由説多載了名勝古蹟詩賦序記，就不是地記，是類書。名勝古蹟本是地志應有的内容，詩賦序記只要與一地風土有關，當然也可以收入地記，怎麽能説多了就該算類書不算地記？

提要這種錯誤的看法，影響很大，竟爲後來的藏書家陸心源（儀顧堂題跋）和目録學家余嘉錫（四庫提要辨證「太平寰宇記」條）等所沿襲，因此不能不予以駁正。

若把提要「名爲地記，實則類書也」這句話改爲「其書雖爲地記，實兼具類書之用」，那倒是比較恰當的。那末，能不能説這部書儘管是地志，但作爲地志的價值很差，「無裨於掌故」，值得肯定的只是它所兼具的類書的作用，即「有益於文章」呢？也不能。勝覽的地志價值比之於它的類書價值，至少應等量齊觀，可以看成是有過而無不及。但它的地志價值不同於提要所謂「他志乘」，「他志乘」的價值主要在於有裨於考證建置沿革、疆域、道里，而此書的價值則主要在於提供了許多有關各地風土習俗的資料。

地志載述風土習俗，淵源甚早，在最早的地理著作如山海經、禹貢、職方裏，都有關於這方面的記載。可是這一傳統後世没有很好予以繼承發展。在十六種正史地理志中，只有漢書地理志、南齊書州郡志、隋書地理志、宋史地理志四種，按當時的地理區域或大行政區作了一些很概括粗略的論述。在現存的歷代地理總志中，元和郡縣志、元豐九域志、輿地廣記根本没有這方面的記載；太平寰宇記、元大一統志、寰宇通志、明、清一統志在各府州下雖有風俗一門，但簡略已極，且一般只從古籍中摘録數語，隻字不及當代的情況。惟獨紀勝和勝覽兩書，其各府州風俗門采摭既相當豐富，内容古今並陳，而側重於當代；此外在題咏（詩）和四六兩門内，也有不少關於這方面的描述。所以從研究人文地理和經濟地理這個角度來看，這兩部書的價值，實遠在其他地志之上。

兹舉福建路爲例，將紀勝、勝覽兩書的資料同寰宇記和宋史地理志的記載作一對比：

福建一路八郡，太平寰宇記風俗門只在福、泉二州下有記載，建州、汀州下作同福州，南劍、邵武下又作同建州，漳州、興化下又作同泉州。福州下面只引了唐開元録「即古東甌，……皆夷種，有五姓，……」、十道志「嗜欲衣服，別是一方」這麽幾句，不及當代情況。泉州下面講的是「泉郎，即州之夷户」的生活習慣，對當地漢族的風俗竟無隻字道及。

宋史地理志對一路經濟人文情況作了如下的叙述：

有銀銅葛越之産，茶鹽海物之饒，民安土樂業。川源浸灌，田疇膏沃，無凶年之憂。而土地迫狹，生籍繁夥，雖磽确之地，耕耨殆盡，畝直寖貴，故多田訟。其俗信鬼尚祀，重浮屠之教，與江南二浙略同。然多向學，喜講誦，好爲文辭，登科第者尤多。

其長處是簡明而扼要，其短處是有所未備，或備而不詳，又未能反映各郡之間的差異。

紀勝和勝覽的體例是分郡、分門、分條纂輯資料，當然不可能作概括而全面的叙述，但二書輯録資料頗爲詳備，各郡之間可以進行比較，正可補宋史地理志之不足。

宋史地理志所未載而見於紀勝和勝覽的（凡兩書共見者不注出處；凡宋人不注時代），如關於泉州海港的對外貿易與都市繁榮：

雲山百越路，市井十洲人。執玉來朝遠，還珠入貢頻。（唐包何詩）

岸隔諸蕃國，江通百粤舟。（謝履詩）

漲海聲中萬國商。（李文敏詩）

州南有海浩無窮，每歲造舟通異域。（謝履詩）

異國悉歸於互市。（陳讜四六）

舶交島夷，而財賦本裕。（紀勝陳讜四六）

水陸據七閩之會，梯航通九譯之重。（樵樓上梁文）

更夸蠻貨，皆象犀珠貝之珍。（勝覽四六）

四夷琛賮，聿來鴃舌之民。（勝覽四六）

諸蕃有黑白二種，皆居泉州，號蕃人巷。每歲以大舶浮海往來，致象、犀、玳瑁、珠璣、玻璃、瑪瑙、異香、胡椒之屬。（勝覽土産蕃貨）

城内畫坊八十，生齒無慮五十萬。（紀勝陸守修城記）

舟車走集，繁華特盛於甌、閩。（紀勝傅誠四六）

富商巨賈，鱗集其間。（勝覽引圖經）

中藏闤闠餘十萬家。（勝覽四六）

關於建寧府建陽縣的刻書業：

麻沙、崇化兩坊産書，號爲圖書之府。朱元晦嘉禾縣學藏書記云：「建陽版本書籍流四方者，無遠不至。」（勝覽土産「書籍行四方」條。按，建陽縣於景定元年改爲嘉禾，朱熹原文應作建陽縣，祝洙從時制改嘉禾）

關於福州城内的飲宴遊樂之風：

飲宴直嘗千户酒，盤餐唯候兩潮魚。（龍昌期詩）

百貨隨潮船入市，萬家沽酒户垂簾。（龍昌期詩）

萬户管絃春賣酒。（紀勝黄裳詩）

新城歌舞萬人家。（紀勝程師孟詩）

潮迴畫檝三千只，春滿紅樓十萬家。（紀勝温益詩）

萬户青簾賣酒家。（黄益民詩）

魚蝦入市不論錢，户無酒禁人争醉；……（鮑祗詩）

都是一些很值得珍視的資料。包何是中唐詩人，他這首送李使君赴泉州詩，明顯地説明了其時泉州已爲外商麕集之地。這是一條一直没有被近代學者發現的、記述泉州對外貿易的最早的資料。日本桑原騭藏著蒲壽庚考，其第一章注十「唐代泉州之外國貿易」，所徵引的資料，只限於明何喬遠閩書、陳懋仁泉南雜誌對唐代泉州的追叙，和全唐文、唐會要裏没有指明是泉州的、關於福建海外交通的記載，其價值當然遠不及包何這一首詩。「泉州蕃人巷」一則，亦爲蒲壽庚考第二章注二「蕃坊」徵引所不及。建陽「書籍行四方」一則，也是現在已發現的一條關於建陽刻書業的最早記載。

宋史地理志所講到的地狹人稠、佛教盛行、封建文化高度發達三點，在紀勝和勝覽裏都有比較更詳細、更具體、更生動的描述。摘引如下：

邵武軍：户口繁夥。（紀勝引建軍奏疏）

地狹山多，田高下百疊。（勝覽引郡志）

建寧府：山多田少，溪峻水湍。（勝覽引郡志）

溪行石中，田墾山上。（勝覽四六）

桑麻被隴，知農力之甚勤。茶笋連山，喜土風之差勝。（勝覽四六）

泉州：水無涓滴不爲用，山至崔嵬猶力耕。（朱行中詩）

泉州人稠山谷瘠，雖欲就耕無地闢。（謝履詩）

以上關於地狹人稠。這裏面特别值得注意的是這些資料所反映出來的山區已普遍墾闢成梯田的情况。

福州：山路逢人半是僧；城裏三山千簇寺，夜間七塔萬枝燈。（謝泌詩）

三山鼎峙，疑海上之仙家；千刹星聯，實人間之佛國。（陳師尚四六）

除却絃歌庠序外，家家同念佛經聲。（勝覽連真詩）

泉州：其人樂善，素號佛國。（張闡趙都官契雲録序）

多好佛法。（勝覽引圖經）

五季以來，實共推於（爲）佛國。（勝覽四六）

以上關於佛教盛行。

福州：文士莫如今日盛，方袍更比别州遍。（紀勝程師孟詩）

城裏人家半讀書。（紀勝程師孟詩）

百里三狀元。（勝覽風俗。按，此語指乾道丙戌、己丑、壬辰三科狀元皆州之永福人）

海隅山谷間，人物最多處。（勝覽王介甫詩）

路逢十客九青衿，半是同窗舊弟兄。最憶市橋燈火静，巷南巷北讀書聲。（勝覽吕伯恭詩）

建寧府：家有伊、洛之書，俗如鄒、魯之國。（勝覽四六）

泉州：地推多士，素習詩書。（曹修睦乞建州學表）

家尚禮樂。（紀勝廳壁記）

氣象宛同於伊、洛。（紀勝傳誠四六）

清源紫帽，素標圖諜之傳；石笋金鷄，屢識衣冠之盛。（譙樓上梁文）

邵武軍：頗好儒，所至村落皆聚徒教授。（紀勝引武陽志）

絃誦之聲相聞。（葉祖洽泰寧縣記）

斗絶一隅，在衣冠而獨盛；雲蒸多志，亦絃誦之相聞。（勝覽四六）

南劍州：家樂教子，五步一塾，十步一庠，朝誦暮絃，洋洋盈耳。（紀勝引延平志）

了齋氣節，冕仲聲名，人才獨盛；龜山淵源，延平學問，道統有傳。（勝覽四六。按，陳了齋瓘、黄冕仲裳、楊龜山時、李延平侗，皆郡人）

興化軍：民物繁夥，比屋業儒，號衣冠盛處，至今公卿相望。（游醇通判題名記）

莆蕞爾介於福、泉之間，井廛户版，不能五之一，而秀民特多焉。（陳俊卿貢院記）

十室九書堂。（紀勝引莆陽志）

以上關於封建文化高度發達。

上述這三點在紀勝、勝覽二書中都是有幾郡有資料，有幾郡没有資料，可見這些情况在各郡之間是有差異的。有資料的總是情况比較突出的地區，没有資料的至少是情况不那麼顯著的地區。有時甚至相反：如漳州不是「地狹」而有「地曠而土沃」（傅自得道院記）之目，汀州不是「多向學」而是「民生尚武」（鄞江志）。這都是在宋史地理志裏所看不出來的。

上引這些資料有的並見於二書，有的只見於紀勝，但也有不少只見於勝覽。由此可見，勝覽在這方面也自有其獨特的貢獻，其價值並不亞於紀勝。

勝覽對建置沿革確是很不講究。各府州下普遍存在的缺點是由於記叙過於求簡而産生的，舉兩浙路幾個府州爲例：

臨安府，「隋平陳置杭州，唐改爲餘杭郡，後復爲杭州；國朝錢俶納土，改爲寧海軍」。這一段按文義，應理解爲：一、改杭州爲餘杭郡始於唐；二、餘杭郡是唐前期的常制，後始爲杭州；三、北宋初吴越納土，改杭州爲寧海軍。實際並不如此。查隋、唐、北宋諸地志，可知：隋開皇九年平陳置杭州，大業三年改爲餘杭郡，入唐復爲杭州，天寶元年又改爲餘杭郡，乾元元年復爲杭州。唐末移鎮海軍節度於杭州，宋淳化五年改曰寧海軍。可見一、改杭州爲餘杭郡始於隋不始於唐；二、唐前期稱杭州不稱餘杭郡，天寶、乾元間才稱餘杭郡；三、宋初並不是改杭州爲寧海軍，而是改設置於杭州的鎮海軍節度軍額爲寧海軍。勝覽只是因爲要省却隋大業改餘杭郡，唐初復爲杭州，唐末移置鎮海軍節度於杭州這三句，以致造成了上述這麽些錯誤。

平江府，「隋平陳改蘇州，唐因之；國朝太平興國改爲平江軍，政和升平江府」。據文，似宋太平興國改隋、唐以來蘇州爲平江軍，政和改平江軍爲平江府。實際是南唐置中吴軍節度於蘇州，宋太平興國三年改軍額爲平江，政和三年改蘇州爲平江府。勝覽因略致誤。

安吉州，「隋置湖州，唐及皇朝因之，錢氏納土，升昭慶軍」。據文，似宋升湖州爲昭慶軍。實際是後周時吴越置宣德軍節度於湖州，宋景祐元年改軍額爲昭慶。也是因略致誤。

慶元府，「唐……置明州，……皇朝改奉國節度」。據文，似宋改明州爲奉國軍節度。實際是後梁時吴越置望海軍節度於明州，宋建隆二年改軍額爲奉國。也是因略致誤。

宋史地理志臨安府、平江府、湖州、慶元府等條下也不及宋以前置鎮海軍、中吴軍、宣德軍、望海軍節度，而於府州名下徑作改或升爲寧海軍、平江軍、昭慶軍、奉國軍節度。初以爲這是由於元人不諳前朝典制之故，讀勝覽方知祝穆父子已有這種疏謬的寫法。修宋史者可能即以勝覽爲本，未遑考之於會要、九域志、輿地廣記、輿地紀勝等書。

因簡略而導致錯誤還不能算大錯，但勝覽叙建置沿革之疏誤，殊不止此。略舉數例：

湖南路衡州領縣中脱載酃縣。此縣置於嘉定四年，在勝覽原本成書前二十八年，重訂本刻成前五十六年。

湖北路漢陽軍領汉川縣，「汉」應作「漢」。汉川是唐、五代時舊名，宋初改義川，太平興國二年又改漢川。

湖北路常德府沿革作「唐昭宗置武勝軍節度」，「勝」應作「正」；「後唐爲武平郡」，「郡」乃「軍」之誤。又「國朝升武平軍節度」，「武平軍」應作「常德軍」。且宋初此郡由節度州降爲團練州，至政和七年又以爲常德軍節度，故曰「升」，今脱載降團練一節，「升」字遂無着落。

廣東路新州沿革作唐新州，「國朝因之，升威塞軍節度」。按，後唐置威塞軍節度於河東道的新州，故治今河北涿鹿縣。旋爲石敬瑭割讓於契丹，兩宋三百年始終未嘗有此新州之地，當然也不存在這個威塞軍軍額。勝覽竟以移指宋代的廣東路的新州（今新興縣），這是極大的錯誤。

不僅各府州叙沿革有誤，就是卷首的目録，訛脱之處亦不下五十處之多。其中少數可能是刻工之誤，多數因卷内文字與目録同，可見係編書者之誤。

全書於州縣名稱建制，有斷於祝穆原本成書年嘉熙以前的寶慶或紹定的，亦有載及嘉熙以後的淳祐、咸淳的，差距達四十年。大概編者只是就其耳目所及，隨筆記録，既未嘗留意於此，亦不識著作應有斷限。

甚至府州和路的統隸關係，也有一處是搞錯的。歸州於南宋建炎四年自湖北路割隸夔州路，紹興五年復隸湖北，三十一年又隸夔路，淳熙十四年復還湖北，但次年又有旨令夔州帥臣兼提舉歸、峽二州兵甲司公事：俱見紀勝。本書則將歸州誤列爲夔州路所領，又於「建置沿革」下作「中興割隸夔州，而夔帥兼提舉歸、峽兵甲」。這是很可笑的。由於淳熙十四年歸州已還隸湖北，十五年又令夔帥提舉不屬於夔路的歸、峽二州兵甲，是出於特旨，與常規不符，所以此後夔帥結銜就得加上「兼提舉歸、峽兵甲司公事」一語。本書編者既然認爲「中興」以來歸州一直是隸屬於夔路的，那末歸州兵甲當然應由夔帥統轄，是作爲夔州一路統帥的份内事，「而夔帥兼提舉歸、峽兵甲」一句豈不成了贅辭！祝穆父子對本朝制度懵懂至此，深可詫異；這就難怪元人所修宋史地理志要把淳熙十五年令夔帥提舉歸、峽兵甲一事竟誤解爲「又隸夔」了。

勝覽對建置沿革很不講究，錯誤相當多，那末，是不是全無用處呢？不能這麽説。

首先，勝覽保存了一份完整的南宋晚年監司軍帥治所的資料，這是很值得珍視的。監司軍帥治所是宋代各地區兵、民、財賦、刑獄諸政的行政中心所在，極關重要。可是寰宇記、九域志和輿地廣記對此全無記載；宋史地理志記載到的只是少數，多數缺載。紀勝從它的體例看來這方面該有全備的記載，但有一部分在今本缺卷缺頁中；在今本卷帙内者亦間有脱誤。此書儘管只是在府州沿革下注上一筆設治於該州的司名，不叙沿革，却是傳世的唯一一份包括制置、經略、安撫、總領、轉運、提刑、提舉、茶馬、坑冶以及市舶、宗正各司全部駐所的資料。

其次，就州縣而言，本書所提供的一份南宋末年的建制名目及其從隸關係，也有一定的用處。宋史地理志合兩宋建制於一篇，往往未能將南渡前後的變革過程記叙清楚，且有脱誤。北宋舊制有寰宇記、九域志、輿地廣記足資驗證，欲求核實南渡後的改制，則有賴於紀勝及此書。紀勝所載建置沿革詳贍過於本書，可是今傳本缺卷缺頁太多；而本書則詳贍雖不足，却完整無缺，這是它的可珍貴處。

兹先舉宋志有脱誤，可據紀勝及本書予以補正者數例如下：

宋志京西南路隨州脱應山縣，廣南西路静江府脱陽朔縣，淮南東路招信軍脱郭下盱眙縣；紀勝、本書不脱。

宋志荆湖北路沅州下列有元豐六年已改隸誠州的渠陽縣，京西南路襄陽府下列有紹興七年已省入襄陽的鄧城縣，隨州下列有紹興四年已省入隨縣的唐城縣，廣南西路吉陽軍下列有熙寧六年已廢的吉陽縣（宋志云紹興六年復，實際並未恢復），淮南東路揚州下列有熙寧五年已省入江都的廣陵縣，皆誤；紀勝、本書皆不列。

江南西路南安軍治大庾，宋志誤作南康；京西南路光化軍領縣光化，宋志誤作乾德；紀勝、本書皆不誤。

宋志信陽軍屬京西北路，棗陽縣隸京西南路隨州，廣南西路欽州治靈山縣，這都是北宋的制度；紀勝、本書載明南渡後信陽軍改隸湖北路，棗陽縣升爲軍，欽州移治安遠，宋志皆失載。

紀勝、本書載明南宋以利州東路劍門關爲一郡，領劍門縣，宋志失載。

再舉宋志失載、亦不見於紀勝，獨賴本書得以補正者數例如下：

福建路福州領縣十三，較之紀勝、宋志所載十二縣，多出福安一縣。按，福安係淳祐四年分長溪所置，見方輿紀要及清一統志，二書當以方志爲本。紀勝以成書在前故不及載，宋志應載脱載。

淮南西路安豐軍領縣三：壽春、安豐、霍丘。紀勝安豐軍在今本闕卷中，宋志從北宋時建置作壽春府，領縣四：下蔡、壽春、安豐、霍丘；下蔡下失去注南渡後罷領。

除風土習俗、建置沿革外，山川、名勝、古蹟、名宦、人物等門類，本書採摭雖不及紀勝繁富，但亦間有溢出紀勝所載之外者；或條目雖二書共有，而文字有所不同，這些資料當然也具有一定的參考價值。

勝覽作爲地志的價值略如上述。至於它所兼具的類書的作用，主要有下列兩方面：

一、保存了數量很可觀的宋代及宋代以前地志和詩文集中的資料。

勝覽各府州一般都有許多注明採自地方志，即宋代所修郡志、圖經和古地記中的資料。舉今湖南省境爲例。省境相當於勝覽的湖南路一府（寶慶）、五州（潭、衡、道、郴、永）、三軍（桂陽、武岡、茶陵），和湖北路一府（常德）、五州（岳、澧、辰、沅、靖），共十五郡；十五郡中只有道州一郡未見引用方志，其他十四郡共採録了：

盛弘之荆州記、羅含湘中記、郭仲產湘中記、甄烈湘中記、庾仲雍湘中記、湘水記、湘州記、湖南風土記、武陵記、長沙志、潭州圖經、潭州舊志、南岳記、衡州圖經、郴州圖經、郴州郡志、永州風土記、永州舊經、零陵志、寶慶郡志、桂陽志、桂陽舊經、都梁志、武岡軍志、茶陵圖經、茶陵郡志、岳州郡志、岳州舊經、岳州風土記（即岳陽風土記）、常德郡志、常德圖經、常德舊經、澧州圖經、辰州圖經、辰州風土記、沅州圖經、沅州郡志、靖州圖經等三十八種。中間有些府州的「郡志」和「圖經」可能實指一書，但也有可能有些相同的書名所指實爲二三種不同的書。因此全書一百九十五郡雖未經清點，估計當有一百數十郡採録了方志資料，被採録的方志約達四五百種。今傳世宋及宋以前方志不過二十多郡、四十多種，是則勝覽所保存的資料，以郡數種數論，殆七八倍於傳世者。儘管每種不過寥寥幾條，也就彌足珍貴了。

再者，勝覽爲王謨漢唐地理書鈔、陳運溶麓山精舍叢書中湖南古地志輯本輯録所不及。因此，書中所徵引的宋及宋以前地志資料，多出於王、陳二氏輯本之外。王謨書成於紀勝流傳之前，所以連紀勝都没有看到。陳運溶書成於光緒，故紀勝爲輯録所及，但他也没有看到本書。今以本書與陳輯湖南地志相核對，則本書所引不見於陳輯者得三十五條，又有若干條二書並見，因陳氏係輯自他書，故文字有出入而互有短長。

方志之外，本書所録自其他古籍的條目，也往往出於今傳本之外。例如：湖南路郴州馬嶺山引輿地志一條，與初學記所引馬嶺山條完全不同。潭州屈潭引荆楚歲時記一條，不見於今傳漢魏叢書本歲時記。今本歲時記非原本，乃明人從類書中輯出，而檢閲未周，挂漏殊多。余嘉錫在其四庫提要辨證中爲補輯十餘條，但亦未及勝覽此條。

湖南一省如此，所以勝覽全書可供輯録校勘古地理書之用的資料，殆當十倍於此。

此書所搜集名家詩文，據卷首列目，共有二三百家、一七五〇篇。兹任取中間王安石和朱熹二家作品中的文與四部叢刊影印明刊本臨川先生文集、晦庵先生朱文公集相核對，即發現卷三十九邕州風俗門所引王介甫諭交趾文（卷首目録作諭俗文），爲臨川集所無；卷十七南康軍堂舍門所引朱元晦直節堂記，爲朱文公集所無。各卷所録詩的數量遠過於文，若一一核對，必能多所發現。除了所採大名家的作品可以補文集的闕佚外，更重要的是，多數人的集子今已不傳，這些人的作品，端賴此書輯録而得以流傳。所以此書對纂輯唐、宋人的詩文，肯定能發揮很大的作用。

二、可用以校正傳世宋以前各家詩文集中的訛脱。

勝覽採録了大量前人詩文，它所依據的當然是宋本，若據以校勘近代傳世各家詩文集，遇有差異，往往可以發現一些前者較勝於後者處。舉幾個例：

取江西路吉州名宦張中丞條所録唐皇甫湜吉州刺史廳壁記，與四部叢刊影宋刊本皇甫持正文集中此文對校，至少有四處異文，都是勝覽勝於文集：勝覽「噫眙良久」；文集「眙」作「眙」。勝覽「法防既周，銖兩之奸無所容」；文集「周」作「用」。勝覽「雎亦爲銛，跖亦爲廉」；文集「雎」作「雄」，「跖」作「路」。勝覽「始紲而苦，終優以恬」；文集「而」作「始」。

四部叢刊影印宋務本堂本集注分類東坡先生詩卷二虔州八境圖八首第一首第一句作「坐看奔灘遶石樓」，紀勝引此句「奔灘」作「奔湍」，勝覽此二字作「驚湍」（江西路贛州亭臺）。「灘」顯係誤字，「驚湍」又勝於「奔湍」。四部叢刊影印宋刊本經進東坡文集事略卷五十五錢氏表忠觀碑末的銘文中「篤生異人，絶類離羣」的「羣」字，勝覽作「倫」；「强弩射江，江海爲東」的前一「江」字，勝覽作「潮」（浙西路臨安府名宦錢鏐）。「倫」、「潮」也優於「羣」、「江」。

以上這些例子是在隨便核對十來篇詩文中發現的。可見，若能用勝覽遍校今傳本宋以前詩文集，收獲必多。

在結束本文之前，還有一個問題需要提出來考索一下，即這部七十卷的宋刊本勝覽是不是足本？這是一個不容易徹底解決的問題。而與此書成書年代相近、體例相似的輿地紀勝，也存在着同樣的問題，合應一併討論。

紀勝卷首編者王象之自序云：「東南十六路則效范蔚宗郡國志條例，以在所爲首，而西北諸郡，亦次第編集。」似乎是説全書在「東南十六路」即南宋版圖之外，也包括「西北諸郡」即紹興和議割讓於金的中原地區。而讀史方輿紀要和大清一統志所引紀勝，又確有在北宋京東、京西、陝西、河東等路範圍内的，這就更像紀勝全書應不限於南宋偏安版圖，而是兼及北宋全盛時的提封的。那末怎樣解釋今本只有「東南十六路」呢？清道光中岑建功在刻印了紀勝後，又請人輯録諸書所引紀勝不見於今本者，刻附於後，以輿地紀勝補闕爲名，凡十卷。其卷十所録即係輯自方輿紀要、清一統志的中原地區十一條。在劉毓崧代岑氏所撰的自序〔三〕中，認爲這幾條是王象之在「東南諸路纂輯告成」後，「復就西北諸州别爲續録」中的内容。又説，清初錢曾所藏的紀勝，猶是包括續録的完本，紀要、清統志所引中原諸條，即據此本，「亦未可知」。但到岑氏刻印紀勝時，便只剩下記載「東南十六路」的二百卷，記載「西北諸州」的續録則已歸亡佚，只能就紀要、清統志中輯出此十數則了。

按劉氏此説，殊難成立。説紀勝在南宋疆域二百卷外另有記述中原的續録，那末爲什麼從與王象之差相同時而稍後的陳振孫直齋書録解題起，歷代書目著録紀勝都只作二百卷，不説另有續録若干卷？何況陳振孫又明説紀勝於「關、河版圖之未復者，猶不與焉」；説錢曾藏本猶是包括續録的完本，那末爲什麼錢曾以前的本子反而不包括續録，如輿地碑記目所據以輯録的那個本子也只限於南渡後疆域？又爲什麼錢曾自己也有紀勝二百卷，「而幅員之版圖未復者不與焉」（讀書敏求記）這句話？可見紀勝有續録之説是不可信的，王象之只記述了南宋的版圖，別無記述北宋版圖的篇帙。

勝覽的情況與紀勝幾乎如出一轍。在卷首呂午序中，呂氏希望宋朝能恢復「故疆」，祝穆能把勝覽的記述範圍擴張到全部「禹蹟」。在重訂本祝洙跋的末尾，提到他在「泚筆以俟」「雪耻百王，除兇千古」，準備「大書特書不一書，鋪張金甌之全盛」。這兩段話本來很清楚，祝穆原本和祝洙重訂本的内容，都只限於南宋版圖；至於把中原郡縣也包括進到這部書裏，那只是表示了他們志存恢復，有此抱負而已，並没有見諸行事。但是，由於在方輿紀要和清一統志的直隸、陝西、河南三省境内，共有十來條記載引自方輿勝覽，因而，清中葉以來學者如劉毓崧、劉師培等，便以爲祝穆是在記述東南諸路的勝覽「成書之後更有補編」（輿地紀勝補闕序），而今所傳宋刊及抄本七十卷「殆非全書」（左庵集卷五方輿勝覽書後）。這種説法也和紀勝在二百卷外另有續録之説一樣，决不可信。祝穆若有記述到中原的補編，祝洙在祝穆身後豈得還在説什麼「泚筆以俟，鋪張金甌之全盛」？祝洙在跋裏明明説全書爲七十卷，正與今傳本卷數符合，豈能説不是足本？何况原本的呂午序文，重訂本的祝洙跋文，本身已足以證明這部書從没有記載到中原郡縣。

我們否定了紀勝有續録、勝覽有補編之説，那末何以解釋方輿紀要、清統志引用了這兩部書記述到中原的條文呢？當然，不能説顧祖禹和纂修清統志的學者們會無中生有，但是，很可能他們是上了當。他們所見到的記述中原郡縣的紀勝和勝覽，實際應並非出自王象之和祝穆、祝洙父子之手，而是後人依據其他資料編成的冒名的輿地紀勝、方輿勝覽；就好像嚴觀的元和郡縣補志、陳蘭森的太平寰宇記補闕，都並不是元和志、寰宇記原文，而是嚴、陳二氏雜採其他輿地書編集而成一樣。可惜紀要和清統志所引用的本子現在已看不到了，所以這樣的解釋，還只能説是一種合理的推斷而已；由於未能找到確證，不能説已徹底解決了這個問題。

一九八四年九月十四日

注釋

〔一〕傅增湘藏園羣書經眼録中著録此書共四部，皆作「宋祝穆撰」。其中一部標題作新編四六必用方輿勝覽，係傅氏游日本時見於宫内省圖書寮，當即四五十年前楊守敬所見，確爲祝穆原本。此外見於國内的三部，二部標作新編方輿勝覽，一部只作方輿勝覽，應該都是祝洙重訂本。傅氏因只看到卷首吕午序和祝穆自序，没看到咸淳祝洙的跋，所以只作「宋祝穆撰」而不及祝洙重訂，因而也就誤以咸淳本爲嘉熙本。若此三部確係嘉熙祝穆原本，則標題不應無「四六必用」四字；傅氏見此三書在一九二二至一九二九年時，距今不過五六十年，也不至於遽爾渺無下落。

〔二〕清初錢曾讀書敏求記著録輿地紀勝二百卷，有云：「鏤刻精雅，楮墨如新，乃宋本之佳者。」或據此認爲錢氏所藏仍係完帙。然錢所言僅及鏤刻楮墨，不涉有無缺卷，不能得出這樣的結論。

〔三〕此篇又收入劉氏通義堂文集卷七。